U0553164

让 我 们 一 起 追 寻

〔英〕扎拉·斯坦纳 – 著　　　石志宏 – 译
Zara Steiner

The Lights that Failed: European International History 1919-1933 was originally published in English in 2005. This translation is published by arrangement with Oxford University Press. Social Sciences Academic Press is solely responsible for this translation from the original work and Oxford University Press shall have no liability for any errors, omissions or inaccuracies or ambiguities in such translation or for any losses caused by reliance thereon.

© Zara Steiner 2005

Simplified Chinese edition copyright © 2024 by Social Sciences Academic Press (China)

社会科学文献出版社全权负责原作的翻译，牛津大学出版社不对此类译本中的任何错误、遗漏、不准确或含糊不清或因信赖而造成的任何损失承担任何责任。

封底有甲骨文防伪标签者为正版授权。

消逝的光明

LIGHTS

THAT FAILED

I

European

欧洲国际史，1919—1933 年

International History

1919 –
1933

社会科学文献出版社

SOCIAL SCIENCES ACADEMIC PRESS (CHINA)

本书获誉

对于一战结束之后 15 年里的欧洲国际关系史的单卷权威叙述……（这部著作）确认了扎拉·斯坦纳作为两次世界大战间隔期国际事务研究方面杰出历史学家的地位。

——马丁·康威，《英国历史评论》

扎拉·斯坦纳的著作已经确保我们将不得不带着应有的尊敬，看待那被忽视的十年（1920 年代）。她已经以无懈可击的学识、清晰的思路和同情心讲述了这个故事……她的著作无疑将成为关于该时期的权威著作。

——玛格丽特·麦克米伦，《泰晤士报文学增刊》

任何希望了解两次世界大战间隔期的读者都应当阅读这本书，而且任何认真研究该时期的人都应当购买它。因为无论是就博学的程度还是阐述而言，没有其他著作能够与它相提并论。最重要的是，扎拉·斯坦纳确保我们是以向前看而不是向后看的方式来阅读历史。

——英国《独立报》

宏大且权威的著作……《消逝的光明》巧妙明智地运用了广泛阅读和长期反思的丰富成果……一种全新而引人入胜的观

点嵌于其对于各个主角和主题的全面审视之中。

——马克·马佐沃，英国广播公司历史频道

精彩绝伦的叙述……人类的戏剧性事件与一种宽广的国际视角相结合，在西方、东方和大西洋的不同视角之间转换，这是该叙述的支配性力量之所在，集述人的细节、平衡度、灵活多样的节奏与内容于一体。这是欧洲曾满怀信心地相信它是世界中心的最后一个时期，斯坦纳对该时期进行了长长的、充满智慧的检视。对于任何关心欧洲大陆的过去或者未来的人来说，斯坦纳的叙述扣人心弦。

——《金融时报》杂志

扎拉·斯坦纳已经创造了一部辉煌的著作，其中充满细节，还拥有众多发人深省的洞见。它在未来的许多年里将成为一部经典。对于那些研究国际商业史的人来说，它是关于该时期的卓越的背景参考指南……如果希望了解更多，就可以阅读斯坦纳以同一风格写就的第二卷。

——德里克·H. 艾尔德克罗夫特，《商业史》

前　言

本书的酝酿由来已久。自从我应布洛克勋爵（Lord Bullock）　V
之邀撰写两次世界大战之间的欧洲国际关系史以来，已经过去
了很多年。我起初的意图在于设法理解那些年月里的复杂的国
际关系史，这些年月曾导致有关欧洲文明进步的希望及幻想的
破灭。我当时相信，回顾关于两次世界大战之间的那个时期的
文献，并对大约 20 年前通行的叙述进行更新，这既是可能的也
是有益的。我曾经希望离开现有的对于西欧的强调，而考察正
在不断扩大的关于东欧的专题文本，以便为一个在我看来既有
共同的又有截然不同的历史的单个大陆，提供一幅更为全面和
平衡的图景。我曾经相信一战后的各个时代本身可能拥有独有
的特征，相信 1920 年代这十年应当被视为跟随着此前的那场世
界大战——这是我以前的历史研究的焦点——而不是人们通常
认为的那样是其后的那场世界大战的前奏。国际关系史的领域
扩展至传统的外交史的范围以外，由此产生了种种问题，其中
的一些问题也是我想予以审视的。

在我写作的过程中已经发生了如此之多的事情，以至于
我被迫重新思考并重写本书的一些部分。第一，冷战结束了，
国际关系史上的一个新时代开始了。而且这一结局的到来并
没有伴随着两个超级大国之间的又一场大战或者欧洲内部的
一场重大战争。当代的这些事态有意无意地将注定影响我对
于我所面对的那个时期的认识。只有当我完成这项研究时，

我才意识到我本人的生活，在多么大的程度上被第二次世界大战而不是其后的各种事态打上了烙印。在写作期间，我已经变得强烈地意识到几乎所有历史学家具有的时间上的"精神地图"（chronological "mental maps"）。在阅读关于1919—1939 年的这个时期的新书时，我几乎能够识别其作者在何时成年，是在二战之前还是二战期间，或者是在冷战期间还是冷战后的年月里。第二，迄今已经出现的相关书籍的巨大数量，意味着没有任何一个人能够在欧洲主要语种中描绘这一领域，更别说其他地区的语言。年代更早的书籍并未过时；相反，随着时间的流逝，许多书籍已经得到了完善，而且人们吃惊于这些书籍的结论如何频频被新近的研究证实。但是新的（资料）来源已经开放。甚至连如此长久地对历史学者封闭的苏联档案，也开始向研究者展示其内容，尽管是以一种令人沮丧地缓慢且不规律的方式展示。对于两次世界大战之间这些年月的第二手的叙述，现在能够利用甚至十年前都无法得到的东欧资料来源。一些国家的情报机构也已开放其记录，使历史学者能够探索国家外交及安全政策历史中"那些缺失的方面"。除了可资利用的新的资料来源，用于历史研究的地理地图的扩展已经今非昔比，从而为现今的国际史研究者增添了其必须审视的问题的数量。该领域的这一巨大爆发所带来的一个后果，就是几乎每种语言中汇编著作数量的增长。在不久的将来，这种技术革命可能将大大改变国际史研究的方式。像我这样的这一领域的电脑盲可能会渐渐被视为一个"老古董"。

本书代表着一次自我教育的历程。我希望我已经学到的一些东西将被传递给读者们。这也基于一个很不时兴的假定——历史并不只是简单地表达对于过去的看法，它依赖于写作者的

VI

个性及观点。尽管完全的客观性显然是不可能的，而且没有人能够摆脱其自身的假定而真正再现关于过去的故事，但我相信能够在没有重大扭曲的情况下揭示这出大戏中的主角们的思想和行动，人们也能够描述这些主角活动于其中的真实或者想象的世界的轮廓。我已设法以一种有意义的方式将这一欧洲拼图的许多碎片收集起来。尽管对于这些事件将永远也不会有一个共同的或者得到普遍接受的诠释，但并不是所有的方式都是同等合理的。各种事态的进程导致了欧洲历史上最具悲剧性和非人道的时期之一，正是因为希望尽我所能地解释这些进程，我撰写了此书。

　　对于两次世界大战之间这些年月的研究，将以两卷本的形式出现。这种切分突显出我的一个信念——1920 年代应当从一战以及各个和约的背景下来看待，而不是作为在希特勒时代所发生的事情的一个序曲。第一卷《消逝的光明：欧洲国际史，1919—1933 年》分为两部分。第一部分揭示了和平缔造者及其后继者如何应对一个遭受极大打击的欧洲所面对的各种问题。　Ⅶ一战根本性地改变了许多欧洲国家的内部结构，也改变了传统的国际秩序。与大多数历史学家不同，我已经证明，在 1919 年之后的十年里，欧洲国家体系的管理尽管在一些方面与过去相似，但是它呈现出一种使其既区别于战前的数十年也区别于1933 年以后的那个时期的形态。在处理战争与和平、重建与稳定的各种问题的过程中，欧洲政治家被迫创造出各种应对问题的新方法，因为这些问题再也不适合以传统的方式处理。随之出现的一种国际机制是由这样的一些人来运转的：他们仍然将欧洲视为世界的中心，他们既回顾也前瞻，但同时也试验了一些新形式的国际话语（international discourse），其中一些在随后的浩劫中存活下来，并在 1945 年之后重见天日。由于我试图解开构成国家处理外交事务的不同方式的许多线索，欧洲这一时期的国际关系所具有的繁杂性质决定了一种有点非循序性的（non-sequential）方式。与此同时，我试图传达在西欧和东欧、在法西斯统治下的意大利以及苏联进行的重建工作的同时性和交叠性，它们标志着一种十分脆弱的国际机制的出现。

第二部分覆盖 1929—1933 年的"转折岁月"，这两个年份都只是为了行文方便而划分的起始与结束日期。在这几年里，国际主义的试验当中有许多接受了考验，其弱点被展现出来。许多困难源于笼罩着人们的经济萧条，但国际机制还承受了其他动摇其根基的打击。通向国家社会主义（étatism）①、独裁、恶性的民族主义和扩张主义运动的道路由此敞开，这些运动成了欧洲在 1933 年之后的情景之特征。这些年月里发生的各种事件无论对于希特勒挑战欧洲现状，还是对于欧洲政治家面对其攻击一种国际体系的残余部分所做的反应，都是至关重要的。

第二卷《黑暗的胜利：欧洲国际史，1933—1939 年》将研究 1933—1939 年，同样分成两个并不相等的时期，即 1933—1938 年以及从 1938 年至二战爆发。而"尾声"将一直把故事延伸至 1941 年。希特勒是这一叙述的中心。尽管我对其终极意图并无多少疑问，但我将表明他的这些长远目标的实现，在多大程度上是由于大多数德国人的积极支持与顺从，以及欧洲其他大大小小国家的反应。尽管希特勒对国际体系构成了一种异

---

① 这个词源于法语，指一种主张由国家控制的计划经济，所有工业和自然资源由国家所有的理论、原则和运动。它属于一种社会主义形式，既不同于纳粹主义，也区别于马克思主义。（如无特别说明，本书脚注均为译者或编者注。）

乎寻常的挑战，但是其他政治家的政策决定了"通向战争的扭曲道路"的过程。我无法解释希特勒为何在一个像德国这样政治　Ⅷ上复杂巧妙、文化上丰富的国家里获得成功，这个问题现在仍然持续困扰着历史学者；但是我能够审视那些意识形态上的假定、对于权力的认知、过去的经验以及国内的压力，它们解释了欧洲主要博弈者所采取的各种行动。第二部分研究和平面临挑战的最后几个月，这一部分对于现实主义者和新现实主义者关于二战爆发的各种解释提出了质疑。需要表明的是，近来开放的档案以及当代国际历史学者提出的新问题，使得人们有必要重新审视希特勒时期，尽管对于二战的起源已经存在巨量的文献。"尾声"也将简短地考察对于一场有限的欧洲冲突演变成一场世界大战的各种新的理解，这场战争彻底地改变了既有的和未来的全球性权力和影响力的格局。尽管这两部著作是同一个论点的组成部分，但能够分开阅读而又无损于核心主题。从1919年的和平解决方案到第二次世界大战的爆发与蔓延之间并不存在任何直线，尽管大战（一战）所引发的冲击波导致了欧洲优势地位的丧失。

　　本书主要基于已经出版的以及二手资料，尽管为了对这一复杂故事里的主角有更好的认知，我已经在四个国家里查阅档案。每一章之后都附有一份参考文献，对与该章节相关的著作和文章进行了一些说明。最后的总参考文献罗列了第一卷所使用的公共的及私人的一手资料。我偶尔使用的章后注主要指来自这些来源的材料。只要有可能，我设法以其公开出版的形式来引用这些资料。

　　如果我要向英国、法国、德国、意大利、罗马尼亚、俄罗斯、瑞士、加拿大、美国那些要么回复我的询问，要么为我查阅我所需文件的人致谢，本段落将看上去像是国际史领域的一份名人一览表。我只能说我所求助的所有人都竭力帮助我，只能说我的历史学者同仁展现出十分惊人的慷慨。我对此衷心地感激，希望这一笼统的致谢将是可以被接受的。在为本卷所进行的研究中，巴黎、波恩、日内瓦、伯明翰大学、剑桥大学丘吉尔学院、牛津大学博德利图书馆、剑桥大学图书馆的档案保管员都很乐于提供帮助。与所有研究者一样，我发现基尤的英国公共档案局（Public Record Office）的各种设施能够真正鼓励我写作。我必须对我的许多参与研究的学生致以深深的谢意，他们来自不同的国家，他们的博士学位论文大多在本卷中得到了引用，这些论文现在大多已经作为书籍出版。他们在众多方面帮助了我，从遛狗到鉴别，并常常翻译一些我原本会错过的文章和书籍。由于我从来没有获得大学教职，我对于剑桥大学的主要"欠账"是有机会拥有这些学生和作为其他博士候选人的审查者（examiner），他们中的大多数人让我在一个迅速变化的领域里能够了解最新的著作。我必须单独列出我以前的两位参与研究的学生：一位是费利西蒂·冯·彼得斯（Felicity von Peters）博士，他在我研究的早期阶段提供"文书"（yeoman）式的服务，设法让我的许多文件有条理；另一位是安德鲁·韦伯斯特（Andrew Webster）博士，如果没有他的辛劳，本卷的手稿将永远无法在电脑上呈现出来。我还要特别感谢尼尔·约翰逊（Niall Johnson）博士，他为本书润色最终版本，供牛津大学出版社出版。剑桥大学历史系教员和国际研究中心的各位成员提供了智力上的启发和试验各种观点的机会。

　　我在剑桥的整个学术生涯中，新学堂（New Hall)① 是我的

---

　　①　即默里·爱德华兹学院。

学术家园，为我提供了陪伴、一个特别需要的属于我自己的房间，以及指导来自新学堂及其他地方的本科学生的机会。如果没有在新学堂的这份薪水，我可能已经变成一个更为普通的作家！我要感谢利华休姆信托（Leverhulme Trust）、纳菲尔德小额资助项目基金会（Nuffield Foundation Small Grants Scheme）、约翰·D. 麦克阿瑟与凯瑟琳·T. 麦克阿瑟基金会（John D. and Catherine T. MacArthur Foundation）、约翰·西蒙·古根海姆纪念基金会（John Simon Guggenheim Memorial Foundation）的资助，这使我能够在英国及国外出行查找档案，雇用一名研究助手在莫斯科工作，也在本书付梓的最后准备过程中提供了支持。利华休姆的信托资助也使我能够获得历史学者兼统计学者德克兰·赖利（Declan Reilly）博士的帮助，在本书别处所引用的其他人成果的支撑下，他编纂了本书中的统计图表。我要感谢他的耐心、毅力，最重要的是他对数据能够证明和不能证明什么的解释。我想要感谢牛津大学出版社的两位编辑露丝·帕尔（Ruth Parr）和安·格林（Anne Gelling）的鼓励，而且尤其要感谢凯·罗杰斯（Kay Rogers）在润色手稿以供出版上的帮助。最后，我必须向这两卷著作手稿的三位匿名审稿人表示感谢。他们广泛且详细的反馈让我受益匪浅。他们已经远远超越其责任范围，让我在牛津大学出版社的编辑们惊喜而又感激。他们无须为作者倔强地拒绝他们的总体建议中的一些建议而负责，这些建议原本会促成一本更好但是十分不同的著作。

我还要特别向两个人致谢。首先是要感谢"牛津现代欧洲史"丛书总编辑、已故的布洛克勋爵。在这许多年里，他对我工作的支持或者对本书最终将有出头之日的信念从未动摇。他的评价总是鼓励性的，是开启而不是关闭一道道大门，甚至连　X

批评性的评价也是如此。我最后要感谢我的丈夫乔治·斯坦纳
（George Steiner），直到他实际上将这本印刷出来的著作握在手
中时，才相信这本著作真的已经完成。我明白他将欣赏这一最
终的成果，远远胜过花费于其上的一个个星期、月份和年份。
至于他是否将发现此书与那种努力相称，这仍然有待观察。

扎拉·斯坦纳

目　录

·上　册·

第一部分　欧洲的重建，1918—1929 年

·下　册·

第二部分　转折岁月，1929—1933 年

地图目录

图表目录

序　幕

第一次世界大战如同一场可怕的火山喷发，在其身后留下 了不可估量的毁灭。数以百万计的人被杀死或者残废，不计其数的其他人因为敌对活动及其后果而流离失所。战争耗费数以十亿（英镑）计；土地和工业遭到摧毁，所有通常的全球性交通、贸易和金融渠道严重中断。各交战国以前所未有的规模供养军队和动员民众，从而重塑了其国内的面貌。战前世界的许多方面逃过了被毁灭的命运，而且甚至保持完好无损，但是几乎没有多少东西不在某种程度上被这场人为的浩劫打上印记。这场战争既是"渠道"（conduit）也是催化剂，"历史的各种洪流通过这个巨大的转换器，带着新近坚定起来的力量和方向而显现"[1]。这场战争的影响还不止于此：它引发了各种新的观点和运动，其震荡在欧洲及其以外的各处被感觉到。甚至在旧的精英阶层仍然在位的地方，他们也面临着一种无论国内还是国外都已经被根本改变的环境，需要扩大应对措施的范围。尽管许多传统的外交模式仍然存在，但为了应对国际版图和议程的巨大扩充，需要新的技巧和机构。就连"欧洲国际关系体系"这一概念本身，也被俄国革命和美国参战粉碎。胜利者及失败者的权力地位因为这场战争持续的长度及其人力与物质代价而改变。世界上的许多金融与商业结构被一扫而空，随之而去的还有其重建所必需的各种条件。战时的行为滋养着对于国家的忠诚，唤起了所有形式的加剧的民族主义。传统结构的崩溃释

放了民族主义的要求以及经济与社会方面的不满，从而在欧洲
4 的许多地方激起了革命运动。自决权这道"令人陶醉的酒酿"
已经抵达中东、中亚、中国和东南亚。这个潘多拉魔盒一经打
开就无法被关上。那些自身摆脱了帝国主义统治的胜利的民族
群体，开始转而反对其内部的种族及宗教少数派。相对于而且
伴随着这种对于"他者"（无论如何定义）的更深敌意的，是
一种对于回归和平和实现战时关于一个更美好世界的各种许诺
的渴望，无论是列宁主义的原则还是威尔逊对于一种新的国际
秩序的愿景，对此都做出了表述。这是一场在欧洲的"景致"
上留下了永久且深长切口的特别的战争。

表 1　战争开支与死亡人数（1914—1918 年）

国　家	开支（十亿美元）	死亡人数（人）
英国	43.8	723000
大英帝国	5.8	198000
法国	28.2	1398000
俄国	16.3	1811000
意大利	14.7	578000
美国	36.2	114000
其他国家	2.0	599000
协约国合计	147.0	5421000
德国	47.0	2037000
奥匈帝国	13.4	1100000
保加利亚和奥斯曼帝国	1.1	892000
同盟国合计	61.5	4029000
总计	208.5	9450000

　　资料来源：Gerd Hardach, *First World War*（Harmondsworth, 1987），153; J.
Winter, *The Great War and The British People*（Basingstoke, 1985），75。

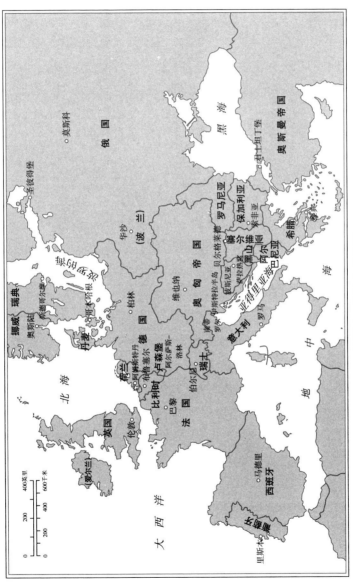

地图 1　1914 年的欧洲

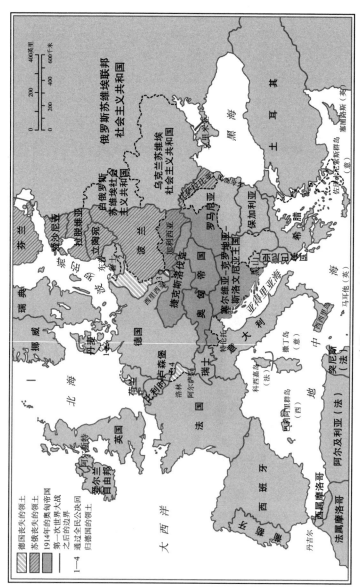

地图 2　1919 年的欧洲

随着协约国与德国在 1918 年 11 月 11 日签署停战协议，一战由此告终。保加利亚率先投降，在 9 月 29 日签订了一份停战协定。当德国在 1918 年 10 月 4 日发出和平呼吁后，奥斯曼帝国（10 月 30 日）和奥匈帝国（11 月 3 日）相继（与协约国）达成停火协议。胜利者欢呼雀跃。协约国及各个附属国家已经挫败了普鲁士军国主义，突然间赢得了曾如此之久不可企及的胜利。但归于平静的只是西线。尽管西面的炮声已经沉寂，和平却仍然未回归欧洲大陆。在东面，各支新近创建的军队正在活动之中，寻求在和平缔造者碰头之前确立国家的边界。哈布斯堡帝国的分裂以及俄国①的内战，意味着这些地区的未来仍然悬而未决。流感席卷全球，死亡人数比一战本身造成的更多。数以百万计的民众因为这场冲突而流离失所，食物、煤炭和住所的短缺，使战时动荡所导致的日常生活更加悲惨。传统权威崩溃或者被推翻，意味着各国政府往往是新的、虚弱的，而它们不得不应对错位与中断所导致的各种紧迫的问题。

在这场大战之后，四个大的帝国烟消云散，其统治王朝成员要么被放逐，要么被杀死。德国在 11 月 9 日宣布成立一个共和国，德皇被迫退位，霍亨索伦王室的统治随之结束。哈布斯堡帝国在 10 月下半月的瓦解与协约国的直接行动并无多大关系，因为在停战协定缔结之前，其隶属的各个民族已经自行解放。一个南斯拉夫族国家在 10 月 17 日设立，这个由塞尔维亚

① 在本书的英文原著里，作者在对 1917 年十月革命后的苏俄或苏联及其公民的称谓方面并未进行严格的区分，往往称其为"俄罗斯"和"俄罗斯人"。译者根据相应时间译作"苏俄"或"苏联"。

人、克罗地亚人和斯洛文尼亚人组成的国家在 12 月 1 日诞生了。① 波兰（11 月 5 日）、奥地利（11 月 12 日）、捷克斯洛伐克（11 月 14 日）和匈牙利（11 月 16 日）相继创立共和国。皇帝卡尔在 11 月 12 日逃亡，而哈布斯堡王朝的消失与霍亨索伦王室一样迅速。在土耳其，尽管政府和苏丹的职位（Sultanate）起初保留下来，但是新政府在穆德洛斯（Mudros）② 缔结停战协定，承认丧失其相当一部分的以前的领地。已由协约国军队占领的君士坦丁堡将由一个拥有英法意成员的高级委员会管治。阿拉伯人的土地脱离出奥斯曼帝国的控制，被置于英法管理之下。希腊人在土耳其伊兹密尔（Izmir）地区获得了一个区域，并且占领了整个色雷斯。在东安纳托利亚，亚美尼亚人和库尔德人的领袖制订了建立独立国家的计划。与此同时，英国人的战时协议同时给予了阿拉伯人和犹太复国主义者希望，他们认为自己的民族渴望将会在巴黎和会上获得承认。沙皇俄国和罗曼诺夫王朝早在 1917 年的革命中消失，沙皇本人及其家人在 1918 年 7 月 17 日被杀害。在 1917 年上台、由自由派支配的临时政府曾继续作战，但是在经历了一系列的军事挫败之后，在 1917 年 11 月被布尔什维克党人推翻。[2] 苏德随之签署一份停战协定，并在 1917 年进行正式的和谈，最终达成了《布列斯特-立托夫斯克和约》（Treaty of Brest-Litovsk）这一条件苛刻的解决方案。俄罗斯人丧失了其战前的欧洲帝国四分之一的版图，包括乌克兰、波罗的海沿岸、芬兰和波兰的领土，以及其欧洲人口的

---

① 这个新的国家起初名为"塞尔维亚-克罗地亚-斯洛文尼亚王国"（Kingdom of Serbs, Croats and Slovenes），1929 年更名为"南斯拉夫王国"（Yugoslavia），意为"南斯拉夫族的土地"（South Slavic Land）。

② 位于爱琴海中央的利姆诺斯岛上。

40%。高加索地区的土地被割让给奥斯曼土耳其人。随着德国 6
人在西线的战败，布尔什维克成为这些前俄国土地控制权的主
要竞争者。到 1918 年底，这个新生的政权被淹没在一系列残酷
的内战之中，抗击着内部的敌人以及形形色色的外国军队。波
兰、捷克、芬兰和乌克兰士兵走上战场，来自英国、法国、美
国和日本的军事分遣队也是如此。尽管协约国领导人对于 1917
年 11 月（俄历十月）革命影响的恐惧在不断加深，西方的许多
人却仍然希望一个自由民主的政权可能将在俄国出现。人们对布
尔什维克的胜利感到非常困惑，各个战胜国对其有着担忧和谴
责，但与之并存的是欧洲劳工和社会主义人士的同情和好感。协
约国胜利者与苏俄新政府之间的关系是非常模糊的，因为协约国
既支持反对社会主义革命的"白俄"（White Russians）①，又对
布尔什维克"红派"（Reds）保证其并不关切俄国的内部事务。
如果说布尔什维克关于阶级斗争和世界革命的信息对于一些人
而言是一种希望，对于其他人而言，德国、匈牙利和瑞士的革
命运动则会提醒他们，一旦布尔什维克革命蔓延至俄国边境之
外，将会发生什么。在 1918—1919 年的那个苦寒的冬天，人们
一点也不清楚这股"赤潮"将止于何处。新的国家已经沿着俄
国边境出现。临时政府曾承认波兰、芬兰和爱沙尼亚的民族渴
望，这些变化得到了布尔什维克的确认。在其 1917 年 11 月 8
日颁布的《和平法令》（Decree on Peace）中，布尔什维克领导
人列宁支持所有民族自决的希望，尽管后来在芬兰和乌克兰的

---

① 白俄流亡者是在 1917 年俄国革命和 1917—1923 年俄国内战之后从前俄罗
　斯帝国领土上出走的俄罗斯人，他们反对苏俄（联）的革命政治气候。许
　多白俄流亡者参加了反布尔什维克革命的"白军"或者为其提供支持，尽
　管这个词通常广泛适用于因政权更迭而离开该国的人。

行为并非如此。协约国的干涉以及德国的停战，使布尔什维克不可能在不进行一种重大军事努力的情况下，重新（对外）强加俄国的统治。

战争的经历不仅仅是给各个国家以及 1914 年以前的国际体系带来了变化。这场战争引发了深远的经济与社会影响，这些影响有着不同程度的烈度和重要性，将在随后的十年乃至更长的时间内回响。战争的费用必须支付，而关于支付负担的分配问题影响到国内及对外的政治。这场战争将新的利益集团引入政治舞台，让一些人获得了更大的权力，他们此前被排除在统治精英之外，或者其影响力曾在更老的社会群体面前被减弱。在品尝了权力的味道之后，实业家和商人不可能不要求在政治程序中发出比他们以前所拥有的更大的声音。此外，大战还给欧洲的劳工状况带来了剧烈的变化。甚至连大多数到这时为止还生活在停滞的、自给自足的社群里的东欧农民，也受到了军事服务以及战时对于其劳动需求的波及。复员带来了占用和土地攫取。乡村农民党派快速成长和扩大。俄国革命的消息传播开来，对巴尔干的农民产生了重大的影响。对于土地改革的压力在整个地区变得如此之强烈，以至于东欧几乎所有的国家在战后这一时期里实施了土地改革。西欧各个城市里的酝酿与东欧的同样显著，即使并非更为显著。劳工的好斗性在 1917—1918 年达到了战时的一个巅峰，骚乱在停战到来之后许久仍然在继续。战争期间劳动力的短缺和各国在回应劳动阶级不满上的无能，已经引发了示威、持久的罢工以及革命行动。劳工运动的政治化与激进化在各个国家大相径庭，取决于其过往的历史以及交战国政府各自的反应。劳动阶级的意识变强，工会和社会主义政党的成员数量和重要性上升。尽管成功的革命在俄国之外罕见，但是俄国的先例所引起的劳工运动的分裂既改变了劳动阶级的政治，也改变了那些掌握政治及经济权力者的态度。在诸如魏玛德国和法西斯意大利的一些国家里，人们寻求的是"社团（主义）解决方案"（corporate solutions）①，但是几乎在所有地方，阶级冲突和分裂改变了政治冲突的内容甚至其形式。甚至连左派的力量也分裂了，劳工运动和工会不得不对共产主义政党的新挑战做出反应。在欧洲的所有地方，社会革命和建立布尔什维克政权的可能性——无论是真实的还是想象的——都让布尔什维克领导下的俄国获得了一种远远超越其直接威胁的重要性。

不可避免的是，战时的各国政府变得更为强大和具有干预性，因为民众和资源被以一种前所未有的规模征召来为国家服务。来自左派的挑战激起了右派的强烈反应，从而加速了政治格局调整之中由战争引入的各种变化。尽管在政治和社会经济态度上的许多变化当中，有些被证明是短命的，但是其他的存活下来，深远地影响着和平解决方案以及战后政治与社会场景的形态。为了获得民众的支持、维持大规模军队的忠诚，政府敲响了民族主义的大鼓。新的宣传技巧和工具被用于保持国内

---

①　这里指的是社团主义（Corporatism），又译统合主义、协调主义、协同主义等。社团主义是一种主张将社会组织成从属于国家的"社团"的理论和实践。它曾是历史上的一种政治体制，根据该制度，立法权交给由工业、农业和职业团体所派遣的代表，许多未经过选举的组织实体掌控决策的过程，而且还在很大程度上控制其管辖范围内的个人和活动。政治学家也用该词来描述独裁主义的国家借由管理许可执照，由官方法人控制社会、信仰、经济或群众组织等过程。由于国家成为这些组织唯一的合法性来源，国家将能有效地指派这些组织的领导人，或限制其挑战国家权威的能力。当"社团国家"在一战和二战之间在法西斯意大利付诸实施时，它反映的是该国独裁者贝尼托·墨索里尼的意志，而不是各个经济集团经调整后的利益。

及前线的士气。其结果之一是，在战后的时期里，每一个国家
的政治家不得不对民众的压力做出回应，这种压力的规模在
1914 年以前未曾出现。另一个后果是引起了民众的各种情感，
这些情感对于秩序和妥协具有高度破坏性。在停战之后对于领
土的争夺以及和谈的过程中，无论是在战胜国还是战败国（尤
其是东欧），种族民族主义（ethnic nationalism）都有所增强。
此外，大战还导致了民众的大规模流动，这种规模无法想象，
不仅从城市流动至乡村，而且跨越国家的边界。随着人口的强
迫性交换，以及男人、妇女和孩子从昔日的沙皇帝国涌出，
"难民"一词具有了一种新的意义。那些逃亡或被驱逐的人成
了新生的国际机构——国际联盟要面对的第一批问题之一。随
着新的移民法在 1920 年代出台，美国人阻止了以前来自意大利
和中欧及东南欧国家的移民流，从而加大了各国政府为人口过
量和失业等问题找到替代性解决方案的压力。

英国首相大卫·劳合·乔治和美国总统伍德罗·威尔逊在
1918 年发表的公开宣言，部分地受到了布尔什维克革命和列宁
演讲的刺激，两人的宣言鼓励对战争感到疲倦的民众想象一个
全新的世界。劳合·乔治在 1918 年 1 月 5 日的工会代表大会
（Trades Union Congress）演讲中提到一个基于"理智和公正"
以及"得到被统治者许可的政府"[3]的新欧洲。首相的这次演讲
在此前的准备过程中经过了漫长的磋商，威尔逊的宣言却并没
有这样。威尔逊三天之后在未预先通知的情况下向国会阐述了
著名的"十四点"和平原则，其中单边地界定了世界和平的
"唯一可能的计划"。他的要点分成两大类——普遍原则和领土
调整。如同前四点所说的那样，前者包括"签订公开达成的和
约"，"确保海上航行的绝对自由"，"尽可能地取消一切经济壁

垒"，以及许诺"国家的军备将被削减至与国内安全相一致的最低程度"。第十四点对于威尔逊来说是最为重要的："必须依据明确的盟约组建一个普遍的国家联盟，以便为大大小小的国家提供关于政治独立和领土完整的相互保证。"关于俄国、比利时、法国、意大利、奥匈帝国、塞尔维亚、罗马尼亚、奥斯曼帝国和波兰领土的规定得到了阐述。极为重要的是，在这些纲领中，威尔逊运用了"民族"（nationality）和"自决"（self-determination）这样的词，声称不同的边界应当根据"历史上确立的忠诚和民族的分隔线"来调整，更大的帝国之内的各个民族应当被给予"走向自主发展的最自由的机会"[4]。列宁曾呼吁一种"不割地不赔款的和平"；威尔逊总统提出了一种政治与经济国际新秩序的前景，它将维护未来的和平。威尔逊发出的信息得到了热烈的讨论，也被进行不同的阐释。对于欧洲的许多人来说，它在一个和平仍然遥远、斗争悬而未决的时刻，带来了对于一个更美好世界的希望。

战争是出乎意料地结束的。最先请求停战的是德国最高指挥部的埃里希·冯·鲁登道夫（Erich von Ludendorff）。尽管德国军方反对停战协定实际的条款，但其政治权力这时已被削弱。德意志帝国的最后一届政府，也就是巴登的马克斯亲王领导的改革内阁，向威尔逊请求基于"十四点"和平原则的停战。尽管军事上遭受了决定性的失败，但是当停战协定在 11 月 11 日达成时，德国军队仍然在法国的领土上。当德军行军撤回德国境内时，这些战败者并不觉得被击溃了。直到那年 9 月底，德国的决策者仍然坚信其能够保住大多数已征服的领土。在接受停战条款时，这个新近创立的共和国的领导者曾谈到一种"公正的和平"，以及参与威尔逊所宣告的那种新的世界体系的希望。他们希望威尔逊总统能在这个共和国及协约国之间调停，以便德国尽管被击败也能保住其大国地位，并在重建的世界秩序中扮演角色。德国人向一位美国总统寻求停战条件，这件事情的重要性并不是没有被大西洋两岸的各个国家领会到。停战的条件是严厉的、不可谈判的：德军从西方及东方占领的所有领土上撤出（尽管直到协约国这样要求时德国才这样做）；交出武器装备和铁路上运行的所有车辆；协约国占领莱茵河左岸以及各个关键的桥头堡，并在右岸设立一个"中立区"；交出所有的潜艇以及水面舰队的大部；保持海军（对于德国）的封锁，直到所有这些条件被达到。这些停战条款与预想的情形以及协约国的目的相比更为严苛，不过即使德国人起初对其感到失望，他们对于威尔逊将在巴黎所扮演的角色的幻想也未能破碎。用德国神学家恩斯特·特勒尔奇（Ernst Troeltsch）生动的语言来说，就是革命后的德国政府将进入"停战期间的幻境"。

10　　对于德国、和平解决方案以及欧洲的未来来说，至关重要的是德国建立了一个宪政共和国，而且激进的革命被挫败。德国的帝国政权在 1918 年 11 月消失，这是旧精英的杰作，随之而来的是普遍的骚乱和工人、士兵委员会的建立。两个温和的社会主义政党夺取了主动权，决定德国应当是一个议会制民主政体，而且秩序应当得到恢复。1919 年 1 月 19 日举行的选举使温和的共和派政党获胜，这些政党包括社会民主党、中央党以及自由主义左派的德意志民主党，它们一道组成了"魏玛联盟"。五天之后，重工业代表和工会代表缔结了《施廷内斯–列金协议》（Stinnes-Legien Agreement），它开创了工团主义社会经济解决方案的前景，使社会民主党领导人更不愿意支持对财产（拥有者）发起任何攻击。在弗里德里希·埃伯特（Friedrich

Ebert）总统的批准下，军队和"自由军团"（Free Corps，由前士兵组成的雇佣团伙）向激进左派下手。柏林街头的打斗（1月10日至15日）最终演变成对极左派社会主义者和共产主义者计划不周且混乱的示威活动的攻击，导致共产主义政党领导人卡尔·李卜克内西（Karl Liebknecht）和罗莎·卢森堡（Rosa Luxemburg）在1月15日遇难。对这场根本名不符实的所谓"斯巴达克团起义"的镇压以及随之而来的"白色恐怖"，对左翼激进派来说是一种粉碎性的失败。2月和3月发生了罢工和武装冲突，而在4月4日至5月1日这一短暂的时期里，巴伐利亚曾建立一个苏维埃共和国。但是所有这些都被镇压。工人阶级里最为激进的派别转向共产党，从而在温和派和极端派之间制造了一条不可逾越的鸿沟。这个新的共和国的许多支持者赞成进行广泛的政治、经济和社会变革，但是所有人都拒绝对国家或者社会进行根本的转变。对于魏玛共和国赖以建立的各种妥协而言，其根本是中产及工人阶级当中那些具有宪政思想的派别之间所结成的一个尚能运转的联盟。这是一种一再受到左派和右派威胁、并不稳定的伙伴关系。这个共和国从一开始就是一个脆弱的产物。

魏玛联盟将威尔逊式和平的希望用作寻求大众支持的一种手段。与此同时，这个政府可能落入布尔什维克主义者手中这一威胁旨在影响协约国的看法。劳合·乔治在1919年3月25日发布《枫丹白露备忘录》（Fontainebleau memorandum），以及美国在3月末开始向德国输送食品，让人们乐观地认为这种策略将会奏效。这样一种认为食品短缺将会导致革命的观点并不是没有效果的。没有3月的骚乱以及想象中共产主义者对政府地位的威胁，英国人是否会加入美国人的行列是值得怀疑的。

11

美国人出于一种既是利己的（美国农产品在战争刚结束时曾经过剩）也是人道的原因，希望结束（对德国的）封锁。大多数德国人当时对战败感到震惊，无法接受这场战争的结果。德国并没有被入侵；当战斗停止时，无论是在东面还是西面，德军仍然处于外国的土地上。埃伯特总统在迎接从法国归来的军队时的一番话反映了德国当时盛行的观点："我向你们致敬，你们从战场上归来，未被打败。"[5]大多数德国人拒绝承认这场军事灾难的真实性，而且由于本国的领土从未经历战争，几乎并不怎么需要别人说服就认为德国是被"背后捅刀"了。

一战之后的和平，正是不得不在这样一个变化中的、动荡的背景下缔造的。当版图被重新安排时，人们并无任何喘息的余地和休息的时刻。政治家不得不应对各种继承下来的或者新的形势，这些形势限制着其决策自由。与政治家在 1815 年的维也纳会议所面对的情形相比，有待解决的问题更多而且更复杂。重建的过程不得不考虑到这样一场特别凶猛的战争，它曾经蔓延至欧洲的边界以外，而且至少暂时地毁灭了正常生活架构的很大一部分。参战国的领导者不得不考虑到美国的显赫地位以及俄国革命和内战的不确定性影响，他们并不适应前者的存在，同时对后者感到恐惧。当时根本没有办法判断还将出现什么样的进一步的变化。这场"大战"从一个源远流长的欧洲国际体系的参与者之间的一场斗争开始；到其结束时，这一体系已经破碎。欧洲的领导者来自战前的世界，这些政治家在瞻前的同时也会顾后。如果胜利的果实要得到保全，他们将不得不以十分不同的方式重新拾起大陆的碎片。在安东尼·艾登（Antony Eden）1976 年出版的《另一个世界，1897—1917》一书中，仍然充斥着对于一个虚幻的黄金时代的记忆，但是无论其对于从战争的炼狱中幸存下来的一些人看上去多么具有吸引力，要回归那种旧秩序是根本不可能的。各种破坏太多，而且其影响太广泛。欧洲的统治者此时是在一个已经变化的世界里发挥作用。

注 释

1. Gerald Feldman, ' Mobilising Economies for War ', in Jay Winter, Geoffrey Parker, and Mary R. Habeck (eds.), *The Great War and the Twentieth Century* (New Haven, Conn., 2000), 168.

2. 本书通篇使用的是西历（公历）或称格列高利历法，而不是俄罗斯人直至 1918 年 2 月 1 日遵循的儒略历［罗马共和国独裁官尤利乌斯·恺撒（又译儒略·恺撒）采用的日历］，公历日期减 13 日等于儒略历日期。

3. 演讲全文见 David Lloyd George, *The War Memoirs of Lloyd George* (London, 1936-8), ii. 1510-17。

4. Wilson, speech to Joint Session of Congress, 8 Jan. 1918, in Arthur Link (ed.), *Collected Papers of Woodrow Wilson* (Princeton, 1984), xlv. 534-9.

5. Quoted in Harold James, *A German Identity* (London, 1989), 116.

第一部分　欧洲的重建，
1918—1929 年

第一章　镜厅：西方和平的缔造

I

　　巴黎和会于 1919 年 1 月 18 日正式开幕。这一地点和日期 15
是由法国人选择的，这是德意志帝国 1871 年在法国凡尔赛王宫
镜厅宣告成立的纪念日。停战之后的漫长等候源于美国和英国
的大选，源于来自世界各个遥远角落的代表们到达所需要的时
间：日本代表团抵达巴黎需要两个月。而且不管怎样，法国总
理乔治·克里孟梭（Georges Clemenceau）建议将和会推迟，直
到那些以前的敌国的政治形势已经明朗化，而且就位的政府能
够讨论和平条款。而在开幕之后又过了五个月，大会才做好准
备向被打败的德国人展示其不容谈判的和平条款，后者是以新
近建立的魏玛共和国代表的形式出席的。从亮相的那一刻起，
这些和平条款、混乱与漫长的起草过程以及起草者的各种个性
与动机，已经受到了猛烈的、持续的中伤。直到 1999 年，人们
仍然还可以宣告说，这场战争最终的罪恶是一份"其苛刻的条
款必将引发又一场战争"[1]的和平协定。此类简单化的评价只是
从 1939 年的角度来看待 1919 年，完全没有考虑到当年在巴黎
实际上创造了什么及其原因。战胜国领袖们所面对的任务之重
大是难以想象的。他们既面临着 1914 年之前欧洲的各种悬而未
决的问题，也面临着大战所造成的种种形势。这些化身和平缔
造者的参战国领导人都了解这场冲突所造成的变化。但是各种

事态相距太近而且经历又过于新近，因而难以评估这些转变的全部性质。人们所能做的最好的事情，就是尽力应对这场大战的那些最为直接和紧迫的后果。当政治家们在巴黎聚首时，国际秩序正处于一个高度错位的时刻。这是一个发生系统性变化的时候，人们有可能去思考一种新的国际机制，以取代一种已经如此引人注目地崩溃的机制。尽管威尔逊宣告的"自由的国际主义"（liberal internationalism）激起了大众的希望，但是在巴黎和会上达成的和约并不代表原则和道义战胜了国家利益。如果说这些和约包含了民主、集体安全（这一术语当时仍未得到使用）和自决的原则，它们同时也反映着对于国家主权、各自而且常常是互相冲突的国家要求。《凡尔赛和约》（Treaty of Versailles）无疑是有缺陷的，但是和约本身并未粉碎其所建立的和平。

无论是当时的欧洲还是巴黎的情况都不利于理性的和平缔造，而对德和约的三个主要的缔造者——克里孟梭、劳合·乔治和威尔逊所采取的混乱方法也于事无补。很难说巴黎当时是举办和会的最佳地点，因为巴黎媒体的种种放肆而被煽起的激烈气氛，很难说有利于进行理性的思考。人们此前提议和会在日内瓦举行，但是被克里孟梭和法国人拒绝。"我从未想过要在他的那个血腥的首都举行此次大会，"劳合·乔治抱怨说，"但是那个老头儿啜泣着，而且发出了如此之多的抗议，我们只好让步了。"[2]在一个住房、燃油和食品严重短缺的城市里，人们没有多少办法来为这样一个规模空前的聚会做准备。和会期间管理上的混乱令人们脾气暴躁，人们的精力原本应当被用于上层政策问题，结果发现自己正在处理整理家务之类最为琐屑的问题。尽管曾对1815年维也纳会议的先例进行过详细的研究，但是维也纳会议与巴黎和会并无多少相似之处。1815年，和平是由5个大国缔造的；而在1919年，有27个协约国出席。英国外交大臣卡斯尔雷勋爵（Lord Castlereagh）当年带着14人参加维也纳会议；而在1919年，英国代表团尽管并不是最大的，但由207人组成，而且得到了一支由打字员、通信员、印刷工人、司机、厨师和侍者组成的相当之大的后勤员工队伍的支持。代表们不仅来自欧洲，而且来自各个大陆，来自大大小小的国家。宾馆的走廊里挤满了请愿者，一些来自不同国家或者即将成立的国家，其他来自各种规模、类型以及具有各种关连的组织。个人吵闹着要获得"要人"的接见。战败国——德国、奥地利、匈牙利、保加利亚和奥斯曼帝国——没有参加，俄国人也没有受邀参与商议。由于外交版图无论在地域上还是国际关切主题上都有所扩大，出席国家的数量以及要求得到倾听的人数之多，就是一个不可避免的结果。未来的和平缔造者对公众的情绪保持着敏感。与一个世纪以前在维也纳聚首的那些人不同，四个主要战胜国的领导人是民选的代表，要对大众选民做出回应和负责。许多人相信，在欧洲的历史上，人民的声音将首次在权力的走廊得到倾听。远远超过500人、渴求新闻的媒体记者加剧了这种混乱。没有哪一个官方的代表团考虑过满足媒体对消息的渴求。尽管威尔逊总统的"十四点"和平原则的第一点就已呼吁"不应有任何种类的秘密国际谅解，外交应当总是坦率地在公众的视野下进行"，但很快就因人们倾向于秘密会晤而被抛弃。并不怎么让人吃惊的是，美国巨大的媒体军团怒号抗议。这些问题未曾困扰过1815年的和平缔造者。

　　对于和会应当如何组织，此前并未进行多少讨论。人们起

17

初预计胜利者之间将在一次预备会议中决定条款，然后与战败国谈判。但是起草对德和约耗费了如此之多的时间与精力，以致"预备会议"很快变成了和会本身。随着各个大国的代表们逐渐发号施令，大会的状况发生了变化。从 1 月 18 日直到 3 月 24 日，在克里孟梭的主持下，一个由英法意美日各派两名代表组成的"十人委员会"，在法国外长位于奥赛码头（Quai d'Orsay，法国外交部所在地）的布置精美的"旧制度"（ancien régime）室会晤。较小的国家获准向该委员会阐述自己的观点，而当其在这样做时，常常是长篇累牍而且情绪激烈的。当委员会向和会的全体会议汇报时，这些国家的代表出席，但全会是少之又少的，而且无足轻重。和会曾几度中断：威尔逊总统在 2 月 15 日返回美国，直到 3 月 14 日才回巴黎；劳合·乔治从 2 月 8 日至 3 月 14 日离开巴黎逗留伦敦；由于一个年轻的无政府主义者在 2 月 19 日企图行刺，克里孟梭曾被迫短暂退出。在他们缺席时，讨论仍在继续，但是无法解决任何重要的事情。日本代表经常性缺席会议。如同 20 世纪的任何一次和会一样，那些极其重要的决定是由极少数人做出的。当首席谈判者们在 3 月中旬重新碰头时，决定将"十人委员会"变成"四人委员会"（Council of Four，也称"四巨头会议"），由克里孟梭、劳合·乔治、威尔逊和意大利总理维托里奥·奥兰多（Vittorio Orlando）举行非正式会晤，会晤通常在威尔逊的个人住所进行。奥兰多从未被平等对待，在对德和约的起草中只扮演了一个次要的角色。劳合·乔治的宣传代理人利德尔勋爵（Lord Riddell）恰如其分地指出："没有任何四个国王或者皇帝能够按照更为专制的路线来举行这次大会。"[3]4 月底，由于各项要求受挫，奥兰多退出，决策落到了"三巨头"手中。克里孟梭、劳合·乔治和威尔逊就其关心的各项条款的每一款进行讨论，有时候甚至是讨论每一个字眼。这些过程是非正式、杂乱而且常常是尖刻的。劳合·乔治一度跳起来，抓住克里孟梭的后颈，逼得威尔逊强行将这两个人分开。直到英国代表团经验丰富的秘书莫里斯·汉基（Maurice Hankey）从 4 月 19 日起出席后，议程才得以创建，他还保存了适当的备忘录。但是甚至到这时，这些巨头取得进展的方式仍然没有多少条理，包括他们将与谁协商，就什么事情做出决定，或者应当将决定告知谁。"三巨头"咨询他们所信任的人，而绕过了传统的顾问，将他们排除出讨论之外，不让其知晓已经达成的结果。那些长期以来习惯于支配欧洲过去的会议的职业外交官发现自己被关在外面，在人数上被超过，在重要性上被压倒。在某种程度上，大战本身以及列宁与威尔逊对于"旧外交"的抨击损害了他们的声誉；而战争很少厚待外交官，所有交战国的外交部在战斗期间黯然失色。此时被提出的各种议题的多样性和复杂性，让"专家们"获得了比以往任何时候更为重要的角色，也就是英国政治情报部或者美国"调查"部门（Enquiry）的人，无论在和会的准备当中还是在巴黎和会本身都是如此。

　　协约国之间围绕对德协议的主要冲突直到 4 月中旬才充分地得到解决，而与意大利人及日本人的争吵进一步减缓了进展的速度。大量详细的工作是由"十人委员会"创立的 52 个委员会（commission 或 committee）① 处理的。三个不同的委员会

---

① commission 通常是为政府所任命与管控，或者负责调查某事并向其汇报；而 committee 并非由政府任命的始创组织下属的一个部分，并向其汇报，往往是在始创组织因为无法从不同地方或者不同领域获得信息而设立的辅助机构。

（commission）处理财政问题。领土问题由多个委员会（committee）进行讨论，后者彼此独立运作，而且常常不知道其他委员会正在讨论什么。尽管曾经假定这些委员会的各项决定将由"四人委员会"审查，但是考虑到时间上的压力，大多数的领土解决方案提议未经进一步考虑就被采纳，其中许多直到 3 月底才做好提交的准备。只有诸如波兰边界之类的几个问题产生了漫长而激烈的讨论。在 4 月最后的几个星期里，和会的步伐变得日益忙乱，人们有很好的理由担心和约草案无法及时准备好。随着时间将到，协约国阵营也日益对德国的反应感到不安。当最终文本定稿时，德国代表团已经在凡尔赛阴暗的水库酒店（Hôtel des Réservoirs）等待了一个星期。和平缔造过程的种种混乱难免要影响其实质。到最后，最终时刻的匆忙压倒了为核对整个和约草案而创立的协调委员会，这份草案超过 200 页，有 440 个条款，其结果是未能消除那些不可避免的不一致之处。四人委员会从未完整地审阅这份草案。战胜国代表团成员也只是在把草案交给德国人之前数小时才看到文本，直到这时，人们才意识到条款的严苛。德国人最终在 5 月 7 日得到了一份和约草案，他们被给予 15 天时间来对其做出一个书面的答复。人们担心任何实质性的改变都将让整个和约崩溃。和平缔造者面对的各种难题远远没有结束。

Ⅱ

从一开始起就显而易见的是，与德国的协议在巴黎将具有首要的和压倒一切的重要性。在其 1918 年的演讲中，威尔逊强调这一协议将是一种"公正的和平"，强调将不会强加任何兼并（annexations）或者惩罚性损害。但不论威尔逊总统的这些信息在柏林是被如何解读的，它们都并没有削弱三位协约国领导人这样一个共同的信念：德国对这场战争承担责任，寻求公正并不排除对于"德国政府对文明犯下的十分重大的罪行"⁴的惩罚。威尔逊和劳合·乔治都认为，一种"公正的和平"并不意味着一种"柔软的和平"。尽管坚持德国是有罪的，但是"三巨头"从未考虑过摧毁俾斯麦所创造的这个国家。德国将作为一个统一的国家得到维持，但是必须防止其重新走上一条导致欧洲浩劫的侵略道路。协约国领导者的分歧之处在于这将如何实现。对于不同的领导人来说，如何对待德国这一问题意味着不同的事情。各国只是因为打败德国这一需要而团结起来的，但并不怎么让人吃惊的是，由于无法掩饰国家利益上的分歧，这些在巴黎的支配性主角很快就将闹僵。

　　从所有意义来说，"德国问题"给法国带来了最大的压力。正如他们一再提醒自己的朋友们的那样，他们为胜利所付出的代价在所有国家当中是最高的。在所有交战国中，法国在服役男性人口方面受损最大；法国丧失了130万名战士，其中四分之一处于18—27岁，并且有70万人受伤。法国北部和东部的十个省与比利时的一些地方一道成为一战西线的主战场。法国工业心脏地带的很大一部分被摧毁。无论是其盟友还是首要敌人都未遭受过类似的影响。德国已经再度证明比法国更为强大，法国只是作为一个联盟的一部分才赢得了胜利。与其被打败的敌人相比，无论是在人力还是物质上，从战斗中走出来的法国受损更大，而且其相当一部分成年人口遭受了精神上的冲击，与德国人对于失败的思虑相比，这种冲击被证明是同样深切的，但更为持久。对于法国来说，重建意味着构建一种新的政治、经济与战略秩序，法国借此可以免受德国再度谋求支配地位之害。在整个 1920 年代，法国领导人沉浸于对德国实力的恐惧之中。法国有一个其他战胜国并不具有的安全问题：只有法国不得不与德国比邻而居。

与人称"老虎"的总理乔治·克里孟梭相比，当时的法国没有几个人对于他们的国家在战后世界的地位有着更为现实的评价，或者更渴望确保其未来的安全。78 岁的克里孟梭也许看上去像是一个过去时代的人，而且其方襟外套（square-tailed coats）、不成形的礼帽、粗大而带扣的靴子以及绒面手套（因为患有湿疹而戴着）突出了这种印象。对于克里孟梭来说，和平解决方案的问题就是法国的安全问题：如何使法国免受德国的再一次侵略。整个法国都认为这是可能的。在不屈不挠地寻求用以加强法国的安全手段中，克里孟梭基于这样一个假定来行事：无论是军事上的失败还是德皇的下台，都不会永久性地削弱德国或者抑制其在欧洲大陆上的野心。德国将不得不被解除武装，但这对于未来的安全很难说是足够的。即使他品味着法国以如此高昂的代价赢得的胜利，但他明白和平如何轻易就会丧失。归根到底，法国的安全需要盟友的支持以及军事、领土和经济上的各种变化，以便限制德国再度侵略法国的能力。无论是莱茵兰还是比利时都不能成为德国未来进攻的平台。克里孟梭还希望和平协议将提供机会，来调整这两个邻国之间并不对等的经济力量平衡，而一战并未改变这种情势。尽管克里孟梭并不排除未来法德经济合作的可能性，这一点在 1919 年的夏天已经得到了讨论，但这只是一种可能性，而且必须按照将会促进法国工业利益的方式来进行。

法国政策的方向掌握在克里孟梭的手中。这位"胜利之父"支配着内阁，并且在法国国民议会拥有强大的地位。1918

年 12 月 29 日，在阐述总体上的和平条件并且强调保持协约国团结的必要性时，他以 386 票对 89 票赢得了一次引人注目的信任表决。但他并不是全然免受国内关切之影响。他与其痛恨的老对手（这种感觉是相互的）、法国总统雷蒙·普恩加莱（Raymond Poincaré）存在分歧，而且与福煦元帅（Marshal Foch）有着强烈的冲突，后者因为未被任命为参与和会的法国代表而十分生气。克里孟梭与那些在领土上贪婪的将军及在莱茵兰的雄心勃勃的下属之间也存在着各种分歧。但是克里孟梭基本上战胜了对其政策的反对，并自行其是。除了对于国内为数不多的几个承诺，他并未带着任何负担来到和平谈判桌之前。他故意拒绝向其最亲密顾问之外的任何人透露自己的外交意图，其中法国驻美国前高级专员安德烈·塔迪厄（André Tardieu）以及工业重建部部长路易·卢舍尔（Louis Loucheur）是最为重要的。法国外长斯蒂芬·毕盛（Stephen Pichon）几乎不扮演什么重要角色。有了年轻的知识分子塔迪厄作为克里孟梭最亲密的亲信，法国外交部失去了权力，只是处理各种次要的事情。

克里孟梭从未低估缔造和平的困难。正如其对普恩加莱所吐露的那样："我们也许无法拥有你我想要的那种和平。法国将不得不做出牺牲，不是向德国而是向自己的盟友。"[5] 作为一个坚韧不拔且倔强的斗士，"老虎"也是一位灵活的谈判者，在寻找走出困难局势的途径方面几乎与劳合·乔治一样灵巧。他的各种天资将受到强烈的考验。在克里孟梭的各项和平目的当中，其首要的目的总是保证与英美的一种永久性联盟，这不仅是由于意识形态上的共通之处，也是因为只有这样一个联盟才能捍卫法国的安全。克里孟梭更为深刻地理解法国的脆弱及其对于盟友的需要，与之相对的是那些在一战结束后如释重负和

22　　自鸣得意的人，他们认为法国能够独行其道，仍然能够实现那些调整法德战前平衡的广泛的战争目的。和会召开之前与劳合·乔治的交流并不鼓舞人心；事实证明，要绑定法国的这个"油头滑脑"的盟友是困难的，但劳合·乔治的支持对于法国来说是必不可少的。然而与这位变幻莫测、难以捉摸的英国首相打交道，肯定比对付倔强而自信的美国总统更为容易。无论是为了获得紧急援助还是为了战后的财政与经济计划，法国都需要美国。克里孟梭尽管不遗余力地向威尔逊献殷勤，但并不信任他，对于"十四点"和平原则的含糊性深表痛惜（"这位'上帝'本人也只满意其中的十点"），对于"乌托邦式的理论家们"以及他们提议的国联并无多大兴趣，除了将其作为法国获得美国保证的一种手段。法国总理的观点与法国国内舆论盛行的风向是协调一致的，他既促成也回应了这种风向。法国的社会主义组织和劳工组织此前已经欢迎威尔逊对于一种新的国际秩序的呼求，但是民众对美国总统的热情在 1919 年 2 月开始退潮，克里孟梭这时可以将创立国联的计划作为一个次要的事情来对待，由前总理及国际仲裁法庭成员莱昂·布儒瓦（Léon Bourgeois）应对。

如果说保住战时的联盟在克里孟梭的和平目的中占有优先地位，那么筹划中的领土上的变化吸引着他更大的注意力和精力，这些变化将强化法国的实力、阻挡德国未来对法国的进攻。克里孟梭坚决要求德国在不经公民表决的情况下归还阿尔萨斯-洛林①，恢复包括萨尔布吕肯（Saarbrücken）和兰道（Landau）

---

① 在 1871 年的普法战争中，普鲁士王国战胜法国后，从法国取得阿尔萨斯大部以及洛林的摩泽尔省并以其设置直辖领。第一次世界大战后德国战败，于 1918 年在法理上失去此地，法国在 1919 年取得此地主权。

周围突出部在内的 1814—1815 年的边界。他支持出于战略和经济上的原因而吞并萨尔地区（Saar）；法国军方希望在萨尔盆地北部获得一条战略性边界，而法国实业家相信，拥有萨尔的煤矿将有助于缓解法国严重的煤炭短缺。甚至在加上萨尔的煤田之后，法国也仍然面临短缺，因此来自德国的煤炭交付在经济赔偿清单上排位靠前。当被迫在领土吞并的问题上做出让步时，法国仍然希望通过拥有那些煤矿，成功地让萨尔人相信加入法国的各种好处。

　　在莱茵河边界以及使莱茵兰脱离德国的问题上，克里孟梭和福煦元帅一样坚决。在咨询克里孟梭后、由安德烈·塔迪厄在 2 月 25 日发布的一份备忘录中，法国的主张包括要求剥夺德国对于莱茵河以西的德意志帝国领土的主权，以及由协约国无限期占领左岸及莱茵河的各个桥头堡。除了阿尔萨斯－洛林，这些德国领土将被分成一个或者更多独立的州，它们将是中立和解除武装的，并被包含在一个"西欧关税区"之内。塔迪厄坚称，法国没有丝毫兴趣吞并莱茵兰的任何一部分，但是他对于它们将被如何管理不置一词。克里孟梭赞成创立一个独立的缓冲国家，但是他在 3 月末被迫放弃这一目标。他仍然希望莱茵兰当地的自治运动能够成功，而且暗中允许或者至少是没有阻止法国占领军鼓励分离主义运动。应当承认的是，他并未给予任何明确的引导，而且常常吃惊于其官员的行为；无论在巴黎还是在莱茵兰，人们所遵循的政策是混乱且相互冲突的。尽管克里孟梭批判了查尔斯·芒然（Charles Mangin）将军对于极端分子汉斯·多滕（Hans Dorten）在 1919 年 6 月 1 日的失败政变的公开支持——这是巴黎和谈中的一个关键时刻——但是他对那些更为温和、可实现的自治建议并非不抱同情，比如科隆市长康拉德·阿登纳（Konrad Adenauer）关于创建一个脱离普鲁士州控制，但仍然保留在德意志帝国之内的单独州的计划。1919 年夏天和秋天，通过宣传和各种经济上的好处来赢得莱茵兰民众支持的行动得到了加强。

在东北面，出于地缘战略上的原因，克里孟梭赞成恢复一个独立的比利时，让其脱离 1831 年的各项协定所施加的中立限制，以荷兰为代价对其边界做出调整，而荷兰将在德国境内获得补偿。如同在莱茵兰的情形一样，其意图旨在阻挡历史上入侵法国的道路之一。从本质上而言，法国希望支配比利时，希望未来的任何战争将是在比利时而不是法国的土地上进行。克里孟梭希望将卢森堡带到法国的政治与经济轨道上，尽管比利时自身也对这个大公国拥有野心，并且打算建立它们自己的经济联盟。这些新的安排预计将强化法国在西方（西线）的安全体系，实现其长期抱有的以牺牲德国为代价来提升自身经济地位的目标。

克里孟梭几乎不可能忽视德国东部边界的问题。法国不得不面对俄国革命所导致的其安全不足的问题。甚至连英国和美国对于西部边界的"保证"，也无法弥补庞大的俄国军队从德国边境上的消失。法国早在 1917 年就已开始考虑在中东欧建立一道"东方屏障"，作为对于德国的一种抗衡。法国人正是因为主要考虑到这一点，才率先公开支持波兰的独立，承认波兰国家委员会（National Committee）广泛的领土要求，这包括但泽和一条通往波罗的海的走廊。正是出于类似的希望，法国支持关于建立一个独立的捷克斯洛伐克的主张，它将包括苏台德地区（Sudetan）的德语人群。法国人还支持一个扩大的塞尔维亚和罗马尼亚。克里孟梭对于漠视自决原则并不觉得多么愧疚，他追求独立、强大、能生存的国家，它们将合作并提供一道对付德国扩张的壁垒以及德俄之间的一道屏障。人们认为这些新的继承国将落入法国的势力范围，而且存在着法国从经济上渗透这些国家的广泛计划。

自冲突的早期阶段起，法国就已充分思考其经济上的战争目的，以及以有利于法国的方式改变法德经济平衡的可能性。法国严重缺乏谷物和煤炭，这些问题将持续到战后时期。在美国参战以及缔结众多关于集中食品、原材料和船舶的协议并由协约国间机构实施之后，这些短缺曾得到缓解。法国试图敦促延长这些战时的安排，以便抗击德国战后的经济攻势，在这些计划当中，法国时任财政部部长艾蒂安·克莱芒塔尔（Étienne Clémental）曾在1918年提出扩大法国的工业基础，与比利时以及一个独立的莱茵兰建立一个关税联盟，以在经济上孤立和削弱德国。但是这些努力都落空了。美国官员决心尽可能迅速地取消战时的协约国间机构，回归正常的贸易模式。他们认为最惠国待遇原则是神圣不可侵犯的，反感协约国间合作的这一整个主张，尤其是以任何制度化的形式进行的合作，而且持续警告协约国不得对德国采取任何种类的歧视性措施。英国尽管赞成某种程度的战后协约国间合作，但是反对废除最惠国待遇原则，也不愿对一个战后的经济联盟做出任何承诺。他们也不会在面对美国强烈反对的情况下支持法国。巴黎和伦敦当局预计美国人要么将集中所有的战争费用，要么考虑取消或者重新分配协约国的战争债务，以将战争的负担平摊在各个交战国身上。由于公众日益要求德国应当以实物做出赔偿、以现金赔付其已造成的毁坏，此类幻想很快不得不被放弃。对于许多法国人来说，让德国以一种具体的方式遭受折磨的愿望，很可能与一种要求赔偿的动机一样强大。

表 2　协约国各国间战争债务（1914—1918 年）

单位：百万美元（当时价格）

借款国	借自美国	借自英国	借自法国	合计
比利时	172	422	535	1129
法国	1970	1683	—	3653
英国	3696	—	—	3696
希腊	—	90	155	245
意大利	1031	1885	75	2991
塞尔维亚（南斯拉夫）	11	92	297	400
葡萄牙	—	78	220	298
俄国	187	2472	955	3614
总计	7067	6722	2237	15996

资料来源：H. G. Moulton and L. Pasvolsky, *War Debts and World Prosperity* (Washington, DC, 1932), 426。

至于克里孟梭本人，他只是聚焦于修补法国所遭受的实际损伤的需要。他对于停战协议草案条款的主要批评，指向其从未提及德国有义务修补其所制造的损害。尽管"损害的修补"条款在其请求之下被加进去，但是他并不打算要求德国承担全部的战争代价，他认为这样只会削减法国在（分享德国）所赔偿款项中的份额。尽管对经济政策的细节不感兴趣，而且在财政事务上出名地无能，克里孟梭对法国的经济利益却有着精明的理解。他并不总是能很好地得到他的顾问们的帮助。甚至在和会开幕前，法国昏庸的财政部部长路易-吕西安·克洛茨（Louis-Lucien Klotz）从（获得）德国赔偿的希望中看到了一条摆脱困境的出路，法国正在为支付滚雪球式扩大的财政赤字而使用通货膨胀的方式，并且为掩盖这种方式而苦苦挣扎。

他并没有声明一个总的数额，但是暗示说德国人能够为战争的全部代价买单。与无能的克洛茨相比，其他一些人的意见对于克里孟梭的分量更大。到停战时，时任商务部部长克莱芒塔尔已经明白无法让美国人支持他的集中安排及其他计划，因此将自己的注意力转向通过（德国）煤炭和原材料的交付以及现金支付，为法国的重建获得协约国最大的支持。但是与克洛茨不同，克莱芒塔尔担心德国马克涌入法国的后果，这将助长通货膨胀，使法国出口不再那么具有竞争力。克莱芒塔尔，后来还有克里孟梭的首席经济顾问路易·卢舍尔准备利用高额赔偿这一要求，作为与美国人讨价还价的一个筹码，不过由于现金转移本身伴随着各种问题，他们继续坚持实物赔偿。

　　主要是由于继续进行经济合作的倡议未能引起美国的积极回应，法国将注意力转向了赔偿，将其作为实现法国经济目标的首要手段。因为法国人无法依赖美国和英国来获得未来的支持，他们聚焦于（通过德国的）赔偿来满足其迫切的重建需要，以及更长时间内目标的实现。赔偿可以为国际上对于德国的经济控制的制度化提供手段，也可以用于调整德国和法国之间经济上的不平衡。面对所有这些争论，在为法国寻求支持的过程中，克里孟梭还不得不防止英美联手反对他的领土及经济目标。他告诫他的军事事务幕僚长（chef de cabinet）亨利·莫尔达克（Henri Mordacq）将军："我们已经赢得这场战争。现在我们将不得不赢得和平，而且这可能更为艰难。"[6]劳合·乔治尤其必须被说服：为了欧洲未来的和平，必须削弱德国和强化法国。

表 3　英国对各自治领和协约国的战争贷款，财年末贷款余额

单位：百万英镑

国家	1914—1915 年	1915—1916 年	1916—1917 年	1917—1918 年	1918—1919 年	1919—1920 年
澳大利亚	6.3	29.8	49.1	48.6	49.1	51.6
加拿大	12.6	28.4	59.5	103.0	72.4	19.4
新西兰	5.8	11.3	18.2	23.0	29.6	29.6
南非	11.7	17.9	17.7	16.7	16.6	15.8
各殖民地	3.1	3.8	2.3	3.1	3.2	3.2
英帝国合计	39.5	91.2	146.8	194.4	170.9	119.6
法国		20.3	191.3	373.0	434.5	514.8
俄国		174.2	400.6	571.2	568.0	568.0
意大利		49.2	157.0	282.8	412.5	457.4
其他协约国	14.2	44.5	78.1	106.2	152.8	180.8
协约国合计	14.2	288.5	827.0	1333.2	1567.8	1721.0
用于救济和重建的贷款			0.9	2.3	2.5	11.6
总计	53.7	379.7	974.7	1529.9	1741.2	1852.2

资料来源：E. V. Morgan, *Studies in British Financial Policy 1921–25*（London, 1952），317。

英国在和会前夕的立场没有法国那么重要，但是比法国更为复杂。在 1914 年，英国曾是卓越超群的强国，尽管甚至在那时，也并没有强大至足以在这场欧洲的斗争中保持中立。如同在过去一样，英国对德国进行了一场联盟战争，但是干预一战所付出的代价，尤其是人力上的代价，远远超过所有人的预期。英国 70 万死难者当中有 50 万以上在西线丧生。由于此前没有几个人想象过会参与大陆上的交战，因此这种冲击更为强烈。获胜的差距如此之小，人员的伤亡如此惨重，刺激着一些人谈

论孤立（于欧洲大陆），或者一旦可行时即从欧洲大陆撤出。无论这一方案可能看上去多么具有吸引力，事实证明撤出是不可能的，不过人们普遍相信干预的代价过高，再也不能重蹈覆辙。尽管如此，从这场战争中走出的英国拥有强大的地位。它曾将一支庞大且令人生畏的陆军投入战场，保持海上交通线的开放，对德国实行了看似有效的封锁，具有成效地动员了英国的经济——许多人相信其比其他任何欧洲国家更具成效。帝国为其提供了帮助，尽管可能在宪法上付出了相当的代价，在一些情况下也不如人们普遍认为的那样具有热情。不过英国也有一些担心的理由。英国工业增长较慢的步伐以及美国和德国对于其在世界工业生产中的份额的威胁，在 1914 年之前就已经引起恐慌。如果说重工业在一战期间已经过度扩张（其衰落将比 1914 年之前更为急剧），由这场冲突催生的各种新的工业行业预计将在战后的世界上迅速增长。如果欧洲恢复元气，英国的工业将再度繁荣。更让人担心的是这样一个事实：英国尽管仍然是世界上的一个债权国，但现在对美国人欠下了 47 亿美元。两国在战前的金融关系被戏剧性地逆转。此外，这场战争还已经摧毁国际汇率制度，这一制度曾经让英国获得一种有利的收支平衡，并让伦敦成为世界金融中心。英国领导人相信通过谨慎的管理及美国的合作，这一地位能够得到恢复。随着战争的结束，曾经为英国过度承担雇佣性军事资源的爱尔兰、印度和埃及也面临着种种困难的情形。英国海军仍然是世界上最大的，但是美国正在作为一个强大的对手出现，计划建造一支"首屈一指的海军"。英国仅仅是因为其帝国而强大。

在英国政治领导人思考该国应当在战后世界重建中扮演什么角色时，存在着各种各样嘈杂的声音。"大西洋主义者"（Atlanticists）

28 认为英美的联合将支撑和培育新的世界秩序。"欧洲主义者"（Europeanists）声称英国的卓越地位将依赖于重建一个稳定且繁荣的欧洲，德国将在其中占有一席之地。"帝国主义者"（Imperialists）期待一个扩大的、得到重建的帝国，将其作为投资和贸易的源泉，认为其帝国的力量将使英国能够追求一种独立于美国这个主要潜在对手的政策。还有人主张，应将注意力从大陆上的斗争转向国内新近扩大的选民人群的更为紧迫的需求。尽管这些不同而且常常相互重叠的群体的影响各异，但他们的多样性反映了英国形势的复杂性。英国在 1919 年的权力与影响力完全可以与战前相提并论，但是更容易受到一个更为"原子化"世界的后果的影响，战前世界秩序的解体导致了这种"原子化"。此时已经再也无法回归"不列颠治下的和平"（Pax Britannica）。

劳合·乔治期待着其在巴黎的逗留。这位"威尔士奇才"是一位优秀的谈判家，敏捷、机智且令人信服。他擅长化逆境为顺境。他充沛的精力和方向的快速转变让克里孟梭和威尔逊既被逗乐又被触怒。有一次在观看歌剧《塞维利亚的理发师》（The Barber of Seville）时，克里孟梭咕哝道："费加罗（Figaro，该剧中的主角）时而在这里，时而在那里，他有点像劳合·乔治。"[7]在民族主义和反德情绪的爆发中，1918 年 12 月 14 日的"卡其选举"（Khaki election）①已经表明一种向右的突然转向，这些情绪是英国政府为防止平民有厌倦感而在 1918 年下半年鼓动的，并且得到了一些媒体的煽风点火。劳合·乔治已经谈及一种"公正得严厉、公正得无情的"和平。12 月 5 日，他要求

---

① 在英国的议会制治理体系中，"卡其选举"指任何利用战时或者战后情绪而博取多数人投票的全国性选举。

以"严重违反人道罪"审判作为"首犯"[8]的德国皇帝。尽管有关创立国联的主张在所有党派中得到了热情的支持，但是对于惩罚和赔偿的要求席卷了英国。每一名反对一种严厉的和平的候选人都被打败。战时的联合政府以大的优势重新上台，这场选举被认为是劳合·乔治个人的胜利。而实际上，这是其所领导的政府中的保守党人的一场全面胜利。这位对民众情绪高度敏感的首相，不得不与下议院的保守党后座议员们打交道，对他们的控制有限。尽管他们的要求消耗着他相当的雄辩及策略性力量，但是在消解批评人士的敌意和保持其对于同事及下议院的最高权威方面，他极其足智多谋。外交部官员，甚至外交大臣阿瑟·贝尔福（Arthur Balfour）的重要性，在战争期间早已被劳合·乔治降低，他们现在不得不通过首相的密友菲利普·克尔（Philip Kerr）来获得信息，甚至是找到首相本人。克尔是具有影响力、支持帝国进行更紧密联合的期刊《圆桌》（*Round Table*）的编辑。财政部和商务部、服务性部门、特别 29内阁委员会，以及帝国事务和英国事务大臣，都思考英国的政策，从而进一步削弱了职业外交官的角色。

劳合·乔治从不缺乏自信，他自视为和平谈判桌上的"诚实掮客"，以及人们之间和国家之间的调解者。对他来说，如何对付德国的问题，就是如何惩罚德国但又保持一个稳定的、在经济上健康的欧洲的问题。在他看来，一个成功的和平协议将需要德国的顺从和法国的自我控制。如同威尔逊一样，劳合·乔治相信这个和平协定应当是公正而严厉的。他毫不怀疑德国的罪行。1918 年，出于个人的倾向以及政治上的方便，他支持一种将让德国人获得"一次无法忘却的教训"的和平。德国必须受到惩罚、约束和威慑。但是他明白这个被打败的敌人无法永久性地被保持在一个从属的地位。让德国渴望复仇既不符合欧洲大陆也不符合英国的利益。未来任何的"阿尔萨斯-洛林"问题将只会激起德国人的民族主义情绪。这位首相想要的是一个德国人作为其失败的代价而愿意接受的协定。他期待构建一个稳定的欧洲，它将包括一个得到惩戒的德国，拥有一种并不需要外来干预的自我调节机制。在这种以新的方式创造的平衡中，英国将作为关键的国家保持其影响力，但要以尽可能最低的成本来实现这一点。英国内阁存在着一种强烈的愿望，就是回归曾经如此之久地满足英国国家利益的那些传统的和平、稳定及贸易政策，劳合·乔治本人也完全拥有同一愿望。但是，人们需要的不只是恢复原有的"均势体系"，尽管这并不意味着威尔逊的国联将取代这种战前的大国外交机制。如果欧洲归于和平，英国人就能专注于自己的帝国利益。

通过展示没有几个人能够匹敌的机敏，劳合·乔治设法在为期数周的和会之前或期间实现了英国的大多数战争目的。停战使英国获得了德国舰队的大部，直到它们被德国人于 6 月 21 日在斯卡帕湾（Scapa Flow）凿沉。英国将很快获得德国商船队的大部分。到战争结束时，德国的殖民帝国主要落入了英国或者英帝国的手中。在德国海军和帝国的威胁消失后，英国能够以一种更为超然的眼光看待欧洲大陆事务。当克里孟梭在 1918 年 12 月对伦敦的一次访问中概述法国的各项要求之后，显而易见的是，安全和稳定这一对目标对于法国总理和英国首相而言有着不同的分量。英国在欧洲没有任何领土要求。他们将会坚持恢复比利时——这是他们起初干预时所宣称的原因（即使并非真正的原因）——以及支持法国对于阿尔萨斯和洛林的主张。劳合·乔治的军事顾问们对于法国在莱茵河上的军事前沿抱有同情，但是首相怀疑法国的吞并主义野心，坚决反对将莱茵兰从德国脱离出来，而且拒绝协约国在莱茵河上保存军事存在的主张。他对萨尔地区持一种开放的态度。他认为德国应当被解除武装，不过这只是作为一种手段来满足民众让英国军队复员和结束征兵制的普遍要求，它在1918年底才成为英国的一个战争目的。劳合·乔治带着相当的怀疑来看待克里孟梭的领土目标：他根本不想让法国取代德国，成为欧洲的霸权国。尽管首相承认法国对于安全的需求，但是如果法国的欧洲"保险"政策失效，他根本不想成为法国的承保人。

如同美国人一样，英国人认为他们在决定东欧的各种安排上将扮演"诚实掮客"。英国人相当支持自决的原则，在外交部的一些部门内尤其如此，这些部门的官员们认为如果基于民族及自决的原则，和平将得到最好的保证。劳合·乔治迟迟才接受哈布斯堡君主国瓦解这一主张，他跟随法国人从事波兰独立事业（他对此并无热情地接受下来），以及承认波希米亚人和南斯拉夫人的抱负。但是，对于一个重新建国的波兰的规模和边界，以及关于捷克斯洛伐克和塞尔维亚-克罗地亚-斯洛文尼亚王国未来边界的不确定性，伦敦当局的英国专家之间并未达成任何一致。法国人考虑将波兰作为一道对付德国人以及如果"白俄"被打败时对付布尔什维克俄国的屏障，而劳合·乔治更为关心的问题是将大量的德国人口纳入波兰所造成的不稳定，以及其引发未来冲突的可能性。人们对于各种主张有着不同程度的支持，比如德奥同盟，英国官员们认为这不可避免；以及在东南欧建立一个巴尔干联邦的主张，它将促进稳定，为英国的金融与贸易提供受欢迎的机会。对于该地区怀有广泛经济野心的并不只是法国人。

31 　　正如法国的情况一样，有关德国对于战争费用的责任问题，必须从对德国在战后发起一场经济攻势的担心这一背景来看待。在战争期间，英国的规划者们还考虑过针对同盟国的一揽子区别性贸易措施，但是由于美国的反对以及国内自由派和劳工界的消极反应，这些建议被放弃。这场关于德国责任的讨论的关键，在于只是为战争在协约国各个国家里制造的损害与毁灭做出赔偿，还是赔付协约国在这场战争过程中所承担的更大的全部耗费。对于英国战后地位的担心影响着财政部对赔款和赔偿的看法：财政部希望将德国的责任保持在一个水平上，这样将既不会干扰正常的贸易方式，也不依赖于德国制造贸易顺差而伤害英国的贸易和工业。尽管财政部发言人约翰·梅纳德·凯恩斯（John Maynard Keynes）曾计算出一个 30 亿英镑的总额［这甚至并不足以支付协约国的物资损失（material damage）］，但是财政部最终得出结论说，如果德国只赔付 20 亿英镑，将最符合英国的利益。这些数字并不是由负责赔偿事务的内阁委员会（Cabinet Committee）在 1918 年 11—12 月碰头时得出的，该委员会由澳大利亚总理威廉·休斯（William Hughes）主持，他是一个主要的反德发言人，是高额赔偿的支持者。该委员会的成员们支持巨额赔偿（提到的数额是 240 亿英镑）。他们的最终报告建议德国人应当被要求"弥补财产的毁灭，并向协约国赔偿战争的耗费"[9]。尽管内阁里在赔偿政策的几乎每一个方面都存在着分歧，但是大多数人同意德国应当被敦促进行尽可能高的赔偿，只要不是需要一支占领军。在这一结论的背后不仅是反德情绪在竞选期间的剧增，而且是因为英国自身财政上的虚弱以及自治领的赔偿要求。直到选举前夕，劳合·乔治曾经对这一问题采取了一种谨慎的态度，不过其对于为英国获得战争赔偿的基本追求在竞选之前已经形成。内阁决定采纳休斯委员会的报告，并命休斯、萨姆纳勋爵（Lord Sumner）、坎利夫勋爵（Lord Cunliffe）这些著名的强硬派加入协约国赔偿委员会（Inter-Allied Commission on Reparation），表明在巴黎的英国谈判者们将要求一个远远超过财政部所认为可能的或者明智的数额。德国人已经输掉了这场战争，他们应当为其付出代价。

任何超出物资损失赔偿之外的要求都必将导致与美国人的冲突。《兰辛照会》（Lansing Note）在停战协定之前的 1918 年 11 月 5 日发布，曾作为停战条款的一部分被德国人接受，该照会明确规定应当为"德国的陆地、海上和空中的侵略"[10]对平民人口及其财产所造成的损害做出赔偿。尽管英国外交部以及财政部认为这预先排除了对于战争费用的所有索求，但是首相及其内阁的大多数人的看法并不是这样。在竞选期间发表的演讲中，选民被鼓励相信政府将要求德国支付全部战争开支。甚至在威尔逊于 12 月抵达伦敦，坚称不应当对德国索取任何赔款（indemnity）的情况下，劳合·乔治也拒绝退却。由于仍然要极其小心维护与美国总统的这一至关重要的关系，这一问题当时并未得到敦促。

有关创立国联的主张从 1917 年以来就在英国讨论着。更为关切赢得这场战争的劳合·乔治对此并不是不理解，他允许继续考察这一主张。1918 年 3 月 20 日，由外交部官员及历史学专家组成的菲利莫尔委员会（Phillimore Committee）提议由战胜国结成一个联盟，它们将保证在未将争议提交仲裁，或者提交给将为和平解决提出建议的成员国大会的情况下，不得诉诸战争。不服从的国家将被制裁。尽管受到一些人的批评，尤其是

32

菲利普·克尔和具有影响力的南非①总理扬·史末资（Jan Smuts），他们认为其过于谨慎，但是到战争结束时，人们所达成的共识是英国的规划应当沿着该委员会的路线前进，而不是向着一个更为激进的方向。在停战谈判开始之后，这一问题再度得到了讨论，在美国总统到达欧洲前数周，内阁开始讨论英国在即将到来的和平谈判中的策略问题。当时看似存在着两种可能的谈判立场：要么与法国结成一种伙伴关系，像克里孟梭所提议的那样支持一个得到加强的法国；要么与美国人合作，并接受威尔逊的替代性世界秩序。内阁的意见决定性地集中于后一立场。内阁此时已经面临着强大的压力，必须远远超越表面文章，认真地考虑这一新的国际机构（指国联）的形式与角色。1918 年 11 月，国联联合会（League of Nations Union）②成立，由来自所有政治派别的成员组成了一份庞大而令人印象深刻的名单，其目的是专门聚焦于推动支持国联的宣传。由于其成员的广泛性以及与每个政党的紧密联系，这一新的组织不容忽视。在 11 月底，曾经负责封锁事务的前大臣罗伯特·塞西尔（Robert Cecil）被委任领导外交部的一个新的国联（事务）部门，并被要求为创建国联起草建议。12 月 17 日提交的"塞西尔计划"（Cecil plan）遵循了菲利莫尔委员会的建议：国联将是一种大国的会议体系，拥有一个永久性的秘书处，以及一个解决争端和施加制裁的结构。与此同时，正在为英国准备和会简报并且强烈支持美国人的定位的史末资将军，在其向战争内

33

---

① 南非在 1931 年从英国获得完全的主权，但是直到 1961 年才经公民表决之后成为一个共和国。

② 国联联合会是 1918 年在英国成立的一个组织，其宗旨在于促进国际正义、集体安全以及建立在国联各种理想之上的一种永久的和平。该组织后来成了英国和平运动中最大且最具影响力的组织。

阁提交的报告中，以及同样在 12 月发布的一本具有影响力的小册子《国联：一个切实可行的建议》里采纳了这一观点。他以最具说服力和动人的语言，阐述了建立一个强大的国际组织的理由。史末资坚称，只有一个有效的国际机构才能维持和平，处理军队和军备的问题，保护和支持在俄国、奥匈帝国及奥斯曼帝国崩溃之后遗留下来的民众。委任统治制度（mandate system）肇始于此，这一制度经英美在巴黎进行大量的讨论之后，还被延伸至德国的殖民地。史末资还勾勒了一些计划：建立一个具有广泛权威而且中小国家获得少数派代表地位（minority representation）的执行理事会，以及一个全体大会和永久性秘书处。由于被迫考虑劳合·乔治将与威尔逊讨论的问题，帝国内阁在 12 月 24 日就国联问题进行了一次全面的讨论。内阁拒绝了"和平的保证"（"集体安全"这一术语直到 1930年代才得到使用），以及菲利莫尔、塞西尔和史末资建议中包含的自动制裁条款。内阁选择遵循最高委员会（Supreme Council）或者帝国战争内阁的路线，建立一个不那么正式的国际机构，它将提供一种国际讨论机制，但是不会让国家主权受到损害。

就劳合·乔治对国联的态度而言，威尔逊在该月月底对伦敦的那次成功访问很关键。首相相信通过支持这一新的机制，他将再度在英美两国意见不一的其他问题上获得美国的支持，并且赢得美国对欧洲未来的稳定所承担的责任。此前与福煦及克里孟梭的会晤并不令人感到宽慰；对于促成英美友好关系而言，（支持）国联是一个可以接受的代价。与此同时，劳合·乔治将令那些十分高调的"新外交"的支持者感到满意。他一心一意致力于与威尔逊建立一种伙伴关系，而且从一开始就拥

有一些相对于克里孟梭的优势。劳合·乔治和威尔逊对于欧洲未来的稳定有着共同的兴趣，而且强烈地倾向于在欧洲大陆的

34 冲突中采取一种不干涉的政策。尽管他们面对的安全形势显然不同，但是威尔逊和劳合·乔治对于一个复兴的德国的恐惧更少，收获却将会更多。英美之间的联系在战争期间已经形成并且扩大，在金融界尤其如此，这指向了一种将让法国边缘化的战后伙伴关系。一种共同拥有的道德自由主义（moral liberalism）传统，在英国民众对于威尔逊新的国际秩序愿景的热烈反应中得到了体现。但是劳合·乔治行事谨慎，与威尔逊的合作并不是没有风险的。英国将与法国保持紧密接触，以防与美国的伙伴关系破裂，或者威尔逊未能在国内推行自己的计划。英国外交部最有洞察力的官员之一的艾尔·克罗（Eyre Crowe）在备忘录中这样写道："毕竟，我们必须铭记我们的朋友美国在遥远的地方。法国则蹲在我们的门口。"[11]实际上，与威尔逊的合作只持续到劳合·乔治在和会最初几周已经实现其迫切的目的之时。此后谈判的"原子化"（碎片化）妨碍了永久的伙伴关系，而合作倾向于依具体事情而定。

1918 年 12 月，当伍德罗·威尔逊作为首位访问欧洲大陆的美国在位总统来到欧洲时，他受到了人们带着狂热赞誉的迎接。在其行进的过程中，处处是欢呼的人群和鲜花；街道、广场和桥梁被重新命名以向他致敬。但无论是在他自己的国家还是各个战胜国里，这种理想主义的高潮未能持续下去。威尔逊的声望和谈判力量在 1918 年 10 月处于巅峰；一旦这位总统跨越了大西洋，其声望和谈判力量将下降，而在其于 1919 年 3 月回到巴黎时将暴跌。处于变化中的国内政治氛围对和平协定产生了重要影响。在 1916 年作为一位民主党总统重新当选时，威

尔逊曾发誓将让美国置身于战争之外。威尔逊对于召开一次民主党大会的要求被拒绝，而且在 1918 年 11 月 5 日的国会选举中，共和党获得了对国会两院的控制权。威尔逊个人及政治上的敌人亨利·卡伯特·洛奇（Henry Cabot Lodge）成了十分重要的参议院外交关系委员会主席。威尔逊清楚自己在国内政治上的脆弱以及日益上涨的好斗浪潮，但是他陷入了其抵达欧洲时所受到的激动人心的反应之中，这种反应加强了他的自信，他相信能够为其和平的战后世界的新愿景赢得"人民"的支持。巴黎大戏中的这个悲剧性人物将因为误判而蒙受耻辱。

让一位美国总统在欧洲大陆事务的安排中成为核心人物，35 这在欧洲历史上还是首次。在欧洲的重建中，美国实际的和潜在的实力将不得不得到考虑。威尔逊总统很清楚美国此前的干预为协约国带来的至关重要的不同。他同样认识到，在一个欧洲所有国家正因战争的影响而受到折磨的时刻，美国作为首屈一指的金融和经济力量所拥有的独一无二的地位。美国参与这场斗争是基于这样一种假定：德国军国主义的失败将让美国在塑造和平方面成为主要的代言人。就在 1917 年以前，他曾希望美国也许能够在交战国之间调停，而在美国参战之后，他将自己的国家视为欧洲的仲裁者，是这场冲突中唯一真正公正无私的大国。对于威尔逊来说，眼前的真正问题是如何利用战争结束及和平缔造所带来的机会，重新塑造一种世界秩序。这个问题超出了与德国的协议本身，也许这就是为何在"三巨头"当中，他对巴黎和会的最终结果将是最为失望的。威尔逊对于一种"公正的和平"和一种"新的世界秩序"的吁求在协约国及敌方阵营都产生了种种反响。能够解释威尔逊来到欧洲时所受到的欢迎热潮的，正是这一对于一个没有战争的未来的愿景以及美国权力的现实情形。

这位高大、一本正经的前普林斯顿大学校长喜欢说教和诉诸更高法则，他带着最高的期待来到了欧洲。他曾对国会说，美国的使命是"救赎世界，使其适于像我们这样自由的人生活其中"[12]。如同其如此之多的美国同胞一样，他坚信美国已经通过远见和设计，摆脱了已经成为欧洲历史标记的战争与压迫的循环。其他国家能够学习和受益于美国的这一非凡的经历。欧洲的这场冲突坚定了威尔逊的信念：过去的均势和联盟体系破产了，正是欧洲领导人的不负责任将这片大陆引向了灾难性的战争。这位"严肃的新教布道者"要求其美国同胞们应当展示走向一种国际关系新概念的途径，这种关系将使人们能够生活在和平与和谐之中。他的观点是一种新的自由国际主义的表达，旨在迎接破产的欧洲和新的布尔什维克信条的挑战。这种关于美国的独一无二性和欧洲堕落的观点由来已久；在过去，这些观点已经滋养了美国的孤立主义。威尔逊呼吁美国进行干预以及在塑造这种新的世界秩序中扮演一个最重要的角色，由于并不受到任何国家的威胁，这一呼吁代表着对于传统政策的急剧背离。

威尔逊对于这个战后世界的愿景从未得到详细的阐述。如同其他两位协约国领导人一样，在其对于和平的思考中，他排斥除几名亲密伙伴的所有人，包括国务卿罗伯特·兰辛（Robert Lansing）。威尔逊转而起用其最亲密的亲信爱德华·豪斯（Edward House）上校为首席顾问和代替者，直到威尔逊于 3 月中旬从美国回到巴黎后豪斯失宠时为止。由于威尔逊倾向于不暴露自己的意图以及避免会议前的谋划，在其乘坐"乔治·华盛顿"号（SS George Washington）前往欧洲时，他与随行为代表团提供建议的许多美国专家之间并无私人接触，尽管他们可能为总统的声明感到高兴——"你们告诉我什么是对的，我将为之而斗争"[13]。威尔逊有意阻止公开讨论有关国联的事情，在到达欧洲时，他对于国联的组织只有模糊的概念。第十四点宣称"必须依据明确的盟约组建一个普遍的国家联盟，以便为大大小小的国家提供关于政治独立和领土完整的相互保证"。"盟约"（covenants）这一词语的运用强调了这一新的社会契约的精神基础，该契约将取代已经如此悲剧性地失败的旧制度。在其早先的一些演讲中，威尔逊呼吁由所有国家和为所有国家提供政治独立和领土完整的普遍保证。1918年8月，他敦促推行一种普遍的强制性制裁和全面裁军的制度。但无论是在威尔逊来到欧洲之前或之后，他从来没有说明这一新体系将如何组织。"十四点"和平原则根本没有明确提到"自决"，在德国以及后来在东方的解决方案中，这一概念更多是因为被违反而不是得到遵守而闻名。该概念最初是由威尔逊在1918年2月11日美国国会的一次联合会议上公开发表的，此次会议旨在思考同盟国对威尔逊的和平条款的回应。将被添加到"十四点"中的四条原则强调有必要考虑相关国家的利益及民族主义渴望，告诫不能将"民众和省份"只是当作"一场博弈，甚至是现在已永远声名狼藉的均势大博弈中的奴隶和走卒"[14]。但是甚至在这里，对于自决的肯定也只是一种笼统的说法，可能得到不同的理解。同样含糊的是有关让奥匈帝国各个民族自主发展以及对意大利的边境进行调整的许诺。比利时的腾挪和恢复是必不可少的，但是"十四点"当中涉及阿尔萨斯-洛林的归还以及恢复一个能够自由和安全地进入海洋的独立波兰的部分，却留下了许多悬而未决的问题。只是在前往巴黎途中与劳合·乔治

37

的谈话中，威尔逊才表明他将反对法国人所要求的一个扩大的阿尔萨斯-洛林，或者将萨尔盆地纳入法国的范围之内。同样含糊的是，威尔逊要求"尽可能多地消除所有的经济壁垒和建立一种贸易条件上的平等"（"十四点"中的第二点），以及不索取任何赔款而只要求少的赔偿（no indemnities and low reparations）。威尔逊期待着一种新的、安全的世界秩序，它将促进美国的经济目标，安全与繁荣是紧密联系着的。他相信，一种资本主义的自由贸易经济对所有国家都是同样有益的。如同格莱斯顿①派一样，威尔逊认为自由的竞争、门户开放政策以及结束政府的干预性控制，将促成世界的和平与繁荣。总统并未考虑其国家的新的经济力量如何能得到利用。如同如此之多的其他问题，在总的原则之外并不存在任何具体的战争目的。

表 4　美国的美元贷款（1915—1919 年）

单位：百万美元（当时价格）

国　家	1915 年 1 月— 1917 年 4 月	1917—1919 年 （《自由债券法案》）
协约国		
法国与英国	2102	7157
俄国与意大利	75	1809
加拿大与澳大利亚	405	［＊］

---

① 威廉·尤尔特·格莱斯顿（William Ewart Gladstone，1809—1898），英国维多利亚时期的首相和自由党领导人。格莱斯顿自由主义以其名字命名，主张有限的政府开支和低税收，同时确保政府预算平衡以及自由主义对于自助及选择自由的经典强调。它还强调自由贸易、政府对经济的较少干预以及通过制度改革实现机会的均等。它在英国被称为自由放任的或者经典的自由主义。

续表

	1915 年 1 月— 1917 年 4 月	1917—1919 年 （《自由债券法案》）
德国	8	0
欧洲各中立国	12	344†
其他国家	72	126
总计	2674	9436

＊被包括在“其他国家”之中；†代表希腊和比利时。

资料来源：Barry Eichengreen, *Golden Fetters：The Gold Standard and the Great Depression*, pbk. edn. (1992)，84。

从美国的角度来看，经济上的和平（economic peace）的主要目的是欧洲人将被鼓励尽可能迅速地重建其经济和恢复世界贸易，以便有充足的资金来偿还他们对美国的债务和购买美国的出口货物。如果德国在财政上被重创，这种正常状态的回归就会被推迟。随着德国重建并回归健全的财政措施，欧洲将得到恢复，偿清战争的代价，并且繁荣起来。在巴黎，威尔逊集结了一群引人注目的财政与经济专家，包括财政部助理部长和他的首席财政顾问、已经与凯恩斯有着紧密联系的诺曼·戴维斯（Norman Davis），来自美国最大的海外投资机构 J. P. 摩根公司的托马斯·拉蒙特（Thomas Lamont），但是后来的事实将证明这一设想远比专家们预期的更加难以实施。美国官员及金融与商业领导人一致认为，由法国和英国提议的那种类型的限制性贸易措施将推迟世界的恢复，还会对美国的利益造成不利影响。威尔逊的助手们很快退出现有的协约国理事会，并且否决了延长战时的集中安排的企图。在一定程度上，这种对经济合作的拒绝因为一种共同的信念而得到加强，这就是从最大的效率及国际和平出发，经济事务的管理应当回归到私人手中。　38

美国人也不希望继续各种可能让英国人在经济中获得一种更大管理权力的安排。负责救济行动的赫伯特·胡佛（Herbert Hoover）深深怀疑欧洲人的动机，反对任何导致协约国之间控制美国资源的计划。只是在他将指挥救援行动这一要求得到接受之后，胡佛才同意一个短暂的协约国间食品控制计划。

如同美国财政部和绝大多数美国民众一样，威尔逊认为协约国各国政府必须偿还在战争中向美国欠下的巨大债务。正如美国未来的总统卡尔文·柯立芝（Calvin Coolidge）在他的一句精辟的警句中所说的那样："他们借过钱，不是吗？"财政部打算利用这些资金来控制通货膨胀和减少国债，美国政府1916年负债1230亿美元，至1919年已经翻了一倍以上。当时有一种普遍的观点：在协约国的战争债务与德国的赔款之间不应当发生任何联系。财政专家们赞同应当对战争损害做出补偿，但不是对战争耗费做出赔偿。他们想要的是一个将在30年内支付的固定且合理的数额。威尔逊的首席财政顾问诺曼·戴维斯在1月初提到了一个100亿—200亿美元的数字。对于欧洲的困境以及恢复国际贸易与美国繁荣之间的联系，美国财政部并非无动于衷。财政部考虑向美国的出口商提供长期贷款，并在一个过渡时期内向欧洲人提供小额信贷。但是，无论在回归正常贸易的过程中可能将伴随怎样的困难，都将由私人银行家负责化解。美国人之所以拒绝将战争债务与赔款联系起来，也是基于对欧洲通过自我努力和私营企业努力来恢复的种种假定，欧洲人认为这些假定低估了这场战争的毁灭性。在早先延长协约国间合作的种种努力受挫之后，法国和英国继续敦促保持这样一种联系。在其于1917年7月写给豪斯上校的一封被大量引用的信中，威尔逊总统指向战争结束之后的一个时刻，当战争结束时，"我们能够迫使它们（协约国）接受我们的思路，因为到那个时候，它们在金融上还有其他方面将处于我们的掌握之中。但是我们现在无法强迫它们"[15]。但金融这个武器是一件生硬的工具，美国政策不会这么严厉。要求支付战债以及阻止信贷流向协约国将只会制造敌意和不团结，这是威尔逊希望避免的。此类行为也不符合美国的利益。考虑到美国与协约国经济目标之间的显著分歧，如同《凡尔赛和约》其他部分的许多方面一样，如果终究要达成和约，在经济方面实现和平也将不得不是一种妥协。

威尔逊的理想主义并不是天真的，它总是与其对于所面临形势的实际情况的精明理解结合起来。不切实际的人不可能成为美国总统。他明白其宏大的计划将激起反对意见。他也明白英法受到各种影响领土解决方案的战时协定的约束，美国并不是这些协定中的一方，而这可能违背威尔逊总统的立场。总统的诺言要想实现，就不得不经历一个讨价还价的过程。威尔逊当初将干预这场战争与其对于一个和平未来的愿景联系起来，其目的在于吸引美国选民中一个在政治上具有影响力的人群。类似地，他向协约国的转向及停战条款的修改必须从实际的政治角度来看待。他不得不既考虑到国内正在变化中的政局，又考虑与在巴黎的协约国领导人达成协议的需要。其所在的民主党在 1918 年 11 月的选举中失利，导致总统在抵达巴黎后对德国人采取了一种更为强硬的路线。考虑到国联问题将在参议院面临种种困难，威尔逊决定其和平计划核心部分的"盟约"应当成为对德和约的一部分。尽管威尔逊后来在参议院围绕国联问题展开的斗争中处理得极其不当，但当他在巴黎进行讨价还价的时候，他明白对德和约必须满足国会多数党（共和党）和

40 选民的要求，他们已经反对一种宽大的和平。即使赢得了国内的战斗，威尔逊也将依赖于其和平缔造者同伴们来捍卫这一和平协议。总统的"胡萝卜与大棒"被证明远远不如其所期待的那样有效。这部分是因为他所能做的事情受限于其本人的干涉主义原则的性质，以及对自由贸易体系的信念。在参议院即将到来的战斗以及获得协约国支持的需要，意味着总统从其在抵达巴黎之前所概述的各项原则声明的立场上后退。他本人对于严惩德国的必要性的信念，意味着德国领导人有意吹捧的希望是危险地错位的。德国政府从未理解威尔逊面临的形势，或者理解其对于德国的态度。如同其欧洲的同仁一样，总统相信德国是"有罪方"，其领导人必须得到惩罚；相信在其可以被接纳进入新的国际体系之前，德国将不得不证明其自身是值得的。他从未对 11 月革命中建立的德国政府给予全面的支持，而且在1919 年的整个春天持续对德国领导人展现出一定程度的矛盾心理。

从根本上而言，美国的"公正无私"（disinterestedness）是一种累赘而不是一笔财富。克里孟梭和劳合·乔治当时强大得足以按照一种欧洲的意象来塑造和平。并无多少疑问的是，在巴黎的斗争使威尔逊在心理上和身体上精疲力竭。他紧紧抓住国联将矫正和平缔造者的错误这一希望。总统无法将其理想中的协定施加给那些关切和平缔造可行性的人。到最后，只是在国联这一问题上，总统的希望似乎实现了。

III

对于过去的国际惯例，国联是一种重大的背离。它的弱点源于试图限制成员国的行为，这些国家依据其本身的定义，并不承认任何更高的世俗权威。在英美的政治精英当中，有些人对这一新的机构抱有疑虑。协约国领袖们被警告说，威尔逊总统的主张在国内将遭遇可怕的反对，这些发出警告的人当中首先是亨利·卡伯特·洛奇。英国的主要发言人罗伯特·塞西尔明白，规划中的国联是一个比英国内阁所希望的更为强大的机构。法国的代表们则出于相反的原因而并不热心。他们期待一个能够实施和约的强有力的协约国机构，但因为英美的伙伴关系而受阻。如同威尔逊所打算的那样，（创建）国联这一问题在和会开始之初就被提了出来。英美代表团私下会晤并拟定了一个联合提案，担任国联事务委员会（Commission on the League of Nations）主席的威尔逊将其作为一个可行的草案予以接受。这个"赫斯特-米勒计划"（Hurst-Miller plan）[①] 反映了此前在伦敦所做的工作，而且尽管威尔逊和塞西尔之间有过一些冲突的时刻，但是《盟约》本身在很大程度上就是这种英美伙伴关系的产物。国联的结构包含了史末资的多项建议：由大国（英国、法国、意大利、日本和美国）组成的一个执行理事会，一个所有国家都有代表的大会（Assembly），以及一个永久性的秘书处。参与和会的各个国家将成为其成员，接纳其他国家将需要在表决中获得三分之二的投票。来自以比利时为首的较小国家对于该委员会的压力，导致理事会重新起草相关条款，以便接纳较小国家在理事会中的少数派代表地位。四个其他国家将轮流被任命到理事会之中，首先从比利时、巴西、西班牙和希腊开始。理事会的决定将以一致表决通过，从而保证大国对于

41

---

① 即《国际联盟盟约》（Covenant of the League of Nations，以下简称《盟约》）的预备草案，因为其由英国外交部首席法律顾问塞西尔·赫斯特和威尔逊总统顾问大卫·亨特·米勒共同撰写而得名。

决定的控制。毋庸置疑的是，威尔逊和塞西尔意欲让理事会成为国联行之有效的心脏，而理事会的行为将依赖于大国的意见一致。尽管将基于战前海牙历届大会的先例建立一个国际法院（International Court of Justice）（《盟约》第 14 条），威尔逊对于这个被美国法学家们如此偏爱的松散且公认虚弱的制度却不那么热心，只是将该法院作为在巴黎构建的那个更为激进的结构（指国联）的一部分。

威尔逊总统对于国联草案的关键贡献是"第 10 条"，它要求所有成员国"针对外来的侵略，尊重和维护国联所有成员国的领土完整和现有的政治独立"。塞西尔很清楚英国内阁对各种约束性义务的反对，因而试图修改这种无条件的保证或者使它不那么僵硬，但是威尔逊总统仍然坚定不移。这代表着他所倡导的新体系的核心。它将使国联成为某种超过一个清谈会或者一种扩大的欧洲协力①的东西。但是在实际上，现状的任何改变都可能被理解为对一个成员国的威胁。塞西尔所能获得的最好的成果就是第 19 条，它声明"大会时不时可以建议国联成员国重新考虑那些已经变得不适用的协定，以及考虑国际上那些其持续存在可能危及世界和平的情况"。这是《盟约》中允许进行和平变革的唯一条款。这一条款分立于第 10 条之外，再加上对于成员国大会能做的事情的各种限制，反映出威尔逊不愿弱化《盟约》。他得到了法国人的支持，法国人寄望于国联

42

---

① 欧洲协力（concert of Europe），也称"欧洲协调"或"（维也纳）会议制度"，是 1815 年至 1900 年左右出现在欧洲的一种大国均势，保护各个大国在拿破仑战争之后的既得利益，对抗民族主义和革命浪潮。其创建成员为摧毁拿破仑帝国的四国同盟成员——英国、奥地利、俄国、普鲁士。法国稍后加入，成为协调的第五成员。由于大国之间冲突连连，致使协调难以达成，最终于一战爆发时完全消失。

实施而不是修改和平方案。而在实际上，第 10 条被理事会在所有实质性问题上的一致性要求有效抵消。第 11 条就国联的存在目的提供了一个并不那么绝对的概念。该条文声明："任何战争或者战争威胁，不论其是否直接影响国联的任何成员，据此条款被宣布为一种让整个国联关切的事情，国联将采取任何被认为明智和有效的行动来捍卫各个国家的和平。"这考虑到了最为广泛的可能的反应。国联将能够作为一个调解机构履行它的各项职能。

在解决争端方面，威尔逊遵循了英国菲利莫尔委员会拟定的程序。《盟约》第 12、13 和 15 条规定成员国必须将"任何可能导致破裂的争端"提交仲裁、司法解决或者由国联理事会考虑，并且规定在任何决定做出之后，在"诉诸战争"之前必须有为期三个月的延期时间。对于任何遵守仲裁者的裁决或者获得理事会一致决定的国家，成员国同意不对其进行战争。《盟约》中并不存在任何关于强制执行的条款。尽管成员国同意它们将"完全真心实意地"履行所有仲裁判决，但拒绝这样做将只会导致理事会提出一个行动建议。就争端被提交理事会审查的情形而言，如果没有达成一致的决定，那么成员国可以自由地采取其认为"为了维护权利与正义"所必需的行动。根据第 16 条，如下行为将被视为对于这些冲突解决条款（它并没有提及第 10 条）的蔑视而将激活制裁的实施："如果国联的任何成员国无视第 12、13 或 15 条的约定而诉诸战争，它将事实上被认为对国联的所有成员国犯下了战争罪。"战时对封锁这一武器的运用经验已经强化了人们对于其效力的信念，在这种情况下，第 16 条所规定的制裁点明了一种绝对且立即的经济、金融和外交上的抵制。如果非军事的威慑无法奏效，理事会可以向各国建议它们可以提供什么军事力量"来保护国联的各项约定"。在一系列刻意挑战整个英美概念的建议中，法国代表莱昂·布儒瓦要求一种得到延伸的强制性仲裁制度，以及一个得到一支国际军队支持的执行理事会。英国人和美国人成功地阻碍了法国和比利时的这些努力。与法国人的希望相反，理事会将不会拥有自己的武装力量，而只能要求其成员在有需要时提供武装力量。至多将只是由一个永久性的委员会就新成员的军备、裁军计划与陆军、海军和空军的问题，泛泛地向理事会提出建议（第9条）。但是这些关于制裁的条款超出了劳合·乔治政府认为明智的程度。这里又存在着主权国家的绝对自由与以集体行动限制侵犯性国家的愿望之间的不确定的妥协。

从本质上而言，法国主张的是一个针对复兴德国的扩大的防御性联盟。布儒瓦提出，德国只有彻底变革和解除武装，才能被接纳进入国联。《盟约》还包括一个条款（第8条），让理事会对把军备削减"至与国家安全一致的最低程度"负责，从而实现威尔逊在"十四点"和平原则中的诺言。在和约的其他地方，德国的强制性裁军被与鼓励所有国家的普遍裁军联系起来。尽管人们普遍承认军备竞赛是最近的这场大战的一个重要起因，但《盟约》中对于裁军的着墨是相对较少而且无关痛痒的。这是一个留待未来考虑的问题。从大会的各项考虑中形成的东西并不是法国人想要的，但是正如塞西尔警告他们的那样，他们所能期待的只有这么多。他们没有任何选择，只能同意。克里孟梭仍然高度怀疑国联的效力。由于没有武装力量供其差遣，国联没有根本的执行手段，而只能依赖于其成员国的善意。为了法国的安全，法国总理转而寻求其他的保护措施。

　　由于英国的合作，威尔逊总统实现了其关于国联的各项目标。他为这一支持付出了一个代价。在其"十四点"中的第五点中，威尔逊曾谈到"公正地处理殖民地问题时"，将同时考虑到宗主国的利益以及"所牵涉的民众的利益"。总统拒绝同意英国的各个自治领以及日本的吞并要求，日本在太平洋地区的野心已经在华盛顿当局中引起相当之大的不安。尽管在战争期间战局不断转换，但是英国人已将分割德意志帝国以及奥斯曼帝国高高地置于其优先事项清单之上。他们还保证支持澳大利亚、新西兰和南非以及日本的领土吞并要求。在试图弥合分歧的过程中，史末资将军将其起初关于国际社会监管殖民领土的建议，扩大为一种设计更为精妙的"委任统治"制度，它处于国联的监管之下，涵盖欧洲国家所有新的殖民地。依据其发展阶段，各个殖民地将被分成 A、B、C 三类。A 类委任统治地在实现独立之前，将只会被给予行政上的建议和支持，这一做法后来被限定于奥斯曼帝国的领土。B 类委任统治地将处于委任国的直接统治之下。C 类委任统治地将作为委任国领土的"组成部分"进行管理。只是在被施加了相当的压力之后，澳大利亚总理威廉·休斯才确信 C 类委任统治地与被兼并的领土并无多少差异，只不过换了一个名称。国联将保证关于奴隶制、裁军以及设防的禁令在 B 类和 C 类委任统治地得到遵守。就 B 类委任统治地而言，国联将确保一种面向所有国联成员国贸易的门户开放政策得到维护。劳合·乔治早在 1 月 24 日就围绕这一委任统治建议敦促威尔逊。由于被休斯的反对态度激怒，而且仍然希望国际社会对德国前殖民地的监管制度能够得到强化，威尔逊将委任统治地的分配一直推迟至 5 月初。这种推迟主要是为了装装门面，因为这些领土已经被非正式地分配。最后，

44

威尔逊不再那么关切殖民地的问题，而是更关切欧洲各个民族的权利。从原则上来说，威尔逊获得了胜利；而在实践中，英国、法国、南非、新西兰、澳大利亚、日本和比利时之间的分赃大体上遵循着军事占领的分界线（黎巴嫩和叙利亚是其中的例外），确认了战争期间围绕殖民地达成的各种交易。意大利没有获得任何委任统治地，因而更加不满。由于克里孟梭回避威尔逊和英帝国各自治领代表们之间的争执，劳合·乔治的成功变得更为容易。克里孟梭并不怎么关心殖民地的问题：他对于德国各个殖民地的处置或者英美关于委任统治地的争论并无多大兴趣。但是法国人并非一无所获；他们获得了多哥兰（Togoland）① 的 60% 以及喀麦隆的大部，这些地方都是由其利益处于中东的英国人轻易让出来的，法国还将获准在这些 C 类委任统治地征兵。他们后来将在对奥斯曼帝国阿拉伯领土的分割中获得叙利亚和黎巴嫩，两者都被承认为其委任统治地。这种新的制度反映了一战前的态度以及新的自由国际主义（liberal internationalism）氛围。它将这种殖民主义体系制度化，维护着"先进"与"落后"民族之间、殖民地统治者与本土民众之间的区分。依据第 22 条，对于这些"在现代世界的艰苦条件下仍然无法自立的"民众的"监护权"（tutelage），"……应当被委托给先进国家，这些国家因其资源、经验或者地理位置，能够最好地承担这一责任"。但不得不承认的是，该条文也以一种非常有限的形式，将关于国家责任（state accountability）的新概念引入一个国际机构之中。

威尔逊的确曾提议《盟约》应当要求所有新的国家及国联

---

① 多哥兰是德国在 19 世纪到一战结束时在非洲西部的保护国。其国土除了包括现多哥全境以外，还包括今日加纳东部的部分土地。

成员给予"所有种族或少数民族"平等的对待，并提供各种保障，以防止针对任何与公共秩序或者公共道德并非完全一致的信仰或信条的干涉或歧视。但是他的这些提议遇到了相当强烈的反对，甚至在美国代表团内也是如此，其理由是这会侵犯国家主权，也因为定义和实施一个宗教信仰自由条款所存在的实际问题。传统的态度以及国内（人口构成的）纯洁度（domestic purities）也影响到对于日本 4 月的提案的处理，它提出应当对《盟约》做出修订，以便包含承认"所有国家平等的原则以及公正对待其国民"的内容。众多国家，尤其是澳大利亚和美国，担心这可能会影响到它们控制外国移民的能力，因而否决了日本的这一提案。威尔逊相信接纳一个种族平等的条款将导致参议院拒绝该和约。对于美国人、澳大利亚人和南非人来说，种族平等是一个会引起高度情绪反应的问题。那些具有自由主义和国际思想的日本人因为一个种族平等条款的缺乏而被深深地触怒，而由"所谓的文明世界"进行的这种阻遏没有被忘记。日本也从胜利者的赃物中分得了一杯羹，获得了位于赤道以北的德属太平洋岛屿，作为 C 类委任统治地（威尔逊反对完全占有，尽管日本占有它们而且其主张在 1917 年得到了英国人、法国人和意大利人的承认）。和澳大利亚以及新西兰一样，美国当时有着实际的恐惧，担心日本将在这些岛屿上修筑防御工事，排斥外国贸易。日本还要求获得山东半岛上的胶州以及其他要地，中国曾在 1897 年将这些地方租借给德国，而日本在一战之初夺取了它们。美国和中国的反对意见只从英国人那里获得了有限的支持，英国人此前与法国人及俄国人一道，已经承认日本的地位，而且考虑到他们自己在长江流域的多个租界，他们无法接受威尔逊总统关于在中国的所

45

有外国租界应当国际化的建议。最后，由于与意大利人围绕阜姆（Fiume）① 陷入激烈的争辩，以及担心日本人可能会放弃和约谈判甚至拒绝国联，威尔逊让步了。威尔逊赢得的一个保全面子的条件是胶州将在某个不明确的日期回归中国，但是中国人并未因此平息怒气，而是义愤填膺。他们离开了和会，并且拒绝在《凡尔赛和约》上签字。日本人获得的这一胜利被普遍地认为是威尔逊在自决问题上的一个引人注目的失败。在中国国内，对于巴黎谈判的愤怒鼓动着中国学生，3000 名示威者于 5 月 4 日聚集在天安门广场，这一巨大的集会标志着中国民族主义发展的一个新阶段。对于西方幻想的破灭以及对于中国自己那一套西式民主制度的失望，导致一些人将俄国新生的布尔什维克政府作为一个榜样，当后者许诺放弃沙皇此前所有的征服地区和租界时尤其如此。在和会结束一年之后，一个小型的中国共产党成立了。但是苏俄并未遵守上述承诺。

威尔逊总统在巴黎所做的让步并不只有这些。当他在《盟约》于 2 月 14 日提交和会之后回到华盛顿时，显而易见的是，如果《盟约》要被参议院接受，他将至少需要一个条款明确地保全美国依据"门罗主义"所拥有的各项权利——詹姆斯·门罗总统在 1823 年以此警告欧洲人不得干预美洲大陆的事务。劳合·乔治现在要求获得"他的那一磅肉"，坚决要求英美海军签署一份海军协议，该协议将限制美国在 1918 年提出的海军建造计划的完成。无可否认的是，对于英国人而言，4 月 10 日的《豪斯-塞西尔协议》（House-Cecil agreement）只代表着一种局部的胜利。美国人只同意将 1916 年建造计划的完成延迟至和约

① 阜姆是克罗地亚第三大城市和主要海港城市里耶卡的旧称。

签订之后，然后再重新考虑 1918 年计划的实施。作为交换，塞西尔保证英国支持美国人所做出的这一修改。和约第 21 条因此明确地将门罗主义以及其他此类的"地区性谅解"从《盟约》的适用中免除。尽管如此，威尔逊觉得他已经将《盟约》引导至其所希望的目的。国联将是整个和约的监护者：在需要修订的地方，"那些失误将一个个地被提交国联进行调整，国联将是一个大大小小的国家都可以前来的永久性的清算所（clearinghouse）"[16]。《盟约》的最后文本在 4 月 21 日提交全体会议。如同威尔逊所要求的那样，它作为和约的第一部分得到采纳。在这件事情上，伦敦与华盛顿之间的"特别关系"运转良好。但是这种伙伴关系并未延伸至和约条款的其他部分。

IV

只是在《盟约》的各个条款确定之后，"三巨头"才能够转向此前已经出现在议程上的其他大量问题。其中的第一个在法国人看来是和约的核心问题，这就是在军事、领土和经济上对法国的保障。法国人关于解除德国武装的动议并未引起多少分歧，除了那些与莱茵兰的折中解决方案有联系的问题。德国的征兵制和总参谋部被废除，德国人被限定于拥有一支 10 万人的军队，军人服役期限不得少于 12 年（军官为 25 年），这支军队专门用于"在（德国）领土内维护秩序以及控制边界"。劳合·乔治认为其应当是一支志愿兵力量，而不是像福煦元帅所希望的那样是一支应征入伍的军队，劳合·乔治的主张占了上风。法国人原本会接受一支有着更短服役期、更大规模的军队。对于这支军队所能拥有的火炮、机关枪、步枪和弹药的数量设置了限制性的最大限度。德国被禁止拥有一支空军，禁止拥有

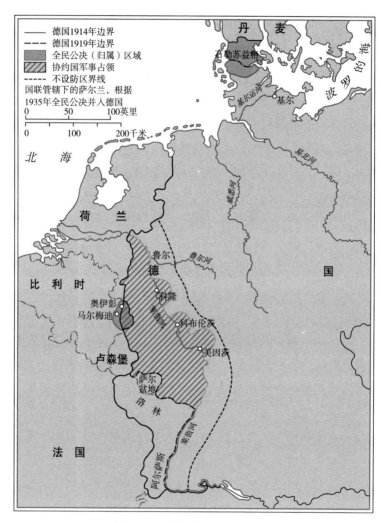

地图 3 欧洲西部领土解决方案

坦克、装甲车或潜艇，或者为其他国家制造这些武器。德国海军被大幅削减，最多拥有 6 艘重型巡洋舰和 6 艘轻型巡洋舰，其排水量上限分别为 10000 吨和 6000 吨。对于这些规定的遵守将由一个协约国军事控制委员会（Inter-Allied Military Control Commission）来监督。这个被打败的敌国将拆除其许多工事，包括位于莱茵河东岸50千米范围内的所有工事，以及守卫着易北河（Elbe）和威悉河（Weser）河口的黑尔戈兰岛（Heligoland）上的工事，而汉堡和不来梅就位于这些河流边上。基尔运河将对所有船只开放，德国的各条河流将国际化。对于未来而言不祥的是，军事条款（和约第五部分）的前言中声明，对德国施加这些限制是"为了能够开始全面限制所有国家的军备"。

正如所预料的那样，法国与英美在莱茵兰问题上激烈争论。克里孟梭错误地认为，劳合·乔治将会支持其对于永久性结束德国在莱茵河西岸的主权和设立缓冲国家的要求。他被迫在这些问题上让步。劳合·乔治既不接受莱茵兰脱离，也不接受对其进行军事占领，而且他得到了威尔逊的支持。美国人坚持认为，解决法国安全问题的将是国联而不是莱茵兰。正如豪斯所说："如果在建立国联之后，我们会如此愚蠢地让德国训练和武装一支大型的军队，而且再度变成对于世界的一种威胁，我们就活该拥有这种愚蠢带给我们的那种命运。"[17]威尔逊在3月中旬一回到巴黎，英国首相就通过向法国提供一种军事保证——针对德国侵略立即予以援助——打破了这一僵局。这是一个轰动性的建议，而且似乎因劳合·乔治许诺批准修建一条英吉利海峡隧道，以便英国军队能被迅速派遣至法国而得到加强；伦敦当局当时正在讨论这项工程（但是最终被放弃）。通过一个最后时刻的花招，劳合·乔治让英国的这一保证依赖于美国参议院批准美国做出一个并行但是独立的保证；他此前已经说服威尔逊做出这样一个保证，但是威尔逊将其重要性减到了最小。事实证明，结成一个联盟的可能性是不可阻挡的。克　49

里孟梭显然清楚其中的风险，即使他忽视了和约当中的这一细则对提供支持做出了进一步的限定。作为交换，克里孟梭放弃了其对于分割莱茵兰以及永久性占领左岸的要求。但是在一种被美国历史学者斯蒂芬·舒克（Stephen Shuker）称作"外交上的堑壕战"中，克里孟梭要求而且的确赢得了更多的让步。莱茵河的左岸，以及右岸一个 50 千米宽的地带将永久性去军事化：德国人被禁止向该区域内派遣士兵或者保持任何军事设施。此外，和约规定，德国人对于这一点的任何违反意味着"对现和约的签署国犯下了一种敌对的行径，被认为是存心扰乱世界和平"（第 44 条）。这些条款意味着德国被预先禁止在其工业力量中心莱茵河-鲁尔地区周围构建防御设施。在劳合·乔治缺席的情况下，在与威尔逊进行一场斗争之后，克里孟梭不得不满足于对莱茵兰及莱茵河桥头堡（位于科隆、科布伦茨、美因茨和凯尔）进行为期 15 年的占领，如果德国遵守和约条款，占领军将以 5 年为间隔分阶段撤出。劳合·乔治对于威尔逊向克里孟梭的让步感到暴怒。随着征兵制的结束，英国军队将缺乏人手，他们需要被用于维护帝国秩序，不能被要求值守莱茵河。克里孟梭在莱茵兰问题上的让步又因为一个许诺而得到进一步的缓解，那就是如果保障性和约未能成为现实，以及针对德国侵略的安全措施并不令人满意，占领可以被延长。经历了一番犹豫之后，克里孟梭还坚持法国财政部提出的一个建议，将赔偿条款的履行与立即重新占领的威胁联系起来（第 430 条），从而赋予赔偿方案重要的安全方面的内容。在后来的年月里，对于第 431 条仅仅是指赔偿还是像当时所理解的那样指整个和约，存在着相当之多的争论；该条款许诺如果德国完成其承诺，协约国将在 15 年的期限到来之前撤出占领军。这些保

证并未让福煦元帅或者普恩加莱总统满意。但是在 4 月 25 日至
关重要的部长会议上，普恩加莱由于担心引发一场政治危机而
保持沉默，而部长们一致批准和约条款草案，福煦带头反对克
里孟梭的企图宣告破灭。法国总理明白其交易所具有的风险，
但是他判断只有三个大国不仅在现在而且在将来达成一致，才
能确保未来的和平。

　　与围绕莱茵河的屏障所产生的争执相比，克里孟梭和威尔
逊围绕萨尔地区的争执更为激烈。克里孟梭声称威尔逊是亲德 50
派，而后者威胁要打道回府。劳合·乔治召来了专家，专家们
找到了一个可以接受的妥协方案。英国首相并不像威尔逊那样
反对萨尔兰（Saarland）① 的兼并，威尔逊坚称法国人所谓萨尔
人对法国的忠诚是完全虚假的。法国人被给予萨尔各个煤田 15
年的开采权，而且可以依据这一期限结束时进行的全民表决的
结果占领该地区。但是威尔逊要求萨尔区仍然处于德国的主权
之下，直到公投举行；他同时支持该地区在间隙期间由一个国
联委员会管理的建议。如果该地区与德国重新统一，德国人可
以回购那些煤矿。威尔逊不得不满足于这样一种胜利，那就是
暂缓决定萨尔未来的处置，让国联扮演一个角色，但是也让法
国获得干预该地区内部事务的机会。在被迫在直接兼并的问题
上做出让步的情况下，法国人仍然希望成功转变萨尔民众，让
其相信加入法国的种种好处。早在 1919 年 7 月，一个委员会就
在克里孟梭和塔迪厄的督导下建立起来，其使命是鼓励在最终
的全民表决中产生一个积极的结果。

① 德国西南部的一个联邦州，原名萨尔，与德国莱茵兰－普法尔茨州、法国
　洛林区以及卢森堡接壤。历史上萨尔兰曾经数次易主，仅最近 200 年就有
　8 次之多。

　　修正与比利时和丹麦的边界显然有利于法国的战略利益。比利时人有很好的理由怀疑法国的霸权野心，比利时人在巴黎没起到什么作用，而且没有像其原本期望的那样得到英国人的强烈支持。比利时被恢复为一个独立的国家，而且被给予奥伊彭（Eupen）、马尔梅迪（Malmédy）和莫里斯尼特（Moresnet）等原本属于德国的小地方。1919 年 9 月 28 日，处于法国军队占领下的卢森堡举行了一场全民表决，以压倒性多数赞成建立一个大公国，并且在经济上与法国联合。法国在卢森堡的地位后来被用于作为获得比利时附着于一个军事联盟的诱饵，但是不管怎样，法国得以获得而且保持对于卢森堡铁路系统的控制，该系统包含欧洲铁路网的一些关键部分，其中最为显著的是三条以前处于德国控制之下、从德国通往巴黎盆地的线路。石勒苏益格的北部和中部在 1920 年 7 月举行全民表决；北石勒苏益格成了丹麦的一部分，其余回到了德国。这些划分遵循着民族分界线。

　　就协约国关于波兰的各项决定而言，核心的问题是克里孟梭对于德国被遏制的希望与劳合·乔治对于欧洲未来稳定的关切之间的冲突。克里孟梭的关注点在于将波兰作为对德国的一种制约，以及作为对付布尔什维克主义蔓延的一道屏障。劳合·乔治以及威尔逊（在一定程度上）逐渐相信，与法国所青睐的一个更为强大的、种族上更为扩大的国家相比，一个限定于其种族核心的、紧凑的波兰将会在欧洲发挥更为稳定的作用。在对德国的东部边境以及各个新国家的诉求进行考虑的领土委员会里，法国代表为他们的这些未来的代理国辩护，而且通常成功地赢得了慷慨的条款。尽管存在着种种争论，但是英美专家们热衷于确保这些新的国家在经济上和战略上的生存能力，因而从严格运用自决原则这一立场上后退。其结果是德国在东面的领土损失相当之大，而波兰人像法国人所打算的那样成为主要受益者。波兰事务委员会（Commission on Polish Affairs）对波兰人抱有同情。德国人被迫放弃了几乎整个波兹南省，西普鲁士的大部，一条通向波罗的海、将东普鲁士与德国其他部分割裂开来的被扩大的"走廊"，以及一个主要港口——德国人占压倒多数的汉萨①城市但泽（Danzig）。必须记住的是，除但泽之外，在这些领土上波兰人占绝大多数，因此这种逆转战前情势的分割有利于（人口）占优势的民族。上西里西亚（Upper Silesia）的重要煤田和工业区域也被分配给波兰。尽管遭到英国专家的反对，在东普鲁士最靠近波兰的阿伦施泰因（Allenstein）也将进行一次全民表决。超过 200 万德国人现在处于波兰的统治之下。1919 年，许多英国人相信波兰解决方案是对威尔逊原则的严重违反，尽管更为可能的是威尔逊在将自决原则运用于中欧的实际情形以及和平缔造者心中的目标时，陷入了种种困境之中。威尔逊依赖国联来矫正所有错误。

牵头反对波兰事务委员会各项建议的，恰恰是劳合·乔治。劳合·乔治认为："波兰陶醉于由协约国提供给她的这杯自由的新酒，幻想她自己是中欧不可抗拒的情人。"[18] 他一再与波兰人交锋，不仅关于波兰和德国的边界，而且关于其在加利西亚和乌克兰的行为。劳合·乔治正确地意识到，德国将发现其领土被割让给波兰，以及德国公民被纳入一个波兰人的国家里，是该和约最让人无法容忍的部分之一。他在 3 月 27 日对四人委

---

① "汉萨"这一术语与"汉萨联盟"（Hanseatic League）有关，该联盟曾经是德国商人行会及其市镇组成的一个商业及防务联邦，从波罗的海延伸至北海和内陆，曾在 14 世纪到 17 世纪主宰波罗的海沿岸的海洋贸易。

员会说："我的结论是我们一定不能创立一个这样的波兰，它从诞生之时就因为一个无法忘记的争执而与其文明程度最高的

52 邻居疏离。"[19] 在威尔逊从 3 月中旬回到巴黎后，劳合·乔治获得了这位总统的支持，威尔逊原本已经接受其亲波兰的顾问罗伯特·洛德（Robert Lord）和以赛亚·鲍曼（Isaiah Bowman）的建议——有必要建立一个拥有波罗的海进入通道的扩大的波兰。威尔逊态度的变化既与其对法国人的愤怒有关——围绕莱茵兰、萨尔、法国人为波兰提出的对德国领土的要求，以及塔迪厄与美国共和党要人的秘密交流——也与波兰自身有关。此外，与意大利围绕阜姆的争执令他对民族权利要求之间的冲突更为敏感。劳合·乔治和威尔逊显然都越来越被在巴黎的波兰代表罗曼·德莫夫斯基（Roman Dmowski）激怒，并且愤怒于一个虚弱且分裂的政府所拥有的这些过分的胃口。德莫夫斯基与波兰军事领导人约瑟夫·毕苏斯基（Józef Piłsudski）围绕波兰与其东方各个邻国的关系而产生的尖锐分歧，加深了英美对波兰兼并野心的怀疑。如果德莫夫斯基不是那么粗鲁，波兰代表们展现出一条统一的战线，波兰人的遭遇原本会不会更好仍然是一个未知的问题，但是在安排该国的西部边境方面，牵涉的是一些更为重要的议题而不是波兰人内部的争论。在采纳新的建议之后，再加上克里孟梭受到劳合·乔治和威尔逊的猛烈敦促，四人委员会同意，主要说德语的但泽及其周边地区应当成为一个处于国联管辖下的自由市。波兰人将控制铁路，把该市纳入波兰的关税同盟，负责处理其外交关系。又是因为劳合·乔治的作用，马林韦尔德（Marienwerder）将举行一次全民表决，该地区包含至关重要的但泽—华沙铁路，但是德国人口占压倒多数。举行全民表决的要求以及后来对上西里西亚的妥协，在满足威

尔逊所奉行之原则的同时，也是试图应对德国人那些最为迫切的不满。

　　甚至在做出这些改变之后（其中许多是由于联盟政治），波兰仍然作为一个重要国家出现在欧洲中心地带，而法国是其最忠实的支持者。考虑到其位于德国和仍未安定而且不被承认的布尔什维克俄国之间的地理位置，波兰的未来注定将充满困难。人们无法依据自决原则对波兰问题进行任何"公正的"解决。就其本质而言，波兰是一个多民族的国家，是从三个以前的帝国的居民中重建起来的，这些居民甚至在战前也并不体现为同质的种族集团。在此前一个多世纪的时间里，波兰没有作为一个独立的国家存在过。考虑到其诞生时的状况，几乎让人感到吃惊的是，波兰直到 1939 年的第四次瓜分时仍然完好无损——而且与英国人和美国人认为可取的情形相比，由波兰人和俄罗斯人在 1921 年确定的东部边界，原本可以与德莫夫斯基的支持者们所要求的更为紧密地保持一致。在这一方面，应当更多地归功于波兰人自己的努力，而不是和约缔结者们的帮助。

53

　　捷克斯洛伐克的边界以及奥地利的未来地位，由分别处于不同的领土事务委员会里的专家们设定，这些问题甚至更为强烈地违背自决的原则。捷克斯洛伐克的边界由在巴黎缔结的不同条约确立，并且最终由各个条约的边境委员会划定。那些以牺牲德语民众为代价而划定的边界激起了内部最多的反对。但是它们并未在和平缔造者中间制造重大的争执，也未引发德国人的抗议。时任捷克斯洛伐克外长爱德华·贝奈斯（Edvard Beneš）是一个比德莫夫斯基更具吸引力和更为机敏的政治家，在巴黎和会上也是一位更有成效的恳求者。并不喜欢他而且觉得捷克斯洛伐克的要求过分的人屈指可数，而劳合·乔治是其中之一。与贝奈斯有着极佳联系的法国人决定建立一个具有工业资源和可防御边界的国家，关于捷克斯洛伐克事务的委员会将这二者提供给了捷克斯洛伐克。捷克斯洛伐克被授予上西里西亚、德国和奥地利的波希米亚地区及其重要的煤炭和工业资源。来自波希米亚日耳曼人（他们并非德国人而是奥地利人）的抗议被忽视。美国代表们要求做出修正，但是克里孟梭将这些恼人的细节撇到了一边，选取了遵循战前德国与波希米亚之间边界这一简单的解决方案。当四人委员会讨论捷克斯洛伐克事务委员会的报告时（此时由豪斯上校代替正在生病的威尔逊总统），此事被迅速而且几乎是随意地解决。由于受到围绕德国东面及西面边界所产生的争议的困扰，四人委员会接受了克里孟梭的建议，当时意大利人支持法国的立场。对于将 300 万德语人口包含在新建立的捷克斯洛伐克之内，无论是劳合·乔治还是豪斯都未提出任何反对意见，根本没有谈到欧洲未来会出现类似于"阿尔萨斯-洛林"这样的问题。威尔逊总统支持其代表。当条约进入最后阶段时，只有奥地利人对协约国的这一行为提出了强烈抗议，但是他们的反对无足轻重。禁止"德奥合并"（Anschluss）① 体现着与民族自决原则的一种明确的决裂。克里孟梭有理由坚称"合并"将危险地增强德国的实力，并且说服威尔逊和劳合·乔治支持他的观点。威尔逊总统并不愿意对"合并"确立永久性的否决机制，他找到了一个除非国联做出不同的决定，否则将让奥地利人的独立不可被剥夺的方案。这满足了威尔逊的良知，同时仍然保留了法国防止奥地利

---

① 指奥地利与德国统一的问题。两国同为以日耳曼民族为主体组建的国家，且曾经同属于神圣罗马帝国。《凡尔赛和约》明确禁止德奥合并。

地位未来变化的权利。劳合·乔治在这一决定中几乎没有扮演任何角色。法国人得到了意大利人和捷克人的支持，他们在保持一个独立而分离的奥地利方面拥有一种既得利益。大量支持"合并"的奥地利人的观点遭到忽视。

54

国联的诞生源于英美的倡议，这代表着威尔逊主义的一种胜利，而《凡尔赛和约》关于领土的各个条款则带有这样一些印记：法国的安全需要，而且还有波兰和捷克民族主义的冲击以及它们各自的战时流亡者的努力，这些人在各个战胜国里进行了成功的游说。克里孟梭牺牲了莱茵河上的战略前沿（对莱茵河地区的占领代表着一种重要但暂时的胜利），以换取英美的保证，但对于法国来说，不幸的是这种保证将被证明是一张无法兑现的支票。即使考虑到这种并不完全出乎意料的灾难，克里孟梭也并非空手而归。他将英美未来提供支持的承诺，与一系列现实的保证结合起来。他赢得了一个非军事化的莱茵兰，以及一种可以缩短也可以延长的为期15年的占领。在萨尔的主权问题上他吃了败仗，但是如同在莱茵兰一样，延伸法国影响力的道路是开放的。尽管其接受了对波兰在但泽和上西里西亚的抱负所做的限制，但是对于一个面积广大的波兰和一个经济上、战略上具有生存能力的捷克斯洛伐克的创立，克里孟梭能够感到满意。与其在法国的批评者所声称的相反，他很可能已经在不牺牲协约国团结的前提下赢得了尽可能多的东西。为了面对一个有着更多人口和更大工业潜力的国家，如果法国要扭转战前的那种衰落进程，协约国的这种团结对于法国来说是必不可少的。

德国丧失了大约2.7万平方英里的领土和650万—700万的人口。其损失包括超过10%的战前资源和大约13.5%的经济潜力。[20]这牵涉到工业原材料和农地的丧失，使德国比战前更为严重地依赖于其工业和工业出口。其领土的损失包括阿尔萨斯-洛林，而其丧失的人口当中许多是法国人或波兰人。考虑到人们共同认为德国对一战负有罪责，以及德国人在布列斯特-立托夫斯克（今布列斯特）签署的协定对苏俄施加的条款，《凡尔赛和约》在领土上的要求尽管是相当之大的，但也并非过度或史无前例地严厉。德国得以保全。其基本的统一得到保持，不仅在维持自身生存，而且在恢复很大一部分的战前经济地位的能力方面也是如此。与后来的各个解决方案不同，《凡尔赛和约》的领土变化并不牵涉处置和强迫性转移数以百万计的民

55　众。如果说在自决原则上的理想被牺牲（这在原则被实际运用时是不可避免的），那么至少是在协约国能够施加其意志的范围内，领土、战略和经济上的实际情况已被包含在边界的划分之中。

V

巴黎和会上并未达成任何赔款协议。唯一达成的决定就是同意成立一个"赔偿事务委员会"（Reparations Commission），它将在 1921 年 5 月之前确定德国人将要赔偿的总额。和会做出的唯一一个具体的要求，是预先支付 200 亿金马克和以实物进行一定数额的指定赔偿。没有几个人预料到这一令人烦恼的问题在后来会如此拖延。外交官们满足于将这一问题留给金融专家、赔偿事务委员会、最高委员会（在 1919 年 3 月底之前是四人委员会），由一小群专家提供建议。因此赔偿问题不仅是与领土问题分开讨论的，而且分离于和约中涉及金融及经济的其他部分。这一问题为什么变得如此具有争议，以至于其不得不

在最高的政治层面来处理？为何会出现一个如此含糊的结论？

部分答案存在于公共领域。没有几个与和平有关的问题能够引发民众更多的情绪。在法国和英国，如同在意大利和比利时一样，赔款的问题在和会开始之前已经被政治化。反德情绪与将战争负担转移至德国人肩膀上的希望相结合，影响着政治的面貌。1919年4月，法国议会300名以上的代表支持一道宣言，坚决主张德国为战争的一切代价赔偿，而不仅仅是赔偿所造成的损害。这不是一个赔偿的问题，而是要求对敌人进行报复。在英国，1918年的大选承诺并未被忘却。当各种关于妥协的传言开始在伦敦流行时，《每日邮报》（*Daily Mail*）首先在1918年12月然后又在1919年3月底两度发起运动，反对对赔款诉求做出任何削减。1919年4月8日，233名工联主义者（Unionist）议员签署了一封致劳合·乔治的抗议电报，首相被迫返回伦敦，在下议院为其政策辩护。在和会上私下里决定的一切都不得不在公开场合辩护。第二个问题是无论在各个主要的代表团之间还是其内部，都没有就德国能够或者应当被期待支付什么以及这笔收获将如何分配，达成任何一致。作为一名年轻的律师和美国代表团成员，约翰·福斯特·杜勒斯（John Foster Dulles）坚称如同《兰辛照会》所界定的那样，德国的责任应当限定于对协约国人口及其财产造成的损失，而应当排除发动战争的代价。但是美国代表团未能以一个一致的声音发言：拉蒙特和戴维斯发生了争执，而华尔街银行家、威尔逊的顾问伯纳德·巴鲁克（Bernard Baruch）几乎无法容忍与拉蒙特共事。对于《兰辛照会》所界定的赔偿，法国人与比利时人有最强大的理由索取，只要他们对于优先获得赔偿的要求得到维持，就可以向着美国人的方向前进。在取代克莱

56

芒塔尔成为克里孟梭的首席金融顾问后，卢舍尔准备降低法国的要求，换取优先偿付权以满足法国的物资需要。但是在法国政治和金融圈里，甚至在赔偿是不是纠正法国金融问题最为合适的工具这一点上，也不存在任何共识。英国人最为分裂。英国财政部在巴黎只有以凯恩斯为首的为数不多的几个专家，他们继续告诫赔付账单过高所具有的危险，但是未能说服赔偿事务委员会里的英国代表。在广泛赔偿的首要提倡者——澳大利亚总理休斯的领导下，英国代表设法在德国的"侵略"（《兰辛照会》中使用了这一词语）与胜利者索取战争开支支付的绝对权利之间确立起一种联系。如果英国要在德国的赔偿中获得它自己的一份，他们就需要一个膨胀的账单。首相自己的政治议程支持这种观点。他此前在选战中已经坚决要求"德国必须按照其能力的极限来支付战争的开支"，以及"你们将发现这种能力将会很大"[21]。英国代表们寻求这样一种赔付安排：它将在赔偿账单上提供一个尽可能大的份额，高达未来所确定的总额的三分之一，并且与法国对于优先权的主张展开竞争。此类冲突没有让谈判过程变得更为容易一点。即使当不同的专家的确意见相同时，他们的建议也未必会被他们的政治领导人接受。

赔偿方案结果并不让人满意的最后一个原因，在于威尔逊不愿意运用他所掌握的金融武器，来获得其所希望的赔偿解决方案。英国人和法国人都希望美国将变成欧洲的"施主"，但是美国拒绝承担这一角色。他们主张欠债就得偿还。在未能充分发挥美国的金融力量和致力于创立一种自由的经济秩序的情况下，威尔逊发现自己处于一种相当弱势的地位。无论是因为为了平息法英之间的冲突所做的让步，还是面对法英的联合阵线所做的让步，威尔逊逐渐地在其认为必要的大多数赔偿问题上屈服了。

　　从一开始，各种问题就围绕赔偿账单的大小出现了。在计算协约国的各种赔付诉求方面，到 1919 年 2 月底时并未取得多少进展。第一分委员会（负责评估损失）在可接受的索赔诉求这一问题上陷入如此之深的争执，以至于他们最终列出的清单中包括了所有想象得到的条目。在确定一个德国人实际上支付得起的临时性数目方面，也没取得任何进展。真正的困难是存在的，但是也存在着这样一种愿望——不让国内有着不切实际的期待的选民们失望。没有人知道德国真正承担得起多少。在这里存在一种危险：如果要求的数目太高以及和约过于严厉，德国政府可能垮台。法国人和美国人最终达成妥协，设定了一个 80 亿英镑的最大数额，但是坎利夫勋爵坚决要求一个更大的数额，这与他自己的财政部专家们认为可能的数额完全不一致。到 3 月中旬，为了打破僵局，此事被呈送四人委员会，委员会又将这一问题提交给一个由戴维斯、卢舍尔和英国财政部前财政秘书埃德温·蒙塔古（Edwin Montagu）三人组成的非正式委员会。这些专家全是温和派，他们建议让德国在一个为期 30 年的时期内赔偿 60 亿英镑的固定数额，同时私下里承认德国能够赔偿的最高额度是 30 亿英镑。劳合·乔治在这一问题上的摇摆令人愤怒。他拒绝了这种妥协，将其归咎于英国的公众舆论。但是在其 3 月 25 日的《枫丹白露备忘录》中（这份报告是在一种苛刻的和平可能带来一个布尔什维克化的德国的恐慌之时酝酿的），劳合·乔治警告说，"我们无法既让她（德国）残废，又指望她支付"，而且承认正在得到考虑的每个数目都"大大超过按照任何计算德国所能够支付的数额"[22]。但是他的警告之后并未有索赔数额的任何可见的降低。美国总统发现正在讨论中的这些数额被严重夸大，而且仍在不断增大的索赔诉求清单是完全不可接受的。但是他对由拉蒙特首先提出的、将决定推迟至和会之后的解决方案提出了异议。3 月 28 日，法国财政部部长克洛茨正式建议最终的数额将在和平缔造者散会之后，由一个协约国赔偿事务委员会（Inter-Allied Reparation Commission）确定。劳合·乔治此前赞成在和约中包括一个固定的数额，但是他并不反对这种推迟，他认为这可能确定更为理智的数字。尽管到这时他已经并不希望一个大的赔偿账单，但是他仍然敦促英国在最终的总额中占据一个很大的份额。为了保证这一点，劳合·乔治巧妙地将英国的两个提议结合起来。首先是由史末资提出的一个方案，它将对于战争损失的索赔分成两类——对于人员的损害和对于财产的损害。史末资期望这些列举出来的索赔将实际上限制赔付总额，而且不会超过德国有限的支付能力。其次，劳合·乔治支持萨姆纳勋爵的要求——将养老金和分居津贴（separation allowance，由政府为出征军人家属提供）作为战争损失包含在内。首相然后争辩说，尽管协约国有权要求德国赔偿所有战争支出，但是德国无法交出如此天文数字般的款项。更为合理的是将所要求的数额限定于史末资提出的两类损失，其中当然包括养老金和津贴。通过这一手段，英国在最终由德国赔付的任何数额中的份额将大大提高。首相说服法国人接受这一方案，而关于优先获得赔偿的问题仍然悬而未决。比利时最终获得了优先地位，但法国并没有。

威尔逊奋力反对放弃设定一个固定的数额，并且认为推迟做出决定将向各种夸大的和惩罚性的要求敞开大门。他还因英国人加大他们对德国的索赔要求而生气。英国人和法国人团结一致；劳合·乔治威胁说如果其要求无法得到满足，将离开和会。威尔逊因为围绕莱茵兰和萨尔的斗争而精疲力竭，在首相的敦促并在史末资的劝诱下，4月1日他在这两条战线上都屈服了。美国人在4月5日做出进一步的退却，当时豪斯正在担任生病的威尔逊总统的代理，总统的健康因为谈判的重负而正在崩溃。三人专家委员会和史末资都已提议建立一个永久性的委员会，它能够根据德国人的支付能力改变其每年的支付额。豪斯同意这个赔偿事务委员会有权将德国的偿付期延长至30年以上，从而放宽了美国一直要求的时间限度。两天后，四人委员会决定在没有获得赔偿事务委员会全体成员同意的情况下，德国的债务不能减少。当克洛茨要求赔偿事务委员会将其未来的计算建立在亏欠协约国的债务总额，而不是德国的支付能力的基础上时，法国人和英国人发生了进一步的冲突。此时威尔逊失去了耐心，在4月7日这天将"乔治·华盛顿"号召唤到了布雷斯特（Brest）①。这一次克里孟梭让步了，这一问题可以留待以后在赔偿事务委员会里争辩清楚。法国的谈判者仔细地为该委员会起草了参考条款，他们的谨慎带来了高额的回报。 59 想要主持该委员会的美国拒绝批准这一协定。在威尔逊一宣布美国将派出代表之后，劳合·乔治相信英美在该委员会的联合将可以用来对付法国。对抗再度被推迟。威尔逊原本认为不应当有任何赔款，而赔偿应当得到严格的限定，但他的愿望已经被挫败。当三位领导人开始讨论德国人的赔款在和约中应当以何种形式出现时，威尔逊总统所受的挫折有倍增的危险。威尔

---

①　位于法国西北部的重要港口和旅游城市。

逊提议重复《兰辛照会》的条款，而克里孟梭和劳合·乔治坚持应当毫不含糊地表明德国应当承担的赔偿总额，以满足两国公众的愿望。克里孟梭要求和约清楚地表明，有权基于可行性而对其无限的索取赔偿权进行限定的应当是协约国而不是德国。这时又是渴望结束争辩的豪斯依据诺曼·戴维斯的建议，提出了一个妥协的方案，也就是将德国对于这场战争在道义上的完全责任，与其后果以及德国对赔偿的有限法律责任区分开来。这将满足英法的政治目标，同时保留《兰辛照会》中对于责任的分类方式。第 231 条，也就是所谓的"战争罪责"条款，成了首个与赔偿有关的条款，也是在实际罗列协约国针对德国的索赔事项之前的前言。曾经琢磨其措辞的杜勒斯认为，他已经既确定了德国的责任，同时又对这种责任做出了限制。但是在不久之后，这一旨在缩小政治上的理想与实际可能性之间差距的条款，在德国人及其同情者看来成了"不公正的和平"的象征性体现。

只是到了 4 月即将结束时，在关于赔偿部分的草案已经完成之后，劳合·乔治才再度争辩说德国人将不会接受和约。可能正是这些担心促使劳合·乔治首相在 4 月 24 日向威尔逊总统提出了凯恩斯关于欧洲重建的一个全新的计划：由同盟国阵营的那些前大国以及东欧的继承国发行一种债券，其利率由美国人、协约国主要国家以及中立国家担保。其所得的五分之一将由战败国用于购买食品和原材料，其余的将作为首批赔偿支付在协约国之间进行分配。威尔逊拒绝了凯恩斯这个在政治上并不现实的建议：它依赖于将美国的资金引入欧洲，其中相当一部分将以赔偿的形式回到协约国的腰包里。

60　这些债券将由参与国用于偿还其战争债务。由于这笔钱大部分将在美国筹集，这笔实际上并不安全的贷款的负担将落在美国投资者身上。该计划的实际结果将是把为战争买单的责任，从欧洲人的肩膀上转移到美国人肩上，美国国会和选民都不会允许这样做。美国财政部就协约国战争债务的利息支付以及分期偿付问题，主动提出暂缓三年支付的处理，但是不愿考虑凯恩斯的建议。

尽管美国人也提出了一个替代方案，但是总统并不愿意重启赔偿问题。美英专家在与德国专家私下磋商后，确信德国人甚至无法支付协约国所要求的那个临时的数额（10亿英镑），同时认为这种努力将给德国经济带来无法承受的负担。他们发现由包括卡尔·梅尔希奥（Carl Melchior）和马克斯·瓦尔堡（Max Warburg）在内的汉堡银行家们提出的德国反建议（50亿英镑）值得考虑。尽管自身也有各种疑虑，但是劳合·乔治拒绝让步。他决定不去接受一个可能比可以迫使德国人支付的更少的数额。首相预言当新的赔偿事务委员会开会时，公众的心情可能已经缓和下来，协约国能够就一个合理的赔偿总额达成一致，德国那时将愿意支付它。这个敌国将得到惩罚，英国及其帝国将得到补偿，而且从他的角度来看，更妙的是法国将无法以牺牲英国为代价让自己赚得盆满钵满。法国人对于这一结果也并非不满意。克洛茨接近末期的一次干预确保在赔偿事务委员会开会之前，法国将获得一定数额的现金及实物赔偿。通过推迟确定一个固定的总额，克里孟梭在德国人赔偿的数额以及时间方面保证了法国的地位，而且获得了在德国人违约的情况下实施制裁的可能性。法国总理并不真正相信德国人能够筹集到在巴黎正讨论的金额，但是任何现实的数字将在法国议会引发政治上的困境。他宁愿让赔偿事务委员会做出必要的调整。除了贷款，在缺乏来自美国人和英国人的直接支持的情况下，法国人将不得不寄望于德国来获得其应得的东西。在美国和德国并不顺应的情况下，法国所面临的各种问题的解决将依赖于英国的支持。

和约的赔偿条款从第 231 条持续至第 244 条，首先声明德国及其盟友（该条款也被包含在其他和约之中）对于协约国的损失及损坏的责任。第 232 条缩小了德国财政负债的实际范围，由一个附件对其所包含的门类进行了界定。实际上，美国人得以将各种索赔要求限定为《兰辛照会》中所罗列项目的一个扩大版。第 233 条将确定赔偿总额的问题留给了赔偿事务委员会，该委员会由来自四个大国的委员组成，在德国问题上还有来自比利时的代表，在东欧问题上有南斯拉夫的代表，在海军问题上有日本的代表。该委员会将在 1921 年 5 月之前就赔偿数额达成一致，并且起草一个为期 30 年的支付日程表。在听取德国代表的陈述并且考虑德国的支付能力之后，可以让德国推迟支付。但是在没有得到各个成员国具体授权的情况下，不得取消赔偿协议的任何一部分。在过渡期间，德国将支付价值 200 亿金马克的现金和实物，包括交付 10 年的煤炭、输送牲畜和化学制品。

和约还对德国强加了其他的经济与金融上的限制。经济方面一般性条款起草于更为重要的领土和赔偿问题达成主要决定之前。"三巨头"将其注意力聚焦于领土和赔偿问题，而几乎没有关注经济委员会及各个分会正在决定的事项。和约在对牵涉到金融、商业和经济事务的不同部分之间的整合上，并未做出多少努力。但是经济方面的各个条款也代表着一种妥协：威尔逊希望建立一种在"门户开放"原则和自由贸易之上的世界经济，而英法希望协约国对于战后经济保持某种形式的监管，同时遏制德国重新树立其在欧洲大陆上的经济首要地位的任何新的努力。英国人希望限制德国的出口能力以保护他们自己的海外贸易，但是由于意识到德国力量的复苏与英国的繁荣之间的联系，并不情愿看到德国过度受损。法国尽管日益希望通过获得赔款来以有利于自身的方式重新调整法德的经济平衡，但同时也在寻求各种途径将德国的经济资源转移到法国，保护其自身以及那些新的继承国不受德国经济上的主宰。与其殖民地一道，德国在国外的财产将被没收，德国所有16000吨吨位以上的商船和更小的船只被交出，从而将德国商船队的规模减少至其战前的十分之一。和约中含有限制德国贸易自由的歧视性措施，包括控制其关税自由至少18个月，以及在没有互惠的情况下授予协约国及相关国家为期5年的最惠国待遇。至于莱茵兰以及将萨尔煤矿交给法国，则有特别的经济保护措施。到1921年领土方面的各项移交完成之时，德国的铁矿石产量与1913年相比已经丧失了80%，其中大多数产量损失是法国收回洛林而造成的；丧失了30%的钢铁产量，前者的全部生产能力以及后者当中的相当大一部分到了法国。如果说德国的经济实力被削减，那么在巴黎通过经济条款赢得的一切当中，有很大一部分只是让法国人、波兰人和捷克人暂时免受德国的冲击，让他们拥有一个短暂的领先时期。美国总统原本是否会同意对德国贸易以及自由贸易机制的建立进行更长时期的干预，这是值得怀疑的。如同威尔逊希望的那样，德国的基础工业能力完好无损，能够在并不遥远的未来平等地回归自由贸易机制。最终的损益将取决于法国能够利用其邻国的短暂虚弱的程度，以及未来的赔偿事务委员会的决定。

62

VI

协约国的和约草案于 5 月 7 日在凡尔赛的特里亚农宫递交给德国人。德国人被给予 15 天的时间做出书面答复，尽管这一最后期限后来被延长至 5 月 29 日。和约让德国代表团以及他们的同胞大为震惊，后者首先因为军事上出乎意料的失败而大受冲击，然后是因为魏玛政府有意培育的希望的粉碎。尽管他们以前已经被给予关于谈判进程的大量信息，但德国政府仍然相信其能够谈判一个"威尔逊式"的协定。从 1919 年 1 月来自前帝国外交部的时任外长乌尔里希·冯·布罗克多夫-兰曹（Ulrich von Brockdorff-Rantzau）起草和平计划的第一个草案，到注明日期为 1919 年 4 月 21 日的《德国和谈人员指导方针》的最后版本，德国人指望一个基于其对于"十四点"和平原则理解之上的宽大协定。有各种警示信号表明这种对于其未来的乐观解读是错位的。第一次打击出现在国联草案在 2 月 14 日发布，以及有新闻报道称，德国将被排除在这个将是其重返强国地位之手段的机构之外。由菲利普·沙伊德曼（Philipp Scheidemann）领导的柏林政府做出了回应，他们起草了一份关于建立一个更为激进和民主的国联的建议，以展示他们对这种新的理想主义的忠诚。据信这将平息国内的公众舆论，并且让威尔逊相信这个新的德国已经切断其与过去的联系。类似地，关于如果被逼迫得太狠、共和国可能垮台、一个布尔什维克政权可能建立的威胁，也是为了影响协约国的看法。如果说威尔逊和劳合·乔治比克里孟梭更为关切德国左翼的反应，那么在德国 3 月的那些虚弱的革命运动失败之后，总统的这些担心消失了。他也不会像一些德国领导人所希望的那样带头领导一场反布尔什维克战役，从而让德国可以参与其中。沙伊德曼领导的联盟（社会民主党多数派、中央党和德意志民主党）从未获得其完全的信任。"反对布尔什维克"这一理由被证明是一把双刃剑。在威尔逊缺席的情况下，豪斯上校十分着急，以至于其选择以向克里孟梭做出让步为代价迅速结束这些谈判。

德国人拒绝相信美国总统将不会同情地倾听他们对于修改和约的要求。德国政府试图让美国来对付其伙伴们并让战胜国回归"十四点"和平原则，但是他们的这些策略产生了方向性错误。他们再度煽动德国会发生一场布尔什维克革命的恐慌，并且攻击德国被排斥在国联之外以及领土与赔偿条款的道德与法律基础。最剧烈的批评指向了东方边界的变化，尤其是因工业资产而十分重要的上西里西亚、西普鲁士与但泽。在西面，德国人反对关于萨尔的安排以及将领土割让给比利时。他们提出了各种反建议，要求协约国军队在和约签订之后六个月内撤出莱茵兰。关于"战争罪责"的条款也受到强烈的抨击。德国关于赔偿的反建议提出 1000 亿金马克的赔偿总额，但要求是德国应当保持其截至 1914 年的领土的完整。5 月 29 日提交的《德国代表团关于和平条件的评论》长达 100 页以上。一名国际法学者写的序言涉及和约与"十四点"之间的区别。德国人要求获得国联的成员国资格，以及保住上西里西亚、萨尔、但泽和梅默尔（Memel，今立陶宛的克莱佩达）。但是其核心主题是"德国经济生活的彻底毁灭"[23]。该文件的一份附录概述了赔偿将会带来的灾难性影响。瓦尔堡希望表明这种和平所带来的经济上的后果将使其需要在未来做出修正。德国人提出的论据既不是为了赢得威尔逊的支持，也不是为了打动协约国。

后来证明，愿意应付德国人的反对的并不是威尔逊，而是劳合·乔治。英国首相的确担心德国人将会拒绝该和约，福煦元帅已经在考虑的军事行动或重新实施封锁可能是必要的。在整个 4 月和 5 月，他面临着他的代表团成员要求做出修改的强大压力，他们谴责和约的财政与经济条款过于苛刻，以及违背停战条款。精疲力竭而且处于崩溃边缘的凯恩斯坚称赔偿条款在道义上是不公正的，在财政上是不可行的。到 5 月底，敌对的批评已经汇成一阵"大合唱"，其中牵头的是史末资将军以及被从伦敦召唤到巴黎考虑和约条款的内阁大臣们。尽管劳合·乔治拒绝重启赔偿问题，但他更支持变更波兰问题解决方案的要求，基本上倾向于将那些无疑属于德国人的地方留给德国，而在那些当地人的忠诚度可能成问题的地方举行全民表决。他也同意要求对莱茵兰占领政权的费用、时长和性质做出改进，以及如果德国履行其和约责任，将加速德国进入国联的进程。但是当英国代表团在 6 月 2 日敦促接受更为激进的建议时，被激怒的首相翻脸攻击他的那些批评者。他指出，在场的任何人，甚至包括后来谈到和约"具有毒性的复仇精神"的史末资在内，没有谁愿意放弃和约在殖民地和财政问题上带来的各种好处。

这并不是一个重启此前争论的有利时刻。谈判者们已经疲倦，神经过度紧张。所有人都想着回国。巴黎气氛紧张。由于惊恐于陆军中爆发的一次兵变，法国军方首脑们将军队召回首都。罢工工人挥舞着红色旗帜，在大街上游行。劳合·乔治发现克里孟梭根本不愿接受哪怕是些许的改变，尽管英国数度发出威胁，称将不会参与一场重燃的战争或者重新实施封锁。克里孟梭不相信德国人能够拒绝该和约。"老虎"此前在其内阁中已经获胜，但是其在法国的支持率已下降。该和约是他能够让议会通过的最低限度。因此他尤其恼怒于劳合·乔治在最后时刻修改和约的要求。对于劳合·乔治这种看上去像是国内的政治花招一样的东西，威尔逊同样抱有轻蔑之情。在 5 月 7 日得到和平条款，布罗克多夫-兰曹坐着发表了傲慢的演讲，攻击和约的道德性时，威尔逊就已经被激怒。5 月，总统在捍卫和约方面变得越来越倔强，尽管几乎整个美国代表团都反对和约的条款。在美国代表团 6 月 3 日的一次带着敌意的会议上——这是其在整个和会期间召开的唯一一次全体会议——总统坚称公义已经得到彰显。在仅仅是为了让德国签署和约这一问题上，无法再有任何让步。在被德国人的要求激怒后，威尔逊对于德国的态度中隐含但是并未占支配地位的惩罚性倾向，此时占据了突出的位置。在得到应有的惩罚和承认其罪行之前，德国无法被重新接纳进入文明国家的行列。总统承认，"这个和约无疑的确是十分严厉的"，但是它"总体上并非不公正……（如果考虑到）德国这个国家对文明所犯下的十分重大的罪行"[24]。在威尔逊的固执后面隐藏着其对于保持各战胜国仍然残留的脆弱团结的关切。他担心重启各种争议性问题将会造成分裂。还有一个无法回避的事实，就是威尔逊将不得不在参议院为和约辩护。在回国之前，他无法就其立场进一步做出妥协。除了在赔款问题上他再一次试图确定一个固定的数额（他提议为 1200 亿金马克）而未能成功以外，总统并未利用英法的争执来提议做出实质性的变化。在波兰问题上，他发现自己更反对英国人而不是法国人的立场。在整个谈判过程中，威尔逊将自己视为不偏不倚的法官，惩罚作恶者和帮助战胜国。从这种意

65

义而言，他是始终一贯的。

劳合·乔治要求在上西里西亚进行公民表决，以及对波兰和德国的边境做出改变。总统首先拒绝考虑在一个显然是波兰的地方进行表决，在克里孟梭的支持下，他与首相进行了一场激烈的辩论。但是后者出色地迫使总统在一个又一个要点上让步，在上西里西亚进行公民表决这一问题上也获得了胜利。这是对德国人为数不多的几个实质性的让步之一。关于公民表决以及对此前的解决方案在领土和经济上做出新的改进，一个新近成立的德国东方边境委员会（Commission on the Eastern Frontiers of Germany）敲定了相关的细节。波兰总理——伟大的钢琴家伊格纳齐·扬·帕岱莱夫斯基（Ignacy Jan Paderewski）勉强同意了新安排。此外再也没有做出任何重要的让步，尽管国联现在将监管在奥伊彭、马尔梅迪与民众的磋商，而且德国跨越"波兰走廊"的过境权得到了强化。关于莱茵兰这一议题，在占领费用以及保护民众生活不受军事干涉方面，克里孟梭向劳合·乔治做出了让步。但是他成功地抵制了英国人对于缩短占领时间的要求。威尔逊充当着这两个争论者之间的调解人。英法主要代表之间的讨论产生了一个协议，规定如果德国履行了其和约责任，占领可以在为期 15 年的期限之前终止。在威尔逊的支持下，法国总理在反对德国立即被接纳进入国联这一问题上同样坚定不移。被接纳的方案几乎并未对最初的草案做出改动。如同史末资担心的那样，劳合·乔治并没有要求修改赔偿条款。劳合·乔治与克里孟梭一道阻止了威尔逊做出的一次努力——重新审视德国的全部责任这一问题。总统本人也不愿在这一问题上进行新的讨论。他坚持认为德国是有罪方，必须在原则上同意进行全面的赔偿。威尔逊提醒劳合·乔治，他自己已经在达成一个固定的赔偿数额的努力上一再受挫，现在不愿再对那些他从来不想接受的条款做出变动。四人委员会同意赔偿条款应当保持不变，除非像劳合·乔治已经提出的那样，德国在签署和约后的四个月内提出一个可以接受的固定数额。在这些最后时刻做出的改变中，没有哪一个触及了"三巨头"的实质性利益。威尔逊拒绝做出修改，增加了克里孟梭反对改变的分量。这些政治家当中没有谁愿意毁掉那些已经如此艰辛地建立起来的东西。

在用红色墨水对改动之处做出标记后，这一修改后的和约在 6 月 16 日被递交给德国人，随之发出了一份为期五天的最后通牒。德国代表团认为修改后的和约不公正、具有羞辱性而且不可行；尽管明白除了接受之外并无其他替代方案，但他们向政府建议予以拒绝。在从凡尔赛返回魏玛的途中，代表团乘坐的火车已经被扔石头。没人想为签订这样一份不受欢迎的和约承担责任。当沙伊德曼内阁在柏林讨论是否接受这份和约之时，协约国批准了福煦元帅向德国首都进军的计划。除了独立社会民主党之外，德国领导人及其政党认为和约不可接受，但在是否予以拒绝这一问题上存在分歧。中央党政治家马蒂亚斯·埃茨贝格尔（Matthias Erzberger）明白德国无法战斗下去，而且渴望保持国家的统一，他说服其所在的天主教中央党在做出两条保留意见的情况下接受该和约，这两条是"战争罪责"条款和交出被控诉犯有战争罪行的德国人。在其内阁陷入僵局的情况下，沙伊德曼在 6 月 20 日辞职，此时离协约国规定的最后期限只有三天。此前被说服继续留任的埃伯特总统拼凑了一个新的政府，由古斯塔夫·鲍尔（Gustav Bauer）牵头，以社会民主党及中央党为基础。新内阁说服国会批准签署和约，同时附有埃茨贝格尔所提的两条保留意见。四人委员会拒绝了德国人的这些保留意见。威尔逊总统起草了 24 小时最后通牒。在被告诫德国国防军过于虚弱而无法面对协约国的一次进攻的情况下，鲍尔政府屈服了。德国内阁不情愿地签署了和约，但是并未放弃其对于和平条件"闻所未闻的不公正"的谴责。尽管其重要性在魏玛共和国时期有着不同的变化，但对《凡尔赛和约》，尤其是对赔偿条款的仇恨，将是把这个深深分裂的国家捆绑在一起的唯一纽带。最终仪式于 1919 年 6 月 28 日在凡尔赛的镜厅举行，这场精心安排的仪式的目的是庆祝法国的胜利和突显敌国的耻辱。

VII

《凡尔赛和约》迄今一再受到抨击，其中最著名的出现在约翰·梅纳德·凯恩斯具有重大杀伤力但很精彩的《和平的经济后果》（*The Economic Consequences of the Peace*）一书中，该书于 1919 年底出版，其观点至今仍然支撑着现今太多的教科书。史末资曾在 1919 年 6 月向已经出于抗议而从英国和平代表团辞职的凯恩斯建议，他应当撰文阐述和约的财政条款及其后果。尽管史末资为自己的这一建议感到后悔，但凯恩斯写下了这本具有重要影响力的著作，巧妙地描绘了威尔逊在面对威尔士奇才（劳合·乔治）和老谋深算的"老虎"时，遭受的所谓的失败以及怯懦的屈服。凯恩斯对于赔偿条款强有力但有失偏颇的批评，成了英国反对这个"不公正的和约"的更为广泛的修正主义论据的源头。反对赔偿条款的德国人直到日后才取胜。在希特勒掌权之后，仍然可以听到凯恩斯观点的回响。而且直到今天仍然可以听到。

《凡尔赛和约》并不是一种"迦太基式的和平"（Carthaginian peace）①。德国并没有被毁灭。它也没有沦落为一个二等国家，或者永久性地被禁止重返强国地位。除俄国之外，它仍然是欧洲人口最多的国家。在奥匈帝国解体和沙皇俄国垮台之后，民族原则的运用使德国处于一种比战前更为强大的战略地位。这时几乎在其所有边境外都是小国和弱国，包括波兰在内，其中没有任何一个对其存在构成威胁。民族独立诉求的强化，将妨碍——即使并非完全阻止——这些国家向着联合及有效遏制德国的方向采取任何行动。沙皇俄国的失败和布尔什维克革命使德国最厉害的对手之一消失了，而且免于其他任何大国在巴尔干地区造成的威胁。德国的生产能力以及工业潜力保持完整。尽管失去了萨尔的煤炭以及洛林的铁矿石，德国仍然是欧洲的"工业发电站"，能够在很短的时间内主宰中欧和东欧国家的贸易。[25]甚至从短期来看，《凡尔赛和约》也没有让德国趴下；相反，德国的工业复苏了，一些历史学者相信，如果德国的政治结构并未那么破碎，局势原本可能更早稳定下来。有人甚至认为，为了实现赔款的削减，稳定被有意推迟。在对德国经济恢复所做的限制中，有许多是短期性质的，将会在 1925 年终止。对于克里孟梭来说，这是为法国所能赢得的最长的喘息时间，无论在人力还是物质上，它都比被其打败的对手受损更为严重。尽管一些歇斯底里的讨论有时候仍在继续，但是赔款并未严重毁坏德国，和约的条款没有像德国人（以及他们的英美同情者）所宣称的那样沉重。在

68

① 指通过彻底地粉碎敌人而强加一种十分残酷的"和平"。这一术语源于古罗马对待迦太基的方式，迦太基先是被迫解除武装和经常向罗马进贡，后来又在与罗马的战争中被系统性地焚为灰烬，而其民众被奴役。

总额设定之后，赔款支付始终是一个政治上而非经济上的问题。德国人对其在《凡尔赛和约》条款之下所遭受的严厉对待的抱怨，应当拿来与他们和苏俄签订的严酷的《布列斯特-立托夫斯克和约》进行对比，后者已经表明了他们自己对于和平方案的主张。

尽管如此，《凡尔赛和约》仍然是一个有缺陷的协定。法国民族主义批评者雅克·班维尔（Jacques Bainville）在抨击克里孟梭时说，这个和约"就其中的那些严厉的东西来说太温和了"[26]，这是很有道理的。在经历了四年的战斗和军事上的失败之后，德国仍然是一个大国，和约未能解决既惩罚又安抚这样一个国家的问题。考虑到和平缔造者迥异的诉求，更别说他们所面对的多种多样的问题，其中许多远远超出他们的能力或控制，因此《凡尔赛和约》几乎只能这样。除了打败德国人这一共同的愿望，没有多少东西让协约国这一战争联盟维系在一起；除了认为德国对战争负有责任这一共同的信念，巴黎的和约起草者之间的共识甚至更少。由于和约起草的方式以及缔造者们不确定的方式，这一解决方案进一步被削弱。它从来没被完整地审查过，妥协或者各种被推迟的解决方案导致了它的不一致与不连贯。毫不令人吃惊的是，《凡尔赛和约》就是一团妥协，无法让三位和平缔造者当中的任何一个人完全满意。就对于缔造和平的思虑而言，1918 年的军事胜利在现实中和想象中的模糊性与大众政治的压力一样关键而且具有扭曲性。甚至连该和约的强烈批评者亨利·基辛格（Henry Kissinger）也承认，"由于已经认为战前的世界太具限制性，德国在失败后不可能对任何可获得的条款感到满意"[27]。德国人普遍不愿意接受失败这一现实，使和约的合法性更难确立。这与 1815 年或者 1944—1945

69

年的世界有着很大的不同。

《凡尔赛和约》的确是一种胜利者的和平，被用以惩罚和约束德国，以及证明协约国做出的牺牲是正确的。正是在这个意义上，威尔逊总统宣称尽管这是一个苛刻的协定，但它是一个公正的协定。不过和约也是为了创立一种合法的战后秩序，这种秩序将让战败国和战胜国都可以接受。无论各个胜利的大国有着怎样的保留意见，国联的创立带来了对于一种更为公正的国际机制的希望，被排除在外的国家有一天也可以加入。从未得到清晰界定的自决原则没有得到一致的运用，因为在中东欧没有多少明确的种族分界线。边境的划分不能只出于种族方面的考虑，政治、战略和经济上的因素必须予以考虑。这一原则没有被运用于德国，其他的优先事项必须占先。威尔逊希望一些困难能够在国联的框架内得到解决。德国人尤其憎恨在东方丧失的领土。德国人长期统治着波兰人，甚至在后者占人口大多数的地方也是如此，因此这种地位的逆转是无法忍受的。德国人几乎不可能欢迎一个独立的波兰的建立，不论其形态和大小如何。但是，对于英美和平代表团那些希望巴黎（和会）能够成为欧洲历史新篇章之肇始的人来说，最困扰他们的是原本的许诺与实际上所完成的事情之间的差距。

该和约体现了现实主义与理想主义的混合，在胜利之后用以确保和平的传统方式与管理国家之间关系的新方案结合在一起。如果不是那么匆忙，如果采取一种更有条不紊的方式，也许可能产生一个内在更为一致的协定，但是在对待德国方面并不会根本性地影响协定的实质。尽管根本不存在拆解俾斯麦所创造的这个国家的问题，克里孟梭却设法从其和平缔造者伙伴那里夺取很多东西，以弥补法国在战时的牺牲及其独一无二地暴露（于德国威胁）的位置。德国军事力量的剧烈削减及其领土、财政和商业上的损失，让法国获得了相当程度的保护，以及一个在时间上有限的机会来弥补法德人口上的差距，和在它们的工业实力方面仍然存在的差距。但是法国无法在没有盟友支持的情况下维系和约为其缔造的地位。《凡尔赛和约》中的很大一部分内容仍然处于悬而未决的状态，将依赖于其实施方式。克里孟梭宣称它"甚至不是一个开端，而是一个开端的开端"[28]，这是有道理的。如果英法在美国退出后仍然保持团结，和约的条款原本能够得以实施。在这种情况下，将会存在修正的余地，但它将在一种得到同意而且清晰界定的范围内发生。巴黎和会上的各种预兆在这方面很难说是鼓舞人心的。

对于巴黎和会及其结果最为公平的评价可能来自克里孟梭："到最后，它就是那个样子了；最重要的是它是人类的作品，因此它并不是完美的。我们曾竭尽所能地又快又好地工作。"[29]"首领和国王们"走了，他们的下属被留下来收拾残局，完成和平缔造的未尽事宜。与奥地利、匈牙利和保加利亚的和约必须缔结，与奥斯曼土耳其的和约仍然必须起草，而胜利者们同时在思考和争夺这些战利品的分配。东线当时并不安宁，如同班柯①的鬼魂一样，缺席和会的俄国人将其阴影投射在和平缔造者们所尝试的版图划分上。

---

① 莎士比亚戏剧《麦克白》中的角色，渴望权力的麦克白派人杀死被他视作竞争对手的班柯，后来班柯的鬼魂现身于麦克白面前。

注　释

1. *Economist*, 31 Dec. 1999.

2. Lloyd George, in Sir William Wiseman's peace conference diary, 19 Jan. 1919; quoted in Margaret MacMillan, *Peacemakers: The Paris Conference of 1919 and Its Attempt to End War* (paperback edn. , London, 2002), 35.

3. William R. Keylor, ' Versailles and International Diplomacy ', in Manfred F. Boemeke, Gerald D. Feldman, and Elisabeth Glaser (eds.), *The Treaty of Versailles: A Reassessment after 75 Years* (Washington, DC and Cambridge, 1998), 483.

4. Quoted in Anthony Lentin, *Lloyd George, Woodrow Wilson and the Guilt of Germany* (Leicester, 1984), 102.

5. Quoted in Anthony Adamthwaite, *Grandeur and Misery* (London, 1995), 39.

6. Quoted in D. R. Watson, *Georges Clemenceau: A Political Biography* (London, 1974), 327.

7. Lentin, *Lloyd George, Woodrow Wilson, and the Guilt of Germany*, 122.

8. Ibid. 25.

9. Robert E. Bunselmeyer, *Cost of the War, 1914-1919: British Economic War Aims and the Origins of Reparations* (Hamden, Conn. , 1975), 103.

10. Alan Sharp, *The Versailles Settlement: Peacemaking in Paris, 1919* (Basingstoke and London, 1991), 80.

11. Minute by Crowe, 7 Dec. 1918, in M. L. Dockrill, ' Britain, the United States and France and the German Settlement, 1918-1920 ', in B. J. C. McKercher and D. J. Moss (eds.), *Shadow and Substance in British Foreign Policy, 1895-1939* (Edmonton, 1984), 218.

12. Woodrow Wilson, *Presidential Messages, Addresses and Public Papers*, vol. 11, ed. R. S. Baker and W. E. Dodd (New York, 1927), 14.

13. MacMillan, *Peacemakers*, 16.

14. A. S. Link (ed.), *Collected Papers of Woodrow Wilson*, vols. 45-8 (Princeton, 1965-85), xlvi. 322-3.

15. Stephen A. Schuker, ' Origins of American Stabilization Policy in

Europe: The Financial Dimension, 1918 - 1924 ', in Hans-Jürgen Schröder (ed.), *Confrontation and Cooperation: Germany and the United States in the Era of World War I, 1900-1924* (Oxford, 1993), 380.

16. S. P. Tillman, *Anglo-American Relations at the Paris Peace Conference of 1919* (Princeton, 1961), 133.

17. House diary, 9 Feb. 1919, quoted in MacMillan, *Peacemakers*, 182.

18. Norman Davies, *God's Playground: A History of Poland* (Oxford, 1981), ii. 393.

19. P. Mantoux, *The Deliberations of the Council of Four*, ed. and trans. A. S. Link, 2 vols. (Princeton, 1992), i. 33-4.

20. Figures from Sharp, *The Versailles Settlement*, 127-8.

21. Election address at Bristol, 11 Dec. 1918, in David Lloyd George, *The Truth About the Peace Treaties* (London, 1938), 463, 465.

22. Michael L. Dockrill and J. Douglas Goold, *Peace Without Promise: Britain and the Peace Conferences, 1919-1923* (London, 1981), 51.

23. Niall Ferguson, *Paper and Iron: Hamburg Business and German Politics in the Era of Inflation, 1897-1927* (Cambridge, 1995), 219.

24. Klaus Schwabe, *Woodrow Wilson, Revolutionary Germany and Peacemaking, 1918-1919* (Chapel Hill, NC, 1985), 342.

25. Sally Marks, 'Smoke and Mirrors', in Boemeke, Feldman, and Glaser (eds.), *The Treaty of Versailles*, 360.

26. Pierre Miquel, *La Paix de Versailles et l'opinion publique francaise* (Paris, 1972), 404.

27. Henry Kissinger, *Diplomacy* (London, 1994), 242; emphasis in original.

28. Jean-Baptiste Duroselle, *Clemenceau* (Paris, 1988), 773.

29. Clemenceau, cited in MacMillan, *Peacemakers*, 469.

专著
停战协定

CARSTEN, F. L., *Revolution in Central Europe, 1918–1919* (Berkeley, 1972).
LOWRY, BULLITT, *Armistice 1918* (Kent, Ohio and London, 1996).
RUDIN, HARRY R., *Armistice 1918* (New Haven, Conn., 1944).
SCHULTZ, G., *Revolutions and Peace Treaties, 1917–1920* (London, 1972).

WALWORTH, ARTHUR, *America's Moment, 1918: American Diplomacy at the End of World War I* (New York, 1977).

WATT, RICHARD M., *The Kings Depart: The German Revolution and the Treaty of Versailles, 1918–1919* (Harmondsworth, 1973).

概述

BESSEL, RICHARD, *Germany After the First World War* (Oxford, 1993).

BOEMEKE, MANFRED L., FELDMAN, GERALD D., and GLASER, ELISABETH (eds.), *The Treaty of Versailles: A Reassessment after 75 Years* (Washington, DC and Cambridge, 1998). All the chapters are relevant and have excellent bibliographies. For this chapter, see those by Manfred F. Boemeke, Niall Ferguson, Elisabeth Glaser, William R. Keylor, Stephen A. Shuker, and Piotr S. Wandycz.

CARLIER, CLAUDE and SOUTOU, GEORGES-HENRI, *1918–1925: Comment faire la paix?* (Paris, 2001). For this chapter see contributions cited under articles.

DOCKRILL, M. and GOOLD, D., *Peace Without Promise: Britain and the Peace Conference, 1919–1923* (London, 1981).

—— and FISHER, JOHN, (eds.), *The Paris Peace Conference, 1919: Peace Without Victory* (Basingstoke, Hampshire, 2001). For this chapter, see chapters by Ruth Henig, Alan Sharp, and Zara Steiner.

ELCOCK, GEORGE W., *Portrait of a Decision: The Council of Four and the Treaty of Versailles* (London, 1972).

LENTIN, ANTHONY, *Lloyd George, Woodrow Wilson, and the Guilt of Germany: An Essay in the Prehistory of Appeasement* (Leicester, 1984).

—— *Lloyd George and the Lost Peace* (London, 2001).

LOVIN, CLIFFORD R., *A School For Diplomats: The Paris Peace Conference of 1919* (Lanham, Md., 1997).

MACMILLAN, MARGARET, *The Peacemakers: The Paris Peace Conference of 1919 and its Attempt To End War* (London, 2001).

MARSTON, FRANK S., *The Peace Conference of 1919: Organization and Procedure* (London, 1944).

MAYER, ARNO J., *The Political Origins of the New Diplomacy, 1917–1918* (New Haven, Conn., 1959).

—— *Politics and Diplomacy of Peacemaking: Containment and Counterrevolution at Versailles, 1918–1919* (London, 1967).

NELSON, HAROLD I., *Land and Power: British and Allied Policy on Germany's Frontiers, 1916–1919* (London, 1963).

NICOLSON, HAROLD, *Peacemaking, 1919* (London, 1933).

SACHAR, HOWARD M., *Dreamland: Europeans and Jews in the Aftermath of the Great War* (New York, 2002).

SCHMIDT-HARTMAN, E. and WINTER, S. B. (eds.), *Great Britain, the United States and the Bohemian Lands, 1848–1938* (Munich, 1991). Esp. chapters by Mark Cornwall, Peter Hanak, Yeshayahu Jelinek, and Paul Latawski.

SCHRÖDER, HANS-JÜRGEN (ed.), *Confrontation and Cooperation: Germany and the United States in the Era of World I, 1900–1924* (Providence, RI and Oxford, 1993). Parts III–V.

SHARP, ALAN, *The Versailles Settlement: Peacemaking in Paris, 1919* (Basingstoke, 1991).

SHIMAZU, NAOKO, *Japan, Race and Equality: The Racial Equality Proposal of 1919* (London, 1998).

SILVERMAN, DAN P., *Reconstructing Europe After the Great War* (Cambridge, Mass., 1982).

STEVENSON, DAVID, *The First World War and International Politics* (Oxford, 1988).

SUGAR, PETER F. and LEDERER, IVO J. (eds.), *Nationalism in Eastern Europe* (Seattle, 1969).

WELLS, SAMUEL F. Jr. and SMITH, PAULA BAILEY (eds.), *New European Orders, 1919 and 1991* (Washington, DC, 1996).

战争债务和赔偿

ARTAUD, DENISE, *La Question des dettes interalliés et la reconstruction de l'Europe, 1917–1929*, 2 vols. (Lille, 1978).

BUNSELMEYER, ROBERT E., *Cost of the War, 1914–1919: British Economic War Aims and the Origins of Reparations* (Hamden, Conn., 1975).

BURK, KATHERINE, *Britain, America and the Sinews of War, 1914–1918* (Boston, 1985).

FELDMAN, GERALD D., *The Great Disorder: Politics, Inflation, and Society in the German Inflation, 1914–1924* (New York, 1996).

HOLTFRERICH, CARL-LUDWIG, *Die Deutsche Inflation, 1914–1923: Ursachen und Folgen in Internationaler Perspektive* (Berlin, 1980). English translation by Theo Balderston, *The German Inflation, 1914–1923: Causes and Effects in International Perspective* (Berlin and New York, 1986).

KENT, BRUCE, *The Spoils of War: The Politics, Economics, and Diplomacy of Reparations, 1918–1932* (Oxford, 1989).

KEYNES, JOHN MAYNARD, *The Economic Consequences of the Peace* (London, 1920).

KRÜGER, PETER, *Deutschland und die Reparationen, 1918–19: die Genesis des Reparationsproblems in Deutschland zwischen Waffenstillstand und Versailler Friedensschluss* (Stuttgart, 1973).

MANTOUX, ÉTIENNE, *The Carthaginian Peace or the Economic Consequences of Mr. Keynes* (New York, 1952).

SCHUKER, STEPHEN A., *American 'Reparations' to Germany, 1919–1933: Implications For the Third-World Debt Crisis* (Princeton, 1988).

TRACHTENBURG, MARC, *Reparation in World Politics: France and European Economic Diplomacy, 1916–1923* (New York, 1980).

TURNER, ARTHUR, *The Cost of War: British Policy on French War Debts, 1918–1932* (Brighton, 1998).

国联的起源

BARIÉTY, JACQUES and FLEURY, ANTOINE (eds.), *Peace Movements and Initiatives in*

International Policy, 1867–1928 (Berne, 1987).

BIRN, DONALD S., *The League of Nations Union 1918–1945* (Oxford, 1981).

EGERTON, GEORGE W., *Great Britain and the Creation of the League of Nations: Strategy, Politics, and International Organization, 1914–1919* (Chapel Hill, NC, 1978).

GELFAND, LAWRENCE E., *The Inquiry: American Preparations For Peace, 1917–1919* (New Haven, Conn., 1963).

HINSLEY, FRANCIS HARRY, *Power and the Pursuit of Peace: Theory and Practice in the History of Relations Between States* (Cambridge, 1963). Chapter 14.

WALTERS, FRANCIS PAUL, *A History of the League of Nations* (London, 1952).

奥地利

ALMOND, NINA and LUTZ, RALPH H. (eds.), *The Treaty of St. Germain: A Documentary History of its Territorial and Political Causes, With a Survey of the Documents of the Supreme Council of the Paris Peace Conference* (Stanford and London, 1935).

CARSTEN, FRANCIS L., *The First Austrian Republic, 1918–1938: A Study Based on British and Austrian Documents* (Aldershot, 1986).

JELAVICH, BARBARA, *Modern Austria: Empire and Republic, 1815–1986* (Cambridge, 1987).

LOW, ALFRED D., *The Anschluss Movement, 1918–19, and the Paris Peace Conference* (Philadelphia, 1974).

ORMOS, MÁRIA, *From Padua to the Trianon, 1918–1920*, trans. Miklós Uszkay (Boulder, Col., 1990).

SUVAL, STANLEY, *The Anschluss Question in the Weimar Era: A Study of Nationalism in Germany and Austria, 1918–1932* (Baltimore, Md., 1974).

比利时

JOHANSSON, RUNE, *Small State in Boundary Conflict: Belgium and the Belgian–German Border 1914–1919* (Lund, 1988).

MARKS, SALLY, *Innocent Abroad: Belgium at the Peace Conference of 1919* (Chapel Hill, NC, 1981).

英国

DOCKRILL, MICHAEL L. and GOULD, J. DOUGLAS, *Peace Without Promise: Britain and the Peace Conferences, 1919–1923* (London, 1981).

GOLDSTEIN, ERIK, *Winning the Peace: British Diplomatic Strategy, Peace Planning, and the Paris Peace Conference, 1916–1920* (Oxford, 1991).

JAFFE, LORNA S., *The Decision to Disarm Germany: British Policy Towards Postwar German Disarmament, 1914–1919* (London, 1985).

MORGAN, KENNETH, *Consensus and Disunity: The Lloyd George Coalition Government, 1918–1922* (Oxford, 1979).

NEWTON, DOUGLAS J., *British Policy and the Weimar Republic, 1918–1919* (Oxford, 1997).

ROBBINS, KEITH, *The Abolition of War: The 'Peace Movement' in Britain 1914–1919* (Cardiff, 1976).

ROTHWELL, VICTOR H., *British War Aims and Peace Diplomacy, 1914–1918* (Oxford, 1971).

WILSON, KEITH, *Channel Tunnel Visions, 1850–1945: Dreams and Nightmares* (London, 1994).

捷克斯洛伐克

FRAGE, REINER, *London und Prag: Materialien zum Problem eines multinationalen Nationalstaates, 1919–1938* (Munich, 1981).

MAMATEY, VICTOR S. and LUZA, RADOMIR (eds.), *A History of the Czechoslovak Republic, 1918–1948* (Princeton, 1973). See contribution by Victor S. Mamatey.

PERMAN, D., *The Shaping of the Czechoslovak State* (Leiden, 1962).

UNTERBERGER, BETTY MILLER, *The United States, Revolutionary Russia and the Rise of Czechoslovakia* (Chapel Hill, NC, 1989).

法国

ANDREW, CHRISTOPHER and KANYA-FORSTNER, ALEXANDER S., *France Overseas: The Great War and the Climax of French Imperial Expansion* (London, 1981).

BARIÉTY, JACQUES, *Les Relations franco-allemandes après la Première Guerre Mondiale, 11 novembre 1918–10 janvier 1925: de l'exécution à la négociation* (Paris, 1975).

BARIÉTY, JACQUES and POIDEVIN, RAYMOND, *Les Relations franco-allemandes, 1815–1975* (Paris, 1977).

HOVI, KARLEVO, *Cordon sanitaire ou barrière de l'est? The Emergence of the French East European Alliance Policy, 1917–1919* (Turku, 1975).

KING, JERE C., *Foch versus Clemenceau: France and German Dismemberment, 1918–1919* (Cambridge, Mass., 1960).

KOHLER, HENNING, *Novemberrevolution und Frankreich: Die französische Deutschlandpolitik, 1918–1919* (Düsseldorf, 1980).

McDOUGALL, WALTER A., *France's Rhineland Diplomacy, 1914–1924: The Last Bid For a Balance of Power in Europe* (Princeton, 1978).

MIQUEL, PIERRE, *La Paix de Versailles et l'opinion publique française* (Paris, 1972).

SOUTOU, GEORGES-HENRI, *L'Or et le sang: les buts de guerre économiques de la Première Guerre Mondiale* (Paris, 1989).

STEINMAYER, GITTA, *Die Grundlagen der französischen Deutschlandpolitik, 1917–19* (Stuttgart, 1979).

STEVENSON, DAVID, *French War Aims Against Germany, 1914–1919* (Oxford, 1982).

WANDYCZ, PIOTR S., *France and Her Eastern Allies, 1919–1925: French–Czecho-slovak–Polish Relations from the Paris Peace Conference to Locarno* (Minneapolis, 1962).

德国

BRACHER, KARL DIETRICH, FUNKE, MANFRED, and JACOBSEN, HANS-ADOLF (eds.), *Die Weimarer Republik 1918–1933: Politik, Wirtschaft, Gesellschaft* (Düsseldorf, 1987).

FERGUSON, NIALL, *Paper and Iron: Hamburg Business and German Politics in the Era of Inflation, 1897–1927* (Cambridge, 1995).

—— *The Pity of War* (London, 1998).

GRUPP, PETER, *Deutsche Außenpolitik im Schatten von Versailles, 1918–20: Zur Politik des Auswärtigen Amtes von Ende des Ersten Weltkrieges und der Novemberrevolution bis zum Inkrafttreten des Versailler Vertrags (Paderborn, 1988).*

KRÜGER, PETER, *Deutschland und die Reparationen, 1918–19; Die Genesis des Reparationsproblems in Deutschland zwischen Waffenstillstand und Versailler Friedensschluss* (Stuttgart, 1973).

—— *Versailles: Deutsche Außenpolitik zwischen Revisionismus und Friedenssicherung* (Munich, 1986).

LUCKAU, ALMA, *The German Delegation at the Paris Peace Conference* (New York, 1941).

SCHWABE, KLAUS, *Deutsche Revolution und Wilson-Frieden: Die amerikanische und die deutsche Friedensstrategie zwischen Ideologie und Machtpolitik, 1918–1919* (Düsseldorf, 1971). Translated but with differences, as *Woodrow Wilson, Revolutionary Germany, and Peacemaking, 1918–1919: Missionary Diplomacy and the Realities of Power* (Chapel Hill, NC, 1985).

WENGST, UDO, *Graf Brockdorff-Rantzau und die außenpolitischen Anfänge der Weimarer Republik* (Frankfurt a.M., 1973).

希腊

PETSALES-DIOMEDES, N., *Greece at the Paris Peace Conference, 1919* (Thessaloniki, 1978).

SMITH, MICHAEL LLEWELLYN, *Ionian Vision: Greece in Asia Minor, 1919–1922*, 2nd edn. (London, 1998).

意大利

ALBRECHT-CARRIÉ, RENÉ, *Italy at the Paris Peace Conference* (New York, 1938).

BURGWYN, H. JAMES, *The Legend of the Mutilated Victory: Italy, the Great War, and the Paris Peace Conference, 1915–1919* (Westport, Conn. and London, 1993).

ROSSINI, DANIELA, *L'America riscopere l'Italia; L'Inquiry di Wilson e l'origini della questione adriatica, 1917–1919* (Rome, 1992).

波兰

CIENCIALA, ANNA M. and KOMARNICKI, TITUS, *From Versailles to Locarno: Keys to Polish Foreign Policy, 1919–1925* (Lawrence, Kan., 1984).

KOMARNICKI, TITUS, *Rebirth of the Polish Republic: A Study in the Diplomatic History of Europe, 1914–1920* (London, 1957).

LATAWSKI, PAUL (ed.), *The Reconstruction of Poland, 1914–1923* (London, 1993). See contributions of Anna M. Cienciala, Paul Latawski, and Piotr S. Wandycz.

LUNDGREEN-NIELSON, KAY, *The Polish Problem at the Paris Peace Conference: A Study of the Policies of the Great Powers and the Poles, 1918–1919* (Odense, 1979).

SIERPOWSKI, STANISLAW, *L'Italia e la ricostituzione del nuovo stato polacco, 1915–1921* (Warsaw, 1979).

罗马尼亚

SPECTOR, SHERMAN DAVID, *Rumania at the Paris Peace Conference: A Study of the Diplomacy of Ioan I. C. Brătianu* (New York, 1962).

美国

AMBROSIUS, LLOYD E., *Woodrow Wilson and the American Diplomatic Tradition: The Treaty Fight in Perspective* (Cambridge, 1987).

FIFIELD, RUSSELL H., *Woodrow Wilson and the Far East: The Diplomacy of the Shantung Question* (New York, 1952).

FLOTO, INGA, *Colonel House in Paris: A Study of American Policy at the Paris Peace Conference, 1919* (Aarhus, 1973).

GARDNER, LLOYD C., *Safe for Democracy: The Anglo-American Response to Revolution, 1913–1923* (New York, 1984).

GELFAND, LAWRENCE E., *The Inquiry* (New Haven, Conn., 1963).

KNOCK, THOMAS J., *To End All Wars: Woodrow Wilson and the Quest for a New World Order* (New York, 1992).

LINK, ARTHUR S., *The Higher Realism of Woodrow Wilson and Other Essays* (Nashville, Tenn., 1971).

LINK, ARTHUR S., *Wilson's Diplomacy: An International Symposium* (Cambridge, Mass., 1973).

—— *Woodrow Wilson and a Revolutionary World, 1913–1921* (Chapel Hill, NC, 1982).

—— (ed.), *Wilson, the Diplomatist: A Look at His Major Foreign Policies* (Baltimore, 1957).

MARTIN, LAURENCE, *Peace Without Victory: Woodrow Wilson and the British Liberals* (New Haven, Conn., 1958).

NINKOVICH, FRANK, *The Wilsonian Century: United State Foreign Policy Since 1900* (Chicago, 1999).

PARRINI, CARL P., *Heir to Empire: United States Economic Diplomacy, 1916–1923* (Pittsburgh, 1969).

SCHWABE, KLAUS, *Woodrow Wilson, Revolutionary Germany, and Peacemaking, 1918–1919: Missionary Diplomacy and the Realities of Power* (Chapel Hill, NC, 1985). See above under *Germany*.

SMITH, DANIEL M., *The Great Departure: The United States and World War I, 1914–1920* (New York, 1965).

THOMPSON, JOHN A., *Woodrow Wilson* (London, 2000).

WALWORTH, ARTHUR, *America's Moment, 1918: American Diplomacy at the End of World War I* (New York, 1977).

—— *Wilson and his Peacemakers: American Diplomacy at the Paris Peace Conference, 1919* (London and New York, 1986).

南斯拉夫

LEDERER, IVO J., *Yugoslavia at the Paris Peace Conference: A Study in Frontiermaking* (New Haven, Conn., 1963).

文章

BARIÉTY, JACQUES, 'La France et l'Allemagne d'une guerre mondiale a l'autre', in R. Poidevin and Jacques Bariéty (eds.), *Les Relations franco-allemandes 1815–1975* (Paris, 1977).

CIENCIALA, ANNA M., 'The Battle of Danzig and the Polish Corridor at the Paris Peace Conference of 1919', in Paul Latawski (ed.), *The Reconstruction of Poland, 1914–1923* (London, 1992).

COOGAN, JOHN W., 'Wilsonian Diplomacy in War and Peace', in Gordon Martel (ed.), *American Foreign Relations Reconsidered 1890–1933* (London, 1994).

CROUZET, FRANÇOIS, 'Réactions françaises devant les *Consequences Économiques de Paix* de Keynes', *Revue d'Histoire Moderne et Contemporaine*, 19: 1 (1972).

DZIEWANOWSKI, M. K., 'Joseph Piłsudski, the Bolshevik Revolution and Eastern Europe', in Thaddeus V. Gromada (ed.), *Essays on Poland's Foreign Policy, 1919–1939* (New York, 1970).

EGERTON, GEORGE W., ' "Britain and the Great Betrayal": Anglo-American Relations and the Struggle for United States Ratification of the Treaty of Versailles, 1919–1920', *Historical Journal*, 21: 4 (1978).

—— 'Conservative Internationalism: British Approaches to International Organization and the League of Nations', *Diplomacy and Statecraft*, 5: 1 (1994).

FELLNER, FRITZ, 'Der Vertrag von St. Germain', in E. Weinzierl and K. Skalnik (eds.), *Österreich 1918–38*, Bd. 1 (Vienna, 1983).

GARDNER, LLOYD C., 'The United States, the German Peril, and a Revolutionary World: The Inconsistencies of World Order and National Self-Determination', in Hans-Jürgen Schröder (ed.), *Confrontation and Cooperation: Germany and the United States in the Era of World War I, 1900–1924* (Providence, RI, 1994).

GLASER-SCHMIDT, ELISABETH, 'German and American Concepts to Restore a Liberal World Trading System after World War I', in Hans-Jürgen Schröder (ed.), *Confrontation and Cooperation: Germany and the United States in the Era of World War I, 1900–1924* (Providence, RI, 1994).

HILLGRUBER, A., 'Unter den Schatten von Versailles', in K. D. Erdman and H. Schulz (eds.), *Weimar, Selbstpreisgabe einer Demokratie* (Düsseldorf, 1980).

KANYA-FORSTNER, ALEXANDER S., 'The War, Imperialism and Decolonization', in Jay M. Winter, Geoffrey Parker, and Mary R. Habeck (eds.), *The Great War and the Twentieth Century* (New Haven, Conn., 2000).

KRÜGER, PETER, 'German Disappointment and Anti-Western Resentment, 1918–1919', in Hans-Jürgen Schröder (ed.), *Confrontation and Cooperation: Germany and the United States in the Era of World War I, 1900–1924* (Providence, RI, 1994).

LENTIN, ANTHONY, 'What Really Happened at Paris?', *Diplomacy and Statecraft*, 1: 2 (1990).

—— 'The Treaty That Never Was: Lloyd George and the Abortive Anglo-French Alliance of 1919', in Judith Loades (ed.), *The Life and Times of David Lloyd George* (Bangor, 1991).

—— 'Several Types of Ambiguity: Lloyd George at the Paris Peace Conference', *Diplomacy and Statecraft*, 6: 1 (1995).

—— ' "Une aberration inexplicable"? Clemenceau and the Abortive Anglo-French Guarantee Treaty of 1919', *Diplomacy and Statecraft*, 8: 2 (1997).

LEVENE, MARK, 'Nationalism and its Alternatives in the International Arena: The Jewish Question at Paris, 1919', *Journal of Contemporary History*, 28 (1993).

LINK, WERNER, 'Zum Problem der Kontinuität der amerikanischen Deutschlandpolitik im 20. Jahrhundert', in M. Knapp (ed.), *Die deutsch–amerikanischen Beziehungen nach 1945* (Frankfurt and New York, 1975).

MARKS, SALLY, 'Behind the Scenes at the Paris Peace Conference of 1919', *Journal of British Studies*, 9 (1970).

—— '1918 and After: The Postwar Era', in Gordon Martel (ed.), *Origins of the Second World War Reconsidered: The A. J. P. Taylor Debate After Twenty-Five Years* (London, 1986).

MAYER, ARNO J., 'Post War Nationalisms, 1918–1919', *Past and Present*, 34 (1966).

MICHEL, BERNARD, 'La Tchécoslovaquie et la paix', in C. Carlier and G.-H. Soutou (eds.), *1918–1925: Comment faire la paix?* (Paris, 2001).

NINKOVICH, FRANK A., 'Woodrow Wilson and the Historical Necessity of Idealism', in id. (ed.), *Modernity and Power: A History of the Domino Theory in the Twentieth Century* (Chicago, 1994).

PIETRI, NICOLE, 'L'Autriche, 1918–1925: une stabilisation précaire', in C. Carlier and G.-H. Soutou (eds.), *1918–1925: Comment faire la paix?* (Paris, 2001).

SCHUKER, STEPHEN A., 'Finance and Foreign Policy in the Era of German Inflation', in Otto Büsch and Gerald D. Feldmann (eds.), *Historische Prozesse der deutschen Inflation, 1914–1924* (Berlin, 1978).

—— 'The End of Versailles', in Gordon Martel (ed.), *Origins of the Second World War Reconsidered: The A. J. P. Taylor Debate After Twenty-Five Years* (London, 1986).

—— 'Origins of American Stabilization Policy in Europe: The Financial Dimension, 1918–1924', in Hans-Jürgen Schröder (ed.), *Confrontation and Cooperation: Germany and the United States in the Era of World War I, 1900–1924* (Providence, RI, 1994).

SETON-WATSON, CHRISTOPHER, '1919 and the Persistence of Nationalist Aspirations', *Review of International Studies*, 15 (1989).

SOUTOU, GEORGES-HENRI, 'La France et les marches de l'est, 1914–1919', *Revue historique*, 578 (1978).

—— 'La France et l'Allemagne en 1919', in J. M. Valentin, J. Bariéty, and A. Guth (eds.) *La France et l'Allemagne entre les deux guerres mondiales* (Nancy, 1987).

—— 'L' Ordre européen de Versailles à Locarno', in C. Carlier and G.-H. Soutou (eds.), *1918–1925: Comment faire la paix?* (Paris, 2001).

STEIGERWALD, MARK, 'Historiography: The Reclamation of Woodrow Wilson?', *Diplomatic History*, 23: 1 (1999).

STEINER, ZARA, 'Foreign Office Views, Germany and the Great War', in R. J. Bullen, H. Pogge von Strandmann, and A. Polansky (eds.), *Ideas into Politics: Aspects of European History, 1880–1950* (London and Sydney, 1984).

STEVENSON, DAVID, 'France at the Paris Peace Conference: Addressing the Dilemmas of Security', in Robert Boyce (ed.), *Nation and Narration* (London, 1990).

TRACHTENBURG, MARC, 'Versailles After Sixty Years', *Journal of Contemporary History*, 17 (1982).

UNTERBERGER, BETTY MILLER, 'Woodrow Wilson and the Bolsheviks: The "Acid Test" of Soviet–American Relations', *Diplomatic History*, 11: 2 (1987).

WANDYCZ, PIOTR S., 'The Treaty of Riga: Its Significance for Interwar Polish Foreign Policy', in Thaddeus V. Gromada (ed.), *Essays on Poland's Foreign Policy, 1918–1939* (New York, 1970).

WEINBERG, GERHARD L., 'The Defeat of Germany in 1918 and the European Balance of Power', *Central European History*, 2 (1969).

YEARWOOD, PETER, '"On the Safe and Right Lines"; The Lloyd George Government and the Origins of the League of Nations, 1916–1918', *Historical Journal*, 32 (1989).

—— 'Real Securities Against New Wars: Official British Thinking and the Origins of the League of Nations', *Diplomacy and Strategy*, 9: 3 (1998).

论文

GIRARD, JOYLON PITT, 'Bridge on the Rhine: American Diplomacy and the Rhineland, 1919–23'. Ph.D. dissertation, University of Maryland (1973).

HEMERY, JOHN ANTHONY, 'The Emergence of Treasury Influence in British Foreign Policy', Ph.D. thesis, Cambridge University (1988).

第二章 遥远的边界：东方和平的缔造

I

　　与其他战败国的和约是在随后的几个月里，在巴黎的不同郊区缓慢而稳步地缔结的，包括对奥地利和约（《圣日耳曼条约》）、对匈牙利和约（《特里亚农条约》）、对保加利亚和约（《讷伊条约》）、对奥斯曼帝国和约（《色佛尔条约》）。尽管对德和约是"三巨头"主要关心的事情，但是就国家及边界而言，东欧战前的地图甚至被更为剧烈地改变。奥匈帝国不再存在。以牺牲落败的哈布斯堡、霍亨索伦和沙皇的帝国为代价，新的国家出现了。这些和约改变了巴尔干地区更老的国家内部的（人口与民族）构成以及地理界线。波兰重新建立，捷克斯洛伐克得以创立，塞尔维亚被转变成塞尔维亚-克罗地亚-斯洛文尼亚王国。罗马尼亚的人口和领土规模翻番，一弯"新月被揉搓成了一轮圆月"。希腊原本可以获得领土上的重大收获，阿尔巴尼亚被放任处于无政府状态之中。巴尔干半岛上的结果将是加剧战争的胜利者和失败者之间的不同感觉。如果《色佛尔条约》能维持下来，那么土耳其原本会被削减至其以前自身的一块碎片。所有这些解决方案是在苏俄缺席的情况下缔结的，当时协约国的军队正在苏俄的领土上，而且仍有人希望列宁领导的政府可能会被推翻。

　　奥匈帝国的毁灭并不完全是胜利者的作品。1917—1918

年，协约国一直在与维也纳单独媾和的希望以及支持民族独立运动之间摇摆。在俄国革命之后不久，让波兰重新建国成了法国的一个战争目的，但波兰的独立与这两个战略当中的任何一个原本都是可以兼容的。威尔逊总统在提到奥匈帝国的臣服民族时曾说，他们"应当被给予自主发展的最自由的机会"。与其在"十四点"和平原则中关于波兰独立的承诺相比，这一表达不严谨得多。[1]只是在与奥匈帝国单独媾和的可能性在 1918 年春天从外交议程上逐渐消失后，三大国才选择了民族主义的解决方案。波兰和捷克斯洛伐克的代表，以及为从东匈牙利获得一大片领土而奔走的罗马尼亚人，此前已经在协约国的各个首都活动。南斯拉夫族领导人也察觉到了西方对在亚得里亚海沿岸及北边建立一个新的国家的支持——尽管意大利并非如此。到停战协定缔结时，奥匈帝国几乎已经从内部解体，甚至连那些曾经为哈布斯堡王室奋战的人也向各自的民族委员会寻求领导。在和会开幕前，这些后继的国家已经宣布独立。由于在战争结束时协约国军队在东南欧只有象征性的存在，意大利人和罗马尼亚人迅速行动，在争议领土上建立了新的军事阵地。各个继承国沿着必然模糊的边界夺取尽可能多的土地。正是在这一背景之下，而且由于库恩·贝拉（Béla Kun）领导的布尔什维克革命于 1919 年 3 月在布达佩斯取得成功，使匈牙利的情况变得更为复杂，与东方诸国的和约才得以缔结。和平缔造者们既无意志也无可利用的军事力量，来以任何显著的方式改变当地的权力平衡。与对德和约不同，这些解决方案以及新的或者扩大的国家的边界之细节，主要是由各国外长及各个领土委员会的专家们谈判的，法国或者英国的主张往往占了上风。在这些方面并无多少来自上层的指示。与对奥地利、匈牙利和

82

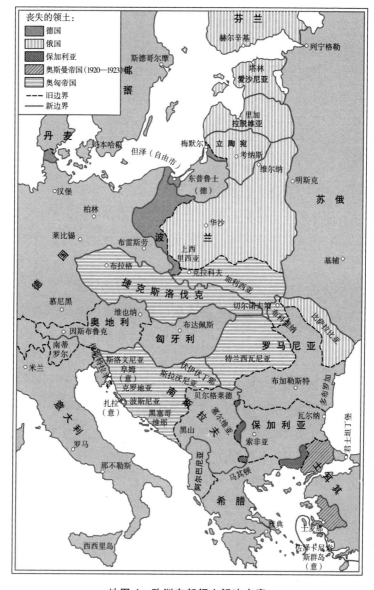

地图 4　欧洲东部领土解决方案

保加利亚的和约相关的议题大多不需要"三巨头"的关注，与意大利人围绕其对于补偿的广泛主张而发生的持久且剧烈的冲突则是例外。

通过阅读委员会讨论的记录可以清晰地看出，尽管官员们在和会召开前已经进行了预备性工作，但当时没有任何人理解手头这一任务的复杂性。当地形势甚至是其复杂的地理情况原本对于任何专家组而言都是一种重负，更别说涉及民族利益的问题。当时的数据不可靠，地图不精确。民族界线如此混乱，在边境地区尤其如此，以至于任何简单的民族解决方案都不可能解决问题。战略和经济上的考虑与民族诉求冲突，或者凌驾于其上。在那种充满情绪的时代氛围中，运用公民表决并无多大意义，尽管其在众多的争议案例中得到运用。与这些国家打交道的各个委员会和分委员会的组织方式，使专家们的任务无法变得较为简单一点。多个交叉但又分立的委员会在不同的环境里处理完全同样的问题。由罗马尼亚事务委员会专家做出的决定，不仅帮助塑造了罗马尼亚，还有南斯拉夫、希腊和保加利亚的边界。除波兰问题之外，领土委员会的大多数建议被"三巨头"接受，他们既没有时间也无能力来审查专家们的工作。中欧和东欧大体上是"未知之地"，而和会也不是进行基本的地理教育的时候。那些代表着这些新的或者扩大的国家的人为满足各国的领土要求，持续不断地游说着。不可避免的是，和会上工作过度而疲惫不堪的官员们，受到了那些代表着有争议的声索国之人的个性的影响。捷克斯洛伐克在这方面是特别幸运的，与波兰相比时尤其如此。用英国外交家哈罗德·尼科尔森（Harold Nicolson）的话来说，时任捷克斯洛伐克外长爱德华·贝奈斯是一名"智慧、年轻、可信的小个子男人"，在和

83

会上很受欢迎，而其主张也被大多数人同情地看待，甚至在那些显然违背民族自决原则的地方也是如此。[2]他拥有来自伦敦的亲捷克游说力量的强大支持这一优势，这一力量得到了巧妙的动员，动员者包括深受喜爱的捷克政治家、社会学家和哲学家托马斯·马萨里克（Tomáš Masaryk），具有影响力的英国官员兼作家 R. W. 西顿-沃森（R. W. Seton-Watson），以及英国新闻记者、历史学者亨利·威克姆·斯蒂德（Henry Wickham Steed）。相比之下，劳合·乔治相信贝奈斯只不过是法国人的一个走卒，而且认为其领土要求高得离谱。相反，希腊总理埃莱夫塞里奥斯·韦尼泽洛斯（Eleftherios Venizelos）极受劳合·乔治的喜爱，甚至连英国外交部通常目光锐利、头脑冷静的官员艾尔·克罗也钦佩这个来自克里特岛的"万人迷"。

尽管运用的是最含糊的词语，但如同威尔逊总统曾经许诺的那样，新国家的创立将遵循"自决"的原则。不可否认的是，无论在当时还是在今天，要给出这一概念的准确含义是几乎不可能的。1919 年，美国国务卿罗伯特·兰辛曾这样自问："当总统说起'自决'时，他脑海里想到的是一个什么样的单元（unit）？他指的是一个民族、一片领土还是一个群体？"[3]甚至连威尔逊在 1918 年 2 月 11 日向国会宣布的四项原则，也只是对自决做出了笼统的认可，它可以得到不同的解读。尽管总统将该原则与人民主权联系起来，但是几乎无法把握其意味。威尔逊对巴黎的声索者的数量感到吃惊和不安，希望自己从未使用这一术语。英美和平代表团里的许多人惊慌于其运用可能带来的后果，因为这一受到高度欢迎的主张所产生的回响远远回荡于欧洲的边界之外。

表 5　东欧的领土与人口变化（1914—1930 年）

国　　家	面积（平方千米）		人口（千人）		
	1914 年	1921 年	1914 年	1921 年	1930 年
奥匈帝国	676443		51390		
奥地利		85553		6536	6722
匈牙利		92607		7600	8684
捷克斯洛伐克		140394		13613	14726
保加利亚	111800	103146	4753	4910	5944
波兰		388279		27184	
罗马尼亚	137903	304244	7516	17594	18025
塞尔维亚	87300		4548		
南斯拉夫		248987		12017	13930

　　资料来源：I. P. Berend and G. Ranki, 'The Economic Problems of the "Danube Region" at the Breakup of the Austro-Hungarian Monarchy', *Journal of Contemporary History 4* (1969)；*League of Nations Statistical Yearbooks 1920 - 1940*；Steven Morewood and Derek H. Aldcroft, *Economic Change in Eastern Europe Since 1918* (Aldershot, 1995)。

　　正如人们可能预计的一样，每一个声索方都希望为自己争取自决权，但是并不希望其邻居这样。从某种意义上说，那些负责重绘领土地图者在东欧面对着一种既成事实，因而只能应对其后果。民族运动的领袖们此前已经主张建立国家，军队已经跨越边界来确立民族的诉求。就民族原则的适用而言，和平缔造者们正在调整国际制度以适应欧洲形势的现实情形。在此前的一个世纪里一直在获得合法性和声望的"民族原则"受到国际认可，民族特点、其他形式的语言及文化上的共同特征被认作缔造国家的基础。威尔逊相信这一原则对于民主的认同，使其与旧的合法性原则相比，能够更好地保障和平。尽管这些民族主义运动当中有许多是转瞬而逝的，而且那些新创立的国家当中有些只存在了最为短暂的时间，但对于那些成功的国家而言，和约提供了国际承认的印记。对于民族原则合法性的认可，标志着 1919 年确立的国际秩序中所发生的重大且深远的转变之一。

该项原则只能被不规则地运用，而且常常被忽视。当牵涉战胜国的战略利益时，这一原则遭受违背或者损害；它既不被运用于战败国，也不适用于欧洲各个战胜国的殖民地。在划分新的边界时，它在实践中被做出很大的修改。克里孟梭曾对四人委员会说："大会已经决定催生一定数量的新国家。在不造成不公正的情况下，是否可以牺牲这些国家，给它们划定与德国之间无法接受的边界？"[4]领土委员会渴望创造持久且可存活下去的国家，在划分新的边界时考虑了战略、经济、地理以及其他因素。各个对立的国家将其要求建立在民族原则之上，对同一片领土提出声索。作为罗马尼亚和南斯拉夫猛烈争夺的中心，巴纳特（Banat）①混合了大量不同的民族与语言，要进行任何纯粹的民族划分是不可能的。尽管如此，作为和约的一个结果，东欧和中欧生活在外国政府统治下的民众的人数减少了一半，1919 年划分的边界与以往任何时候相比，都与语言的边界更为紧密地保持一致。

不幸的是，在解放旧的少数民族的同时，和平方案制造了新的少数民族。欧洲民族地图的不规则性，使许多国家的少数民族——其中的一些长期与其政治上的新主人不睦——面临着一种危险，这种危险由于授予一些少数民族但并非所有民族群体以自决权而被放大。和平缔造者们意识到后面的这些群体必

---

① 中东欧地理和历史上的一个地区，现在分属匈牙利、罗马尼亚和塞尔维亚。

须得到保护时，为时已晚。犹太人就是一个特别的例子。在停战之后不久以及巴黎和会期间，波兰出现了集体迫害。来自犹太人和其他少数民族组织的压力，迫使"三巨头"在1919年5月1日着手处理这一问题。一个"新国家事务委员会"（Committee on New States）得以创立，并且起草了波兰少数民族保护协定，与《凡尔赛和约》同时签署，该协定变成了包含在其他三个和约之中的少数民族保护条款的样本。和平缔造者们同意向国家的少数民族提供某种形式的法律保护，不仅是保护其政治与法律权利，还有其宗教、语言、教育和文化实践的自由行使权，但是这些少数民族后来被发现并不情愿考虑威尔逊起初将一个普遍的少数民族保护条款包含在《盟约》之中的主张。少数民族保护制度承认自决原则的毁灭性和破坏稳定性的后果，但是该制度仅仅被运用于一个特别范畴内的国家，并且是在狭隘划定的限度内运用。被要求签署少数民族保护协定的国家的名单被扩展至覆盖其他新的、扩大的和被打败的国家，其中大多数位于东欧，战胜国认为这些国家不够先进，无法在没有某种形式的监管的情况下保护它们的少数民族。几乎所有国家都非常憎恨被这样挑选出来。作为一个高度复杂的概念，"少数民族权利"甚至在根深蒂固的民主国家里也几乎没有被实际运用。 86 "三巨头"想要的是统一的国家，而且期待和平的同化。以后将不会有任何"国中之国"，不会有任何由少数民族向国联发出的直接申诉。少数民族必须寻找到一个国家作为发起者（state sponsor），之后国联理事会将提醒人们协定遭到违反。各种争端可以提交国际常设法庭（Permanent Court of International Justice），而且依据其判决，国联理事会可以针对有罪的国家启动制裁。这是一个冗长的程序。少数民族群体的代表们并不感到满意，而被迫签署协定的各国政府感到苦涩和怨恨。尽管如此，这种通过国联为少数民族提供某种形式的国际保护的尝试虽然是有限度、有缺陷和不足的，却是扩大国际主义现有结构的一种尝试。如同这些和约的如此之多的部分一样，在一个国际体系总体上有利于主权国家而且特别有利于大国的时代，自决和少数民族保护协定将道义的原则与现实政治（realpolitik）① 的要求结合起来。

II

意大利人是带着广泛的领土要求来参加和会的，这些要求此前已由英法在秘密签订的《伦敦条约》（1915 年 4 月 26 日签订）中承认。在协约国的主要大国中，只有意大利更为关切与德国的盟友而不是德国本身的解决方案，因为英法在 1915 年向意大利做出的这些许诺，只能在亚得里亚海、哈布斯堡王朝和奥斯曼帝国以前的领土上得到实现。尽管其他的声索者也必须得到考虑，但意大利曾被许诺拥有通往布伦纳山口（Brenner Pass）的蒂罗尔（Tyrol，包括特伦蒂诺和南蒂罗尔）、的里雅斯特、戈里齐亚－格拉迪斯卡（Gorizia-Gradisca）、伊斯特拉半岛（Istria）的大部及其近海岛屿、达尔马提亚（Dalmatia）北部与其毗邻岛屿，以及以阿尔巴尼亚作为其保护地。这些贿赂足以保证意大利边疆的安全，尽管并不足以将亚得里亚海变成一个意大利湖。意大利还被给予各种殖民地的不义之财，尽管这些东西并不那么明确。意大利被许诺在奥斯曼帝国崩溃的情况下，在阿达利亚（Adalia）地区获得未经界定的"公平补

---

① 由奥托·冯·俾斯麦提出，主张当政者应以国家利益作为从事内政外交的最高考量，而不应该受到当政者的感情、道德伦理观、理想，甚至意识形态的左右。

偿"，而且如果英法夺取了德国前殖民地的一部分，它将有权在非洲获得补偿。《圣让－德莫里耶讷协定》（1917 年 4 月签订）许诺了阿达利亚，而且承认意大利对于在 1912 年意土战争之后占领的佐泽卡尼索斯群岛（Dodecanese）的完全主权，但该协定以俄国从未批准为由而被废除。

这些旧式的领土许诺曾用以确保意大利参战，但其与威尔逊的"十四点"和平原则并不相容，美国总统在巴黎开始了这场原则之战。总统认为他已经赢得受到重创的意大利人的心，认为他们将是威尔逊式和平的强烈支持者。而实际上，意大利领导人更为准确地衡量了公众的情绪。作为"四巨头"中的第四人，从 1917 年 10 月以来担任总理的奥兰多来到巴黎时，只能扮演其中最弱的角色。他和他的那位复杂、阴郁、具有强烈民族主义情感的外长悉德尼·松尼诺（Sidney Sonnino）面临着十分强烈的国内压力，被要求带回曾被许诺作为参战回报的胜利果实。对于意大利军队在与奥地利人的战争中所遭受的可怕打击，获得领土是唯一可能的补偿。意大利军队曾在卡波雷托（Caporetto）战役中崩溃，这种失败的耻辱具有持久的影响。战争的代价及其制造的经济与社会动荡，削弱了脆弱的经济和已经摇摇欲坠的议会制度。到战争结束时，意大利处于政治动乱之中，其经济处于混乱状态，而产业工人心向革命。意大利领导人收复领土的希望被卷入了一种更为广泛的民族主义与反革命情绪的爆发之中。民族主义者关于建立一个广袤的殖民帝国以及控制巴尔干的理由具有了广泛的吸引力。在战争的最后几个月里，右翼好斗分子，包括贝尼托·墨索里尼的新法西斯分子力量和同样富于攻击性的无政府工团主义者（anarcho-syndicalist），曾叫嚣夺取阜姆城。与《伦敦条约》中许诺的以斯拉夫人为主的达尔马提亚海岸相比，意大利人对这个亚得里亚海港口的诉求更合乎情理。阜姆市中心主要是意大利人，郊区苏萨克（Susak）主要是斯拉夫人。但阜姆已经在意大利人的同意之下被排除在 1915 年的协定之外，因为它是匈牙利的唯一港口，而且当时没有谁预计到哈布斯堡君主国的瓦解。它后来被许诺给预计将成为一个独立国家的克罗地亚，因此随后被纳入塞尔维亚-克罗地亚-斯洛文尼亚王国（南斯拉夫）。奥兰多总理依赖于民族主义右派，同时关切其受到围攻的政府的地位，他要求获得阜姆以及 1915 年的条约中规定的在达尔马提亚的边界线，后者一直是松尼诺最重要的关切。在与奥匈帝国缔结停战协定之后，奥兰多甚至在公众的躁动蔓延之前，就在 11 月中旬批准占领该港口。意大利军队占领了该城，并且远远超越《伦敦条约》规定的边界，在奥地利领土上占据了位置。

并无多少疑问的是，意大利的安全地位在哈布斯堡君主国解体之后显著改善了，而且如果其领导人是干练的谈判者的话，意大利将可能获得更多收获。但奥兰多及松尼诺都玩得过了头。当意大利的情况在 4 月 19 日被展示给四人委员会时，难题就开始了。协约国圈子里普遍认为意大利是一个"贪婪的乞丐"，这一看法在和会之前就已出现，而且突显出这个"大国中的最次国"在设法利用其昂贵的参战行为时面临的种种困境。在协约国看来，意大利的表现并未为这场战争的"收支总账"中的"贷方"助力多少，而且尽管英法觉得有义务尊重《伦敦条约》的条款，但他们谁都不想支付奥兰多所要求的价码。正如松尼诺所担心的那样，通过将意大利的诉求扩大至超出 1915 年条约中的规定，奥兰多损害了其起初的谈判地位。尽管松尼诺试图忽略阜姆而集中于《伦敦条约》中做出的承诺，但奥兰多似乎正在要求同时获得 1915 年的报酬和阜姆，尽管其并不反对在达尔马提亚做出某些让步。塞尔维亚在和会上阐述创立南斯拉夫之事，导致意大利针对这个新成立的国家进行了一场重大的运动。南斯拉夫在 1918 年 12 月 1 日才成立，既无清晰的边界也无宪法框架。美国率先在 1919 年 2 月承认这个新的国家；英法带有一些勉强，只是在《凡尔赛和约》几乎准备就绪时才承认。意大利从未预计到一个统一的斯拉夫人国家的出现。对于松尼诺来说，这个新的国家继承了哈布斯堡的衣钵，必须在一诞生时即被掐死或遏制。在整个和会期间，松尼诺和奥兰多就南斯拉夫的成立进行争论，反对承认这个国家，支持黑山人的分离主义，并且试图通过封锁来扼杀南斯拉夫处于初创期的经济。就在与奥匈帝国停火之后，意大利陆军已经迅速将军队运进达尔马提亚，占据了主要由南斯拉夫人居住的领土，而其在阿尔巴尼亚的军队打退了南斯拉夫及希腊的对于这个战前小国的声索者。奥兰多寻求对付南斯拉夫的盟友，因此还轮流对意大利近来的每一个"敌人"进行试探。在安抚意大利与希望强大的南斯拉夫和法国结盟之间，法国人必须平衡自己的利益。他们敦促意大利人做出妥协，而亲南斯拉夫的英国代表团也是如此。

正是被称为亚得里亚海"宝石"的阜姆，成了奥兰多和威尔逊之间的公开斗争的焦点。它迅速变成了一个事关意大利荣誉的炽热的问题，煽动着国内的期望。对于意大利人的事业几乎没有帮助的是，松尼诺证明自己与美国总统一样固执己见，他表明了其对威尔逊的各项原则的反对，在妥协本该成为一种风气的时候，他在亚得里亚海的这一僵局中采取了死板的立场。威尔逊总统此前已经向意大利人做出了让步，认可意大利人在布伦纳的边界以及兼并说德语的蒂罗尔地区。威尔逊很快展现出其本性中更为倔强的一面，拒绝考虑奥兰多的要求，甚至当劳合·乔治提议以达尔马提亚交换阜姆时也是如此。由于决定不做出让步，威尔逊同时拒绝了协约国在 1915 年的许诺，反对意大利对这个被争夺港口的持续占领，南斯拉夫认为该港对于克罗地亚经济上的未来是必不可少的。意大利人勃然大怒，但面对威尔逊总统的绝对否决权，奥兰多几乎无能为力。当法国人和英国人试图为意大利总理寻找一条出路时，威尔逊于 4 月 24 日在《时代报》（Le Temps）上发表了一份声明，直接向意大利民众发出呼吁（他曾在 1919 年 1 月对意大利的国事访问中在罗马受到热烈的欢迎），但他完全误判了民众的情绪。他的公开宣言导致意大利领导人离开了巴黎。由于被夹在意大利人和美国人之间，法国人和英国人支持威尔逊。意大利人被告知说，协约国将继续遵守 1915 年的条款，但威尔逊反对意大利声索达尔马提亚的理由应当得到考虑，而对于阜姆的声索应当被放弃。奥兰多和松尼诺回到意大利时受到了盛大却短暂的欢迎。意大利人的退席无论在罗马还是在巴黎都收获寥寥。

在奥兰多缺席期间，意大利人受到了进一步的惩罚。"三巨头"批准希腊占领士麦那（Smyrna，现为土耳其的伊兹密尔），并且允许他们占领在 1915 年的《圣让-德莫里耶讷协定》中被分给意大利的土耳其区域的一部分。意大利还被排除在对德国前殖民地的瓜分之外。英法威胁说，如果意大利人在和约草案递交德国人之前没有回来，将对《伦敦条约》予以否认。这一威胁产生了效果。奥兰多和松尼诺在 5 月 9 日悄悄地回来了，但由于威尔逊继续阻止法国解决这一争端的努力，僵局仍然未能解决。由于在巴黎的失败以及面对着罗马新一波的罢工

潮和一次议会危机，奥兰多和松尼诺在 6 月 19 日辞职。在奥兰
多政府垮台以及劳合·乔治与威尔逊在《凡尔赛和约》签订后
离开和会之前，人们曾提出一个解决这场围绕南斯拉夫的争端
的方案。意大利人将放弃达尔马提亚本土的大部，并且接受在
阜姆建立一个自由邦。1919 年 9 月 12 日，正在老去而且手头拮
据的意大利民族主义诗人和空军老兵加布里埃莱·邓南遮
（Gabriele d'Annunzio）与 300 名支持者一道夺取了该港，自己
成了独裁者。他的行动赢得了意大利的一些人的喝彩，这些人
包括民族主义者、一些心怀不满的军方领导人，以及希望让军
队处于战时状态的实业家。奥兰多的继任者弗朗切斯科·尼蒂
（Francisco Nitti）怀疑军队的忠诚度，静观其变，等待这场风暴
减弱。这场革命曾试图从阜姆蔓延至意大利，但尼蒂在罗马的
权威经受住了考验。邓南遮尽管是墨索里尼法西斯主义者的热
烈支持者，但其作为一支政治力量开始衰落，对 1919 年 11 月
的大选并未产生任何影响。阜姆的这些事态难以让英国人和法
国人相信尼蒂政府渴望弥合其与南斯拉夫人的分歧，但一旦威
尔逊在政治上的无能被证实之后，尼蒂与南斯拉夫领导人安
特·特伦比奇（Ante Trumbic）进行了直接的谈判。意大利人　90
在巴黎的腔调和膨胀的要求在意大利产生了一种充满愤怒与仇
恨的创伤。民众针对这种"被毁坏的胜利"（la vittoria mutilata，
邓南遮语）发起了一场运动，1919 年所消耗的民族主义能量在
罗马起到了削弱日益受到威胁和分裂的自由主义力量的作用。
1919 年 11 月的选举使意大利社会主义者成为最大的党派，暴
露出这种内在的政治结构的脆弱性。

Ⅲ

与以前的盟友在诉求上相对立的并不只是意大利人。罗马

尼亚人也曾经被许诺获得一份战利品；希腊尽管没被提供任何明确的领土，但英国人觉得希腊总理韦尼泽洛斯应当因为其在整个战争期间对于协约国的支持而得到应有的奖赏。罗马尼亚人在和会上进行了一场极其聪明的博弈。尽管罗马尼亚人在战时表现糟糕，但自命不凡、极其圆滑、外交上身段柔和的扬·布勒蒂亚努（Ion Brătianu，曾五次担任罗马尼亚首相），带着几乎一切其所想要的东西离开了和会。在大战期间，罗马尼亚起初保持中立，而且甚至曾与奥匈帝国松散地结盟，但在等待最有利的"报价"后，最终加入协约国一方参战，因此罗马尼亚人要求获得在 1916 年 8 月（《布加勒斯特条约》）被许诺的领土。这些诉求包括特兰西瓦尼亚（Transylvania）①及前往匈牙利大平原的通道，向南一直延伸至巴纳特连同塞格德（Szeged）镇和布科维纳（Bukovina）的大部，以及全面参与未来的任何和会。1918 年 5 月，在保加利亚成功入侵以及德国的一次大规模攻击几乎导致布加勒斯特被占领之后，罗马尼亚人与同盟国缔结了一份停战协定。而在一个月之前，为应对布尔什维克的活动，说罗马尼亚语的比萨拉比亚省（Bessarabia）议会表决赞成与罗马尼亚进行有条件的联合。这种联合在 1918 年 12 月变成了无条件的，但苏俄从未承认罗马尼亚（对比萨拉比亚）的主权。为了以最初的《布加勒斯特条约》贯彻其主张，罗马尼亚于 1918 年 11 月 9 日再度加入协约国一方参战，此时离奥匈帝国投降已经过去了一周时间，离德国停战还有两天。罗马尼亚人并不抱有什么侥幸心理，在缔结和平之前，罗马尼亚军队占领了大多数的争议领土。布勒蒂亚努可以指望法国人的支持，

---

① 罗马尼亚的中西部地区，原为匈牙利王国领土。

后者将罗马尼亚视为针对德国和苏俄而即将构建的"东方屏障"的一部分。在随后与匈牙利的斗争中，罗马尼亚人得以利用协约国对于布尔什维克主义的恐惧，以及西方面对匈牙利建立由库恩·贝拉领导的布尔什维克政府时举棋不定的反应。这些和平协定让罗马尼亚的面积（扩大至 30.5 万平方公里）和人口（超过 1700 万）翻番，使其成为东欧的第二大国家。罗马尼亚族在战前占国家总人口的 92%，而这时只占总数的 70%。

91

英国希望满足希腊人，这使与保加利亚、土耳其以及意大利的和平缔造过程进一步复杂化。作为一个只是名义上统一的希腊政府的总理，韦尼泽洛斯为将希腊军队投入协约国的事业，提出了一个令人难以应对的要求清单。它包括从阿尔巴尼亚获得北伊庇鲁斯（Epirus），从保加利亚获得西色雷斯，以及从土耳其获得小亚细亚爱琴海海岸上的东色雷斯、若干岛屿以及领土。最重要的是，韦尼泽洛斯决定拥有士麦那（伊兹密尔）及其腹地，连同其混居的希腊与土耳其人口。除了与韦尼泽洛斯的个人友谊，劳合·乔治希望在东地中海拥有一个坚定的盟友，该地区牵涉英国的各种利益，但英国缺乏资源来保护它们。围绕希腊对于整个色雷斯的诉求引发了与威尔逊总统的尖锐冲突。这一问题直到美国拒绝和约之后才得到解决。由于被意大利人未经许可在土耳其海岸上登陆的消息激怒，以及怀疑他们将对小亚细亚发起一场重大远征，威尔逊更愿意帮助希腊人对士麦那提出诉求。在意大利人回去之前的那一天，在巴黎达成了一份协议。将由一支协约国的——不过是以希腊人为主的——军队暂时占领士麦那，据称其目的是防止土耳其人进行大屠杀，但实际上是由于认为希腊应当占领该港口。劳合·乔治采取了主动；克里孟梭不太感兴趣；威尔逊试图惩罚意大利人，并受到有关土耳其人针对希腊人的暴行故事的影响，因而对此满腔热情，出于民族的理由捍卫这一决定。1920 年 5 月 15 日对士麦那的占领对于希腊而言是一场灾难，在那里发生的种种暴行刺激着土耳其民族主义者采取行动。希腊人很快与新创建的土耳其国民军进行了一场惩罚性的但并不成功的战争，这场战争导致希腊人对土耳其的全部野心崩溃。

IV

与奥地利、匈牙利和保加利亚（以及与奥斯曼帝国的第一个协定）的和约遵循了对德和约的模式。每个和约都包括了
92　《盟约》以及《劳工宪章》（Labour Charter）。每个和约都包括要求交出战争罪犯，而且包含裁军条款，它们在允许保留的军队规模上各异，但从效果而言同样具有惩罚性。每个和约都包含一个关于赔款的部分以及战争罪条款，与《凡尔赛和约》中的那些类似。这三份条约都施加了类似的财政及经济限制，并且将《凡尔赛和约》的各项原则用于港口、国际水道和铁路运输。同盟国的每个国家被要求优先支付占领及（管制）委员会的费用。这些条约在缔结时根本没有提及自决原则。就奥地利而言，这个已缩水国家的民众对于德奥（政治或经济的）合并的愿望被有意地忽略。

《圣日耳曼条约》于 1919 年 9 月 10 日在巴黎郊外的这个古老王室城堡的大厅里签署，它让奥地利变成了一个极小的、被切削的国家，没有任何入海通道，经济与财政地位岌岌可危。它被作为一个前敌对国家而不是一个新的实体对待。德奥合并是被禁止的。中欧领土委员会建议奥地利与德国的边界应当遵

循战前的界线。在其他地方，捷克斯洛伐克、波兰、南斯拉夫、意大利的诉求，以牺牲这个二元君主国（Dual Monarchy）的奥地利部分为代价得到解决。四人委员会早先的一项决定确定了波希米亚与摩拉维亚的历史边界，将苏台德地区给予了捷克斯洛伐克，而将加利西亚东部给予了波兰。在意大利人的支持下，奥地利人抗议将克拉根福（Klagenfurt）盆地转让给南斯拉夫，南斯拉夫在经历激烈战斗后于 1919 年 5 月底占领了这个地方。四人委员会决定，克拉根福的命运将由全民表决来决定。如果南斯拉夫在斯洛文尼亚人占多数的南部地区获胜，在北面的日耳曼人区将再进行一次全民表决。第一次公民表决中奥地利人获胜，因此没有举行第二次表决。克拉根福盆地仍然是奥地利的。奥地利人还依据种族及经济方面的理由，要求获得匈牙利西部的布尔根兰（Burgenland）。在起初拒绝这一要求之后，对匈牙利的库恩·贝拉政府感到担忧的四人委员会改弦易辙，以有利于维也纳当局的方式修改了边界。意大利人获得了在 1915 年被许诺的布伦纳边界，不过威尔逊后来后悔自己做出的这一决定，它将南蒂罗尔的大约 23 万名奥地利日耳曼人置于意大利人的统治之下，这显然是一种激起本地抵抗的违背民族主义原则的行为。

奥地利共和国的领导者争辩说，奥地利无法以其被削减的形式存在，而且无论其银行还是工业将无法从二元君主国的解体中恢复。英国财政部发言人说，奥地利无法支付赔款或者其在奥匈帝国战前债务中的份额。无论是英国在新国家事务委员会的代表詹姆斯·黑德勒姆-莫利（James Headlam-Morley），还是英国财政部官员约翰·梅纳德·凯恩斯，很早就都是对奥解决方案的批评者，但两人都无法克服本国国民及法国人的反对。

93

几乎并未采取什么措施来保护奥地利免受帝国政治碎片化对经济的影响，尽管大量的食物救援将民众从饥饿中拯救出来。英国专家赞成最终能够形成的某种形式的中欧与巴尔干联邦。当这一主张被拒绝后，他们提出组成一个仅限于经济上的联邦，以跨越新的国家边界线。但各个和约只是规定，这些前敌国不应当通过将更为优惠的关税待遇给予其他国家而歧视协约国国家。奥地利人进行了一些抗议，而且协约国最高经济委员会提出了将这个旧的君主国的领土联系起来的建议。不过这些对于相关的一个或更多的大国来说，也被证明是无法接受的。最高经济委员会并不准备超越一种有限的安排，这一安排将允许奥地利、捷克斯洛伐克和匈牙利在一个为期三年的时期里给予彼此优惠性关税的待遇。这个人口只有 700 万的新共和国（奥地利）面对着一个艰辛而贫穷的未来。这个国家被认为太小而无法活下去，但又太大而不会死亡。

V

对奥地利和匈牙利的和约原本打算一起递交给这对哈布斯堡王朝的"双胞胎继承人"，但与布达佩斯当局的谈判因为1919 年 3 月的革命而推迟。奥匈帝国的最后一任首相、新生的匈牙利共和国总统卡罗伊·米哈伊（Mihály Károlyi）被库恩领导下的新近组建的布尔什维克党推翻。这是一个信号，它让罗马尼亚军队逾越协约国划定的用以分隔罗匈军队的分界线。在别无他策的情况下，十人委员会采纳了福煦元帅关于建立一个中立区以稳定罗匈边境的计划，该计划意味着匈牙利人后撤。卡罗伊未能从协约国赢得让步，再加上匈牙利普遍的罢工与土地攫取，导致其在 3 月 21 日辞职，从而为库恩的社会民主党及共产党政府开辟了道路。共产党人接管是由于匈牙利反对协约国的政策。新成立的匈牙利红军队伍里充满了前奥匈帝国的军官，这些人原本永远不会参与革命行动。和平缔造者们对此不知所措。无论谁都没有可资利用的军队来干涉，而且尽管福煦不断敦促，克里孟梭还是明智地保持克制。与此同时，关于罗马尼亚和南斯拉夫事务的专家委员会完成了其工作，建议罗马尼亚人应当获得整个特兰西瓦尼亚，但不能像1916年被许诺的那样拥有位于匈牙利东部平原上的蒂萨河（Tisza）边界。协约国领导人和美国人全神贯注于德国事务，在未经讨论的情况下接受了这些新的边界。5月12日，罗马尼亚首席谈判者布勒蒂亚努要求1916年许诺的边界线，拒绝将其军队撤至蒂萨河以外。这原本将意味着罗马尼亚吞并毫无疑问属于匈牙利的领土。威尔逊和劳合·乔治大发雷霆，考虑将罗马尼亚代表驱逐出和会，但克里孟梭清楚国民议会里强烈支持罗马尼亚的情绪，以及未来将罗马尼亚纳入其东方盟友之中的希望，因此制止了协约国这种不满情绪的宣泄。

但是，如果说协约国并不支持在布达佩斯进行任何军事干预，那么它们也不愿视库恩为匈牙利的合法领袖并与其谈判。西方列强惊骇于其权力攀升之路，担心布尔什维克主义将从布达佩斯蔓延至维也纳、中欧的其他地方甚至进入西边。除了重新施加封锁，他们几乎束手无策，在没有可行政策的情况下，战胜国领导人随波逐流。到4月时，在克里孟梭和劳合·乔治的支持下，威尔逊决定派遣史末资将军前往布达佩斯调查事实。史末资不是要去谈论条件，而是如果匈牙利人接受对东匈牙利的分界线进行一种有利的修正，他将提出解除协约国对匈牙利的封锁。史末资从未离开火车车厢，他只在那里停留了两天

94

（1919 年 4 月 4—5 日）。当库恩试图获得进一步的让步时，史末资命令火车离开布达佩斯。回到巴黎后，他建议解除封锁，以及所有的继承国都应当获邀前来讨论一个经济重建计划。但这两个建议都未获采纳。"四巨头"还是束手无策。结果这个所谓的匈牙利苏维埃共和国试图为匈牙利收复斯洛伐克。其军队深深地渗入斯洛伐克中部，横行于整个东斯洛伐克。在匈牙利的帮助下，一个斯洛伐克苏维埃共和国得以建立。6 月 13 日，协约国向匈牙利人阐述了该国与捷克斯洛伐克和罗马尼亚的新的边界，希望消除该地区的不确定性。尽管如此，捷克斯洛伐克和匈牙利的僵局持续着，使福煦元帅重新采取其干预计划。他在 6 月 23 日向库恩发出了一道 24 小时最后通牒，在此前一天，对德和约的相关工作已经完成，劳合·乔治和威尔逊正准备离开巴黎。库恩明白法国政府和军队以及留下来的英国外交部代表团不会给他留下多少回旋余地。作为匈牙利人许诺撤退的回报，库恩要求罗马尼亚人应当同时从蒂萨河沿线退回到新近宣布的国际边界。但甚至在面临协约国要求的情况下，罗马尼亚人也拒绝服从。6 月 30 日，库恩的军队完成了从斯洛伐克的撤退，那里的苏维埃政权才持续两个星期就崩溃了。

威尔逊和劳合·乔治一离开巴黎，协约国的政策就改变了。与劳合·乔治相比，英国外交大臣阿瑟·贝尔福更愿意看到罗马尼亚人打倒匈牙利的这个布尔什维克政权。罗马尼亚人的成功反攻在 8 月 3 日以占领布达佩斯结束。库恩首先逃到了维也纳，最后去了莫斯科，他最终作为清洗运动的牺牲品于 1939 年去世。在站稳脚跟之后，罗马尼亚占领者拒绝离开，开始掠夺匈牙利的工业和农业资产，以及任何能够被带走的个人物品。

尽管协约国不断加大压力要求其撤退，以便能够组建一个可信的政府，能够与匈牙利缔结协定，但罗马尼亚人拒绝让步。与此同时，捷克斯洛伐克军队从北边、南斯拉夫军队从南边跨越了边界。这一高度动荡的局势被匈牙利正在崛起的强人霍尔蒂·米克洛什（Miklós Horthy）少将利用，霍尔蒂曾担任奥匈帝国海军指挥官。他和他的反革命军队开始控制该国的西部及中部，而且具有讽刺意味的是常常得到罗马尼亚人的帮助。在这一动荡中，形形色色的武装团伙开始随心所欲地报复前布尔什维克制度的所谓支持者们。对于"红色政权"及犹太人的憎恨高涨；库恩是犹太人，这个政府的其他领导人当中有许多人也是犹太人。最高委员会派遣了一个由四位协约国将军组成的委员会来解决匈牙利的问题，但在没有得到实质性的武装支持的情况下，将军们一筹莫展。最后，巴黎和会派遣英国高级外交官乔治·克拉克（George Clerk）爵士前往布达佩斯达成一个解决方案。克拉克深受由西顿-沃森领导的"新欧洲"（New Europe）组织的民族性原则的影响。在协约国发出断绝与罗马尼亚的关系这一强硬威胁的支持下，克拉克帮助确保罗马尼亚军队从布达佩斯撤回。1919 年 11 月 25 日，克拉克承认了匈牙利新的联盟政府，并相信霍尔蒂可能成为匈牙利政府未来的国家元首。无论对于霍尔蒂还是匈牙利，事实证明这位外交官的干预都是至关重要的。

　　一个按照克拉克的愿望、通过民主选举而新近组建的议会选举霍尔蒂为该国的首脑。当大选举行之时，"白色恐怖"正在全面展开，而霍尔蒂在议会大厦当选时，其士兵的存在令人生畏。社会主义者拒绝参与，右翼力量以压倒性的票数上台执政。但协约国认为该政权适合签订和约。匈牙利代表团于 1920

96

年初抵达巴黎北部的讷伊，提交了一份很有说服力的请求，要求减轻和约中的领土、军事及赔偿条款，但请求毫无作用。而当匈牙利人敦促在民族混居地区进行公民表决时，尽管得到意大利的支持并且在英国得到一些同情，但同样并未成功。劳合·乔治对于这些谈判并无多大兴趣，他效仿法国人行事。这使得只有意大利人支持匈牙利的事业。匈牙利代表团辞职以示抗议，但布达佩斯当局除了接受协约国的条款之外并无选择。最终的和约于 1920 年 6 月 4 日在凡尔赛附近的特里亚农宫签署，和约中只包含了一些最为细小的让步。边界划分委员会将审视民族杂居地区，对赔款账单也做出了一些调整。

这是一种真正的胜利者的和平。与二元君主制下曾经统治的领土与人口相比，匈牙利人丧失了三分之二的领土与人口。无可否认的是，在那些被分配给各个新的国家的人口当中，大多数人在民族上并非匈牙利人。许多人曾经遭受前统治者残酷且压迫成性的统治。在斯洛伐克，一道新的边界让捷克人获得进入多瑙河的通道，将一群相当紧凑的马扎尔人（Magyar，匈牙利人的自称）移交给这个新近创立的国家。捷克人还获得了罗塞尼亚（Ruthenia），该地区居住着罗塞尼亚人（Ruthenes），或者叫小俄罗斯人（Little Russians），如果不是布尔什维克执政，该地区可能会被并入俄国。南斯拉夫人也从匈牙利人的损失中获益，获得了巴纳特地区的三分之一（其余的归入罗马尼亚），这里的民族无法区分开来；他们还获得了克罗地亚，它原本已经在旧匈牙利拥有相当程度的自治权。在塞格德和贝尔格莱德之间一个名叫伏伊伏丁那（Vojvodina）的地方有相当多的匈牙利人口，除了美国人坚持认为塞格德城周围应当由匈牙利人保有的一片小的飞地之外，伏伊伏丁那也被赏赐给南斯拉夫。匈牙利人不得不交出阜姆这唯一的入海口，尽管围绕成为阜姆最终继承人而进行的斗争继续在巴黎上演。

罗马尼亚人从《特里亚农条约》中受益最大。此时在匈牙利境外的总计 300 万马扎尔人当中，有大约 170 万人生活在罗马尼亚人的统治之下，分别处于平原东部边缘的西巴纳特，还有些人在特兰西瓦尼亚和布科维纳。罗马尼亚政府新增添的这些东西并不全是正收益。罗马尼亚是一个多民族国家，其 1700 万居民当中有约 500 万人并非罗马尼亚族。这些民族群体大多较小，一些民族，比如日耳曼人和犹太人，与其新统治者友好相处。但最大的少数民族群体是匈牙利人，发生骚动的主要区域是特兰西瓦尼亚，这里的匈牙利人少数民族绝不接受传统权威（统治当局）角色的翻转。而罗马尼亚当局则将这些匈牙利人作为"外国人"对待，不让他们拥有在自己以前的土地上定居的任何权利，因此并未改善局势。在两次世界大战间隔期，匈牙利人的复仇主义（revanchism）持续成为中欧及东南欧政治中的一个因素。除了布尔根兰和罗马尼亚一侧的一些变化之外，由《特里亚农条约》确立的边界大多在库恩领导的革命发生之前已经确定，就那些与自决原则相冲突的地方而言，它们体现着战败的代价。尽管匈牙利人得以保住其肥沃的平原，而且在经济上能比奥地利更为独立地发展，但它也在战后的错位（混乱）中遭受折磨，和奥地利在 1921 年一样，匈牙利不得不在 1924 年得到国联的帮助。

97

VI

与保加利亚人的《讷伊条约》于 1919 年 11 月 27 日签订，它仍然主要是协约国外长和领土委员会的作品。英国人对于希腊精神的支持（pro-Hellenism），以及法国人对于将南斯拉夫和罗马尼亚作为法国利益在巴尔干半岛的未来堡垒的愿望，塑造了这一解决方案的轮廓。让法国人和英国人恼怒的是，意大利人在巴黎和会上支持将保加利亚作为对于南斯拉夫的一种平衡，而且美国人支持保加利亚在色雷斯的诉求。韦尼泽洛斯既索要希腊人属于最大民族群体的西色雷斯，也要求土耳其人占大多数的东色雷斯。英国人强烈地支持他的诉求，以免他们的这位战时支持者"完全两手空空"回家。意大利人基于民族和经济上的理由反对东色雷斯的解决方案，并且说服美国人支持他们的观点。美国人在 7 月提议色雷斯应当成为一个以君士坦丁堡为中心的新的国际化国家的一部分。《讷伊条约》将东色雷斯奖赏给希腊人，而将针对该省其他地方的解决方案予以推迟。但是在 1920 年的圣雷莫（San Remo，意大利西北部一海港）会议上，由于美方只有一名观察员出席，英国人行动更为自由，希腊人获得了这一整个省份。

保加利亚人在其他地方丧失的领土相对较少。希腊和南斯拉夫对于马其顿的拥有得到了确认，它们在 1913 年从土耳其人手中夺得它，不过这里保加利亚人的数量超过希腊人。英国人和法国人转而依赖于这样一种观念，那就是无论解决方案是对还是错，他们不应当干涉 1914 年以前在巴尔干的这一地区已经确立的边界。此外还存在南多布罗加（Dobruja，位于多瑙河下游和黑海之间）这一问题，保加利亚人在 1913 年的第二次巴尔干战争中将其输给了罗马尼亚人，这里的土耳其人、保加利亚人和鞑靼人多于罗马尼亚人。尽管人们担心这将成为巴尔干的一个争夺区域，但它仍然保留在罗马尼亚人手中。在保加利亚与南斯拉夫的边界最终划定时，民族原则与战略考虑之间发生了尖锐的冲突。塞尔维亚战前在东面的边境使其容易受到保加利亚人在1915年的攻击，英国人希望以有利于南斯拉夫的方式修正这道边界线。最后，美国和意大利的抗议被忽视，保加利亚的大多数山岳突出部被给予南斯拉夫。希腊人获得了东色雷斯，后来又在1920年4月的圣雷莫会议上获得了西色雷斯，从而将保加利亚与爱琴海分隔开来。土耳其人构成了人口的大多数，但在该地区内部并不存在任何民族解决方案的问题。希腊人、罗马尼亚人和南斯拉夫人全都因为保加利亚的损失而受益。

对保和约的独特之处在于这样一个事实——其中包括了实际的赔偿总额。这一数额要求在38年的时间里支付22.5亿金法郎（以5分利息计算的话约为9000万英镑），占到了该国国民财富的大约四分之一；具体的实物赔付包括一张确定数量的牲畜清单。保加利亚比奥地利和匈牙利更为幸运，但也很难说是轻松逃脱。尽管保加利亚人恳求说在一个农业国家里，要以志愿的形式供养一支军队是不可能的，而且这也得到了匈牙利人的附和，但协约国坚持反对其实行征兵制。保加利亚只获准保持一支2万人的小型军队，以及另外1.3万名边境卫兵及宪兵。1918年9月到1920年3月，保加利亚国内的重大冲突在农民及共产主义党派之间进行，反映了该国战前强大的社会主义运动（尽管该国的工业基础十分薄弱，其社会主义运动却是巴尔干地区最大和最早的）。饥荒和流感大流行蹂躏着城市人口，许多城镇居民起初是因为美国人的救济才得以活下来。通过运用宣布其对手的选举结果无效这一传统的政治策略，由极其能干的亚历山大·斯坦博利斯基（Aleksandar Stamboliyski）领导的农民党人在1920年3月创立并维持着当选的政府。

在巴黎和会上，阿尔巴尼亚的形势大体上并未得到改善。阿尔巴尼亚能独立，要归功于第一次巴尔干战争之后在 1911年①召集的伦敦大使会议上做出的决定。大国之间的争执导致了一种妥协的解决方式，使留在阿尔巴尼亚国外的阿尔巴尼亚人与国内的一样多。他们存在于位于黑山的邻近领土上、塞尔维亚的科索沃地区、本身被分割的马其顿、塞尔维亚（后来的南斯拉夫）的一个说斯拉夫人语言的部分，以及希腊的一个说希腊语的部分。科索沃的广大地区在中世纪已经成为塞尔维亚人的家园，但到 20 世纪时已经变成几乎是阿尔巴尼亚人的。阿尔巴尼亚人曾经获得的是最贫瘠的农地，并且以维德亲王威廉为统治者，他在到任之后就离开该国长达 6 个月。大战使该国成了欧洲几乎所有军队的练兵场，摧毁了本土权威（统治当局）残余的痕迹。在巴黎和会上，阿尔巴尼亚的生存本身也处于悬而未决的状态。如果没有威尔逊总统的亲自调解，该国可能会根据一个英法意提出的计划被其邻居们瓜分。意大利人在 1919 年 12 月支持阿尔巴尼亚成立一个国民会议，该会议产生了一个临时性的政府。1920 年 1 月，反对意大利保护（patronage）的阿尔巴尼亚领导人在卢什涅（Lushnje）举行了一次国民会议。这个新政府的铁腕领袖是仍然十分年轻的艾哈迈德·贝吉·佐戈利（Ahmet Bey Zogolli），他在战前和战争期间已经获得了相当之大的影响力。在整个 1920 年，为独立而斗争的阿尔巴尼亚人卷入了与希腊及南斯拉夫军队的小规模冲突。到当年年底，在一个争夺阿尔巴尼亚领导地位的人被暗杀，以及意大利和南斯拉夫占领军被迫撤出后，穆斯林人口占大多数、未受

---

① 原文如此，应为 1912—1913 年召开。

教育人口众多的阿尔巴尼亚开始了其岌岌可危的国家生存的新
阶段。尽管曾向国联理事会申诉，希腊和南斯拉夫的领土诉求
问题还是被留给大使会议处理，这是由在巴黎聚首的协约国各
国大使组成的一个新组织，在和会期间及其最后阶段承担和会
的一些功能，以及负责条约一些部分的实施。1921 年 11 月的
会议做出的决定大体上再次确认了阿尔巴尼亚 1913 年的边界，
以对南斯拉夫有利的方式做出了一些小的变更，但是承认了意
大利对于保卫该国完整和独立的至高无上的兴趣，这一机会后
来被墨索里尼利用。

　　与对德和约相比，对奥地利、匈牙利、保加利亚的和约更
为严厉和更具报复性。对奥地利和匈牙利方案的惩罚性达到了
极致；前者被置于一种危险的经济状态，后者即使在经济上可
以存活下去，其领土与民众也被剥夺得如此严重，以至于将确
保其作为修正主义者的地位。如果说对保和约并未如此严厉的
话，这主要是因为该国的贫穷以及地理位置，而不是出于协约
国的宽宏大量。面对财政条款尤其是对奥和约财政条款的批评
者，英法领导人争辩说，无论是他们自己的选民还是各个帝国
继承国的民众，都不会允许战败国带着更多的东西离开。就所
有这三个条约而言，联盟政治的紧迫性以及在中欧和东南欧获
得未来盟友的希望塑造了协约国的政策，而不是对战败国未来
的任何考虑。

Ⅶ

　　在所有这些和约当中，与土耳其苏丹国（Turkish Sultanate）
在 1920 年 8 月 10 日签订的《色佛尔条约》是最为复杂和严厉
的，但也是这些和约当中最为短命的。从一开始起，协约国的

和平缔造既反映着无法以让有关各方满意的方式兑现的战时承诺，也反映着欧洲对于土耳其人的传统态度。劳合·乔治将土耳其人贬斥为"一种人类的癌症，是在他们治理不当的土地的血肉上一种令人毛骨悚然的极大苦痛，腐蚀掉生命的每一根纤维"[5]。在大战结束之后，对土耳其的解决方案表明了欧洲列强在多大程度上继续将帝国视为它们强国地位的不可或缺的部分。大战已经突显出各个殖民地作为人力和战略物资来源的实际重要性。其结果就是这样的一个和约，它与欧洲列强间为领土进行的传统的帝国性争夺并无多大不同。在战争结束之前很久，英国人就通过同时向阿拉伯人和犹太复国主义者许诺进行民族自决以获得支持，试图以牺牲法国利益为代价，夺取尽可能多的前土耳其中东帝国的领土。土耳其人的自决（权利）从未被提及，而瓜分土耳其心脏地带本身的计划则甚至更为明目张胆。东方协定（对土和约）随后的历史表明，这些帝国主义列强无法全然忽视由大战所释放的各种新的潮流，表明其随意强加解决方案的能力存在限制。英法在该地区相互冲突的欲望，与它们在德国问题上的争执一样对两国关系具有分裂性和破坏性影响。

在苏俄的撤退为英法双方瓜分奥斯曼土耳其帝国开辟道路之后，英法在中东成了并不平等的竞争者。一战在东方进行的阶段在很大程度上是英国的一场表演。英帝国军队征服了巴勒斯坦和美索不达米亚，并且深入叙利亚。随着其在东方的军事行动越发扩大，英国的帝国野心同样膨胀。早在 1915 年，由于热衷于保住其在东地中海和波斯湾的关键战略位置（这些地方对于与印度的交通来说是生死攸关的），英国寄望于在美索不达米亚也就是旧的奥斯曼土耳其帝国的摩苏尔、巴格达和

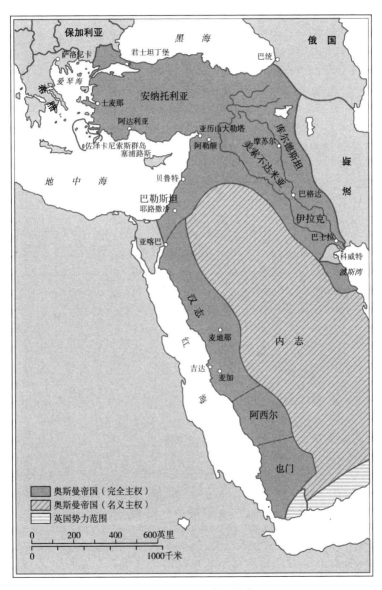

地图 5　1914 年的奥斯曼帝国

巴士拉诸省建立一个保护国。劳合·乔治与寇松勋爵（Lord
Curzon）和米尔纳勋爵（Lord Milner）这两名热切的扩张主义
者，抱有将巴勒斯坦以及美索不达米亚纳入英帝国的希望。在
大战的最后一年里，土耳其亚洲部分的石油供应在英国的战争
目的中变成一个重要的因素；为海军保证石油供应的希望以及
用以支付未来的发展与交通所需的收入，导致与法国围绕据称
石油储量丰富的摩苏尔地区产生了进一步的争执。

　　英国人期待在中东自行其是。但对于他们的希望来说，不
幸的是战时的种种许诺导致了相互冲突的责任的一种螺旋式变
化，威胁到他们的行动自由。英国人曾在 1916 年鼓动阿拉伯人
发起针对土耳其人的反抗，向哈希姆家族（Hashemite，宣称是
先知穆罕默德的直系后裔）的头领和圣地麦加的谢里夫
（Sherif，即管理圣城的领袖）侯赛因·伊本·阿里（Hussain
ibn Ali）许诺未来建立一个阿拉伯国家，尽管英印殖民政府和
伦敦的印度事务办公室（India Office）屡屡警告提防英国未来
在该地区所占据的地位可能造成的威胁。英国在开罗的高级专
员亨利·麦克马洪（Henry McMahon）爵士与侯赛因在 1915 年
10 月进行了一些信件往来，这些信件的起草并不仔细而且充满
了含糊之处，迄今仍然是引起激烈争议的话题。麦克马洪看似
已经确认对阿拉伯独立的承诺，承认了侯赛因对于建立一个包
含黎凡特（Levant，位于西亚的地中海东部沿岸地区）大部分
地区的巨大王国的诉求。为了保护英国和法国的利益，麦克马
洪表示，梅尔辛地区和亚历山大勒塔地区（Mersina and
Alexandretta，位于地中海东北角的两个区域）以及位于大马士
革、霍姆斯（Homs，叙利亚西部的一个历史古城）、哈马
（Hama）和阿勒颇（Aleppo）西面的那些地区应当被排除在外，

102

美索不达米亚的巴士拉和巴格达地区将需要"特别的行政性安排"。此外，英国的事业被限定于英国在不损害法国利益的情况下自由行动的地区，而与法国人的谈判此前已经开始。这一协议依赖于阿拉伯人发起针对土耳其人的起义。困扰英阿关系长达一代人时间之久的最具争议的问题之一是巴勒斯坦的地位。尽管仍然处于争夺之中，但阿拉伯人声称巴勒斯坦并不位于麦克马洪信中提到的四个城镇的西面，因此落入了得到许诺的阿拉伯人独立的地区之内。英国对一名官员所称的侯赛因的"空中城堡"的许诺，可能在很大程度上基于这样一个假定——一旦阿拉伯人反叛，这些许诺将没有必要履行。麦克马洪的这些信件是否带有任何的法律或道德权威，这几乎是无关紧要的，而阿拉伯人反叛的狭窄范围是否真正达到了麦克马洪的交换条件的问题也是如此。阿拉伯人可以理由充分地声称英国已经许诺支持阿拉伯人的独立，声称侯赛因已经发起一场针对土耳其的反抗。

　　在麦克马洪向阿拉伯人承诺与英法在 1916 年 4 月由马克·赛克斯（Mark Sykes）和弗朗索瓦·乔治-皮科（François Georges-Picot）达成秘密协议之间，即使不存在一种实质上的冲突，也存在一种精神上的冲突。赛克斯与皮科的协议是在英国需要法国的同意，以便在东方开始一场"余兴表演"（sideshow，附带活动）时达成的，法国在黎凡特的利益在其中得到了明确的承认。该协议承认阿拉伯国家的独立，同时为英法的直接控制及未来的势力范围划分出一些地区。法国将在叙利亚和黎巴嫩的沿岸地区以及土耳其的东南部（奇里乞亚）占优势地位，英国将拥有美索不达米亚的中部和南部以及巴勒斯坦的阿科（Acre）与海法。"圣地"的其他地方将处于"国际

103

管理"之下。一个包括叙利亚与约旦的内地及北美索不达米亚的巨大区域，将成为一个独立的阿拉伯国家，或者一个分成北部和南部地区的阿拉伯人联邦，联邦将处于英法的影响之下。其中完全没有提及在向侯赛因许诺的独立阿拉伯国家里的这些势力范围。在赛克斯－皮科的协议与侯赛因－麦克马洪的信件往来之间存在着"一种精神上的深远分歧"；前者是一种旧式的殖民地交易，而后者尽管并无自觉的意图，却"引入了民族主义的概念以及将在 1918 年得到阐述、令人期待的自决原则"[6]。侯赛因在 1917 年 5 月被告知该协议的大致条款，但只有当布尔什维克党人在 1917 年底公开各个秘密协定之后，其全部内容才被揭露出来。

几乎在赛克斯－皮科交易一达成之后，英国人就改变了主意。当大战结束时，由于拥有战场上的唯一一支军队，英国人实际上占有这些地方。劳合·乔治觉得他可以采取一种强硬的路线，不理睬赛克斯－皮科协议。当英国军队进入叙利亚时，阿拉伯人被允许在许诺给法国的地区内活动。1918 年 10 月 1 日，侯赛因的第三子费萨尔（Faisal）王子在传奇性的"阿拉伯的劳伦斯"——托马斯·爱德华·劳伦斯（Thomas Edward Lawrence）——的领导下，与英帝国军队（澳大利亚人进行了大多数的战斗，但功劳被归于费萨尔）一道夺取了大马士革，这是古代阿拉伯帝国的心脏。该城成了费萨尔的行政中心，覆盖了叙利亚的一些法国人打算控制的地区。英国的立场变得强硬起来。此时看来并无任何理由要去遵守赛克斯－皮科协议中关于叙利亚的条款，在费萨尔似乎愿意接受英国的控制时尤其如此。

占领巴勒斯坦以及为犹太复国主义者提供支持的决定，在

这些战时的协议之间制造了进一步的矛盾。包括劳合·乔治在 104
内的英国内阁众多成员同情地倾向于正在蔓延的犹太复国主义
事业，以及其在伦敦的令人信服的发言人哈伊姆·魏茨曼
（Chaim Weizmann），这位化学家在大战期间发明了生产无烟火
药所急需的方法。魏茨曼成了在英国政治和官员圈子里为犹太
复国主义运动奔走呼喊的首要游说者。除了个人的偏爱，支持
犹太复国主义者的决定是由战略上和外交上的动机支配的。一
个国际化的圣地充满危险，因为正如寇松所说的那样，巴勒斯
坦是通往埃及和苏伊士运河的军事上的大门，必须保持免于外
来干涉。承认犹太复国主义者的渴望也是一个外交上的举动，
其目的是阻止德国人的举动，以及影响美国和俄国的犹太人，
他们对于各自政府的影响被极度夸大。1917 年 11 月 2 日，英国
外交大臣贝尔福给英国犹太复国主义者的首席发言人罗斯柴尔
德勋爵（Lord Rothschild）写信：“英王陛下的政府赞成在巴勒
斯坦为犹太民众建立一个民族家园。”内阁大臣们明白犹太复
国主义者正在考虑建立一个国家，但是通过只是谈论一个民族
家园，以及包含一道不会做出任何事情“损害巴勒斯坦现有非
犹太社区民事及宗教权利”的保证，他们相信英国能同时兑现
对阿拉伯人和犹太人的诺言。[7]来自寇松勋爵和印度事务大臣、
反犹太复国主义者的犹太人埃德温·蒙塔古关于麻烦即将到来
的警示被忽视。在《贝尔福宣言》发布之后，侯赛因获得了英
国新的保证——1918 年 1 月 4 日的“霍加斯消息”［来自开罗
阿拉伯事务局的大卫·霍加斯（David Hogarth）］，也就是犹太
人回归巴勒斯坦将不会牺牲“现有居民”的政治与经济权利，
这些居民当中 90% 是阿拉伯穆斯林。作为哈希姆王朝和犹太复
国主义者的共同保护人，英国人相信他们能够作为这些新的民

族的发言人出现，而又不会招致怀有帝国野心的指责。在这两件事情中，英国貌似提出的对于自决的支持并不那么直截了当。

威尔逊"十四点"和平原则中的第十二点许诺说，处于土耳其统治之下的各个民族将被确保"拥有自主发展的绝对不受干扰的机会"。1918 年 11 月 7 日，为了减轻阿拉伯人对赛克斯-皮科协议的担心以及美国人对其帝国图谋的怀疑，英法发布的一道宣言宣称在希望建立"从当地民众的主动权和自由选择中获得权威的国家政府和行政机构"方面，他们的"立场是一致的"。该宣言进一步声明，伦敦和巴黎当局"只关心通过它们的支持以及通过充足的帮助，确保由民众自身自由选择的政府及行政机构的常规运作"[8]。这一宣言得到了阿拉伯人的热烈欢迎，没有几个人领会到"支持"和"充足的帮助"这些术语的含义。无论英国还是法国都并未打算建立基于自由选择的"国家政府"，他们最多准备批准在阿拉伯半岛的偏远沙漠中建立一个阿拉伯国家。但是自决的概念以及他们对阿拉伯人的宣言，意味着有必要以新的方式进行帝国管控。通过采纳由南非总理史末资提出的委任统治制度，英法得以弥合它们自己的国家利益与新的国际主义诉求之间的差距。以前的土耳其人聚居区将被作为 A 类委任统治地，其独立将临时得到承认，在一个有限的时期内将受制于"管理上的建议和帮助"，直到它们能够独立自主。一个由殖民地管理事务专家组成的委任统治地常设委员会（Permanent Mandates Commission），将接收和审查来自各个委任统治大国的年度报告，并就此类事务为理事会提供建议。这种表面上的国际控制使英国人和法国人能够在不招致美国指责帝国主义的情况下，保护他们新近获得的地位。尤其对于英国人来说，委任统治制度具有削弱赛克斯-皮科协议这一额外好处。

随着英国单边地于 1918 年 10 月 30 日与土耳其人在穆德洛斯谈判一项停战协定，中东的战斗结束了。在其后的最高委员会会议上，克里孟梭和劳合·乔治彼此厉声谴责。这种对于法国利益的公然漠视迫使克里孟梭这个不情愿的帝国主义者捍卫这些利益。法国在叙利亚的影响可追溯至 17 世纪中期，而且在文化和宗教上的影响力（法国是叙利亚和黎巴嫩的基督教民众的保护者）与经济上的一样大。法属亚洲委员会（Comite de l'Asie Française）要求法国控制奇里乞亚和整个叙利亚（la Syrie intégrale）——这是从托罗斯山脉（Taurus Mountains，位于土耳其南部）延伸至西奈半岛的广阔区域。该委员会尽管规模不大，却是一支非常具有影响力的帝国游说力量，并且得到了法国外交部的支持。叙利亚人并不乐意接受英国联盟政府膨胀的欲望，及其在 1917 年初做出的将军事行动从美索不达米亚延伸到巴勒斯坦的决定。法国的帝国主义者担心克里孟梭这个极端的"西方人"（arch-'westerner'）在中东没有任何战争目的，因此可能为了在西线的胜利而牺牲法国在叙利亚的抱负。当克里孟梭尽管因停战而愤怒，但看似更为关切法国在欧洲的未来而不是瓜分在中东的战利品时，这些担心似乎得到了证实。在关于"背信弃义"的喧嚣中，英法双方于 1918 年 12 月在伦敦达成了一项没有记录在册的交易。克里孟梭坚称为换取法国接受英国对巴勒斯坦和摩苏尔的权利（这些地方以前割让给法国），劳合·乔治已经同意接受法国在赛克斯-皮科协议中的诉求的其他部分，让法国获得摩苏尔石油资源的同等份额，以及如果德国在未经挑衅发起攻击时英国将在莱茵河上提供支持——这对于克里孟梭来说是至关重要的。而对克里孟梭的这

106

一说法，劳合·乔治予以否认。与帝国主义者的担心相反，克里孟梭将进行艰苦的斗争，以维护法国的地位，反对劳合·乔治膨胀的野心和外交花招。在 1919 年 1 月对委任统治地的事实上的瓜分以及 1920 年 4 月在圣雷莫的正式分配之间的 16 个月里，英法之间发生了许多冲突。

如同巴黎和会开幕不久后各方同意的那样，亚美尼亚、库尔德斯坦、叙利亚、美索不达米亚、巴勒斯坦和阿拉伯半岛被指定为 A 类委任统治地，这是对于委任统治概念的不道德但并非出乎意料的运用，它确认了英国在中东的特别角色。在相关人口的所谓请求下，英国将成为美索不达米亚和巴勒斯坦的委任统治者，而法国是整个叙利亚的委任统治者，在那里它将"帮助"一个本土的阿拉伯人政府。人们希望美国人将对亚美尼亚进行委任统治，这是一个任何人都嫌麻烦、让人头痛的事情，当美国参议院在 1920 年 6 月拒绝这一建议时，该问题仍然处于考虑之中。专注于对德和约的克里孟梭同意了这些条款，推迟了对于近东问题的进一步讨论，以避免与英国的对抗。正是由于后来在威尔逊返回美国而缺席的情况下，劳合·乔治在 2 月中旬数度尝试剥夺法国被许诺的在叙利亚的奖赏，法国总理才勃然大怒。"我将不会在更多的事情上让步，"克里孟梭向普恩加莱保证，"劳合·乔治是个骗子。他已经设法将我变成了一个'叙利亚人'①。"[9] 当"三巨头"3 月中旬在巴黎再次碰头时，英法决裂的危险的确存在。法国试图与费萨尔就叙利亚的未来安排进行谈判，而英国人支持这位埃米尔（Amir，伊斯兰国家的元首、王公、军事长官等）建立一个几乎独立的国

---

① 指为叙利亚而斗争的人。

家。英国首相与法国总理间白热化的争执导致了威尔逊总统的干预，他建议向仍然由英军占领的叙利亚派出一个联合委员会，（在克里孟梭的坚持下）该委员会还将被派往巴勒斯坦和美索不达米亚，以检验当地的公众舆论。由于彼此强烈不和，但两者都认为该委员会是一个馊主意，克里孟梭和劳合·乔治停止指派其代表，因此两名美国专员亨利·金（Henry King）和查尔斯·克兰（Charles Crane）在没有英法代表的情况下前往中东。1919 年 8 月底发布的金-克兰报告准确地评价了中东及亚美尼亚当地的舆论。叙利亚人强烈反对任何形式的法国控制；巴勒斯坦人拒绝犹太复国主义者的计划，并且希望巴勒斯坦的未来将在自决的基础上决定。尽管该报告的内容已被普遍知晓，但直到 1922 年文本才真正发布，它对有关叙利亚的谈判并未产生任何作用，只是通过征求阿拉伯人的看法而激发了他们的虚假希望。可能除了劳合·乔治以外，伦敦当局没有任何人真正考虑过将法国人逐出叙利亚，不论他们如何快意于阿拉伯人的恐法症。而在主要的和平缔造者当中，没有谁准备撤回对于犹太复国主义者的承诺。

在整个 1919 年夏天，对土耳其的协定迟迟未决。在等待听取美国人是否将在中东承担任何委任统治的过程中，英法关系进一步恶化了。在法国外交部的教唆下，叙利亚人在巴黎发起的公共运动最终让英国警醒，认识到了中东的尴尬处境的严重性，以及与法国的进一步争吵对于欧洲解决方案的危害。当协约国不得不应对希腊人与意大利人在土耳其相互冲突的野心时，形势甚至变得更为混乱。法国人很快指出，尽管这两个国家都被允许在小亚细亚占领领土，但英国人持续阻拦法国对叙利亚的军事占领。英国人发现自己过度扩张，因为他们同时在爱尔兰、印度、埃及和美索不达米亚面临挑战。帝国总参谋部参谋长亨利·威尔逊（Henry Wilson）爵士告诫内阁，英国缺乏军事力量来面对国内的动荡以及在爱尔兰和帝国不同部分的各种麻烦。美索不达米亚在他的优先事项表中处于底部。普遍常识决定了一项让英国撤出叙利亚并与法国达成解决方案的政策。1919 年 9 月，劳合·乔治改弦易辙，同意让英军撤出叙利亚、奇里乞亚以及亚美尼亚，同意由法国及阿拉伯军队取代。克里孟梭同意英国人撤退，但他热衷于对整个叙利亚进行委任统治，不愿支持阿拉伯军队的存在。英国人的撤退为以牺牲阿拉伯人为代价达成交易开辟了道路。埃米尔费萨尔将英国人的抛弃，视为英国否认曾许诺给其父亲的东西以及后来对阿拉伯人的各种保证。在没有英国人支持的情况下，他别无选择，只能接受

108　法国人的条款，将叙利亚变成法国的一个保护国。他还向法国人的要求做出了让步——让以前属于叙利亚一部分的黎巴嫩分立，并为亚历山大勒塔设立一个特别的政权。阿拉伯人因为（英法）"协约"（Entente）的需要而被牺牲。

　　1919 年 12 月 11 日在伦敦召开的一次会议对协约国的"账目"进行了"结算"。英国人离开叙利亚；法国人承认费萨尔为一个处于法国委任统治之下的自治国家的首领，并且接受一个被截头去尾的叙利亚，它比殖民当局想要的更小，但对克里孟梭而言已经足够。黎巴嫩被许诺拥有一个自治的政府和独立的国家地位。英国将拥有巴勒斯坦和摩苏尔，但一个令人满意的石油安排仍然有待做出。一份石油协议——1919 年 12 月 21 日的《格林伍德-贝朗热协议》得以迅速达成：法国获得了由英国控制的土耳其石油公司（Turkish Petroleum Company）25% 的份额，同时承认英国的两条从美索不达米亚和波斯向地中海

输送石油的管道和铁路。围绕叙利亚和巴勒斯坦边境而产生的悬而未决的问题在 1920 年 2 月得到解决，法国人同意让出犹太复国主义者想要的领土，以使巴勒斯坦委任统治地在经济上能更为独立地发展。作为交换，英国接受了法国提出的叙利亚与土耳其的边界。

叙利亚人拒绝接受费萨尔的屈服，正是在英国人的帮助下，法国人遏制住了阿拉伯人的强烈抵制。1920 年 3 月，一个通过选举产生、由费萨尔召集的议会宣告了叙利亚的独立，它包含黎巴嫩和巴勒斯坦，费萨尔成为国王。不久之后，由在大马士革的美索不达米亚反英军官召开的一次代表大会，宣告由费萨尔的兄长阿卜杜拉国王（King Abdullah）领导的伊拉克独立，及其与叙利亚的联合。英国与法国团结一致。只有当其接受法国在叙利亚和黎巴嫩的特别地位以及英国在巴勒斯坦的地位，费萨尔的这些主张才会得到考虑。费萨尔拒绝这些要求，拒绝参与 1920 年 4—5 月的圣雷莫会议，而《色佛尔条约》的条款就在那里达成。

在圣雷莫的协定谈判既没有土耳其人也没有阿拉伯人到场，它大体上确认了这一年早先在伦敦举行的大会上达成的各项决定。委任统治地的形式与边界由英国人和法国人决定，并将呈送国联认可。依据该协定的各个条款，被称为汉志（Hejaz，现在是沙特阿拉伯的一部分）① 的阿拉伯半岛沿岸地区的中部成为一个独立的王国。英国将以伊拉克（美索不达米亚）和巴勒斯坦作为委任统治地，这个地区比其依据赛克斯－皮科协议所

---

① 汉志，又称希贾兹，意为"屏障"，是位于沙特阿拉伯西部，北至约旦边境，南至阿西尔地区的沿海地带。得名自该地区的汉志山脉。该地区是伊斯兰教的发祥地，有麦加和麦地那两座圣城，麦地那城外还有传说中的夏娃墓。

分配到的更大。法国人成为叙利亚和黎巴嫩的委任统治者。该协议使法国在没有英国人干涉的情况下，自由地与费萨尔解决纷争。在 1920 年 7 月 24 日的单次交战中，法国人攻击并且击溃了叙利亚军队，占领了大马士革。费萨尔及其家族被放逐。由于美索不达米亚的许多地方处于反抗之中，英国在 1921 年 8 月决定让费萨尔成为伊拉克的国王来恢复秩序，这让法国外交部很恼怒。也是在 1921 年，为了满足阿卜杜拉的野心以及进一步平息这个不安宁的地区，英国让阿卜杜拉成了一个小国外约旦（Transjordan）的领袖，这是一个与巴勒斯坦有联系的、完全人为的作品。

《色佛尔条约》代表着协约国成功的顶点。它标志着奥斯曼帝国在中东的统治之结束，只剩下其在欧洲和安纳托利亚的残余部分成为进一步争夺的对象。土耳其人被留在其首都，但一个国际委员会将控制海峡，海峡无论在平时还是战时将向所有船只开放。协约国正在采取各种措施以让盟友放心并奖赏友邦。与《色佛尔条约》同时签订的英法意三方协定承认意大利对于安纳托利亚南部的特殊利益，以及法国在奇里乞亚及库尔德斯坦西部的利益。意大利对于佐泽卡尼索斯群岛和罗得岛（Rhodes）的主权得到了确认。由于劳合·乔治的持续支持，韦尼泽洛斯的要求得到了满足，希腊人继续待在士麦那。该城及其周围将仍然处于土耳其的主权之下，但将由希腊管理 5 年，此后举行的一次公民表决将决定民众是否希望处于土耳其或者希腊的统治之下。考虑到希腊在该地区的行为，主要的问题是是否将会有土耳其人留下来投票。仍然是由于劳合·乔治的高超技巧，希腊被给予整个色雷斯及爱琴海中的若干岛屿。英法围绕土耳其财政的控制问题展开了争执，最后达成协议，组建一个三国（意大利被纳入其中）财政委员会来监管土耳其的收入与支出。对于土耳其政府保障该国少数民族民事和政治权利的要求，反映了协约国对奥斯曼帝国在最近的战争之前和期间的行为的大致看法。1915 年，奥斯曼帝国在东安纳托利亚屠杀了数十万亚美尼亚人（即使没有数百万的话），这证实了协约国对于土耳其野蛮主义的假定。土耳其军队被限定在 50700 人，而且其海军被显著削减。条约承认了亚美尼亚的独立，它在 1918 年作为一个单独的国家建立；也承认了库尔德斯坦的独立，但这个库尔德"国家"（state）并无边界或者可辨别的民族特性。这两个承诺都没有实质性内容。

VIII

如果说在圣雷莫达成的最终解决方案是一种几乎不或者根本不顾及当地民众愿望的分赃行为，试图在土耳其的心脏地带如法炮制的尝试则产生了一种极其不同的结果。人们曾经认为这种瓜分只牵涉平衡战胜国的各种主张，而不必关心被打败的敌人。协约国的政策制定者忽略了一场行之有效而且积极进取的土耳其民族主义运动的出现。在《穆德洛斯停战协定》签订之后的六个月里，巴黎和会关注着意大利和希腊对于小亚细亚一些大的部分的相互冲突的要求。希腊在 1920 年 5 月 15 日占领士麦那，将通过点燃土耳其民族主义的余烬来改变整个近东战后的形势。比协约国决定批准登陆更为糟糕的是希腊对于这个港口的实际占领。生活在士麦那的希腊士兵和平民攻击土耳其人社群，杀戮、残害、强奸和劫掠。登陆士麦那以及协约国在随后的冗长谈判期间做出的一连串后续决定，使土耳其民族主义者坚信他们的国家将被几乎完全毁灭，坚信行动是必不可

110

少的。土耳其民族主义的成功复兴要归功于穆斯塔法·凯末尔（Mustapha Kemal），这位 38 岁的将军曾在大战期间打败英国人和俄国人，而且拥有最高水平的军事与政治技巧。凯末尔是一个独立的土耳其的强烈拥护者，与那些寄望于英美保护的人相反，他身边聚集了数量不断增加且志趣相投的民族主义者，他们成了反抗希腊人以及许多人仍然为其服务、虚弱的伊斯坦布尔政府的中心。凯末尔并不理睬停战条款，他与支持者一道制订了一系列被称为《国民公约》（National Covenant）的最低要求，这些要求抛弃了奥斯曼的帝国野心以及"泛突厥民族统一主义"（Pan-Turkish irredentism），全神贯注于基于"由一个奥斯曼穆斯林大多数群体居住，在宗教、种族和目的上统一"[10]的地区，创建一个拥有主权的、独立的国家。凯末尔寻求安纳托利亚心脏地带的独立，保住士麦那及其腹地，在欧洲拥有在色雷斯的边界，当然还有君士坦丁堡。考虑到欧洲列强间的分裂以及在巴黎的拖拖拉拉的进展，凯末尔极其理性而有限的目标被证明完全处于其军事能力所能实现的范围内。1919 年夏天，凯末尔穿过安纳托利亚，招募愿意打击希腊人的力量。协约国并没有与这位由战争造就的新人当中最为卓越的人之一、土耳其人的新领袖打交道，而是继续与虚弱而且易受影响的苏丹谈判和平条款。由于慢慢地意识到凯末尔的支持者在安纳托利亚不断提升的影响力，并且决心坚守他们在中东的地位，英国人以及跟随其后、犹豫不决的法国人与意大利人，在 1920 年 3 月 16 日占领了君士坦丁堡。而此前英国的政策制定者们在经历激烈的讨论之后曾达成一项决定，让土耳其人拥有自己的首都，这主要是为了避免冒犯在英印殖民地的数百万穆斯林。由于英国人的这一举动，1920 年 7 月 23 日，凯末尔得以自由地在他位于安纳

托利亚的新都安卡拉召开土耳其的首次大国民议会（Grand
National Assembly）。他当选为土耳其的首任总统和总理。

协约国持续观察着凯末尔力量的增长，但未能对这个新政
府进行全面的衡量。《色佛尔条约》的条款剥夺了苏丹仍然残
存的威望。尽管苏丹一直拖延至 1920 年 8 月 10 日才签署该协
议，但这一屈辱的和平削弱了他的权威，而强化了凯末尔在安
纳托利亚的影响力。土耳其的真正斗争即将开始。凯末尔是一
位精明的外交能手，很快就着手分化他的反对者们。他向意大
利人示好，意大利人已经首先被协约国然后被希腊剥夺了他们
"正当的"回报，因此满足于土耳其人提出的经济上的让步。
在奇里乞亚针对法国人的代价高昂的民族主义起义，导致双方
在 5 月达成一份停火协议。由于与亚美尼亚人及格鲁吉亚人陷
入冲突之中，凯末尔尽管强烈反对布尔什维克主义，但他将军
事力量和谈判结合起来，与列宁主义者解决了他们的边境冲突。

1920 年 6 月中旬，土耳其民族主义者发起了一次攻势，攻
击位于伊兹米特半岛上的英国军队并且威胁到海峡。在没有其
他任何可用增援力量的情况下，英国内阁向韦尼泽洛斯求援，
为了换取希腊的援助，在并不情愿的法国和意大利的同意之下，
批准希腊军队从士麦那进行有限的推进。此前英国外交部、总
参谋部以及福煦元帅已经告诫说，劳合·乔治对希腊军队力量
的信心是严重错位的，但首相充耳不闻，自行其是。他以为土
耳其人无能，还极其夸大了韦尼泽洛斯的希腊军队的数量和战
斗力。除了在战场上打败凯末尔主义者之外，协约国原本没有
任何途径强加其和平条款。相反，他们依赖于希腊军队来为其
战斗。劳合·乔治起初因为希腊军队在海峡地区的一连串军事
胜利而得到回报。但对于他的这些过高的希望来说，不幸的是

希腊国王亚历山大因为被一只被感染的猴子咬伤而在 1920 年 10 月离奇死亡，而且韦尼泽洛斯在选举中意外落败，这些都导致被流放的亲德国和反协约国的国王康斯坦丁（Constantine）复位。这为法国和意大利政策的变化提供了催化剂。两国政府，尤其是痛恨康斯坦丁的法国人准备抛弃雅典当局，修改《色佛尔条约》，并与凯末尔主义者缔结条款。两国都不准备对英国人亦步亦趋，也不像劳合·乔治一样高估希腊军队的威力。希腊新政府决定在亚洲推行一种前进政策。部分地是由于劳合·乔治持续的亲希腊主义，英国人尽管并不承认希腊国王康斯坦丁，但仍然被拽到希腊的身后。

土耳其苏丹的政府丧失了所有的公信力，而凯末尔的权势和力量每个月都在增长。利用 1920 年与布尔什维克力量在高加索新近建立的联系，民族主义者在《亚历山卓普协定》（1920 年 12 月 20 日签订）中收复了在亚美尼亚的领土，以及在 1878 年割让给俄国的战略区域卡尔斯（Kars）和阿尔达汉（Ardahan）。当后来在亚美尼亚和格鲁吉亚都发生争吵时，凯末尔主义者和布尔什维克伙伴关系的孱弱基础暴露出来，但英国控制对于两者具有战略重要性的海峡及黑海的威胁，足以防止他们的脆弱联盟崩溃。一旦高加索边境牢固确立，土耳其民族主义者就能够集中其力量在安纳托利亚对付希腊军队。布尔什维克与土耳其人结盟的可能性在整个白厅引起一片惊恐，大量政策制订者敦促劳合·乔治寻求一种新的解决方案。1921 年 2 月和 3 月，希腊代表、苏丹和土耳其民族主义者在伦敦会晤，但毫无结果。法国总理阿里斯蒂德·白里安（Aristide Briand）利用这一机会，与土耳其民族主义政府的外交部部长洽谈了一份单独的协议，从奇里乞亚撤出并且以有利于土耳其的方式调整叙利亚的边界，以换取经济上的让步。意大利人也同意放弃其对土耳其大陆的声索，将其军队从阿达利亚撤出，以换取土耳其承认他们对的黎波里、佐泽卡尼索斯群岛和罗得岛的权利。英国人此时成为《色佛尔条约》的唯一大国捍卫者。希腊人已经在筹划一场新的攻势。尽管劳合·乔治无法提供具体的帮助，但他鼓励康斯坦丁政府在1921年3月发起战役，这发展成对安卡拉的一场重大推进。希腊军队打到了离土耳其首都只有50千米的地方，然后在9月被阻止在萨卡里亚河（Sakarya）。这场持续22天的战斗令双方精疲力竭，但凯末尔主义者在10月8日的反攻迫使希腊人退却。这是此次希土战争的最终转折点。

　　凯末尔再度证明自己是一位精明的政治家，对于可能的事情有着一种俾斯麦式的敏锐感觉。仍然有8万法国人在奇里乞亚处于危险之中。作为一位被英国人彻底厌恶、强烈的亲土耳其政治家，亨利·富兰克林-布永（Henry Franklin-Bouillon）谈判了一份新的协议（1921年10月20日），承认安卡拉政府，将法军从奇里乞亚撤出，换取土耳其承认叙利亚委任统治地和经济上的让步。法国的这种"背叛"（被英国情报部门识破）让英国外交大臣寇松勋爵勃然大怒。尽管他本人对劳合·乔治的希腊政策抱有怀疑，但这个法国背信弃义的事例确认了寇松对于白里安不可信任的看法。当白里安下台，被早已受到憎恨的雷蒙·普恩加莱在1922年1月取代后，更糟糕的情形还在后面。由于意识到这场灾难可以被推迟但无法避免，寇松寻求实现不可能的目标，试图通过谈判寻求一个解决方案，它将牵涉到希腊军队的撤退，但并不向凯末尔投降。他寻求协约国调解的尝试没怎么得到普恩加莱的支持。后者警告寇松说，他的和平方案不可能被土耳其民族主义者接受，而法国人拒绝胁迫这些民族主义者。作为旨在实行协约国调解的最后协同尝试之一，英法意外长于 1922 年 3 月 22 日在巴黎会晤，遵照寇松草拟的建议推敲出一个妥协方案。双方将签署一项停战协定；土耳其人将获得君士坦丁堡和安纳托利亚，但将向希腊割让其包括亚得里亚堡（Adrianople，或称哈德良堡，现名埃迪尔内）在内的一半的欧洲领土。色雷斯的大部和达达尼尔海峡的亚洲海岸将被非军事化，协约国的一支小型驻军将驻扎在加利波利（Gallipoli，盖利博卢的旧称）半岛上以维护"海峡的自由"。土耳其人坚决要求希腊军队从小亚细亚的撤出应当与敌对活动的终止同步进行，而协约国拒绝接受这一条件。在夏季的这几个月里，协约国之间的争执阻碍了调停解决方案的更多进展。

由于劳合·乔治对希腊的持续支持，调停成功的前景没有变好，他遭到了几乎所有同事的反对，这些人拒绝向雅典当局提供任何实质性的帮助。因为极其渴望取得一次军事胜利，希腊将两个师从安纳托利亚调往色雷斯，打算攻击君士坦丁堡。协约国各国政府迅速行动，阻拦了这一举动。在这一背景下，劳合·乔治 8 月 5 日在议会发表演讲，称赞希腊人而严厉批评土耳其人，发出了非常错误的信号。安卡拉当局决定在 1922 年 8 月 26 日发起一场新的攻势。结果这成了这场战争的终极战役。土耳其民族主义者迫使消耗殆尽的希腊军队撤出士麦那以及安纳托利亚的其他地方，并且挺进到色雷斯。战争双方都犯下了可怕的暴行，而希腊军队与数以千计曾居住在安纳托利亚城镇的希腊平民一道被迫退回海上。在 9 月 9 日占领士麦那之后，凯末尔允许大多数希腊人离开，前提是他们能在 10 月初之前被撤走。这些事件在希腊人和土耳其人的历史记忆中留下了永远的伤痕，直到今天仍未愈合。士麦那的亚美尼亚人无处可去，拥有 30 万民众的整个亚美尼亚社区被付之一炬。

希腊人的失败削弱了英国的政策。后者曾经希望在安纳托利亚形成一种无限期的僵持局面，这将为按照英国的利益居中协商、对《色佛尔条约》的条款进行适度的修改提供机会。英国内阁的一部分人担心胜利的土耳其国民军将威胁海峡和设法跨入欧洲夺取君士坦丁堡（伊斯坦布尔）。这是英土 1922 年 9 月恰纳卡莱危机（Chanak Crisis）的前奏，在这场危机中，英国差点儿独自战斗，而且可能卷入与苏俄的一场冲突。如今由于加拿大历史学者约翰·费里斯（John Ferris）的开创性工作，恰纳卡莱危机的情报背景得到重现，而关于其事态发展现在有了更多的东西为人们所知。费里斯揭示了在伦敦和在君士坦丁堡的决策们之间如何以及为何产生分歧，前者有劳合·乔治与包括寇松、丘吉尔、伯肯黑德（Birkenhead）及奥斯汀·张伯伦在内的一小群大臣，后者包括占领军总司令查尔斯·哈廷顿（Charles Hartington）将军、英国高级专员霍勒斯·朗博尔德（Horace Rumbold）爵士、地中海舰队总司令奥斯蒙德·布罗克（Osmond Brock）爵士。每一群人都能获得多种多样但并不相同的情报来源，这些情报在他们自身的决策过程中扮演了关键角色。[11]哈廷顿将军在其自身的情报机构的支持下，成了"恫吓与威慑的高风险战略"的"设计师"，英国人在恰纳卡莱危机中遵循的就是这一战略。[12]

在伦敦和君士坦丁堡的英国当局人士迟迟未能认识到土耳其胜利的规模，及其对英国在海峡的地位所构成的威胁。英国直到 9 月中旬才认识到军事形势的严重性。尽管有从众多源头来到伦敦的优异情报，但在估计土耳其在安纳托利亚的军事力量，以及可以在达达尼尔海峡和博斯普鲁斯海峡附近部署的土

耳其军队的数量方面，存在各种困难。而要判断土耳其人能够针对恰纳卡莱或者君士坦丁堡集结多少军队甚至更为困难，这

115 是两个最为明显的火药桶，而协约国在这里只有少量的军队。英国人认为如果要居高临下地与凯末尔谈判，保持在君士坦丁堡、恰纳卡莱、伊兹米特半岛和加利波利的现有阵地是必不可少的。但他们并不拥有必要的力量来对其进行防御。在色雷斯的希腊军队的价值并不确切。而从各种情报报告来看，法国人和意大利人已经与凯末尔达成秘密交易。英国战争部在 9 月 10 日确定协约国无法抵御土耳其人的攻击，希望将所有英国军队从加利波利召回。大臣们同意英军应当从恰纳卡莱和伊兹米特撤离，这两者都位于海峡亚洲一侧的中立区。哈廷顿将军拒绝了这一建议。他相信如果英国人勇敢地行动，团结协约国盟友，并向恰纳卡莱投入人手并施加威信，土耳其将受到威慑，不会发动攻击。即使是在恰纳卡莱和伊兹米特的虚弱力量，再加上做出让步的提议，也将提供把土耳其民族主义者拉上谈判桌所需的"保险"（coverage）。如果恰纳卡莱受到人多势众的攻击，

116 哈廷顿打算将其军队撤往加利波利。在君士坦丁堡，通过援引秘密情报，哈廷顿得以说服法国和意大利高级专员让其政府向恰纳卡莱派遣增援力量。其威慑政策的成功依赖于协约国展示的团结，但没有几个人相信这一点，甚至连哈廷顿也不相信，尤其不相信的是外交大臣寇松勋爵。但寇松同意了哈廷顿的战略，希望通过向土耳其人和英国并不可靠的盟友们采取一种坚决的政策，土耳其将被说服进行谈判，英国将处于控制和谈的地位，尽管这可能意味着向土耳其人在其《国民公约》中的各项要求做出让步。

　　此时的风险很高，而且在这个月里甚至变得更高。在一份

地图6 恰纳卡莱危机

让寇松勋爵震惊的浮夸宣言中，经常批评劳合·乔治希腊政策的丘吉尔和一小群大臣坚称，土耳其人侵入欧洲将让大战的影响化为乌有。在各个自治领破译内阁请求支持他们的呼吁电文之前，丘吉尔等人就已公开发表他们对行动的呼吁。除了提供一个营的军事力量的纽芬兰和新西兰，各个自治领的反应很冷淡。加拿大人坚决拒绝。被请求提供帮助的巴尔干国家没有一个行动起来反对土耳其。甚至在寇松勋爵9月19日前往巴黎之前，普恩加莱已经命令被派往恰纳卡莱的法军撤回。寇松与普恩加莱以及斯福尔扎伯爵（Count Sforza）的会晤极其激烈。普恩加莱解释说，法国人和意大利人已经拒绝了他们在君士坦丁堡的高级专员们的"危险提议"，而且即将让其军队从海峡的亚洲一侧撤回。22 日，寇松谴责法国的"放弃"与"脱逃"。普恩加莱动怒了，朝着这位外交大臣倾泻出"一股股辱骂的洪流"，外交大臣在附近的一个房间里陷入了崩溃状态。这次会晤是英法关系的最低点之一，并且在恰纳卡莱危机过去很久之后仍然影响着两国关系。尽管冲突不断，三国外长仍然同意邀请凯末尔参与一次大会来谈判一个新的协定。他们许诺好意地看待土耳其对于色雷斯的主张，并且最终将君士坦丁堡归还给土耳其。作为交换，土耳其人将被赶出被指定为中立的区域，并且许诺不跨越海峡。23 日，在向凯末尔发出邀请的那天，1000 名土耳其人进入了恰纳卡莱以南的中立区，他们被上司命令不得开火。

在巴黎的会晤之前，英国人已经从其情报来源得知法国和意大利都不会反对安纳托利亚当局的攻势，而且法国人已经许诺将为攻击提供帮助。他们还知道意大利将追随法国，以及两者将追求反英政策以换取商业上的让步。此类信息显然激怒了英国人，而且可以解释寇松在巴黎与普恩加莱的会晤中针对法国背叛的谴责。尽管能充分证实其盟友与土耳其民族主义者的交易，英国人却也从截获的电报以及特工那里得知，无论法国还是意大利都不想看到这场危机升级，而且两者都在强烈地建议土耳其人不要攻击英国，而是等待大会的召开，英国在那里将不得不满足土耳其人的要求。此外还有来自土耳其和苏俄消息人士的情报，这些明显相互矛盾的情报表明，土耳其与苏俄拥有一个军事协议，以及苏俄已经保证在土耳其与希腊的战争中向安卡拉提供海军支持，尤其是潜艇。考虑到其通常对于苏俄意图的负面看法，英国人得出结论：在英国与土耳其的任何战争中，苏俄将攻击英国的船只。9 月 18 日，大臣们决定如果苏俄战舰或潜艇在危机期间接近英国船只，这些战舰或者潜艇会被摧毁。如果与土耳其发生战争，英国将对在波罗的海和黑海的苏俄船只采取行动。秘密情报局（SIS）此前一直在报告土耳其是苏俄的一个走卒，后来表明两国正在逐渐疏远。正是在恰纳卡莱危机中，秘密情报局跨越了理解上的分歧，但在伦敦的大臣们仍然在对早先的评估做出反应。面对混乱的情报，英国人准备应对最坏的情况。

9月20日到27日，英国当局意识到他们正面临着一场重大的危机，它很可能导致战争。英国的盟友正在支持凯末尔派；各种情报来源表明凯末尔正在准备进攻；送往伦敦和君士坦丁堡的报告提供证据表明，苏俄布尔什维克党人正在推动土耳其发动战争。伦敦当局的许多人相信土耳其人的一道最后通牒或者一场战争已迫在眉睫。英国人准备在恰纳卡莱抵抗，他们在那里的军队将独自战斗。英国如果不想在整个中东和印度帝国各处遭受灾难性的丢脸，将不得不在这里展现其决心。英国并不想与土耳其开战，但他们不愿后退。土耳其人也希望避免一场冲突，尤其是因为他们已经被许诺色雷斯的很大一部分，不过他们同样担心从中立区撤回将导致威望受损。英国军事上的虚弱无疑使恰纳卡莱成了一个诱人的目标，而英国关于战争的威胁可能只是虚张声势。由于对于双方而言都事关声望，在战争与和平之间只隔着细细的一条线。

有两群人——在伦敦的外交部和在君士坦丁堡的决策者——并不相信土耳其民族主义者将会进攻恰纳卡莱。尽管其与普恩加莱的交锋激烈，但寇松勋爵相信法国人将阻止凯末尔主义者发起攻击。英国外交部将正在到来的情报理解为有利于和平。因为预计土耳其人将不会采取行动，寇松准备等待这场

118

神经战的结果，直到那个合适的时刻到来，然后再同意土耳其人的会晤要求。在君士坦丁堡，哈廷顿正在玩一场高度复杂的游戏，而且他从未完全地向其上司解释这场游戏。他认为战争是可以避免的，但如果战争到来的话，他坚信他可以守住恰纳卡莱，并将他的其他军队撤往安全地带。他的主要目的是让凯末尔相信英国并不是在虚张声势，而且如果土耳其民族主义者不撤回其军队，英国将诉诸战争。与此同时，他寻求打消他们的疑虑，让他们相信可以通过谈判实现目标。9 月 24、27、28日，哈廷顿吩咐其军队准备开火（他已做好准备）。他后来又重复了这一威胁，当时穆达尼亚（Mudania）会议看似正濒临崩溃。尽管这个游戏最终成功了，但哈廷顿玩的这个游戏十分危险。

我们现在清楚的是，哈廷顿及其助手们当时正在做极其重要的政治决策，而且他们发出的可能不得不动用武力的警示，让其在伦敦的上司们紧张而且受到误导。哈廷顿身在现场；他的情报是准确的，而且聚焦于紧迫的形势，他认为形势并不像伦敦当局被引导相信的那样危险。尽管在伦敦的将军和政治家得到了来自众多情报来源的信息，这些信息覆盖着一系列更为广泛的问题，但其中一些信息是不准确和令人困惑的，而且是在预计凯末尔主义者发起攻击这一背景下得到解读的。大臣们在理解情报上存在分歧，同时存在着政治上的和个人的争执。尽管他们试图对恰纳卡莱危机进行微观管理，伦敦和君士坦丁堡在通信上的距离和时差却使他们处于不利地位。处于极度压力之下的哈廷顿未能让其上司们完全了解其政策和行动的性质，结果导致了 9 月 28—29 日的混乱，当时伦敦当局正在对哈廷顿前两天的电报做出反应，他们认为这位将军相信恰纳卡莱正处于直接的危险之中，希望获得开战的允许。英国当局命哈廷顿告诉土耳其人，除非他们马上从恰纳卡莱周围的中立区撤退，否则他的军队将开火。哈廷顿并不担心一场迫在眉睫的攻击，他准备观望威胁使用武力是否能促成谈判。他希望获得开火以保持和平的允许，但只有绝对必要时才会开火。寇松勋爵与土耳其在伦敦的代表穆斯塔法·瑞斯奇德（Mustapha Reschid）进行了会晤，后者在此期间同意通过无线电告诫凯末尔本人避免任何"令人遗憾的碰撞"，以免让英国人有开战的理由。寇松提议再等待 24 小时之后才发出最后通牒，但大臣们坚持他们最初的决定。在瑞斯奇德的信息到达凯末尔那里之前，哈廷顿在与霍勒斯·朗博尔德爵士磋商后，已经决定不发布这道最后通牒，通牒原本会引发一场他希望避免的战争。他在 9 月 29 日的决定基于伦敦当时仍然无法得到的情报，而且是依据其本人对于和平前景得到改善的理解。他与凯末尔在君士坦丁堡的代理人有日常的联络，他下一步的举措是向这位代理人警告说，土耳其人必须立即投入停战谈判，否则将面临战争。10 月 1 日，凯末尔同意在穆达尼亚开启谈判，并且命令所有军队停止行动。恰纳卡莱危机过去了。

　　根据 10 月 11 日达成的停战条款，土耳其人不费一枪一弹就几乎得到了他们想要的全部东西。他们将不得不等到谈判一个正式的和平协定来确保这些收获。英国人拟制了停战条款，并且说服普恩加莱支持这些条款。希腊人将在 15 天内离开东色雷斯；在 30 天内，将建立一个土耳其民政管理机构。在过渡期间，一个协约国代表团将监管各种事务。土耳其人将承诺不得将军队开进君士坦丁堡、加利波利或者伊兹米特，直到即将召开的一次和平大会决定它们的命运。在希腊军队 9 月的溃败之

119

后，一个军人集团在希腊夺取了权力，逼迫国王康斯坦丁退位。劳合·乔治的地位因为这场让英国如此接近一次不必要的战争的溃败而被削弱，当联合政府里的保守派集团于 1922 年 10 月 19 日在卡尔顿俱乐部做出不利的表决后，劳合·乔治辞职。1922 年 11 月 1 日，土耳其国民议会表决废除苏丹制。当奥斯曼帝国的大宰相（grand vizier，也译为"大维齐尔"）提议派遣一个联合代表团洽谈和平时，协约国邀请土耳其民族主义者参加和平大会可能已经决定了苏丹制的命运。凯末尔对于与苏丹方面的谈判建议不感兴趣。作为一个可以追溯至 13 世纪的王朝的最后一位苏丹，穆罕默德六世（Mohamet Ⅵ）在 1922 年 11 月 17 日乘坐一艘英国战舰离开了土耳其。

英国差点儿因为恰纳卡莱开战。直到 1938 年 9 月，没有任何（一届英国）政府将承担类似的风险。这是一场危险的赌博。由于哈廷顿最后时刻的行动，和平得以保全，但他为这场危机承担了很大一部分责任。如果说在恰纳卡莱的坚守恢复了英国的威望，那么凯末尔对于希腊的胜利就决定了和谈的结果。英国不得不放弃主宰爱琴海的愿望。土耳其人遏制了英国人的野心，这造成了双重损害。英国外交部官员、英国在洛桑的代表团成员艾伦·利珀（Alan Leeper）抱怨说："土耳其人极其不愿与人谈判，以至于我并不对结果抱有希望。这是一个可怕的悲剧：由于法国的背叛，我们不得不允许他们（土耳其人）回到欧洲。"[13]但仍要就和平谈判，而谈判的最后阶段适逢英法围绕德国赔偿发生冲突。如果说土耳其解决方案对于英国具有头等重要性，对于法国而言它只是次要的事情。

在洛桑召开了两场大会，一场从 1922 年 11 月 20 日持续至 1923 年 2 月 4 日，另一场从 1923 年的 4 月 23 日持续至《洛桑

条约》签订的 7 月 24 日。大会进程由乔治·纳撒尼亚尔·寇松
掌控，寇松勋爵曾任印度总督，是战前的旧式外交家的完美化
身。中东是他最为如鱼得水的舞台，在这里他的知识和外交技
巧能够得到充分的利用。如果说寇松应当为导致近东灾难的一
些决定负责，而在与土耳其代表团团长伊斯梅特帕夏（Ismet
Pasha）① 艰辛的讨价还价中，寇松为英国获取了其各项要求
的实质性内容，而又没有将土耳其变成一个永远的敌人或者
一个修正主义国家。就土耳其一方而言，凯末尔在没有与英
国开战的情况下迫使希腊人撤退。凯末尔的现实主义与克制，
以及伊斯梅特的灵巧与顽强带来了高额回报。凯末尔根本没
有试图去恢复旧奥斯曼帝国的非土耳其人领土。他寻求而且
赢得了外国对于一个独立的、可防卫的国家的承认，基本免
受大国控制，而又没有给自身招致对于西方或东方其他任何
国家的义务。

　　土耳其《国民公约》的各个条款得到了实现。协约国对于
瓜分安纳托利亚的计划被永久性挫败。土耳其收复了东色雷斯，
亚得里亚堡被确认为土耳其所有，士麦那以及爱琴海的若干岛
屿也是如此。君士坦丁堡和加利波利将仍然在土耳其人手中。
土耳其人被免除所有赔偿，被痛恨的条款，也就是西方人享有
的法律特权被废除。奥斯曼帝国公债的国际持有者们没有得到
任何担保。寇松依然将土耳其人视为压迫成性的统治者，土耳
其民族主义者则要求完全主权，不给出于人道主义理由的外
来干预提供任何机会。就条约中少数民族权利条款而言，寇
松这种根深蒂固的看法与土耳其民族主义者的要求产生了冲突。

---

　　① 帕夏是奥斯曼帝国行政系统里的高级官员，通常是总督、将军及高官。帕
　　　夏是敬语，相当于英国的"勋爵"。

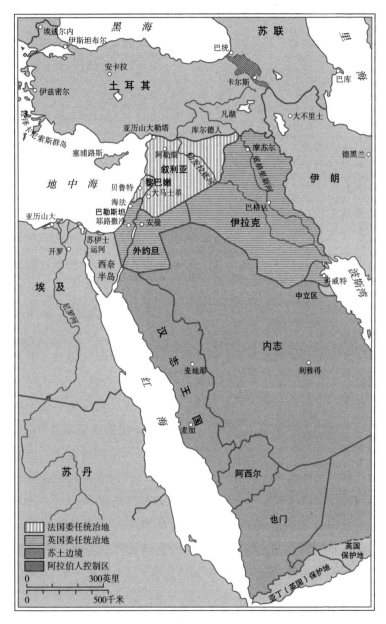

地图 7　土耳其问题和平解决方案（1923 年）

这些条款比寇松所希望的更为无力，但与其预期相反，土耳其
境内少数民族的待遇与欧洲的继承国相比更好。并不那么令人
满意的是土希解决方案规定，基于宗教所属强制性交换人口。
大约 130 万名东正教信徒将被赶出土耳其，而近 80 万穆斯林
将在那里安家。吸纳流离失所的希腊人（其中许多人并不说希
腊语）几乎令希腊破产。向国联提出的贷款申请没有得到理
会，是红十字会尤其是其美国委员会在自愿贡献的基础上组织
救济工作。至于在战略和经济上对于英国如此重要、石油储量
丰富的摩苏尔省，寇松顶住压力，同时向伊斯梅特和新任英国
首相安德鲁·博纳·劳（Andrew Bonar Law）寻求达成妥协，
新首相此时面临着法国占领德国鲁尔区的困局，无法在中东应
对一场新的危机。尽管所有迹象表明法国人和意大利人正在支
持土耳其人的反抗，但寇松占得了上风，其将该问题提交国联
的建议得到了接受，而国联在 1925 年的确将摩苏尔判给了伊
拉克。

土耳其保留了对于海峡的完全主权，而海峡将被非军事化。
这是英国关切的主要领域，因为它恢复了与俄国人在东地中海
由来已久的争夺。苏联人此前已经强迫各方接受其参与洛桑会
议，尽管他们只获准参加有关海峡地位的讨论。通过扮成土耳
其主权的捍卫者，布尔什维克党人要求海峡通行的问题应当留
待黑海沿岸国家处理。凯末尔要精明得多，他不会廉价地牺牲
与英国和解的可能性，而换取布尔什维克"熊"的拥抱。伊斯
梅特警惕地行走于寇松与苏联首席代表格奥尔基·契切林
（Georgy Chicherin）之间。他最终接受了英国人的立场，以避免
不必要地依赖于莫斯科当局以及由苏联主宰黑海。各方同意海
峡在平时向所有船只开放。在战时，如果土耳其处于中立，将

实行完全的航行自由；如果土耳其是交战国，将只有中立国船只获准通行。尽管苏联强烈反对，但在一个由土耳其总统牵头的国际委员会的领导下，在海峡的欧洲及亚洲两侧都建立了非军事区。1923 年 8 月 14 日于罗马签署的《海峡公约》（Straits Convention）是由苏联政府签署的第一个多边协定。伊斯梅特在洛桑取得全面成功，为凯末尔提供了完成国内革命所需的推动力。1923 年 10 月 6 日，在协约国军队匆忙撤退后，土耳其军队重新占领了君士坦丁堡。10 月底，大国民议会正式宣布土耳其为共和国。《洛桑条约》是一战相关和平协定中的最后一个，

123 事实证明在战后所有的解决方案中它是最为成功和持久的。它只于 1936 年 7 月在蒙特勒（Montreux）被修改过一次，而且是和平地进行的。

IX

与奥地利、匈牙利和保加利亚的和平解决方案的严厉性本身导致其难以存续很久。该地区的战胜国不仅在人口和领土上得到加强，而且较为虚弱的国家被剥夺了修正的手段。西方大国在当地的盟友出于对其战时对手（常常是它们的前帝国主人）的恐惧，坚持严格实施各个条约的军事与财政条款。这些财政条款极其严苛，以至于战败国无法履行。专家们正确地预言，胜利者在能够期待得到赔款或偿还债务之前，将不得不放弃或者推迟支付，甚至是提供援助。受英国激发的国联通过其财政委员会和国际金融贷款提供了主要救济。此类援助的提供常常遭遇到来自较小的战胜国的反对。

和平缔造者们在中东欧并非自由行事。在各个条约缔造和签署之前，有许多事情已经尘埃落定。许多边界是由军事行动

划定的，而协约国并没有控制这些行动。在协约国官员对新的边境负责的那些地方，自决原则只是他们为创造持久且可防卫的国家的各种努力当中的一个因素。该地区战后的各个政府必须处理新领土、新边界以及吸纳来自战败国的少数民族的问题。它们都面临着高通胀和传统贸易的中断，因为新的边界意味着新的关税障碍。传统的民族敌对仍然存在，和平协定还创造了新的敌对关系。该地区的许多国家被迫签署少数民族（保护）协定，但国联体系是虚弱的，仍然有待接受检验。这些协定受到了那些被迫接受者的深深憎恨。在决定这些新的国家的内部调整方面，正如下文所描述的，西方大国，尤其是法国和英国随后的干预，是间歇性、竞争性的，会引起分歧，而很少是决定性的。法国变成了支配性的外交玩家；在起初的活动过后，英国人退出了东欧事务。无论是德国还是苏联都未挑战这些解决方案；前者既无决心也无手段，而后者处于内战的剧痛之中，有更为紧迫的优先事项。这三个条约的解决方案的寿命之长令人吃惊。它们不仅在希特勒 1938 年的首次成功突袭之前安然无恙，而且尽管经历了战争、征服、占领和苏联的主宰，这些国家的大多数基本要素持续到了 1945 年之后。

中欧和巴尔干停留在支离破碎的状态。这是各个王朝帝国消失后的遗迹，但也是过去种种历史的结果。这些解决方案无疑不利于地区的整合，尽管这并非协约国意图之所在。事实证明，英法对于经济联邦的希望是虚幻的。民族感的加强以及胜利国与战败国之间的分歧阻碍了整合，甚至在最为有限的范围内也是如此。一旦臣服民族的领导人掌握了主动，除了创立新的国家外再无任何实际的替代方案。协约国的胜利者们只能支持已建立的国家并修改边境。捷克斯洛伐克的缔造者、首任总

124

统托马斯·马萨里克曾设想一个从北角延伸至马塔潘角的小国联盟，匈牙利民主人士、流亡者亚西·奥斯卡（Oscar Jászi）梦想建立一个覆盖以前的二元君主国而又扩大至包括波兰和罗马尼亚的其余部分的多瑙河联邦，但这些概念都没有任何真正的历史、意识形态甚至是经济上的基础。甚至连被历史学家通常用来将这些国家归到一起的描述性地理术语，都已引起争论。东欧所有国家的历史在当时仍然是单个国家的历史。

X

对土耳其的解决方案几乎完全是由"赢者通吃"这句格言来塑造的。在英国和法国，大战都带来了帝国热情的复苏，而《色佛尔条约》对于英国人来说代表着一次老式的帝国盛宴，而对法国来说代表着一顿美餐。尽管随后发生了动乱和反抗，但这两个国家紧紧抓住它们已经得到的东西。从根本而言，英国并不拥有在土耳其实施《色佛尔条约》所需的军队，而劳合·乔治将希腊作为一个代理力量的决定对于双方都是灾难性的。恰纳卡莱危机原本很可能在伦敦和安卡拉之间制造一次军事对抗，它不仅导致了劳合·乔治的垮台，而且令英国与法国在欧洲的关系恶化。

拥有帝国让列强变得强大。分赃土耳其的战利品使英国和法国的帝国达到了巅峰。它是英国在欧洲的影响力的一个源泉，它为法国强国地位的诉求增添了分量。从一开始，这些国家就将新的委任统治地作为殖民地对待。英法在此随意强加领导人和边界，而几乎不怎么关注当地居民的愿望。但甚至从短期来看，这些收获利弊参半。两个委任统治国都面对着骚乱，需要进行军事干预，投入没必要的开支。1920 年和 1922 年，巴勒斯坦和伊拉克出现了反英骚乱。在伊拉克，英国发现骚动部族的空中炸弹要比派出军事远征力量廉价得多。而在费萨尔被流放之后，法国人在叙利亚的麻烦还持续了很久。1925 年，分离的伊斯兰教派德鲁兹派（Druse）发动反叛，大马士革民族主义者加入其中，这场叛乱蔓延到了叙利亚和黎巴嫩的很大一部分地方。强大的军事力量以及安抚政策让这场反抗在 1926 年底结束，但法国人未能在这个委任统治地建立一个牢固的政权。围绕叙利亚的争吵给英法关系留下了一个持久的污点。法国人谴责英国人违背赛克斯-皮科协议；英国人将富兰克林-布永协议以及从恰纳卡莱撤出军队视为法国人的不忠诚。这些冲突在事情过去之后很久仍然毒害着伦敦和巴黎当局的关系。

　　土耳其是近东的一个成功案例。作为一个建立在民族原则之上、世俗且正走在现代化之路上的国家，除了其库尔德少数民族问题外，它变成了一支促进地区稳定的力量。土耳其民族主义者的成功在很大程度上归功于凯末尔的军事造诣、现实主义及高超的外交技巧。他避开了"泛伊斯兰"及"泛土耳其（突厥）"运动，而且在洛桑会议上只为切实可行的事情而战。尽管其对于国内的共产主义者并未表现出任何容忍，但他与苏联建立了友谊，这个邻国保持着相对平和与友善。1922 年与土耳其的和约被认为是这个年轻的苏维埃政权的重大成就之一。

　　修改惩罚性的《色佛尔条约》以及阿拉伯人和犹太复国主义者的民族主义高涨，突显出欧洲列强与其长期认为软弱和落后的民族之间正在变化的关系。如果说《色佛尔条约》突出了1914 年以前的态度的连续性，那么土耳其人对于其条款的成功修改，以及犹太复国主义者与阿拉伯人的民族主义的持续酝酿，则指向了一个正在形成中的新的世界。

注 释

1. A. S. Link（ed.），*Collected Papers of Woodrow Wilson*（Princeton，1984），xlv. 527.

2. Harold Nicolson，*Peacemaking 1919*（London，1933），240.

3. Robert Lansing，*The Peace Negotiations：A Personal Narrative*（Boston and New York，1921），97-8，cited in MacMilllan，*Peacemakers*，19.

4. D. Perman，*The Shaping of the Czechoslovak State：A Diplomatic History of the Boundaries of Czechoslovakia*（Leiden，1962），132.

5. Quoted in Misha Glenny，*The Balkans，1804-1999：Nationalism，War and the Great Powers*（paperback edn.，London，2000），363.

6. John Paris，*Britain，the Hashemites and Arab Rule，1920 - 1925*（London，2003），35.

7. Leonard Stein，*The Balfour Declaration*（London，1961），548.

8. 英法两国宣言法语文本的英译版见于：*Parliamentary Debates*，5th Series，*House of Commons*，vol. 145，col. 36。

9. Quoted in Christopher M. Andrew and Alexander S. Kanya-Forstner，*France Overseas：The Great War and the Climax of French Imperial Expansion*（London，1981），189.

10. Quoted in Dockrill and Goold，*Peace Without Promise*，203.

11. 我的这一简略描述大致来源于约翰·费里斯的素材，这些素材更新了先前关于恰纳卡莱危机的各种表述：John R. Ferris，"Far Too Dangerous a Gamble"？British Intelligence and Policy during the Chanak Crisis，September-October 1922'，in Erik Goldstein and B. J. C. McKercher，*Power and Stability：British Foreign Policy，1865 - 1965*（London and Portland，Oreg.，2003）；'"Between Military and Political" British Power and Diplomacy From the Chanak Crisis to the Lausanne Conference，1922'，*Proceedings of the Joint Turkish-Israeli Military History Conference*（Istanbul，2000）。我十分感谢费里斯博士提供了这些论文以及迄今尚未发表的其他论文初稿的复印件。

12. Ferris, 'Far Too Dangerous a Gamble?', 152.

13. A. W. A. Leeper to his father, 14 Nov. 1922, quoted in Erik Goldstein, 'The British Offical Mind and the Lausanne Conference, 1922–23', in Goldstein and McKercher, *Power and Stability*, 192.

《圣日耳曼条约》、《讷伊条约》和《特里亚农条约》[★]

专著

ÁDÁM, MAGDA, *The Little Entente and Europe, 1920–1929*, trans. Mátyás Esterházy (Budapest, 1993).

ALMOND, NINA and LUTZ, RALPH (eds.), *The Treaty of St Germain* (Stanford, Cal. and London, 1935).

BRUBAKER, ROGER, *Nationalism Reframed: Nationalism and the National Question in the New Europe* (Cambridge, 1996).

CRAMPTON, R. J., *A Concise History of Bulgaria* (Cambridge, 1997).

DEÁK, FRANCIS, *Hungary at the Paris Peace Conference: The Diplomatic History of the Treaty of Trianon* (New York, 1942).

HANAK, PETER and FRANK, TIBOR (eds.), *A History of Hungary* (Bloomington, Ind., 1990).

JELAVICH, BARBARA, *History of the Balkans*, vol. 2 (Cambridge, 1983).

JELAVICH, CHARLES and BARBARA, *The Establishment of the Balkan National States, 1804–1920* (Seattle and London, 1977).

KIRÁLY, BÉLA, PASTOR, PETER, and SANDERS, IVAN (eds.), *War and Society in East Central Europe* (Cambridge, 1996), Vol. 6: *Essays on World War I: Total War and Peacemaking, a Case Study on Trianon* (New York, 1982). Esp. the chapters by Thomas C. Sakmyster and Hugh Seton-Watson.

KLEMPERER, KLEMENS VON, *Ignaz Seipel: Christian Statesman in a Time of Crisis* (Princeton, 1972).

KONTLER, LÁSZLÓ, *Millennium in Central Europe: A History of Hungary* (Budapest, 1999).

LAMPE, JOHN R., *Yugoslavia As History: Twice There Was a Country* (Cambridge, 1996).

LEDERER, IVO J., *Yugoslavia at the Paris Peace Conference: A Study in Frontiermaking* (New Haven, Conn., 1963).

LOW, ALFRED D., *The Anschluss Movement, 1918–19 and the Paris Peace Conference* (Philadelphia, 1974).

MACARTNEY, C. A., *Hungary and Her Successors: The Treaty of Trianon and its Consequences, 1919–1937* (London, 1937; rev. edn. 1965).

—— *National States and National Minorities* (London, 1934; rev. edn. New York, 1968).

★ 另见第一章的参考文献，这两章中有大量文献重叠。——原注

SETON-WATSON, HUGH and CHRISTOPHER, *The Making of a New Europe: R. W. Seton-Watson and the Last Years of Austria-Hungary* (London, 1981).

SPECTOR, SHERMAN D., *Rumania at the Paris Peace Conference: A Study of the Diplomacy of Ioan C. Bratianu* (New York, 1962).

SUPPAN, ARNOLD, *Yugoslavien und Österreich 1918–1938; Bilaterale Aussenpolitik im europäischen Umfeld* (Munich, 1996).

TOWLE, PHILIP, *Enforced Disarmament: From the Napolionic Campaigns to the Gulf War* (Oxford 1997), chapter 5.

文章

FELLNER, FRITZ, 'Der Vertrag von St. Germain', in E. Weinzierl and K. Skalnik (eds.), *Österreich 1918–1939*, Bd. 1 (Vienna, 1983).

PIETRI, NICOLE, 'L' Autriche, 1918–1925; une stabilisation précaire', in C. Carlier and G.-H. Soutou (eds.), *1918–1925: Comment faire la paix?* (Paris, 2001).

《色佛尔条约》和《洛桑条约》

专著

AHMAD, FEROZ, *The Making of Modern Turkey* (London and New York, 1993).

ANDREW, CHRISTOPHER M. and KANYA-FORSTNER, ALEXANDER S., *France Overseas: The Great War and the Climax of French Imperial Expansion* (London, 1981).

BENNETT, G. H., *British Foreign Policy During the Curzon Period, 1919–1924* (New York and Basingstoke, 1995).

BULLARD, READER WILLIAM, Sir, *Britain and the Middle East from Earliest Times to 1963* (London, 1964).

BUSCH, BRITON COOPER, *Britain, India and the Arabs, 1914–1921* (Berkeley, Cal., 1971).

—— *Mudros to Lausanne: Britain's Frontier in West Asia, 1918–1923* (Albany, NY, 1976).

COHEN, MICHAEL J., *The Origins and Evolution of the Arab–Zionist Conflict* (Berkeley, Cal., 1987).

CRISS, NUR BILGE, *Istanbul Under Allied Occupation, 1918–1923* (London, 1999).

DANN, URIEL (ed.), *The Great Powers in the Middle East, 1919–1939* (New York, 1988). Esp. chapters by Christopher M. Andrew, Haggai Erlich, and Claudio G. Segré.

DARWIN, JOHN GARETH, *Britain, Egypt and the Middle East: Imperial Policy in the Aftermath of War 1918–1922* (London, 1981).

DONTAS, DOMNA, *Greece and Turkey: The Regime of the Straits, Lemnos and Samothrace* (Athens, 1987).

DUMONT, PAUL and BACQUÉ-GRAMMONT, JEAN-LOUIS, *La Turquie et la France a l'epoque d'Ataturk* (Paris, 1981).

EVANS, L., *United States Policy and the Partition of Turkey, 1914–1924* (Baltimore, Md., 1965).

EVANS, STEPHEN F., *The Slow Rapprochement: Britain and Turkey in the Age of Kemal Atatürk* (Beverly, 1982).

FISHER, JOHN, *Curzon and British Imperialism in the Middle East, 1915–1919* (London, 1999).

FRIEDMAN, ISAIAH, *The Question of Palestine, 1914–1918: British–Jewish–Arab Relations* (New York, 1973).

—— *Palestine: A Twice-promised Land? The British, the Arabs and Zionism, 1915–1920* (New Brunswick, NJ, 2000).

FROMKIN, DAVID, *A Peace To End All Peace: Creating the Modern Middle East, 1914–1922* (London, 1989).

GÖKAY, BÜLENT, *A Clash of Empires: Turkey Between Russian Bolshevism and British Imperialism, 1918–1923* (London, 1997).

HALE, WILLIAM M., *Turkish Foreign Policy, 1774–2000* (London, 2000).

KAPUR, H., *Soviet Russia and Asia, 1917–1927: A Study of Soviet Policy Towards Turkey, Iran and Afghanistan* (London, 1966).

KAZANCIGIL, ALI and OZBUDUN, ERGUN (eds.), *Ataturk: Founder of a Modern State* (Hamden, Conn., 1991).

KEDOURIE, ELIE, *England and the Middle East: The Destruction of the Ottoman Empire, 1914–1921* (London, 1956).

—— *In the Anglo-Arab Labyrinth: The McMahon–Husayn Correspondence and its Interpretations, 1914–1939* (Cambridge, 1976).

KENT, MARIAN, *The Great Powers and the End of the Ottoman Empire* (London, 1984).

—— *Moguls and Mandarins: Oil, Imperialism, and the Middle East in British Foreign Policy, 1900–1940* (London, 1993).

LEWIS, B., *The Emergence of Modern Turkey* (London, 1961).

LEWIS, G., *Modern Turkey* (New York, 1974).

MACFIE, A. L., *The End of the Ottoman Empire, 1908–1923* (London, 1998).

MANGO, ANDREW, *Atatürk*, 2nd edn. (London, 2001; 1st edn. 1999).

MANSFIELD, PETER, *The Ottoman Empire and Its Successors* (London, 1973).

—— *A History of the Middle East* (London, 1991).

MONROE, ELIZABETH, *Britain's Moment in the Middle East, 1914–1971*, new and rev. edn. (London, 1981).

MORRIS, BENNY, *Righteous Victims: A History of the Zionist-Arab Conflict, 1881–1999* (New York, 1999).

NEVAKIVI, JUKKA, *Britain, France and the Arab Middle East 1914–1920* (London, 1969).

ORGA, I., *Phoenix Ascendant: The Rise of Modern Turkey* (London, 1958).

SACHER, HOWARD M., *Europe Leaves the Middle East* (London, 1972).

SANDERS, RONALD, *The High Walls of Jerusalem: A History of the Balfour Declaration and the Birth of the British Mandate for Palestine* (New York, 1984).

SHAW, S. and E. K., *History of the Ottoman Empire and Modern Turkey*, vol. 2 (Cambridge, 1976).

SHLAIM, AVI, *The Politics of Partition: King Abdullah, the Zionists and Palestine 1921–1951* (Oxford, 1990).
——*War and Peace in the Middle East: A Concise History* (London, 1995).
SONYEL, S. R., *Turkish Diplomacy, 1918–1923: Mustafa Kemal and the Turkish National Movement* (London, 1975).
TIBAWI, ABDUL LATIF, *Anglo-Arab Relations and the Question of Palestine, 1914– 1921* (London, 1977).
VITAL, DAVID, *Zionism: The Crucial Phase* (Oxford, 1987).
WALDER, D., *The Chanak Affair* (London, 1969).
YAPP, MALCOLM E., *The Making of the Modern Near East, 1792–1923* (London, 1988).
—— *The Near East Since the First World War* (London, 1991).
YERGIN, DANIEL, *The Prize: The Epic Quest for Oil, Money, and Power* (New York, 1991).
ZÜRCHER, ERIK J., *Turkey: A Modern History* (London, 1994).

文章

AHMAD, FEROZ, 'Politics and Islam in Modern Turkey', *Middle Eastern Studies*, 27 (1991).
AKBABA, I., 'The Peace Treaty of Lausanne', *Revue Internationale d'Histoire Militaire*, 40 (1980).
DANILOV, VLADIMIR I., 'Kemalism and World Peace', in Ali Kazancigil and Ergun Ozbudun (eds.), *Ataturk; Founder of a Modern State* (Hamden, Conn., 1991).
DARWIN, J. G., 'The Chanak Crisis and the British Cabinet', *History*, 65 (1980).
DAVIDSON, R. H., 'Middle East Nationalism: Lausanne Thirty Years After', *Middle East Journal*, 7: 3 (1953).
DYER, G., 'The Turkish Armistice of 1918: 1. The Turkish Decision for a Separate Peace in Autumn, 1918', *Middle Eastern Studies*, 8 (1972).
—— 'The Turkish Armistice of 1918: 2. Lost Opportunity: The Negotiations of Moudros', *Middle Eastern Studies*, 8 (1972).
FERRIS, JOHN R., ' "Between Military and Political": British Power and Diplomacy from the Chanak Crisis to the Lausanne Conference, 1922', *Proceedings of the Joint Turkish–Israeli History Conference*, 1, Turkish Army General Staff, Istanbul (2000).
—— ' "Far Too Dangerous a Gamble"? British Intelligence and Policy during the Chanak Crisis, September–October 1922', *Diplomacy and Statecraft*, 14 (2003).
FRIEDMAN, ISAIAH, 'The McMahon–Hussain Correspondence', *Journal of Contemporary History*, 5 (1970).
GAWRYCH, G., 'Kemal Atatürk's Politico-Military Strategy in the Turkish War of Independence, 1919–1922: From Guerrilla Warfare to the Decisive Battle', *Journal of Strategic Studies*, 11: 3 (1988).
GÖKAY, BÜLENT, 'Historiography of the Post-War Turkish Settlement', *New Perspectives on Turkey*, 8: 3 (1992).

——— 'From Western Perceptions to Turkish Self-Perceptions', *Journal of Mediterranean Studies*, 5: 2 (1995).

——— 'Turkish Settlement and the Caucasus, 1918–20', *Middle Eastern Studies*, 32: 2 (1996).

GOLDSTEIN, ERIK, 'British Peace Aims and the Eastern Question: The Political Intelligence Department and the Eastern Committee, 1928', *Middle Eastern Studies*, 24: 4 (1987).

——— 'Great Britain and Greater Greece, 1917–1920', *Historical Journal*, 32: 2 (1989).

——— 'The Eastern Question: The Last Phase', in M. Dockrill and John Fisher (eds.), *The Paris Peace Conference, 1919: Peace Without Victory?* (Basingstoke, 2001).

HOVANNISIAN, R. G., 'Armenia and the Caucasus in the Genesis of the Soviet–Turkish Entente', *International Journal of Middle Eastern Studies*, 4: 2 (1973).

KENT, MARIAN, 'British Policy, International Diplomacy and the Turkish Revolution', *International Journal of Turkish Studies*, 3: 2 (1985/6).

KENT, MARIAN, 'Guarding the Bandwagon: Great Britain, Italy, and Middle Eastern Oil, 1920– 1923', in Edward Ingram (ed.), *National and International Politics in the Middle East: Essays in Honour of Elie Kedourie* (London, 1986).

MACFIE, A. L., 'The Chanak Affair (September–October, 1922)', *Balkan Studies*, 20: 2 (1979).

——— 'British Intelligence and the Causes of Unrest in Mesopotamia 1919–1921', *Middle Eastern Studies*, 35: 1 (1999).

第三章　缺席者：苏联（俄）与战后的解决方案

I

　　战后世界上的重要缺席者是布尔什维克党人，他们是广袤的俄罗斯新的却仍然并不确定的统治者。协约国各国没有谁欢迎其在 1917 年 11 月 7 日的夺权。法国驻莫斯科前总领事费尔南·格勒纳尔（Fernand Grenard）将这个新的政权描述为"一种不受限制的专制统治……比普鲁士的专制统治更违背对于欧洲的和平且健全的安排"[1]。而英国时任战争大臣温斯顿·丘吉尔在两年之后仍然宣称："俄国境内的所有伤害和苦难，已经从布尔什维克党人的邪恶和愚蠢中生发出来，而且……当这些邪恶的人，这群卑鄙的世界主义狂热分子揪住俄罗斯民族的头发，对其伟大的民众施以暴政时，在俄国或者东欧将不会有任何形式的复苏。我将要一直提倡的政策，是推翻和毁灭这个犯罪的政权。"[2]

　　到 1923 年，虽然这个改名为"苏联"（苏维埃社会主义共和国联盟）的国家（即使几乎不被接受）已经是国际社会中一个确定的成员，但在革命之后的数年里，这个新的政权是否能够存活下去仍然是一个未解决的问题。在 1918 年 3 月与德国人签署《布列斯特-立托夫斯克和约》并达成一种严苛的和平解决方案之后，随着布尔什维克党人退却到大俄罗斯（Greater

Russia）的边境之内，继之爆发了与反对者的内战及与外部敌人的斗争。但这个革命政府从冲突中脱颖而出并获得胜利，而且通过采纳一种比布尔什维克领导人原本预期的更为实际的外交政策，在不放弃其最终目标的情况下，开始在资本主义的"水域"中航行。紧接其后的世界革命的失败使其必须保卫国内的革命，首先是通过与德国媾和，然后是与西方建立外交关系以及与资本主义国家缔结贸易协定。对于革命行动和世界革命的追求与妥协和调和的政策并驾齐驱。"革命"与"外交"这一对孪生的战略成为苏联外交在整个 1920 年代的特征。在这些情况下，对于一种其领导人誓言要摧毁的战后国际机制，布尔什维克党人不大可能为其稳定做出多少贡献。在其反对者看来，俄罗斯人在意识形态和领土上的修正主义使其成为一个"流氓政权"，但被预言的布尔什维克党人与资本主义政权的冲突并未发生，一种基于相互怀疑和恐惧的不稳定的休战得到确立和维持。

134

　　出于意识形态和战略上的双重原因，西方协约国与初创期的布尔什维克政权之间似乎很有可能爆发某种形式的冲突。布尔什维克的首要领导人、理论家弗拉基米尔·伊里奇·列宁在其 1916 年的《帝国主义是资本主义的最高阶段》（*Imperialism, the Highest Stage of Capitalism*）一书对国际关系的分析中，已经将资本主义国家彼此之间在资本主义演变最后阶段的斗争置于国际舞台的中央。列宁认为，随着国内投资机会的枯竭，最发达的资本主义国家将参与对劳动力、原材料和市场的激烈的全球性竞争。一旦世界上的欠发达地区被瓜分和吞并，帝国主义国家将被迫参与一场重新分配的战争，从彼此那里夺取它们所需要的世界资源、市场和投资。如同卡尔·马克思曾经预言的那样，资本主义发展的危机并不仅限于国内经济中的矛盾，而且源于帝国主义者之间的敌对，这将最终摧毁现存的制度。列宁还改变了马克思对于革命行动的焦点。由于垄断资本主义在各个国家以不同的步伐发展，社会主义革命不会同时在所有国家里开始，而是将在不同的时间在一个或者多个不同的国家里发生。社会主义者可能在后进的国家里夺取政权，但革命的发展将依赖于更发达的工业化国家的革命者的支持。列宁认为，在非工业化和半工业化国家里，革命者应当为农民阶级的利益呼吁，而在殖民地地区应当与反抗帝国主义者的民族主义者结盟，不论这些民族主义者在社会上可能如何之反动。在其毕生的时间里，在党内关于外交及经济政策的讨论中，列宁关于帝国主义国家在金融资本主义最后阶段的国际行为的前革命理论（pre-revolutionary theories）扮演了一个关键的角色。在他看来，俄国革命只有在欧洲的一场总体的大变动中才具有意义，而其成功之处在于其作为"世界革命"催化剂的能力。布尔什维克领导下的俄国的生存依赖于欧洲各国民众的起义；如果帝国主义没有被粉碎，资本主义列强将攻击布尔什维克政权。这正是列昂·托洛茨基（Leon Trotsky）的一个著名陈述的含义，他在1917 年 11 月并不情愿地接受外交人民委员一职时说："我将向世界人民发布几道革命宣言，然后关门大吉。"[3]对于这场革命来说，将根本不需要这些传统外交的机构（托洛茨基只光顾过他的外交人民委员部一次）和工具。

由于没有发生任何世界性的革命，布尔什维克党人为了保全革命而被迫转向常规的外交，与资本主义-帝国主义列强之一签订了一份条约，也就是与德国的和平协定。到托洛茨基在1918 年 2 月带着德国人提出的严苛的和平条款，从布列斯特-

立托夫斯克归来时，列宁已经重新考虑了形势。尽管预计中的世界革命将会发生，但它可能并不会发生在最近的将来。因此有必要哪怕是以接受一种意味着背叛其意识形态信念的和平为代价，通过利用资本主义国家之间的矛盾，来为苏俄赢得一个喘息的机会，一种"呼吸的空间"或者"和平间歇"。在随后的辩论中，只有少数布尔什维克党人支持列宁。正是在2月18日重新发起攻击性行动的德国军事领导人才有效地结束了托洛茨基的"不战不和"方案；也正是在列宁的坚持下，布尔什维克党人同意接受德国人的严酷条款。1918年3月3日签订的《布列斯特-立托夫斯克和约》是一种惩罚性的和平。苏俄损失了几乎三分之一的人口，以及他们在乌克兰、波罗的海地区、芬兰和波兰的领土。在高加索地区的若干土地被给予奥斯曼土耳其人。作为交换，苏俄已经赢得了"呼吸的空间"，在世界革命没有到来的情况下，这个"空间"将随着时间的推移而不断延伸。

这一呼吸的空间被用来壮大布尔什维克党，重建政府，组建一支新的"红军"。党和政府都高度集中化，由列宁指导具有执行权的政治局和人民委员会，他在这个革命政权中获得了巨大的但并非不受限制的权威。到1918年末，党和政府首要关切的是保卫该政权。德国随后败于协约国，复苏了对于国际革命时刻即将到来的希望。在已经解体的二元君主国（奥匈帝国）和停战后的德国境内的动荡浪潮，使这种乐观主义具有了正当的理由。布尔什维克党人在1918年3月把首都从彼得格勒（圣彼得堡）迁到了莫斯科，多个国家的共产党在那里建立，其成员主要来自前战俘。在德国，列宁扩大了其与极左翼社会主义者的联系，鼓励创建德国共产党。极左翼在1919年1月试

136

图发动起义但失败，招致了来自列宁的猛烈的意识形态性抨击，他谴责德国的多数派社会主义者背叛了工人阶级。"红色的"社会主义力量在波罗的海地区（爱沙尼亚、拉脱维亚和立陶宛）以及乌克兰支持当地的布尔什维克党人，在这些地方曾建立短暂的苏维埃（"工人"）共和国。1919年3月2日，为协调世界范围的社会主义革命，"共产国际"（Comintern）或称第三国际（Third International）在莫斯科创建，这次大会是在匆忙之中召开的（邀请函以无线电报的方式发出），有约35个代表团参加，主要由布尔什维克领导人和外国流亡者组成。其目的旨在抢先于主要由西欧支配的第二国际的重建，成为世界社会主义的活跃中心，同时为世界范围的共产主义运动奠定基础。德语是此次会议的通用语言。各个代表团明确阐述了他们对于当时盛行的社会民主主义以及传统的社会主义政党的反对。尽管其重点在于欧洲的革命，但最终宣言包括向"非洲和亚洲的殖民地奴隶"发出的呼吁。英国及其帝国是主要的对象；英国人被视为资本主义国家的领导者，处于资本主义国家之间的敌对的前沿。尽管有这些革命目标，但在苏俄之外一直缺乏成功革命的情况下，列宁的"和平间歇"期延长了。德国革命行动的失败让列宁坚信，如果俄国革命要得到捍卫，布尔什维克党人现在就不得不考虑与协约国达成一个解决方案。到内战结束之时，这位布尔什维克领导人正在谈论"一个新的漫长的发展阶段"[4]。

II

在与战胜的帝国主义国家的任何交往能够开始之前，有必要为俄国革命的生存本身而战。地方性的内战在俄国中部以及沙皇俄国的边境地区爆发。同样重要的是，协约国的多次军事

干涉在其战胜同盟国之前就开始了。这些笨拙的介入起初旨在 137
重建一道东线，保护协约国早先囤积在俄国的战争物资。这些
介入牵涉到协约国的军事远征以及资助反布尔什维克的俄国力
量。这些干涉零碎、计划不周而且协调糟糕，但给布尔什维克
政府和资本主义国家之间的关系留下了永远的印记，使它们在
意识形态上或者实际上的分歧更为复杂。协约国并不期望布尔
什维克政权生存下去，但不得不考虑到其成功以及对俄国中部
很大一部分地区的权威。尽管协约国拒绝承认这个新政府，但
其代表们在彼得格勒开启了非官方的会谈，试图说服布尔什维
克党人继续参战。这些谈判失败了，而在《布列斯特-立托夫
斯克和约》于1918年3月缔结后，协约国在俄国境内活动的步
伐加快了。英国人和法国人在1917年已经就行动范围的划分达
成了一致，不过这被证明是十分虚假的，而且协约国之间在俄
国境内的敌对，加剧了战场上那些准备利用英法分歧的相互竞
争的力量之间的冲突。

英国在摩尔曼斯克的军事干涉开始于1918年3月，在阿尔
汉格尔（Archangel）的干涉始于1918年夏天。另外两场干涉在
大战的最后一个月里发生，都是在中亚进行的。第一场是为了
阻止土耳其人在高加索地区的进军，随着土耳其停战而结束，
英军控制了高加索，建立了一道从黑海到里海的军事"封锁
线"。第二场干涉在里海的东面，英国在波斯的司令官对来自
当地的反布尔什维克者的呼吁做出回应，后者在英国人的帮助
下夺取了梅尔夫（Merv）。1918年12月，法国人派出一支由法
国、希腊和波兰军队组成的混编部队前往黑海港口敖德萨，在
德国人撤退期间为反布尔什维克者保卫该地区。这支远征军卷
入了当地令人难以置信的混乱形势，陷入了五个相互敌对组织

的混战之中。其他群体也卷入了这些混乱的冲突。1918 年 5 月中旬，在经历了一系列的误解与目的地的变换之后，由背叛奥匈帝国军队的前战俘组成的"捷克军团"向东沿着西伯利亚大铁路向符拉迪沃斯托克（海参崴）移动时，与当地的布尔什维克力量发生了冲突。由于无法像打算的那样在俄国境内打击同盟国军队，该军团设法走出俄国，以抵达法国，并在那里加入战斗。该军团有约 4.2 万名军人，沿着从乌拉尔山至符拉迪沃斯托克的整条西伯利亚大铁路沿线排布，迅速成为这个广袤而动荡的地区里最有组织的反布尔什维克力量。尽管克里孟梭希望将这些捷克人从俄国带出来以增援在西线的协约国军队，但英国人抱有一个令人难以置信的主张：在日本人的支持下，捷克人也许可以在西伯利亚开辟一条新的阵线，以及减轻德国人对协约国军队的压力。"营救"这个很有能力照看自己的捷克军团，为日本和美国在西伯利亚的干涉提供了借口。在《布列斯特－立托夫斯克和约》签订之后，日本人担心布尔什维克的影响向乌拉尔山以东蔓延，但主要是急于保护其在西伯利亚东部新近建立而且有利可图的经济权益不受布尔什维克党人和美国人的影响，因而无休止地争论向该地区派遣一支远征军的可能性。1918 年 7 月，在经过协约国的多次催促之后，美国政府改变其不干涉政策，邀请日本参与在西伯利亚的一次有限的远征。日本军队在 8 月进行了一次大规模的登陆。大约 7 万人被投到西伯利亚东部，而不是美国人和英国人所预期的小型力量。日本人主要打击当地的游击队；他们避免与红军发生直接冲突，而且在与身处西伯利亚的海军上将亚历山大·高尔察克（Aleksandr Kolchak）领导的白军合作时三心二意。高尔察克自命为"俄国的最高统治者"，此前已在鄂木斯克（Omsk，西伯利亚北部一城市）建立了一个"白色"的政府。

威尔逊总统在1918年夏天十分犹豫地做出了向符拉迪沃斯托克和阿尔汉格尔派遣军队的决定，主要是为了保证协约国的团结，以及出于营救捷克军团这一人道主义的目的，同时也是为了约束日本。在托洛茨基1918年夏天重组红军之后，俄国显然已经陷入了一场公开的内战，因此可以理解的是，威尔逊谨防美国卷入这场内战。华盛顿当局的全部压力在于一旦德国被打败之后，就会将军队撤回美国国内，民众根本不会支持在俄国开辟一条新的军事战线。

在同盟国被打败之后，协约国远征的理由已经消失了，但驻扎在俄国土地上的军队卷入了旧沙皇帝国所有边境领土上正在进行的地方战争之中。英国人和法国人尽管缺乏资源来进行有效的干涉，但在德国签订停战协定之后仍然继续其反布尔什维克活动，在这当中存在着意识形态、财政和战略上的众多原因。这两个协约国政府都将布尔什维克主义视为一种危险且具有毁灭性的信仰，担心其在自己的军队及工人阶级中传播，更不用说其对中欧、东南欧和亚洲伊斯兰地区所构成的威胁。法国人在俄国有着重大的经济权益需要保护。他们战前的对外投资中有80%以上是在沙皇俄国，散布于整个法国的大量私人投资者拥有各种债券。沙皇俄国还对英国及法国政府欠下了战时贷款以及战争物资采购款。在英国，反布尔什维克主义常常与传统的恐俄症结合在一起，更具帝国思维的大臣们长期担心俄国威胁通往印度的门户，这令他们可能将设法利用英国对于土耳其人的胜利及俄国南部的混乱局势，来实现对一个具有至关重要的战略利益地区的主宰。寇松勋爵在劳合·乔治内阁担任枢密院议长直到1919年10月，然后在此时成了外交大臣，他

139

对于在东地中海和亚洲西南部建立一个新的帝国拥有清晰的视野，这个帝国将通过创立一条"从欧洲边界延伸至英印帝国边境的友好国家链"[5]而得到支持。英国人寻求维持其在高加索地区的影响力（这里的格鲁吉亚、阿塞拜疆和亚美尼亚在 1918 年 5 月宣布独立），同时支持中亚反对布尔什维克的分裂主义运动。战时对波斯、美索不达米亚和土属亚美尼亚的占领，为延伸英国对波斯政府的影响力以及将俄罗斯人永久性地排除出波斯北部，提供了一个独一无二的机会。

英国人的态度很重要，因为他们是白俄军队的首要"承保人"（underwriter）。法国人只派遣了很少数的士兵前往俄国，而且只能为反布尔什维克力量提供极小的军事援助。英国内阁中对于东方这个新帝国的建立存在着尖锐的分歧，而且针对英国政府应当在多大程度上为建立它而投入军队与供应进行了激烈的辩论。对于土耳其和俄国——这两个问题被寇松及其支持者们联系在一起——都没有做出任何最终的决定，也没有向陷入地区战斗中的当地英军指挥官发出任何清晰的命令。首相劳合·乔治在财政大臣奥斯汀·张伯伦的支持下，希望结束在俄国的军事干涉，开始与布尔什维克党人谈判。劳合·乔治相信布尔什维克党人将获胜，但他们能够被驯服，而一个被削弱的俄国政府将更好地服务于英国的帝国利益。他和张伯伦坚称抽不出任何英国军队，而且由于财政经济上的紧迫要求，没有任何资金可用于在俄国的冒险。财政部在拨款问题上一再故意拖延，强烈地反对新的军事行动，并且成功了。作为传统上反俄和强烈反布尔什维克的前英印殖民总督，寇松支持为白俄军队提供持续且更多的支持。就俄国问题而言，持有同样看法的还包括印度事务大臣埃德温·蒙塔古，以及具有帝国思想、充满敌意地反对布尔什维克并在 1919 年成为战争大臣的丘吉尔，丘吉尔力主增加对反布尔什维克军队的资助。与劳合·乔治及张伯伦相反，丘吉尔相信在俄国的一场重大的军事干涉将以有利于白俄力量的方式力挽狂澜。公众舆论同样是分裂的。尽管在塑造政府的态度方面并不是决定性的，但工党、更为好斗的工会代表大会以及一些关键的工会，都反对给予白俄帮助或者以任何形式干涉俄国的内战。内政部情报总管巴兹尔·汤姆森（Basil Thomson）在 1919 年春向内阁报告说，"工人们的每一个部分"似乎都反对征兵制和在俄国的干涉。[6]与此同时，当劳合·乔治提出与布尔什维克党人谈判的可能性时，其所在的联盟党派（由保守党和自由党组成）内的保守党人士以及占主导地位的保守党媒体，都做出了强烈的负面反应。

当任何真正的决定必须在巴黎和会上做出时，其他获胜国领导人的态度同样是模棱两可的。克里孟梭坚决反对与布尔什维克党人谈判，而其拒绝得到了国民议会的多数支持，尽管左派和极左派甚至比英国更反对为白俄提供支持。无论克里孟梭面对布尔什维克时有多凶猛，但他过于现实，不会去批准那些法国无法承担的计划。福煦元帅关于一场大规模军事战役的宏大计划在 1919 年 3 月中旬得到了丘吉尔的支持，但对十人委员会来说是不可接受的。一个类似的建议在该月月底重新出现，同样被拒绝。当其他人——波罗的海地区的德国人、匈牙利的罗马尼亚人以及东加利西亚和白俄罗斯的波兰人——将进行战斗时，克里孟梭对于反布尔什维克战役的热情高涨。他倾向于"让俄国人自作自受"，拒绝与他们谈判，静观事态发展。[7]

华盛顿的形势与伦敦一样混乱。威尔逊总统在俄国问题上倾向于听取别人的意见，未能就布尔什维克党人应当得到怎样的处理得出任何明确的结论。他与其他官员有同样的感觉，那就是在影响俄国内战和防止布尔什维克主义传播方面，与投入军队相比，经济手段，尤其是分配救援物资，是一种更好的途径。尽管美国人的登陆规模是有限的，但在其登陆数月之内，就面临着撤出的压力。1919 年 3 月中旬，参议院的一个支持撤出所有美国军队的决议仅仅因为副总统投下否决票而被挫败。但威尔逊并不愿意与布尔什维克党人谈判，因为他担心向着承认的方向做出的任何举动，都可能加剧共和党对于总统缔造和平的反对。

巴黎和会上采纳的是一种得过且过的政策，因而其实根本上就不是什么政策。与布尔什维克党人进行了各种接触，协约国远征军的撤退也开始了，但对于俄国的白军领导者的支持实际上加大了，这包括在西伯利亚的海军上将高尔察克、在俄国南部的安东·邓尼金（Anton Denikin）将军以及在波罗的海地区的尼古拉·尤登尼奇（Nikolai Yudenich）将军。1919 年 1 月，十人委员会提议停火，并且由俄国的所有争夺者与协约国于 2 月 15 日在马尔马拉海上的比于卡达岛（Prinkipo）① 举行一次大会。布尔什维克党人予以接受，提出了合理的条款，尽管并没有提出停火。德国没有发生革命，这直接致使他们愿意谈判。由于代表西伯利亚、俄国北方和乌克兰的白俄人士的联合体在法国人和丘吉尔的鼓动下拒绝出席，比于卡达计划胎死腹中。1919 年 2 月中旬，在劳合·乔治和威尔逊双双不在巴黎的情况下，福煦和丘吉尔启动了他们的几次不成功尝试中的第一次，试图为向俄国派遣一支远征军获得许可。克里孟梭无论

---

① 王子群岛九个岛屿中最大的一个岛屿。

当时还是后来都拒绝支持福煦的这些计划，劳合·乔治也制止了急切的丘吉尔。在德国 1919 年 3 月爆发罢工和武装冲突，以及转瞬即逝的巴伐利亚苏维埃共和国在 4 月初创建的背景下，协约国再度试图与布尔什维克党人达成一个解决方案。3 月 21日，库恩领导的布尔什维克政府在布达佩斯取得政权。罢工和混乱情形在荷兰蔓延。瑞士的伯尔尼政府面临着革命的形势。无可否认的是，德国政府夸大了革命的危险：尽管劳合·乔治担心如果和平条款过于严厉，可能催生一个"布尔什维克化"的德国，但克里孟梭从来不相信这种危险，而威尔逊在 4 月也不再担心，甚至为德国人发出的革命警告大为光火。但对于在东欧缺乏任何清晰的政策及其对和约的影响，协约国各个代表团相当不安。美国代表团的次要成员威廉·布利特（William Bullitt）在 3 月 8 日被派往莫斯科，开始了与布尔什维克领导人的对话。后者处境极其困难，而且坚信来自资本主义国家的支持是白军得以生存的原因，因此同意如果协约国撤回其军队和停止对白军的援助，苏俄将接受沿着现有的阵线暂时分割俄国。142布利特因此认为他达成了一笔交易，但这一幻想迅速破灭了；在巴黎没有任何人想要了解他的出使使命。他的这些提议在各个代表团并未得到多少支持，而相关的讨论也流产了。一个算是部分成功的举措源于有关俄国的普遍饥荒和传染病的报告。四人委员会在 4 月中旬采纳了协约国救援管理机构的美国负责人赫伯特·胡佛的建议，也就是成立一个在挪威著名探险家弗里乔夫·南森（Fridtjof Nansen）领导之下的中立的委员会，由其向布尔什维克党人发放食品和提供贷款以换取停火。该计划采取了人道主义的形式，接受这一计划原本将暂时稳住俄国当时的形势，其目的在于通过减轻俄国民众的苦难而降低布尔什维克的吸引力。布尔什维克党人拒绝了停火的建议，但渴望获得救济援助，各种讨论最终促成了胡佛主持下的一个大型救济项目。

与这些把同布尔什维克谈判的可能性列入巴黎和会议程的举动相并行，还存在一种要求协约国军队撤出的强大运动。到 1919 年 3 月末，由英国人牵头，各国一致同意所有外国分遣队应当从俄国土地上撤出。协约国的军队当中有许多位于孤立的地方，处于防守状态，对于俄国内战的结果没有多大影响。撤退时间表被拖得很长。在 1918—1919 年的那个冬天里，在敖德萨的法国军队的士气骤降，他们在 4 月被突然撤出。法国的黑海舰队发生了兵变。在单独行动中，英国人同意在 1919 年结束前将其军队从高加索地区撤出，除了在巴统的驻军，他们直到 1920 年 7 月才离开。尽管英国人仍然正在对付奥斯曼土耳其人，但与和布尔什维克作战相比，通过控制海峡和黑海将更容易保持英国在俄国南部的影响力。人们一致认为在下一个冬天冰冻之前，协约国力量必须撤出俄国北部。美国人在 6 月离开了阿尔汉格尔；而在与布尔什维克军队最后一次交战后，最后一支英国军队在 1920 年 9 月 27 日从阿尔汉格尔撤出，半个月后又从摩尔曼斯克撤出。在西伯利亚的撤退因为日本人而较为缓慢。美国人在 1920 年 4 月从符拉迪沃斯托克起航。日本人的占领并未带来"多少收益和任何名声"，因而在国内很不受欢迎，在美国的频频催促下，日本的最后一批军队最终在 1922 年撤出。

在 1919 年，各支白军都采取了攻势。3 月，高尔察克海军上将从其位于西伯利亚鄂木斯克的总部对红军发起了攻击。4 月 27 日，四人委员会同意向其军队派出志愿者和运送弹药，不

过他们并未完全承认鄂木斯克的这个白军政府。红军很快遏制 143
住了高尔察克的军队，在 1919 年夏季的数个月里，高尔察克的
军队被迫撤回西伯利亚。一群群的难民以及捷克军团的人抢在
这支撤退的军队之前，乘坐火车或者徒步向东逃离，希望抵达
符拉迪沃斯托克。高尔察克本人被活捉，在 1920 年 2 月 7 日被
射杀。在高加索地区，邓尼金将军通过乌克兰向北和向西发起攻
势，在 1919 年 6 月底夺取了哈尔科夫（Kharkov），在 8 月夺取
了基辅和库尔斯克。当英国人决定在该年年底撤出高加索地区
时，他们同意为邓尼金提供战争物资，并且作为补偿向其军队
派遣一个小型的军事代表团。这是协约国政策变化无常的一个
典型特征：邓尼金的军队当时离莫斯科只有 300 千米，而且正
在准备快速挺进俄国中部，而英国人的支持就在此时撤销。邓
尼金的攻势被红军挡住，他的士气低落的军队在 1919—1920 年
的那个冬天遭受了一系列挫败，被赶向克里米亚半岛。乱上加
乱的是领土及民族方面的争端，这既发生在外高加索地区的各
个新共和国之内和之间，也发生在这些共和国与邓尼金将军的
军队之间，邓尼金相信一个"统一而不可分割的伟大俄罗斯"，
强烈反对分裂主义和民族主义运动，即便它们反对布尔什维克。
1920 年 3 月，他的这支残存军队的一部被协约国的船只送往克
里米亚。在那里，彼得·弗兰格尔（Peter Wrangel）将军继承
了邓尼金的指挥权。他将在 1920 年夏天发起白军的最后一次重
要进攻，当时苏波战争正达到高潮。反布尔什维克力量在波罗
的海地区获得了更多的成功，在英国海军中队的支持下，爱沙
尼亚和拉脱维亚的苏维埃政府被迅速推翻，而新的政府分别在
1919 年 1 月和 5 月建立。10 月，当邓尼金正对莫斯科构成挑战
之时，尤登尼奇领导下正在爱沙尼亚边境作战的一支小型白军

军队采取攻势，对彼得格勒发起突袭。匆忙集结的红军在托洛茨基的领导下打败了尤登尼奇，并在 11 月中旬将其军队逼回爱沙尼亚。爱沙尼亚政府对尤登尼奇的"伟大俄罗斯"民族主义感到愤怒，同时担心布尔什维克领导下的苏俄会报复，于是解散了尤登尼奇的军队。到 1919 年底，主要的三支白军已经被决定性地打败。在凯末尔主义者的支持下，布尔什维克党人重新获得了对外高加索地区的控制，而且在与土耳其达成协议之后，在当地的民族主义者的帮助下，得以在 1920—1921 年的那个冬天重新征服中亚的各个独立的共和国并对其"苏维埃化"。

各式各样的干涉者都被打败了。如果协约国各国政府团结一致并下定决心，俄国内战的结果原本可能不同。相反，它们 144 受累于缺乏一个清晰的目的以及几乎完全缺乏协调的行动。它们试图打败布尔什维克党人的尝试反复无常而又混乱，只使用了最低限度的手段，结果一无所成。由于摇摆不定与犹豫不决，同时也由于白军领导人的无能，协约国处于一种完全不利的地位。协约国并未以充足的力量干涉，以改变这场内战，但又通过派遣军队和为白军提供支持，他们在布尔什维克党人虚弱和准备做出让步之时，错过了达成临时解决方案的任何机会。协约国的笨拙干涉在布尔什维克党人当中注入了这样一种持续的担心，那就是资本主义世界将竭尽所能地通过武力消灭这个革命政权。这种忧虑将为苏联（俄）在两次世界大战间歇期的政策着色。在刚刚从一场惩罚性的战争中胜出之后，协约国各国政府并不情愿也无法支持一场重大的干涉。《凡尔赛和约》只是指出协约国与俄国未来的协定或者协定的任何一部分必须得到承认。其中的一个条款为俄国保留了索取赔偿的可能性。协约国最终在 1921 年放弃了对苏俄的封锁。

Ⅲ

在协约国军队撤出以及白军被打败的情况下，布尔什维克领导下的苏维埃共和国转而致力于其边界的稳定。到1919年底，得到德国人、白俄和波兰人共同支持的当地志愿者军队把红军赶出了波罗的海地区。与爱沙尼亚的和约在1920年2月2日签订：列宁将其缔结视作一个具有"巨大历史意义"的事件，而在1918年继托洛茨基之后担任外交人员委员的格奥尔基·契切林，将其称为"与资本主义各国和平共处的第一次试验"[8]。与立陶宛及拉脱维亚的和约分别在1920年7月12日和8月11日签订，苏俄承认前者针对波兰提出的对于维尔纳（Vilna，即今立陶宛的维尔纽斯）地区的声索。芬兰的独立已在1918年1月被承认。芬兰人对可能威胁其独立的白俄没有任何好感，因此尽管他们持久性地害怕俄国人的入侵（苏芬边境当时离列宁格勒只有32千米），而且有着强烈的反俄态度，但根本没参与对布尔什维克党人的攻击。然而芬兰内部持续存在"红"与"白"之间的斗争，斗争持续了多年。尽管仍然坚信革命将会传播，但苏俄务实的领导者着手在那些具备可行性的地方缔结和约。波兰人和俄国人之间的边境争端发展成一场未公开宣布的战争，布尔什维克主义者曾短暂且热切地希望波兰将发生一场起义，而且起义将传播至德国和更远的地方。

苏波战争的真正起源至今仍然是一个具有争议的话题。但人们现在总体上认为波兰人当时急于扩大其东方的边境，准备利用这个布尔什维克共和国在其各个边疆地区的虚弱。波兰国家元首、总司令约瑟夫·毕苏斯基曾作为政治流亡者在西伯利亚生活多年，很了解俄国，而且意识到了一个强大的俄国复

地图 8　苏波战争

兴的危险，无论它是"红色"的还是"白色"的。他还相信尽
管波兰在西面依赖于协约国的支持，来获得其可能得到的更多

的领土，但在东面拥有一个机会去制造自己的既成事实。毕苏斯基当时正在考虑建立一个处于波兰领导之下的联邦，这个联邦将包括乌克兰、白俄罗斯以及摆脱俄国控制的立陶宛，联邦可能在中欧扮演一个重要角色。由于他直到 1919 年初才重组散乱的波兰军队，他随即将其一部分的军队向北派往维尔纳，在那里轻而易举地赶走了虚弱的布尔什维克军队，然后攻击加利西亚，夺取了利沃夫（Lvov）的控制权。到 1919 年夏天，波兰军队已经占领了整个东加利西亚。协约国对此无法有多少作为，尽管他们了解乌克兰人和波兰人之间的仇恨，以及在东方爆发持续战争的可能性。6 月 25 日，他们"批准"波兰占领东加利西亚并设立一个文官政府。波兰人继续进军到乌克兰，而在这里形势十分复杂：乌克兰军队已经分裂为反波及反俄（已经开始打击布尔什维克党人）的派别，最终却与已经开始向莫斯科发起攻势的邓尼金开战。协约国各国希望波兰人与这名白军将军协同作战，但毕苏斯基根本没有这样做的打算。邓尼金的胜利对于波兰没有多大好处，而且可能危及其独立。毕苏斯基宁愿自己来对付布尔什维克党人。波兰军队扩大了其在白罗塞尼亚（White Ruthenia）的大多数地方以及在西乌克兰的势力范围。红军集中力量对付邓尼金；在邓尼金被打败而且基辅在 12 月被夺回之后，他们准备与波兰人谈判。1920 年 1 月 28 日，他们做出了一个具体的提议。他们愿意承认波兰的独立，而且许诺不越过两国在白俄罗斯或乌克兰的现有边界线，不与德国或者其他任何国家缔结伤害波兰的条约或协议。这是一个具有吸引力的提议，毕苏斯基的重要对手罗曼·德莫夫斯基及其强大的国家民主党人（National Democrats）敦促接受，协约国各国政府也是如此。毕苏斯基计划与反布尔什维克的乌克兰人结成

联盟以及联合攻击红军，德莫夫斯基以及一些乌克兰领导人对

147 此强烈反对。总是怀疑布尔什维克党人对于波兰意图的毕苏斯
基宁愿不缔结和平协定，直到波兰已经赢得对俄国人的一次决
定性的胜利。尽管波兰人正在秘密地讨论其对于俄国人和平条
款的答复，但毕苏斯基命令在明斯克东面进行一次短暂的试探
性攻击，并吃惊于红军力量的虚弱。波兰人对俄国人提议的答
复在 3 月末发出。他们要求俄国放弃其在 18 世纪的历次瓜分中
从波兰夺取的所有领土，并且要求波兰有权决定 1772 年边界
以西各个地区的地位。当时根本没有根据这样一些条件来谈判
的可能性。

无论是法国人还是英国人都不赞成波兰人发起一场进攻，
尽管法国人在 1919 年向波兰政府提供军火和信贷，但与反波情
感强烈而且正在考虑与布尔什维克党人进行贸易谈判的劳合·
乔治相比，法国人对毕苏斯基的抱负更为同情，因为这些抱负
对他们自身的安全非常重要。对于波兰人，劳合·乔治闪烁其
词。他对他们的代表说，英国不会支持波兰攻击俄国，但许诺
如果俄国在波兰的"合法疆域"内攻击波兰，英国将为波兰提
供帮助。由于对英国经济的低迷感到焦虑，英国首相在 1920 年
3 月邀请列昂尼德·克拉辛（Leonid Krasin）访问伦敦，克拉辛
在俄国革命前是一名成功的商人，作为列宁的亲密协作者，他
此时是苏俄的首席外交及经济谈判家。劳合·乔治与克拉辛的
会谈在 5 月 31 日开始。（寇松勋爵不得不感到羞辱地与克拉辛
握手。劳合·乔治惊呼："寇松！绅士一点。"[9]）这些谈判很艰
辛。主要但并不只是在寇松的坚持下，英国人想要一份全面的
协议，将包括此类要求：归还在俄国的英国战俘，在东方停止
布尔什维克的宣传、图谋和敌对行为，承认俄国对私人债主的

债务，以换取英俄贸易的恢复。随着波兰军队挺进俄国，英国内阁觉得可以与莫斯科当局极力讨价还价。对于与布尔什维克党人的任何协议，劳合·乔治都面对着强大的反对。保守党的后座议员并不认为有理由要与"窃贼"贸易。法国总理亚历山大·米勒兰（Alexandre Millerand）拒绝加入任何可能给予布尔什维克党政治信誉的对话。对于成功的前景而言，更为糟糕的是英国人从截获的情报中得知契切林反对这些对话。他认为克拉辛在英国人的敲诈外交面前过于退让，并且愤怒地谴责英国人的要求。在了解契切林的反对之后，劳合·乔治停止了对话，向克拉辛出示了一道最后通牒。后者渴望这些对话能够成功而且准备返回莫斯科说明情况，他在 7 月初登上由劳合·乔治提供给其支配的一支英国驱逐舰小型舰队的旗舰，动身返回苏俄。到 8 月克拉辛回到伦敦时，苏波战争的军事情势已经完全改变。

148

　　波兰人和乌克兰人的攻势在 1920 年 4 月 25 日启动。到 5 月 7 日，基辅已经落入波兰人手中。一个月之后，在一次完全分立的行动中，弗兰格尔男爵的军队突破克里米亚半岛，挺进到第聂伯河下游。几乎完全全神贯注于与波兰人的战争的红军在 5 月重组，开始稳步地加速反攻，这些反攻让苏军在 8 月来到了华沙的大门前。夏季的这些胜利让莫斯科重新点燃革命迫在眉睫的希望。第三国际兴高采烈的领导者们正在为未来的革命行动做准备。他们在 7 月下半月举行其第二次全世界代表大会，大会此时更具有代表性，有来自 41 个政党的 169 名代表参加。悬挂在会议厅里的一张大地图记录着红军的进展。在波兰境内的这支步兵军队的司令官是 27 岁的米哈伊尔·图哈切夫斯基（Mikhail Tukhachevsky）将军，他致信担任大会主持人并且成为共产国际（第三国际）主席的格里戈里·季诺维也夫

（Grigory Zinoviev），宣称红军将让布尔什维克的权势来到波兰，并且开始"一场无产阶级的所有武装力量针对世界资本主义武装的世界性攻势"[10]。在一种相当乐观的情绪中，代表们通过了《加入共产国际的条件》，所有国家的政党将必须接受它。为了将和共产国际保持一致的政党与第二国际的社会民主主义政党区分开来，前者将采纳"共产党"这一名称，并且与所有改善工人阶级状况的布尔乔亚（bourgeois，资产阶级）式权宜之计相决裂。苏俄在共产国际的领导地位得到了重申，而其加紧了对各国共产党的控制。在由红军在波兰的胜利所带来的极度愉快的心情中，一些布尔什维克领导人和红军指挥官预言了一场革命战争的到来，它将导致一个共产主义的波兰，并且提供一座通往德国的桥梁。包括托洛茨基在内的那些头脑更为冷静的人认为这种行动在军事上是不可能的。共产国际的首席战术家卡尔·拉狄克（Karl Radek）[①] 很了解波兰的形势，警告说波兰工人永远不会迎接俄国人。

149　　在 1920 年 7 月 10 日的比利时斯帕（Spa）会议上，协约国领导人对波兰人的惊恐呼喊做出了回应。劳合·乔治提出了向波兰派遣顾问和运送装备的可能性。当福煦元帅声称法国无能为力时，他可能如释重负，因为他根本不热心于干涉。在接到一封来自契切林的关于同意劳合·乔治外交备忘录中包含的"各项原则"，并且要求立即开始贸易谈判的电报后，英国首相在法国人的勉强同意下，回复提议波兰和俄国之间进行和平谈判。波兰人很绝望，向协约国请求帮助。波兰总理瓦迪斯瓦夫·格拉布斯基（Władysław Grabski）前往斯帕为波兰请命。

---

① 拉狄克生于奥匈帝国，是共产主义宣传家、共产国际早期领导人。

在要求波兰放弃其兼并主义野心并在其自己的民族地域内保持
独立后，劳合·乔治同意考虑采取何种措施来引导俄国人媾和，
以及如果他们拒绝的话，可以采取何种措施来帮助波兰。格拉
布斯基别无他策，只能接受所提议的停战条件。苏俄军队将从
由最高委员会在 1919 年 12 月 8 日所确定界线的东面撤退 50 千
米，这条线从北面的东普鲁士延伸至南面的东加利西亚；维尔
纳将被转交立陶宛，而在东加利西亚，各支军队将停留在未来
停战时所确定的界线上。这些条件也被发送给莫斯科，不过可
能是由于疏忽（劳合·乔治当时处理俄国政策时几乎很少参考
外交部的意见），其中包括了一条在东加利西亚的不同的、更
为有利的界线，这条界线已由协约国在 1919 年 11 月采纳，当
时协约国提出由波兰对东加利西亚实行委任统治，但这一提议
被其轻蔑地拒绝。寇松勋爵 7 月 11 日的照会以电报的形式发送
给契切林，其中提出了一条分界线（因此被称为"寇松线"），
并且提议在伦敦召开一次和平会议。照会中还威胁，如果俄国
拒绝这些提议的条件，将对其干涉。布尔什维克党人正确地推
测英国人的这一威胁只不过是装腔作势，他们做出了愤恨和辛
辣的回复，拒绝了这一提议。当时立即做出的行动是英国和法
国向华沙分别派出军事代表团，正如米勒兰指示法国代表团团
长的那样，这主要是为了确定为保卫"环绕着无可争辩地属于
波兰人的领土的边界"[11]，可以给予波兰何种道义上和物资上的
支持。

　　尽管波兰呼吁停火以及指定一处会谈的地点，但红军继续
挺进。托洛茨基建议俄国人应当止步于"寇松线"这一波兰大
致的民族分布边界线，并且提出一个和平倡议，但他的这一建
议被政治局拒绝。甚至连列宁也被这一将革命输送到德国边境 150

而且可能进入德国本身的机会所诱惑。强烈反波兰的德国工人在但泽呼吁罢工，捷克铁路工人扣留驶往波兰的铁路货车，这些都令布尔什维克党人的抱负受到了鼓舞。布尔什维克党人认为红军将很快进入华沙，因此提议与波兰人进行公开的双边谈判，以及与所有以前敌视俄国的国家在伦敦举行一次大会。劳合·乔治抓住了这一克制的迹象。他说服了持续反对协约国与布尔什维克直接谈判的米勒兰，让米勒兰相信他应当参加这次大会。在此期间，此前已经中止贸易谈判直至达成一份停战协定的劳合·乔治，邀请克拉辛以及苏俄政治局代表、"特别和平代表团"主席列夫·加米涅夫（Lev Kamenev）来到英国。甚至在伦敦的对话开始之时，红军仍然继续推进，而且俄国人在与波兰开始对话方面表现得不急不躁。8 月初，由于担心华沙陷落以及一个共产党政府在波兰建立，劳合·乔治威胁除非立即停止推进，否则将不会有任何大会或者贸易协定，而且他将命令重新施加封锁，并且恢复对在克里米亚的弗兰格尔的援助。在极其悲观的情绪中，劳合·乔治和米勒兰在 8 月 8 日和 9 日的会议中重新审视了波兰的形势。这两个协约国大国都不准备向波兰派出军队，也不愿为波兰人的战争努力提供资金。如果俄国人拒绝谈判，他们将封锁俄国的港口，向波兰人提供顾问和有限的供应，并且向弗兰格尔在克里米亚的军队提供海军支持。从实际而言，波兰人获得的是非常之少的物质援助，而且这些帮助所依据的条件表明了协约国对毕苏斯基的不信任。在与波兰人对话之前，加米涅夫在 8 月 2 日向劳合·乔治和《每日先驱报》（Daily Herald）递交了俄国的和谈条件，这些条件在首相看来并不友善。在列宁的坚持下，契切林提出了一条比"寇松线"更有利于波兰的边界线，而且尽管提出了各种实质性的要求，但似乎愿意尊重波兰在其民族疆域内的独立。劳合·乔治建议接受其作为谈判的基础。但这些条件中包括一个关于在波兰组织一支工人阶级"民兵"的条款，它对于波兰人而言是无法接受的。波兰继续着手为自我拯救做准备。

红军在8月13日开始了对华沙的攻击，在维斯瓦河上的一场激烈的战斗中被打退。三天之后，波兰军队发起了一次成功的反攻。图哈切夫斯基的军队被包围和打垮。那些幸存和逃脱追捕的苏俄士兵在彻底的混乱中向东退却。"维斯瓦河的奇迹"使劳合·乔治不必采取任何行动来解救波兰人。英国的"放开俄罗斯"（hands off Russia）运动此前已经蔓延开来；300个以上的行动委员会（Council of Action，由地方上的行业委员会或者工党创建的团体）组成，覆盖了最为重要的工业中心。无论其领导人的意图为何，普通成员的反对是针对战争威胁而不是一场对俄国的攻击的可能性所做出的反应。进一步的工人行动反对干涉以及向波兰供应人员和弹药。人们呼吁地方工会和政党分支在8月13日举行一次全国性大会；到大会召开时，加米涅夫的和平条款已经发表，劳合·乔治也已恳求劳工的支持以让苏俄政府接受其提议。首相曾多次向法国人许诺说他即使不能做大量的事情，也将做出某些事情来帮助波兰人，但这些许诺与其说是为了拯救波兰人免于灾难，不如说是为了阻止布尔什维克主义向西蔓延。劳合·乔治认为波兰人即使被俄国人打败（这在当时看来是很可能的），也仍然可能与莫斯科谈判条件。他比米勒兰更愿意接受对凡尔赛体系现状的变革，无论这些变化牵涉德国还是布尔什维克领导的苏俄。米勒兰更为忧心忡忡。对于他来说，如果布尔什维克战胜波兰人，那将是一场浩劫，它将严重地削弱法国的安全。但法国人并不准备单边行

151

动，因为他们觉得自己依赖于英国，因此最终只给予了波兰很少的具体帮助。作为一种象征性的姿态，米勒兰承认了位于塞瓦斯托波尔的弗兰格尔政府，但他根本无法提供帮助。

随着形势变得对波兰人有利，劳合·乔治开始筹划与苏俄重开贸易谈判。巴黎当局没有任何此类举动。与同样作为重要债主的比利时人一样，法国人坚决反对与莫斯科的任何和解，直至沙皇的债务问题得到解决为止。随着波兰人开始反攻，以及弗兰格尔在夏天取得成功的消息传来，法国人开始谈论布尔什维克的崩溃。毕苏斯基令退却中的红军遭受一次又一次的失败，到 9 月底，苏俄人已被赶回至涅曼河（Niemen）。在这个胜利的时刻，这位相当傲慢的波兰领导人表明他已经吸取了先前失败的教训。10 月 12 日，他与布尔什维克党人缔结了停火协议，不再进一步进入俄国领土。为了一种明确的和平而进行的谈判立即开始了。波兰和俄国的边境在没有协约国参与的情况下得到确定。1921 年 3 月 18 日，在布尔什维克党人与英国人缔结贸易协定两天之后，波兰人和苏俄人在里加（Riga）签订了一份正式的和约。尽管波兰并未得到其 1772 年的边界，但东部边界比"寇松线"更为有利。波兰获得了一大片主要是白俄罗斯的土地：大约 300 万除波兰民族以外的人——大多为乌克兰人和白俄罗斯人——变成了波兰的属民。苏俄宣布放弃对加利西亚的所有声索，并且宣告其对波兰和立陶宛的争端不感兴趣。双方都同意避免干涉彼此的内部事务，放弃宣传，以及不窝藏任何敌视对方国家的组织。

在不成为其他任何人的爪牙但又不拥有必要的资源来在中欧扮演一个独立角色的情况下，波兰的关键地位依赖于其两个最为重要的邻国——俄国和德国的持续虚弱，以及避免这两个国家达成任何协议。类似地，波兰向东和向西的边境超越了其民族界限，将使其易于陷入持续的争端。这些边界一直持续至1939年，此时由《里加条约》确立的平衡被纳粹和苏联缔结的协定摧毁。实际上并非由寇松所绘的"寇松线"在二战期间重新浮现，斯大林坚持认为它是苏联和波兰之间的合适边界。

在他们自己的领土之内，布尔什维克党人比在波兰更为成功。弗兰格尔的军队迅速退却，红军进入了他的最后的据点，在1920年11月14日夺取了塞瓦斯托波尔。布尔什维克党人已经获得了胜利，外国正在放弃其令人畏惧的干涉。但他们不得不面对在波兰人面前失败的问题，考虑波兰无产阶级未能响应革命呼吁的问题，以及苏俄的农民军队并不愿意去苏俄边境之外为革命而战斗。布尔什维克领导层将不得不重新评估苏俄的国际地位。

IV

在1919—1920年的生存斗争之后，布尔什维克的外交政策持续对世界展现出两副面孔。列宁在其1920年11月21日的演讲中这样总结当时的形势："我们虽然没有获得国际胜利，即对我们来说是唯一可靠的胜利，但是却给自己争得了能够同那些现在不得不与我们建立贸易关系的资本主义列强并存的条件。在这场斗争的过程中，我们给自己争得了独立生存的权利……不仅有了喘息时机，而且进入了一个新的阶段，尽管存在着资本主义国家的包围，我们已经基本上能够在国际上生存下去……今天我们必须说，（我们赢得的）不只是一个喘息时机，而是比较长期地进行新建设的重要机会。"[12]

153

列宁使用"和平共处"这一词语来指与资本主义国家保持

外交关系，但用中亚战争中的布尔什维克军事英雄米哈伊尔·伏龙芝（Mikhail Frunze）的话来说，"工人阶级针对旧世界的阶级统治者的斗争将会继续下去"[13]。苏俄打算同时追求其务实的以及革命的目标，不牺牲任何一方面。在随后的年月里，着重点将随着变化中的形势而转变。一种双重政策逐渐显现，直至 1920 年代末危机出现，此时才有必要确定优先事项。对于与英国和德国这两个关键大国的关系，1921 年将是一个关键的年份，苏俄与两者都缔结了贸易协定。

苏俄尽管已经挺过了内战和协约国的干涉，但仍然面对着经济灾难、糟糕的收成、工厂倒闭、交通和通信系统混乱，以及农民越来越大的不满。"新经济政策"在 1921 年的采纳以及与资本主义世界的调和，是对经济困境以及不可能延长战时政策而做出的反应，同时也是面对一种顽固的现状而采取的现实主义态度。从战争年月的经济激进主义上后退以及针对农民的阶级斗争在外交政策上有其对应物，这就是与国际资本主义的暂时性合作，以及回归正常的外交，以寻求外国资本、发展和贸易，从而恢复遭受极大打击的经济。列宁认为，国家不得不吸引西方资本来加速苏俄的工业化进程，而且准备邀请外国特许经营公司来恢复巴库的油田。其他的布尔什维克党领导人并不是完全赞同新经济政策或者寻求外国资本和投资。具有影响力的托洛茨基、卡尔·拉狄克，以及共产国际领导人之一、《真理报》主编尼古拉·布哈林（Nikolai Bukharin）宁愿依赖国内筹资而不是外国投资，以便为工业发展提供资金，直至发生全球性的革命。关于该政权的意识形态前提，在莫斯科当局中存在着持续的争论，这在苏俄外交政策的建构中发挥了自己的作用。从 1921 年起，一种更具妥协性的政策慢慢地显现出来，伴随着向常规外交的转变，不过并没有向"和平共处"的明确转变。在通过正常的外交渠道保护布尔什维克国家的安全与促进国际无产阶级革命之间，领导层并不认为有任何矛盾。

布尔什维克党人很好地利用了"独立的"共产国际与苏俄政府的活动之间的区别。一幅著名的漫画描述共产国际执行委员会主席格里戈里·季诺维也夫在夸夸其谈地发表演讲时，苏俄外交人民委员契切林在愤怒地扯着自己的头发。这是布尔什维克党的宣传手段，目的在于迷惑西方观察人士。实际上，契切林是与季诺维也夫一样的革命者，尽管对于苏俄的各项目如何能够得到最好的推进，在他们各自的机构内存在着各种争论。这两人性格迥异，而且领导着种类十分不同的机构。契切林曾是孟什维克党人，是一位通晓欧洲和非欧洲语言的才华横溢的语言家，曾流亡在外，有着广泛的智识兴趣，包括对于音乐的热爱。契切林关于歌剧的著作直到 1960 年代才出版，因为其一开始就表明，尽管存在着重要的意识形态和观点，但莫扎特的绝妙音乐凌驾于一切之上。尽管并非政治局成员，但他是有着坚定信仰的布尔什维克，而且完全忠于列宁。他曾在沙皇时期外交部的档案分部充当一段时间的"学徒"，对于亚历山大·戈尔恰科夫（Alexander Gorchakov）的外交政策有着深入的了解。戈尔恰科夫在克里米亚战争之后担任沙皇亚历山大二世的外交部部长，曾通过扩大俄国在中亚的影响力来反制英国对于东方问题的压力。① 契切林在 1919 年主张追求一种类似的政策。

---

① 克里米亚战争是 1853 年 10 月至 1856 年 3 月为争夺小亚细亚的权利而发生的一场军事冲突，沙皇俄国在这场战争中败于由法国、英国、奥斯曼帝国和撒丁王国组成的联盟。东方问题，指随着奥斯曼土耳其帝国衰落，欧洲列强在 18 世纪末至 20 世纪初围绕该地区的一连串的战略竞争与政治考虑问题。

英国仍然是敌人，它是披着意识形态外衣的老帝国敌人。他宁愿将苏俄的政策定位于德国。契切林和寇松无论在政治上和个人情感上都真正憎恨彼此，但这位人民委员与乌尔里希·冯·布罗克多夫-兰曹拥有一种特别的关系，后者从 1922 年直至 1928 年去世时一直担任德国驻莫斯科大使。两人都觉得他们的国家受到了协约国各个战胜国的恶劣对待，他们尤其不喜欢和不信任英国人。苏俄外交人民委员部中几乎有四分之三的官员是中产阶级（其余的试图模糊他们的贵族背景），该委员部赞成对外交事务采取一种传统的方式。在与资本主义世界打交道的过程中，契切林利用了这种新的外交的各种技巧，包括公开声明、呼吁和谴责，但也利用更为常规的方式，即使这意味着让外交官远离共产国际特工的活动。季诺维也夫则是一名老布尔什维克党人，政治局成员，与列宁私交甚密。季诺维也夫忠实于这样一种观点：资本主义与社会主义世界之间存在着一种必然的冲突，社会主义将在布尔什维克的领导下战胜资本主义。季诺维也夫将西方和东方正在发展中的共产主义网络及工人运动，视为未来推翻资本主义国家的原动力。尽管他与契切林在用以促进共产主义利益的战术方面观点不同，但不应过分夸大这种分歧。声称独立于苏俄政府的共产国际将其着重点放在宣传、鼓动和起义上，而且寻求利用俄共（布）作为世界革命先锋的角色，因为仅仅它已独自成功地履行其历史使命。在实践中，契切林和季诺维也夫的这两种方式并不总是相容的，而且其共存可能会产生相反效果。但列宁及其同事们相信如果布尔什维克政权要生存，以及"世界革命进程"将以帝国主义世界秩序的终结而完成（也只有它才能保证社会主义的未来），这两者就都是必要的。如果说季诺维也夫有着更强的个性，并且在政治局有更强的影响力，那么在缺乏任何成功的欧洲革命的情况下，苏俄的各种紧迫需要更偏向于契切林。共产国际逐渐地为苏维埃的外交目的服务，季诺维也夫和列宁（后来还有斯大林）向着这一方向协作。

尽管健康状况不断恶化，列宁还是在 1921 年至 1922 年在塑造苏俄的外交政策方面保持着主动性。他坚信自己可以利用西方的分歧来获得急需的外交上的支持，而又不危及苏俄社会主义的生存。共产国际调整其政策来适应列宁主义。在 1921 年6—7 月的共产国际第三次代表大会上，可以听到一丝丝的谨慎和自我克制；国外的共产党将不得不面对一个长期的革命准备时期。甚至连托洛茨基也捍卫"暂时退却战略"，否认革命的世界无产阶级的利益正在因布尔什维克俄国的国家利益而牺牲。在莫斯科，列宁小心翼翼地在仍然赞成国外革命行动的"融合派"（integrationist）和"左派"，与国内孤立主义经济政策之间保持着航向。列宁在"融合派"中的门徒包括契切林、克拉辛，以及对外合作的热情支持者、在 1922 年成为财政部部长的格里戈里·索科尼科夫（Grigory Sokolnikov），他们被鼓励去国际水域"试水"。

当劳合·乔治在 1920 年提议重开贸易谈判时，布尔什维克党人迅速回应。但波兰危机延迟了进一步的讨论，而在英苏交换战俘问题上的争吵也是如此。加米涅夫在 9 月离开了英国。但不管怎么说，如果他没有离开，他原本可能会被驱逐，而且将不会被允许返回。劳合·乔治遣责他在向波兰人提出的和平条件上蓄意欺诈，并且指控其向《每日先驱报》提供资助，以及与行动委员会密谋。但英国失业的参保人员迅速增多，成为接受克拉辛在 11 月初重开谈判要求的强大诱因。在说服其内阁

156

同事继续谈判方面，劳合·乔治面临相当大的困难，其中首先是寇松和丘吉尔。寇松执意认为苏俄对英帝国的东方构成威胁。即使并不成功，他此前至少也奋力阻止英军从巴统和波斯北部撤退，而且已经带着最深的忧虑看待俄土在外高加索地区和小亚细亚的伙伴关系的发展，以及布尔什维克 1920 年夏天在阿富汗和波斯影响力的增长。寇松对于与布尔什维克党人达成协议的唯一兴趣，在于迫使他们停止其宣传以及在东方的敌对行动。源源不断的被拦截电报及情报报告送达其办公桌上，其中一些远谈不上精确，让其有关苏俄密谋对抗英帝国的指控具有了实质内容。这位外交大臣拒绝与贸易谈判扯上任何关系，而外交部的这种严格的不参与姿态被其他部门效仿。此外还有来自政府以外的人的反对，他们坚持在开始谈判前，布尔什维克党人必须承认沙皇的债务。只是由于劳合·乔治的坚持不懈，协定才达成。他利用英国的失业人数以及苏俄许诺的价值大约 1000 万英镑的订单，来赢得内阁的勉强默许。甚至在协定签订之前，克拉辛正在英国四处走动，谈论或者直接订购纺织品、鞋子和机器，所有这些行业在战后的萧条中受到了严重打击。

在苏俄方面，经济上的动机是首要的。与英国的贸易协定在 1921 年 3 月 16 日签订，离列宁宣布征收粮食税从而实施"新经济政策"恰恰才过了一个星期。这种经济政策上的重大转变令苏维埃政权极其渴望谈判成功结束。3 月的协议是一个有限的临时性的协定，在其后的三年里没有任何总条约来从法律上给予承认。但对于苏俄而言，这代表着向外交名望以及为未来签订各种商业协议所需的地位迈出了关键的第一步。该协议带来的一个影响是，英国从苏俄的进口在 1922 年几乎增长了 4 倍，出口增长了 20% 以上。1921—1922 年，苏俄几乎一半的进口来自英国，并且向英国输送了其大约三分之一的出口。尽管这些数字只构成两国战前贸易中的一个微小的比例，但这对于苏俄而言是一个重大的突破。正如列宁评价的那样，苏维埃共和国已经"撬开了一扇窗户"，而在那一年里，苏俄又相继与其他欧洲国家签订了类似的协议。法国和美国保持其"窗户"正式紧闭，尽管美国和苏俄之间有很可观的私人贸易。

表 6　苏联（俄）进口来源地（占每年进口总量百分比，1913—1934 年）

单位：%

年份	法国	德国	英国	美国	其他国家
1913 年	7.3	47.5	12.6	5.8	26.8
1921/1922 年	0.1	30.9	19.6	16.2	33.2
1922/1923 年	0.4	41.3	25.0	3.0	30.3
1923/1924 年	6.5	19.4	21.0	21.8	31.3
1924/1925 年	3.1	14.2	15.3	27.9	39.5
1925/1926 年	5.3	23.2	17.1	16.2	38.2
1927/1928 年	4.3	26.3	5.0	19.9	44.5
1929 年	4.8	22.2	6.2	20.1	46.7
1930 年	4.2	23.7	7.6	25	39.6
1931 年	3.5	50.2	9	28.1	9.3
1932 年	4.1	46.5	13.1	4.5	31.8
1933 年	6.6	42.5	8.8	4.8	37.4
1934 年	9.4	12.4	13.5	7.7	57

资料来源：R. W. Davies, Mark Harrison, S. G. Wheatcroft（eds.）, *The Economic Transformation of the Soviet Union*, *1913-1945*（Cambridge, Cambridge University Press, 1994）, 319。

正如卡尔·拉狄克所抱怨的那样，伦敦当局有人希望曼彻斯特的长裤和衬衫可能会让布尔什维克党人变得明智，而谢菲尔德的剃须刀"即使不能切断他们的喉咙，也至少能将他们变成绅士"[14]。在此期间掌管俄国事务的劳合·乔治相信，与资本主义国家建立外交和商业关系，将令布尔什维克党人软化其政策甚至抛弃它们。他认为贸易协定的缔结将增强温和派的力量（他将列宁归入这些人当中），同时削弱莫斯科革命宣传家的影响力。正如其 1922 年在热那亚的行动所表明的那样，首相的头脑中有对于国际关系的一种更为宽广的视野。他确信俄国广袤的市场如果向西方商品开放，不仅会有助于英国的利益，而且将推动欧洲的繁荣与和平。无论是对于苏俄还是德国，劳合·乔治的缓和政策反映了自由党对国家之间贸易的有益影响的传统信仰。

由于受到英国方面的压力，贸易协定的前言部分声明两国都将避免任何针对各自制度的官方宣传。该协定的最终签订因为英国的抱怨而蒙上了阴影，在情报报告的支持下，英国抱怨苏俄在阿富汗和印度进行革命鼓动和宣传。布尔什维克在中亚的活动持续让寇松不安，并且强化了他的这个信念：人们无法与一个革命政权拥有正常的外交关系。在伴随协定发出并且包含这些指责的致克拉辛的信中，罗列了持续的英苏贸易所依赖的各项条件。被拦截的电报揭露了契切林对一切协议的持续敌意，他驳斥有关干涉的指控，并且谴责英国"无法化解的敌意"和在欧洲及其以外地区的反布尔什维克活动。布尔什维克政府拒绝为共产国际的行动承担责任，这尤其让寇松狂怒。与其培育世界革命的持续不断的信念相一致，布尔什维克党人此前的确一直在英帝国内组织颠覆活动。在确立对中亚领土的控制之后，他们加强了在阿富汗和波斯的活动，并在共产国际中亚局领导人之一的马纳本德拉·纳思·罗伊（Manabendra Nath Roy）的领导下，在塔什干建立了一座学校，其目的是组建一支印度革命军。

在 1920 年于阿塞拜疆首府巴库召开的东方民族代表大会上，苏俄对与英国对抗的热情达到了巅峰。在一次散漫的、简单的聚会中，来自 29 个民族的大约 2000 名代表（其中一半来自高加索）倾听季诺维也夫针对英国的帝国主义发起一场"圣战"的号召。由于事实证明难以让现有的民族主义运动激进化或者在中亚建立强大的共产党组织，布尔什维克政府选择与现有的"反帝"民族政府达成协议，而不论其对当地共产党的态度怎样。1921 年 2 月和 3 月，苏俄与波斯、阿富汗、土耳其谈判协定。每个协定都牵涉苏俄正式放弃对于相关国家内部事务的干涉，以换取关系的正常化。阿富汗境内的革命活动减少了，塔什干的学校被关闭，而且在契切林的要求下，作为波斯北部苏维埃革命先锋的阿塞拜疆共产党被解散。但在 1921 年夏天，在寇松看来，苏维埃在印度及印度边境上的颠覆活动至少是对帝国的重大威胁。尽管英印政府保证布尔什维克的运动已经彻底失败，但英国人的指控和苏维埃的否认持续进行着。秘密情报局提供了基于伪造文件所形成的情报，使寇松在 1921 年 9 月向莫斯科当局发出了一份正式的抗议，但在此事中不得不以一种极其尴尬的方式放弃。实际上，只是到了 1922 年的春天，苏维埃政府和共产国际才重新开始其对于印度境内的革命活动的支持，但仍然成果寥寥。

159

V

在欧洲，季诺维也夫与共产国际的领导人继续寄希望于德国无产阶级实现其预先决定的角色。季诺维也夫孜孜不倦地致力于弥合德国不同派别之间的分歧，在 1920 年 10 月的哈雷代表大会上，独立社会民主党（USPD）的左翼与共产党（KPD）联合，产生了一个统一的共产党（KPD），其在工人阶级中的基础得到了加强。德共成了共产国际的一个附属的部分。法国和意大利追随德国的榜样，也在"21个条件"（即《加入共产国际的条件》）和隶属于苏俄主导的共产国际这一基础上，建立了全国性的共产党。在保加利亚、挪威、捷克斯洛伐克和南斯拉夫（后来被宣布非法）也建立了规模相当之大的党组织，但在重要性上无法与德国共产党相提并论。德国是革命的下一个家园——这一普遍看法影响着布尔什维克的思想，甚至在德国共产党1921年旨在引领攻击议会制度的"三月行动"失败的情况下也是如此。共产国际领导人季诺维也夫和布哈林公开地鼓励德国共产党人，而列宁本人似乎也支持了这些革命努力。这次行动在数天之内就被普鲁士警方镇压。这次失败的行动引起了让人烦恼的种种问题。如果德国共产党这一在苏俄之外最为强大的共产党都无法利用国内的动荡，那西欧的其他共产党组织能够成功吗？列宁、加米涅夫甚至托洛茨基准备号召暂时退却，季诺维也夫和其他与共产国际相关的人则仍然坚持"革命攻势"的政策。尽管辩论在继续，"和解派"成员却开始以与德国政府和解的方式考虑问题。"三月行动"的失败以及列宁放弃在"短期"内取得一场成功的无产阶级革命的主张，削弱了对于与柏林当局达成一种经济安排的反对意见。一个贸易协定将推动资本主义阵营分裂，同时为苏俄提供来自德国重工业的物资与技术支持，这是新经济政策所急需的。德国曾经是俄国战前最好的主顾，而且德国外交政策中面向东方的定位，其漫长历史可以追溯至俾斯麦时期。

　　德国寻求与苏俄的协议和合作，其动机既是战略上的也是经济上的。在 1920 年 3 月失败的"卡普暴动"① 中，右翼武装分子曾试图在柏林夺取权力，导致埃伯特总统及政府短暂逃离首都。暴动的失败意味着极端主义者放弃了推翻魏玛共和国以及打败苏俄的希望。德国工会的行动挫败了这次未遂的政变，他们成功的总罢工得到了由社会民主党人和共产党人组成的一个脆弱组合的支持。在这场斗争中，德国的军队——国防军——保持中立，然后因其中立而向魏玛政府索取代价。冯·泽克特（von Seeckt）将军被任命为一个伪装起来的总参谋部——被称为"部队办公室"（Truppenamt）——的首领，而且国防军获准去粉碎鲁尔地区拥护共和政体、反武装分子的罢工。左派联盟被迅速且轻而易举地粉碎，德国共产党的虚弱和优柔寡断得到了无情的暴露。如果说冯·泽克特将军原本决心消灭德国境内的布尔什维克主义，但他明白从与苏俄的暂时联盟中，可以为这个新生的魏玛共和国获得怎样的好处。从这样的和解中看到好处的并不只是国防军司令部。在 1919 年末和 1920 年初，具有影响力的德国实业家、德国战争部原材料局战时领导人瓦尔特·拉特瑙（Walther Rathenau）以及其他商人和金融家，在卡尔·拉狄克位于柏林的牢房中看望了他，他因为参与流产的斯巴达克团起义而被捕，正在等待被遣返苏俄。拉特瑙与拉狄克讨论了扩大苏德贸易的可能性。拉特瑙尽管在意识形态上反对布尔什维克主义，但对布尔什维克的试验很有兴趣，并且敏捷地看到德国（从中获利）的可能性。苏波战争也在德

① 卡普暴动，即"卡普-吕特维茨政变"，是一场企图推翻魏玛共和国的政变，导火索是魏玛政府签署《凡尔赛和约》。瓦尔特·冯·吕特维茨（Walther von Lüttwitz）将军是策划政变的首脑，而政变名义上的领袖是狂热的民族主义者沃尔夫冈·卡普（Wolfgang Kapp）。

国官方圈子里引起了相当大的兴趣。尽管反波兰的情绪高涨，但与协约国各国形成对照的是，德国宣布在这场冲突中保持"中立"，并且禁止军火通过德国运输。1920 年 7 月，在苏俄的成功达到高点时，德国外长向莫斯科提出了在法律上承认以及恢复全面的外交关系的希望，代价是苏俄承认德国的战前边界。但事实证明，这种对于重新分割波兰的希望是不成熟的，苏德关系出现了片刻的变冷，然后两国政府才重新探讨恢复友好关系的可能性。苏俄在柏林的代表维克托·克普（Victor Kopp）在 1920 年 9 月 7 日致信契切林、列宁和托洛茨基："由于我们在波兰前线的失败以及与波兰悬而未决的和平……（在德国）面向东方的定位即使没有完全消失，也变得模糊了。右翼的民族主义圈子曾将这一主张，和与苏维埃俄国一道针对法国发起一场军事攻击的梦想联系起来，但他们现在呼吁完全放弃该主张。"[15]

甚至在这一关系冷淡的时期里，那些从东方战略来思考问题的人也仍然保持活跃。维克托·克普与德国军官们（一个致力于俄国事务的特别分部"俄罗斯特别组"于 1921 年初在战争部建立），以及对重建苏俄的军火工业感兴趣的实业家之间进行着对话。严格的保密是必要的，因为此类计划违背了《凡尔赛和约》的裁军条款。1921 年 4 月，关于制造飞机、潜艇、枪炮和炮弹的计划在莫斯科和柏林得到了秘密的讨论。在该年的初夏，一个德国军事专家代表团访问苏俄，而且尽管有着各种悲观的报告，所提议的合营企业被放弃，德国还是随之创建了一家公司（GEFU），将其作为参与军火交易的国防军及德国公司的掩护。

1921 年 5 月 6 日，一份临时性的苏德贸易协定签订，从而将双方关系置于新的而且更为稳定的基础之上。在英德缔结贸易协定之后，担心被排挤出苏俄市场的德国实业家已经对外交部加大了压力。关于协约国将拿走德国 50% 的出口收入的威胁，进一步刺激了德国对苏俄的指望，伦敦发布的关于设定赔偿支付时间表的最后通牒（1921 年 5 月 5 日）也是如此。苏俄获得了德国的承诺，即德国将承认布尔什维克使团为苏俄在德国的唯一代表，尽管德国公司强烈倾向于签订个别的契约。1922—1923 年，德国短暂地取代英国成为苏俄主要的进口来源，不过事实证明英国人是更好的长期主顾，对于在苏俄出口中占有如此之大比例的木材和农产品来说尤其如此。但德国的贸易数据仍然是显著的，而且德国在苏俄市场的份额尽管从未达到 1914 年以前的比例，却在持续增长。两国政府利用未来签订协议的可能性，作为在与英国人和法国人交易中的"胡萝卜与大棒"。

　　与英苏贸易协定一样，这份新的临时性贸易协定代表着苏俄在寻求外交承认中的又一个步骤。就与德国的关系而言，随后双方又进行了三个层面，即经济、军事和政治上的进一步的对话。在这一年秋天围绕上西里西亚的危机余波中，克拉辛与德国国防军代表在柏林进行的会谈加快了步伐。有泽克特和飞机制造商容克（Junkers）参与的单独的军事谈判与政治及经济上的交流齐头并进，一直持续至 1922 年 2 月中旬。1921 年末，作为柏林－莫斯科联盟最重要的苏俄支持者之一的拉狄克被邀请至柏林。与其进行对话的包括总理约瑟夫·维尔特（Joseph Wirth）、德国电气卡特尔（联合企业）AEG 的费利克斯·多伊奇（Felix Deutsch）、钢铁巨头胡戈·施廷内斯（Hugo Stinnes）、瓦尔特·拉特瑙、阿戈·冯·马尔灿男爵（Baron Ago von Maltzan），马尔灿男爵是一位赞成与苏俄达成理解的外交官，

162

因此在此前被维尔特从雅典召回，领导德国外交部的东方分部。德国与苏俄的贸易协定要么在双边的基础上达成，要么是作为一个更为深远、牵涉英法意而且甚至可能还有美国的金融与经济安排的一部分。维尔特政府愿意向任一方向前进；拉特瑙在1922 年 1 月成为外交部部长，他虽然是构建国际联合体这一主张的强烈支持者，但甚至连他也并不反对与苏俄人达成单独的秘密安排。

1921 年 5 月，在一群德国实业家与由克拉辛率领的一个苏俄代表团进行的会谈中，讨论了为苏俄重建一个国际联合体的可能性。在拉特瑙和施廷内斯与感兴趣的英国及法国方面在1921 年 12 月底进行的一系列会晤中，这一话题再度得到了探讨。根据后者的计划，德国人将在英法可能还有美国的金融支持下，重建苏俄的整个铁路系统。如同拉特瑙表明的那样，德国从其参与国际联合体所获收益的一部分可能被用于支付赔款，这一主张对于英国首相来说具有强大的吸引力。劳合·乔治接受了关于建立一个国际联合体的建议，它将在英德的领导下，利用西方的金融资源来发展苏俄的经济；他还考虑了契切林 10月提出的召开一次国际大会以讨论苏俄及欧洲重建问题的建议。

苏俄在 1921 年年中对其他资本主义国家重新展示的友好姿态，是与伏尔加地区广泛的农作物歉收同时出现的。苏俄的巨大饥荒引起了全世界的同情与行动。美国救济署（American Relief Administration）以及红十字国际委员会领导了救济工作。美国救济署是一个公私混合的机构，由时任美国商务部部长胡佛掌管，费里乔夫·南森与红十字国际委员会合作开展救济工作，他曾在遣返俄国战俘方面扮演了重要角色，已经获得了布尔什维克当局的信任。最高委员会在 10 月呼吁相关各方在布鲁塞尔举行会晤。英美两国政府都试图从莫斯科当局榨取尽可能多的东西，以此作为协约国援助的代价。终于从爱尔兰事务中解脱出来的劳合·乔治在布鲁塞尔掌握了主动性，以便为一场大型的信贷行动争取支持，该行动将把受饥荒困扰的苏俄与资本主义国家（决定条件的一方）联系起来，后者将作为一个单个的机构行事（美国不在其中）。契切林的回应——这一回应得到了列宁的支持——是接受布鲁塞尔会晤各方关于承认沙皇战前债务的要求，不过并不是像实际上要求的那样承认现有的债务，然而他也概述了要求西方做出的相应让步。苏俄希望获得可观的援助和投资、法律上的承认、一场调和相互的金融主张的国际会议，以及一份最终的和平协定。他们并不愿意在没有重大回报的情况下牺牲他们的立场。协约国显然过于自负地认为列宁将看到布尔什维克道路的"谬误"。

布尔什维克党人觉得他们有一些不错的牌可以打。由于了解西方国家在经济上的困难，而且确信这些资本主义国家需要苏俄的市场，他们在 1921 年秋天试图与单个的外国公司达成交易，以及推动对油田特许权的竞标。英国公司尤其渴望获得外国的特许权，但这些特许权的法律地位仍然存在疑问。此类活动并不是没有引起注意，法国人和美国人都不愿意让英国人独享利用苏俄市场的权利。苏俄仍然对与任何西方商业利益集团做买卖持高度怀疑，并且担心为换取信贷与让步，资本主义国家可能索要的交换条件。尽管亟须资金和技术，莫斯科当局还是拟定了自己的关于经济重建的建议，这些建议将在契切林所提议的未来的国际大会上提出，契切林甚至建议说，如果协约国提供"特别的条件和便利以使它（苏俄）能够实施这一事业"[16]，苏俄也许可以在沙皇债务问题上做出让步，以便促成一种普遍的理解。正是列宁策划了这些将在即将到来的热那亚会议（1922 年 4 月 10 日至 5 月 19 日）上采取的战略，此次会议是劳合·乔治为欧洲重建所做的宏大设计。

Ⅵ

通往热那亚的道路是崎岖不平的。法国人并不怎么喜欢这次会议，美国人也拒绝前往。苏俄代表拒绝接受 1922 年 1 月戛纳会议通过的决议，这些决议确立了最高委员会对于苏俄的参与所设定的条件，尽管列宁实际上渴望这样的一次国际会议召开。苏俄特别厌恶为外国投资者提供的那些特别保护。列宁向其国内的批评者保证说，苏维埃代表团将作为商人前往热那亚，尽其所能地寻求经济上和政治上最合适的条件，而不是去摇尾乞怜。他组建了代表团，成员包括契切林、副外交人民委员马克西姆·李维诺夫（Maxim Litvinov）以及克拉辛，并且安排设立了特别的安全通信线路，以便能够与他们一直保持联系。1921 年 10 月提出的偿付沙皇在 1914 年前的贷款的提议，甚至还只是一场更为精妙的棋局中的开局一招。外交人民委员部被要求拟订一个"广泛的和平主义计划"来描述"和平共处"的条件。这些条件包括取消所有战争债务，（给予）外交承认，承诺不干涉彼此内部事务，同意通过和平的方式解决争端，以及提议进行全面的裁军。如果资本主义列强拒绝这个高度修正主义的计划，列宁就准备利用它们之间的分歧来获得尽可能最好的贸易与贷款协议。

朝着这个方向的第一批步骤在大会准备阶段已经付诸实施。尽管苏俄人乐意受邀前往热那亚，但他们根本不喜欢拟议的国际联合体，而是寄望于与德国达成一个单独的协议，以作为阻止这一提议的最佳方式。苏俄利用英法在 1921 年 10 月开始的

164

对话来恫吓德国人，据猜测这些对话是依据《凡尔赛和约》的第 116 条来解决苏俄的赔款诉求。拉特瑙认为苏俄关于与协约国达成单独协议的威胁不值一提，只是纯粹地虚张声势，但维尔特总理和马尔灿与苏俄代表开始了初步的对话，以了解为达成单独的谅解所需要的条件。在接到马尔灿的邀请后，拉狄克在 1 月中旬抵达柏林；随后进行了长达一个月的讨论，但并未就一个经济或者政治协定达成一致。苏俄不愿考虑给予一个由施廷内斯、克虏伯和 AEG 组成的德国辛迪加以特别的权利，包括在不经苏俄政府批准的情况下接纳其他的公司。围绕这个联合体的各种尖锐分歧，以及拉特瑙拒绝接受一个不对德国诉求给予最惠国待遇的国有化解决方案，阻碍了一个政治解决方案的达成。随着赔款问题被排除出热那亚的议程，以及赔偿事务委员会在 3 月 22 日发出的一封信对临时性延期偿付施加的严格条件，德国人变得焦虑起来，马尔灿获准与拉狄克及布哈林重续对话，不过仍然没有产生任何积极成果。正是因为希望加强他们的谈判资本，契切林和李维诺夫才在前往热那亚途中在柏林停留。有点让人吃惊的是，尽管没有达成任何协定，但苏俄和德国在除两个问题之外的所有问题上取得了一致，当两国代表团前往热那亚时，苏俄已有一份协议草案在手。它与两周之后签订的那份协定几乎相同。但在柏林的最后一刻，作为一个复杂而且富于想象力的人，一个在很大程度上是他自己的外交部及政府局外人的犹太人，拉特瑙退却了。他担心法国人的反应，而且尽管出现了不利的迹象，他仍然打算与劳合·乔治合作，甚至打算在热那亚充当协约国与苏俄之间的仲裁者。契切林出于同样的原因希望在前往热那亚之前签订该协定，拉特瑙则宁愿等等看。尽管契切林未能实现其紧迫的目的，但他感觉到了拉特瑙对于德国地位的不安，而且明白德国存在分歧的代表团可能将顺从于苏俄人的说服。

德国人发现难以就会议的策略达成一致意见。在法国人的坚持下，赔款问题已经被排除在热那亚的讨论之外。协约国专家 3 月曾在伦敦会晤，决定外国劳动力及资本能够如何被用于苏俄的重建，他们发布的备忘录不仅提出德国将被剥夺在任何国际联合体中的平等地位，而且重申了苏俄依据《凡尔赛和约》第 116 条索取赔偿的权利。在国内，维尔特奋力实施一个部分稳定的计划，面临着十分强烈的民族主义压力。热那亚会议很有可能使德国在欧洲比以往更为孤立。从许多方面来看，苏俄人在谈判中的地位比德国人强大。

契切林在热那亚会议的开幕式致辞首先以法语然后以英语发表，这篇开幕辞进行了出色的推敲，目的是加深英法之间的分歧，同时向德国人示好。这位外交人民委员详细阐述了苏俄所蕴藏的等待开发的资源，提出了达成一份新的和平解决方案的可能性，该方案将建立在战胜国和战败国的平等地位以及全面裁军之上。尽管法国人予以反对，但德国和苏俄代表在热那亚的全部四个委员会里获得了位置，这两个《凡尔赛和约》的放逐者摆脱了孤立地位。但正是在劳合·乔治的别墅里，在德国人不在场的情况下，协约国领导人和苏俄代表讨论了解决战争债务、战前公私债务、布尔什维克对于外国公司的国有化等问题的可能方式。但双方完全没有共识，苏俄人中断了对话。关于接下来发生的事情，至今存在着争论。有可能是拉特瑙吃惊于劳合·乔治向苏俄人的示好，或者马尔灿知道协约国与苏俄的会晤已经陷入僵局，认为这是"为德国获得行动的自由"，以最少的束缚追求其利益的时刻。[17]这些"东方派"拥有在柏林的维尔特的支持，他们利用拉特瑙对于一份协议将使德国孤立的担心，说服这位已经紧张不安的外长采取果断行动。拉特瑙担心协约国和苏俄的协议会在没有德国参加的情况下缔结，因此可能很希望首先达成自己的交易。4 月 10 日①复活节那天，苏德条约在附近的海滨度假胜地拉帕洛（Rapallo）签订，该协定规定建立全面的外交关系，相互宣布放弃索赔（消除了德国被苏俄重新索取赔偿这一噩梦），以及延伸在商业事务中的最惠国待遇。有迹象表明还伴随有一份军事协议，但直至 1922 年 8 月 11 日，德国国防军和红军之间的军事协定才在维尔特知晓的情况下签订。[18]

《拉帕洛条约》是一颗"炸弹"。劳合·乔治事先并未得到手下的告诫，这些人包括英国在莫斯科的商业代表团团长罗伯特·霍奇森（Robert Hodgson）爵士、驻柏林大使达伯农勋爵（Lord D'Abernon），后者实际上知道苏俄和德国代表团前往热那亚时已有一份条约草案在手。英国外交部惊骇于达伯农显然漫不经心的态度。在外交部助理次官威廉·蒂雷尔（William Tyrrell）看来，该协定是"自（大战）停战协定以来发生的最为重要的事件，但我们在柏林的大使馆显然并不这样认为"[19]。法国人和东欧各国政府表示出极度的惊慌。柏林与莫斯科的伙伴关系证实了他们最坏的噩梦：如果这两个大国愿意的话，它们可以扼杀那些继承国。两国的伙伴关系还明显对法国人的安全体系构成了威胁，对于凡尔赛（体系）以及法国东方盟友们的威胁都几乎是再明显不过了。德国人的行动证实了普恩加莱总理对于不值得信任的"德国佬"（Boche）的看法，并且突显

167

---

① 原文如此，应为 4 月 16 日。

出劳合·乔治的大图谋对于法国的危险。这个威尔士人其后的外交"杂技"让法国总理震怒，法国总理在热那亚的首席代表路易·巴尔都（Louis Barthou）受到了来自巴黎的一连串愤愤不平的电报的折磨。劳合·乔治尽管也感到愤怒，但他首先渴望挽救他的此次会议，由于担心消极的反应将会把各个签字国赶出热那亚，他迅速而灵巧地致力于缓和局势。他的止损活动将大会的寿命又延长了一个月，但会议并未产生成果。

苏俄的突然一击并未在热那亚带来一场胜利。无论是此次会议还是其在海牙的"补笔"，都没有多大可能使苏俄在法律上得到承认，或者带来苏俄所想要的外国投资与信贷，除非是根据列宁不愿接受的条件。苏俄的策略产生了事与愿违的不良后果。在很可能是由苏俄透露的一份并不存在的协定中，声称给予荷兰皇家壳牌集团对于苏俄石油生产和销售的垄断权利，以及在巴库和格罗兹尼地区的一种巨大的特许权，这激怒了美国、法国和比利时的石油公司的代表们，他们此前已经聚集在热那亚来争夺苏俄人的青睐。美国政府发布一道宣言，谴责苏俄一切违背"门户开放"原则的图谋，而法国人抨击他们在对征收法国公民的财产所做的偿付方面讨价还价。在会议召开之前，列宁已经就反对向资本主义让步采取一种强烈的立场，他拒绝做交易，除非是在平等的条件下进行。西方列强不愿提供重大的贷款和完全的承认，而对于苏俄偿还债务和恢复外国的商业权利来说，这是最低限度的价码。无疑是受到《拉帕洛条约》的鼓舞，列宁抱怨"契切林和李维诺夫（更别说克拉辛）无法形容地可耻和危险的摇摆"，并在 4 月底和 5 月初向苏俄代表团发出一系列斥责和指示，警告他们不能被胁迫或恐慌地签订一份协议。[20]尽管 1922 年 7 月在海牙有着卓越的外交表现，但苏俄的首席代表、赞同做出妥协的马克西姆·李维诺夫没有达成任何成果。协约国拒绝考虑直接的贷款或者政府为私人投资提供担保，除非苏俄向前债主们做出广泛的让步。在苏俄暗示将与荷兰皇家壳牌集团达成协议后，一个法国－比利时集团与该公司一道阻止苏俄推动一场特许权竞争的努力。海牙会议的解散，结束了苏俄与西方关系中的第一次真正的和解努力。

对于大会的解散，列宁并未过度不安。它已经暴露出资本主义列强之间的分歧，以及一些国家"与苏俄做生意"的意愿。如果必要的话，该国没有西方的承保也能生存。但是他完全准备放弃达成集体协议的原则，倾向于达成双边的安排，而《拉帕洛条约》可以作为这方面的一个典型。苏俄在热那亚与捷克斯洛伐克的爱德华·贝奈斯达成了一份商业协定，尽管没有对苏俄予以承认，却是在平等地位上达成的。这个协定于1922年6月在布拉格签订，在其后的13年里指导着捷苏关系。此外还就延长1921年与意大利人达成的初步商业协定做出了各种努力，尽管由于两国国内的反对，由契切林和詹尼尼（Giannini）在1922年5月24日签订的协定并没能持续很久。列宁认为意大利可以被拉入《拉帕洛条约》阵线，这并非毫无根据。与前法西斯时代的前任们一样，由于其反法的政策以及需要苏俄的谷物、金属和石油进口来换取意大利的机器与工业设备，墨索里尼寻找到了很好的理由来忽视其意识形态中的反布尔什维克主义。但与列宁的希望相反，《拉帕洛条约》并没有后继者，事实证明它也不是防止德国与西欧国家达成解决方案的一种有用的手段。

在海牙会议之后的几个月里，苏俄政府在欧洲保持着低调。列宁在5月底首次遭受中风，并在其后的4个月里持续丧失工

作能力，后来短暂地及时康复，从而为洛桑会议（1922 年 11
月—1923 年 7 月）做准备。劳合·乔治在 1922 年 10 月下台，
普恩加莱持续控制着法国外交，这些对与协约国的进一步对话
来说很难说是什么吉兆。莫斯科寄望于柏林当局来加强这些新
的经济上的安排以及秘密的军事项目。由于失去了列宁的积极
支持，契切林在柏林度过了夏天和秋天，继续谈判但实际上是
在原地踏步，直至莫斯科的形势明朗起来。1922 年 11 月，首
任德国驻苏联大使布罗克多夫-兰曹抵达莫斯科，并且迅速证
明自己是德国东方政策的强烈支持者。在热那亚会议之后，柏
林当局完全陷入了赔款危机之中。由于列宁又遭受了一连串的
中风，直至 1924 年 1 月 21 日逝世之时一直丧失工作能力，苏
联领导层不得不在没有掌舵人的情况下应对"德国难题"。

169

VII

苏维埃社会主义共和国联盟（简称苏联）于 1922 年 12 月
30 日成立。该国已经挺过了饥荒。1922 年有了好的收成，而新
经济政策开始产生一些积极的成果。该国内部管理的重组几乎
完成。"和平共处"政策带来了重要的红利。在协约国的邀请
下苏维埃在热那亚实际现身，已经是向着声望迈出了一步，而
且因此很受普恩加莱和法国人的憎恶。作为两个主权国家的一
种平等交易，《拉帕洛条约》进一步改善了苏联的外交地位。
该条约表明这两个同样作为欧洲"弃民"的签字国，都拥有一
种替代方式来取代依据协约国条件进行的欧洲重建。苏联希望
该条约将防止德国玩弄 1914 年以前的那种均势游戏。即使西方
重归抵制和排斥的政策，苏联领导层也相信与德国的这个条约
将防止形成一个联合的反苏集团。莫斯科与柏林的这种联系对

波兰有一种隐含的威胁，有可能显著地削弱法国的安全体系。布尔什维克党人在其发展当中的一个艰辛、危险但短暂的阶段里，已经寻找到了一条加强其地位的途径。

　　困难在于《拉帕洛条约》是苏联与资本主义西方世界的唯一真正的联系，而且只有德国的话，几乎难以提供苏联工业化所需的资金与投资。"和平共处"是作为一种赢得时间的策略而出现的，但莫斯科当局希望这些新的双边协定能够带来信贷、贸易和技术上的帮助，这些东西是苏联未能在热那亚得到的。最具协调性的努力是与英国人做出的，但契切林不得不与寇松勋爵打交道，而寇松此时得以自由地追求他自己的强硬反苏路线。1923 年 5 月 8 日，英国外交部发出了一份长长的备忘录，也就是所谓的"寇松最后通牒"，复述了苏联在印度和中亚的颠覆性活动，威胁要废除 1921 年的贸易协定，从而要求解决英国的诉求。这是一种典型的寇松式表演。由于在很大程度上受到了情报来源的指引，这位外长认为难以驾驭的布尔什维克党人应当被传授良好的国际礼节。当福煦元帅访问华沙，而且苏联派往参加洛桑经济会议的观察员被一名白俄逃亡者暗杀后，苏联的忧虑增大了。瑞士政府拒绝承担保护其布尔什维克来宾的一切责任，随之出现了长久的令人难堪的外交龃龉。莫斯科出现了尖锐的反英讲话和游行示威，但契切林一心希望达成一份协议。克拉辛再度被派往伦敦来平息事端。英国人就争议很大的宣传问题提出了一个新的方案，苏联人予以接受，并且许诺将把在喀布尔的那位过度精力充沛的代表召回国内。其后未再进行进一步的对话，克拉辛被派往巴黎去打破那里的僵局。而在巴黎进行的任何讨论都必定因为法国私人持有沙皇债券者的人数之多，以及苏联人不愿提供补偿而变得复杂。

170

当战争赔款危机和法国 1923 年 1 月占领鲁尔区给列宁的副手们构成一系列的问题时，苏联仍然处于欧洲事务的边缘。由于列宁病危，权力继承战已经开始，该政权正在经历一个极度艰难的国内时期。鲁尔危机表明共产国际和德国共产党没有任何明确的方针。苏联政治局的一些人更为担心其《拉帕洛条约》伙伴可能的失败，以及出现一个过于强大的法国这一前景，而不是担心德国革命运动的命运。但在整个 1923 年里，资深的共产国际鼓动者拉狄克穿梭于柏林和莫斯科之间，激发人们对革命的支持。为了吸引极右翼民族主义政党支持者进入布尔什维克阵营，"民族布尔什维克主义"（national Bolshevism）这一老概念被重新使用。当威廉·库诺（Wilhelm Cuno）政府在德国垮台而古斯塔夫·施特雷泽曼（Gustav Stresemann）在 8 月被任命为总理时，柏林和莫斯科还在为苏联的干涉争吵。在苏联领导人当中，托洛茨基对于德国革命爆发的可能性最为乐观。他得到了布哈林和季诺维也夫的支持，但遭到契切林很可能还有加米涅夫以及斯大林的反对，斯大林在 1923 年夏天告诫不得追求虚幻的革命战争。政治局很谨慎，但到 8 月底时同意共产国际应当为这场预期的起义制订计划。看来只有当德国处于解体边缘时，德国共产党才被告知应当与萨克森州及图林根州的左翼社会主义者一道，为一场总罢工和工人革命做准备。军事顾问被派出，一些小型的组织"红色百人团"正在为武装行动做准备。苏联红军并未动员，但正在准备加强西部前线的军事力量，以对拉脱维亚和立陶宛施加压力，让其开辟一条通往德国的走廊，以及防止波兰干涉德国事务。为防止未来的苏维埃德国在诞生时就被扼杀的任何情况，采取了预防性的措施。经验丰富的维克托·克普被派往波罗的海各国和波兰，以获取

不干涉的保证以及确保未来的过境权。人们指望通过提议支持
波兰人对东普鲁士的主张来换得波兰人的同意。但在德国革命
失败后，与波兰人的对话就结束了。德国共产党的无能以及社
会民主党和非共产主义者的工人不愿参与内战，结束了曾经存
在的成功希望。计划中的起义在 1923 年 10 月 21 日被取消。汉
堡的一个分部不理睬这一决定而发动了起义，结果被当地的警
察及前往德累斯顿废黜革命政府的国防军迅速粉碎。德国革命
在开始之前就结束了。

　　苏联领导人过了一段时间才放弃了其对于德国实现一场成
功的革命的希望，并且吸取了失败的教训。现实逐渐表明，尽
管有重要的疏忽，但要追求外在相互矛盾的政策是困难的，而
且革命战线的一次失败必将对外交方面产生不幸的影响。甚至
在苏联向德国共产党提供帮助之时，德国大使布罗克多夫－兰
曹正在莫斯科培养其与契切林的极好的关系。这两个人的共同
之处远远不止是他们的背景以及都喜欢猫。他们都相信《拉帕
洛条约》所奠定的关系符合两国的最佳利益。同样有趣的是，
施特雷泽曼内阁选择相信苏联政府与共产国际及德国共产党的
活动毫无关系这一虚构的事情。苏德在军事和经济上合作的安
排仍然继续着。在莫斯科，随着托洛茨基、斯大林、季诺维也
夫和加米涅夫之间的政治斗争的继续和加剧，鲁尔的失败成了
党内争论的一部分。

　　共产国际在保加利亚也遭遇了一场失败。1923 年 9 月 22
日，保加利亚共产党人经季诺维也夫的激励，在一些农民的支
持下，举行了一次针对右翼政府的起义，该政府此前已经成功
地废黜了亚历山大·斯坦博利斯基的农民党政府，并且谋杀了
这位领导人。这场起义的结果是共产党人的彻底失败，该党被

粉碎，大获全胜的亚历山大·佐洛夫·赞科夫（Aleksandar Tsolov Tsankov）政府释放出白色恐怖。这些事件有一段古怪的后话。部分地是因为农民在新经济政策中受到偏爱的角色，但也是由于在保加利亚和波兰的各种事态，季诺维也夫和布哈林支持创立一个"农民国际"（Peasant International）。其首次也是最后一次代表大会于 1923 年 10 月在莫斯科召开。但这一举动几乎没产生任何成果。

表 7　苏联（俄）的出口与进口（1918—1938 年，1918 年＝100）

年份	出口	进口
1918 年 *	0.0	0.1
1919 年 *	0.0	0.0
1920 年 *	0.0	0.0
1921 年(1—9 月)	0.0	0.1
1921/1922 年	0.1	0.2
1922/1923 年	0.1	0.1
1923/1924 年	27.7	23.3
1924/1925 年	25.9	42.5
1925/1926 年	34.0	51.4
1926/1927 年	40.0	53.9
1927/1928 年	41.2	70.6
1929 年	54.1	68.0
1930 年	80.1	88.6
1931 年	90.1	111.0
1932 年	74.0	77.8
1933 年	71.0	52.9
1934 年	67.3	51.8
1935 年	59.9	54.8
1936 年	47.3	54.8
1937 年	46.3	50.9
1938 年	39.1	56.5

＊指与苏联 1939 年以前领土相关的数据。

资料来源：R. W. Davies, M. Harrison, and S. G. Wheatcraft, *The Economic Transformation of the Soviet Union 1913-1945*（Cambridge, Cambridge University Press, 1994），318；M. R. Dohan and E. Hewett, *Two Studies in Soviet Tressury Trade, 1918-1970*（1973），24, 27.

　　苏联在 1923 年下半年和 1924 年的注意力，集中在对于列宁继承权的党内斗争，斗争在"三驾马车"（斯大林、加米涅夫、季诺维也夫）和托洛茨基之间进行，而斯大林决定要让他的这位主要对手丧失名誉。尽管政治上有各种不确定性，但在国际方面获得了一些进展。无论是意大利人还是英国人都具有一些经济上的原因去考虑在法律上承认苏联，而 1924 年 1 月工党政府在伦敦的上台为对话敞开了大门。实际上，墨索里尼已经在 1923 年 11 月 30 日的一次演讲中采取了主动，而且希望意大利将是第一个承认苏联的战胜国。苏联人对伦敦当局更感兴趣，他们利用意大利人的主动提议来刺激拉姆齐·麦克唐纳（Ramsay MacDonald）政府。1924 年 2 月 1 日，英国人对苏联做出了法律上的承认，并且许诺将随之签订一个总条约。苏意协定在一个星期后签订。其他国家（奥地利、希腊、挪威和瑞典）后来也纷纷仿效。法国 1924 年 6 月成立的爱德华·赫里欧（Édouard Herriot）政府在 10 月承认了苏联。尽管有人发起运动要求承认，但美国政府坚决拒绝考虑采取政治行动。不过私人出口商进入了苏联市场，而且通过一名共同的谈判代理人与苏联外贸垄断机构缔结了协议。美国大通国民银行（Chase National Bank）提供了 200 万美元的贷款，苏联人利用其中的一部分资金购买棉花。

　　在苏联这一时期的收获中，有许多是他们利用国外的团结运动（solidarity movement）的结果，大多是在工会普通成员之中进行的。这种操纵性的政策既带来了无条件的承认，也带来了麦克唐纳政府接受对苏联予以法律上的承认。与此同时，苏联得以将其与劳工运动的特别关系，作为其直接的外交活动的一个意识形态上的理由。这是新经济政策的实质，它试图采取一种双重的方

172

173

式，在与西方妥协的同时保持布尔什维克的意识形态原则。这种政策的双重性将在 1927 年失效，那时英国举行了总罢工，而在中国也是如此，那里也运用了类似的联合阵线策略。

即使在这个时候，能做的事情也是有限的。与英国工党政府的成功谈判在保守党、自由党和伦敦金融城（City of London）①激起了相当的敌意。银行家们为贷款设置了苏联人不会予以考虑的条件。英国人希望苏联至少部分地偿付沙皇的债务，而且除非这些要求得到满足，否则英国拒绝提供贷款担保。双方的对话在 1924 年 8 月破裂。一些左翼的后座议员洽谈了一个妥协方案。双方将缔结一个商业协定，但一份解决苏联债务问题的协定，还有贷款担保将是后来的事情。当议会在休会后重新集合时，反对派准备攻击这一协定。

阻碍进展的不只是沙皇债务的问题，还有对于苏联颠覆意图的持续不断的怀疑。"坎贝尔事件"（Campbell Case，英国共产党人约翰·罗斯·坎贝尔曾被指控煽动士兵兵变，但工党的总检察长在麦克唐纳的敦促下放弃起诉，让保守党人大发雷霆），以及围绕所谓的"季诺维也夫信件"（Zinoviev letter）产生的群情激愤，导致了工党在 1924 年 10 月大败。这封信很可能是伪造的，它据称是第三国际发给英国共产党的一道指令，指示其在武装部队散布煽动叛乱的言论（或行动），以及在殖民地推动反抗。它使人们联想起此前被英国人拦截到的许多通信，它们暗示共产党人打算在印度掀起风浪，以及季诺维也夫打算将共产国际的运动扩大至英国。这封信被过早公开是为了表明麦克唐纳对于苏联干涉英国事务的愤怒反对，但它被托利

---

① 简称"伦敦城"，聚集了大量银行、证券交易所、黄金市场等金融机构。

党（保守党）领导层利用，来证明工党对布尔什维克主义的软弱。看来很有可能的是，情报界有意地将这封信泄露给保守党人以及刊登它的《每日邮报》。季诺维也夫坚称这是一个伪造品，但损失已经造成了。

在伦敦，新当选的保守党内阁采取行动来限制拦截情报以及政治保安处常规报告的流传，但情报的持续传播让新任外交大臣奥斯汀·张伯伦和接触情报相对较少的大臣们警惕布尔什维克党人在东方的敌对活动。尽管完全清楚苏联颠覆活动的程度，但张伯伦渴望在与法国及德国开始新的谈判前避免与苏联决裂。他并不愿意效法其内阁中的那些极端人士，这些人希望将苏联人逐出英国，断绝与苏联的所有关系。张伯伦宁愿对莫斯科采取一种观望的态度。苏联试图恢复贷款谈判，但这位外交大臣反应消极。伦敦的反布尔什维克"合唱"声浪的不断加大以及在中国的冲突，使人们担心英国人可能领导一个反苏集团。

正是在这几个月，斯大林及其伙伴与托洛茨基之间的冲突带上了更为尖锐的意识形态锋芒。在 1924 年 4 月 20 日同时出现在《真理报》和《消息报》（*Izvestiya*）上的《十月革命与托洛茨基同志的不断革命论》（October and Comrade Trotsky's Theory of Permanent Revolution）一文中，斯大林将他自己的"一国建成社会主义论"与托洛茨基的"不断革命论"进行了对比。德国革命的失败已经导致苏联领导层就"资本主义的稳定性"以及在没有西欧革命成功的情况下，苏联能够做什么等问题，进行了各种讨论。正是在这一要点上，斯大林将其对于列宁和平共处观点的扩展注入这场党内的辩论之中。它被认为是一个针对托洛茨基的理论上的辩论性观点，但也旨在对世界革命的失败做出一种积极的反应，它鼓舞人们希望新经济政策

174

能够在没有外来支持的情况下，推动在一个农业经济体中走向社会主义；而托洛茨基已经在批评新经济政策。可以粗略地概括一下：斯大林认为苏联能够在没有国外的革命运动的支持下，继续向着完全的共产主义前进；而托洛茨基的观点仍然与其1906 年最先表达然后在其众多关于"不断革命论"的著作中的观点保持一致，坚持认为共产主义的苏联如果不想被资本主义反动力量压倒，外国无产阶级的支持就是必不可少的。随着权力斗争朝着有利于斯大林的方向发展，"和平共处"变成了其175 "一国建成社会主义论"中一个被认可的部分。在接下来的那个冬天里，斯大林再度发起进攻，此时"三驾马车"分道扬镳，斯大林为了党的领导权，与季诺维也夫、加米涅夫以及列宁格勒的反对派进行了一场公开的斗争。他为苏联从外国的革命行动中抽身而退辩护，声称资本主义和社会主义阵营都已进入了一个稳定的时期，在这两种对立的制度中存在着一种暂时的平衡。托洛茨基认为除非阶级斗争被推动进入资本主义国家，否则它们将加入一场针对苏联的攻击。斯大林坚持认为帝国主义国家因为社会主义者的成功而极其缺乏组织，因此这样的一场战争不可能成真。已经赢得的喘息时机正在创造一个新的稳定时期，尽管这两种制度之间的矛盾仍然存在而且将进一步发展。

在苏联看来，欧洲的形势在 1924—1925 年正在恶化，因为均势正朝着一个不利的方向转变。德国可能正在进入西方阵营，这一明显的迹象加剧了苏联与英国之间的难题。早在 1924 年 12 月底，苏联就向德国人提出了一个新的协定，以防其参与一个反苏集团。在"道威斯计划"和伦敦各项协议被采纳之后进行的谈判，以及导致洛迦诺解决方案的谈判，对于苏联的拉帕洛政策来说代表着一种重大的失败。

注 释

1. Grenard, quoted in Richard K. Debo, *Survival and Consolidation: The Foreign Policy of Soviet Russia, 1918-1921* (Montreal and Kingston, 1992), 5.

2. Churchill speech to the Oxford Union, 18 Nov. 1920, quoted in David Carlton, *Churchill and the Soviet Union* (Manchester, 2000), 26.

3. Leon Trotsky, *My Life: An Attempt at an Autobiography* (New York, 1930), 341.

4. Jon Jacobson, *When the Soviet Union Entered World Politics* (Berkeley, Los Angeles, and London, 1994), 19.

5. Bulent Gokay, 'Turkish Settlement and the Caucasus, 1918 – 20', *Middle Eastern Studies*, 32: 2 (Apr. 1996), 49.

6. Stephen White, *Britain and the Bolshevik Revolution* (London and Basingstoke, 1979), 31.

7. Watson, *Clemenceau*, 373.

8. Jacobson, *Soviet Union*, 18.

9. Richard H. Ullman, *The Anglo-Soviet Accord* (Princeton, 1972), 97.

10. R. Craig Nation, *Black Earth, Red Star: A History of Soviet Security Policy, 1917-1991* (Ithaca, NY, 1992), 29.

11. Ullman, *Anglo-Soviet Accord*, 175-6.

12. Teddy J. Uldricks, 'Russia and Europe: Diplomacy, Revolution, and Economic Development in the 1920s', *International History Review*, 1: 1 (Jan. 1979), 61.

13. Dale Terence Lahey, 'Soviet Ideological Development of Co-existence, 1917-1927', *Canadian Slavonic Papers*, 87.

14. White, *Britain and the Bolshevik Revolution*, 26.

15. Sergei Gorlov, *Sovershenno Sekretno: Alians Moskva-Berlin, 1920-1933 gg* (*Voennopoliticheskie otnoshenia SSSR-Germania*) (Moscow, 2001), 47.

16. Quoted in Robert Himmer, 'Rathenau, Russia and Rapallo', *Central European History*, 9 (1976), 160.

17. Peter Krüger, 'The Rapallo Treaty and German Foreign Policy', in Carole Fink, Axel Frohn, and Jürgen Heideking, *Genoa, Rapallo, and*

European Reconstruction in 1922 (Cambridge, 1991), 59. Compare this with the treatment by Hartmut Pogge von Strandmann, ' Rapallo-Strategy in Preventive Diplomacy: New Sources and New Interpretations ', in Volker R. Berghahn and Martin Kitchen (eds.), *Germany in the Age of Total War* (London, 1981).

18. 该消息来自 Stephanie C. Salzman, *Great Britain, Germany and the Soviet Union: Rapallo and After, 1922 - 1934* (London, 2003), 27, citing a Russian publication: Y. L. Dyakov and T. S. Bushueva (eds.), *Phashistskii Mech Kovalsya v SSSR, Krasnaya Armiya i Reikhsver Tainoye Sotrudnichestvo 1922 - 1933, Neizvestniye dokumenty* (Moscow, 1992), 15。

19. Tyrrell to Lord Curzon, 24 Apr. 1922, Curzon Papers, India Office Library, London, mss. Eur F 112/227.

20. Jacobson, *Soviet Union*, 96 (emphasis in original) .

专著

ANDREW, CHRISTOPHER M., *Secret Service: The Making of the British Intelligence Community* (London, 1985).

ARMSTRONG, JAMES DAVID, *Revolution and World Order: The Revolutionary State in International Society* (Oxford, 1993).

BENNETT, GILL, *'A Most Extraordinary and Mysterious Business': The Zinoviev Letter of 1924* (London, 1999).

BERSTEIN, SERGE and BECKER, JEAN-JACQUES, *Histoire de l'anticommunisme en France, 1917–1940* (Paris, 1987).

BORKENAU, VOLKER R., *World Communism: A History of the Communist International* (Ann Arbor, Mich., 1962).

CARLEY, MICHAEL JABARA, *Revolution and Intervention: The French Government and the Russian Civil War, 1917–1919* (Kingston and Montreal, 1983).

CARR, E. H., *The Bolshevik Revolution, 1917–1923*, 3 vols. (London, 1950–3).

—— *German–Soviet Relations Between the Two World Wars, 1919–1939* (Baltimore, 1951).

—— *The Interregnum, 1923–1924* (New York, 1954).

—— *Socialism in One Country, 1924–1926*, 3 vols. (London, 1958–64).

CHESTER, LEWIS, FAY, STEPHEN, and YOUNG, HUGO, *The Zinoviev Letter* (London, 1967).

CHUBARIAN, A. O., *Peaceful Coexistence: The Origin of the Notion* (New York, 1976).

CLAUDÍN, FERNANDO, *The Communist Movement: From Comintern to Cominform*, trans. Brian Pearce and Francis MacDonagh (Harmondsworth, 1975).

COEURE, SOPHIE, *La Grande Lueur à l'est. Les Français et l'Union soviétique, 1917–1939* (Paris, 1999).

COHEN, STEPHEN F., *Bukharin and the Bolshevik Revolution: A Political Biography, 1888–1938* (New York, 1973).

—— *Rethinking the Soviet Experience: Politics and History Since 1917* (New York, 1985).

COURTOIS, STÉPHAN, *et al.* (eds.), *Le Livre noir du communisme: crimes, terreurs et répression* (Paris, 1997).

DATTA GUPTA, SOBHANLAL, *Comintern and the Colonial Question, 1920–1937* (Calcutta, 1980).

DAVIES, NORMAN, *White Eagle, Red Star: The Polish–Soviet War, 1919–20* (London, 1972).

DAVIES, R. W., *Soviet Economic Development from Lenin to Khrushchev* (Cambridge, 1998).

DEBO, RICHARD K., *Revolution and Survival: The Foreign Policy of Soviet Russia, 1917–1918* (Toronto, 1979).

—— *Survival and Consolidation: The Foreign Policy of Soviet Russia, 1918–1921* (Montreal, 1992).

DEGRAS, JANE (ed.), *The Communist International, 1919–43* (London, 1956–65).

DYCK, HARVEY L., *Weimar Germany and Soviet Russia, 1926–1933: A Study of Diplomatic Instability* (New York, 1966).

ERICKSON, JOHN, *The Soviet High Command: A Military-Political History, 1918–1941* (New York, 1962).

FIDDICK, THOMAS C., *Russia's Retreat from Poland, 1920: From Permanent Revolution to Peaceful Coexistence* (London, 1990).

FILENE, PETER G., *Americans and the Soviet Experiment, 1917–1933* (Cambridge, Mass., 1967).

FINK, CAROLE, *The Genoa Conference: European Diplomacy, 1921–1922* (Chapel Hill, NC, 1984).

—— FROHN, AXEL, and HEIDEKING, JÜRGEN (eds.), *Genoa, Rapallo and European Reconstruction in 1922* (Cambridge, 1991). Esp. the chapters by Anne Hogenhuis-Seliverstoff, Peter Krüger, Giorgio Petracchi, and Andrew Williams.

FISCHER, LOUIS, *The Soviets in World Affairs: A History of the Relations between the Soviet Union and the Rest of the World, 1917–1929*, 2 vols. (Princeton, 1951).

GEYER, DIETRICH (ed.), *Soujetunion: Außenpolitik, 1917–1955*, Bd. 1 (Cologne, 1972).

GOLDBACH, MARIE-LUISE, *Karl Radek und die deutsch-sowjetischen Beziehungen, 1918–1923* (Bonn, 1973).

GORLOV, SERGEI, *Sovershenno Sekretno: Alians Moskva–Berlin, 1920–1933 gg (Voenno–Politicheski otnoshenia SSSR–Germania)* [Top Secret: The Moscow–Berlin Alliance, 1920–1933: Military–Political Relations, USSR–Germany] (Moscow, 2001). My thanks go to El'vis Beytullayev who translated parts of the text.

GORODETSKY, GABRIEL (ed.), *Soviet Foreign Policy, 1917–1991: A Retrospective* (London, 1994). Esp. chapters by Richard K. Debo, Carole Fink, and Gabriel Gorodetsky.

GRIESER, HELMUT, *Die Sowjetpresse über Deutschland in Europa, 1922–1932: Revision von Versailles und Rapallo-Politik in sowjetischer Sicht* (Stuttgart, 1970).

HIDEN, JOHN and LOIT, ALEKSANDR (eds.), *Contact or Isolation? Soviet–Western Relations in the Interwar Period. Symposium Organized by the Center of Baltic Studies, October 12–14, 1989,* University of Stockholm (Stockholm, 1991). Esp. the chapters by Daniel F. Calhoun, Suzanne Champonnois, and Patrick Salmon.

HILDEBRAND, KLAUS, *Das deutsche Reich und die Sowjetunion im internationalen System, 1918–1933* (Columbia, 1974).

HOGENHUIS-SELIVERSTOFF, ANNE, *Les Relations franco-soviétiques, 1917–1924* (Paris, 1981).

HOLLOWAY, DAVID and NAIMARK, NORMAN (eds.), *Re-examining the Soviet Experience: Essays in Honor of Alexander Dallin* (Boulder, Col., 1995).

HUGHES, MICHAEL, *Inside the Enigma: British Officials in Russia, 1901–1939* (London, 1997).

HULSE, JAMES W., *The Forming of the Communist International* (Stanford, Cal., 1964).

HUMBERT-DROZ, JULES, *L'Origine de l'Internationale Communiste de Zimmerwald à Moscou* (Neuchâtel, 1968).

—— *De Lénine à Staline: dix ans au service de l'internationale communiste, 1921–1931* (Neuchâtel, 1971).

JACOBSON, JON, *When the Soviet Union Entered World Politics* (Berkeley, Cal. and London, 1994).

KENNAN, GEORGE F., *Soviet–American Relations, 1917–1920,* 2 vols. (London, 1956–8).

LINKE, HORST GÜNTHER, *Deutsch-sowjetische Beziehungen bis Rapallo,* 2nd edn. (Cologne, 1972).

MCDERMOTT, KEVIN and AGNEW, JEREMY, *The Comintern: A History of International Communism from Lenin to Stalin* (Basingstoke, 1996).

MACFADDEN, DAVID, *Alternative Paths: Soviets and Americans, 1917–1920* (New York, 1993).

MAWDSLEY, EVAN, *The Russian Civil War* (Boston and London, 1987).

MELOGRANI, PIERO, *Lenin and the Myth of World Revolution: Ideology and Reasons of State, 1917–1920* (Atlantic Highlands, NJ, 1989).

NARINSKI, MIKHAIL and ROJHAN, JÜRGEN (eds.), *Centre and Periphery: The History of the Comintern; The History of the Comintern in the Light of New Documents* (Amsterdam, 1996).

NATION, R. CRAIG, *Black Earth, Red Star: A History of Soviet Security Policy, 1917–1991* (Ithaca, NY, 1992).

NEKRICH, ALEXANDR, *Pariahs, Partners, Predators: German–Soviet Relations, 1922–1941* (New York, 1997).

O'CONNOR, TIMOTHY EDWARD, *Diplomacy and Revolution: G. V. Chicherin and Soviet Foreign Affairs, 1918–1930* (Ames, Iowa, 1988).

REES, TIM and THORPE, ANDREW, *International Communism and the Communist International, 1919–1943* (Manchester, 1998).

ROSENBAUM, K., *Community of Fate: German–Soviet Diplomatic Relations, 1922–1928* (New York, 1965).

ROSENFELD, GÜNTER, *Sowjetrussland und Deutschland, 1917–1922*, 2nd edn. (Cologne, 1984).

—— *Sowjetunion und Deutschland, 1922–1933* (Berlin, 1984).

SABAHI, HOUSHANG, *British Policy in Persia, 1918–1925* (London and Portland 1990).

SALMON, PATRICK, *Scandinavia and the Great Powers, 1890–1940* (Cambridge, 1997).

SALZMANN, STEPHANIE, *Britain, Germany and the Soviet Union: Rapallo and After, 1922–1934* (London, 2003).

TALWAR, S. N., *Under the Banyan Tree: The Communist Movement in India, 1920–1964* (New Delhi, 1985).

THOMPSON, J. M., *Russia, Bolshevism and the Versailles Peace* (Princeton, 1966).

TROTSKY, LEON, *The First Five Years of the Communist International*, 2 vols. (New York, 1945–53).

TUCKER, ROBERT C., *Stalin as Revolutionary, 1879–1929: A Study in History and Personality* (London, 1974).

—— *Stalinism: Essays in Historical Interpretation*, 2nd edn. (New Brunswick, NJ, 1998).

ULAM, ADAM, *Expansion and Coexistence: The History of Soviet Foreign Relations, 1917–1967* (London, 1968).

ULDRICKS, TEDDY J., *Diplomacy and Ideology: The Origins of Soviet Foreign Relations, 1917–1930* (London and Beverley Hills, 1979).

ULLMAN, RICHARD H., *Anglo-Soviet Relations, 1917–1921*, 3 vols. (Princeton, 1961–73). Vol. 1: *Intervention and the War* (1961); Vol. 2: *Britain and the Russian Civil War* (1968); Vol. 3: *Anglo-Soviet Accord* (1973).

VIGOR, PETER HAST, *The Soviet View of War, Peace, and Neutrality* (London and Boston, 1975).

VOLODARSKI, MIKHAEL, *Soviet Union and its Southern Neighbours: Iran and Afghanistan, 1917–1933* (London, 1994).

WANDYCZ, P. S., *Soviet–Polish relations, 1917–1921* (Cambridge, 1969).

WHITE, STEPHEN, *Britain and the Bolshevik Revolution: A Study in the Politics of Diplomacy, 1920–1924* (London, 1979).

—— *The Origins of Détente: The Genoa Conference and Soviet–Western Relations, 1921–1922* (Cambridge and New York, 1985).

WILLIAMS, ANDREW J., *Trading With the Bolsheviks: The Politics of East–West Trade, 1920–1939* (Manchester, 1992).

ZEIDLER, MANFRED, *Reichswehr und Rote Armee, 1920–1933: Wege und Stationen einer ungewöhnlichen Zusammenarbeit* (Munich, 1993).

文章

AKHTAMZIAN, A. A., 'Soviet–German Military Cooperation, 1920–1933', *International Affairs*, 7 (1990).

ANDREW, CHRISTOPHER M., 'The British Secret Service and Anglo-Soviet Relations in the 1920s: From the Trade Negotiations to the Zinoviev Letter', *Historical Journal*, 20 (1977).

—— 'More on the Zinoviev Letter', *Historical Journal*, 22 (1979).

AVINERI, SHLOMO, 'Marxism and Nationalism', *Journal of Contemporary History*, 26 (1991).

CARLEY, MICHAEL JABARA, 'From Revolution to Dissolution: The Quai d'Orsay, the Banque Russo-Asiatique, and the Chinese Eastern Railway, 1917–1926', *International History Review*, 12 (1990).

—— 'Prelude to Defeat: Franco-Soviet Relations, 1919–1939', in Joel Blatt (ed.), *The French Defeat of 1940: Reassessments* (Providence, RI, 1998).

—— and DEBO, R. K., 'Always in Need of Credit: The USSR and Franco-German Economic Cooperation, 1926–1929', *French Historical Studies*, 20: 3 (1997).

CHUSSUDOVSKY, EVGENY M., 'Genoa Revisited: Russia and Coexistence', *Foreign Affairs*, 50 (1972).

CLEMENS, WALTER, 'The Burden of Defense: Soviet Russia in the 1920s', *Journal of Slavic Military Studies*, 9: 4 (1996).

COURTOIS, STÉPHANE, 'Le Système communiste international et la lutte pour la paix, 1917–1939', *Relations Internationales*, 53 (1988).

CROWE, SIBYL, 'The Zinoviev Letter: A Reappraisal', *Journal of Contemporary History*, 10: 3 (1975).

DAVIES, NORMAN, 'The Genesis of the Polish–Soviet War, 1919–1920', *European Studies Review*, 5 (1975).

—— 'The Missing Revolutionary War: The Polish Campaigns and the Retreat from Revolution in Soviet Russia, 1919–1921', *Soviet Studies*, 27 (1975).

DOHAN, MICHAEL R., 'Foreign Trade', in R. W. Davies (ed.), *From Tsarism to the New Economic Policy: Continuity and Change in the Economy of the USSR* (London, 1990).

ENGERMAN, DAVID C., 'Economic Reconstruction in Soviet Russia: The Courting of Herbert Hoover in 1922', *International History Review*, 19: 4 (1997).

FINK, CAROLE, 'European Politics and Security at the Genoa Conference of 1922', in C. Fink, I. V. Hull, and M. Knox (eds.), *German Nationalism and the European Response, 1890–1945* (Norman, Okla, 1985).

FISHER, JOHN, ' "On the Glacis of India": Lord Curzon and British Policy in the Caucasus, 1919', *Diplomacy and Statecraft*, 8, 2 (1997).

—— 'The NEP in Foreign Policy: The Genoa Conference and the Treaty of Rapallo', in Gabriel Gorodetsky (ed.), *Soviet Foreign Policy, 1917–1991: A Retrospective* (London, 1994).

GINSBURG, GEORGE, 'The Theme of Rapallo in Postwar Soviet–West German Relations', *Soviet Union/Union Soviétique*, 13 (1986).

GORLOW, SERGEI, 'Die geheime Militärkooperation zwischen Sowjetunion und dem deutschen Reich, 1920–1933', *Vierteljahrshefte für Zeitgeschichte*, 44 (1996).

GORODETSKY, GABRIEL, 'The Formulation of Soviet Foreign Policy-Ideology and *Realpolitik*', in id. (ed.), *Soviet Foreign Policy, 1917–1991: A Retrospective* (London, 1994).

HANSON, STEPHEN and KOPSTEIN, JEFFREY, 'The Weimar/Russian Comparison', *Post-Soviet Affairs*, 3 (1997).

HIMMER, ROBERT, 'Rathenau, Russia and Rapallo', *Central European History*, 9 (1976).

HUGHES, MICHAEL, 'The Virtues of Specialization: British and American Diplomatic Reporting in Russia, 1921–39', *Diplomacy and Statecraft*, 11, 2 (2000).

JACOBSON, JON, 'The Soviet Union and Versailles', in M. F. Boemecke, G. D. Feldman, and E. Glaser (eds.), *The Treaty of Versailles: A Reassessment after 75 Years* (Washington, DC and Cambridge, 1998).

KUBÁLKOVÁ, V., 'The Soviet Concept of Peaceful Coexistence: Some Theoretical and Semantic Problems', *Australian Journal of Politics and History*, 24 (1978).

LERNER, WARREN, 'The Historical Origins of the Soviet Doctrine of Peaceful Coexistence', *Law and Contemporary Society*, 29 (1964).

LINKE, HORST, 'Der Weg nach Rapallo. Strategie und Tatik der deutschen und sowjetischen Aussenpolitik', *Historische Zeitschrift*, 264 (1997).

MADEIRA, VICTOR, 'Moscow's Interwar Infiltration of British Intelligence', *Historical Journal*, 46, 4 (2003).

MISIUNAS, ROMUALD J., 'The Role of the Baltic States in Soviet Relations with the West During the Interwar Period', in John Hiden and Aleksandr Loit (eds.), *The Baltic in International Relations Between the Two World Wars: Symposium Organized by the Center for Baltic Studies, November 11–13, 1986, University of Stockholm* (Stockholm, 1988).

PARTENAUDE, BETRAND M., 'The Strange Death of Soviet Communism: The 1921 Version', in David Holloway and Norman M. Naimark (eds.), *Reexamining the Soviet Experience: Essays in Honour of Alexander Dallin* (Boulder, Col., 1995).

PETRACCHI, GIORGIO, 'La cooperazione italiana, il Centsojuz e la ripresa dei rapporti commerciali tra l'Italia e la Russia sovietica, 1917–1922', *Storia Contemporanea* (1977).

POGGE VON STRANDMANN, HARTMUT, 'Rapallo-Strategy in Preventive Diplomacy: New Sources and New Interpretations', in V. K. Berghahn and Martin Kitchen (eds.), *Germany in the Age of Total War* (London, 1981).

RALEIGH, DONALD J., 'The Soviet Union in the 1920s: A Roundtable', *Soviet Studies in History*, 28 (1989).

SCHRAM, STUART R., 'Christian Rakovskij et le premier rapprochement franco-soviétique', *Cahiers du Monde Russe et Soviétique*, 1 (1960).

STONE, DAVID R., 'The Prospect of War? Lev Trotskii, the Soviet Army, and the German Revolution in 1923', *International History Review*, 35: 4 (Dec. 2003).

THORPE, ANDREW, 'Comintern Control of the Communist Party of Great Britain, 1920–1943', *English Historical Review*, 112: 453 (1998).

TOMASELLI, P., 'C's Moscow's Station–The Anglo-Russian Trade Mission as Cover for SIS in the Early 1920s'. *Intelligence and National Security*, 17, 3 (2002).

TUCKER, ROBERT C., 'The Emergence of Stalin's Foreign Policy', *Slavic Review*, 36 (1977).

—— 'Stalinism as Revolution from Above', in id. (ed.), *Stalinism: Essays in Historical Interpretation* (New York, 1977).

ULDRICKS, TEDDY J., 'Russia and Europe: Diplomacy, Revolution, and Economic Development in the 1920s', *International History Review*, 1 (1979).

WHITE, STEPHEN, 'Communism and the East: The Baku Congress, 1920', *Slavic Review*, 33 (1974).

—— 'Colonial Revolution and the Communist International, 1919–1924', *Science and Society*, 40 (1976).

—— 'Communist Ideology, Belief Systems, and Soviet Foreign Policy', in Erik P. Hoffmann and Frederic J. Fleron (eds.), *The Conduct of Soviet Foreign Policy*, 2nd edn. (New York, 1980).

—— 'Ideology and Soviet Politics', in id. and Alex Pravda (eds.), *Ideology and Soviet Politics* (New York, 1988).

第四章　经济至上：西欧的重建，
1919—1924 年

I

在和约一经签订，欧洲领导人各自回到其首都之后，他们
面临的最为紧迫的问题是金融和经济上的。[1]大战已经摧毁了国
际金融与贸易，扭曲或者毁灭了生产企业，而且非欧洲的竞争
者已经出现在世界市场上，这些竞争者将难以被逐出。这场战
争的时长与代价意味着胜利者和战败者都面临着膨胀的货币供
应、巨大的财政赤字、庞大的债务，而且大多数面临着崩溃的
或者过度紧张的税收结构。几乎所有的欧洲国家已经放弃了金
本位制（英国在 1919 年 3 月 31 日正式放弃），这种据信自我调
节的机制曾控制了汇率并为国际贸易提供了必要的支持。只有
新近确立其世界债主地位的美国能够在 1919 年 6 月回归金本位
制。对于财政稳定以及预算平衡的追求变得更为艰难，这不仅
是这场战争的政治与社会后果，也是恢复过去的传统金融与贸
易结构的共同愿望。在金融和贸易方面新的竞争领域的出现也
使事情更为复杂。尽管在战争年月英国与美国的金融专家之间
已经建立了紧密的联系，但伦敦和纽约迅速变成对立的金融中
心。英国人和美国人争夺对航空及电缆路线的控制权、对原材
料和投资机会的进入权，在世界上那些英国曾经拥有强大的市
场优势的地方尤其如此，比如南美、中东和亚洲东部。如同在

金融领域一样，随着英国对美国的新的存在做出反应，双方在贸易上的竞争与合作并存。重建将并不容易。这个问题是全欧洲的问题，但对于这片大陆在经济上的未来以及政治上的均势而言，法国、英国、德国，至关重要的是美国的立场具有核心重要性。尽管和平解决方案为英法关系投上了一道长长的阴影，但没有几个人预料到，围绕德国赔款问题而产生的旷日持久的斗争将日益支配战后早期的欧洲国际关系。

与大多数的联盟战争结束之后一样，这些以前的盟友发现有更多的事情让它们分裂而不是团结。美国在 1920 年 3 月 19 日最终放弃《凡尔赛和约》，意味着美国结束了对法国的安全保证。这让伦敦当局有些如释重负，这里的人们确定英国借此可以推卸其并不情愿担当的责任。英法的（相互）保证曾被正式批准，但现在被束之高阁。在其后十年乃至更长的时间里，法国人对于一种安全替代品的寻求是一个循环往复的主题。伦敦当局对于与比利时签订一份条约并无多大热情；法比协定是在没有一个与之相当的英比协定的情况下缔结的，这让希望避免从属于强大邻国的比利时人感到遗憾。在中欧也存在着尖锐的分歧，法国指望在这里以英国所反对的方式加强其地位；而在东南欧，这两个大国变成了劲敌。在欧洲之外，英国人强烈地憎恨与法国分享以前属奥斯曼帝国的领土，瓜分赃物令两国分道扬镳。与布尔什维克领导下的苏联的未来关系如何，同样导致了伦敦和巴黎当局之间的矛盾。在欧洲各个矿泉疗养地和博彩度假胜地举行的众多会晤和会议期间，两国政治领导人频频举行峰会，这些政治上和金融上的事情在其中得到了讨论。严肃的雷蒙·普恩加莱轻蔑地将这些峰会称为"赌场政治"。常常与四处流动的国联（国联在日内瓦的建筑直到 1924 年才完工）相联系的非正式磋商以及正式会议举行，以便完成和平缔造的工作。1921 年至 1924 年，协约国之间以及德国与协约国之间分别举行了 15 次和 10 次会议，与最棘手的问题，也就是赔偿问题做斗争。

　　法国政治家相信他们的国家拥有获得赔偿的道义权利。无论在人力还是物质上，法国遭受了比英国、美国或者德国更多的损失。它的十个最富裕的大区被毁灭，给本已负债累累的战后各级政府带来了额外的沉重负担。为了给这场战争筹资，法国各级政府此前已经严重地依赖于借款（尤其是以面向公众的短期债务的形式）而不是征税。公债利息支付在 1920 年占到了国民收入的 65%。[2] 甚至在 1919 年之后，法国政府继续从仍然愿意的公民以及法兰西银行寻求支持，以弥补其巨大的财政赤字。当发现这些来源不够时，法国政府求助于纽约和伦敦，结果只是发现金融环境越来越不友好。美国财政部 1919 年和 1920 年为法国重建提供政府贷款的计划，在国会遭到了尖锐的反对。法国自身也只采取了不太多的行动，来让该国令人难以置信地复杂的预算程序合理化。无论是克里孟梭政府还是其在 1920 年代初的后继者，都不愿意引入原本将会缩小收支缺口的税收计划。1919 年底的选举产生了一个右翼占优势的国民议会。在随后的总统候选人提名中，克里孟梭看似会当选，但这个左倾的、反教权的"老虎"此前已经为了那些夭折的安全协定而抛弃了莱茵河，这使他拥有许多的敌人，因此被国民议会拒绝，代之以声名并不显赫的保罗·德夏内尔（Paul Deschanel）。亚历山大·米勒兰在 1920 年 1 月组成了新一届议会的首个内阁，为自己保留外长一职，从而为之后的继任者们树立了一个模式。不过他在 9 月就辞去了总理职位，作为更为活跃的总统取代了生

184

病的德夏内尔。米勒兰的保守派－共和派联盟"国民联盟"
（Bloc National）不得不应对法国紧迫的金融问题。至关重要的
是，货币不能丧失其价值，庞大的食利者阶层不应受贬值之苦。
与此同时，弥补战争费用的需要以及资助重建和为退伍军人提
供抚恤金，使政府无法削减政治开支。围绕税收和公共开支的
斗争只是带来了一连串的财政赤字，这些赤字主要只能通过销
售短期债券来解决。1919 年至 1923 年，历届政府的开支高达
其收入的两倍。这些赤字有时候被掩盖起来，但直到账面最终
在 1926 年达到平衡时才被根除。

在战后紧接的繁荣之后，1920—1921 年发生了急剧的世界
性经济萧条，短暂地改善了法国的地位。法郎在 1920 年 12 月
到 1922 年 4 月显著升值，以至于在美国处理法国金融业务的摩
根公司建议法郎应当稳定在当前值，但法国政府并不明智地选
择观望，直至到达其战前的黄金平价。法国政府并未采取任何
行动来达到这一目标。尽管引发了大的财政赤字，但法国政府
185 实施了通货紧缩。1920 年达成的弗朗索瓦－马塞尔协定
（François-Marcel convention）要求法国财政部每年以至少 20 亿
法郎的比例清偿法兰西银行的预付款项，这对于法兰西银行来
说代表着一种部分的胜利，该银行逐渐几乎完全聚焦于削减其
向政府提供的预付款项，以及减少流通货币的数量，以此作为
控制通货膨胀和将法郎恢复至战前平价的途径。在 1921 年 12
月第一次支付之后，财政部发现难以履行其责任，而且质疑该
行的货币计划对于解决法国金融困难的现实意义。

1922 年 5 月之后，法郎重拾其下行的路径，加大了对政
府的金融压力。仅仅因为债券持有人确信大笔的德国偿付款即
将到来，法国国内的借贷才能够继续。这些偿付款将导致国家

债务大幅减少、预算平衡和法郎强势。如果投资者丧失信心，要求偿还其短期贷款，或者将其转化为长期高息债券，就如 1924 年将要发生的那样，国内的贷款市场将会崩溃，法郎将迅速贬值。当时存在针对法国资本输出的法律，但对外国的法郎持有者并无任何控制手段，如果后者决定抛售，巴黎当局将容易受到投机性活动的损害。法国人希望通过取消谈判或者大幅削减向美国欠下的战争债务，能一定程度地缓解其预算的压力。美国国会决心控制债务偿还谈判，在 1922 年成立了世界大战外债委员会（World War Foreign Debt Commission），要求以不低于 4.25% 的年利率，在 25 年内偿还债务。所有债务人被邀请派遣代表前往华盛顿开始对话。法国人在 5 月派出了财政部高官让·帕尔芒捷（Jean Parmentier）前往华盛顿，以让美国人相信任何形式的偿还都将危及法郎，使法国政府的金融地位甚至比当前更不安全。尽管美国官员对此抱有同情，但共和党的决策者们并不准备在 11 月的大选之前挑战国会提出的再融资条件。

　　法国国内关于赔款将被偿付的假定，成为维系政府国内借贷的一个必不可少的因素。随着支出与收入之间的差距变大，一个赔款解决方案成了财政上势在必行之事。法国人对于拥有全权的赔偿事务委员会角色感到乐观，在美国人退出之后，他们要求获得委员会主席席位，并且在一旦各国代表投票出现平局时成为决定性的一票。尽管法国的观点处于优势地位，但英国人的不情愿、美国人的漠不关心以及德国人的公开抵抗结合在一起，阻碍了在赔款问题上达成有利的解决方案。克里孟梭在离任赠言中说："我们必须向世界表明我们胜利的程度，我们必须采取一个胜利民族的心理和习惯，这个民族再次占据着

186

其在欧洲前列的位置。"但在法国持续的财政虚弱面前，这些言辞难以转化成行动。[3]

表 8　法国预算赤字百分比估算（占公共开支的比重，1920—1926 年）

年份	（约翰·福斯特·）杜勒斯	（罗伯特·默里·）黑格 *	财政部
1920 年	65.4	82.0	43.2
1921 年	54.8	58.3	28.2
1922 年	50.5	45.5	21.6
1923 年	39.5	43.1	30.8
1924 年	22.6	21.5	16.8
1925 年	13.7	12.9	4.2
1926 年	-0.1	3.8	-2.4

注：1926 年财政赤字占比数据前的"-"符号表示出现了预算盈余。

* 英文原著中仅此表格中出现 Haig 这一姓氏，经查阅相关资料，判断其应为美国经济学家罗伯特·默里·黑格（Robert Murray Haig, 1887—1953），其被视为公共财政和税收方面的专家。作为美国哥伦比亚大学的经济学教授，他曾在 1920 年代领导一个包括 50 名研究人员的跨专业团队，对一战后法国的经济与社会状况进行了一项重要研究。[Frances Lynch, "The Haig-Shoup Mission to France in the 1920s", in W. Elliot Brownlee, Eisaku Ide and Yasunori Fukagai（eds）, *The Political Economy of Transnational Tax Reform*（online）, Cambridge University Press, 05 May 2013.] ——译者注

资料来源：Barry Eichengreen, *Golden Fetters*（1992）, 178。

　　当英国从大战中走出来时，其金融地位也已被削弱。除了国内的战争债务，英国已经大举出售海外资产；还向盟友借出了大约 32 亿美元，这些是难以收回的。英国人欠美国人 43 亿美元，而且这是首次向它的这位大西洋对岸的"兄弟"欠债，尽管英国在世界范围内仍然处于债主的地位。[4]由于有比法国更为有效的税收结构，英国政府已经通过收税而支付了更大一部分的战争费用，但在 1919 年 3 月还是出现了大的财政赤字。战争时期各项控制措施的废除推动着通货膨胀以螺旋式上升，与

黄金脱钩而且不再与美元挂钩的英镑开始跌落至战前对美元的兑换比率之下。劳合·乔治领导的联盟政府决定整顿金融秩序。财政部、英格兰银行、伦敦城制定了严格的通货紧缩政策，认为通过削减开支、限制政府借款和提高利率以阻止私人投资，该国将会为重返金本位制以及恢复国际金融结构做好准备。甚至到这一年夏天，战后的繁荣兴旺显然已经过去，而进一步的通货紧缩将抑制贸易和带来大量失业时，财政大臣奥斯汀·张伯伦仍然坚持这些政策，而其 1920 年的第二份财政预算案已经表明出现了可用于偿债的结余。迄今有人在回顾时认为，如果实施一种相对不那么具有限制性的政策，它原本将会为英国工业提供支持，而着力强化英镑的地位付出了过于高昂的代价：法国的通货膨胀政策使得在工业扩张的推动下，经济能在一定程度上增长，而英国并未出现这种增长。但与此同时，益格鲁-撒克逊金融机构对于形势有着共同的解读，谴责法国人的鲁莽预算。不过英国的通货紧缩政策并未阻止英镑对美元的贬值，也未逆转黄金向美国的流动。政府坚称伦敦能够应对来自纽约的竞争，重新恢复其作为世界金融体系中心的地位。但纽约可资利用的资金更多，而最终证明这是具有决定性的，不过金融权力的转移在当时是不完全的。帝国的联系、习惯以及地理位置意味着许多人继续寄望于伦敦。强化英镑的需要被认为比对于英国贸易的担心更为重要，具有影响力的伦敦城尤其这样认为。在战后初期，人们对于英国财政部的立场并无多少反对，而对其关于平衡预算、稳定的货币以及重新引入金本位制都对经济的恢复必不可少的假定，也并无任何挑战。

　　如同法国人一样，英国人希望，如果向美国人欠下的战争债务的偿付不能被取消，那至少应当获得比美国国会已经设定的更好的偿付条件。英法两国未能结成一条共同阵线，而是分别进行谈判，担心任何解决方案将不利于未来的安排。为了让美国人心怀愧疚而取消债务，英国人利用了他们在欧洲的债主地位。1922 年 8 月 1 日的《贝尔福照会》（Balfour note）告知华盛顿当局，德国以及欧洲大陆盟友对英国的偿付，将只够覆盖英国对美国的战争债务。这一照会不仅激怒了美国人，而且让法国人惊恐，因为随着英国人对其债务所做的为期三年的延期偿还结束，法国人将被逼还债。只好听天由命的英国人决心与美国人达成解决方案。英格兰银行行长蒙塔古·诺曼（Montagu Norman）认为，进一步推迟支付将会让美国人生气，同时弱化英国的债主地位。一个包括财政大臣斯坦利·鲍德温（Stanley Baldwin）和诺曼在内的强大的代表团在 1923 年 1 月初抵达华盛顿。双方达成了一份协议，对于英国人而言它比美国国会当初的条件有利得多。英国人将在 62 年以上的时间里全额偿还其债务（到 1923 年为 46 亿美元，或者相当于 9.8 亿英镑），而利息从 3% 提高至 3.5%。当时的人们认为这些安排是苛刻的，尽管技术上的细节免除了一些债务而且暗示了未来的削减。英国海外投资实际受到了很小的冲击，不过英国经济的持续虚弱以及在 1925 年以后保持一种可能被高估的英镑所带来的代价，令对于美国人的偿付成为一个持续不满的焦点。由于美国是债主国，又拥有有利的贸易顺差，偿付战争债对欧洲债务国构成了一个艰难的问题。

　　面对急遽的衰退和不断上升的失业率，伦敦当局坚持认为金融不稳定是眼下低迷的根源，而解决赔款问题能恢复世界贸易和英国繁荣。如果必要的话，法国也必须被强制"入列"。劳合·乔治希望能够在 6 个月之内确定一个固定的赔偿总额，而且希望德国人自己设定这一数字。他将坚持从德国人能够支付的任何赔偿中获得一个"公平的"比例，来设法提高英国在总额中的份额。在没有获得美国人让步条件的情况下，除了财政部的一些不同的声音外，英国在 1920 年代没有任何一届政府愿意放弃赔款或者取消协约国的战争债务。

无论是从伦敦还是巴黎的角度来看，尽管美国拒绝《凡尔赛和约》，但对于欧洲的稳定而言其金融角色是不可或缺的。尽管相信一个适度的解决方案对于欧洲的恢复是必要的，但美国政府并不愿意干预赔款问题，这加剧了英国和法国之间的冲突。"德国问题"的任何解决方案似乎依赖于美国的资金注入欧洲，而美国新的共和党政府并不愿意为之承担责任。有待偿还的战争债务高达大约 119 亿美元，而且并未作为更为普遍的欧洲赔偿解决方案的一部分而在华盛顿得到考虑。威尔逊总统在 1920 年 11 月告诫劳合·乔治，"无论是这个国家的国会还是公众舆论都不可能允许取消英国政府向美国欠下的债务的任何一部分"，不论是为了使其他协约国能够减免对英债务，还是"作为赔偿要求的实际解决方案的一种诱因"[5]。但是美国人行使其金融与经济权力的方式，将严重影响到这一和平解决方案的未来。

华盛顿当局对于鼓励欧洲重建的必要性并非视而不见。连续的各届政府清楚美国再也无法退回到经济上的孤立，但在需要做什么方面并无一致的看法。由沃伦·哈定（Warren Harding，1921—1923 年在位）和卡尔文·柯立芝总统（1923—1929 年在位）领导的共和党历届政府，希望看到欧洲国家能够恢复至拥有财政偿付能力和经济增长，但考虑到他们自己的财政优先事项、对于通货膨胀的恐惧以及强烈的保护主义与孤立主义情绪，美国政府行事谨慎。在 1920—1921 年的经济衰退中，欧洲大陆市场的重要性明显显示出来，当时美国的农产品和原材料出口下降，农场团体及商界要求政府采取行动。由于担心本国的债权国地位所引起的后果，而且预料将出现来自欧洲的进口潮（这种潮流实际上从未出现），保护主义者们发觉哈定总统是一位心甘情愿的支持者。他的政府抵制在欧洲承担任何正式的义务，或者与由国联发起的活动进行任何形式的合作。美国人的回避使关于成立一个"国际发行银行"（International Bank of Issue）的计划注定失败，建立该行是为 1921 年 10 月在布鲁塞尔提出的重建贷款计划承保。美国人坚持战争债务偿还应当优先于重建贷款，而且在围绕什么应当留待市场调节这一问题上产生了分歧，这埋葬了欧洲的各种替代性建议。美国人也没出席 1922 年的热那亚会议，而在这场会议上，劳合·乔治徒劳地追求在英国的指引下寻求欧洲的经济与货币重建。在没有美国这个唯一能够发起此类计划的国家参与的情况下，各种关于中央银行合作与推动汇率和价格水平稳定的建议主要只是引起了学术界的兴趣。美国政府官方回避参与此类会议，强化了大体上独立的纽约联邦储备银行（FRBNY）的角色，赋予了纽约的投资银行新的突出地位。随着渴求资金的欧洲各国政府求助于美国，一种复杂的关系在华盛顿、影响利率和汇率的纽约联邦储备银行以及私人银行家之间发展起来。由于陷入战后立即出现的通货膨胀之中，美国财政部和纽约联邦储备银行支持一种正统的通货紧缩方式，以及回归平衡的预算和金本位制。共和党政府并不反对向欧洲人提供私人贷款，但是希望投资者及本土工业能够拥有保障措施。这种公私之间的不稳定的妥协模糊了现有的界线。任何希望在美国募集资金的欧洲政府不得不求助于美国的投资银行，其中主要的是在纽约的摩根公司，尽管有些不情愿，但这些公司逐渐在国际外交中扮演了重要的政治角色。此类公司并不是自由的行为主体，而是必须服务于委托人的商业银行。

　　伦敦和巴黎之间围绕赔偿而发生的斗争因为德国的行为而变得更加复杂，德国尽管已被打败，但是并不完全接受其战败的后果。由于德意志帝国政府当初并不是通过严酷的税收，而是通过长期借贷和扩大其短期债务来为战争筹资，魏玛共和国继承了这个战败帝国的巨大国债和贬值的货币。它还面对着包含在《凡尔赛和约》之中的现金和货物的"临时偿付"要求。税收和非税收入在 1919—1921 年只够覆盖政府开支的一半，尽管德国财政部部长马蒂亚斯·埃茨贝格尔引入的税制改革曾带来短暂的改善，但是他在两个月之后即遇刺。税收继续只能支付政府开支的一小部分。1922—1923 年度的预算赤字主要是通过扩大短期债务、银行和其他机构提供的贷款以及印刷纸马克来弥补的。与凯恩斯以及有着类似想法的灾难预言家的预料相反，德国同样出现战后紧随而来的繁荣。德国政府着手实行一种扩张的经济政策，奋力夺回丧失的出口市场和解冻被冻结的资产。在经历 5 年的战争之后，国内的需求高涨，而且尽管有数百万男子复员，失业率却保持低位。通过利用政府资金来支付协约国的损失并重新转换到和平时期的活动，以及支配战争产生的现金结余和被有利的汇率吸引来的部分外资，德国工业迅速恢复。1919—1923 年，据估计有约 130 亿金马克的净资本流入德国，其中相当一部分是由小型的私人投资者进行的投机性投资，而更大的部分出现在 1919 年、1921 年以及 1922 年的上半年。[6]德国实业家收购新的企业，并对他们的公司进行整合、

合理化和现代化。当外汇管制解除后，他们因为预期马克将进
一步贬值而把资本输往海外。德国在 1919 年和 1920 年的出口
量上升，货物被以越来越大的数量在外国市场上低价出售或者
"抛售"，但是进口量也上升了，主要是食品和不断扩大的工业
所需的原材料进口。由此导致的贸易赤字因为外国小规模购买
大量纸马克而得到弥补。马克持续贬值，但是德国工业产值保
持上升的势头。考虑到 1918—1919 年的革命形势，实业家与其
劳动力达成交易（他们希望尽可能快地解除这些交易），承认
他们的工会，接受 8 小时工作日以及新的工作与福利条件。通
货膨胀使雇主能够满足工人们的这些新的要求而又不会伤害他
们自己。工人们也从扩大的社会福利安排以及政府对保持就业
人数的关切中受益。甚至当政治上的"休战"（political truce，
指政治关系的缓和）变得紧张起来时，工人阶级的一部分也持
续从这种通货膨胀中受益。

表 9　柏林纸马克对美元的兑换比率（月平均值，1918—1923 年）

月份	1918 年	1919 年	1920 年	1921 年	1922 年	1923 年
1 月	5.21	8.20	64.80	64.91	191.81	17972
2 月	5.27	9.13	99.11	61.31	207.82	27918
3 月	5.21	10.39	83.89	62.45	284.19	21190
4 月	5.11	12.61	59.64	63.53	291.00	24475
5 月	5.14	12.85	46.48	62.30	290.11	47670
6 月	5.36	14.01	39.13	69.36	317.14	109966
7 月	5.79	15.08	39.48	76.67	493.22	353412
8 月	6.10	18.83	47.74	84.31	1134.56	4620455
9 月	6.59	24.05	57.98	104.91	1465.87	98860
10 月	6.61	26.83	68.17	150.20	3180.96	25260
11 月	7.43	38.31	77.24	262.96	7183.10	2193600

续表

月份	1918 年	1919 年	1920 年	1921 年	1922 年	1923 年
12 月	8.28	46.77	73.00	191.93	7589.27	4200000
平均值	6.01	19.76	63.06	104.57	1885.78	534914

　　资料来源：Gerald D. Feldman, *The Great Disorder*（1993），p.5。请注意数值上的变化，以及本书作者对于通货膨胀以及恶性通胀的进程与后果所做的具有修正性质的重要诠释。

　　曾经有人而且至今有人认为通货膨胀引起了一种心照不宣的"通胀共识"，它将德国的实业家、有组织的劳工和借债群体联系起来；认为任何真正旨在稳定财政和货币的尝试，本应导致其毁灭以及社会和平的崩溃。除了未能繁荣的农业部门，食利族、有固定收入或者流动资产者、小商店店主、职业人士以及自由职业者，因政府漠视他们的财富而受害最大。组织程度更高、在政治上具有影响力的群体在通货膨胀的持续中获得了一种既得利益。当代的研究对通胀的短期与长期的代价进行区分，并且对通胀的经济与政治影响进行区分。长期的影响彻底毁灭短期的经济收益，当通胀达到恶性通货膨胀时尤其如此。在 1920 年代初，魏玛共和国各个政党（社会民主党、中央党和德意志民主党）面对着巨大的财政赤字，发现维护通胀性的财政与货币政策比解决各种分配性冲突更为容易和安全，但是此类冲突的解决，是原本将会把预算置于控制之下的任何有效的税收方案或者开支削减所需要的。即使是在 1920 年 3 月至 1921 年 5 月这个"相对稳定"的时期里，当马克恢复，价格回落，通胀率被削减至战后低点时，也仍然未能达成任何政治共识。那种在 1921 年原本可能的稳定从未出现。魏玛共和国历届政府过于虚弱而且依赖于财富生产者，因而无法推行政策，他们担

192

心这些政策将损害兴旺发达的经济，带来失业，动摇国家脆弱的政治稳定。无论是通胀还是恶性通胀都致命地损害了魏玛共和国的政治结构，因为在 1920 年初在士气上打击及疏远了选民中的很大一部分，削弱了民主政治的吸引力。德国的注意力聚焦于削减或者废除《凡尔赛和约》所规定的赔偿义务。该国的金融与财政灾难被归咎于协约国的种种要求，而不是财政赤字和正在贬值的货币，这两者首先源于在税负归宿和收入分配上缺乏政治共识。对于支付赔偿的反对——甚至在赔款被大幅削减的情况下也是如此——成为将魏玛各个党派团结在一起，以及让右翼受到抑制的为数不多的几条纽带之一。为了让协约国相信其要求无论对于德国还是对于自己都是不合理而且危险的，德国决策者们讨论究竟是顺从（"履行"）还是抵制才是最好的策略。与此同时，德国没有任何一届内阁——在 1920 年曾倾向于政治上的右派——曾经充分地应对金融改革和预算不平衡的问题。为了弥补其预算赤字，政府持续求助于贷款和印刷厂（也就是印制货币）。

德国在赔款问题上的顽固态度使达成协议越来越不可能，而且突显出在应当如何处理它们的这个前敌国这一问题上，英法这两个欧洲大国所拥有的相反的看法。关于德国人应当赔付多少以及应当以何种方式支付的辩论，远远超出了纯粹的金融问题的范畴。它们戏剧性地展现了英法在执行《凡尔赛和约》解决方案上的分歧。随着赔偿支付成为维护法国相对于德国的优势地位的主要手段，对于法德为未来从政治和经济上支配欧洲而进行的斗争的结果来说，赔偿支付是至关重要的。法国在1923—1924 年采取单边行动的尝试曾将魏玛共和国带至解体的节点，但是这一尝试的失败为美国进行决定性的金融干预开辟了道路，突显出欧洲的外交版图被美国金融权力的行使所改变的程度。极为重要的是，它还带来了对《凡尔赛和约》的首次修订，而且是以有利于德国人的方向。

II

赔款问题将英法在巴黎和会期间已经显而易见的分歧，推至了两国关系的前列。在米勒兰和劳合·乔治的一系列秘密会谈中，围绕对于德国未能履行《凡尔赛和约》的裁军或者赔偿条款所应做出的合适反应，两人发生了争执。法国总理坚称只有强制才能让德国人就范：如果德国未能履行这些义务，在向柏林当局发话之前，协约国应当就它们的要求以及即将实施的制裁达成一致。劳合·乔治相信如果想要牛奶就不能杀死母牛（意即不能杀鸡取卵），因此希望德国承认其责任，并且提出清偿这些责任的最佳方式。英国首相相信只有当德国的责任被明确地确定和接受时，它才能募集到必要的国际贷款来支付其不利的国际收支差额，恢复经济稳定，支付劳合·乔治不愿放弃的赔偿。在 1920 年 2—3 月的一次最高委员会的会议上，米勒兰为了迎合巴黎的国民情绪，同时也希望说服英国人相信德国的背信弃义，他要求为报复德国人蓄意地未能满足其赔付额度而立即占领鲁尔地区，但是这一要求被会议拒绝。尽管他迅速地打了退堂鼓，但是他的提议加剧了英国对法国未来野心的担心。当法国在 1920 年 4 月 6 日单边地占领法兰克福、达姆施塔特以及其他三个德国城镇时，这种担心更强烈了。在 3 月 12 日右翼的"卡普暴动"失败之外，德国军队曾被派遣进入这一非军事区来对付左翼的骚乱，法国人的此次占领旨在确保德国军队将被撤出。伦敦当局的愤怒完全指向巴黎。"这是法国政府

对于联合行动的一种十分严重的背离，"劳合·乔治咆哮道，
"我们也许有一天将因为法国人的行动而陷入与德国的战争。
或者我们可能不得不与我们的盟友断绝关系。"[7]在 1920 年 4 月
的圣雷莫会议上，在劳合·乔治的敦促下，最高委员会同意会
见德国人。由于预计柏林当局将提出一个赔偿方案，协约国曾
就德国人的赔偿总额和同样令人烦恼的优先支付问题协商，但
是未能达成任何决定；优先支付问题曾在巴黎得到解决，但是
一再被法国人重新提起。由于协议不可能达成，临时性的支付
安排这一问题被提交给一群金融专家。在 6 月 21 日于布洛涅
（Boulogne，法国北部一港口）再度会晤时，协约国首脑们再度
回避德国赔偿总额这一问题，采纳了一种完全不现实的支付日
程表，没人认为德国会接受它。

德国人令解决方案难于达成。1920 年 7 月 6 日，在比利时
的斯帕，德国代表团自巴黎和会以来首次直接与协约国代表会
面，充满活力、勇于冒险的实业家胡戈·施廷内斯作为德国代
表采取了一种如此好斗的立场，以至于甚至连劳合·乔治也被
惊骇到。有关煤炭的问题主导了讨论走向，甚至盖过了苦苦争
论的裁军问题。德国人在交付作为赔偿的煤炭方面严重地落后，
而这些煤炭对于法国非常重要，米勒兰和福煦准备威胁占领鲁
尔来强迫其顺从。尽管德国人自己在讨论他们能够提供多少煤
炭，但英国人和法国人围绕将被归入赔款之中的煤炭的价格发
生了冲突。主要是为了在一旦强制成为必要时赢得英国人对合
作的承诺，米勒兰同意了劳合·乔治的要求，也就是即将归入
赔款的交付煤炭应当以较高的世界市场或者英国出口的价格作
价，而不是以德国内部的价格作价。他还同意支付每吨 5 金马
克的附加费，宣称是为鲁尔的矿工补贴食品。由于斯帕会议的

这些安排，不仅交付的煤炭减少，而且法国人将不得不为他们收到的煤炭付出更高的价格。这一冲突使德国人得以利用英法的分歧渔利。同样是在斯帕，列强最终决定如何在它们自己中间瓜分赔款（法国 52%，英国及英帝国 22%，意大利 9.3%，比利时 8%，南斯拉夫 5.9%，其他国家 3%），前提是如果它们能够在赔偿总额这一问题上达成一致。[8]

德国人认为法国人的占领威胁只是虚张声势，他们准备就这种可能性进行赌博，这种观点因英法争执而被强化。由于并不愿意接受赔款的合法性，德国决策者们在其反对行为中从凯恩斯那里得到了鼓舞，凯恩斯的《和平的经济后果》一书当时在德国广受欢迎，而且他与其密友、十分具有影响力的汉堡金融家卡尔·梅尔希奥以及马克斯·瓦尔堡有着持续的交流。这些温和派最多只是说应当做出某种顺从的姿态。从通货膨胀形势中受益的煤炭和钢铁业代表要求拖延时间。德国人认为货币贬值将有助于他们的修约斗争。许多人同意马克的贬值和持续的贸易逆差会引发廉价出口潮（如同 1919—1920 年那样），将迫使协约国各国削减赔款账单。而在事实上，在 1919 年的成功之后，1920 年只产生了一笔小的贸易顺差，而在 1921 年和 1922 年出现了贸易逆差。尽管出口量增长了，对进口的要求却增长更快，它促进着世界贸易的复苏，但是并未对美国和协约国市场产生那种将导致赔款削减运动的压力。经济史学者尼尔·弗格森（Niall Ferguson）认为："由于其对德国出口的刺激性影响，货币贬值曾持续被认为是德国修正主义的一个秘密的经济武器。如果协约国能够被说服和平条款是导致二者的根本原因，那么也许就有可能修改协定。"[9] 作为一种修正主义的策略，贬值未能达到其目的。1920 年 6 月，德意志人民党

195

（DVP）这一支持重工业的政党进入内阁，社会民主党离开内阁，使对税收结构的任何公平的改革更为不可能。由《凡尔赛和约》设置的决定赔款最后期限——1921 年 5 月 1 日即将到来，这意味着该问题主宰了德国政治。

由于自身财政问题加重，解困需求增强，法国人转向了其他的替代方案。关于以德国煤炭换取法国铁矿石以及创立一个钢铁联合卡特尔的建议，自 1919 年秋天以来就已经存在。法国外交部商业事务局副局长雅克·塞杜（Jacques Seydoux）在斯帕会谈时建议说，为了换取赔款上的一定好处，德国政府应当筹集一定数额的纸马克，将其交由赔款债权人处置，后者将在德国购买自己想要的东西。在 1920 年 12 月布鲁塞尔的一次金融与经济专家会议上，该计划被扩大至包括由法国人拥有德国工业的股票。如同以前的各种建议一样，这些建议因为法国制造商之间的分歧以及鲁尔工业巨头的反对而陷入停滞。法国人需要来自德国的煤炭以及为其过剩的铁矿石和生铁产能寻找出路，但德国实业家没有那么依赖于法国的资源或市场。德国的谈判者坚持将赔款和工业谈判分离开来，然后又被发现对整个计划抱有敌意。就英国人而言，他们反感法德任何将他们撇在外面的直接安排。

尽管有各种建议和反建议，但无论在工业合作还是赔款问题方面，1920 年 12 月召开的布鲁塞尔会议并未取得任何进展。到最高委员会 1921 年 1 月 24 日在巴黎碰头，讨论德国裁军、审判德国战争罪犯和赔款问题时，阿里斯蒂德·白里安已成为法国总理（1 月 16 日）。这位第三共和国政治的行家里手是第七次组阁，他曾向其支持者们许诺迅速就赔款问题取得结果。尽管从未对民族主义者的身份感到自在，但他此时仍然并非其后来将会变成的那种国际和解的象征，而且准备对柏林当局采取强硬的路线。由于意识到国民议会的期望高得不可思议，他奋力寻求推迟达成一个最终解决方案，倾向于达成临时的安排。这被劳合·乔治拒绝，他仍然觉得德国的恢复依赖于设立一个固定的赔款额。此次会议达成了一个妥协方案，它由比利时人提出，特征是对德国的出口征税，这将既在任何经济衰退期间减轻德国的负担，又对实际收受的数额保持一种政治上较为理想的含糊性。从白里安的角度来看，最为重要的是劳合·乔治同意如果德国人拒绝这一提议，将对其实施制裁。

德国人起初闪烁其词，其后在 3 月提出了一个总额为少得可怜的 220 亿金马克的反提议，致使劳合·乔治愤怒地说他们（德国人）将很快会向协约国索取赔款。在被威胁如果不带回一个更为严肃的方案就将面临制裁，并被打发回家之后，德国外长提出在 5 年内遵循巴黎和会的支付日程安排，但前提是上西里西亚仍然是德国的。1921 年 3 月 9 日，协约国以未履行赔款和裁军为由，占领了鲁尔的港口杜塞尔多夫、杜伊斯堡和鲁罗尔特（Ruhrort，即鲁尔河口）。作为对于一个他很厌恶的举动的补偿，劳合·乔治要求并且赢得了对德国的出口征税 50%。除了保护英国工业免受德国可能的"倾销"，这似乎给予了英国比其分配到的赔款份额更多的东西，因为直至 1923 年只有英国强加了这种税。但让英国人和德国人暴怒的是，法国人到 1923 年也这样做了。劳合·乔治的举动是一种魔术师似的把戏，尽管受到财政部及伦敦城的顾问们的反对，但是这位秘密地怂恿德国人不让步的首相得逞了。

面对着一场重大的世界经济衰退，以及不断上升的失业数字，英国内阁将这一衰退归咎于法国在赔款问题上的不妥协。197

劳合·乔治怀疑白里安的意图，但是希望从一份被削减的赔款账单中得到英国的那一份，敦促通过威胁而不是行动来激励德国人提出一个能够被接受的总额。面临相当之大的政治压力的白里安需要一个更为强硬的政策。在 3 月和 4 月，德国被宣布在（已经到期）应支付的 200 亿金马克临时性赔款问题上违约，但是并未被施加额外的制裁。随着法国看似将要占领鲁尔，比利时人提出了一个 1320 亿[10]金马克的妥协性赔偿总额，另加比利时的战争债务，并且警告德国人，除非他们接受赔偿事务委员会的评估和即将到来的一个关于支付及担保的决定，否则将会对德国实行军事制裁。出于对这一临时性支付僵局的关切，白里安与劳合·乔治在 4 月 23—25 日会面。由于在国内受到敦促，白里安希望以德国在 200 亿金马克临时性赔偿问题上违约为依据采取行动；而除非德国拒绝最终日程安排，否则劳合·乔治不愿采取行动。

赔偿事务委员会在 4 月 27 日接受和宣布了比利时人提议的 1320 亿金马克的数额另加比利时的战争债务，将其作为一战同盟国的赔偿总额，这一总额与债权人账单以及仍未确定的德国支付能力并无多大关联。由最高委员会与一个专家委员会磋商后提出的《伦敦支付方案》（London Schedule of Payment）以威胁占领鲁尔的最后通牒的形式递交德国人。其矛盾之处在于依据该方案的这些条件，这是到此时为止债主们所设计的最为温和的计划。向德国人递交的最终账单远远低于 1320 亿金马克的总额。该账单分成三个部分（即发行 A、B、C 三类债券）。柏林当局被要求首先支付总额为 120 亿金马克（这是《凡尔赛和约》所规定的 200 亿临时赔偿中未曾支付的部分）的 A 类债券的利息和分期款项，以及总额为 380 亿金马克的 B 类债券的利息和分期款项，每年支付 20 亿金马克的固定年金，外加一笔等值于德国出口 20% 的可变动的数额。只有当德国的外贸收益足以还清 A 类和 B 类债券以及剩余债务的利息时，才会发行价值为 820 亿金马克的 C 类债券，它占到了德国在理论上的赔偿总额的一半以上。专家们并不相信 C 类债券终究会有发行的时候。此类债券首要是作为一种策略，目的是从理论上而不是实际上满足法国人的愿望。预计德国人需要支付的债务利息只覆盖 A 类和 B 类债券。这样一来，德国人的债务被削减至 500 亿金马克，将按照一份规定现金和实物交付的复杂的日程表，在 36 年内偿付。这并非专家们此前想要的方案。他们的主张是设定一个固定的数额，它将为进一步的信贷运作提供一个基准。最高委员会通过恢复至与德国出口挂钩的可变百分比，使人们难以判断实际上能够获得怎样的一个数目，从而消解了专家们的一揽子计划。人们预期德国人将会接受《伦敦支付方案》。甚至连凯恩斯也建议接受，尽管他相信接下来应当做出进一步的向下的修正。面对着英法的统一行动、协约国的一道最后通牒，还有波兰人进入上西里西亚以及波兰军队与德国军队之间发生冲突，由康斯坦丁·费伦巴赫（Konstantin Fehrenbach）领导的德国政府在 5 月 4 日垮台。《伦敦支付方案》在 5 月 5 日被递交德国。即将不得不应对这一方案的，是一个由社会民主党、中央党和德意志民主党组成的少数派联盟，由中央党政治家约瑟夫·维尔特领导。

对于《伦敦支付方案》可行性的历史争论迄今仍未消退。[11] 杰拉尔德·费尔德曼（Gerald Feldman）和巴里·艾肯格林（Barry Eichengreen）这两位教授和一些人认为，赔偿是一个破坏德国经济稳定性的因素。为了支付每年的赔款，原本将需要

198

政府进行大规模干预，扩大出口和削减进口来创造贸易顺差，以此将国民收入的必要的百分比转化成外汇。只有一个战时政府或者一种独裁统治能够采取这样的行动，虚弱的魏玛共和国的历届政府当然并非如此。即使德国人成功地实现了这种贸易盈余，协约国各国当时会不会接受这样一种出口潮，尤其是在世界的经济繁荣在1920年末结束之后？尽管相对于经济体而言并不算大，但是它原本将会影响到那些已经处于相当大的竞争

199　压力之下的产业，比如铁、钢以及纺织品。这些围绕移交问题的观点曾被那些批评"严苛的"赔偿账单的人广泛利用，尽管这一问题被发现纯粹是学术上的，因为此类问题实际上并未出现。包括斯蒂芬·舒克和萨利·马克斯（Sally Marks）在内的其他历史学者认为，如果曾经存在政治意志的话，对于德国人所提出的这些区别于理论要求的实际要求完全处于其金融支付能力之内。1921年提出的这些要求比名义上设定的总额要少得多：在总额中有820亿金马克是"名义上的"，因为到那么晚的一个日期时，德国将永远不会交出这些息票，因此这些债券是无价值的。此外，在A类和B类债券上的任何违约拖欠（不论其如何之小），都将使协约国甚至不可能去索要这些息票。协约国已经回到了1919年讨论过的500亿金马克的数额，但是出于政治上的原因，它们以一种复杂的支付方案来掩盖它。500亿的总额比凯恩斯在和会时曾经认为可偿付的要少100亿金马克。1920—1923年，德国对协约国的偿付在80亿—130亿金马克，相当于德国整个国民收入的4%—7%。在最为艰难的1921年，这一数字升高至大约8.3%，这是一个相当之大但并非无法承受的负担，比维尔特总理当时声称的要少得多。

尽管这一问题曾经而且现在继续被其生发的"烟雾与镜

子"（指虚假的信息）所模糊，但是现在看来德国的确应该可以支付 1921 年所要求的实际总额。[12]正如大多数评论人士同意的那样，这是一个政治上的而不是金融上的问题。如果德国政府尽其和约责任，就像战胜国一样收重税，它原本将拥有足够的资金来支付其赔偿账单，并能够获得外国贷款。如果可以得到一笔外国贷款的话（如同 1924 年发生的那样），那将没有任何必要立即拥有贸易或者支付平衡方面的盈余，尽管在未来的某个阶段，为了在不引起通货膨胀的情况下偿还债务，在国内采取约束措施将是必要的。即使是在没有国际贷款的情况下，从 1919 年直至 1922 年夏天外国资本的流入也足以支付德国人做出的所有赔偿。1922 年 8 月，凯恩斯让其在汉堡的听众们确信法国只是在虚张声势，确信通货膨胀拥有许多优势。他这样总结当时的形势："内债的负担现在被消除了。德国迄今向协约国支付的全部赔款……完全由于外国投机者的损失而被清偿。我并不认为德国已经从自己的资源中为这些赔款支付了哪怕一个子儿……"[13]在最终的赔偿资金平衡表上，借贷或者在德国投资的钱超过其支付的全部赔偿数额。1919—1932 年，据估计德国支付了 191 亿金马克的赔偿；在同一时期，德国获得了 270 亿金马克的资本净流入，大多来自私人投资者，主要是美国人，当德国人后来在 1923 年和 1932 年违约时，这些投资者损失了相当之大的数额。[14]

《伦敦支付方案》对于法国来说并不是一笔好的交易。法国人最多收到 500 亿金马克中的 52%，这一数额远远少于白里安对法国平民索赔要求的估计。法国再度试图主张被战火摧毁的地区应优先获得赔偿，但是除了《凡尔赛和约》已经给予比利时的优先权之外，再无任何法律上的基础来支持法国的主张。

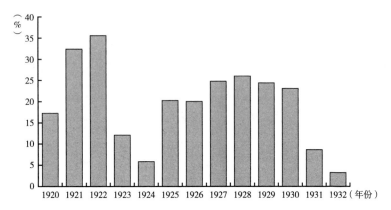

图 1 德国的赔偿（赔偿在魏玛共和国开支中所占百分比，1920—1932 年）

资料来源：N. Ferguson, *Paper and Iron: Hamburg Business and German Politics in the Era of Inflation 1897-1927*（Cambridge，1995），279。

裹在法国这枚药丸上的糖衣是稀薄的。人们同意一道为期六天的最后通牒与《伦敦支付方案》一起发布。白里安将被允许动员法国的 1919 级服役人员（the French class of 1919，这次动员是一场灾难，它加剧了法国的不安全感），以满足其在国民议会里的右翼支持者们。白里安为何接受这样一个糟糕的交易？他当时面临着强大的政治压力，要从柏林当局那里得到一些具体的东西。赔偿总额不如即时支付那么重要。法国的金融形势正在变得岌岌可危。法国打算出售德国债券以迅速得到现金，让德国去赔偿债券拥有者，但是德国人的抵制以及拒付使这无法做到。与华盛顿或者伦敦当局达成一个战争债务解决方案的希望正在迅速消退。后者在 1921 年已经变得清晰，法国当时提议将法国的索赔集中于物理性损害（physical damage，即有形损害或物质损害），并且将德国剩余的债务与协约国之间的战争费用联系起来，而且德国人的这笔款项的大部分将交给英国，以此来减少赔偿总额。但是这一建议遭到劳合·乔治的拒绝。他坚称对战争债务的任何取消将依赖于美国的预先行动，但美国并没有这样做。最后，尽管英国拒绝强迫德国人遵守和约条款，但白里安根本不想疏远他的这个前盟友，也不想采取孤立的行动。公众对这些条款的反应却导致白里安重新考虑巴黎与柏林之间直接联系的可能性，以及在国民议会公开宣布法国的独立性。法国仍然寻求协约国的团结，"但是如果这种团结的要求会牺牲法国生死攸关的利益及安全，那么团结将再无可能。我们拥有权利和责任来确保我们的国家生存。我们所有的盟友必须理解这一点"[15]。

Ⅲ

从 1921 年 5 月直到 1922 年夏天马克崩溃，德国历届政府坚称赔偿是通货膨胀和货币贬值的罪魁祸首，这种观点得到了德国各界的普遍支持。德国的金融及财政困难持续地被归咎于协约国的各种要求，而不是财政赤字和贬值中的货币。在德国收到《伦敦支付方案》后进行的激烈辩论中，甚至连那些接受建议者也这样认为，他们相信顺从而不是反对将有助于修订和约。"履行政治"（Erfüllungspolitik）——在合理的范围内履行——的目的并不是支付赔偿，而是带来赔偿的削减。接受《伦敦支付方案》的条件并没有带来德国金融的任何重整。对于满足协约国关于金融改革、温和的税制改革、削减开支等要求，维尔特所做的有限努力旨在保住其能够赢得的被削减的赔款，以及有资格获得国际贷款。不可否认的是，当维尔特试图让商界的和工人的政党就一个共同计划达成一致时，其政治上的回旋空间是有限的。十分重要的汉堡银行家和实业家群体的

202

领导人拒绝加入内阁，而维尔特越来越依赖的商业群体的支持是不确定和多变的。与此同时，德国正在有意地向市场抛撒纸马克，引起货币的贬值，但他们将其归咎于赔偿。

从 1921 年 5 月直至 11 月，随着德国人对他们的货币丧失信心，以及发现德国政府无法或者不愿或者两者兼而有之通过一个成功的税收计划，形势恶化了。为了向协约国支付在 1921 年 8 月到期的第一批 10 亿金马克的赔款，维尔特政府求助于所有形式的金融"绝技"，他警告说这些"绝技"以后不能再用。考虑到德国对外负债的程度，到海外募集资金是困难的。在夏季的几个月里，汇率骤然跌落，而且实际上将永远无法真正恢复。由于政治家们无法就一个税收计划达成一致，赤字的弥补必须通过向德国的各家银行借款，以及将财政部的账单递交德意志帝国银行（Reichsbank）① 要求贴现，也就是将账单转化成货币。为限制通货膨胀所做的各种努力完全不够。政府并不愿意冒险引入通货紧缩措施，在向外国人支付赔偿这个十分不受欢迎的背景下尤其如此。德国企业领头羊从通货膨胀引起的虚假繁荣中受益，它们准备让其尽可能长久地进行下去，没有采取多少或者任何措施来帮助政府为"履行（赔偿）"所做的努力。德国总理及其他政治领导人拒绝接受协约国的这个观点——要让通货膨胀受到控制，德国只需停止印刷纸币、收税和平衡预算。他们还坚称不可能遵循赔偿事务委员会的要求——削减德国国内的购买力，接受一种更低的生活水准（与英国及法国的生活水准相比）和消费水平。"履行"的支持者与反对者，尤其是后者，愿意冒着巨大的风险，以证明协约国

---

① 1876 年到 1945 年是德国的中央银行。

的主张无法得到满足。

德国在这一年夏天的一个新举动，重新开启了法德达成一个直接解决方案这一旧的可能性。1921 年 6 月 12 日，新近被任命为维尔特内阁重建部部长的瓦尔特·拉特瑙与法国解放区部长路易·卢舍尔在德国威斯巴登（Wiesbaden）会晤时，达成了一份"商人的交易"（businessman's bargain），根据这一协议，德国人将通过交付实物来支付其部分赔偿。该协议实际上到 10 月 7 日才真正签署，它远远超越了德国起初提出的以人手和装备用于重建被破坏地区的建议。在卢舍尔的手里，它变成了一种复杂的安排，牵涉到在 1926 年 5 月前向法国商人输送价值多达 70 亿金马克的货物，以此代替现金支付。关于将归入赔偿账户的德国出口物品的价值以及将在法国销售的德国出口货物的价格，人们设计了一种对法国十分有利的方案。协议将由两国的实业家达成，而交付将仅限于被破坏地区。法国显然将从与德国达成的一个独立的赔偿协议中受益。白里安对该计划的支持是其在赔偿方面走上一条独立道路的努力之一部分，它将弱化对英国的依赖。其背景是雅克·塞杜早先对于缔造一种法德伙伴关系的希望，这一关系将成为欧洲重建的推动力量。考虑到马克正在贬值，金融专家曾向白里安警示从德国索取现金支付的困境。法国财政部对实物赔偿的显著偏爱并没有得到所有法国实业家的赞同，他们中的许多人认为威斯巴登协议更有利于政府而不是他们自己。一些人强调来自德国的进口货物以及劳动力对法国制造商和工人的灾难性冲击，即使将其限定于被破坏地区也是如此。在德国方面，拉特瑙将这一安排视为和解的一个起点，它可能促使《伦敦支付方案》被修订。德国出口货物涌入法国将让协约国警惕赔偿支付的危险以及根本上的不

203

合理性。由于此前就这些提议咨询过德国的实业家，拉特瑙震惊地发现十分具有影响力的施廷内斯认为该协议"极其糟糕"，以及施廷内斯在工业界的支持者们准备阻挠拉特瑙的努力。两国国内的反对以及英国与比利时的抗议，使该方案成了一纸空文。

IV

到白里安在 1921 年 8 月中旬主持最高委员会会议时，还没有任何赔偿款到达法国，对于德国可能违约的担心开始增加。英法的分歧再度浮现：白里安政府同意解除 3 月实施的部分制裁，但是执意保持对三个城镇的占领；劳合·乔治对此十分厌恶，但是他坚持认为应当保持出口征税。关于德国的裁军也存在冲突，法国人比英国人更为严肃地看待波兰与德国在上西里西亚的争执，而且对英国人非常重要的是，双方在中东也有冲突，在那里，打败穆斯塔法·凯末尔已经成为一个重要的战略性问题。尽管英国人和法国人都相信德国人为了避免支付赔偿款，正在有意地推动通货膨胀和寻求破产，但是协约国并未就德国人如何能够被迫引入必要的改革达成一致。

1921 年夏末和秋天，马克的情形更为恶化了。德国商界抛弃了他们自己的货币。德国政府面临巨大的压力，这种压力既来自协约国也来自左翼政党，而且最为重要的是来自具有影响力的汉堡商人和银行家，他们要求政府重新控制出口、进口和外汇。但赔偿问题仍然是普遍的替罪羊，而且没有几个人真正相信改革措施将改变国内的形势，除非德国人赢得其即付款项的延期偿付。针对税收改革的希望与恐惧，鼓励着一些右翼组织对维尔特政府采取一种较为调和的路线。德国工业联合会

（Federation of German Industry）考虑以一笔海外赔偿贷款，来支付依《伦敦支付方案》将于 1922 年 1 月和 2 月到期的分期款项。但是包括施廷内斯和重工业家阿尔弗雷德·胡根贝格（Alfred Hugenberg）在内的最重要的实业家憎恨魏玛共和国，希望削弱维尔特的政策，他们的反对让信贷行动停滞。内阁在 9 月底的扩容纳入了古斯塔夫·施特雷泽曼的德意志人民党及其重要的工业方面的力量，但是维尔特仍然未能获得其所寻求的更大的政治灵活性。

国际联盟在 10 月 12 日就上西里西亚做出的相当不利的决定，对于维尔特来说是一个重大的失败。该决定将一半以上的土地给予德国，但是分割了工业区，将最重要的那些工厂、相当一部分的矿藏和大约 35 万德国人留在了波兰人的手中。这对德国人的自尊心来说是一个打击（尽管德国实业家已经采取措施来保卫他们的地位），而对于那种认为履约将有助于保持德意志帝国领土完整的主张，这一事实也表明了其空洞性。对于维尔特总理的压力随之加剧，他在 10 月 22 日辞职。由于谁也不愿代替他，维尔特重建了内阁，从前联盟的各党派招募个人成员而不是这些党派自身，这些党派都有各自的要求。德意志民主党坚持要求将拉特瑙逐出内阁，他的力量已因对其威斯巴登政策的攻击和上西里西亚的溃败而被削弱。德意志人民党对于进入这个"个人内阁"心存疑虑。德国工业联合会领导层对于任何信贷建议分歧尖锐，要求实行严格的节约政策和铁路的非国有化（施廷内斯着眼于私人购买）来作为其协作的价码，而铁路的非国有化在政治上是办不到的。德国工业联合会在 11 月的退出以及国会右翼政党的消极态度，结束了由德国工业界和商界提供拯救的希望。维尔特通过非直接提高税收和削减补贴来试图维持稳定，但带来了更高的消费价格和劳动力对更高薪酬的要求。尽管工团主义者们愿意接受结束食品补贴和对国有化铁路做出一些新的安排，但是他们担心外国对财政控制的要求将导致失业，要求实业家们提供一张安全网。如果是其他人来买单的话，劳方和资方都愿意（国家向协约国）支付赔偿。劳资之间的直接对抗进一步削弱了政府力量。而税收改革又太少太晚，因为在其付诸实施之前，通货膨胀已经摧毁了它的各种益处。

随着马克跌落，德国大公司将资金以稳定的货币形式安置到国外，以躲避通货膨胀的影响。当持续恶化的马克削弱着德国在国外的信用地位时，维尔特坚称只有延期偿付才能挽救形势。德国财长在 11 月 4 日宣布了 1100 亿纸马克的财政赤字，其中有 600 亿被归于和约的赔偿索求。纸马克的价值剧烈下跌。赔偿事务委员会的英国代表、抱有同情心的约翰·布拉德伯里（John Bradbury）爵士告诫柏林当局说，德国即使被免除其随后在 1922 年的赔偿支付，也将不得不履行其临时的债务，然后才能被给予延期偿还的待遇。当该委员会在 11 月中旬访问柏林时，德国人谈到由工业界在国外募资 5 亿金马克，但是已经在 11 月初断然拒绝政府要求的德国工业联合会明白，实施这样一个信贷行动的可能性正在消退。委员们并没有上当。布拉德伯里致信英国财政部的巴兹尔·布莱克特（Basil Blackett）："在没有让那些实业家流血的情况下，我不想不得不给予延期偿付。"[16]

在国内被拒绝之后，德国人向伦敦当局求救。英国人曾反对威斯巴登协议，如同早先的实物赔付一样，这些协议原本将会让法国人获得在赔偿上的优先地位。对于出现一个新的大陆经济集团的可能性，比利时人和意大利人也并不热心。甚至在威斯巴登协议签署之前，拉特瑙曾提议将对苏扩大的出口与向英国的赔偿支付联系起来。一连串的德国访问者在 11 月来到伦敦。德意志帝国银行行长前来请求提供信贷，长期担任英格兰银行行长（1920—1944 年）的蒙塔古·诺曼仇视法国、心有城府、善于操纵，他拒绝了德意志帝国银行行长的请求，但是暗示说英国人会赞同延期偿付和修订《伦敦支付方案》。劳合·乔治对施廷内斯的铁路方案没有任何兴趣，但是对他提出的有关苏联的主张产生了共鸣。在维尔特内阁重组之后，拉特瑙此时成了一名非正式的信使，也抵达了伦敦，他决定抨击这样一种普遍的看法——德国正在通过通货膨胀寻求破产以及寻求其急需的英国帮助。但是拉特瑙空手而归。对于英德在其背后合谋的迹象，法国人当然极度不安。在这一堆乱糟糟的相互冲突的主张与方案中，劳合·乔治转向了一种新的可能性，它将通过纳入苏联来扩大欧洲市场，从而降低赔偿的重要性。

206

V

英国首相此时在政治上处于一种易受攻击的地位。得到财政部和英格兰银行支持的通货紧缩政策已经奏效，但是代价高昂。通货膨胀被遏制，批发价迅速下降，但是英镑仍然大大低于其战前与美元的比价。为了回归金本位制这一通常认为的通往繁荣的必不可少的前奏，英国人将不得不承受其全部的国内代价。到 1921 年底，失业者保持在 200 万人，占登记在册的劳动力人数的 16%。没有几个人将这些困难归咎于政府的通货紧缩政策。出口工业的明显萎缩被归咎于欧洲不安宁的状况。政府的开支在 1922 年被进一步缩减，尽管预算结余得以保持，但是经济不见任何改善。实施一个可行的赔偿方案的政治压力增大了，对于法国人的阻挠主义（obstructionism）的批评同样增加，甚至在保守党的传统亲法人士中也是如此。财政大臣警告说，在不实施延期赔付的情况下，德国出现的金融崩溃将会威胁欧洲的稳定以及危及伦敦各大银行，它们在德国进口商那里有五六百万英镑未偿还的信贷。劳合·乔治还面临着其他的困难。自从巴黎和会以来，他依赖于外交上的成就来维护其对联盟政府的控制。但是英国反而在埃及、印度、伊拉克和巴勒斯坦面临着各种困难，而且爱尔兰一直存在着一场大爆发的可能性，后者占据了首相的很大一部分时间，直到 1921 年 12 月《英爱条约》缔结。这一年年底在华盛顿海军会议上所取得的成功很受欢迎，但是收获很大一部分赞誉的是英国的主要谈判者阿瑟·贝尔福，并非待在伦敦避免冒失败危险的劳合·乔治。

207 来自近东的消息尤其令人沮丧，由于劳合·乔治拒绝放弃希腊人，再加上法国人和意大利人倒向土耳其民族主义者，凯末尔的胜利使首相必须在欧洲修复自己的声誉。

　　作为走出困境的一种途径，劳合·乔治打算召开一次世界经济会议，会议将集中于为苏联的经济重建创立一个国际联合体这一主张，劳合·乔治将主导这次会议。劳合·乔治将苏联整合进欧洲经济的雄心勃勃的计划有多么具有想象力，最终就有多么徒劳。受到列宁为获得外国救济援助、投资和贸易的各种努力的推动，劳合·乔治希望布尔什维克党人也许愿意接受西方对于予以承认和提供投资所提出的各项条件。鉴于在苏联由赫伯特·胡佛如此有效地组织的美国救济行动，以及哈定政府将可能在欧洲扮演一种更为积极的经济角色的可能性，劳合·乔治认为美国人可能会参加他的这次会议。英国外交部总体上怀疑这个主意，但内阁对此更赞同。尽管劳合·乔治极为不同寻常地被迫接受对于其谈判权力的限制，但是他赢得了内阁及议会对他的这一冒险事业的支持。寇松对中东感兴趣，劳合·乔治则对"他的"经济会议感兴趣。寇松认为劳合·乔治是一个外交事务的业余玩票者；首相蔑视寇松是一个假内行，根本不打算让外交部搞砸他的这些计划。

事实继续证明与巴黎当局的关系很艰难。12 月 14 日，维尔特告知赔偿事务委员会，德国无法支付 1922 年 1 月和 2 月到期的赔偿分期款项。德国的这一声明削弱了白里安的地位。尽管存在着采取强制性措施的压力，但是他的谨慎政策曾受到相当大的支持。就在其离开法国前往参加 1921 年 11 月的华盛顿海军会议之前，这位法国总理赢得了一次重要的信任投票。此后与伦敦当局出现了一系列的分歧。10 月 20 日，法国代表富兰克林-布永与凯末尔领导的土耳其人签署了一项协议，标志着英法在近东合作的结束。在华盛顿会议上，白里安发现自己被孤立，同时面临着来自英国人和美国人的压力。为了让人们同情并考虑法国人的财政困难，他付出了各种努力，但被一场将法国描述为欧洲首要的军国主义力量的媒体运动毁灭。英国人可能通过单边放弃战争债务而打破赔偿僵局的希望被劳合·乔治阻止，在没有美国人的对等行动的情况下，劳合·乔治不准备做出任何政策上的变动。

伦敦与巴黎当局之间的碰撞在柏林自然受到欢迎，这些碰撞又因为个人之间的反感而加剧，这种反感使劳合·乔治和白里安每见面一次，就让外交发热度上升一次。寇松也出名地讨厌和不信任白里安，而且通过解码法国的外交通信（法国的密码一直被英国解读到 1934 年），他明白这种感情是相互的，这

208

自然无法让双方的关系得到改善。尽管英国官方谈到法国的轰炸机能力，以及法国占领鲁尔的可怕后果，但是人们难以相信英国人真正担心法国的霸权图谋。从根本上而言，无论是劳合·乔治还是寇松勋爵都无法考虑瓦解协约国，但是两人都决心为合作索取高昂的代价。英国人希望利用法国人对德国的恐惧来获得帝国（事业）方面的重大让步，以此换取（而且将其作为先决条件）一个赔偿协议。通过拒绝做出安全和赔偿两方面的担保，英国人不让法国人为其被要求做的事情获得补偿。

对于法国人来说，赔偿与安全问题总是联系起来的。早在1921 年 12 月，自命不凡、已经不受信任的法国大使博普瓦尔·德圣奥莱尔（Beaupoil de Saint-Aulaire）伯爵，据猜测是自作主张向寇松提出了签订一个广泛的英法协定的可能性。这一主张曾一再地在英国外交部得到详细的讨论，但是从来不受内阁的欢迎。对于法国来说，任何此类担保将不得不包括对于莱茵兰的特别形势的某种承认。在 12 月 20 日的伦敦会晤中考虑德国人对延期偿付的要求时，白里安就建立一个广泛的防御性联盟的可能性接洽劳合·乔治。劳合·乔治只谈及为法国东部边界遭德国人侵时提供的简单保证，但是如果法国帮助其"不稳定且容易激动"的东方盟国时，英国将不提供任何支持。签订一个协定的可能性并未被打消，劳合·乔治希望为其关于欧洲重建和与苏联和解的方案获得支持。英国人等着看看白里安能够提出什么"报价"。由于要面对一场带有敌意的议会质询，白里安在未带手提包和随从的情况下匆匆赶回巴黎，在伦敦的此次会晤因此被缩短。在伦敦与白里安的会晤中，两位领导人在会晤中承认向德国提供贷款是实现德国快速稳定的唯一手段，但是无法就一个特定的方案达成一致。法国人认为问题在于德

国人不愿意偿付，而不是没有能力偿付，但是劳合·乔治拒绝
考虑采取任何将会削弱德国政府和疏远美国人的行动。英法金
融专家曾在这一年秋天举行多次会议，讨论赔偿以及组建一个
重建苏联的国际联合体，拉特瑙参加了这些会议。英法德实业
家们考虑瓜分苏联的市场。对于劳合·乔治主张召开经济会议
的方案，白里安根本不感兴趣，并且告诫这位首相，在同意进
行在法国国内很不受欢迎的谈判之前，他希望在苏联的债务支
付上获得牢固的保证。但是由于生性调和而且渴望与英国人步
调一致，他准备附和劳合·乔治的大计划。

209

　　最高委员会在 1922 年 1 月 6—13 日召开的戛纳会议开端不
错。劳合·乔治的开幕辞赢得了普遍的认可，而且他的建议
（"戛纳决议"）奠定了与苏联的经济与政治关系，在只进行了
几处较小的修改后获得接受。人们同意将有关赔偿的考虑与欧
洲重建的议题分离开来，前者被置于一个专家特别委员会手中。
通过选中热那亚作为他所主张召开的那次国际会议的地点，从
而获得意大利人的支持，劳合·乔治促成了自己的计划。戛纳
决议包含一些有意的含糊及矛盾之处，因为劳合·乔治试图既
保护资本主义列强和外国投资者不受布尔什维克做法的伤害，
又向苏联人保证他们可以保持他们自己的所有制、内部的经济
以及政府。与白里安的愿望相反，莫斯科当局从未被要求也从
未主动明确地接受这些决议。法国总理曾反对邀请拉特瑙——
他很快将成为维尔特内阁的外交部部长——在戛纳出现在最高
委员会面前，但是劳合·乔治不理会法国总理的反对。尽管在
一些要点上取得了一些并不情愿的一致，但英法安全联盟问题
进入了死胡同。英国首相提出签订一个为期十年的非互惠性的
防御性协定，以防德国在未经挑衅的情况下侵略法国的领土。

双方没有达成任何军事协定，该草案只是许诺在莱茵兰军事化禁令遭到违背时进行磋商。白里安拒绝这一提议，要求签订一个广泛得多的协定，包括在德国的东方边界上捍卫现状。英国内阁认为无法接受法国人的提议，更愿意在对待德国这一问题上保持其行动的自由，从各种贸易目的而言德国被认为是"欧洲最为重要的国家"。劳合·乔治向白里安提供的东西太少。他公开威胁这位法国总理，而白里安明白自己的少数派中左政府是虚弱的，而且正在丧失议会的支持。在媒体发布的一张照片上，白里安正在被劳合·乔治教授高尔夫，劳合·乔治倚在白里安的身上，该照片被用作两人关系的象征。法国议会的各项决议以及来自米勒兰总统（米勒兰通过阅读英国首相与伦敦的通信很了解英国人的立场）、被泄露给媒体的电报，迫使白里安在拉特瑙到达的那一天匆匆从戛纳退会。1 月 12 日，白里安辞去总理职位，令戛纳会议随之结束。他通过拒绝牺牲协约国的政策，保持了自己在仇恨英国的右派面前的政治独立性，但是他明白自己根本无法获得一个稳定的多数派的支持。

白里安的继任者是前战时总统雷蒙·普恩加莱，他将依赖于中右派的支持。他曾是来自洛林的律师，因为要求其参与的任何合同清晰和准确而闻名。他冷静、不动声色、无可指摘地诚实，但有时候又有一点优柔寡断甚至是羞怯，难以想象还能有哪位政治家与劳合·乔治更为大相径庭。不出所料，这两人之间的私人关系甚至比劳合·乔治与白里安之间的更为糟糕。这个擅长演绎逻辑的法国人比其批评者所认为的更为灵活。他明白严格执行和约是不可能的，明白坚持法律文本将不会有多少收获。他没有白里安那样的雄辩口才或者宽广的视野，但同样对法国的力量限度有清醒认识。见多识广的观察人士正确地

预言普恩加莱将会继续白里安的谨慎政策，设法保持通向伦敦
当局的路径开放。法国政策的连续性多于变化，普恩加莱一直
担任总理至 1924 年的议会选举。

　　普恩加莱不怎么相信峰会外交，他也并不喜欢召开热那亚
会议这一主张。当劳合·乔治 1922 年 1 月 14 日从戛纳归国途
中在巴黎停留时，这位总理提名人表明了自己的疑虑。他还告
诉劳合·乔治，任何安全协定将不得不包含互惠性保证和一项
军事约定。作为回应，劳合·乔治指出了在戛纳悬而未决的其
他所有问题——土耳其、赔偿、丹吉尔（Tangiers，摩洛哥的一
个港口城市）——同时拒绝任何联合的规划或者明确的军事协
议。他声称，协定的真正重要性是英国对于帮助法国的总体承
诺的道义价值。"如果英国人民的话对于法国来说还不够，"劳
合·乔治说，"他①担心协定草案必须被撤销。如果法国遭到攻
击，英国人民将以他们的整个力量来遵守自己的誓言，但在和
平时期，对于他们在现有的条件下将保持的军事力量，他们将
永远不会用军事约定来束缚自己。"[17]普恩加莱对此略微做了让
步，劳合·乔治也同意等待法国人提出进一步的建议。在向伦
敦当局发送的协定草案中，普恩加莱放弃了关于军事约定的内
容，但是呼吁为防范未经挑衅的侵略而做出互惠性保证，这种
侵略将包括对于莱茵兰非军事区的进犯。寇松反应冷淡，他希
望法国在签订任何协定之前解决所有未解决的问题。他坚称英
国内阁将永远不会接受这种义务——保卫莱茵兰不被德国重新
占领，或者维持东欧的现状，因为这将导致欧洲的均势严重倾
向法国。当英国人决定中止这些谈判时，普恩加莱警告说，只

211

――――――――

　　①　原文如此，似应为"我"即劳合·乔治本人。

有当如同在戛纳同意的那样不讨论裁军或赔偿问题时，法国才会参加热那亚会议。在 2 月 25 日于布洛涅举行的一次冷若冰霜的会晤中，劳合·乔治同意接受法国的一些条件，并且许诺再度考虑安全协定。尽管普恩加莱蔑视他的欧洲重建计划，但是劳合·乔治决定继续前进。劳合·乔治已经在国内遭受过一次政治挫折，他很需要在热那亚取得成功，那将使他能够扮演欧洲和平缔造者的角色。

来自 34 个国家的代表聚集在热那亚，会议从 1922 年 4 月 10 日持续至 5 月 19 日。劳合·乔治的目的在于欧洲秩序的根本性重塑。他希望将苏联带回欧洲，在这一过程中将德国用作其计划的一个同谋。他寻求对条约做出有利于战败国德国、奥地利和匈牙利的修改。欧洲所有的大国（而不是战胜国）将加入一个并无权威的、为期十年的谴责侵略的协定，同意以和平的手段协作，以防范侵略。他希望美国人承保和参与欧洲金融及经济稳定的重建。劳合·乔治的主意是绕过《凡尔赛和约》的方案，该方案已经因为英国和德国而变得几乎难以实施。不论它是一个"不切实际的转向"或者是一个"具有想象力的姿态"，事实证明，热那亚会议彻底失败了。会议没有进行任何应有的准备工作，在会议之前也没达成任何共识。议程中问题重重，参与者过多。会议得到了过多的关注，因为媒体摄影记者和新闻记者挤满了这个意大利城市；但又有太多的秘密外交，这是会议状况所导致的一个不可避免的结果。苏联人不愿接受劳合·乔治所能提供的"报价"。英国内阁此前坚持要求首相不得在没有英国盟友参与的情况下行事，他被禁止提供直接的帮助或者法律上的承认。法国人有着十分不同的外交议题和 100 万名以上的沙皇债券拥有者，他们不会反对一个并不向法国（除非是作为一个总体的解决方案的一部分）及其债券拥有者提供债务偿还的协议。列宁不愿接受单边的交易。在没有获得大量贷款和完全承认的许诺的情况下，不可能有任何债务偿还和财产归还。自 1919 年以来，劳合·乔治已经接受了与布尔什维克党人打交道的必要性，但是这一首次的"缓和"（detente）并未带来多少回报。

212

劳合·乔治希望实现德国赔偿的延期偿付，并为德国在平等的基础上重新融入欧洲体系铺平道路，但是这些希望被法国和德国彻底破坏。前者已经坚持热那亚会议不得讨论赔偿或裁军问题。在捷克斯洛伐克外长爱德华·贝奈斯及其"小协约国"伙伴罗马尼亚和南斯拉夫的支持下（这是"小协约国"一致同意的一个罕见的例子），法国人否决了关于一个互不侵犯条约的计划草案，该草案模仿 1921 年的《四国条约》[①] 制订。按照劳合·乔治的意图，草案雄辩的"道义声明"（英国外交部对此抱有怀疑的常务次官艾尔·克罗认为其只是"纯粹的废话"）原本将会削弱英国参与国联的集体安全体系的希望。各国将没有义务去拿起武器帮助盟国，履行国联义务，或者实施既有协定。该草案经过大幅删节后被会议正式通过。

在热那亚会议召开之前，赔偿事务委员会曾为延期偿付设定一些条件，而德国人对此予以拒绝，因而已经激怒了法国人。关于《拉帕洛条约》的消息让因为不愿直接对抗劳合·乔治而待在巴黎的普恩加莱狂怒不已。领导法国代表团的副总理路易·巴尔都被指令如果苏联和德国不立即拒绝该条约，法国代表团将退出会议。由于希望与苏联人的对话继续下去，劳合·

[①]　全称为《关于太平洋区域岛屿属地和领地的条约》，由美、英、法、日四国签订。

乔治默默地强忍住沮丧，寻求控制外交上的损失。在意大利外长卡洛·尚泽（Carlo Schanzer）的帮助下，他试图缓解法国、比利时和日本代表团的愤怒，设法让他们同意一份递交德国的经过改写的谴责照会。在这一方面，他在很大程度上要感激巴尔都，巴尔都没有理睬普恩加莱的指示，接受了给予德国和苏联的有区别的对待，而且拒绝提起德国违反《凡尔赛和约》军备条款的问题。普恩加莱加紧了其对法国谈判者们的控制，并且训斥他的这位副手过于调和，但是他并不反对巴尔都的调解策略。由于将目光牢牢地盯住即将到来的围绕赔偿的战斗，普恩加莱并不愿意完全破坏这次会议。主要是由于劳合·乔治的"外交杂技"，德国人不情愿地接受了谴责照会以及不得参与协约国与苏联对话的禁令。《拉帕洛条约》并未导致德国或者法国退会，也未中断与契切林的谈判。

213   美国人此前已经拒绝前往热那亚。华盛顿各个通常争斗不已的部门（国务院、财政部、商务部）一致认为这次会议并不成熟，差不多只是英国人用以应对自身问题的一个政治举动，而不是为了应对欧洲重建的根本性先决条件。十分具有影响力的商务部部长赫伯特·胡佛坚称在做进一步的事情之前，欧洲人将不得不整顿其金融秩序。美国人并不为缺席感到遗憾，其在热那亚的非正式观察员报告了种种混乱的情形以及协约国间的分歧，并且告诫不得"作为一位天真地远道奔向其债务人的会议而轻易被蒙蔽的债主，被拽入其中"[18]。在没有美国人参与的情况下，热那亚金融及经济委员会专家的建议没有多少实质性价值。美国人对于 5 月将在巴黎召开的国际银行家委员会会议有更大的兴趣，该委员会由赔偿事务委员会创立，用以考虑对德国的国际贷款。由于希望避免表现出任何官方参与的样子，国务卿休斯否决指派纽约联邦储备银行行长本杰明·斯特朗（Benjamin Strong），更赞成指派 J. P. 摩根，他将作为一位私人银行家前往巴黎。这种以商人的方式对待赔偿问题的做法适合美国人；它既不牵涉到政府，也不会将赔偿与战争债务联系起来，从而危及战债偿还。

　　热那亚会议在某种辛辣刻薄中结束了。这次会议没有达成任何结果，而对英法关系则产生了相当之大的损害。劳合·乔治走过了头。他的宏大设计过于雄心勃勃，以失败告终。这位威尔士奇才的魔术袋几乎已经空空荡荡。

VI

　　4月24日，普恩加莱在凡尔登附近的故乡巴勒迪克（Bar-le-Duc）气势汹汹地发表了演讲，而凡尔登恰恰就是法国在最近的那场战争中重大牺牲的象征。这一演讲旨在让英国人回归基本的问题，特别是德国在5月31日即将到期的赔偿支付上违约的可能性，以及法国做出一种惩罚性反应的前景。自1月以来，德国与赔偿事务委员会的关系已经变得日益艰难，当时面对德国请求延期偿付的要求，委员会已经同意一个减少支付数额的安排，但要求相应地进行一定的财政及预算改革。尽管通货膨胀性繁荣仍然在继续，但维尔特政府并不准备承担采取一种通货紧缩政策的风险，而这样一种政策意味着诸如限制纸币发行、增税、自愿与非自愿的贷款以及废除补贴之类的要求。如同拉特瑙在3月对内阁的言论中透露的那样，履行（和约的）政策"本身根本不是目的"；政府的问题是在不过分刺激协约国的情况下，看看究竟能够向着修约走出多远——看看"冰面能够承载多大的负荷"[19]。这种冲突在3月21日发展到了

214

危机的关头。作为进一步削减数额的支付安排的条件之一，赔偿事务委员会确定必须在 5 月 31 日之前投票通过一个总额为 600 亿纸马克的附加税计划，以及德国人必须接受担保委员会（Committee of Guarantees）的监督，由其对他们的金融和预算改革进行监控。德国人狂怒不已。维尔特维护履行（和约的）政策，但是他与拉特瑙以及瞩目于自行组织内阁的施特雷泽曼谴责协约国的这些要求。施特雷泽曼谴责赔偿破坏了货币以及中产阶级的精神与生活。由于正确地相信劳合·乔治不会允许赔偿问题为热那亚的会议蒙上阴影，德国人在 4 月 7 日拒绝了赔偿事务委员会的要求。

尽管维尔特和拉特瑙准备去热那亚碰碰运气，但从一开始就反对《拉帕洛条约》、关注 5 月 31 日这一最后通牒日期的德国财长安德烈亚斯·赫尔默斯（Andreas Hermes），动身前往巴黎与赔偿事务委员会对话，并且达成了一份协议。5 月 31 日这一最后通牒仍然保持，但是德国以债务收缩和新的税收为条件，实际上获得了部分的延期赔付。德国人的接受是以批准一笔贷款为条件的。在获得不会对德国主权有任何违犯的保证后，德国人还接受了担保委员会的监管权威。这一交易之所以被德国人接受，主要是为了避免 5 月 31 日这一最后期限，但也是因为有消息称，除非"布拉德伯里计划"被接受，否则赔偿事务委员会的英国代表布拉德伯里爵士将辞职，从而将德国置于法国人的"良心发现"之下。6 月 9 日，由比利时、英国、法国、德国、意大利和荷兰代表，以及以摩根为首的美国银行家组成的"银行家委员会"报告称，在现有的情况下无法向德国人提供一笔贷款。虽然德国人的贷款请求被拒绝，但是他们实际上得到了缓解。法国代表并未签署该报告，现在将由法国人同意做出修改，然后才能提供贷款，赔偿才能得到支付。只要《伦敦支付方案》保持不变就不可能有任何贷款——委员会的这个决定对于法国当局来说是一次真正的打击。委员会坚持要求德国将其财政置于稳定的基础之上。维尔特政府在改革方面做出的仅有的一点点成绩，很快就受到了由银行家委员会报告引起的新一波贬值潮的威胁。

215

　　尽管德国领导人认为他们已经赢得了一场"胜利"，认为他们在赔偿问题上的强硬立场将会产生效果，但是普通的德国人对马克丧失了信心。随着马克的价值跌落，物价和薪水呈螺旋式上升。经济危机加深，政府停滞不前，等候担保委员会在12 月即将到来的访问。作为一名遭到反犹的德国右翼攻击的犹太裔局外人（在魏玛共和国担任部长职位的两名犹太人之一），面对通货膨胀引起的意志消沉，以及所受到的许多威胁，高度紧张的拉特瑙受到巨大打击。1922 年 6 月 24 日，他被两名右翼暴徒谋杀。这一谋杀在德国引起了极大的愤怒，激起了人们对政治右派的强烈反应。一部法律得以推行，它对谋杀施以严厉的刑罚，为禁止极端党派提供了一种手段，但是由于法官们偏好于更为严格地实施它来对付共产主义者而不是右派，其效果被削弱。此次暗杀导致马克的价格急剧跌落；通货膨胀变成了恶性通胀，给经济及许多个人的生活带来了灾难性的影响。混乱和恐惧削弱了传统价值观，投机倒把盛行于那些历来以正直为傲的民众中间。贫穷催生的犯罪创造出其自身的正当理由。维尔特通过国内行动遏制这一潮流的种种努力，受到了新近独立的德意志帝国银行以及工商业界的阻碍。7 月 4 日，德国国会通过了《拉帕洛条约》。马克继续其暴跌趋势。7 月 12 日，维尔特请求实施完全的延期偿付，一直持续至 1925 年。

甚至在马克贬值时，德国的国民收入仍然很高。尽管金融上存在种种混乱，德国却仍然在享受繁荣，国内需求看涨，就业率高。主要的经济利益集团并不愿意接受稳定化行动所带来的通货紧缩性影响，当他们的牺牲将让以前的敌人得到发展时尤其如此。事实证明不可能筹集到一笔硬通货贷款，或者实行一种资产税。维尔特为扩大其政治支持力量而重新所做的种种努力注定是要失败的。德意志人民党坚持以结束 8 小时工作日作为合作的价码，而这一要求对于社会民主党人来说无异于诅咒。德国的那些最有影响力的经济团体相信，国内的僵局将说服协约国同时接受延期偿付和削减赔偿总额。货币的加速贬值以及来自赔偿事务委员会的一次次警告，最终迫使德国人面对其国内的形势。在 1922 年的秋天里，围绕货币改革进行的一场激烈而复杂的辩论占据了中心舞台，但是并未对应对金融危机做出任何真正的努力。只是到了 11 月 14 日，在向外国专家征求建议后，维尔特政府才在其致协约国的一道关于赔偿问题的照会中承认，有可能为支撑马克而采取一种暂时的行动，并且终于为赔偿事务委员会所要求的改革提供了具体的方案。在同一天，社会民主党拒绝留在一个包含德意志人民党的政府内，维尔特建立大联盟政府的努力失败了。在维尔特辞职后，前公务员、汉堡-美洲航运公司的总裁威廉·库诺接任。很难说库诺是一个抱负极高的人，他的"专家"内阁与其前任一样没有能力处理该国的各种问题。

法国人的态度变强硬了。法国人的强硬与美国人要求偿还债务以及德国人不妥协的持续迹象有关。普恩加莱因为未能与伦敦当局达成谅解而受到左派的责备，又因为其对英国和德国的怯懦而受到右派的责备。左派温和政党开始抛弃政府，而普恩加莱因为其对于一个以右翼民族主义者为主的多数派的依赖而受到牵绊。银行家委员会未能在关于提供一笔贷款的问题上给予支持，从而结束了迅速获得赔偿支付的希望。由于受到投机者的攻击，法郎开始走弱。正如白里安此前所做的那样，普恩加莱谋求一种实物赔偿解决办法。关于达成一项工业协议的建议缺乏鲁尔实业家的支持，他们拒绝商讨条件，除非法国人撤出萨尔地区。在私人的层面上出现了一种突破。6 月 6 日签订的吉莱-鲁佩尔协议（Gillet-Ruppel accord）为被破坏地区的个人与德国供应商之间的合约提供了相当大的自由。有着非凡胆量的施廷内斯抓住这一机会，与法国实业家盖伊·德吕贝萨克（Guy de Lubersac）达成了一个向被破坏地区输送木材及其他建筑材料的协议，以不超过法国国内物价的价格交付，其所得用于赔偿。法国人同意将其所获得的部分赔偿的煤炭分配给有关联的德国公司。两人的公司将作为分配订单和合同的中介，为其所做的努力获得一笔佣金。施廷内斯的活动在德国引起了一阵批评的风暴，他被谴责在发国难财，不过他当时地位强势，因此可以自行其是。施廷内斯在国际及国内舞台上的影响力削弱了维尔特的权威，帮助摧毁了维尔特组建一个将包括施特雷泽曼的德意志人民党以及社会民主党的"大联盟"的努力。德吕贝萨克在法国的影响力没有那么大，他获准继续进行下去，但是赔付煤炭的分配被规定将视德国履行赔偿事务委员会的整个方案以及满足法国要求的情况而定。

　　普恩加莱在整个秋天行动缓慢。人们越来越担心法国的金融状况，因为尽管法国实施了严格的货币紧缩，但大规模的预算赤字是正在通过借贷来支付的，主要是通过向法国公众出售短期和长期的债券。1922 年，随着对打算用来支付重建成本的

217

德国偿付的疑虑加大，无论是法国还是外国的法郎持有者都开始惊慌起来。5 月，法郎开始十分缓慢地贬值。与此同时，经济的上行使财政部难以筹集资金。当为被破坏地区重建提供资金的长期债券的利率被提高以吸引购买者时，法国投资者抛售了一些短期债券来利用这一特惠。财政部头一回未能筹集到其所需要的资金。警报开始响起。部长们开始询问法国投资者将持有为重建提供资金的债券多久，这些债券实际上已经给国家带来一种"无法承受的负担"。法国财政部警示了获得真正的财政收益而不是让幻觉永久化的必要性。财政部有远见的官员们并不看好在可预见的未来获得一种赔偿解决方案的可能性，因此希望大幅削减政府开支，并且向平衡的预算采取积极的举动。但是在当时普遍的政治氛围中，削减开支是不可能的。不管怎么说，这标志着法国政府的对德政策的失败。普恩加莱越是需要一个赔偿协议，就越是不太可能达成。除非法国首先同意对德国的赔偿总额做出一种向下的调整，否则美国银行家们将不会考虑为德国提供一笔国际贷款。而除非美国人和英国人取消或者削减法国的战争债务（尽管这几乎难以满足德国的金融需要），或者直到他拥有了对于德国未来支付的具体的（"富有成效的"）担保，否则普恩加莱不会采取行动。

1922 年秋天，法国没有得到来自伦敦当局的任何帮助。8 月 1 日发出的《贝尔福照会》被视为给法国的一记耳光。由于在每方面都面临着僵局，普恩加莱变得日益愤怒。普恩加莱相信德国人正在蓄意招致金融灾难以避免支付赔偿，所以认为只有直接的干预才能迫使他们动员该国的财富。当德国人在 7 月 12 日请求实施新的延期偿付时，普恩加莱要求以"物质保证"（physical pledges，即抵押品）作为回报。他在 8 月解释说，这些物质保证将包括由协约国开发国有矿山和森林，征收德国的关税，将莱茵河左岸的化工及染料公司的大部分股票转让给协约国，以及在被占领的莱茵兰地区的东部重新设立关税线，这可能包括鲁尔。

在经历热那亚的惨败之后，劳合·乔治不得不再度面对赔偿问题僵局。伦敦当局认为德国需要一种长期和完全的延期偿付以及一笔国际贷款。和其他人一样，对于德国在金融上不负责任的极其恶劣的例子，赔偿事务委员会的英国代表布拉德伯里感到愤怒。但是首相仍然坚持自己的观点，也就是只能通过法国政策的改变来打破阻碍德国金融合理化的僵局。他的目标是这样的一个解决方案——它既能为英国带来现金，也能为德国带来被大幅削减的赔偿总额。但无济于事的是，劳合·乔治和寇松认为"那个非常讨厌的小人"——普恩加莱令人无法忍受。他尖刻的语言和粗鲁的性格折磨着他们的神经；他们认为他"鬼鬼祟祟"，如果他下台，他们不会有什么反感。当最高委员会 8 月 22 日在伦敦碰头时，劳合·乔治和普恩加莱都谴责德国面对金融混乱和肆虐的通货膨胀时管理不当，但是劳合·乔治拒绝普恩加莱要求作为延期偿付保证的"抵押品"。由于怀疑普恩加莱在莱茵兰和鲁尔的终极目标，他同样拒绝了一些更为温和的建议。已经深陷政治困局之中的劳合·乔治也许看到了朝着法国的方向行动的必要性，但是他无法克服对这位法国总理的厌恶。

这位英国领导人在位的日子已经屈指可数了。恰纳卡莱危机、与凯末尔主义者在 10 月 11 日的停火，以及保守党人在国内的反抗，导致其在 10 月 23 日被安德鲁·博纳·劳取代。寇松勋爵仍然担任外交大臣。此时在赔偿问题上已经没有多少回旋余地，因为占领鲁尔的阴影已经越来越明显。在最高委员会8月的会晤失败之后，赔偿事务委员会拒绝在没有进行根本性改革的情况下给予明确的延期偿付，但是允许德国人以其财政部的为期6个月的纸币来偿付12月的赔偿款项。由于担心英法关系破裂，比利时人同意将其应得的1922年赔偿款项的剩余部分推迟6个月，才避免了对德国采取强制性措施。库诺政府尽管忙乱地采取行动来获得国内支持，但其改革方案未能得到认可。德国人要求提供为期4年的延期偿付，但又不为未来的偿付提供保证，这些要求甚至被通常抱有同情心的英国外交部认为不可能而被驳回。德国人求助于美国人，但是摩根拒绝领导一个国际银行联合体来募集一大笔贷款。当德国人在年底又拿出一份提议时，这个方案显得如此不充分，以至于不必在来年1月的会议上将其提交给协约国时，德国赔偿事务顾问卡尔·贝格曼（Carl Bergmann）感到如释重负。

　　普恩加莱遭到了国内的一连串批评。当国民议会讨论1923年的预算时，他受到了尖锐的攻击，在自己的内阁中也被孤立。战争部部长安德烈·马其诺（André Maginot）在福煦元帅的支持下敦促立即在鲁尔采取军事行动。甚至连法国外交部也已放弃通过谈判达成一份赔偿协议的希望。11月27日，对鲁尔实施逐步占领的应急计划（"福煦计划"）得到了批准，人们希望其比更为激进的占领计划更能为英国人所接受。只有财政部部长夏尔·德拉斯泰里（Charles de Lasteyrie）主张谈判。法国发布的一则新闻公报警告说，除非赔偿和战债问题得到解决，否则法国将采取强制性行动，这则公报在国外招致了不利的评价。普恩加莱仍然认为博纳·劳可能比其前任更同情法国的财政困境，认为能够找到一个妥协方案。如果英国人拒绝合作，他准备在没有他们参与的情况下继续进行，在莱茵兰以及莱茵河左岸采取行动。12 月 9 日，的确比劳合·乔治更讨人喜欢的博纳·劳在伦敦建议说，如果法国愿意削减德国所欠的赔偿，英国可能愿意回到 1922 年 8 月《贝尔福照会》的立场上。普恩加莱并非不考虑讨价还价，但其反应总体上是消极的。博纳·劳对寇松说，法国总理一心想要占领埃森（Essen），而且只愿意将法国的索赔额削减至与英国削减法国债务相当的程度。"因此除了为洛桑会议争取时间而拖延外，再也没有任何事情可做。"[20] 由于希望寇松与土耳其人在洛桑谈判时避免一场公开的争吵，博纳·劳求助于拖延的策略，说服普恩加莱将他们的讨论延期至 1923 年 1 月 2 日。

在布拉德伯里和英国财政部为巴黎会议准备动议时，英国人尝试了其他的可能性：德国人将在巴黎呈交一个新方案，更具希望的是向美国国务卿查尔斯·埃文斯·休斯（Charles Evans Hughes）提出一个请求。绝望地试图争取美国人的库诺政府已经在 12 月 12 日接触休斯，提醒其注意普恩加莱正在寻求非直接兼并莱茵兰，而且如果成功的话，将会延长这场欧洲的政治危机。在华盛顿，来访的德国外长提议组成一个有美国人参与的国际专家委员会，以监管赔偿以及一个为期 30 年的互不侵犯协定。休斯同情地予以倾听，但是普恩加莱并不理睬德国人的提议。由于美国人和英国人都不愿意参与一个互不侵犯协定，这一主张被放弃，但德国人的这一行动方针并不是没有效果。法国在鲁尔和莱茵兰的行动将给美国的经济利益带来不利的影响，并且延缓美国在其中拥有利害关系的欧洲和解进程。12 月 29 日，在赔偿事务委员会宣布德国违约四天之后，休斯在耶鲁大学的一次演讲中提出设立一个专家委员会来考虑德国的支付能力，以及在欧洲人提前同意接受委员会建议的情况下提出一个新的赔偿解决方案。休斯许诺将为担保任何可接受的方案而提供美国政府的支持和美国的私人资金。十个月之后，他的这一提议将产生效果。

巴黎 1 月 2 日的会议没有任何突破。普恩加莱拒绝听取德国的任何进一步的方案。他概述了法国人为获得赔偿而想要实施的制裁。博纳·劳提交了英国的方案。英国将取消各个盟友所欠债务，德国的赔偿将相应地削减，这个让步将牵涉到法国所接受的赔偿从总额的 52% 降低至 42%。比利时人将放弃其赔偿支付优先获得权，以补偿法国人。德国人将享有为期四年的完全的延期偿付，而实物偿付被排除在外。在其后的十年里实施一个新的分级的低额偿付日程表之后，将每年偿付 35 亿马克。德国人如果未能尽到其义务，就会被制裁。其中完全没有提到任何具体的、具有效果的保证。普恩加莱对于这样一个计划没有任何兴趣，打消了博纳·劳的种种谈不上真正友好的姿态。英国的这个由布拉德伯里和财政部起草的方案反映了他们对法国人的不信任和厌恶，而且看上去像是有意挑衅。其技术性细节是如此复杂，以至于被派往巴黎的德国代表卡尔·贝格曼打趣说："我宁愿支付赔偿，也不愿去设法理解博纳·劳的计划。"[21] 比利时首相、财政大臣乔治·特尼斯（George Theunis）对于向德国展示的这种极度仁慈感到震惊，并且惊恐于比利时赔付优先获得权受到的挑战。更为重要的是，他明白比利时正在遭受与法国一样的货币与金融问题，极其需要德国的赔偿支付。比利时决定支持法国威胁要在鲁尔采取的行动，但这一决定并不是无条件的。特尼斯根本不想被拽入一场可能将疏远英国人的法国冒险之中，而且竭力捍卫比利时的独立。新近（10 月 29

日）在罗马掌舵的墨索里尼也拒绝英国人的计划，同意跟随法国人进入鲁尔。两位工程师将被派出表明意大利与法国的团结。墨索里尼受到英国不愿在意大利的战债问题上让步的驱使，而且拥有创立一个反英联盟的白日梦，他要求将分享德国的煤炭作为合作的价码。普恩加莱对这位意大利的新领导人没有任何好感，但是他同意了墨索里尼的条件。

法国人和英国人在巴黎不可能达成任何协议。法国人已经提出了他们对鲁尔实施完全的军事占领的计划。1 月 4 日清晨，法国发布命令说占领将于 1 月 11 日开始。面对着占领的现实，英国处在了骑墙的位置，不愿参加一场英国外交部相信是徒劳而且危险的干涉行动，但是也同样不愿与法国关系破裂，与德国站在一边。新近成立的博纳·劳内阁的虚弱性以及媒体所反映的舆论上的分裂，激励其采取模棱两可的态度。一旦法国人实际占领鲁尔之后，英国就采取了一种"善意中立"的政策，这是一种混乱而令人困惑的做法，在实践中是站不住脚的。

法国人为何进入鲁尔？答案远远谈不上简单：部分是因为在巴黎和莱茵兰的首要决策者有不同的目标，但也是因为做出关键决定的普恩加莱容易拖延和摇摆。有些人希望回归到克里孟梭在 1919 年被迫放弃的关于莱茵河的政策，但也有些人是带着一些更为狭隘的经济与安全目标开始的，他们将占领视为永久性地解决对法国至关重要的焦炭短缺的一种手段。鲁尔本身是可以被用于限制德国工业生产和迫使柏林当局遵守《凡尔赛和约》的"卓越的抵押品"。财政部部长夏尔·德拉斯泰里等人反对这些计划，并且一再地向普恩加莱警示国内正在恶化的金融状况，以及占领将带来的不可承受的代价。他驳斥了外交部的雅克·塞杜所做的十分有利的财政预测，坚持认为一切都取决于德国当局的态度。普恩加莱实际上并不指望从鲁尔获得重大的财政上的回报，不过他认为德拉斯泰里过度悲观。

普恩加莱的意图至今仍然是备受争论的话题。他既不是法国冶金界的工具也不是他们的发言人，他很不信任这些人。他也没有决定性地被单个的军事或民事顾问的建议左右。他首先是一位政治家，强烈地意识到国民议会的情绪以及整个国家要求采取积极行动的压力。这位总理在占领的问题上行动迟缓，在 1922 年夏天探索了其他的可能性，但并未成功。迟至那一年的 11 月 13 日，米勒兰声称普恩加莱在部长会议上"猛烈指责'他所预见的来自这一事业的危险'，让所有人吃惊。我打断他说：'军事行动将不会是一场灾难也不是破产。'普恩加莱对此大声疾呼：'我辞职！'"[22]尽管有着这样的戏剧性表现，迄今并不清楚的是普恩加莱主要关心的是赔偿，还是有更为广泛的安全目标。他明白在鲁尔的行动可能从经济上和政治上影响到莱茵兰，明白一个"中立的"尤其是没有普鲁士人的莱茵兰将有助于解决法国的安全问题。最重要的是，法国总理并不想与英国人决裂。就其首要地关注获得关于赔偿问题的解决方案而言，他明白这依赖于英国人和美国人的合作。英国人显然不愿参与占领，但是普恩加莱正确地相信他们不会采取任何举动来阻止法国的行动。他希望伦敦当局可能将渐渐接受法德关系中的一种根本性的调整。甚至连外交部经验丰富的勒内·马西利（René Massigli）也抱有这样的幻想（这部分应当归咎于寇松勋爵），并且认为英国的公众可以被说服去相信在鲁尔的这场斗争并不只是为了赔偿，而是为了一种新的"政治文明的方案"[23]。随着斗争的延长，趋势开始向着有利于法国的方向发展，普恩加莱在经历了相当多的犹豫之后，受到诱惑去将形势变得对于法国人永远有利，而让德国俯伏在地。

出于众多原因，法国人的占领行动在 1 月 11 日开始，但是并未出现任何目的上的统一性或者目标的清晰性。人们在同时追求众多的可能性，在巴黎、鲁尔和莱茵兰制造了相当的混乱。法国领导人当中没有几个人（福煦是例外之一）考虑如果德国人抵抗占领，可能将会发生什么。其结果是在 1923 年 5 月面对着德国人的反对时，福煦、米勒兰、塞杜等人抱怨缺乏组织以及关于未来行动的计划。占领的终极目的此时仍然没有得到确定。

VII

对于鲁尔的占领最终到来了，一些人对此长久期待，另外一些人则很担心。1923 年 1 月 9 日，在倾听德国代表的发言后，赔偿事务委员会（布拉德伯里缺席）判定德国已经在其煤炭交付上"自发地违约"，其交付的煤炭低于往常的配额。两天后，法国和比利时工程师组成的"协约国工厂和矿山控制代表团"（Mission Interalliée de Control des Usines et des Mines，MICUM）在一支军事力量的陪同下进入埃森，旨在确立他们对于当地煤炭的监管。到 1 月 15 日，整个鲁尔河流域已经处于法国和比利时的手中。大约 1.9 万名（后来增多）法国士兵和 2500 名比利时人参与了最初的占领。普恩加莱曾预计法国和比利时当局将夺取充足的木材、焦炭和煤炭，从而迫使德国人"投降"。在普恩加莱 1 月底出席的一次会议上，人们决定应当赶走铁路和邮局里的那些顽抗的德国高级官员，应当在被占领地区的东部

223

前沿以及沿着莱茵河的桥梁和港口建立海关关卡，来自鲁尔的进口和出口应当被纳入许可和税收管理之下。2 月初，协约国驻莱茵兰高级专员公署主席保罗·蒂拉尔（Paul Tirard）被吩咐将鲁尔和莱茵兰在经济上与未经占领的德国其他地方分离开来。

与法国人预料的相反，与来自柏林当局的正式抗议一道，占领引发了德国人的反应，这些反应起初大体上是自发的，但很快就是由德国政府组织和资助的。"消极抵抗"的范围从工厂主和矿山主及工人的不合作、铁路工人的罢工，延伸至实际的蓄意破坏行为。鲁尔的经理人、矿工、铁路工人拒绝工作。施廷内斯和蒂森（Thyssen）的工业帝国停工。这一行为获得了广泛的支持，而且蔓延至莱茵兰。到 1923 年春，已经没有多少货物进出鲁尔，法国的钢铁产业开始受到损害。设立的海关关卡变成了对被占领地区的一道封锁线。占领者在占领地区确立了其对整个铁路系统的控制：一个铁路管理局得以创立，法国和比利时的人员接替了它的管理和运作。他们现在可以运送堆积如山的煤炭和焦炭，这样一来至少法国的一些熔炉可以开工了，但是德国的矿工拒绝补充这些储备。法国人正确地坚信他们能够比德国更长久地承受占领的压力，但他们错误地相信即使是一场代价高昂的胜利也可能是值得的。占领者夺取了位于科布伦茨的莱茵兰委员会的控制权，并且利用其权力来实施他们对占领地区的控制。美国人此前刚刚遵照国会的要求从该委员会退出。作为对于德国人的抵制的回应，法国在莱茵兰的最高专员保罗·蒂拉尔通过莱茵兰委员会，着手实施了许多立法、行政和司法性控制措施，而他本人自 1920 年以来就在为此游说。驱逐德国高级职员（其中大多数是普鲁士人）的第一波浪潮

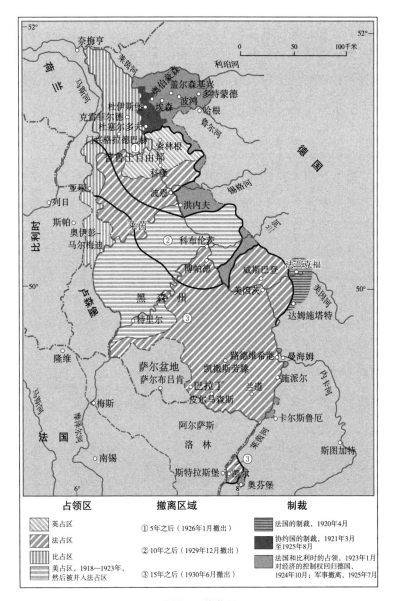

地图 9 莱茵兰

在 2 月开始；对于那些反抗占领者的第二波驱逐，也是更为广泛和系统性的驱逐发生在 4 月。到 10 月 1 日，鲁尔的约 8400 人（被驱逐者及其家人）以及莱茵河右岸的 13 万人离开占领地区前往德国。法国权力的扩大（包括关闭莱茵河的桥头堡，以及占领右岸位于科隆、科布伦茨、美因茨桥头堡之间的狭长地带）激起了德国人进一步的抵制。法国人和德国人都诉诸强硬的策略来实现他们的目的。

随着法国人越来越深地投入占领事业之中，巴黎的官员们变得越来越乐观。外交部强有力的副外长雅克·塞杜谈及在赔偿得到支付后将逐步地撤出鲁尔，谈及持续长久地占领莱茵兰，而这样说的人并不只有他。许多人呼吁一个自治的莱茵兰或者法国在该地区的永久性存在，而且巴黎的最高国防委员会（CSDN）对此进行了细致的考虑。无可否认的是，普恩加莱在外交部的顶级助手、政治事务主管、激进政策的主要支持者佩雷蒂·德·拉·罗卡（Peretti de la Rocca）在这些方案中的一个较为野心勃勃的方案上匆匆写下了这样一句话："极好的计划，如果英国不存在的话。"[24]普恩加莱本人仍然犹豫不决，对莱茵兰分离主义的可能性没有把握。路易·卢舍尔在 1923 年 4 月访问伦敦，他错误地认为此次访问将促成英法的谈判。这次访问揭示了法国野心的程度，让英国保守党首相博纳·劳及其财政大臣斯坦利·鲍德温大吃一惊。英国反对派领导人拉姆齐·麦克唐纳强烈反对卢舍尔关于建立一个自治的、中立的莱茵国（Rhenish state）政府的建议。随着法国人的意图从短暂占领以确保德国人支付赔偿转变到更为野心勃勃的可能性，比利时人也很不高兴。特尼斯曾希望德国迅速低头，以及达成一个比利时将在其中扮演一个调停角色的温和的解决方案。无可否认的是，比利时人根本没有反对成立铁路管理局，而且全面参与了夺取生产性抵押品，但是特尼斯希望尽可能快地撤出鲁尔，而且最重要的是避免法国在该地区永久性地存在。到仲夏时，在已经尝试让英国人参与但并未成功之后，布鲁塞尔当局开始对占领失去信心。由于无法掌握普恩加莱的意图，而且在国内面对着弗拉芒人（Flemings）和社会主义者的反对，比利时人敦促解决冲突。

英国军队此前仍然驻扎在其莱茵兰的占领区内，它将法国和比利时的占领区分隔开来。英军的存在同时受到了法国人和德国人的欢迎。英国所谓的"善意中立"政策意味着尽可能地保持一种不干涉的政策。彻底的不行动是不可能的。英国人允许法国人使用一条穿越其占领区的一个小角落的铁路，准许每天运行十列军用和两列食品火车。但是法国和德国的报复性关税也带来了种种难处，伦敦当局不得不通过谈判为英国商人赢得一定程度的保护。尽管英国的一些产业，比如煤炭、钢铁以及化工从这场危机中受益，短暂地消除了来自鲁尔的竞争，但从更长时间来看，德国的恶性通货膨胀以及欧洲贸易的混乱损害了英国的商业。寇松勋爵在 2 月从洛桑回到伦敦，重新控制了外交部；直到 4 月，英国主要实施消极政策。英国公众的情感起初是分裂的，此时则背离法国转向德国，但是博纳·劳所在的保守党后座议员们仍然坚定地亲法。在财政部和外交部，高官们高度怀疑法国的意图，许多人希望占领将会失败，希望巴黎当局将会看到自身方式的愚蠢。甚至连外交部历来亲法的常务次官艾尔·克罗也坚持认为占领鲁尔是非法的，而且相信采取一种更为积极的反法路线是必要的。克罗警告说，英国将会被法国人和比利时人"挤出来"，"欧洲的整个形势将会因法国人的固执被毁灭"[25]。寇松仍然保持谨慎，渴望避免任何可能被解读为反法的直接行动。他试图向普恩加莱施压，弄清其在鲁尔的目标，以便为开启谈判提供基础，但是这位法国领导人声称这些目标已经是清晰的，只有在德国支付赔偿之后，才会从鲁尔撤出。4 月 20 日，在对英国上议院的一次演讲中，寇松要求德国人以某种形式的提议来打破僵局，鼓动他们说，如果对话开始，（英国）未来可能会提供帮助。尽管这一试探性的动作标志着英国外交上变化的开始，但是寇松很快就埋头于国内的事务，这些事情让他忙碌了好些星期。此前博纳·劳的健康状况崩溃了，他在 5 月 20 日辞去了首相职务。寇松曾担任博纳·劳的副首相，而且希望继承他的职位，但经验没有如此丰富、资历相对欠缺的鲍德温获得了任命。

德国政府采取措施来支持被占领地区的民众，同时不遗余力地强化抵制运动。在 1923 年最初的几个月里，德国政府确定了一项莱茵河-鲁尔地区援助制度，根据这一制度，政府及雇主们同意支付罢工工人全薪以反抗占领。德意志帝国银行向实业家延长短期的纸马克信贷，而一些专门的机构和私人协会向工人们发放失业救济。这些支付助长了本已因持续使用印刷机（印钞）而泛滥的通货膨胀。在 1922 年冬天和 1923 年春天，启动金券贷款（gold note loan）的努力彻底失败了。流通纸钞的数量出现了巨大的增长。地方政府当局以及较大的工业和商业公司开始印制自己的钞票，加剧了金融混乱。德国政府寻求各种途径来重新实现控制，但是库诺总理的努力持续被以牺牲工人为代价、不愿无偿投入其资产的实业家所阻止。随着实际薪水开始落后于物价上升，以及失业率攀升，工人阶级的情绪变了。消极抵制本身变成了一种目的。抵制占领不仅没有将德国团结起来，而且加大了国内的分裂，因为每个利益集团都指责另一个集团做出的牺牲更少。恶性通货膨胀开始打击社会所有阶层，而不只是早先受损的那些。随之而来的士气低落对于这个年轻的共和国来说是一种持久的打击。

在 7 月的最后一个星期里，大批的罢工和暴乱席卷鲁尔和未经占领的德国地区。莱茵兰的地方当局开始崩溃，需要右翼支持的普恩加莱拒绝结束法国长期以来在这里提供的补贴，尽管他并未给分离势力领导人提供个人的鼓励——这些领导人是他所不信任甚至蔑视的。在萨克森和图林根，共产主义者和社会主义者建立了联盟政府，并且加入了应对德国国防军的可能行动的共同防御组织。在巴伐利亚，极右翼民族主义运动展现了它们的力量；阿道夫·希特勒的民族社会主义德国工人党（NSDAP，即纳粹党）获得了新的成员和重要性。德国的政治统一正面临着压力。当德国国会在 8 月的第一个星期召集时，库诺政府的破产已经显而易见了。具有讽刺意味的是，就在库诺政府下台前，国会接受了新的基于金本位的税收制度，它构成了"走向稳定化的坚实的第一步"[26]。到 8 月 11 日库诺辞职时，德国已经处于严重的危机状态。作为保守的德意志人民党领袖的古斯塔夫·施特雷泽曼组建了第一个大联盟政府，内阁中有 4 名社会民主党成员，包括身为财政部部长的鲁道夫·希尔费丁（Rudolf Hilferding）。1923 年的秋天是魏玛共和国历史上最糟糕的时刻之一。

作为对于寇松在 4 月的演讲的回应，德国做出了一个提议（大体上是由凯恩斯起草的），包括一个为期 4 年的无担保的延期偿付，但是对于未来的支付并无任何保证。这完全是不可接受的，寇松要求一个更好的方案。柏林当局在 6 月 7 日提出接

228

受由一个公正的专家委员会来决定德国的债务，并且提供特定的担保来确保赔偿的支付。但是对于结束消极抵抗并无任何提议，而没有这种提议，普恩加莱拒绝谈判。他已经对一个将减损给予赔偿事务委员会的权威的新委员会抱有疑虑。法国人和比利时人要求一致向德国施压以使其放弃消极抵抗；寇松停步不前，并且做出反击，要求法国更为清晰地阐述如果德国屈服时将在鲁尔推行的政策。法国人此时越来越有信心取得成功，没有显示出任何匆忙对话的倾向。相反，此前在法国外交部得到讨论的那些遥远的目标看起来触手可及。英国人震惊于法国人毫不妥协的态度，而且担心德国可能陷入混乱之中，伦敦当局的官员开始敦促进行干预以抑制法国人。寇松最终失去了耐心，批准起草了一份措辞强硬的批驳性照会。由克罗起草并在8月11日发出的这份照会断言占领是非法的（这是一个具有争议的判断），而且不会对赔偿支付问题有任何帮助。相反，照会提议应当由一个包括德国和美国代表在内的专家委员会调查德国的赔偿支付能力。该照会以威胁结尾：将"考虑"为加快达成一个解决方案而进行单独行动的可能性。这一结尾处的修辞并未得到内阁的实际许可，只是装腔作势，最终归于失败。法国人做出的详细答复对英国的理由进行了逐条反驳，比利时人的回复即使没有这么敌对，也同样是消极的。伦敦当局没有任何后续的动作。此时正是假日期间，内阁成员分散了，甚至连勤勉的克罗也度假去了。

　　保守党的一些高级成员认为寇松的照会过于强硬，要求鲍德温与普恩加莱会晤来弥补损害。正在考虑以（关税）保护问题而展开选战的鲍德温采取行动来安抚其党内的那些不安宁的亲法人士。在从法国艾克斯莱班（Aix-les-Bains）度假归来时，他 9 月 19 日在巴黎与普恩加莱会晤。为了结束这些"诚恳的误会"（mésentente cordiale），鲍德温流露出善意，而且渴望安抚这位法国领导人。普恩加莱表示他准备与德国谈判，而且根本不想分裂这个国家，鲍德温接受了他的这些保证。他几乎没有注意到普恩加莱对于撤出鲁尔未置一词。更为糟糕的是，在寇松看来，在会晤后发布的新闻公报强调这两位领导人"看法一致"。寇松认为鲍德温无能地丧失了英国对于法国的全部压力，对此惊骇不已。普恩加莱似乎将所有的王牌都掌握在手中。正如奥斯汀·张伯伦向其姐妹抱怨的那样："在我看来，我们正在变成欧洲的长舌妇。我们四处在人们的面前摇晃着拳头，发现这个必须被改变，那个必须停下来。我们让自己被讨厌、不被信任和受到误解，最后我们一无所获，然后退回到一种屈辱的沉默，或者费力地解释我们是如何满意。"[27]

　　除了德国人屈服之外，似乎没有任何解决僵局的办法。对于施特雷泽曼要求给予帮助的呼吁，英国人反应迟钝。这场斗争的继续将导致经济可能还有国家的解体。施特雷泽曼在没有放弃消极抵抗的情况下想与法国人开启谈判，但他的这些努力遭遇了沉默。普恩加莱要求已经在 9 月 1 日欢迎施特雷泽曼的提议的比利时人立即拒绝它们。9 月 26 日，德国总理展现出作为其随后的职业生涯标志的务实精神和战术灵活性，做出了让步，停止了对鲁尔的补贴，同时保持着大多数的其他抵抗措施。他预计普恩加莱此时将会愿意谈判。然而，后者拒绝谈判，直到所有的抵抗法令被取消，鲁尔的工业巨头及工人恢复生产和恢复对法国的交付。普恩加莱的沉默让他的许多国民困惑和愤怒，英国人和美国人也是如此。

　　对于普恩加莱的这种行为，如今有着各种可能的解释。他可能原本希望进一步利用德国的虚弱来强化法国的地位，然后再就赔偿问题进行新的谈判。也有可能是优柔寡断或者甚至是怯懦阻碍他采取进一步的行动，或者是在这个危机时刻对作为一种约束措施的合法性和秩序的基本尊重。或者如同他对那些批评其行为的法国人所说的那样，他可能是想到法国的财政恢复以及欧洲的稳定依赖于与英国的友好关系，而英国将永远不会支持法国单独与德国达成一个协议。他知道华盛顿当局将会反对此类解决方案。但是，如果其首要目的是为赔偿问题带来一个有利的解决方案，其随后在鲁尔和莱茵兰的动作只是证实了英美的怀疑，也就是认为他的目的在于肢解德国，打算对凡尔赛和平解决方案进行根本性的重新调整。普恩加莱失去了一个在最恰当的时刻采取行动的机会，这个时刻如果不是在 10 月，那就是在 11 月的 MICUM 协议之后。由于鲍德温的干预，法国的外交形势曾短暂改善。鲁尔当局在 10 月与占领地区的实业家、工人以及地方当局开始了直接谈判。莱茵钢铁集团及菲尼克斯集团（Rheinstahl and Phöenix）工厂的奥托·沃尔夫（Otto Wolff）与 MICUM 的协议在 10 月 7 日签订，条件对法国十分有利。两天前，与一个由胡戈·施廷内斯率领的六名实业家组成的代表团的对话已经开始，尽管施特雷泽曼并不愿意承认他们有权利以德国的名义谈判。当这些谈判正在继续时，普恩加莱拒绝法国实业家加入谈判，或者考虑通过在赔偿问题上做出让步而换取更为广泛的协议。在比利时仍然跟随，法国显然仍然在走运的这样一个时候，普恩加莱没有向赔偿事务委员会提出任何建议。

十分令人怀疑的是，如果瞩目于达成一份赔偿协议，普恩加莱会将设立一个独立的莱茵兰作为撤退的条件，尽管他的一些官员相信此时可能以有利于法国的方式重建欧洲均势，在消极抵抗结束之后尤其如此。普恩加莱也许曾经打算将鲁尔和莱茵兰这两个问题分开处理，尽管这两者之间有着明显的相互联系。莱茵兰的经济溃败和法国人在当地提供的支持刺激着分离主义者的情感，但是这些分离主义运动此前的整个历史表明，真正的分离主义只对少数人具有吸引力，而且那些活跃分子最多只能算是一群乌合之众，他们未必支持法国。但是在 1923 年的夏天里，那些平庸无能、不负责任、喜欢争吵的领导人已经开始酝酿一系列支持莱茵地区独立的示威游行。普恩加莱此前已经避免进行私人联系，并且对由保罗·蒂拉尔和让·德古特（Jean Degoutte）将军提供的有限的支持表示了怀疑。不过在夏天的几个月里，他准许向他们的夏季集会提供支持，尽管分离主义领导人之间激烈争吵，而且法国人对于这些相互竞争的组织之间能够团结的愿望受挫。1923 年 9 月 30 日，提前得到警报的德国警察与分离主义分子在杜塞尔多夫爆发了一场公开而血腥的冲突，后者溃败。这原本应该让巴黎当局三思，但至少佩雷蒂认为普鲁士人的这个残暴的例子可以被用来加强分离主义情感。[28]普恩加莱的反应很含糊。尽管其被警告说左岸的多数意见是反对分离主义的，而且他担心分离主义者行为的不可预知性，但是他并未采取任何措施来阻止占领当局与分离主义者之间仍在持续的勾结。

231

让法国人吃惊的是（尽管比利时人并非如此），比利时占领区内的亚琛在 10 月 21 日凌晨发生了一场暴动，一个独立的莱茵共和国在科布伦茨宣布成立。这场运动蔓延至法国占领区。分离主义者夺取了波恩和杜伊斯堡。10 月 22 日，他们的谈不上受人尊敬的领导人汉斯·多滕和约瑟夫·多滕（Joseph

Dorten）自行宣布为莱茵兰的一个临时政权的共同负责人。让包括蒂拉尔在内的法国官员们普遍吃惊的是，普恩加莱决定支持这些反叛者。这位总理此前从未宣告其赞成一个独立于德国其他部分的政府，而且其在莱茵兰的代表们即将与"法制主义者们"（legalists）开始会谈，这些受到尊敬的莱茵兰人是他以前所欢迎的。无可否认的是，在巴黎和莱茵兰都存在着相当程度的混乱。外交部向其代表们发出的电报指令显示出匆忙和临时的迹象。如果说此前被引导遵循一种"善意中立"政策的蒂拉尔吃惊于普恩加莱的决定，此时他则迅速地改变了策略，公开支持分离主义者。随着对分离主义领导人能力的怀疑不断加深，他警告外交部说，由于分离主义领导人自身没有任何管理能力，他们将依赖于法国当局来保持公共服务的运转。10 月 23 日，在一次单独而独立的行动中，一个自治的巴拉丁共和国在施派尔（Speyer）宣告成立，它得到了民众相当之大的支持，这些民众出于经济上和政治上的原因而反对巴伐利亚，而且他们对慕尼黑的右翼专制主义分裂分子没有任何同情。蒂拉尔寻求指示。普恩加莱打算不先给予财政上的支持，直到他弄清楚施派尔政府是否将支持法国。他向蒂拉尔抱怨说："你的电报情报是自相矛盾和难以理解的。"[29]法国人向反叛者提供了资助，尽管法国驻施派尔的总代表德梅茨（de Metz）将军常常在没有得到外交部支持的情况下，在巴拉丁共和国追求一条独立的道路。蒂拉尔在 10 月 29 日来到巴黎，表达了其对莱茵兰的"临时政府"的疑虑，告诫说如果德国人切断被占领地区的所有失业救济，所有财政负担将落到法国的肩上。在他看来，与莱茵兰的那些受到尊敬的代表谈判将收获更多，这些人已经与其进行联络。普恩加莱批准了对话。其最重要的计划原本可能是在

232

国联的支持下实现莱茵兰的彻底独立，但是他准备接受一个在德国之内以某种形式自治的莱茵兰。时间是至关重要的。对于那些可疑的分离主义者的支持可以被用来加快与那些知名人士达成协议。前者可以在任何时候被抛弃，但是他们的行动具有有限的"截止日期"。

这些事态所处的国际背景正在迅速变化。1923 年秋，英国人开始觉得一个更具干预主义特点的政策是必要的。甚至在科隆占领区，他们也曾经倾向于采取一种拖延和阻碍而不是对抗的政策。寇松的恐法症正在加剧。通过窃听装置以及被破译的普恩加莱与法国驻伦敦大使之间交流的信息，他在 10 月了解到一场说服鲍德温以一个更为亲法的外交大臣取代他的阴谋。他对普恩加莱的不信任已因后者在近东的动作而达到了空前的程度，他现在甚至拒绝会见法国大使圣奥莱尔。由于确信普恩加莱将被占领问题打败，财政部（即便外交部并非如此）愿意让德国陷入绝境，从而暴露法国地位的虚弱性。寇松 10 月 5 日向帝国会议（Imperial Conference）所做的演讲谴责法国渴望实现对欧洲大陆的主宰。他再度要求普恩加莱表达观点，但是并未引起任何回应。在等待普恩加莱回应的过程中，英国人将目光投向了大洋彼岸的美国。

此时在美国出现了一些有利的迹象。在哈定总统突然去世之后，卡尔文·柯立芝在 8 月初成为总统。柯立芝冷静而出名地沉默。在 10 月 9 日的一次演讲中，他赞许地提到了由查尔斯·休斯在 1922 年 12 月提出的召集一个专家委员会的建议。10 月 15 日，作为对英国请求的回应，在美国新政府中仍然担任国务卿的休斯表示，来自欧洲国家的任何一致的信息都将得到仔细考虑。休斯起初考察了英国人提出的建议，也就是举行

一次经济会议以调查德国的赔偿支付能力，以及就其支付事宜递交一份计划，但是他更倾向于他此前在纽黑文的演讲中提出
233　的更为非正式的方式。创立一个有美国人参加的赔偿专家委员会将避免关于战争债务的任何讨论，并且会鼓励对赔偿问题采取一种非政治的方式。尽管全神贯注于即将到来的大选，但无疑是在休斯的鼓励下，寇松将关于举行一次国际经济会议或者创立一个由赔偿事务委员会主管的专家委员会来提出建议的可能性，告知了法国、比利时和意大利政府。普恩加莱回应说，他不会支持举行一次会议，但是在布鲁塞尔和华盛顿当局征询意见之后，他在 10 月 25 日原则上同意由赔偿事务委员会设立一个有美国人参加的顾问委员会，尽管他在随后的日子里又明确了一些具体的条件。普恩加莱已经接受了一个他当年夏天曾经拒绝的建议，显然是为了利用鲁尔这张牌来设定此次调查的条款和条件。他要求由赔偿事务委员会任命专家，要求不得对 1921 年 5 月 21 日设定的德国债务总额做出任何削减，要求消极抵抗停止下来，而占领应当持续下去。他还坚称，欧洲对美国人的任何邀请应当明确一点：委员会的任何调查只能考虑德国现在的支付能力。当他同意法国代表兼赔偿事务委员会主席路易·巴尔都应当向其委员同伴们阐述这一最后的建议时，普恩加莱的立场已经有所动摇。他现在致力于一场调查。

　　由于希望美国人参与一个总体的战争债务与赔偿解决方案（这些希望很快破灭），而这将缓解法国的财政压力，普恩加莱最终利用其在鲁尔的赌博来渔利。如今有人认为，在普恩加莱 10 月 24 日支持分离主义者的决定，与其愿意接受设立一个专家委员会之间存在一种联系。[30]他的政治地位正在开始恶化，比利时人反对现行的为分离主义者承担责任的政策，而美国人拒绝就战争

债务问题谈判。这是一场赌博，但是他有一些牌可打。这也许是分离主义运动可能预示德国的解体，或者至少迫使那些著名人士谈判将导致莱茵兰脱离德国的条款。不管怎么说，在向专家委员会强加其条件方面，法国将处于更有利的地位。

1925 年 10 月 25 日，鲍德温公开警告说，英国将不会容忍德国的解体或者其任何一部分成为一个独立的国家。这一警告对于比利时人来说是决定性的。比利时外交大臣亨利·贾斯珀（Henri Jasper）决心清除其莱茵兰占领区的分离主义分子，这些人已经在互相交战。这些人受到驱逐，导致他们被孤立在法占区里，并且让法国失去了唯一的盟友。11 月 10 日，寇松勋爵警告法国人说，建立一个莱茵共和国将意味着牺牲法国人（应得）的赔偿。普恩加莱做出了绝望但徒劳的努力来赢回比利时人，后者在英国人加入对话的情况下才愿意谈判。到 11 月底，法占区的各种运动已经衰退。德古特将军因为担心破坏与德国实业家的对话，拒绝允许在鲁尔进行任何分离主义的煽动。在一场真正的抗议运动的巴拉丁共和国，新政府在冬季的几个月里蓬勃发展。它的金融法令必须由莱茵兰委员会批准，但是英国人可以在这里阻止进行登记（registration）。普恩加莱个人的威望发挥了作用，但由于法国法郎面临着压力，而且比利时人不愿在英法争吵的时候采取行动，在英国进行一次调查并且在 1924 年 1 月多次威胁将透露其关于法国行为的发现之后，法国人选择了退却。对于巴拉丁的金融稳定及其回归巴伐利亚的主权管辖之下，莱茵兰委员会做出了安排。对于普恩加莱和法国来说，这是一场"昂贵的冒险"。这个故事拥有一个悲剧性的结尾。由于没有德国的救济，来自法国的资助被切断，一伙失业工人在民族主义煽动者的鼓动下，在 2 月 13 日晚上点燃了一个分离主义者的兵营，并且将那些逃离的人射杀或者砍死。这是分离主义事业的一个血腥的结局。

法国人的主要努力在 10 月底转变为与莱茵地区名流的谈判，其中包括科隆市长康拉德·阿登纳和他的亲密同事、莱茵银行家路易斯·哈根（Louis Hagen）。法国人在莱茵兰遵循着与在鲁尔一样的路径，希望通过与有影响力人士的谈判来达到他们的目的。面对着当地民众的贫困以及精神的低落，阿登纳小组向柏林当局要求要么继续由德国提供补贴，要么给予直接与法国人谈判的权利。施特雷泽曼当时在同时对付萨克森和图林根的左翼反叛，以及在慕尼黑的一场牵涉到鲁登道夫将军的民族社会主义分子的暴乱，因此并无多少选择。补贴起初继续提供，但是在 11 月底中断，以免它们破坏当月月初启动的一个新的货币计划的信誉。在 11 月中旬蒂拉尔和阿登纳的一场耽搁已久（这些耽搁起初是因为法国人，后来是因为德国人）的会晤中，这位莱茵领导人谈到法国和德国工业界之间的一项协定，并且提出了通过宪法的手段实现一个自治的莱茵共和国的可能性。这些名流并未提供足够多的东西来让蒂拉尔感兴趣。他们的建议被拒绝，导致了"十五人委员会"的解散和一个更为广泛的"六十人委员会"的创建，但阿登纳仍然是其首席发言人。11 月末，他拒绝了蒂拉尔关于成立一个莱茵国的原则，主张莱茵兰的任何政治解决方案将必须伴随一个总体的赔偿与经济协议。普恩加莱对于这种显然的倒退火冒三丈，因为随着莱茵兰的（弗里德里希·）马特斯和多滕政府的崩溃，时间已经所剩无几。德国政府在 11 月底发生了变化，新内阁中中央党人和莱茵兰当地人威廉·马克斯（Wilhelm Marx）任总理，施特雷泽曼担任外长，依照紧急状态法进行统治，这个新内阁加大了对阿登纳的压力。尽管马克斯允许阿登纳继续对话，但是新内阁不愿接受莱茵兰地位的任何变化。阿登纳自己的立场是复杂的，但是他对柏林已经变化的形势做出了反应。尽管他此前瞄准一个以联邦制方式加入德国、在行政上独立的省份，但在后来与法国人的对话中，在莱茵地区货币计划于 12 月失败之后，他将他们的焦点从政治层面转向经济层面。到 1 月初，随着法郎面临严重压力而马克在恢复，这些对话被放弃了。德国人的拖延战术被证明是成功的。

　　法国人建立一家莱茵银行的计划也在 1923 年 12 月至 1924 年 1 月破灭了。法国人长期以来计划创立一家莱茵地区的金券银行，其金券将在所有被占领的省份流通。如果他们是主要的担保者，他们将获得对莱茵地区的金融控制，可以加速将莱茵兰从德国分离。建立一家莱茵银行的早期尝试已经遭到德拉斯泰里的反对，他担心其对法国自身已经弱化的金融状况的影响。10 月底，当德国政府最终决定创造一种新的由黄金支持的货币时，法国人为实现其野心也进行了最后一次尝试。随着德国救济即将结束，莱茵银行家路易斯·哈根支持以一种基于黄金的莱茵货币作为恢复该省繁荣的一条途径。在比利时和法国的支持下，该银行将主要由莱茵兰人提供资金，但是它将依赖于英国和德国的默许。在莱茵兰委员会批准这个"德国地租银行"（German Rentenbank）以及德国新货币进入被占领区之前，该计划必须投入运行。法国法郎的虚弱、英国的反对以及他们对地租马克①的支持，使法国不可能筹集到必要的资金。比利时　236

---

① 地租马克又称地产抵押马克，是德国在 1923 年 11 月推出的货币，用以遏制当时的恶性通货膨胀，取代了一文不值的纸马克，但只是作为暂时货币，不久后被帝国马克取代。

人拒绝给予支持，除非莱茵兰人在这家银行有着主要的利益，而且该银行得到德国人的同意。12 月初，马克斯内阁否决了这一单独的货币计划，并且谴责了莱茵地区的自治主义。魏玛政府和德意志帝国银行的联合反对大大超过了来自胡戈·施廷内斯等德国实业家的有限支持；施廷内斯此前通过收购濒危企业极大地扩大了其帝国，此时正需要流动资产。

与鲁尔实业家正在进行的 MICUM 谈判较为成功。1923 年10 月和 11 月达成了多份协议，规定重新向法国交付煤炭并以现金和实物的形式支付进一步的赔偿。最终的 MICUM 协议在11 月 23 日缔结，法国将获得多达德国产量的四分之一，直到1924 年 4 月，届时这些协议将被更新。施特雷泽曼再度被迫同意这些会谈的进行。他勉强同意煤炭税应当被作为国税对待（taxes to the state）。其他所有的支付将被视为赔偿，用于支付占领费用，但是最终将归入赔偿账户。这对于德国的工业来说是一种较为沉重的负担，因为柏林当局并未补偿它们。鲁尔那些有强大组织和有限债务的公司经受住了这场暴风雨的考验，但是其他公司（甚至包括施廷内斯的组织）主要建立在通货膨胀所带来的好处之上，很快就陷入了严重的困难。法国人已经赢得了煤炭和焦炭的交付，这曾经是连续多届政府的目标。这些被延伸至鲁尔其他产业的协议原本也许可以利用来从德国人那里获得进一步的让步，但是法国的钢铁业、煤炭生产者和政府无法商定一条共同的阵线。和施特雷泽曼一样，普恩加莱怀疑实业家之间的私人协议可能让钢铁厂而非法国受益。由于需要资金（地租马克并未在占领地区发行，因为德国人担心其被法国人抢走），鲁尔的冶金界人士在施廷内斯的领导下，在1923—1924 年的那个冬天拿出他们的矿山及产业的大批存货出售。被更为强大的德国人支配的担心、法国铸造委员会（Comité des Forges）成员之间的分裂以及政府与冶金业者之间的分歧，再次阻止了这些推动法德融合的努力。类似地，由法德经济合作长期提倡者——德国人阿诺尔德·雷希贝格（Arnold Rechberg）提出的一个关于赔偿与冶金问题的宏大解决方案，也未能获得德国或法国政府的支持。到 1 月时，施特雷泽曼准备进行干预以捍卫德国未来的经济利益，但是不得不向他的实业家们提出的分担支付负担的要求让步。普恩加莱的确在 4 月中旬这一终止日期之后赢得了 MICUM 协议的延长。在讨论道威斯计划期间，柏林当局主要是为了避免冲突而对此容忍，在道威斯计划这一新的赔偿计划实施之后，这些协议不得不被放弃，随之而去的还有法国保持其在鲁尔的矿山和钢铁厂里的那些利益的希望。

237

VIII

新成立的专家委员会在 11 月 30 日会面。遵循英国代表布拉德伯里的建议，在尊重法国人的自尊心的同时，仍然为由美国人要求的更为广泛的调查敞开道路，赔偿事务委员会同意设立两个专家委员会。第一个将考虑平衡德国预算和稳定货币的不同手段；第二个委员会旨在安抚法国人，将估计德国的资金输出数量并且注意其回流情况。此前已对占领鲁尔的作用产生怀疑的法国代表巴尔都说服了普恩加莱，让他相信他必须谈判。法国总理此时的处境远远不如在消极抵抗已经停止的 9 月时。他曾拒绝考虑与德国人达成一份双边协定，该协定据称得到了米勒兰总统的支持，它将鲁尔的煤炭、洛林的铁矿石和法国在莱茵河上的安全等问题集中在一起。普恩加莱对解放区部长夏尔·雷贝尔（Charles Reibel）说："与德国的讨论将会让英国不安。如果他们想要迫使我接受那种政策，我将送上内阁的辞职。"[31]法郎汇率继续不均衡地下跌，生活成本开始上升，影响到基本的食品，普恩加莱的政治地位也弱化了。选民们开始对占领感到厌倦，因为在小投资者正因为法郎走软而受损的时候，占领并未带来任何可见的经济上的好处。这位处于强大压力之下的总理意识到，如果法国不想被孤立于英美这两个其金融支持正在变得势在必行的大国之外，他就必须接受专家委员会。尽管一再试图限制道威斯委员会的工作范围并且寻求英美新的保证，但他被迫做出让步。

正当这两个委员会开始工作时，1924年1月24日，巴黎的证券交易所（Bourse）出现了一阵恐慌，法郎持续暴跌两周。法国政府通过引入新的税收计划来做出回应，这项计划于3月在并不情愿的国民议会和甚至更为敌对的参议院被推动通过。在大选前的热烈氛围中，成为日常辩论最基本问题的是国内问题而不是对鲁尔的占领。在因议会长达数周的阻挠而精疲力竭之后，普恩加莱开始丧失其闻名遐迩的恢复能力。尽管国民议会批准了新的税收一揽子计划，法郎却再度暴跌。各个证券交易所陷入恐慌，这种恐慌由于在阿姆斯特丹运作的外国投机者而加剧，而且牵涉到中欧的一些最受尊敬的银行。无论是德国还是英国的政府都没有直接地干预，但是两者都欢迎法郎的这种窘境。纽约和伦敦对法国的呼吁做出了反应。摩根公司向法兰西银行提供了一笔美元信贷，帮助拯救了法郎。无论是这些银行家还是美国政府都没有将这笔贷款与法国接受专家委员会的建议联系起来，但是法国人已经准备一旦德国让新的赔偿方案生效，将放弃那些妨碍鲁尔地区经济活动的措施。

随着法国聚焦于预定在 5 月 11 日举行的大选，人们对更高的税收以及在鲁尔保持占领力量失去了热情，尽管后者的费用是由德国的支付来覆盖的。相反，德国正走在恢复的道路上，公众的信心也在复苏。马克斯的中间派 - 自由主义联盟正在依据一部限定时长的（limited duration）紧急状态法开展工作。行政权此前已经交给国防军总司令冯·泽克特将军，马克斯、施特雷泽曼以及右翼组织因为希望维持秩序而都已向其示好。紧急状态法因为左翼和右翼的骚乱而一直持续至 1924 年春天，这些骚乱包括希特勒和鲁登道夫 11 月 9 日在慕尼黑的未遂暴乱。紧急状态法遏制了魏玛共和国的各种分裂力量，但其代价也是相当之大的。德国共产党的确因为其在萨克森和图林根行动的失败而丧失了很大一部分攻击性力量，而且很快因为内部的分裂而无法活动。在 1930 年以前，它对国家的稳定不构成任何威胁。相比之下，更令人担忧的是德国国防军领导人在巴伐利亚危机时刻的含糊态度，以及在德国当局的权威得以恢复之后反对魏玛共和国的情绪仍然存在。对于这个共和国的未来甚至更为危险的，是恶性通货膨胀对该国那些最受尊敬和遵纪守法的公民的影响，他们已经看到他们社会的崩溃，并非全然没有理由地将其积蓄、薪水、报酬和利润的缩水归咎于民选的政治家。

对于经济崩溃以及政治解体的担心，迫使不同的利益集团支持一项金融稳定化计划。对于马克斯 - 施特雷泽曼内阁来说，这是一场漫长的、零打碎敲的、艰巨的战斗。承诺在 10 月中旬出台的新的"地租马克"直到一个月之后才可供使用，而且到那时数量受到了限制。在 11 月初，面包的价格已经增长至 1650 亿马克，是其三周前价格的一万倍。亚尔马·沙赫特（Hjalmar

239

Schacht）在 11 月 12 日被任命为货币局长，并且随后成为德意志帝国银行行长之后，才为旧马克兑换成新的货币铺平了道路，德意志帝国银行才停止印刷纸币。沙赫特的"黄金贴现银行"（Gold Discount Bank）得到了英美信用的支持。1924 年 4 月 7日，面对新的通货膨胀压力，沙赫特强制实行了有效的信用冻结，确保了货币稳定计划的成功。此外还通过结束对莱茵兰和鲁尔的补贴以及大幅削减行政部门，采取了各种措施来平衡预算。一种基本的、来之不易的税制改革的引入，迫使政府和市镇设法进行必要的财政改革。这些新改革的实施并不是经由国会，而是通过使用依据宪法第 48 条的总统权力所发布的一系列的紧急法令。预算盈余在 1924 年底已经产生。

金融的稳定堪称绝妙一击，但也不是没有代价的。信用限制对经济中小部门的冲击很严重，而且将产生政治影响。1930年纳粹党的相当一部分选票代表了这些受到沉重打击的小农场主和小生意人。此外，作为 11 月的这一行动的一个结果，钞票变得极度稀缺。非常高的利率以及一种新的稳定货币的前景，再加上达成一个国际赔偿协议的可能性，突然间使德国的投资前景具有了吸引力。纽约的各家银行开始大规模提供短期信贷。德国突然间充斥着短期信贷，它将其用于结构性投资①。短借长贷使其容易受到未来的任何金融危机的伤害。稳定是在没有国际行动的严峻形势下取得的，这无异于放大了本该在 1921 年采取的类似行动的可能性。无可否认的是，施特雷泽曼的"大联盟"在此过程中不得不被牺牲。国会最大的党派社会民主党

---

① 结构性投资工具是银行支持的一种投资业务，主要销售商业票据等短期债券，购买次贷债券等长期债券。其利润所得主要来自短期债券和长期债券之间的利差。

一心想要保住八小时工作日，在 11 月底拒绝加入马克斯领导的少数派政府。雇主们得以逆转劳工在 1919 年赢得的一些好处。冲突的舞台就此布下。稳定化未能促进为共和国有效运转所需的政治共识。大多数政治家同意如果稳定计划要持续下去的话，就需要对赔偿方案进行进一步的修订。

IX

由赔偿事务委员会设立的专家委员会在 1924 年 1 月开始工作。华盛顿当局指派了一个强大的代表团。其领导者包括查尔斯·道威斯（Charles Dawes），芝加哥银行家和前预算主管、著名的亲法人士和一流的公关家；欧文·杨格（Owen Young），通用电气和美国无线电公司的董事长；还有亨利·M. 罗宾逊（Henry M. Robinson），加利福尼亚的银行家。柯立芝当局通过坚称代表团成员都是个人身份来保护自己的地位。但是其非正式的支持以及美国的金融实力，确保美国代表们将扮演一个主导性角色。由道威斯担任主席的第一委员会不仅应对德国的预算与货币体系，而且负责准备一个新的赔偿计划。十分精确的技术性细节主要由英国的乔赛亚·斯坦普（Josiah Stamp）爵士和比利时的埃米尔·弗朗奎（Émile Francqui）来制定。第二委员会很快得出结论：只有恢复对德国货币的信心，才能阻止更多的资金流到国外，并且引起资金的回流。成员们在对德国资本输出的评估方面无法取得一致意见，因此该委员会提出的是一个他们认为可信的妥协性数字。

1924 年 4 月 9 日产生的道威斯计划主张在外国的某种监管下，重组德国的货币体系，主张税收改革、一笔国际贷款、任命一名将绕开赔偿事务委员会来管理这一新的货币体系的总代理（agent-general）。德国在头两年将不用支付多少赔偿（1924—1925 年度的 10 亿金马克将由那笔国际贷款支付），随后的两年提高数目，再往后的一年支付 25 亿金马克。从 1929 年起，德国将每年一次支付 25 亿金马克的年金，另外视其繁荣指数追加一笔数目。这些年金是相对较低的（由于美国投资的涌入，德国每次几乎是全额支付），而且涵盖了依据《凡尔赛和约》的德国所有债务。道威斯计划标志着德国债务事实上被显著削减。依据《伦敦支付方案》，德国人承担的流动负债（immediate liabilities）为 500 亿金马克。如果 64 年这一最大的偿付时间安排保持不变，道威斯计划在 1924 年的价值相当于一笔 390 亿—400 亿金马克的最高赔偿额。由于没有人会实际预期如此之长的一个支付期，要求的数额实际上更少。[32] 为了帮助德国，将会有一笔 8 亿马克的国际贷款；另外 2 亿金马克将来自德意志帝国银行。每年标准偿付量中只有一半将由德国预算承担。其余的将来自依托德国的工业及铁路系统资产而发行的债券，后者将变成一家发行自己的债券的国有化公司。这些公债将存储在赔偿事务委员会。

　　由于巨大的通货膨胀实际上消除了德国国家及公司的债务，德国因为这些赔偿支付而承担的税务将显然少于《凡尔赛和约》所规定的，该规定要求德国的税务负担应当与协约国民众所担负的相称。尽管人们认为如果德国抽税像英国一样重，将能够每年筹集 45 亿金马克，但是由于英国反对高的赔偿支付，设立的数额只是略高于这一数字的一半。低税额被归咎于现有数据的不可靠性，以及这一观点——德国只能将其通过税收筹集的资金的一部分转交给其国外的债权人。由于这一数目只能在其后的某个日期确定，收取的数额将被储存在柏林的一名新的赔偿总代理的账户上。为了便于转交，创立了一个由五名国际专家组成的移交委员会（Transfer Committee），他们将与总代理一道确定支付给协约国的数目。如果马克的稳定性面临危险，该委员会可以建议暂停支付。在道威斯计划的整个实施过程期间，担任赔偿总代理的将是一个美国人——美国财政部前副部长 S. 帕克·吉尔伯特（S. Parker Gilbert）。至少美国人相信德国人将通过收税来支付赔偿账单，相信总代理将决定是否有充足的外汇来向德国的协约国债权人移交款项。移交程序是一个让当时的许多人忧心忡忡的问题，被认为对于这一新制度的成功来说是必不可少的。债权人可以以实物而不是现金的形式收取赔偿支付。欧文·杨格还预计在最初的几年里，赔偿款项中的很大一部分将被用在德国，借贷给信贷短缺的德国工业。这一整个主张是要为债权人提供各种各样的选项，同时刺激德国的复苏。人们并没有预见到道威斯计划的成功将依赖于美国资金的持续流动。

所有大国勉强地批准了该计划，法国人和德国人是在承受了英美相当大的压力之后才接受的。普恩加莱尤其认为这对于法国来说是一个糟糕的交易。他原本希望法国将保留其金融及经济抵押品，以及在鲁尔保留其军队，直到德国人开始支付赔偿。占领暂时还继续着，但是其保持对占领区贸易和工业控制的计划不得不被放弃。美国人和英国人坚持恢复德国财政和经济的统一。对德国经济活动的所有限制将被撤销，并且不得重新强加，除非在履行道威斯计划的条件方面出现"公然的失败"。对于违约的制裁未置一词，该决定将留待各债权国做出。在巴黎，普恩加莱因为不愿接受对法国来说如此糟糕的条件而被孤立。尽管米勒兰为了挽救他而到了牺牲总统职位的程度，但这种针对普恩加莱的转变已经是不可逆转的。5 月 11 日，"左翼联盟"（Cartel des Gauches）在大选中赢得了巨大的胜利，普恩加莱随之辞职。激进社会党（Radical Socialist）的爱德华·赫里欧其实既不激进，也并非社会主义人士，在那些厌倦了国外冒险和渴望专注于法国国内困难之人的支持下，他成了总理。"赫里欧与普恩加莱恰恰相反，"英国驻巴黎公使埃里克·菲普斯（Eric Phipps）说，"他不仅像他自己所说的那样没有藏着任何锦囊妙计，而且他连'锦囊'都没有。"[33] 赫里欧在就职时宣布了其意图——结束在鲁尔的越轨行为，终止法国在莱茵兰的修正主义政策。这位总理在文化上的兴趣与其腰围一样大，不过他对金融一无所知。他的那些争吵不休的官僚以及法国的冶金界人士也并未为他提供多少帮助，他们未能制定出明确的政策。在赔偿问题上已经接受一种"国际解决方案"之后，法国讨价还价的空间是有限的，但赫里欧易妥协的方式以及对于安抚英国人的渴望，导致了种种不必要的让步。只是在这年夏天关于道威斯计划的伦敦会议上，法国从占领鲁尔中获得的东西是何等之少才变得明显起来。

事实证明，来自工党的英国新首相兼外交大臣詹姆斯·拉姆齐·麦克唐纳是一位干练的谈判家。他决心要让自己在首次进入外交世界时大获成功，同时展示工党的统治能力，因此他直面这一挑战。在法国人 15 个月之前进入鲁尔时，英国人曾经丧失了在欧洲事务中的主动性，而现在麦克唐纳立即重新夺取回来了。他的成功在很大程度上应当归功于英美伙伴关系的性质。尽管美国国务卿休斯在为让人们接受道威斯计划而创造各种条件方面，扮演了一个比其起初预料的更为活跃的政治角色，但是他在这几个月里的意图，是将把法德拉到一起所需的政治谋略置于麦克唐纳的手中，同时让美国远离这些讨价还价。1923 年 11 月，美国依据由华盛顿当局强行施加的十分特别的条件"回到"欧洲。美国专家们参与独立的专家调查，但是当商议一开始，国务卿休斯就回归其"中立"的政策，强调华盛顿当局将不会变成"赔偿政策的发号施令者"[34]。麦克唐纳倾心于将把美国的金融援助带到欧洲的建议，在休斯的支持下，他抓住机会采取政治上的主动，争取法德按照英美的条件签署协议。伦敦当局对道威斯计划有许多疑虑，但是麦克唐纳拥有蒙塔古·诺曼的支持，决心取得成功。无可否认的是，他对法国人玩弄一种两面手法，让在巴黎的来自激进社会党的那位同行看到在安全合作和战争债务问题上的希望，而他自己明白英国将不会在这两者中的任何一个问题上让步。在 6 月 21—22 日到访首相位于契克斯（Chequers）的乡间官方别墅期间，法国总理赫里欧同意在德国政府服从道威斯委员会提出的举措两周之后，法国将从经济上撤出鲁尔。巴黎对于赫里欧"投降"的敌对反应如此之大，以至于麦克唐纳对法国首都进行了一次高调访问，安排从表面上恢复和强化赔偿事务委员会的权威。这只是给赫里欧参加 7 月伦敦会议时将要吞下的那枚药丸涂上一层"糖衣"。

事实证明，德国人是可以接受道威斯计划的，因为它让法国人离开鲁尔，并且让原本更多的赔偿总额变少。马克斯和施特雷泽曼已经在鲁尔和莱茵兰赢得了德国经济主权的恢复，以及急需的外国信贷。尽管专家们避免讨论德国总债务，但道威斯计划的年金标志着德国债务的显著削减，而且如同施特雷泽曼盘算的那样，它为当更高的赔偿支付日程表开始生效时进一步向下修正留有余地。尽管德国有人抗议这些年金太高了，但施特雷泽曼明白它们是能够得到支付的。最为重要的是，美国人已经回到了欧洲，施特雷泽曼相信对于德国的恢复、重新融入欧洲以及未来回归强国地位来说，这是必不可少的。美国人对于赔偿问题的突破感到高兴，这一问题与裁军一道已经长期成为他们的重要目标。一个解决方案已经达成，柯立芝当局可以说这全部是他们的功劳，而且完全没有提及战争债务问题，244 也没有让美国卷入欧洲的政治冲突。充当"诚实掮客"的美国人已经制订了一个可行的计划，他们将在其中持续发挥作用，不过是在国内政治上切实可行的限度内。美国的私人投资者将承担为欧洲的繁荣担保的责任。

在其他对赔偿协议有兴趣的国家中，与英国密切合作的比利时希望重建对于其安全必不可少的布鲁塞尔－伦敦－巴黎联系。他们可以让自己从鲁尔脱身，以及获得他们在赔偿支付中的份额。意大利人曾对占领的延长感到恐慌，出于经济上的原因，他们同时需要与法国和德国的友谊。墨索里尼无法承担疏远英国人和美国人的代价，他要依赖前者来满足自己的帝国野心，依赖于后者获得贷款和战争债务减免。由于曾试图依次向每个大国兜售其支持，他最终招致了各国当局对意大利的不信任。在罗马发生的一场国内的政治危机，阻碍了意大利在道威斯委员会的工作中扮演一个积极的角色，意大利人最终从这些进展中几乎一无所获。

由于道威斯计划的条款及其实施涉及对《凡尔赛和约》的改变，有必要召开一场国际会议。伦敦会议于 1924 年 7 月 16 日开幕。正是在这里，法德持续的权力斗争以有利于德国的方式得到解决。对于所有参与者来说，这一解决方案最有希望的方面是美国人的参与，以及曾许诺的美国资金的注入。一个得到授权的美国代表团与欧洲大陆各国代表联袂出席，这是自巴黎和会以来的第一次。美国国务卿、财政部部长、摩根公司的合伙人托马斯·拉蒙特非正式出席，让人们感觉到他们的分量。在 7 月和 8 月，休斯本人将在促成一个解决方案方面扮演积极的角色，他甚至前往柏林劝告德国人做出妥协。美国驻欧洲的外交官们在为达成协议铺平道路方面发挥了自己的作用。但是这次会议的成功在很大程度上应当归功于麦克唐纳，他建立了必要的政治框架。没有这样一个框架，与首相保持着最密切联系的金融家无法利用他们的权力来塑造条约的最终条款。

条约达成的相对速度掩盖了幕后斗争的烈度。在会上，英美金融家尤其是摩根公司的金融实力被转化为政治实力。尽管不愿被拉入欧洲人的争吵中，但是如果美国的资金将被用于欧洲的目的，无论是美国政府还是摩根公司都无法避免被卷入。在谈判后期的各个阶段，摩根公司的合伙人怀疑正在讨论中的条款是否足以保护他们的债券持有人的利益。在没有针对法国可能求助于制裁的保障措施的情况下，他们对在美国市场上出售道威斯债券仍持观望态度。麦克唐纳发现的可取之道，是鼓励那些因亲法而闻名的银行家敦促法国做出让步。在一份由拉蒙特在 7 月 15 日递交的备忘录中，金融家们要求立即从军事上撤出鲁尔，削减莱茵兰委员会的权力，为撤出莱茵兰制订一份时间表，以及保证移交委员会成为有能力宣布（德国）违约的唯一机构。英美的目的是在德国违约的情况下，剥夺法国从法律上批准进军的一切权力，以及确保赔偿移交以及违约判断的权力归于道威斯计划相关机构，而不是法国支持的赔偿事务委员会。这些条件削弱了法国确定或应对德国对道威斯条款的任何逃避的能力。休斯对赫里欧和特尼斯的间接压力增强了来自摩根公司合伙人的干预，他们的干预成了伦敦会议后续进程中的关键因素。与会者同意当考虑宣布违约时，美国人将参与赔偿事务委员会进行的审议活动。如果决议并未一致通过，意见少数派可以向一个由美国人牵头的三人仲裁专门小组上诉。考虑制裁的权力被留给赔偿事务委员会，该委员会现在包括一名新的美国"公民成员"。单个国家可能采取的行动并未得到讨论。

赫里欧奋力想要捞到一些实际的利益，以此作为接受英美条件的交换，但是几乎每一次他的抗争都归于失败。他的国家仍然处于严重的金融压力之下，这位法国总理希望将军队撤出鲁尔，但是需要获得赔偿。他在不同的可能性之间摇摆。他的那些谈不上有用的顾问一再改变他们的立场，当德国人到达伦敦（英国人和美国人此前已经坚持让德国人参与会议进程），要求将立即撤出鲁尔作为德国接受条款的价码时，这些顾问并未准备好任何方案。与作为完全平等对象的德国人的直接谈判在 8 月 5 日开始。麦克唐纳关于大战起源的看法具有高度修正主义的色彩，认为占领鲁尔既是不道德也是不合法的。在麦克唐纳及其仇视法国的财政大臣菲利普·斯诺登（Philip Snowden）的敦促下，赫里欧根本不是他的"朋友们"或者敌人的对手。真正的转折点出现在赫里欧实际上——如果并非在形式上——面临着来自摩根公司合伙人的一道最后通牒之时。摩根公司的合伙人当时正同时在巴黎讨论法国的金融状况，他们要求法国在一旦德国违约时，放弃其对德国强行施加实际制裁（physical sanctions）的权力。法国人被迫在这一问题上屈服之后，摩根和拉蒙特就立即前往欧洲大陆，说服银行家们接受其在道威斯贷款中预计的份额。为了让法国政府迫使法国的那些并非心甘情愿的银行家服从，摩根警告法国财政部部长，除非巴黎的银行家们合作，否则摩根公司将不会让许诺的一亿美元贷款（债券）在纽约上市。摩根公司、英格兰银行、英国政府之间的这种伙伴关系，令法国没有多少选择余地。赫里欧同意在道威斯计划生效一年之后撤出鲁尔，但是并没有获得任何交换条件。伦敦会议的最后几天出现了一场危机，在麦克唐纳的支持下，施特雷泽曼试图催促赫里欧进一步缩短撤退的期限。在诺曼的事先指点下，英国财政大臣斯诺登突然干预，威胁要通过披露摩根公司对道威斯贷款提出的条件，促使赫里欧马上表态。拉蒙特成功地阻止了这种敲诈企图，这原本会将失败的责任归咎于银行家们。

法国人发现难以从撤出鲁尔中获得任何财政上或者经济上的好处。英国人坚持 1920 年斯帕会议所规定的百分比，坚持要求解决法国的战争债务。在伦敦，法国副外长塞杜和曾任商务部部长的克莱芒塔尔，向施特雷泽曼提出了一份与从鲁尔更为迅速地撤出相联系的贸易协定。他们的建议此前受到了法国铸造委员会早先利用占领鲁尔获利企图的影响。德国的冶金界人士在 1924 年春天已经拒绝了这些提议；对于那些关于他们加入一个由法国组织的铁路或者钢铁联合体的更为适度的建议，他们同样不情愿。德国人能够从等待中获得一切好处，因为他们开始从鲁尔溃败中恢复，并且将他们的注意力转向其工业的合理化。法国面临着时间的压力。《凡尔赛和约》为期 5 年的保护措施即将在 1925 年到期，焦炭和市场的缺乏将让洛林的生产者处于不利的地位。克莱芒塔尔-塞杜方案只是一个最后时刻才准备好的东西。法国的实业家既不能又不愿提出一个具体的计划，而且如同通常的情况一样，法国的官僚之间也争吵不休。尽管受到了德国实业家的警告，但施特雷泽曼愿意为一份缩短的撤退时间表谈判。最终放弃努力的，是面临国内的怀疑以及受英国人和比利时人强烈批评的法国人。施特雷泽曼也满足于让此事不了了之。只是在德国已经恢复其完全的主权和经济力量之后，法国人才将重新继续这些谈判。

247 　　在莱茵兰相关的问题上，赫里欧在"棋盘"上最初可用的"棋子"比他实际使用的要多。麦克唐纳希望尽可能快地撤出英国的那一点象征性的力量，但是宁愿等到法国人和比利时人同意彻底撤出之时。在其他占领军效仿之前，德国人也不希望英国人离开。赫里欧原本可以要求让步，但他是如此害怕失去英国人的支持，以至于尽管德国人未能履行《凡尔赛和约》的条款，他也承认撤出莱茵兰的时钟已经开始走动。为了给法国挽回一些东西，他坚持英国从科隆占领区的撤退应当在协约国军事控制委员会做出一份报告之后，与德国人遵循裁军条款的情况联系起来。但甚至在这一方面，他也所获甚少。协约国军事控制委员会在鲁尔危机期间已经从德国撤出，在其最终的调查结束之后将被解散。国联的一个委员会已经为对各个前敌国的军事监视确立了总原则，对于留心德国人的行为而又不遭到与协约国军事控制委员会相关非议的前协约国成员来说，这是一条可能的路径。一旦丧失强加和约所规定的制裁能力之后，法国对于德国的重新武装实际上并没有多少办法。自从《凡尔赛和约》签订以来，德国军方已经以这样或者那样的方式训练了大约 50 万人。除了在苏联人的帮助下秘密地重新武装，为出口目的而复兴的重工业提供了现代战争所需的工业潜力。法国军方领导人明白如果没有协约国军事控制委员会的情报网络，国联没有任何委员会能够建立一种有效的核查体系，因此默许了赫里欧解散控制委员会的决定。其至连协约国军事控制委员会所能做的，也只是记录和报告德国人的逃避情况。它在 1924 年 12 月发布了一份至关重要的过渡性报告，协约国因此同意推迟从科隆撤出。但当其在 1925 年 2 月 15 日的下一份报告被收到，详细罗列德国人的逃避情况时，洛迦诺会议上的各项谈判已经在进行，这一整个问题被从一个新的框架看待。在英国人的领导下，尽管德国并未履行《凡尔赛和约》的裁军条款，协约国却同意了施特雷泽曼关于从 1926 年 1 月开始撤出科隆占领区的要求。

在伦敦会议期间，赫里欧提出了签订一份防御性协定的可能性。他的这些含糊其词的建议几乎很少得到英国工党政府的认真对待，这个政府反对以任何形式进一步卷入欧洲大陆的事务。将国联用于同一目的的一次尝试也因英国的类似否决而被阻止——这次否决或许更为遮遮掩掩。伦敦会议的各项协议使法国比入侵鲁尔之前更加缺乏保护。法国实际上再也无法寄望于将延长占领莱茵兰或者重新占领鲁尔作为胁迫德国的手段。赔偿事务委员会实际上被道威斯计划所建立的新的结构绕过，法国的影响力被进一步削弱了。在已经证明无法以有利于自身的方式修改 1919 年的解决方案之后，法国所拥有的用于保持其在欧洲现有地位的"棋子"更少了。麦克唐纳在伦敦会议的最后一次全会上定下了基调。"我们现在正在提出自大战以来的第一份真正通过谈判产生的协议，"他评论说，"这份协议可以被视为第一份和平协定，因为我们在签订它时，带着一种我们已经抛弃战争和战争思维的可怕岁月的感觉。"[35]尽管德国代表们可能会对这些话语深感欣喜，但这种对《凡尔赛和约》的含

248

蓄批判无法让法国人满意。1919年的欧洲国际关系模式已经被打破，等待着被重新安排。

X

伦敦会议所达成的各项协议表明，没有英国的支持，法国就无法实施或者修改《凡尔赛和约》的条款。这可能是因为法国缺乏动力和情感上的储备来在欧洲追求一种独立的政策。在被战争的经历及其代价弄得疲惫不堪之后，该国选民不愿为这样一种政策做出财政上的牺牲。谁也不愿承担那种将使美国贷款无用的税金账单。对于疲惫的一代人来说，法国战时领导人的雄心勃勃的计划并无多大吸引力。就赔偿争夺战是一场对于权力的政治斗争而言，其结果是由英美的干预来确定的。法国无法利用撤出鲁尔来获利，表明其丧失了去巩固克里孟梭在1919年已经赢得的地位的机会。

英国人此前已经致力于反对普恩加莱的政策。没有任何英国政治家愿意允许法国以牺牲德国为代价来扩大法国的权力，或者以有利于法国的方式来改变《凡尔赛和约》的均势。不论其如何不信任德国，大多数英国政治家（英国军方领导人有着不同的想法）认为，欧洲的安全和繁荣依赖于德国的恢复。这种绥靖政策是有限度的。英国人并不愿意切断英法联系，但他们夸大了法国的实力和低估了德国恢复的能力。英国对于实力结构的这种误读导致了德国在欧洲大陆的支配地位，而这并不是伦敦当局想要的。在其背后是这样一种担心，那就是如果受挫的话，德国人将会与苏联人联合起来，从而危及欧洲的平衡以及对于英国极为重要的帝国利益，这种担心在寇松领导的外交部尤其深刻。在热那亚会议之后，英国人全神贯注于将德国拉入西方的怀抱，以此阻挡《拉帕洛条约》所建立的那种联系。1919年至1925年，英国的政治家们运用其出色的外交技巧，设法创造一种将不需要其频频干涉的平衡。他们的影响力对法国和德国的虚弱的依赖，与对英国的全球性力量的依赖一样大。英国在欧洲的权力依赖于其金融角色（它仍然是世界资本的一个重要输出者）、海军及帝国的优势，它的前两种优势是通过与美国的安排来维系的，而美国并不愿意充分利用其潜在的实力，或者为维护欧洲的和平承担责任。在1920年代中期与美国人的这种暂时的伙伴关系，使英国人能够超越自身的实际权力来强化地位。

古斯塔夫·施特雷泽曼已经在颠覆《凡尔赛和约》方面迈出了成功的第一步。德国所取得的成就在很大程度上应当归功于他的现实主义、技巧和果断。德国已经艰难地渡过了鲁尔占领以及消极抵抗的愚行，成功地恢复了受到威胁的团结和主权。在道威斯计划中，德国赢得了其十分希望的对于和约赔偿条款的修正，能够自由地从其贸易和商业暂时受限的结束之中受益。德国的渴望仍然没有得到满足。甚至连温和派也认为道威斯计划的建议是一种沉重的负担，是为了解放鲁尔和莱茵兰而不得不被接受的。施特雷泽曼是向前看的。他看到德国的经济资产可以如何被用于争取英美对于未来修约的支持。施特雷泽曼的主要目的首先是让德国的领土从所有外国占领者那里解放出来。只有到那时，他才可以为更为深远的修正主义目标的实现做出规划。这个曾信奉"背后捅刀说"的人将不会聚焦于德国以前的军事威力，而是其利用更为开放的外交形势的能力。

美国资本巨量注入欧洲，将突显出美国与欧洲国家之间金融和经济实力的差别。为道威斯计划的贷款而发行的债券在上市 15 分钟之内就被认购一空。其后对于德国债券的需求远远超过了道威斯计划中发挥稳定作用的贷款。1925 年夏天，美国向德国的贷款剧增。美国的银行家对投资的条件产生了极大的热情，外国人被鼓励以低利率从美国借款。众多小的竞争性公司打破了摩根公司的垄断，在随之而来的争夺中，曾经由这家强大的公司所强加的限制与控制消失了。放贷在 1927 年中期达到了巅峰，此后长期借贷减速，而短期借款随之急剧上扬。那些较为负责的银行家警示超贷（overlending）的风险，但无论是他们还是美国政府都无法控制这种大量涌进。赫伯特·胡佛领导下的商务部采取行动，让当局限制德国贷款的额度。他们的努力被国务院及财政部否决，后者不愿对私人投资做出官方的判断。为了保护现有的债券持有人，只要市场表现得对未来的放贷者具有吸引力，美国人就致力于让资本持续而且几乎不受控制地流入德国。做出限制的负担被转移到德国政府身上，而德国政府并不愿意承担发布指令所具有的不可避免的政治和经济风险。债券持有人对德国经济生存能力的兴趣，只是美国持续卷入欧洲事务的一个方面；战争债务问题仍然留在议程之中，裁军问题也是如此。道威斯计划实行之后资本和货物跨越大西洋的流动以及直接投资的上升，意味着得到重建的金融体系将严重依赖于美国的参与。美国的资本变成了"欧洲繁荣的发动机之一"[36]。蒙塔古·诺曼为他自己的国家所预言的"黄金时代"从未到来。具有象征意味的是，新的马克是基于美元而不是英镑。

正是美国在 1924 年的金融干预，使英国能够在自身不付出任何成本的情况下，向着有利于德国的方向改变凡尔赛均势并调整欧洲的天平。华盛顿当局觉得自己已经做了所有必要的事情，来捍卫美国的利益和推动欧洲的和平。美国已经使赔偿问题"非政治化"。美国私人资本的流入将促进欧洲经济的稳定，这进而将导致一种新的更令人满意的政治平衡。共和党当局对其成功感到自豪，不认为有任何理由去背离已经如此之好地服务这个国家的政策。欧洲的政治问题实际上并没有得到解决。它将留待欧洲人来构建政治的大厦，而美国的资金已经使构建这一大厦成为可能。

注 释

1. 货币的比值参见附录一的附表 1。当时的汇率大致为 4 金马克兑换 1 美元，20 金马克兑换 1 英镑。1918 年之后，金马克在德国不再流通，但随着纸马克大幅波动和迅速贬值，金马克仍然作为一种合法的货币使用。

2. 数据来自 Barry Eichengreen, *Golden Fetters*: *The Gold Standard and the Great Depression*, *1919-1939* (Oxford, 1992), 81。

3. Quoted in David Robin Warson, *Georges Clemenceau*: *A Political Biography* (London, 1974), 387.

4. 数据来自 Eichengreen, *Golden Fetters*, 85。

5. Wilson to Lloyd George, 2 Nov. 1920, quoted in Arthur Turner, *The Cost of War*: *British Policy on French War Debts*, *1918 - 1932* (Brighton, 1998), 29-30.

6. 数据来自 Niall Ferguson, *Paper and Iron*: *Hamburg Business and German Politics in the Era of Inflation*, *1897 - 1927* (Cambridge, 1995), 243。卡尔-路德维希·霍尔特弗里瑞希（Carl-Ludwig Holtfrerich）估算美国人在这些年里购买了（而且最终损失了）价值约 3 亿美元的德国马克债券。斯蒂芬·舒克估算美国的损失为 60 亿金马克（15 亿美元）。Carl-Ludwig Holtfrerich, *The German Inflation*, *1914-1923* (Berlin and New York, 1986), 287; Stephen A. Schuker, *American* '*Reparations*' *to Germany*,

1919-1933：*Implications for the Third World Debt Crisis*（Princeton，1988），118-19.

7. Quoted in Thomas Jones，*Whitehall Diary*，ed. Keith Middlemas（London and New York，1969-71），i. 108-11. 法国在占领中使用了来自北非的军队，这尤其令劳合·乔治感到愤怒。

8. Sally Marks，*The Illusion of Peace*：*International Relations in Europe*，*1918-1933*（2nd edn. Basingstoke，2003），45.

9. Ferguson，*Paper and Iron*，311.

10. 英国的 milliard 这一计量单位相当于美国的 billion（十亿）。

11. 参见来自如下著述的观点：G. D. Feldman，*The Great Disorder*；Eichengreen，*Golden Fetters*；Bruce Kent，*The Spoils of War*：*The Politics*，*Economics and Diplomacy of Reparations*，*1918-1932*（Oxford，1989）；P. Krüger，'Das Reparationsproblem der Weimarer Republik in fragwürdiger Sicht：kritsche Überlegungen zur neuesten Forschung'，Vierteljahrshefte für Zeitgeschicte，29（1981）；Carl-Ludwig Holtferich，*Die deutsche Inflation*，*1914-1923*；以及来自这些著述的观点：Sally Marks，'The Myth of Reparations'，*Central European History*，11（1978），and 'Smoke and Mirrors：In Smoke-filled Rooms and the Galerie des Glaces'，in Boemeke，Feldman，and Glaser（eds.），*The Treaty of Versailles*；Schuker，*American 'Reparations' to Germany*，*1919-1933*。另参见 Niall Ferguson，*The Pity of War*，414，作者在该书中指出，从国家债务与国民生产总值的比率而言，德国在 1921 年无论是内部还是外部的债务负担，都将不会比英国在 1815 年的更大。

12. Sally Marks，'Smoke and Mirrors'，370-7.

13. Ferguson，*Pity of War*，405.

14. Ibid. 417；斯蒂芬·舒克的创新性研究提供了不同的数字，见 Stephen Schuker，'American "Reparations" to Germany，1919-1933'，in Gerald D. Feldman et al.（eds.），*Die Nachwirkungen der Inflation auf die deutsche Geschichte*，*1924-1933*（Munich，1985），364，371。对于 1918 年 11 月直至 1931 年 6 月这一时期，他估算德国的赔偿总计达 228910 亿地租马克，其中 168.31 亿地租马克（包括杨格计划中直接交付债权人的部分贷款）对德国的国际收支平衡是一种冲击。在偿付的总额中，对于德国经济的总负担占国民收入的 2.72%。舒克承认估算德国的净资本流动是更为困难的，但他认为德国在 1919—1931 年的净交割收益不会少于 177.5 亿金马克（占国民收入的 2.1%），而美国人挑起了这一资本流失的重负。对于这些数据的讨论，参见 Eichengreen, *Golden Fetters*, 129, n. 11。

15. Briand, speech in the Chamber, 11 July 1921, quoted in Walter A. McDougall, *France's Rhineland Diplomacy*, *1914-1924*：*The Last Bid for a Balance of Power in Europe*（Princeton, 1978）, 164.

16. Quoted in Charles S. Maier, *Recasting Bourgeois Europe*：*Stabilization in France*, *Germany*, *and Italy in the Decade after World War I*（Princeton, 1975）, 266-7.

17. Lloyd George, meeting with Poincaré in Paris, 14 Jan. 1922, quoted in Anne Orde, *Great Britain and International Security*, *1920-1926*（London, 1978）, 24.

18. Stephen A. Schuker, 'American Policy Towards Debts and Reconstruction at Genoa, 1922', in Carol Fink, Axel Frohn, and Jürgen Heideking（eds.）, *Genoa*, *Rapallo and European Reconstruction in 1922*（Cambridge, 1991）, 116.

19. Quoted in Trachtenberg, *Reparation in World Politics*, 214.

20. Quoted in O'Riordan, *Britain and the Ruhr Crisis*, 24.

21. Quoted in Stephen A. Schuker, *The End of French Predominance in Europe*：*The Financial Crisis of 1924 and the Adoption of the Dawes Plan*（Chapel Hill, NC, 1976）, 23.

22. 引自米勒兰未出版的回忆录：'Mes Souvenirs（1859-1941）, Contribution a l'Histoire de la Troisiéme République', 114。我很感谢魁北克大学蒙特利尔分校的安德鲁·巴罗斯（Andrew Barros）博士提供这个参考资料。

23. Millerand Papers, Massigli to Laroche, 13 July 1923.

24. MAE, Rive Gauche, vol. 29, memo by Peretti, 30 Mar. 1923.

25. Minute by Crowe, 14 May 1923, PRO, FO 371/8636.

26. Charles S. Maier, *Recasting Bourgeois Europe*, 373.

27. Austen to Ida Chamberlain, 22 Sept. 1923, Austen Chamberlain Mss., AC 5/1/290.

28. McDougall, *France's Rhineland Diplomacy*, *1914-1924*, 302.

29. Quoted in ibid. 309.

30. Jeannesson, *Poincaré, la France et la Ruhr*, 338.

31. Quoted in John F. V. Keiger, 'Raymond Poincaré and the Ruhr Crisis', in Robert Boyce (ed.), *French Foreign and Defence Policy, 1918–1940: The Decline and Fall of a Great Power* (London, 1998), 64.

32. 数据来自 Schuker, *The End of French Predominance in Europe*, 183。

33. Quoted in Schuker, *The End of French Predominance in Europe*, 233.

34. Patrick O. Cohrs, 'The First "Real" Peace Settlement After the First World War: Britain, the United States and the Accords of London and Locarno, 1923–24', *Contemporary European History*, 12: 1 (2003).

35. Quoted in Schuker, *The End of French Predominance*, 383.

36. Denise Artaud, 'Reparations and War Debts: The Restoration of French Financial Power, 1919–1929', in Boyce (ed.), *French Foreign and Defence Policy*, 104.

专著

ALDCROFT, DEREK HOWARD, *From Versailles to Wall Street, 1919–1929* (London, 1977).

ARTAUD, DENISE, *La Question des dettes interalliés et la reconstruction de l'Europe, 1917–1929*, 2 vols. (Lille and Paris, 1978).

BARIÉTY, JACQUES, *Les Relations franco-allemandes après la première guerre mondiale, 10 novembre 1918–10 janvier 1923: de l'exécution à la négociation* (Paris, 1977).

BECKER, JEAN-JACQUES and BRENSTEIN, SERGE, *Victoire et frustrations, 1914–1929* (Paris, 1990).

BELL, P. M. H., *France and Britain: 1900–1940. Entente and Estrangement* (New York, 1996).

BENNETT, G. H., *British Foreign Policy During the Curzon Period, 1919–1924* (London, 1995).

BOURNAZEL, RENATA, *Rapallo: naissance d'un mythe. La politique de la peur dans la France du Bloc National* (Paris, 1974).

BOYCE, ROBERT W. D., *British Capitalism at the Crossroads 1919–1932: A Study in Politics, Economics and International Relations* (Cambridge, 1987).

BRACHER, KARL DIETRICH, FUNKE, MANFRED, and JACOBSON, HANS-ADOLF (eds.), *Die Weimarer Republik, 1918–1933: Politik, Wirtschaft, Gesellschaft* (Düsseldorf, 1987).

BUNSELMEYER, ROBERT E., *The Cost of the War: British Economic War Aims and the Origin of Reparation* (Hamden, Conn., 1975).

BUSSIÈRE, ÉRIC, *La France, la Belgique et l'organisation économique de l'Europe, 1918–1935* (Paris, 1992).

CAIN, P. J. and HOPKINS, A. G., *British Imperialism: Crisis and Deconstruction, 1914–1990* (London, 1993).

CARSTEN, F. L., *The Reichswehr and Politics 1918 to 1983* (Oxford, 1966).

COSTIGLIOLA, FRANK, *Awkward Dominion: American Political, Economic and Cultural Relations with Europe, 1919–1933* (Ithaca, NY, 1984).

DEPOORTERE, ROLANDE, *La Question des réparations allemandes dans la politique étrangère de la Belgique après la première guerre mondiale, 1919–1925* (Brussels, 1997).

DRUMMOND, IAN M., *The Gold Standard and the International Monetary System 1900–1939* (Basingstoke, 1987).

EICHENGREEN, BARRY, *Golden Fetters: The Gold Standard and the Great Depression, 1919–1939* (New York and Oxford, 1992).

ERDMANN, KARL DIETRICH, *Adenauer in der Rheinland politik nach dem Ersten Weltkrieg* (Stuttgart, 1966).

FAVEZ, JEAN-CLAUDE, *Le Reich devant l'occupation franco-belge de la Ruhr en 1923* (Geneva, 1969).

FEINSTEIN, CHARLES H., *Banking, Currency and Finance in Europe Between the Wars* (Oxford, 1995).

—— TEMIN, PETER, and TONIOLO, GIANNI, *The European Economy Between the Wars* (Oxford, 1997).

FELDMAN, G. D., *The Great Disorder: Politics, Economics and Society in the German Inflation, 1914–1924* (New York and Oxford, 1993).

—— HOLTFRERICH, CARL-LUDWIG, PITT, PETER-CHRISTIAN, and RITTER, GERHARD A. (eds.), *The German Inflation Reconsidered: A Preliminary Balance* (Berlin and New York, 1982).

FERGUSON, NIALL, *Paper and Iron: Hamburg Business and German Politics in the Era of Inflation, 1897–1927* (Cambridge, 1995).

FERRIS, J. R. *Men, Money, and Diplomacy: The Evolution of British Strategic Policy, 1919–1926* (Ithaca, NY, 1989).

FINK, CAROLE, *The Genoa Conference: European Diplomacy, 1921–1922* (Chapel Hill, NC, 1984).

—— HULL, ISABEL V., and KNOX, MACGREGOR (eds.), *German Nationalism and the European Response, 1890–1945* (Norman, Okla., 1985). Esp. chapters by Magda Ádám, Peter Krüger, Giorgio Petracchi, Stephen A. Schuker, and Andrew Williams.

—— FROHN, AXEL, and HEIDEKING, JÜRGEN (eds.), *Genoa, Rapallo and European Reconstruction in 1922* (Cambridge, 1991). Esp. the chapter by Stephen A. Schuker.

FISCHER, CONAN, *The Ruhr Crisis 1923–1924* (Oxford, 2003).

FRANK, ROBERT, *La Hantise du déclin: la France 1920–1960: finances, défense et identité nationale* (Paris and Berlin, 1994).

GRAYSON, RICHARD S., *Austen Chamberlain and the Commitment to Europe: British Foreign Policy, 1924–29* (London, 1997).

HEIDEKING, JÜRGEN, *Aropag der Diplomaten: Die Pariser Botschafterkonferencz der europäischen Hauptmächte und die Probleme der europäischen Politik, 1920–1931* (Husum, 1979).

HOGAN, MICHAEL J., *Informal Entente: The Private Structure of Co-operation in Anglo-American Economic Diplomacy, 1918–1928* (Columbia, Mo., 1977).

HOLTFRERICH, CARL-LUDWIG, *The German Inflation, 1914–1923: Causes and Effects in International Perspective*, trans. Theo Balderston (New York, 1986).

JEANNESSON, STANISLAS, *Poincaré, la France, et la Ruhr, 1922–1924* (Strasburg, 1998).

KAHN, ALFRED E., *Great Britain in the World Economy* (London, 1946).

KENT, BRUCE, *The Spoils of War: The Politics, Economics and Diplomacy of Reparations, 1918–1932* (Oxford, 1989).

KÖHLER, HENNING, *Adenauer and die Rheinische Republik* (Opladen, 1986).

LANDES, DAVID S., *The Unbound Prometheus: Technological Change and Industrial Development in Western Europe from 1750 to the Present*, revised edn. (New York, 2003).

LAUBACH, ERNST, *Die Politik der Kabinette Wirth, 1921–1922* (Lübeck and Hamburg, 1968).

LEFFLER, MELVYN P., *The Elusive Quest: America's Pursuit of European Stability and French Security, 1919–1933* (Chapel Hill, NC, 1979).

LINK, WERNER, *Die amerikanische Stabilisierungspolitik in Deutschland, 1921–1932* (Düsseldorf, 1970).

LOURIA, MARGOT, *Triumph and Downfall: America's Pursuit of Peace and Prosperity, 1921–1933* (Westport, Conn. and London, 2000).

McDOUGALL, WALTER A., *France's Rhineland Diplomacy, 1914–1924: The Last Bid for a Balance of Power in Europe* (Princeton, 1978).

McKERCHER, B. J. C. (ed.), *Anglo-American Relations in the 1920s: The Struggle for Supremacy* (Basingstoke, 1991). Esp. chapters by Burk, Dayer, and McKercher.

MAIER, CHARLES S., *Recasting Bourgeois Europe: Stabilization in France, Germany and Italy in the Decade after World War One* (Princeton, 1975).

MAISEL, EPHRAIM, *The Foreign Office and Foreign Policy, 1919–1926* (Brighton, 1994).

MANTOUX, ÉTIENNE, *The Carthaginian Peace, or the Economic Consequences of Mr. Keynes* (Oxford, 1946).

MAXELON, MICHAEL-OLAF, *Stresemann und Frankreich 1914–1929* (Düsseldorf, 1972).

MILWARD, ALAN R. and MURRAY, WILLIAMSON (eds.), *Military Effectiveness*. Vol. 2.: *The Interwar Period* (Boston, 1988). Esp. the article by Manfred Messerschmidt.

MOURÉ, KENNETH, *The Gold Standard Illusion: France, the Bank of France, and the International Gold Standard, 1914–1939* (Oxford, 2002).

MUNTING, ROGER and HOLDERNESS, B. A., *Crisis, Recovery and War: An Economic History of Continental Europe, 1918–1945* (New York and London, 1991).

ORDE, ANNE, *Great Britain and International Security, 1920–1926* (London, 1978).

—— *British Policy and European Reconstruction After the First World War* (Cambridge, 1990).

PARRINI, CARL, *Heir to Empire: United States Economic Diplomacy, 1916–1923* (Pittsburgh, 1969).

POIDEVIN, RAYMOND and BARIÉTY, JACQUES, *Les Relations franco-allemandes, 1815–1975* (Paris, 1977).

ROSENBERG, EMILY S., *Spreading the American Dream: American Economic and Cultural Expansion, 1890–1945* (New York, 1982).

ROWLAND, BENJAMIN M. (ed.), *Balance of Power or Hegemony: The Interwar Monetary System* (New York, 1976).

RUPIEPER, HERMANN-JOSEF, *The Cuno Government and Reparations, 1922–1923: Politics and Economics* (The Hague and London, 1979).

SCHRÖDER, HANS-JÜRGEN (ed.), *Confrontation and Cooperation: Germany and the United States in the Era of World War I, 1900–1924* (Providence, RI, 1993). Esp. chapters by Glaser-Schmidt, Schuker, Berg, and Behnen.

SCHUKER, STEPHEN A., *The End of French Predominance in Europe: The Financial Crisis of 1924 and the Adoption of the Dawes Plan* (Chapel Hill, NC, 1976).

—— *American 'Reparations' to Germany, 1919–1933: Implications for the Third World Debt Crisis* (Princeton, 1988).

SCHWABE, K. (ed.), *Die Ruhrkrise 1923: Wendepunkt der internationalen Beziehungen nach dem Ersten Weltkrieg* (Paderborn, 1985). Esp. chapters by Bariéty and Schwabe.

SILVERMAN, DAN P., *Reconstructing Europe After the Great War* (Cambridge, Mass., and London, 1982).

TRACHTENBURG, MARC, *Reparation in World Politics: France and European Economic Diplomacy, 1916–1923* (New York, 1980).

TURNER, ARTHUR, *The Cost of War: British Policy on French War Debts, 1918–1932* (Brighton, 1998).

WATT, DONALD CAMERON, *Succeeding John Bull: America in Britain's Place, 1900–1975. A Study of the Anglo-American Relationship and World Politics in the Context of British and American Foreign-policy Making in the Twentieth Century* (Cambridge, 1984).

WEILL-RAYNAL, ÉTIENNE, *Les Réparations allemandes et la France*, 3 vols. (Paris, 1938, 1947).

WILSON, KEITH M., *A Study in the History and Politics of* The Morning Post, *1905–1926* (Lewiston, NY, 1990).

文章

BURK, KATHLEEN, 'The House of Morgan in Financial Diplomacy, 1920–1930' in B. J. C. McKercher (ed.), *The Struggle for Supremacy: Aspects of Anglo-American Relations in the 1920s*, (Edmonton, 1990).

—— 'The Lineaments of Foreign Policy: The United States and a "New World Order" 1919–39', *Journal of American Studies*, 26 (1992).

CAIRNS, JOHN C., 'A Nation of Shopkeepers in Search of a Suitable France:

1918–1940', *American Historical Review*, 79 (1974).

COHRS, PATRICK O., 'The First "Real" Peace Settlement After the First World War: Britain, the United States and the Awards of London and Locano, 1923–1925', *Contemporary European History*, 12: 1 (2003).

FERGUSSON, NIALL, 'The Balance of Payments Question; Versailles and After', in M. F. Boemeke *et al.* (eds.), *The Treaty of Versailles: A Reassessment After 75 Years* (Cambridge, 1998).

FERRIS, J. R., 'The Greatest Power on Earth: Great Britain in the 1920's', *International History Review*, 13, (1991).

GLASER-SCHMIDT, ELISABETH, 'Von Versailles nach Berlin: Überlegungen zur Neugestaltung der deutsch-amerikanischen Beziehungen in der Ära Harding', in Norbert Finzsch and Hermann Wellenreuther (eds.), *Liberalitas: Festschrift für Erich Angermann zum 65. Geburtstag* (Stuttgart, 1992).

—— 'The Making of the Economic Peace', in M. F. Boemeke *et al.* (eds.), *The Treaty of Versailles: A Reassessment After 75 Years* (Cambridge, 1998).

GUINN, PAUL, 'On Throwing Ballast in Foreign Policy: Poincaré, the Entente and the Ruhr Occupation', *European History Quarterly*, 18 (1988).

JEANNESSON, STANISLAS, 'Pourquoi la France a-t-elle occupé la Ruhr?' *Vingtième Siècle. Revue d'Histoire.* 51 (1996).

JORDAN, NICOLE, 'The Reorientation of French Diplomacy in the Mid-1920s: The Role of Jacques Sydoux', *English Historical Review*, 117: 473 (2002).

KEIGER, J. F. V., 'Raymond Poincaré and the Ruhr Crisis', in Boyce (ed.), *French Foreign and Defence Policy, 1918–1940: The Decline and Fall of a Great Power* (London, 1998).

LEFFLER, MELVYN P., 'Political Isolationism, Economic Expansionism, or Diplomatic Realism? American Policy Toward Western Europe, 1921–1933', *Perspectives in American History*, 8 (1974).

—— '1921–1932: Expansionist Impulses and Domestic Constraints', in William H. Becker and Samuel F. Wells, Jr. (eds.) *Economics and World Power: An Assessment of European Diplomacy Since 1789* (New York, 1984).

McKERCHER, B. J. C., 'Wealth, Power, and the New International Order: Britain and the American Challenge in the 1920s', *Diplomatic History*, 12 (1998).

MAIER, CHARLES S., 'The Two Postwar Eras and the Conditions for Stability in Twentieth-Century Western Europe', *American Historical Review*, 86 (1981).

MARKS, SALLY, 'Poincaré-la-peur: France and the Ruhr Crisis of 1923', in Kenneth Moure, and Martin S. Alexander (eds.), *Crisis and Renewal in France (1918–1962)* (London, 2002).

—— 'The Myth of Reparations', *Central European History*, 11 (1978).

—— 'Ménage à trois: The Negotiations for an Anglo-French-Belgian Alliance in 1922', *International History Review*, 4 (1982).

—— 'The Misery of Victory: France's Struggle for the Versailles Treaty', *Historical Papers* (1986).

—— 'Smoke and Mirrors: In Smoke-Filled Rooms and the Galerie des Glaces', in M. F. Boemeke *et al.*, (eds.), *The Treaty of Versailles: A Reassessment After 75*

Years (Cambridge, 1998).

POGGE VON STRANDMANN, H., 'Rapallo: Strategy in Preventive Diplomacy. New Sources and New Interpretations', in Volker R. Berghahn and Martin Kitchen (eds.), *Germany in the Age of Total War* (London, 1981).

SOUTOU, GEORGES-HENRI, 'Problèmes concernant le rétablissement des relations économiques franco-allemandes après la premiere guerre mondiale', *Francia*, 2 (1974).

—— 'Die deutschen Reparationen und das Seydoux Projekt, 1920–1921', *Vierteljahreshefte für Zeitgeschichte*, 23 (1975).

—— 'Une autre politique? Les tentatives françaises d'entente économique avec l'Allemagne, 1919–1921', *Revue d'Allemagne*, 8: 1 (1976).

—— 'Le Coke dans les relations internationales en Europe de 1914 au plan Dawes (1924)', *Relations Internationales*, 43 (1985).

论文和手稿

BARROS, ANDREW, 'France and the German Menace, 1919–1928', Ph.D. thesis, Cambridge University (2001).

KRÜGER, PETER, ' "Schubert, Maltzan und die Neugestaltung der auswärtigen Politik in den 20er Jahren", Vortrag anläßlich einer Gedenkfeier des Auswärtigen Amtes für die Staatssekretäre Ago Freiherr von Maltzan und Dr. Carl von Schubert', unpublished mss. (1987).

第五章 民族主义至上：东欧和中欧的重建

I

　　西欧的地图在 1919 年发生了显著的变化，东欧地图则面目全非。各项和约导致了自《威斯特伐利亚和约》（Peace of Westphalia）① 以来主权国家数量的最大增加。统治这里的不再是德国、奥匈帝国和俄国这三个大的帝国，而是八个新的或者重建的国家：芬兰、爱沙尼亚、拉脱维亚、立陶宛、波兰、捷克斯洛伐克、匈牙利和奥地利。在巴尔干地区有一个新的国家南斯拉夫，但阿尔巴尼亚、保加利亚、希腊和罗马尼亚等其他国家赢得或者丧失了一些领土，以新的面貌和人口出现。传统边界的这种急剧的重新划分使这些继承国分裂且容易遭到攻击。它们拥有十分不同的民族特征、种族构成、利益和敌人。每个国家都由其主体民族界定，不过大多数国家都是多民族的，而又没有包括这些民族的所有同胞。这些国家的领导人不仅面临着民族上迥然不同的人口，而且面对着深刻的社会及经济差异，使无论内部的还是地区性的整合即使并非不可能，也很艰难。

---

① 《威斯特伐利亚和约》，指 1648 年在威斯特伐利亚地区签订的一系列条约，它们标志着欧洲"三十年战争"（1618—1648）的结束，以及基于威斯特伐利亚主权概念的现代国际体系的开始。

与地区有关的术语能够成为一种有用的历史归纳形式，但"东欧"的共同性是纯粹地理上的。这一术语在两次世界大战之间经常被使用，它指的是一片有着无限多样的民族、国籍、宗教、语言、历史、地理和气候的广袤土地。甚至连一些用于描述德国和俄国之间的土地的子术语（sub-term）——波罗的海地区、中欧、东中欧（east-central Europe）、东南欧和巴尔干地区——所暗示的共同特征或者一定程度的统一性在实际中也很难找到，即使并非从来无法找到。波兰是其中最大和最为强大的国家，拥有 3000 万人口；最小最弱的国家阿尔巴尼亚只有100 万居民。这些国家在经济上差异显著，包括高度工业化的捷克斯洛伐克和奥地利，半工业化的波兰和匈牙利，以及几乎完全是农业国家的巴尔干地区。多瑙河沿岸国家的政治家们很少认为它们构成了一个多瑙河"集团"；即使他们有任何此类想法，每个人对于其构成也设想了不同的方案。德语中的"中欧"（Mitteleuropa）① 这一术语由弗里德里希·瑙曼（Friedrich Naumann）在 1915 年引入其现代的用法，最初包括德国，但逐渐也指波兰、捷克斯洛伐克、奥地利、匈牙利，这些国家并无多少共同点，除了它们的历史过往以及这样一个事实：如同瑙曼认为的那样，如果德国战时获胜，它们将变成德国经济上和政治上的卫星国。作为一战的一个结果，旧国家的减少和新国家的建立带来了一个并不那么精确的关于"中欧"的定义。著名戏剧《维也纳森林的故事》（*Tales from the Vienna Woods*）

257

---

① Mitteleuropa，是德语中对"中欧"（Central Europe）的称谓之一。这一术语具有多种多样的文化、政治与历史的含义。普鲁士王国对于"中欧"的愿景，是一个泛日耳曼的以国家为中心的帝国，这一主张后来以一种经过修改的形式，被纳粹党的地缘政治家吸纳。

的作者厄登·冯·霍瓦特（Ödön von Horváth）将自己作为中欧"混合体"（mix）的一个例子。"如果你问我我的国籍是什么，我会回答：我出生在阜姆，在贝尔格莱德、布达佩斯、普雷斯堡（Pressburg）、维也纳和慕尼黑长大，现在拥有匈牙利的护照。但我没有任何祖国。我是旧奥匈帝国的一个十分典型的混合体；曾是马扎尔人、克罗地亚人、德国人和捷克人；我如今的国家是匈牙利，我的母语是德语。"[1] 如同现在一样，那时对于术语（命名法）的争论并不纯粹是语义上的。替代性的"精神地图"体现着深深影响内部和外部行为的各种幻觉与现实。

和平慢慢回归东欧，直到 1922 年，战后的小规模战争时期才告终。大战对这些国家的冲击因为其与战场的距离，以及它们是在胜利者还是战败者一方而不同。波兰和塞尔维亚（南斯拉夫）遭受了严重的战争损害，罗马尼亚发生了重要的军事行动，而捷克斯洛伐克和奥地利完全躲过了。除了国土大小以及经济遗产上的差异，它们之间状况的差异也取决于巴黎和会的和平缔造者如何对待它们。由于和平而不是战争的影响，匈牙利遭受了更多的动乱。布尔什维克领导的苏俄在 1918 年承认了芬兰的独立，并且和爱沙尼亚、拉脱维亚、立陶宛在 1920 年签署了和约。波兰在 1919 年到 1921 年参与的"幼儿园斗殴"（nursery brawls）破坏了地区的稳定，因为它造成了新的边界。波兰与苏俄的边境由 1921 年《里加条约》的条款所确定，但在 1923 年前一直缺乏国际上的承认。上西里西亚的全民公决在 1921 年 3 月 20 日举行，国联随后对领土的划分让波兰人和德国人都不高兴。在东中欧和巴尔干地区，甚至在和约最终签署后，已经确定的条件是难以重新恢复的。罗马尼亚和捷克斯洛伐克军队占据了匈牙利的一部分，直到 1920 年才撤出至它们的新边界之外，而南斯拉夫人直到 1921 年才撤出。奥地利与匈牙利、匈牙利与罗马尼亚、保加利亚与罗马尼亚、罗马尼亚与苏联针对比萨拉比亚、南斯拉夫与意大利之间的领土争端一直持续到 1920 年代中期甚至更久。希腊对于阿尔巴尼亚的北伊庇鲁斯的声索被拒绝，而其对于一个"大希腊"（控制爱琴海两岸）的梦想随着与土耳其人在 1922 年 10 月 11 日达成停战协定而结束，对于这两个争端的判定在《洛桑条约》（1923 年 7 月 24 日）中得到了确认。当阿伦施泰因和马林韦尔德在 1920 年 7 月 11 日举行全民公决，决定是否成为德国东普鲁士的一部分时，引发了新的争端，波兰获得入海通道的波兹南"走廊"令这些地方与德国的主体部分分离开来。其他一些争端来自但泽在 1920 年 11 月 15 日作为一个自由市建立、波兰在 1920 年 10 月夺取维尔纳，以及立陶宛在 1923 年 1 月占领梅默尔。幸运的是，在苏波发生冲突之后，该地区再也没有发生战争，无论在守成国与修正主义国家之间还是与任何外来大国都是如此。

有一句风趣话是这样说的，哈布斯堡帝国"像一个优美的旧花瓶，在它掉到地上摔成一千片之前，谁也不理解它的价值"[2]。这个旧帝国的碎片是尖锐的。东欧在 1920 年代也许没有战争，但内部和外部政治、种族或者经济争端具有毒性的混合，也意味着根本没有任何和平。并无多少例外的是，这些国家的生存依赖于数量有限的政治精英的治理能力，以及他们开始经济恢复进程的能力，这种恢复能够带来某种程度的内部稳定。如果该地区的国家维护了它们的独立以及对外的统一，那么这样做是以牺牲民主政治以及对种族和宗教多样性的容忍为代价。所有当选的战后政府中行政部门弱势而立法机构强势，许多遵循了法国的治理模式。它们发现如果不采取专制统治和集权化的政策，就难以应对多民族的人口和冲突性的经济需求。（常常是种族分歧的结果的）政治碎片化导致了政府的迅速变更以及议会机构的信誉丧失。向着稳定化的方向所取得的进步常常是施加专制政权的结果。捷克斯洛伐克的工业化、社会结构和高识字率最接近西方，民主政体主要在这里扎根。但甚至就是在这里，在很大程度上也应当归功于托马斯·马萨里克总统让众多政党保持齐心协力的能力。到 1934 年，在丹麦南面和瑞士东面的国家中，只有它仍然是一个正常运转的民主政体。

在这样一个参加经济活动的人口当中有 65% 的人从事农业——其中许多处于半封建条件下——的地区，无论对于既有的还是新建立的继承国来说，来自少数民族和农民政党的压力都带来了一种紧迫的政治议程。尽管与以往任何时期相比，的确有更多的人生活在他们自己民族的政府之下，但和约制造了新的问题。巴黎和会上达成的条约让 6000 万人拥有了他们自己的国家，但将另外 2500 万人变成了少数民族。[3]当政治上的论调强调民主和民族主义时，多数派的行为无非是以煽动民族不满为代价来维护统一。除了阿尔巴尼亚（这里 90% 的居民是阿尔巴尼亚人，60%—70% 的人是穆斯林），中欧和东欧的大多数国家在一定程度上都是多民族的。甚至在被"截头去尾"的匈牙利和保加利亚，也仍然存在一些少数民族。在那些内部的少数民族压力微不足道的地方，外部的领土收复主义运动使民族主义者的抗议保持活跃。事实证明，和平缔造者想要同化以及容忍少数民族的希望是虚幻的。同化是罕见的，而且主要局限于那些由来已久的少数民族，新的边界并未给他们带来多少变化。即使是在那些对于自决诉求回应最为积极的地方，巴黎和约也加剧了传统的敌对，这既是因为对于威尔逊式原则的新的强调，也是因为由占支配地位的民族群体控制的新政府引入了新政策，这些政策有时候比其哈布斯堡和罗曼诺夫王朝的前任统治者更不容忍少数民族的权利。当他们在这一方面受到批评时，支配性民族群体的政治家声称，为了扭转数十年甚至数个世纪以来对于他们的这些民族主义同胞（co-nationalist）的歧视，此类做法是必要的。西方外交官，尤其是1920年代初期的外交官，倾向于接受他们的这些观点。集权性政策强化了那些沦为二等公民的人的自我意识和不满。对于矫正地理及国家建设（state-building）条件导致的不可避免的不平等情形来说，由国联依据十分具有创新性的"少数民族协定"（minorities treaties）所提供的各项保障措施过于虚弱。在南斯拉夫，少数民族在其祖国被作为"外国人"对待。在防止强加限制性和歧视性立法方面，为犹太人特别精心制订的条款并未起到多少作用。在这种普遍惨淡的景象中，捷克斯洛伐克是唯一的例外。由于犹太人并不是一个民族，而且甚至缺乏"代理"发言人，许多人放弃了通过国联的保护性制度获得解救的希望。常常是少数民族群体的多样性及其分裂的经济、宗教和文化认同，使他们无法针对占支配地位的民族采取统一的行动。持续的民族矛盾在国内政治中充当一种破坏稳定性的力量，导致了政党的激增，阻碍或者令现有的政府瘫痪，有时候还加速民主形式的被弃。邻近国家之间的关系往往受到不利的影响，和平解决方案的胜利方和失败方之间的鸿沟深化，守成国和修正主义国家之间的分歧倍增。在东欧这些国家并不存在任何"熔炉"。

II

重生的波兰是从三个瓜分其土地的国家——俄国、奥地利和普鲁士的地盘上建立起来的，其中每一个都留下了它们的遗产。"奥地利"波兰人在政治上的经验最为丰富，而"俄国"波兰人政治经验最为欠缺。"普鲁士"波兰人拥有道路和住宅，享有一定程度的繁荣。由于这个国家如此分裂，波兰族（刚好占总人口的 70% 以下）很少能够在对待少数民族的官方政策上取得一致。在 1920 年代并不稳定的联盟政府中，高度民族主义和反犹的右派以及右派 - 中间党派政府推行的立法，在该国西部地区（波美拉尼亚、波兹南和西里西亚）的政治上自觉和经济上进步的日耳曼人当中激起了不满，在远远没有那么先进和主要是农民的乌克兰人、白俄罗斯人和俄罗斯人群体居住的东部地区也是如此。社会主义性质的、农民的以及其他的中左派政党宁愿聚焦于经济和社会问题而不是少数民族问题。小而活跃的共产党希望东部地区加入苏维埃的乌克兰以及白俄罗斯共和国。德莫夫斯基的国家民主党希望同化斯拉夫人少数民族而不是犹太人，将犹太人在波兰的古老存在视为一种"永久的骇人听闻之事"[4]。犹太人占波兰人口的近 8%，大多数人生活在贫穷中，在政治并不活跃，不过也有一种完全不同的、重要的、具有影响力的城市代表群体，他们占到了波兰总城市人口的大约 31%。反犹性质的立法既刺激着马克思主义和犹太复国主义观点的传播，也疏远了那些已经离开犹太人小村镇（shtetl）、进入波兰主流生活的犹太人。对于各方来说，不幸的是波兰是欧洲有着最大数量的自由犹太人人口的国家，他们在波兰城镇明显的存在一再充当着一种反犹情绪的避雷针。

表 10　东南欧信众估算

信众	阿尔巴尼亚 1930年*		保加利亚 1934年*		捷克斯洛伐克 1930年*		匈牙利 1931年*		波兰 1931年*		罗马尼亚 1930年*		南斯拉夫 1930年*	
	(千人)	(%)	(千人)	(%)	(千人)	(%)	(千人)	(%)	(千人)	(%)	(千人)	(%)	(千人)	(%)
罗马天主教徒		10.1	46	0.8	10831	73.5	5634	64.9	20670	64.8	1200		5218	37.4
东仪/希腊/亚美尼亚天主教徒**					584	4	201	2.3	3336	10.4	1426		45	0.3
东正教徒		19.7	5130	84.4	1130	3.7	40	0.5	3762	11.8	13200		6785	48.7
新教徒			8	0.1	357	2.4	2347	27	835	2.6	1295		231	1.6
犹太教徒			48	0.8	800		445	5.1	3114	9.8	1500		68	0.4
穆斯林		70.2	821	13.5									1516	11.2
其他信仰信众		0.4	25	0.4			21	0.2	198	0.6	260		18	0.1
											140			

* 代表人口普查年份。

** 东仪天主教会（英语：Eastern Catholic Churches，拉丁语：Ecclesiae Catholicae Orientales），或称东方礼天主教会（Uniate），是指与拉丁（罗马）天主教会共融的 23 个采行东方教会礼仪的教会。东仪天主教分别由其教会的宗主教，都主教或大总主教担任领袖。以东仪天主教法典及其各自所设立的教会法作为规章，各自保有自身的悠久传统，但都承认教皇的权威。现今东仪天主教徒共有约 1800 万人（2019 年数据），占天主教全体信徒的大约 1.5%。——译者注

资料来源：Milan Hauner, 'Demographic Structure of Eastern Europe Between the Two Wars', Papers in East European Economics, 40 (Oxford, 1974); Hugh Seton-Watson, Eastern Europe between the Wars, 1918–1941, 3rd edn (New York, 1962)。

地图 10 独立的波兰（1918—1922 年）

波兰在巴黎和会期间及之后的领土收获加大了其在民族主义不满情绪前的脆弱性。在上西里西亚和"波兰走廊"（波兰人在这里占人口的三分之二），在波森和西普鲁士，在但泽自由市，都有持续的矛盾。在东面，波兰人将其边界推进至进入俄国领土的地方，集权化的立法以及不愿承认任何形式的自治加剧了居住在这个广袤地区的不同斯拉夫人群体之间由来已久的仇恨，这个地区一度属于中世纪的波兰立陶宛联邦。夺取维尔纳连同其占人口多数的犹太人，以及波兰人、立陶宛人和白俄罗斯人居民，破坏了波兰与立陶宛的关系，该国拒绝放弃其对于这个前首都的声索。

种族问题的主要影响，将是使波兰政治在拥有无上权力的波兰下议院里更加难以驾驭。政党和政治俱乐部的数量在上升。基于意识形态、民族主义或者经济路线的新派别，使妥协即使并非不可能也是艰难的。这一时期的历届联盟政府很不稳定，而在其背后，支持和反对毕苏斯基的力量频频处于争斗之中。在波兰新宪法获得通过的 1921 年，到 1926 年 5 月标志着该宪法被放弃的毕苏斯基政变事件之间，该国一再看上去像是处于政治解体的边缘。

捷克斯洛伐克多民族的、分派别的政党政治气候并非天然地有利于议会民主制度。在经历一个短暂时期的社会主义者的统治之后，一个由五个政党组成的事实上的联盟（农民党、国家民主党、社会民主党、社会主义党、天主教党）得以创立，并且在两次世界大战间隔期的整个时期里持续执掌政权。没有这个联盟，众多不同的政治力量将令议会制政府无法运转。在代表捷克富农阶层的农民党人的率领下，这个国家的维系不仅是靠自我利益（self-interest，自利主义，利己主义），也是通过

"城堡"（the Castle）所施加的强大的反制性压力（counter-pressure）——这一"城堡"即围绕在总统托马斯·马萨里克身边的十分具有影响力、数量小、亲西方和温和派社会主义者群体——以及通过总统本人的亲身努力。如果说布拉格政府比大多数政府运转得更为成功，其中相当一部分功劳必须归于马萨里克。马萨里克是摩拉维亚的庄园工人的儿子，后来成了学者，然后成为民族主义政治家。作为捷克斯洛伐克的缔造者，马萨里克拥有独一无二的地位和威望，从而确保在该国的政治生活中获得了一个关键的统一性角色。他曾四度当选国家元首，每次都遭到右派、共产主义者以及日耳曼裔、斯洛伐克裔和匈牙利裔异议者的反对，马萨里克对于捷克这个民族的概念并不是无所不包的。这一概念忽视了相当一部分人口所持有的天主教信仰，并且让捷克人与日耳曼人和斯洛伐克人区分开来。马萨里克的愿景涵盖的是这样一个国家——它与西方而不是布尔什维克的东方联系起来，致力于某种形式的民主统治，这种统治对于捷克斯洛伐克的东半部分来说是全然陌生的，因此它并未从中得到多少优势。尽管在政治稳定性方面是东欧继承国中的一个例外，但捷克斯洛伐克在对待少数民族问题上遵循着普遍的模式，这些民族在总人口中的比重略微超过三分之一。

捷克人当时统治着波希米亚、摩拉维亚、西里西亚的富裕的苏台德日耳曼人，乡村人口占压倒多数的斯洛伐克人，以及甚至更为落后的下喀尔巴阡山的罗塞尼亚人，他们在这个新国家里的状况并没有比在奥匈帝国统治下好多少。出于经济上和战略上的原因，斯洛伐克继承了 75 万以上心怀不满的匈牙利裔少数民族，其中大多数人居住在多瑙河的大日特尼岛（Grosse Schütte）。犹太人居住在这个共和国的各个地方，但主要是在城市，在经历了最初的艰难时期后，他们在一个没有反犹立法的政权下蓬勃发展，成了马萨里克政府的强烈支持者。

由于对这个新成立国家里的各种离心力量感到忧心忡忡，捷克人拒绝了地区少数民族要求地方政治自治的呼吁，并实施了强化政治统一的社会、文化和经济立法。在少数民族当中最为重要的是苏台德日耳曼人，占这个新国家人口总量的四分之一，他们在 1918—1919 年已经获得一种共同的认同和政治表达。他们与捷克人的关系起初是敌对的，甚至是暴力的，但一旦宪法在 1920 年 2 月通过，大多数苏台德日耳曼人就进入了国家的政治生活之中。他们组建了自己的政党，参与选举，在议会两院中赢得了席位。不可避免的是，捷克缔造者的看法塑造着这个多民族国家的性质。包括马萨里克在内的所有捷克领导人希望一个统一的、在官僚机构上集中化的民族国家，苏台德日耳曼人将作为一个少数民族包含其中。相比之下，后者想要一个基于自治地区联邦的"民族国家"（state of nationalities），地方当局将在这样一个联邦里拥有最高的影响力。苏台德日耳曼人之间产生分歧，他们中的一些人愿意进入政府，而另外一个人数正在持续减少的少数派倾向于不合作以及阻挠。尽管前者占了上风，而且积极参与议会政治，但在苏台德及捷克人的政党之间没有建立任何联系，甚至连共同的经济利益也未能减少民族间的隔阂。日耳曼人的政党直到 1926 年才被接纳进执政联盟。尽管并未完全融入这个新的国家，但苏台德日耳曼人没有挑战其权威，而且即使存在复国主义情感，这种情感也很少。在魏玛共和国太长的优先事项清单上，捷克事务处于低位。从

266

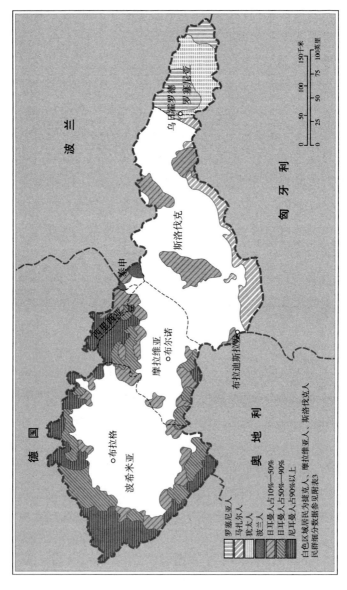

地图 11 两次世界大战之间的捷克斯洛伐克，民族及语言构成

总体来说，柏林当局赞成苏台德人参与捷克斯洛伐克政坛，希望他们也许可以引导布拉格当局走向亲德的方向。

下喀尔巴阡山的斯洛伐克人和罗塞尼亚人居住在该国最为贫穷和工业化程度最低的地区，这些地方的生育率高，识字率低。无论是在社会还是经济方面，他们与其捷克统治者没有多少共同之处，并且因为当局青睐波希米亚胜过其他地区，他们受到了区别性对待。斯洛伐克人的土地曾经是匈牙利的一部分，他们从未拥有自己的国家。在1918年以后，他们在捷克斯洛伐克的国民议会拥有了自己的代表，而且在布拉格当局拥有了一位代表斯洛伐克的部长。但没有任何重要的权力被下放到斯洛伐克首府布拉迪斯拉发。斯洛伐克的新教少数群体受到青睐，但这是以牺牲天主教多数群体为代价的。因极其反动的天主教教父煽动而滋生的民族主义的不满情绪，被引入日益受到民众欢迎的斯洛伐克人民党中，该党由安德烈·赫林卡（Andrej Hlinka）教父领导，他是斯洛伐克政治和文化自治的首要倡导者。在压迫使政治激进化之前，斯洛伐克人没有挑战统一的政府。地方上的鼓动集中于要求从布拉格当局发放的资金中获得更大的份额，以及某种程度的自治。相反，斯洛伐克的匈牙利裔当中有许多人以前是地主，他们已经丧失了其政治权力以及土地，是寄望于布达佩斯的强烈的复国主义者。在罗塞尼亚居住着罗塞尼亚人、匈牙利人和犹太人，这是一个极度贫穷的地区，与捷克斯洛伐克其他地方隔离，位于该共和国的东部尖端。它与乌克兰以及匈牙利的联系比与布拉格当局的联系更多，而且如果不是布尔什维克在俄国掌权的话，可能就会并入俄国。该地区的政治意识仍然是微乎其微的，屈指可数的几位活跃的政治家集中关注经济上的不满。

在贝尔格莱德原本没有任何一个政府能够在南斯拉夫境内的众多民族中创立一个统一的国家，就其民族及宗教构成而言，南斯拉夫甚至比捷克斯洛伐克更具异质性。这个新的王国有众多的民族群体和宗教，"像是那个老的多民族二元君主国（指奥匈帝国）的迷你版本"[5]。但 1921 年建立的这个立宪君主国是一个集中的而不是联邦制的政府，而联邦制原本更适合该国的起源和性质。战前塞尔维亚族的领导者继续统治着一个大为扩张的、不适合其现有行政机器的国家。塞尔维亚人在宗教上信仰东正教，在这个战后的王国里只占总人口的 43%。信奉天主教的克罗地亚人猛烈地想打破塞尔维亚人对权力的垄断，克罗地亚人的人口不到南斯拉夫总人口的四分之一，但曾在哈布斯堡统治时期享有相当的自主权，因此深深地憎恨塞尔维亚的人民激进党的尼古拉·帕希奇（Nikola Pašić）从贝尔格莱德实行的控制。塞尔维亚人主要是通过武力占得上风，但也是通过向居住在曾经属于奥地利一部分的领土上、具有自我意识的斯洛文尼亚人以及波斯尼亚穆斯林提供行政权以及文化与经济上的让步。此外还有黑山人、保加利亚人、马其顿人、阿尔巴尼亚人、希腊人，以及居住在这个国家的土耳其人。黑山人、保加利亚人、马其顿人和阿尔巴尼亚人被作为塞尔维亚人对待，但阿尔巴尼亚人被剥夺了任何形式的自主权。那些生活在科索沃地区的阿尔巴尼亚人要求与邻近的阿尔巴尼亚合并，该国在 1920 年获得了对于其独立以及 1913 年边界的承认。阿尔巴尼亚人的示威游行被军事力量镇压，塞尔维亚族军队的老兵被引入并安置在他们中间。在西北部还有显著数量的不满的日耳曼人，以及主要位于北面的伏伊伏丁那地区的匈牙利人，他们曾拥有显著的影响力，但现在在政治上无力。塞尔维亚人和克罗地亚人之间的斗争给该国的政治生活投下了大大的阴影，甚至当国王亚历山大一世在1929年实行国王独裁，将塞尔维亚-克罗地亚-斯洛文尼亚王国改名为南斯拉夫王国时也是如此。当墨索里尼将其注意力转向修改亚得里亚海地区和平解决方案时，南斯拉夫的分裂以及地区、民族和宗教上的各种不满为意大利的干预提供了大量的机会。除了意大利，匈牙利被认为对南斯拉夫的安全造成了第二危险的挑战，导致其与捷克斯洛伐克及罗马尼亚结盟。

罗马尼亚与民主制度斗争。尽管引入了普遍的男性选举权，并且创建了一个民主的政府，但国王斐迪南依据1923年的新宪法保留了相当大的权力。由于他的支持以及运用历来腐败的拉选票方法，在本家族自19世纪以来主宰罗马尼亚政治的扬·布勒蒂亚努的领导下，自由党在1922年控制了政府，而且几乎连续地执政到1928年。布勒蒂亚努是一个死板的中央集权主义者，他的管理政策疏远了特兰西瓦尼亚和比萨拉比亚的匈牙利人以及其他的少数民族。但是他的独断专行的政府存活下来，直到他以牺牲农民为代价的自给自足的经济政策将反对派驱赶到了一起。自由党人还与体弱多病的国王的继承人卡罗尔王子相处困难，后者拒绝放弃其情妇埃琳娜·卢佩斯库（Elena Lupescu），也不愿从巴黎归国。他最终被迫在1925年放弃王位继承权，其仍然处于襁褓中的儿子米哈伊（Michel）成为继承人，经历摄政时期。斐迪南在1926年夏去世，将自由党维系在一起、让该党获得方向感的布勒蒂亚努也在1927年去世，这预示着自由党统治时期的结束。通过罗马尼亚摄政者的任命，尤柳·马纽（Iuliu Maniu）领导的国家农民党执掌了权力。新政

268

府由罗马尼亚在两次世界大战间隔期最为民主的一次选举中当选的一个联盟组成，它从 1928 年 11 月执政至 1930 年 10 月。在这个短暂的宪政时期，国家农民党人聚焦于在政府分权以及保证民事和政治权利方面的需要。当被放逐的卡罗尔作为国王卡罗尔二世在 1930 年 6 月回到首都，并且表明其建立个人统治的意图时，马纽处境艰难。

尽管和约让罗马尼亚的领土面积和人口翻番，但罗马尼亚人仍然占这个扩大后的国家总人口的 70% 以上。他们在旧的罗马尼亚王国范围里明显占多数，而在那些新的省份——特兰西瓦尼亚、比萨拉比亚、巴纳特、布科维纳、多布罗加——他们也接近或者刚好占多数。主要生活在特兰西瓦尼亚、巴纳特、布科维纳的 210 万匈牙利人是最为公开地表示不满的少数民族，因为这些曾经占支配地位的马扎尔人丧失了他们广阔的土地，而且不得不接受罗马尼亚人的政治统治。匈牙利裔地主依据少数民族条款向国联申诉，但无论是对于农业改革计划还是罗马尼亚人对他们的这些新省份的支配，都无法发起一种真正的挑战。其他的少数民族群体造成的问题相对较少。特兰西瓦尼亚南部及东南部的日耳曼人生活在悠久而自立的路德教会社区里，他们在政治上很活跃，但并非复国主义者。多布罗加的保加利亚裔农民因为罗马尼亚定居者被给予优待而觉得自己处于不利地位，但他们并不是一支重要的政治力量。乌克兰裔和俄罗斯裔农民因为以牺牲匈牙利裔为代价的土地改革而受益，但是被排斥于政治生活之外。数量可观的犹太裔少数民族（占总人口的 4.2% 和城市人口的 14%）在 1878 年的柏林会议上就已成为欧洲的关切对象，此时终于依据罗马尼亚所签署的协定而被给予公民身份。他们在该国的经济及职业生活中很重要，但仍然

是一个未被同化的群体，是人们抱有相当恶感的对象。吉卜赛 269
人在罗马尼亚的数量是所有国家当中最多的，但他们无权无势，
比犹太人更容易被忽视。

尽管少数民族问题，尤其是匈牙利裔的不满，困扰着罗马
尼亚领导人，但他们的主要关切聚焦于苏联不愿承认罗马尼亚
在一战当中夺取了比萨拉比亚。无论是捷克斯洛伐克、南斯拉
夫还是法国这些罗马尼亚的盟友和友邦，都不像它那样拥有对
莫斯科当局的极度敌意，因此罗马尼亚人在 1921 年与波兰缔结
了一份协议，该协议在 1926 年变成了一份共同防御协定。就
1920 年代的大多数时间而言，苏联人并未真正挑战罗马尼亚人
对比萨拉比亚的占有，不过他们持续对布加勒斯特当局的行动
提出异议。

在东欧的战败国家当中，匈牙利是最具修正主义色彩的。
在库恩·贝拉垮台之后，它与英国发展起亲密的关系。1919 年
11 月，英国驻捷克斯洛伐克的指派公使（尚未上任）乔治·克
拉克爵士，被派往布达佩斯监督罗马尼亚人撤出匈牙利首都，
以及以一个能够签署和约的政府取代现当局。克拉克在很大程
度上受到强烈支持继承国的 R. W. 西顿－沃森及其《新欧洲》
杂志的影响。正是由于克拉克的调停，保守党人士在匈牙利通
过确认得以执政。以前指挥奥匈帝国海军并且在库恩政权时期
成为反革命运动领导人之一的海军上将霍尔蒂·米克洛什，此
时成了匈牙利的摄政统治者。克拉克将霍尔蒂视为一个可以信
任的"绅士"，他接受了后者关于匈牙利将不会有任何"白色
恐怖"的誓言保证，但这一保证很快被打破。尽管根本没有办
法忽视关于修正领土的普遍喧嚣，但霍尔蒂聚焦于建立稳定的
机构以及促进经济发展。他找到了两个非凡的人物来担任总理，

他们是贵族绅士出身的拜特伦·伊什特万（István Bethlen，1920—1931 年在位）伯爵和泰莱基·帕尔（Pál Teleki，1920—1921、1939—1941 年在位）伯爵。泰莱基先于拜特伦在 1920 年短暂执政，他开启了一种有限共识（limited consensus）的政治，而拜特伦将其发展为政治艺术。通过限制选举权、挑拨议会的许多小团体之间的关系，以及控制媒体，拜特伦确立了其对于议会的支配。通过一系列利诱与威逼相结合的措施，拜特伦削弱了社会主义者的力量，同时平息了极右分子。他所在的中间派联盟——统一党（Party of Unity，被称为政府党）成立于 1922 年，完全由他控制，以土地大亨以及他们巨大的田产为基础。在 1920 年代初，拜特伦的国内及对外政策获得了英国的支持。但到 1920 年代中期，随着他走向一个高度专制的政府，并且将目光锁定于修改和约之上，英国人失去了兴趣。拜特伦念念不忘的就是这样一条路线，但其实际的先决条件——稳定的经济和可行的盟友——直到 1920 年代后半才出现。

270　　布达佩斯当局对其在特兰西瓦尼亚和斯洛伐克的民族同胞怀有深切的、持续的复国主义抱负。其几乎不掩饰的意图以及前奥匈帝国皇帝卡尔在 1921 年为重新获得匈牙利王位而进行的两次流产的努力（为拜特伦所反对），导致了被匈牙利媒体轻蔑地称为"小协约国"的创立，它让捷克斯洛伐克、罗马尼亚和南斯拉夫结成了对付匈牙利的盟国。在幅员被大大削减的匈牙利境内，各个少数民族并未制造多少麻烦。该国 87% 的人口（包括犹太人和吉卜赛人）说匈牙利语。而作为最大少数民族、能说两种语言的日耳曼人，以及克罗地亚人，都很好地融入了匈牙利的生活中。该国为数不多的斯洛伐克人持续表达他们的不满，而匈牙利东南部人数甚至更少的罗马尼亚人接受了现状。

保加利亚的人口中有83%以上说保加利亚语，在宗教上信仰东正教。他们与该国最大的少数民族土耳其人（占总人口比例只是略微超过11%，拥有自己的学校）相处并无多少困难，与同样不受信任且无权无势的保加利亚穆斯林或称"波马克人"（Pomaks）的相处也是如此。土耳其人、希腊人和罗马尼亚人的大量离开从第二次巴尔干战争（1913年）之后就已经开始，并且在1920年代持续进行着。大约25万保加利亚人从周围地区来到保加利亚，其中许多人需要公共（公立机构的）支持，这给中央政府带来了相当大的压力。在该国制造最大混乱的是保加利亚马其顿人，他们在人数上远远少于土耳其裔少数民族，却是高度组织起来的复国主义组织的支持者或者成员。恐怖组织"马其顿人内部革命组织"（Internal Macedonian Revolutionary Organization，IMRO，成立于1893年）是巴尔干地区最为强大的恐怖主义运动，成了一支具有高度破坏性的政治力量。IMRO得到索非亚当局的支持者的帮助和资助，但它本身处于分裂状态，其中一派希望整个马其顿并入保加利亚，另外一些人倾向于建立处于一个巴尔干联邦内的单独的马其顿。该组织一再的越境入侵威胁着保加利亚与南斯拉夫以及希腊的关系。在一个左派政党尤其强大的国家里，执政党——激进的保加利亚农民国家联盟党（Bulgarian Agrarian National Union Party，1919—1923年执政）希望全神贯注于国内改革，并避免卷入外部事端。该党在亚历山大·斯坦博利斯基的领导下在1919年8月的大选中上台执政。斯坦博利斯基寻求与贝尔格莱德及雅典当局取得一致，而且寻求加入国联（保加利亚在战败国中率先于 1920 年被接纳）。但是马其顿裔极端分子喧嚣一时，而且 IMRO 对于南斯拉夫领土的多次突袭尤其损害了斯坦博利斯基的计划。1923 年 3 月与贝尔格莱德当局达成的《尼什条约》旨在确定与南斯拉夫的边境，以及抑制恐怖分子。但结果只是进一步激怒了他们，并且对保加利亚国内针对斯坦博利斯基激进的农业及统制经济计划日益加大的反对呼声起到了推波助澜的作用。由于签署声名狼藉的《讷伊条约》而将马其顿的大部分给了南斯拉夫，恐怖分子憎恨斯坦博利斯基，他们加入了由形形色色的反对者在 1923 年发起的成功政变。斯坦博利斯基被抓，遭受折磨，最后被斩首。在一场由莫斯科当局鼓动的迟来起义之后，新政权大规模镇压左派，它主要通过暴力统治，但在控制恐怖分子方面与斯坦博利斯基一样无能为力。通过意大利的秘密支持和来自保加利亚战争部的帮助，IMRO 在彼得里奇（Petrich）建立了一个国中之国———一个位于保加利亚、希腊和南斯拉夫接壤处的"禁行区"（no-go area），并且继续对南斯拉夫进行破坏性的入侵。到 IMRO 最终在 1934 年解散时，它已经在贝尔格莱德加强了诉诸暴力的趋势，并对国家间关系造成了无法弥补的损害。

　　和保加利亚人一样，希腊人也面临着安置不断涌入的难民这一问题，不过规模大得多。除了来自小亚细亚的滚滚人潮（他们在《洛桑条约》签订之后基于旧的奥斯曼时期的宗教划分而流离失所），还有依据一个自愿交换协议的来自保加利亚的希腊人，以及逃离革命、来自俄国南部的难民。大多数难民在乡村地区安顿下来，尤其是在马其顿和色雷斯这些希腊新近获得的地区。其他人被遗弃在大城镇的边缘或者雅典和比雷埃夫斯周围的窝棚里，变成了政治上的激进者。难民的巨量吸纳对国家政治产生了影响，但除了在塞奥佐罗斯·潘加洛斯（Theodoros Pangalos，1925—1926 年在位）将军的短暂独裁统治期间——他曾威胁与土耳其重开战端，而且在与马其顿恐怖分子的一次边境摩擦之后，十分短暂地占领过保加利亚的一部分——希腊的注意力聚焦于其内部政治和公共财政。内部的状况仍然很混乱，政府也非常不稳定，甚至在中东的溃败之后也是如此。从 1924 年直至 1928 年韦尼泽洛斯再度成为总理之时，希腊经历了 11 届政府、11 次军事政变、3 次大选、2 次军事独裁。[6]

在大多数情况下，在几乎每一个国家里，占支配地位的民族群体的集权化政策都占了上风。没有一个多民族国家因为民族划分而被撕裂。尽管邻近民族之间旧有的仇恨因和约而加剧，而且新的民族冲突有时候使边境争端恶化，但现状得以维持。各种修正主义力量由于太弱而无法挑战这些和平解决方案，而且没有任何外在的国家准备从事修正主义事业，甚至在主要战胜国之中最不安分的意大利也是如此。这些矛盾的主要对外影响是使地区的政治或经济合作更为艰难。在前奥匈帝国的土地上并未出现任何朝向经济联邦的运动，也没有出现巴尔干国家的联盟。考虑到该地区的碎片化性质以及边境与民族争端之多，不可避免的是地方领导人将寻求外来的帮助，以及大国将浑水摸鱼。尽管出于某些目的而希望获得外来的支持，但诸如以波兰和捷克斯洛伐克为一方而以匈牙利和保加利亚为另一方的各个国家拥有特别的地区性目标，这些目标未必为其支持者所共有，因而将削弱他们的支持。具有兴趣的主要大国包括法国、英国、意大利和德国，它们拥有自己的议程，而且在追求这些议程时几乎毫无例外地与其他国家对立，从而加剧了当地的紧张局势。这些多民族国家大多觉得并无任何必要去向其少数民族妥协，同时却享有由于德国和苏联的撤退以及战败国的虚弱所带来的呼吸空间。

Ⅲ

除了民族问题以及具有分裂性的国内政治，对东欧国家未来发展威胁最大的是它们的相对贫困。甚至在 1914 年之前，该地区的大多数国家在农业产出和工业发展上就落后于西方。该地区内部的经济发展是非常不均衡的。哈布斯堡君主国既包括富裕的、工业化的下奥地利（Lower Austria）和波希米亚地区，也包括一贫如洗的加利西亚、布科维纳和达尔马提亚。贸易大体上是在内部进行的，而且对外贸易在大战之前数年里实际上是下降的。东中欧的其他地方大多是农业国，依赖于农民劳动力。尽管战争与和平导致了经济上的大动荡，但除了一两个例外的地方，该地区仍然主要是农业型的，而且没有资本来为金融稳定及工业化提供资金。大战的影响以及新边界的划分，导致了正常贸易的中断以及传统市场的崩溃。战前帝国的消失不可避免地导致了东欧经济版图的重新排序。独立的经济单位的数量从 26 个增加至 38 个，关税边境的长度增加，用于流通的独立货币数量从 13 种增加至 27 种。[7]波罗的海国家的建立以及与俄国的贸易在实际上的结束加剧了碎片化，并导致贸易路线中断。高涨的民族主义导致以前的经济联系被蓄意切断，增强了对地区外市场的寻求。贸易离开邻国而转向西欧，导致大多数东欧国家容易受到世界经济变动的影响，而没有任何的共同防御手段。

表 11 东欧农业人口占比

单位：%

国家	1921 年	1930/1931 年
捷克斯洛伐克	40	28
匈牙利	56	54
波兰	64	65
罗马尼亚	75—80	78
南斯拉夫	75—80	79
保加利亚	75—80	80

资料来源：League of Nations, *Industrialisation and Foreign Trade* (Geneva, 1945), 26-7; N. Spulber, *The Economics of Communist Eastern Europe* (New York, 1957), 8; W. E. Moore, *Economic Demography of Eastern and Southern Europe* (Geneva, 1945)。

大战的直接影响是制造了经济混乱、高通货膨胀率以及贬值的货币。奥地利、波兰、匈牙利受到最为严重的打击。奥地利通过主要来自美国的救济供应而得以存活下去。奥地利 1920 年的农业产出只达到其战前水平的一半，而且匈牙利没有大量的剩余粮食，无法像 1914 年以前的惯例那样出口到奥地利。奥地利的工业产量刚刚超过其 1913 年水平的三分之一，失业率达到前所未有的规模。为人口提供廉价食品以避免革命的需要，给战时的通货膨胀火上浇油。在绝望之中，维也纳当局向战胜国请求贷款以使政府能够维持下去。赔偿事务委员会的一个奥地利分委员会在 1920 年 11 月主张推迟赔偿声索，但直到第二年才完成其审议工作。分委员会并没有寻找办法来从奥地利抽取财富，而是开始评估外国援助被引导进入该国的方式。匈牙利的库恩政府也未能阻止农业及工业产量的急剧下滑，也无法在这个仅仅存在 133 天的共和国的生命周期里控制迅速发展的

274

通货膨胀。经济上的混乱因罗马尼亚入侵军队的战役而加剧，在反革命之后变得更为糟糕。农业出口的巨幅下降使其难以获得必要的资金和原材料来刺激工业生产。波兰曾经是可怕的战斗发生地，这些战斗留下了一长串的物质上的破坏。1918—1921 年，该国虚弱而新生的经济承担着与乌克兰人、德国人、立陶宛人、俄罗斯人敌对的代价，而且这些敌对活动常常是同时进行的。该国领土曾经属于三个不同的帝国，在经济发展上十分不均衡，政府面临着将它们团结起来这一看似不可能完成的任务。金融上的混乱以及猖獗的通货膨胀削弱了稳定货币的所有努力。波兰漫长而严重的货币贬值不同寻常，导致其经济的一部分瘫痪，尽管它也通过创立一个公平竞争的场所，以及迫使以前互不联系的经济参与者彼此贸易，加速了经济上的统一。

在其他地方，各国政府与战争导致的食品和原材料短缺以及高通货膨胀进行着搏斗。南斯拉夫和罗马尼亚在大战中承受了相当大的物质损失，丧失了牲口（占塞尔维亚乡村生产的大部）和农业装备，农业产量大幅降低。罗马尼亚的石油产量骤降，尽管其通货膨胀没有奥地利或者匈牙利那样严重，因为其下降但仍在继续的石油与谷物出口在一定程度上改善了外贸收支状况。布加勒斯特的布勒蒂亚努政府坚持认为，该国应当在没有外国贷款的情况下进行必要的内部整顿，并且对外国投资以及外国制成品的进口实行了严格的限制。本国资本仍然支配着石油公司，外国制成品的进口稳步下降。在保加利亚也是如此，尽管农业产出急剧下降，对外贸易受到削弱，但通货膨胀相对温和，预算在 1921—1922 年实现了平衡。

捷克斯洛伐克是第一个恢复并回归到战前生产水平的国家。

该国被作为一个战胜国对待，拥有经济和金融以及心理上的重要优势。它从战前的哈布斯堡君主国继承了一些最为先进的工业和银行设施，而且因为一连串能干的财政部部长而受益，他们切断与维也纳的旧联系，迅速创立了一种独立的货币。当奥地利的通货膨胀变成了一种恶性通胀，威胁到该国政府的生存时，在捷克斯洛伐克，奥匈帝国的克朗（krone）被迅速从市场上收回不再流通。这些纸币被捷克斯洛伐克财政部加盖印记后，发放用于国内用途。新的捷克克朗（koruna）在 1921—1922 年稳定下来。该国挺过了通货膨胀所致繁荣的结束，以及在 1922—1923 年引入通货紧缩举措而引起的波动。尽管随后捷克克朗的价值被高估（部分是由于占领鲁尔期间对于捷克斯洛伐克商品的人为需要）而遏制了出口市场的增长，但随着捷克斯洛伐克受益于世界经济的总体改善，工业生产和出口在 1920 年代后半重拾上升的趋势。在东欧的这些国家中，只有捷克斯洛伐克得以从其工业出口获得充足的资金来资助自身的经济发展，向国外投资，回购外国拥有的债券以确保其经济的独立。

表 12　东欧制造业产出指数（1913 年 = 100）

国　家	1920/1921 年	1925 年	1929 年
捷克斯洛伐克	69.8	136.4	171.8
匈牙利	64.0	76.7	113.9
波兰	35.1	63.1	85.9
罗马尼亚	47.2	92.2	136.9
南斯拉夫	—	—	140.0
欧洲(18 个国家)	66.9	89.6	110.7
全世界总计	93.2	120.7	137.5

资料来源：League of Nations, *Industrialisation and Foreign Trade* (Geneva, 1945), 136 - 7；I. T. Berend, and G. Ranki, *Economic Development in East Central Europe in the 19th and 20th Centuries* (New York, 1974), 298-300。

战后紧随而来的通货膨胀对于经济恢复的过程既有积极也有消极的影响。在奥地利、匈牙利、捷克斯洛伐克，特别是波兰，至少在一个短暂的时期内，通货膨胀刺激着投资，鼓励创立新的公司和重新囤货。外国投资、被取消的债务、廉价的贷款以及资金流入商品和房屋，这些推动了工业的发展。就奥地利而言，短暂的繁荣扩大了生产与消费以及进口与出口之间的差距，从而削弱了整个经济结构。保加利亚、罗马尼亚和南斯拉夫在 1919—1924 年享受其工业发展的初次迸发；南斯拉夫的工业投资在通货膨胀期间达到了其在两次世界大战间歇期的巅峰。到通货膨胀走完其自然的发展过程时，工业产量正在接近战前水平的大约 75%。不过这些农业国家的这种早期的刺激，并不足以改变仍然几乎完全依赖于农业来获得经济增长的各个经济体的平衡，甚至当大多数经济体到 1920 年代中期正在达到或者超过其战前工业生产水平时也是如此。比如说，匈牙利的工业产量翻了一番，而且扩大了纺织业和化工业，但仍然依赖于农业出口尤其是小麦的出口，来获得其工业增长必不可少的原材料和机器。

尽管大多数东欧国家进行了重要的土地改革，农业生产却仍然疲软。1917 年的俄国革命、1917—1919 年的大量人口迁徙，以及强大的农民政党出现，这些事件对重新分配土地的普遍要求做出了回应。最为根本的变化发生在波罗的海地区，在波罗的海日耳曼地主被剥夺土地的爱沙尼亚和拉脱维亚、南斯拉夫的一些地方、罗马尼亚（特别是在比萨拉比亚和特兰西瓦尼亚）尤其如此。保加利亚也有一个激进的农业计划，不过剥夺并不必要，因为该国当时是而且仍然是一个小农所有制国家。希腊启动缓慢，但难民的涌入迫使该国政府实施了一个激进的重新分配计划。该国大约 40% 的土地被重新分配，这是巴尔干地区的最高比例，其中几乎所有的土地都分给了难民。在捷克斯洛伐克，土地问题在乡村占支配性地位的斯洛伐克极其尖锐，实施改革的速度很缓慢，而且补偿很高。从总体上而言，受益最多的是具有能力而且有着良好组织的捷克农民，而不是斯洛伐克人和罗塞尼亚人。在波兰，地主的权力是如此之大，以至于属于大庄园的土地只有四分之一被征用，而且约 20% 的耕地仍然处于大地主手中。匈牙利是一个特别的例子。该国历来因贵族和天主教会拥有的巨大庄园（latifundia）一直存在而备受困扰。地主们设法刻意阻碍起初的土地改革尝试，而信奉布尔什维克主义的库恩政权没有时间来实施其所打算的改革。在库恩政权垮台后，传统的地主阶层重新执掌权力，重新获得或者保住了其巨大的地产。迟至 1935 年，有 43.1% 的土地被占人口不到 1% 的人所拥有。阿尔巴尼亚也是一个例外。在东南欧国家中只有它没有任何农民的或者共产主义的政党，其土地所有制没有任何变化。该国被内战以及邻国利益的冲突所撕裂，仍然是欧洲经济上最不发达的国家。

　　土地改革并未解决农业落后的问题。甚至在发生激进的土地分配的地方，新农场也由于太小而无法赢利，而且更低的死亡率和海外移民的减少导致人口数字不断上升，给农民家庭带来了新的沉重的压力。在波兰和匈牙利，大庄园持续存在，因此在广大的无地劳工中间制造了社会上和经济上的问题，而且生产力仍然低下，并不存在多少改善的动力。1920 年代中期最为引人注目的恢复出现在罗马尼亚和南斯拉夫，这些地方产量的提高来源于投入耕种的新土地以及使用补充的劳动力，而不是改善农作方法。农业的恢复也得益于战后对食物的高需求，以及世

277

界市场上农产品价格的上升。这些条件都未能持续至 1927—1928 年之后。如果要获得真正的进步，这些依赖于农业的国家需要让其仍然严重集中于谷物的出口多样化，并且从根本上让其农作技术实现现代化。甚至在 1924—1928 年的最好年头里，东南欧的食品出口国也无法挑战更有效率的美国及加拿大农业生产者。对于依赖谷物出口来为贷款及工业扩张提供资金的国家来说，世界价格的任何重大回落都将带来灾难性的问题。

农业及外贸部门的虚弱因为这些战后的新政府的行为而变得更为复杂。协约国认识到哈布斯堡君主国的政治解体所带来的经济上的代价，它们之间相互竞争，敦促创立地区性的经济联盟。相反，在这个前二元君主国的领土内建立了七个单个的、独立的海关系统。每个继承国都决心建立和保持经济上的完全独立。尽管和约中有关于优惠性关税协定的条款，而且由意大利人在 1921 年 10—11 月召开的波托罗萨（Porto Rosa，或译为"罗萨港"）会议上提出了关于减轻壁垒及各种限制的协议，但各国政府在后者并不符合其利益时，仍然诉诸禁止进口和出口的措施。在货币终于稳定后，各国政府出于自给自足和行动自由的目的而实施高关税。捷克斯洛伐克和奥地利通过对谷物和牲畜进口设定高关税，鼓励国内的农业生产。多瑙河流域的农业国反过来又对来自捷克斯洛伐克和奥地利的工业品进口提高关税。这些保护性措施减少了地区内贸易，刺激着一种远离多瑙河流域而转向西欧和美洲大陆市场的转变。大战刚结束时，捷克斯洛伐克的所有出口中有 52% 前往多瑙河流域国家；到 1924 年，这一总量已经减少至 37%，1929 年为 31%。由捷克重农主义者引入的保护主义政策使捷克斯洛伐克的伙伴罗马尼亚和南斯拉夫不可能购买其工业品，包括武器装备。农业产品和原材料是它们唯一的交换商品。捷克斯洛伐克和甚至贫乏的奥地利寄望于美国和加拿大，尽管有运输成本，但农产品价格在这些地方是竞争性的，而且捷克斯洛伐克的出口看涨。南斯拉夫的地区性贸易与塞尔维亚在战前的数据相比显著下降，意大利迅速成为其最佳市场。匈牙利人决心通过让农民阶级付出代价而走上了一条强迫性的工业化道路，保持保护性"高墙"（壁垒），有意地限制其与邻国的贸易。外国在该地区内部开辟新的市场或者引入更为自由的贸易做法的努力一再地失败了。在 1922 年 3 月的里加会议以及 1922 年 12 月的莫斯科会议上，苏联的各项倡议只产生了微不足道的成果。1922 年的热那亚会议没有取得任何进展，在这次会议上，"小协约国"各国在法国的支持下埋葬了波托罗萨会议的提议。尽管伦敦当局敦促削减关税，但各种关于优惠性关税安排的方案也因为英国坚持最惠国待遇而归于无效。到世界经济会议于 1927 年召开时，整个东欧的关税水平比 1914 年高出许多。波兰是唯一的例外，但这只是因为俄国在 1914 年以前实行非常高的关税。这种"以邻为壑"的政策不仅加大了这些国家面对世界市场状况时的脆弱性，而且未能给其农业和工业带来足够多的益处，以便在世界市场萎缩时为它们的经济提供缓冲。

Ⅳ

除了捷克斯洛伐克这个显著的例外，东中欧各国政府尽管决心确立其经济的独立性，但发现自己并不拥有为实现稳定和恢复所需的资金来源。在紧接《凡尔赛和约》签订之后的时期里，赔偿及战争债务（战败国不得不担负起其前任的义务）对于相关国家虚弱的经济来说代表着一种很大的负担，而且是获得直接信用和贷款的重大障碍。尽管对于前敌国的赔偿支付逐渐被推迟、削减，对奥地利而言是被放弃，而且为战争债务谈判了更为慷慨的条款，但它们并未被取消，还持续让金融恢复过程复杂化。主要是由美国，其次还有英国和加拿大资助的救济供应，流入了奥地利、波兰、捷克斯洛伐克、罗马尼亚、南斯拉夫，甚至被送往匈牙利和保加利亚，尽管条件没有那么优惠。救济贷款和其他形式的政府间贷款未能覆盖短期的需要，旨在获得私人信贷和投资的多种尝试时常是不成功的。在伦敦，私人银行家并不热心，甚至在英格兰银行 1921 年对私人向外国借贷推行并不完全有效的禁令之前也是如此。在那些获得了信贷的地方，其成本加大了本已负债累累的政府的负担。来自美国、英国、法国和意大利公司的代表出现在各国首都，寻求投机性的或者较为长期的交易。辛迪加得以组建，以便通过正式的渠道或者临时地获得让步。英美的救济工作者常常利用当地的形势，来自行变成寻求让步者或者为他们国家的那些准备将慈善与赢利结合起来的同胞开辟道路。与此同时，奥地利总理向巴黎的最高委员会多次请求帮助，捷克斯洛伐克、匈牙利、南斯拉夫以及拮据的波兰人也请求贷款和信用。

尽管和会上的英美专家大多认为中东欧国家的经济能够通过私营企业得到重建，但官员们开始讨论贷款和信用能够如何被注入东中欧。银行家和金融专家一致认为，只有当各国政府稳定其货币，削减开支，平衡预算，建立独立的、政治上"中立的"中央银行时，欧洲经济才可能恢复。考虑到它们的政治与经济形势，此类改革计划对于东中欧国家来说似乎超出了可能的范围。从两笔起到稳定作用的重大贷款开始，国际干预以显著的形式出现了，其中一笔是在 1922 年向奥地利提供的，另一笔是在 1924 年向匈牙利提供。在这两个案例中，在英格兰银行行长蒙塔古·诺曼的鼓励和支持下，国联的金融委员会扮演了核心的角色。正是由于奥地利岌岌可危的形势，国际社会为奥地利人提供了一笔数额为 6.5 亿金克朗的长期贷款，由英国、法国、意大利和捷克斯洛伐克提供担保，换取奥地利接受由国联金融委员会设计的激进改革计划的密切监督。这种被采纳的机制源于捷克斯洛伐克在 1922 年申请一笔在伦敦、阿姆斯特丹和纽约发行的国际贷款，以及关于一旦捷克斯洛伐克政府与放款人（贷方）因为安全问题而出现任何冲突时将利用国联进行仲裁的决定。由于美国参与这笔稳定性贷款的发行，奥地利的新货币被保持对美元汇率的稳定。对维也纳当局推行的严厉机制包括严格控制奥地利的内部经济，以及任命一名总专员（或者"金融总管"），此人将强制推行通货紧缩政策，这些政策成功地重估了货币并消除了社会福利计划，在此过程中疏远了社会民主党和工人阶级的很大一部分。恢复是迅速的，但在还清以前的债务、支撑货币、平衡预算之后，几乎未留下多余的资金来重建奥地利的工业。国联对奥地利预算的直接控制直到 1926 年才解除。恢复和稳定是以有利于奥地利的新债主的方式来实现的。该国的银行及相关行业被国际化，英国人、法国人、美国人、比利时人、荷兰人和瑞士人成为主要股东。奥地利的金融与商业命运现在与维也纳之外的事态发展联系起来了。

　　奥地利的稳定化贷款变成了国联此后的行动模式。1924 年对匈牙利的贷款遵循了对奥地利的模式，以指定的财政收入（designated revenues）来确保贷款，提供一个新的发行银行，引入一项金融改革计划，以及任命一名中立的总监（controller-general）。主要是由于英国财政部的说服和英格兰银行的参与，

280

对匈牙利的贷款在 1924 年 7 月成功发行，在总计 1420 万英镑的贷款债券中，有近 800 万英镑是在伦敦认购的。[8]因为其自身的金融困境以及法国的银行缺乏兴趣，法国没有参与。具有讽刺意味的是，这笔贷款以一种微型但引人注目的方式，对蒙塔古·诺曼有关中央银行是国际舞台上的中立参与者的主张提出了一个根本性的问题。他已在 1923 年 12 月撤销了其对匈牙利贷款的支持，声称这些贷款的条件使其风险比对奥地利贷款的更大，但当工党政府的财政大臣菲利普·斯诺登在第二年的 4 月干预时，诺曼又进行了一次戏剧性的大转变。他写道："英国政府现在认为推进该计划在政治上是适宜的，而且尽管出于原则的问题，我对这笔拟议贷款的看法——仅仅是从经济方面来看——仍然没有改变，但考虑到这一决定，我现在将尽我所能地给予所有的<u>所有的</u>①支持。"[9]

在诺曼的干预主义及其支持国联关于中欧问题的解决方案的背后，是其认为有必要在国际政策中将政治与金融和经济领域分离开来的这样一种信念。他希望把对后者的管理从政治家笨拙的手中解除出来，使中央银行能够应对经济重建的问题。诺曼逐渐相信中央银行之间的合作能够为欧洲战后的经济困境提供解决方案。而在实际上，此类合作仅仅代表着某种未来的目标。尽管诺曼成功地与本杰明·斯特朗和纽约联邦储备银行建立了个人及机构的联系，而且与欧洲一些中立国家的著名的中央银行也是如此，但他还没有为央行的成功合作奠定基础。在缺乏这种基础的情况下，为国联的稳定计划寻求支持是次等的解决方案，而国联的金融委员会是一个与中立公正的银行业

---

① 下划线为原文所加，后同。

及金融专家机构最为接近的对等物。诺曼与金融委员会的成员拥有个人及职业的联系，该委员会由三名英国代表主导（其他国家都只有一名），包括委员会主席、英国的高级公务员阿瑟·索尔特（Arthur Salter）爵士。并不怎么令人吃惊的是，人们普遍相信"诺曼对中欧的征服"是紧跟金融委员会进行的，相信英国正在利用国联来在欧洲大陆上推行自己的那套金融帝国主义，巴黎当局尤其这样认为。

诺曼声称并非如此。"奥地利亲法派与亲英派之间的争吵是很不幸的，"他在1921年致信斯特朗，"而且当然所有争吵源于两国根本不同的立场。我们的立场是经济上的，法国的立场是政治上的，而且没有任何地方能比奥地利更为清晰地看到这种区别。"[10]几乎很难说诺曼的政策像他所宣称的那样在政治上是中立的，政治与金融之间所划的界线在实践中被证明并不像理论上那么清晰。重建中欧和东欧的经济是恢复英国的货币及金融稳定的一条途径。基于英镑应当一有机会就回归金本位这一观念，诺曼及其圈子里的人希望让英镑和伦敦城回归战前的显赫地位。诺曼不会错过任何机会去尝试将这些新的中央银行与英格兰银行联系起来，将它们得到稳定的货币与英镑联系在一起，至少对于贷款项目的条件是如此。尽管诺曼做出了各种努力，但奥地利克朗是与美元挂钩而得到稳定的，不过新创立的匈牙利国家银行被要求只与英格兰银行打交道，而其货币克朗（korona）与英镑挂钩而得到稳定。在动员英国的金融实力及政治影响力来实现其目的方面，诺曼可以冷酷无情。1921年12月，在寻求调和奥地利与其邻国的关系时，英国人告诫捷克斯洛伐克人说，除非他们更愿意向维也纳当局提供帮助，否则英国将不会向布拉格当局提供任何贷款。类似的策略曾在

282

1923 年被使用，诺曼当时着手处理国联为匈牙利人提供的一笔贷款，他寻求通过外交部的帮助来让罗马尼亚及捷克斯洛伐克合作。这两个国家被迫做出让步，同意放弃它们对匈牙利作为赔偿支付的资产的留置权。

1924—1927 年，国联的金融委员会促成了对小国的进一步贷款，包括对希腊和保加利亚的难民贷款，对但泽自由市的贷款，以及对爱沙尼亚的贷款。大多数贷款用以平衡预算和稳定贬值的货币。在国联对东欧的贷款中，伦敦城提供了几乎一半（占被认购的 8120 万英镑的 49.1%）；美国的贡献不到英国的一半（19.1%），其他任何欧洲国家都只能应对贷款问题的一小部分。[11]只是在 1927 年及以后，在有更多的美国资金可供利用的情况下，美国人才开始坚持其自主的金融权力，金融委员会和英国人的影响力从根本上被削弱。在 1926 年法郎稳定后，法兰西银行也作为英格兰银行的一个对手崭露头角。在波兰，引入一种新货币而导致 1926 年的一场汇率危机之后，美国提出的一个稳定货币计划得到采纳，其所设定的条件不如国联原本将会设定的那么严格。在法国的支持下，纽约联邦储备银行安排了一笔贷款。这笔贷款的一半主要用于货币稳定，来自美国；其余的来自英国、法国、瑞士和荷兰。就罗马尼亚而言，尤柳·马纽领导的自由党政府比以往各届政府更愿意寻求外部帮助，求助于法国人以及法兰西银行来覆盖其货币稳定化的最后阶段。1929 年提供的这笔贷款是最后一笔与金汇兑本位制（gold exchange system）①挂钩的贷款，它采取了中央银行联合信用的

---

① 金汇兑本位制是国家以与黄金挂钩的另一个国家的货币保持固定比价并在后者存放外汇或黄金作为平准基金发行本国货币，从而间接实行了金本位制，是一种带有附属性质的货币制度。

形式，法国、英国、美国和德国的四个主要的央行占据平等的份额。尽管法国在波兰、罗马尼亚和保加利亚（1928 年获得稳定化贷款）的金融重建中扮演了重要角色，但其角色因为对外来（主要是美国）参与的需要而受到限制，其"金融武器"并不十分强大。

国联的这些贷款虽然无疑促进了金融的稳定，但并未带来借贷方履行长期义务能力的任何重大提升。奥地利人没有能力解决自己的基本问题，这些问题源于他们虚弱的贸易地位。而每一种扩大奥地利市场和扩展其地区贸易的方案都被设置了政治上的障碍。该国的未来仍然很成问题，维也纳和伦敦当局的一些人赞许地谈论德奥合并。匈牙利的形势起初看上去较为有利。其经济储备足以确保利息的支付以及国联贷款的分期偿还。财政赤字的很大一部分是通过内部的资源来筹措资金的。一种严格的金融紧缩政策被引入，而且主要以牺牲城市中产阶级为代价而实施。到 1925 年年中，国联在布达佩斯的金融总管——其最终被发现基本只是一个统计观察员——报告说，匈牙利不仅已经平衡其预算，而且已经产生了重大的结余。一旦金融稳定和资金流动性确立之后，国外银行机构不仅愿意而且甚至渴望向匈牙利的企业和项目提供长期贷款。但稳定化及其所催生的"贷款文化"并未为该国经济上的障碍带来永久性的解决方案。西方向匈牙利提供的贷款的大部分并未流向生产企业，长期贷款中有 40% 被用于偿还包括战前债务在内的其他贷款的利息以及分期款项。重新负债以及对外国资本的依赖，使匈牙利无法避免大萧条所带来的损害。不当使用贷款资金并非匈牙利所特有。大多数的贷款是短期的，被用于弥补财政赤字和利息费用，偿还以前的借款，或将旧账转化成新账。一些被用于军

283

事装备或者出于政治上的目的而被引入公共福利计划。相当之少的国家鼓励工业产出。尽管贷款信用促进了现有政权的巩固，但并未打消其对经济特殊论（economic particularism）的信心。

在 1920 年代以及更长的时间里，国际投资对于东欧的重要性是毋庸置疑的，不过就其对于接受国的影响而言，现在有一些争论。外国投资在波兰和捷克斯洛伐克高度集中于开采及生产资料行业，在罗马尼亚则集中于石油产业（英国是主导性的投资者）。而且资本倾向于流向最高度集中产业的最大公司，也就是进入捷克斯洛伐克、波兰、南斯拉夫的采矿和冶金公司，罗马尼亚的石油公司及保加利亚的烟草和制糖业，扩大它们的规模，鼓励并购和卡特尔化（cartelization）。由于外国投资者青睐那些他们在其他地方有类似或者相关企业的产业，这些投资尽管促进了工业化，但最终服务于资本输出国而不是接受国的利益。不平衡由此产生，这从长期来看对于后者并无好处。无论是贷款还是外国对产业的参与，都并不足以刺激长期的经济增长和工业发展，也没有创造为持续扩张所需的国内及对外出口市场。从金融方面而言，主要是英国和法国的投资资金取代了前敌国的资金，尽管资金也来自美国、意大利、比利时、荷兰、瑞士。和约为战胜国提供了特别的优待，使它们有机会取代曾支配多瑙河流域金融生活的德国人和奥地利人。在 1919 年之后的五年里，协约国各国被给予最惠国待遇，而且特别的规定强化了它们作为投资者的地位。和约的认证（nostrification）条款（《凡尔赛和约》第 297 条）允许战胜国获得同盟国（这里指一战中的德奥等国结成的同盟）国民在其境内的企业中的股本（capital shares），这可以是作为赔偿也可以是通过做出公正的补偿而获得。捷克斯洛伐克和罗马尼亚成了地区首要的受益者。

捷克斯洛伐克接管了维也纳当局战前在其国家的各家银行的分支机构，而且在之后有资本可以输出的情况下，在罗马尼亚和南斯拉夫的企业中获得了股份。罗马尼亚人接管了德国人和匈牙利人在他们的银行、矿山和工厂里可观的股份中的相当一部分。在南斯拉夫，只是进行了有节制的收购，旧公司在更换名字之后继续着它们的活动。在波兰，由于私人投资者群体小，而且缺乏主动性，法国人以及其他人利用了当地的形势。

在1918—1920年问题丛生的情形下，那些特许权寻求者（concession hunters）以出口换取资产，或者利用强势的货币来获得贬值的股份。法国和英国政府向寻求东中欧证券的私人公司提供积极的支持，前者比后者更具干预主义色彩，而后者使用的是说服这一更为非直接的方法。两国政府都鼓励在维也纳和布拉格的银行中购买产权资本（equity capital），前者利用的是其战前与哈布斯堡君主国的顶尖工业公司的重要联系，以及他们在巴尔干半岛和土耳其的联系。路径有时候是由渴望为新的购股权（share options）筹措资金的维也纳和捷克银行家直接开辟的。不同寻常的是，奥地利国家银行（Austrian Länderbank，此前法国人已经有了相当之大的参与）和英奥银行（Anglo-Austrian bank，英格兰银行是该行的英国债权人之一）这两家银行被彻底转变成法国和英国的金融机构。奥地利国家银行的总部被移往巴黎，并且在外交部的强大压力之下被巴黎银行（Paribas）接管，改名为中欧国家银行（Banque des Pays de l'Europe Centrale），由法国前大使朱尔·康邦（Jules Cambon）担任行长。该行在奥地利是第五大银行，它是一家储蓄而不是投资银行，最终既让法国外交部也让法国投资者失望。该行的捷克支行被转变成一个法国人持久存在的自主公司。英奥银行

285

仍位于维也纳，但处于英格兰银行的资助之下。在经历了漫长而艰辛的谈判之后，一个几乎完全由英国人控制的单独的英捷银行得以建立。经过一段时间之后，英国处理掉了英奥银行的奥地利分支机构，不过在英国财政部的允许下，英格兰银行间接地成为罗斯柴尔德家族的"信贷银行"（Credit-Anstalt）的股东，这是 1930 年代初维也纳唯一一家重要的银行。到这时，这家巨大的控股公司一半以上的股份由外国人持有，其 40% 的业务在奥地利境外进行。这种直接吸收（direct absorption）是例外的情形。更为普遍的情况是，外国投资者被鼓励在继承国最大的商业银行和工业公司的股份资本（joint-stock capital）中获得参与股（participating shares）。惯常的做法是由大的商业银行在国外借款，并且引导资金进入本国的产业以及东南欧的其他地方。更大的工业公司中有些直接从外国银行或者通过自行在纽约或伦敦发行债券来寻求信用。伦敦和纽约创立了各种信托基金会来持有中欧工业股份的投资组合。西方在商业银行的持股未必意味着控制或者指令。随着维也纳的这些银行变得没那么重要，其他的国家性银行的力量增强，扩大了对在其国家的附属机构的控制。布拉格的许多银行仍掌控在捷克人手中。布拉格具有高度声望的齐沃斯腾斯佳银行（Zivnostenska Banka）在捷克斯洛伐克境外持有股份，而其不同之处在于它没有任何外国资本。匈牙利的银行尽管拥有国际董事会，但仍然继续追求自己的国家战略。

英国人在该地区的投资中确立和保持着主导地位，他们在除了波兰之外的几乎任何一个国家里都是排名第一或者第二的投资者。这种投资当然只代表着英国投资总量的一小部分。到 1930 年，英国 58% 的投资是在英帝国之内，20.8% 在南美，

7.9%在欧洲，5.4%在美国。[12]英国在欧洲的总投资当中的占比 286
远远低于法国（60%）和美国（30%），美国人在任何情况下
对德国的兴趣都比对东中欧大得多。[13]就总价值而言，法国在该
地区的投资可能略高于英国。法国的资金当中有很大一部分投
入了伦敦和纽约的短期投机活动，但法国在波兰享有支配性的
投资地位，在捷克斯洛伐克保持着强大的存在，也是南斯拉夫、
罗马尼亚和保加利亚的投资活动的重要参与者。如同英国的情
况一样，尽管与波兰人和捷克人进行了艰难的讨价还价并要求
最惠国待遇，但法国的贸易并未跟随投资到来。甚至连资本投
入较少的意大利也常常比法国更为成功，比如在南斯拉夫就是
如此。

尽管英法这两个协约国大国同样渴望防止该地区的"布尔
什维克化"，或者防止德国经济优势地位的复苏，但两国都寻
求在多瑙河地区建立自己的势力范围。早在1922年，该地区就
分裂为两个对立的阵营。法国对于中欧和东南欧的计划是十分
雄心勃勃的。外交部的官员们相信，通过逐渐建立法国在该地
区的经济影响力，法国能够延伸其政治影响力，加强其针对德
国和俄国扩张的屏障。英国的目标并没有这样具有政治性，不
过英国外交部希望通过创立一个由奥地利、匈牙利、捷克斯洛
伐克组成的多瑙河集团，英国也许可以在该地区的稳定方面扮
演一个领导性角色，为投资及贸易的扩张获得基础。与法国人
相比，英国外交部更倾向于让英国贸易者和投资者在没有政府
帮助的情况下自行寻找道路，因而将其努力集中于鼓励奥地利
和匈牙利的复苏，以及让它们与捷克斯洛伐克融入一个多瑙河
集团。

尽管法国人不得不放弃其意义深远的战时计划，即在他们

的领导下在欧洲创立一个巨大的经济、工业和商业联盟，但许多政治家、官员和一些企业家仍然寄望于东欧来获得稀缺的原材料，尤其是煤炭和石油，它们将使法国能够平衡德国更大的经济潜力。这可以解释法国官员对萨尔的煤田、上西里西亚的矿山、泰申（Teschen）的矿山和钢铁厂、加利西亚和罗马尼亚油田的特别兴趣。法国外交部采取主动，说服常常并不情愿的法国实业家投资波兰的冶金和采矿项目以及罗马尼亚的石油产业。政治家以及外交部和财政部的官员认为，通过贷款及在奥地利和捷克斯洛伐克的顶尖银行获得股权，法国能够在该地区的经济生活中获得支配性的影响力，因为这些地方的银行与工业是密切联系的。乔治·索托（Georges Soutou）写道："这种尝试并不是法国资本主义的一种正常的和不可避免的发展，而是在政府和行政管理上调整法国资本主义结构的尝试。"[14] 其困难在于法国缺乏财政资源来执行其宏大的设计，以及尽管有官方的鼓励，法国银行家和实业家却追求他们自己的利益，常常挫败外交部更为广泛、更为长期的目标。法国人面临着与更为富裕的英国及美国投资者的竞争，以及接受国的抵制，接受国更倾向于多国的投资而不是法国的排他性控制。广泛而分散的投资并未促成法国支配任何单个政府，或者产生其所想要的集团。此类投资无法被转化成政治权力。

　　法国人一开始抱有很高的希望。他们的军队 1919 年占领着奥地利，控制着通往维也纳的所有铁路线，这些自然是早期外国竞争的焦点。通过获得对维也纳战前的那些大银行的控制，法国人希望进入包括巴尔干地区在内的中欧和东南欧的其他地方。1920 年，当亚历山大·米勒兰成为总理，极其活跃的前驻俄大使莫里斯·帕莱奥洛格（Maurice Paléologue）回到外交部担任秘书长之后，他们抓住了这样一个主张——让匈牙利而不是奥地利成为一个由法国控制，政治上可靠、经济上融合的多瑙河集团的"轴心"，尽管英国已经在布达佩斯确立了地位。1920 年 3 月，法国人、匈牙利人以及重要的施耐德－克鲁索（Schneider-Creusot）公司的经理人开始了政治和经济对话。法国许诺在当时仍未签订的《特里亚农条约》里支持匈牙利对边界进行显著改变的要求，作为回报，帕莱奥洛格为该公司赢得了广泛的让步。该密谋在伦敦和罗马激起了强烈的愤怒，并且引起布拉格和贝尔格莱德方面的高度惊恐。它首先出于政治上的原因而停滞不前，因为法国并不能真正支持匈牙利修改条约的要求，也因为英国在英法关系很紧张时的强烈反对。到 1920 年夏天，法国人已处于撤退之中，尽管在匈牙利人于 1920 年 6 月 4 日签订《特里亚农条约》后，双方的对话仍在继续。这些流产的商业谈判具有重要的——即使是意料之外的——政治影响。它们有助于将捷克斯洛伐克、南斯拉夫、罗马尼亚推到一起，反对它们所认为的法国通过匈牙利确立其对于多瑙河地区霸权的企图。捷克斯洛伐克和南斯拉夫的协议于 1920 年 8 月 14 日在贝尔格莱德签订。霞飞元帅被派往布加勒斯特，阻止贝奈斯与罗马尼亚签订一个类似协议的努力。英国人和意大利人都欢迎布拉格当局的反制举措，将其作为遏制法国影响力蔓延的一种手段。只是到了 1920 年秋天，在米勒兰成为总统，帕莱奥洛格的秘书长一职被经验丰富、具有影响力、沉着冷静的菲利普·贝特洛（Philippe Berthelot）取代之后，法国人才将其活动中心从布达佩斯转向布拉格。贝特洛成了法国外交部中"小协约国"最为强烈的支持者。

　　法国早先的野心并未持续下去。受到青睐的常常是短期的盈利而不是那些将会创造盟友的发展。法国的政治与经济利益趋同的地方主要是在捷克斯洛伐克。就其在东欧的参与、其收购的范围与重要性、与法国外交部的亲密关系而言，法国顶尖的钢铁生产商、铸造委员会主席欧仁·施耐德（Eugène Schneider）在每一个方面都是例外。甚至当和平谈判正在进行之中时，贝奈斯、来自外交部及财政部的官员、施耐德公司的代表就进行了讨论，促成后者收购了斯柯达（Skoda）军械工厂的多数股权。斯柯达成了一个巨大的联合企业，在捷克斯洛伐克和东南欧其他地方拥有采矿、冶金和工程事业。通过它的许多子公司以及卡特尔方面的安排，施耐德-克鲁索公司在捷克斯洛伐克的基础工业获得了经常控股权（often controlling interest），并且在诸如波兰和匈牙利等其他国家的银行及工业企业里拥有重要的发言权。通过施耐德公司（Scheider & Cie）和另外两家企业创立的投资公司"欧洲工业与金融联盟"（Union Européenne Industrielle et Financière，UEIF），施耐德集团以极小的资金投入，最终控制了一个巨大的帝国。在中欧延伸法国的权力方面，施耐德的活动成为屈指可数的真正成功的行动之一。但是，部分由于他的企业当中有如此之多是以捷克斯洛伐克为基地的，甚至连施耐德也发现难以跨越国界整合产业。

289　　英国在东中欧的目标界定更不清晰，他们没有塑造法国政策的那种安全利益。与法国相比，英国官方的利益更为狭窄地在于经济方面，但这并不排除对多瑙河国家政治生活的干预。英国政府希望阻止布尔什维克主义的蔓延，而这是英国致力于奥地利和匈牙利重建的一个重要因素。英国创建一个多瑙河集团的最初努力开始于维也纳，在这里，英国不遗余力地遏制法国影响力的蔓延，以及鼓励奥地利在金融上的恢复。但情况很快表明奥地利在恢复上面临重大困难，到 1922 年，奥地利重新恢复其 1914 年以前的银行及工业角色的希望已经消退了。在 1920—1921 年的一个短暂的时期里，英国外交部曾寄望于布拉格牵头创立一个英国所期望的多瑙河联邦。英国在维也纳、布拉格、布达佩斯的外交使节之间存在着相当之大的竞争，他们都渴望将其所在国家的首都作为英国在该地区的活动中心。英国外交部和英格兰银行日益认为捷克人过于反对匈牙利人而太青睐法国人，因而无法为英国影响力的延伸提供可靠的基础。外交部里亲匈牙利人的派别占得上风，而且在很大程度上由于在布达佩斯的特别具有同情心而又完全不加鉴别的高级专员托马斯·霍勒（Thomas Hohler，1920 年 1 月—1924 年 5 月在任）爵士的努力，英国在那里的影响力得以保持。不可否认的是，英国官方的支持并未延伸至匈牙利的领土修正主义。在 1924 年 11 月成为外交大臣的奥斯汀·张伯伦试图在没有公开警告拜特伦政府的情况下，抑制匈牙利人对于领土变更的希望。如同在东中欧的大多数国家一样，英国对布达佩斯的兴趣迅速消退。到 1920 年代中期，事情已经清楚地表明没有任何途径去实现"东欧的终极解决方案"，也就是创建一个涵盖多瑙河流域或者附近的六个国家、摆脱关税壁垒的经济联盟。无论他们为多瑙河的经济合作提供怎样的支持，英国人并不会放弃他们自己在东中欧任何一个国家里的最惠国待遇。"小协约国"的建立以及法国与波兰（1921 年）和捷克斯洛伐克（1924 年）的结盟，使伦敦当局无法弥合以前的朋友及敌国之间的隔阂，无法抵消法国的政治优势。英国外交部变得厌倦于与那些"争吵不休的国家"及其"很难对付的领导人"打交道，认为并无多少理由去卷入它们错综复杂的事务和令人讨厌的政治。

290 　　在德国政治地位虚弱的时候，其在东欧的经济利益仍然具有相当的重要性。德国曾经是哈布斯堡帝国重要的外国投资者，但其 1914 年以前在东欧的投资丧失了大约 60%。由于法国的反对，德国起初在奥地利、捷克斯洛伐克和匈牙利创建新网络的努力失败了。德国的工业只是逐步地开始在那些曾经是其重要市场的地方重新立足。《凡尔赛和约》所施加的限制在 1925 年结束，起到了重要的促进作用，德国人迅速地利用了这一点。在德国重新获得其完全的经济主权之前，政府、银行与企业之间的合作早早就成了战后德国政策的一个重要特征。德国外交部战后引入的变革强化了其商业方面，重要的外交职位首次被给予外部人士。德国的经济举动在波罗的海地区最为成功，德国政府在这里与金融和工业界以及波罗的海日耳曼人进行了最为紧密的合作。1920 年与拉脱维亚、1923 年与爱沙尼亚和立陶宛签订的临时性协议为德国的商业开辟了道路。由于意识到东普鲁士的需要以及出口对解决赔偿问题的重要性，德国人愿意弥合任何突出的分歧，以获得波罗的海市场的进入权。德国人的行为与英国人的构成了强烈对比，英国人曾在争取波罗的海国家的独立方面扮演关键的角色，很受它们的新政府的青睐。英国人在战争刚结束时曾享有特权，但当这些共和国显然不会变成猜测中的俄国的丰厚市场的"跳板"时，英国的进口商和出口商开始丧失兴趣。

　　随着德国外交部开始积极行动，以解决其主要关于赔偿及波罗的海日耳曼人相关问题的争议，德国人利用了生活在波罗的海各国城市（尤其是里加）里的日耳曼少数民族。到 1921 年末，德国的资金进入该地区，贸易也很快随之而来。德国很快在对波罗的海地区的出口方面超过了英国，在不可否认地令人失望的通往俄国的过境贸易中取得领先地位。鲁尔危机导致官方加倍努力与波罗的海以及莫斯科当局缔结单独的经济协议。德国人希望获得一份经济协议，这份协议将把立陶宛、爱沙尼亚、拉脱维亚及俄国聚拢到一起，而让波兰被孤立。在波罗的海各国对于波兰和法国在该地区影响力增长的担忧这一因素的帮助下，德国人的持续努力开始带来重要的红利。英国仍然是波罗的海商品的首要进口国，其中主要是木材和农产品，但从英国挣到的钱主要被花在德国。德国外交部不得不面对相当之大的怀疑，而且波罗的海各国政府仍然寄望于伦敦当局来保护它们的利益，不过德国人的坚持带来了成功。事实证明，与苏俄签订的《拉帕洛条约》的确是一把双刃剑，在让波兰失衡方面具有作用，但常常对与波罗的海各个共和国的良好关系构成阻碍。德国外交部不得不说服波罗的海各国相信德国可以提供一道通往莫斯科的桥梁，而且将设法让苏联承认它们的独立。爱沙尼亚1924年发生的一场未遂的共产主义者政变没有让德国人的任务变得更轻松一点。与芬兰也有问题，该国因为曾在1918年获得军事援助对付布尔什维克党人而亲德，但是强烈地反共。德国人利用他们的影响力来帮助芬兰人远离波罗的海地区的反苏维埃联盟计划，而转向更为中立的斯堪的纳维亚国家。

291

德国在波罗的海地区经济上的成功与在中欧及巴尔干半岛的贸易扩张并驾齐驱。他们在整个1920年代的出口总量仍然远远低于1913年的水平，但德国人上演了一种引人注目的东山再起。德国与东欧各国经济的互补性结构以及传统的商业联系网络，为德国开启了法国所没有的可能性。比如说，法本公司（I. G. Farben）从利用当地的代理公司开始，这些代理公司然后

292

表 13 波罗的海国家与英国和德国的贸易 （占总值）

单位：%

（1）出口

年份	爱沙尼亚		拉脱维亚		立陶宛	
	英国	德国	英国	德国	英国	德国
1920 年	45. 2	3. 9	67. 5	1. 2		
1921 年	39. 6	3. 9	35. 6	17. 9	27. 1	51. 0
1922 年	22. 2	12. 7	40. 3	13. 0	39. 0	36. 2
1923 年	34. 1	10. 8	46. 3	7. 6	26. 9	43. 3
1924 年	33. 5	22. 6	41. 5	16. 4	27. 9	43. 0
1925 年	25. 0	31. 2	34. 6	22. 6	24. 2	50. 7
1926 年	28. 8	23. 1	34. 0	24. 3	24. 9	46. 8
1927 年	31. 4	29. 8	34. 0	26. 4	24. 8	51. 5

（2）进口

年份	爱沙尼亚		拉脱维亚		立陶宛	
	英国	德国	英国	德国	英国	德国
1920 年	26. 2	29. 9	20. 7	18. 6		72. 0
1921 年	27. 9	40. 2	14. 3	48. 1	0. 9	70. 7
1922 年	14. 9	54. 7	18. 7	42. 6	1. 8	78. 0
1923 年	19. 7	51. 0	17. 0	45. 2	5. 3	80. 9
1924 年	14. 0	36. 6	16. 2	39. 0	8. 1	62. 6
1925 年	12. 3	29. 4	13. 8	41. 5	8. 3	56. 6
1926 年	12. 1	29. 1	9. 9	39. 9	7. 9	53. 8
1927 年	14. 3	26. 4	10. 6	40. 6	6. 8	53. 2

资料来源：M. Hinkkanen-Lievonen, *British Trade and Enterprise in the Baltic States*, *1919-1925* （Helsinki, 1984）, 282-3。

逐渐地被依据东道国法律而建立的公司所取代。其组织良好的销售力量以及随后的卡特尔协定，意味着该公司能够在奥地利销售其化工产品，并且从那里进入东南欧。那些继承国变成了德国化工工业的第三大世界市场。德国人需要为他们的工业产品获得原材料和市场；东欧国家能够提供后两者，但需要前者。在波兰和捷克斯洛伐克还有罗马尼亚和南斯拉夫，德国是一个重要的顾客，在前两个国家里还是来自东欧以外的单个最为重要的顾客。许多东欧国家对魏玛共和国保持着贸易逆差（南斯拉夫因为其与意大利的贸易是一个例外，波兰也是如此）。德国的贸易顺差在 1925 年后有过波动，但与法国在整个 1920 年代的贸易逆差形成了显著的对比。1924 年，德国占波兰出口的 43.2%，为其提供 33.8% 的进口商品。除了是波兰最为重要的贸易伙伴，德国也是短期信贷的重要来源。只是到了关税战期间，随着波兰转向斯堪的纳维亚国家寻求替代市场，总体的贸易量才下降。波兰属于一个特殊的类别，德国在东方丧失的土地从来没有从其政治议程上消失。在和平条款为公众所知晓的时候，毕竟是这一问题引起了最深的被背叛感。当《凡尔赛和约》的免税条款与波兰和德国的上西里西亚的自由贸易协定期满终止时，德国政府曾试图利用其经济实力来从波兰人那里赢得领土上的让步，但并未成功。德国在 1924 年对来自东西里西亚的进口产品实施临时配额制度，严重伤害了波兰的煤炭采矿企业，但波兰人拒绝德国人 1925 年提出的新的、不令人满意的条件，两国之间的"关税战"开始了。在外长施特雷泽曼的主持下，德国将改变其策略，但并未改变其对于领土修正的追求。

　　德国人很清楚贸易在强化其政治地位方面的价值。施特雷泽曼尤其认为在缺乏军事力量的情况下，德国的经济实力是回归强国地位最为重要的资产之一。除波兰之外，德国人在利用贸易作为扩大其在相关各国首都政治影响力的手段方面十分谨慎。尽管愿意支持国民在商业上的各种努力，但魏玛共和国政

293

府通常拒绝卷入地区争端，而宁愿采取政治上中立的路线。在波罗的海地区和捷克斯洛伐克，德国人完全有兴趣保持这些新国家的独立，而且尽管支持与德语群体的联系，他们却主要是利用其来促成与德国的良好关系及贸易。在大多数情况下，首要的兴趣是重塑以前的出口地位，无论是政府还是工商界都认为东南欧是他们天然的市场。在 1920 年代中期，人们曾表示出某种担心，认为德国在东欧的经济扩张可能导致其"中欧"野心的复苏，以及这种扩张可能不如他们所想象的那样理想。具有这种担心的并不只是波兰人。

V

考虑到它们的规模、国内的困难、妒忌以及冲突，东欧国家不可避免地将容易受到更大国家的野心的伤害。大多数国家被国家建设的问题压倒，除了在并未陷入激烈争端的方面寻求双边安排来解决与邻国的商业及领土争端，无法有多少作为。有两个国家——在继承国中最大的波兰和经济上最为强大的捷克斯洛伐克——寻求通过地区性联合及与法国的结盟，来保护自己未来免受威胁。这两个国家成了该地区最为活跃的外交角逐者。尽管它们与法国都有联系，两者之间却无任何真正的一致。诸如背景、禀性和文化之类难以衡量的事情令两国处于对峙状态，更不用说在地理上并不显著但争夺激烈的领土争端以及对待苏联的不同态度。作为在东欧小国中的领导地位的竞争者，波兰和捷克斯洛伐克从十分不同的有利地位来审视东欧的情景。毕苏斯基元帅认为在法国陆军的支持下，一个扩大的波兰能够保护自己，对付德国和苏联，两者都被他视为对于波兰独立的同等而持久的威胁。他认为国联无关紧要，而在德国被接纳之后，他认为国联不利于波兰的利益。在整个两次世界大战间隔期里几乎单枪匹马地塑造捷克斯洛伐克外交政策的爱德华·贝奈斯坚持认为，该国的安全在于创造稳定的国际环境，以及捷克斯洛伐克不能有永久的敌人。他对日内瓦体系表现出相当的信心，成了其最为瞩目的人物之一。

294

　　由于其规模、地理位置以及军队，波兰认为自己可以在组织位于德国和苏联之间的国家方面扮演主要角色，以保卫其西部和东部边界。它的关切延伸到波罗的海地区以及巴尔干地区。尽管从巴黎和会时起，毕苏斯基元帅就相信波兰将不得不为了自身的利益采取行动以改变东欧的均势，但无论是他的追随者还是反对者，都很快意识到波兰边界的维护将依赖于法国的帮助。波兰的连续多任外长都没有多少替代的选项，无论是左派还是右派的外长都是如此。尽管执政的贵族精英倾向于以华而不实的方式思考，波兰的回旋空间却比其战略上不那么脆弱的南方邻国（捷克斯洛伐克）更为有限。由于位于德国和苏联这两大巨人之间，波兰不仅不得不害怕任意一国的扩张政策，而且担心欧洲的这两大国联手的可能性，两者的联手将会让波兰面对被再一次瓜分的前景。不幸的是，一些波兰人持续怀有远远超出该国手段的野心。在1920—1921年的苏波战争之后，毕苏斯基的愿景不得不做出修正，他原本的愿景是建立一个由自由的波兰、立陶宛、白俄罗斯和乌克兰组成的强大的中欧联邦，强大到足以在东西边界抵抗敌人。但是这位具有魅力的战士兼政治家的主张为其后继者提供了一笔危险的遗产，甚至当其在1922年短暂地退出政坛后也是如此。在苏波战争之后签订的《里加条约》（1922年）让双方都不满意。在东部边界，随着俄罗斯人拾起乌克兰苏维埃政府对东加利西亚的声索，冲突继续进行。争议地区的乌克兰民族主义者逃到了捷克斯洛伐克，在那里，他们发现布拉格当局同情他们的事业。毕苏斯基相信苏联或者捷克斯洛伐克都无法以它们现有的形式存在，这种信念催生了虚假的希望。毕苏斯基在维尔纳举行的政变旨在迫使立陶宛人接受联合（union）或联邦，这一政变使创建其所追求的十分理想的波罗的海结合体即使并非不可能，也是艰难的。无论是拉脱维亚还是爱沙尼亚都不愿在没有立陶宛这个邻国参与的情况下采取行动。在波兰重生的最初年月里，波兰人并没有遵循慎重的政策，而是着手走上一条艰难且代价高昂的扩张道路。在 1920 年代，波兰的军事开支几乎占其国民收入的 30%。

波兰的地理状况是其外交政策中的决定性因素。华沙当局中没有任何人需要从过去的教训中得到指引。但其在经历 123 年的分裂之后的重生，催生了关于未来影响力的被夸大的观点。甚至在毕苏斯基的联邦主张被放弃之后，波兰的政治家仍然相信他们的国家能够创造和领导一个中欧小集团，这个小集团将作为一道阻止德国和苏联扩张的壁垒。波兰当时从领土面积而言是欧洲第五大国，是第六大人口国，但无论是其政治还是经济形势都无法让人们对其未来的领导角色保持乐观。苏波战争深化了毕苏斯基的追随者与罗曼·德莫夫斯基的国家民主党人之间的争执，并且突出了左派与右派政党之间的分歧。在 1921 年 3 月通过、由占多数党地位的国家民主党制订的波兰宪法特别着眼于遏制毕苏斯基的权力，因此从未被其支持者接受。波兰不断更换的外长（1919—1925 年有过十任外长）发现难以贯彻任何连贯的政策。在美国 1926—1927 年干预之前，波兰货币曾遭受一个持久的、起到瘫痪作用的贬值过程，波兰历届政府无法应对猖獗的通货膨胀。国内资金的严重缺乏使其尤其依赖于外国投资来实现合理的、持续的工业增长。而事实表明，法国人没有能力或者不愿满足其要求。

波兰人的抱负与资源之间的差距被法国自身的安全利益放大。法国将一个扩大的波兰、一个波兰－捷克斯洛伐克联盟和波兰附着于"小协约国"，视为法国所丧失的与俄国的伙伴关系的替代品。法国外交部没有几个人怀疑波兰在帮助遏制德国方面的重要性，但正是弗兰格尔将军的失败以及法国对于白军在俄国获胜这一希望的破灭，为法国－波兰联盟开辟了道路。对于（结成）一个让法国致力于保卫波兰东部以及西部边界的联盟的明智性，巴黎当局中有人抱有疑虑。福煦元帅认为，苏波之间正在持续的敌对将会让并不情愿的法国卷入其争吵。在米勒兰和毕苏斯基的努力下，法国与波兰在 1921 年 2 月 21 日签署政治及秘密的军事协定的文本。这是一种不平等的伙伴关系，波兰人对其"代理人"地位感到不快。他们已经为自己的要求赢得了实质性内容，但在商业上付出了很高代价，包括在东加利西亚和上西里西亚的特许权，以及为法国的出口提供最惠国待遇。白里安试图赢得时间以实现英国重新履行其 1919 年所做的保证，而且明白劳合·乔治的反波兰情绪，坚决要求在政治和军事协议能够实施之前，必须就余下的棘手的经济问题达成协议。但直到普恩加莱就职时，那些经济协议才得以签订，联盟开始活动。这份政治协议伴随着一份秘密的军事协定，该协定规定在德国入侵时采取联合行动，以及苏波发生战争时法国提供物质和技术上的支持。法国人希望波兰将提供一道对付德国修正主义的"防御工事"，和一道防范布尔什维克主义蔓延的屏障；波兰人将法国视为其独立及东西边境领土完整的保护者。可以预见的是，这一新的联盟在伦敦不会受到欢迎。英

296

国人并不友善地看待法国在中欧扩大影响力的企图，而且谴责他们抱有霸权图谋，在危机时刻尤其这样。没有任何一位法国领导人成功地改变英国人对在东方做出保证的反对态度，伦敦当局的消极态度使法国在西方寻求英国人的支持变得复杂，而且更为艰难。

大多数法国领导人认为波兰是一笔有价值的资产，而忽视了他们的这一新联盟的可能义务。无论他们对这位盟友的具体政策有着怎样的怀疑，他们忠实地支持波兰人，甚至冒着与英国人争吵的风险。正是由于法国对英国前外交大臣贝尔福勋爵施压，上西里西亚的最终分割对波兰人有利。尽管法国在苏波战争中对华沙当局的支持远远不如公开宣称的那样有力，但当波兰人遏制住俄罗斯人的进攻时，法国外交部无疑如释重负，而且强烈支持波兰为强化其在东方地位所做的后续外交努力。法国人支持波兰在 1921 年以及刚好在热那亚会议前夕的 1922 年 3 月与北方国家缔结协定的努力，当时爱沙尼亚、拉脱维亚、芬兰以及波兰的外长在华沙会晤，达成了一份协定（该协定从未获得芬兰的正式批准），规定进行政治和经济上的合作，以及在任何成员遭到进攻时采取一致行动。苏联人对此做出了反应，他们邀请这四个参与国前往里加（芬兰人予以拒绝，派出了一名非正式观察员），并且达成了一份呼吁承认苏联的协议。在莫斯科当局看来，3 月底在里加的这次会议成功遏制了过于野心勃勃的波兰政府及其法国庇护者。主要是由于与立陶宛围绕维尔纳的争吵，波兰人缔造一个反苏的北方集团的野心持续受挫。

波兰与捷克斯洛伐克之间持续的争执，使它尤其难以实现缔造从波罗的海到黑海阻止苏德扩张之堡垒的任何梦想。法国人为推动这两个国家之间的军事合作所做的努力，一再因为两国的领土争端以及它们对待莫斯科的迥异态度而受阻。这可能是因为法国领导层尽管早先与波兰结盟，但他们在精神上觉得与不易激动的捷克斯洛伐克人更为接近，而不是与政治上不稳定而且常常鲁莽和毫不妥协的波兰人。不过为了达成一致，他们对两国政府都施加了压力，但这种尝试是徒劳的。部分由于法国的督促，德莫夫斯基的合作者之一、在 1921 年 6 月成为外长的康斯坦蒂·斯基尔蒙特（Konstanty Skirmunt）寻求与布拉格的和解。1921 年 10 月和 11 月达成的商业及政治协定最接近于两国要结成的联盟。斯基尔蒙特-贝奈斯协定规定相互做出领土上的保证，以及一旦发生战争时保持善意中立，包括战争物资的过境。在一份秘密协议中，贝奈斯在东加利西亚问题上提供有限的支持，以及支持对《里加条约》的国际承认，以换取波兰在反对哈布斯堡王室重新索取奥地利或者匈牙利王位的任何企图方面给予支持。波兰人对边境上最小的行政区贾沃瑞纳（Javorina）——泰特拉（Tatra）的一个有着 400 名居民的小村庄——的声索，以及围绕泰申、斯皮什（Spiš）和奥拉瓦（Orava）的旧争端留待未来讨论。波兰下议院不愿意在没有获得这些领土让步的情况下批准该协议，随着斯基尔蒙特在热那亚会议后下台以及华沙当局剧烈的政治争夺期开始，协议获得批准的希望黯淡了。贝奈斯丧失了兴趣，将其注意力转向"小协约国"。

　　波兰人采取了其他措施来保卫其面对苏俄时的处境。他们寻求与匈牙利及罗马尼亚达成协议。这些举动在 1920 年很受毕苏斯基的赞同，但在法国放弃其关于匈牙利的计划，以及贝奈斯成功地赢得罗马尼亚人支持其缔结反对匈牙利人的协议的提议之后，波兰的这些举动曾经受到了遏制。波兰人现在与布达佩斯当局保持着联系，而且拒绝承认《特里亚农条约》的合法性，该协定将特兰西瓦尼亚割让给了罗马尼亚。在与罗马尼亚的交往方面有了更多的成功。精明且足智多谋的罗马尼亚外长塔凯·约内斯库（Take Ionescu）决定利用其与波兰及捷克斯洛伐克的共同边界，在对付苏联以及匈牙利方面获得保护。他起初赞同组建一个扩大的五国联盟，它将包括法国、波兰、捷克斯洛伐克和南斯拉夫，但这遭到了捷克斯洛伐克和波兰的反对，后者更喜欢一个单独的地区性国家集团。通过与波兰在 1921 年 3 月 3 日缔结联盟，以及分别在 1921 年 4 月 23 日和 6 月 7 日与捷克斯洛伐克、南斯拉夫签订双边协议，约内斯库解决了罗马尼亚的安全困境。受到法国鼓励的波兰-罗马尼亚协定规定相互提供支持，以对付来自苏联的攻击，而且包括一份保持（阵营）扩大的可能性的秘密协议，尽管这仍然只是一种并未得到履行的姿态。

298　　捷克斯洛伐克外交的成功大体上依赖于贝奈斯博士的熟练掌控，在从 1919 年到 1938 年的整个时期里，他从未丧失其对于外交政策的指导，甚至当他处于政治困境之中时也是如此。除了与马萨里克总统的磋商，他并不接受任何建议，很少透露自己的意图，而且在日内瓦很可能比在布拉格更为高兴。作为外交事务中精于算计的现实主义者，贝奈斯倾向于对外交采取中间道路的方式，依赖其谈判能力来寻找走出困难的——即使并非危险的——形势的途径。贝奈斯对于"平均的解决方案"（solution moyenne，中庸之道）的倡导，旨在突显捷克斯洛伐克作为法国和英国中间人的角色，出于维护对捷克斯洛伐克有利的和平协议而将它们撮合到一起。这位"调和大师"过于依赖那些能够通过个人外交和谨慎引导来实现的东西。他有成功的例子，比如与南斯拉夫和罗马尼亚的协定的谈判，以及与法国的结盟；但也有一些失败必须部分地归咎于这位外长没完没了的活动。最为引人注目的例子之一是贝奈斯未能与英国人建立良好的关系，英国人逐渐地讨厌和不信任他。英国外交部的官员们与寇松看法一样，认为贝奈斯"走动太多，说话太狠"[15]。他在日内瓦无休止的旅行和逗留，让他在伦敦赢得了欧洲外交活动中的"自负小子"（Jack Horner）① 这一名声。贝奈斯还应部分地对未能与波兰缔结协议负责。这位外长曾经不止一次拒绝波兰人的示好，阻止其被接纳进"小协约国"的圈子。贝奈斯将他的波兰邻居视为北方的极大的麻烦制造者，坚持认为波兰的政策正在让英国、德国和苏联生气。对于波兰从德国人那里所获得的东西的永久性，他很少隐瞒自己的怀疑。他认为苏波战争以及占领东加利西亚将永久性地疏远苏联，而他将苏联视为捷克斯洛伐克未来的一个市场，以及对付德国修正主义的一个可能的盟友。最重要的是，贝奈斯担心，英法在波兰问题上的分歧将削弱它们对于现状的联合捍卫，而捷克斯洛伐克的安全恰恰依赖于这种联合捍卫。

贝奈斯迅速成为日内瓦的人物，他六次担任国联理事会主席、国联大会主席，以及不计其数的国联委员会的主席及报告人。在法国的支持下，他在 1923 年的《互助条约》（Treaty of Mutual Assistance）的讨论中扮演指导性角色，并且与希腊代表尼古拉斯·波利蒂斯（Nicolas Politis）一道在 1924 年的《日内瓦议定书》的起草以及动员力量方面扮演此类角色。这再度让

299

---

① Little Jack Horner 是一首著名的英国儿歌，Jack Horner 是这首歌中的主角，在歌中他称赞"我是多么好的一个男孩"。

他处在了英国人的对立面，后者反对他的"协定狂热症"
（pactomania）①，反对他寻求让国联扮演一个扩大的安全角色。
奥斯汀·张伯伦尤其蔑视他所认为的贝奈斯的自我夸大，而且
在 1925 年强烈反对其秘书长职位的候选人资格。甚至当贝奈斯
的国际声望达到巅峰时，他对欧洲事务的影响力更多是虚幻而
不是真实的。国联的外交常常只不过是披着威尔逊主义"外
衣"的大国外交，而来自小国的代表无论如何活跃，他们的重
要性必定是有限的。但贝奈斯并不是一个天真的乐天派。集体
安全对于维护现状是一种保险政策，而且对于保护那些面临修
正主义风险的国家的利益来说，这是一种手段。这是对小国外
交限度的一种评价：贝奈斯据信十分理性和科学的政策与"罗
曼蒂克"的波兰人的政策一样不成功，两者都别无选择，只能
向法国寻求保护。

　　与邻国波兰相比，捷克斯洛伐克拥有更大程度的政治稳定、
更容易防御的边境，以及更令人印象深刻的经济资源。农民党
联盟和马萨里克周围的"城堡集团"之间的冲突并未外溢至国
际舞台，当贝奈斯在日内瓦"上朝"时，国内的这些冲突给他
带来的影响相当少。与波兰不同，捷克斯洛伐克的金融与经济
迅速恢复，这使它能够在多瑙河流域的经济恢复中扮演活跃的
角色。尽管贝奈斯强烈支持裁军，但他的祖国变成了欧洲主要
的轻武器制造者，并且成为法国人和英国人在重装甲出口方面
的主要竞争者。捷克斯洛伐克相对波兰的最大优势是地理上的，
这个小得多的国家并未被挤压在两个心怀不满的大国之间。在
1920 年代，尽管德国未来仍然可能构成威胁，但柏林当局对苏

---

　　① 指痴迷于各种协定。

台德日耳曼人只表现出有限的兴趣，而且与捷克斯洛伐克没有任何领土争端。贝奈斯尽管在国内强烈反对布尔什维克，但远不如波兰或者罗马尼亚领导人那样恐俄，认为与莫斯科当局的经济合作既是可能的也是有利可图的。正是出于这些原因，捷克斯洛伐克相信他们能够在欧洲大国的对立中保持一定程度的超脱。

捷克斯洛伐克的领导人希望捷克斯洛伐克成为多瑙河流域最重要的博弈者。1920 年夏天，贝奈斯利用匈牙利人面临的危险以及米勒兰在布达佩斯的各种努力的流产，与贝尔格莱德当局接触，并且与南斯拉夫结成了联盟（1920 年 8 月 14 日）。奥匈帝国皇帝卡尔一世在 1921 年 4 月和 10 月试图重夺匈牙利王位但失败了，这有助于强化与南斯拉夫及罗马尼亚的联系。贝奈斯很好地利用了这位前皇帝在 10 月的第二次归国事件，甚至威胁捷克斯洛伐克将与南斯拉夫联手入侵匈牙利，并且进行了部分的动员。甚至在面对英国和意大利的愤怒时，他也设法让协约国支持永久性地禁止整个哈布斯堡王朝重返匈牙利王位。罗马尼亚人尽管拒绝动员他们的军队，并且对贝奈斯的极度好斗抱有一些怀疑，但他们对捷克斯洛伐克和南斯拉夫的联合行动给予了认可。捷克斯洛伐克与南斯拉夫（1920 年 8 月 14 日）、罗马尼亚与捷克斯洛伐克（1921 年 4 月 23 日）、罗马尼亚与南斯拉夫（1921 年 6 月 7 日）的双边协议，构成了"小协约国"的基础。这些协议严格地聚焦而且明确指向匈牙利。就其起源而言，这些协议不仅是反匈牙利的，而且是反法国的。法国 1920 年在立场上的变化及其放弃匈牙利，对"小协约国"的未来而言很关键。对于法国人试图与布拉格当局达成协议的最初尝试，捷克斯洛伐克的态度很冷淡。福煦将军在 1921 年访

300

问捷克斯洛伐克首都，以讨论一份政治与经济协议的细节，但无论是马萨里克还是贝奈斯都认为时机并不成熟。甚至当普恩加莱取代白里安（为了多瑙河地区的统一，白里安曾暗中赞成哈布斯堡王朝的复辟）之后，贝奈斯尽管面对着英国对联盟（小协约国）的敌意，却仍然不愿缔结一份只瞄准德国的协议，或者将"小协约国"变成一个反德的军事协定。他将该集团视为一个自卫组织，其目的在于阻止大国干涉，让这三个国家（就单个而言小且孤立）拥有机会以一个声音说话（即使在实践中无法这样，在理论上也应当如此）。

将这三个国家团结在一起的只是它们都厌恶匈牙利。罗马尼亚和南斯拉夫更为害怕它们各自的敌人——俄国和意大利，而不是德国，而后者对于捷克斯洛伐克而言代表着未来最大的危险。三国的协约还针对保加利亚，而捷克斯洛伐克与该国并无任何争执。这些双边协议没有任何经济基础；每个国家坚持作为一个单独的经济单位运转，而且让经济上的边界遵循着国界线。民族主义压倒了良好的经济意义。每个国家都在"小协约国"之外寻找支持者，并且与它们缔结单独的协定。尽管持续怀疑维也纳当局，但捷克斯洛伐克并不排除与奥地利达成某种形式谅解的可能性，奥地利的持续独立对布拉格当局而言具有相当的重要性。1920 年 1 月，奥地利总理访问捷克斯洛伐克首都；他的国家需要粮食和煤炭，他希望捷克斯洛伐克将会提供。三份关于缔造一个针对匈牙利的政治与军事同盟的秘密议定书得以签订，尽管后来并未为奥地利人提供多少经济上的救济。奥地利人与匈牙利人围绕布尔根兰的一小片狭长地带以及哈布斯堡皇帝回归匈牙利产生争执，再度将两国拉到了一起。根据 1921 年 12 月签订的《拉尼条约》（Treaty of Lány），奥地利人获得了财政上的支持，作为条件保证反对哈布斯堡王朝复辟或者德奥合并。该协定受到罗马尼亚和南斯拉夫的欢迎，后者渴望恢复与奥地利在战前的商业关系。捷克斯洛伐克并非十分渴望与他们的前统治者走得太近，而对于奥地利人来说，他们对于与"小协约国"结盟并无多大兴趣，因为这将牺牲他们的中立，并且冒犯德国人。在捷克斯洛伐克 1922 年向奥地利提供财政支持方面，英国的压力发挥了作用。注意到此事的德国驻维也纳代表报告说："表现良好的奥地利小孩已经从其教父那里收到了入学筒（Zuckertüte）①……因为他已经顺从地与他的姐妹捷克斯洛伐克握手，而不是将手伸向母亲日耳曼尼亚（Germania）的围裙。"16 在 1922 年的热那亚会议上，无论是罗马尼亚还是南斯拉夫，都不愿意放弃其对于奥地利资产的留置权，以促成一笔国际贷款。尽管奥地利总理约翰内斯·朔贝尔（Johannes Schober）希望获得贝奈斯的支持，但后者捍卫的是自己的盟友们。在同一次会议上，"小协约国"否决了得到意大利和匈牙利支持的多项提议，这些提议原本将让波托罗萨会议的建议获得实质性内容，并且改善奥地利的贸易地位。贝奈斯更喜欢双边而不是多边的贸易安排，与奥地利签署的那份协议实际上对两国间交换的几乎三分之一的产品降低了关税。捷克斯洛伐克担心该地区任何种类的经济整合可能会导致他们强烈反对的政治联邦出现。

　　波兰与捷克斯洛伐克之间采取联合行动的机会一再丧失。两国未能在 1922 年的热那亚会议上合作。波兰人希望国际上承

---

　　①　在德国、捷克和波兰的部分地区、奥地利、瑞士和比利时的德语区，一年级学生在入学第一天会收到父母或祖父母送的锥形大纸筒，里面装有玩具、巧克力、糖果、文具等。

认他们与苏联及立陶宛的边界，接受他们占领东加利西亚。捷克斯洛伐克和南斯拉夫缺乏与苏联接壤的边界，并不愿意支持此类行动可能蕴含的政治认可。罗马尼亚人坚决要求除非承认他们对比萨拉比亚的占有，否则苏联的地位不应当有任何变化。

302　尽管热那亚会议上波兰人的主要关注点是其与苏联的东部边界得到承认，但贝奈斯并不愿意超出与苏联的某种形式的经济合作。在"小协约国"1922 年 3 月于贝尔格莱德召开的会议上，贝奈斯当时正穿梭于伦敦和巴黎之间，推动合作，波兰人在斯基尔蒙特的领导下试图与"小协约国"各国推动一份协议。贝奈斯回来后成功地埋葬了这一主张。但贝奈斯在热那亚会议上失利。劳合·乔治将其营救奥地利共和国的计划的失败归咎于贝奈斯，并且对"小协约国"针对匈牙利的持续敌意大为光火。劳合·乔治个人对贝奈斯的强烈反感深深地让马萨里克不安，马萨里克寻求英国的支持以抵消布拉格当局对于法国的依赖。贝奈斯在热那亚的首要成功之处是与契切林缔结商业协定，该协定于 6 月 5 日在布拉格签字。贝奈斯针对法国和英国的政策曾被描述为"一只脚踏一匹马"，与苏联签订的商业协定很难说弥补了他在对英法政策上的失败。[17]

波兰人在热那亚也所获甚少，而《拉帕洛条约》真正打击了他们的利益，该条约将他们的两个最危险的邻国拉到了一起。波兰人此前未能缔造一个波罗的海集团，或者与"小协约国"国家通过谈判结盟，而且因为追求独立的路线而让法国人不安。劳合·乔治欢迎斯基尔蒙特对莫斯科当局的更为调和的态度，但拒绝斯基尔蒙特向他提出的为波兰领土提供保证的请求。面对苏德的这份协定，斯基尔蒙特放弃了其让东方边界获得承认的努力。他未能从热那亚会议带回任何具体的成果，因此他的国内地位被削弱了。毕苏斯基强烈反对斯基尔蒙特的政策，他的追随者们要求采取一种更具孤立主义的立场，与法国和英国保持同等程度的疏离。安东尼·波尼科夫斯基（Antoni Ponikowski）-斯基尔蒙特内阁垮台。在经历猛烈而惨痛的政治冲突之后，1922年11月的波兰议会选举导致左翼和右翼政党之间出现僵局。毕苏斯基拒绝依据新宪法作为候选人竞选总统。当选总统在就职典礼一周后被一名民族主义狂热分子暗杀。只是到了此时，一定程度的理智才回归华沙的舞台。由瓦迪斯瓦夫·西科尔斯基（Władysław Sikorski）将军领导的新左翼内阁比其前任更为牢固地控制了政治形势，并且因为毕苏斯基短暂地退出政治而进一步受益。新总理亚历山大·斯克尔任斯基（Aleksander Skrzyński）伯爵是一位久经沙场的外交家，他现在受命在其后十分艰辛的一年里谨慎地引导波兰渡过难关。

对于波兰和捷克斯洛伐克来说，法国、比利时和意大利占领鲁尔是一段令人焦虑的时光。波兰人担心法国的行动将驱使德国更为靠近苏联，担心德国人将会为其在鲁尔的损失而在东面寻求补偿。与此同时，苏联人进行干预，警告说如果德国的共产主义革命获得成功，波兰人不得采取行动。与莫斯科当局对德的模糊政策相一致，华沙当局被告诫不得在东普鲁士或者上西里西亚采取任何进攻性的措施。波兰人利用这场危机来获得国际上对其边界的承认，而他们在热那亚会议上未能达成这一点。在占领鲁尔行动开始前一天，同时被苏德示好的立陶宛人夺取了自治港口梅默尔（以前属德国）。在这些情形下，华沙当局正确地相信英国再也不会反对波兰占领里加。由于墨索里尼在与华沙当局达成一份有利的石油协议后表现出赞同的态度，波兰人要求承认边界的理由得到了进一步的强化。由于

303

陷入鲁尔的种种困境，而且面对法国和意大利给予承认的要求，英国人让步了。1923 年 3 月 14 日，以大国名义召开的大使会议承认了波兰和立陶宛、波兰和苏联的边界。华沙当局拒绝给予东加利西亚人任何形式的自治（波兰人只占总人口的 35%），也拒绝为罗塞尼亚人少数民族提供任何保护。

捷克斯洛伐克也因为法国在鲁尔的行动而处于尴尬的境地。不论从占领中能够获得什么短期的经济优势，其与德国的重要的经济联系使它容易遭受损害。马萨里克和贝奈斯私下都对普恩加莱的行为持批评态度，但他们的调解努力全然是徒劳的。贝奈斯认为英法关系是欧洲稳定的必要条件，面对着英法关系的破裂，在捷克斯洛伐克 1923 年的大选之后，在国联理事会拥有一个席位的他将注意力转向国联。当鲁尔危机达到巅峰时，他采取主动，为《互助条约》寻求支持，结果面对的是英国人的否决。与法国结盟的运动的势头增强。通过捷克斯洛伐克陆军的法籍总参谋长欧仁·米特洛塞（Eugène Mittelhauser）将军，法国人给布拉格政府带来了结成公开军事同盟的越来越大的压力。这一回，贝奈斯的回应足够积极，从而鼓舞着法国人拟订了结盟的条款，并将其在 1923 年 6 月发送给布拉格当局。马萨里克和贝奈斯之间存在分歧，前者更不愿放弃与英国结成友谊的可能性。在 1923 年的整个夏天和秋天，他在伦敦坚称捷克斯洛伐克将保持自己在法国面前的独立，抵制其要求缔结一份军事协定的压力。作为对马萨里克反对结盟的回应，贝奈斯试图拖延事态，但法国人正在变得日益不耐烦。10 月中旬，马萨里克和贝奈斯进行了他们讨论多次的巴黎、布鲁塞尔和伦敦之行。他们与法国人的会谈成果颇多，而且指向即将到来的结盟；而与英国人进行的会谈比往常更令人满意，这可能是因为

304

马萨里克批评普恩加莱的（占领）鲁尔政策，而且寇松获得保证说捷克斯洛伐克不会与法国结成军事联盟。捷克斯洛伐克领导人原本可能更倾向于现有的非正式安排，但法国人坚持不懈。

　　贝奈斯的选项寥寥无几。英法的友好关系（entente）已经变成不和（mésentente）。德国国内尤其是巴伐利亚的困难情形原本可能很容易就蔓延到捷克斯洛伐克。1923 年 11 月初，让贝奈斯相当惊恐的是，王储威廉跨越边境进入德国。贝奈斯担心霍亨索伦王室可能复辟，要求德国政府驱逐这位王子，英国对贝奈斯的这种恐惧感到不屑，但法国人和比利时支持他的这些徒劳的要求。在法国与捷克斯洛伐克的讨价还价于 12 月达成后，马萨里克和贝奈斯出访巴黎的道路已经畅通。1924 年 1 月 25 日，法捷同盟协定得以签订。该协定规定两国当中任何一个国家的安全或者现有的和平协议面临威胁时，两国将进行磋商和采取协调的行动。其条款中包括关于反对哈布斯堡和霍亨索伦王室的复辟以及反对德奥合并的规定，不过协定的条款有意地放松。如同贝奈斯所坚持的那样，双方没有达成任何军事协议，但是他同意交换军方公函，这些公函是在同盟协定签订六天之后签署的，它们勾勒了为反对由任何一个共同的敌国向两国中的任一国家发动的侵略，双方总参谋部进行协作时的条件，以及在一旦需要时提供互助计划的条件。这是一个实实在在的军事同盟，只是名义上未表明。由于无法将捷克斯洛伐克推向华沙当局的方向，也无法说服贝奈斯将"小协约国"扩大至包括波兰，法国的东方同盟体系仍然缺乏战略上的可信度。

　　贝奈斯已经回归到那种最为古老的国家自卫形式——与一个更大的军事大国结盟。英国外交部不再理会布拉格当局，伦敦当局普遍相信一个军事同盟已经达成。法国和捷克斯洛伐克在日内瓦的安全和裁军问题上的伙伴关系进一步疏远了英国人，尽管伦敦已经实现了政府更迭，拉姆齐·麦克唐纳出任工党首相兼外交大臣。意大利人也对这一新同盟大为光火，他们认为这是法国影响力在巴尔干地区的进一步延伸。波兰人也并不特别高兴，他们觉得这一新的同盟削弱了他们在巴黎的影响力，将会把法国人拉向莫斯科的方向。尽管被一再保证说未达成任何军事协议，但波兰领导人仍然并不信服。

英国人和意大利人坚称法国不应当与南斯拉夫及罗马尼亚签订任何相似的协定。而在实际上，对于普恩加莱朝这一方向前进已经有了一些谨慎的反应。与法国结盟可能带来更多的风险而不是好处。南斯拉夫更愿意与罗马当局达成一个双边的协定。1924 年 1 月 27 日，墨索里尼与贝尔格莱德当局达成了一份友好协定。法国人虽然相当震惊，但继续其与贝尔格莱德的对话。尽管他们希望两国的总参谋部之间进行密切的、常规性的合作，但他们并不准备支持南斯拉夫攻击保加利亚，法国人与后者没有任何争执。法国人与罗马尼亚人的谈判也停止了，布加勒斯特需要一份将明确保障罗马尼亚与苏联的边界以及罗马尼亚对于比萨拉比亚权利的协议。罗马尼亚人想要一份类似法波和罗波协议的条约。法国人只对一份针对德国的军事协议感兴趣，并不愿意在东方牺牲掉他们的机动自由。罗马尼亚人也明白英国人带着极度的不悦看待法国人缔结协定的行为，并不愿意触怒伦敦当局。捷克斯洛伐克丧失了他们对此类补充协议原本就没多少的热情。由于仍然陷于鲁尔，法国人不愿在巴尔干地区承担更多的责任，而宁愿等待一个更为有利的时刻。法国人的虚弱为墨索里尼提供了行动的机会。由于意大利在 1924

年 1 月承认苏联，按照意大利和南斯拉夫协议的方针与罗马尼亚签订一份友好协定的可能性被排除，但对布拉格当局做出的一个举动可能是有用的。贝奈斯不顾法国的警告，在 4 月抵达罗马，缔结了一份商业协定和一份友好协定，后者规定签字国将致力于捍卫现状以及防止哈布斯堡王室复辟。这是一份十分有限的协议，而对于贝奈斯而言，这很可能只不过是对巴黎当局发出一次警告，表明捷克斯洛伐克将继续追求独立的政策。贝奈斯和墨索里尼之间并无好感，都不相信对方。1924 年春，法国的外交已经在鲁尔和多瑙河流域遭遇了双重的遏制。

与法国的所有希望相反，在同捷克斯洛伐克和波兰的关系方面也仍然没有任何进展。贝奈斯不断提升的国际声望及其在巴黎的成功折磨着波兰人的神经，这位"推销员"在华沙获得的评价不高。尽管右派政党是调和的，但波兰左派，尤其是那些接近毕苏斯基元帅的圈子，质疑与布拉格当局调和的益处。而对捷克斯洛伐克来说，在法国正走向事实上承认苏联，以及按照英美的金融条款来解决鲁尔危机时正带来修约之类危险问题的时候，他们看不到应对波兰的问题会有任何益处。对于法国选举上的变化，捷克斯洛伐克与波兰的反应也有所不同。贝奈斯热情洋溢地欢迎伦敦和巴黎的政府更迭。他仍然希望安全问题也许能够通过国联解决，因而全力支持 1924 年的《日内瓦议定书》。英法两国左翼政府的回归带来了重建英法友好关系的前景，而且将提高《日内瓦议定书》成功的机会。对于华沙当局来说，赫里欧领导下的左翼联盟在法国大选中获胜，为波法关系未来的艰难情形敲响了警钟。人们普遍预测法国的优先事项将发生不利的变化。来自波兰国家民主党的外长毛雷齐·扎莫伊斯基（Maurycy Zamoyski）伯爵被认为过于顺从法国人，

306

针对他的一次强有力的攻击迫使其在 7 月辞职，被亚历山大·斯克尔任斯基伯爵取代。第二度回归外交部的斯克尔任斯基试图改善与赫里欧政府的关系，并且提出启动与捷克斯洛伐克的谈判。但这两个举动都未能成功。法波合作与右派政党紧密相连，而赫里欧在 1924 年夏天重建英法友好关系的决心，对于华沙当局来说是不祥之兆。人们也担心波兰将不得不因为法德关系改善而付出代价。由于意识到华沙当局的不安，赫里欧政府支持创立新的法波联合体来扩建波兰的格丁尼亚（Gdynia）港口，并且在 12 月与华沙当局签订了一份更为平等的贸易协定。捷克斯洛伐克人认为斯克尔任斯基是毕苏斯基的人，带着相当之大的怀疑看待这位新外长重启对话的努力。

在英法政府更迭之初关于西方将达成一份安全协定的传言让波兰人和捷克斯洛伐克人感到不安。可以说斯克尔任斯基惶恐不安，而贝奈斯仍然保持处乱不惊。波兰领导人并不相信施特雷泽曼，尽管他们仍然保持着对法国的信念。不仅仅是波兰人，许多人将德国的安全计划视为只不过是对于波兰的一次攻击的前奏，并且将柏林提出签订一份仲裁协议视为表达德国对边界不满的手段。赫里欧和张伯伦平息华沙当局不断增大的恐慌的努力只获得了部分成功，尽管斯克尔任斯基由于意识到波兰采取行动的有限可能性，尽其所能地安抚波兰公众。面临危险的并不只是波兰和德国的边境。波兰人长期关注法国对苏态度变化的可能性。在热那亚会议上《拉帕洛条约》签订之后，福煦元帅已经访问了华沙，希望修改 1921 年的联盟协定，将苏联排除在条款之外。波兰人拒绝讨论他们所认为的具有危险性的改变。1924 年，赫里欧政府效法英国而且希望将苏联与德国分离开来，开始了与莫斯科当局的谈判。10 月 24 日，苏联赢得了完全的外交承认，恢复了与法国的正常国家关系。这意味着法国将重新评估法波协定吗？在东方也有各种问题：由于苏联人试图利用"波兰牌"来吸引施特雷泽曼远离西方大国，波兰人陷入了莫斯科与柏林的周旋之中。1924 年 12 月以及 1925年 10 月，契切林两度同时访问了华沙和柏林，向波兰人建议签订一份互不侵犯协定，并且利用法波苏协议这一不可能发生的威胁来让德国人更接近苏联。苏联的互不侵犯协议遵循了其与土耳其、伊朗及阿富汗的双边协定的形式，它约束着签字国不得与第三方一道干涉任何冲突，并且同意不得攻击彼此。波兰人无法被说服，他们坚决主张与莫斯科的任何协定必须包括波罗的海国家和芬兰。契切林并未从施特雷泽曼那里得到多少令其满意的东西。后者希望保持其东方路线的开放，这至少是因为其对伦敦或者巴黎将产生（对于德国）有益的影响，不过与西方达成安全协议是他的头等大事。

　　对于西欧的新混乱，贝奈斯表现出的担心没有那么多。当事实表明在 1924 年 11 月就任的英国新的保守党政府显然将拒绝《日内瓦议定书》时，贝奈斯向法国寻求进一步的保证。他需要知道德国将不会被给予在东方放手大干的机会，或者随着持续的经济困难引发人们对德奥合并的担心时，德国不会被允许与奥地利结合。贝奈斯不是第一次也并非最后一次对捷克斯洛伐克和波兰的利益进行了区分，至少是私下地暗示在一定程度上修改波兰边境是可取的，也是新的安全谈判不可避免的后果。随着对话的进行，捷克斯洛伐克对德国人提议的仲裁协定表现出相当大的兴趣，并且在未与华沙当局磋商的情况下发布了他们自己的外交照会。即使在这一高度焦虑的时期里，这两个中欧政府也未能合作。尽管贝奈斯不遗余力地将捷克斯洛伐克与波兰区分开来，但两国被施特雷泽曼相同地对待，他拒绝允许法国为德国的这些仲裁协定提供担保。他决心将对中欧各国参与的限制持续至洛迦诺对话的最后阶段——那时这些协定将得到讨论。波兰和捷克斯洛伐克直到 1925 年 10 月 15 日才进入谈判，也就是洛迦诺最终协定草签的前一天。在其对民族主义者的有意夸大的演讲中，施特雷泽曼回忆起这一场景："这些先生的心理状态是不同的。贝奈斯先生这位老练的政治家尽管并未实现任何东西，但表现得像是实现了一样。他带着大大的微笑，看上去很高兴。斯克尔任斯基无法掩饰他的焦虑不安……贝奈斯先生和斯克尔任斯基先生不得不坐在前厅等待，直到我们让他们进来。那些曾经被溺爱放纵的国家的情形就是这样，因为它们是其他国家的奴仆。当人们相信能够与德国达成谅解的那一刻，它们就被抛弃了。"[18]

VI

小国生活在大国的阴影中。总是显而易见的是，德国的恢复将使波兰和捷克斯洛伐克处于危险之中，而且莫斯科与柏林之间的任何协议将对波兰构成双重威胁。寻求外来帮助的唯一真正的替代方案，原本是实现毕苏斯基关于建立一个中欧联邦的计划，不过一旦苏联挺过了外国的干涉以及波兰的攻击之后，他的梦想就没有了任何现实性。这两个中欧国家都试图缔结地区性的协定。但两者都未能实现，或者如同"小协约国"的经历一样，只是针对并不存在的地区性危险提供微不足道的保护。如果华沙及布拉格当局搁置其分歧并结成联盟，它们将不仅对于其敌人而且相对于法国处于更强的地位。与各行其是相比，两国如果团结一致，将会对巴黎当局施加更大的压力。只有法国能够提供它们所需要的保护。波兰和捷克斯洛伐克原本都会欢迎英国的担保，但伦敦当局即使未对此表现出敌意，也至少是漠不关心的。意大利人拥有他们自己的修正主义方案：墨索里尼的野心集中于阿尔巴尼亚和南斯拉夫，但他与匈牙利的"调情"和在多瑙河流域以及巴尔干地区的利益，使他成为一个不合适的朋友。波兰和捷克斯洛伐克面对的令人畏惧的可能性，就是在捍卫其西方边境时，法国可能会牺牲在东方的这两位盟友的安全利益。两国担心其未来。法国当时仍然拥有提供安全保障的军力余地，但未来从莱茵兰地区撤出以及未能缔造一份东方的《洛迦诺公约》，将使两国面临危险。两国的政治家被迫小心行事，他们无法解决彼此之间的分歧，于事无补。如果聚焦于这两个主要的边缘性参与者与大国之间的关系，就会在认识 1920 年代东欧关系的复杂性时缺乏公平性。但与该地区的其他国家相比，波兰和捷克斯洛伐克是东中欧任何外交格局重塑（refiguration）的关键。从西欧的角度来看，无论新旧，这些国家都只是欧洲稳定过程中的次要角色。

注　释

1. Jacques Rupnik, 'Central Europe or *Mitteleuropa*', *Daedalus*, 119：1 (Winter, 1990), 251.

2. Thomas Montgomery-Cunningham, *Dusty Measure*：*A Record of Troubled Times* (London, 1939), 303-4.

3. Mark Mazower, *Dark Continent*：*Europe's Twentieth Century* (London, 1998), 41.

4. David Vital, *A People Apart*：*The Jews in Europe, 1789 - 1939* (Oxford, 1999), 767.

5. Gerhard Schrieber, 'Germany, Italy and South-east Europe: From Political and Economic Hegemony to Military Aggression', in Gerhard Schreiber, Bernd Stegemann, and Detlef Vogel (eds.), *Germany and the Second World War*, Vol. 3: *The Mediterranean, South-east Europe, and North Africa 1939-1941*, trans. Dean S. McMurry, Ewald Osers, and Louise Willmot (Oxford, 1995), 318.

6. Schrieber, 'Germany, Italy, and South-East Europe', 334.

7. Ivan T. Berend and György Ranki, *Economic Development in East-Central Europe in the 19th and 20th Centuries* (New York, 1974), 201. 如果波罗的海国家被包含进去的话，各项的总数将会更高。

8. Anne Orde, *British Policy and European Reconstruction After the First World War* (Cambridge, 1990), 273.

9. Norman to Gerard Vissering (president of the Nederlandsche Bank), 12 May 1924, Bank of England G3/180. （下划线是诺曼本人所加。）

10. Henry Clay, *Lord Norman* (London, 1957), 184-5.

11. Orde, *British Policy and European Reconstruction*, 328. 就 1920 年代对非国联成员的借贷而言，美国是所有贷款中最大的来源，无论长期还是短期贷款都是如此（就 1931 年尚存的贷款而言分别是 55.2%和 26.2%）。Ibid. 329.

12. Orde, *British Policy and European Reconstruction*, 327-8.

13. Alice Teichova, *An Economic Background to Munich: International Business and Czechoslovakia, 1918 - 1938* (Cambridge, 1974), 3. Orde 和 Teichova 的数据有一些不同；两者均基于 Royal Institute of International Affairs, *The Problem of International Investment* (London, New York, and Toronto, 1937)。

14. Georges Soutou, 'L'Impérialisme du pauvre: la politique économique du governement français en Europe Centrale et Orientale de 1918 à 1929', *Relations Internationales*, 7 (1976), 220.

15. Quoted in Gábor Bátonyi, *Britain and Central Europe, 1918 - 1933* (Oxford, 1999), 183.

16. Frank Hadler, 'The European Policy of Czechoslovakia on the Eve of the Genoa Conference of 1922', in Fink, Frohn, and Heideking (eds.), *Genoa, Rapallo and European Reconstruction in 1922*, 177.

17. Quoted in Bátonyi, *Britain and Central Europe*, 190.

18. Gustav Stresemann, *Vermächtnis. Der Nachlass in drei Bänden*, ed. Henry Bernhard, 3 vols. (Berlin, 1933), ii. 233 – 4. 演讲全文见 Austwärtiges Amt, *Akten zur deutschen auswärtigen Politik*, *1918-1945*, series B (*1925-1933*), vol. I, *Dezember 1925-Juli 1926* (Göttingen, 1966), App. II, 727-53。

专著

概述

BEREND, I. T., *The Crisis Zone of Europe: An Interpretation of East-Central European History in the First Half of the Twentieth Century* (Cambridge, 1986).

CRAMPTON, R. J., *Eastern Europe in the Twentieth Century* (London, 1994).

GLATZ, FERENC (ed.), *Modern Age—Modern Historian: In Memoriam, György Ránki (1930–1988)* (Budapest, 1990).

GLENNY, MISHA, *The Balkans, 1804–1999: Nationalism, War and the Great Powers* (London, 1999).

JOHNSON, LONNIE R., *Central Europe: Enemies, Neighbours, Friends* (Oxford, 1996).

MACARTNEY, C. A. and PALMER, A. W., *Independent Eastern Europe: A History* (London, 1962).

PALMER, ALAN, *The Lands Between: A History of East-Central Europe Since the Congress of Vienna* (London, 1970).

PAVLOWITCH, STEVAN K., *A History of the Balkans, 1804–1945* (London, 1999).

POLONSKY, ANTONY, *The Little Dictators: The History of Eastern Europe Since 1918* (London, 1975).

ROTHSCHILD, JOSEPH, *East Central Europe Between the Two World Wars* (Seattle, 1974).

SCHMIDT-HARTMANN, E. and WINTERS, S. B. (eds.), *Grossbritannien, die USA und die böhmischen Länder, 1848–1938. Vorträge der Tagung des Collegium Carolinum in Bad Wiessee vom 2. bis 6. November, 1988* (Munich, 1991).

政治

ÁDÁM, MAGDA, *The Little Entente and Europe, 1920–1929* (Budapest, 1993).

AYÇOBERRY, PIERRE, BLED, JEAN-PAUL, and HUNYADI, ISTVAN, *Les Conséquences des traités de paix de 1919–1920 en Europe centrale et sud-orientale* (Strasburg, 1987).

BÁTONYI, GÁBOR, *Britain and Central Europe, 1918–1933* (Oxford, 1999).

BERGHAHN, V. R. and KITCHEN, M. (eds.), *Germany in the Age of Total War* (London, 1981).

BOIA, EUGENE, *Romania's Diplomatic Relations With Yugoslavia in the Interwar Period, 1919–1941* (Boulder, Col., 1993).

CAMPBELL, FENTON GREGORY, *Confrontation in Central Europe: Weimar Germany and Czechoslovakia* (Chicago and London, 1975).

CAMPUS, ELIZA, *The Little Entente and the Balkan Alliance* (Bucharest, 1978).

CIENCIALA, ANNA M. and KOMARNICKI, TITUS, *From Versailles to Locarno: Keys to Polish Foreign Policy, 1919–1925* (Lawrence, Ka., 1984).

DAVIES, NORMAN, *God's Playground: A History of Poland*. Vol. 2: *1795 to the Present* (Oxford, 1981).

DEBICKI, R., *Foreign Policy of Poland, 1919–39* (London, 1963).

DRAGNICH, ALEX N., *The First Yugoslavia: Search For a Viable Political System* (Stanford, Cal., 1983).

FRANKE, REINER, *London und Prag: Materialien zum Problem eines multinationalen Nationalstaates, 1919–1938* (Munich, 1981).

GROMADA, THADDEUS V. (ed.), *Essays on Poland's Foreign Policy, 1918–1939* (New York, 1970). Esp. the chapter by Piotr Wandycz.

HIDEN, JOHN, *The Baltic States and Weimar Ostpolitik* (Cambridge, 1987).

—— *Germany and Europe, 1919–1939*, 2nd edn. (Harlow and New York, 1993).

—— and LOIT, ALEKSANDER (eds.), *The Baltic in International Relations Between the Two World Wars: Symposium Organised by the Centre for Baltic Studies, November 11–13, 1986, University of Stockholm* (Stockholm, 1988).

—— and SALMON, PATRICK, *The Baltic Nations and Europe: Estonia, Latvia and Lithuania in the Twentieth Century*, rev. edn. (London, 1994).

HOVI, K., *Interessensphären im Baltikum: Finnland im Rahmen der Ostpolitik Polens, 1919–1922* (Helsinki, 1984).

KARSKI, JAN, *The Great Powers and Poland, 1919–1945: From Versailles to Yalta* (Lanham, Md., 1985).

KLIMEK, ANTONÍN, *Diplomacy at the Crossroads of Europe: Czechoslovak Foreign Policy, 1918–1938*, trans. Libor Trejdl (Prague, 1989).

KORBEL, JOSEF, *Poland Between East and West: Soviet and German Diplomacy Toward Poland, 1919–1933* (Princeton, 1963).

LATAWSKI, PAUL (ed.), *The Reconstruction of Poland, 1914–1923* (London, 1992).

LOW, ALFRED, *The Anschluss Movement 1918–1919 and the Paris Peace Conference* (Philadelphia, 1974).

—— *The Anschluss Movement, 1931–1938 and the Great Powers* (New York, 1985). See chapters 1 and 2.

LUZA, RADOMIR and MAMATEY, VICTOR S. (eds.), *A History of the Czechoslovak Republic, 1918–1948* (Princeton, 1973). Esp. chapters by J. W. Bruegel, Zora P. Pryor, and Piotr Wandycz.

MORISON, JOHN (ed.), *Eastern Europe and the West: Selected Papers from the Fourth World Congress for Soviet and East European Studies, Harrogate, 1990* (Basingstoke, 1992). Esp. chapter by Thomas C. Sakmyster.

NAGY, ZSUZSA L., *The United States and the Danubian Basin, 1919–1939* (Budapest, 1975).

OLIVOVÁ, VERA, *The Doomed Democracy: Czechoslovakia in a Disrupted Europe, 1914–38*, trans. George Theiner (London, 1972).

Recherches sur la France et le problème des nationalités pendant la Première Guerre Mondiale: Pologne, Ukraine, Lithuanie, Travaux du Centre Histoire des relations internationales et de l'Europe au XXe siècle de l'Université de Paris IV (Paris, 1995).

RECKER, MARIE-LUISE (ed.), *Von der Konkurrenz zur Rivalität: das britisch-deutsche Verhältnis in den Ländern der ëuropaischen Peripherie, 1919–1939* (Stuttgart, 1986).

RIEKHOFF, HARRALD VAN, *German–Polish Relations, 1918–1933* (Baltimore, 1971).

SANDU, TRAIAN, *Le Système de sécurité français en Europe centre-orientale: L'exemple roumain, 1919–1933* (Paris, 1999).

SCHOTT, BASTIAN, *Nation oder Staat?: Deutschland und der Minderheitenschutz: zur Völkerbundspolitik der Stresemann-Ära* (Marburg and Lahn, 1988).

STONE, NORMAN and STROUHAL, EDUARD (eds.), *Czechoslovakia: Crossroads and Crises, 1918–88* (Basingstoke, 1989).

SUPPAN, ARNOLD, *Jugoslawien und Österreich 1918–1939: bilaterale Aussenpolitik im europäischen Umfeld* (Vienna and Munich, 1996).

TEICHOVA, ALICE, *Kleinstaaten im Spannungsfeld der Grossmächte: Wirtschaft und Politik in Mittel-vund Südosteuropa in der Zwischenkriegszeit* (Munich, 1988).

经济

ALDCROFT, DEREK H. and MOREWOOD, STEVEN, *Economic Change in Eastern Europe Since 1918* (Aldershot, 1995).

BEREND, IVAN T. and RANKI, GYÖRGI, *Economic Development in East-Central Europe in the 19th and 20th Centuries* (New York and London, 1974).

COTTRELL, PHILIP L. and TEICHOVA, ALICE (eds.), *International Business and Central Europe, 1918–1939* (Leicester, 1983).

HINKKANEN-LIEVONEN, MERJA-LIISA, *British Trade and Enterprise With the Baltic States, 1919–1925* (Helsinki, 1984).

HOLTFRERICH, CARL-LUDWIG, REIS, JAIME, and TONIOLO, GIANNI, *The Emergence of Modern Central Banking from 1918 to the Present* (Aldershot, 1999).

JAMES, HAROLD, KINDGREN, HAKAN, and TEICHOVA, ALICE, (eds.), *The Role of Banks in the Interwar Economy* (Cambridge, 1991).

KASER, M. C. and RADICE, E. A. (eds.), *The Economic History of Eastern Europe, 1919–1975*, 3 vols. (Oxford, 1985). Esp. chapter by Teichova in vol. 1.

MATIS, HERBERT and TEICHOVA, ALICE (eds.), *Österreich und die Tschechoslowakei, 1918–1938: die wirtschaftliche Neuordnung in Zentraleuropa der Zwischenkriegszeit* (Vienna, Cologne, and Weimar, 1996).

RÁNKI, GYÖRGY, *Economy and Foreign Policy: The Struggle of the Great Powers for Hegemony in the Danube Valley, 1919–1939* (Boulder, Col. and New York, 1983).

RECKER, M. L., *England und der Donauraum, 1919–1929: Probleme einer europäischen Nachkriegsordnung* (Stuttgart, 1976).

SPAULDING, ROBERT MARK, *Osthandel und Ostpolitik: German Foreign Trade Policies in Eastern Europe from Bismarck to Adenauer* (Providence, RI, 1997).

TEICHOVA, ALICE, *An Economic Background to Munich, International Business and Czechoslovakia, 1918–1939* (London, 1975).

—— (ed.), *Österreich und die Tschechoslowakei 1918–1938: die wirtschaftliche Neuordnung in Zentraleuropa in der Zwischenkriegszeit* (Vienna and Cologne, 1996).

文章

政治

ÁDÁM, MAGDA, 'France and Hungary at the Beginning of the 1920s', in Béla Király, Peter Pastor, and Ivan Sanders (eds.), *War and Society in East Central Europe*. Vol. 6.: *Essays on World War I: Total War and Peacemaking, a Case Study on Trianon* (New York, 1982).

BARIÉTY, JACQUES, ' "L'Accord révisionniste" franco-hongrois de 1920. Histoire d'un mythe', in *Les Conséquences des traités de paix de 1919–1920 en Europe centrale et sud orientale. Colloque de Strasbourg 24–26 mai 1984* (Strasburg, 1987).

CORNWALL, MARK, 'A Fluctuating Barometer: British Diplomatic Views of the Czech–German Relationship in Czechoslovakia', in Bad Wiesseer Tagungen des Collegium Carolinum, *Great Britain, the United States and the Bohemian Lands, 1848–1938* (Munich, 1991).

GASIOROWSKI, ZYGMUNT J., 'Polish–Czechoslovak Relations, 1918–1922', *Slavonic and East European Review*, 35 (1956–7).

——— 'Polish–Czechoslovak Relations, 1922–1926', *Slavonic and East European Review*, 35 (1956–7).

——— 'Stresemann and Poland Before Locarno', *Journal of Central European Affairs*, 18 (1958).

HANAK, HARRY, 'British Attitudes to Masaryk', in id. (ed.), *T. G. Masaryk, 1850–1937*. Vol. 3: *Statesman and Cultural Force* (London, 1990).

HIDEN, JOHN, 'The Weimar Republic and the Problem of the Auslandsdeutsche', *Journal of Contemporary History*, 12 (1977).

——— 'Weimar Revisionism and Baltic Security', in id. and A. Loit (eds.), *The Baltic in International Relations Between the Two World Wars* (Uppsala, 1988).

HOVI, KARLEVO, 'The French Alliance Policy, 1917–1927: A Change of Mentality', in J. Hiden and A. Loit (eds.), *Contact or Isolation? Soviet–Western Relations in the Interwar Period. Symposium Organised by the Center of Baltic Studies, October 12–14, 1989, University of Stockholm* (Stockholm, 1991).

MICHEL, BERNARD, 'Edouard Beneš et la France, 1918–1938', in L. Schelbert and Nick Ceh (eds.), *Essays in Russian and East European History: Festschrift in Honour of Edward C. Thaden* (Boulder, Col., 1995).

ORDE, ANNE, 'France and Hungary in 1920: Revisionism and Railways', *Journal of Contemporary History*, 15 (1980).

SAKMYSTER, THOMAS, 'István Bethlen and Hungarian Foreign Policy, 1921–1931', *Canadian–American Review of Hungarian Studies*, 5: 2 (1978).

ZINNER, P. E., 'Czechoslovakia: The Diplomacy of Eduard Beneš', in G. A. Craig and F. Gilbert (eds.), *Diplomats, 1919–39* (Princeton, 1953).

经济

NÖTEL, RUDOLF, 'Money, Banking and Industry in Interwar Austria and Hungary', *Journal of European Economic History*, 13: 2 (1984).

ORDE, ANNE, 'Baring Brothers, the Bank of England, the British Government and the Czechoslovak State Loan of 1922', *English Historical Review*, 106 (1991).

PÉTERI, GYÖRGY, 'Tying Up a Loose End: British Foreign Economic Strategy in 1924: The Hungarian Stabilisation', *Acta Historica Academiae Scientiarum Hungaricae*, 30: 3/4 (1984).

—— 'Central Bank Diplomacy: Montagu Norman and Central Europe's Monetary Reconstruction after World War I', *Contemporary European History*, 1: 3 (1992).

SHISHKIN, VALERI A., 'The External Factor in the Country's Socio-economic Development', *Soviet Studies in History*, 28 (1989).

TEICHOVA, ALICE, 'Versailles and the Expansion of the Bank of England into Central Europe', in Norbert Horn and Jürgen Kocka (eds.), *Recht und Entwicklung der Großunternehmen im 19. und frühen 20. Jahrhundert: Wirtschafts-, sozial-und rechtshistorische Untersuchungen zur Industrialisierung in Deutschland, Frankreich, England und den USA* (Göttingen, 1979).

—— 'Structural Change and Industrialisation in Interwar Central-east Europe', in P. Bairoch and M. Lévy-Leboyer (eds.), *Disparities in Economic Development Since the Industrial Revolution* (London, 1981).

—— 'Industry', in M. C. Kaser and E. A. Radice (eds.), *The Economic History of Eastern Europe 1919–1975*. Vol. 1: *Economic Structure and Performance Between the Two Wars* (Oxford, 1985).

—— 'East-central and South-east Europe, 1919–39', in P. Mathias and S. Pollard (eds.), *The Cambridge Economic History of Europe*. Vol. 8: *The Industrial Economies: The Development of Economic and Social Policies* (Cambridge, 1989).

—— 'Eastern Europe in Transition: Economic Development During the Interwar and Postwar Period', in id. (ed.), *Central Europe in the Twentieth Century: An Economic History Perspective* (Aldershot, 1997).

论文

LOJKO, MIKLOS, 'Britain and Central Europe, 1919–1925', Ph.D. thesis, Cambridge University (2001).

PROTHEROE, GERALD JAMES, 'Watching and Observing: Sir George Clerk in Central Europe, 1919–1926', Ph.D. thesis, University of London (1999).

第六章 来自右翼的"革命":意大利,
1919—1925 年

I

在非洲、沿哈布斯堡帝国东北边界的"未收复的土地",以及阿尔巴尼亚,意大利一战之前的领导人曾沉迷于扩张主义的梦想之中。意大利原本是为实现这些野心而参战,但在巴黎和会上并未获得被许诺的胜利果实,他们不仅怀有这些以前的图谋,而且在这份老的帝国主义"菜单"上加了一些条目。在自由主义的意大利和墨索里尼法西斯政权的领土恢复主义及扩张主义目标之间,存在一些具有连续性的要素,但这位"领袖"(Duce)又在塑造国家未来发展的对于"伟大"的追求之中,添加了一个新的意识形态的框架。国内强大的约束、1922年之前的政治及经济动乱、政治上的种种不确定性、内部的反对,以及墨索里尼"进军罗马"之后资源的缺乏,阻碍了意大利国际地位的进一步提升。直到 1920 年代中期,墨索里尼才开始利用欧洲的不安宁局势,以创造一个"新意大利"和"新意大利人",这将巩固他的权力和保证法西斯主义的胜利。但事实证明,成功是难以取得的,而腔调比行动更响亮。只要意大利仍然是"大国中的最弱国",墨索里尼的军国主义姿态和外交花招在欧洲统治者圈子里就不会引起多少焦虑。西方政治家屈尊地对待他,有时候还掺杂着一定程度的崇拜,这刺激了他的侵略性意图。与他们对苏联的态度形成鲜明对比的是，他们寻求墨索里尼参与欧洲的重建进程，同时贬低其激进的民族主义革命的危险。

在《凡尔赛和约》签订之后，意大利领导人发现他们自己处于不明确的形势之中。他们可以从对《凡尔赛和约》的维护中收获一切。他们已经赢得了在布伦纳山口的边界、南蒂罗尔，并被许诺了一份赔款。奥地利的独立被视为意大利在面对德国未来的修正主义的一种安全保障。但民族主义者和自由主义者一样，在亚得里亚海和地中海、中东和小亚细亚、高加索以及东非拥有更为广泛的野心。这种领土收复主义和扩张主义的目标意味着意大利是一个修正主义国家，希望修改和约，希望战争期间各种承诺的实现。对《凡尔赛和约》的支持以及对修正的希望，为意大利战后最紧迫的议程设定了参数。未来的收获是有点成问题的。意大利和平缔造者在巴黎和会上的无能和具有破坏性的外交，证实了协约国的一个看法——和会上的这个"坚决的乞丐"所要求的东西比其应得的多得多。胜利者尽管继续将意大利视为大国圈子里的二等成员，但为了在欧洲恢复秩序与稳定以及解决它们在欧洲以外的问题，需要意大利的合作。法国与意大利拥有共同的边界，因此在寻求与罗马当局切实可行的外交关系方面，法国比英国更为投入。在巴黎和会上，克里孟梭、普恩加莱和长期担任法国驻罗马大使的卡米耶·巴雷尔（Camille Barrère）未能就一种处理意大利问题的共同方式取得一致意见。一个心怀不满的意大利将被驱赶进德国的怀抱，而且如果奥兰多和松尼诺空手而归，将导致左派夺取权力——这样的一些担心必须与安抚意大利的首要对手伍德罗·威尔逊这一需要进行平衡。克里孟梭的亲威尔逊和反意大利的态度占

316

地图 12　1920 年代法西斯统治下的意大利

了上风，但与罗马当局合作对付德国修正主义的价值，必须与对意大利在被划分为法国影响力扩大区域里的扩张的厌恶相权衡。意大利人逐渐因为他们在欧洲和非洲的领土野心的挫败而责怪法国。

随着意大利试图在贝尔格莱德、维也纳和布达佩斯扩大其收获和影响力，法意对于政治影响力和经济扩张的争夺处于最激烈的状态。为了抗衡法国，松尼诺在 1919 年提出罗马尼亚和匈牙利在意大利的主持下实现和解以遏制南斯拉夫，但在罗马尼亚人自行其是并占领匈牙利之后，这一提议失败了。1920年，他向时任外长斯福尔扎伯爵建议意大利与前敌国结成联盟，以获得在巴黎和会上失去的东西。这一主张对民族主义者具有吸引力，而对于正处于将爬升至权力高位前夕的贝尼托·墨索里尼也是如此。如同 1914 年以前一样，意大利的实业家对东欧、巴尔干半岛和安纳托利亚的兴趣，远远超过对"北非的绿洲或者遥远的埃塞俄比亚山丘"的兴趣。他们为因为战争而扩大的工业部门寻求安全可靠的原材料来源：来自罗马尼亚和乌克兰的小麦，来自罗马尼亚和高加索的石油，来自小亚细亚的木炭，这些将通过出口港口装备、铁路和现代机器来支付。最为重要的是，如果意大利要从一种几乎完全依赖于从英国进口、基于煤炭的经济做出转变，就需要石油。劳合·乔治曾提议为高加索设置一个保护国，并且许诺巴库油田的进入权，意大利的和平谈判者和实业家对此同样满腔热情。当这些幻想不得不被放弃之后，意大利把焦点转向罗马尼亚的油田，但被冷漠的协约国以及美国人抢得了先机。尽管他们更为广泛的野心未能实现，意大利人却得以在奥匈帝国以前的土地上以及巴尔干地区确立重要的投资与贸易存在，包括在匈牙利的几家银行的重

317

要股份，在罗马尼亚、南斯拉夫和匈牙利木材工业的存在，以
及在波兰纺织工业的股份。意大利与保加利亚、匈牙利、罗马
尼亚和南斯拉夫的贸易迅速扩大，而且尽管有政治上的冲突，
但其在南斯拉夫的支配性贸易地位一直保持全 1935 年。意大利
投资者利用了英法在东欧的对立，常常与英国人一道对付法国
人，而且获得了一定程度的成功。

表 14　意大利与东南欧的贸易平衡（1920—1924 年）

单位：百万美元

年份	阿尔巴尼亚	保加利亚	捷克斯洛伐克	匈牙利	波兰	罗马尼亚	南斯拉夫
1920 年	-3.2	-9.5	4.2	-12.4		-34.5	-44.5
1921 年	-3.8	-5.3	2.3	-5.7		-25.5	-11.2
1922 年	-2.1	0.3	14.0	-0.3	-4.2	4.7	1.1
1923 年	-3.6	-4.8		1.4	-4.9	-3.2	15.2
1924 年	-3.0	-3.7	-7.8	-3.0	-22.2	-10.4	23.2

资料来源：数据整理自 M. Kaser and E. A. Radice（eds.），*The Economic History of Eastern Europe 1919-1975*（Oxford, 1985），i. 523-9。

　　意大利混乱的国内状况影响了战后的短命内阁（1919—
1922 年有过六届内阁），而且未给国外生意提供多少时间或者
意愿。由于在政治动荡和城乡社会对抗的氛围内运作，外长们
追随战略撤退的道路，但并未放弃他们的领土恢复主义目标。
长期担任法国驻罗马大使（1898—1924 年）的卡米耶·巴雷尔
十分惊骇地看待意大利在 1919—1920 年的仇法情绪，但其至连
他也更为担心罗马历届政府在对待社会主义者、共产主义者和
无政府主义者的煽动时的无能为力，而不是意大利扩张主义的
危险。因为在所有战胜国当中，意大利最无力应对这场战争所

导致的政治与社会的破坏。除了苏联（俄），它是第一个面临各种国内纷争的国家，这些纷争将摧毁自由主义政府，并且最终导致欧洲国际秩序被削弱。如果从战争到和平的过渡不那么混乱，民族主义的论调对于国家的政治结构将不会那么具有破坏性。正是大战带来的政治与经济混乱和意大利统治精英的无能与怯懦相结合，才导致了自由主义意大利的崩溃。

318

　　大战使这个国家遭受了可怕的代价。意大利政治家曾希望这是一场短暂的战争，它将让国家团结，让意大利获得他们所追求的地位，但事实相反，该国陷入了一场漫长而凶恶的斗争，得到的回报却并不匹配。意大利丧失了 68 万名男子，另有 3 万人死于创伤或者战伤。1914—1919 年的财政代价最终达到 265 亿里拉，另有在 1919—1924 年到期的 108 亿里拉的战争相关费用。[1]意大利政府担负着对于美国、英国和法国的 29.6 亿美元的外债，这对一个战前国民收入低下的国家来说是沉重的负担。如同其他欧洲国家一样，意大利在战后经历了一场严重的通货膨胀。里拉的价值暴跌，物价上涨，薪水下降。工业生产削减，出口行业萎缩，而且失业率随着军人的复员而上升。意大利的对外移民数量从 1919 年的 253200 人增长至 1920 年的 641600 人，但当美国在 1921 年施行每年 40000 名移民的配额，实行了限制性的移民政策之后，意大利的这个传统的"减压阀"（escape valve）被关闭了。在城市里，工人自行组织起来以获得更高的薪水。前所未有的大规模罢工发生了，暴力和工人的死亡凸显出来。在工人工资上涨的那些地方，他们的胜利激起了那些依赖于固定收入的人的憎恨，这些人的薪水远远落后于不断上升的生活成本。罢工不仅让工厂主还让中产阶级的其他部分惊恐，他们坚信政府无法控制形势，恐惧地预计"布尔什维克主义"将会蔓延开来。通过暗示革命迫在眉睫的具有高度煽动性的阶级战争宣传，社会主义政党在火上浇油。乡村也处于混乱之中，因土地被攫取以及战争的受益者与被忽视者之间的斗争而动荡不安，这些被忽视者包括从军队归来的无地的劳动者。1919—1920 年，无地者从大地主那里夺取财产，而且让后者暴怒的是，政府承认这些非法的占有。在诸如埃米利奥（Emilio）和波河河谷之类的富饶农业区，人口过剩使农业工人任由其雇主摆布。大战曾经将剩余劳动力输送至前线，而在突然之间，现有的农业工会能够对波河流域的农业资本家们发号施令。工资翻番了，当地的社会主义者获得了政治权力，这让小地主及佃户双重受挫，他们的社会地位以及经济福祉受到了来自下层的威胁。

政府控制这种局势的努力是完全不够的，而用以减轻根本性的经济窘境的手段只是助长了通货膨胀，扩大了财政赤字，而并未安抚或者平息反叛者。对于应对意大利战后的社会骚动来说，老式的放任及不干涉主义方法几乎不适合。罗马当局的不称职进一步削弱了人们对议会制政府的信心，甚至在其历来的支持者当中也是如此。过去狭隘的联盟政府、操纵性的议会和选举实践，无法应对 1918 年之后的大众政党以及激进化的政治。仍然控制着权力的战前精英们发现自己处在一个很不适合的、几乎面目全非的世界。他们面临着战争与和平所产生的强烈反应。加布里埃莱·邓南遮 1919 年 9 月乘着民族主义浪峰而在阜姆进行的冒险，再明显不过地揭示了该国情绪的高涨状态以及政治领导人的怯懦。主张领土恢复主义的民族主义政党利用"被残害的和平"这一话题，赢得了更多的听众。社会党和新近成立的人民党（Partito Popolari，或称基督教民主党）在 1919 年 11 月异乎寻常地开放的选举中，赢得了众议院半数以上的席位。依据为这次大选引入的比例代表制，社会党成了多数党，不过由于他们并不拥有足够多的席位来独自执政，而且不愿与人民党一道组成联盟政府，他们对任何执政的政党或者党派联盟构成了一种永久的反对性力量。在墨索里尼之前的内阁中，没有任何一个能够将传统的寡头政治结构运用于众议院难以驾驭的反对力量身上。极端主义政党走上街头，无法找到工作的复员军人向墨索里尼的支持者以及与其斗争的社会党人"兜售"他们的战争技巧。此类老兵运动很难说仅限于意大利，但意大利的政治结构过于孱弱，而执政的精英群体过于狭隘，无法承受住对国家机构及其正在崩溃的基础的冲击。

在这样的情形下，并不怎么让人吃惊的是，无论是弗朗切斯科·尼蒂（1919 年 6 月—1920 年 6 月在任）还是老资格的政治家乔瓦尼·焦利蒂（Giovanni Giolitti，1920 年 6 月—1921 年 7 月在任），都赞成实行紧缩政策与妥协。作为来自那不勒斯的前政治经济学教授，尼蒂领导着一个分裂的激进党，没有得到其以前的庇护者焦利蒂或此人拥护者的支持。尼蒂取消了意大利对高加索地区的远征，而且准备与南斯拉夫及希腊谈判。在凯末尔所领导的土耳其军队 1920 年 5 月在安纳托利亚的科尼亚（Konia）打败意大利人之后，尼蒂与凯末尔开展了对话。尼蒂政府寻求与南斯拉夫解决亚得里亚海争端。当伍德罗·威尔逊在政治上的无能被证实之后，尼蒂与南斯拉夫领导人安特·特伦比奇（Ante Trumbić）开启了直接谈判。部分是因为南斯拉夫坚持瓜分阿尔巴尼亚而尼蒂不愿接受，谈判进展缓慢。尼蒂的外长托马索·蒂托尼（Tommaso Tittoni）与希腊人的谈判取

320

得了更多的成功。他与希腊总理韦尼泽洛斯在 1919 年 7 月缔结
了一份协定，随后双方又在 1920 年 8 月签订了一份协定，旨在
与 1920 年 8 月 10 日签订的《色佛尔条约》同时生效。意大利
人被给予其已经占领的除罗得岛之外的佐泽卡尼索斯群岛，而
士麦那城被承认是希腊的，意大利在小亚细亚的影响力被限定
在从斯卡拉努奥瓦（Scalanuova，现名库萨达斯）到梅尔辛的沿
海狭长地带。这两个国家瓜分了阿尔巴尼亚，希腊人获得了北
伊庇鲁斯，意大利人被给予对中阿尔巴尼亚的委任统治。此外，
意大利人作为同样在 1920 年签订的三方协定的一个签字方，将
安纳托利亚分成了意大利及法国的经济势力范围。但这两份协
议都只是纸面上的，面对凯末尔成功的军事战役，这些协议都
被放弃。

意大利人此时仍然过度扩张。在三度试图创建一个可行的
政府而未能成功之后，尼蒂在 1920 年 6 月 9 日辞职。他的继任
者是经验极其丰富的焦利蒂，他首次担任部长的时间可以追溯
至 1892 年，而其足智多谋的外长斯福尔扎伯爵是该部在战后最
为能干的首领，他在塑造一种更具现实主义的外交政策方面获
得了更大的成功。斯福尔扎将其注意力转向阿尔巴尼亚和南斯
拉夫的形势。他的军队被阿尔巴尼亚人围困，因为疟疾大量死
亡，而且面对着一个启程前往阿尔巴尼亚的意大利团的哗变，
焦利蒂在 1920 年 8 月同意从该国彻底撤出，结束了一次徒劳而
昂贵的战役。意大利人放弃了他们对一个委任统治地的要求，
声明放弃蒂托尼与韦尼泽洛斯签订的协定，并且与地拉那的临
时政府达成一份协议，承认阿尔巴尼亚在其 1913 年的边界内的
独立，不过仍然让意大利在这个亚得里亚海沿岸的政府里地位
占优。与南斯拉夫达成一个解决方案的进展很缓慢。美国参议

院在 3 月拒绝了《凡尔赛和约》之后, 协约国各国才有了行动
的自由。斯福尔扎伯爵更向巴黎当局靠近。由于对意大利不断 321
扩大的混乱感到不安, 而且渴望帮助焦利蒂政府, 法国敦促南
斯拉夫接受斯福尔扎的和平条件。意大利人同意放弃他们对达
尔马提亚的声索, 以换取贝尔格莱德方面承认他们在伊斯特拉
半岛的要求。1920 年 11 月 12 日,《拉帕洛协定》得以签署。
意大利几乎赢得整个伊斯特拉半岛, 但阜姆被设为一个处于双
边控制之下的自由市。意大利人还占有了北达尔马提亚海岸附
近、海军想要的四个岛屿的主权, 并且被给予了对于扎拉
(Zara) 的主权。达尔马提亚的其他部分被留给南斯拉夫。这些
恰恰就是蒂托尼在 1919 年提出的方案, 当时劳合·乔治和克里
孟梭已经接受, 但威尔逊予以拒绝。在最后一刻, 为了给将让
南斯拉夫服下的阜姆这颗药丸裹上糖衣, 斯福尔扎在一封秘密
信件中向南斯拉夫许诺, 邻近阜姆的次级港口巴罗什港 (Port
Baros) 以及苏萨克 (Susak) 的全部是斯拉夫人的郊区将属于
贝尔格莱德当局。阜姆的新地位一旦被承认, 邓南遮就没有任
何理由留下来了。到 1920 年 12 月底, 意大利军队轰炸了该城,
强迫这位诗人兼独裁者最终离开那里, 不过在此之前他还痛斥
意大利民众未能推翻在罗马的焦利蒂政府。

斯福尔扎的外交, 尤其是《拉帕洛协定》, 并没有受到一
致的欢迎。右派对此高度批评, 尽管墨索里尼赞成与南斯拉夫
的这一解决方案——他后来"忘记"了这个举动。这个"自由
市"存活到 1923 年墨索里尼命令对其重新占领之时。斯福尔扎
还试图改善意大利在巴尔干半岛的形象。斯福尔扎从来不同情
匈牙利的修正主义, 但也很难说对在巴尔干出现一个斯拉夫人
主宰的联盟的可能性满怀热情, 不过他还是特意欢迎"小协约

国”的创立。当前皇帝卡尔一世在 1921 年 3 月抵达匈牙利，首
次试图重新获得匈牙利王位时，意大利人与法国人及英国人一
道采取了成功的外交行动来驱逐他。斯福尔扎还将注意力转向
安卡拉，在那里，为了换取在安纳托利亚的经济上的让步承诺，
他支持穆斯塔法·凯末尔针对希腊的主张。

　　焦利蒂在国内进行调和的尝试远不如斯福尔扎的外交那样
成功。这位总理认为，意大利生活中的所有不和谐的因素都可
以在一个开明的议会制政权下得到调和，自由主义者、法西斯
主义者、社会主义者能够在“一个自由政府的共同规则之下行
动，这样一个政府包容一切而且能挺过一切（困难）”，但这
些假定很快被证明是不够的。[2]甚至连焦利蒂成功地处理所谓的
占领工厂——在此过程中他拒绝对北方已经夺取了一些较大产
业控制权的工人进行干预——也未能带来所期待的政治红利。
占领活动的逐渐终止暴露了意大利社会主义者的无能，但他们
的这种脆弱的展现未能消除财产所有者的疑虑。各种真实的以
及虚幻的恐惧使温和派和保守派求助于法西斯主义者，以从
“民主的过度”以及“无产阶级的攻击”中解脱出来。焦利蒂
及其自由主义追随者震惊于群众性政党在选举中的吸引力，而
且无视右派的一个革命性政党的危险，他们认为可以利用墨索
里尼及法西斯主义者来恢复国家的秩序。焦利蒂已经决定在
1921 年的春天举行一场选举，由于对其在国内的支持并无确切
把握，他组建了一个既包括民族主义者又包括法西斯主义者的
全国性集团。这是一个致命的举动，焦利蒂实际上为墨索里尼
送上了政治名望这一礼物。他的举动受到了自由派和激进派的
欢迎，也受到了在罗马的外国外交官的欢迎，其中包括法国驻
罗马大使卡米耶·巴雷尔，他将墨索里尼视为对于左派胜利的

322

唯一替代手段，而且像许多意大利人一样认为，墨索里尼一旦达到其政治目的，将能够被吸纳进现有的政治结构。尽管采取了这些政治上的周旋手段，但焦利蒂未能获得多数席位，法西斯主义者在众议院中只赢得了 535 个议席中的 35 席。墨索里尼与反对派保持一致，当他罕见地来到议会时，他与极右派坐在一起。由于未能为其改革政策获得充分的支持，焦利蒂在 7 月辞职。

继任总理伊瓦诺埃·博诺米（Ivanoe Bonomi，1921 年 7 月—1922 年 2 月在任）是一个平淡无奇、犹豫不决的人，此前因为支持利比亚战争①而被驱逐出社会党，他依赖于一个由人民党和社会党人士组成的很不稳定的联盟。他试图在社会主义者与法西斯主义者之间保持中立的立场，他寻求调和两者间的矛盾。考虑到墨索里尼的机会主义以及省级法西斯主义团体的折中性质，这样一个结果看似是可能的。墨索里尼选择了名望，抛弃了他的制服而换上硬挺的蝴蝶结衣领和高筒靴，每天剃胡子，而且甚至净化其"过于污秽的言语"。但地方上的法西斯头目（ras）拒绝名望，而且反对将权力集中在墨索里尼的手中，这些人包括博洛尼亚的迪诺·格兰迪（Dino Grandi）、费拉拉的伊塔洛·巴尔博（Italo Balbo）、克雷莫纳的罗伯托·法里纳奇（Roberto Farinacci），他们的名字来自埃塞俄比亚的部落酋长，而其武装团伙通过索取保护费来支撑他们的活动。他们反对墨索里尼在 1921 年 8 月突然接受博诺米关于与社会主义者达成协定的主张，拒绝拥抱这些他们曾受雇谋杀的对象。当墨索里尼辞职时，地方头目们意

———————

① 即意土战争（1911 年 9 月—1912 年 10 月），意大利为夺取奥斯曼帝国的北非省份而发动的战争。

识到他们需要他，正如他需要他们一样。这名领导人与地方
头目随后达成的协定赋予了意大利法西斯主义一个一直持续
323 至其结束的特征。墨索里尼不是希特勒。尽管法西斯主义当
时是一种由不同集团组成的少数派运动，但博诺米容忍其不断
蔓延的影响力以及暴力的策略，他坚信一旦这场危机结束，这
些法西斯主义者能够被驯服。

1921 年的大选唤起了对于一种积极的外交政策的需要，墨
索里尼加入了民族主义的喧嚣。博诺米唯一的好斗举动是在的
黎波里塔尼亚（Tripolitania，指利比亚西北部地区），在那里，
意大利军队被用来恢复对当地民众的控制，这种控制在大战期
间由于阿拉伯人的起义而丧失。为了支撑并不稳定的博诺米联
盟，身为意大利贵族和职业外交家的外长彼得罗·保罗·托马
西（Pietro Paulo Thomasi，即托雷塔侯爵）寻求从土耳其人那
里获得商业上的让步，而且开启了与苏俄政府的对话，这一举
动因为其意识形态背景而受到社会主义者的欢迎，也受到米兰
的金融家与实业家以及南部的水果种植者的欢迎。而外交部的
外交官们倾向于将意大利的政策导向伦敦，因为他们希望获得
一份战争债务解决方案及贷款，这只有英国人和美国人能够提
供。在华盛顿海军会议（1921 年 11 月—1922 年 2 月）上，意
大利人向这两者讨好。在英国人的支持下，他们赢得了在主力战
舰数量上与法国平等的地位，从而让自己避免了一场他们肯定会
输掉的海军竞赛。海军方面的这场胜利助长了对于在地中海建立
意大利优势的希望。到 1922 年夏天，意大利的海军首领正在讨论
各种计划，防止英国干预他们在地中海的野心。作为在海军界
流行的主题，意大利的"地中海囚禁"（imprisonment in the
Mediterranean）成了墨索里尼最为持久的关切之一。博诺米在

华盛顿的目标更为集中地聚焦于赢得一个有利的战争债务解决方案，但从意大利在这次会议上的成功中收获财政好处的将是墨索里尼。

在华盛顿，在赔偿问题上，意大利人看准了英国人。出于对其所提议的世界经济会议的考虑，劳合·乔治开始向博诺米政府示好，而就在热那亚会议开始前，他的拉拢达到了顶峰。对于这次会议来说，会议地点本身完全不合适，但选中这一地点恰恰是出于加强博诺米虚弱的地位这一徒劳的希望。到会议开幕时，他的政府已经垮台，意大利在接近四周的时间里没有政治领导人。陷入僵局的众议院的议员们争吵着，零星的战斗遍及整个意大利北部，法西斯主义者的暴行即使未得到地方当局的纵容，至少也得到了容忍。由于意大利所有重要的自由派政治家予以拒绝，由焦利蒂的支持者——谨小慎微、经验欠缺的路易吉·法克塔（Luigi Facta）领导的另一个虚弱的临时联盟就位。这一届政府从 1922 年 2 月只持续至 10 月，而且总是面临来自右翼的压力，后者抱怨意大利在欧洲屈从于法国，在地中海屈从于英国。民族主义者和社会主义者要求修改和约。意大利人希望推迟热那亚会议，但开幕日期被选在受难周（Holy Week，复活节前的一周）开始之时，对于渴望与新教皇庇护十一世（Pius XI）建立更亲密关系的政府来说，这是一个尴尬的决定。

热那亚会议成了意大利自由主义政体在国际舞台上的绝唱。曾在华盛顿会议上成功地代表意大利的卡洛·尚泽成了法克塔的外长。他忠实地支持劳合·乔治的政策，当苏德在拉帕洛达成条约后，他为劳合·乔治的努力提供支持以避免会谈破裂，并且在土耳其问题上支持他，希望达成一份将让意大利在近东和非洲有所收获的英意协定。意大利与南斯拉夫的争端给这些进程蒙上了阴影。与斯福尔扎先前的承诺相反，意大利军队仍然驻扎在阜姆，而且占据着达尔马提亚的一些地方，而法克塔政府拒绝承认贝尔格莱德当局对巴罗什港的声索。面对着民族主义者的极大压力，尚泽寻求与南斯拉夫就修改《拉帕洛协定》开启对话，但劳合·乔治并无多少时间来讨论亚得里亚海的问题，而塞尔维亚领导人尼古拉·帕希奇在法国和捷克斯洛伐克的支持下，拒绝了意大利人的提议。尚泽还试图说服中东欧的继承国像波托罗萨会议（1921 年 10—11 月）提议的那样，降低它们的经济壁垒，但再度被拒绝。但意大利也获得了一些成功。意大利与波兰、罗马尼亚、芬兰和爱沙尼亚缔结了商业协定，尽管由于苏联坚持维护现状，与莫斯科当局谈判一个更为有利的协定的尝试失败。当尚泽在 7 月来到伦敦，期待为其忠诚获得回报时，劳合·乔治甚至没有在他背上安抚性地拍一下。尚泽的要求清单将会被墨索里尼继承下来：完全参与未来对丹吉尔的讨论，获得位于意属索马里兰边境上、肯尼亚境内的朱巴兰（Jubaland），在英国委任统治地伊拉克和巴勒斯坦得到经济上的让步，调整利比亚和埃及的边境，在阿比西尼亚和塞努西亚（Senussia，利比亚的一部分）的合作，以及支持保有佐泽卡尼索斯群岛。劳合·乔治拒绝讨论阜姆、奥地利、战争债务或者赔偿（应得）份额，尚泽十分沮丧地回到了罗马。并不让人吃惊的是，尚泽尽管曾忠实地在 1922 年的春夏支持劳合·乔治的反土耳其政策，但他拒绝在恰纳卡莱问题上支持他。

对于热那亚会议的失望使法克塔政府与众议院相处的困难情形更加复杂，法克塔在 7 月 19 日辞职，但他只是组成了第二届毫无希望地分裂的内阁，步履蹒跚地支撑到秋天。当墨索里尼以一场并不明智的总罢工为借口，派出其暴徒殴打社会主义者，夷平他们在安科纳、来航、热那亚和其他城市的建筑时，意大利政府袖手旁观。在经历一场三个小时的战斗之后，法西斯分子控制了米兰，米兰是"意大利社会主义的大脑中枢"，为社会主义者提供大部分资金。这是 10 月在其他大多数主要城市里接管由非法西斯分子组成的地方议会的一次彩排。当法西斯分子继续其恐吓、焚烧、殴打和谋杀活动的时候，墨索里尼将自己伪装成法律和秩序的捍卫者，着手与右派、中间派和左派的所有政党谈判，还与教会及共济会谈判。由于政府没有采取任何措施来制止街头打斗，中产阶级的很大一部分寄望于墨索里尼来拯救意大利免于毁灭，以及防止布尔什维克主义胜利。每一名自由派领导人，包括焦利蒂、萨兰德拉（Salandra）、奥兰多和法克塔，都试图争取法西斯分子参与他们未来的内阁。墨索里尼吹嘘说只有他和国王掌控着事态，这是有一定道理的。

325

II

1922 年 10 月 29 日清早，意大利国王维托里奥·埃马努埃莱（Vittorio Emanuele）邀请墨索里尼自行组阁。国王此前已向一份最后通牒做出让步，不过他的这一行为十分受欢迎，得到了他的高级军事及海军顾问的支持。身在罗马的军队原本可以打败法西斯分子的力量，但从未被要求采取行动。这位新总理在 10 月 30 日早上乘坐卧铺车到达罗马，受到了欢呼人群的迎接。他的追随者穿着形形色色的怪异制服，在接下来的两天里乘火车到达，被赞誉为解放者。议会人士争相讨好这位新总理。

只有社会主义者拒绝加入墨索里尼的内阁，但也没出现任何总罢工或者公开的反对示威。将军和海军将领欢迎这位领导人的到来，这是一名精心装扮的战争老兵，作为具有广泛的扩张主义野心的民族主义者而闻名。在为夺取意大利可能无法保卫的领土而采取行动方面，军方曾经走在最前列。他们很难猜测到他们很快将设法约束这位新主人进行此类缺乏考虑的冒险。"进军罗马"是由这名"大师"级神话制造者编造的众多神话中的第一个。

后人对墨索里尼是相对仁慈的。与希特勒相比，这位"领袖"作为一个不起眼的恶棍出现，这个横行霸道者兼独裁者通过装腔作势和宣传，"追求"和赢得了意大利民众，而如果他表现出更好的判断力，那他可能能够寿终正寝。墨索里尼的幸运之处还在于他的传记作者伦佐·德·费利切（Renzo De Felice），德·费利切的这部令人惊叹的多卷本传记以档案为基础，描绘了一个比如今大多数历史学家所认为的更为温柔和人道的墨索里尼。德·费利切强调墨索里尼在整个 1920 年代和1930 年代初的"超现实主义"，在描述墨索里尼的外交政策时，德·费利切强调墨索里尼的路线与其自由派前任路线的连续性。甚至在埃塞俄比亚之战——德·费利切认为"领袖"在此时放弃了其务实的"轻重排序"（peso determinante）政策——以后，德·费利切还坚称墨索里尼仍然寻求与英国达成和解，"在内心里并不会希望这场他越来越频繁地提到的'不可避免的战争'"[3]。德·费利切的七卷本著作的总体影响，不只在于十分正确地将墨索里尼及其帝国的抱负，与更为野蛮的独裁者希特勒及其受到种族主义驱使的欧洲霸图拉开距离，而且在于强调了"领袖"对于外交事务的那种本质上的投机主义态度。德·

费利切的越来越多的批评者令人信服地指出，他淡化了墨索里尼的"战争意愿"，而且模糊了他对于导致自身及其国家垮台的一系列事态所担负的罪责程度。一些历史学家已经质疑德·费利切对于"领袖"的外交及帝国政策所做的务实的、机会主义的、有条件的诠释，呼吁做出根本性的修正。

如同墨索里尼同时代的许多人一样，今天的人们也容易低估墨索里尼。他不是什么傻子，不是什么"狂欢节的恺撒"〔César de carnaval，这是法国外交官保罗－邦库尔（Paul-Boncour）对墨索里尼的描述〕，甚至也不是一个"拿破仑化身的拳击手"。他聪明且反应敏捷。尽管粗鲁而且有意地无礼，但他从小就被鼓励去阅读和接触各种政治观念。她的母亲是虔诚的天主教徒，是当地学校的教师。他的父亲是一个健壮、喜欢大量饮酒、打短工的铁匠，是意大利最早自称为社会主义者的人之一，活跃于当地的合作运动及社会主义运动。墨索里尼曾担任新闻记者和鼓动者，在此期间他博览群书，而对他影响最大的可能是马克思。后来成为独裁者时，他变得着迷于数据，向其教育部部长朱塞佩·博塔伊（Giuseppe Bottai）吹嘘说，"我是《数据年鉴》（*Annual of Statistics*）独一无二的读者"，他从人口统计表中发现了出生率、衰微和实力之间联系的证据，这种联系成了他的思想中的一个内在部分。[4]墨索里尼具有号召力和魅力，而且据一些人说拥有具有讽刺意味的幽默感，这种幽默能够被用来达到令人震惊的效果。经过一段时间以后，他逐渐散发出一种权威感，这种权威的强化无疑是因为他坐在"似乎是世界上最大的办公室里，在办公室的远端是一张同样巨大的桌子。我看上去像是在糖浆中行走，而大理石地板也十分光滑。我相信我要么永远无法到达房子的另一头，要么应当

327

以坐姿滑行至那里"⁵。①

墨索里尼的多面个性当中具有一个更为不祥的方面。从很小的时候起，他就展现出野蛮和残忍，这后来成了他对待他的众多情妇、政治对手及其血腥的殖民战争牺牲品时的典型特征。在青年时代和年轻的时候，他喜欢打斗。他曾经是一个"声名狼藉的决斗者"，满足于"想起其学校的同学仍然带着他曾经制造的伤疤"⁶。他喜欢身体动作，沉迷于一轮轮的锻炼，偶尔会邀请外国新闻记者看他击剑、打网球或者骑马（这是他特别自豪的一项最新的技艺），以便让他们对他的精力留下深刻的印象。他喜欢危险的运动、跑车、飞机，他还自驾飞机。这种对于动作及暴力的喜悦是真实的，但也是其精心培育的男子汉形象的一个必不可少的部分。对于注定将被用来实现墨索里尼的新罗马帝国梦想、被重塑的意大利男人来说，活力、体魄和勇气即将成为他们梦寐以求的特征。这位领导人相信他的追随者必须坚强起来，肥胖、悠闲、演唱歌剧的意大利人形象将被凶猛、寻求采取行动、适于战争的男人形象取代。意大利必须让人害怕，然后才能得到别人的尊重。在墨索里尼看来，"只有鲜血才能使历史的车轮转动"⁷他相信"血浴"（bath of blood）的治疗价值，而且像 1914 年以前那一代人（已经喝下了社会达尔文主义之水）当中的许多人一样，将战争视为人类和国家的一种崇高的经历。在墨索里尼公开宣称意大利的命运只能通过战争实现之前很久，他就在颂扬军国主义的优点，颂扬武力在统一国家及执行其事务方面的作用。

无可否认的是，很难界定一个"真正的"墨索里尼。作为

---

① 出自英国的德国及外交史历史学者约翰·韦勒－本内特（John Wheeler-Bennett）的描述。

"剧院经理"和宣传家,他创造了自己的各种角色,并且以合适的装束来扮演更多的公开角色。1920 年代,他身着平民服饰,偏爱翼领和高筒靴,而在 1930 年代则喜好种类繁多的军事制服。他最喜爱的公开姿势就是挺胸而立,硕大的头颅甩向后面,后来则作为一位严峻、怒目而视、头戴钢盔的军事领导人出现。他在私下里和公开场合的角色、情绪和观点是根据听众来变化的。在从露台——用他自己的话来说是"舞台"——向人群发表长篇大论时,墨索里尼最为神气活现。如同十分崇拜墨索里尼吸引群众支持能力的希特勒一样,他似乎是从聚集在他下方人群中汲取为生命所需的血液。在很小的时候,他因为孤独自处和不愿与人交往而出名。在上台后,他逐渐与人隔绝,不允许自己有任何密友,采取了一种有节制的生活方式,但在女人方面除外。他想出名的愿望总是很强烈的。他的情妇兼早期的官方传记作家玛格丽塔·萨尔法蒂(Margherita Sarfartti)在墨索里尼就任之后不久这样描述说,通过运用一些合适的手势,"我被一种狂乱的抱负迷住,它如同一种身体上的疾病,从里面折磨着我,吞噬着我。那就是通过我自己的意志力,在时代上刻上一道印记——如同一头狮子用他的爪子,如同这样"[8]。对于墨索里尼自身及其国家来说,不幸之处在于他的这些野心实现了。

　　很难说墨索里尼是一个成体系的思想家。他没有写下相当于希特勒的《我的奋斗》那样的著作。他从来没有形成那种奇特的、无所不包的意识形态,正是这样一种意识形态使希特勒将他自己可怕的种族扩张主义变成了政治现实;他的"国内重生和激进修正主义"计划也并未像希特勒的信条对于德国民众一样,对意大利人产生同样的冲击。在意大利总是存在着相互

328

竞争的主张和忠诚感，墨索里尼无法忽视、废除或者完全摧毁它们。很可能直到 1925 年他完全控制政府之后，他的那些主张——创造一个通过征服和扩张，能够像古罗马一样激发其他国家重生的新的意大利——才开始结合成一种行动计划，它将确立其独裁统治和新的法西斯政体。作为对墨索里尼政策进行意识形态解读的主要倡导者，麦格雷戈·诺克斯（MacGregor Knox）教授将这些政策的根源，追溯至后统一运动（post-Risorgimento）时代诸如阿尔弗雷多·奥里亚尼（Alfredo Oriani）之类具有影响力的作家，奥里亚尼相信战争和流血对于意大利的统一来说是必要的；此外还可以追溯至马克思主义的革命学说，墨索里尼在作为学生、记者和宣传家时信奉这些原则。在将墨索里尼的革命焦点从阶级转向国家方面，1914—1918 年的大战起到了催化剂的作用。对于将该国从以前的昏睡状态中摇醒来说，意大利的参战是一个大好时机。而其参战的决定确认了意大利实现其"更高命运"的权利。外国人再也不会将意大利视为一片"行走的说书人、兜售小雕像的小贩、卡拉布里亚土匪"[9]的土地。由于支持意大利参战，墨索里尼被驱逐出社会党，他接受了民族主义的事业，将与革命和民族有关的种种神话融合在一起。

在后来的年月里，墨索里尼将申明作为意大利"革命精英"的法西斯党是从战争和胜利中建立起来的，尽管他承认"进军罗马"是"一次革命行动和胜利的起义，（但）不是一次革命。革命是后来才到来的"[10]。墨索里尼挪用了整套的自由主义者及民族主义者的领土恢复主义和扩张主义目标，但对于其愿景中作为"罗马（帝国）值得尊敬的继承者"的意大利来说，主宰地中海处于核心地位。意大利被禁锢在地中海之内，法国以及控制着直布罗陀海峡和苏伊士运河的英国是"监狱看守",它们能够切断意大利进入海洋的通道,而意大利的进口食品及必需的原材料通过海洋运输。在成为总理四周前,墨索里尼坚称意大利人必须全神贯注于"将地中海变成我们的湖……驱逐地中海里的那些寄生虫"[11]。英国是首要的"寄生虫"。在科孚岛(希腊西北部一海岛)的冒险是墨索里尼的第一个外交举动,尽管它被描述为法西斯分子的一次成功,但实际上暴露了意大利在面对英国攻击时极度脆弱。海军曾经一次次地告诫说意大利的沿海城市和航线并无防御能力,这些警告十分不受欢迎,这可以解释墨索里尼为何对其如此痴迷。1925年 3 月 6 日,带着一种像"狂热者"那样"定定的凝视",墨索里尼告诉震惊不已的外交部秘书长萨尔瓦托雷·孔塔里尼(Salvatore Contarini):"直布罗陀、马耳他、苏伊士和塞浦路斯代表一根锁链,它使英国能够将意大利包围和禁锢在地中海。如果这根锁链再加上阿尔巴尼亚这一节,我们将不得不通过一场战争来打破它。(这是)一场将只持续几个星期的短暂的战争,因为意大利再也不是焦利蒂或者甚至更为糟糕的斯福尔扎伯爵时期的意大利。"[12]"领袖"在 1926 年秋天又回到了这一主题上,他当时对他的高级军官们说:"一个无权自由进入海洋的国家无法被认为是一个大国。意大利必须成为一个大国。"[13]这一老调后来还在 1929 年、1935 年和 1940 年一再弹起。

1924 年 12 月,德国驻意大利大使(1921—1930 年在任)、希特勒未来的外长康斯坦丁·冯·诺伊拉特(Constantin von Neurath)向柏林发出一道电报,警告说墨索里尼正试图将地中海变成"意大利之海"(mare italiano),而且已经开始准备向其主要对手法国开战。诺伊拉特报告说,在法国和德国未来的那

330

场不可避免的战争中，"由墨索里尼领导的意大利将让自己站在德国那一边，以便联合粉碎法国。如果这一尝试成功，墨索里尼将会要求把整个法属北非海岸作为其战利品，并且在地中海建立一个大的'拉丁帝国'。到那时，他可能还会认为，让自己称皇而将不好战的国王推开的时刻到来了"[14]。墨索里尼当时正在向施特雷泽曼示好，而且可能一直在说那些他认为德国人将喜欢听的话，但事实证明诺伊拉特的描述太具有先见之明。在 1925 年以后，墨索里尼的目标得到了更为清晰的界定，他将通常的人口观点倒转过来，声称如果意大利不想走上法国和英国因为出生率下降而衰落的老路，其人口必须在 20 世纪中期之前从 4000 万增长至 6000 万。这是意大利实现其帝国命运的唯一道路。让意大利"乡村化"和"为粮食而战"的运动并不只是国内鼓舞士气的口号，它们是墨索里尼为实现意大利未来的帝国角色而在人口上和经济上让该国做好准备的努力的一部分。这位意大利领导人指出："在一个完全开垦、耕种、灌溉和有纪律的意大利，换言之在一个法西斯主义的意大利，将拥有另外 1000 万人的空间和面包。6000 万意大利人将使世界历史感觉到其数量与实力。"[15]

作为"领袖"，他给一系列外国来访者、政治家、外交官和新闻记者留下了深刻的印象，这些人不论在对待意大利人的态度方面如何居高临下，却很钦佩这位新领导人的活力。一股无意识的沾沾自喜和轻视导致许多英国政治家和外交官容忍意大利的法西斯主义，并且谅解墨索里尼对于他自身以及意大利在国际秩序中的地位的敏感性。奥斯汀·张伯伦曾愤怒地反驳人们提出的法西斯主义及苏维埃政权的相似之处，他写道：

表 15 意大利的移民(1920—1940 年)

单位:人

年份	移居国外	移居国内	向美国移民
1920 年	614000		95145
1921 年	201300	124000	222260
1922 年	281300	110800	40319
1923 年	390000	119700	46674
1924 年	364600	172800	56246
1925 年	280100	189100	6203
1926 年	262400	177600	8253
1927 年	218900	140400	17297
1928 年	150000	98900	17728
1929 年	149800	115900	18008
1930 年	280100	129000	22327
1931 年	165900	107700	13399
1932 年	83300	73200	6662
1933 年	83100	65800	3477
1934 年	68500	49800	4374
1935 年	57400	39500	6566
1936 年	41700	32800	6774
1937 年	59900	35700	7192
1938 年	61500	36900	7712
1939 年	29500	87300	6570
1940 年	51800	61100	5302

资料来源:B. R. Mitchell, *International Historical Statistics*, *Europe 1750 - 1993*, 4th edn. (Basingstoke, 1998), Sec. A9;向美国移民:*US Historical Statistics*, *Colonial Times to 1970* (Washington, DC, 1989)。《美国移民法案》(1921 年 5 月 19 日、1924 年 5 月 26 日)。

"……这些概括有用吗?意大利人的生活在'进军罗马'之前更安全吗?法律曾得到更好地遵守吗?普通的意大利人甚至像

今天这样自由吗？没有比将英国的标准运用于非英国情况更大的错误了。如果墨索里尼是在英国的英国人，他将不会成为一名法西斯主义者。"[16]张伯伦赞赏墨索里尼，寻求与他的友谊，通过将他比作俾斯麦来解释其"伟大"与"孩子气的敏感"之间的反差。张伯伦的妻子艾薇（Ivy）对这位意大利领导人很感兴趣，说服他于 1930 年在英国皇家艺术学院举行了一次大规模的艺术展，在伦敦为其带来了重大的宣传战胜利之一。来自意大利博物馆和收藏家的反对被忽视，这次展览包含了诸如波提切利的《维纳斯的诞生》和多纳泰罗的《大卫》之类的杰作，在特定的圈子里增强了墨索里尼及其法西斯政府的名声。温斯顿·丘吉尔曾称赞法西斯分子针对"列宁主义的残忍欲望和激情"的斗争，他迅速地认识到"领袖"之成就的重要性。就在意大利攻击阿比西尼亚数周之前，他仍然在称赞墨索里尼，"如此伟大的一个人，如此英明的一位统治者"，称赞他正在掌管着一个"复兴的意大利民族"[17]。

III

墨索里尼没有把他的权力攀升归功于一场"革命"，而是国王、武装部队首领以及既有政治集团大多数人的支持。他当时甚至没有完全掌握许多半独立的地方法西斯组织，随着对其效劳的需要降低，它们的受欢迎度在丧失。陆军和海军服从并首先效忠于国王，他们期待因为在"进军罗马"期间袖手旁观而得到奖赏。陆军的拨款曾被法克塔政府削减，陆军领导人期待的并不只是恢复原状；海军为建设一支能够挑战法军的地中海舰队寻求资金。独立的空军是在 1923 年设立的，是一种"法西斯分子的创造"，也要求获得大量资金。墨索里尼尽可能地

保持慷慨（早在 1922—1923 年，军费已占政府开支的
22.4%），但只是到了 1926 年意大利与英国的战债协议扩大了
该国对于外国资本市场的进入权时，才开始发放重整军备所需
的资金。陆军的注意力仍然聚焦于南斯拉夫以及保卫意大利在
阿尔卑斯山的边界。由于清楚地意识到其虚弱，这些关切凌驾
于海军以及墨索里尼的地中海梦想之上。

333

表 16　意大利的军队规模与军费开支（1922—1930 年）

年份	军队规模（人）	军费开支（十亿里拉）	政府预算（十亿里拉）
1922/1923 财年	175000		
1923/1924 财年	250000		
1924/1925 财年	250000		
1925/1926 财年	250000	2.795	23000
1926/1927 财年	251155	3.112	24600
1927/1928 财年	251300	2.705	29650
1928/1929 财年	257962	2.856	20840
1929/1930 财年	253150	2.943	20860

资料来源：Lucio Ceva, *Le forze armate* (Turin, 1981), 223; id., *L'Esercito Italiano, tra la 1 e la 2 Guerra Mondial* (Rome, 1954), 209。

墨索里尼将外交部纳入其本已很长的公职名单之列，将该
部从会议宫（Palazzo della Consulta）搬迁至基吉宫（Palazzo
Chigi），在那里他可以更容易地面对下面集合的人群演讲。许
多职业外交官欢迎纪律和秩序的回归。没有几个人辞职——驻
法大使斯福尔扎是例外之一。经验十分丰富的秘书长萨尔瓦托
雷·孔塔里尼是一个保守的民族主义者，他希望强大政府的恢
复将结束外交无力的时期，使意大利人能够赢得迄今为止让他

们无法得到的让步。这些职业人士更为担心墨索里尼的大话和轻率而不是其野心，期待运用他们的能力来控制这个夸夸其谈、举止粗鲁的主人。孔塔里尼似乎对外交部与其最高首领未来的关系具有信心。这位秘书长建议说："我们必须像（对待）圣雅纳略（San Gennaro）① 的血一样利用墨索里尼，每年将他展示一次，然后让他只能远远观望。"[18]和他的许多下属一样，孔塔里尼是谨慎的修正主义者，希望在巴尔干半岛和多瑙河流域建立势力范围，推动一种小心翼翼的帝国扩张政策。如果墨索里尼被保持在官方的控制之下，在重拾意大利的声望方面就能收获颇丰。墨索里尼也许已经将其黑衬衫换成了晨礼服，但他并不受到他的官员们的约束。在 1922 年 11 月 16 日对议会发表的首次演讲中，他谴责了意大利在过去被"低人一等地对待的方式"，警告说巴黎和约既不是永恒的也不是不可改变的。意大利将不会"白费力气而一无所得"。在这次演讲中，他还表明其对于与莫斯科开启关系的兴趣，这一举动并不为意大利外交官所赞成。不过墨索里尼承认他是国际事务方面的新手，而且在外交礼仪方面将接受他们的建议和指导，他们欢迎这些迹象。

墨索里尼起初对贝尔格莱德采取调和的政策，对"小协约国"采取积极的态度。这并不妨碍其个人与保加利亚人的接近。依赖于压迫性措施来维护权力的保加利亚有一个相对稳定的政府，该国有一些在意识形态上亲近意大利法西斯分子的支持者。意大利垂涎阿尔巴尼亚，该国很快再度受到两大主要派

---

① 4 世纪的天主教殉道者，据称死于 305 年结束的戴克里先迫害中。他的血液至今存放在那不勒斯主教座堂的一个玻璃瓶中，信众们每年三次在教堂中见证圣雅纳略的圣血奇迹。

别之间内战的强烈震荡，其中一派由 1922 年 12 月至 1924 年 2
月担任总理的艾哈迈德·索古（Ahmed Zogu）领导，另一派由
得到意大利保护的东正教神父法恩·诺利（Fan Noli）领导，
诺利夺取了权力，并且迫使索古流亡南斯拉夫。意大利对阿尔
巴尼亚的兴趣并不限于原材料，尽管该国的石油储存具有一定
的重要性。意大利对这个小国的保护将会对南斯拉夫造成打击，
并且能够提供对亚得里亚海的进入权，以及在下巴尔干半岛获
得一个立足点。面对凯末尔的成功——这有效地将意大利排除
在安纳托利亚之外——墨索里尼寄望于在中东的替代性收获，
并且继续寻求非洲殖民地（在其自由派前任时期已经开始）。
在墨索里尼的坚持下，寇松和普恩加莱在 1922 年 11 月前往瑞
士的泰里特（Territet），第一次体验法西斯主义外交。墨索里尼
声称他赢得了一份协议，协议承认意大利对于在民族上属于希
腊但由意大利占领的佐泽卡尼索斯群岛的主权，以及在伊拉克
获得一块委任统治地。但在洛桑，寇松傲慢地驳回了他的主张，
警告说如果意大利人退会，讨论将在没有他们的情况下继续进
行。意大利人还发现，在朱巴兰问题上难以对付英国外交大臣，
他希望将其作为"胡萝卜"（好处）来说服意大利人把佐泽卡
尼索斯群岛让给希腊。尽管亲意大利的法国驻罗马大使做出了
各种努力，但法国人在满足意大利人的要求方面同样不肯合作
（这些要求包括分享英法在中东的经济特权），而且在非洲的殖
民地问题上也不乐意帮忙。1924 年，墨索里尼考虑针对土耳其
采取行动，希望利用土耳其与英国围绕摩苏尔展开的争吵，来
对安卡拉当局提出他自己的要求。

　　与自由派政权的政策还有其他的连续性。殖民办公室
（Colonial Office）倾向于将平定利比亚和索马里兰作为征服埃塞

俄比亚（阿比西尼亚）的序曲。利比亚位于法占突尼斯（那里
的意大利裔人口为法国裔的两倍）和埃及（从 1923 年以来已
经在名义上独立，但仍然为英国人所控制）之间，为重新征服
利比亚而进行的战争在利比亚总督朱塞佩·沃尔皮（Giuseppe
Volpi）的领导下继续进行着，到 1925 年，沃尔皮已经将的黎
波里塔尼亚的大多数部族重新置于意大利的控制之下。针对昔
兰尼加（Cyrenaica，利比亚东部地区）塞努西教团的斗争更为
艰难，针对反叛者的激烈战争一直持续至 1932 年，在这一年，
北非的黎波里和昔兰尼加这两个省的总督彼得罗·巴多利奥
（Pietro Badoglio）将军和鲁道夫·格纳齐亚尼（Rodolfo
Graziani）将军，把昔兰尼加当地的所有人口连同他们所有的货
物迁进集中营，将反叛者与其补给来源隔离开来。1925 年，一
系列战役从索马里南部发起，其目的是摧毁该国北部的各个独
立的苏丹国。时任索马里总督切萨雷·德维基（Cesare De
Vecchi）是前黑衫军（squadristi）成员，墨索里尼不希望他待
在罗马，德维基发动了一场可怕的战争，利用从厄立特里亚和
埃塞俄比亚招募的阿斯卡里（Askari）[①] 部队从事战斗。尽管当
招募仍在继续时，埃塞俄比亚人必须得到安抚，但在 1925 年，
墨索里尼开始考虑全面入侵该国。为征服埃塞俄比亚而进行的
长远规划在 1926 年 3 月开始了。在北非进行的这些战役出人意
料地漫长、血腥而昂贵。这些殖民地并不适合意大利人定居，
而且维护的成本远远高于红利，但墨索里尼拥有一个从地中海
向西南延伸至大西洋的意大利帝国的梦想，他决心扩大其在非
洲之角的领地。

335

---

① 在欧洲的非洲殖民地军队中服役的非洲当地人。

墨索里尼自身对国际水域的最初涉足包括洛桑会议前与普恩加莱及劳合·乔治在泰里特的会晤,及其在洛桑会议上为期一天的亮相,但都谈不上成功。这位新领导人充其量只是展示出其独立性,以及也许缓和了其在意大利议会发表的好斗性演讲所引起的怀疑,不过他并未获得任何具体的成果。无论是在洛桑还是在 1922 年 12 月为讨论赔偿问题而前往伦敦,他都局促不安,而伦敦之行更是让他相信最好还是待在家里。数个月之后,由于焦躁不安和对老式外交的约束感到不耐烦,墨索里尼准备摆脱外交部的束缚。他准备夺取科西嘉岛并吞并科孚岛,哪怕这意味着一场地中海战争。他决定夺取阜姆,加大对南斯拉夫的压力,通过孤立捷克斯洛伐克而削弱"小协约国",这种政策遭到孔塔里尼的强烈反对。在科孚事件前不久,在贝尔格莱德当局拒绝允许意大利人占领阜姆以换取由南斯拉夫控制巴罗什港及其三角洲之后,墨索里尼任命一名意大利将军为这座被争夺城市的军事总督。与科孚危机相重叠,墨索里尼似乎正准备在北亚得里亚海进行另一次突然的出击。

1923 年 9 月的科孚危机源于意大利和希腊围绕阿尔巴尼亚的争执。当负责确定阿尔巴尼亚边境的英法意委员会的意大利籍主席恩里科·泰利尼(Enrico Tellini)将军在离希腊贾里尼纳镇大约 15 英里处被杀时,罗马和雅典当局之间的关系本已紧张。墨索里尼迅速做出反应,在第二天命令占领希腊的科孚岛,并且向雅典发出一份旨在被拒绝的最后通牒。希腊接受了意大利人的所有条件,只有两个条款除外——要求 5000 万里拉的赔偿,以及意大利军事随员参与在谋杀现场的调查。作为回应,意大利人在 8 月 31 日占领了科孚岛,而此时德国在鲁尔问题上正渐渐地走向屈服。希腊人向国联上诉;墨索里尼坚决要求此事在大使会议上得到解决，他正确地相信普恩加莱将会支持他的事业。如法国所希望的，以及在英国的勉强同意下，国联被绕开了。大使会议决定意大利人应当撤出该岛，但应当获得赔偿。希腊人怒不可遏，而其在国联大会的支持者也愤怒不已。英国的坚持与海军威胁，以及在夺取阜姆之前平息列强的需要，导致墨索里尼撤出该岛。这个原来看上去像是要主宰亚得里亚海（科孚岛扼守着亚得里亚海的南入口）和孤立南斯拉夫的锦囊妙计，变成了一场让外交官及海军首脑感到恐惧的对抗。墨索里尼后来将占领科孚岛视为法西斯外交早期历史上"最好的一页"。他毕竟在心理上赢得了对雅典当局的重要胜利，而且在国联这个他并不怎么尊重的机构面前占了上风。普恩加莱对墨索里尼在科西嘉举行一场分离主义反叛的计划一无所知，他原本可能为换取在鲁尔的支持而付出这一代价，不过英国人并不会允许意大利人待在科孚岛。

意大利外交部强烈的不祥预感几乎很快被墨索里尼在亚得里亚海的第二次突然出击证实。9 月 16 日，意大利的军事总督被派往阜姆。在数小时之内，在没有任何流血的情况下，意大利接管了这座仍然处于争议中的城市的管理工作。南斯拉夫不得不接受这个既成事实，因为法国敦促贝尔格莱德当局克制和妥协。放弃阜姆的决定已经做出，但塞尔维亚外长帕希奇认为，如果这一解决方案将促成与罗马当局达成更为普遍的和解，他希望获得一个价码，以使意大利的占领能够被反意大利的克罗地亚人接受，同时减少布拉格当局的愤怒。1924 年 1 月缔结的意大利和南斯拉夫的协议被视为墨索里尼的一次外交胜利。南斯拉夫接受意大利兼并阜姆，以换取在该城市的商业特权、获得巴罗什港，以及进一步削减意大利在亚得里亚海岸上连接阜姆与意大利伊斯特拉半岛的狭长土地。在该协议之后又签订了一份意大利和南斯拉夫的"友好协定",规定在受到第三方攻击时保持善意中立,以及含糊地规定在任意一国遭到外来袭扰(指的是威胁南斯拉夫南部边境的马其顿团伙)时提供帮助。尽管受到意大利外交官的欢迎,但墨索里尼从来不接受他们的观点——他们认为该协定应当标志着意大利与南斯拉夫关系的新篇章,并为与捷克斯洛伐克和罗马尼亚的良好关系开辟道路。墨索里尼已经将其目光投向遏制法国在巴尔干半岛霸权的计划。这份《罗马协定》并未触及阿尔巴尼亚问题,无论墨索里尼对这个动荡不安的地区未来的计划是什么,这一问题暂时被搁置。

在科孚和阜姆之后,墨索里尼回归到外交部偏爱的更为常规的道路。尽管墨索里尼寻求一条通过弱化"小协约国"之间的联系来削弱法国影响力的路径,但并未做出任何尝试来鼓励匈牙利或者保加利亚的修正主义。从意大利的角度来看,与罗马尼亚人的安排似乎是最有希望的解决办法。布加勒斯特当局因为需要国际上承认其获得比萨拉比亚而想要得到意大利的支持;墨索里尼典型地(习惯性地)要求获得石油方面的特许权以及商业上的好处,以换取在莫斯科做出干预。这些对话并未成功,而且随着墨索里尼开始力图争取与苏联达成协议而陷入停滞。与孔塔里尼不同,墨索里尼对贝奈斯没有任何信心,认为捷克斯洛伐克已经处于法国的影响力之下。意大利人似乎安抚性地与南斯拉夫接洽,导致贝奈斯走向罗马,不过他仍然对法西斯治下的意大利抱有最深的怀疑,而且期待墨索里尼垮台。这位捷克斯洛伐克外长在1923年首度访问罗马,但未能说服他的这位多疑的东道主相信捷克斯洛伐克与法国的关系仍然悬而

337

未决。到第二次访问时，他已经与法国缔结了协定（1924 年 1 月），但仍然希望通过将意大利用来抗衡法国，在巴尔干半岛发挥自己的作用。由于深信法国和捷克斯洛伐克一心想要阻止意大利在多瑙河流域的扩张，墨索里尼认为与布拉格当局达成协议没有任何好处。尽管孔塔里尼希望利用法国在占领鲁尔之后的孤立地位，以及与"小协约国"合作来削减法国在东南欧的影响力，但墨索里尼具有更为野心勃勃的主张。他和贝奈斯草签了一份《真诚协作协定》，起初使用的"友好"一词从中消失了。法国人对意大利与南斯拉夫 1924 年的协议抱有一些怀疑，他们担心这将鼓励意大利和南斯拉夫的扩张主义，前者是在阿尔巴尼亚，而后者是在希腊的萨洛尼卡（Salonika）。他们有理由将这一新的安排视为南斯拉夫朝着远离"小协约国"的方向迈出了一步，认为这是南斯拉夫试图减少对法国的依赖。但是他们欢迎一份可能缓和他们与罗马当局的关系，而又不疏远东欧小国的协议。尽管这份协议正在谈判之中，法国外交部却接受了孔塔里尼关于可能与法国及捷克斯洛伐克签订一份三方甚至四方协定的暗示。但在意大利与南斯拉夫的双边协议达成之后，墨索里尼就得以绕过巴黎当局，坚持以突尼斯问题的解决作为与法国达成双边协定的价码。由于在讨好罗马当局方面遭遇挫折，法国人以转向贝尔格莱德当局作为回应。但旨在将南斯拉夫劝诱回法国阵营而向其提出的结盟建议被推迟，因为为了达成一份西方安全协定而进行的最终在洛迦诺会议上结束的谈判，使法国人明智地去与意大利人保持友好关系。

338　　　与他的一些自由派前任一样，而且起初与他的官员们的意愿相反的是，墨索里尼赞成与苏联达成一份协议。他的反布尔什维克姿态是反共产主义、反社会主义和发自内心的反斯拉夫主义的结合，首要地是出于国内的目的，而并没有让其无视与莫斯科达成一份协定在政治上和经济上的作用，它将吸引左翼工人以及工商业中产阶级的一部分。工业巨头菲亚特（Fiat）、倍耐力（Pirelli）和罗西（Rossi）以及酒类出口商参加了 1923 年 8 月的苏联贸易展，意大利的展区在所有外国展厅中是最大最有雄心的。意大利的报纸对法西斯主义和布尔什维克主义的相似之处与不同点，以及它们对自由民主制度的共同反对，进行了大量的评论。科孚危机的创伤使墨索里尼意识到将"苏联牌"带入欧洲"游戏"中的好处。它将强化意大利在面对西方列强时的谈判地位，而且可能有助于在巴尔干半岛创立一个反法集团，有助于以牺牲土耳其为代价实现意大利的野心。让墨索里尼很恼火的是，由于还牵涉威望的问题，协约国国家中第一个承认苏联的是英国而不是意大利。英国人的协定还使苏联能够以有利于他们自己的方式，修改苏联与意大利的一份贸易协定的条款。苏联的大市场从未成为现实。1925—1926 年，意大利对苏联的出口出现过尽管可能让人印象深刻但很短暂的增长，不过此后即急剧下降，直到 1928—1929 年。苏联人从德国、英国和美国购买他们的机器和工业产品，他们可以从这些国家获得可观的长期信贷。相比之下，苏联对意大利的出口增长显著，而且保持在一个高水平上，石油构成了主要的贸易项目之一。1925—1927 年，苏联为扩张中的意大利海军提供了其出海所需的大部分燃油。由于意大利人长期匮乏燃料（因此德国向意大利的煤炭赔偿具有重要性），这一有用的来源减轻了其对国际石油托拉斯高价石油的依赖。

墨索里尼早期的外交有很大一部分是背着他的职业顾问进行的。由于从未对基吉宫（意大利外交部所在地）感到满意，而且对欧洲外交惯例十分怀疑，他培育了由受自己信赖的代理人、政治斡旋者、实业家、商人组成的网络，他们在墨索里尼与其希望结交的外国人之间充当中间人。与马其顿的恐怖组织和克罗地亚异议人士（尽管意大利声索克罗地亚人居住的马其顿）、包括民族社会主义党在内的德国右翼组织以及奥地利保安团（Heimwehr）成员的联系得以建立。资金被输送给埃及的反英组织和叙利亚及黎巴嫩的反法组织。军火被送往也门，而且共产主义者被鼓励进入阿拉伯半岛。墨索里尼甚至有把阿富汗用作意大利的中亚进入点的想法。他的这些掺和只能算作一种兴风作浪的愿望。意大利外交部常常被他绕过，在国外的官方代理人也是如此。比如说，意大利在莫斯科的贸易使团对墨索里尼与苏联领导层的联系一无所知。在这种秘密外交中，有很大一部分与意大利官方委任代表的政策相悖。在奥地利和德国，墨索里尼资助一些彼此敌对而且反对政府的组织。他想坚决地在上阿迪杰（Alto Adige，南蒂罗尔）和朱利安阿尔卑斯山（Julian Alps，也译为"尤利安山"）以斯拉夫人及克罗地亚人为主的省份推行意大利化政策。但他从未考虑的是，对于像南斯拉夫之类邻国的民族主义骚乱的资助，会对这种政策产生不利影响。利用私人渠道、秘密输送资金和军火、招募海外意大利人从事法西斯事业，以及广泛运用各种形式的宣传，成了新的法西斯外交的特征。

墨索里尼早期的外交冒险在意大利受到了很大的称赞，他的名字和照片频频出现在世界各大报章上。他为其麻烦制造者的名声而自豪，不被外国批评者所吓倒，这些批评人士主要是法国和英国的左翼人士，他们认为他是一个危险的自大狂，如果被逼急了的话，他会做出一些"疯狗式的行动"，摧毁脆弱的和平。实际上，墨索里尼当时所处的地位使其只能搅搅浑水。无论对手怎么弱小，他都无法对抗任何一个能够召集大国保护的国家。而面对大国，他寻求通过为意大利的支持设置价码，利用各种机会来加强意大利的影响力。由于法国人需要得到支持来对付德国，而且英法在赔偿及制裁问题上存在矛盾，意大利人从中受益。但墨索里尼扮演"世界仲裁者"（arbitor mundi）的尝试往往让英国人恼火，而又未能从法国那里得到回报。只是在经历相当之多的摇摆以及测试一些更具吸引力的方案之后，意大利才做出决定，派遣一些工程师与法国人及比利时人在1923 年 1 月进入鲁尔。通过参与占领，墨索里尼希望至少防止法国人迫使德国人签订一份新的赔偿协议，这份协议可能会将意大利排除在外或者威胁到德国对意大利的煤炭交付。在占领前夜，他甚至提议组成一个大陆集团来对付英国，但当关于他的这些提议的报道出现在意大利报纸上时，他随后又说这一主张是"荒唐的"而予以打消。由于害怕演变成一场进入鲁尔的广泛的军事行动以及英法之间的冲突，墨索里尼寻求美国人的干预，而且回归至外交官的更为传统的亲英政策。到最后，意大利为期两年的积极外交带来了德国煤炭交付量的增加，但并未使赔偿份额扩大或者得到其他财政上的好处，比如由英国人提供的慷慨的债务解决方案，这是墨索里尼所期待的。脚踏两只船只带来了极少的回报，而在 1924 年春夏向所有相关政府的示好只是加剧了它们的怀疑，并且让意大利人进一步被边缘化。

340

　　在鲁尔危机的余波里，意大利与法国的关系再度恶化，左翼联盟在 1924 年 5 月的胜利为当时普遍的紧张情形增加了意识形态的维度。对于巴黎的一场反意大利的媒体战，以及法国保护逃跑到那里的反法西斯主义流亡者，意大利人尤其感到不快。

菲利普·贝特洛曾在普恩加莱时期遭放逐，但他此时重新担任了法国外交部秘书长一职，从而增强了那里的反意大利潮流。对于墨索里尼因为其支持对付德国而向法国提出的仍未实现的要求清单，法国官员进行了冷静的评价。围绕意大利人占人口多数、法国控制的突尼斯而产生的由来已久的冲突，利比亚与突尼斯及阿尔及利亚的边界，以及丹吉尔（墨索里尼极其憎恨意大利被排除在关于该城地位的国际解决方案之外），这些事情仍然处于议程上。法国人处理事务时僵硬，在态度上居高临下，而且通常并不愿意通过对墨索里尼的自命不凡做出让步来为友谊开辟道路。

在并不认为有任何理由满足意大利胃口的寇松离开英国外交部之后，墨索里尼在伦敦获得了更多的成功。就在伦敦政府更迭之前，寇松再度坚称，意大利人对于一个扩大的朱巴兰的要求应当与和希腊人切分佐泽卡尼索斯群岛联系起来。尽管工党反对法西斯主义，但工党新首相兼外交大臣拉姆齐·麦克唐纳比寇松较乐于迁就，在没有对爱琴海（岛屿）提出任何交换条件的情况下让出了朱巴兰。希腊人此时也更愿意接受一个解决方案。新当选的（1923 年 12 月）希腊制宪会议选择成立一个共和国，这一决议在 1924 年 4 月的全民表决中得到压倒性的支持，由于韦尼泽洛斯再度流亡，雅典的新政府愿意承认对佐泽卡尼索斯群岛的兼并，条件是那里的希腊裔居民被授予地方自治权。尽管为满足这一条件而进行了持久但并不成功的努力，两国之间却出现了和解，它们在外交力量上联手，以看看在小亚细亚能够从凯末尔那里赢得什么。在 1924 年春天以及 1925—1926 年，双方就突袭土耳其进行多次对话。墨索里尼在 1924 年 6 月命令其战争部部长安东尼诺·迪·戈尔吉奥（Antonino

Di Gorgio) 为对土耳其发起一次战役做出规划, 不过后者告诫他的这位主子说, 意大利人无法组织开展这样一次入侵。在1925—1926 年的那个冬天里, 墨索里尼与夸夸其谈的希腊独裁者塞奥佐罗斯·潘加洛斯 (Theodoras Pagalos, 1925—1926 年在位) 再度谋划对土耳其大陆发起一次突袭, 意大利军队实际上为这次袭击进行了集结。在罗马的一些更为冷静的军方首脑挫败了墨索里尼的这种对于行动的渴望。

贾科莫·马泰奥蒂 (Giacomo Matteotti) 在 1924 年 6 月 10日被暗杀, 这迫使墨索里尼采取守势。作为意大利社会党的领袖, 马泰奥蒂曾试图让当年 3 月腐败而暴力的选举被宣布无效, 而愤怒的墨索里尼号召他的"职业流氓"去"给他个教训"。法西斯分子层级体系中的一些主要角色牵涉其中, 而且凶手在暗杀行动之后数小时来到了"领袖"的办公室。墨索里尼与此事有牵连这一点迅速变得明确起来。民众义愤填膺, 而且如果反对派组织联合起来, 墨索里尼将无法生存下去。由于法西斯政权的持续本身面临威胁, 墨索里尼不得不为其政治生命而战。当许多法西斯分子在 1924—1925 年的那个冬天抛弃他时, 墨索里尼主要是依靠国王、教会以及保守派和自由派领导人的帮助才恢复了地位, 这很好地说明了法西斯主义运动的性质。只是到了 1925 年 1 月, 墨索里尼才以胜利的姿态出现, 对重新召集的议会发表演讲, 对所发生的一切承担全部的责任, 并且许诺让国家恢复正常, 而这只能通过个人独裁来实现。数月之内, 全党和全国都处于他的完全掌控之下。这场谋杀曾导致外国媒体爆发出一阵尖锐而短暂的义愤。莫斯科当局短暂地恢复了意识形态的论战。巴黎和伦敦都有各种愤怒和惊恐的表达, 不过就是在这样一个艰难的时刻, 墨索里尼还能对外国关于这些事态的报道做出审查。可能是因为夸大了谋杀对外国舆论的不良影响，墨索里尼准备在国外采取谨慎的路线，并且在 1924 年的伦敦赔偿会议上保持了一种很低的姿态。

意大利的外交官认为与法国就丹吉尔及突尼斯达成谅解的时机成熟了，双方的会谈得以继续。也是在 1924 年 11 月，意大利向苏联做出了一种新的友好姿态，苏联外交人民委员部犹豫了一阵之后，同意就一个可能的政治协议进行公开的讨论。与墨索里尼更为谨慎的政策相一致，与德国国防军以及"钢盔党"（Stahlhelm）老兵组织领导人的非官方联系被中断。尽管希特勒的一些支持者在 1923 年 11 月的慕尼黑政变失败后在意大利寻找到庇护，而且在希特勒 1924 年底被从监狱释放之后墨索里尼开始向纳粹输送资金，但关于希特勒应当在罗马得到接纳的请求一再遭到拒绝。最为重要的是，墨索里尼极度小心地应对阿尔巴尼亚内战，表明了其勇气暂时丧失的程度。索古和诺利在 1924 年夏天同时向墨索里尼求助，但他避免选边站。当公开的战争爆发时，他宁愿与南斯拉夫达成一个不干涉的协定，希望在意大利仍然太虚弱而无法行动的时候让南斯拉夫保持中立。甚至在失败的索古逃到贝尔格莱德，在南斯拉夫的帮助下组建一支军队，并在 1924 年 12 月推翻诺利之后，墨索里尼也拒绝了后者的求助呼吁。而一旦掌权之后，索古改变了他的调子，寻求意大利人的帮助来对付他的前庇护者，因为后者妨碍其在南斯拉夫的复国主义抱负。但墨索里尼仍然等着看看索古将提出怎样的经济上的让步，以及局势将如何发展，然后才与这位阿尔巴尼亚领导人缔结政治协议。只是到了 1925 年 3 月，一项贸易协定才得以正式批准，意大利被给予石油勘探权，这在与英国的对立中是一项有价值的特许权。再加上一份贷款协议以及对阿尔巴尼亚国家银行的完全控制，意大利人能够主宰这个小国的经济与金融，而且通过一种"系统化的贫穷化政策"保持和加大索古对意大利的依赖。1925 年 8 月的一次秘密换文建立了一个军事同盟。为了换取意大利承诺在阿尔巴尼亚的领土完整和主权受到威胁时对其予以支持，索古很勉强地同意在任何国家攻击意大利而且阿尔巴尼亚被后者要求提供帮助时，将对前者宣战，并且许诺在没有意大利同时参与的情况下，不得与第三方缔结联盟或者军事协议。在罗马重新获得控制之后，墨索里尼能够考虑将阿尔巴尼亚变成意大利的一个卫星国，将其用作对南斯拉夫战役的跳板。

1924 年 12 月，在国联于罗马举行的一次理事会会议上（这一邀请本身就是墨索里尼希望将马泰奥蒂谋杀事件的影响最小化的一个迹象），墨索里尼与英国保守党新政府外交大臣奥斯汀·张伯伦首次相逢。这对于墨索里尼而言是一次重要的外交突破。这对新朋友（张伯伦夫人醒目地展示了作为礼物的一枚法西斯胸针）在反对得到巴黎支持的《日内瓦议定书》方面找到了一个共同的事业，而墨索里尼曾对该议定书予以支持。当墨索里尼着手巩固其在国内的统治，并且寻求重新获得其在欧洲事务中的发言权时，与张伯伦的友谊显著地改善了意大利的国际地位。张伯伦对罗马的多次访问（总共有五次，在两年里有四次）让这位意大利领导人坚信在巴尔干半岛和非洲，他能够指望英国的支持。当德国人提出对西部边界做出保证时，与张伯伦的这一友谊尤其重要。

343

建立一个独裁政权的举动必定将对意大利外交部产生影响，但变化是缓慢到来的。1925 年 5 月，曾在博洛尼亚领导"黑衫军"的早期法西斯分子之一——迪诺·格兰迪被任命为外交部副部长，表明了墨索里尼对该部进行"法西斯化"的意图。实际上，此事是孔塔里尼向墨索里尼提议的，孔塔里尼认为格兰迪将成为一个"可以接受的"法西斯分子，不会对职业人士构成任何威胁。墨索里尼任命彼得罗·巴多利奥为总参谋长，这一新位置授予了巴多利奥陆军总参谋长的权力，再加上向海军和空军发布战略指令的权力。墨索里尼在1925年成了陆海空军种的部长，这是一种并不令人满意的管理情形，一直持续到1929年，结果只是妨碍了意大利军队急需的现代化进程以及战略协调。为了与墨索里尼主宰地中海的计划相一致，资金原本应当从陆军分流至海军和空军。然而，陆军仍然获得了预算的主要份额，将南斯拉夫和法国作为其关注的对象。

德国在1925年1月提出对莱茵河（边界）做出保证，这将意大利的注意力拉回到西欧，拉回到布伦纳山口和上阿迪杰。意大利从1923年以来在这些地方推行激烈的意大利化计划，已经在其前奥地利人口中激起了相当之大的不安。尽管基吉宫从欧洲新的安全谈判中看到了加强与伦敦联系的机会，以及展示意大利在欧洲的"资格证"的机遇，但墨索里尼的态度更为含糊。法德如果达成协议，德国的注意力可能将聚焦于布伦纳，法国的注意力将从莱茵兰转向巴尔干半岛。只有当布伦纳的地位得到保证，以及意大利人作为合作的代价能够从法国那里获得殖民地方面的让步，这样一份协议才是可以接受的。很快就变得明朗起来的是，无论是德国人还是英国人都不会考虑对德国所有的边界做出保证。法国人寻求与意大利人的合作。1925年3月，他们提出对从莱茵河延伸至亚得里亚海的一条单一的边界做出保证，而且寻求墨索里尼帮助支撑奥地利摇摇欲坠的经济。墨索里尼并不准备与法国人进行协调的行动，他既不想让法国也不想让"小协约国"插手奥地利事务。尽管白里安谈及未来就突尼斯、丹吉尔和非洲的殖民性质的委任统治地（colonial mandates）进行对话，但法国并没有为合作提供殖民地方面的诱惑。法国和意大利早先进行的殖民地事务对话处于停滞状态。墨索里尼也是躲躲闪闪的，声称比起对意大利，德奥合并对法国是一种更大的威胁。但在与意大利驻柏林大使的一次谈话中，施特雷泽曼提到了公众对与奥地利合并的不断增加的兴趣，并且指出其他国家的立场并不像意大利那样不肯让步，这让墨索里尼惊恐不已。在 5 月 20 日对参议院演讲时，墨索里尼宣布布伦纳山口以及莱茵河必须得到保证。双方的情绪激动起来，但很快又冷静下来，因为无论是施特雷泽曼还是墨索里尼，都不准备催逼这一问题。

墨索里尼尽管同时得到了张伯伦和白里安的示好，但他不希望看到莱茵兰的谈判获得成功。张伯伦提出承认意大利在巴尔干事务中的"特别权威"。白里安支持张伯伦的这一倡议，这让法国外交部的官员们震惊，他还提出对"各自边境的相互安全"做出保证。他许诺将德奥合并的任何企图视为开战理由（casus belli）。[19] 墨索里尼不为所动。他将单边的保证视为对"两种不同范畴的条约"（也就是西方及东方边界）的一种"可疑的解药"，并且否认其收到过张伯伦关于巴尔干的提议。由于对墨索里尼可能寻求与德国人达成一份双边协议，或者与奥地利人达成一份排他性协议这一信息感到担心，白里安在 9 月再度试图获得意大利人的合作，将其作为莱茵兰协议的补充。墨索里尼没有表露出任何兴趣，因为根本没有提到突尼斯或者丹吉尔。他指出，法国通过将自己的安全问题与东欧的问题分离开来，正在破坏和平的不可分割性。他声称意大利对莱茵河地区的命运并不很感兴趣，意大利保卫布伦纳要比法国坚守莱茵河更为容易。尽管外交部官员们强烈敦促其去参与协约国的讨论，但墨索里尼保持着距离，不愿在阿尔卑斯山以北承担任何义务。在这种情况下，张伯伦、白里安和施特雷泽曼一致认为，他们的专家应当就协议的条款进行共同磋商。

最终说服墨索里尼加入这些谈判者行列的，既不是其官员们的敦促，也不是来自张伯伦或者白里安的压力。主要是他意识到意大利无法让自己缺席于针对和约的重大修改，当意大利将与英国一道被承认为担保国家时尤其如此。墨索里尼在最后时刻乘坐特快列车、赛车和快艇，急奔洛迦诺，这被所有人看在眼里。他遭到了反法西斯主义示威者的嘘声，并且在外交聚会上受到冷落。尽管曾经短暂亮相并在协议上签字，墨索里尼却正在准备着手一种更为积极的外交政策。

IV

345　　1926 年初，墨索里尼宣布"法西斯主义革命将在 1926 年拥有其拿破仑之年"[①]。这年 4 月，他在的黎波里的一次激烈的演讲中声明了意大利在地中海的最高地位，从而导致法国人在海军及军事上采取了众多的防御性步骤。同年，他向其武装力量领导人讲述了"他征服地中海的意图，这使与英法某种形式的冲突成为必要"[20]。并不难以预见的是，随着墨索里尼作为意大利不受挑战的主人出现，他可能在东南欧采取某种行动以挑战法国的支配性地位。意大利对南斯拉夫以及巴尔干半岛现状的潜在威胁，并不足以迫使法国在地中海做出必要的让步，而

―――――――――――

① 指获得像拿破仑那样的胜利。

墨索里尼将这些让步作为一种全面友好关系的价码。只要意大利和法国一道反对德国的修正主义，墨索里尼的躁动所具有的长期危险就被部分地掩盖着。布伦纳的边境以及上阿迪杰问题为法国提供了一份"再保险条约"（reinsurance treaty），更不用说墨索里尼和施特雷泽曼个人之间的反感。洛迦诺会议的各项协议使法国人并不太需要将意大利人招揽进一个反德集团。在左翼联盟仍然在巴黎当权（1924年5月—1926年7月）的情况下，政治氛围不利于谈判。法国中左党派对意大利法西斯政权的厌恶以及公众对意大利政治难民给予的支持，让墨索里尼极为愤怒，他谴责法国政府参与由巴黎的一些报纸杂志发起的反法西斯媒体战。不论原本可能存在着何种实际的原因让双方保持一致，这"两个拉丁姐妹"之间并无任何好感。

　　"领袖"不愿加入洛迦诺谈判进程，这没有过分困扰英国人。奥斯汀·张伯伦相信"我们也许轻松地走出很远，然后找到一个容易与我们共事的意大利人"，而且愿意对意大利在被作为二等强国对待方面的敏感性给予应有的考虑。[21]尽管英国如在维斯瓦河一样不愿让自己参与布伦纳的事情，但他们带着怀疑和焦虑看待法国人在巴尔干半岛和多瑙河地区的活动。此外，张伯伦还觉得法国外交部在对待墨索里尼的殖民地主张方面可以更为宽宏大量。他完全准备相信墨索里尼的和平情感以及对欧洲稳定的支持。只是到了1928年，这位英国外交大臣才开始质疑墨索里尼的意图。"领袖"实际上曾经并不愿意签署《洛迦诺公约》，因为他对现状的巩固没有多少兴趣。法国和德国走到一起将挫败而不是促进其利用欧洲均势脆弱之处的希望。尽管在墨索里尼上台之前意大利的外交政策中已经具有修正主义的色彩，但无论是在那时还是在他获得任命之后，意大利都无法放弃《凡尔赛和约》带来

346

的各种好处。意大利也无法在没有某种形式的外来支持的情况下，挑战其他和平协定所做出的领土安排。但是考虑到东南欧支离破碎的性质以及大战的胜利者与失败者之间的分歧，存在着大量的机会去推行一种破坏稳定性的外交政策，而不必诉诸军事行动。墨索里尼原本可能赞成此类行动，但缺乏手段来实施。

注　释

1. Brian R. Sullivan, 'The Strategy of the Decisive Weight: Italy, 1882-1922', in Williamson Murray, MacGregor Knox, and Alvin Bernstein (eds.), *The Making of Strategy: Rulers, States and War* (Cambridge, 1994), 343.

2. Renzo De Felice, *Mussolini il rivoluzionario* (Turin, 1965), 607.

3. Renzo De Felice, *Mussolini l'alleato.* I, i, *L'Italia in guerra, 1940-43* (Turin, 1990), 61. Trans. in MacGregor Knox, 'The Fascist Regime, its Foreign Policy and its Wars: An "Anti-anti-Fascist" Orthodoxy?', *Contemporary European History*, 4: 3 (1995), 354-5.

4. Brian Sullivan, 'Fascist Italian Perceptions of the Nazis', in Martin S. Alexander (ed.), *Knowing Your Friends: Intelligence Inside Alliances and Coalitions from 1914 to the Cold War* (London, 1998), 89.

5. Sir John Wheeler Bennett, *Knaves, Fools and Heroes: Europe Between the Wars* (London, 1974), 82.

6. Denis Mack Smith, *Mussolini* (paperback edn., London, 1993), 3.

7. Ibid. 24.

8. M. G. Sarfatti, *Dux* (Verona, 1932), 314.

9. MacGregor Knox, *Common Destiny: Dictatorship, Foreign Policy and War in Fascist Italy and Nazi Germany* (Cambridge, 2000), 61-2.

10. Knox, *Common Destiny*, 69.

11. Brian R. Sullivan, 'A Thirst For Glory: Mussolini, the Italian Military, and the Fascist Regime, 1922 - 1940', unpubl. Ph. D. thesis,

Columbia University (1981), 99.

12. MacGregor Knox, 'Il fascismo e la politicaesteri italiana', in Richard J. B. Bosworth and Sergio Romano (eds.), *La politica estera italiana (1860-1985)* (Bologna, 1991), 298.

13. Brian R. Sullivan, 'The Italian Armed Forces, 1918-1940', in Alan R. Millett and Williamson Murray (eds.), *Military Effectiveness. Vol. II: The Inter-War Period* (London, 1988), 180; also in Knox, 'Il fascismo e la politica esteri italiana', 298.

14. Jens Petersen, *Hitler, Mussolini: Die Entstehung der Achse Berlin - Rom, 1933-1936* (Tübingen, 1973), 495.

15. Knox, *Common Destiny*, 71.

16. Minute by Sir A. Chamberlain, 5 Nov. 1926, quoted in P. G. Edwards, 'The Foreign Office and Fascism, 1924 - 1929', *Journal of Contemporary History*, 5: 2 (1970), 157.

17. Quoted in R. A. C. Parker, *Churchill and Appeasement* (London, 2000), 76.

18. Mario Luciolli, *Palazzo Chigi: anni ruventi* (Milan, 1976), 53.

19. H. James Burgwyn, *Italian Foreign Policy in the Interwar Period, 1918-1940* (Westport, Conn. , 1997), 30.

20. Sullivan, 'A Thirst For Glory', 7.

21. M. H. H. Macartney and P. Cremona, *Italy's Foreign and Colonial Policy, 1914-1937* (1938), 123.

专著

BARROS, JAMES, *The Corfu Incident of 1923: Mussolini and the League of Nations* (Princeton, 1965).

BOSWORTH, RICHARD J. B., *The Italian Dictatorship: Problems and Perspectives in the Interpretation of Mussolini and Fascism* (London, 1998).

—— *Mussolini* (London, 2002).

—— and ROMANO, SERGIO (eds.), *La politica estera italiana, 1860–1985* (Bologna, 1991). Esp. chapters by Marcello De Cecco and Gian Giacomo Migone, Claudio G. Segré, and Brunello Vigezzi.

BURGWYN, H. JAMES, *The Legend of the Mutilated Victory: Italy, the Great War, and the Paris Peace Conference, 1915–1919* (London and Westport, Conn. 1993).

—— *Italian Foreign Policy in the Inter-war Period, 1918–1940* (Westpoint, Conn., 1997).

CAROCCI, GIAMPERO, *La politica estera dell'Italia fascista* (Bari, 1969).

CASSELS, ALAN, *Mussolini's Early Diplomacy* (Princeton, 1970).

CEVA, LUCIO, *Storia delle forze armate in Italia* (Turin, 1981).

D'AMOJA, FULVIO, *La politica estera dell'Impero* (Milan, 1967).

DI NOLFO, ENNIO, *Mussolini e la politica estera italiana, 1919–1933* (Padua, 1960).

MACK SMITH, DENIS, *Mussolini's Roman Empire* (Harmondsworth, 1979).

PETERSEN, JENS, *Hitler–Mussolini. Die Entstehung der Achse Berlin–Rom, 1933–1936* (Tübingen, 1973).

PETRACCHI, GIORGIO, *La Russia rivoluzionaria nella politica italiana: le relazioni italo-sovietiche, 1917–1925* (Rome, 1982).

ROCHAT, GIORGIO, *Guerre italiane in Libia e in Etiopia: studi militari, 1921–1939* (Paese, 1991).

—— *L'esercito italiano in pace e in guerra: studi di storia militare* (Milan, 1991).

RUMI, GIORGIO, *Alle origini della politica estera fascista, 1918–1923* (Bari, 1968).

RUSINOW, DENNISON I., *Italy's Austrian Heritage, 1919–1946* (Oxford, 1969).

SHORROCK, WILLIAM I., *From Ally to Enemy: The Enigma of Fascist Italy in French Diplomacy, 1920–1940* (Kent, Ohio, 1988).

TORUNSKY, Vera, *Entente der Revisionisten? Mussolini und Stresemann, 1922–1929* (Cologne and Vienna, 1988).

ZAMAGNI, VERA, *The Economic History of Italy, 1860–1990* (Oxford, 1997).

文章

BRECCIA, ALFREDO, 'La politica estera italiana e l'Ungheria, 1922–1933', *Rivista di studi politici internazionali*, 47: 1 (1980).

CASSELS, ALAN, 'Mussolini and German Nationalism, 1922–25', *Journal of Modern History*, 35: 2 (1963).

—— 'Locarno: Early Test of Fascist Intention' in Jonson Gayner (ed.), 'Locarno Revisited: European Diplomacy', conference paper (to be published).

ERLICH, HAGGAI, 'Mussolini and the Middle East in the 1920s: The Restrained Imperialist', in Uriel Dann (ed.), *The Great Powers in the Middle East, 1919–1939* (New York, 1988).

GUILLEN, PIERRE, 'Les Vicissitudes des rapports économiques franco-italiens dans les années vingt', in Enrico Decleva and Pierre Milza (eds.), *La Francia e l'Italia negli anni venti: tra politica e cultura* (Milan, 1996).

—— 'Franco-Italian Relations in Flux, 1918–1940', in Robert Boyce (ed.), *French Foreign and Defence Policy, 1918–1940: The Decline and Fall of a Great Power* (London, 1998).

KENT, MARIAN, 'Guarding the Bandwagon: Great Britain, Italy and Middle Eastern Oil, 1920–1923' in Edward Ingram (ed.), *National and International Politics in the Middle East: Essays in Honour of Elie Kedourie* (London, 1986).

KNOX, MACGREGOR, 'Conquest, Foreign and Domestic, in Fascist Italy and Nazi Germany', *Journal of Modern History*, 56: 1 (1984).

—— 'Il Fascismo e la politica estera italiana', in Richard J. B. Bosworth and

Sergio Romano (eds.), *La politica estera italiana, 1860–1985* (Bologna, 1991).

—— 'The Fascist Regime, its Foreign Policy and its Wars: An "Anti-Anti-Fascist" Orthodoxy?', *Contemporary European History*, 4: 3 (1995).

MARKS, SALLY, 'Mussolini and Locarno: Fascist Foreign Policy in Microcosm', *Journal of Contemporary History*, 14 (1979).

MOUTON, MARIE-RENÉE, 'L'Italie et le mandat français en Syrie, 1922–1923', in Enrico Decleva and Pierre Milza (eds.), *La Francia e l'Italia negli anni venti: tra politica e cultura* (Milan, 1996).

PETERSEN, JENS, 'Die Außenpolitik des faschistischen Italien als historiographisches Problem', *Vierteljahrshefte für Zeitgeschichte*, 22 (1974).

—— 'Il Mussolini di Renzo de Felice', *Passato e presente*, 1 (1982).

PETRACCHI, GIORGIO, 'Ideology and Realpolitik: Italo-Soviet Relations, 1917–1933', *Journal of Modern History*, 2: 3 (1979).

POULAIN, MARC, 'L'Italie, la Yougoslavie, la France et le pacte de Rome de janvier 1924: la comédie de l'accord à trois', *Balkan Studies*, 16 (1975).

SHORROCK, W. I., 'France, Italy and the Eastern Mediterranean in the 1920s', *International History Review*, 8 (1986).

SULLIVAN, B. R., 'The Italian Armed Forces, 1918–1940', in Allan R. Millett and Murray Williamson (eds.), *Military Effectiveness*. Vol. 2: *The Interwar Period* (London, 1988).

VIGEZZI, BRUNELLO, 'Politica estera e opinione pubblica in Italia dal 1870 al 1945', *Nuova Rivista Storica*, 63: 5/6 (1979).

WEBSTER, RICHARD A., 'Una speranza rinviata: l'espansione industriale italiana e il problema del petrolio dopo la prima guerra mondiale', *Storia Contemporanea*, 11: 2 (1980).

论文

SULLIVAN, B. R., 'A Thirst for Glory: Mussolini, the Italian Military and the Fascist Regime, 1922–1936', Ph.D. thesis, Columbia University (1984).

第七章 日内瓦之梦：国联 与战后的国际主义

I

用其最不知疲倦的支持者罗伯特·塞西尔勋爵的话来说，国联是"一项伟大的试验"[1]。威尔逊总统的这一创造为传统的外交谈判模式注入了一个涉及多个国家的新维度。除了那些接受马克思主义-列宁主义外交方式的人，在许多人看来，对于曾在1914年灾难性地失败的均势机制，国联所体现的国际关系体系提供了最为可行的替代物。它当然并非威尔逊曾经设想的国联，更不用说美国本身的缺席。"日内瓦体系"并不是像威尔逊所打算的那样是大国政治的替代物，而是它的一个附属物。它只是一种实行多国外交的机制，其成败取决于这些国家（尤其是最为强大的那些国家）运用这一机制的意愿。由于如此之多此前被认为只属于民族国家关切的问题日益国际化，这个新机构的成长得到了促进，但它总是在规定的限度内运作。主权国家是国联权力的唯一来源。没有任何权威能够凌驾于国家的权威之上，也没有任何国家能够在没有征得其自身同意的情况下受到合法的约束。国联从来就未被设计成一个超国家（superstate，由多个国家组成或进行合作）。它是在民族主义的反诉求（counterclaim）正在向着相反的方向走强时，进行的一次国际主义的"试验"。

国联与凡尔赛和平方案难分难解地交织着。《盟约》作为最前面的 26 个条款而被庄严地载入《凡尔赛和约》之中。这从一开始就造成了特别的困难。在结束大战的和约和提议一种新的国际安全形式的《盟约》之间，存在一种基本的矛盾。《凡尔赛和约》服务于胜利的协约国的利益，而且确认了欧洲新的平衡；国联将服务于所有国家的利益，每一个国家的安全将依赖于所有国家的安全。国联是由战胜国创建的，失败国被排除于直接会员国资格之外。对于萨尔、但泽和上西里西亚，这一新的机构被赋予一些与该和约相联系的特定责任。但如果要正常地运作，这一新的安全体系应是普遍适用的，而国联的定位应是全球性的。从一开始起，尽管美国对其创造做出贡献，而且拥有许多非欧洲成员国，但国联是一个以欧洲为中心的机构，当美国参议院在 1920 年 3 月拒绝《凡尔赛和约》之后，这种对于欧洲的偏向得到了强化。但无论是英国人还是法国人都对这一组织没有多少信心，都并未将国联视为给欧洲的稳定或者法国未来的安全提供了答案。在劳合·乔治的想法中，国联处于边缘位置。他更愿意国家的政治领袖举行会晤，在这些会晤中他与他的法国同行能够私下解决他们的分歧。决定一种有保留支持的公共政策的是公众舆论和政治上的考虑，而不是热情或者信心。劳合·乔治私下里相信一个没有美国的国联即使并非一个危险的机构，也是一个无用的机构。尽管英国仍然是积极的成员，而且是国联在财政上的首要支持者，但劳合·乔治确信国联应处理那些相对没有多少重要性的问题。法国领导层——公开表示怀疑的克里孟梭及其继任者之间并无多少区别——对国联的支持，也仅限于其能够被转变成在巴黎和会上已经被拒绝的那种工具。在英美的保证消失之后，法国迅速地

350

与波兰及捷克斯洛伐克谈判了双边安排，以便加强其安全地位。他们还开始寻求与英国结盟，结盟成了英法关系中一个反复出现的主题。与此同时，法国人在日内瓦主动去强化国联的集体执行角色，而《盟约》只是并不完善地对这一角色予以制度化。这是确保英国对法国的安全需要做出保证的一条途径。

国联首先是作为一个安全组织而创立的。《盟约》的核心在于那些描述这一新的安全体系的条款：成员国的责任，争端解决规则，适用于违反者的制裁。正是在这里，起草者的希望与国际体系现实情形之间的冲突体现得最为明显，这一新体系的脆弱之处得到了最为清晰的展现。对威尔逊来说如此重要的第 10 条保证了成员国的领土完整以及政治独立，但缺乏其合乎逻辑的结论。成员国并无义务采取任何明确的行动，而国联理事会只能"就这种责任应当得以履行的方式提出建议"。这一条款似乎是危险的，因为它为该体系增添了一个并无必要的缺乏灵活性的因素。考虑到新的领土界线的划分方式以及如此之多国界的未来并不确定，对于现状的任何保证更有可能激起冲突而不是确保和平。它突显出这两种不同国家之间的分歧——从现有情形中获得一切的国家（法国、波兰和"小协约国"各国），以及渴望或者至少准备考虑未来做出修正的国家（英国、意大利、日本）。这是美国参议院拒绝这一整个条约以及英国人十分厌恶该条约的原因之一。第 19 条由塞西尔制订，目的是为未来的修正提供更大的灵活性，它只在 1920 年被援引过一次。战后的年月是国际体系具有非同寻常的不稳定性的一个时期，对于应对这一时期的变化而言，事实证明第 19 条是一种累赘的、不合时宜的方法。第 11 条宣告任何战争或者战争威胁是让整个国联关切的事情，它反映着英国人对于一个国际机构所能实现目标的更具限制性的看法，结果这一条款成了让争端引起国联关注的最被普遍使用的方法。在这一方面，这个新的机构充当着一个调解委员会，因为战争既没有被《盟约》宣布为不合法也没有被排除。尽管依据第 12 条和 15 条，国家在争端中必须接受仲裁或者请求理事会干涉，但如果未能做到，它们在经历三个月的一次延期后能够自由地"诉诸战争"。在 1920 年代，这些条款并未得到多少运用，从而开始自动而立即地使用由第 16 条规定的非军事制裁；第 16 条是《盟约》中最具创新性的部分。如果这些经济、金融和外交上的威慑手段失败，理事会能够向各国建议可以对侵略者运用何种军事措施。为了防止各国发动战争，《盟约》最终的制裁是诉诸武力。1919 年 5 月 31 日威尔逊在巴黎和会上说，如果道义的力量失败了，"我们一定不能无视这样一个事实，那就是归根结底，大国的军事及海军力量将是世界和平的终极保证"[2]。尽管所有国家的责任从理论上而言是平等的，但在美国缺席的情况下，实施的重担将落在法国和英国的肩上。这使人们更加难以将一种并不完善的集体安全制度转化成一种可行的机制。问题还存在于比美国的参与问题更深的层次。没有任何途径去保证成员国将会履行它们的责任，以及实施第 16 条所描述的制裁，但该体系依赖于这样一个假定——各国将被威慑不得从事"非法的"战争，因为它们明白将会被强行施加制裁。这一观点的循环性的特点暴露了国联的一个根本性缺点，而这一点无药可救。

关于该体系依赖于世界舆论还是运用武力，在当时和后来存在大量的争论。人们从一开始就意识到《盟约》的规范性规则与国际行为的现实之间的差距了。在国联存在的最初几年里，人们为修改第 10 条和第 16 条做出了各种努力。英国热情地支持加拿大削弱这两个条款中安全规定的尝试，而且如果这样做能让美国人满意的话，英国可能会愉快地抛弃第 10 条。尽管事实上并未得到修订，但这些条款因为诠释而经历了如此之大的修改，以至于第 10 条丧失了所有重要性，而第 16 条受到极大的限定。1921 年采纳的指导规则允许各国确定一种需要经济制裁的破坏和平的事实是否已经发生。国联大会还重新定义了"立即和绝对的"行动，让其包括一种"逐步和部分的"抵制。因为被法国否决，这些规则从未获得法律效力，但当制裁的确被强行施加，也就是在 1935 年针对意大利实施制裁之时，法国人坚持这些规则的关联性。1921 年和 1923 年围绕第 10 条和第 16 条而进行的争论，将国联成员国分裂为分别由英国和法国领导之下的相互争夺的集团。它们围绕《盟约》的安全规定而进行的斗争一直持续至 1930 年代。

《盟约》的这种所谓的"缺口"源于国际生活的现实。对于其他规定的实施也是如此，国际主义以及成员国之间的平等在实践中是受限的。国家主权是绝对的。从一开始起，各国可以在最低的资格限定（minimum qualifications）的基础上自由地加入，或者在满足纯粹形式化的条件之后离开。《盟约》的一致同意规定维护着国家的独立性，因为它意味着没有任何国家有义务违背自己的意志行事，而且各种各样的规定保护着"地区性谅解"和国家的国内司法不受外来干涉。尽管国联将不只是 19 世纪的"欧洲协力"的一个扩大版，但创建者们意识到了大国的优越地位及责任。理事会和大会对于破坏和平的行为具有并行的管辖权，而且被给予平行的权力去应对归入国联主持之下的所有事情，但是在争端的实际解决以及制裁的运用方

面，第 11 条至第 17 条为理事会提供了一个特别的角色。第 4
条允许理事会去应对"处于国联行动范围或者影响世界和平的
任何事情"。根据《盟约》，理事会每年将至少会晤一次，而大
会将按"规定的时间间隔"召开；而在实际上，理事会每季度
开会一次，而大会在每年 9 月召开。理事会变成了国联的管理
机构，大国成员的常任地位确认了不同类型国家之间的传统区
分。尽管小国越来越多地将和平威胁提交大会，但国联被视为
一个公共的论坛，世界舆论可以在其中被动员，而不是作为积
极行动的发起者。小国觉得自己可以从这一新组织中受益最多，
尽管如此，其政治家被迫去其他地方寻求保护。考虑到英国在
政治上越来越漠不关心，那些更容易受到伤害的国家倾向于法
国。对于各项安全规定应当被强化还是被削弱，小国间的看法
是分裂的，依赖于它们未来的保护者的观点。那些相对独立的
国家，主要是中立国（大战中的非交战国）和波罗的海国家，
它们倾向于支持国联现有的保证。不论其立场如何，较小国家
的代表在日内瓦发现了一个重要的公共平台，及其声音在权力
的"走廊"上能够被听到的一个独一无二的机会。当国联在
1922 年结束其流动状态而入驻日内瓦后，瑞士的朱塞佩·莫塔
（Giuseppe Motta）、捷克斯洛伐克的爱德华·贝奈斯、卢森堡的
约瑟夫·贝克（Joseph Bech）以及比利时的保罗·海曼斯
（Paul Hymans）变成了国际舞台上人们熟悉的人物。那些处于
这个组织之外的国家起初并未表现出多少与这个新机构合作的
意愿。美国的沃伦·哈定（1921 年 3 月至 1923 年 8 月担任总
统）当局不愿与国联有任何联系，美国国务院甚至不回复国联
的询问。1923 年，国务卿休斯同意向国联的鸦片委员会派遣一
名"非正式观察员"，以及在日内瓦任命一名领事官员报告国

联事务，他小心翼翼地不向国会请求提供（派驻）代表的费用。与苏联的联系仅限于人道主义及技术性事务，与国联高级专员弗里乔夫·南森就战俘及希望返回祖国的俄罗斯难民的遣返进行合作，以及就流行性传染病向国联卫生组织寻求建议。列宁将国联视为一个"强盗国家团伙"；用契切林在 1924 年的话来说，它是"一个拙劣遮掩着的战胜国的联盟，创立的目的

354 是保证它们的所得与征服"[3]。甚至当布尔什维克政府寻求结束其外交孤立状态时，国联也仍被认为是为维护一种并不公正的资本主义战后秩序的工具。并不是所有人都认为这个"伟大的试验"是值得进行的。

II

如果说国联被接受为国际舞台的一部分，那是因为它并不试图自不量力地去做太多的事情。选择英国外交部官员埃里克·德拉蒙德（Eric Drummond）爵士担任国联的第一任秘书长，而不是像希腊的韦尼泽洛斯或者捷克斯洛伐克的马萨里克这样的政治人物，突显出对于该组织未来角色的构想的有限性。德拉蒙德是一个谨慎的苏格兰人，对权力的现实情形具有敏锐的觉察。他发展与伦敦当局的联系，同时试图与巴黎当局保持良好的关系；他总是更关心安抚大国而不是小国的敏感性。在起初的这些年里，他密切关注着华盛顿当局，希望将美国拉入国联的轨道，但首先是避免采取可能加大其敌意的行动。德拉蒙德宁愿静静地在幕后工作，同时有意地将其公开角色最小化。他对自身地位以及国联可能性的有限看法尽管不为国联秘书处成员所接受，但考虑到国联在受到普遍怀疑而且有时充满公开敌对的环境中运作，以及成员国不愿资助这一新机构，德拉蒙德的看

法是可以理解的，尽管并不总是站得住脚的。1920—1946 年，国联、国际劳工组织（International Labour Organization）和海牙国际常设法庭每年的平均开支只有 550 万美元。尽管预算微薄，国联官员却频频因为成本、浪费和不必要的开支等相关问题不断受到纠缠，尤其是英国人的纠缠。

　　为了确立其地位，国联理事会迅速行动，执行由 1919 年的各个和约赋予它的任务。1920 年，在奥伊彭、马尔梅迪这两个地区举行了全民公决，它们后来被移交给比利时。在萨尔地区，理事会创立了一个由一名法国主席领导的五人治理委员会，但该委员会几乎立刻与萨尔人处于公开争执中。矛盾在鲁尔危机期间达到了高潮，当时萨尔的煤矿工人进行了针对其法国所有者的罢工。尽管遭遇英国人的强烈抗议和德国人的大声疾呼，但国联理事会批准法国军事力量翻番，并且支持对公民自由做出严格的限制。一旦从鲁尔撤出而且恢复平静之后，理事会就着手以一个加拿大人，之后是一个美国人，取代了有点专制的来自法国的委员会主席。和平得以维持。在但泽，理事会寻找各种途径来遏制潜在地具有爆炸性的形势，在这当中，占人口大多数的常住德国人的权利与波兰政府的政治及经济利益相冲突。理事会任命了一名高级专员（起初的三名是英国人），他与这个自由市的代表们制定了一部得到国联保证的宪法。这名高级专员常驻但泽，负责实施这一方案，但国联理事会频频被请求干预这个自由市与波兰人之间的众多争执。这座城市的成功运转依赖于一定程度的经济繁荣以及德波关系的总体状况。它在许多方面要归功于德拉蒙德，他利用其影响力来隔开德国人和波兰人，缓和可能加剧华沙和柏林之间矛盾的形势。

355

《盟约》的起草者们相信国联的主要目的是通过仲裁、调解和安抚，推动成员国之间冲突的和平解决。考虑到其诞生时的环境，国联在其早期历史上将自己限定于对世界事务的"小的变化"。它应对次要的争端和有限的问题，而不是应对关于重建的根本性问题。在其存在的最初十年里，在秘书长的支持下，理事会干预了 17 次可能导致对抗的争执，有七八次实际上使公开的敌对停止。国联的成功率并无任何提升。这种成功率在很大程度上依赖于理事会当中的大国的态度、发生争端的当地的情势，以及争执者接受国联所提出的解决方案的意愿。在这些事件中，没有哪一件牵涉制裁的运用，因此国联的安全体系并未受到检验。相反，在科孚以及希腊和保加利亚的争端中关于制裁的讨论，揭示了在运用第 16 条时在法律和实践上面临的复杂情形，证实了英国人对其实施所抱有的敌意。理事会起初只被要求去处理那些协约国政府出于这样或那样的原因而不愿采取行动的事件，比如在位于前俄罗斯帝国周边的各个国家之间的许多冲突，在那些地方，悬而未决的边界状况以及民族主义的渴望是通过武力来解决的。到 1926 年，英国自身也因为与土耳其围绕摩苏尔的冲突而呼吁国联做出决定。但根本的一点并未改变：达成任何解决方案都需要大国的一致同意，这实际上是《盟约》起初的起草者所谋划的。

在 1920 年第一次得到成功解决的争端，是芬兰和瑞典围绕亚兰群岛（Aaland Islands）而发生的，尽管其解决受到俄罗斯人的反对。但维尔纳问题的解决艰难得多，该城由波兰人在 1920 年占据，波兰公然违反了对波兰和立陶宛强行实施的停战协定，该协定规定将等待国联理事会对两国的边界线做出决定。两国之间爆发了战斗，而国联组织一次公民表决的努力失败了。

356

波兰人仍然保持占有该城，而立陶宛人持续抗议。1923 年，是大使会议而不是国联将该城给予了波兰人。直到四年之后，理事会才迫使两国谈判。无论是德国还是苏联都对其结果特别感兴趣，两国都试图恶化波兰与立陶宛的关系。德国此时已经是国联成员国，施特雷泽曼以及苏联副外交人民委员马克西姆·李维诺夫（头一次在日内瓦任观察员）支持理事会的行动。毕苏斯基和奥古斯丁纳斯·沃尔德马拉斯（Augustinas Voldemaras）这两个敌对的独裁者之间的公开握手结束了战争的威胁，但并未结束双方充满愤怒的情绪。一系列的小争吵使波兰和立陶宛的关系一直处于理事会的议程之上，这种状况一直持续至 1938 年3 月，此时一位更为咄咄逼人的波兰总理利用当时动荡的时势，以立即入侵为威胁，强迫立陶宛重新开始正常的外交关系。波兰人和立陶宛人还卷入了围绕梅默尔的争端，这个波罗的海港口原来属于德国，但在 1919 年被给予立陶宛。两国之间的战斗延误了其交付，在法国人的支持下，波兰人主张梅默尔应当像但泽一样成为一个自由市。这一棘手的问题在 1923 年 9 月依据第 11 条被呈交理事会处理。理事会遵循着一种在后来的年月里成为标准程序的处理过程。秘书长与理事会里的英国代表——这一次是罗伯特·塞西尔——进行了商讨，塞西尔进而与法国人及意大利人进行了磋商。在确保获得大国合作之后，理事会创建了一个调查委员会，它由来自未卷入这场冲突的国家的个人组成。美国人诺曼·戴维斯担任该委员会主席，他与其同伴们建议梅默尔应当被承认为立陶宛的主要港口，但是波兰人应当与其他人一道被授予使用其设施的平等权利。敌对双方对此都不满意，但同意接受这一裁决。委员会提出的用以保护当地日耳曼人口权利的建议并不充分，德国政府支持梅默尔日耳曼人的事业，梅默尔日耳曼人从来不接受立陶宛人为他们的主人，无法容忍被那些"劣等人"统治。这些民族性的争执需要理事会的一再干预，以保持和平，直到希特勒在 1939 年 3 月将此事交到德国人的手中来处理。

在上西里西亚的分割问题上，各国之间也并未达成一致，这是《凡尔赛和约》为德波关系带来的一个爆发点。波兰的主张受到了法国的压力，而英国和意大利支持德国。该问题被交给理事会来解决，一种复杂的安排（1922 年 5 月的最终裁决由 606 个条款组成）被设计出来：德国得到这片领土的三分之二，而波兰得到该地区矿藏和工厂的大部分，以及 35 万日耳曼人。巴黎与伦敦当局之间为此进行了激烈的斗争，而国联的这一裁决受到了英国外交部的强烈批评。它在德国引起了骚动，令脆弱的维尔特政府更加不受欢迎。但对于西里西亚的这一裁决也被保持至希特勒上台之后。这个地区繁荣起来，但民族矛盾仍然存在。波属西里西亚的日耳曼人尽管是少数民族，但他们是地主、工厂的领导者以及职业人士，他们组织了一个特别的压力集团"民族联合会"（Volksbund），在德国的支持下让其不满引起国联少数民族委员会（Minorities Committee）的注意。与之相对，德属西里西亚的波兰人则是农民和工人，他们不懂政治，缺乏组织。1928 年，施特雷泽曼与波兰外长奥古斯特·扎列斯基（August Zaleski）围绕少数民族权利曾发生激烈冲突，以上就是冲突的背景。

意大利在 1923 年 9 月夺取科孚岛，源于其与希腊围绕阿尔巴尼亚产生的争执，该事件表明在法国和英国同意为合作而牺牲公正的情况下，这个"大国中的最弱者"如何能够得逞。日内瓦当时情绪高涨。当希腊依据《盟约》第 12 条和第 15 条向国联上诉时，在 9 月召开的国联大会支持希腊人的理由。但意大利人坚称该问题应当由大使会议解决，否认理事会在既不是战争也并非战争威胁的事情上具有权限。真正的困难在于由于英国人和法国人的意见不一致，国联就无法首先行动。英国人赞成理事会干预，但卷入鲁尔危机的法国人支持墨索里尼。由于并不愿意考虑独自进行海军示威这样一种可能的、代表国联出面的制裁，英国人经考虑之后退却了。人们认为除非处于全面战争这一背景下，否则运用第 16 条来应对对于和平的威胁，是一种既不合适也不灵活的途径。意大利人由此得逞。做出有效裁决的是大使会议而不是理事会，尽管英国由于意识到其国内的舆论，想方设法掩盖了其退缩的程度。一个由英国、法国、日本及意大利代表组成的调查委员会得以组建。当其报告被接收时，只有那位意大利成员认为应当归咎于希腊政府，但大使会议判定希腊人应当做出赔偿。意大利军队离开了科孚，但在日内瓦存在着普遍的愤怒。墨索里尼已经成功地在一个意大利人的利益将得到保障而《盟约》被忽视的论坛（大使会议）上，让这场冲突得到了解决。理事会将意大利的这次行动导致的诸多诠释性问题提交给一个由法学家组成的特别委员会。在除了一种情况之外的其他所有事例中，法学家们一致地反对意大利对于国联权限的诠释。由于避免进一步的争吵符合所有人的利益，这一法律问题被从理事会的议程上剔除出去，而诠释上的含糊之处被忽视。科孚事件是"现实政治"的一种胜利，考虑到理事会关键成员的态度，这一结果很难说让人吃惊。尽管法国人十分满意于科孚事件的结果，但他们认为制度应当得到改进和加强。在没有预先做出协调的安排，以及没有确定制裁将针对谁以及在何种情形下运用的情况下，受益的将是侵略

358

者。没有一届英国政府公开地表示其对于制裁可行性所持的深度保留意见，英国国内及日内瓦的反感情绪将会表现得太过强烈。制裁仍然是橱柜中的一根"大棒"，尽管英国人坚信这根棒子是纸做的。

两年之后，由于保加利亚与希腊之间的冲突迅速解决，国联在科孚事件上的"失利"所留下的苦涩味道得以被忘记。在此案中，国联威胁实施制裁，而且这一威慑被证明是成功的。1925 年 10 月，希腊军队越境进入保加利亚，而无任何还手之力的保加利亚人向国联求助。秘书长迅速行动，召集理事会在巴黎开会。担任理事会代理主席的白里安采取主动，要求双方在 60 个小时内停止其军事行动，撤回军队。这一呼吁得到了理事会的支持。出人意料的是，白里安在此事上得到了由奥斯汀·张伯伦为代表的英国的支持，张伯伦此前刚刚从洛迦诺和意大利返回。事实表明，英法对希腊的联合压力足够，因此无须援引第 16 条。一个观察员小组被派出，停火协议得到安排，一个调查委员会得以组建。最终的判决不利于希腊人，他们被迫做出 4.5 万英镑的赔偿。张伯伦主持了分委员会向理事会所做的汇报，他不给希腊人留下任何选择，只能接受理事会的裁决。决定这一结果的是大国之间的团结而不是制裁这一武器。这场冲突的成功解决被誉为国联的一场胜利，从而导致人们对其遏制性机制效力产生了毫无根据的乐观主义。

如果说国联在 1920 年代取得的大多数成功牵涉到的是小国，那么英国和土耳其围绕富含石油的摩苏尔而发生的冲突表明，理事会的程序在牵涉到大国的事务中能够被用于保持和平，359　条件是这个大国愿意合作。英国人呼吁依据与土耳其人于 1923

年在洛桑达成的协议，对摩苏尔问题做出裁决。在这些有争议的省份里占据人口多数的库尔德人要求独立；如果未能实现，他们宁愿并入英国在伊拉克的委任统治地——条件是这一委任统治持续 20 年，而不是回归土耳其。尽管经历了各种延误，但英国人提出了为伊拉克人获得更多土地这一不能被接受的要求，而土耳其人拒绝国联的程序——这一程序由国际常设法庭做出的一个得到大量讨论的裁决所确定，理事会关于摩苏尔应当归入伊拉克的决定得以实施。土耳其、英国和伊拉克承认新边界的协定在 1926 年 6 月于安卡拉签订，它与寇松勋爵在洛桑提议的边境几乎一模一样。土耳其对于该决定的愤怒因国联安排的一笔贷款而得到缓和，而在 1931 年，穆斯塔法·凯末尔提议说土耳其将会乐意受邀加入国联。

这些争端大多原本可以由大国而不是国联来解决，但日内瓦提供了一种新的解决方式，而且理事会的参与使失败方更容易接受不受欢迎的判决。理事会所遵循的程序上的灵活方式、大会主席和理事会秘书长的角色、特别委员会的运用，以及私下的说服与公开告诫的明智运用，为更为古老的外交方式增添了一个新的方面。一种并不牵涉到制裁的维和角色适合英国人，他们首要地将日内瓦体系视为一种促进友好合作的途径，但法国人可能并非这样，他们希望得到更多的东西。随着 1920 年代渐近结束，国联维和功能的这一方面已经变成了国际舞台的一部分。无论欧洲各国政府有着何种的保留意见，公众并不这样认为，在英国尤其如此，那里的媒体将大量注意力倾注于国联所获得的成功。而作为英国 1920 年代最具影响力和最大的压力集团之一，国联联合会继续进行着一场重要的运动，支持国联的维和角色。

III

国联还着手实施巴黎和会和平解决方案的其他方面。理事会和秘书处尽管总是以不挑战成员国权威的适度方式进行，但逐渐形成了一些技巧来实施和约的一些条款，这些条款覆盖委任统治地和少数民族权益，以及处理新的难民问题——这个问题成了战360后场景中的一个永久性特征。《盟约》规定一个由专家组成的"委任统治地常设委员会"（Permanent Mandates Commission，PMC）向理事会提供建议，并且收受各个委任统治国关于 15 个委任统治地的年度报告。无论是理事会还是委任统治地常设委员会都无法强迫委任统治国，该委员会甚至无法访问委任统治地或者问询居民。相反，通过依赖于磋商与合作而不是密切的监视或者尖锐的批评，委任统治国被引导去考虑当地民众的利益。专家将详细审查年度报告以及地方申诉书，这些专家如同委员会主席阿尔贝托·西奥多利（Alberto Theodoli）侯爵一样具有同情心但也具有批判精神，他们的审查对于委任统治国的代表具有积极的影响。法国尤其对其在叙利亚和黎巴嫩的政策所受的批评感到敏感；英国人被迫改变策略，但更多是对坦噶尼喀（现为坦桑尼亚的一个地区）而不是巴勒斯坦；伊拉克人在英国人的支持下从委任统治地位提升至具有完全的主权，他们被说服对自己的少数民族做出让步。委任统治地常设委员会得到了由威廉·拉帕德（William Rappard）领导的一个小型秘书处的支持，拉帕德是一位强有力且有奉献精神的瑞士法学家，决心让委任统治制度成为国联保护角色的一种有效的展现。无论是他还是整个委员会都没有质疑殖民主义的道义基础。委任统治制度基于这样一种假定——世界秩序是等级制的，但那些自命的文明国家有责任去改善处于其控制之下的较为落后民族的命运。委任统治国被提醒它们既具有责任也拥有权利，而且对于 A 类委任统治地而言，这包括为自我治理做准备。这是一种高度遵循法规的、有限的控制制度，但这是国际社会首次尝试解决依附领土的问题，以及给予"互惠互利"和"集体责任"一种实际的意义。该委员会与委任统治国代表之间常常旷日持久的讨论，助长了委任统治地甚至是处于直接统治之下的邻近殖民地领土的动荡，但保护制度所产生的这种副作用并未降低该委员会的影响力。尽管人们已经有力地指出委任统治制度只是某种形式的新殖民主义，委任统治地常设委员会的工作却无疑以有利于土著民族的方式，帮助缓和了现有的殖民统治结构。

一战已经成了"民族主义历史的一道分水岭"。由于在战场上陷入僵持，交战国曾经鼓励针对现存当局的一切起义。土耳其人在 1915 年曾试图彻底摧毁亚美尼亚人，导致 80 万—130 万人被杀戮；而波兰在 1918—1920 年的种族斗争，牵涉到乌克兰犹太人被以前所未有的规模和方式大批杀害；自由主义者对于民族主义与自决可能释放无法控制的、凶残的本能的担心，由此被赋予了实质性的内容。在大战结束之时，通过法律保护少数派群体这一主张被妇女团体、社会主义者和和平主义者拾起。在巴黎和会上，由东欧犹太人创立、一些美国犹太人加入的"和会犹太人代表团委员会"（Comité des Délégations Juives auprès la Conférence de la Paix）鼓动承认一种犹太人的集体认同，鼓动提供最大限度的犹太人自治。甚至在《凡尔赛和约》签订之前，德国人也在准备为保护居住在德国边境之外的日耳曼人作为少数民族的权利而争辩。大国的代表们清楚这一问题

361

的存在，但并不特别急于解决政治或文化自治的问题。而对于
继承国来说，彻底埋葬这一问题完全符合它们的利益。但 1919
年巴黎和会带来的结果，使许多与其政治上的新主人长期不和
的少数民族群体面临着危险，这些危险因为给予一些民族自决
权（而不是所有民族群体）被放大，和平缔造者觉得他们必须
提供某种程度的保护。在这样做的过程中，尽管是以一种十分
有限的方式进行的，但他们延伸了国际法的规则。在拒绝有关
将保护少数民族纳入《盟约》本身的建议后，通过在 1919 年 5
月创立"新国家事务委员会"，少数民族问题在和会上最终得
到了直接的、单独的处理。这绝非易事：该委员会时间紧迫
（德国代表团已经到了巴黎），受制于各种各样的政治限制，面
临着关于东欧发生新的暴力的报告。由于受到其英美成员的支
配，该委员会起草了作为模板的少数民族协定，首先是为波兰
设计的，然后是为了捷克斯洛伐克、南斯拉夫、希腊及罗马尼
亚。尽管波兰代表提出了强烈抗议，但作为获得承认的一个条
件，波兰政府不得不在协定的第 1—8 条中同意不论其"出身、
民族、语言、种族或宗教"，一律对"所有居民的生命和自由
给予完全的保护"，并且保证在与公共秩序和社会公德无冲突
的条件下所有"信条、宗教与信仰"的自由进行。[4]第 9 条对非
波兰语公民的权利给予了特别的保护。犹太人问题在其后的两
个条款中得到了明确的对待。第 10 条规定"波兰的犹太人群
体"可以成立他们自行选择的教育委员会，并且将得到一份公
共资金。而第 11 条保证犹太人的安息日将会得到尊重，不会
成为对付犹太人的一件武器。这并不是承认在巴黎的许多犹太
人代表所希望的"民族自治"，但至少含蓄地承认了犹太人的
特性是合法而且不可侵犯的。这种程度的合法性只适用于波兰

362

的犹太人，与犹太人有关的特别条款并未被包含在其他少数民族协定中。但在犹太人的生存本身正面临着十分危险的新挑战时，这为他们带来了未来处境改善的希望。

波兰为后来一系列的少数民族协定提供了模板，这些协定保护民族、宗教和语言上的少数派群体。到 1924 年，13 个国家（阿尔巴尼亚、奥地利、保加利亚、捷克斯洛伐克、爱沙尼亚、希腊、匈牙利、拉脱维亚、立陶宛、波兰、罗马尼亚、土耳其和南斯拉夫）已经承认少数民族为集体性的实体，并且尊重其"民族"权利。上西里西亚也被添加进这份名单，伊拉克在 1932 年加入。这些协定只适用于新的或者不成熟的国家，它们必须被传授文明的行为规则。人们认为大国根本不需要此类指导。各个继承国强烈地憎恨被以这样一种方式挑选出来，它们持续地奋力将该制度扩大至所有国家，或者彻底地终止它。但一种普遍的机制受到委员会成员的反对，理由是这将牵涉一种干涉每个国家内部构成的不可接受的权利，而且将意味着否认国家主权。人们希望得到国际法妥善保护的少数民族最终将觉得足够安全，从而融入一个统一的民族国家的生活之中。具有终极讽刺意味的是，"同化主义者"（assimilationist）理论将会被德国的民族社会主义党完全颠倒过来，该党通过对民族给予一种种族性的界定，为二战之前的歧视和排斥开辟了道路。人口的交换被视作例外的情况，只是因为看似没有其他解决方案而成为必要，如同 1923 年希腊和土耳其的情形那样。尽管这些交换对于消除希土战争所产生的敌意起不了多大作用，但是消除了对于两国关系具有相当危险性的一个源头。

和平缔造者以一种有节制的方式延伸了国际法的这些准则。

这些协定并不是保证"人权"，而是少数派群体的权利。后者远远超出了对宗教自由的保护，譬如 1830 年的比利时以及 1878 年罗马尼亚的独立运动与战争的起因是保护宗教自由。签订协定的国家被要求确保平等的民事及政治权利，少数派群体可以自由地维护自己宗教的、社会的及教育的机构。在一些情况下，特定的少数群体被给予额外的保护，比如捷克斯洛伐克的罗塞尼亚省、希腊阿索斯山（Mount Athos，即"圣山"）的非希腊裔群体，以及土耳其的非穆斯林少数派。除了这些协定只适用于特定的国家，申诉的权利以及矫正冤屈的程序也是严格限定的。少数派群体或者其辩护人无法直接向国联理事会申诉，而只有该机构拥有权利关注侵害行为或者侵害的危险，也只有理事会能够采取行动。收受和考虑请愿书的复杂程序在 1920 年 10 月确立而且被持续遵守，直到 1930 年 10 月做出改革。在所有的请愿书中，有接近 55% 是可以被接收的。申诉以及侵犯国的辩护可以依据第 11 条（立陶宛曾利用这一程序对付波兰，阿尔巴尼亚曾利用其对付希腊），由理事会的少数民族委员会、一名理事会成员或者任何国联成员列入理事会议程（立陶宛曾利用这一程序来对付波兰，阿尔巴尼亚利用其来对付希腊）。在 1928 年之后，由于理事会的一次判决，这一做法最终被中止。尽管国联能够将案件提交国际常设法庭，但实际上很少这样做，而且少数派群体不被允许直接向该法庭申诉。从理论上而言，理事会的矫正权是广泛的。而在实际上，被指控具有侵犯行为的国家有权作为理事会的投票成员出席，因此无法采取任何实际的强制性行动。着重点被放在少数民族委员会与侵犯国政府之间的谈判上。真正的工作是由国联秘书处的少数民族分部进行的，这个小组的成员从未超过 9 名，还负责但泽及萨尔事务。

其专门人员要么在日内瓦咨询相关政府，要么（区别于委任统治地常设委员会）在该国国内商议。成员们可以在当地收集信息或者问询申诉者，申诉者此后在调查过程中没有进一步的正式作用。通过以一种非正式的和不公开的方式运作，它试图找到能够被"违反者"接受的解决方案，后者通常更愿意避免公开的指摘。少数派组织抗议其被正式排除在调查程序之外，抗议那种使被谴责国免受公开指摘的幕后方式。在德国与波兰因为上西里西亚的少数民族权利而发生争执之后，在施特雷泽曼的支持下，理事会的加拿大代表拉乌尔·丹迪朗（Raoul Dandurand）在 1930 年所施加的压力带来了程序上的适度变化，这些变化规范了报告制度，并且为申诉以及所建议采取的行动提供了更大的公开性。

国联在 1920 年代的"业绩"是参差不齐的。由于处理少数派群体事务的部门设法避免将申诉提交理事会，人们对其成功的了解不如对其失败的了解那么多。少数派群体事务部门不事张扬而又持续的努力的确带来了积极的结果：补偿被没收的财产，撤销对少数派群体教育、文化及宗教活动的某些限制，以及惩罚被发现有暴力或野蛮行为的个别公务员。少数派群体继续抱怨说，除非国联少数派群体事务部门让其委屈更广为人知，否则他们难以动员公众的同情心。对于那些使歧视性立法在政治上受到欢迎的态度，也许是因为不愿承认国联无法采取行动来使之做出改变，少数派发言人不得不依赖于公开宣传。这一制度的成功依赖于各国的合作。立陶宛和土耳其似乎极度敌视国联的各种努力，这些努力在那些地方是无用的。与之相对，波兰、希腊和罗马尼亚的行为导致申诉接连不断，在面临强大压力的情况下，三国的确改正了其攻击性行为。波兰的例

364

子具有重要的政治意味，在德国加入国联之后尤其如此。出于为国内政治服务的目的，施特雷泽曼利用对日耳曼少数民族的保护来获得国民对国联的支持。驻日内瓦的德国代表鼓励申诉，这主要是作为一种反对波兰的举动，但同时又避免将争吵升级，从而可能让德国在国联的地位受到质疑。在 1930 年代，少数派群体问题变成了一个爆炸性的议题，而该制度的脆弱性暴露无遗。申诉的数量从 1930—1931 年巅峰时期的 204 例，降低至1936 年的 15 例。1920 年代的有限的乐观主义在后来那种更为严峻的政治气候中蒸发了。德国被发现在 1933 年的"伯恩海姆案"① 中犯有过错，此案涉及一名此前居住在上西里西亚的犹太裔德国公民，它被明确用来检验少数派群体保护制度。德国人对理事会的变革要求做出了回应，上西里西亚的情况得到了某种改善。几个月之后，德国人请求国联大会对国联的年度少数派群体事务报告予以考虑。法国提出的两个议案记取了"伯恩海姆案"，提出扩大对少数派群体的保护，这些建议获得了普遍的支持，但被德国人阻止，而且三天后德国退出了国联。1934 年，波兰彻底退出了少数派群体保护制度。

----

① "伯恩海姆案"，也称"伯恩海姆申诉案"，指德国上西里西亚的一名犹太居民弗朗茨·伯恩海姆（Franz Bernheim）在 1933 年向国际联盟递交申诉，抗议纳粹的反犹太立法。伯恩海姆此前因为反犹立法而于 1933 年 4 月被格莱维茨德国家庭百货公司（Gleiwitz Deutsches Familien-Kaufhaus）解除经理一职。该申诉不仅针对伯恩海姆的被解职，而且针对整个上西里西亚的种族歧视问题，引述了有关解雇"非雅利安人的"公共雇员、公证员、律师、医疗专业人员和教师的各种规定。申诉是根据 1922 年《德波关于东西里西亚协定》所包含的保护少数派群体权利条款而提起的，该协定有效期为 15 年。这一申诉被国联接受，不仅为伯恩海姆本人带来了经济上的赔偿，而且使纳粹法律当中的大部分种族歧视性规定在上西里西亚无效。但是当关于东西里西亚的协定第 147 条于 1937 年 7 月 15 日到期时，上西里西亚也采用了德国法律中的种族歧视规定。

在更大的背景下，少数派群体保护制度之所以能够运作，只是因为受到条约约束的国家是虚弱的。更强大的国家能够不受惩罚地行事。

国联发起的这项制度有没有因为允许投诉进行下去而放大对立情绪？这似乎是极其不可能的。制造歧视的民族、种族和宗教上的分歧在社会上是如此根深蒂固，国联出现与否在这方面并不能带来任何的不同。但至少那些面临危险的人拥有某种被听到的希望，而国际社会注意到保护属于民族或种族、宗教和语言上的少数派群体之权利的需要。考虑到当前应对民族主义与民族权利困境的尝试充满混乱而且普遍不成功，人们只能羡慕当时数量相当小的一群男人和女人的那种信心与抱负，他们不仅相信对少数派群体的保护是一种国际责任，而且认为国联的"说服力量"能够说服无论如何不情愿的各国政府去接受由外部确立的行为准则。

此外还采取了一些并行的步骤，在国际的基础上解决"难民问题"。在这方面所做的事情有许多应当归功于著名的探险家弗里乔夫·南森，他获得了并不情愿的国联理事会的任命，负责遣返战俘。由于同时还是俄罗斯难民事务高级专员，南森还参与了苏联（俄）境内的饥荒救济工作，而且通过与外交人民委员契切林的合作，为国联在这一方向的适度努力提供了一个管理框架。从1921年直至1930年逝世，南森一直是高级专员。到1923年，"俄罗斯"（难民事务）这一形容词已经从其头衔中去掉，这位专员承担了其他任务，最重要的是西色雷斯的希腊难民问题，那里的人口交换牵涉到相当数量的民众。最终这一工作以及保加利亚的难民问题通过特别任命的国联机构得到解决。在1924年以后，技术性的

365

工作由国际劳工组织进行，南森的员工从国联秘书处转到国际劳工组织。新近命名的难民服务局（Refugee Service）同时对这位高级专员以及国际劳工组织负责，这种并不令人满意的安排在 1929 年底发生了改变，从这时起，职员及相关责任重新回归南森管辖。

表 17　东欧国际难民报告

单位：人

国家或地区	1927 年		1930 年			
	俄罗斯人	亚美尼亚人	俄罗斯人	亚美尼亚人	叙利亚人	土耳其人
奥地利	2465	270	2401	263		
塞浦路斯 ⎫英帝国 巴勒斯坦 ⎭	40 30	2500 1500	40 28	2500 2000		14
伊拉克	222	6784	30		3600	5
保加利亚	26494	22000	23848	22000		3
中国	76000	450	119294	500		
捷克斯洛伐克	30000	200	23800			
但泽	300	200	269			
丹麦	300		300			
爱沙尼亚	18000		16822			
芬兰	14313		14314			
法国	400000		400000			5
德国			100000			
希腊	2075	42002	2026	38834	600	37
匈牙利	5294	15	4751	15		
意大利	1154	603	1154	603		
日本	2356	24	2356	24		
拉脱维亚	40000					

续表

国家或地区	1927 年		1930 年			
	俄罗斯人	亚美尼亚人	俄罗斯人	亚美尼亚人	叙利亚人	土耳其人
立陶宛	10000					
挪威						
波兰	90000		99815	1000		
罗马尼亚			70000			
西班牙	500		500			
瑞典	1000		1000			
瑞士	2268	250	2266	250		
叙利亚		86500		85842	1500	30
土耳其	3000	4963	866			
南斯拉夫	25350	543	26521			
苏联南部				15000		
阿尔巴尼亚						2
埃及						14
其他国家						51
总计	751161	168804	912401	153831	20700	161

资料来源：League of Nations A. 48. VII, p. 25, *Report to the Eighth Ordinary Session of the Assembly* (Geneva 1927)：id., *Report to the Secretary General on the future Organization of Refugee Work*, Annex 1, p. 12 (Geneva, 1930)。

南森是一个特别具有创造力、个人生活简朴而又无私的人，正是由于南森以及国际劳工组织的难民服务局，最开始的一些并不太大但切实的步骤得以采取，以应对数量呈压倒性的流离失所之人。难民问题出人意料地变成了一个持续的问题，而且与当时人们所想象的相反，该问题的各个方面是在扩大而不是消失，南森等人为此找到了各种各样创新性的途径。在 1922 年为俄罗斯难民引入的"南森护照"被扩大至覆盖其他特定的难民群体。在 1928 年针对俄罗斯难民法律地位问题所做出的安排，在 1933 年和 1938 年被同样地扩大。1925—1929 年，国际劳工组织难民服务局得以将正在寻找工作的难民与其他国家潜在的雇主配对，在移民手续及运输安排方面也给予了帮助。在其生命行将结束之时，南森的主要关切是将亚美尼亚难民重新安置在亚美尼亚苏维埃。国联当时的帮助极其有限，只有最起码的管理费用得到支付（南森没有任何薪水），资金不得不从外部的渠道来筹集。有些钱募集自难民，他们被要求为每年在他们的南森护照（Nansen passports）① 上的盖章付费。其他捐献来自私人或者公共的来源。1927 年，这笔资金达到了 6.6 万瑞士法郎，到 1935 年总计达 33.8 万瑞士法郎。南森的希望因为缺乏甚至是小数目的资金而一再受挫。当新的、自治的南森国际难民办公室在 1931 年创立时，只有一笔极小的管理预算，其前景很难说是令人鼓舞的。与此同时国联大会决定该办公室将在 1938 年底关闭，这反映着当时仍然普遍的一种设想——难民问题只是暂时性的，将会找到解决方法。在 1930 年代初，由于国联的政治家不愿面对那些在国内政治上变得尴尬而在国外十分具有争议的问题，解决难民问题的更具创新性的方式被扼杀。随着"政治"难民数量的增加，成员国变得越来越不情愿扩大国联的责任范围。为强迫各国认识到有些责任并不止于其国境而采取的最初一些措施，很难说足以应对来自俄国、墨索

---

① 南森护照，正式名称为无国籍人士护照（stateless persons passports），在 1922—1938 年是一种获得国际承认的难民旅行证件，由国际联盟首推，最初是为俄国内战的难民而设。1933 年，亚美尼亚人、亚述人和土耳其人等也进入了签发的范围。南森护照由挪威外交官弗里乔夫·南森在 1922 年设计。统筹南森护照签发事宜的南森国际难民办公室于 1938 年获得诺贝尔和平奖。

里尼统治之下的意大利以及佛朗哥治下的西班牙的难民，更别说应对希特勒后来对残剩的国际机制的巨大攻击了。

IV

一战前的政府及私人组织在国际人道主义合作方面所体现出来的各种趋势，意味着人们期待《盟约》应当包括一些规定以促进繁荣、福利和社会公正。尽管一些和平缔造者并不情愿，但国家间关系的非政治方面必须得到承认。国联的许多新机构起源于19世纪末的公共的国际联合会或者机构。它们的代表和支持者以及其他事业的宣传者在1919年来到巴黎，迫切要求获得国际承认。新近创立的国际劳工组织（依据《凡尔赛和约》第十三部分）以及《盟约》的第23—25条建立在一个具有争议而未经证明的断言之上，用国际劳工组织宪章的话来说，这个断言就是"只有其建立在社会公正之上时，普遍而持久的和平才能得到确立"。没有几个政治家接受这样一个假定——战争是人类不公正的产物，而生活条件的改善将促进和平。但正是在这一旗帜之下，代表着劳工声音的国际劳工立法委员会（Commission on International Labour Legislation）的15名成员为国际劳工组织获得了承认和独立地位。英国的影响力以及史末资将军雄辩的请求战胜了威尔逊总统的反对意见，后者反对给予国联非政治事务行动的含糊授权。尽管人们只是希望国联成为战前人道主义机构的一个总括性组织（umbrella organization），但由于美国人不愿让自己与这个新的国际组织联系起来，这些机构当中有许多处于国联的圈子之外。作为几位个人以及国联秘书处成员努力的一个结果，大量新的专门机构依据第23条产生，其关切和成员覆盖从"通信与交通委员会"

368

（Committee on Communications and Transit）到非常之非正式的"国际才智合作委员会"（International Committee on Intellectual Co-operation），后者的成员自行支付参加年会的费用。如同在如此之多的其他方面一样，国联活动的扩展既是对现有状况的反应，也是对进一步成长的催化剂。尽管国联存在着以欧洲为中心的政治倾向，但这些机构的工作是真正国际性的，而且非国联成员被逐步地吸引进来。秘书处承担了一种支持功能，这种功能成了由个人及协会所应对问题国际化的一个不可或缺的部分，这些个人和协会从秘书处提供的观点及文档的交流中受益。大会进行的辩论使其活动公开化，同时使对于公众和官方支持的动员更具有成效和效率。

国联在这些非政治领域进行的工作具有两个不同的目的：为获得成员国的信任而培育其能力与专门技能；通过让各国持续地参与国联的各项工作而使国联本身对这些国家具有意义。尽管它可以期待一些成员国的掌声，但也总是有那么一些国联成员觉得他们的活动违反了国家主权的原则。甚至在一些没有遭到原则性反对的方面，代表们也并不愿意让自己的国家掏腰包来促进国联的人道主义工作。只有小小的秘书处提供了对于成功必不可少的连续性和"机构记忆"（institutional memory）①。早期获得任命进入秘书处的人具有相当之大的独立性，比秘书长拥有更为宽广的视野和更多的抱负。无论其任期多长，诸如让·莫内（Jean Monnet）、威廉·拉帕德、阿瑟·索尔特爵士、萨纳西斯·阿格尼德（Thanassis Aghnides）等人给这个新生的组织留下了永久的印记，并且为国际民事服务的发展做出了贡

---

① 由一个组织所共同拥有的一整套事实、概念、经历和技能。

献。此外，秘书处鼓励与将促进国联工作的组织合作，无论是
官方还是私人的组织。对于专家建议的渴望产生了对国联服务
的需要，这不仅仅是在金融和经济领域。在 1920 年代发展起来
的许多委员会和调查团是小规模的，资金不足，而且依赖于几
名活跃分子的工作，但是它们的存在加强了国联的声誉和责任。 369
无论是对于妇女和儿童的保护，还是技术支持以及卫生项目，
国联的人道主义工作牵涉到政治决策，而且其性质常常具有争
议。1929 年，中国在公共卫生领域请求帮助，然后在 1931 年
请求金融与经济建议。索尔特进行了一次为期六周的访问，并
且与国联的另外两名官员一道设计并引入了一个重建计划，但
它激怒了日本人，以至于不得不被收回。秘书处总是小心翼翼
的，同时十分清醒地意识到其有限的授权。

　　在 1920 年代，国联为支配着国际外交的多边经济及金融讨
论做出了贡献，其关键的功能之一是创建资料库与促进信息和
观点的交流。早在 1920 年，国联理事会采纳法国前总理以及国
际仲裁法庭成员莱昂·布儒瓦的建议，创立了一个委员会，该
委员会分成两个部门：一个负责经济的部门，其成员由以个人
身份行事、从政府贸易及商业部门招募的"专家"组成；一个
负责金融的部门，由来自各国金融部委的官员和杰出的银行家
组成。与国内的统治精英的紧密联系是必要而且极其有用的。
专家们与理事会密切合作，强化着那些更富裕更大的国家的支
配性角色，在美国人缺席的情况下，由英国人来设定进程。这
两个委员会的参与者赞成缺席的美国官方代表所主张的更为传
统的多边主义及自由贸易方式，美国官方代表的支持对欧洲大
陆的重建是必不可少的。经济委员会缓慢地开展工作，在问题
"成熟"可供考虑之前，委员会并不愿意或者无法采取行动。

有很大一部分的努力被用在技术性问题上，比如海关关税和国际信用票据的统一与简化，而更为关键的关税及其他形式的进出口禁令则被推迟，直至一种国际共识出现。未能解决此类关键问题导致专家们在 1927 年的世界经济会议上受到尖锐批评，而且专家们的角色受到质疑。尽管是以个人身份而不是作为国家代表获得任命，但他们要么被谴责为其国家的发言人，要么与之相反，其对待当时问题的方式被谴责过于理论化和不重视政治。金融委员会更为活跃且成功。该委员会主要由银行家和金融部委官员组成，它为处于金融困境之中的国家提供的新形式帮助开辟了道路，甚至当其回顾寻求恢复战前的金融体系，以及回归所谓的自动金本位制（automatic gold standard）时也是如此。

370　　　国联主持了这一时期的大多数更为重要的金融与经济会议，或者为其提供服务。1921 年的布鲁塞尔会议是第一次完全专门应对金融和货币问题的国际会议，利用了公务员、议员、商人和金融家的专业技能。大量的数据信息得以采集。专家们为应对当时的金融困难而提出的各种建议是十分传统的，但那些应对通货膨胀、汇率不稳定、重建资金缺乏以及货币稳定化的具体建议中，没有几个能够得到实施。其中最具创新性的建议是建立一个国联的委员会来主持重建贷款和国际信用，但该建议受到美国的反对，而只有美国能够按照必需的规模来为贷款融资。其他一些不那么理想化的计划同样胎死腹中，原因是美国"在被卷入国际事务上的矛盾心态、围绕战争债务及赔偿的斗争，以及决策者在金融问题是否能够只被委托给市场这一问题上的争论"[5]。第二次国际金融会议由英国和法国发起，它们希望美国人将会参与，但是由国联来提供服务，在 1922 年作为热那亚会议的一部分而召开。代表们的目标远远没有那么雄心勃勃，他们首要地聚焦于恢复金本位制，以及推动汇率稳定。战争债务与赔偿问题、美国官方缺席这些进程，以及他们对扩大金汇兑本位制的反对，再度使进展举步维艰。法国人、比利时人和意大利人根本不想稳定他们的货币，按战前的平价计算，这些货币贬值的速度比英镑更为迅速。他们相信贬值将导致对其货币丧失信心，伤害在政治上重要的中产阶级，抬高物价，导致失业和社会动荡。他们宁愿等待，直至他们的货币在采取行动之前自动地重新恢复其战前的价值。金汇兑本位制得到英国人的支持，但在热那亚只得到部分的赞同，它使伦敦能够继续作为主要的金融中心，同时掩盖着英国不断增加的贸易赤字的完全冲击。该制度被美国人视为对于国际货币体系的一种不合理的、危险的官方干预，是英国人意图将业务从纽约转移至伦敦的一种计谋。法国也反对将金汇兑本位制正式化。他们援引自己的法兰西银行的经历，并不喜欢给予各个央行额外的自由裁量的权力，而且反对那些将会增强伦敦及纽约金融主导地位的变化。在各国政府仍然在争论战争债务和赔偿之时，各国央行无论如何之独立，都无法成功地协作以恢复国际金融体系的稳定。国联最为雄心勃勃的努力是 1927 年的经济会议，它有着广泛的授权和大量成员的参与——194 名代表和 226 名专家，都是以个人身份被选中的，他们来自包括美国、苏联和土耳其在内的 50 个成员国及非成员国。法国人是首要的推动者；英国人由于担心其可能的反美偏见以及对他们自己的经济实践的攻击，曾经裹足不前。人们为这次为期 4 天的会议进行了广泛的准备，国联秘书处的经济及金融部门发布了大约 70 份单独的研究报告。着重点从金融领域转变为国际贸易问题，因为随着大

371

多数国家货币的稳定化，人们相信公共财政混乱和货币贬值的阶段正在接近尾声。人们为消除对"劳动力、资金和商品的自由流动"的障碍而提出了许多建议，但其中没有几个得到实施。当各国政府面对着不断萎缩的贸易、低迷的价格以及不断上升的失业率时，1927 年会议所做的预言式的警告以及明智的话语很快就被忘记。在 1930 年代初更为冷峻的经济气候中，由国联通过其技术性及辅助性功能而提供的面向国际合作的推力正在失势。

在其经济、社会及人道主义工作中，国联取得了艰辛的进展。秘书处以及各个技术性组织得以在世界规模上收集和整理信息，以及建立国际行为规范。在许多情况下，它们成功地说服成员国及非成员国政府为满足此类规范而调整它们的国家立法。在将国联的工作与私人及公共机构结合，以及为追求经济、社会和文化目标而制定共同的程序模式方面，树立了具有建设性的先例。一些具有远见的人希望通过应对处于传统外交之外的问题，国联将提供一些能够被转移至政治舞台上的国际合作范例。只是到 1930 年代末国联已经完全丧失其政治信誉时，其功能性工作才终于被视为最重要的和主要的补偿性特征。在 1920 年代，欧洲的政治家们很少关注国联不断扩大的人道主义角色，而是聚焦于其维和活动——在这一方面进展不大——以及聚焦于寻求一种裁军方案，但国联从未能实现后一点。

V

372　　考虑到第一次世界大战的巨大规模与代价，以及对欧洲所有人口施加的沉重负担，战后各国政府不可避免地被敦促削减其武装力量以及军备开支。日内瓦自然成了相当一部分此类鼓动的焦点。与其他任何问题相比，对于裁军的寻求吸引了国联更多的注意力、时间和精力。它最终不仅是一种徒劳的寻求，而且帮助摧毁了国联在政治领域的信誉。由于伍德罗·威尔逊总统的坚持，《盟约》第 8 条宣称"和平的维护需要将国家的军备削减至与国家安全相一致的最低程度，需要通过共同的行动来履行国际义务"，要求理事会在一个永久性委员会的协助下（第 9 条）为这种削减制订计划。无论是《凡尔赛和约》第五部分的前言，还是协约国对德国反对该和约做出的正式答复，都将对德国提出的裁军要求作为"走向全面削减和限制军备的最先步骤，通过裁军，他们寻求带来最具成果的预防战争手段之一，而裁军将成为国联推动的最初责任之一"[6]。不论其是否具有法律上的约束力，在这些许诺的背后是大西洋两岸的一个普遍的信念——巨大的军备会不可避免地导致战争，而且军备竞赛曾直接导致 1914 年的大灾难。布尔什维克主义者认为，战争是资本主义发展最终阶段所固有的，而 1914—1918 年的冲突只不过是一系列的帝国主义战争中的第一次。在这种观点之外，这一主题还有许多的变体。它们从与军备制造者（所谓的"死亡商人"）和国际银行家影响力有关的阴谋论，延伸至一些更为复杂的论断：战争开支刺激民族主义，助长民族间的敌对，将资金从将降低冲突风险的更具成效和对社会有益的目的上转移出去。正是由于一些个人的努力，在最初的那股热情已经消失之后，人们正式致力于国际裁军问题。但一旦开始之后，公众在这一主题上的情感所具有的不断增大的力量，意味着这一过程获得了一种属于它自己的动力。任何政府都不希望因为失败而受到谴责。无论存在怎样的困难，主张裁军者认为战后的这个时期是实施《盟约》的一个理想时刻。尽管德国人逃避对

373

军备的限制（这是让法国人比英国人更为关切的东西），但他们被有效地解除武装，对于和平不构成任何立即的威胁。最近的这场战争（一战）的印象是鲜活的，裁军的理由在英国和法国的大众层面获得了强大的支持。所有国家都有强大的财政理由去寻求一个军备限制协定。

从一开始，国际裁军的困难就是真实且显而易见的。在没有绝对的政治领导力的情况下，推动军备限制是艰难的。当开始讨论军队、舰船或者飞机时，军人的分量就得到了认识，而达成一个军备协议的希望逐渐减弱。许多技术性困难实际上是"披着制服"的政治争论①，不过由于有 40 个以上国家的不同军种必须得到考虑，也的确有各种让人望而生畏的问题有待解决。武器系统不同，对等物难以找到，比例难以确定。控制与检查的方法引起了关于主权和独立之类的根本性问题。普遍裁军的问题在当时和在今天一样总是令人望而生畏的。较小的国家最为坚持应当采取行动，但国联的两个关键成员英国和法国都不认为裁军将促进和平。两国的军种首脑当中没有谁相信裁减军备的作用。英吉利海峡两岸共同拥有这样的一个假定，那就是在保证国家的安全方面，没有任何东西可以替代军事力量。在 1925 年之前，英国没有任何裁军政策。在战后不久，陆军回归志愿服役制，英国的军事机构经历了猛烈的削减。英国在1919 年做出了未来十年欧洲不会发生任何战争的决定，也就是所谓的"十年规则"（Ten Year Rule），这成了财政部要求三军预算做出削减的根据。它只是对陆军施加了控制。1922 年至1924 年，空军和海军成功地维系其提高开支的要求。在整个

---

① 指政治上的争论以军事的形式出现。

1920年代，英国人在其武装力量上的花费即使不比其他国家多，至少也是一样多，而且数额从来没有跌至其1914年以前的水平之下。各军种从来没有得到他们所希望的全部，而且从绝对值而言，花费在三个军种上的资金从1925年至1934年一直是下降的。英国人因此在日内瓦争辩说，他们已经裁军或者几乎没有必要的军队来履行其现有的帝国责任。海军所面临的负担尤其沉重，它别无选择，只能承担起保证英国全球地位的责任，但就是这个"高级军种"也因为节省的驱动而受到影响。这里存在着英国连续多届政府寻求减少英国的欧洲义务的又一个原因。

　　法国的立场是完全一贯而且非常合乎逻辑的。在德国回归　374
其大国地位前，《凡尔赛和约》并未为法国提供其所认为必要的那种程度的安全。英美没有做出任何保证，英国也没有与法国结盟。甚至在保证和约提供的地位以及在强制执行德国的裁军方面也存在着各种困难。保持欧洲大陆现状的唯一途径，就是维护法国的军事力量。从根本上而言，法国陆军是欧洲和平的保障者。对于德国复兴的恐惧是如此强烈，以至于士兵以及军备上的数量优势并没有减少法国人的担心。需要经常戒备德国在人口和工业潜力上的优势。那些掌控法国防务政策的人明白，尽管拥有数量上的优势，但法国陆军装备糟糕，训练不足，领导拙劣，而且士气低落。尽管英国人在谈论法国的轰炸威胁，法国空军虽然规模大，却主要由陈旧的飞机组成。只有法国海军在华盛顿海军会议之后着手实施一个扩大和改善的计划。在没有一个由有效制裁支持、得到强化的安全体系的情况下，没有任何一位法国总理愿意考虑削减法国的军力。法国人从未完全地讲出这样一个安全体系意味着什么，但是在缺乏英国保障——这是法国的第一要务——的情况下，其效力依赖于英国在国联承担被扩大的责任，而伦敦当局显然不愿承担。从法国的角度来看，安全不得不优先于裁军。

国联为推动裁军做出的最初一些努力并未带来多少进展或者声望。从理论上而言，所有政府都赞成裁军；而在实践中，每个国家都渴望看到其他国家解除武装。1920 年 5 月 17 日，国联理事会创立了其关于陆军、海军和空军事务的常设咨询委员会（Permanent Advisory Committee，PAC），由来自各个成员国武装力量的代表组成。关于他们可能将就确定何种军力水平取得一致意见的一切希望，都迅速被驱散了。这种讨论只是导致一个并不令人吃惊的结论，那就是裁军不切实际。在 1920 年 9 月召开的第一次国联大会不愿让此事不了了之，当来自斯堪的纳维亚半岛的三个国家将裁军列入议程时，人们普遍要求集结一群更为广泛的专家，他们的手脚不会受到各国政府的束缚。因此，在常设咨询委员会之外，国联理事会创建了一个临时混合委员会（Temporary Mixed Commission，TMC），由在“政治、经济和社会事务”方面具有能力的专家，以及来自 PAC、国联金融委员会以及国际劳工组织的代表组成。但在其最初两年的工作中，TMC 将自己限定于审查如何控制私人军备制造商的买卖，以及对国联成员国目前的军备状况进行数据性调查。正是华盛顿海军会议（1921 年 11 月 12 日至 1922 年 2 月 6 日）的成功，鼓舞了国联大会对采取更为雄心勃勃的措施的可能性抱有乐观主义。尽管国际主义者反感在国联之外举行对话，但各国在华盛顿达成了一致，而且一些主力舰的确被废弃。

在华盛顿缔造的条约是三个首要谈判国国内特定需要的产物，而且与影响中国和太平洋地区的政治协议联系起来。作为最为强大的潜在海军力量，美国愿意做出让步，以避免海军竞赛上的开支。美国 1916 年的造船计划已经停止，没有任何船只完成的程度达到 45% 以上。共和党新任总统沃伦·哈定面对着国会对于该计划完成事宜的一次重大攻击，而海军部恰好已经提交了另一份建造议案。尽管这个"大海军"群体在参议院赢得了强大的支持，但在一个正从战后的萧条中复苏的国家里，普遍的看法是花在防务上的钱无非就是浪费了。来自爱达荷州、有着一头乱发的参议员威廉·博拉（William Borah）召集了一大批妇女、劳工、教会人士、和平主义者以及禁酒者来反对总统提出的这份议案。博拉在 1920 年 12 月的决议要求总统致力于与英国及日本达成一份海军裁军协定，这份决议在参议院赢得了支持。国务卿查尔斯·埃文斯·休斯尽管既不赞成也不反对海军的建造计划，但他极度敌视英日同盟，只有当该同盟终结时才准备与英国合作。日本被视为未来对太平洋的平衡最为可能的威胁，它已经在其海军计划方面推进得最远，但财政资源无疑很紧张。其海军建造计划的完成将占到日本预算的一半，而当时该国的出口是下降的，税收也减少了。日本首相原敬曾经是外交官，后来在华盛顿海军会议开幕那天遇刺①，他当时正在东京忙于一场重大的政治斗争。出于政治上和经济上的原因，他需要与美国达成一份协议，哪怕这意味着从在中国推行的激进主义政策上后退，而且可能放弃英日协定。重要的是日本在东北亚的新地位得到承认，但一种保守的立场可能带来有益的补偿。当美国人的邀请到来时，英国人也正在打算发起他们自己的会议倡议，他们发现与进行一场英国可能失败的昂贵

---

①　原文如此。实际上原敬于 1921 年 11 月 4 日遇刺身亡。

376 的主力舰海军竞赛相比，和美国谈判要更为有利。温斯顿·丘吉尔在 1921 年 7 月 23 日警告说，如果美国选择"提供资金而且坚持不懈，（它将）有机会成为世界上最强大的海军力量，从而获得对太平洋的完全控制"[7]。1921 年初，英国政府允许建造八艘超级无畏战舰，但宁愿做出妥协。海军部几乎仅谈论一种"一强标准"或者"与其他任何一个大国的平等地位"。当一场"反浪费"运动已经启动时，为应对美国的威胁而建造舰船加剧了英国财政部与海军部之间激烈的斗争。劳合·乔治绝望地需要一场外交政策上的成功来恢复其政治声誉。爱尔兰问题刚刚勉强平静下来，在欧洲及中东还存在着各种困难。英国外交部缓缓而并不情愿地决定，出于与美国合作的利益，不得不废除英日同盟。由于各自治领对于这样一个举动的明智性看法不同，达成一个三方的解决方案是最好且可能的妥协之道。

　　哈定一发出访问华盛顿的邀请之后，英国人就将其海军政策与太平洋政策融合在一起。他们并不期待从这次会议以及休斯那里获得多少东西。由阿瑟·贝尔福领导的代表团穿越狂风暴雨来到华盛顿之后，发现自己根本无法拒绝休斯提出的十年内不建造主力舰的建议。英国、美国和日本接受了提议的 5∶5∶3 的主力舰总吨位数比例。法国在提出重大的反对意见之后，接受了 1.75 的主力舰比例以及与意大利的平等地位，不过法国提出的条件是这些限制不适用于较小的船只，也就是巡洋舰和潜艇（而英国希望彻底废除潜艇）。"华盛顿体系"是一个有限的体系，有关平等地位的安排只适用于主力舰，而且为期只有十年。英国不愿将这些比例用于其他种类的辅助船只。由于英国在巡洋舰方面拥有重大的优势（它们对于保护其世界范围的贸易是必不可少的），因此他们只同意巡洋舰排水量不得超过一万吨，

或者不能架设比八英寸口径火炮更大的武器。英国当时在任何
种类船只的吨位总量和数量上仍然领先于美国。英国海军部准
备接受这些新的比例，其首要的关切是十年"海军假日"，这
将损害英国的造船能力。日本人不得不接受一个比他们所希望
的更低的比例，但赢得了一个不设防条款，它将防止英国人或
者美国人在距离日本3000英里的范围内修建或者运作基地。在
该协定之外的珍珠港和新加坡是离日本最近的基地，但这两个
基地都无法挑战日本对东亚水域的主宰。在政治方面，《四国
条约》的四个签字国（美国、英国、日本和法国）保证各自在
太平洋的岛屿属地的权利，并且同意在其权利受到威胁时将共
同协调；而《九国公约》保证中国的领土完全与行政独立，并
且重新确认了"门户开放"原则，但这两个条约都没有让任何
参与者致力于行动。美国人摆脱了来自英日同盟的威胁，后者
曾在他们的海军规划中处于核心地位。通过《四国条约》，英
国人赢得了一种体面地退出与日本的同盟的途径，他们认为自
己能够安抚日本人，而又能让美国人分担他们在远东的维护治
安的责任。《九国公约》没有真正的实质性内容。它不包含任
何执行手段，而且日本人相信它不适用于满洲，中国的这一部
分是他们一心一意想要控制的。太平洋地区已经改变的现状得
到了承认，而且暂时稳定下来。它足以使谈判一个裁军协定成
为可能。《洛迦诺公约》并未为欧洲的全面裁军提供一个类似
的基础。

尽管在华盛顿签订的各项条约迄今已经引起了历史学者的
大量批评，但近年来，一种更为积极的判断已经出现。英国人
保住了其在海军方面的最高地位，而又未与美国人进行一场昂
贵的竞赛，后者建造的船只并未达到条约所规定的限度。英国

377

皇家海军废弃的主要是老旧的舰船，而其放弃的只是一个纸面上的新建造计划。在已经决定皇家海军在主力舰优势上需要对日本人拥有 50% 的优势差距之后，华盛顿会议给予了英国 60% 的差距。在欧洲水域，皇家海军被确保获得完全的支配地位。英国人只是在其对于潜艇应当被规定为非法这一要求上受挫。更具争议性的是放弃与日本的同盟这一问题，尽管以下假设存疑——保留这一同盟会让日本海军至上主义者受到遏制，或者防止日本在中国扩张。考虑到国会不愿为建造一支舰队（尤其是昂贵的主力舰）拨款，美国人从该协定中受益颇大。对于为一场进攻性战争而在西太平洋修建基地所需的大量资金，美国原本可能会在拨款问题上望而却步。日本的本土各岛比以前更为安全，而且东京当局避免了一个昂贵的海军建造计划，该计划原本可能引发美国的反应。与如果没有任何海军裁军协定的情形相比，这三个主要海军国当中每一个的地位都加强了。法国在外交上遭到了遏制，但法国海军实现了其最低的要求，并且得以自由地建造为实现其海军目标所需数量的轻型舰船和潜艇。法国人输掉了宣传战，而且在美国的媒体中被描述为好战的军国主义者。法国代表团没有像白里安此前希望的那样，获得任何机会扮演英美之间的调停者。更为糟糕的是，白里安憎恨英国未能考虑法国获得特别对待的权利，他糟糕地处理了形势，在已经疏远了英美两国之后离开了大会。他将海军及陆军裁军联系起来的企图激怒了美国人，而其为法国的财政困境获得一种同情性考虑而铺平道路的努力，被美国人的新闻报道毁灭。意大利人觉得他们已经赢得了胜利，因为他们获得了与法国平等的地位，而且从原则上而言，这是对法国野心的遏制。考虑到法国的财政状况并不容许其建造主力舰（法国在主力舰方面已经领先于意大利），而且人们推断意大利人在财力上无法建造达到在其他种类舰船方面所限定的吨位总量，法国的海军至上主义者原本应当满足于在华盛顿获得的东西。但将法国降至二等海军强国地位以及被迫接受与意大利平等的地位，对于法国海军界的自尊心来说是一种严重的打击。

这些条约赢得了广泛的好评（在一些国家的海军界，尤其是在日本除外），而且唤起了人们相当之大的希望，用哈定总统的话来说，那就是这些条约将标志着"人类事务上的一个新的、更好的时代的开端"[8]。人们不仅高度期待其他的海军条约将跟随而来，而且期待华盛顿会议的榜样将作为一个全面裁军计划的第一步。在 1920 年代，对于海军裁军的乐观主义有着明显的理由。从技术上而言，与陆军及空军裁军相比，限制海军军备是一个不那么复杂的问题。牵涉的国家更少，在没有小国以及常常是内陆国家干扰的情况下，主要海军大国能够以让它们满意的方式安排事务。武器的种类没有那样繁多，隐藏军备困难，舰船建造缓慢，而转化的可能性有限。建造舰船是一个十分昂贵的计划，而（拥有）"公海"（舰队的）政府在可能的情况下希望避免海军竞赛。海军军备限制制度可以是独立的（self-contained），正如法国人在并不成功地试图将华盛顿会议的讨论延伸至包括陆军时所发现的那样。但该海军条约无法运用于其他的海军子系统，海军裁军也无法与其他形式的军备削减联系起来。在没有达成任何成果的情况下，国联 1924 年 2 月在罗马举办的一次会议就结束了。法国和意大利将发现与全球性的海军均势相比，其在地中海的关切更让它们担心，英国人未能将这两个海军大国中的任何一个纳入在 1930 年以后得到扩大的华盛顿体系之中。

379

　　法国在华盛顿的失败由于 1922 年 1 月戛纳谈判的崩溃而变得更为复杂，当时英国人再度拒绝提供白里安和普恩加莱如此焦虑地寻求的广泛的条约保证。1922 年初，法国还面对着国联临时混合委员会更加不受欢迎的裁军建议。英国代表伊舍勋爵（Lord Esher）提出如同在华盛顿签订的条约所规定的海军比例一样，对欧洲陆军规模也运用按照比例确定的方案（殖民地军队被排除在计算之外）。法国人憎恨这种"简单化的"和"完全随心所欲的"方案，而且由于缺乏英国官方的任何支持，该方案很快被放弃。正是在法国的支持下，包括捷克斯洛伐克的爱德华·贝奈斯和比利时的保罗·海曼斯等较小国家的代表采取了主动，将安全问题视作任何裁军协议的必要的预备步骤。1922 年 9 月 27 日，第三届国联大会通过了"第 14 号决议"，强调安全与裁军之间牢不可破的联系，并且以缔结一个普遍的防御性协定作为达成一份裁军协议的条件。其结果就是临时混合委员会在 1923 年采取的新行动。英法专家拟订了单独的协定，它们最终被结合起来，形成了单个的《互助条约》草案。该草案在 1923 年 9 月被提交到国联大会——这很难说是法德或英法关系中的一个幸运时刻——它要求同一个大陆上的任一国家受到侵略时，其他签字国都应当施以援手。理事会的权力被扩大和加强，它可以指明谁是侵略者，以及就制裁的运用做出决定，包括组织军事力量。这种相互的保证与接受一个全面裁军计划联系起来，并且为随后制订一个详细的裁军方案做好了准备。包括法国在内的大多数欧洲国家接受了《互助条约》草案，尽管许多国家持保留意见。虽然该草案源于英国，但拉姆齐·麦克唐纳的工党政府在 1924 年 7 月 5 日拒绝了该计划，从而埋葬了这一建议。英国最为重要的反对意见是其加大了对于英国过度透支的武装力量的负担。理事会角色的扩大将让国联变成一个被英国所有政府拒绝的"超国家"。英国的各个自治领，尤其是加拿大，以及斯堪的纳维亚半岛国家同样持敌对态度，该方案也没有从美国、苏联或德国政府得到任何支持。甚至连法国人也怀疑关于施以援手的规定是否足以成为他们裁军的正当理由。

但无论是法国寻找某种途径走出其安全困境的努力，还是国联大会举行一场裁军会议的愿望，背后的动力是如此强大，以至于讨论不得不继续下去。英国的工党政府由于自由派人士的支持而得以执掌政权，而自由派人士是国联最为活跃的政治支持者之一，没有任何工党政府能够反对裁军。在其信件中拒绝《互助条约》草案之后，麦克唐纳已经宣布了他在一个合适的时刻召开一次世界性裁军会议的意图。在 1924 年 8 月的伦敦赔偿对话中抵制法国，并且拒绝赫里欧获得某种形式的英法协定的努力之后，这位工党首相觉得朝着法国的方向采取某种步骤是明智的。英国外交部清楚法国的"不适"之所在，讨论了做出一种反对侵略而且德国可以加入其中的相互保证的可能性。这样一份协定将让法国人离开莱茵兰，消除德国人不满的主要源头之一，并且在欧洲的国家中鼓励一种新的合作精神。这就是《日内瓦和平解决国际争端议定书》（Geneva Protocol for the Pacific Settlement of International Disputes，即《日内瓦议定书》）产生的背景，"议定书"一词用于表明该方案是为《盟约》增辉，而不是背离它。麦克唐纳和赫里欧这两位社会主义领导人参加了 1924 年 9 月的国联大会，这是这两个国家首次均由政府首脑作为代表出席。麦克唐纳在大会上谈到了接纳德国进入国联的必要性，并且为强制性仲裁阐述了理由。赫里欧提出了制裁的问题：仲裁本身并不会提供为保证服从和安全所需的强制。对于采取行动的进一步的推动力来自一个未经证实的传言，那就是美国将在国联之外召开另一场裁军会议。《日内瓦议定书》体现着一个包括三部分的方案：仲裁、安全和裁军。其条款由两个委员会拟定：一个是关于安全的，它得到了捷克斯洛伐克的贝奈斯的出色主持；另一个是关于强制仲裁制度的，由希腊代表尼古拉斯·波利蒂斯领导。一种自动适用于所有争端解决的制度得以创立，但未能接受将仲裁作为检验侵略的手段。《日内瓦议定书》旨在填补由《盟约》第 12 条和第 15 条制造的"缝隙"。依据这些新的条款，除非在得到理事会的同意或者要求下，否则任何国家不得诉诸战争。在作为仲裁机构的国际常设法庭或者理事会做出判决后，任何发动战争的国家将被自动地判定为侵略者而受到制裁。所有签字国将把其司法争端提交国际常设法庭，并且接受其判决是最终的。就非司法性争端而言，在理事会无法达成一致的时候，该案件将自动提交仲裁，而其判决具有约束力。在要求于 1925 年 6 月召开的一次裁军会议就一个全面的裁军计划达成一致之后，《日内瓦议定书》将开始生效。

381

国联的总体安全体系的这种加强（处于国家国内司法管辖之内的事务当然被排除在外），仍然将实施制裁的最终权力留给了个别国家。它最多只是为《盟约》在司法上的脆弱之处提供了一种矫正。在英国人看来，《日内瓦议定书》将为他们的舰队带来无法承受的负担，在英国只拥有有限利益的地方增添不必要的、危险的义务，在这些方面甚至比《互助条约》草案更甚。对于英国政府或者强烈反对《日内瓦议定书》的自治领当中的任何一个而言，这不是他们愿意接受的义务。当工党政府正一心想对欧洲大陆做出某种形式的修正的时候，接受这种

义务将冻结欧洲的现状。1924 年的秋天，英国在日内瓦的代表
们曾在《日内瓦议定书》的起草中扮演一个重要的角色。但在
其最终的形式中，恰恰是在英国任何内阁都无法批准的方向延
伸了国联的权力。这种"用于舒缓神经的无害药物"（麦克唐
纳之语）在伦敦并无多少成功的机会。即使麦克唐纳仍然在
位，这份《日内瓦议定书》能否获得批准也是存疑的。英国保
守派在 1924 年 10 月大选中的获胜确保《日内瓦议定书》将遭
到拒绝。新内阁压倒性地反对其条款，外交部强烈反对，而三
军首脑对于其干涉主义的意味则大惊小怪。这一新方案在华盛
顿也引发了类似的敌对反应，那里的人们担心其关于非成员国
的规定可能将牵涉到欧洲采取针对美国的行动。这种风险是可
以忽略不计的，但美国的敌意强化了英国和加拿大的反对。外
交大臣奥斯汀·张伯伦在 1925 年 3 月的拒绝反映了大多数人的
观点，他此前这样对克鲁勋爵（Lord Crewe）解释拒绝的原因：
"这样一种保证是如此普遍，以至于我们对诸如保卫波兰走廊
所承担的义务（英国永远没有一届政府即将或者能够为此冒着
牺牲哪怕是一名英国士兵的危险），恰恰与当我们延伸至我们
的民族生存所依赖的那些国际安排以及条件——如同我们的历
史所表明的那样——时承担的义务一样。这种保证是如此广泛
和普遍，以至于对于与我们的行动有关的人们来说，它根本无
法让人确信，无法给予任何安全感。"[9]英国人的拒绝决定了《日
内瓦议定书》的命运。

382

　　《日内瓦议定书》如果被接受，它是否将足以确保那些寻
求安全的国家（尤其是法国）允许推进裁军事业，这是未知
的。光是《日内瓦议定书》本身原本是否能够提供一种集体安
全体系所需的确定性，也是值得怀疑的。甚至在一种为应对外

来威胁而创立的更为有限的体系中，在成员国是否将履行其义务方面也总是存疑。在一种包容性的体系里，其中的每一个国家都可能是侵略者或者侵略的受害者，而且所有国家保证将采取行动的话，也没有任何方式来确保服从。裁军谈判其后的历史在很大程度上牵涉英法的分歧以及优先事项的问题，也就是究竟裁军将促进安全还是安全先于裁军。如同在巴黎和会上一样，英国关注欧洲的稳定，仍然希望为了支持其在世界范围的利益而减少对欧洲的投入。只要"德国问题"仍然保留在议程上，英国就不得不在欧洲大陆扮演一个重要的角色。但持续卷入欧洲大陆事务并不意味着接受一个按照法国条件结成的同盟，或者通过延伸国联的安全功能而承担额外的责任。相反，伦敦当局寻求弱化法国与其东欧盟国的联系，并且试图修改《盟约》的安全规定。法国及其盟友将从一个致力于支持现状、得到强化的国联得到一切。国联生来并不提供法国所需要的那种安全，有了这样一种安全，法国才能够将其军事力量削减至超过其财政紧急情况所必需的水平。由于法国暂时仍然是欧洲最强大的军事力量，没有法国，就不可能达成任何可行的裁军协议。通过运用这张强大的牌，法国人寻求通过国联获得来自英国的支持，这是到此时为止仍然未能从伦敦当局获得的。利害攸关的并不只是陆权国家和海权国家利益的不同，尽管这些利益增加了这两个最为强大的欧洲国家之间弥合差距的困难。在缺乏其他任何全面的替代物的情况下，无论其如何虚弱，《日内瓦议定书》后来在巴黎将被视为强化其安全的最佳手段。

从英国的角度来看，导致麦克唐纳和赫里欧达成《日内瓦议定书》的安全问题将会以更少的潜在代价，以一种不同的方式得到解决。张伯伦尽管具有全球主义的世界观，但他优先关注欧洲事务，而且寻求做出"特别的安排来满足特别的需要"[10]。他1925年3月在国联理事会的演讲指向一种保证法德边界的地区性安排。这位有点冷漠和矜持的英国外交大臣曾被不公正地评价为政治上的失败者，但他帮助为那些被视为欧洲外交新篇章的东西创造了条件。一些人希望这种安排以及类似的地区性安全保证，可能成为为全面裁军开辟道路的关键。

383

注　释

1. Viscount Cecil, *A Great Experiment* (London, 1941).

2. Wilson, speech to the Paris peace conference, 31 May 1919, quoted in Salvador de Madariaga, *Disarmament* (London, 1929), 28.

3. Ingeborg Plettenberg, 'The Soviet Union and the League of Nations', in *The League of Nations in Retrospect: Proceedings of the Symposium. Organised by the United Nations Library and the Graduate Institute of International Studies, Geneva, 6–9 November, 1980* (Berlin and New York, 1983), 148.

4. Quoted in Carole Fink, 'The Minorities Question at the Paris Peace Conference: The Polish Minority Treaty, June 28, 1919', in Boemeke, Feldman, and Glaser (eds.), *The Treaty of Versailles*, 269–70.

5. Eichengreen, *Golden Fetters*, 157.

6. 'Reply of the Allied and Associated Powers to the Observations of the German Delegation on the Conditions of Peace', 16 June 1919.

7. Erik Goldstein, 'The Evolution of British Diplomatic Strategy for the Washington Conference, 1921–22', in Erik Goldstein and John Maurer (eds.), *The Washington Conference, 1921–22: Naval Rivalry, East Asian Stability and the Road to Pearl Harbor* (London, 1994), 15.

8. T. Buckley, *The United States and the Washington Conference, 1921–1922* (Knoxville, Tenn., 1970), 172.

9. Chamberlain to Lord Crewe, ambassador to France, 16 Feb. 1925, *Documents on British Foreign Policy*, *1919-1939*, ser. I, vol. 27, no. 200, 303-4. Henceforth cited as *DBFP*.

10. Richard S. Grayson, *Austen Chamberlain and the Commitment to Europe*: *British Foreign Policy*, *1924-29* (London, 1997), 55.

专著

AHMANN, ROLF, *Nichtangriffspakte: Entwicklung und operative Nutzung in Europa, 1922–1939. Mit einem Ausblick auf die Renaissance des Nichtangriffsvertrages nach dem Zweiten Weltkrieg* (Baden-Baden, 1988).

—— BIRKE, A. M. and HOWARD, M. (eds.), *The Quest for Stability: Problems of West European Security, 1918–1957* (Oxford, 1993). Esp. chapters by Erwin Oberländer, Keith Robbins, Zara Steiner, and Philip Towle.

ARMSTRONG, DAVID, *The Rise of the International Organisation: A Short History* (London, 1982).

BOEMEKE, MANFRED F., FELDMAN, GERALD D., and GLASER, ELISABETH (eds.), *The Treaty of Versailles: A Reassessment After 75 years* (Washington, DC and Cambridge, 1998). Esp. chapters by Carole Fink and Antoine Fleury.

CLARK, IAN, *The Hierarchy of States: Reform and Resistance in the International Order* (Cambridge, 1989).

CLAUDE, INIS L., *Power and International Relations* (New York, 1962).

—— *Swords into Ploughshares: The Problems and Progress of International Organisation* (London, 1964).

DINGMAN, ROGER, *Power in the Pacific: The Origins of Naval Arms Limitation, 1914–1922* (Chicago, 1976).

DINSTEIN, YORAM (ed.), *The Protection of Minorities and Human Rights* (London, 1992).

GOLDSTEIN, ERIK and MAURER, JOHN (eds.), *The Washington Conference, 1921–1922: Naval Rivalry, East Asian Stability and the Road to Pearl Harbor* (London, 1994).

HALL, CHRISTOPHER, *Britain, America and Arms Control, 1921–37* (Basingstoke, 1987).

HINSLEY, F. H., *Power and the Pursuit of Peace* (Cambridge, 1963).

JOYCE, JAMES AVERY, *Broken Star: The Story of the League of Nations, 1919–1939* (Swansea, 1978).

MCKERCHER, B. J. C., *Anglo-American Relations in the 1920s: The Struggle for Supremacy* (Basingstoke, 1991).

—— (ed.), *Arms Limitation and Disarmament: Restraints on War, 1899–1939* (Westport, Conn., 1992).

MAZOWER, MARK, *Dark Continent: Europe's Twentieth Century* (London, 1998). Esp. chapter 2: 'Empires, Nations, Minorities'.

NORTHEDGE, F. S., *The League of Nations: Its Life and Times, 1920–1946* (Leicester, 1986).

OSTROWER, GARY B., *The League of Nations from 1919 to 1929* (Garden City Park, NY, 1995).

PEGG, CARL H., *Evolution of the European Idea, 1914–1932* (Chapel Hill, NC, 1983).

SCHOT, BASTIAN, *Nation oder Staat?: Deutschland und der Minderheitenschutz: zur Völkerbundspolitik der Stresemann-Ära* (Marburg an Lahn, 1988).

SCOTT, GEORGE, *The Rise and Fall of the League of Nations* (London, 1973).

SKRAN, CLAUDENA M., *Refugees in Inter-war Europe: The Emergence of a Regime* (Oxford, 1995).

United Nations Library and the Graduate Institute of International Studies, *The League of Nations in Retrospect: Proceedings of the Symposium. Organised by the United Nations Library and the Graduate Institute of International Studies, Geneva, 6–9 November, 1980* (Berlin and New York, 1983).

WALTERS, F. P., *History of the League of Nations*, 2 vols. (London, 1952).

WEINDLING, PAUL (ed.), *International Health Organisations and Movements, 1918–1939* (Cambridge, 1995).

其他专业书籍

BARROS, JAMES, *The Aaland Islands Question: Its Settlement by the League of Nations* (New Haven, Conn. and London, 1968). See Sierpowski article for present view.

—— *The League of Nations and the Great Powers: The Greek–Bulgarian Incident, 1925* (Oxford, 1970).

—— *Office Without Power: Secretary-General Sir Eric Drummond, 1919–1933* (Oxford, 1979).

DAVIS, KATHRYN WASSERMAN, *The Soviets at Geneva: The USSR and the League of Nations, 1919–1933* (Westport, Conn., 1977).

EGERTON, GEORGE W., *Great Britain and the Creation of the League of Nations: Strategy, Politics, and International Organisation, 1914–1919* (Chapel Hill, NC, 1978).

FERRIS, JOHN ROBERT, *Men, Money, and Diplomacy: The Evolution of British Strategic Policy, 1919–26* (Ithaca, NY, 1989).

FRENTZ, CHRISTIAN RAITZ VON, *A Lesson Forgotten: Minority Protection Under the League of Nations. The Case of the German Minority in Poland, 1920–1934* (New York, 1999).

KIMMICH, CHRISTOPH M., *Germany and the League of Nations* (Chicago and London, 1976).

KITCHING, CAROLYN, *Britain and the Problem of International Disarmament, 1919–1934* (London, 1999).

LAMBERT, ROBERT W., *Soviet Disarmament Policy, 1922–1931* (Washington, DC, 1964).

MOUTON, MARIE-RENÉE, *La Société des Nations et les intérêts de la France, 1920–1924* (Bern, 1995).

OSTROWER, GARY B., *Collective Insecurity: The United States and the League of Nations During the Early Thirties* (Lewisburg and London, 1979).

PENTZOPOULOS, DIMITRI, *The Balkan Exchange of Minorities and its Impact upon Greece* (Paris, 1962).

文章

BLANKE, R., 'The German Minority in Inter-War Poland and German Foreign Policy—Some Reconsiderations', *Journal of Contemporary History*, 25 (1990).

BLATT, JOEL, 'The Parity That Meant Superiority: French Naval Policy Towards Italy at the Washington Conference, 1921–22, and Interwar French Foreign Policy', *French Historical Studies*, 12 (1981).

—— 'France and the Corfu–Fiume Crisis of 1923', *The Historian* (1988).

BURNS, MICHAEL, 'Disturbed Spirits: Minority Rights and New World Orders, 1919 and the 1990s', in S. F. Wells, Jr. and P. B. Smith (eds.), *New European Orders, 1919 and 1991* (Washington, DC, 1996).

BUSSIÈRE, E., 'L'Organisation économique de la SDN et la naissance du régionalisme économique en Europe', *Relations Internationales*, 75: 3 (1993).

CARLTON, D., 'Disarmament With Guarantees: Lord Cecil 1922–1927', *Disarmament and Arms Control*, 3 (1965).

CROZIER, ANDREW J., 'The Establishment of the Mandates System, 1919–1925: Some Problems Created by the Paris Peace Conference', *Journal of Contemporary History*, 14 (1979).

DUNBABIN, J. P., 'The League of Nations' Place in the International System', *History*, 78 (1993).

FERRIS, JOHN R., 'The Symbol and Substance of Seapower: Great Britain, the United States, and the One-Power Standard', in B. J. C. McKercher (ed.), *Anglo-American Relations in the 1920s: The Struggle for Supremacy* (Basingstoke, 1991).

FINK, CAROLE, 'Defender of Minorities: Germany in the League of Nations, 1926–1933', *Central European History*, 5 (1972).

—— 'Stresemann's Minority Policies, 1924–1929' *Journal of Contemporary History*, 14 (1979).

—— 'The League of Nations and the Minorities Question', *World Affairs*, 157 (1995).

HENIG, RUTH, 'New Diplomacy and Old: A Reassessment of British Conceptions of a League of Nations, 1918–20' in M. Dockrill and J. Fisher (eds.), *The Paris Peace Conference, 1919: Peace without Victory?* (Basingstoke, 2001).

LEE, MARSHALL, 'The German Attempt to Reform the League: The Failure of German League of Nations Policy, 1930–1932', *Francia*, 5 (1977).

MAIER, C. S., 'The Two Post-War Eras and the Conditions for Stability in 20th Century Western Europe', *American Historical Review*, 86 (1981).

MAZOWER, MARK, 'Minorities and the League of Nations in Interwar Europe', *Daedalus*, 126 (1997).

MOUTON, M. R, 'La SDN et la protection des minorités nationales en Europe', *Relations Internationales*, 75: 3 (1993).

NIEMEYER, GERHART, 'The Balance-Sheet of the League Experiment', *International Organization*, 6 (1952).

SCHROEDER, PAUL, 'Historical Reality vs. Neo-realist Theory', *International Security*, 19 (1994).

SHARP, ALAN, 'Britain and the Protection of Minorities at the Paris Peace Conference', in A. C. Hepburn (ed.), *Minorities in History* (London, 1978).

SIERPOWSKI, STANISLAW, 'La Société des Nations et le règlement des conflits frontaliers de 1920 à 1924', in Christian Baechler and Carole Fink (eds.), *The Establishment of European Frontiers After the Two World Wars* (Berne and New York, 1996).

YEARWOOD, PETER J., ' "Consistency with Honor": Great Britain, the League of Nations, and the Corfu Crisis of 1923', *Journal of Contemporary History*, 21 (1986).

论文

METZGER, BARBARA, 'The League of Nations and Human Rights: From Practice to Theory', Ph.D. thesis, Cambridge University (2001).

第八章　新的黎明?《洛迦诺公约》之后西欧的稳定

修改条约与构建新的政治平衡

I

　　"旧的欧洲被大战的烈火吞噬，"英国新任外长奥斯汀·张伯伦在 1925 年 1 月宣告，"新的欧洲尚未建立在可以给旧世界的各个民族带来和平与安全的基础之上。"[1]当 1920 年代的后半开始时，战后的重建仍远未完成，（张伯伦所说的）此类目标是为未来设定的。只是在道威斯计划被采纳之后，政治家和公众才开始希望这些目标可以变成现实。1920 年代初的国际关系以多重而且常常独立和互不相关的外交脉络为特征，它们指向许多方向。从 1925 年起，这些不同的脉络开始拼凑到一起，共同的发展路线开始呈现。

　　德国已坦率地同意《凡尔赛和约》，道威斯计划是对此和约的修订，随着该计划被接受，赔偿难题看似很快将被解决。西欧的注意力再度聚焦于安全问题。因此在其后的五年里，外交事务的方向回归三个西方大国外长的掌握之中。阿里斯蒂德·白里安、奥斯汀·张伯伦、古斯塔夫·施特雷泽曼支配着欧洲的舞台。在他们的那些同样恢复至以前的重要地位的职业外交顾问的协助下，这些政治家寻找着平衡法国的安

全诉求与德国的修约要求的途径。在这样做的过程中，他们
向稳定欧洲的进程传递着一种更为积极的方向感，这一进程
至少得到了某种程度的共同目标的指引。他们开始利用国联 388
的权力与潜力，将国联推至国际谈判进程的中心。这不仅适
用于实施和平方案这样的总问题，而且适用于为实现国际经
济与金融合作而重新做出的努力，以及重启的裁军努力。欧
洲面对的是与以前一样的问题，但现在看来有可能取得进展。
战后欧洲可能正在迎接新的黎明。

　　法国的安全问题将不会化为乌有。由于预计到《日内瓦议
定书》将被拒绝，张伯伦让英国外交部开始寻求某种替代方
案。他在经历一系列的政治失败之后就职，但在鲍德温内阁中
仍然能够让别人感受到他的分量。张伯伦的举止僵硬而冷淡，
他决心以一种成功的外交政策来作为其与保守党重新联合的标
志（他曾在 1922 年忠实地支持劳合·乔治对抗安德鲁·博纳·
劳）。他研究并且掌握了外交形势的主要特征，逐渐与一些官
员一样认为英国的资源是被过度延伸的，但是这些官员拒绝在
欧洲大陆上保持孤立的可能性。尽管其世界观是全球性的，但
欧洲处于其紧迫关切的中心，而且他将法德矛盾视为欧洲大陆
各种问题的症结。他相信推动和解的唯一途径，就是减少法国
对于复兴的德国的恐惧。在考虑由内阁同僚以及外交部顾问所
提议的替代方案的过程中，作为内阁里最为亲法的成员，张伯
伦赞成结成一个三方联盟，英国将在其中保证法国和比利时的
安全。只有当英国许诺在德国侵略时将（为被侵略国）提供支
持，法德才有可能和解。尽管张伯伦直到动身前往日内瓦的前
一天晚上也仍然为其主张辩护，但内阁完全反对建立一个防御
性联盟。当这些讨论继续进行时，德国在 1925 年 1 月 20 日提

出一个新的倡议，主张在德国、法国和英国之间签订一份关于莱茵兰的协议，张伯伦没有接受。相反，他带着怀疑看待施特雷泽曼的建议，而且对于这位德国外长就法德边境提供保证的目的，他抱有深刻且从未完全抛弃的保留意见。

就德国方面而言，这一提议具有很长的历史。库诺政府曾在 1922 年做出一个类似的提议，而且在法国占领鲁尔之前，这种可能性曾再度得到德国外交部的讨论。十分具有影响力而强烈亲德的英国驻柏林大使达伯农勋爵一贯认为，德国需要保护，以对付咄咄逼人的法国。在 1923 年致信麦克唐纳时，他提出了以莱茵兰作为对付任意一国侵略的屏障，在法国和德国之间建立一道"铁幕"（iron curtain，这是该术语最早得到使用的场合之一）的设想。占领鲁尔推迟了对于达伯农的主张的一切认真考虑。但在 1924 年 12 月 29 日，在回访伦敦并在那里听到已经在风传的关于英法可能缔结同盟的消息后，达伯农向其密友、德国外交部新任国务秘书——精明的卡尔·冯·舒伯特（Carl von Schubert）建议说，德国人应当向英国人提出一个类似于库诺提议的多边互不侵犯协定。德国人有良好的理由开始自行讨论一个可能的倡议。施特雷泽曼希望在伦敦签订的协议将标志着一个合作的新时代的开端，但与协约国围绕撤出科隆时机的争执对其期望而言是一种急剧的挫折。1924 年 12 月，在对军事控制委员会关于德国违反《凡尔赛和约》裁军条款情况的报告做出反应时，协约国大使会议依照法国的做法，推迟了原定于 1925 年 1 月从科隆地区撤出的行动。尽管德国人对这种无限期的推迟发怒，但英法达成共同防御协定的可能性，甚至更有可能导致德国被孤立。

施特雷泽曼将与西方大国的协作，视为德国复苏以及该国重返完全平等地位的最为适宜的工具。后一目标已经在其对于国联问题的处理中得到了预示。1924 年初，英国人曾经提出德国加入国联的可能性。甚至在那时，施特雷泽曼也表明德国将要求在理事会获得一个常任席位。他还强调了其对于苏联缺席日内瓦的担心。当该主题在同年秋天再度被提起时，德国外交部做出了谨慎的回应，重复了施特雷泽曼对于一个常任席位，以及得到第 16 条（也就是制裁条款）特别豁免的要求。德国人主要担心苏联反对德国加入一个由反苏的资本主义国家组成的组织。施特雷泽曼强烈地反对布尔什维克主义，而且从来不接受一些人的观点——这些人相信与苏联结盟、重新武装的德国，可以着手进行一场针对法国的复仇战。"在这方面，苏联被过高估计，它无法在经济上给我们带来很多，也无法在军事上给我们带来很多，"他在 1927 年 3 月 19 日对德意志人民党全国执行委员会说，"我相信，那些认为我们如果与苏联携手就能摆脱一切的人，都是最为疯狂的外交政策制定者。"[2] 即使他对于与《拉帕洛条约》的联系缺乏布罗克多夫-兰曹大使那样的热情，他也不打算放弃它。它增加了德国在东方尤其是对波兰的选项，而且如果有一天西方列强与苏联发生冲突时，德国能够在东西方之间扮演调停的角色。这位永远务实的政治家完全理解在维持与西方列强的关系方面，与莫斯科的联系是有用的。在国内，这一主张持续在德国军事及工业精英中享有大量的支持，而这些人的支持是施特雷泽曼所需要的。对于国联问题将被一直搁置到国联大会在 1925 年 9 月的下一次会议，德国外交部感到满意。通往莫斯科的大门仍然保持开放。苏联人曾向德国人阐明他们的态度，强调两国在根据民族和地理原则改变波兰边境方面的共同利益，布罗克多夫-兰曹对此做出了回复，

390

苏联人因此在 1924 年 12 月予以跟进。契切林的"十二月倡议"建议达成一份全面的政治协议，它将体现在一份正式的协定之中。两国将许诺不加入任何针对另一方的政治或经济联盟。两国都不会保证或承认波兰现有的边界。这是苏联方面的一个防御性举动，在大约五个月内没有得到德国人的回应。1925 年 1 月初，在准备有关莱茵兰协议的条款时，德国外交部宣布一个新的代表团将回到莫斯科，完成与一份新的商业协定有关的工作。但此前做出的决定是与英法的对话应当优先于与苏联达成任何中立协议。在这一方面，施特雷泽曼得到了德国外交部高官们的完全支持。甚至连《拉帕洛条约》的主要缔造者阿戈·冯·马尔灿也加入了外交部的"西方派"行列，他在 1925 年离开柏林前往华盛顿担任大使。

施特雷泽曼提议了一份全面的仲裁协定或者对西部边界现状做出保证，对此张伯伦的主要关切是避免冒犯法国人。人们一直担心德国人正试图分裂协约国。法国驻伦敦大使立即被告知德国的单边方式，在张伯伦尖锐地反驳德国大使之后，同一个提议在 2 月 9 日向巴黎当局提交。对于法国人而言，关键的问题仍然是英国对于《日内瓦议定书》的决定，以及关于渴望已久的防御联盟的可能的提议。当德国提出这一"不成熟"的提议时，这些内容正处于讨论之中。爱德华·赫里欧总理在前一年夏天的伦敦谈判中曾经削弱自己的谈判筹码，他现在希望奥斯汀·张伯伦成为一个比麦克唐纳对法国更为友好的朋友。在前往日内瓦宣布英国人拒绝接受《日内瓦议定书》的途中，这位英国外交大臣在巴黎停留。张伯伦很快将定期前往日内瓦，而巴黎自然成了他的一个停靠站。只是在其离开伦敦的前夜，面对内阁同僚的压倒性反对，张伯伦才放弃了关于英法协定的提议。在内阁的两次会议上，这位逐渐倾向于更考虑德国人提议的外交大臣拾起了丘吉尔相当模糊的建议，也就是也许可以与赫里欧讨论缔结一份四国安全协定的可能性。只是在张伯伦威胁辞职，并且内阁在其缺席的情况下做出进一步的辩论之后（外交部常务次官艾尔·克罗扮演了关键的角色），鲍德温才批准英国参与未来关于一份四边协定的谈判这一特别的建议。尽管张伯伦已经战胜其在内阁中的反对者——这是一个包含该党许多"重量级人物"的群体，其中有贝尔福、寇松、丘吉尔（他更倾向于保持孤立而不是与法国缔结一份协定）、利奥·埃默里（Leo Amery）以及伯肯黑德勋爵（Lord Birkenhead），他们当中谁都不想对赫里欧做出任何明确的提议——但张伯伦未能为法国赢得他真正希望的那种形式的支持。虽然他实现了对随后对话的完全掌控，而且得到了贝尔福的支持，但他只能向法国人提出被谨慎限定的提议。张伯伦在其后的几个月里将自己视为法德之间的斡旋者，致力于开启各种谈判，这些谈判将带来对于欧洲和平必不可少的和解。这是劳合·乔治曾经徒劳地寻求的立场，但张伯伦的内阁同僚只愿意在其对于英国的代价微不足道的情况下才愿意接受它。

英国宣布其既不接受《日内瓦议定书》也不寻求一份双边的英法协定，这使赫里欧陷入震惊。即使他未曾期待后者，也曾期待前者。当赫里欧内阁正与其财政上的困境和正在迅速贬值的法郎做斗争时，法国人并无多少选择。对于德国的提议，法国的许多担心十分紧迫，首先是其根本没有提及比利时的边境或者德国南部的边境。他们也惊恐于对德国西部及东部边界所做的区分，它将使法国的东方盟友们得不到保护。张伯伦在日内瓦关于考虑"为满足特别需要而做出特别安排"的提议，为进一步的安全对话提供了唯一的机会，而德国人提出的协议是靠近伦敦当局的最为实际的途径。[3] 从 3 月直至 5 月中旬，在英国人和法国人寻求柏林当局的阐释时，张伯伦和赫里欧寻求对一份将满足他们不同目标的协议的条款做出界定。这一任务因为达伯农在界定德国立场上的"创造性"作用而变得更为复杂。法国当时出现了内阁危机，保罗·潘勒韦（Paul Painlevé）在 4 月 17 日取代了赫里欧，白里安成为其外长。比利时也是如此，在 4 月 5 日大选之后成立了一个新的内阁，由社会主义领袖人物埃米尔·范德韦尔德（Émile Vandervelde）执掌外交部。德国人在其最初的草案中根本未曾提到比利时，此时他们同意将比利时边境纳入其保证之中，并且邀请比利时人参与其后的会谈。

德国陆军前总司令保罗·冯·兴登堡（Paul von Hindenburg）在 4 月 26 日当选为德国总统（这部分是因为施特雷泽曼应对大选不当），提高了整个欧洲的"发烧度"（fever chart），在巴黎尤其如此，尽管施特雷泽曼多次保证这位民族主义候选人的胜利将不会对德国的外交政策有任何影响。如同英法之间一样，与德国在交流上的症结是东部边界的地位。德国人并不准备以任何方式保证波兰的边界，或者接受波兰领土不可侵犯的提法。他们愿意提供的最多只是与波兰和捷克斯洛伐克的双边仲裁协定。如今已有研究提到了波兰人和爱德华·贝奈斯在当时的极度焦虑，尽管贝奈斯曾试图将德国对华沙和布拉格当局的威胁予以区分。在日内瓦的张伯伦试图安抚紧张不安的波兰外长亚历山大·斯克尔任斯基伯爵。斯克尔任斯基被建议说，鉴于波兰面对着两个危险的邻国，最好是与德国而不是苏联培育良好的关系。此类智慧之言难以抚慰波兰这位年轻、英俊而机敏的

外长。在潘勒韦新政府于 4 月就职之后,白里安与张伯伦在与
东方有关的协定上建立了共同的立场。(但分歧仍然存在,)白
里安希望获得德国与波兰及捷克斯洛伐克达成仲裁协定的保证,
张伯伦则表明其政府并不愿意在西部边界之外承担任何新的
责任。

英国也不愿考虑对布伦纳边界做出保证。在最初因为参
与谈判事宜而被接洽时,墨索里尼已经提出了布伦纳问题。
1925 年 5 月,施特雷泽曼在与墨索里尼的那些不那么友好的
交流中,已经拒绝了意大利为获得相互保证而进行的接触。
双方都同意接受已经陷入僵持的形势。在马泰奥蒂暗杀事件
危机过去之后,墨索里尼已经恢复其在外交上的胆量,他对
白里安在 1925 年夏天提出的建议并不感兴趣,白里安提议与
意大利缔结单独的协定,以保证各自的所有边境。墨索里尼
从一种更为强硬的外交政策的角度来思考,将法国视为意大
利的首要对手和实现其野心的障碍。他保持着距离,既不想
参加也不想被排斥于大国的协商之外。白里安很好地解释了
这种情形,他于 10 月 7 日在洛迦诺告诉张伯伦:"在他看来,
意大利就像是一艘刚好浮在水面之下的潜艇,尚未决定向哪
艘船发射它的鱼雷。"[4]

当白里安和张伯伦 6 月初在日内瓦碰头时,英法剩下的分
歧已经被迅速克服,难点现在在柏林。张伯伦和白里安一致认
为法国应当对德国的东方仲裁协定做出保证,而德国应当毫无
保留地进入国联。德国人不愿接受这两个条件,因为两者都牵
涉到一些不容妥协的问题。汉斯·路德(Hans Luther)内阁意
见分裂;对于 6 月 16 日传达至柏林的法国(实际上是英法)版
本的协定,总理本人的支持不那么坚定。甚至连通常乐天派的

达伯农也怀疑其是否将会被接受。在这一年的春天和夏天，苏联人对德国人的焦虑和压力加大了，因为施特雷泽曼显然正在与西方列强谈判，同时推迟了与苏联的一切认真对话。德国人持续拖延着，只提出一些口头的保证和含糊其词的方案。在 6 月以及施特雷泽曼前往洛迦诺前夕的 10 月 1 日，苏联人威胁将透露苏德军事对话的程度以及德国人做出的提议，这里指的是1924 年 12 月双方在柏林举行的对话，目的是在"迫使波兰退回其种族边界之内"[5]方面合作。在冯·舒伯特的支持下，施特雷泽曼优先应对与西方的对话，但也需要掩饰其与莫斯科当局的困难情形。当与西方的对话正在接近关键阶段时，他在 6 月10 日警告达伯农："没有在另一方面获得某种积极的东西，我们就无法放弃与苏联的联系，就像现在的情形一样。我在前方面临着一场艰辛的战斗。"[6]

张伯伦当时对苏联正遵循着一种"消极的不作为"政策，根本不想结成一个如莫斯科当局所怀疑的反苏欧洲集团，他对德国人的拖延变得焦虑起来，甚至到了怀疑路德内阁最终目的的程度。这位外交大臣对于四边协定的支持，无疑是以德国依附西方阵营作为该协定的目标之一的。正如其在 1925 年夏天告诉波兰大使并且在洛迦诺会议前夕向白里安重述的那样："目前，以欧洲各国为一方，以苏联政府为另一方，双方正在为争夺德国民众的灵魂而战。"[7]尽管达伯农从柏林发来的过分乐观的报告对苏德合作的危险性轻描淡写，但关于柏林及莫斯科之间商讨的描述必定让张伯伦感到不安。在等待的过程中，张伯伦和白里安讨论了可能的最终草案，以及未来的谈判应当采取的形式。为了获得似乎几乎触手可及的东西，这位现在热情洋溢的英国外交大臣同意所提议的保证不应适用于各个自治领或者印度，以免其反对在最后时刻带来难题，这种反对曾经是导致《日内瓦议定书》失败的一个因素。

一些小的危机表明，法德双方都不怎么愿意推进事情的进展。法国人起初犹豫要不要履行其在1924年伦敦会议上的承诺，从在1921年3月占领的三个德国城市以及鲁尔区撤出。白里安要求在正在进行的法德商业谈判中以让步的方式作为交换条件。他断然拒绝讨论撤出科隆或者将军队从莱茵兰的其他地方撤出。白里安手下的常任官员在这些方面拖拖拉拉，其中包括具有影响力的、再度执掌外交部的秘书长菲利普·贝特洛。他们比其长官更愿意考虑这些新安排的细节，尤其是这些安排对法国的东方盟友的影响。德国人也感到不安。往最好处说，德国回复法国照会的调子并不令人鼓舞，反映出施特雷泽曼对于迎合中间及右翼政党（包括他自己所在的德意志人民党）的需要，以及对莫斯科保持谨慎态度的需要。结成联盟的各个党派之间关系紧张：德意志国家人民党（DNVP）强烈反对施特雷泽曼的政策，而试图保持内阁团结的路德考虑派遣施特雷泽曼担任驻英国大使。即使施特雷泽曼赢得了他在政治上的斗争，并且在7月20日发出了德国的答复，他也明白自己的处境极其不稳定。在反对法国人对东方协定做出保证以及协约国要求他们无条件进入国联方面，德国人是坚定不移的。由于被伦敦和巴黎当局急剧敦促去推进事情的进展，施特雷泽曼勉强同意派出外交部的法律顾问弗里德里希·高斯（Friedrich Gaus），去参加9月最初的几天在伦敦举行的一次法学家会议，以准备供施特雷泽曼考虑的草案。在经历摇摆不定之后，墨索里尼最终相信意大利无法承担起缺席的代价，将其代表派往伦敦以及洛迦诺。这次法学家会议的成功，在很大程度上归功于张伯伦告诫

395

法国人在外长们集合之前不要提起东方问题。法学家们在 9 月取得了足够多的进展，在华盛顿当局敦促完成该协定之后尤其如此，从而足以为将于 10 月 5 日在洛迦诺开始的外长会议发出邀请。

作为接受邀请的条件，德国人要求协约国放弃战争罪条款，并且先行撤出科隆地区。张伯伦对于这种在最后时刻榨取更多让步的努力怒不可遏。"你的德国人——我用这个物主代词，就像人们对自己的妻子说的那样：你的女仆——几乎让人无法接受，"他对达伯农抱怨说，"自始至终，协定谈判的每一个障碍几乎都来自他们。白里安的慷慨大方、调和、推动和平的强大且显而易见的渴望几乎让我目瞪口呆。德国人的态度迄今为止恰恰相反——斤斤计较，挑衅成性，不诚实。"[8]在洛迦诺会议召开前夕，这位英国外交大臣对德国人的不信任达到了顶点。甚至在其后来变得深信施特雷泽曼的确相信当初由德国发起的这条新路径时，张伯伦与施特雷泽曼的关系也从来没有像与白里安的关系那样亲近或热情。结果，施特雷泽曼在其条件没有获得接受的情况下参会。洛迦诺会议最终且最重要的妥协，是英法德外长登上"香橙花"号，在马焦雷湖（Lake Maggiore）上长达 5 小时的艰辛的航行过程中达成的。尽管该协定根本没有提及法国对波兰和捷克斯洛伐克的保证，但法国人将能够依据《盟约》第 15 条（在调解失败后发起攻击）以及第 16 条（未经求助于调解而发起攻击），自行抵御德国的威胁。该协定也根本没有明确提出德国的东方仲裁协定将与这份共同安全协定一道达成。这个"船上文本"（texte du bateau，在游船上达成的文本）将国联成员国对于侵略的抵抗，限定于"与其军事形势及地理位置相符合"的方式。只有比利时外长反对德国可能被排除参与经济及军事的制裁。在这方面，张伯伦对施特雷泽曼的支持是决定性的，德国人为加入国联所提出的条件得到了接受。施特雷泽曼向莫斯科保证，柏林当局将不会加入国联针对苏联的任何制裁，而且无论如何也不会对波兰的边境做出保证。施特雷泽曼达到了契切林提出的全部两个关键的要求。在契切林与施特雷泽曼的会晤中，德国人不得不承认布罗克多夫-兰曹曾经主动谈及进行军事合作以"粉碎当前的波兰"，但契切林放弃了这种"蓄意的鲁莽行为"的威胁。[9]

　　尽管德国外长已经实现其最为重要的要求，但考虑到那些民族主义者的看法，他寻求获得更为直接的好处。在与白里安和张伯伦的进一步对话中，施特雷泽曼列出了一张附加要求的清单，包括赦免法国在占领鲁尔期间囚禁的德国人、解除对德国民用航空的限制，而且最为重要的是对协约国的裁军要求做出宽大的诠释。从协约国的角度来看，更让人反感的是他再度要求迅速撤出科隆区，为撤出莱茵兰的其他地方、在萨尔举行公民表决设立更早的日期，以及缓解当前占领的状况。白里安和张伯伦都对此类最后时刻的条件感到恼火。张伯伦（与协约国）就撤出科隆的开始日期取得了一致，现在设定为 1926 年 12 月 1 日。关于施特雷泽曼的其他"反作用力"（Rückwirkungen），这位德国外长不得不接受这样一个承诺：一旦达成协议以及和解之后，他的要求将得到有利的考虑。德国人威胁除非国联的监督权得到修改，否则德国将不加入国联，以此方式为避免协约国控制德国做出了最后的努力。张伯伦和比利时外长范德韦尔德对这种最终的"手枪对准我们脑袋"的做法勃然大怒，德国人随后退却了。

396

在洛迦诺达成的各项协议于 10 月 16 日草签，由于亚历山德拉王后逝世，在 12 月 1 日于伦敦举行的一场静悄悄的仪式中签署。[①] 它们由欧洲五国对德国西部边境以及非军事化的莱茵兰的相互保证组成。法国和德国、比利时和德国同意除非国联做出决议或者违反对莱茵兰的保证，否则不得攻击、入侵或者发动战争。这些国家保证，如果出现悬而未决的争端时，自己将接受仲裁。受到指控的违反条约行为将被诉诸国联，"公然的违犯"将导致作为保证者的英国和意大利在不诉诸国联的情况下立即采取行动。这一区分体现着英法早先的一种妥协。该协定并未对"公然的"（flagrant）一词下定义。张伯伦对下议院说，"当莱茵兰地区的非军事化变得无效时"，英国不准备"静坐不动"。[10] 但是他向帝国防务委员会（Committee for Imperial Defence）保证说，他认为通过《洛迦诺公约》，英国的义务是减少了而不是扩大了；除非是越境的直接攻击，否则所谓的违反情形是否意味着一种发动战争的意图，将由保证者而不是受害方来决定。法国人并未得到白里安所寻求的自动保证。东方（盟国）的边境既未得到承认也未得到保证。法国针对德国威胁其东方盟友而采取行动的权利，意味着如果德国违反其国联义务攻击波兰或者捷克斯洛伐克，法国将为它们提供帮助，而德国无法援引关于莱茵地区的协定来对付法国。为了对未能在

_____

① 《洛迦诺公约》是英国、法国、德国、意大利、比利时、波兰、捷克斯洛伐克订立的边界保证与仲裁协定。1925 年 10 月，英、法、德、意、比、波、捷七国在瑞士洛迦诺召开会议，签订了《莱茵保证公约》以及七个条约，统称《洛迦诺公约》。《莱茵保证公约》保证了《凡尔赛和约》规定的法德以及比德边界安全，遵守莱茵兰非军事化的规定，约定通过外交途径解决各国间的分歧，英国以及意大利作为公约的保证国。其他条约则约定了法国与波兰、捷克斯洛伐克、比利时之间的边界保证。后由于德国进军莱茵兰地区，公开违反条约规定，《洛迦诺公约》遭到废止。

397

东方获得保证而部分地做出弥补，法国在洛迦诺与这两个盟国缔结了单独的互不侵犯协定，这些协定被总议定书提及但未包含在其中。德国与波兰及捷克斯洛伐克的仲裁协定是与《洛迦诺公约》的各项协定同时但独立地谈判的。这些协定没有任何担保者。

Ⅱ

《洛迦诺公约》的胜利者和失利者是谁？德国人已经赢得了一笔大交易，尽管其收获依赖于协约国未来的行动。他们已经在赢得国际名望方面迈出了一大步，而且将带着在理事会的常任席位加入国联。作为交换，他们已经坦率地接受《凡尔赛和约》对于西方边界以及非军事化的莱茵兰的裁决。正如施特雷泽曼向其国内的批评者所保证的那样，除非德国拥有一支军队，否则失去阿尔萨斯－洛林只是承认了无法被改变的事情。他否定了英法的这一争执——如果德国在非军事化方面出现严重的违反，法国人可以立即而单边地干预。当他在柏林争辩说他并未在德国的东方边境问题上做出任何让步，而且通过对《盟约》第16条的限制性诠释而继续向与苏联达成妥敝开大门时，这位德国外长是有更强大的理由的。施特雷泽曼相信鉴于法国对东方的保证现在与国联联系起来，他已经削弱了法国与波兰在1921年结成的同盟。施特雷泽曼已经阻止英法缔结同盟，这是一种重大的缓和。尽管其出于国内政治的目的而无疑夸大了在不久的将来将赢得的东西，但他可以正确地宣称协约国已经同意重新考虑关于德国裁军的规定，审视关于占领莱茵兰的条件以及期限，这是他最为重要的直接目标。这些要求的满足是时间与坚持的问题。这些让步（从德国人的角度来看是权利），作为预期中的"洛迦诺精神"（Locarnogeist）的第一批果实，将加速德国回归完全的主权和大国地位。通过在西方接受现状和在东方自由行事，施特雷泽曼已经开启了在未来进行和平的领土修正的可能性。由于德国根本无法运用任何军事力量，在欧洲合作的框架之内所能实现的东西将比通过单边行动多得多。1925 年 6 月针对波兰发起的关税战表明，柏林当局将设法利用其商业力量来削弱和孤立波兰政府，尽管施特雷泽曼在舒伯特的提示下对其效力产生了疑虑。施特雷泽曼私下里对张伯伦保证说，德国政府将放弃使用战争举措来改变当下的德波边界，但希望这条边界以某种其他方式得到改变，这一保证在政治上是精明的，而从实际来讲是合理的。实际上，在所讨论的关于未来对波兰边境的和平修正的建议中，没有一个具有实质性内容，而且尽管这仍然是德国最为重要的任务之一，却缺乏手段来实现它。[11]但是当施特雷泽曼回到柏林时，他的日子不好过。作为最大的民族主义政党的德意志国家人民党在 10 月26 日离开了政府。政府丧失了其多数派地位，依赖于社会民主党和德意志民主党提供为批准《洛迦诺公约》所需的选票。施特雷泽曼主张"位于一个和平的欧洲中心的一个和平的德国"这一目标，并且强调了法德对美国贷款的共同兴趣，而对美国而言，一个和平的欧洲是一个必不可少的先决条件。[12]该公约在11 月 27 日以 292 票对 174 票得到接受。一些给予支持的政党反应冷淡，这向施特雷泽曼发出了警告，让张伯伦恼怒。在伦敦的签字仪式上，施特雷泽曼再度要求让步，结果只是被告诫不得这样，只能等待以后的一个更为合适的时刻。

在洛迦诺达成的各项协议在巴黎受到了热烈的欢迎。《洛迦诺公约》结束了对于法国被孤立的担心，将英国与法国的防务联系起来，改善了与美国的关系——美国支持这些协议但没有参与相关谈判，降低了德国与苏联结盟的危险性，并且创造了一种推动法德合作的新氛围。从一开始，白里安的主要优先事项是获得英国的正式保证，这是自 1919 年以来法国无法实现的东西。与 1914 年的含糊形势相比，如果德国攻击它的边境，法国现在可以指望英国的军事援助。法国仍需就其在莱茵河的新的安全形式及所需付出的代价谈判。白里安同意为缓和在莱茵兰的（管理）体制，以及安排迅速撤出科隆而努力。他许诺在裁军方面做出进一步的让步，以加速协约国军事控制委员会的撤出。正如向施特雷泽曼解释的那样，一旦协约国军事控制委员会被解散，国联对德国裁军的监督将不包含一个永久性的在场（on-site）组织。尽管拒绝对持续占领莱茵兰做出任何公开的声明，但他向施特雷泽曼建议说，洛迦诺所带来的缓和将为解决法德所有突出的问题开辟道路。在洛迦诺的会晤之后，白里安对国民议会外交事务委员会说，占领莱茵兰是一个"讨价还价的工具"，而不是一种永久性的战略优势。在 1929 年 8 月的海牙会议召开之时，他继续持有这种观点。他期待利用施特雷泽曼要求的实现，作为在面对这个经济上更为强大的邻居时改善法国的金融与经济地位的一种途径。

法国之所以愿意就莱茵兰讨价还价，部分是因为随着条约所规定的撤退日期临近，占领的价值正在不断下降。法国军事战略思想上的根本性变化降低了占领的重要性。在这几个月里，福煦和贝当持续就此问题争论——法国的战略是否应当包括为在莱茵兰的一场攻势做出准备（这是前者所希望的），还是采纳由贝当元帅及其追随者所提议的一种防御性战略。在 1925 年 12 月的一次关键会议上，与福煦相反，贝当及其追随者强调保

399

护法国领土抵御攻击的需要，主张建造一道由工事强化的连续前线。财政上的压力、公众的情感，以及所预计的军队组织上的变化，都有利于贝当元帅的防御性战略，白里安和普恩加莱也支持该战略。1926 年 6 月的 B 计划中尽管仍然提到进攻性行动，但令其实施极其不可能。法国的这道新的防御战线将设立在莱茵河后面很远的地方，而一旦发生攻击，法国的预备力量将被迅速送往比利时，而且将无法用来支持攻击性行动。此外，由于大众的要求以及与选举有关的承诺，陆军在 1923 年已经接受服役期为 18 个月的兵役制度后，现在预计服役期将进一步减短至一年。再加上其不断萎缩的人口导致征兵储备库不断缩小，法国将只拥有一支小型的军队来保卫其边境，直到其储备力量得到动员，以及占军队现役人员一半的分散的殖民地军队回到法国。此类考虑给予了那些赞成防御性战略者进一步的分量。

400　　财政和商业上的原因有利于与德国和解，而且能够解释白里安的政策在国民议会受到的欢迎。从法德未来的合作中，白里安看到了一条降低两国对美国金融慷慨度依赖的道路。与此同时，随着《凡尔赛和约》对德国经济自由的限制在 1925 年期满终止，法国人渴望与德国方面达成关税及企业卡特尔的安排。右派及中间派政党在工业界的支持者以及法国南部的葡萄酒农构成了激进党的支柱，他们需要来自德国人的重大让步。1925 年 9 月，潘勒韦和白里安手下的财政部部长路易·卢舍尔提出了由国联主办一次国际经济会议的主张，其目的是促进欧洲生产与消费的合理化，以及抗击欧洲"可与战前的军备竞赛相比的高关税竞赛"[13]。1926 年 9 月底，甚至在世界经济会议召开之前，法国、德国、比利时、卢森堡和萨尔地区的钢铁生产商就组建了一个旨在为粗钢设立配额制的钢铁卡特尔。由于白里安的干预，当德国生产商被发现在营销上过于死板时，德国政府给他们施加了做出妥协的压力。看来有可能的是，卢舍尔对于一个"生产商的欧洲"（Europe of producers）的愿景，可能被延伸至煤炭甚至半加工的钢铁产品生产商。1927年8月，在经历了三年的谈判之后，法国和德国签订了一份全面的商业协议，互相提供普遍和无条件的最惠国待遇。该协议牵涉到为了支持德国贸易而调整法国的关税，这部分是以牺牲包括英国在内的其他国家为代价的。它同时受到了德法两国政府的欢迎。法国右派政治家当中有许多人与工业界有联系，他们强烈支持一种"经济上的洛迦诺"，只有极少数的右翼民族主义者反对与德国的这些更为密切的联系。甚至连在波兰、捷克斯洛伐克和罗马尼亚有着较大投资的法国生产商和银行家也认可这些新安排。冶金巨头劳伦茨（Laurents）、德温德尔（de Wendels）和施耐德相信可以在不牺牲法国在东欧的特权地位的情况下达成这些新的卡特尔安排。它们希望从卡特尔市场配额中受益，这些配额将限制销售，但会带来更高的利润。白里安正在随经济潮流而动而不是逆流而上，同时正在加强他的政治基础。

　　对于白里安而言，《洛迦诺公约》的关键点是英国参与这些新的安全安排。作为最后的手段，这一新保证对法国具有比东方各个盟国更为持久的价值。白里安相信在法国的支持下，波兰当下强大到足以保卫自己，对付一个并未武装的德国。至关重要的是，华沙当局不应当通过挑衅德国或者苏联来加速苏德同盟的到来，这种结盟是白里安和张伯伦所恐惧的。法国人长期以来希望在任何苏波冲突中将自己的责任最小化。《洛迦诺公约》所包含的各项协议一经达成，白里安就准备谋求与苏联实现关系缓和，希望将莫斯科当局与柏林当局分离开来。替代性的策略是使德国依附于西方列强。在已经为其东方盟友赢得了英国人和德国人所容许的尽可能多的保护之后，白里安寻求一种减少德波敌对的途径。无论是他还是普恩加莱都赞成对德波边境做出改变。白里安正在考虑的是"（但泽）走廊换梅默尔"的方案，尽管这存在外交上的难题，而且波兰反对放弃该走廊。白里安和施特雷泽曼达成了一种有点含糊的谅解。法国人承认德国未来做出修正的希望，但将讨论推迟至未来的某个时刻。

英国人对这些新安排很满意。张伯伦后来宣称，洛迦诺标志着"战争岁月与和平岁月之间真正的分界线"[14]。这位英国外交大臣以对其国家而言很小的代价，在战胜国与战败国之间为期五年的斗争中赢得了缓和。英国在欧洲的新责任被限定于莱茵河边界。为法德以和解的心态解决分歧的舞台已经搭好，而英国将在其中扮演其喜爱的调解者的角色。随着欧洲大陆上实行和平变革的道路已经开辟，伦敦当局可以像在"不列颠治下的和平"的黄金时期一样，将其注意力转向国内及帝国的关切。如果和平崩溃，新的协定（《洛迦诺公约》）将使战争危险最小化，并且限定英国的军事义务。英国只保证在西方出现"公然的侵略"时立即采取军事行动；其他所有形式的攻击将由国联考虑，而在那里，英国可以同意或拒绝进行制裁。对于这一保证，并未采取措施来以任何形式的军事规划予以跟进。在为 1926 年的帝国防务评估时，三军参谋长们警告说，关于在欧洲大陆的承诺，各军种只能"留意到它们"，但在为满足它们而所做的准备中，没有哪一个是"切实可行的"。英国拥有一支小型的远征力量以及有限数量的皇家空军中队可供在欧洲使用，但这些只是英国将履行其保证的一个"誓言"。考虑到未来十年预计将不会有战争这一论断，面对财政部不断地要求进一步节省，三军参谋长觉得可以尽管将他们的注意力集中于帝国的防务上。

奥斯汀·张伯伦已经成功地让英国远离在东欧的涉足，尽管他承认法国在其东方盟友遭到德国攻击时为它们提供帮助的权利。这位外交大臣与他的官员们一样认为，德波边境基本上是不稳定的，而且《凡尔赛和约》的错误将不得不纠正。他驳回了他的历史顾问詹姆斯·黑德勒姆－莫利的警告——"如果重新瓜分波兰，或者捷克斯洛伐克被削减和肢解，以至于实际上从欧洲地图上消失……整个欧洲将立即处于混乱之中。这片大陆的领土安排将再也不会有任何原则、意义和理智"[15]。黑德勒姆－莫利指出的"不大可能发生"的情景在1925年似乎是令人难以置信的——奥地利与德国合为一体，波希米亚心怀不满的少数民族要求一条新的边界，与德国人结盟的匈牙利人收回喀尔巴阡山脉南坡。"这将会是灾难性的，"他预言道，"而且即使我们不去干预以阻止其发生，我们也会被驱使着去干预，很可能会为时太晚。"张伯伦与他的这位历史顾问"并非一条心"，他在西欧和东欧的英国利益之间画了一道更为清晰的界线，"在西欧，我们是一个合伙人"，但"在东欧，我们的角色应当是一个公正无私的'法庭之友'（amicus curiae）"[16]。张伯伦的安全关切并未延伸至波兰和捷克斯洛伐克，或者巴尔干地区各国。波兰人尤其令人头疼，尽管贝奈斯不论多么失望，仍然运用他的影响力来让波兰人保持一致。张伯伦在致信其姐妹时曾赞许地引用白里安的评价，说波兰是"欧洲的风湿……当你试图动弹时，就从后面让你难受"[17]。无论这位外交大臣对东方边界解决方案的持久性有怎样的疑虑，他都认为考虑领土修正还为时太早，告诫德国人以及波兰人允许该问题搁置一个世代。张伯伦相信，德国支持《洛迦诺公约》并即将加入国联将使其扎根于西方，减少苏德联盟出现的威胁。他并不认为苏联将是欧洲的重大威胁，原本更倾向于让苏联处于被忽视和孤立的状态。张伯伦明白施特雷泽曼将发展其与莫斯科的联系，但他相信《洛迦诺公约》的（签约）国家群体为施特雷泽曼提供的东西，将比其能够从苏联获得的东西要多得多。尽管对柏林与莫斯科之间的交流感到不安，但对于德国总理坚持各种条件以减少苏联对德国加入国联的焦虑，张伯伦远远没有白里安那样惊恐。

甚至连通常头脑冷静的英国外交部官员也为《洛迦诺公约》释放的乐观主义浪潮所席卷。大量赞美之词被倾注在张伯伦身上，他被视为和平的真正开创者。由于沉浸在一阵沾沾自喜中（张伯伦不久之前刚读过查尔斯·韦伯斯特对于卡斯尔雷子爵的研究著作，与卡斯尔雷子爵在政策上的极其相似给张伯伦留下了深刻的印象），张伯伦宣称："英国的友谊得到了培育，英国的建议得到征询，英国的帮助得到寻求，如同卡斯尔雷时代一样，大不列颠再度作为由大战所创造的新欧洲的调解人与和平缔造者巍然耸立。"[18]张伯伦进而为自己在日内瓦创造了一个独一无二的地位，而且区别于巴黎和会之后的劳合·乔治，他小心地展示政治才干并关注细节，赢得了信任和职业人士的称赞，从而增强了自己的声誉。

比利时的收获是有限的，因为无论是英国人还是法国人都没怎么关注其要求。主要是由于其政治家的努力，比利时是《洛迦诺公约》的一个签字国，并且赢得了对于其与德国边境的担保。比利时好不容易才获得了其所苦苦追求的来自英国的担保，但没有获得那种将减少其对法国依赖的军事上的支持。德国人继续敦促交还奥伊彭和马尔梅迪，以换取解决比利时关于马克货币的主张（要求德国赎回在战争及停战期间泛滥于比利时的德国马克），但此类修正没有发生。十分偶然但也出于其他的原因，该公约在前言中提及废除比利时的中立地位，从而取消了曾经对比利时主权施加屈辱性限制的 1839 年协定。如同比利时人一样，意大利人参与了洛迦诺大会的所有会议，但并未对大国谈判产生任何影响。墨索里尼未为其对西方边境所做的无用保证而获得任何东西。

洛迦诺会议的真正输家是波兰，其次是捷克斯洛伐克。洛迦诺各项协定的条款并未为东方边境提供任何保障。波兰人总是认为其未来的安全依赖于法国在军事上的无条件支持这一许诺。贝奈斯尽管对国联抱有种种希望，而且相信捷克斯洛伐克在欧洲能够扮演一个比邻国波兰更为独立的角色，但他曾在1924 年寻求法国的保护。法国的支持现在被限定，而且可能被推迟。依据以前的同盟协定，法国可以在任何情况下立即给予其盟友支持；在《洛迦诺公约》签订之后，只有在受到攻击或者非军事化区域受到侵犯时，法国人才可以从西面进入德国。法国人的保证被与国联理事会的决议联系起来。与 1921 年的协定相比，《洛迦诺公约》对波兰的保证条款对于波兰而言没那么有利。法国与捷克斯洛伐克的相互保证协议在一定程度上比1924 年的协议更为明确，但难以弥补法国向德国的接近。施特雷泽曼从不掩饰他的信念——《洛迦诺公约》将为未来的领土修正奠定基础，但他承认德国仍然没有条件做出此类主张，而且相信德国等得起。波兰为支持自身地位所做的各种尝试在巴

404

黎或伦敦当局那里并未获得多少同情。斯克尔任斯基一再请求签署一份三方协定或者一份反苏协定，但几乎没有得到认真的考虑。在最后时刻的一次尝试中，他也未能将在所有情况下禁止战争这一条纳入德波仲裁协定之中。斯克尔任斯基的调和策略更多地源于其对波兰被孤立的恐惧，而不是源于对于真实情况的错觉。他明白波兰面对着法国早早从莱茵兰撤出的可能性，明白波兰可能发现自己成为法德进一步安排的牺牲品。斯克尔任斯基接受现有的情势是因为他别无选择，展现波兰的虚弱以及对法国善意的依赖是毫无作用的。波兰人无法指望来自贝奈斯的支持。甚至在洛迦诺会议上，这位捷克斯洛伐克外长也公开地讨论"（但泽）走廊"归还的不可避免性。尽管各项新的协议没有对捷克斯洛伐克的安全构成直接威胁，但如同斯克尔任斯基一样，贝奈斯被德国人视作"二等公民"对待。在西方的新安排限制了贝奈斯外交斡旋的自由，不过他早先在英法之间的调停努力也从未获得多少成功。1925 年 12 月，人们曾谈及召开一次中欧的洛迦诺会议，涉及波兰人、南斯拉夫人、罗马尼亚人和匈牙利人，但"小协约国"对匈牙利的敌意以及墨索里尼自己对于多瑙河以及巴尔干各国未来的主张，挫败了这一努力。

　　无论是斯克尔任斯基还是贝奈斯，都不得不面对各自议会的抱有敌意的批评，为洛迦诺各项协定辩护。具有权势的波兰议会内部的分裂以及非波兰裔少数民族的不满，本已导致波兰政治形势艰难；1925—1926 年，又因为恶性通货膨胀和与德国的贸易战而变得更为复杂。1925 年 11 月，一个新的内阁在斯克尔任斯基的领导下得以组建，他仍然担任外长兼总理。而在此背后，毕苏斯基元帅怒斥议会制度被滥用，呼唤波兰的"道德重生"（moral regeneration）。这位元帅强烈批评《洛迦诺公约》的解决方案，军方领导人以及右翼党派也是如此。斯克尔任斯基处于防守状态，他为这些解决方案的不可避免性以及它们能够为挣扎中的波兰共和国所提供的喘息空间辩护。他拒绝公开承认法国对波兰的义务已经在所有方面减少或者被限制。1926 年 2 月，波兰人同意中止驱逐德国"选择者"（那些选择德国公民身份的人），这是波兰与德国在 1925 年讨论新关税安排时，柏林当局所要求的政治条件之一。张伯伦训斥了德国大使对于波兰人的不必要的、过分的抱怨。而波兰人则尽其所能地到处寻找能让他们看到希望的迹象。他们曾经请求获得国联理事会的一个常任席位，但最终并未获得成功，不过他们为法国支持他们的申请而感到高兴。他们欢迎与罗马尼亚的联盟在 1926 年 3 月更新，该协议对现有边界做出保证。但华沙当局为数不多的乐观情绪很快被驱散，因为苏德《柏林条约》在 4 月签订，而英法对该条约的宣布反应平淡，出人意料。

贝奈斯也遭遇了政治上的困境，他对于"中欧洛迦诺"协定的希望没取得多少进展。法国人推迟他们自己与南斯拉夫的协定的缔结，更倾向于一份法国 - 意大利 - 南斯拉夫三边协定，这将令墨索里尼支持地区的现状。"小协约国"各国于 1926 年 2 月 10 日会晤，主要关切匈牙利的修正主义迹象，以及出于虚弱而不是信念，支持与法国及意大利正在进行之中的对话。对于洛迦诺谈不上热心的墨索里尼拒绝了这份三边协定，决定对贝尔格莱德当局采取主动。由于他的否决，在东南欧出现一种更为稳定的联合（alignment）的前景开始黯淡。除了同样反感德国此时可能强烈要求的德奥合并，罗马、巴黎和布拉格当局之间并无多少一致的地方。此外还存在苏联这一问题，这是捷克斯洛伐克和波兰的主要分歧之一。由于罗马尼亚人与苏联人围绕比萨拉比亚的争执，"小协约国"对于苏联没有共同的政策，贝奈斯因此单独行动。寄望于苏联担心被孤立，他向莫斯科当局提供法律上的承认，以换取经济上的重大让步，这是捷克斯洛伐克的那些反布尔什维克的右翼政党索要的最低价码。苏联拒绝了贝奈斯的条件，对话随之被放弃。苏德《柏林条约》（1926 年 4 月 24 日签订）对捷克斯洛伐克人的冲击几乎与对波兰人一样大，因为贝奈斯将该条约视为中欧的一种破坏稳

406 定性的力量，是对国联未来效力的打击。贝奈斯无穷无尽的外交活动的一个积极结果，就是与波兰人重新开始对话。斯克尔任斯基在 4 月中旬前往布拉格。一份仲裁协定得以正式生效，在缔结一份商业协定方面取得了进展，而理事会的代表权问题以及日内瓦裁军谈判问题得到了友好的讨论。一份界定彼此的少数民族地位的清偿协议（liquidation agreement）得以达成。即使波兰外长如同媒体广泛报道的那样提出了结盟的可能性，贝奈斯也未表现出任何回应的迹象。除了对斯克尔任斯基政治未来的疑虑，贝奈斯不愿因为一种价值可疑的结盟而招致德国和苏联的指责。洛迦诺会议的精神并未到达维斯瓦河（在波兰境内）或者多瑙河。

对于斯大林和苏联领导层的大多数人来说，《洛迦诺公约》是"资产阶级外交伪善至极的一个范例，通过叫嚷与歌唱和平，他们试图掩盖为一场新的战争所做的种种准备"[19]。尽管由于党内的争端以及希望召集各国的共产主义政党保卫苏联，斯大林的这一警示中无疑存在夸大的成分，但许多人与他的看法相同——这些"保证协定"是针对苏联的。契切林没有斯大林

表 18　德国政府收入、开支和负债（1926/1927—1932/1933 财年）

单位：百万地租马克

	1926/1927 财年	1927/1928 财年	1928/1929 财年	1929/1930 财年	1930/1931 财年	1931/1932 财年	1932/1933 财年
开支							
公共行政	17201	18801	20801	20872	20406	16977	14535
帝国*	6562	7155	8376	8043	8163	6625	5735
州*	4123	4357	4585	4564	4487	3907	3349
市镇*	6734	7422	8029	8461	8021	6998	6289
汉萨城市*	528	595	640	675	647	524	491
社会保险**	2843	4108	4862	5314	5718	5626	4168
总支出	20397	22460	25043	25736	25400	21971	18168
总支出占国民生产总值的比重	26.9%	26.8%	28.4%	29.6%	32.1%	33.3%	31.8%
收入							
公共行政	172861	8762	19613	20082	19890	16458	13780
帝国	6819	7113	7300	7730	8041	6440	5589
州	3577	3942	4144	3994	3928	3432	2845
市镇	6387	7124	7541	7713	7325	6093	4952
汉萨城市	503	583	628	645	596	493	394
社会保险**	3371	3990	5551	6029	5912	5470	4390
公共收入总额	18412	21307	22816	23205	23104	20694	16684
公共债务增长额	1742	1075	3561	3159	2704	155	170
债务增长占国民生产总值的比重	2.3%	1.3%	4.0%	3.6%	3.4%	0.2%	0.3%

　　*帝国、州、市镇和汉萨城市的开支额当中包括了给其他公共机构的支付。这些支付在总额中被去除。

　　**日历年份，而不是财政年份（4月1日至次年3月31日）。

　　资料来源：Harold James, *The German Slump: Politics and Economics* (1986), 52. 参见附表4，了解德国开支细分。

和布哈林那样担心，但他立即采取措施来遏制这种据猜测针对苏联的威胁。在洛迦诺各项协定达成之后不久，与德国人的谈判开启。双方的《中立与互不侵犯条约》（Neutrality and Mutual Non-aggression pact，即《柏林条约》）直到 1926 年 4 月 24 日才达成，这种延误主要是由于在德国的国联理事会席位问题得到解决之前，施特雷泽曼不愿签署该条约。这份新的条约保证德国将不会被吸纳进入一个反苏集团。每一方都发誓在发生牵涉一个第三方国家的战争时保持中立，并且许诺不缔结任何针对另一方的协定。如同在签订《拉帕洛条约》之后一样，契切林再度满怀希望地认为，这一新的双边安排将成为与其他国家的协定的范本，从而为苏联提供一个处于国联和地区性多边协定之外的安全结构。从施特雷泽曼的角度来看，《柏林条约》同时扩大了德国在西方和东方的外交选项的范围。这份新的条约既让德国外交部里支持《拉帕洛条约》的外交官满意，也让德国国防军军官感到满意，他们欢迎苏联人为进行更紧密合作而伸出的"触角"。这份新的条约并未恢复两国之间早先的那种关系，而且苏联人的焦虑并未减轻。德国和苏联不像在 1922 年那样彼此依赖。德国人拥有莫斯科路线之外的具有吸引力的替代物，而准备着手进行一个巨大的工业化计划的苏联也将目光投向德国之外的美国、英国和法国，以获得所需的资金和技术。德国人准备代理苏联与西方国家之间的协议，但苏联人一心想要自行与那些工业化国家缔结双边协定。此外，即使动用《拉帕洛条约》所建立之关系的力量，也无法遮盖在波兰问题上的利益分歧。契切林已经广泛地利用波兰这张牌来获得与德国人的这份新条约，在让波兰成为具有共识的主题上却没那么成功。但在开始与柏林当局谈判之前，他已经提出给予波兰人

408

一份互不侵犯协定，保证波兰的东方边界但并不保证其西方的边界。施特雷泽曼对于这样一种可能性没有任何兴趣，他警告说，与波兰达成任何单独的协定与计划签订的德苏条约不相容。1926 年 8 月，尽管德国人发出了这一警告，但苏联公开向波兰人提出了签订一份双边的互不侵犯与中立协定，这一提议被拒绝，因为它无法被扩大至包含波罗的海国家。作为回应，苏联与立陶宛在 9 月缔结了一份互不侵犯协定。苏联无法放弃其让波兰中立化的努力，它是苏联的"大门"。对于这个共同的邻居，德国和苏联有着自己的设想。《柏林条约》既不是苏德关系的高点，也不是其衰落过程中的重要一步。

如果说《洛迦诺公约》在东方引起了种种焦虑，那么它们在西方带来了希望与兴奋感。在 1920 年代，就国家之间真正的分歧存在于那些希望保持现状的国家与希望变革它的国家之间而言，《洛迦诺公约》对于后者是一种胜利。法国人赞成英国人关于和平变革的设想。"洛迦诺精神"指向未来的一个谈判的时期。奥斯汀·张伯伦相信白里安正在接受这些新协议的大部分风险，即使向德国做出的让步大多将会是未来谈判的主题。从某种意义而言，《洛迦诺公约》是法国在保卫《凡尔赛和约》方面的持续退却，这种退却始于接受道威斯计划以及伦敦各项协议的达成。从另外一种意义而言，它代表着法国的一种努力，旨在为那些已经失败的政策找到替代性的政策。这些协定在形式上和方向上是新的。它们是一种地区性的共同安全协定，介于过去的结盟和在日内瓦讨论的集体安全安排之间。它们为一种和平的欧洲解决方案开辟了道路，但并未能实现它，而且使德国东方边界上的形势比以前更为危险。这些条款是由欧洲三个主要参与者以传统的方式谈判的。它们代表着"旧外交"的

409

胜利，但被非参与者认为它们可能会遏制《盟约》中所体现的新生的安全体系。对于非参与者而言，《洛迦诺公约》无论有怎样的优点，都意味着从"和平的不可分割性"（李维诺夫之语）这一立场上后退。这是一种既未牵涉到美国也未牵涉到苏联的安排，而且因为如此而受到张伯伦和白里安的欢迎。在此公约的背后，却是美国资金持续注入德国，以及华盛顿当局对于这一新的外交格局的支持。如果道威斯计划以及伦敦各项协议没有被采纳，就不可能有任何政治上的突破，尽管美国人保持着他们对于由《洛迦诺公约》开启的稳定进程的冷淡和超脱的态度。就苏联人而言，他们无法阻止德国与法国及英国的和解，但能够保持与柏林当局交流顺畅。

在法德之间向着后者的方向调整《凡尔赛和约》所创造的平衡面临着种种困难，这些困难因为缺乏一种共同的、迫使两者接近的外来威胁而变得更为复杂。事情在很大程度上依赖于英国影响变革步伐的能力。从长远来看，英国人和法国人正在打赌，直到未来某个未定日期之前，德国是否将会接受一个并不那么平等的地位。正如张伯伦早先致信英国国王私人秘书斯坦福德汉姆勋爵（Lord Stamfordham）时所说的那样：

> 我认为作为政治家的第一个任务，是着手使德国的这种新地位能够被德国人民接受，以此希望由于他们在这种地位下重新获得繁荣，随着时间的推移，他们可能顺从于这种地位，不愿将他们的命运再度交给战争的那种令人绝望的危险。我现在并不是在为今天或者明天而努力，而是为诸如 1960 年或者 1970 年的某个日期努力，到那时德国的力量将已经恢复，而战争的前景将再度笼罩着地平线，

除非风险仍然太大,无法鲁莽地承担风险,以及实际的条件可以忍受,因而不愿孤注一掷、铤而走险。[20]

但在随后的 1920 年代中期的稳定化进程中,英国对欧洲的投入的含糊性质是一个有重大影响的弱点。英国的真正影响力源于其愿意担保法国未来的安全,但《洛迦诺公约》所做的担保是偏袒且精心限定的。没有任何一届英国政府能够或者愿意让自己致力于东欧事务。英国的义务也被限定在西方,并且有意地与国联虚弱且缺乏约束力的安全体系联系在一起。伦敦当局希望对西方所做的保证将永远不必得到履行。对于这些政治安排,并无任何军事上的跟进举措。关于索姆河和帕斯尚尔的记忆,关闭了对《洛迦诺公约》之外英国在欧洲的责任的更广泛诠释的可能性。①

410

Ⅲ

在 1920 年代其后的时间里,施特雷泽曼、白里安和张伯伦支配着外交。对于他们的政治才干的挑战,几乎与 1919 年的和平缔造者们所面对的一样大。无论《洛迦诺公约》签订之后在私下里和公开场合如何欣喜,这些曾在马焦雷湖上泛舟的人明白自己正处于一条艰辛的道路的起点。主动权掌握在施特雷泽曼手中,他设定修正的"菜单"(选项),但"菜单"的长度和

---

① 索姆河战役是一战中规模最大的一次会战,英法为突破德军防御并将其击退到德法边境,在位于法国北方的索姆河区域实施作战。双方伤亡共 130 万人,是一战中最惨烈的阵地战,也是人类历史上第一次在实战中使用坦克。帕斯尚尔战役,又称第三次伊珀尔战役,是一战中协约国与德国之间最惨烈的战役之一,协约国军队伤亡约 27.5 万人,德国方面伤亡约 22 万人。

时机取决于法国。近些年来，这位德国外长已经被视作魏玛共
和国最伟大的政治家。他的全身肖像曾悬挂在科尔总理时期的
外长汉斯-迪特里希·根舍（Hans-Dietrich Genscher）位于波恩
的外交部的办公室里，让人回想起施特雷泽曼留下的"西方定
位和东方政策"（Westorientierung und Ostpolitik）遗产，也是德
国在重建一种可资利用的过去的一个迹象。施特雷泽曼曾作为
民族自由派的民族主义成员，以及"更强大的德国"的战时发
言人而开始其政治生涯，他如今因为对魏玛共和国的忠诚，以
及对于德国在欧洲大国协力的限制内运作这一愿景而得到铭记。
尽管施特雷泽曼长期以来赞成议会制政权，但作为创建于 1919
年的中右派新政党德意志人民党的党首，施特雷泽曼只是逐渐
地而且有点勉强地接受了魏玛共和国。这位十分具有才智和魅
力的领导人是德国政治的"外来者"，一个"暴发户"——他
出身基督教新教的中产阶级下层（他的父亲生产和销售瓶装的
啤酒，因此施特雷泽曼被嘲笑为"瓶装啤酒古斯塔夫"），通
过自己的努力而得到社会的接受和政治上的显赫地位。由于其
政治上的机敏和对环境的适应性，他从未受到很大的信任，但
他比他的许多政治同行更为务实。他从德国在 1918 年的失败以
及魏玛共和国在鲁尔危机时几近崩溃中学到许多。与许多人不
同，他接受军事失败的事实，认为对于德国重返大国地位而言，
其最好的牌是德国的经济力量而不是"被埋葬的旧大炮"。这
位前经济帝国主义者开始确信，德国的恢复依赖于重新参与国
际经济，而且世界经济的未来也需要德国的恢复。占领鲁尔事
件强行在国内灌输了这一教训。施特雷泽曼认识到美国在德国
复兴中所能扮演的关键角色。德国能在 1924 年获得美国及英国
的资金来对付"法国的帝国主义"，这一事实使美国参与赔偿

411

问题的谈判对于施特雷泽曼来说是一个决定性的政治事件。施特雷泽曼相当倚重法德经济合作，将其作为平息法国对于德国未来霸权的担心的一条途径。在其1923年担任为期百天的总理期间，德国对内和对外的虚弱残酷地暴露出来，这让他确信，在最大的意义上，德国未来的安全将依赖于寻找到一种对于法德问题的和平的、可以接受的解决方案。

对于施特雷泽曼而言，《洛迦诺公约》只是漫长道路上的第一个里程碑。德国人的动机是防御性的，是为了避免法国、英国和比利时之间再度缔结一份协定的可能性，以及在不裁军的情况下实现协约国军队从科隆的撤出。在未来，为了保护自己的利益，德国不得不变成一个值得结盟的国家。这只能通过承认西方的边界以及加入国联才能实现，而在国联成立最初的几年里，施特雷泽曼曾将其作为一种不相干的东西对待。与几乎其他任何德国政治家一样，施特雷泽曼是一名民族主义者和修正主义者。在1925年9月致德国王储的那封著名的、经常被引用的信件中，施特雷泽曼所概述的目标让人们对他的长远思考有了某种洞见，尽管这封信在撰写时着眼于收信人的民族主义同情心。外国对德国的占领将会结束，赔偿问题将会变得让人能够忍受。德国必须保护"我们1000万或1200万的同胞，他们现在在外国的土地上，生活在外国的枷锁之下"。德国和波兰的边界将不得不改变，但泽、通往海洋的波兰走廊以及在1921年被判给波兰的上西里西亚的那一部分将被归还给德国。而作为其背景的将是与同属日耳曼民族的奥地利合并。考虑到王储身边的那些顾问，施特雷泽曼还加上了一道警告，告诫他不要抱有布尔什维克主义的乌托邦幻想。[21] 他毫不掩饰自己当即的目标，他告诉白里安和张伯伦，德国期待协约国早日撤出莱茵兰，对波兰走廊和但泽做出有利的解决，归还德国以前的一些殖民地作为委任统治地。作为交换，他希望德国将会放弃未来采取军事行动的可能性，接受并促进和平交往的规则。即使是对于将德国的领土从外国占领下解放出来这第一个非领土性目标，由于担心损害白里安的地位，他也不得不避免用力过猛或过早。与赔偿问题相联系的莱茵兰问题不仅突显出实现局势缓和的难度，而且削弱了走向和解的推动力。

施特雷泽曼是一个复杂而十分灵活的人，他形成了一种关于欧洲（国际）关系的更为广泛的愿景，和平的德国能够在其中扮演主要角色。他对于"和平的和解"（peaceful accommodation）的追求既是为了将德国恢复成大国，也是为了创造一种将会强化魏玛共和国的国内共识。在洛迦诺政治这一实际层面上，无论在西方还是在东方，施特雷泽曼都是务实的现实主义者，为德国实力的完全恢复利用或者创造各种机会。尽管施特雷泽曼希望德国重新加入协作行列，但必须是作为一个有"平等权利"的正式伙伴。无论其对于白里安确保法国未来安全的需要抱有怎样的同情，这位德国外长打算将《洛迦诺公约》作为修正事业的跳板；他逐渐地希望他的修正事业能够在他的《洛迦诺公约》伙伴们的同意与支持下得到实现。他从来不相信战争对德国来说是一种可行的或者理想的选项。如同白里安一样，施特雷泽曼相信"（对于）和平的管理"。他在 1926 年 10 月对党代表大会说："我坚定地相信新的德国及其重新崛起只能建立在和平之上。但如果这种和平不是建立在德国和法国的和解之上，它将如何得以建立？"[22]英国和美国的支持（如果即将到来的话）也许可以让法国人安心，但只有与法国合作，真正的修正才会得到允许。施特雷泽曼尊重白里安，理解他的各种困难,他对这个法国人的魅力和智慧做出了很好的回应。尽管他从未特别喜欢张伯伦——他发现张伯伦举止"居高临下",而且在殖民地问题上不必要地僵硬死板——但他太精明,以至于不会忽视与这位"诚实掮客"共事的好处,张伯伦能够让欧洲的天平摆向德国的方向。施特雷泽曼对于与法国达成和平的和解的寻求,的确有可能发展成对于欧洲合作的更为深远的依附。这位外长和支持他的国务秘书卡尔·冯·舒伯特理解在一个非同寻常的不稳定的时期,应对一个变化中的国际体系的各种问题的需要。施特雷泽曼欢迎国联的会议,因为它们既提供了与白里安和张伯伦经常性联络的机会,又具有国内政治上的价值。如同其他两位政治家一样,他从不将国联视为大国外交的替代物,而是视其为推动合作以及(出于国内的目的)推进少数民族权利的有用手段。

无论是施特雷泽曼还是白里安,都无法弥合德国的抱负与 413
法国的恐惧之间的距离。德国的收获在巴黎被视为法国的损失,而由于施特雷泽曼并不愿意放弃在东方的领土变化的希望(尽管准备推迟它),他恰恰激起了洛迦诺会议打算削弱的那些不安全感。如果说施特雷泽曼的机动自由(freedom of maneuver)由于这种国家利益的根本冲突而受到限制,它又因为强大的民族主义情感在德国的持续存在而进一步被缩小。这是一种漫长而艰难的战斗,既是为了缔造可行的中间派政府,也是为了让选民明白克制的好处。这一任务在1928年之后变得更为艰难。考虑到施特雷泽曼与他自己的国会党派间的问题——该党的一部分总是指望民族主义右派——以及魏玛共和国政治结构的根本性脆弱,他不得不夸大所能实现的东西以及变化发生的速度。没有哪位外长比他更为强烈地意识到获得政治支持的重要性。

施特雷泽曼的上午都是在外交部度过的，一天其余的时间用在国会和总理府的政治活动上。他对主要政党的政治家们的关注带来了红利，但没有任何可实现的政治上的成功能够弥补魏玛政权的不稳定情形。在一个其首要存在理由基于其反对一种强加的和平以及外国剥削的国家里，要宣扬耐心并不容易。当经济状况黯淡下来时，施特雷泽曼所完成的任何事情都无法防止仇外情绪的高涨。早在 1929 年 10 月以 51 岁的年龄早早去世之前，他对未来已经变得高度焦虑。他可以对付像胡根贝格这样的民族主义者，但已经预见到民族社会主义党对这个他深深奉献的共和国的生存及其所捍卫的和平修正路线，构成了更具破坏性的威胁。

如果说施特雷泽曼在今天看来仍然是一个难以捉摸的人物，那么白里安的声誉曾经既是被过度赞扬也是被严厉斥责的对象，甚至在他自己的有生之年也是如此。他现在与戴高乐将军一道是"法国路牌上被引用最多的"法国政治家，但直到最近为止他主要是被其同胞们忘却。[23]他接连地被描述为"和平的朝圣者"（从法国外交部大门上的青铜雕塑可以看到，雕塑在 1930 年代竖立），被谴责为对德国的绥靖者和危险幻觉的传播者，而现在被誉为欧洲一体化的预言家。白里安在演讲和说服上天赋极佳，但缺乏条理和精确性，使人们难以对他做出一种均衡的评价。他不大读书，写得更少。他是一个能言善辩的政治家，对于口头语言、调和的措辞以及演讲姿态兴趣盎然。当对峙逼近时，施特雷泽曼直言不讳，白里安则是退却至泛泛而谈。在施特雷泽曼的要求得到清晰阐述的地方，白里安有意地保持含糊。政策上的细节可以留给官员们去处理，尤其是留给其经验丰富的秘书长菲利普·贝特洛，后者为白里安那些更加富于幻想的主张充当"刹车"；但这位法国外长本身就是一位干练的、巧妙的谈判者。退回到泛泛之谈的一大好处，就是为未来的讨价还价敞开大门。

白里安主义（Briandisme）逐渐地代表了一种怀柔和绥靖的政策，最终还意味着鼓吹建立一个独立于美国金融和经济力量之外的欧洲联邦（European federal union）。这部分是白里安所培养的法国外交的形象，同时伴有其所有的个人温情以及天然魅力，这种温情与魅力吸引了张伯伦以及其他许多人。但在香烟的烟雾、睡意蒙眬而眼睑低垂的双眼、海象胡子（浓密且两端下垂的唇上长胡须）以及具有说服力的声音背后，是这位对于他的国家的能力与限制有着敏锐感知、精明且经验丰富的外交家。与其对国民议会或者国联大会的演讲相比，白里安主义中有更多的实质性内容和算计。白里安的政策并非基于对世界的虚幻认识。相反，尽管夸夸其谈，他对欧洲形势的解读却常常与施特雷泽曼一样现实。他早就认识到获胜的法国精疲力竭而且苍白无力，认识到法国无法将其意志强加给德国，因此他准备为和解而努力。如果法国未来将要重获其平衡并且带着某种程度的自信生活，就必须解决法德的问题。白里安希望这种和解能够建立在他们对和平及经济繁荣的共同理解之上。但无论和解如何之必要，白里安很清楚所牵涉的风险，根本不想牺牲法国安全现有的各种保护措施。他依赖于一旦发生战争时英国提供保护的承诺，依赖于对于英美经济援助的希望，依赖于东方联盟的维护以支撑法国的安全。他还希望德国和苏联将被保持分离，并且考虑与苏联建立一种更为紧密的关系。他对于在与德国打交道上行动过于迅速保持谨慎，相信一个4000万人口的国家总是面临来自一个7000万人口的邻国的威胁，后者

正在以更快的速度发展，而且具有更为优越的工业基础。法国
415 情报部门夸大估计了德国现有实力，但这种估计被广泛接受。
深层力量（forces profondes）的平衡是不言而喻的。正如其在
1926 年 4 月对国民议会外交事务委员会所说的那样，白里安对
于一个欧洲"将像美国一样行事，成为一个联邦国家"的时刻
的愿景，包含希望德国被吸收进欧洲联邦时将冲淡其对法国的
威胁，从而能够向持久的和平前进。[24]由于其性情及选择，白里
安寻求妥协和共识，但他由衷地相信安抚德国是不可避免的。
没有其他政策是切实可行的。

白里安面临着让其外交带来回报的相当之大的压力；这在
很大程度上——在太大的程度上——依赖于德国和英国国内的
动向，但他无法控制。在法国具有影响力的政治力量赞成与德
国合作，和解对于广泛且完全不同的政治和经济群体具有吸引
力。如果说雷蒙·普恩加莱从根本上说比白里安更怀疑德国的
动机，那么两人之间的分歧更多的是微不足道而不是实质性的。
白里安倾向于有意回避，这其中存在着种种危险。他从来不阐
明法国"安全"所需的保护措施。他未能声明在和约的修改方
面法国能够接受的是什么，从而误导了施特雷泽曼。白里安从
未审视英国所做保证的真正价值，过于依赖张伯伦的支持。他
的东方政策的含糊之处让盟友及朋友们感到困惑。最重要的是，
他无法而且可能不愿履行施特雷泽曼所需要的东西，以使和解
进程走上正轨。《洛迦诺公约》为鼓励德国遵循和平修正道路
所需的让步留出了空间，但白里安过于谨慎而无法放弃《凡尔
赛和约》对德国实力的根本性约束。在"洛迦诺体系"问题的
核心之处存在一种目的上的含糊性。白里安从未怀疑法国在面
对德国这个强邻时需要保护，他同时寻求法德伙伴关系，这种

关系将减少法国对英国及美国的依赖。因此他鼓励施特雷泽曼和平修正政策，同时试图通过一系列的双边和多边协议来限制德国恢复力量。随着白里安立场上的含糊及矛盾之处得到展现，他的那些民族主义批评者找到了大量依据来攻击他，但他们无法为法国的安全困境提供任何现实的替代性答案。

在洛迦诺会议上，白里安将法国安全的"鸡蛋"放在了英国的"篮子"里。正是因为这样，奥斯汀·张伯伦才成了洛迦诺组合（Locarno combination）① 的关键参与者。丘吉尔的曾被广为引用的俏皮话是："奥斯汀总是玩游戏，但老是失败。"这句话用来指张伯伦未能成为首相可能是贴切的，但不适用于其在洛迦诺会议上的行动。在洛迦诺各项协议达成之前，在经历起初的犹豫后，他变成了协议的热情支持者，从其中看到了对于英国过度延伸的世界性责任的解决方案。英国的作用是在欧洲大陆上培养一种安全感，这种安全感将抑制战争精神。通过以在欧洲的有限投入安抚法国，同时鼓励德国对和平修正的希望，张伯伦相信他可以为法德和解开辟道路。他希望白里安在了解英国将予以支持的情况下将会是宽宏大量的，希望担心英国反对的德国人将不会步子迈得太快或者要求太多。德国政治生活的稳定和德国发展成为欧洲共同体的一个和平的成员，将会鼓励法国人遵循张伯伦由衷相信的和解政策。他究竟能够在多大程度上真正弥合法德之间的隔阂，这受制于内阁及军方并不情愿在 1925 年所提出的有限承诺之外考虑其他责任。谈判一开始，张伯伦就依赖其外交上的敏锐以及英国相当之大的威望来获得成功。人们对于《洛迦诺公约》不可捉摸的益处寄望甚

①　指参加洛迦诺会议的政治家群体。

多。这位外交大臣显然希望英国永远不会被召唤去遵守其承诺。

张伯伦并不寻求快捷的或者引人注目的结果，而是国际环境中逐步的变化。英国传统外交通常很务实，其中有一些积极的优势，让张伯伦在与白里安及施特雷泽曼打交道方面受益良多。尽管张伯伦能够鼓励和安抚，而且他在这两方面都做得极好，但他能够实现的东西是有限的。可以说张伯伦并不是一个真正的中立者。他尽管有时候被法国对于"安全"的过度迷恋激怒，却既不迫使白里安表态或行动，也不会抛弃白里安。

张伯伦虽然从未真正地喜欢过施特雷泽曼，但的确逐渐开始信任他。在 1930 年 10 月致信达伯农时，张伯伦追忆道：

> 施特雷泽曼逐步地而且实际上是勉强地变成了他自己政策的皈依者，并且接受了其后果。我根本不能确定他的首要想法不是要分离法国和英国，或者至少是为了确保我们不会复活《同盟条约》（Treaty of Alliance）……（但）这并不影响当政策正在我们手中形成时，他为追求这一政策所具有的勇气和忠实，以及从其中提炼出政策所提供的所有优势的技巧。[25]

417　张伯伦意识到德国民族主义情感的力量，以及为施特雷泽曼的合作给予回报的需要。他敦促白里安在法国军队从德国撤出以及解散协约国军事控制委员会问题上更为调和。他竭尽所能地保持"一碗水端平"，煞费苦心地不去触怒这两位领导人当中的任何一位。他的真挚与诚实在日内瓦是强大的资产，弥补了着装上的华丽与正式——晨礼服、熨烫平整的长裤、胸花、高顶礼帽以及单片眼镜，这些装束曾使他成为漫画家笔下出色的描绘对象。尽管他的确试图扮演"诚实掮客",但张伯伦总是相信白里安在缔结洛迦诺各项协定方面承担了更大的风险。施特雷泽曼发现张伯伦冷漠而矜持,从未真正地相信张伯伦的中立,这是不无道理的。

由洛迦诺各项协定所引发的根本性问题,在伦敦既未得到询问也未得到解答。由于英国的实力是来自帝国、海军、金融和经济,以有利于德国的方式对欧洲的均势做出适度的调整,这对于英国来说没有多少可害怕的,但帮助这个欧洲最大的国家获得在欧洲大陆上的优势并不符合英国的利益。除了丘吉尔之外,保守党内阁里没有任何成员谈及相对于被解除武装的德国,英国对法国的军事优势的终极依赖。只是当和解失败时,军事上的平衡才会变得重要,而《洛迦诺公约》旨在避免这样一种可能性。只要英国的特定经济利益得到保护,张伯伦就准备将此类问题的解决留给德国人和法国人。与其在洛迦诺的伙伴们不同,张伯伦是一位全球主义者,在欧洲以外的世界其他地方有各种利益需要保卫。1928 年夏天,当施特雷泽曼要求协约国军队早日撤出莱茵兰时,英国人正与美国人发生一场艰辛的冲突。尽管这些全球性的思虑解释了英国为何如此渴望在欧洲建立平衡,但它们也限制了英国为维持这种平衡所愿意做的事情。张伯伦极不可能拥有与白里安一样的欧洲愿景,他不得不从更加全球性的角度考虑。他的目的是重建大国协力体系,这种体系基于法德和解,通过国联来运作,他显然承认了国联的效用。当他在这一方向的希望开始变得黯淡时,他准备 **418** 将外交上的分量倾向法国一方,因为如同白里安一样,他意识到了复苏且不妥协的德国所具有的潜在危险,意识到在未来仍然不确定时保留现有保护措施的必要。奥斯汀·张伯伦不偏不倚地立足于英国长久以来的绥靖传统之中，它通过运用理智和妥协来调整欧洲大陆的关系。与那些比邻而居的国家相比，一个处于伟大的帝国心脏地带的岛国能够对大陆的冲突采取一种更为超然的看法。正如张伯伦完全了解的那样，面对那些为不致酝酿冲突和爆发而不得不做出的重新调整，英国不能袖手旁观。

Ⅳ

洛迦诺会议达成的各项协定要等到德国进入国联之后才能生效，因此为其迅速被接纳做出了各种细致的准备。德国在 1926 年 2 月 8 日提交申请；四天之后，理事会要求在 3 月 8 日召开一次国联大会的特别会议来考虑这一请求。各种复杂的情况随之而来。德国人提交的要求为中等国家提供了一个再度敦促获得理事会常任席位的机会。理事会的规模、常任与非常任成员国之间的区别、席位的地域分布（非欧洲国家尤其感到愤愤不平），这些问题长期以来就是国联代表们之间激烈争论的焦点。在这个话题被重新提起后，同样为非常任成员国的巴西和西班牙，以及首次寻求代表权的波兰要求获得常任席位。波兰的要求在柏林敲响了警钟。由于英法在没有与施特雷泽曼商量的情况下达成了妥协，支持其各自的追随者西班牙和波兰，形势变得更为复杂。施特雷泽曼要求在加入时只给予德国常任席位。其他国家支持德国反对扩大席位的意见。作为理事会非常任成员国的瑞典成为一群国家（挪威、丹麦、荷兰、芬兰、瑞士、比利时）的发言人，它们反对在中小国家间做出区分。瑞典和丹麦曾经反对波兰早先为与芬兰结成联盟所做的努力，而且如今希望德国参与国联将削弱其与苏联的联系，因此对保

持大国与小国之间的区别采取了一种有原则的防御姿态。张伯 419
伦乐意让瑞典因为以原则问题阻止波兰加入而受到责难。受其
误导，瑞典外长兼国联代表厄斯滕·温登（Östen Undén）在日
内瓦采取了强硬路线，直到他发现张伯伦改变了立场并寻求一
种可以被接受的妥协，才发现自己有被孤立的危险。

到国联大会在 1926 年 3 月召开时，人们的强烈情感正在高
涨。德国人拒绝加入国联，除非围绕理事会席位的争端得到解
决。张伯伦支持西班牙的诉求，法国人则支持波兰。英法都要
求德国支持其各自的候选者。白里安威胁说如果波兰被拒绝获
得理事会的一个席位，他将辞职。僵局的持续使舆论变得不利
于德国人，而且英国人对瑞典人施加沉重的压力，要求他们放
弃反对扩大席位。瑞典人对德国强烈认同，而且担心如果冲突
持续下去国联将受损，于是提出为波兰腾出自己在理事会的席
位。而只有在捷克斯洛伐克为荷兰让路的情况下，德国人才愿
意接受这一解决方案。温登和贝奈斯没有多少热情地同意了德
国人的要求，但巴西人威胁动用否决权来反对德国被接纳进理
事会。一个特地组成的、包括现有和将要成为理事会成员国
（以便德国能够参与）的国联委员会得以创立，德国的加入被
推迟至 9 月。在国联大会 3 月的最后一次会议上，较小国家谴
责理事会席位问题由签订《洛迦诺公约》的各个大国以秘密的
方式处理，坚决要求将这场斗争继续下去。

对于国联的威望及其最强烈的捍卫者的士气来说，这整件
事是一个打击。在德国，除了极右翼，批评较少地对准施特雷
泽曼，而更多地对准国联这个允许二等国家挫败强大者意愿的
机构。施特雷泽曼认为协约国将理事会塞满成员的努力已经被
阻止，认为德国甚至在被正式接纳进入国联之前，已经进入大

国的"核心集团"。在随后围绕莱茵兰占领军以及结束协约国军事控制委员会控制的谈判中，他利用这种瓦解来要求法国人和英国人做出进一步的让步。在这一年的夏末，在"洛迦诺派"（Locarnites）[①] 之间进一步的冲突以及由较小国家发起的一次新的抗争之后，该委员会达成了一个妥协方案。只有德国将被给予一个常任席位，而非常任席位将从六个增加至九个，每年更新其中的三分之一，任期三年，最多只能有三个国家具有资格重新当选。半常任理事国这一新的类型被创造出来。波兰接受这些安排，但巴西和西班牙愤怒地离开了国联。西班牙在 1928 年重新回到国联，巴西则仍然留在外面。与欧洲较小国家的意志相违背，理事会被扩大，而且通过各种非正式的安排，非欧洲国家在临时席位的分配上获得了更大的代表权。德国人按照施特雷泽曼的条件加入了国联。作为理事会的一个常任成员国，德国正式赢得了与列强平等的地位，可以以平等地位讨价还价。在柏林，这一方案被欢呼为德国的胜利。

420

苏联与德国的互不侵犯条约在 4 月缔结，成了这条道路上的又一次颠簸。法国外交部的常任官员们发现该条约的条款是"可恶的"。在诸如德国民用飞机（被认为容易转换成军用飞机）、违反裁军规定、莱茵兰的民族主义活动以及在 1 月曾经许诺的进一步削减在莱茵兰和萨尔的军队等问题上，白里安的态度变得强硬起来。在达伯农的一再安抚下，英国人并不那么担心。由于张伯伦的坚持，白里安驳斥了他手下的那些官员，同意放弃提出正式抗议的主张。张伯伦让其确信，尖锐的反应将驱使德国与苏联进行更为紧密的合作。白里安在参议院为洛迦

---

① 指信奉洛迦诺会议及《洛迦诺公约》和解路线的人，尤其是当时的与会者。

诺诺协定辩护时经历了一段艰辛的时间，但各项协定以压倒多数获得批准。法国的安全问题在日内瓦得到解决之前，法国军方拒绝考虑任何裁军建议，由此表明了他们的不快。当毕苏斯基1926年5月在波兰的政变失败之后，白里安的担心又因为忧虑一场可能的苏波冲突而加重了，但他与德国人谈判一个东方解决方案的努力失败了。

1926年9月10日，马恩河战役12周年纪念日，德国代表团被接纳进入国联。① 施特雷泽曼发言简洁而谦逊。作为国联的首要发言人，白里安庄严地站起身来，发出了激动人心的呼吁："远离步枪、机枪、大炮。为和解、仲裁、和平扫清道路。"[26]他通过许诺未来的谈判将按照"国联的精神"进行，来平息较小国家的怒气。张伯伦为其所认为的英国的胜利激动不已，认为它将"合上战争这一篇章，让欧洲改弦更张"。德国被接纳进入国联改变了该国的命运，使日内瓦成了欧洲外交的焦点。国联自身是否因为其成员国结构的这一新的增添而受益，这一点在今天更值得商榷。在每季度一次的理事会会议上，这三位外长代表自己的国家定期会面。施特雷泽曼只因为生病在1928年夏天缺席过一次。真正的决策中心在于白里安、张伯伦和施特雷泽曼，他们在日内瓦的宾馆房间里解决当时的各种问题。正是在这些"洛迦诺茶话会"上，三人——有时候还有其他人参加——讨论各种问题，为理事会会议设定议程，起草将被提交和接受的决议的文本。较小国家对这种旧式的欧洲协力（现在成了三国协力）的复活感到恼怒。甚至在1924年之前曾在英法关系中至少扮演润滑剂角色的比利时，现在也不是一个

421

————————

① 德国被接纳进国联应为1926年9月8日。（第一次）马恩河战役发生在1914年9月5日至12日。

经常性的参与者，尽管当讨论德国问题时，比利时代表仍然被接纳进来。当小国轮值的规定被引入，比利时丧失其理事会席位之后，它的影响力进一步被削弱。当日内瓦变成外交地图上的一个永久性固定物，而围坐在马蹄形桌子旁的人们掌控着世界的听众时，理事会本身正在日益忙碌于次要的事情。德国进入国联突显出在国联成立之初就被认识到的大国和小国之间的区别。这三位峰会参加者熟稔议会辩论的"肉搏战"，他们相信面对面谈判的效力。施特雷泽曼和白里安能够预测为了实现和谐而又不丧失政治上的支持，在牺牲国内的利益方面能够走得多远。理事会和大会的会议为他们意见的表达提供了公共平台。

这三位领导者当中的每一个都看到了国联可以如何被用来促进他们各自的国家利益。施特雷泽曼享受着媒体报道和关注的机会。在为其"民族现实主义"（national realism）政策赢得国内支持这一任务上，"第四等级"（the fourth estate）①的关注对于这位德国领导人尤其重要。他将一个由不同政党的官员以及议会代表组成的引人注目的代表团带到了日内瓦，以突显出德国重返世界政治的重要意义。有点让协约国各个代表团吃惊的是，德国人成了国联的良好公民，他们认真履行责任，为秘书处和国联各个委员会的工作做贡献。德国代表结交来自较小国家、前盟友和中立国的代表，以重新建立具有共同利益的联系。德国在日内瓦积极活动，旨在表明大国地位的好处可以在不依靠军事力量或者威胁对抗的情况下实现。除了国联为其不同凡响的公众说服力提供独一无二的机会之外，白里安相信日

---

① 也称第四权力，通常指新闻媒体。

内瓦体系能够被用来促进外交调整的进程。国联下设的各个委员会削弱了直接对抗的锋芒，鼓励参与者们携手合作。它们还为延期提供了机会。白里安在日内瓦的较高声誉为他在国内赢得了赞扬，尤其是来自其在激进的以及社会主义阵营的长期支持者的称赞。他的演讲传递出希望和信念感，只有那些最为愤世嫉俗的听众才会不为所动。奥斯汀·张伯伦讨厌日内瓦"童子军大会"式的氛围，而且他的那种有点高人一等的语气强化了人们对于"奶妈式"（nanny）英国外交的看法，但甚至连他也利用国联来扩大英国的影响力。他为大小国家的代表们提供建议，而且能够平息各种怒气。正是由于极佳的理由和有益的结果，在经历了一个分割控制（divided control）的时期之后，张伯伦将国联政策置于其个人指导之下。

　　洛迦诺派之间真正的讨价还价是在私下里进行的。这种个人的、很不正式的外交有优点也有缺点。为避免分歧而达成的妥协后来被发现不切实际或者在政治上无法被接受。一些分歧无法得到解决，而且时不时出现情绪爆发。外在的和谐关系的表象自然地鼓励着人们对成功的期待。因此，代表不同利益的各国代表之间不可避免会发生争执，公众对此却没有准备。白里安和施特雷泽曼1926年9月在靠近日内瓦的法国小村庄图瓦里（Thoiry）进行了一次午餐会晤，表明了私下会晤可能如何之危险并具有损害。这次长达四个半小时的午餐是一长串的外交斡旋的顶点，被广泛地报道为预示着法德关系中至关重要的突破。人们对其期待甚多。但这种旨在达成一个总体解决方案的努力招致了双方的指责。

　　除了张伯伦的多次敦促以及他自己推进和解进程的意愿，白里安准备超越导致法德分歧的眼前问题，以与施特雷泽曼寻

422

求一个全面的协议。法国的金融困境以及暴跌的法郎是图瓦里午餐会晤的关键问题。由于无法为法国的财政困境找到一个解决方案，"左翼联盟"正开始解体，德国的赔偿再度可能成为解救来源。在签署洛迦诺各项协定之后不久，法国当局考虑了将道威斯计划的债务商业化的可能性，这些债务就是被预留作为道威斯计划年金担保并为移交委员会所持有的德国铁路债券及工业债券。这些债券可以在世界的证券交易所（主要是纽约）上市，而依据 1920 年的《斯帕议定书》（Spa Protocol）有权获得收益的 52% 的法国人，可以通过债券的商业化得到现金。但没有赔偿事务委员会的同意以及美国银行的合作，就什么事

423　情都无法做。法国人也需要德国人的支持：如果要吸引购买者，后者将不得不保证商业债券未来的利息支付。1925 年晚秋，法国财政部及外交部的官员们考虑，将德国在金融及商业上的合作与早日撤出莱茵兰联系起来。除了法国金融上的需要，此时法国和德国实业家也正在谈判各种卡特尔及商业安排，而且仍在考虑十分重要的法德新商业协定（该协定后来于 1926 年 7 月签署）。法国人向赔偿事务总代理、来自美国金融机构的帕克·吉尔伯特试探口风。德国人理解法郎崩溃所带来的机遇，以及比利时法郎和波兰兹罗提（zloty，波兰货币）的困境，也在试探"水深"。如同施特雷泽曼所讨论的那样，德国合作的代价包括确定德国的总赔偿义务、结束对莱茵兰的占领、归还萨尔以及解决波兰边境问题。在 1926 年春天与比利时人以及波兰人的对话中，德意志帝国银行行长亚尔马·沙赫特提出以德国的金融援助换取奥伊彭-马尔梅迪和波兰走廊。沙赫特的建议无论对于波兰人还是英国人都是不可接受的。比利时的谈判继续进行，但在巴黎掀起了一场风暴。1926 年 7 月初巴黎的金

融崩溃以及德比对话的消息，引起了巴黎和柏林一连串的新活动。各方都明白另一方准备对话。

施特雷泽曼持谨慎而乐观的态度，他等待着来自白里安的接触；在他等待的过程中，法国的金融危机导致白里安内阁垮台。雷蒙·普恩加莱在1926年7月23日就职，他在这个新的"国民联盟"（Union Nationale）内阁中担任总理和财政部部长。白里安回到外交部，在他的这个老对手手下工作，后者需要利用这位前总理在左派及中右派圈子里的人望，来保证其反通货膨胀计划成功。与白里安一样，普恩加莱希望将道威斯计划的部分债券商业化，但希望这可以在没有美国人或德国人的帮助下进行。不过他同意白里安应当与施特雷泽曼磋商。由于预先考虑到国联将于9月召开下一次会议，施特雷泽曼表示，如果法国新内阁仍然对德国通过流通道威斯计划的债务来提供金融援助感兴趣，他将欢迎进行一次私下的意见交流。白里安尽管欢迎这次会晤，但根本没有给予向德国人做出进一步让步的任何暗示。相反，他成功地在德国违反裁军规定的问题上向张伯伦呼吁支持，并且再度警告比利时人不得将奥伊彭-马尔梅迪割让给德国。白里安对有关沙赫特的五花八门的活动的报道做出否定性的反应，而且意识到普恩加莱强烈反对归还这些地区，他警告施特雷泽曼不得采取"鲁莽的举动"。比利时人退却了，比利时首相8月23日公开坚称"迄今从来没有任何官方的交易，而且我向你们保证，在奥伊彭-马尔梅迪的问题上将不会有任何交易"[27]。在普恩加莱获得任命之后，法国法郎开始恢复。尽管商业化仍然是一种理想的策略，白里安也许并未理解这实际上牵涉到什么，但他现在谈判时拥有了更多的自由。

在9月10日德国被接纳进入国联之后不久，这一问题进入紧要关头。没有人确切地知道在日内瓦发生了什么，或者在图瓦里漫长而丰盛的午餐期间说了或者许诺了什么。这些交易是秘密的和非官方的，只有几个人了解这些交流。图瓦里会晤没有任何正式的记录保留下来，施特雷泽曼的第一手叙述与白里安的翻译亨萨德教授（Professor Hensard）记下并被法国外交部使用的记录之间有显著的区别。[28] 两份叙述都表明，如同世界的媒体告知其读者一样，这两位政治家都抱定决心达成一个"全面的方案"。施特雷泽曼要求在一年内撤出莱茵兰，将萨尔立即归还德国，赎买奥伊彭-马尔梅迪，以及撤回协约国军事控制委员会并由一个国联的机构来监督非军事化区。作为交换，德国人提出支持存入赔偿事务委员会的价值 15 亿金马克的铁路债券上市。其中所得的一半将交给德国的债权人，并从德国最终的赔偿总额中扣除；另一半总计为 7.8 亿金马克，将交给法国。德国人还将为萨尔的矿山支付 3.7 亿—4 亿金马克。施特雷泽曼的叙述暗示说达成了一笔交易，而且专家们将只需要拟定相关细节。法国人则声称这是一次广泛但笼统的讨论，是对所提出的问题进行更深入审视的"一个序曲"（白里安之语）。两人都希望他们的对话之后将有详细的技术上的研究，希望两国政府将被要求批准进行进一步的谈判。当这些讨论在不到两个月之后被放弃时，这两位外长都谴责对方发起了对话并导致其失败。

425　　在图瓦里的计划原本将会让施特雷泽曼获得其曾经在洛迦诺寻求的很大一部分东西。作为一笔有限的债务商业化的回报，他将实现德国领土从外国的占领之下解放出来。尽管商业化可能损害德国对于未来削减赔偿负担的希望，但与金融上可能的损失相比，政治上的回报是很值得的。巴黎当局对白里安的"全面解决方案"并无多少热情。在没有获得更具实质性的回报的情况下，无论是普恩加莱还是法国外交部官员都不准备做出这一"重大姿态"。看似极有可能的是，白里安许诺的东西超过其所能兑现的，而且在后来通过改变故事的细节来掩盖其后退。对于在图瓦里所做承诺的德国版本，法国人予以否认，施特雷泽曼不得不接受这笔交易失败了。白里安此前前往图瓦里时没有得到内阁的任何授权，而且明白普恩加莱反对将赔偿款项交付保证与缩短占领期联系起来。当他回到巴黎时，他发现普恩加莱在没有得到德国人赞同的情况下，仍然希望在美国市场上流通第一批道威斯计划债券。这位总理希望道威斯债券同时而全面地流通，以换取撤出莱茵兰。白里安的顾问们要求一个更为慷慨的金融解决方案、对东方现状的新保证，以及明确宣誓反对德奥合并，然后才能达成一个总体的解决方案。在图瓦里提出的任何东西都没有给予法国安全，使其能够免于受到德国政策变化以及未来对法国的袭击的危害。白里安不得不退缩。随着法郎在交易市场上开始迅速恢复，并且在1926年12月正式稳定，图瓦里计划在巴黎丧失了其紧迫的存在理由。比利时的金融形势到9月已经显著改善，他们和意大利人都反对道威斯计划债券的商业化，宁愿依据道威斯计划收取其预定的年金。法国打算将撤出莱茵兰作为一个讨价还价的筹码，他们等得起。福煦元帅公开反对当法国军队仍然处于重组过程之中，东面的工事仍然没有修建的情况下，提前从莱茵兰撤出。普恩加莱此前向最高战争委员会（Conseil Superieur de la Guerre）保证说，这些条件将会得到满足。放弃对于法国安全的最为重要的现实保障，值得获得高回报。

　　对于债券销售主张的最后一击来自美国人和英国人。在美国人看来，图瓦里计划差不多只是以德国的铁路作为担保，向

法国提供一笔贷款。美国财政部希望保持其对法国的金融压力
（一道针对贷款的禁令仍然有效），直到《贝朗热－梅隆协议》

426 得到批准。美国的银行家同样不友善，他们的反对是至关重要
的，因为德国的铁路债券将不得不在纽约市场上市，这是唯一
可能的金融来源地。在伦敦，当白里安在 6 月初首度接触时，
奥斯汀·张伯伦更赞成这一主张。但财政部和英格兰银行坚决
地反对债券流通的主张。到 10 月时，总体上讨厌法德在《洛迦
诺公约》框架之外谈判交易的张伯伦已经加入了该计划的反对
者阵营。大西洋两岸的官员们希望保持道威斯计划不受影响，
直到能够谈判关于整个赔偿问题的最终决议。由于美国大选将
在 1928 年 11 月到来，而且德国人面临着一份更高数额的道威
斯计划支付进程表（payments schedule）被引入，或许有可能就
一份即将理清国际金融安排的最终解决方案谈判。

对于白里安未能贯彻图瓦里的各项倡议，施特雷泽曼确实
感到困惑。他对这些金融方案抱有怀疑，在他计算它们的成本
时尤其如此，不过他渴望探究实现协约国早日撤出莱茵兰的任
何手段。白里安并不是那么坦诚，他甚至不愿讨论萨尔问题。
11 月 11 日，白里安在巴黎结束了与抱有同情心的德国大使利
奥波德·冯·赫施（Leopold von Hoesch）的谈话，只是声明
"图瓦里主张的迅速履行已经因为技术上的障碍而被粉碎"[29]。
由于徒劳地希望保留与白里安进一步对话的可能性，赫施谴责
普恩加莱和法国内阁阻挠白里安的努力，并且指责法国外交部
的贝特洛和塞杜对于其首长的不忠诚。总理应当为图瓦里对话
失败负责——这种观点符合白里安的心意，因为这使他能够见
风使舵而又不牺牲其作为和解代言人的形象。施特雷泽曼仍然
希望在莱茵兰撤出问题上实现突破，愿意为白里安达成协议铺

平道路。1926 年 10 月 7 日，德国、法国、比利时、卢森堡以及萨尔的实业家之间达成了一个钢铁卡特尔安排。英国人获邀加入，但他们显得不感兴趣。法德合作正在采取一种具体的形式。为了给和平进程保持某种动力，施特雷泽曼聚焦于协约国军事控制委员会这一重要议题，这是图瓦里计划中最有可能产生一份协议的部分。三国外长在经历持久而艰辛的谈判之后，同意协约国军事控制委员会应当在 1927 年 1 月 31 日前撤出，而剩下的裁军问题应当在德国人与大使会议间谈判，如果没有达成任何协议，将提交国联理事会。在福煦和军方的敦促下，白里安要求对德国裁军进行永久性的现场核查，以及设立一个常设的国联机构来监督莱茵兰的非军事化。这一主张由社会党著名议员、驻国联代表约瑟夫·保罗-邦库尔提出，它并未引起柏林当局的任何共鸣，但施特雷泽曼同意将进一步的会谈推迟至国联将在 1927 年 3 月召开会议之时。德国人实际上达到了他们的目的。协约国军事控制委员会的撤出意味着结束协约国对德国裁军的控制。争吵仍然在继续。德国人在履行其责任方面行动缓慢，这包括拆除在柯尼斯堡（Königsberg，现加里宁格勒）、屈斯滕（Kusten）和格洛高（Glogau，现格沃古夫）的防御工事，它们威胁到波兰人。出于威望方面的原因，他们不愿让技术专家们检查被拆毁的东方工事。此事一直拖延至这一年的 7月，此时协约国军事控制委员会在并非所有的裁军条件得到履行的情况下，最终离开了柏林。

V

1926 年 12 月，诺贝尔和平奖由施特雷泽曼和白里安分享，而前一年该奖项被授予张伯伦（和查尔斯·道威斯）。施特雷泽曼当时满怀希望，他向其支持者许诺，1927 年将是协约国撤出的年份。从 12 月的日内瓦会议归来时，他向媒体宣布了他的意图——将在理事会的下一次会议上要求协约国所有军队从莱茵兰撤出。他认为在美国的帮助下，有可能达成某种形式的总体偿付协议。然而，法国人的态度在 1927 年强硬起来了。白里安寻求推迟做出进一步的重要让步，而忙于远东及苏联事务的张伯伦并不像早先那样想要推动他走向和解之路。由于同意在裁军问题完全得到解决前撤出协约国军事控制委员会，白里安面对着民族主义者、反德的养老金事务部长路易·马兰（Louis Marin）领导的反抗。甚至在白里安前往日内瓦之前，就有传言称内阁对其政策的反对正在加大，而且当其不在之时，有人试图限制其谈判的自由。在民族主义者的激励下，媒体刊发了关于内阁分歧的报道以及关于外交部的不满的传言。秘书长菲利普·贝特洛觉得有必要公开宣布其对白里安政策的支持。由于大选选战将在 1928 年 5 月进行，而且其所在的政党对于官方法郎的实际稳定程度存在分歧，白里安的政治地位似乎是安全的。普恩加莱无法承担失去他这位最具影响力的同事的代价。看来很有可能的是，白里安已经决定在右翼的竞选活动达到高峰之前，对德国人采取更为强硬的路线，不过他显然意识到了普恩加莱的反对以及图瓦里对话在政治上的不良后果。

428　　　　1927 年 1 月 20 日，在国民议会的外交事务委员会面前，白里安对其反对者进行了一次严酷的打击，他为协约国军事控制委员会的撤出辩护，并且抨击其批评者，驳斥了他们所谓的感情主义（sentimentalism）的指控。他坚称图瓦里对话只不过是笼统的讨论，施特雷泽曼在讨论中同意就互惠的安全控制措施提出建议。白里安虽然专注于捍卫自己政策的总路线，但提醒听众们说，他在必要时并不反对武力，并且曾经在 1921 年下令占领德国的三个城镇。这些内容中的许多被复述给等候的记者们，他们获得保证说在没有对法国安全和赔偿支付做出保证的情况下，将不会提前撤出莱茵兰。法国人对于德国政策未来方向的担心仍然很强烈。德国及奥地利境内要求德奥合并的示威游行，以及与意大利在东南欧的争执，使法国外交部关于"欲速则不达"的建议更受重视。对于德国实力的思虑以及对其军事力量复兴的担心，继续影响着法国人对他们的这个邻国的感知。国民议会关于新的军队法规的讨论将政治上的注意力聚焦于德国军队的力量，以及尽可能长时间地保持由占领莱茵兰所提供的这层掩护。施特雷泽曼被警告不得在 1927 年 3 月的理事会会议上提起撤出或者进一步削减军队的问题，他在此次会议上将首次担任主席。

3 月的会议尽管从表面上看是成功的，但实际上洛迦诺派私下进行的聚会充满了相当之多的尖刻与敌意。白里安不愿讨论提前撤出莱茵兰的问题，而施特雷泽曼同意当该话题被正式提起时，德国将基于《凡尔赛和约》第 431 条而不是根据《洛迦诺公约》的权利来提出其法律上的诉求。考虑到白里安政治地位虚弱，张伯伦告诫这位德国外长，不能将白里安逼得太狠。两人对白里安不同寻常的无精打采和疲惫的迹象做出了评价，但施特雷泽曼对这个法国人"不必要地不友好和恶毒的调子"[30]感到生气。施特雷泽曼并没有发起反击，由于受到驻法大使赫施对于即将到来的法国大选解读的误导，他认为更为谨慎的做法是等到这次大选之后再来谈论撤退的问题，到时普恩加莱可能受到抑制，而白里安的地位将会得到强化。但现在是施特雷泽曼发现自己在德国遭到攻击。他在德国国会的批评者们充分

429　利用了自《洛迦诺公约》以来缺乏进展的情形。德国政府当时极其需要一次外交上的成功，而德国公众期待莱茵兰的占领将马上结束。施特雷泽曼威胁除非在削减驻军问题上取得某种进展，否则他将辞去外长职务。白里安答应将就削减驻军的问题征询法国内阁及总参谋部的意见，但除非附属于协约国驻柏林的大使馆的军事专家能够检查柯尼斯堡的工事，以确定它们已经被拆毁。这并没有为施特雷泽曼提供多少可以带回柏林的东西。张伯伦此时无法在巴黎采取行动。他正全神贯注于在中国发生的难题，以及 5 月与苏联关系的破裂。考虑到英国与美国海军将领之间对立的立场，即将于夏天在日内瓦进行的裁军讨论注定将是艰难的。张伯伦必须从更为广泛的背景下看待白里安与施特雷泽曼之间的"拳击赛"。

　　白里安在 5 月 16 日陪同法国总统前往伦敦，此行旨在强化双方的友好关系，他与张伯伦讨论了苏联的问题。后者再度强调在西方的斗争是为了争夺"德国的灵魂"。德国人对于这次会晤的细节知之甚少，他们对这种"友好关系的团结"（solidarity of Entente Cordiale）——这一词语被用在一份并不详细且简短的新闻公报中——的明显展现感到吃惊。德国驻伦敦大使怀疑英法达成了一笔交易，也就是英国在莱茵兰问题上给予支持，以换取法国在其他地方做出让步。张伯伦否认签订了任何新的约定，并且坚称几乎没有提及苏联问题。尽管对英法此次会晤的"清白无辜"有点夸大，但张伯伦并未进行任何交易，而且实际上敦促白里安在军队削减问题上采取行动，因为"我们与苏联的关系变得越艰难，我们使德国牢固地依附于西方强国就显得越重要"[31]。在苏联问题上，张伯伦既不威胁也不哄骗德国，只是在 6 月初当人们担心苏联人对于他们的代表在华沙被谋杀，可能以一道最后通牒做出回应时,张伯伦才请求施特雷泽曼与契切林斡旋。

对于巴黎和柏林关系恶化的普遍惊恐导致 6 月在日内瓦出现更大的热诚。施特雷泽曼和白里安试图找到某种共同点,尽管德国人再度未能在削减驻军这一问题上让白里安做出表态。在该问题上,白里安获得了张伯伦的支持,这位英国外交大臣同意在下议院发表一个积极的声明。检查问题最终得到了解决,在德国将军的引导下,军事专家们获准完成了对柯尼斯堡工事的巡视。7 月 22 日,大使会议正式宣布协约国军事控制委员会已经在 1927 年 1 月 31 日解散。但在日内瓦取得的关系改善方面的任何收获,都在 6 月毁于普恩加莱在吕内维尔(Luneville)发表的一次僵硬的演讲,毁于施特雷泽曼在德国国会以及该月晚些时候在诺贝尔奖颁奖典礼上发表的同样强硬的声明。施特雷泽曼告诉他的听众们,外国在莱茵兰的枪刺与洛迦诺精神格格不入,因为德国已经宣布放弃所有的"复仇战"念头,而且正在只为和平而努力。张伯伦致信其在巴黎和布鲁塞尔的大使们,谈论其对洛迦诺精神衰落的担忧。白里安正在拖延时间,寻求在美国 1928 年 11 月大选之后达成一笔赔偿和撤军的交易。他正在开始用完所有似乎有用的拖延策略。1927 年夏天,事情出现了某种适度的进展,在面对法国阻挠的情况下,张伯伦在削减驻军争端上强有力地干预。普恩加莱和白里安一道迫使法国内阁同意从莱茵兰撤出 8000 人,这比张伯伦所想的要少,但比此前提出的更多。由于英国和比利时各削减 1000 人,占领军总人数现在被削减至 60000 人,主要是法国人。8 月,十分重要的法德关税协定达成,为改善气氛,施特雷泽曼本人在化工卡特尔的谈判上给予支持。施特雷泽曼此时不耐烦了。由于白里安在撤退问题上故意拖延，施特雷泽曼在德国国会的批评者们更加焦躁不安。尽管施特雷泽曼曾被说服在 1928 年 5 月的法国大选之前，不得公开敦促要求协约国军队撤出莱茵兰，但当帕克·吉尔伯特在 1927 年 12 月发布其年度报告，提出一个新的最终的赔偿方案时，正在谈判之中的时间表受到了质疑。这一老问题又回到了国际议程上。

从政治上而言，洛迦诺的"新的黎明"看似正摇摇欲坠。进展主要是以牺牲法国的利益取得的，但在经历了为期两年的持续谈判之后，并未出现多少相互信任的迹象，而张伯伦曾希望这种"超凡的友好"（ethereal bonhomie）能够超越书面协定，并且普遍地渗透于外交行为之中。[32] 施特雷泽曼需要在莱茵兰撤退问题上获得更快的进展；而在巴黎，人们对于从莱茵兰撤出或者在日内瓦的裁军问题上的进一步举动抱有越来越大的疑虑。《洛迦诺公约》所带来的缓和正在接近其极限。

重建欧洲的金融与贸易体系，1924—1928 年

I

431　　欧洲的金融与贸易体系的重建进程，是与围绕《洛迦诺公约》的新的政治接触齐头并进的。随着美国的干预打破了赔偿问题制造的僵局，道威斯计划的采纳为欧洲战后金融重建的新篇章开辟了道路。无论是英国人还是德国人都不相信这个长期的赔偿日程表能够实现，而且后者公开地谈论将在三年之内做出修正。法国人已经在打算将战争债务问题与德国未来的某种最终付款联系起来。但得益于美国支撑的国际贷款以及将金马克与美元挂钩，德国马克暂时得到了稳定。1924 年 10 月 10 日发行的 8 亿英

镑的道威斯计划贷款取得了令人瞩目的成功，在伦敦被超额认购13 倍，在纽约被超额认购接近 10 倍。德国渴求资金的国家和地方政府以及实业家寄望于纽约市场来获得未来的投资基金。

与德国和美国的期待相反，道威斯贷款的成功发行并未伴随着美国贷款涌入德国。资金的流动只是在 1925 年夏末和秋天才开始，而且主要是流向德国国家政府以及市政当局。市政债券似乎是安全且有保障的投资，尤其是因为美国投资者并无多少动力去将他们的钱投入可能与他们自己的工业竞争的德国工业。尽管摩根公司避开德国市场，但美国还有其他许多公司渴望充分利用德国这一新的富矿。1925 年至 1928 年，德国的总投资中有多达三分之一是通过资本输入来筹集资金的，其中最大的份额来自华尔街。在德国，对于公共投资的控制以及围绕外国资本应当流向何处的决定，成了一个造成分裂的政治问题。几乎完全独立的德意志帝国银行的行长亚尔马·沙赫特担心，任何大规模且不受管制的资本流入将削弱该行对货币的控制，挫败其货币紧缩政策。他试图强化该行对外国贷款的监管，这些努力起初只取得了有限的成功。在其为规范公共借贷和限制政府的过度开支的活动中，他赢得了一些德国实业家的支持，他们与他一样憎恨市政当局的"冷社会化"（Kalte Sozialisierung）①，及其通过借贷筹集资金的高昂开支计划。这种暂时的结合——因为大多数实业家讨厌德意志帝国银行的限制性信贷政策——令沙赫特在 1925 年取得了一次胜利，当时新创立的海外信贷咨询办公室（Advisory Office for Foreign Credit）被授权为国家及公共借贷设立和实施标准。沙赫特希望美国的资金能够被直接引导进

432

---

① 指社会民主党人推行的福利国家政策，而不是苏联式的规划，即"热社会化"。

"生产性"投资，但是，尽管实施了这些新的控制而且在 1927 年完全停止了公共借贷，来自美国的长期贷款中却有相当大的部分持续流入市政当局。后者也求助于国内市场或者短期的外国贷款，沙赫特对此没有任何控制。

柏林当局在 1924 年和 1925 年推行的通货紧缩政策起初带来了大量的预算盈余，这些盈余与新的贷款一起能够轻松支付道威斯计划并不太大的款项。但对于政府开支及国内信贷的严厉限制，再加上基本工业产品的消费与生产的下降，加剧了经济的下行趋势。到 1925 年底，尽管出口持续增长，国民收入及进口却开始下降，而且在几个月之后，失业人数开始攀升。实业家和劳工方希望政府提供救助：前者希望减税和更低的利率，后者希望实施提供工作机会的计划以及扩大失业补贴。在一些德国分析家看来，在现有的通货紧缩条件下，德国显然能够制造所需的盈余来支付其赔款，而又不会导致其世界贸易的增长或者德国出口的泛滥，这是英国人和法国人都不希望的。但实行这种政策的国内代价被认为是过度的，在政治上是不可接受的。在这场短暂但剧烈的经济危机中，政府向那些热衷于通过政府行动来获得救助的人让步了。他们包括跻身贷款最多、最受青睐者行列的农学家，因为德意志帝国银行货币紧缩政策而受到疏远的实业家，以及为失业工人寻求救济的劳工组织。

汉斯·路德政府（1925 年 1 月至 1926 年 5 月在位）利用减税和其自身的盈余，使资金能够以降低的利率来获得。预算盈余消失了，取而代之的是 1926 年夏天出现的巨额赤字。该内阁再度减税，而且被迫扩大其开支，这些举措不可避免地引起了激烈的政治争议。这场危机的加深具有其自身的矫正手段，到 1926 年下半年，经济出现了上行式转折，而围绕资金分配的斗争也暂时停止，不过这是通过政府赤字财政和外国贷款换来的。实业家因为补贴和减税而得到安抚，而农场主则受益于关税保护以及宽松的信贷政策，公务员在 1927 年的工资涨幅高达 32%。工人们也要求而且实现了工资增长，其涨幅远远领先于生产效率上的所有收获，而生产效率在 1928 年实际上开始下降。这个所谓的"黄金年代"的经济繁荣及社会稳定是以政府的慷慨解囊换来的，这种繁荣为施特雷泽曼让德国重获在欧洲的大国理事会的平等成员资格的努力提供了背景。但德国的喘息时间是短暂的。在这种被经济史学家克劳斯·博尔夏特（Klaus Borchardt）称为"病态的魏玛经济"中存在的结构性缺陷，在从 1927—1928 年开始的一场经济危机中自行显现，这场危机先于世界大萧条以及德国议会统治的崩溃。德国经济根本上的不稳定尽管与并不那么有利的国际环境相关，但主要是由于内生性的因素（博尔夏特强调工资的上升压力），这些因素使德国尤其容易受到全球大萧条的影响。

　　道威斯计划并未解决法国的金融问题。真正的问题是，关于谁应当承担为重建财政平衡所需的税负，并不存在任何共识，因此预算仍然保持赤字状态。法兰西银行通过提供一笔由其黄金储备担保的信贷，在 1924 年 3 月挽救了局势，但这进而要求政府平衡预算，以及压制并不由税收支付的新的开支。有了新的税制改革以及来自纽约和伦敦的贷款，财政形势开始改善，预算赤字得到了削减。

　　不幸的是，这只是暂时的改善。1924 年 5 月上台的"左翼联盟"只在议会占有微弱的多数，而且在执政期间处于支配地位的金融问题上分歧严重。总理爱德华·赫里欧以前是文学教授，他对金融事务知之甚少，而且渴望将其左翼政党与法兰西

433

银行联系起来。在就职时，他和他的财政部部长艾蒂安·克莱
芒塔尔从法兰西银行和财政部得到了相互矛盾的建议，他们选
择了由前者建议的正统的通货紧缩计划。法兰西银行认为必须
削减开支，而且必须保持在法律上限制法兰西银行为国家提供
的预付款以及流通货币，以避免通货膨胀。财政部原本将会欢
迎这些限制的结束，而支持一种适度的通货膨胀，那将使它能
够巩固短期债务（floating debt），以及在其所有突出的债务方面
满足款项的支付，而又不必像已经变成习惯的那样求助于来自
434 法兰西银行的非直接预付款。财政部部长解释了反对通货紧缩
以及偿还银行预付款的理由，但对于通货膨胀的担心以及与法
兰西银行密切合作的渴望是如此强烈，以至于赫里欧和克莱芒
塔尔对其建议不予理会。他们致力于一种政策，在面子和公信
力没有严重受损的情况下，他们就无法从这种政策立场上后退。
1924 年 10 月，当他们知道法兰西银行一直在操纵该行的余额
周报（weekly balance）以掩盖流通中的纸币的真正数量，而且
这种做法从 1924 年 3 月普恩加莱时期就已开始时，他们的地位
甚至更为糟糕了。"左翼联盟"领导者们希望该行能够回归正
确的记账做法而且不作声张，但到 12 月中旬，有关做假账的消
息已经传播开来。赫里欧和克莱芒塔尔所处的令人反感的地位，
就是在对钞票流通的限制已经被违背的情况下，还要向议会保
证他们将保持严格的限制以避免通货膨胀。无法控制钞票发行
的法兰西银行实际上否认了自己的责任，并且坚称政府应当矫
正这种局面。赫里欧所尝试的一切都无法恢复人们对于政府处
理其货币与金融政策的信心。汇率危机再度出现，法郎的价值
开始了几乎连续的下跌，只有在 1925 年夏天以及 1926 年 5 月
底外汇市场进行过重大干预的这两个时间段除外。1925 年 3 月

30 日，克莱芒塔尔承认失败，同意制定法规以提高钞票发行上限（note ceiling）。赫里欧明白其内阁无法幸免于法兰西银行的不法行为被披露之祸，他试图通过宣布资本税（capital tax）来保住自己的名声，这个用以弥补财政赤字的税种由社会党提出，赫里欧明白该建议将会被参议院拒绝。参议院做出的不利表决导致其在 4 月辞职，以及一个由保罗·潘勒韦领导的"左翼联盟"新内阁成立。

这有点像是一场政治游戏，因为新内阁成员在一个税制改革计划上并不存在任何共识。新的财政部部长约瑟夫·卡约（Joseph Caillaux）被发现与其前任一样没有能力解决金融问题。他消除了实施资本税的威胁——这种威胁已经引发一场资本外流，而且徒劳地呼吁反对派支持实施更高的间接税（indirect taxes）及其他措施，以鼓励资金汇回本国。似乎一筹莫展的潘勒韦政府寄望于从伦敦和纽约获得起到稳定作用的贷款，但没有得到解决的战争债务问题仍然是一只拦路虎。英国人此前已经将其市场对法国的债券关闭，而且从 1925 年 4 月起，没有任何贷款能够在没有得到政府批准的情况下在美国募集，这意味着在法国解决其战争债务之前，将不会有任何贷款。卡约被迫在 1925 年 8 月开始与英国保守党财政大臣温斯顿·丘吉尔谈判，在 9 月开始与美国谈判。卡约的整个改革计划依赖于其获得为平衡预算和稳定法郎所需资金的能力。与伦敦的谈判进展顺利，并且在 1926 年 7 月成功结束。该协议以 62 年年度付款的形式，总计提供 6.53 亿英镑，每年年金从 1926—1927 年的 400 万英镑逐步增加至最后 31 年的 1400 万英镑。英国人同意法国人起初的偿还额将很少，以便恢复法国的金融状况，但没有任何保证条款将法国的偿还与收受德国的赔偿联系起来。双方

435

的换函记录了两国的不同观点。法国人要求其向英国偿还的债务总额不得超过依据道威斯计划从德国收到的款项，英国人则坚决要求法国人的偿还额不能因为德国违约而有任何减免。尽管卡约与丘吉尔的协议直到 1929 年才被批准，但第一批支付款项通过两国财政部之间的年度协议而得到安排。在华盛顿的对话更为艰难，尽管美国财政部希望一项战争债务协议将促进人们所渴望的欧洲货币稳定以及欧洲市场恢复。在法国应当偿还的总额以及法国对一个保障条款以及转移保护（transfer protection）的要求上，双方存在争执。官僚机构内部的分歧以及参议员威廉·博拉和里德·斯穆特（Reed Smoot）对宽大政策的反对，破坏了成功的前景。战争债务委员会出于政治及财政上的理由拒绝了卡约所提议的解决方案。卡约反过来拒绝了美国财政部部长安德鲁·梅隆（Andrew Mellon）在最后时刻的建议，认为其对于法国的利益过于不利。

法郎持续贬值，而且在 1926 年的上半年没有任何改善。法国的内债激增，而且为了支付其债务，法国政府不得不从法兰西银行大量举债，从而进一步削弱了财政上的信心。围绕财政政策的冲突令潘勒韦政府垮台。新内阁中白里安担任总理兼外交部部长，左翼激进党（Gauche Radical party）最具政治影响力的实业家路易·卢舍尔担任财政部部长，但该内阁在其征收新的税种以及平衡预算方面的尝试同样并不成功。白里安和卢舍尔一致认为只有解决战争债务问题以及美国的贷款，才能使极需的法郎稳定化成为可能。1926 年 1 月，有着"无穷能量"、曾担任参议院金融委员会报告人（rapporteur）的亨利·贝朗热（Henry Bérenger）作为特使被派往美国，去谈判一份协议。事情进展缓慢，直到 4 月底双方才达成一份协议，此时美国参议院刚刚批准了与意大利的一项债务协议,该协议为墨索里尼提供了慷慨的条件。《贝朗热－梅隆协议》规定在62年的时间里偿还40.25亿美元的总债务,年平均利率为1.64%。法国人不得不接受6847674104美元的偿还总额(远远多于卡约提出的数额),而且未能获得一个保障条款,但是战争债务委员会同意将头五年的年金设定在4000万美元以下,而且法国赢得了在协议最初几年里推迟偿还的特别优待。优惠的利率条件导致债务实际上被削减了52.8%。在为避免美国参议院展开一场尖刻的辩论而采取的致命举动中,梅隆建议参议院金融委员会将行动延后至法国人批准以后。这一新的协议在巴黎非常不得人心。大多数法国人因为在战争中受难而认为战争债务理所应当,但战争债务不仅没有被取消,而且法国最终将不得不支付比其原来所借的更多的款项。在美国的贷款改善政治氛围之前,该协议无法被提交法国国民议会批准。

436

　　该协议在华盛顿一被签署,法国人就请求获得贷款和信用,但纽约的银行家们在纽约联邦储备银行行长本杰明·斯特朗的支持下拒绝合作。他们坚决要求法国人首先整顿好自己的政治与金融秩序,而且同意一个连贯且全面的金融改革计划。其结果是巴黎出现了政治上的混乱。白里安内阁被推翻;但之后白里安又在6月23日组建一个新的内阁,卡约再度担任财政部部长,而能干的埃米尔·莫罗(Émile Moreau)被任命为法兰西银行行长(1926—1930年在位)。为了应对该国的财政问题,卡约要求获得政令权,以实施一项重大的一揽子改革方案,包括新的税种、平衡的预算以及一笔用以分期偿还短期债务的特别资金。他的尝试在国民议会彻底失败,在那里,人们以前就对他战前的亲德政策抱有的疑心浮出水面,从而使反对派政党团结起来。随着法郎持续下跌以及商品批发价格在 1926 年夏天高涨，美国变成了法国人的不满情绪的替罪羊。两万名法国老兵和肢体伤残的前战士沿着巴黎的大街游行，抗议《贝朗热－梅隆协议》。美国游客遭到推搡，人们的情绪变得越发可怕。主要由香水制造商皮埃尔·科蒂（Pierre Coty）资助的极右翼谴责白里安当局，并且将意大利的法西斯主义作为榜样。美国以同样的方式回敬。在威廉·博拉的领导下，并且被欧洲大陆人对"夏洛克大叔"的指责所激怒，参议员们拒绝考虑进一步对法国人让步。斯特朗和埃米尔·莫罗关于纽约联邦储备银行对法兰西银行帮助的对话本来很有希望，但被华盛顿针对欧洲人的忘恩负义与嫉妒的愤怒浪潮埋葬。巴黎出现了恐慌和关于街头战斗甚至是一场可能的政变的议论。法国的银行家将他们的家人送出了巴黎。6 月 17 日，白里安－卡约内阁垮台。四天之后，由赫里欧牵头的新内阁又被推翻。"左翼联盟"已经用光了其政治资本。

　　当雷蒙·普恩加莱在 1926 年 7 月组建他的联盟内阁时，形势看来已经让人绝望。保守的激进派、中间派及中右力量的联合自 6 月初就已经得到讨论，但收获成果的是普恩加莱而不是白里安。金融不稳定的代价让左派确信，金融改革必须优先于社会行动。温和左派的议员们放弃了他们对于普恩加莱这个资本税坚定反对者的反对，给予他支持。在一个将左派主要是工人阶级政党以及右派的反德国民族主义者排除在外的大多数派的支持下，普恩加莱的这个新平台立即带来了信心的恢复。甚至在这位总理引入自己的经济措施之前，法郎就开始恢复。外流的法国资本以及外国资金开始回到巴黎。预算的削减、一个新的更为现实的税收计划，以及一个负责用来自指明税项

(specified tax) 的收入偿还公共债务的特别委员会，为币值的稳定开辟了道路。"自信的普恩加莱"是法兰西的英雄。信心的回归是至关重要的。预算已经由于重建费用的下降而接近平衡，而在战争债务解决方案上取得了显著的进展。盎格鲁-撒克逊银行家们承认法国人需要一个全面的计划来稳定他们的短期融资以及法郎，但这只能由一个新的政党联盟来实现。对普恩加莱授予完全的权力表明了议会对这一改革计划的支持。政治平衡上的变化安抚着法国及外国的投资者。法郎价值上升的幅度正在迅速地超过其曾经跌落的幅度，巴黎的政治争论现在集中于替代性的稳定化速率（stabilization rates）①。

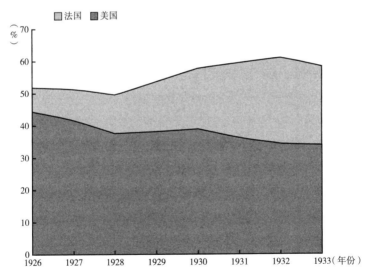

图 2　美国和法国黄金持有量
（占世界货币黄金储备的百分比，1926—1933 年）

资料来源：K. Mouré, *The Gold Standard Illusion* (2002), 190。

---

①　即究竟该以怎样的速度来实现货币的稳定。

普恩加莱仍然希望通过外国的信贷来覆盖稳定化的成本，但华盛顿当局规定，在《贝朗热-梅隆协议》得到批准之前，不得给予金融上的帮助。最后，普恩加莱在没有任何外来帮助的情况下获得了成功。法郎事实上的（de facto）稳定化发生在1926 年12 月，法兰西银行当时发起行动，将法郎的价值保持在4 美分左右。与此同时，普恩加莱筹划，即使《贝朗热-梅隆协议》仍然没有得到批准，法国也将开始向美国偿还债务。普恩加莱完全赞同允许法郎升值，而且尽可能地推迟了稳定化的进程，他利用人们对未来的一场金融危机的恐惧，作为使其不稳定的联盟保持团结的一种方式。为在法律上（de jure）迅速实现稳定化而努力的是莫罗及其在法兰西银行的高级同僚们。1928 年6 月25 日，法国将以现有汇率回归金本位制，其价值被设定为战前平价的五分之一，有效地让法郎贬值。尽管普恩加莱在1928 年5 月的选举之后创造了法律上的稳定化所需的政治条件，但其稳定化的时机、速率和方法是由埃米尔·莫罗和法兰西银行决定的。法郎价值的设定是为了将法国的物价保持在世界物价水平之下，从而避免经济上的不稳定和错位。法国在没有出现英国人所遭受的通货紧缩问题的情况下回归金本位制。法国人聚焦于其国内的形势，决心避免通货膨胀。金本位制当时被认为将恢复和维护国际（收支）平衡。在法郎重新与黄金挂钩后，对于本国货币有了巨大的需求。这只能通过法兰西银行提供高利率以吸引黄金来实现，因为对于通货膨胀的恐惧曾导致对扩大通货的方法做出限制。法郎的力量是如此强劲，以至于法兰西银行获得了大量的外汇储备，这笔储备被转换成黄金。这种转换在1927 年给英格兰银行带来了相当大的压力，该银行本已面对着资金回流德国和法国，而且渴望保护其所持有

的有限的黄金储备。受英国形势不稳定性的影响，其英镑结余　439
超过英格兰银行黄金储备的法国人后退了一步。主要是由于斯
特朗的干预以及相关国家央行的协调行动，英国人得到了拯救，
尽管这只是暂时的。黄金在 1928 年和 1929 年持续流入法兰西
银行，使该国成为世界上最大的黄金输入国。与美国人一起，
他们的政策开始消耗掉其他国家的黄金储备，显著地减少了国
际体系里可供利用的货币黄金储备，强化了金本位制所施加的
紧缩压力。作为该体系中最为脆弱的一环，英国面临的风
险最大。

　　在伦敦，1925 年春季，英国人不得不考虑回归金本位制。
为了防止美国的金融霸权，在道威斯计划贷款公开发行当天，
蒙塔古·诺曼对除了国联发起的重建贷款之外的外国借贷施加
了非正式的禁令，将该禁令作为强化英镑的一种手段。这位央
行行长拥有斯特朗的支持，后者降低了美国的贴现率以加强英
镑。纽约联邦储备银行为英格兰银行提供了一笔两亿美元的信
用，而摩根公司为英国政府提供了价值一亿美元的信用额度
（credit line），两者都是以两年为期限。反对回归金本位制的声
音来自许多方面。约翰·梅纳德·凯恩斯更倾向于一种将确保国
内物价稳定的得到管理的货币（managed currency）；与凯恩斯一
样，极具影响力的报业大亨比弗布鲁克勋爵（Lord Beaverbrook）
担心英国将会被美国束缚；而政治家兼银行家雷金纳德·麦肯
纳（Reginald McKenna）担心稳定化将导致激烈的通货紧缩。
但在斯特朗的催促下，英国财政部和英格兰银行要求采取立即
行动的压力加大了。诺曼将以战前平价回归金本位制视为重建
伦敦在世界金融体系核心地位的一种手段。丘吉尔担心通货紧
缩对工业和就业的影响——当时已有 125 万人失业，他没有迅

速做出决定并且建议将行动推迟，不过他被迫向当时盛行的专家观点低头。尽管后来承认这一决定是他一生当中最大的失误，但他很难承受官方对于以战前平价回归金本位制的压倒性压力。1925 年 4 月 28 日，英国以 1 英镑对 4.86 美元的比率，重返金本位制。

这一决定常常被引用为英国政府更倾向于支持金融而不是工业的显著例子。一些历史学者（经济史学者容易做出诠释上的变化，如同那些容易受到他们摆布的从事非量化研究的同行一样）如今赞成这样一种理论——英镑在当时是被低估的，而1925 年的真正失误之处并不是回归战前的平价，而是采取固定汇率。但这样一种观点在当时根本不存在。此外，现在还有许多历史学者认为，设定一个更低的平价"原本将会刺激更多的经济活动，降低失业率"[33]。主要出口行业的虚弱以及它们所在地区的失业，是可以追溯至战前时期的老问题。这些问题又因为曾依赖于从英国进口的国家在战时的进口替代而进一步恶化。在解释英国出口困难的一长串备受争议的原因中，经济史学者已经将其归咎于世界贸易的不利模式、帝国生产上的变化、内部高昂的生产成本，以及持续支配着英国出口贸易的主要行业的碎片化和制度上的僵硬之处。无论是银行还是政府都没有采取多少措施去推动工业变革，而产业领导者当中没有几个人准备进行更为激进的重大调整。回归金本位制被与高失业数据以及受雇者之间围绕薪水的严重斗争联系起来。政府的批评者们坚称诺曼的高利率（dear-money）政策是煤田出现困难情形的原因，这些困难最终导致了 1926 年为期九天、带来创伤的总罢工，这是一个十分黑暗的年份中最为黑暗的时刻。鲍德温政府在不降低利率的情况下采取了各种方式来刺激经济，以及在不求助于保护政策的情况下助力产业，这些举动得到了相当之大的支持。英国在 1926—1927 年度有财政赤字，但 1927—1928 年度出现了盈余，这主要是由于采取了不可重复的金融上的权宜之计。作为一位坚定的自由贸易者，丘吉尔像麦肯纳时期那样重新对汽车、自行车、手表和其他各式各样的物品征税——这些税种曾被丘吉尔的工党前任政府取消——并且对丝绸和人造丝追加新税。在 1923 年为支持保护措施而付出政治上的代价之后，这个保守党内阁并不准备沿着保护主义的道路走下去。政府的通货紧缩制度激起了愤怒的争论，这些辩论令实业家与金融家对抗，"新产业"的代言人与"旧产业"的代言人对抗，保护主义者与自由贸易者对抗。即使没有几个人真正呼吁拒绝金本位制，但对于其"自动适用"（automatic application）的不满增大了有着批评性声音的少数派队伍。每一个政治党派都在徒劳地寻求途径，以应对对于选举来说很重要的失业问题。

表 19-1　英国和美国的放贷趋势（1924—1929 年）

单位：百万美元（当时价格）

年份	英国每年对世界各个地区的放贷,1924—1929 年					
	欧洲	亚洲	非洲	加拿大	拉丁美洲	合计
1924 年	159	314	66	20	31	590
1925 年	53	216	72	10	68	419
1926 年	120	226	32	29	129	536
1927 年	105	238	136	34	126	639
1928 年	164	232	80	98	96	670
1929 年	105	139	51	74	78	447
总　计	706	1365	437	265	528	3301

续表

年份	美国每年对世界各个地区的放贷，1924—1929 年					
	欧洲	亚洲	非洲	加拿大	拉丁美洲	合计
1924 年	527	100	0	151	191	969
1925 年	629	147	0	151	191	1076
1926 年	484	38	0	226	377	1125
1927 年	577	164	0	237	359	1337
1928 年	598	137	0	185	331	1251
1929 年	142	58	0	295	176	671
总　计	2957	644	0	1245	1625	6429

资料来源：League of Nations, *Balances of Payments 1930*（1932），30。

表 19-2　美国和英国的年均长期资本输出（1919—1938 年）

单位：百万美元

国家	1919—1923 年	1924—1928 年	1929—1931 年	1932—1938 年
美国	531	1412	595	28
英国	416	587	399	143

资料来源：United Nations, Department of Economic Affairs, *International Capital Movements during the Inter-War Period*（1949），25。

　　回归金本位制并未实现诺曼将伦敦重新树立为世界金融中心的希望。到 1929 年，美国人已经取代英国人成为外国借贷的首要来源。美国在 1927 年和 1928 年的新发行量是英国的两倍。1924—1928 年，英国新的资本中有 58.5% 流向英帝国，而可供441　欧洲、拉美和远东利用的资本大多来自美国。[34]这样对比是有问题的，短期和长期借贷之间的区别在实践中远远不像在理论上那么清晰。此外，美国并没有发展出一个可与英国相比的承兑市场（acceptance market），因此伦敦金融城在英帝国内外的国442　际贸易融资方面持续占有最大的份额。但是无论存在着怎样的限定条件，全球金融力量显然正在向美国转移。面对着来自纽约后来还有巴黎的竞争性吸引力，负债率高但黄金储备少的伦敦面临着风险。尽管是经常账户盈余的获得者以及主要的资本出借人，但英国对于那些将余额以债权（claims）的形式保存的国家所欠下的短期债务，远远超过了英格兰银行所持有的黄金数量。英镑负债大约相当于英国黄金储备的 4 倍。与 1914 年以前的形势相反，在 1920 年代末更具竞争性的氛围里，这一小的黄金储备成了危险发生的源头。诺曼在国内的行动自由越来越受到限制，他无法忽视英格兰银行行为的政治后果。尽管他有权在不与财政部协商的情况下设定利率，但丘吉尔及其官员们一再抱怨称，英格兰银行的高利率正在阻碍贸易和加大失业，而且该行应当准备出于国家利益而丧失其部分黄金储备。该行在 1925 年 12 月推行 5% 的利率，但财政部认为利率太高，所以在 1927 年 4 月降低至 4.5%，并且将这一水平一直保持至 1929 年 2 月，而到此时，由于担心银行的黄金储备，尽管面临着来自丘吉尔的强烈抗议，诺曼将利率提高至 5.5%，然后在 9 月提高至 6.5%。该行的利率成了一个政治性议题。

其他国家迅速地追随英国回归金本位制的榜样：到 1925 年末，35 种货币可以正式兑换成黄金，或者在事实上至少已经稳定了一年。[35] 在法国、比利时、意大利、希腊和波兰，货币继续贬值。前两者在 1926 年回归金本位制，后三者在 1927 年回归。比利时在 1926 年夏天成立了一个新的内阁，该内阁与具有改革精神的金融家兼政治家埃米尔·弗兰奎（Émile Francqui）一道请求国际支持。在斯特朗的支持下，诺曼邀请其他央行的银行家们共同为比利时人提供一笔信贷，从而为一笔来自国际私人银行家的稳定化贷款开辟了道路。1926 年 10 月 25 日，得益于法郎的坚挺以及弗兰奎在国内的金融改革，比利时回归金汇兑

本位制，不过是以一种被低估的汇率进行的，这一做法部分以
牺牲英国利益为代价，帮助了比利时的出口贸易。比利时人之
后享有了一个合理增长和低失业率的时期。而在 1927 年 12 月
22 日进行的意大利货币稳定化行动中，又是诺曼和斯特朗一道
努力安排为其提供央行的信贷。法国和意大利当时的政治关系
过于紧张，因而导致前者无法参与。为意大利银行（Bank of
Italy）提供的 5000 万美元的私人贷款，由纽约的摩根公司和伦
敦一个包括摩根格兰福投资银行（Morgan Grenfell）在内的银
行家集团分担。意大利法西斯政府还与英格兰银行和美联储谈
判了一个额度为 7500 万美元的信贷安排（有 16 个机构参与），
以免其需要紧急资金来支撑里拉。诺曼和斯特朗因为意大利而
接受了不如在其他地方所要求的那样严格的标准。在他们这种
默许的背后，是意大利成功地与美国谈判了战争债务协议，以
及华尔街对于恢复意大利的秩序与稳定所持的普遍同情的态
度。意大利里拉被高估至 92 里拉兑换 1 英镑（而 1925 年为接
近 145），无论是其设定还是保持都变成了事关法西斯声望的
问题。

　　墨索里尼决定重返其在 1922 年继承的比率。他警告他的追
随者，"这个政权的命运与里拉的命运捆绑在一起"[36]。尽管意
大利的大多数主要实业家和金融家反对，但这个政权不会做出
任何妥协。这些实业家和金融家担心对于出口的威胁、对于流
动性的挤压（squeeze on liquidity），以及里拉被高估导致的严重
通货紧缩将给经济带来的代价。为了准备重返金本位制，意大
利采取了一系列的通货紧缩措施，牵涉大幅削减薪水和物价。
让大多数外国观察人士震惊的是，意大利政府不仅能够推行高
汇率，还能维持它。除了由政府支配的传统的货币与金融手段，

墨索里尼还动员了这个法西斯政权的政治机构来赢得"里拉之战"。意大利的主要实业家们强烈地反对里拉估价的急剧上扬，但他们不得不接受这个 90 的估价（quota novanta，即 90 里拉兑换 1 英镑）。作为屈服的回报，他们的税负被减免，获得新的政府订单和提高的关税，最为重要的是工资的削减，削减幅度从 10% 至 20% 不等，比所推行的物价削减幅度更大。墨索里尼还准备接受他们对兼并的要求。从 1925 年至 1927 年，为意大利提供的 18 笔单独的贷款在美国公开发行，其总额为 2.714 亿美元，其中大多数流向政府、市政当局和公共事业。[37] 这些资金中约 70% 最终流向了工业企业，主要是进入电力行业以及更大更老的公司，从而弥补了国内信用的紧缩。墨索里尼对于实业家的胜利预示着一种转变，即从在其统治初期用以赢得他们支持的反干预主义的论调，转变为在其大大得到强化的独裁统治下引入一种更为集中化的国家控制制度。通货紧缩使这个政府获得了对于经济总方向的更大控制。作为回报，更大的公司被给予充分的机会来重建他们的产业，而且在现代化和科学管理的旗号下，向其工人要求更多的东西。在艰难的后稳定化氛围中，实业家被迫求助于政府的保护以应对外国的竞争。关税、补贴和劳动法为政府对经济的更进一步的干涉开辟了道路。90 的外汇兑换估价所带来的经济代价是高昂的：失业率在 1926—1929 年增长了近三倍，出口下降，制造业增长放缓。在政府与工业的这种新的伙伴关系里，工人的损失是最大的，他们为墨索里尼的胜利付出了最沉重的代价。

早在 1927 年，人们就担心除非各国央行行长采取决定性行动，否则未来可能会发生某种金融危机。在 7 月的第一个星期里，欧洲央行行长在美国财政部部长位于纽约长岛的家中举行

了一次非正式的聚会。他们起初是被召唤去讨论法国在 1927 年
5 月决定将其英镑结余转换成黄金所带来的影响，随后将注意
力转向了世界通货紧缩性的价格趋势这一艰难的问题，它被归
咎于为应对黄金流入美国而采取的防御性行动（参考前文叙
述）。在这次会晤之后，主要是由于斯特朗的干预，纽约联邦
储备银行降低了其贴现率，并且执行了 8000 万美元的公开市场
收购（open market purchases）。纽约更低的利率和欧洲相对更
高的利率，鼓励着美国美元贷款的流出，黄金也开始从纽约流
出。斯特朗的举动旨在帮助欧洲人，但也是为了刺激美国的经
济。但是他遭遇了政治上的沉重打击，并且被谴责允许让欧洲
的利益优先于美国的需要，而且将国内农场主所需的资本向欧
洲分流。这一年夏天的英镑-法郎危机让斯特朗及其同事们警
惕金本位制的危险。法国人将其英镑持有量兑换成黄金，这一
完全正当的举动威胁着整个金本位制。只是经历了艰辛和复杂
的谈判，一场危机才得以避免。美国、法国和德国采取措施来
减少其外汇储备，但其他欧洲国家加大了它们的储备，因此并
445 未出现总体上的减少。国际结算的模式和金本位制的稳定，依
赖于美国循环使用其国际收支盈余的意愿。只要美国的放贷继
续，金本位制将仍然是可行的。美国的低利率以及扩张性的货
币政策此前已经鼓励资本向外流出，缓和了欧洲恢复和稳定的
进程。美国在 1924 年和 1927 年两度着手释放黄金，以帮助各
国稳定货币和重建储备，在这两次当中，美国的国内及国际目
标之间并不存在任何冲突。在斯特朗 1928 年对欧洲的常规访问
期间，美国联邦储备委员会（Federal Reserve Board）谨慎地改
变政策，提高了贴现率，收缩银根，以削减华尔街的过度投机。
美国的对外放贷减少，短期资本开始流入美国而不是流向国外。

法国和美国一起将它们的官方黄金持有量提高了 1.4 亿英镑以上，或者说相当于 1928—1930 年世界黄金年产量的两倍。黄金回流美国再加上法国扩大其黄金储备，加大了那些收支平衡脆弱的国家的压力。依赖于资本输入的债务国在 1928 年下半年开始感受到这种影响，求助于紧缩的货币及财政政策来保卫其黄金平价，维持其债务偿还。随着美国徒劳地试图遏制华尔街的热潮而继续其紧缩政策，其他国家的政府通过削减其国内开支作为回应，即使有迹象表明这将导致衰退和更高的失业率。当代经济史学者巴里·艾肯格林认为，正是这种普遍的紧缩性转变，而不仅仅是美国的行动，能够解释 1929 年全球性萎缩的严重性。金本位制是美国在 1928 年采取的破坏稳定性的机制，这一制度传播至世界其他地方，在此过程中极大地放大了最初震荡的效应。原本只有各国政府采取协调的行动才可能有助于解决这场危机，但这种行动并未到来。这种合作上的失败在国际主义 1928—1933 年崩溃的故事中处于核心地位，这进而导致在其后的年月里采取民族主义的、独裁的、"以邻为壑"的政策。

II

随着普遍回归金本位制，欧洲各个政府相信它们已经完成了经济重建的第一阶段。由专家们 1920 年在布鲁塞尔以及 1922 年在热那亚提出的各项建议，即使并非完美地也至少部分地得到了实施。几乎所有的欧洲国家已经控制住通货膨胀，稳定了它们的货币，采纳了某种形式的金本位制或者金汇兑本位制，创建了中央银行。国联的金融委员会已经帮助奥地利和匈牙利在国际贷款的帮助下，稳定了它们的货币。诺曼

446

与斯特朗的关系是央行合作的主要工具，在欧洲其他很多地方恢复金本位制方面扮演了重要的角色。法国是一个重要的例外。由于欧洲的政治氛围有利于合作，是时候将注意力转向国际贸易了。

对于欧洲各国的领导者来说，已经显而易见的是，尽管他们的国家无论在农业还是生产资料工业方面正在达到战前的生产水平，但欧洲在世界贸易中的份额并未跟上其生产的增加。为 1927 年 5 月 4 日在热那亚举行的世界经济会议而收集的大量文献以及国联后来进行的调查，证实了这些印象。前者提供了世界经济的一幅详细的图景，表明战争所制造的损害已经被减轻的程度。世界人口从 1913 年以来已经显著地增长，欧洲各国（除苏联外）正在弥补战争所导致的人口损失（与 1913 年的数据相比增长了 6.5%）。1925 年世界任何地方原材料的生产都比 1913 年更多，最大的增长出现在加勒比海地区、南美及北美，最小的增长出现在东欧和中欧。[38] 后来公布的国联数据（1929 年和 1931 年）表明，包括苏联在内，整个欧洲的食品和原材料生产到 1925 年已经恢复至 1913 年的水平；除苏联以外的东欧和中欧在 1927 年恢复到了 1913 年的水平。欧洲在世界生产中的份额在 1927 年恢复至 1913 年的水平。工业生产的数据没有那么全面，最显著的增长出现在 1920 年代后半。在西欧，比利时、法国、德国、卢森堡和瑞典的增长最为引人注目；在东欧则是捷克斯洛伐克、匈牙利和罗马尼亚。最大的进步出现在生产资料工业（钢铁、工程、电力、汽车和化工），而消费品工业的进步相对较小。欧洲在世界贸易中所占的份额，已经从 1913 年的 58.5%下降至 1926 年的 47.9%。[39]

世界经济会议全体会议上的发言者将欧洲的困境与美国的　447
繁荣进行了比较。他们的担心反映了对于美国的全球经济角色
以及欧洲市场充斥着美国商品的更为普遍的焦虑。一些人将美
国电影和爵士乐的流行,视为对有关欧洲文化优越性的种种假
定的挑战。美国的榜样引起了羡慕、嫉妒和敌意。德国、法国
和英国的实业家即使非公开也至少在私下里将他们未能渗入美
国市场归咎于美国的高关税政策。尽管没有几个人公开地批评
美国的投资,但人们对美国直接投资的增长有着相当的焦虑,
在法国和德国尤其如此,尽管英国是美国的主要目标。人们还
担心美国对欧洲出口的增长,美国对欧洲的出口不再限定于农产
品,还包括数量显著的制成品。欧洲的发言人坚称,美国出口与
进口之间的差距是巨大的,而且美国的关税政策不利于欧洲贸易
的扩展。人们当时对这个“美国奇迹”给出了许多种解释。英国
和欧洲大陆的实业家前往美国亲眼观察其工业实践,希望将这些
新的管理技巧运用于自己的企业。人们对“福特制”(Fordism,
流水线生产)和“泰勒制”(Taylorism,科学的管理,包括控制
时间)有着大量的讨论,但旨在沿着美国路线实现合理化的努
力要么是三心二意的,要就是在欧洲的条件下无法实施。在
大多数国家里,合理化牵涉到的只是扩充和兼并,而不是技术
上的革新或者管理技巧上的变化。一些劳工领导者,尤其是英
国的劳工领导者指出,美国工业的发展意味着扩大就业、更高
的工资以及劳动力生活水平的提高。人们对于美国在欧洲及全
球市场的存在有着不同的反应,但许多人相信如果不想让经济
上的力量平衡永久性地转移至大西洋对岸,欧洲就必须采取积
极的措施。

表 20　欧洲关税水平，相较于 1913 年水平的百分比

单位：%

国家	1927 年	1931 年
德国	122.0	244.0
法国	97.5	160.0
奥地利 *	77.0	158.0
捷克斯洛伐克 *	137.0	220.0
波兰 †	74.0	93.0
罗马尼亚	140.0	207.0
匈牙利 *	144.0	207.0
南斯拉夫 ‡	144.0	207.0
保加利亚	296.0	420.0
意大利	112.0	195.0
比利时	77.5	122.0
瑞士	160.0	252.0
瑞典	72.5	97.0
芬兰	91.0	134.0
西班牙	132.0	93.0

　　* 1913 年属于奥匈帝国时期的领土；† 1913 年属于俄罗斯帝国；‡ 1913 年为塞尔维亚王国。

　　资料来源：H. Liepmann, *Tariff Levels and Economic Unity in Europe* (1938)，415。

　　参加世界经济会议的代表们聚焦于欧洲的各种困难，这些困难被归咎于战争所导致的种种错位以及欧洲市场随后的碎片化。最为明显的聚焦对象，是新的法规和货币的创立，以及长达大约两万千米的新关税壁垒所导致的国家关税的增长。但当代表们最终为这种普遍的保护主义趋势提出改进措施时，这种认识上的一致性消失了，这在那些有大型的农业部门或者在政治上有重要的农业利益群体的国家里尤其如此。在美国人的支

持下，英国代表倾向于降低关税，完全消除对贸易的所有"人为的"限制，以及不论协议的性质如何都要无条件地运用最惠国待遇。法国最为能干的商业谈判者、商务部条约司司长丹尼尔·塞吕（Daniel Serruys）提出，必须依据互惠或者有条件的最惠国待遇的原则来设定关税。法国人支持对最惠国特权进行差别性运用的地区性协定，这种特权只有在第三方提供互惠性削减时才能扩大至它们。不过他接受了英国的建议草案，这些建议包括认可以最为无条件形式出现的最惠国待遇条款。在只有苏联和土耳其弃权的情况下，会议通过了一系列旨在让贸易自由化和推动关税削减的决议。诸如进出口限制之类的贸易壁垒将受到谴责，而且将在这年秋天召开一次会议来废除它们。英法的根本性冲突尚未解决。在其最终报告中，大会建议关税水平应当通过双边和复边（plurilateral，国联对于"多边"的用词）协定以及全球性协议的运用来降低，而且支持最惠国待遇原则。后者被提交给国联的经济委员会，并且在 1928 年 3 月得到了讨论，英国与以法国领导的欧洲大陆国家之间的分歧当时支配着此次讨论。

世界经济会议的最终建议被誉为贸易自由化的胜利。在当时，这次会议被视为国际经济合作道路上的一个重要的里程碑。会议的规模和组成本身鼓舞着人们对未来进展的适度希望。与会者尽管发出了警告，但并非不对欧洲凝聚其行动以及改善世界贸易状况抱有希望。就各项具体建议被采纳而言，当然并不存在任何保证去让各国政府接受它们。美国人发布通告称，华盛顿当局将不会以任何方式受到此次会议决议的约束。就那些被国联大会采纳的世界经济会议的建议而言，要将它们转化成行动是一个耗时费力的过程。只有在经历 1927、1928、1929 年的三次禁

449

令（量化的贸易管制）会议（Prohibitions Conferences）之后，世界经济会议最受普遍期待的成果（一项禁止限制贸易数量的协定）才在 1929 年 12 月被 17 个国家采纳，其中包括美国以及欧洲那些最为重要的贸易国家。而协定批准的问题被落下，这份在 1930 年 1 月 1 日生效、为期五年的议定书草案包含一些限定条件，这些条件允许各国保持自己的行动自由。而在关税削减方面甚至存在更大的问题。关于关税问题的多次后续会议突显出英法之间的分歧，并且加强了它们相互的一个信念：每个国家都是对方困境的起因。英国政府尤其坚持维护在国内已经受到严重攻击的自由贸易制度，维护以最为无条件形式出现的最惠国权利，这些对于法国和欧洲大陆其他许多国家来说是无法接受的。这些争论在国联的经济委员会继续着，在那里，人们在 1928 年 3 月以压倒性多数承认，只要复边协定对准备做出类似让步的其他国家开放，它们应当豁免于最惠国协议。用塞吕的话来说，与英国人相反，各国代表并不准备以"一道开放的大门换取一道关闭的大门"[40]。

450　　1928 年 5 月，为监督世界经济会议决议实施进展情况而设立的国联经济咨询委员会（Economic Consultative Committee）对形势抱有谨慎而乐观的态度。法德 1927 年基于最惠国原则而达成的十分重要的贸易协定（法国拒绝将其适用于美国）以及《禁令公约》（Prohibitions Convention），被援引为进展的迹象。一年之后，该委员会警告说，进展已经中断，而且除非立即采取行动，否则一个保护主义的新时代将开始。美国国会相关辩论的开始被视为全世界走向激烈的经济民族主义运动的标志，这些辩论导致《霍利-斯穆特关税法案》在 1930 年被通过，它将美国的进口关税提高至美国史上最高水平。

　　与此同时，有关欧洲复苏的讨论即将转向一个老问题。当帕克·吉尔伯特在 1927 年 12 月发表其年度报告，提出一个新的最终的赔偿方案时，欧洲复苏的问题再度与赔偿问题联系起来。尽管安全问题直到这时支配着政治讨论，赔偿问题却再一次变成谈判背后的推动性力量。这两个问题之间的这种不幸的联系将一直持续至 1932 年。吉尔伯特干预的背后是什么? 在 1927 年的上半年，德国经济看似格外强劲，失业数据明显更低。德国的复苏这时是由德国的银行提供资金的，因为该国自 1926 年 12 月以来就一直在没有外国贷款的情况下运转，当时德国人为了控制外国资本的涌入，取消了各种税收优惠。面对着 1927 年夏天股市的兴盛危及德意志帝国银行储备的情形，亚尔马·沙赫特威胁称，如果私人银行家继续向股市放款，将在德意志帝国银行撤销贴现权限。这些对德意志帝国银行负债累累的私人银行家立即屈服了，削减了其股市信贷。在 1927 年 5 月 12 日"黑色星期五"这一天，外国资金迅速撤离，德意志帝国银行储备中的帝国马克流失。德国政府通过恢复对外国放贷者的税收优惠做出反应，而德意志帝国银行也将其贴现率从 5% 提高至 6%。沙赫特早先拒绝提高贴现率以控制股市投机的做法，迄今已经导致了相当之大的争议。无论是当时的人们还是历史学者，都未能弄清这位非常不可预测的德意志帝国银行行长的动机，这个高深莫测的人物对正统的财政政策与对他自己的自我发展一样专注。沙赫特的行动也许是为了保护德意志帝国银行的储备，而其后果是始料不及的，不过他从未掩饰过其对于赔款支付的反对，而且他可能制造了这场危机来揭露整个德国金融的脆弱程度。在外国借贷回归之后的几个月里，沙赫特向所有愿意倾听的人坚称，政府的借贷政策必须

451

停止，外国贷款必须得到控制，而赔偿协议必须重新谈判。与之相反，德国加大了对各州的补贴，允许各个市政当局利用其开支与借款权力来为城市修葺提供资金。1927 年 7 月，德国国会通过了一个极其缺乏资金支撑的失业保险计划，它后来成了国家和各州的巨大负担。随后迎来了一个政治分肥的过程，德国政府以此来收买其众多的索取者。

为政府的行为及其未来的赔偿政策感到担心的，并不止沙赫特一人。这位德国财政部部长在 1927 年警告德国议会，德国从 1928 年 9 月起将面对道威斯计划支付额度加大的情况，将无法支付所牵涉的数目。施特雷泽曼并不愿意提起赔偿问题，但是这些公开的警告以及沙赫特的活动令他难以拖延。此外，沙赫特找到了一位重要的盟友——帕克·吉尔伯特。作为道威斯计划相关协议的一部分，赔偿问题总代理办公室（Office of the Agent-General for Reparations Question）的建立创造了一个具有重要的个人影响力的新职位。对于摩根公司的合伙人来说，32 岁的美国财政部前官员帕克·吉尔伯特是可以被接受的，他被任命为总代理。这个年轻而不苟言笑的工作狂将确保德国人向协约国支付尽可能最大的数额，而又不会威胁该国货币的稳定，或者制造通货膨胀的情形，那样将会对赔偿支付造成杀鸡取卵的效果。他决心让道威斯计划获得成功，为了达到这一目的，他随时为柏林当局提供建议。他没有在柏林结交任何人，包括政治家和官僚，他唯一的盟友——在这方面也只是暂时的——是全能的沙赫特。这个美国人尽管并不像沙赫特一样认为外国的贷款正在为赔偿支付提供资金，但他强烈地反对德国政府的支出政策。他认为德国的赤字开支将导致通货膨胀，鼓励进口，带来一种国际收支逆差，从而给道威斯计划的年金支付带来不利的影响。1927 年 12 月，吉尔伯特提议采取一个新的明确的支付安排，取消转移保护（transfer protection），以及结束外国对德国财政的监管。他的干预基本上是德国政府的高借贷政策以及对于德国的债权人地位担心的结果。他担心道威斯计划年金额度的提高可能会严重地消耗德国的外汇储备（这些储备本已因为给德国的大规模贷款支付利息而备受压力），以至于转移交付将不得不中止，从而给其赔偿债权者带来损害。美国人开始担心德国发生一场金融危机的影响。人们预言赔偿支付将优先于支付私人贷款利息，而吉尔伯特拒绝对这种观点做出评论。美国人的紧张不安是如此强烈，以至于美国国务院在1927 年 9 月进行干预，禁止为普鲁士自由邦提供贷款。这是一种单独的努力，调节资金流动的问题再度回到了德国人那里。沙赫特和吉尔伯特限制德国借贷的联合努力并未对德国政府产生多少影响，该政府相信缩减将带来重大的政治危机。正是在这一背景下，以及作为对于美国对其公民投资安全感到焦虑的回应，吉尔伯特没有咨询赔偿事务委员会的那些愤愤不平的成员，而是自行其是，倡导其为解决赔偿问题而提出的新建议。

在吉尔伯特报告发布一个月之后，法国驻国联代表约瑟夫·保罗-邦库尔在接受媒体采访时，再度呼吁设立一个永久性的民事机构来监督非军事化的莱茵兰。在 1928 年 1 月 30 日和 2 月 1 日对德国国会发表的两次演讲中，施特雷泽曼将保罗-邦库尔的上述访谈用作借口，开启了为完全撤出莱茵兰而进行的运动。他放弃了在法国大选之前不公开提起这一问题的约定，毫不含糊地宣称德国要求协约国立即撤出的合法权利。接下来的几个月，法德冲突明显加剧，这种冲突又因为英国作为两国

452

之间的调停者角色的弱化而变得更糟。洛迦诺"故事"的最后一个章节在 1928 年夏天开启。

注　释

1. Speech by Sir Austen Chamberlain, Birmingham, 31 Jan. 1925, quoted in *The Times*, 2 Feb. 1925.

2. Jonathan Wright, ' Stresemann and Locarno ', *Contemporary European History* , 4: 2 (1995).

3. Chamberlain to Lord Crewe, 16 Feb. 1925, Chamberlain Mss. AC 52/189.

4. *DBFP* , ser. I, vol. 28, no. 522.

5. Jon Jacobson, *When the Soviet Union Entered World Politics* (Berkeley and London, 1994), 160.

6. E. Vincent D'Abernon, *An Ambassador of Peace* (London, 1930), iii. 169.

7. Austen Chamberlain Papers, AC 50/104; *DBFP* , ser. Ia, vol. 3, doc. 201.

8. Austen Chamberlain Papers, PRO, FO 800/258, pp. 556-7.

9. Quoted in Jonathan Wright, *Gustav Stresemann: Weimar's Greatest Statesman* (Oxford, 2002), 323 and 324.

10. Quoted in Jon Jacobson, *Locarno Diplomacy: Germany and the West, 1925-1929* (Princeton, 1972), 34.

11. Peter Krüger, *Der Aussenpolitik der Republik von Weimar* (Darmstadt, 1985), 298-314.

12. Quoted in Wright, *Gustav Stresemann*, 342.

13. Stephen B. Carls, *Louis Loucheur and the Shaping of Modern France, 1916-1931* (Baton Rouge, La. and London, 1993), 264.

14. N. H. Gibbs, *Grand Strategy* (London, 1976), 43.

15. Memorandum by Headlam-Morley, 12 Feb. 1925, PRO, FO 371/11064.

16. Ibid. , minute by Chamberlain.

17. Chamberlain to Hilda Chamberlain, 22 Sept. 1925, AC 5/1/365.

18. *DBFP* , ser. Ia, vol. 1, no. 1.

19. Stalin, *Works* (London, 1954), vii. 282.

20. Chamberlain to Lord Stamfordham, 9 Feb. 1925, Austen Chamberlain Mss. , PRO, FO 800/257.

21. Arnold Harttung (ed.), *Gustav Stresemann*, *Schriften* , Nachlass Bd. 29 (Berlin, 1976), 336-40.

22. Jonathan Wright, ' Stresemann's Concept of International Relations', in A. M. Birke, M. Brechtken, and A. Searle (eds.), *An Anglo-German Dialogue*: *The Munich Lectures on the History of International Relations* (Munich, 2000).

23. Jacques Bariéty, ' Aristide Briand, les raisons d'un oubli', in Antoine Fleury, in collaboration with Lubor Jilek (eds.), *Le Plan Briand d'Union federale européene* (Berne, 1998), 1.

24. AAN, Proces-verbal, Commission des Affaires Étrangeres, Assemblée Nationale, 23 April 1926: see Andrew Barros, ' France and the German Menace, 1919 - 1928 ', unpubl. Ph. D. thesis, Cambridge University (2001), 310.

25. Chamberlain to D'Abernon, 1 Oct. 1930, British Library Add. Mss. 48926B, fos. 245-8.

26. *League of Nations Official Journal* , Special Supplement, no. 44. *Records of the Seventh Ordinary Session of the Assembly* (Geneva, 1926), 53.

27. Sally Marks, *Innocent Abroad*: *Belgium at the Paris Peace Conference of 1919* (Chapel Hill, NC, 1981), 353.

28. 显然这些记录在 11 月初遵照白里安的命令被修改，因此不如人们原本认为的那样可靠。Jacques Bariéty, ' Finances et relations internationales a propos du "plan de Thoiry" (Septembre 1926) ', *Relations Internationales*, 21 (Spring, 1970), 69.

29. Quoted in Jacobson, *Locarno Diplomacy*, 90.

30. Jacobson, *Locarno Diplomacy* , 115.

31. Memorandum by Chamberlain, 21 May 1927, Chamberlain Papers, AC 50/536.

32. David Dutton, *Austen Chamberlain*: *Gentleman in Politics* (Bolton,

1985），259.

33. G. C. Peden, *The Treasury and British Public Policy*, *1906 - 1959*（Oxford, 2000），202.

34. 参见此书中 1900—1938 年帝国内部和外部新资本发行的相关数据表：P. J. Cain and A. G. Hopkins, *British Imperialism：Crisis and Deconstruction*, *1914-1990*（Harlow, 1993），45。Stephen Schuker, *American 'Reparations' to Germany*, *1919 - 1933：Implications for the Third-World Debt Crisis*（Princeton, 1988），92-5.

35. Barry Eichengreen, *Gold Fetters：The Gold Standard and the Great Depression*, *1919-1939*（Oxford, 1992），192.

36. Charles Maier, *Recasting Bourgeois Europe：Stabilization in France*, *Germany*, *and Italy in the Decade after World War I*（Princeton, 1975），574.

37. Roland Sarti, 'Mussolini and the Italian Industrial Leadership in the Battle of the Lira, 1925-1927', *Past and Present*, 47（May 1970），105.

38. 来自国联的数据刊印于此著作中：Ann Orde, *British Policy and European Reconstruction after the First World War*（Cambridge, 1990），318。

39. Ibid.

40. Robert W. D. Boyce, *British Capitalism at the Crossroads*, *1919 - 1932：A Study in Politics*, *Economics and International Relations*（Cambridge, 1987），132.

修改条约与构建新的政治平衡

专著

BAECHLER, CHRISTINE, Gustave Stresemann: de l'impérialisme à la sécurité collective (Strasbourg, 1996).

—— and FINK, CAROLE, *The Establishment of European Frontiers After the Two World Wars* (Bern and New York, 1996).

BARIÉTY, J. and POIDEVIN R., *Les Relations Franco–Allemandes, 1815–1975* (Paris, 1977).

BERG, MANFRED, *Gustav Stresemann und die Vereinigten Staaten von Amerika: weltwirtschaftliche Verflechtung und Revisionspolitik, 1907–1929* (Baden-Baden, 1990).

Boyce, Robert W. D. (ed.), *French Foreign and Defence Policy, 1918–1940: The Decline and Fall of a Great Power* (London, 1998). Esp. chapters by Denise Artaud and Robert W. D. Boyce.

Carlier, Claude and Soutou, Georges-Henri, *1918–1925. Comment faire la paix?* (Paris, 2001)

Ferris, J., *The Evolution of British Strategic Foreign Policy, 1919–1926* (London, 1989).

Gatzke, H. W., *Stresemann and the Rearmament of Germany* (Baltimore, 1954).

Geyer, M., *Aufrüstung oder Sicherheit: Die Reichswehr in der Krise der Machtpolitik, 1924–1936* (Wiesbaden, 1980).

Grayson, Richard S., *Austen Chamberlain and the Commitment to Europe: British Foreign Policy, 1924–1929* (London, 1997).

Jones, Larry, *German Liberalism and the Dissolution of the Weimar Party System, 1918–1933* (Chapel Hill, NC and London, 1988).

Kaiser, Angela, *Lord D'Abernon und die englische Deutschlandpolitik, 1920–1926* (Frankfurt a.M., 1989).

Krüger, P., *Die Außenpolitik der Republik von Weimar* (Darmstadt, 1985).

Lee, Marshall M. and Michalka, Wolfgang (eds.), *Gustav Stresemann* (Darmstadt, 1982).

Leffler, Melvyn P., *The Elusive Quest: America's Pursuit of European Stability and French Security, 1919–1933* (Chapel Hill, NC, 1979).

Maier, Charles S., *Recasting Bourgeois Europe: Stabilisation in France, Germany and Italy in the Decade after World War I* (Princeton, 1975).

Maxelon, Michael-Olaf, *Stresemann und Frankreich 1914–1929* (Düsseldorf, 1972).

Michalka, Wolfgang and Lee, Marshall M., *German Foreign Policy, 1917–1933: Continuity or Break?* (Leamington Spa, 1987).

Niedhart, G., Junker, D., and Richter, W. M. (eds.), *Deutschland in Europa: nationale Interessen und internationale Ordnung im 20. Jahrhundert* (Mannheim, 1997). Esp. chapters by Manfred Berg, Gottfried Niedhart, Adam Daniel Rotfeld, Stephanie Salzmann, Ralph Schattowsky, and Clemens Wurm.

Orde, Anne, *Great Britain and International Security, 1920–1926* (London, 1978).

Peden, G. C., *The Treasury and British Public Policy, 1906–1959* (Oxford, 2000).

Pitts, Vincent J., *France and the German Problem: Politics and Economics in the Locarno Period, 1924–1929* (New York, 1987).

Post, Gaines, *The Civil-Military Fabric of Weimar Foreign Policy* (Princeton, 1973).

Rödder, Andreas, *Stresemanns Erbe: Julius Curtius und die deutsche Außenpolitik, 1929–1931* (Paderborn, 1996).

Rosenberg, Emily S., *Spreading the American Dream: American Economic and Cultural Expansion, 1890–1945* (New York, 1982).

Salzmann, Stephanie, Great Britain, Germany and the Soviet Union (Woodbridge, Suffolk, and Rochester, NY, 2003).

Wright, Jonathan, *Gustav Stresemann: Weimar's Greatest Statesman* (Oxford, 2002).

Zeidler, Manfred, *Reichswehr und Rote Armee, 1920–1933: Wege und Stationen einer ungewöhnlichen Zusammenarbeit* (Munich, 1993).

文章

BARIÉTY, JACQUES, 'Les Relations franco-allemandes de 1924 à 1933', *Annales de la Société d'Histoire de la IIIème République* (1962–3).

BARIÉTY, JACQUES, 'La Tentative de construction de la paix, 1924–1930', in Raymond Poidevin and Jacques Bariéty (eds.), *Les Relations franco-allemandes, 1815–1975* (Paris, 1977).

—— 'Finances et relations internationales: A propos du "plan de Thoiry" (septembre 1926)', *Relations Internationales*, 21 (1980).

COHRS, PATRICK O., 'The First "Real" Peace Settlement After the First World War: Britain, the United States, and the Accord of London and Locarno, 1923–1925', *Contemporary European History*, 12: 1 (2003).

EDWARDS, P. G., 'Britain, Mussolini and the "Locarno–Geneva System"', *European Studies Review*, 10 (1980).

GOLDSTEIN, ERIK, 'The Evolution of British Diplomatic Strategy for the Locarno Pact, 1924–1925', in M. Dockrill and B. McKercher, *Diplomacy and World Power: Studies in British Foreign Policy 1890–1950* (Cambridge, 1996).

JACOBSON, JON, 'Is There a New International History of the 1920s?', *American Historical Review* 88 (1983).

—— 'Strategies of French Foreign Policy after World War 1', *Journal of Modern History*, 55, 2 (1983).

MCKERCHER, B. J. C., 'Austen Chamberlain's Control of British Foreign Policy, 1924–1929', *IHR* 6 (1984).

SCHULIN, E., 'Zur Enstehung des Rapallo–Vertrages' in H. Von Hentig and A. Nitschke (eds.), *Was die Wirklichkeit Lehrt. Golo Mann zum 70. Geburtstag* (Frankfurt, 1979).

TURNER, HENRY ASHBY, Jr., 'Eine Rede Stresemanns über seine Locarnopolitik', *Vierteljahrshefte für Zeitgeschichte*, 15 (1967).

WRIGHT, JONATHAN, 'Stresemann and Locarno', *Contemporary European History*, 4 (1995).

重建欧洲的金融与贸易体系，
1924—1928年

专著

ARTAUD, DENISE, *La Question des dettes interalliés et la reconstruction de l'Europe, 1917–1929*, 2 vols. (Lille and Paris, 1978).

BALDESTON, THEO, *The Origins and Course of the German Economic Crisis: November 1923 to May 1932* (Berlin, 1993).

BOYCE, ROBERT W. D., *British Capitalism At the Crossroads, 1919–1932: A Study in Politics, Economics and International Relations* (Cambridge, 1987).

CLARKE, STEPHEN V. O., *Central Bank Cooperation, 1924–1931* (New York, 1967).

EICHENGREEN, BARRY, *Elusive Stability: Essays in the History of International Finance, 1919–1939* (Cambridge, 1990).

—— *Golden Fetters: The Gold Standard and the Great Depression, 1919–1939* (New York, 1992).

—— and WYPLOSZ, CHARLES, *The Economic Consequences of the Franc Poincaré* (London, 1986).

FEINSTEIN, CHARLES H. (ed.), *Banking, Currency, and Finance in Europe between the Wars* (Oxford, 1995). See Feinstein, Temin, Balderston, Hardach, Toniolo, and articles with regard to countries not covered in this chapter.

—— PETER, and TONIOLO, GIANNI, *The European Economy Between the Wars* (Oxford, 1997).

JAMES, HAROLD, *The Reichsbank and Public Finance in Germany, 1924–1933: A Study of the Politics of Economics During the Great Depression* (Frankfurt, a.M., 1985).

—— *The German Slump: Politics and Economics, 1924–1936* (Oxford, 1986).

—— *The End of Globalization: Lessons from the Great Depression* (Cambridge, MA., 2001).

—— LUNDGREN, HAKAN, and TEICHOVA, ALICE (eds.), *The Role of Banks in the Interwar Economy* (Cambridge and Paris, 1991).

KEETON, EDWARD DAVID, *Briand's Locarno Policy: French Economics, Politics and Diplomacy, 1925–1929* (New York and London, 1987).

KENT, BRUCE, *The Spoils of War: The Politics, Economics and Diplomacy of Reparations, 1918–1932* (Oxford, 1989).

LEWIS, W. A., *Economic Survey, 1919–39* (London, 1949).

LINK, WERNER, *Die amerikanische Stabilisierungspolitik in Deutschland, 1921–1932* (Düsseldorf, 1970).

MOURÉ, KENNETH, *The Gold Standard Illusion: France, the Bank of France, and the International Gold Standard* (Oxford, 2002).

其他专业书籍

BORCHARDT, KNUT, *Perspectives on Modern German Economic History and Policy*, trans. Peter Lambert (Cambridge, 1991).

CAIN, P. J. and HOPKINS, A. G., *British Imperialism: Crisis and Deconstruction, 1914–1990* (London, 1993).

ELBAUM, BERNARD and LAZONICK, WILLIAM (eds.), *The Decline of the British Economy* (Oxford, 1986).

FEINSTEIN, CHARLES H. (ed.), *Banking, Currency and Finance in Europe Between the Wars* (Oxford, 1995).

HOWSON, S., *Domestic Monetary Management in Britain, 1919–1938* (Cambridge, 1975).

KAHN, ALFRED E., *Great Britain in the World Economy* (New York, 1946).

McNEIL, WILLIAM C., *American Money and the Weimar Republic: Economics and Politics on the Eve of the Great Depression* (New York, 1986).

MOGGRIDGE, D. E., *British Monetary Policy, 1924–1931* (Cambridge, 1972).

NEWTON, SCOTT and PORTER, DILWYN, *Modernization Frustrated: The Politics of Industrial Decline in Britain Since 1900* (London, 1988).

ORDE, ANNE, *British Policy and European Reconstruction After the First World War* (Cambridge, 1990).

POHL, KARL-DIETRICH, *Weimars Wirtschaft und die Außenpolitik der Republik, 1924–1926: vom Dawes-Plan zum internationalen Eisenpakt* (Düsseldorf, 1979).

TEMIN, PETER, *Lessons From the Great Depression* (Cambridge, Mass., 1989).

TONIOLO, GIANNI, *L'economia dell'Italia fascista* (Rome, 1980).

TURNER, ARTHUR, *The Cost of War: British Policy on French War Debts, 1918–1932* (Brighton, 1998).

文章

BARIÉTY, JACQUES. 'Problèmes concernant le rétablissement des relations économiques franco-allemandes après la Première Guerre Mondiale', *Francia*, 2 (1974).

BERNAKE, BEN and JAMES, HAROLD, 'The Gold Standard, Deflation, and Financial Crises in the Great Depression', in Glenn, Hubbard R. (ed.), *Financial Markets and Financial Crises* (Chicago, 1991).

BOUVIER, JEAN, 'The French Banks: Inflation and the Economic Crisis, 1919–1939', *Journal of European Economic History*, 13: 2 (1984).

BOYCE, ROBERT W. D., 'Creating the Myth of Consensus: Public Opinion and Britain's Return to the Gold Standard in 1925', in P. L. Cottrell, and D. E. Moggridge (eds.), *Money and Power: Essays in Honour of L. S. Pressnell* (Basingstoke, 1988).

CIOCCO, PIERLUIGI and TONIOLO, GIANNI, 'Industry and Finance in Italy, 1918–1940', *Journal of European Economic History*, 13: 2 (1984).

COHRS, PATRICK, 'The First "Real" Peace Settlements After the First World War: Britain, the United States and the Accords of London and Locarno, 1923–1925', *Contemporary European History* (2003).

EICHENGREEN, BARRY, 'The Origins and the Nature of the Great Slump Revisited', *Economic History Review*, 45: 2 (1992).

JORDAN, NICOLE, 'The Reorientation of French Diplomacy in the Mid-1920s: The Role of Jacques Seydoux', *English Historical Review*, 117: 473 (2002).

MAIER, CHARLES S., 'The Economies of Fascism and Nazism', in id. (ed.), *In Search of Political Stability: Explorations in Historical Political Economy* (Cambridge and New York, 1987).

PIESCHE, M., 'Die Rolle des Reparationsagenten Seymour Parker Gilbert während der Weimarer Republik, 1924–1930', *Jahrbuch für Geschichte*, 18 (1978).

ROWLAND, BENJAMIN M., 'Preparing the American Ascending: The Transfer of Economic Power from Britain to the United States', in id. (ed.), *Balance of Power or Hegemony: The Interwar Monetary System* (New York, 1975).

TEMIN, PETER, 'The Beginning of the Depression in Germany', *Economic History Review*, 24 (1971).

—— 'Transmission of the Great Depression', *Journal of Economic Perspectives*, 7: 2 (1993).

WENDT, BERND-JÜRGEN, 'Aspects économiques d'une politique de sécurité nationale entre le révisionnisme et l'expansionnisme', *Guerres mondiales*, 154 (1989).

第九章 摇摇欲坠的重建："洛迦诺"
表面之下的裂缝

I

　　参与洛迦诺对话的各个国家之间的关系正在接近一个十分危险的阶段。从 1928 年做出的各项决定，到 1929 年 8 月旨在标志"最终消除战争"的海牙会议，不同的因素在其中发挥了作用。其中最为重要的两个因素，是帕克·吉尔伯特呼吁一份新的赔偿协议，以及德国甚至冒着与其洛迦诺同伴公开争吵的风险在 1928 年夏天做出决定，正式要求协约国提前撤出莱茵兰。作为赔偿事务代理人的吉尔伯特在 1927 年 12 月发布其年度报告之后，与法国的政界及金融界领导人进行了多次接触。普恩加莱在图瓦里会晤过去很久之后，曾致力于道威斯计划的债务发行这一主张，因此并不敌视吉尔伯特让德国赔偿债务商业化的主张。1928 年初，这位赔偿代理人提议为了换取撤出莱茵兰，德国应当通过出让铁路及工业债券筹集 40 亿美元，这笔资金将由其债权人用来偿还其对美国的战争债务。对于他的这个方案而言，不幸的是美国财政部拒绝在大选之年考虑削减战争债务。无论是英国人还是德国人都对这个主张不感兴趣。前者希望给予道威斯计划一个更长的试验期，而德国人则希望推迟一切行动，直到外国军队离开莱茵兰。相反，法国人渴望取得进展。考虑到将于当年 11 月举行的大选，华盛顿当局已经加大了对普恩加莱的压力，敦促他批准《贝朗热－梅隆协议》。美国人警告说，如果法国人在 1929 年 8 月 1 日之前没有批准该协议，他们将要求偿还一笔大约 4.06 亿美元的美国战争储备信贷（war stocks credit）。尽管普恩加莱希望将向美国人付款的重担转移到德国人身上，但他并不愿意发起对话。为道威斯计划债券步履蹒跚的商业化以及一个减少的赔偿和战争债务解决方案而奔走呼号的任务，被留给帕克·吉尔伯特。

458　施特雷泽曼与白里安在 1928 年初的交流突显出他们的分歧。施特雷泽曼援引了"洛迦诺精神"，而白里安要求做出具体的保证，而后者并未得到明确的界定。施特雷泽曼相信为促进和平，法国是时候要放弃 1919 年的各种保证，并且向着德国的方向做出有意义的举动。他援引白里安 1926 年 9 月在国联大会的著名演讲并指出："关于抛弃机枪与大炮已经说得很多了，但机枪和大炮现在仍然在莱茵兰当面盯着（德国）。"[1]他宣称被解除武装和无防御能力的是德国而不是法国，而保持占领正在为德国对法国的理解带来"心理上的障碍"。白里安在参议院的答复性演讲异乎寻常地直接和切中要害，演讲许诺协约国军队将在不久的将来撤退，不过否认洛迦诺会议及其所生发的善意足以使军队撤出。在占领结束之前，德国将必须履行《凡尔赛和约》所规定的责任。"洛迦诺精神"并未做出任何保证来防范德国的重新武装、莱茵兰的重新军事化或者不支付赔偿。法国人希望获得关于赔偿和安全的坚实保证，这种保证是永久性和制度性的，并不依赖于个人及善意。法国外交部官员勒内·马西利坚称："重要的是坚定不移地维护我们依据和约的权利这一原则，没有赔偿就不能继续撤退。"[2]就张伯伦而言，众所周知他赞成以某种形式的交换条件换取提前撤退，但他倾向于将赔偿问题推迟至美国大选以后。这位英国外交大臣当时不堪重负；1928 年春，他不得不处理埃及、美国和中国的事务以及他在欧洲面临的问题。这些五花八门的责任也许可以解释他愿意大体上支持白里安，但没有在日内瓦扮演任何积极的角色。在后续的讨论中，牵头的是白里安。

　　如同除德国以外的所有人所期待的那样，在 1928 年春天（4 月 22—29 日）的法国大选中，普恩加莱和"国民联盟"再次获胜。社会党和激进社会党在国民议会损失了席位，不过并不清楚白里安的影响力是否确实被削弱。选举一结束，施特雷泽曼就觉得可以自由地正式提出协约国军队撤退的问题。他的行动有着政治上的迫切原因。在德国 1928 年 5 月 20 日的选举中，社会民主党已经提高了其选票份额，这个议会党派的领导人赫尔曼·穆勒（Hermann Müller）被要求组建一个尽可能最为广泛的政府，因为社会民主党即使与民主党及中央党在一起，也仍然无法达到可行的多数。正是由于施特雷泽曼的干预，新政府得以在 6 月底组建。穆勒的"个人内阁"① 在 1929 年初才变成"大联盟"。在国内政策方面没有多少东西能够将内阁成员们团结在一起。主要是施特雷泽曼的影响力以及外交政策取得成功的希望，才使政府有了某种表面的团结。1928 年 7 月 3 日，穆勒政府向国会展示其外交政策纲领。其计划包括推动全面裁军，（协约国军队）立即和无条件地撤出莱茵兰，将萨尔归还给德国，以及一个德国认为处于其支付能力范围之内的赔偿协议。这个内阁将试图通过一种成功的外交政策，来维护其地位和让这个共和国稳定。但从在伦敦及巴黎的意见调查来看，

459

————————

① 指由名流个人组成的内阁。

无条件撤出莱茵兰显然不会得到任何支持。德国驻伦敦大使报
告称，英国正在靠近法国，德国在与法国外交部打交道时不能
指望英国的支持。这年夏天英法关于军备的协议尽管最终被放
弃，但在柏林被视为英国准备为了与法国的伙伴关系，而放弃
洛迦诺"三巨头"的一个信号。

到 7 月底，张伯伦的身体崩溃了，受寒发展成了肺炎。为
了恢复精力和健康，他进行了一次远距离航行，然后去美国加
利福尼亚度过了一个长假，直到 1928 年 11 月才回到伦敦。施
特雷泽曼此前也一度重病，正在从一次中风中恢复，他周游了
欧洲的各处矿泉疗养地，徒劳地试图恢复自己的健康。但德国
外交部觉得有足够自信去提起撤退的问题，即使这意味着与法
国及英国的一场重大斗争。在施特雷泽曼休养期间接管其职责
的国务秘书卡尔·冯·舒伯特概括了德国的行动计划。他的建
议在内阁得到了讨论，并且由缺席的施特雷泽曼予以批准。通
过公开关于彻底撤退的要求，舒伯特认为德国将能够明确和戏
剧性地表现与协约国的冲突，揭示洛迦诺协作的破裂。这将使
法国和英国陷入困境，它们将不得不重新审视其政策，这对于
德国是有利的。内阁批准了舒伯特的策略。这道外交照会着眼
于理事会在 9 月的下一次会议，照会发布的时机是由柏林的这
样一种越来越强烈的感觉决定的——出于国内政治上的原因，
迫切需要采取行动。莱茵兰问题将会在日内瓦公开讨论，各国
将被询问它们是否打算致力于洛迦诺（性质的）谅解并同意撤
出，不是将其作为洛迦诺的终极结果，而是作为其发展的一个
阶段。如果这种方式失败了，德国政府可能依据第 431 条提出
一个合法的要求，或者请求运用洛迦诺的仲裁程序。如果修改
道威斯计划的事情被提起，德国人将同意进行探索性的但独立

的谈判。7 月 28 日，指令被发往德国驻巴黎、伦敦、布鲁塞尔和罗马的大使，要求他们去询问东道国政府是否准备以一种友好的方式讨论莱茵兰问题。这是德国为结束协约国对莱茵兰的占领而进行的外交攻势的开始。

8 月末，施特雷泽曼不顾他的医生的反对，为签署《凯洛格-白里安公约》①而来到巴黎，该协定是旨在宣布侵略战争永远非法的一个"虔诚的举动"。公众因该协定而产生了积极情绪，一些人认为欧洲外交的一个新阶段已经开始了。到该年年底，这种再次兴起的对于未来的乐观主义已经开始逐渐消失。作为自俾斯麦在 1871 年以来首位出访巴黎的德国外长，施特雷泽曼打算利用这一场合来打探白里安和普恩加莱对于撤出莱茵兰的看法。当谈论经济上的赔偿时，白里安的态度令人鼓舞，但他有意含糊其词。与普恩加莱的对话更为重要。在就正在维也纳和柏林得到公开讨论的德奥合并问题进行初步而激烈的交流后，两人在抱怨美国过于强大的金融地位，以及探索一个可能的战争债务与赔偿方案方面找到了共同点。普恩加莱认为在美国 11 月的大选结束之前将无法有任何作为。只是在这些对话结束时，施特雷泽曼才转向于即将到来的在日内瓦的会议。普恩加莱坚称撤退问题与《洛迦诺公约》或者《凯洛格-白里安公约》均无关，这一问题将必须与悬而未决的金融安排一道解决。施特雷泽曼相应地警告这位总理说，图瓦里的条件不再适用，而且考虑到美国股市的繁荣，美国人将不会购买这些债券，他声称帕克·吉尔伯特拥有同样的观点。当施特雷泽曼的医生出面时，这次对话中断了。

对于德国即将到来的上述呼吁，曾经参与洛迦诺会议的各

---

① 全称为《关于废弃战争作为国家政策工具的一般条约》。

个大国都不高兴。它的时机是错误的，而且谁也不会去考虑无条件撤退这一要求。尽管人们屡屡告诫美国人在战争债务上毫不妥协，但普恩加莱仍然希望德国人将帮助他获得美国人对于一个全面的解决方案的同意，他更倾向于等待一个更恰当的时机。德国人的这一举动却将法国人的注意力聚焦于可以从柏林当局获得何种补偿这一问题。当法国内阁刚好在普恩加莱与施特雷泽曼会晤之前考虑撤退问题时，其成员们显然极其怀疑德国的长期意图，并且担心一旦协约国军队撤出莱茵兰，德国未来的某个政府可能将不履行其赔偿责任。在伦敦，在美国考虑修改战争债务之前，英国财政部对道威斯计划分期付款份额的商业化或实际上任何赔偿方案都并不热心。对于即将到来的国联理事会和大会会议，英国政府并未做出任何详细的准备。由于选举即将到来，而且面临着反对派要求尽快撤出莱茵兰的压力，保守党人渴望取得进展，但希望与法国人保持同步。

9 月在日内瓦的对话艰辛而具有争议。穆勒总理替代了施特雷泽曼，他发现在表明他们为撤出而索要的代价时，白里安和库申登勋爵（Lord Cushenden，代替缺席的张伯伦）闪烁其词。在国联大会上，穆勒和白里安之间的交流异乎寻常地尖锐。穆勒几乎不加掩饰地攻击英法的裁军政策，并且提起了少数民族问题，因为它影响到奥地利。白里安做出的愤怒回答异乎寻常地直率且毫无保留，他通过指出德国发起一场"突然袭击"（attaque brusque）的能力，为其在裁军上的谨慎政策辩护。他还应对了民族性这一问题，警告自决不得被用于削弱各国政府或者扰乱和平，这既是指波兰也是指奥地利。德国国会来自社会民主党的议长在柏林、奥地利总理伊格纳茨·赛佩尔（Ignaz Seipel）在日内瓦发表的支持德奥合并的演讲，没有使人们的情绪改善，后者被告诫不得在其国家内再举行支持德国的示威游行。在洛迦诺各国代表们（日本人也在场）9 月 11 日的一次秘密会议中，穆勒阐述了要求撤出莱茵兰的法律上的理由。考虑到美国金融界盛行的看法，任何将赔偿与撤退联系起来的做法，都将意味着莱茵兰解决方案的几乎无限期的、不可接受的拖延。穆勒愿意加入关于赔偿问题的讨论，但无法两手空空回到柏林。白里安同意德国人有权依据第 431 条提出该问题，但抗议说他们已经得到了在洛迦诺得到讨论的所有让步，这些让步并不包括撤出莱茵兰。让德国人吃惊的是，他再度提出了设立一个机构监督这个非军事化区域的问题。他表明其准备同时就莱茵兰和赔款问题进行谈判，并且希望德国人将就核查问题提出一个可行的解决办法。在比利时人和意大利人的支持下，英国人也坚称如果要结束对莱茵兰的占领，德国应当向其他占领国提出要约。在这六个国家（英法意比日德）的第二次会议上，穆勒和白里安同意将由这些具有利害关系的政府以及美国组成一个专家委员会，以便就德国赔偿义务达成一个明确的协议。法国人想要一份将足够支付所有协约国之间战争债务的金融方案，在经库申登勋爵的某种推动之后，他们提出一旦核查委员会这一方案被接受，法国可能将提出撤出莱茵兰的第二个区域，以此作为友好的姿态。也是在库申登的建议下，会议休会数天，白里安和穆勒在此期间咨询他们各自政府的意见。

在巴黎，白里安发现普恩加莱和内阁比其预期的更为死板。他能获得的最好的东西，是内阁同意达成一份可取的协议，就金融和撤出问题达成可以接受的交易。白里安提出了从第二个区域撤出的问题，但并未在这一问题上发力，这可能是因为他担心引发消极的反应。穆勒也咨询了其内阁并且联系了施特雷泽曼。从

462

总体上而言，德国的部长们对日内瓦的进程感到满意。由于主要关注本国的金融困难以及不断扩大的预算赤字，德国代表团被指令优先应对赔偿方案，以及在双方做出对等保证的情况下，接受某种形式的直至 1935 年的核查制度。在日内瓦的最后一次会议上得到讨论的是后一个问题，白里安最终提出一个含糊的方案，但将这一新制度的细节留待以后达成。随着讨论接近结束，穆勒指出未就撤出问题做出任何决定。白里安宣称因为所有人都渴望解决赔偿问题，德国必定会感到满意。库申登关于英国立场的声明模棱两可，不出所料。英国将遵守贝尔福 1922 年的备忘录（该备忘录将对英国的战争债务的支付与英国对美国的支付联系起来）的原则，同时将在未必将其与其他问题相联系的情况下，在撤退问题上采取行动。库申登明白英国财政部将会拒绝所有不满足英国金融要求的安排。英国人更倾向于推迟做决定。

　　9 月 16 日的日内瓦公报措辞得体地掩饰了那些悬而未决的问题。代表们同意就莱茵兰问题开启谈判，任命一个金融专家委员会来讨论一个明确的赔偿方案，以及在原则上接受一个"核查与调解委员会"，各种细节将通过谈判解决。公报对时间安排或部分解决方案只字不提，也根本未提及德奥合并，或者像波兰人原本希望的那样提及"东方的洛迦诺"。不过，公报被视作取得了进展，因此受到欢迎。德国人赢得了占领将得到谈判这一保证。法国人被许诺将以一份新的赔偿协议作为补偿。双方都觉得他们已经达到了其首要目的，以及他们在图瓦里曾经落空的总体方案现在可以实现。不幸的是，未来发生争执的理由已经出现。德国人相信他们已经成功地将赔偿及撤出的讨论分离开来，而且即使前者失败了，后者也将会继续。法国人则认为德国人已经心照不宣地接受将这两个问题联系起来，因为这正是法国人想要的。9

月 19 日的《法兰克福日报》（*Frankfurter Zeitung*）引用白里安的话说，只有赔偿问题得到解决，完全的撤出才可能开始。不过白里安立即指出他预计金融解决方案将在数周内达成，而撤退将随之进行，从而削弱了对其言论的打击力度。

II

法德的蜜月是短暂的。日内瓦公报成了长达两年的争吵的起点，争吵使洛迦诺派没有多少共同利益来弥补两国间的分歧。无论是白里安还是更具疑心的普恩加莱，都不愿做出施特雷泽曼所想要的“优雅姿态”（beau geste），除非法国得到充分的回报。德国公众的敌对情绪几乎很难让普恩加莱的右翼内阁安心。英国人的反应必然是沉默的。保守党政府正在丧失动力，大选预计将在 1929 年春天举行，经济未能复苏，失业率成了一个重大的问题。由于无法提出任何替代性的经济计划，工党领导人聚焦于张伯伦近来的外交失败，以及日内瓦裁军讨论的进展之缓慢。当库申登掌舵时，他与白里安密切合作，在 1928 年秋天和工党重新执政的 1929 年春天之间，这两个国家发展出一种更为强大的关系。施特雷泽曼清楚英国的支持逐渐转向法国，他等着看英国的大选是否会带来一个更支持德国的政府。但他不得不接受赔偿问题将优先于撤退问题以及萨尔地位的任何变化。

在接下来的几个月里，帕克·吉尔伯特从一个首都跑到另一个首都，为道威斯计划的修改寻求支持。他起初敦促债务的商业化，之后是以按比例缩减赔偿和战争债务。在《贝朗热－梅隆协议》被批准之前，美国否决任何种类的道威斯债券在美国市场上的流通，而且一概拒绝考虑战争债务的更改，因此吉尔伯特放弃了这些建议，转而支持一个新的总体方案，在这个

464

方案里，德国的赔偿支付将足够覆盖协约国战争债务清偿的费用。这既符合华盛顿也符合巴黎方面的意愿。本杰明·斯特朗和华尔街对于一个最终的、在商业上可行的赔偿协议的希望被逐渐地放弃，取而代之的是德国及其债权人之间的一个更为狭窄、更具临时性的协议，它将满足美国共和党当局。吉尔伯特在与英国人及比利时人打交道时都遇到了困难。尽管休养归来的张伯伦并不反对普恩加莱将分阶段的撤出与（债务的）商业化联系起来，但英国财政部在美国修改战争债务协议之前反对谈判。比利时人对军队从莱茵兰撤出的前景感到担忧，他们担心德国年金的任何削减将会以牺牲他们为代价，而且可能危及刚刚由布鲁塞尔政府实施的大型公共工程项目。比利时人对任何金融交易都有自己的初步条件，也就是经历了几乎十年时间但仍然悬而未决的德国马克问题。吉尔伯特在柏林取得了较多的成功，在其说服施特雷泽曼在提出协约国军队撤出的要求之后，接着提议就赔偿修改进行并行的对话后尤其如此。有点让人吃惊的是，吉尔伯特让沙赫特改变了主意，即达成一份最终协议，这很可能是因为这位德意志帝国银行行长认为如果美国的银行家参与，专家们将会对德国的支付能力有现实的评价。如果吉尔伯特的这些建议得到接受，一个额外的好处是结束道威斯制度，让德国恢复其完全的金融自主权。

英国财政部为其反对立场向当局施加压力。丘吉尔对日内瓦公报疑心重重，力图推迟专家会议。他争辩说，应该由美国人在战争债务上采取主动，然后英国人和法国人才能考虑削减德国的赔偿。他也不赞成提前撤出莱茵兰，除非德国放弃其依据《凡尔赛和约》让法国削减军队的诉求。他又指出，"《洛迦诺公约》的效力依赖于法国军队"，而且法国军队的力量"使

我们避免被迫在欧洲干预这一最为可能的危险”[3]。库申登被指
令告知洛迦诺派，英国的战争债务将不得不在任何新的方案中
得到完全足够的偿付，以及英国政府将不会参与任何旨在减免
战争债务的努力。正是由于不屈不挠的吉尔伯特，丘吉尔才不
再反对。10 月 12—13 日在查特威尔（Chartwell）度过一个私密
的周末之后，他说服丘吉尔接受这一新的方案。后者的转变是
由于吉尔伯特的这一保证——德国能够而且愿意在没有转移保
护的情况下支付一笔 20 亿马克的年金，而且能够持续一段足够
长的时间，从而使协约国足够支付它们对美国的战争债务。丘
吉尔对于将战争债务负担转移到德国人身上的可能性是如此着
迷，以至于其陪同吉尔伯特前往巴黎，并且以德国每年支付年
金 20 亿马克为基础，与普恩加莱达成了一个协议。这位财政大
臣坚称必须撤出莱茵兰，而丘吉尔与卡约的关于英法战争债务
的协议应当得到批准。普恩加莱对于这两个条件的任何一个都
没有问题。英法在金融上的友好关系现在已经就位。

　　这些得到讨论的数额接近于协约国依据新的道威斯计划支
付进程所要求的数字，而穆勒政府已经认为其不可忍受而予以
驳回，在新的支付将在没有转移保护的情况下进行时尤其如此。
德国人为什么应当接受这样没有吸引力的条件？10 月 25 日，
吉尔伯特在柏林报告其与丘吉尔及普恩加莱的谈话内容。他告
诉穆勒、财政部部长鲁道夫·希尔弗丁（Rudolf Hilferding）以
及沙赫特，英法期待收取足够多的赔偿来覆盖对于彼此以及对
于美国的战争债务支付，但他并未给出任何数据，而且否认这
些数据在巴黎得到了讨论。他警告德国人说，他们无法指望其
债权人做出让步。内阁中没有任何人反对穆勒和希尔弗丁的这
一建议——专家委员会应当被尽快召集，而且内阁没有讨论牵

涉的金额。政治家们显然抱有与沙赫特一样的假定，那就是这些专家将会把赔偿与德国的支付能力联系起来，产生一个大大降低的赔偿账单。这些虚假的希望既是一厢情愿的产物，也是帕克·吉尔伯特进行会议前对话的那种方式的结果，这些希望只是到了 10 月底才逐步消失，当时这位赔偿代理人开始谈及一个基于债权人诉求而不是德国支付能力的方案。

德国人相信如果独立的金融专家对他们的处境做出判断，他们的理由将占上风，这种信念导致在应当由商业银行家还是政府的被委任者进行即将到来的谈判这一问题上，与其他各国发生了重大冲突。普恩加莱和丘吉尔坚持对他们的专家发布指示的权利，并且要求该专家委员会由赔偿事务委员会任命。当美国人表明他们对有关德国支付能力的任何讨论不感兴趣，而只是想要一个迅速的解决方案，以便《贝朗热-梅隆协议》将会得到批准时，德国人的理由被进一步弱化。这对于德国人所寻求的商业解决方案来说并不是一个好兆头。法国人和英国人澄清了他们对各自要求的看法。法国人希望一笔补偿外加充足的金额，以覆盖对美国和英国的战争债务支付。对于在斯帕达成的协议中设立的出自德国资产的付款总额中的份额，法国人将不会同意做出任何削减。而对于《贝尔福照会》中将赔偿的削减与对英国的战争债务支付联系起来的原则，英国人要求其得到维护。他们保留对于过去数年的诉求权，在这些年月里，赔偿支付高于来自战争债务支付的收入。他们也保留否决任何被认为不恰当的德国债务流通的权利。自治领的诉求将被分开处理，不会成为英国所占份额的一部分。在一次单独的交流中，法国人被提醒有必要批准丘吉尔和卡约拟定的协议。英法两国政府希望吉尔伯特将它们的备忘录展示给柏林当局，但他明智地拒绝在一种只可能激怒德国人的行动中充当中间人，德国人希望保持专家委员会完全的酌情处理权。

在整个 10 月，德国人没有采取任何官方的行动，但同时持续争辩说赔偿与撤离协议之间没有任何合法的联系。到月底时，他们准备了一份备忘录，坚称专家们不应当受到来自他们各自政府指令的束缚，以及只有当各个参与国接受之后，赔偿事务委员会才会被邀请实施最终的协议。撤退的问题并没有被提出，但德国人拒绝考虑在 1935 年之后还为莱茵兰保留核查委员会。这场争吵一直持续至 12 月。德国人紧紧抱住专家们将审视他们的"支付能力"这一希望，但这份简短的声明被普恩加莱彻底拒绝。新的谈判开始前，无论是在公开还是私下的场合，白里安和普恩加莱都展示了他们的一致，并且捍卫他们在洛迦诺所主张的政策。

当病得很厉害的施特雷泽曼在 11 月初回到柏林时，他面对着协约国的这些政策宣言所引起的一连串批评。撤退问题根本未被（协约国）提及，而且法国人和英国人看似正在决定即将到来的会议的结果。如同沙赫特一样，施特雷泽曼希望美国对于保卫他们在德国的投资的兴趣，能够被用来在赔偿账单方面做出重大的向下的修改（即大幅削减赔偿数额），但美国人似乎主要对获得战争债务的支付感兴趣。施特雷泽曼认为德国不断加大的金融困难及其对外国信贷的依赖，使其没有多少选择的自由。"我们不仅在军事上被解除武装，在金融上也被解除武装，"他告诉记者们，"我们没有任何种类的资源留下。"[4] 参与专家讨论是德国人所面对的"丑陋的"替代方案中最不会令人不快的。在 11 月 19 日对国会的演讲中，他再度试图将撤退与赔偿问题分离开来。他告诉议员们，德国将不会通过经济上的补偿或者接受一个持续至 1935 年以后的核查委员会，来换取协约国

467

的撤离。为了迎合公众的心理，他谴责英国人和法国人背信弃义。德国人已经被推至一种难以维持的地位。他们继续要求协约国无条件撤退，但是在撤退将先于经济赔偿这一问题上没有得到任何保证的情况下，他们已经同意参与赔偿讨论。12 月 4 日，白里安在法国议会驳斥施特雷泽曼的言论，将其视为一种旨在平息德国公众舆论的战术行动。他向议员们保证说，法国将继续坚持要求一份赔偿协议并成立核查委员会，将其作为撤退的价码。他以惯常的方式向施特雷泽曼伸出了橄榄枝，许诺将寻求与德国达成谅解，直到出现对"这场战争的总清算"。英国人发现更加难以回应施特雷泽曼的指控。面对不断加大的批评，张伯伦被迫在莱茵兰问题上含糊其词，并且避免在法国和德国的立场之间做出选择。尽管声称德国没有任何合法的权利要求彻底撤退，但张伯伦让人们知道他赞成早日撤退，但在赔偿问题上不持任何立场。施特雷泽曼认为英法的友好关系已经熬过了这一年夏天在军备协定上的溃败，他期待工党在大选中获胜。

德国人在 11 月从吉尔伯特那里得知，协约国将要求 20 亿—25 亿马克的年金。吉尔伯特此时被施特雷泽曼指责说正在变成法国的"领跑人"（pace-maker），他警告这位外长，如果拒绝将会削弱德国在国外的信誉，以及切断短期信贷的流动，这种流动甚至在美国市场加强对德国债券的管制后也仍然持续着。对于外国贷款的需求压力在 1928—1929 年有所减轻，因为德国经济开始陷入衰退。如同 1926 年萧条时一样，对立的利益集团寄望于政府采取矫正性行动，在征税及开支计划上的争执开始撕裂穆勒的脆弱联盟。由于看不到任何外交政策上的成功，部长们翻脸攻击施特雷泽曼，与反对政府的各个党派竞相表达他们的失望感。这个共和国处于其短暂历史上最为艰难的政治时期之一的前夕。受到严重动摇的不只是穆勒政府。中间及右翼党派在 1928 年 5 月的选举中遭受挫折（纳粹党的选票显著减少），导致它们转向更为极端的立场，并且越来越大声地谴责德国虚弱无能的政府。10 月，由反共和国的种族主义分子阿尔弗雷德·胡根贝格领导的民族主义激进派战胜了温和派，而德意志国家人民党加入了"痛苦和不满的反对派"的行列。中央党的立场也出现了变化。曾与施特雷泽曼合作的党主席威廉·马克斯被路德维希·卡斯（Ludwig Kass）取代，后者批评洛迦诺协议，而且私下里支持施特雷泽曼被解除内阁职务。白里安12 月 4 日的"演讲"引起了德国媒体的大量批评性评论，其中很大一部分对准施特雷泽曼。

1928 年 12 月 9 日至 14 日，施特雷泽曼在瑞士卢加诺（Lugano，会议地点变更是因为他身体不好）与他的两位英法同行会晤，这位德国外长此时生着病，疲乏无力，意志消沉。他因为洛迦诺协作的崩溃而重新接触白里安和张伯伦，并呼吁他们注意德国国内对他政策的反对。由于协约国有六万军队驻扎在莱茵兰，他怀疑自己是否能够说服任何人支持他的计划。在从 9 月在日内瓦达成的决定上退缩的同时，他试图恢复撤退议题的首要地位，不过张伯伦支持白里安对于赔偿和撤退讨论并行的要求，而且两人坚定不移地认为，只有当专家们达成一份协议，而且在核查委员会问题上达成一致之后，才有可能完全撤退。白里安试图安抚施特雷泽曼，向他保证说不管专家委员会里将发生什么，围绕莱茵兰的谈判都将继续。他为他们未来的商议以及他们将达成协议的速度，描绘了一幅高度乐观的画面。由于张伯伦的催促，白里安同意在突出问题解决之后，军队将迅速从莱茵兰撤出，不过他拒绝将其保证纳入最终的媒体公报之中。

三位外长各自回国之后，都遭遇了一种具有敌意的反应。施特雷泽曼的失败被他自己的政党以及右翼反对派注意到。施特雷泽曼困扰于在为专家会议确定条件方面所遭遇的困难，而且对法国的合作总体上不再抱有幻想，他将注意力转到国内事务。部长们及其各自所属的议会政党之间发生的一场内阁危机，在 1929 年 4 月只是被暂时解决。施特雷泽曼自己所在党派的右翼想要加入不断增强的"民族反对派"（National Opposition）组织，该组织正在拥护最极端形式的民族主义。施特雷泽曼威胁离开自己的党派，而不是离开外交部，但他继续谴责顽固的协约国挫败了《洛迦诺公约》所带来的希望。到此时，施特雷泽曼几乎所有的能量和乐观主义都已被耗尽。在国际理事会 3 月的会议上，各国曾一致同意将莱茵兰问题的讨论推迟至金融专家报告情况之后。施特雷泽曼拒绝考虑法国人为核查委员会提出的建议草案，将其留待在柏林的进一步讨论。德国人正在原地踏步。张伯伦因为自己在国内的政治困境而一再呼吁对德国采取一种更为调和的方式，但白里安几乎无法帮助他在伦敦的这位伙伴，尽管法国的成功严重地依赖于英国的支持。很快就变得明显起来的是，这个热情奔放的法国人曾经在迅速撤退的问题上说话太随便了。普恩加莱坚决主张作为未来任何赔偿谈判中的关键武器，占领应当继续下去，直到法国已经从德国赔偿债券的商业化与销售中获得金融上的好处。很可能是由于普恩加莱的作用，在日内瓦和卢加诺曾经得到讨论的并行谈判的主张在 1 月底被放弃。法国媒体宣扬德国未能放弃其在波兰和奥地利的申索。面对着国联裁军筹备委员会在这一年春天的一场会议，法国三军参谋长要求大幅增长预算，以准备一场可

能的对抗意大利和德国的两线作战。他们的主张进一步助长了
反德情绪。在英国，工党和自由党要求立即、单边和无条件的
撤出，而且工党的攻击正在春天的大选前夕不断积聚力量。有
传言称鲍德温将在下一任内阁中取代这位 65 岁的外交大臣。由
于无法让白里安加速关于莱茵兰问题的对话，而且不愿像反对
派要求的那样考虑单边撤出，张伯伦在 1 月决定放弃（讨论）
撤出这一整个问题，并容许法国人为核查委员会设定条件。他
试图让德国人相信，英国的任何单边行动将不会带来多少区别，
而只会在赔偿对话一旦结束后削弱其影响白里安的能力。张伯
伦的相对消极态度部分地源于在 1928 年夏天曾经导致其崩溃的
疲乏，这在很大程度上是出于其对美国事务的迷恋。英国的大
选选战将焦点放在国联及单边撤退问题上。张伯伦的同情心是
明确的。他在 1929 年 4 月 8 日致信驻罗马大使罗纳德·格雷厄
姆（Ronald Graham）爵士："只有未来才能表明德国是将真正
地接受其现在的处境，还是将再度诉诸武力，将一切赌注压在
一场新战争的风险之上。德国仍然是不安宁的，仍然倾向于表
明其良好的行为必须频频地由新的让步来'贿赂'。"[5]在 5 月 30
日的大选中失利之后，斯坦利·鲍德温的保守党政府辞职，一
个工党少数派政府上台，拉姆齐·麦克唐纳担任首相，阿瑟·
亨德森（Arthur Henderson）担任外交大臣。

Ⅲ

　　真正的行动正在巴黎发生，在那里，金融专家委员会——
由美国人欧文·杨格主持的一个包括各国央行行长在内的混杂
的机构——在 2 月 11 日开始其工作。它的工作将持续至 6 月 7
日才结束。这是一群经验十分丰富的人，其中大多已经熟悉赔

偿问题的复杂情形。[6]据信他们将保持独立且不受到官方指示，其人员当中包括不同国家银行的几位行长。从一开始起，人们就知道美国政府尽管并未得到正式的代表，但在战争债务问题上是不可动摇的。该委员会受权调查的范围广泛，但妥协的余地狭窄。"完全和最终的解决"看来是不可能的。德意志帝国银行的沙赫特和被选中引导其同行们接受该委员会建议的企业家阿尔贝特·福格勒，试图将注意力聚焦于德国的支付能力。但当沙赫特试探性地提出一笔数额为 8 亿金马克的不可延期的年金时，讨论停了下来。这一提议表明了德国人所认为的合理的支付，与吉尔伯特已经引导各债权国认为可能的数额之间的惊人差异。德国人认为每年偿付最多不能超过 10 亿金马克，持续偿付 30 年，而法国人期待 20 亿—25 亿金马克的年金，而且覆盖为期 58 年的整个战争债务偿付期。弥合参与国之间的这种预期差距的任务被留给美国的专家们。杨格和摩根都是十分具有经验的谈判者，他们对德国的支付能力保持乐观，并且认同吉尔伯特和普恩加莱的看法——德国的赔偿应当促进对于美国的战争债务支付。这阻止了沙赫特的希望——将年金设定在道威斯计划水平之下，而且持续时间有限。不可避免的是，德国人与其债权人和美国人围绕提议的年金数字展开了战斗。杨格派遣摩根以及托马斯·拉蒙特前去说服沙赫特，让其相信德国提出的数字是不合理的。摩根习惯于发号施令而不适应与像沙赫特这样的人打交道，因而几乎以崩溃的状态回来。在德国的每个债权国都与沙赫特分别举行对话之后，人们几乎是绝望地同意让杨格提出一个解决办法。在经历了长达三天以上的大量争论之后，一份体现着各债权国"最低要求"的新清单在 4 月 13 日被交给德国人。头 37 年的年金被设定为 21.98 亿金马克，覆盖赔偿及还债（indemnities and outpayments，后者指战争债务的清还）。年金在其后的 21 年里将减少，到时德国的赔偿将只需覆盖（各国）对美国的战争债务支付。

德国的反建议是在没有与柏林当局进行任何磋商的情况下制订的，有意地加剧了政治紧张气氛。德国代表们争辩说，要转移支付价值 16.5 亿金马克以上的年金或者持续超过 37 年，而又不危及德国现有的生活水准的话，是不可能的。在勾勒了两种替代性的支付方式后，沙赫特接着将德国偿付上的困难和其不利的国际收支平衡，与德国前殖民地和东方耕地的损失联系起来。（德国代表们提出的）赔偿支付将依赖于修改《凡尔赛和约》的领土条款这一主张，首先遭遇的是受到震惊后的沉默，然后是英国、意大利和比利时专家们的愤怒的叫喊。法兰西银行行长埃米尔·莫罗连续猛砸着桌子，拒绝讨论沙赫特的建议。杨格迅速采取行动挽救这次会议，一个用以考虑过渡性解决办法的分委员会得以创立。沙赫特拒绝对其 16.5 亿金马克年金的建议做出改进。谈判被打断。这个分委员会准备报告其失败，并且建议休会。柏林当局高度惊慌。沙赫特此前是自作主张，而且是蔑视施特雷泽曼关于不得提起领土问题的警告。他被指令要求大会短暂休会几天。当此事发生时，曾经一直试图调和德国人及其债权国的英国代表雷弗尔斯托克勋爵（Lord Revelstoke）遭遇了一次中风，突然去世了。最后的那次会议从星期五（4 月 19 日）推迟至下一个星期一。沙赫特和福格勒回到柏林进行磋商，前者已经表明他希望谈判继续，并且同意杨格应当起草一份新的支付时间表。在柏林，对于在巴黎正在发生什么几乎一无所知的内阁坚称，沙赫特曾经逾越了自己的权限，并且应当放弃其伪政治（quasi-political）条件。关于所提

472

议的那份赔付清单的讨论将继续进行下去。

4 月底，大量的黄金和外汇从德国撤出。受美国日益紧缩性的货币政策的影响，从纽约的借贷此前已经被削减，短期资金正从巴黎到来。法国对赔偿谈判的焦虑中断了这种流入。德意志帝国银行仅仅在 4 月就丧失了接近 10 亿的地租马克的储备，正接近 40% 这一法定黄金支持最低限度（statutory gold backing minimum）。4 月 25 日，德意志帝国银行将其贴现率从 6.5% 提高到 7.5%，以阻止这种流出。媒体的错误报道宣称，移交委员会（Transfer Committee）已经将资金的流失归咎于德意志帝国银行不负责任的贴现政策——沙赫特相信这些报道受到了莫罗的启发，此类报道导致人们对马克加大了投机。在杨格的催促下，此前为了保护马克而没有中止赔偿支付转移的吉尔伯特否认这些传言，英美银行家也急忙为德意志帝国银行提供支持。后者的行动遏止了其黄金的流失，但德国政府此时处于一种虚弱的谈判地位。德国的经济正在萎缩，政府不得不补贴就业保险计划以及扩大了财政赤字的其他计划。德国无法面对拒绝新近提出的杨格计划的后果，尽管如同沙赫特那样，政府原本想避免为接受该计划而承担直接的责任。实际上，柏林当局的问题是谁将为一个被所有内阁成员厌恶的决定承担责任。在第二次回到首都之后，沙赫特要求获得书面的授权，然后他才会同意接受杨格提出的数字。5 月 5 日，在附加许多条件的情况下，沙赫特宣布德国接受债权国的条款。他的政府并不相信这些条款是公平的或者合理的，也并不将杨格计划作为一份最终的协议。如同在 1919 年和 1921 年一样，社会民主党人为一份不受欢迎的协议承担责任，而这一回承担责任的个人是穆勒和维尔特。在于次年出版的《赔偿的结束》（*The End of*

Reparations）一书中，沙赫特并无多少正当理由地公开否认对该协议的所有责任，而且抗议他此前受到了外国专家们以及他自己的政府的蒙骗。尽管他后来发出了这些抱怨，但 5 月 5 日之后他仍然待在巴黎，债权国之间的谈判及讨价还价还在那里继续着。与另一位德国代表福格勒不同，沙赫特并没有提出辞职。由于杨格即将身体崩溃，协议最终在各方之间达成，杨格委员会的报告在 6 月 7 日签署。

473

德国之所以参与赔偿谈判，是因为他们曾经希望加速外国军队从莱茵兰的撤出。撤退问题在巴黎并未被提出，而且对杨格计划没有任何影响。德国接受该计划，是因为支付更高的道威斯年金将意味着增税和信贷限制，那原本可能导致一场重大的经济危机，以及引发政治和社会动荡。德国期待在更好的条件下进一步谈判。他们将继续强调该国财政上的虚弱，不仅是为了赢得对杨格计划的修改，也是为了获得领土上的变更。德国希望独立的专家们将审视德国的支付能力，减少其债务，并且依据德国在不借贷的情况下能够交付的数额来制订一份计划。这种希望从一开始就毫无根据。此前在债权国希望获得的赔款和德国相信属于其支付能力之间的差距，并未达成一致的看法。塑造该计划条款的是债权国向美国人及向彼此支付战争债务的愿望。甚至在代表们履行"专家"责任的方面，他们也强烈地意识到他们的国家利益。他们的讨论并不是纯金融性质的，讨论必然牵涉到政治决定。赔偿问题并不是像美国共和党当局及华尔街银行家原本希望的那样是去政治化的。在这十年里，政治和金融问题是不可分割的，这在 1931—1932 年带来了致命的后果。

在赔偿问题上有一种超越国家界限的、受到欢迎的尝试。

一个新的国际清算银行（Bank of International Settlement，BIS）得以创立，取代了赔偿事务委员会和与其伴随的附属物以及道威斯计划的结构体系。该动议得到了担心赔偿支付会对德国外汇地位造成冲击的沙赫特的支持，也得到了比利时财政大臣弗朗奎的支持。希望将赔偿从政治领域迁移到商业领域的杨格接纳了这一提议。他号召美国的银行家们创立一个新的机构，它将能够管理赔偿支付的接收和分配，以及评估德国对暂时中止
474 支付的请求。负责杨格计划诸多技术细节的英国代表乔赛亚·斯坦普爵士心里有着更为广泛的目标。他认为这个新的银行应当是一个政府间债务交付的清算中心，并作为其成员国的各个央行的最终贷款人（lender of last resort）。通过这一职能，它能够为被迫采取在政治上不受欢迎的措施以在国外保持汇率稳定的国家减轻压力。法国对于该行的自由裁量功能谈不上热心，也不愿去考虑斯坦普对这个具有信用生成（credit-creating）权力的机构富有想象力的设计。对于国际清算银行的扩大角色的主要打击来自华盛顿。由于国会反对任何牵涉到赔偿的倡议，美国政府拒绝允许纽约联邦储备银行与国际清算银行有任何关系。人们不得不满足于一个由美国商业银行组成的辛迪加的参与。如果它们愿意的话，参与的各家央行可以将国际清算银行的资金作为储备资产，并且依靠它们来解决汇率扰动（exchange disturbance）问题。没有纽约联邦储备银行的参与，该行的资源将会很少，而且央行之间的合作将仍然以一种临时的方式做出安排。国际清算银行当时拥有 21 个成员国以及来自美国的两个商业银行群组。其资产总计达 1 亿美元，其中在 1931 年底之前只有 2100万美元缴清。1931 年 5 月处于巅峰时期的资产价值 4.12 亿美元，与德国那一年的赔偿支付大致相当。大多数是以美元投资

的形式出现的,其余很大一部分是英镑。国际清算银行代表着通过制度化的央行合作以促进国际货币稳定之保持的第一次尝试。事实证明,其弱点比强项更多,这一点在 1931 年变得明显起来。它今天仍然幸存于其原址巴塞尔(Basle),这是那场曾经在整个 1920 年代毒害国际关系的漫长的赔偿斗争的唯一遗迹。

杨格计划将德国的偿付分为两个时期,第一个时期持续 37 年(1929—1966 年),第二个时期持续 22 年(1966—1988 年)。在第一个时期里,年金分为无条件和有条件赔款两种。前者后来在第一次海牙会议上得到修改,接近 6.74 亿地租马克,它受制于商业化的影响。该数额覆盖赔偿、清还战争债务以及在支付起初使用道威斯贷款时产生的利息所需款项。法国人从这些无条件赔款中受益最多,得到来自新的年金上市所得的 75%—80%。第二部分是有条件的赔款,以一种递增的方式设定,从 1930—1931 年的 15.67 亿地租马克增长至 1965—1966 年的最高点 23.53 亿地租马克。在这第二个时期里,有条件和无条件赔款之间的区分被消除了,年金总额从 1967—1968 年的 15.67 亿地租马克,略微地增长至 1984—1985 年的 16.84 亿。 475 这个赔款额在最后三个偿付年份里显著减少。在 1929 年,有人能真正认真地相信赔偿支付将持续至 1980 年代吗?不幸的是,甚至连精明冷静的银行家也无法逃避法国和美国的要求——赔偿支付应当与协约国之间的债务融资安排持续同样长的时间。这样一种提出牵涉到长时间支付的完全虚幻数字的需要,只是起到了助长德国针对杨格计划的民族主义反抗的作用,在那里,这种未来没完没了的支付负担前景提供了极好的政治上的"弹药"。

表 21　德国的赔偿（1919—1932 年）

年份	赔偿（金马克**）	赔偿占 NNP*的百分比（%）	帝国赤字占 NNP 的百分比（%）	赔偿占帝国赤字的百分比（%）	不包括赔偿部分的帝国赤字占 NNP 的百分比（%）
1919 年			17.7		17.7
1920 年	1236	3.3	16.2	20.3	12.9
1921 年	3659	8.3	12.2	68.2	3.9
1922 年	2226	5.3	9.4	56.3	4.1
1923 年	801	2.1	22.2	9.5	20.1
1924 年	281	0.6	0.1	112.4	-0.6
1925 年	1080	1.6	0.5	297.5	-1.1
1926 年	1310	2.0	1.4	141.2	-0.6
1927 年	1779	2.2	0.6	389.3	-1.6
1928 年	2187	2.6	1.6	157.5	-0.9
1929 年	1965	2.5	1.0	237.6	-1.4
1930 年	1879	2.6	1.5	176.4	-1.1
1931 年	561	1.0	0.8	114.7	-0.1
1932 年	183	0.4	0.7	49.3	0.4

　　* NNP（Net National Product）指国民生产净值。

　　** 原著此处单位为"金马克"，但根据上下文判断，应为"百万金马克"。——译者注

　　资料来源：Niall Ferguson, *Paper and Iron: Hamburg Business and German Politics in the Era of Inflation, 1897-1927*（Cambridge, 1995）。

　　通过同意参与巴黎谈判，穆勒内阁赢得了其所寻求的金融上的直接好处。杨格计划头 37 年的年金平均为 20.5 亿马克，如果道威斯计划还在实行，德国的支付额将减少 20%，考虑到道威斯计划的数额在正常时期将由于繁荣指数而增加时更是如此。对于 1929 年 9 月至 1930 年 3 月这一时期而言，杨格计划做出的特别让步甚至进一步减轻了这种负担。在每一笔年金中，只有大约三分之一（也就是 6.6 亿地租马克）是必须无条件支

付的，也只有这一部分债务能够商业化（上市）。在无法完全支付时，德国可以为有条件赔款部分请求为期两年的延期支付，而且在特殊情况下可以推迟一半的有条件年金的内部支付（internal payment）。如果美国削减或者取消其战争债务要求，有条件年金也将得到削减。尽管德国人对表面上的赔款总额提出抗议，但他们在前十年中支付的年金将远远少于 20 亿马克。人们推断在这一段时间过去之前，赔偿要么被放弃了，要么德国人将赢得再一次的削减。甚至在这一过渡时期里，实物交付将急剧减少，而且对于德国财政的所有监管将终止。德国人已经丧失了在道威斯计划之下的交付保护，而且正如先前一样，对于德国在世界贸易没有重大扩张的情况下，能出口充足数量的产品以将马克转换成海外信用（foreign credit）的能力，存在着争论。考虑到 1929—1930 年的情况，甚至是已经减少的杨格计划年金对于德国预算以及收支平衡是不是一种太大的负担，今天的历史学者仍然看法不一。在 1920 年代末的一个短暂的时刻，赔偿曾经占到国民生产总值的 3%，或者说是德国纳税额的 7%，德国人认为这实在是太高了。但必须记得的是，杨格计划的一个内在的组成部分是一笔起到稳定作用的贷款。德国在 1930 年获得了 12 亿地租马克的贷款，几乎为其在这一年的赔付额提供了资金。偿还商业债务利息需要外汇，而这是通过限制国内支出来实现的。由于实行这种紧缩，1929 年的贸易平衡在 1930 年变成了贸易顺差。从长期来看，外国贷款的流入以及德国在国外（尤其是在美国）的投资收入，在应对德国的偿付负担方面绰绰有余。[7]杨格计划偿付款项只持续了十分短暂的时间，它们很难说是德国金融困难的主要原因，或者是德国经济增长有限的原因。但它们为德国的民族主义者提供了一个便利

476

的靶子，而且对于那些将德国的麻烦归咎于联盟政府及外国人的人来说，它们提供了一个具有感召力的口号。

在德国的债主当中，法国人看似受益最多。他们从德国的偿付所得足以支付自己的战争债务，而且赢得了一笔赔偿。一旦法国人开始偿还其在《贝朗热-梅隆协议》中对美国的债务，其总额每年达 3200 万美元左右，很难损害法国的国际收支平衡。美国的游客们 1929 年在法国度假的花费为 1.37 亿美元。战争债务问题引起的情绪遮蔽了商业上的考虑。在法国曾在大战中承受这一切之后，如果美国人和英国人还想要回他们的"那一磅肉"①，德国人将不得不提供它。可以指望的是，法国政府将能够把其无条件年金中的一部分（3300 万英镑中的 2500 万）商业化（上市），从而能够支付战争债务的预付款项，而且将德国的赔偿责任与其商业信贷地位更为密切地联系起来。人们对德国总债务中将被商业化的部分是多么小而感到不安，不过这些担心并没有立即浮现。在经历了相当大的困难之后，比利时人拒绝将他们的偿付与把奥伊彭-马尔梅迪还给德国联系起来，并且与德国人进行了单独的谈判。比利时人和意大利人赢得的年金同时覆盖战争债务和一笔赔偿。只有英国人没有收到任何赔偿，而且其年金也被减少。

表 22　德国的赔偿支付情况（1919—1932 年）

1919—1924 年	德国的估算	516 亿金马克
	协约国的估算	80 亿金马克
	斯蒂芬·舒克的估算	101 亿金马克

---

① 指法国在一战中对英美欠下的债务。

续表

1925—1932 年

年份	协约国的要求	实际支付	占国家收入的百分比(%)
1925 年	1.0 倍道威斯*	1.1	1.8
1926 年	1.22 倍道威斯	1.2	2.0
1927 年	1.50 倍道威斯	1.6	2.3
1928 年	2.50 倍道威斯	2.0	2.8
1929 年	1.94 倍道威斯	2.3	3.2
1930 年	1.70 倍杨格*	1.7	2.4
1931 年	1.69 倍杨格	1.0	1.8
1932 年	1.73 倍杨格	0.2	0.4
总　计		11.1	16.7

　* 这里的"道威斯""杨格"，分别指道威斯计划和杨格计划中规定的德国在该年度的赔偿额。——译者注

　资料来源：Steven Schuker, *American 'Reparations' to Germany, 1919–1933*, p. 33。

　　在 1928 年 11 月 5 日当选的赫伯特·胡佛当局认为杨格计划将加速战争债务的偿付，但除了美国之外，这些新的安排并未引起多少积极的情绪和热情。在伦敦，愤怒的财政部官员觉得这一新的方案根本不是总的赔偿和战争债务清算的替代物，他们认为这种清算才是世界债务问题的唯一解决办法。杨格主要以牺牲英国及各个自治领的利益为代价，削减了协约国的赔偿要求，英国及各个自治领在"战利品"（spoils）中所占的总份额从斯帕协议中的总计 22.8%，被削减到 19.4%。在英国大选前夕，在工党的影子财政大臣菲利普·斯诺登的煽动下，而且面对着一场正在深化的金融危机，温斯顿·丘吉尔事实上拒绝了即将到来的专家报告，并且许诺将重新谈判年金的分配。斯诺登还拾起了将德国的实物支付再保持十年的问题。人们相 478

信德国对意大利和法国的实物出口正在损害本已虚弱的英国出口工业。到 1929 年，意大利人正在以煤炭的形式接收其来自德国的 97% 的实物赔偿，这大大地减少了他们通常从英国的进口。在道威斯计划推行的第四个年份，德国对法国的机器出口构成其对法国实物支付的 72% 左右。斯坦普设法获得一种新的安排，根据这一安排，实物支付将立即削减一半，但将一直持续至 1940 年。许多人希望看到实物支付立即被废除。英国人的实际损失原本将会是相当之小的。依据杨格计划，在其后的十年里收入原本将会上升，而且英国年金的减少将会被延期至 1940 年代。由于没有人预期该制度将持续十年以上，英国的代价只是名义上的。但斯诺登嗅到了一个极好的大选话题，而且准备为其国家和人民而进行斗争，本国人民曾经"为了比我国更为繁荣的其他国家的利益而流尽了鲜血"[8]。

法国外交部和财政部对杨格计划大体上感到满意，但法国议员们对此没什么好印象，而且不喜欢赔偿从属于战争债务的方式。法国人试图让美国人推迟 8 月 1 日关于战争债务的最后通牒，美国国务卿亨利·史汀生（Henry Stimson）尽管对其与法国人共同的战争经历充满感情，但他不会被动摇。因此，普恩加莱和白里安渴望德国人将尽可能迅速地批准杨格计划，因为他们必须说服法国议会在 8 月 1 日这一最后期限前批准战争债务协议。英国人正在要求《卡约-丘吉尔协议》中关于战争债务的"平等权益"条款所规定的平等偿付。压力转移到施特雷泽曼身上，但这位外长拒绝加速批准进程，除非杨格计划的政治价码能够"全数付清"，也就是撤出莱茵兰和归还萨尔。白里安对于伦敦的工党新政府态度的担心，以及意识到莱茵兰将很快变成谈判的主要议题，可能能够解释他 6 月在马德里的

理事会会议上对施特雷泽曼采取的调和性方式。白里安提议举 479
行一次政治会议来讨论"战争（一战）的最终清算"，并且暗
示一旦突出的问题得到解决，大陆国家（可能还有英国）应当
考虑某种形式的政治和经济上的团结，以遏制太过强大的美国。
他将在 1929 年秋天重返这一主题。白里安还告诫施特雷泽曼不
要提起萨尔问题；作为交换，他不会对建立一个核查委员会来
监督非军事化的莱茵兰提出任何要求。

　　只是到了 7 月 21 日这一天，法国议会才以 300 票对 292 票
的微弱多数批准了那两份战争债务协议。法国参议院在这个星
期的晚些时候追加了一份非约束性的决议，决议让战争债务的
支付取决于德国赔偿责任的履行。普恩加莱为协议获得批准而
做出了艰苦的努力，这使其身体不堪重负，他在 7 月 25 日辞
职。白里安在该月底取代了他，从而在政治上处于一个更容易
受到攻击的地位。在国际谈判持续的情况下，他向国民议会请
求一个为期三个月的"停战期"（truce）。议会的表决结果很接
近，反映了其对于杨格计划实施以及德国人的可信度感到不确
定。这些争论也突显出内阁含混不清的政策。一方面，普恩加
莱和白里安向议员们保证德国人将忠实地执行杨格计划；而另
一方面，他们又在主张如无条件年金的流通和建立一个核查与
调解委员会之类的保障措施，这些主张反映了他们自己对德国
人诚信的怀疑。普恩加莱的引退对于法德关系意味着什么？白
里安自己不愿沿着和解的道路走得太快，而这位总理曾经充当
了一个便利的陪衬者。由于普恩加莱拥有反绥靖者这一公开的
名声，就民族主义者对于白里安外交的反对而言，普恩加莱发
挥了遏制作用。这位总理无疑对德国改变的潜能抱有疑心，不
过其与白里安的政策差别是微不足道的。两人都同意有必要实

施《洛迦诺公约》的各项协议，但两人都决定在此过程中不牺牲法国的安全。这是一个化圆为方①的经典案例。普恩加莱离开之后，白里安在内阁中行动更为自由，但在议会并非如此。当白里安将其"看守内阁"展现给国民议会，并且请求一个政治上的"休战期"时，大多数激进党人放弃表决。对于一个他们曾经长期反对其国内政策，但现在由一个他们强烈支持其外交政策的人来领导的政府，他们发现难以投票赞成它。

施特雷泽曼也面临着严重的问题。尽管德国政府起初对杨格计划的反应，是充分利用一桩他们对其抱有许多疑虑的交易，但面对阿尔弗雷德·胡根贝格对于杨格计划"勒令"（Diktat）的攻击而打响的第一枪，穆勒内阁不得不做出回应。由民族主义者、钢盔党和纳粹党发起的"反对奴役德国人民的运动"，以及他们对于就杨格计划进行公民表决的成功要求，迫使政府组织开展有所保留的辩护。担任财政部部长的社会民主党人鲁道夫·希尔费丁从经济上阐述了接受杨格计划的理由。他解释说，杨格计划年金的减少将有助于弥补 1928—1929 年的预算中的 1.5 亿马克的赤字，这一赤字源于政府收入的下降以及与冬季萧条有关的开支加大。当施特雷泽曼在国会发言时，他不得不反击胡根贝格的攻击，而又不能以任何方式危及德国的海外信贷，或者损害其与法国的谈判。他对议员们说杨格计划是一场有破坏性的金融危机的唯一替代物，并且强调其短期的好处。考虑到反对派，他强调萨尔的纯日耳曼性质，并且许诺其将不会接受一个持续至 1935 年以后的核查委员会。为了安抚法国人，其中根本没有提及从莱茵兰撤出或者领土变更，但他的演讲在巴黎激起了负面的反应。

---

① 指试图做不可能的事。

　　保守党政府在英国大选中的失败以及张伯伦被国联的强烈支持者亨德森取代，对于法国来说并不是有利的。工党此前已将外交政策作为其选举活动的中心，强调国际仲裁、通过国联限制军备、恢复与苏联的关系以及对德国的安抚与和解。其竞选纲领的复印件在英国外交部流传，提醒官员们注意政策方向上即将到来的改变。亨德森关于国联角色的观念与张伯伦的大相径庭，而且将罗伯特·塞西尔纳入其外交政策顾问阵营之中，暗示着英国将在裁军讨论中扮演一个更为高调的角色。上台之后，这位新的外交大臣将遵循一条比后来的批评者所理解的更为微妙的道路，这些人谴责工党几乎是病态地仇视法国。但工党领导层显然将背弃各种友好关系及联盟，而且与法国的关系将比过去更为艰难。亨德森决心尽可能迅速地结束对莱茵兰的占领，这改变了与仍然坚持和英国的友好关系这一主张的白里安的关系，而且改变了法德之间外交上的平衡。新任财政大臣斯诺登继续其反杨格计划的活动，而且得到了弗雷德里克·利斯·罗斯（Frederick Leith Ross）的干练的协助，罗斯是财政部唯一在国际金融方面有广泛经验的高级官员。罗斯此前已经声讨乔赛亚·斯坦普对于拉丁人①的“懦弱的屈从”。他为斯诺登对专家建议发起一次全面攻击准备了所需的“弹药”。法国人被预先警告当心斯诺登的意图，但他们希望能够利用金融实力来保护自己的利益。亨德森愿意将经济及金融事务留给斯诺登。麦克唐纳掌管与美国的关系，而亨德森则聚焦于欧洲的各种问题，并且决心拾起撤出的问题。他认为德国已经履行了《凡尔赛和约》所设定的条件，认为杨格计划一被接受，撤退就应当

481

---

　　①　指来自拉丁语系国家如西班牙、葡萄牙、意大利或法国的人。

执行。1929 年 7 月 17 日，尽管议会并未被告知，但英国内阁决定在特定的情况下，英国将诉诸单边的撤退。一周以后，内阁接受了亨德森的建议，那就是如果法国和比利时拒绝在圣诞节之前移动军队，英国将独自行动。法国人不得不面对这样一种可能性——杨格计划可能被抛弃，而莱茵兰的占领在没有对法国做出任何补偿的情况下结束。施特雷泽曼的谈判角色得到了加强，其最为重要也是最后的外交政策的成功之路已经开辟。

IV

第一次海牙会议于 1929 年 8 月 6 日开幕，一直持续至月底。大会被乐观地命名为"大战清算会议"。代表们来自英国、法国、德国、比利时、意大利和日本。两个委员会得以创立：一个考虑杨格计划、由比利时人担任主席的金融委员会，一个处理莱茵兰撤退问题、处于亨德森领导下的政治委员会。三个大国有着明确而不同的目标。施特雷泽曼愿意接受杨格计划，但决心实现协约国军队从莱茵兰完全且迅速的撤出。此外，他已决定利用法国对于批准杨格计划的兴趣，来将萨尔问题提上海牙会议的议程，尽管其同意由德国和法国专家进行双边及非正式的对话。他不愿接受一个持续至 1935 年以后的核查委员会。法国人希望杨格计划被迅速接受，不过希望将撤出推迟至实际上收到德国人的赔偿之后，而且要求建立某种形式的委员会来监督莱茵兰的持续非军事化。白里安原本将会希望限制德国在莱茵河左岸的军事与准军事活动，并且希望就莱茵兰解除武装获得其他的保证。英国人拒绝在没有做出修改的情况下批准杨格计划，而且准备利用威胁单边撤出来推动协约国所有军队的迅速且完全的撤出。在会议开始之前，人们并未做出多少努力来弥合这些分歧。

这次长达近一个月的会议，被斯诺登为了以有利于英国的方式对杨格计划做出修改，而与德国的各个债权国进行的斗争所主宰。这位强硬而刻薄的财政大臣要求斯帕协议的百分比得到恢复，从而将英国在年金中的份额平均提高 240 万英镑。他还坚持说，英国应当在无条件年金中拥有更大的份额（其中大部分已被许诺给法国），而且所有实物形式的支付应当迅速被放弃。在赔偿事务委员会里的争执变成了斯诺登与法国财政部部长亨利·希罗恩（Henri Cheron）之间的一场对决。斯诺登将其众所周知的口头谩骂的所有力量倾注在敏感的希罗恩身上。当这位财政大臣评价说法国人的观点"怪诞可笑"时，这一话语被认为是在影射希罗恩硕大的腰身，从而出现了一场小危机。尽管外交上的和平得以恢复，但斯诺登坚定不移的立场以及拒绝参与外交寒暄使讨论陷入僵局，而且几乎导致会议的崩溃。英国人被谴责像夏洛克①一样行事。一名法国代表说，斯诺登的行为对法德合作的帮助比十年的宣传还有用。⁹作为一名对国际会议中的相互迁就没有多少经验甚至更少兴趣的坚定的民族主义者，斯诺登强烈地相信英国不应成为"欧洲的奶牛（摇钱树）"，被迫为了别人的利益而以英国纳税人为代价，做出经济上的牺牲。他成功地抵挡了莫罗关于将法兰西银行的资产从伦敦移走的威胁，以及拉姆齐·麦克唐纳强迫其妥协的干预。尽管斯诺登的信誉有点因为麦克唐纳的行为而受损，但他坚守着阵地。对杨格计划推迟实施感到担心的法国人以及比利时人最终屈服了，同意

---

①　夏洛克是莎士比亚喜剧《威尼斯商人》中的主要人物之一，世界文学作品中的四大吝啬鬼之一，他吝啬到了极点。他是高利贷者、犹太富商，为人贪婪。

通过放弃其在道威斯计划过去五个月的偿付中的余额，来满足英国人所要求数额的近一半。墨索里尼曾禁止意大利代表阿尔贝托·倍耐力做出任何让步，但来自其他国家的共同压力导致意大利决定贡献部分来自继承国的解放债务（liberation debt）[①]，将其作为对于英国所分享部分的又一种贡献。

483 　　只是到了最后一刻，在时间所剩无几、外长们不得不前往日内瓦之前，斯诺登才同意接受比其所要求的略微少一点的东西。他一直坚持着，直到他已经赢回了在杨格计划里曾被斯坦普牺牲的份额的 83%，或者说是名义上的每年 200 万英镑。完全是通过从中作梗，法国、比利时、意大利起初提出的 2680 万马克增长至 3600 万马克。英国在无条件年金中的份额从不到 90 万英镑增长至 275 万英镑。此外，意大利人许诺他们的国有铁路将以英国最好的价格在三年内每年购买 100 万吨煤炭，以此抵消德国人交付的作为赔偿的煤炭（所带来的影响）。在让德国人加入并且徒劳地试图让施特雷泽曼接受更高的年金后，四个债权国最终与斯诺登在 8 月 27—28 日午夜达成一个安排。考虑到为达成一个方案的最后时刻的匆忙，没有时间去对赔偿商业化或者交付担保之类的问题进行谈判，而这些问题对法国非常重要。来自新近被任命的专家委员会的报告，将在新一年年初在海牙举行的一次各国政府会议上得到考虑。除了其十足的乖戾，斯诺登在恫吓其他债权国方面取得成功，是由于人们担心英国人为了制造一场重大的危机和达成一个真正的战争债务和赔偿方案，可能会破坏这次会议，挫败杨格计划，重新回到道威斯计划。

　　斯诺登的周旋几乎毁坏了外交部对于达成一份莱茵兰解决

---

① 可能是指继承国从解体的前帝国中解放出来之后所继承的债务。

方案的希望，因为他们希望政治谈判以比金融谈判更快的步伐前进。白里安处于不利地位，被迫求助于拖延策略。他一再地被亨德森和施特雷泽曼催促去接受彻底撤出，以及为法国的撤出设立一个日期。亨德森甚至以破坏英法友好关系为代价，一心一意致力于其目标，而且在这个意义上获得了重大成功。政治谈判主要的和最重要的结果是一份协议，它要求所有外国军队在 1930 年 6 月 30 日前离开莱茵兰。在对话之初，白里安采取一种强硬的路线，明确要求撤退应当以达成一份能够"实际适用的"金融协议来决定，而且拒绝为撤出设定一个终止日期。在与巴黎军方商议后，白里安私下里告诉施特雷泽曼，法军无法在 1930 年 10 月前撤出。这个日期（1930 年 10 月）将会抚慰军方首领。而使法国东北边境要塞化的"马其诺防线"（Maginot line）计划刚被提交议会，建造该工程的第一批贷款在 1929 年 12 月得到批准。而且，拖延原本将会为德国赔偿债务的资本化提供时间。德国领土将推迟一年从外国占领下解放——施特雷泽曼不愿在这一前景下回到柏林。在一封致白里安的措辞强烈的私人信件中，他指出了引起公众哗然的危险。他威胁将不签署杨格计划或者停止德法合作，除非白里安将撤退期限提前至 4 月 1 日。当白里安拒绝时，英国人采取了主动。亨德森找到施特雷泽曼和维尔特，达成了一份单独的协议，据此英国人将在 1929 年 12 月 31 日之前完成其撤退，而德国人将在 9 月 1 日之后放弃各种声索以及与占领相关的费用。白里安强烈地抗议这种单边的方式。白里安和施特雷泽曼之间出现了一次激烈的对话，在对话当中，法国人对英国人离弃的怨恨几乎是不加掩饰的，英国人在有关《日内瓦议定书》的极其相似的行为也被回忆起来，这对于施特雷泽曼来说是有好处的。政治委员会在同一天讨论核查委员会事宜的会议失败了，揭示了法国被孤立的程度。就在政治委员会提前休会之前，施特雷泽曼宣布了其意图——如果英国和比利时的军队在年底前离开莱茵兰，德国将放弃对英比军队的所有补偿要求。而只有当法国军队在 1930 年 4 月 1 日前撤出，他才会同样如此对待法国人。由于被施特雷泽曼和亨德森紧逼，白里安后退了，但不愿放弃。法国军队将在冬季结束之后六个月内离开莱茵兰。对于那些使冬季撤退不可行的所谓行动上的困难，亨德森满不在乎。如果英国军队能在冬天撤退并且被运过英吉利海峡，法国人在陆地上当然可以做同样的事情。由于英国人和比利时人在背后支持他，而且明白与之并行的赔偿谈判正在征求德国人的支持，施特雷泽曼占得了上风。白里安放弃了保罗-邦库尔所提议的核查委员会，同意洛迦诺的仲裁委员会可以被用于处理在非军事化问题上的任何争议。"核查"与"调解"这些词在最终的议定书里甚至没有被提及。在撤退的日期上还有进一步的让步。如果杨格计划在 10 月底之前得到批准，法国的撤退将在 6 月 30 日之前完成。最终协议确认了 6 月 30 日这一撤退日期。围绕日期的争论是一种保全面子的行动。

　　只有当金融谈判已经成功地完成之后，施特雷泽曼、白里安、亨德森和海曼斯才就撤出莱茵兰交换了照会。施特雷泽曼在最后时刻拒绝了一份金融协议（要求德国同意做出相对较小的金融上的让步，主要是关于无条件偿付日程的改变），除非白里安接受 4 月 1 日这一截止日期。到这时，所有人都过于疲倦而不想继续斗争，渴望前往日内瓦。白里安在 8 月 29 日凌晨 2 点向施特雷泽曼让步。尽管沙赫特在最后一刻进行抗议并威胁辞职，德国代表团还是同意了债权国所要求的改变。关于莱茵兰的照会得到交换，《海牙议定书》在 8 月 31 日签署。

　　这是施特雷泽曼的胜利。除了归还萨尔的问题之外，在 1925 年 10 月洛迦诺会议上所提出的所有要求已经达到。德国人起初是出于政治上的原因而参与赔偿谈判。一旦他们同意接受杨格计划的条件（尽管有所保留），他们就将其努力集中于赢得这一政治上的奖赏。施特雷泽曼已经以微不足道的让步换取占领期缩短四年半。核查委员会被放弃。萨尔问题被留待法德专家讨论之后决定。施特雷泽曼渴望取得进展，而法国人则磨磨蹭蹭，双方同意在 12 月开启正式的谈判。关于针对德国故意违约的制裁以及对无条件年金部分流通的安排这两个问题，将在第二次海牙会议上得到讨论。在柏林，这些政治协议被誉为施特雷泽曼外交的一次重大胜利。德国外交部告诫在协约国撤退期间不得有任何挑衅及游行示威，不要过于公开地庆祝将会更为安全。德国代表们得到了兴登堡总统的热烈祝贺。那些受到尊敬的民族主义者拒绝了极端分子的要求——反对杨格计划，弹劾负有责任的部长们。纳粹和民族主义者反对杨格计划的运动尽管聒噪，但缺乏凝聚力。在 12 月 22 日的全民公决中，只有略少于 14% 的选民真正投票支持《自由法案》（即《反对奴役德国人民法》）。这些活动分子为自己吸引了大量的注意力，而且他们的活动被巴黎注意到。该运动的真正重要性在于迥然不同的右翼组织的共同努力，它们已经找到了一个共同的事业。在这个民族反对派联盟里，纳粹党人以民族主义者为代价增强了自身的重要性。希特勒已经获得了"受尊敬的"右翼圈子的进入权，在胡根贝格的媒体上得到一些人的盛赞，这些人认为能够利用他非凡的政治技巧来强化民族主义运动。这是一种他们将为之付出高昂代价的幻觉。

穆勒政府希望杨格计划将缓解其金融形势，并且鼓励外国进一步的借贷。内阁觉得在该计划实施前，必须解决不断增加的财政赤字问题。德国的支出在 1929 年仍然在上升。失业人数在 1930 年初达到了 300 万这一标志性的数量，中央政府不得不支付资金不足的保险计划所导致的赤字。预计中杨格计划带来的节省促进了中间派及右派敦促减税，以鼓励工业投资。尽管对富人做出了慷慨的税收减免，但通过筹集一笔新的国内贷款来为政府提供资金的尝试失败了。求助于短期借贷激起了工业界和银行界的批评，并且使外国人对德国的金融未来越发悲观。沙赫特在 1929 年夏天的离奇行为对于事情没有帮助，他的行为深深地惹恼了法国人和英国人。沙赫特在这一年年底公开地谴责杨格计划，而且在未能说服兴登堡拒绝批准该计划之后，他在 1930 年 3 月 7 日辞职。尽管施特雷泽曼当时在海牙，但社会民主党和德意志人民党围绕失业保险赤字所发生的冲突，威胁到了该执政联盟的寿命。病情严重的施特雷泽曼不顾其医生的建议，为阻止这场危机而回到了柏林。在其 9 月 30 日对德意志人民党帝国委员会的演讲中，他对兴登堡及其盟友们进行了一次全面的攻击，警告说如果在下一次大选中与右翼联合，德国未来将发生内战。他呼吁人民党做出让步和持续支持左派，这有助于挽救紧迫的形势，但并未将其所在的这个深度分裂的政党团结起来。这是他最后一次言辞上的努力。施特雷泽曼在 10 月 3 日早上辞世。外国军队从莱茵兰撤出的日子已经近在眼前，但是由于担心大联盟（执政联盟）以及他如此忠实地服务过的共和国陷入困境的未来，他最后的日子蒙上了阴影。

对于法国人来说，海牙会议是一次外交上的挫折。在两个系列的谈判中，英国人都迫使白里安后退。斯诺登对待希罗恩的方式令法国人闷闷不乐，而杨格计划已经被以与他们的利益相反的方式修改。白里安被迫在撤退问题上屈服，而且从所有的方面来看已经放弃了莱茵兰核查委员会。他已经同意在萨尔问题上进行对话，尽管在海牙只是非正式地交换了通告（notification），而且法国人希望萨尔的经济问题将先于任何政治协议得到解决。英国人已经多次为施特雷泽曼的斗争效力，法国被一再地孤立。但白里安拒绝承认他已经放弃了很大一部分的真正实质性的东西，并且认为杨格计划为法国提供了足够多的优势，从而使接受在一个提前的日期撤出莱茵兰成为必要。与普恩加莱不同，他从未相信占领将确保赔偿的支付，而且认为其只不过是一种有用的威胁。随着马其诺防线的修建，延长五年的占领期再也不被认为是一种军事上的必要手段。白里安甚至希望在萨尔问题上的妥协将带来《洛迦诺公约》所隐含的法德更为密切的关系。法国的得失将取决于其从杨格计划年金中获得何种收获，以及英法的联系渠道是否能够被恢复。巴黎方面对海牙协议反应不一。对英国人做出的让步以及胡根贝格和希特勒随后在德国的运动，引起了人们对白里安在赔偿问题上获胜程度的怀疑。在军队离开莱茵兰之前，法国能够利用在美国市场上投放的赔偿债券的那一部分吗？面对着同时来自温和派和极端人士的批评，白里安为其在撤退日期以及核查问题上的退却辩护。他告诉国民议会外交事务委员会，做出让步比公开地被击败更好，而摧毁与英国及比利时友好关系中残剩的东西是没有意义的。白里安丧失了政治基础，随着民族主义者面对莱茵兰撤退这一现实，普恩加莱遗赠给他的右翼联盟被严重动摇。他的总理任期在 1929 年 10 月 22 日告终，总统加斯东·杜梅格（Gaston Doumergue）邀请才华横溢、精力充沛、言辞诙谐的安德烈·塔

487

迪厄来领导新内阁。

第二次海牙会议于 1930 年 1 月 3 日至 20 日召开。如此之多的时间被用于解决斯诺登的种种要求，以至于早先的海牙协议的许多细节将不得不在这第二次会议上决定。在赔偿债券的商业化、新的国际清算银行的性质、（对于法国人极其重要的）制裁问题，以及为确保不被占领的莱茵兰的非军事化而采取的其他措施等问题上，法国人和德国人之间争执不断，困难重重。在大多数情况下，法国人持续退却。德国人拒绝澄清有关商业化及偿付的细节。国际清算银行坐落于巴塞尔而不是布鲁塞尔，而且其角色比法国人和比利时人原本希望的更为有限。法国人放弃了《凡尔赛和约》规定的制裁（如果德国蓄意违约时重新占领莱茵兰的可能性），尽管他们从斯诺登那里得到了一些支持，后者与他们一样渴望德国支付其赔偿账单。塔迪厄得到了一份脆弱而含糊的方案，该方案规定如果听取各种控诉的国际常设法庭的判定对债务国不利，受害方将有权"恢复其完全的行动自由"。这一用词意味着什么都可以做，也可以什么都不做，因此对于法国人和德国人来说都是可以接受的。关于萨尔的双边谈判没有取得进展：德国人渴望回购矿山，以及尽可能迅速地恢复控制；而法国专家力争在矿山的所有权中保持份额，以及为依赖于萨尔市场的法国省份获得尽可能最好的关税及贸易待遇。无论存在怎样的困难，杨格计划被接受，而且在军队撤出莱茵兰问题上达成了协议。这次海牙会议似乎达到了其许诺的让战争（一战）真正结束的目标。

488   人们甚至试图解决东欧的债务问题。杨格委员会关于德国不应当对其前盟友奥地利和匈牙利的债务负责的建议，为解决匈牙利的赔偿问题开辟了道路。人们无法指望从奥地利的赔偿方面获得任何东西，但捷克斯洛伐克、南斯拉夫、罗马尼亚向匈牙利寻求他们应得的东西，尽管匈牙利反过来也为其在这些继承国居住的公民所遭受的损失提出索赔要求。由于法国人的支持以及贝奈斯类似于斯诺登那样的活动，"小协约国"各国赢得了他们的赔偿斗争，而英国人被东方赔偿事务委员会（Committee on Eastern Reparations）主席路易·卢舍尔说服去创立众多的资金池（financial pools），匈牙利人的反索赔将从中得到偿付。贝奈斯设法在会议的最后一天劝诱英国人和法国人，试图从第一次海牙会议上为满足斯诺登的要求而被指定给予英国的资金中，为捷克斯洛伐克向意大利支付因为解放而继承下来的债务。在大国和小国的共同行动下，和平解决方案带来的复杂情形——旧的哈布斯堡君主国的所有七个继承国曾继承了其债务，但其中五个有权获得赔偿——被大大简化。

人们对海牙会议的协议期望颇高，但在其后的几个月里，欧洲的阴云显然越来越阴暗。这主要是由于不断恶化的经济形势，但不满及怀疑的其他源泉也助长了气氛的恶化。海牙会议的各项协议在 1930 年 3 月被德国国会及法国国民议会以明显多数批准。在这两个场合里，辩论表明了人们对协议履行的焦虑。尽管伦敦当局希望海牙协议将标志着巴黎和会最为令人不安的遗产的结束，但其后的几个月一再见证了这三国政府之间的争执。英国人和德国人担心，由于杨格计划实施上的多次延误，法国人可能不会离开莱茵兰。当法国军队与协约国莱茵兰高级委员会一道在 6 月 30 日撤出时，德国民族主义者大肆庆祝，对法国的准时撤出也没有表达任何感激之情，这让人们大为反感。德国新任外长尤利乌斯·库尔提乌斯（Julius Curtius）6 月 25 日对国会的演讲呼吁实现"完全的政治自由与权利的平等"，表明德国人对于修正的寻求并未结束，而是即将重新开始。兴登堡总统 7 月 1 日的宣言痛斥德国人民在外国占领者手中遭受的磨难，更是往法国人的伤口上撒盐。法国和德国对于已实现成果的观点截然不同，这一

489 点再明显不过地展现出来。法国的新闻记者和作家突然地、出人意料地开始询问欧洲是否正在进入一个新的战前时期。

V

在哪儿出了问题呢？为何"大战最终清算会议"未能让欧洲为法德关系更为和谐的新篇章设置舞台？施特雷泽曼、白里安和张伯伦是实干家，他们真诚地促进其国家之间的和解，但他们的努力更多地是以陷入僵局而不是达成一致而告终。尽管施特雷泽曼是一位愿意在国际体系内活动的外交部部长，但德国的修正主义加速了。尽管白里安最坚定地支持与德国达成和解，法国却仍然发现自己并不愿意对德国的要求做出足够多的顺应。尽管张伯伦是两次世界大战间隔期里最具干预主义色彩的外交大臣之一，但英国仍然得意于《洛迦诺公约》对大陆事务的充分干预足以实现法德的和解。根本性的问题是结构性的：《凡尔赛和约》无法充分地解决法德实力地位上的根本差距。法国的安全与德国的恢复之间存在着一种根本性的冲突，和约无法解决。向着德国的方向而对和约做出的任何实质性修改，都意味着法国安全的损失。尽管施特雷泽曼和白里安具有想象力和勇气去寻求某种途径，"以弥合看似无法弥合的东西"，但他们能够周旋的余地有限。这一形势又由于法国对德国未来威胁的持续恐惧而进一步恶化，这不仅为与德国的关系蒙上阴影，而且加大了法国对英国的依赖。而英国也并不愿意挑起大国调整的重负。没有任何外来压力迫使德国和法国达成一致。除了

缺乏清晰的、当下对于和平的威胁（这降低了失败的代价），并不存在任何原本将会加速谈判进程的共同敌人。无论对于美国的战争债务主张以及贸易做法有着怎样的愤慨，美国对欧洲金融稳定和经济繁荣的贡献过分重要，而无法以这样一种方式被牺牲掉。苏联并没有被视为共同的敌人：洛迦诺派中的这三个人（施特雷泽曼、白里安和张伯伦）都在某种程度上愿意与莫斯科当局交往。欧洲体系的流动性仍然为进一步的调整留下了可能性，这使人们更容易接受失败的风险。

导致更多进展停止的并不只是德国和法国未能寻找到一种妥协之道，而且还有美国对最终方案所做贡献的局限性。道威斯计划和伦敦协定曾经获得采纳，而就杨格计划的弱点而言，根本性的问题是柯立芝和胡佛当局遵循与前两次一样的道路。在一个新的赔偿协议的制订以及随后赔偿债券的流通上，美国的银行再度首先参与。由于 1929 年的情形与 1923—1924 年相比大为不同，专家们的影响与五年前相比更受到限制。就美国而言，专家委员会负责人欧文·杨格与美国总统及财政部部长之间存在着冲突。共和党人对于国际清算银行将鼓励把战争债务与赔偿联系起来的担心，阻止了美国官方参与资金提供。美国政府的确进行了干预，却是以一种消极的方式，阻止着杨格达成一个解决办法的努力，这一办法可能损害美国的独立性。他们的确限制着杨格推进欧洲谈判的意愿。因此在海牙未能实现成功的突破，部分地是由于美国当局并不情愿做出大度的姿态，背离其所信奉的自由国际主义的狭小范围。

美国的民主政治、党派倾轧以及国内分配上的争吵充当着妨碍进展的主要障碍。伍德罗·威尔逊相信只有民主国家才能支撑一种集体安全体系，但民主力量并不总是促进和解。就德

490

国和法国而言，反映在政治党派及代表性议会（representative
assemblies）中的民族主义情感为甚至是最具想象力的政治家所
能做的事情也设定了限制。尽管施特雷泽曼和白里安在某种程
度上与他们各自的选民抱有同样的希望与担心，但他们设法要
克服各自被夸大的疑心。两人都无法将步子迈得太快而超越可
以在政治上被接受的东西。在大战的年月里，政府曾敲打着民
族主义的鼓点，将对手妖魔化。而自那以后的时间还过于短暂，
不容许真正的和解。人们所能做的只是为建造信任所需的"桥
梁"开始搭建工作。在 1928 年以后，随着左派和右派对缓慢的
变化步伐逐渐变得不耐烦，施特雷泽曼推销其关于德国外交政
策的新概念的努力日益不受欢迎。而由于妥协并未带来任何具
体的红利，白里安的努力也受制于（国内）政治上对妥协日益
加大的抑制。甚至在英国，张伯伦作为中间人协调达成协议的
能力，也总是因为他自己的党派不愿让英国过多地参与大陆事
务而受到限制。他不愿应对裁军这一棘手的问题，这也助长了
工党和自由党对其政策的批评。在一种非常真实的意义上，未
491 能推进稳定化进程对于魏玛共和国的损害比对英法更大。魏玛
共和国的生存本身与一种成功的外交政策有密切的联系。施特
雷泽曼赢得的东西并不足以稳住魏玛的执政联盟，因为大萧条
的开始暴露了其政治基础的脆弱性。

在洛迦诺派当中，没有人觉得已经实现了自己的目标。他
们很快被视野更为狭窄或者一些人所宣称的有着更为强烈的现
实主义感的人取代。此时处于反对党阵营的张伯伦变成了下议
院中对德国修正主义最为尖锐的批评者之一。他的继任者阿
瑟·亨德森并不是没有想象力，但在加强欧洲的安全方面，他
的国联政策与《洛迦诺公约》一样不成功。在杨格计划被批准

两周之后的 1930 年 3 月 27 日，在一场针对其经济计划、使执政联盟分裂的猛烈攻击之后，穆勒内阁辞职。一个包括国会最大党派社会民主党在内的少数派联盟，在天主教中央党人士海因里希·布吕宁（Heinrich Brüning）的领导下就职。后者的地位依赖于兴登堡总统的支持、魏玛宪法第 48 条授予总统的紧急状态法令权力的利用，以及解散议会的权利。这一任命本可能挽救摇摇欲坠的政府结构。然而，它开启了议会制度在德国的终结。施特雷泽曼被尤利乌斯·库尔提乌斯取代，后者尽管宣扬外交政策上的连续性，但决心采取一条更为坚定的路线。新的国务秘书伯恩哈德·冯·比洛（Bernhard von Bülow）成了布吕宁的亲信小圈子中的一员，他力图在德国事务中发出一种更为独立的调子，而不顾及法国的反应。

白里安是洛迦诺派中在政治上存活到最后的人：他的内阁在 1929 年垮台，不过他继续在塔迪厄的内阁里担任外长。白里安得到了菲利普·贝特洛以及几乎同样重要的亚历克西斯·莱热（Alexis Léger）的协助（就个人关系而言，莱热比秘书长贝特洛更为亲近这位正在老去的长官），但白里安的政治影响力在 1929 年和 1930 年明显消退，而且其政策在缺乏积极成果的情况下失去了存在的理由。随着接替掌管外交事务方向的塔迪厄试图让法国走上一条不同的外交道路，更为精明冷静的新一代政治家崭露头角。1925 年所创造的机会之窗几乎已经关闭。

注 释

1. Jacobson, *Locarno Diplomacy*, 147.

2. Memorandum on negotiations leading to the evacuation of the Rhineland, MAE, Massigli Papers, PA-AP 217, 7/120.

3. Martin Gilbert, *Winston S. Churchill*, Vol. 5: *Companion Part I* (London, 1976), 1338.

4. Gustav Stresemann, *Vermächtnis: der Nachlass* (Berlin, 1932), iii. 231.

5. Quoted in Jacobson, *Locarno Diplomacy*, 245-6.

6. 该委员会的成员包括——比利时：银行家埃米尔·弗朗奎，银行家、前财政大臣卡米耶·居特（Camille Gutt）；法国：法兰西银行行长埃米尔·莫罗，法国土地信贷银行（Credit Foncier de France）行长让·帕尔芒捷（Jean Parmentier）；德国：德意志帝国银行行长亚尔马·沙赫特，联合钢铁厂（Vereinigten Stahlwerke）董事会主席阿尔贝特·福格勒（Albert Vogler）博士；意大利：倍耐力电缆和橡胶公司（Pirelli Cable and Rubber Co.）总裁阿尔贝托·倍耐力（Alberto Pirelli）博士，财政部前副部长、意大利石油公司（Italian Petroleum Co.）副总裁富尔维奥·苏维奇（Fulvio Suvich）；英国：伦敦、米德兰和苏格兰铁路公司（LMS Railway Co.）总裁及英格兰银行董事乔赛亚·斯坦普爵士，巴林兄弟（Baring Bros.）合伙人兼英格兰银行董事雷弗尔斯托克勋爵；日本：日本燃气公司总裁森健吾，日本帝国银行董事赤木隆史；美国：通用电气主席和联邦储备银行董事会主席欧文·杨格（担任该委员会主席），纽约摩根公司总裁 J. P. 摩根。

7. Schuker, *American 'Reparations' to Germany, 1919-1933*, 44-5.

8. Bruce Kent, *The Spoils of War: The Politics, Economics and Diplomacy of Reparations 1918-1932* (Oxford, 1989), 307.

9. Franz Knipping, *Deutschland, Frankreich und das Ende der Locarno-Ära, 1928-1931* (Munich, 1987), 62.

专著：参见第八章和第十二章的参考文献

BECKER, JOSEF and HILDEBRAND, KLAUS (eds.), *Internationale Beziehungen in der Weltwirtschaftskrise, 1929–1933: Referate und Diskussionsbeiträge eines Augsburger Symposiums, 28. März bis 1. April 1979* (Munich, 1980).

BERSTEIN, SERGE, *Histoire du Parti Radical*, vol II; *Crise du Radicalisme, 1926–1939* (Paris, 1982).

BRACHER, KARL DIETRICH, *Die Auflösung der Weimarer Republik: eine Studie zum Machtverfall in der Demokratie* (Düsseldorf, 1978).

CARLTON, DAVID, *MacDonald versus Henderson: The Foreign Policy of the Second Labour Government* (London, 1970).

CARSTEN, FRANCIS L., *Reichswehr und Politik, 1918–1933* (Cologne, 1964).

HOWARD, MICHAEL E., *The Continental Commitment: The Dilemma of British Defence Policy in the Era of the Two World Wars* (London, 1972).

HUGHES, JUDITH, *To the Maginot Line: The Politics of French Military Preparations in the 1920s* (Cambridge, Mass., 1971).

KNIPPING, FRANZ, *Deutschland, Frankreich und das Ende der Locarno-Ära, 1928– 1931: Studien zur internationalen Politik in der Anfangsphase der Weltwirtschaft- skrise* (Munich, 1987).

KRUEDENER, J. VON, *Economic Crisis and Political Collapse: The Weimar Republic 1924–1933* (New York, Oxford, and Munich, 1990).

LEFFLER, MELVYN P., *The Elusive Quest: America's Pursuit of European Stability and French Security, 1919–1933* (Chapel Hill, NC, 1979).

MAXELON, MICHAEL-OLAF, *Stresemann und Frankreich, 1914–1929: Deutsche Politik der Ost-West Balance* (Düsseldorf, 1972).

MURRAY, WILLIAMSON, KNOX, MACGREGOR, and BERNSTEIN, ALVIN (eds.), *The Making of Strategy: Rulers, States and War* (Cambridge and New York, 1994).

NIEDHART, G., *Die Aussenpolitik der Weimarer Republik* (Munich, 1999).

PEGG, CARL H., *Evolution of the European Idea, 1914–1932* (Chapel Hill, NC, 1983).

PEREBOOM, M., *Democracies at the Turning Point: Britain, France and the End of the Post-War Order, 1928–1933* (New York 1995).

PITTS, VINCENT J., *France and the German Problem: Politics and Economics in the Locarno Period, 1924–1929* (New York, 1987).

ROOTH, TIM, *British Protectionism and the International Economy: Overseas Com- mercial Policy in the 1930s* (Cambridge, 1993).

SCHMIDT, GUSTAV (ed.), *Konstellationen Internationaler Politk, 1924–1932: Poli- tische und Wirtschaftliche Faktoren in den Beziehungen zwischen Westeuropa un den Vereinigten Staaten* (Bochum, 1983).

STIRK, PETER M. R. (ed.), *European Unity in Context: The Interwar Period* (London, 1989).

WANDYCZ, PIOTR, *The Twilight of French Eastern Alliances, 1926–1936: French– Czechoslovak–Polish Relations from Locarno to the Remilitarization of the Rhine- land* (Princeton, 1988).

WINKLER, HENRY, *Path Not Taken: British Labour and International Policy in the 1920s* (Chapel Hill, N.C. and London, 1999).

文章

ALEXANDER, MARTIN, 'In Defence of the Maginot Line: Security Policy, Domestic Policies and the Economic Depression in France', in Robert W. D. Boyce (ed.), *French Foreign and Defence Policy, 1918–1940: The Decline and Fall of a Great Power* (London, 1998).

BADEL, LAURENCE, 'Trêve douanière, libéralisme et conjoncture, septembre 1929–mars 1930', *Relations internationales*, 82 (1995).

BAECHLER, CHRISTIAN, 'Une difficile négociation franco-allemande aux conférences de la Hague: le règlement de la question des sanctions, 1929–1930', *Revue d'Allemagne*, 12 (1980).

BARIÉTY, JACQUES, 'Les Relations franco-allemandes de 1924 à 1933', *Annales de la Société d'Histoire de la IIIème République* (1962–3).

—— 'Idée européenne et relations franco-allemandes', *Bulletin de la Faculté des lettres de Strasbourg*, 46 (1968).

BOYCE, ROBERT W. D., 'Business As Usual: The Limits of French Economic Diplomacy, 1926–1933', in id. (ed.), *French Foreign and Defence Policy, 1918–1940: The Decline and Fall of a Great Power* (London, 1998).

CAIRNS, JOHN, 'A Nation of Shopkeepers in Search of a Suitable France, 1919–1940', *American Historical Review*, 79: 3 (1974).

COSTIGLIOLA, F., ' "The Other Side Of Isolation": The Evolution of the First World Bank, 1929–30', *Journal of Economic History*, 59 (1972).

DEIST, WILHELM, 'The Rearmament of the Wehrmacht', in Militärgeschichtliches Forschungsamt (ed.), *Germany and the Second World War. Vol. 1: The Build-up of German Aggression* (Oxford, 1990).

FANNING, RICHARD, 'The Coolidge Conference of 1927: Disarmament in Disarray', in B. J. C. McKercher (ed.), *Arms Limitation and Disarmament: Restraints on War, 1899–1939* (Westport, Conn., 1992).

FERRIS, JOHN, ' "The Greatest Power on Earth": Great Britain in the 1920s', *International History Review*, 13: 4 (1991).

HIDEN, JOHN, 'The Weimar Republic and the Problem of the Auslandsdeutsche', *Journal of Contemporary History*, 12 (1977).

KEETON, EDWARD, 'Economics and Politics in Briand's German Policy, 1925–1931', in Carole Fink, Isabel V. Hull, and MacGregor Knox (eds.), *German Nationalism and the European Response, 1890–1945* (Norman, Okla., 1985).

KRÜGER, P., 'Friedenssicherheit und deutsche Revisionspolitik: die deutsche Außenpolitik und Verhandlungen über den Kellogg–Briand Pakt', *Vierteljahrshefte für Zeitgeschichte*, 22 (1974).

SALEWSKI, MICHAEL, 'Zur deutschen Sicherheitspolitik in der Spätzeit der Weimarer Republik', *Vierteljahrshefte für Zeitgeschichte*, 22 (1974).

SCHRÖDER, HANS-JÜRGEN, 'Deutsche Südosteuropapolitik, 1929–1936', *Geschichte und Gesellschaft*, 2 (1976).

SIEBURG, HEINZ-OTTO, 'Das Gespräch zu Thoiry', in Ernst Schulin (ed.), *Gedenkschrift Martin Göhring* (Weisbaden, 1973).

Survey of International Affairs (volumes released between 1926 and 1930).

TURNER, ARTHUR, 'Anglo-French Financial Relations in the 1920s', *European History Quarterly*, 26: 1 (1996).

WILLIAMSON, PHILIP, 'Safety First: Baldwin, the Conservative Party, and the 1929 General Election', *Historical Journal*, 25 (1982).

WURM, C. A., 'Internationale Kartelle and die deutsch-französischen Beziehungen, 1924–1930: Politik, Wirtschaft, Sicherheit', in S. A. Schuker (ed.) *Duntschland und Frankreich: Von Konflikt zur Aussohnung* (Munich, 2000).

让 我 们 一 起 追 寻

〔英〕扎拉·斯坦纳 – 著　　　石志宏 – 译

Zara Steiner

The Lights that Failed: European International History 1919-1933 was
originally published in English in 2005. This translation is published by
arrangement with Oxford University Press. Social Sciences Academic
Press is solely responsible for this translation from the original work and
Oxford University Press shall have no liability for any errors, omissions or
inaccuracies or ambiguities in such translation or for any losses caused by
reliance thereon.

© Zara Steiner 2005

Simplified Chinese edition copyright © 2024 by Social Sciences Academic
Press (China)

社会科学文献出版社全权负责原作的翻译，牛津大学出版社不对此类
译本中的任何错误、遗漏、不准确或含糊不清或因信赖而造成的任何
损失承担任何责任。

封底有甲骨文防伪标签者为正版授权。

THE

消逝的光明

LIGHTS
THAT FAILED

II

European

欧洲国际史，1919—1933 年

International History

1919 –
1933

社会科学文献出版社

SOCIAL SCIENCES ACADEMIC PRESS (CHINA)

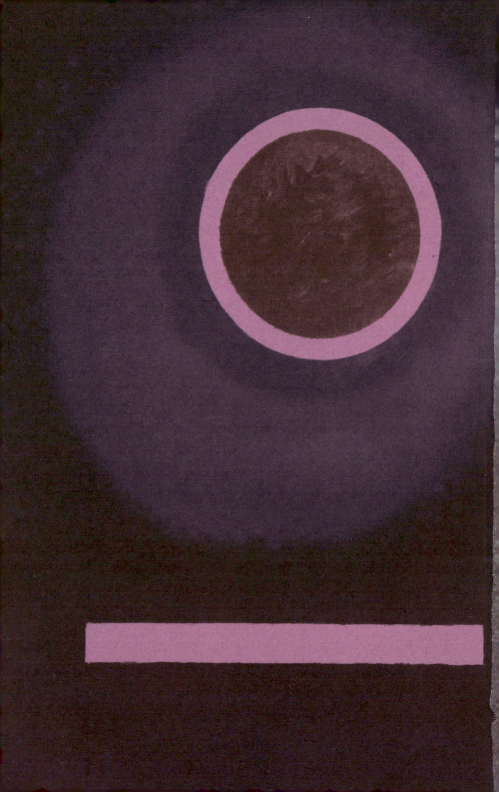

目　录

·上　册·

第一部分　欧洲的重建，1918—1929 年

·下　册·

第二部分　转折岁月，1929—1933 年

第十章　混浊水域：意大利、东欧 与苏联的不确定性

墨索里尼治下的意大利

I

"相信法西斯主义革命将在 1926 年拥有其拿破仑之年," 墨索里尼宣告，"相信从今天开始在世界上占有其应有的物质 和精神地位的意大利人民。"[1]此类宣言对这位自吹自擂的"领 袖"而言易如反掌，但实现这些目标则远远超出其能力。受到 其国家经济和军事上的虚弱的限制，以及对其权力的制约，他 从事着一种高度复杂的外交博弈，最终造成地区的不稳定，但 并未带来多少具体的修正主义的回报。洛迦诺的各项协议预示 着法国和德国的和解，这种和解可能阻止意大利在巴尔干地区 的扩张，或者将德国的注意力重新指向奥地利和南蒂罗尔，但 墨索里尼的参与不论如何之勉强，仍然提高了他的名望（他曾 经期待分享诺贝尔和平奖），而且为其周旋创造了可能性。这 位不安宁的"领袖"渴望开启其"拿破仑之年"。考虑到其观 点——暴力和战争在创造新的意大利及新的意大利公民当中处 于核心地位——在追求帝国及荣耀的过程中，这两者都没有被 排除。意大利并没有简明的计划或者连贯的战略，而只有一种 增强与扩大意大利权力的驱动性野心。与在国内对反对派的残

酷镇压并行的，是针对利比亚塞努西教团的日益野蛮的战争。墨索里尼的好战与逞强在他的好战的演讲以及各式各样的战争计划中表现出来。1925 年，为未来侵略埃塞俄比亚的军事准备开始了。1924—1926 年，利用英国与土耳其在摩苏尔问题上的冲突，墨索里尼曾考虑侵略土耳其。1926 年，由于对南斯拉夫的"顽固"一时气愤，墨索里尼命令彼得罗·巴多利奥动员 20 个师攻击南斯拉夫，从而在贝尔格莱德和巴黎引起了战争恐慌。这位意大利领导人一再要求其军队首领们为针对南斯拉夫的一场冲突做准备，南斯拉夫要么是独自战斗要么是与法国一道，这引起了人们的焦虑。1928 年 1 月，意大利陆军参谋长辞职，同时在总参谋部里出现了一场"静悄悄的革命"。这个独裁者被警告说，意大利甚至无法独自熬过一场面对南斯拉夫的防御性战争，更别说是一场法国与南斯拉夫联手的战役。陆军原本已经从防务拨款中获得了最大的份额，而如果要考虑任何军事行动，陆军将需要更多的资金。加大拨款无法弥补意大利对诸如煤炭和石油之类原材料进口的依赖，或者弥补困扰着其防务工业的许多技术上的不足。

军方的首领们成功地约束着他们的这位主人。但来自基吉宫（意大利外交部所在地）的反对并不是那么强烈，该部的官员们抱有和墨索里尼一样的修正主义，而且对那些新的继承国没有任何好感。他们原本更倾向于一种不那么冒险和更为传统的外交形式，而且憎恨墨索里尼对于他的那些民族主义亲信的依赖。当墨索里尼在 1926 年 1 月为保卫意大利对上阿迪杰的占有而威胁跨越布伦纳时，外交部秘书长孔塔里尼被这种逞强激怒，进而辞职。外交部秘书长一职随后只被再任命过一次，在 1927 年之后被空置，在 1932 年被正式取消。孔塔里尼的辞职

与迪诺·格兰迪在 1929 年 9 月被任命为外长一样，并未像人们
所预料的那样导致法西斯主义者对外交部的改造。为了吸引年
轻的法西斯党党员，意大利外交部实行了新的招募条件（原有
的财产限制被取消），但这些新招募的成员（ventottisti）起初被
安排从事领事服务。只是随着时间的推移，法西斯分子才在外
交部获得了更大的影响力。相比迪诺·格兰迪公开出版的日记，
其未经删减的日记表明，他与墨索里尼的意见更为一致，只是
因为"领袖"在国际局势仍然处于一种不停变动的状态时准备
让自己的外交活动暂停，格兰迪才被给予了相当的独立性。这
位新外长（起初因为被认为具有可塑性而被孔塔里尼任命为副
外长）希望通过充当调停者和平衡者，能够获得此前通过耸人
听闻的姿态或者战争威胁而未曾赢得的东西。外交部官员们对
于通往修正的最佳道路存在分歧。许多前民族主义者觉得只有
与英国或者法国合作，才能为在非洲和小亚细亚的殖民领地开
辟道路，尽管他们中间对于与谁的关系更有利可图也看法不一。 496
其他人，比如基吉宫第二重要的官员拉法埃莱·瓜里利亚
（Raffaele Guariglia），支持只是将获得殖民地作为在欧洲大陆上
实现一个更重要角色的手段。瓜里利亚的部门被命名为"欧
洲、黎凡特与非洲（司）"，以表明其职权范围从整个地中海延
伸至红海和埃塞俄比亚。外交部的其他官员强烈憎恨斯拉夫人，
渴望对南斯拉夫采取措施，以牺牲法国利益为代价确立意大利
在巴尔干地区的地位。

　　在这些年月里，"领袖"对他的各种外交牌进行了洗牌，
并且对外国外交官的困惑感到自豪，后者发现难以评估他的真
正意图。他对法国人的仇恨是其最为持久的偏见之一。他的注
意力聚焦于巴尔干地区（尤其是南斯拉夫），而法国人挡在他

的路上。但法意之间还是存在着谈判的余地，如果能够小心翼翼地打牌，一个不那么野心勃勃的政治家原本可能获得更多。法国对贝尔格莱德当局的军事好斗主义感到惊慌，原本可能倾向于避免卷入南斯拉夫与罗马当局的争吵。他们原本将会愿意结成三方联盟（墨索里尼在 1925 年考虑过此事），但当他能够自行与贝尔格莱德当局达成交易时，他拒绝了三方联盟的方案。其后在阿尔巴尼亚的各种动作结束了这种休战，促使南斯拉夫向法国人求助，法国人尽管有些勉强，但最终同意结成一个联盟，联盟协议在 1927 年 11 月 11 日签署。正如一年前的法国和罗马尼亚的协定一样，它包含一些旨在令法国避免卷入巴尔干争吵的仲裁条款，并且将其磋商义务限定为战争爆发时。法国人的举动不仅是为了威慑意大利，也是为了让南斯拉夫人受到抑制。由于墨索里尼将法国与南斯拉夫的结盟视为对意大利合理的扩张主义渴望的直接挑战，这成了针对南斯拉夫采取进一步动作的一种刺激。但这些动作并不意味着与愿意倾听的法国人交流的结束。

白里安在 1927 年初拾起了进行新的对话的可能性。法国外交部是谨慎的，秘书长菲利普·贝特洛反对任何可能损害法国与"我们最为牢靠的追随者"（也就是"小协约国"各国）之间关系的协议。白里安希望达成一份仲裁与和解协议，并且愿意讨论具有争议的问题，比如在突尼斯——在那里，法国人希望取消 1896 年的协议，让那里大量的意大利裔人口归化——以及在东北非的殖民领地。在其后几个月的一些时刻，墨索里尼相信他能够将意大利议程上的突尼斯、殖民地以及其他问题，与在巴尔干对于影响力的争夺分离开来。双方在 1927 年的敌对行动恶化了气氛，这包括意大利 1927 年 4 月与匈牙利的友好协议，以及法国在 11 月与南斯拉夫的联盟协议。直到 1928 年春天，白里安才正式指示其新任大使莫里斯·德博马歇（Maurice de Beaumarchais）伯爵接触意大利领导人，重启对话。墨索里尼积极回应，但是坚称殖民地问题的解决必须先于任何总体上的友好与仲裁协定。墨索里尼概述了其要求：将 1896 年的突尼斯协议再延长五年，划定利比亚的南部及西部边界，承认意大利先前对德国（殖民地）的委任统治声索权。德博马歇在 8 月提交了协定的初稿，墨索里尼同意对其进行研究。在经历长时间的交流之后，法国人最终被说服在突尼斯以及利比亚的边境方面做出让步，这些让步以及友好与仲裁协定的文本在 1928 年 12 月 21 日被正式提交给意大利人。在其后六个多月的时间里，意大利没有做出任何正式的答复，而当答复到来时，"领袖"的答复是完全负面的，谈判陷入停顿。墨索里尼要求 1896 年的突尼斯协定在不做出修改的情况下至少保持十年，并且要求大幅增加利比亚边境沿线即将被割让的大片领土。如果法国人希望签订一份协定，他们将不得不付出这一代价。关于更改法国对南斯拉夫的支持或者在海军裁军问题上做出让步的暗示，在巴黎并未得到理睬。

墨索里尼和白里安的优先事项并不一样。法国人希望意大利承认他们在地中海的主导性影响力，以及保证在未来支持对付德国，不过并不愿意为获得这些而提供显著的让步。他们也不愿意损害与南斯拉夫的联盟。而在意大利方面，这些对话被拉法埃莱·瓜里利亚彻底破坏，他觉得正在得到讨论的只是边缘性的问题，而真正的议题是南斯拉夫。其关于利比亚的提议要求拥有法属赤道非洲的大多数地方，这一建议旨在引起法国的拒绝。墨索里尼发现法国令人恼火地反对其"合理扩张"的诉求。由于突尼斯以及反法西斯主义流亡者在法国的活动，这两个政府之间的关系变得日益紧张。当白里安和施特雷泽曼正在试图谈判他们的分歧时，法国人没有任何强烈的理由去取悦这个法西斯主义领导人，而且在他们对罗马当局的态度中并不只有一点点优越感。对于墨索里尼来说，法国变成了堕落的自由主义国家的真正象征，他的那些鼓吹者全速敲打着意识形态的鼓点。

墨索里尼发现英国人更支持他的事业。他近来幸运地与张伯伦结下友谊。在与墨索里尼的首次会晤中，张伯伦同意放弃英国在阿尔巴尼亚的一切政治利益，并且承认意大利在具有竞争性的石油声索方面的优先权。张伯伦不是天真地崇拜这个独裁者，而是像其他许多人一样，欢迎法西斯主义者作为一个维护秩序及反布尔什维克主义政党的成功。他起初并不反对将意大利用来抑制法国在巴尔干地区的野心，而在英国与土耳其围绕摩苏尔发生冲突时，也没有过度地为意大利对土耳其施加的压力感到不安。这位外交大臣意识到墨索里尼是一个多变而不可预测的政客（当时已经有人谈论一种可能的"疯狗"行为），而且对任何轻视都高度敏感，不过外长相信"领袖"是雷声大雨点小，如果应对得当，他将不会搅乱欧洲的和平。张伯伦认为仅仅人口压力本身就将不可避免地导致一种扩张计划，但希望墨索里尼为缓解压力将瞩目于小亚细亚和非洲而不是东南欧。1924年，英国人和埃及人同意在北非割让土地；后者在英国相当之大的压力下，放弃了位于利比亚边境的贾纳巴布（Jarabub）绿洲。此外，英国外交部愿意接受分割在埃塞俄比亚的经济利益。尽管愿意忍受意大利在埃及寻求特许权，但当意大利在埃及和也门的代表们开始危及英国在红海地区和阿拉伯半岛的地位时，张伯伦不再那样调和。双方在 1928 年发生了一次尖锐的碰撞，当时英国人正与埃及的民族主义者有矛盾，而后者得到了意大利人的支持，而且意大利在厄立特里亚的总督还以牺牲英国在当地的盟友的方式，鼓励也门人的扩张主义。但与他在当地的一些官员不同，墨索里尼在"拧狮子的尾巴"方面是谨慎的。1926 年 12 月，他警告意大利驻埃及公使馆的头领，"埃及的政治发展将不会因为我们所能做的而被改变甚至受到影响。在这个地方（埃及）挑战英国和面对其敌意是幼稚的"[2]。不论其在红海地区、阿拉伯半岛以及北非的姿态如何，墨索里尼在对抗英国方面能做的事情并没有多少。由于到 1930 年为止只有大约五万意大利人真正定居在意大利既有的帝国里，而且无论是意大利对一个委任统治地还是在巴勒斯坦的一种特别地位的诉求都没有得到承认，墨索里尼的一些顾问觉得他应当拾起当地民族主义者对抗殖民宗主国的事业。在 1930 年短暂地尝试这一主张之后，它就被放弃了。与海外的民族主义者的结盟输给了法西斯主义者对于在非洲的白人至高无上地位的诉求，以及意大利统治相对于其他外国帝国主义者的道德优越感。

张伯伦接受了墨索里尼 1926 年与阿尔巴尼亚诡计多端的领导人索古的协定，索古倾向于以意大利人而不是南斯拉夫人作为阿尔巴尼亚的担保人。但他支持意大利修正主义的意愿是有限的。张伯伦首先忠诚于白里安，他也根本不希望看到巴尔干出现重大冲突。他对 1927 年的第二个《地拉那条约》（Treaty of Tirana）以及将阿尔巴尼亚降至意大利的一个保护地感到不快。他逐渐带着越来越强的不信任，看待墨索里尼针对"小协约国"的阴谋及其与罗马尼亚和匈牙利的接近。这位"领袖"公开支持修改《特里亚农条约》——罗瑟米尔勋爵（Lord

499

Rothermere）的亲匈牙利人的《每日邮报》曾在 1928 年 3 月如
此报道——张伯伦对此显然感到惊恐。张伯伦与"领袖"的关
系变冷。两人曾尝试和解，但在工党 1929 年于伦敦胜选之前，
英意关系并未恢复至其以前的状态。

在工党掌权很久之前，墨索里尼就开始放弃其在东地中海
和红海的联合行动政策。意大利在 1928 年 8 月与埃塞俄比亚人
缔结了一份单独的友好与仲裁协定，赢得了修建一条连接厄立
特里亚与意属索马里兰的道路的权利。"领袖"还采取措施建
立与土耳其及希腊的联系，旨在孤立南斯拉夫和让意大利成为
东地中海冲突的首要仲裁者。转向土耳其尽管与伦敦及安卡拉
当局的和解有联系，但在伦敦并不完全受到欢迎。一旦意大利
与土耳其在 1928 年 8 月以及与希腊在 1928 年 9 月达成单独的
协议，墨索里尼就开始致力于在这两个国家之间达成一个解决
方案，两国之间的关系此时仍然因为一战后被迫的人口转移而
紧张。墨索里尼膨胀的希望——确立意大利为东地中海的支配
性国家，以及建立一个由意大利主导的，将土耳其、希腊、保
加利亚、匈牙利联系起来的巴尔干集团——很快就被挫败。韦
尼泽洛斯在 1928 年回归总理职位，并且一直执政至 1933 年，
他着手缔结一系列的双边协议，这些协议恰恰打破了墨索里尼
的阴谋。这位希腊总理在 1929 年 3 月与南斯拉夫缔结《友好协
定》，与土耳其在 1930 年 10 月缔结《安卡拉协定》。希腊人还
采取主动，在 1928 年发起了一年一度的巴尔干会议，以研究共
同利益的问题，尤其是经济性质的利益，其最终目的是建立某
种形式的地区联盟。这一主张得到了巴尔干地区众多政府的支
持，因为这使它们能够在官方不自行投入的情况下，检验具有
争议的问题的可能解决方案。到其在 1933 年 11 月的第四次会

议时，希腊、罗马尼亚和南斯拉夫已经着手将这些会议变成一个永久性的地区组织。关于巴尔干的协定在 1934 年 2 月由希腊、罗马尼亚、土耳其和南斯拉夫在雅典签署。这一新的组织旨在抵制所有形式的地区修正主义。因为它保证现有的边界，保加利亚拒绝加入，从而显著地削弱了其重要性。阿尔巴尼亚曾从 1931 年起参与会议，但也拒绝加入这一组织。

墨索里尼与施特雷泽曼之间并无任何好感，但"领袖"持续认为德国人可能变成和约修正的合伙人。尽管他们之间有分歧，但在缔结一份德意仲裁协定之后，施特雷泽曼在围绕废除莱茵兰的军事控制委员会的谈判方面寻求意大利的支持。1927年 9 月，墨索里尼曾考虑这样一个主意：意大利、匈牙利、德国联合对付"小协约国"。此外，还有迹象表明，他并非不屑于以放弃反对德奥合并，来换取对意大利占有南蒂罗尔的保证。尽管只是一种纯粹的猜测，但对于未来与德国就奥地利达成某种安排的希望，可能是他不愿与奥地利总理、基督教社会党成员伊格纳茨·赛佩尔（1922—1924 年、1926—1929 年在任）达成协议的一个额外的原因，尽管后者多次许诺将采取行动反对在南蒂罗尔的领土收复主义团体。

在罗马，人们对于与德国的伙伴关系的价值有着相互冲突的看法。一些人，比如意大利空军司令伊塔洛·巴尔博希望培育与德国的友谊，但其他人担心在其恢复之后，德国将重新进入殖民领域，在与意大利的竞争中取得成功。当施特雷泽曼仍然在职时，任何真正的和解看似是不可能的。欧洲更为广泛的结盟而不是意识形态上的分歧，决定着意德关系的状态。意大利对柏林的姿态反映了法意的敌对状态，而施特雷泽曼的反应受到其西方政策需要的影响。只要有可能，德国人倾向于在法国和意大利之间的任何冲突中保持中立。从总体上而言，施特雷泽曼试图避免卷入巴尔干的地区政治。

意大利与德国的右翼民族主义组织（包括民族社会主义党）有着持续的秘密联系，尽管基吉宫并不准备接受希特勒。这个自命不凡的奥地利人①试图策划与墨索里尼会晤的努力被泼了冷水，而希特勒关于搁置上阿迪杰问题的演讲也被忽视。赫尔曼·戈林（Hermann Göring）此时已经是希特勒最为重要的助手之一，他两度访问罗马，第一次是在 1924 年春天，第二次是在 1929 年 11 月。在这两次当中，他实际上并未见到墨索里尼，但在 1929 年，他与"领袖"说德语的情妇玛格丽塔·萨尔法蒂多次见面。到他在 1931 年 5 月与墨索里尼会面时，纳粹党在选举上的成功以及墨索里尼私人掮客朱塞佩·伦泽蒂（Giuseppe Renzetti）的努力，已经为一次热情的接待铺平了道路。戈林还会见了空军司令伊塔洛·巴尔博，两人发展出一种承受起他们未来政治歧见考验的密切的个人关系。此外，法西斯分子与纳粹党党徒还通过德国黑森亲王菲利普（Philip of Hesse），建立起一种另外的、并非无关紧要的个人联系。菲利普亲王是德皇威廉二世的外甥，他在 1925 年与意大利国王的第二个孩子萨伏依的玛法尔达（Mafalda of Savoy）结婚。这对夫妇定居柏林，亲王在 1930 年加入纳粹党。这对夫妇是戈林的豪华乡村居所卡琳庄园（Carinhall）的常客。如果说希特勒并不喜欢亲王那具有独立性的妻子，但他至少喜欢菲利普，而且发现菲利普在罗马的社会联系大有用处，与此时被孤立的意大利国王维托里奥·埃马努埃莱三世的联系尤其如此。意大利国王

---

① 希特勒出生于奥匈帝国时期的奥地利，在 1913 年搬到德国。

已经接受了墨索里尼独裁统治的建立，而且在没有进行公开抗议的情况下接受了他自己的权力被侵犯。十年以后，菲利普亲王将重新作为希特勒的"信童"，在与"领袖"的沟通中出现。意大利与纳粹党人的联系并未妨碍与钢盔党及德意志国家人民党的持续交流及向其提供的支持，以及向南德的右派组织输送武器。

II

由于为其在巴尔干的野心找到一个大国支持者缺乏任何现实的希望，墨索里尼通过挑中该地区最为弱小的国家（阿尔巴尼亚），以及通过在当地结盟，采取所有可能的措施来孤立南斯拉夫，从而推进其事业。索古一直需要资金，而且在其国家的北部面对着一场起义，他准备以牺牲阿尔巴尼亚的独立为代价换取意大利的资金支持。英国从阿尔巴尼亚的撤出使他并无多少选择，而只能与其敌人打交道。意大利提供的东西比南斯拉夫提供的更多。第二个《地拉那条约》（1927 年 11 月签订）是结成一个为期 20 年的防御性联盟，它赋予意大利人一种无限的权力，可以去干涉阿尔巴尼亚的国内政策，以及采取一切被认为必要的军事措施来保持其领土完整和政治独立。意大利人已经控制了阿尔巴尼亚的银行业务与贷款，意大利资助的桥梁和道路在建造时考虑到了罗马当局的军事需要。阿尔巴尼亚军队被置于意大利的监管之下，一连串的意大利军官和供应进入了该国。在意大利的支持下，索古在 1928 年成了阿尔巴尼亚人的国王索古一世，巩固了他对这个国家的控制。这对意大利人来说是一件代价高昂的事情。意大利人收获的经济好处寥寥无几，而且事实表明，索古是一个昂贵而且很麻烦的代理人。

502　　尽管存在着政策上的摇摆，以及来自那些倾向于在非洲殖民扩张而不是与南斯拉夫达成解决方案的外交部官员的压力，但墨索里尼的反贝尔格莱德情绪占了上风。墨索里尼在阿尔巴尼亚的动作、对于克罗地亚抵抗组织和马其顿的领土收复主义者的资助，以及向罗马尼亚和匈牙利的示好，都是他对南斯拉夫发起的攻势的一部分。甚至连墨索里尼剥夺威尼斯朱利亚（Venezia Giulia）① 的斯洛文尼亚人和克罗地亚人的国籍的政策，也是为了在与贝尔格莱德当局的对决中展现意大利法西斯主义政府的力量。通常说来，墨索里尼鼓励与贝尔格莱德进行意大利外交部所赞成的谨慎谈判，但同时又不遗余力地削弱南斯拉夫的统一。1928 年 6 月，在南斯拉夫议会（Skupstina）如同往常一样混乱的一次会议中，反对派的克罗地亚农民党领导人斯蒂芬·拉迪奇（Stephen Radić）被枪击并且受致命伤。他在 8 月的去世将克罗地亚各个交战的政党动员起来并参与一场重大的分离主义运动，并且加速了他们对于一名外部庇护者的寻求。墨索里尼对在这些混水中摸鱼保持谨慎，因为他对克罗地亚人居住的马其顿拥有自己的领土收复主义野心，而且只得到了克罗地亚人的一些分散而相互争夺的组织的支持。当国王亚历山大 1930 年 1 月向南斯拉夫施加其军事独裁统治，而且向着支持塞尔维亚人的方向前进时，克罗地亚律师及领导人安特·帕韦利奇（Ante Pavelić）与他的那些渐进派的盟友决裂，逃往意大利。主要因为法国不愿给予他在巴尔干的行动自由而放弃与法国谈判之后，墨索里尼决定向帕韦利奇的恐怖主义组织"乌斯塔沙"（Ustasa）给予援助与支持，该组织以保加利亚

---

① 该地区二战后分属意大利和南斯拉夫，今天分属意大利和斯洛文尼亚。

境内实施恐怖主义的"马其顿人内部革命组织"为榜样。乌斯塔沙发誓利用所有可能的手段，对塞尔维亚人发起一场"圣战"。在大多数情况下，意大利人在南斯拉夫的活动包括建立联系和搜集情报，而不是为恐怖分子提供实际的支持，因为墨索里尼仍然有点模棱两可。他对反南斯拉夫的马其顿人内部革命组织的态度更为积极，该组织得到了保加利亚政府数名关键人物的支持。他对恐怖主义组织的支持很被奥斯汀·张伯伦厌恶，后者希望索非亚当局打击马其顿人内部革命组织。在一场无比复杂的博弈中，意大利人发现自己正在支持马其顿人内部革命组织的全部两个派别，卷入了一场同室操戈的血腥战争，而在这两者之中选择时，意大利后来选中的是失利的一方。意大利外交官只知晓这种秘密行动的一部分，事实证明，大部分行动更多地带来了麻烦而不是价值，而且甚至是适得其反的。

　　无依无靠的保加利亚似乎是意大利人容易捕获的猎物。在安德烈·利亚普切夫（Andrei Liapchev，1926—1931 年在任）的领导下（这个黑山人既不愿意也无法对马其顿人内部革命组织施加控制），由于在马其顿的无休止的动作，保加利亚人与希腊人及南斯拉夫人相处困难。墨索里尼屡屡试图利用这一形势让意大利获利，但这些尝试因为利亚普切夫政府日益虚弱和分化而受挫；1926 年，有 19 个组织在议会里得到代表。1929 年，墨索里尼拜访了保加利亚国王鲍里斯，在其关于希腊人占领的色雷斯的图谋方面给予他鼓励，希望因此在对付雅典当局方面获得另外一个谈判筹码。在接下来的一年里，鲍里斯与意大利国王的女儿萨伏依的吉奥维娜（Giovenna of Savoy）结婚，意保关系得到加强。墨索里尼对这位国王以及利亚普切夫示好，却一无所获。由于无法应对不断恶化的大萧条所导致的经济问题，利亚普切夫的政府在 1931 年的大选中失利。

在一段短暂的时间里，墨索里尼在与罗马尼亚人的交往方面看似可能取得了某种成功，后者渴望利用苏联在后洛迦诺时代的孤立来谋利。吸引着墨索里尼的既有罗马尼亚十分让人垂涎的石油储藏，也有将罗马尼亚与匈牙利及保加利亚拉入一个四边协定这一可能性。但他不愿意通过认可 1920 年的比萨拉比亚议定书（该议定书承认罗马尼亚对比萨拉比亚的主权）而招致苏联的敌意。与莫斯科当局的联系在商业上有益，苏联人还有可能成为意大利在巴尔干地区及小亚细亚的伙伴。反苏的亚历山德鲁·阿韦雷斯库（Alexandru Averescu）将军 1926 年初曾在布加勒斯特短暂地重新上台，从而为对话开辟了道路。双方在 1926 年 9 月达成一份协议：意大利人承认罗马尼亚对比萨拉比亚的兼并，而且接受了一个许诺在苏联或者匈牙利入侵时给予军事支持的秘密条款。墨索里尼希望其秘密性也许能够使他避免冒犯苏联。意大利在 1927 年 2 月 1 日决定批准该协议，这与墨索里尼将罗马尼亚对他与匈牙利人对话的反对最小化的需要是相联系的，匈牙利人当时正与罗马尼亚人处于公开的冲突之中，这种冲突既是因为特兰西瓦尼亚，也是因为要求为马扎尔地主获得补偿，这些地主发现自己处于边境上的罗马尼亚一方，当他们选择迁往匈牙利时，其房屋和财产被剥夺了。但很快变得明显起来的是，阿韦雷斯库亲意大利的倾向并不受到国王及执政的自由派人士的欢迎，后者是该国最为强大的政治组织，他们怀疑这名将军希望建立独裁统治。罗马尼亚根本无法背离反匈牙利的"小协约国"或者离法国太远，法国是其首要的保护者和投资基金最为重要的来源。尼古莱·蒂图列斯库（Nicolae Titulescu）作为巴尔干地区的重要政

治家和日内瓦的重要人物（1931 年的国联大会主席），在 1927
年 6 月首先在温蒂勒·布勒蒂亚努（Vintilǎ Brǎtianu）领导的自
由党新政府（只有 22.6% 的合格选民参与投票）中担任外长。　504
蒂图列斯库起初试图保持与罗马的沟通渠道的畅通，但罗马尼
亚人根本无法默默忍受意大利与匈牙利不断加强的友谊。正如
经常发生的那样，墨索里尼试图遮断巴尔干的地区性争议，以
孤立南斯拉夫和削弱法国的影响力，但他的这些努力未能达到
目的。他无法调解罗马尼亚和匈牙利的争端，或者调解罗马尼
亚与保加利亚围绕多布罗加的争端。蒂图列斯库 1928 年对贝尔
格莱德进行了一次成功的访问，然后"小协约国"各国的总参
谋长们在 1929 年 5 月同意就任何对这三个国家的外来威胁制订
共同的计划。

　　墨索里尼在与匈牙利人的交往方面获得了最大的成功。匈
牙人在拜特伦·伊什特万的专制领导下享有一个相对平静和繁
荣的时期，他们渴望打破自己在外交上的孤立，而且随着英国
兴趣的消退而正在寻求大国的支持。这位极其精明而精力充沛
的匈牙利总理 1926 年在日内瓦接近格兰迪。在暂时被拒绝之
后，他转向了"小协约国"中最不反对马扎尔人的南斯拉夫。
结果，墨索里尼迅速接纳了匈牙利人的靠近，在 1927 年 4 月邀
请拜特伦伯爵前往罗马，此时罗瑟米尔勋爵正在《每日邮报》
上宣扬匈牙利的修正主义。意大利与匈牙利结盟的范围是被狭
窄地划定的。拜特伦希望在其与罗马尼亚围绕特兰西瓦尼亚的
争执中得到意大利的支持，而且在匈牙利声索捷克斯洛伐克相
关权利时得到意大利的支持。墨索里尼愿意支持匈牙利针对南
斯拉夫而提出的修正主义要求，但并不是针对布加勒斯特或者
布拉格。双方在 1927 年 4 月签订了一份协议，墨索里尼和拜特

伦之间的结盟于 1928 年 4 月在米兰达成。两国在一些方面做出了决定，包括针对南斯拉夫的共同政策、意大利在重新武装匈牙利方面的秘密支持，以及在寻找一个愿意接受它们共同指点的奥地利政府方面的合作。双方在为已经处于匈牙利军队保护之下的奥地利保安团提供资助方面做出了安排。特兰西瓦尼亚根本没有被提及，墨索里尼试图尽量避免在匈牙利人与罗马尼亚人的这场"选择者"（optants）① 争执中选边，直到此事被提交国联理事会，此时他觉得有必要站到匈牙利一边。奥斯汀·张伯伦愤恨地抱怨这位"领袖"的决定，谴责意大利人已经为了某种不坦率和阴暗的政治目的而出卖了他们的"选票"。当墨索里尼在 1929 年得知匈牙利总参谋部的亲德取向时，与布达佩斯当局的关系冷淡下来了。他立即请拜特伦伯爵将匈牙利的空军军官们送往意大利接受训练，并且提出就"选择者"问题进行调停。

505 尽管渴望在对付南斯拉夫方面获得匈牙利的支持，但墨索里尼并不希望被卷入中欧事务之中。意大利人此前已经拒绝贝奈斯关于召开一个"东方洛迦诺"会议的建议，不过由于对斯洛伐克人或者罗塞尼亚人的解放运动没有多少信心，他们倾向于不为匈牙利人针对捷克斯洛伐克的野心承保。在奥地利问题上也存在分歧。对于匈牙利正统王朝拥护者（Legitimists）复辟哈布斯堡王室或者复活奥匈帝国的计划，墨索里尼并无多少同情心。对于匈牙利右翼激进党人士支持德奥合并和反哈布斯堡王朝的观点，他也没有多少耐心。后者是狂热的匈牙利民族主

---

① "选择者"指的是这样的一群人——他们生活在一个正在经历主权变化的地区，因此可能在保持旧的国籍或者获得新的主权国家的国籍之间做出选择。

义者，而且强烈忠于摄政者霍尔蒂海军上将，但他们像霍尔蒂和拜特伦一样，主要是加尔文派教徒，将会因为天主教徒的复辟而损失惨重。他们倾向于支持德奥联合。拜特伦小心地让自己与这一"国王问题"保持距离，很清楚其支持者当中对于与意大利的这些新联系所抱有的疑虑。对于拜特伦的经济发展计划，银行家们显得重要，他们反对任何可能对外来投资造成不利影响的变化。正统王朝拥护者敌视墨索里尼，不愿接受和一个仍然与罗马教皇对立的国家的联盟，而左翼的反对派倾向于与"小协约国"国家结盟。尽管拜特伦行事谨慎，但他着手推进结成匈牙利-意大利-德国阵线的主张。在匈牙利人的强烈怂恿下，墨索里尼人进一步加大了对奥地利保安团的资助，希望发生一场政变，以及基督教社会党人被这种右翼的反社会主义运动取代。如同如此之多的此类运动一样，该运动始于一个由复员士兵组成的核心，这些人渴望保护他们的国家免于来自布尔什维克、斯拉夫人和意大利人的危险。

尽管据信支持奥地利的独立，但墨索里尼当时正在试图通过秘密的方式颠覆其现存的政府。他强烈地讨厌奥地利基督教社会党出身的总理伊格纳茨·赛佩尔（赛佩尔同样反对墨索里尼），却也蔑视反对赛佩尔的社会主义者。保安团发起了一场政治上处于边缘地位的运动，而且由于有一个由保守派和神职人员组成的政府在位，该运动的吸引力是有限的。其力量存在于各个省份，在那些地方，泛日耳曼主义和南蒂罗尔的领土恢复主义很强大。1928年秋天，当保安团为"进军维也纳"采取行动时，赛佩尔得以阻止了这次预期的"暴动"（putsch）。此后该组织改变了其策略，希望以合法的手段夺取政权，从而获得中产阶级更为广泛的支持。为了寻求支持以恢复对奥地利的贷款，赛佩尔曾经调整其反意大利的立场，但他在 1929 年 4 月突然辞职，被一个由恩斯特·斯蒂鲁维茨（Ernst Steeruwitz）领导的十分虚弱而短命的政府取代。格兰迪及其手下的官员本来已经烦恼于南斯拉夫国王亚历山大建立独裁统治，以及一个工党政府 1929 年 6 月在伦敦当选，他们敦促墨索里尼，让意大利的对奥政策摆脱由匈牙利对奥提供保护的状态，与维也纳当局缔结一份单独的协议。当奥地利现任政府垮台并被一个由约翰内斯·朔贝尔领导的"专家内阁"取代后，格兰迪的政策获得了进一步的推动。朔贝尔此前是维也纳的警察局局长，1927 年曾在维也纳镇压社会主义者的"起义"。考虑到朔贝尔的反马克思主义名声以及广为人知的早先与保安团的联系，墨索里尼放手让格兰迪与这位奥地利新总理谈判协议。

墨索里尼在 1929 年获得了一次重大的成功，在这一年的 2 月 11 日达成了《拉特兰条约》。这是他在国内获得的一次显著的胜利，"领袖"得以完成他对意大利的驾驭，加强其对政权的控制。他的独裁统治依赖于与意大利政权的传统机构的一系列妥协，而天主教会无疑是其中最为重要的一个。这一和解得到了真正的、普遍的大众支持。墨索里尼已经在加富尔伯爵（Count of Cavour）① 曾经失败的地方获得了成功，他已经完成了意大利统一的进程。与教皇达成的条约使梵蒂冈这一主权国家在罗马（城中）建立，为意大利在 1870 年夺取教皇国（Papal States）提供经济上的赔偿（使天主教会成为意大利最大的国债持有者之一），承认天主教会在意大利的特别地位。这个条约成了"领袖"最为持久的遗产之一。《拉特兰条约》

---

① 意大利政治家，意大利统一运动的领导人物，于后来成立的意大利王国担任第一任首相。

让他的政权获得了国际合法性，而且在国外受到盛赞。尽管"领袖"与庇护十一世这位坚定而专制的教皇之间后来存在分歧，但与梵蒂冈的这种联系在外交上对意大利人是有用的。除此之外墨索里尼无休止的活动就乏善可陈。甚至连与匈牙利的协议也是毁誉参半，因为它加大了匈牙利在中欧推行修正主义的危险，而墨索里尼希望在那里维持现状。无论是保加利亚、希腊还是土耳其都没有加入这个反南斯拉夫的阵营，而"小协约国"仍然保持完整无缺。就在原则上反法西斯主义的工党新政府（在英国）上台的时候，墨索里尼的政策已经疏远了英国人，而与法国的关系也处于低潮。对于白里安旨在和解及欧洲整合的各种努力，墨索里尼只表示了蔑视。

　　到 1929 年，墨索里尼在国内的地位已经变得如此不容置疑，以至于他可以抛弃他的许多机构。这年 9 月，外交部部长一职被给予其在基吉宫的副外长迪诺·格兰迪。这位新任外长抱有与墨索里尼一样的希望，即在地中海和非洲进行帝国扩张。格兰迪在 1929 年 2 月 5 日曾对法西斯大委员会（Fascist Grand Council）说："亚得里亚海再也不足以在斯拉夫民族面前保卫我们作为一个地中海民族的独立。势在必行的是，在亚得里亚海之外以及亚得里亚海海岸上——这无疑是分隔东西方的一道壕沟——从奥特朗托海峡（Channel of Otranto）至涅沃索（Nevoso），必须建立一连串的国家，每个都是处于意大利控制之下的桥头堡。我们已经建立了阿尔巴尼亚，我们必须建立克罗地亚。"[3]格兰迪与墨索里尼的不同之处在于策略而不是目的。他倾向于通过与大国的谈判，来为意大利获得增强武装力量和发动重大战役所需的空间。1929 年 12 月，他说服他的这位主子麻醉南斯拉夫过度紧张的神经，以及再度接近法国人。1930

年在伦敦召开的一次新的海军裁军会议让格兰迪获得了与巴黎当局谈判以及迎合英国新政府的机会。尽管相信有一天将不得不与法国开战，但他明白意大利在采取行动之前将不得不做出充分的准备。对于格兰迪而言，与法国人的这次初步的海军对话具有最大的重要性。但是由于他被吩咐坚持与法国平等的海军地位，对话起初停止了，只是由于英国的压力和积极干预，对话才重新继续。在 1931 年 3 月的一个短暂的时刻，格兰迪曾认为已经赢得了他所想要的奖品——与法国的协议，但当法国人要求修改关键的海军条款从而削弱这一整个安排时，这一奖品被剥夺了。由于相信法国"着了魔似的想与我们在一起"，他曾对墨索里尼吹嘘说，"这将使我们在基本问题上能够更不妥协"[4]。相反，"领袖"不得不提醒他的这位愤怒的外长当心报复性行动。意大利总参谋长巴多利奥元帅警告说，意大利根本无法与它的这个阿尔卑斯山邻国较量，更别说是法国与南斯拉夫一道。这只不过证明了格兰迪已经明白的东西："我们的军事力量现在能，而且以后将更加能够成功地结束与南斯拉夫的一场冲突，但与法国的一场冲突则现在和今后都并非这样。我甚至不去考虑与法国和南斯拉夫（同时发生冲突）的这种可能性——那将会是自杀。"[5]3 月的对话以及格兰迪在日内瓦对裁军事业的支持显著地改善了他与阿瑟·亨德森的关系，亨德森在 1931 年 3 月初访问了罗马，而且在海军谈判的失败这一问题上更倾向于谴责法国而不是意大利。

　　格兰迪还向贝尔格莱德当局发起了一个举动。1929 年 1 月初，国王亚历山大控制了政府，这个被改名为南斯拉夫王国的国家，其重新建构的道路已经开辟。但克罗地亚人在这个高度集中化的国家里仍然没有任何位置。克罗地亚族分离主义者再度求助于墨索里尼，但发现"领袖"并不情愿超出处于其个人控制之下的秘密资助的范围。由于担心法国人可能抛弃他们，南斯拉夫领导人向罗马和柏林当局寻求替代性的机会。1930年5月，格兰迪被指示要"平心静气，但缓缓行动"[6]。墨索里尼为该协议设定了条件：承认意大利在阿尔巴尼亚的主导地位，结束南斯拉夫与法国的军事联系。当意大利人在一场被媒体广泛报道的审判之后在的里雅斯特处决四名被捕的斯洛文尼亚恐怖分子时，成功的希望几乎不可能增加。但席卷南斯拉夫一些地方的一波波反意大利情绪，并未阻止国王亚历山大及其外长追求他们的新机会。在11月12日撰写的一封致墨索里尼的信中，而且显然是为了取悦"领袖"，格兰迪坚称："与贝尔格莱德当局的一项可能的协议，必须总是被认为是一种用于拖延时间的、暂时的和有益的策略；而且实际上是在一个对我们并不有利的时刻，从法国人那里夺走一场针对我们的（潜在的或者实际的）战争的主动权。"[7]格兰迪后来宣称，由于墨索里尼的好斗和毫不妥协，在亚得里亚海和巴尔干解决事务的一个绝佳机会就此丧失。就其短期策略而言，这两个人同样反复无常且多变，常常背道而驰。在追求自己独立的外交路线时，"领袖"经常干涉格兰迪的谈判。但如果像格兰迪描述自己的那样将其视为一名马基雅维利式的现实主义者，认为其通过小心而爱好和平的外交来改善意大利地位的尝试被其更为鲁莽的主人摧毁，这是错误的。在一些时候，格兰迪被发现比"领袖"更为固执，而且他肯定与"领袖"一样，决心使南斯拉夫在与罗马当局的任何关系中接受一种附属的地位。到1931年初，亚历山大及其外长对于达成协议变得越来越不感兴趣。与希腊的协定以及为从法国获得一笔亟需的贷款（其中包括意大利的贡献）而成功结束的谈判，强化了南斯拉夫的外交地位。人们所提议的与墨索里尼的协议原本将会非常不受斯洛文尼亚人的欢迎，而且可能会损害贝尔格莱德当局与法国已复苏的联系。

带来更为直接回报的是格兰迪与奥地利新任总理约翰内斯·朔贝尔的友好关系。朔贝尔是无党派人士，他决心摆脱议会的限制以及其他所有的政治联系来进行统治，包括与曾经帮助他获得权力的保安团的联系。朔贝尔着手试图改善奥地利危机重重的金融状况。他致力于解除意大利对一笔新的国际贷款的禁令，同时培育与德国人的关系。他还通过解除右派和左派的政治性军队（political army），设法满足英国和法国提供经济援助的条件。格兰迪并未像墨索里尼所希望的那样安抚匈牙利人，而是成功地主张在维也纳采取一种独立的路径。到这一年的年底时，意大利为奥地利提供贷款的禁令已经被撤销，此前已经同意控制南蒂罗尔领土收复主义运动的朔贝尔宣布，其外交政策将建立在与意大利的友谊之上。当这位总理询问从意大利购买武器的可能性时，墨索里尼对这些新的谈判更加充满热情。朔贝尔访问罗马取得了巨大的成功，而且这一新的关系由于意大利与奥地利在 1930 年 2 月 6 日签订的一项协定而得到确定。

当朔贝尔在其罗马之行后访问柏林时，意奥协定并未阻止其在原则上同意德国提出的关税同盟。墨索里尼也并未停止资助保安团，后者此时发誓要结束民主制度，沿着法西斯主义路线建立一个社团国家（corporate state）。出于哈布斯堡（王朝）的复辟可能阻遏德国在多瑙河流域不断增长的影响力这一令人难以置信的希望，墨索里尼还通过其个人的代理人，在奥地利和匈牙利鼓励正统王朝拥护者的野心。1930 年夏天，在一个指向相反方向、令人好奇的举动中，墨索里尼并不成功地着手说服前皇后齐塔（Zita of Bourbon-Parma）① 去拒绝奥托大公（Archduke Otto）继承奥地利王位的要求，尽管为表示支持，墨索里尼允许她前来居住在意大利。9 月 30 日，朔贝尔辞职，一个由基督教社会党和保安团联合组成的新政府就职，卡尔·沃贡（Karl Vaugoin）担任总理，伊格纳茨·赛佩尔担任外交部部长，保安团领袖施塔尔亨贝格伯爵（Count Starhemberg）担任内政部部长。这个内阁开启了意大利在维也纳的角色大大得到扩展这一具有吸引力的前景。再加上纳粹党选票在 1930 年德国大选中的巨大增长，墨索里尼觉得他正在法西斯主义浪潮中乘风破浪。1930 年 10 月 27 日，墨索里尼首次公开宣称法西斯主义应当被认为是一种普遍的原则，因此是一个用于输出的东西。由于相信其可以动员国家机器来保护意大利重创的经济免受外来的通货紧缩压力，墨索里尼宣称在大萧条的这些年月里，法西斯主义和社团主义（corporatism）② 代表着资本主义和布尔什维克主义之间成功的中间道路。

　　墨索里尼和格兰迪相信欧洲的形势有利于意大利的修正主义。国家间的关系越来越不稳定，专制和右翼运动取得成功，这些都符合墨索里尼的目标。可以在外交上利用法国的虚弱。　510 考虑到这一点，同时因为有必要削减意大利的防务预算，格兰迪在日内瓦打着和平牌，变成了裁军倡导者。他还鼓动苏联人，同意为苏联参与 1931 年 5 月关于白里安计划的欧洲对话铺平道路。如果李维诺夫希望拓展这些联系，并且获得一个与罗马当局的互不侵犯协定，他将会失望的。格兰迪和他的官员们准备

---

① 奥匈帝国末代皇帝卡尔一世的妻子。
② 以产业社团等作为政治代表机关，支配人民的活动。

利用苏联来对付法国人，不过如同西方的其他许多人一样，他们相信这个国家过于虚弱而无法帮助实现他们的目标。这样一个协议将会疏远许多国家，这些国家对于修正主义的成功来说是必不可少的。

在 1930 年代初支离破碎的欧洲，国家间的结盟是脆弱的，各国政府正在竭力应对大萧条的破坏，一个中等国家的确可以发挥与其力量不成比例的影响力。危险在于"领袖"夸大了其对于意大利的机动自由的看法。在一个大国愿意支持其更为浮夸的目标之前，回报甚至对于这个最为马基雅维利式的独裁者来说也是不够的。意大利的巨大不幸在于墨索里尼逐渐相信纳粹德国能够提供棋盘上的那颗特别的棋子，使他能够无视意大利实力的局限性。

东欧的不确定性

I

尽管墨索里尼躁动不已，但在后《洛迦诺公约》时期的东南欧，国家之间的地位并无多少变化。除阿尔巴尼亚之外，对于任何国家独立的挑战都没有成功，而且该地区的均势没有发生显著的变化。中欧同样如此。魏玛时期的德国以及苏联暂时都接受了现状；前者推迟了其对于领土调整的诉求，后者试图改善其在欧洲的地位，并且通过与德国的邻国缔结互不侵犯协定来平衡其对德国的依赖。在英国人的催促下，法国为与德国达成妥协以及改善与苏联的关系，对于与其东方盟友的联系的看法不再那么积极。东欧的许多国家持续遭受动荡的国内政治之苦，不过至少是在一个短暂的时期里享有数年的相对繁荣。

大多数国家超过了它们战前的工业生产水平，只有波兰严重落
后。农业方面的情形并不那么有利，在巴尔干地区尤其如此，　511
那里的农作物生产远远低于战前水平。除了捷克斯洛伐克和奥
地利，东欧国家持续依赖于农业出口来帮助支付原材料的进口，
以及为工业化所需的工业产品的进口。由于大部分贸易指向西
欧和美国，恢复和进步直接与世界市场的情况相关，以及与外
资的持续流动（以便为国债提供资金和提供股权资本）相关。
尽管缔结了一些双边的贸易协定，但涉及多国的地区体系的缺
乏加剧了这种对世界市场的依赖。这些主要依赖农业的经济体
的脆弱性在 1927 年的世界经济会议上已经是一个受到关注的主
题，但在 1928 年谷物价格开始灾难性的下跌之前，并未就任何
行动计划达成协议。

　　甚至在这一对外具有喘息机会的时期里，对于边境及少数
派（少数民族）问题也存在着高度的焦虑。地区的和平不时地
被众多的危机打断，有些危机比其他的更为真实，这些危机使
战争的胜利者与失败者之间的分隔永久化，或者令一些继承下
来的敌意保持鲜活。在其领导人所认为的日益具有威胁性的国
际环境中，东中欧最大的国家波兰以及最为繁荣的捷克斯洛伐
克继续着它们各自维护现状的努力。两国政府都相信洛迦诺各
项协议以及苏德 1926 年的条约削弱了它们的安全地位，两国都
试图通过单独的行动来弥补其后果。尽管拥有欧洲第三大的陆
军，但波兰占据的是更为危险的位置。由于没有可以防御的边
境而且被六个邻国（其中只有两个国家即罗马尼亚和拉脱维亚
是真正友好的）包围，正如毕苏斯基 1920 年对一名英国访问者
所说的那样，波兰"处于两个巨大的国家的下巴（颌骨）之
间，它们只要将下巴合上，就能毁灭她"[8]。波兰外长斯克尔任

斯基伯爵此前因为别无选择而接受了《洛迦诺公约》，此时他寻求补偿性的优势：在 1926 年 3 月 26 日更新与罗马尼亚的联盟，在国联理事会得到一个半永久性席位（这至少挽救了波兰的自尊心），以及并不成功地试图创建一个波罗的海集团或者达成一个斯堪的纳维亚半岛的洛迦诺（协定）。与捷克斯洛伐克的交流访问及协定未能让这两个国家更靠近。

面对着一场严重的金融危机以及波兰关键出口产品的国际价格的下跌，相对较为持久的（1923 年 12 月—1925 年 11 月）瓦迪斯瓦夫·格拉布斯基政府垮台。无论是斯克尔任斯基内阁还是其继任者都无法应对不断加深的萧条的影响。兹罗提的崩溃、失业率的上升、罢工以及暴乱，为毕苏斯基从"退休"回归波兰政治舞台中央提供了背景。在三天之内，这位元帅以极小的人员伤亡强迫现有的内阁辞职，建立了一个由其提名的卡齐米日·巴特尔（Kazimierz Bartel）领导的专家新内阁，该内阁于 1926 年 5 月 15 日就职。毕苏斯基的专制政府拥有广泛的民众支持，甚至连非法的共产党在受到斯大林以及共产国际训斥之前也支持它。这位元帅既是武装部队总司令也是战争部部长，而且这些职位他一直保持至去世；他是这个新的伪议会制政权的真正主人，尽管除军事事务外，他将国内事务的管理权交到巴特尔手中。毕苏斯基与仍然在运转的波兰议会一再发生对抗，用毕苏斯基的话来说，这是"一个没有实际价值、喋喋不休的东西，它引起了如此之多的厌倦感，使苍蝇都纯粹因为厌恶而死去"，因而加强了这个领导人在华沙建立一个更为专制、诚实和高效的政府的决心。[9] 作为一个高度神秘的人，毕苏斯基的身边簇拥着一小群热切的仰慕者，他与政治保持着疏远。但他足够精明地建立自己的党派，他希望该党能够获得压倒反对

512

派的选票。但那些中间派及左派的政党不会如此轻易被吓倒，而毕苏斯基新近组织的非党派政治集团在 1928 年的大选中，并未获得足够多的席位或者选票去保证这个"道德净化"（sanacja）的新政权的胜利。

　　毕苏斯基失去了耐心。1930 年，他解散了议会，并且要求在 11 月举行新的选举。在 9 月 9—10 日之交的那个晚上，他将中间派及左派政党的领导人逮捕并监禁在布列斯特-立托夫斯克的一处军营里，他们在那里受到侮辱及虐待。此后还逮捕及监禁了其他人，尽管大多数政治囚犯随后被释放。这场选举的结果就没有任何悬念了。波兰此时是被任意而不是专制地统治着。波兰人绝大多数几乎很少关心议会被压制。如同在意大利而且实际上在东欧如此之多的国家一样，民众对议会制形式的政府要么是无动于衷要么是充满敌视，他们接受或者欢迎强大的领导能力。从 1919 年以后的议会制政权的虚弱中受益的是右派而不是左派，尽管右派和左派这些术语作为大战的结果获得了新的含义。犹太人在小小的中产阶级人口中占有很大的比例，尽管他们遭受着各种歧视性的待遇，但其在毕苏斯基统治下的待遇与在其继任者治下相比，较为能够让人忍受且人道。乌克兰人的命运就不那么让人羡慕了。波兰人决心进行波兰化（polonization）。在 1930 年的所谓平定（pacification）运动中，对于波兰人的这些凶狠方式的任何反对都被镇压了。波兰西部城镇的日耳曼人以及波兰上西里西亚的日耳曼地主与企业家面临着某种政治压力，但他们拥有自己的资源，而且受益于德国的利益及资助。在毕苏斯基于 1935 年 5 月 12 日去世之前，几乎一切都围绕着他运转，但他与日常事务的运作保持距离，而且随着健康状况恶化，他离开华沙，进行日益频繁而漫长的度假。

在 1926 年的那次政变之后，波兰的经济出现了回升。这种改善在毕苏斯基夺权之前已经开始，但他的政府受益于乡村（雇用了波兰三分之二的劳动力）和城市回归相对繁荣。英国 1926 年的煤矿工人罢工有助于波兰的煤炭出口。格拉布斯基此前规划的稳定化计划得以实行，而使其走向高潮的是美国在 1927 年组织的稳定化贷款，以及波兰回归金本位制。从 1927 年秋天直至 1928 年年中，美国的资本流入波兰，只对波兰金融实施最有限监管权的美国金融顾问查尔斯·S. 杜威（Charles S. Dewey）乐观地筹划着未来的雄心勃勃的经营项目。

与贝奈斯不同，对于外交事务总是感兴趣的毕苏斯基没有任何外交信条，但对如何保全波兰的独立有着明确的主张。在关于波兰外交的研究中，耶鲁大学荣誉退休教授彼得·万迪茨（Piotr Wandycz）频频提及这位元帅的两个基本准则——德国和苏联之间的平衡原则以及保持与法国及罗马尼亚的结盟。正如这位波兰领导人对其较为年轻且深受喜爱的外长奥古斯特·扎列斯基所解释的那样：“波兰必须在德国和苏联之间保持最严格的中立，以便这两个国家能够绝对确定波兰将不会和一个国家一道去反对另一个。”[10] 在这一方面，毕苏斯基是幸运的。这两个国家当时都倾向于保守主义，而且考虑到施特雷泽曼关注于与西方的解决方案，德国与苏联之间的关系仍然过于悬而未决，因而无法组成一个对付波兰的统一战线。由于确信无论是德国还是苏联至少在十年内都无法攻击波兰，毕苏斯基打算增强波兰的军事和经济力量，以便它能够面对这两个国家追求独立的政策。就法国而言，形势更为复杂。几乎从 1921 年缔结协定之时起，法国人就对其中的一些条款感到后悔，而且早在洛迦诺会议之前就曾试图限制法国对波兰的军事义务。1925 年的法波保证条约将法国出面为波兰进行干预，与国联在任何波德冲突中确认谁是侵略者联系起来，而且根本没有提及苏联。尽管这一问题在 1927 年曾被拐弯抹角地提起，但波兰人明白法国人希望让 1921 年的军事协定与《洛迦诺公约》保持一致，以及对其与苏联有关的条款做出限定，以防法国卷入任何波苏冲突。毕苏斯基憎恨洛迦诺各项协议（"每一个体面的波兰人在听到'洛迦诺'这个词时都会吐唾沫"），而且永远不会原谅斯克尔任斯基将该公约说成是满足波兰的安全需要。[11] 他不仅拒绝考虑修改 1921 年的军事协定，而且并不怎么成功地试图在提前撤出莱茵兰的情况下，为波兰赢得额外的保护。

在没有得到毕苏斯基同意的情况下，任何重要的外交决策都无法做出。他在 5 月政变之后最先的举动之一，就是平息苏联因他的这一行动而产生的焦虑。他试图让苏联人确信，应当区分其把苏联从边境地带赶走的长远目标，和其对于体现在《里加条约》中的更为直接与现实目标的支持。但他对莫斯科关于签订一份双边互不侵犯协定的提议并未表现出任何兴趣，而且对苏联和立陶宛互不侵犯条约的签订（1926 年 9 月 28 日）以及莫斯科愿意支持立陶宛对于维尔纳的声索感到生气。这个看上去似乎是边缘性的问题迅速变成一个重要的争执根源，当立陶宛 1926 年 12 月的一场军事政变让强烈支持民族主义的、永不妥协的奥古斯丁纳斯·沃尔德马拉斯上台后尤其如此；此人决心从波兰夺回对于这个立陶宛的旧都的控制。沃尔德马拉斯被警告说波兰无法无限期地接受他的这种所谓的"战争状态"，这种状态正在扭曲波兰与波罗的海各国的商业关系，而且挫败着创立一个北方联盟体系的努力。

让德国人很担忧的是，苏联人持续敦促与波兰达成一份协议。但由于被派往波兰的苏联公使彼得·沃伊科夫（Pyotr Voikov）1927 年 6 月 7 日在华沙被一个白俄流亡者暗杀，苏波双方的交流中断。这次枪击事件是在英苏关系破裂之后到来的，而且来得如此之快，因而在莫斯科突然释放出一股反波兰情绪的浪潮。[12]毕苏斯基根本不想在其注意力聚焦于德国的时候去激怒苏联人，他通过道歉以及做出金钱上的赔偿，竭尽所能地化解沃伊科夫事件危机。由于斯大林及其反对者之间在党内斗争中利用了这次战争恐慌，苏波之间的紧张形势仍然持续着。白里安对此感到惊慌，担心毕苏斯基可能采取鲁莽的行动。为了抵消波兰对法德关于提前撤出莱茵兰的对话的担心，以及考虑到波兰对于做出某种形式的补偿的要求，白里安希望为华沙提供一份将包括苏联在内的东方洛迦诺协议，从而缓解波兰的压力。尽管法苏谈判在 1927 年的夏天和秋天并未取得多少进展，但白里安设法让交流的大门开着。

毕苏斯基很不信任苏联领导人，并且对他们与法国人的谈判感到担忧。他的重要关切是在有关波德边界的问题上，法国人将会同意与柏林当局达成某种形式的交易的可能性。在召开洛迦诺会议这一年的一个标志性事件是德波贸易战。随着 1922 年签订的强迫德国人每年从上西里西亚购买 600 万吨煤炭的协议终止，德国人将其从波兰的煤炭进口削减了一半，给波属上西里西亚带来了灾难。波兰人以禁止从德国进口广泛的工业制成品作为报复，而后者以牙还牙限制农产品进口，并且将德国在波兰银行的存款提取出来。德国外交部的一些成员在 1925—1926 年认为，为了修正领土，可以利用波兰在政治和经济上的困境。尽管这场贸易战对波兰比对德国的影响更为严重，但两国经济都受到了损害。随着波兰将在经济上活下来这一点变得明显起来，施特雷泽曼和舒伯特对利用经济手段来实现政治目的产生了强烈的怀疑。此外，德国对波兰的压力，很难像施特雷泽曼所希望的那样说服法国人同意对边界做出变更这一主张。更为明智的是设法与波兰的关系正常化，而且在政治上可能的范围内抑制对领土修正的鼓动。各种缓和贸易战的措施得以采纳，而且双方在 1930 年 3 月 17 日签订了一份协议，虽然这一状况直到 1934 年才完全解决。

　　尽管欢迎这些以及其他旨在事实上实现正常化的适度的尝试，波兰领导者却继续担心被兼并领土的归还问题所带来的持续压力。他们还担心德国在东欧的经济扩张的长期影响。在但泽，德国政府继续资助当地的反波兰宣传战。1926 年，新建造的格丁尼亚港口开放。但泽人强烈反对波兰向航运商做出的让步，航运商将把其交易从但泽分流至格丁尼亚港；但泽人因为业务流失而受损，要求加大德国的补贴。德国的"国外德意志人"（Auslandsdeutsche）组织的活动增加，这是让波兰恼怒的另一个源头。得到秘密资助的"德国基金会"（Deutsche Stiftung）将其相当一部分注意力投向居住在波兰的 75 万日耳曼人，后者拒绝同化，对波兰政府没有任何忠诚感。但牵涉的款项无论是官方的还是私人的都太少，只能帮助日耳曼少数民族走向自助。尽管魏玛政府并不拥有与极端民族主义者一样的观点，但其对在波兰的日耳曼少数民族的支持与对波罗的海或苏台德的日耳曼人的支持不在同一个等级。德国加入国联之后，就广泛地利用各种少数民族（权利）协定来公开宣传波兰侵犯居住在波属西里西亚的日耳曼人权利的情况。得到柏林资助的特别组织"民族联合会"不断地向国联理事会提起申诉，其中

516

一些是十分琐碎的。当施特雷泽曼与扎列斯基 1929 年就少数民族问题发生尖锐的公开冲突时，国联理事会议程上的九起申诉中有七起来自"民族联合会"。此类冲突破坏了气氛，不利于确立任何种类的缓和。

毕苏斯基向法国驻波兰新任大使、外交部前政治主管儒勒·拉罗什（Jules Laroche）保证，与法国的联盟是其外交的基石。但是在巴黎，人们对这位元帅的恐俄症相当不安，并且担心其为了在东方释放自己的双手而可能与德国达成一份协议。除了《洛迦诺公约》制造的压力，相当一部分不适是由这两个国家之间的金融与商业联系激起的。由于法国人在波兰是继美国人之后的第二大外国投资者群体，金融上的考虑原本应当会强化这一联盟。相反，它们带来的却是摩擦和对抗。法国资本家对他们的投资带着一种狭隘的商业上的视角，当波兰人寻求捍卫自己的利益时，他们立即向法国外交部请求帮助。为管理上西里西亚的前普鲁士煤矿而创建的联合公司"斯卡波弗姆"（Skarboferm）发出了一连串的投诉，而且波兰人与施耐德公司一再围绕位于斯塔拉霍维采（Starachowice）的兵工厂发生冲突。毕苏斯基愿意出于联盟的利益而做出让步，但难题仍然继续着，而且法国人居高临下的态度使它们更加难以解决。这两个经济体并不是互补性的，而且波兰人发现要矫正对法国的巨大的贸易逆差是一场艰苦的战斗。迫于压力，法国人同意对1924 年的贸易协定进行重新谈判，这些谈判漫长而激烈。一份更为慷慨的议定书最终在 1928 年 7 月得到接受，这份完整的协定直到 1929 年 4 月才得以实施。法国政府并不情愿为矫正波兰军队的一些明显不足而提供所需的军备贷款，而且坚持附加一些对于法国及法国工业而不是对波兰更为有利的条件。在一场本已艰难的对话中，这一额外的摩擦源头令波兰人在法国人手中得到不慷慨的对待时更加愤恨。

毕苏斯基尽管很需要与法国的联盟，但他逐渐将法国人视为"不能共患难的朋友"。德国与波兰的仲裁协议并不包括任何领土上的保证，而且波法双边协定相应地保证波兰的独立但并非其边境。白里安和贝特洛几乎不掩饰他们与英国人的一个共同信念，那就是德国和波兰将不得不在未来的某个时候解决它们的领土分歧。甚至连普恩加莱在 1926 年 7 月担任总理，以及国民联盟内阁组建，也未能减轻波兰对法德协作可能削弱（法国）与波兰的联盟的焦虑。波兰人坚持认为，在提前撤出莱茵兰方面的任何举动都将降低法国帮助波兰的能力，而且如果要华沙当局接受这样一个决定，就有必要对波兰的安全做出进一步的保证。尽管普恩加莱和白里安做出了保证，并且否认波兰事务得到了讨论，但白里安和施特雷泽曼在图瓦里的那一次流产的对话，引出了法国人将会交出但泽或者波兰走廊这一可能性，就像他们曾经对奥伊彭-马尔梅迪所做的那样。尽管白里安在 1926 年 12 月受到施特雷泽曼敦促时拒绝讨论莱茵兰问题，但毕苏斯基很是吃惊，因而要求保证波兰能够寄望于对莱茵兰的长期占领。他警告说，如果法国人同意提前撤出，波兰将要求得到与一份东方的《洛迦诺公约》相当的保证。

在 1927 年 5 月对巴黎的访问中，扎列斯基谈到了签订一份由法国可能还有英国提供担保的波德互不侵犯协定，将其作为缩短占领的合适的回报。白里安坚决要求法国在撤出问题上拥有做出独立决策的权利，而且首先它将以德国赔偿的形式寻求交换条件。尽管法国外交部在日内瓦对于共同行动闪烁其词，518

但波兰外交官们继续认为，白里安将会接受撤出问题与总体安全问题之间的联系。但白里安根本没有试图向施特雷泽曼提起波兰人的焦虑这一问题。尽管法国人被事先告诫，但当扎列斯基在 1927 年 9 月的国联会议上单边地建议签订一项普遍的互不侵犯协定时，仍然让他们大吃一惊。正如白里安所预计的那样，张伯伦拒绝考虑让英国参与无非只是一种新形式的《日内瓦议定书》这样的东西。德国人认为该提议是冻结东方边界的一种途径——这是一个完全不可接受的建议。捷克斯洛伐克人在原则上喜欢这一主张，但认为其不切实际。苏联人声称扎列斯基的建议特意针对苏联。在与施特雷泽曼以及张伯伦会谈之后，白里安提出了一些保留意见，这些意见实际上将波兰人的建议变成了一个毫无意义的宣言。对于期待法国人支持的波兰代表团来说，这是一次屈辱性的经历。几乎与此同时，法国外交部决定派遣路易·弗朗谢·德斯佩雷（Louis Franchet d'Esperey）元帅前往华沙，将享有盛誉的"军人勋章"（Medaille Militaire）授予毕苏斯基，并且间接地提出 1921 年军事协定的一个经修改的文本的问题。这位法国访客遭受了毕苏斯基的一次漫长而杂乱的独白，其间不时地穿插各种奇闻逸事与实例，但这位波兰领导人从未忘记争论的焦点。尽管并未排除未来对话的可能性，但毕苏斯基不会容许将这个军事协定"洛迦诺化"（locarnized，毕苏斯基的用词），也不会接受波苏冲突发生时法国减少其对波兰义务的举动。这是一次无功而返的出使。

II

在洛迦诺会议之后，华沙及巴黎当局曾希望捷克斯洛伐克将更愿意与波兰达成政治和军事安排，但任何此类希望是错位的。毕苏斯基对贝奈斯没有任何好感，而且有点嫉妒这位捷克斯洛伐克外长的国际声望和有效的宣传机器。他总体上对捷克斯洛伐克人的厌恶可以追溯至1919—1920年，而他的许多同胞也有这种感觉。即使考虑到战后时期的紧急情况以及它们之间的领土争议，这种相互的反感也是国际历史上令人难以接受的"事实"之一，挫败了和平缔造者们的希望。就战略或军事事务而言，尽管有自己的偏见，但毕苏斯基是现实主义者，而且与布拉格当局更紧密的合作以及两国与法国的协作在军事上的优势是显而易见的。但贝奈斯并不这样看，马萨里克也是如此。捷克斯洛伐克人强烈批评毕苏斯基的5月政变，及其对波兰与苏联关系的影响。在布拉格正在经历相当之大的政治困境的时刻，一些人认为这次成功的政变对于他们自己的领导地位而言是一个不幸的榜样。毕苏斯基重新掌权证实了贝奈斯的信念，那就是与波兰的任何进一步的协议，将会牺牲捷克斯洛伐克在与德国及苏联打交道方面的良好名声。尽管存在相反的证据，但他认为或者说至少似乎认为德国在对待捷克斯洛伐克时将会不同于对待波兰。

在布拉格和柏林当局之间当时并不存在如同分隔着德国和波兰那样的争吵，而且贝奈斯说服自己，成为德国修正主义对象的将是波兰而不是捷克斯洛伐克。他也不想卷入波兰与苏联之间的纠葛。无论其如何讨厌捷克斯洛伐克共产党，以及右翼政党在反对给予苏联完全承认方面的力量，贝奈斯继续维持其与莫斯科当局的联系。从根本上来说，他相信集体安全体系及其由各种协定组成的网络将保证捷克斯洛伐克的独立。与毕苏斯基不同，他更感兴趣的是与法国建立外交上而不是军事上的联系。主动寻求总参谋部之间更强军事协作的是波兰，而拒绝

519

他们的提议的是捷克斯洛伐克。这在 1926 年 10 月如此，在
1927 年 3 月又是如此，此时波兰驻布拉格的公使齐格蒙特·拉
索茨基（Zygmunt Lasocki）被指责在接触捷克斯洛伐克方面越
权并且被召回华沙。他被毕苏斯基的亲密协作者瓦茨瓦夫·格
日博夫斯基（Wacław Grzybowski）取代，格日博夫斯基坚持认
为，考虑到波兰的军事优势，采取主动的应当是捷克斯洛伐克
人。这两个国家之间的军事合作只是属于最为狭隘的技术方面
的，而且法国向布拉格施加的、要求其与波兰培育更为紧密联
系的压力，是非常不成功的。

　　从一些方面来看，贝奈斯的乐观主义是有理由的。捷克斯
洛伐克与法国的关系比华沙和巴黎之间的要好得多。毕苏斯基
独裁且好斗，对国联的安全体系没有任何信心，与之形成对照
的是捷克斯洛伐克人致力于民主及集体安全，因此在巴黎赢得
了广泛的支持，在激进人士及社会主义者圈子里尤其如此。捷
克斯洛伐克在法国得到媒体的好评，而且贝奈斯在法国外交部
普遍受到尊重。无可否认的是，在伦敦并非如此，那里的反捷
潮流是强劲的，而且在以憎恨斯拉夫人闻名的外交官约瑟夫·
艾迪生（Joseph Addison）爵士在 1930 年被任命为驻布拉格公
使之后，这种潮流大大强化。应当补充说明的是，英国外交部
对毕苏斯基的同情心也多不到哪里去，而且波兰为达成东方的
和平协定而争取英国支持的任何幻想都很快被粉碎了。而在实
际当中，捷克斯洛伐克人向法国人提出的要求比波兰人要少。
由于经济地位更为强势，布拉格当局可以以一种更为平等的方
式与法国讨价还价，尽管如同波兰人一样，捷克斯洛伐克也遭
受贸易逆差之苦（德国和奥地利是他们的主要贸易伙伴）。施
耐德企业集团在捷克斯洛伐克的核心地位及其对斯柯达工厂的

控制是一笔重要的资产。作为一个武器出口国，捷克斯洛伐克没有必要求助于法国来获得大量的装备。捷克斯洛伐克小型的军队给其政府带来的负担比波兰政府所担负的要轻得多。1928年，波兰正在将其大约 30% 的预算用于防务开支，而捷克斯洛伐克则是 14.7%。

与华沙和柏林当局的关系相比，捷克斯洛伐克当时与德国的关系远远没有那么糟糕。德国政府尽管对苏台德日耳曼人越来越感兴趣，但拒绝介入苏台德日耳曼人不同派别之间的争执，而且阻止其向柏林当局的任何诉求。德国与捷克斯洛伐克在后凡尔赛时代的边界遵循着数个世纪保持不变的传统界线，而德波边界则是新的，而且不被许多德国人接受，这一事实进一步区分着这两个国家各自与柏林当局的关系。德国人持续支持那些"活跃分子"——这些苏台德日耳曼人力争与捷克斯洛伐克政府合作，而且欢迎削弱自己的对手。1926 年初，捷克斯洛伐克驻柏林公使首先提出了苏台德日耳曼人的待遇这一问题，这很可能是由于预计德国将进入国联，贝奈斯希望预先阻止关于少数民族问题的讨论。除了施特雷泽曼对日耳曼少数民族问题总体上的兴趣，德国还有一些特定组织推动着苏台德日耳曼人的自我意识。德国政府也的确秘密地干预，支持苏台德人的金融机构，以避免它们破产或者依赖于捷克斯洛伐克的经济来源。但从总体而言，德国政府倾向于在苏台德日耳曼人问题上采取一种低调的方式，这一话题在日内瓦的历次对话中几乎没有被提及。

1926 年秋，两个苏台德日耳曼人进入了新组建的安东宁·什韦赫拉（Antonín Švehla）政府。捷克斯洛伐克的社会民主工人党、德国的社会民主党，以及农民党和天主教党开始合作，

而且有迹象表明经济和宗教上的分野正在冲破捷德的民族分界
线。苏台德日耳曼人代表聚焦于在幕后的压力，而且避免围绕
521　少数民族问题进行公开的斗争。当贝奈斯在 1929 年反对施特雷
泽曼关于加强少数民族制度的建议时，德国人震惊地发现这些
人并未攻击贝奈斯。对于斯洛伐克这一少数民族，苏台德日耳
曼人将自己与捷克人联系在一起，而且与政府一样，对斯洛伐
克人的那些更为极端的要求具有否定的看法。但甚至在与苏台
德日耳曼人合作的这些年月里，贝奈斯私下里也对他们的终极
忠诚度抱有疑心。1927 年 2 月，法国驻布拉格公使弗朗索瓦·
查尔斯-鲁（François Charles-Roux）由于的确对新内阁部长们
的亲德影响力感到担心，曾引用贝奈斯的话说："一旦面临不
同的情形，我们能够从捷克斯洛伐克的日耳曼人那里期待些什
么，对此我根本不存在任何幻想。在面临来自国外的严重威胁
时，他们都不会和我们在一起。这是毫无疑问的，而且一旦出
现这种情况，我们的政策将是停止（合作），在没有他们的情
况下继续下去。"[13]捷克斯洛伐克既不是贝奈斯所希望的集中统
一的国家，也不是其曾在巴黎和会上列为榜样的瑞士。

　　贝奈斯在 1926 年和 1927 年所面临的困难是国内层面的。
1925 年 11 月的大选已经导致共产主义者获得令人印象深刻的
选票，以及社会民主党这一传统的亲"城堡"党派的猛然背
离。很快就显而易见的一点是，马萨里克将不得不应对五党联
盟破裂的问题。政治气氛变得紧张起来，经济上的困难和极端
分子的示威游行出现了。贝奈斯因为其对大国以及国联的顺从
而受到攻击。1926 年 3 月，总统建立了一个由官员组成的暂时
补缺的非党派内阁，其中包括贝奈斯。在随后的政治周旋中，
极端的民族主义政党斥责马萨里克和贝奈斯，一个尤其喧嚣的

小规模本土"法西斯"运动出现了。比这些攻击更为危险的是捷克人和苏台德日耳曼人的资产阶级政党以牺牲社会主义者为代价进行的谈判。贝奈斯所在的捷克斯洛伐克民族社会主义党（Czechoslovak National Socialist Party）看似将会被排除在新的联盟之外，这位外长将不得不辞职。农民党斯洛伐克分部的领导人、贝奈斯的首要对手米兰·霍贾（Milan Hodža）此前对苏台德日耳曼人进入新政府做出安排，他这时抱有成为总理的野心，并且向着这个方向开始了秘密的周旋。正是由于马萨里克毫不动摇的支持和坚持，在经历了两个月的讨论之后，四面楚歌的贝奈斯保住了自己的职位，不过其所在的政党并未被纳入由富有经验的捷克农民党领袖安东宁·什韦赫拉领导的中间派-右派新内阁之中，什韦赫拉在 1926 年 10 月就职。声望受损、影响力被削减的贝奈斯在这场内阁危机期间离开了布拉格，直到 1927 年 1 月才回国。这个新的保守派联盟包含捷克斯洛伐克、捷克人、斯洛伐克人及日耳曼人的政党。新内阁为安抚天主教会和斯洛伐克民粹主义者而采取了各种措施。该国被划分为四个省（波希米亚、摩拉维亚-西里西亚、斯洛伐克以及罗塞尼亚），每个省都有自己的省长和省议会。这种并非激进的分权被斯洛伐克领导人安德烈·赫林卡神父作为通往民族自治的一步而接受，但由沃伊杰赫·图卡（Vojtech Tuka）领导的更为激进的民族主义者并不满意，后者在 1929 年 10 月因为叛国罪而受到审判。

　　当马萨里克在 1927 年 5 月以压倒多数战胜其共产党对手，重新当选总统时，贝奈斯在这个新政府里的威望有所增强。但政治形势仍然悬而未决，贝奈斯的自信心也直到第二年才恢复。在其作为什韦赫拉政府的一员期间，为了抵消德奥（可能）合并的危险，他实施了各种举措来在中欧建立更为紧密的经济联系。贝奈斯和马萨里克尽管表示支持法德和解，但他们实际上感到不安。德国人在多瑙河流域成功的经济攻势将德奥合并的前景提上了日程，当法国人和英国人看似不愿意公开警告（德奥）不得朝着这个方向采取行动时，捷克斯洛伐克人很难高兴起来。贝奈斯重新提出了促进"小协约国"和奥地利及匈牙利之间的经济联系的主张，但在"小协约国" 1927 年 5 月的会议上，他朝着这个方向的努力并未唤起多少热情。各国代表们重申了他们对于洛迦诺各项协议以及与法国的联盟的支持，同时就一个反对德奥合并的共同声明达成一致意见，但他们的合作仅限于此。"小协约国"仍然是其一开始时的样子，它是遏制匈牙利的修正主义的一系列双边协议，而不是一个将会保护奥地利的经济与政治独立的多瑙河集团。由于没有放弃建立一道针对德国在东欧取得持续进展的经济屏障的可能性，贝奈斯开始探索其他替代方案。

在国联理事会 1927 年 3 月的日内瓦会议上，马萨里克与白里安和施特雷泽曼进行了长时间的对话。面对白里安，马萨里克提出了他对德奥合并的担心，以及建立一个由波兰、捷克斯洛伐克、奥地利、南斯拉夫组成的集团以遏制德国的扩张主义的必要。面对施特雷泽曼，他谈到欧洲地图变化的不可避免性，并且暗示捷克斯洛伐克将接受对德波边境的某种形式的修正。在已经向这位德国外长保证说他并不希望在一场与德国的冲突中为波兰火中取栗之后，他表示希望可以避免冲突，但泽问题得到解决。捷克斯洛伐克人和波兰人都在设法扭转德国的修正主义浪潮，让其对准对方。德国人坚称捷克斯洛伐克对德奥合并的担心是没有任何根据的。国务秘书舒伯特 1927 年前往维也纳途中在布拉格停留，他告诉贝奈斯，德奥合并将自然而然地发生或者根本不会发生，不过他暗示说时间显然站在德国人一边。他并未对贝奈斯关于组建一个多瑙河经济联盟的含糊言论做出反应，不过后者一定已经意识到德国根本不可能接受自身被排除在外的联合。对于贝奈斯提出的签订一份捷德互不侵犯协定的主张，德国人也不感兴趣，这样一份协定不会带来任何真正的好处，而且会惹恼匈牙利人。在柏林，捷克斯洛伐克、德国和奥地利之间建立一种特别关税关系的可能性被提起。这一主张在苏台德日耳曼人圈子里以及在维也纳获得了一些赞同，但对于一个将会让捷克斯洛伐克在经济上处于德奥这对"老虎钳"挤压之下的联合，贝奈斯并不感兴趣。1928 年初，他考虑过与匈牙利签订一份互不侵犯协定，与奥地利签订一份将通向一个更为普遍的地区性集团的双边协定，或者像是在 3 月与德国国务秘书舒伯特的好友马克斯·比尔（Max Beer）所讨论的一个"维也纳或但泽"方案，依据这一方案，德国将放弃德奥合并的主张（这种合并在任何情况下，无论对欧洲还是捷克斯洛伐克来说都是不可接受的），而在其他地方寻求补偿。贝奈斯将进一步探索这一建议，但其带来的将是完全消极的结果，还让法国外交部大为不安。

Ⅲ

1927 年秋，毕苏斯基着手立陶宛政治流亡者的事情。关于各自对波兰人和立陶宛人的待遇，双方进行了各种指责与反指责。立陶宛独裁者沃尔德马拉斯决定就其同胞被虐待以及波兰对立陶宛安全的威胁，向国联申诉；毕苏斯基威胁将对立陶宛政府采取军事行动。苏联在华沙的使者警告此类行动的后果。

随着危机升级，毕苏斯基宣布他将参加 12 月的日内瓦会议，以便亲自与沃尔德马拉斯对质。在国联 12 月 10 日举行的一次秘密会议上，这位波兰领导人突然打断其对手没完没了的冗长报告，张开手掌拍打桌子，要求知道沃尔德马拉斯是想要战争还是和平。当这个立陶宛人回答说"和平"时，毕苏斯基宣告说他感到满意。理事会确定这两个国家之间的"战争状态"已经结束，进而为它们之间的谈判做出准备。这一结果被盛赞为国联及白里安本人的胜利。但围绕维尔纳的故事还没有结束。在 1928 年举行了多次会议，但立陶宛拒绝与波兰缔结一份协定，或者重新开放波兰与立陶宛的边界，除非维尔纳被交还，而波兰人拒绝考虑这一条件。由于苏联人和德国人对沃尔德马拉斯施加压力，要求其弥合与华沙当局的分歧，这场冲突以一种更低的调门持续着。

在日内瓦停留的两天时间里，毕苏斯基与白里安、张伯伦及施特雷泽曼进行了交谈，尽管后面的这些对话是泛泛而谈的，没有政治上的重要性。受到他们的友谊以及毕苏斯基关于波兰走廊"无法防守"的评论的鼓励（或刺激），白里安抓住这一机会，发起了一次外交行动。自洛迦诺会议以来，他已经倾向于波兰退出走廊，换取一份将包含德国在内的东方安全协定。在日内瓦，他对毕苏斯基和施特雷泽曼提出了以梅默尔交换但泽的可能性。立陶宛应当将梅默尔给予波兰，波兰则将放弃但泽，把格丁尼亚和梅默尔作为替代性的港口。这一主张在波兰人看来是不可能成功的，施特雷泽曼也对这种交换发表了轻蔑的评价，但法国外交部以及德国外交部审视了这一主张。在日内瓦会议上，白里安在警告苏联不要支持沃尔德马拉斯针对波兰的夸张诉求的同时，提议苏联、德国、波兰、波罗的海各国

以及罗马尼亚签订一份互不侵犯协定，以这种形式实现东方的
"洛迦诺"（式的和解）。无论是毕苏斯基还是施特雷泽曼都不
喜欢白里安的这些提议。以主要由波兰人居住的波兰走廊的一
部分换取梅默尔，这很难让波兰满意；而以一种对于东方边境
的保证换取领土上微不足道的修正，这并不是施特雷泽曼想要
的。苏联不可能抛弃立陶宛和接受由波兰占有梅默尔。施特雷
泽曼指出，在领土问题得到解决之前，波兰不能被包含在一份
东方《洛迦诺公约》之中，而且在比萨拉比亚问题悬而未决的
情况下，罗马尼亚也极不可能愿意加入一份东方的协定。白里
安和贝特洛继续暗示这种交换的实用性与可行性。不过他们的
这种以对法国而言降低代价的方式来换取更大安全的希望，并
无多少成功的机会。

　　维尔纳问题拖延了下去。德国人和苏联人试图约束沃尔德
马拉斯，但这个倔强的民族主义者一再拒绝波兰提出的解决两
国之间分歧的条件。1928 年夏天，当毕苏斯基看似可能兑现其
挺进立陶宛的威胁时，又一场风暴出现了。让法国如释重负的
是，毕苏斯基愿意让国联这一机构按照其正常的程序解决。这
年 8 月，当所有目光都聚焦于《凯洛格-白里安公约》时，维
尔纳冲突退出了公众的视线。1929 年 9 月，沃尔德马拉斯受立
陶宛总统安塔纳·斯梅托纳（Antana Smetona）所迫辞去总理职
位，然后以严重叛国罪受审。斯梅托纳的新政权与旧政权一样
是民族主义和独裁的，但维尔纳再度成为头版新闻时已经是十
年之后了，其时苏联人在已经占领了波兰东部的情况下，将维
尔纳作为一个共同安全协定的一部分割让给立陶宛人。

　　毕苏斯基与施特雷泽曼的对话没有下文，而且华沙当局相
当担心与苏联悬而未决的关系。尽管扎列斯基希望苏联人将为

波兰及其邻国提供一份互不侵犯协定，但人们担心他们可能单独与法国达成协议，从而削弱波兰的谈判角色。为了维护波兰的外交独立，扎列斯基在 1928 年 3 月底拜访墨索里尼。这位波兰访客抱怨来自法国及罗马尼亚的支持并不充分，而且将与布拉格当局的关系形容为"冷淡"，他热情地谈论匈牙利以及匈牙利与罗马尼亚最终和解的可能性。这次会晤的具体成果是微不足道的，不过此行在巴黎以及"小协约国"各国首都引起了敌对的反应。一年多以后的 1929 年 5 月，扎列斯基前往布达佩斯，两国外长探讨了一项武器过境（arms-transit）协议，这份协议在匈牙利与罗马尼亚关系改善的情况下能够被延伸至罗马尼亚。匈牙利人邀请扎列斯基担任布达佩斯和巴黎当局之间的中间人。由于这次访问是在意大利副外长迪诺·格兰迪的访问之后进行的，人们普遍相信罗马和华沙当局协调行动的传言。由于希望恢复一种将与和匈牙利人的对话相补充的联系，此后扎列斯基还访问了布加勒斯特，尽管毕苏斯基以鄙视罗马尼亚人而出名。扎列斯基对罗马和布达佩斯的访问以及与意大利人正在进行的对话，进一步证明了贝奈斯政策的合理性，他倾向于使捷克斯洛伐克独立于波兰，甚至以牺牲波兰为代价。

在整个 1928 年里，扎列斯基一直担心一种以波兰为代价的与德国的和解。他试图告诫法国人不得做出任何进一步的让步的尝试，却只是在巴黎和柏林激起了愤怒。无论是波兰人还是捷克斯洛伐克人都没有被邀请参与在 1928 年 9 月进行的各种讨论，讨论后一个专家委员会得以建立来讨论赔偿问题，以及建立一个处理莱茵兰非军事化问题的委员会。除了言辞上的保证，法国人并未做出任何事情来减轻波兰人的窘迫。随着西方各个大国更为接近达成协议，巴黎和华沙当局之间的距离加大了，但扎列斯基没有任何选择，只能紧跟法国。此时出现了一种缓和波兰在东方处境的外交红利。《凯洛格－白里安公约》在华沙并未得到多少赞成，尽管如同在其他地方一样，它被誉为对和平的一大贡献。尽管发生了维尔纳事件，而且在此前的这个秋天里与法国及波兰之间困难重重，但苏联对两国都展现了新的友好姿态。1928 年 12 月 19 日，李维诺夫向波兰人提出了一份条约草案，它将在《凯洛格－白里安公约》由其最早的签字国批准之前，将该公约的条款付诸实施。极为不同寻常的是，苏联接受了波兰人的要求，也就是罗马尼亚和波罗的海各国应当获邀加入。1929 年 2 月签订的《李维诺夫议定书》（Litvinov protocol）是苏联在国内动荡的一个时刻，为改善其与外部世界关系的总体努力的一部分。苏联对华沙当局的这种姿态让德国人非常惊恐，并不让人吃惊的是，他们拒绝考虑莫斯科关于达成一种三边安排的提议。

波兰与苏联关系的喘息时间是短暂的。1930 年，当法国取代英国成为苏联的眼中钉时，苏联与法国和波兰的关系恶化。波兰总参谋部被指令将其计划基于这样一个假定——对于波兰的安全而言，苏联是比德国更大的威胁。波兰人担心苏联的政治困境可能导致苏联在东欧发动军事行动。苏联人由于本国商品"倾销"问题而卷入与法国人的一场冲突，而且对 1930 年 3 月 17 日的波德商业协议感到担心，他们再度讨论在五年计划完成之前，波兰发起一场预防性战争的可能性。苏联外交人民委员部紧密跟踪着华沙关于将对德国采取的政策的辩论。毕苏斯基长期的右翼反对者、厌恶向德国靠近的任何举动的罗曼·德莫夫斯基撰写了一系列的文章，声称波兰军界正在准备攻击苏联。在最终意识到莫斯科当局不断加大的不安之后，扎列斯基在 1930 年 4 月 16 日公开否认正在筹划这种战争，并且向苏联保证说，在巴黎的对话已被限定于"考虑应对特定危险（也就是苏联的'倾销'）的商业措施……波兰需要而且希望和平"[14]。当集体化遭遇困难以及在中国的挫败导致重新提议签订一份互不侵犯协定之时，苏联针对波兰的政策发生了再一次的转变。这成了双方众多艰辛谈判的开端，这些谈判最终促使双方在 1932 年 7 月 25 日签订互不侵犯协定。

527 　波兰代表在推动海牙会议召开的决定中没有任何发言权，也没有出席 1929 年 8 月举行的海牙会议的政治会谈。波兰外交部提出了各种各样的替代性方案来捍卫本国的地位，扎列斯基试图确保在未来与德国的任何冲突中波兰将立即和自动获得支持，但法国人未能对扎列斯基的任何建议做出积极的回应。由于担心他们的这个泄气的盟友可能退出针对德国的共同战略，将其全部的军事注意力转向东方的前线，法国军事参谋部在 1929 年 7 月底将波兰的对应部门邀请至巴黎。在已经敦促波兰代表团首领塔德乌什·卡斯普日茨基（Tadeusz Kasprzycki）将军承认德国仍然是波兰最为危险的敌人之后，法国人接着解释，从莱茵兰撤出之后，法国人将从法国境内的永久性阵地遏制德国的所有攻击，他们只能在波兰人受到攻击时，通过向莱茵河进军来解救波兰人。波兰人在此期间将只能单打独斗。尽管法国的这个防御战略（B 计划）的细节并未得到透露，但波兰代表们很可能怀疑其内容。他们要求法国在波兰囤积军事装备，并且为两国空军之间的协作采取措施。他们还希望获得一笔 15 亿法郎的货物及现金贷款。法国人拒绝在不废除 1925 年的条约以及不对 1921 年军事协定（这两者都是毕苏斯基不愿接受的）做出修改的情况下，去讨论一份三边的法波德协定。双方同意任何新的谈判将在海牙会议结束之后再开启。

在 1930 年 1 月的海牙会议上，波兰人只被获准参加经济委员会的工作。白里安在双边的对话中同意考虑他们的政治和军事要求，不过再次坚称不可能有任何加大法国对波兰军事义务的联盟协定。甚至连给予军火贷款也被与为法国武器制造商提供订单联系起来，而资金的提供是通过一个由法国人设计的复杂系统。就在波兰建立军事储备而言，法国官员们甚至更不乐意，他们认为过于昂贵，而且将开创一个危险的先例。扎列斯基尽管在海牙所获甚少，但他此时将其努力集中于获得白里安曾经含含糊糊地提议的那些东西。这次海牙会议对于施特雷泽曼而言是胜利，对白里安来说是失败，而波兰的安全则被进一步削弱。白里安试图驳斥国民议会和参议院关于法国在海牙会议上背叛了波兰的指控，而且实际上声称波兰政府已经赞成法德的和解。正如白里安所深知的那样，这在最有象征性的意义上才是真的。波兰议会的右翼反对派，甚至是一些支持政府的组织也都公开批评，只有扎列斯基忠实地支持白里安，证实白里安声明的实质。他明白再无其他可能性，只能相信法国对波兰的持续忠诚；他同时继续寻找一种方案，这种方案将会提供其所谋求的自动和立即的支持。

在巴黎，塔迪厄新政府在 1929 年 11 月 3 日上台，白里安仍然执掌外交部，但这个新政府与其前任一样，并不愿意满足波兰的安全要求。这位新任法国总理的性格比白里安更为强硬和冷漠，而且在处理外交问题上没有那么精细，不过他继续支持白里安对于波兰的路线。塔迪厄关于忠实于盟友及朋友的公开保证被华沙当局带着怀疑地接受。此时在柏林导致布吕宁上台的政治变化，进一步增加了波兰人对德国意图的焦虑。边境

528

事件变得更为常见，而且在导致德国 1930 年 9 月灾难性大选的选战中，布吕宁内阁成员格特弗里德·特雷维拉努斯（Gottfried Treviranus）发表了一系列激烈的演讲，要求归还但泽和"走廊"。并不怎么令人吃惊的是，波兰人在 1930 年秋天准备探索与苏联达成一份互不侵犯协定的可能性，而在纳粹党获得大选的成功后，毕苏斯基以其惯常的超级秘密的方式派出一名密使去见希特勒，这暗示一旦希特勒上台，两人也许能寻找到一种可以避免冲突、令人满意的安排。这位元帅倾向于一种更为强硬、更为独立的路线，开始考虑也许将波兰的一些"鸡蛋"从法国的安全"篮子"里取出来。毕苏斯基的"新路线"需要一位比随和的扎列斯基更强大的外长。1932 年 11 月 2 日，毕苏斯基的亲密助手、在 1930 年已经成为副外长的约瑟夫·贝克（Józef Beck）获得任命，接替了扎列斯基。作为外交场上最不讨人喜欢和最不受信任的人之一，这位聪明但傲慢的外长面对着"将稻草变成砖头"[①] 的任务。

已经在布拉格恢复政治地位的贝奈斯带着某种超脱感看待波兰的困境。日益自信的贝奈斯接管了捷克斯洛伐克民族社会主义党的领导地位，而且着眼于接替马萨里克成为总统，他让自己沉浸于国内政治之中。政治的钟摆正在向着马萨里克和贝奈斯的方向摆动。1929 年，出现了 1920 年代初的统一政府的回归，而且 1929 年 10 月的大选让政府摆脱了对斯洛伐克人及苏台德日耳曼人的依赖。这个广泛的（执政）联盟由十分支持"城堡"的弗朗齐歇克·乌德扎尔（František Udržal）领导，包括了捷克人的党派、社会党、农民党以及天主教党。正是由于

---

① 即巧妇难为无米之炊之意。

马萨里克的努力，有两名苏台德日耳曼人被纳入这个全捷克人的内阁。

　　贝奈斯仍然希望创建某种形式的中欧国家集团，它将包括奥地利和匈牙利以及"小协约国"各国。1928 年初，他的紧迫关切是匈牙利。这年 1 月，从意大利走私到匈牙利的军火在奥匈边境上的圣戈特哈德（Szentgotthárd）被截获。意大利的这一行动在"小协约国"各国首都敲响了警钟，在布拉格尤其如此，那里的人们相信匈牙利人正在武装斯洛伐克民粹主义者。此事被提交国联理事会，但无论是法国人还是英国人都不愿意利用此事来作文章——他们当时都在向墨索里尼示好。墨索里尼鼓励匈牙利的修正主义，而且通过加强努力以与奥地利人签订一份双边协定（1921 年签订的《拉尼条约》在 1926 年到期，而且未被更新）来干预维也纳的政治，贝奈斯试图对此予以反击，并且巩固"小协约国"。贝奈斯力图让奥地利总理伊格纳茨·赛佩尔相信，他正在致力于在中欧签订一系列的双边协定，这些协定并不牵涉到放弃领土主张，而是将指向声明放弃战争。他建立一个中欧"洛迦诺"体系的希望胎死腹中。在 1929 年 5 月贝尔格莱德的一次会议上，"小协约国"各国同意它们的协定在每个五年期结束时将自动延长。他们还为沿着国联所建议的路线和平解决争端签订了一份三边协定。尽管并非贝奈斯所希望的政治联盟，但这是合作继续的一个鼓舞人心的迹象。三国政府的总参谋长举行了一系列会议中的第一次，以协调他们的军事规划，这首先被用来对付匈牙利，然后是在 1930 年对付意大利针对南斯拉夫的一次可能的攻击。

　　1928 年 5 月，在伦敦、巴黎和布鲁塞尔试探对于一个扩大的中欧地区国家集团的看法之后，贝奈斯主动对柏林进行了一次私人访问，这是唯一一次。他拜访了总理马克斯、经济事务部部长尤利乌斯·库尔提乌斯以及德意志帝国银行行长沙赫特，并且与代理外长（施特雷泽曼当时生病）职务的舒伯特进行了几次谈话。① 这位国务秘书再次向贝奈斯保证说，德国根本没有兼并奥地利的急迫意图，不过他警告说，如果反对奥地利最终被纳入德国，那么没有哪个德国政府能够继续执政。贝奈斯谈及一种包含"小协约国"各国、奥地利、匈牙利、保加利亚和希腊的优惠关税体系，并且挡开了舒伯特关于建立一个欧洲合众国的反建议（由白里安提议），舒伯特主张从建立一个德国-奥地利-捷克斯洛伐克经济单位（economic unit）开始。贝奈斯争辩说，这样的一个建议在政治上将会是挑衅性的，而且会遭到法国、英国以及意大利的反对。与此同时，法国与布拉格当局在 1928 年 7 月 2 日缔结了一份商业协定，法国据此将最惠国待遇扩大至覆盖捷克斯洛伐克的大多数出口产品，以换取更低的关税。法国外交部再度敦促捷克斯洛伐克与波兰签订一份军事协议，但和往常一样没有成功。波兰与捷克斯洛伐克 1928 年 9 月的军事对话具有一种狭隘的技术性质，主要限定于情报事务。

在 1930 年 1 月的海牙对话中，贝奈斯会见德国新任外长尤利乌斯·库尔提乌斯，结果发现他比施特雷泽曼更为死板。法国人在海牙的失败并未导致布拉格做出任何反应，也没有导致波兰对法国的呼吁做出更为积极的反应，鉴于即将撤出莱茵兰，法国呼吁与华沙当局进行更大的军事合作。这年 8 月，贝当元

① 原著中此处可能有误。原文中并未说明尤利乌斯·库尔提乌斯的身份，而将沙赫特称为"经济部部长"。但此时德国的经济事务部部长是库尔提乌斯（1926 年 1 月起就任）；而沙赫特此时是德意志帝国银行行长，直至 1934 年 8 月才在希特勒领导的政府里担任经济部部长一职。

帅参加了捷克斯洛伐克军队的多次军事演习，对他所看到的东西留下了很深的印象。不过他注意到这支军队装备糟糕，而且质疑其中的日耳曼民族士兵的忠诚。他希望捷克斯洛伐克军队在敌对行动开始时将不会单打独斗，并且再次敦促法国、"小协约国"，可能的话还有波兰的军队之间建立更牢固的联系。但当贝奈斯在1930年重新考虑其政策时，他的想法中没有为波兰留下任何角色。

IV

德国修正主义的复苏以及布吕宁政府更为尖锐的民族主义腔调在捷克斯洛伐克也有其对应物。当贝奈斯1930年在日内瓦时，布拉格发生了反苏台德日耳曼人和反犹太人的为期四天的暴乱，库尔提乌斯通过阻止柏林交响乐团完成其在布拉格的约定，以及取消两国间进一步的文化交流，赢得了从该事件中捞取政治资本的机会。这只是为了反击德国中产阶级当中的民族主义情感而做出的一个姿态，中产阶级将在其后的德国大选中扮演非常重要的角色。对于法国外交地位弱化以及巴黎和伦敦当局在对待德国方面的分歧的后果，捷克斯洛伐克人和波兰人都是清楚的。白里安对德国采取的谨慎和解政策遭到了法国国民议会右派的严重攻击；而更为支持他的左翼政党因为希望更为接近德国，要求修改与波兰的联盟。扎列斯基担心与巴黎当局的现有安排并不安全。如果说贝奈斯采取的是其惯常的乐观的姿势，那么他对布拉格当局与法国的持续团结的重申，甚至是其与波兰关系（无可否认，谈不上和睦）的重申，几乎掩饰不住其对欧洲形势的担心。波兰人为了从法国获得许诺的军备贷款而推进着谈判。这份协议在1931年2月18日签订，它提供总价为 1.13 亿法郎的火炮以及海军与空军物资。面对巴黎当局（内部存在的）相当之大的反对力量，法国人的这份协议保证了其持续的诚意。

531　　　不断加深的大萧条催生了众多应对农业国困境的方案。对于白里安在 1930 年 5 月提出的成立一个欧洲联盟（European Union）的计划，捷克斯洛伐克人和波兰人怀疑其可行性，而且担心其将损害他们已经享有的安全。路易·卢舍尔在 1930 年 5 月中旬对布拉格、布加勒斯特和布达佩斯的访问，以及法国其后在日内瓦为考虑农业过剩问题而采取的种种举动，引发了进一步的焦虑。捷克斯洛伐克人担心，受法国人激发、向着建立一个多瑙河关税区或者农业国家联盟而采取的举动，将会冲破"小协约国"并且挑战捷克斯洛伐克在该地区的首要地位。"小协约国"本身远远谈不上牢固。在国王卡罗尔 1930 年 6 月突然回到布加勒斯特之后，罗马尼亚正准备在外交事务中遵循自己的路线。作为对国联的协调经济行动会议（Conference on Concerted Economic Action，1930 年 2 月召开）所提出的一个要求的回应，罗马尼亚人、南斯拉夫人和匈牙利人于 7 月底在布加勒斯特会晤，建议欧洲工业国家以优惠关税税率接纳欧洲的谷物，这一建议违反了既有商业协定的最惠国待遇条款。1930年 8 月，波兰组建了一个由八个"防疫线"（cordon sanitaire）①国家组成的农业国集团，尽管受到了来自波罗的海的两个参与国拉脱维亚和爱沙尼亚的反对，但它们就将向日内瓦提交的建议达成了一致意见。随后在没有这些波罗的海国家参加的情况

---

① "防疫线"或"警戒线"设施是对人员进出特定地理区域（例如社区、区域或国家）所实施的一种限制。该术语最初指阻止传染病传播的屏障。它在英语中常用指试图阻止被认为有害或危险的意识形态的传播。

下举行了一次后续会议，该集团的优惠关税建议被置于国联的议事日程之上。[15]波兰的这一行动在捷克斯洛伐克、法国或德国得到的反应不佳，这几个国家将这次会议视为政治的而非经济的。关于实施优惠关税的可能性于 1930 年和 1931 年在日内瓦由不同的委员会进行了讨论。英国人仍然坚持粮食的自由贸易，但其内部也围绕保护政策陷入了分歧，他们拒绝采取任何行动，而英联邦各国反对该建议。法国人除了表达他们对于优惠关税协议的厌恶之外，觉得无法在不伤害自身捉襟见肘的农业部门的情况下吸纳大量的谷物剩余。1930 年 10 月，法国商务部部长皮埃尔-艾蒂安·弗朗丹（Pierre-Étienne Flandin）访问东南欧各国首都，提出为粮食出口融资，以取代优惠关税税率计划。如果处于一种有利的金融地位，法国人原本可能在东南欧采取更为积极的行动，但相反他们只是敷衍了事。

德国人早在 1930 年初就已着手与罗马尼亚谈判一项新的商业协定，他们掌握了主动权。将优惠关税待遇扩大至东南欧各国是延伸德国的经济和政治影响力的一种途径。但外交部的渴望遭遇了其他政府部门的反对，这些部门对农业利益团体和一些著名实业家的反对做出回应，这些实业家担心优惠性关税对他们的海外市场有不良影响。朝着这个方向的一些举动在双边的基础上继续进行着，不过其进程是缓慢的，而且德国要想不损害与它的一些重要主顾的贸易，需要获得国际上的同意。1930 年 2 月，库尔提乌斯拾起了舒伯特早先的一些主张，向奥地利总理提出了建立某种形式的关税联盟的可能性，而且从约翰内斯·朔贝尔的良好反应中受到了鼓励。在考虑德国如何回应白里安关于建立欧洲联盟的提议时，库尔提乌斯的国务秘书、比其前任更为咄咄逼人的民族主义者伯恩哈德·冯·比洛，在 1930 年 7 月和 8 月为布吕宁提供了两份备忘录。他认为德国应当成为东南欧各个小国的重心，而且与奥地利的结合（union）是"德国外交最为紧迫的任务"。"从未来更大可能性的角度来看，"他写道，"与波兰走廊问题相比，与奥地利结合这一问题的解决似乎甚至更为紧迫和重要。"[16]讨论因为朔贝尔政府垮台而中断，之后随着朔贝尔在 1930 年 12 月作为外长回归而恢复。德国外交部的一些人原本可能希望其他国家也许会加入这样一个联盟，但贝奈斯将永远不会接受被纳入一个由德国支配的经济集团。

东欧的大多数国家在政治上更为强大但在经济上压力重重，它们仍然是有主权的、自主的。无论是波兰还是捷克斯洛伐克当时都并不面临来自德国或者苏联的直接危险，但都发现难以对《洛迦诺公约》之后欧洲的变化做出回应。向着合作性行动方面做出的动作是有限的。"小协约国"仍然存在，它们因为对匈牙利持续的但不断减弱的害怕而结合在一起。贝奈斯将其作为一种防止德国靠近奥地利、保护捷克斯洛伐克的手段，但他的这些努力失败了。南斯拉夫拥有与法国的协定来防范意大利的修正主义，但觉得远远不够安全，而罗马尼亚继续寄望于波兰的支持来对付苏联。东南欧正在出现的另一个集团跨越了"小协约国"的分野。在希腊和土耳其 1928 年签订的各项协定的基础上，而且依据土耳其人提出的"巴尔干人民的巴尔干"这一口号，第一次巴尔干会议于 1930 年 10 月 5—12 日在雅典召开。这个集团的开端本具有希望，但由于前敌国保加利亚、希腊、南斯拉夫和罗马尼亚之间的分歧而受到抑制，它们都曾经从保加利亚的失败中受益。在创建将为对付德国或者苏联提供额外保护的地区性国家集团的努力方面，波兰人的表现与捷克斯洛伐克人一样糟糕。它们与英国及德国一道，反对法国关于召开一次有英国、德国和苏联参与的"东方洛迦诺"会议的主张，巴黎当局希望这将强化波兰的安全，确保巴尔干国家在任何冲突中的中立。法国赞成关于建立将波罗的海三国与芬兰或者波兰联系起来的波罗的海联盟的建议，这一建议也未能实现。波罗的海国家自行其是，与德国缔结了单独的经济协定，与苏联缔结了互不侵犯协定，尽管只有立陶宛与莫斯科当局拥有热情友好的关系。芬兰强烈地反布尔什维克和亲德，寻求让自己与斯堪的纳维亚半岛其他国家而不是波罗的海国家结盟。

　　中欧外交最具危害性的方面，仍然是尽管法国的保证在弱化，德国的修正主义出现不断增强的迹象，布拉格和华沙当局却未能建立联盟。所有的继承国在进入新的十年（1930年代）时，都暴露于对于既有权力分配的重大挑战之中。东欧最为根本的变化正发生在更东面的苏联，在那里，斯大林已经崛起为列宁的继承人，而且该国进入了政治和经济上巨大变化的时期。斯大林的工业化和集体化计划是以巨大的人力损失为代价来执行的，与之相伴随的是为进入欧洲政治舞台而重新做出的各种努力。1931年，一个多边事务部门在苏联外交人民委员部内创立，其目的是处理多国事务，为苏联参加即将到来的一系列国际会议做准备。李维诺夫在1930年被任命为外交人民委员，标志着苏联回归国际事务的又一个阶段。

洛迦诺会议之后的苏联

I

　　在后洛迦诺时期，苏联处于一种被孤立且易受攻击的地位。　534
1926年缔结的《柏林条约》只是部分地打消了苏联领导人对德

国未来意图的疑虑。契切林采取了其他措施来保卫苏联的边境。苏联与中亚及波罗的海国家签订了中立及互不侵犯协定。与土耳其（1925 年 12 月）、阿富汗（1926 年 8 月）、波斯（1927 年 10 月）签订的协定，旨在防止这些国家被拉入受到英国鼓舞、对抗苏联的地区性协定。契切林与土耳其签订的协议尤其重要，因为安卡拉当局掌握着通往中亚的钥匙。尽管凯末尔成功地迫害了土耳其的共产党组织，但他并不反对与莫斯科当局的良好关系，考虑到土耳其向英国和法国欠下的债务频频消耗着土耳其的财政时，就更是如此。当土耳其在 1920 年代末面临严重的财政问题时，他们寄望于莫斯科提供支持和援助，以让自己免受各个债权国的支配，并为其工业化成果提供保证。苏联为土耳其 1934 年采取的五年计划提供了榜样，并且提供了该计划成功所必需的信贷和工业设备。在北方的边境上，在未能与波兰达成协议后，苏联与立陶宛（1926 年 9 月）、拉脱维亚（1927 年 7 月）和爱沙尼亚（1927 年 8 月）缔结了协定。与这些国家中的每一个签订协定所采纳的形式，都是在签订与土耳其的协定时所运用的。其中不对边境提供任何保证，但对互不侵犯的承诺做出了规定，并且规定在与第三方发生战争时保持中立。每个政府都保证不会参与任何种类的敌视对方的联盟。就其自身而言，苏联同意放弃其革命活动，希望稳定现状和推动双边贸易协定。这些协定都是苏联对于《洛迦诺公约》的回应的一部分，这些协定之所以成为可能，是因为随着一个防御性的波罗的海国家集团这一选项被排除，波罗的海各国认为其利益能够通过与莫斯科的双边协定得到最好的维护。

莫斯科当时仍然希望将法国与英国分离开来。尽管致力于解决债务问题的法苏专家并未取得多少进展，但契切林在 1925

年 12 月 11 日来到巴黎，并且在发现白里安热情友好（大多数
访客都觉得白里安友好）的情况下，安排未来召开一次会议来
考虑战争债务、贷款、贸易协定和政治关系。但正如苏联人将
很快发现的那样，与法国人建立任何关系都会充满种种困难。
法国与苏联的债务清偿谈判在 1926 年 2 月开始，但很快就陷入
了困境。苏联人不愿考虑签订一项债务清偿协议，除非获得贷
款或信用；由于财政部处于严重压力之下，而且本国正遭受法
郎贬值之苦，法国人对贷款和信用都拒绝予以考虑。如同此前　535
在伦敦一样，克里斯蒂安·拉科夫斯基（Christian Rakovsky）①
求助于个人外交，设法与法国谈判人员当中最具同情心者之一
的阿尔伯特·德蒙齐（Albert de Monzie）拟定了一个方案。尽
管白里安和法国财政部部长卡约对此表示赞同，但这个草案将
会迫使法国的大量债主等待偿付，其是否能够被国民议会接受
是十分值得怀疑的。当强烈反对与布尔什维克领导的苏联达成
协议的普恩加莱在 1926 年 7 月重新执政，担任总理和财政部部
长时，这整个问题变成了空谈。

英国对苏联人构成了主要威胁。苏联对《洛迦诺公约》具
有敌意的解读基于这一假定——这是一个由英国设计的、旨在
威胁苏联的协定。随着 1925 年 5 月 30 日革命运动在上海爆发
与蔓延，以及莫斯科在 1926 年夏天对国民党民族主义攻势的全
面支持，苏英两国在中国的对抗加剧。中国共产党要求独立于
蒋介石以及建立一个有自己的革命计划的独立组织，尽管蒋介

---

① 克里斯蒂安·拉科夫斯基（1873—1941），在保加利亚出生的社会主义革
命者，布尔什维克政治家，苏联的外交家和政治家；他还以记者、医生和
散文家而闻名。在其政治生涯中，他的足迹遍及整个巴尔干半岛、法国以
及俄国。他还曾是罗马尼亚公民。

石以其苏联顾问为代价，在 1926 年 3 月发起了对共产党的突然袭击①，但苏联仍然决定支持蒋介石对中国中部长江流域的北伐战争，英国在那里有着大量的商业利益。1926 年夏天和秋天的北伐取得了重大的成功，共产国际在 12 月祝贺"世界革命进程"在中国的进展，并要求中国共产党进入国民党政府，以便能够接管革命和建立无产阶级的统治。挺进华中这一英国影响力的核心在伦敦引起了相当大的惊慌，当共产党人明确地向针对英国租界的行动传递反殖反帝情感时尤其如此。

苏联在欧洲加强其地位并在中国寻求一种军事攻势的尝试，因为莫斯科当局持续的党内斗争②而变得复杂。在"一国建成社会主义论"被党的精英接受的同时，在 1925 年 12 月举行的党代表大会上，围绕工业化问题出现了分歧。斯大林相信苏联和资本主义国家之间的冲突迫在眉睫，他和布哈林认为苏联将不得不利用自身的资源来实现工业化。布哈林认为这可以在新经济政策的一个经过修改的框架内实现。斯大林对于这场辩论所提出的那些详细的问题并未表现出多少兴趣，直到这场辩论在反对托洛茨基的斗争中变得重要起来。托洛茨基认为实现快速工业化和提高苏联超低水平的产量的唯一途径，是让苏联融入资本主义世界。这种孤立主义和融合主义间的冲突为斯大林和托洛茨基之间的对抗火上浇油。1926 年初，斯大林看似已经成功地对付了来自季诺维也夫和加米涅夫对其权威的挑战。

---

① 即"中山舰事件"。

② 原文为"inter-party fights"即"党际斗争"，但从下文内容以及苏联当时由共产党一党执政的现实情况来看，应当是指"intra-party fights"即"党内斗争"。

在缺席几乎两年之后，托洛茨基在 1926 年的一次关键的党的会议上再度亮相，重新开启了这场反对派战役。在 5 月的下半月，托洛茨基和季诺维也夫以及加米涅夫达成了协议，这个"统一的反对派"得以形成，以挑战斯大林对该党不断加紧的控制。

1926 年，随着英国国内的各种事态加剧了内阁的反布尔什维克主义情绪，以及随着莫斯科的领导权争夺加剧，斯大林出于政治目的有意鼓动苏联人的情绪，英苏关系进一步恶化。甚至在苏联政治局正在支持中国国民党的攻势和共产党反对在华的英帝国主义者的运动之时，契切林也正在试图与英国的保守党政府实现关系正常化。尽管奥斯汀·张伯伦拒绝了契切林的努力，但这位英国外交大臣力图抑制鲍德温内阁中反布尔什维克的顽固分子［内政大臣威廉·乔因森 - 希克斯（William Joynson-Hicks）爵士、财政大臣温斯顿·丘吉尔，以及印度事务大臣伯肯黑德勋爵］，这些人当时正呼吁在东亚组建一个反对苏联的外交阵线，以及在国内采取一种更为强硬的反布尔什维克政策。尽管官方追求一种"精明的无为"（masterly inactivity）政策，但在 1925 年与 1926 年之交的冬末和春天，张伯伦开始为重开信贷和贸易谈判做准备。面对斯大林相对于其反对者的胜利时，英国外交部实际上欢迎"强大、严峻、沉默"的斯大林的出现，人们相信他将控制"狂热的"季诺维也夫，以及遏制国外的危险的革命运动。英国 1926 年 5 月 3 日开始的总罢工打断了对话的准备工作。

当英国煤矿工人的行动升级为一场总罢工时，大吃一惊的苏联人试图保持对罢工者的支持，同时维持走向苏英和解的势头。如同 1923 年在德国一样，这种双重的努力是不可能做到的。这场罢工将布尔什维克主义者之中的原则性分歧带到了党争的最前沿。这种"二元政策"主张在与资本主义国家政府谈判的同时，鼓励与工人阶级运动结成"统一阵线"联盟，该政策受到了严重的攻击。在讨论将在伦敦怎么办时，苏联外交人民委员部和仍然由蒙受羞辱的季诺维也夫领导的共产国际之间，红色工会国际（Profintern）与苏联工会运动（其领导层537 希望与英国工会的左翼成员组成一个联合阵线，推进布尔什维克的目标）之间发生了冲突。1925 年夏天，工会代表大会被说服去建立一个英苏联合咨询委员会（Anglo-Russian Joint Advisory Council），充当两国工会运动之间的桥梁。该倡议很难说受到红色工会国际或英国共产党的欢迎，两者一再地警告要小心工会代表大会的非革命及保守的性质，以及在这个方向的无用举动。

苏联政府无法忽视煤矿工人罢工的升级，但它通过工会之间的这些新联系，设法在官方上保持距离。工会代表大会不愿接受"红金"（Red Gold，这笔资金为 2.6 万英镑）或者认可苏联对其事务的其他任何形式的干预，削弱了莫斯科当局从一种正在迅速变成没有赢家的形势中摆脱出来的努力。为救济矿工而募集的资金通过苏联工会被输送给矿工工会。苏联的这一策略被强烈反共的内政大臣威廉·乔因森-希克斯爵士斥为纯粹的"粉饰门面"（弄虚作假），该策略导致民众强烈抗议苏联干涉英国事务，以及苏联为颠覆活动负担费用。只是因为苏联人希望联合咨询委员会也许可以被用来获得英国工人阶级的支持，以反对帝国主义针对苏联的攻击，该委员会才得以持续存在至1927 年夏天。采取最严厉路线的是托洛茨基而不是斯大林，他要求结束与非革命机构的所有联系。甚至在 1927 年在中国的灾难性失败之前，苏联在英国总罢工中的经历已经让联合阵线策略丧失名誉。5 月在伦敦的这场失败对于随后共产国际政策的激进化而言是至关重要的。与主张改良主义的工会以及社会民主党的协作被放弃，取而代之的是"阶级对抗阶级"（class against class）的斗争——这一短语本身在英国大罢工时使用过。

保守党内阁里的反布尔什维克者在一场苏联人既不期待也不认为将成功的罢工中，利用苏联在其中的牵连而捞取政治资本。尽管苏联外交官们希望这整件事将淡出视线，但保守党的顽固分子们加紧了其要求结束与莫斯科的外交关系的运动。欧洲的各种事态放大了苏联对英国的敌对图谋的焦虑。在毕苏斯基 1926 年 5 月于华沙发动的政变，及其随后针对波兰共产主义者的运动的背后，都发现了英国的影响力。1926 年夏天，在与毕苏斯基的竞争中，苏联人试图将波罗的海的各个小国融入其外交影响范围之内，将其作为强化它们的地位的一种途径。如同政治气氛黯淡下来时经常出现的情况一样，苏联人再度打出他们的商业牌，将病入膏肓的克拉辛派往伦敦，寻求一份贸易协定。克拉辛受到的接待无疑是冷冰冰的。保守党的坚定分子利用苏联人在中国的活动作为苏联（怀有）敌意的证据，加紧了其反对苏联的运动。苏联对中国革命成功的希望依然高涨，但伦敦和莫斯科当局里没有几个人了解中国正在发展中的复杂形势。在（1926 年至）1927 年的冬天和春天，蒋介石及其右派支持者与得到中国共产党和共产国际支持的国民党左派之间的分歧，导致了两者之间的争斗。在经历了一场拉锯式斗争后，蒋介石在更倾向于国民党而不是共产党的英国人的支持下，在 1927 年 4 月获得了胜利。继国民党 4 月中旬在上海屠杀共产党员及其左派支持者之后，6 月又对共产党员及仍然留在中国的共产国际代表进行了清洗。[①] 苏联在中国的策略问题在莫斯科引发了相当之多的辩论。尽管斯大林和托洛茨基之间的分歧起初很小，但中国变成了斯大林主义者和联合反对派（United Opposition）产生分歧的又一个问题，对于权力的争夺变成了围绕外交事务的一场意识形态斗争。对于伦敦保守党内阁的强硬派来说，他们仍然坚信中国的民族主义运动是共产主义的一个阵线，其在长江流域的成功活动部分而持续地损害着英国的帝国地位。即使张伯伦已经通过直接谈判大大改善了与国民党的关系，他却发现越来越难以控制自己内阁中的极端人士。

1927年2月，张伯伦向反布尔什维克人士做出让步，向苏联代办发出了一道警告照会，指向外交关系可能破裂。5月12日最后时刻对苏联贸易代理商阿科斯（Arcos）的营业场所的突然搜查，为外交关系的最终破裂提供了借口，尽管被发现的证据很难成为英国这一强硬行为的理由。无论是斯大林还是契切林都未曾预料到伦敦当局的这一决定。由于未能理解英国对共产国际活动的愤怒程度或者由保守党强硬分子鼓动起来的公众情绪的力量，苏联领导层对外交关系破裂做出了过度的反应，而且沉湎于最坏情况的想象之中。6月7日，苏联公使沃伊科夫在华沙被一名白俄流亡者暗杀，该事件被归咎于英国情报机构。此事被理解为英国精心策划的孤立、削弱和毁灭苏联的阴谋的又一个迹象。在国联理事会6月的会议上，有六个国家发出一道命令，警告莫斯科当局不得对波兰提出过分的要求，施

---

① 此处应当主要是指1927年7月15日发生的"七一五"反革命政变。1927年6月6日，汪精卫解除苏联最高顾问鲍罗廷在国民政府中的顾问职务。7月15日，汪精卫领导的武汉国民政府叛变革命，正式与共产党决裂，疯狂屠杀共产党员和革命者。

特雷泽曼对这一命令予以接受，苏联对他的信心也逐渐丧失，从而使形势看起来甚至更具威胁性。

这年夏天的战争恐慌不只是斯大林用来贬损托洛茨基和联合反对派的一种策略。苏联领导层的确对本国武装力量的状态感到担忧，认为他们无法威慑外来的攻击或者威胁，一场军事上的失败将会危及国内的权威，在农民阶级中尤其如此。[17]这次恐慌，或者更准确地说是这一系列的恐慌，是苏联自1924年以来与英国关系中的众多挫折与困难的顶点。它也是苏联与德国的联系正在弱化的结果，因为德国曾是其在面对具有敌意的西方时的唯一"保护者"。这些事件的背景是对波兰由来已久的焦虑，波兰拥有25万人的军队以及与波罗的海各国、罗马尼亚和法国的联系。约瑟夫·毕苏斯基的重新掌权让人回想起1920年的事情，以及组成一个波兰-立陶宛-乌克兰联邦的可能性。尽管党内斗争处于巅峰期，但莫斯科的所有政治派别都预料欧洲将建立一个反苏联盟，以及将出现一个对于苏联极度危险的时期。斯大林和布哈林"盗用"反对派关于一场冲突即将到来的看法，以达到他们自己的政治目的，不容置疑地盯着这种战争危险以贬损托洛茨基派，并且警告在国家面临严重危险时奉行"派别主义"的危害。1927年7月，在变成了苏联战争恐慌官方版本的致中央委员会的声明中，斯大林回顾了欧洲和中国此前几个月的一系列事件，强调了英国的种种阴谋及其侵略的危险。在5月和6月的多次恐慌之后，9月又出现了一个焦虑的高峰，当时布罗克多夫-兰曹报告说，苏联外交人民委员部的一名主要成员描述了一种迫在眉睫的情景，在这种情景里，"英国将通过海洋封锁苏联，并且敦促波兰在南边的罗马尼亚和北边的芬兰的支持下攻击苏联"[18]。从某种层面而言，苏联的

539

焦虑根源于苏联长期以来对英国的担心。苏英关系对莫斯科总是比对伦敦更为重要，因为后者被认为在保持现有均势方面扮演着关键的角色。无论是在欧洲还是其他地方，英国针对苏联的任何举动肯定将让克里姆林宫神经紧张。

540 　　苏联人在柏林和巴黎寻求支持，而施特雷泽曼和白里安也非常惊慌，以至于向伦敦当局寻求保证，确定英国保守党政府并未决心针对苏联进行积极的动员。在另一层面上，这一战争恐慌变成了莫斯科政治斗争中的一个核心部分，因为联合反对派加大了对斯大林和布哈林的攻击。斯大林利用这场危机来让其反对者丢脸。他对有关战争的讨论做出回应，主张对苏联内外的"敌人"采取一种"强硬的政策"。"格别乌"（OGPU，国家政治保卫总局）被解除限制，在华沙发出了威胁，向欧洲各国发出了挑衅性的照会。在这场危机的最初阶段，契切林正在国外为他的各种各样的病症寻求治疗，此时苏联外交人民委员部交由李维诺夫掌管，在执行苏联政治局的命令方面，他比他的这位上司更严厉一些。

　　施特雷泽曼担心英苏的紧张形势会影响其平衡这两者的企图，在阿科斯受到突然搜查之前就已提出调解，但其努力被现实事态压倒。尽管试图减轻苏联对英国人的担心，同时强调其绝对忠诚于《柏林条约》，但考虑到苏联人担心英国人将把波兰用作其"避雷针"，施特雷泽曼在日内瓦对于六国命令的接受，动摇了苏联对德国中立的信心。作为《拉帕洛条约》重要捍卫者的契切林在 6 月中旬回到莫斯科，他警告惊恐的布罗克多夫-兰曹，他自己的亲德政策正在受到攻击，其影响力也因此正在下降。契切林从未相信英国干涉的危险。他公开批评斯大林的强硬政策，并且坚称政治局必须在处决（在沃伊科夫被暗杀之后，格别乌处决了那些所谓的敌方特工，其中一些人被指控为英国情报机构工作）和外国投资之间做出选择。这年8月，契切林告诉布罗克多夫－兰曹，"迫使波兰回到其种族地理（ethnographical）边界之内"的共同目标已经受损，而他自己与政治局的关系已被破坏。[19]德国人也重新考虑了其与苏联的关系：德国外交部的一些成员相信，德国再也无法平衡其西方和东方的定位。这一后果在军事领域被感觉到。尽管苏联人希望加速德国国防军与红军之间的协作，并且在1926年春天为联合的武器生产提出了建议，但在日益不确定的国际形势下，德国人对重新武装苏联并未表现出多大兴趣。施特雷泽曼和舒伯特敏锐地意识到西方列强将会把苏德协作视为背信弃义。尽管苏德仍然渴望继续协作（1927年8月中旬，施特雷泽曼亲自且正式地批准在喀山建立最初在1926年3月已经同意建设的坦克基地），但他们采取步骤来减少德国的承诺，将德国政府的角色限定于德国私人公司与苏联各种组织之间的中间人之一。当《曼彻斯特卫报》（*Manchester Guardian*）在12月披露红军与德国国防军之间的这些安排（已经被英国外交部得知）时，德国社会民主党议员菲利普·沙伊德曼在国会谴责这些安排。为了降低所牵涉的政治风险，重新谈判这些安排已经势在必行。分别位于利佩茨克（Lipetsk）和喀山的航空训练及坦克研制设施得以保持，苏联专家继续去航空和装甲学校学习，但德国人已经做出努力，将这一关系保持在政治上合乎情理的范围之内。双方对其协作采取了一种更为谨慎的看法。直到"部队局"（Truppenamt）首领维尔纳·冯·布隆贝格（Werner von Blomberg）将军和一个小型的德国军官代表团在1928年秋天前往考察，而且参与红军的演习时，德国人才实施措施来改善两军之间的关系。

苏联加强其在法国的地位和孤立英国的尝试并未取得多少

541

进展。普恩加莱政府拒绝了苏联的主动提议，这些提议提出解决沙皇债务问题，以及谈判一个可能包括波兰的互不侵犯协定。这种"收买法国"的政策在 1927 年 9 月达到了顶峰，当时李维诺夫提出一个慷慨的提议，提出补偿法国的沙皇债务持有者，并且降低了莫斯科所需要的贷款的额度。各种文章与评论出现在法国媒体上，谴责共产主义者在武装部队的颠覆活动以及共产主义者在中国的活动。8 月底，右翼针对苏联大使拉科夫斯基发动了一场尖锐的媒体战，作为联合反对派的一名主要成员，拉科夫斯基此前在托洛茨基的一份反对声明上签名，该声明号召一旦与苏联发生战争，资本主义国家的工人和士兵应当致力于让他们自己的政府落败。尽管拉科夫斯基多次抗议说党派立场与在巴黎的外交谈判没有任何关系，但在普恩加莱要求实际予以驱逐的强大压力下，白里安在 10 月中旬宣布拉科夫斯基为"不受欢迎的人"，因而他不得不被召回。"这整个事情（金融谈判），"契切林评论说，"将像是在所有悲剧中一样，以歌舞杂耍告终。"[20] 10 月中旬，拉科夫斯基静悄悄地离开了巴黎，"非正式地"（unceremoniously）回到了莫斯科。白里安尽管承认法苏关系当时很糟糕，但他 9 月底在日内瓦告诉施特雷泽曼，他仍然希望与莫斯科签订一份互不侵犯协定。

事实证明，这次战争危险是用来对付托洛茨基派的一个非常有效的武器。随着斯大林和托洛茨基围绕将在中国运用的策略发生冲突，这场斗争在 1927 年的整个夏天和秋天都在持续着。在驻伦敦、巴黎和柏林的苏联高级外交官的支持下，大为壮大的联合反对派声称，斯大林的外交政策是"根本错误的"，而且在英国和中国已经失败的"联合阵线"策略将世界革命进程带到了灾难的边缘。尽管反对派的运动集中于中国的问题，但它覆盖了政治和经济政策的整个范围，自从"一国建成社会主义论"和"资本主义暂时稳定论"（temporary capitalist stabilization）对立以来，斯大林和布哈林就采纳了这些政策。这场权力斗争不无原则上的悖论。发誓实现经济独立的斯大林主义者支持与资本主义国家"和平共处"，而倾向于融合主义经济政策的反对派成员则坚持需要动员各国工人阶级，反对自己政府的反苏活动。由于托洛茨基公开挑战斯大林和布哈林的领导地位，斯大林利用这场战争恐慌来谴责反对派在国家重大危险时刻的"脱逃"。在夏天的会议上，斯大林让中央委员会追随着他，并且利用格别乌来遏制反对派。11月中旬，托洛茨基和季诺维也夫被谴责组织反革命示威游行，并且被开除出党。斯大林还说服政治局同意格别乌应当被用来对付所有持反对派观点的人。1927年12月，托洛茨基被流放出莫斯科，后来发现自己被隔离在离首都3000千米之遥的阿拉木图。季诺维也夫和加米涅夫向斯大林主义者屈服，使托洛茨基的追随者独自处于反对地位。拉科夫斯基充当着反对派的发言人，直到他和其他75名托洛茨基分子也被驱逐出党。

甚至在因缺乏外来敌对行为，恐惧有所减弱的情况下，斯大林也继续利用"外来威胁"来制造危机气氛，这种气氛弥漫于整个第一个五年计划期间。1927年秋，当苏联经济所依赖的农民阶级拒绝将他们的收成交给国家采购机构时，经济形势突然恶化。1928年初，地方官员被派往制服农民阶级。斯大林本人在西伯利亚度过了两个星期，在那里，他利用战时共产主义的旧方法，发出了征收谷物的新命令。他坚信如果要在苏联建成社会主义，将不得不抛弃小农私有经济。当农民的抗议如同雪崩一样势不可挡时，斯大林临时后退并予以同意，谷物征收被暂停。由于仍然遵循新经济政策，苏联的注意力再度聚焦于

543

与美国人、法国人及德国人止步不前的谈判，因为这对于获得国外的资金和信贷来说是必不可少的。1928 年 2 月采取的这些措施导致就如何应对整体上不断恶化的经济危机（特别是谷物出口的巨幅下降）进行了进一步的持久辩论，这让斯大林获得了巩固其对党和 国家的控制的新机会。

这是 1928—1929 年的"大转折"（Great Turn）的背景，在此期间，斯大林战胜了布哈林以及温和派，将该国从新经济政策转向启动一个迅速的工业化计划（如同托洛茨基曾经建议的那样），该计划将在尽可能最短的时间内，缔造重工业基础和强大的国防工业。由于相信这场经济危机无法在新经济政策的框架内得到解决，而且无法成功获得外国信贷，斯大林打算推翻新经济政策，利用战时共产主义的"命令与控制"（orders and command）的方法来发起"二次革命"。斯大林在 11 月发起攻势，要求全面实施征购政策。来自乌拉尔地区和西伯利亚的各种方案将注意力转向主要从更为富裕的农民（kulaks）那里夺取粮食供应，这种方法在 1928—1929 年的冬天里在苏联各地得到运用。斯大林对布哈林发起了一次新的进攻，并且赢得了为打败他所需要的来自党的支持。1929 年 1 月，托洛茨基被驱逐出境的同一个月，布哈林及其支持者被指控领导着一种偏离马列主义原则的"右倾化"（Right Deviation，"偏离"在布尔什维克的词汇中是一个语气很重的词）。4 月，继斯大林对"半路出家的理论家"、曾是其最亲密同事的布哈林大举进攻之后，中央委员会全体会议公开谴责布哈林，并且对五年计划予以支持。斯大林与右翼反对派的斗争在 1929 年 11 月结束，当时那些被谴责者进行了他所要求的关于"政治错误"的忏悔，但他已经赢得了决定性的胜利。

如果要将这场领导地位斗争、经济政策方面的转变以及苏联的外交政策分离开来，那是不可能的。今天有一种强有力的观点是，1928年五年计划的制订及其迅速推行，与人们对于未来的某种对外冲突的预期是紧密联系的。斯大林已经警告说，资本主义稳定化的时期已经结束，革命与战争的时期即将开始。只有依赖于他们自己的资源，苏联人才能保卫他们的国家，并且从其敌人的分裂中受益。斯大林主义者利用经济上的理由和国际形势来推销工业化和集体化的新计划。近年来关于新经济政策的研究表明，要达到与1909—1913年相当或者更高的工业增长水平是可能的，但很难达到苏联在1930年代中期的那种增长水平。斯大林尽管有着反外国的论调，但他曾赞成寻求外国资本及技术来促进工业化，他当时认为，这场危机无法在新经济政策的框架内得到解决。苏联的经济正在遭受通货膨胀，工业资金匮乏到了危险的程度，商品稀缺，而且出现了长期的贸易赤字。此外，在其批评者看来，新经济政策在意识形态上是不健全的，而其实施已经制造了一个内部和外部的资产阶级"敌人"阶层。从一开始起，在对于迅速和自力更生的工业化的要求以及让苏联在外来攻击面前坚不可摧的要求之间，就存在联系。第一个五年计划明确提及敌对的国际环境，以及帝国主义重新干涉的威胁。人们认为，在为一个现代的工业社会奠定基础的过程中，苏联将能够增强其军事能力。红军领导层尽管强烈支持快速工业化，但对第一个五年计划不满，因为它并不包含任何明确的防务方面的内容。在第一个五年计划得到批准三个月之后，政治局在1929年7月15日发布了两个重要的政策声明，鼓励军方"为防务缔造一个现代的军事技术基础"[21]。随着斯大林取得对右派的胜利，为推行更高的军事预算

544

（尽管不如红军所希望的那么高）以及日益激进的动员计划的道路已经开辟。斯大林对军事事务的新兴趣，及其参与由政治局在 1930 年 12 月设置、新近创立的国防委员会（Defence Committee），进一步促进了军队对扩充的欲望，以及在经济指导方面具有更大的发言权。1931 年的满洲危机将导致苏联国防工业的大规模动员，以及武器（尤其是坦克）生产的巨大的计划性增长（projected increase）。具有活力的前总参谋长米哈伊尔·图哈切夫斯基此前由于其过于雄心勃勃的扩充计划而被放逐至列宁格勒，他在 1931 年 6 月被任命为陆军和海军的人民委员以及军备总管。他的任命证实了苏联想要显著提高其军事生产的意图，尤其强调现代坦克的大规模生产，而该产业不得不从零起步。1932 年 5 月，斯大林实际上为其早先谴责图哈切夫斯基在 1930 年提出的过于昂贵的军事和工业扩充计划而向后者道歉，这些建议旨在与德国在一战中所实现的表现相当。

545

表 23　英国大都市-维克斯电气有限公司来自
苏联的订单 （1923—1933 年）

年份	订单价值(英镑)
1923 年	193963.00
1924 年	103115.00
1925 年	221276.00
1926 年	527026.00
1927 年	124596.00
1928 年	384413.00
1929 年	343898.00
1930 年	722674.00
1931 年	681117.00
1932 年	457379.00
1933 年	17201.00
总计	3776658.00

资料来源：MacDonald Papers：PRO/30/69/6011。

苏联政策新道路的意识形态基础是在 1927 年和 1928 年奠定的。尽管"大转折"部分地建立在这一假定之上——该国将不得不为帝国主义者的战争以及对苏联的一场进攻做准备，但这并不意味着"和平共处"的结束。五年计划使将战争威胁推迟（"为了和平与裁军的斗争"）至苏联已经转变成一个强大的工业及军事国家，以及为促进这种转变所需要的信贷和技术都变得必要。甚至连总是怀疑资本主义世界的斯大林也意识到对于外来帮助的需要。全球谷物价格的暴跌意味着即使谷物出口大幅增长，其收入也只能有很小的增长，短期信贷不得不从国外获得。向外国人提供的特许权在任何情况下都不受外国投资者的欢迎，它们被技术援助合同取代。在经历一个短暂时期的犹豫之后，斯大林坚持认为，尽管在苏联以外引起了反对，但外贸垄断制度应当得到维持。在党所鼓动的排外心理及这些年间的排外疯狂状态与向西方寻求帮助之间，存在着明显的冲突。当苏联当局在 1928 年逮捕德国多名工程师（沙赫特案件）①，以及在 1933 年以蓄意破坏及间谍指控逮捕英国大都市－维克斯电气有限公司（Metropolitan-Vickers）公司雇员（后者并非完全没有根据）时，这一点得到了明显的体现。苏联（对于外界帮助）的需要与宣传相比具有优先地位。莫斯科当局在这两个事件中都做了让步，至少对于（牵涉其中的）外国人而言是如此。苏联保卫其经济地位的需要，意味着外交人民委员部

546

---

① 1928 年，苏联地方上的格别乌在北高加索城镇沙赫特逮捕了一群工程师，他们被指控勾结煤矿的前主人（从俄国十月革命以来居住在国外，并且被禁止进入苏联），蓄意破坏苏联经济。来自该煤矿的 50 名苏联人和 3 名德国技术专家及工程师受到公开审判。审判导致 53 人中的 5 人被判处死刑，另有 44 人被判入狱。此案的审判在西方被认为标志着苏联境内针对阶级敌人的一长串指控的开始，并将成为 1930 年代"大清洗"的一个标志。

在与为大规模工业化计划所需的资本主义国家建立联系方面，享有一定程度的主导地位。苏联尽可能地追求一种与西方和解的政策，同时让苏联为被孤立以及防御做好准备。

II

李维诺夫接受了由"二次革命"设定的外交任务。此前公开批评斯大林和布哈林的契切林频频不在莫斯科。由于受到多发性神经炎的折磨和依赖于吗啡及其他药物来获得休息，这位外交人民委员周游欧洲中部的温泉疗养地来寻求缓解。苏联外交人民委员部的运转被交到李维诺夫手中，而斯大林似乎已经发现他是比日益不受信任的契切林更为适合的负责人。李维诺夫见多识广，能力突出，不爱挑起冲突。最重要的是，他根本没有参与政治内斗。李维诺夫与契切林之间的关系是冷淡的。他们在性情和工作习惯上不同，在政策方面也是如此。契切林出身良好而且修养很高，是一个痴迷于工作的单身汉。李维诺夫是一个犹太银行职员的儿子，与一名英国女子成婚，此人是一位犹太人大学教授的女儿。契切林的效率低下很出名，他试图将外交人民委员部的所有工作置于他自己的手中；李维诺夫是一位行之有效的管理者，愿意下放权力，而且鼓励和回报主动精神及独立性。为了在德国和他特别怨恨的英国之间打入一个楔子，契切林是忠诚于《拉帕洛条约》所建立联系的革命者。如果说李维诺夫在智识上没有那么老谋深算的话，他相信苏联只有通过融入某种形式的欧洲体系，才能求得平安。由于认为其主要任务是为苏联创造一个喘息空间，这位胖胖的、戴着眼镜的副人民委员抓住了日内瓦裁军谈判的机会，将其作为突显莫斯科当局对于与资本主义世界"和平共处"的承诺的一种手段。1930 年，在并非没有某种反对的情况下，李维诺夫取代契切林成为外交人民委员，尽管没有获得后者在党的中央委员会的成员资格。专注于经济问题的斯大林让李维诺夫在指导日常的外交方面获得了相当之大的自由。政治局的确经常讨论外交政策，但决定其讨论结果的是斯大林。由于在这个机构中没有代表，外交人民委员部成员只是在必要时才被召唤参与政治局的会议。在做完报告后，他们就被打发走了。但李维诺夫执行了苏联的很大一部分外交事务，而且逐渐地在莫斯科以及在国外的大使馆建立了自己的官员队伍。外交人民委员部并非安然无恙地逃脱领导权的争夺。众多的"老布尔什维克"在1920 年代末辞职或者叛变，在驻外使节中出现了纪律的加强以及对员工的"净化"（cleansing）。但外交人民委员部沿着传统的官僚路线发展。李维诺夫手下的外交官主要是曾作为流亡者在国外居住的人（有些甚至曾在国外大学学习），他们是流利的语言家，而且熟悉西方思想的大致潮流。与作为积极的革命者而成名的第一代苏联外交官不同，他们是几乎或者完全不发挥任何政治影响力的职业人士。

共产国际结构中发生的变化强化了莫斯科当局的控制，并且阻止了各国背离斯大林路线。早在 1926 年 11 月，布哈林曾谈到战后（事态）发展的第三个阶段，它源于资本主义稳定化过程中的内在矛盾，将导致更大的阶级对抗。在这些问题成为苏联党争的核心问题之前，包括德国及英国的共产主义政党在内的多国共产党正在采取更为好斗的政策。1928 年 7—9 月举行的共产国际第六次代表大会接受了"第三阶段"（third period）的基本概念，以及由斯大林提出的更为强硬的党的路线。代表们被告知，在这个资本主义失稳和对抗的新阶段里，革命行动将会有大量的可能性。伴随这种对激进行动的呼吁的，是重新要求各国政党集中化和布尔什维克化，这些政党中的托派分子（Trotskyists）和右倾分子（Right Deviationists）将被清除。大会呼吁结束统一战线的策略，以及宣布对被称为"社会法西斯分子"（social fascists）的社会民主党人以及非革命性的工会发起一场全面的战争。布哈林仍然是共产国际的领导人，他试图缓和这种毫不妥协的立场，不过他正在落败于斯大林主义者。共产国际的这些新策略在1928—1929年之交的那个冬天里转化成行动，此时战争的威胁差不多已经消失。但被斯大林打败的反对者可能在各国共产党内寻找支持，对此，斯大林慎重行事。1929年11月，在政治上失势数月之后，布哈林失去了其在共产国际的职位，并且被驱逐出政治局。被斯大林新近任命领导共产国际的是强硬且完全忠诚的维亚切斯拉夫·莫洛托夫（Vyacheslav Molotov），莫洛托夫对各国共产党推行单一的控制，这种控制成为这些政党在1930年代的历史标志。各国共产党都被迫服从，而且除了一些激烈的内部斗争，所有政党都遵守这些新的意识形态路线。

李维诺夫在国际舞台上获得一个位置以提高苏联威望的努力，与共产国际在意识形态上狭隘且排他性的政策之间存在种种矛盾。斯大林和政治局有时候会谴责李维诺夫忽视工人运动的重要性和力量，但从总体而言，他们容忍他的各种努力，而又不放弃他们对于苏联的革命使命的信念，以及对于成为"资本主义世界的头号敌人"[22]的自豪感。国际工人运动的激进化旨在赢得群众对共产党的支持，但被证明是适得其反。德国共产党的孤立和派别化，粉碎了工人阶级统一抵抗德国纳粹主义的可能性。1929年3月9—10日在柏林的反法西斯主义者代表大会以及示威游行，被证明是 1920 年代的统一战线最后一次无力的"喘息"。对于德国纳粹分子以及欧洲其他地区亲法西斯主义组织所取得的成果，一些圈子（尤其是法国共产党）表示担忧，但这些担心被莫斯科当局蔑称为夸大其事。尽管由于高度怀疑（德国革命运动）成功的前景，共产国际约束着德国共产党里更为激进的派别（这些人认为革命已经近在眼前），但现实政治在莫斯科的取胜并未矫正该党自我毁灭的观点。包括斯大林在内的大多数苏联领导人仍然对纳粹的威胁不屑一顾，自鸣得意（斯大林在对德国事务表现出任何兴趣时都是如此），一直持续到希特勒的胜利前夕。

Ⅲ

苏联经济结构的巨大转变具有重要的政治和外交政策上的影响。工业化步伐的加快以及集体化给一支主要从农民阶层招募的军队带来了困难。当苏联正依赖于其谷物出口来支付进口外国工业设备的费用时，农业产量出现了大幅下降。该国的谷物征购量在 1928—1929 年和 1931—1932 年戏剧性增长，但 1932 年，在十分肥沃的乌克兰的大量地方出现了饥荒。产业工人不得不接受食物消耗量的削减。据估计，400 万—500 万人因为 1932—1933 年的"去富农化"（de-kulakization）和粮食充公而死亡。现在来看总数量无疑更多。这些代价尽管很少向世界透露，却是骇人听闻的。各种报道的确曾出现在外国媒体中，身在莫斯科的外交官们对于正在发生的事情也有一些觉察，但此类的恐怖很少引起欧洲各国外交部的关切。就斯大林的目标来说，他的计划正在产生他所要求的红利。工业生产出现了大幅的增长，在生产资料的生产方面尤其如此。原定于 1933 年 9

549

月完成的五年计划在 1932 年 12 月被宣布完成。对于真实的和虚构的犯罪分子的审判在苏联所有重要城市以及苏联的其他加盟共和国上演。联共（布）自身在 1929 年被清洗，与此同时又通过一场新的招募运动而得到补充和扩大，实施了为执行新的经济政策所需的政治忠诚和意识形态正统观念。到 1932 年，军事建设已经将红军置于接近战时的立足点之上，尽管这是以大幅加大对经济的压力为代价的，而经济本来就已面临着 1931 550 年设定的过于雄心勃勃的经济目标所制造的压力。工厂无法跟上防务当局设定的计划，无论是飞机制造业还是坦克制造业都处于危机之中。1932 年底，当局决定将防务计划的目标削减得更为现实。但是，在强化该国的陆军以及防务潜力方面已经取得了巨大的飞跃，而且除了在 1935 年暂时下降之外，这种上升的趋势在整个 1930 年代都持续着。

表 24　苏联的防务预算（1922—1937 年）

单位：百万卢布（当时价格）

年份	公开发布的防务预算	NKVM * 预算（戴维斯）	NKVM 预算（斯通）	防务预算合计	国家预算总额
1922—1923 年度	230.9				1460.0
1923—1924 年度	402.3		248.2		2317.6
1924—1925 年度	443.8		405.0		2969.5
1925—1926 年度	638.0		602.5		4050.9
1926—1927 年度	633.8		700.0		5334.6
1927—1928 年度	774.6		743.0		6465.0
1928—1929 年度	879.8	850	850.0	1211.3	8240.9
1929—1930 年度	1046.0	1046	995.0	1685.7	12335.0
特别季度	433.7			690.0	5038.2
1931 年	1288.4	1790	1810.0	2976.2	25097.0
1932 年	1296.2	4308	4574.0	6422.9	37995.1
1933 年	1420.7	4738	4733.0		42080.6

续表

年份	公开发布的防务预算	NKVM*预算（戴维斯）	NKVM预算（斯通）	防务预算合计	国家预算总额
1934 年	5019.1				5444.7
1935 年	8185.8				73571.7
1936 年	14882.7				92480.2
1937 年	17481.0				106238.3

　　* NKVM 是苏联陆海军人民委员部，1934 年改名为国防人民委员部（NKO）。——编者注

　　资料来源：D. R. Stone, *Hammer and Rifle*: *The Militarization of the Soviet Union*, *1926 - 1933*（Lawrence, Kan., 2000），217；R. W. Davies, *The Development of the Soviet Budgeting System*（Cambridge, 1958），65；id.，'Soviet Military Expenditure and the Armaments Industry 1929-1933'，*Europe-Asia Studies* 45（1993）。

　　苏联的经济革命给外交人民委员部带来了沉重的压力，外交人民委员部不仅不得不延长和平时期，而且要应对苏联在本已严重萧条的世界市场上"倾销"原材料和农产品的不良后果。与其前任不同，李维诺夫相信应对这些困难以及防止任何反苏联盟形成的途径，是通过常规的外交和将苏联与任何促进和平的多边谈判联系起来。1928 年，在其与契切林发生最后的争执之一时，他成功地主张苏联应当遵守《凯洛格－白里安公约》，而且尽管美国反对苏联参与那些仪式这一主张，但苏联是其后签署该公约的其他国家中的第一个。在 12 月批准该公约之前，李维诺夫提出苏联和波兰应当通过一个单独的协定，让该和平公约生效。由于波兰的坚持，拉脱维亚、爱沙尼亚和罗马尼亚也在 1929 年 2 月签署了这份《李维诺夫议定书》，而且土耳其、波斯、立陶宛和但泽自由市也在 4 月加入。苏联人已在 1927 年 5 月（苏联派往参加洛桑会议的代表在 1923 年被暗杀，在瑞士对此做出赔偿之后）派遣代表参加日内瓦的世界经

济会议，以阐述社会主义与资本主义经济制度之间可以和平共处的理由。同年 11 月，李维诺夫出现在裁军筹备委员会的会议上，并且提交其关于全面废除陆海空军力量的建议。苏联人对裁军的看法多种多样，分歧不断，这些看法在 1920 年代发生了变化，从列宁最初的看法——裁军在资本主义制度下是不可能的，它只是愚弄劳动阶级的一种花招——转变到李维诺夫的主张——将全面裁军作为构建安全以抵抗战争的唯一途径。斯大林从一开始就对这些进程持怀疑态度，而且着手进行一个他自己的重新武装计划，但他同意通过调动资本主义国家里的劳动阶级对和平的支持，裁军对话也许可能推迟战争。渴望将苏联与和平事业联系起来的李维诺夫后来声称，苏联在日内瓦的目的是揭露资本主义者不愿采取行动，以及推动人们走向真正的裁军。苏联参与筹备委员会的裁军对话，为利用资本主义国家之间的分歧以及揭露主张裁军者（尤其是法国人）的虚伪提供了充足的机会，他们与法国人的关系在 1930 年变得特别艰难。

551　　李维诺夫同样努力地去改善与英法的双边关系。他曾长期批评契切林的亲德取向，因而欢迎来自英国新的工党政府的接近，工党政府在 1929 年 6 月上台，致力于恢复正常的外交关系。拉姆齐·麦克唐纳曾因承认（苏联）问题受到损害，此时并不愿意仓促行事。只是到了这年秋天，英国人才同意苏联人的要求——后者认为恢复政治关系必须成为未来任何谈判的第一步，而这种政治关系此时已经取决于议会的批准。苏联人愿意"确认"1924 年未经批准的协定的第 16 条，该条款保证双方将克制宣传。12 月底，联合反对派的一名参与者格里戈里·索科利尼科夫（Grigory Sokolnikov）被任命为苏联驻伦敦的第一位全权代表（polpred，相当于大使），而艾斯蒙德·奥维

（Esmand Ovey）爵士成为首任驻苏大使。双方在 1930 年 4 月签订一项贸易协定。苏联对英国的出口显著增长。在 1930 年代初，英国接纳了苏联几乎三分之一的出口，而德国接纳了大约 16%。但处于困境中的英国出口商则未能在苏联寻找到所许诺的市场，对苏联的出口只占英国采购量（British purchases）的大约五分之一。对于英国根据 1930 年的贸易协定条款提供的 1800 万英镑的信贷，苏联人将其中的大部分用于在其他地方采购。外交气氛仍然是冷淡的。作为苏联所释放的"间谍"和"蓄意破坏"狂热的一部分，出现了公开的审判，资本主义的阴谋受到公开指责，在苏联运作的法国及英国公司受到指控。工党领导人仍然对苏联人的意图保持怀疑，而且即使在资本主义看似正处于崩溃之时，一些访问苏联的支持者对苏联的试验留下了深刻的印象，他们对这些试验的代价也并非一无所知。

政治家和官员们仍然对苏联及其民众知之甚少。英国外交部和法国外交部中没有几名官员读过马克思或者列宁的著作，而那些了解旧俄罗斯帝国的人的知识被认为是不相干的。这一形势又因苏联政权看待所有外国人时带有的敌意与怀疑而恶化。如同在莫斯科的其他外交官一样，英法外交官生活在一个封闭的世界里，而且对苏联进行法律上的承认也并未带来任何不同。1930—1933 年在英国大使馆担任参赞的威廉·斯特朗（William Strang）回忆说，他个人的孤立状态只被两次私人邀请打破过，一次是与艾薇·李维诺夫（Ivy Litvinov）夫人用茶，另一次是与伏罗希洛夫（Voroshilov）在他位于莫斯科外面的别墅里参加一次独特、喧闹的宴会。斯特朗大致了解农村里正在发生的事情，但对斯大林政策的任何批评完全是不可能的，一种表面上的正常弥漫于外交文书中。

　　苏联与巴黎当局的关系也并未取得进展。作为一名没有像他的前任那样有政治"恶名"的老党员，V. S. 多夫加列夫斯基（V. S. Dovgalevsky）在 1928 年 1 月初到达巴黎，他一心想要缔结苏联此前建议的互不侵犯协定，以及新的商业与领事协议。他迅速地得出结论说，考虑到公众舆论的状态以及法国即将到来的全国选举，时机对于任何谈判来说都"特别不利"。法国人和德国人关于在苏联的合作问题举行了一些私下的对话，这些对话在一定程度上得到了白里安和贝特洛的鼓励，但对话并未取得多大进展。实际的考虑以及来自特定利益团体的压力，使达成协议的可能性仍然留在议程上。法国从苏联进口的石油占其 1928 年的所有石油进口的大约 15%（1932 年增长至 29%），而且法国官员和商业代表们渴望避开"盎格鲁-撒克逊托拉斯"、荷兰皇家壳牌公司以及标准石油公司的支配，这些公司的油价被人为地抬高，因此法国官员和商业代表们倾向于与莫斯科达成一份协议。[23] 但是考虑到普恩加莱继续反对一切对话，财政部和法兰西银行也是如此（它们不同意为苏联的贸易代理机构提供信贷延期，而这恰恰是苏联和解的必要条件），因此在 1927 年和 1928 年都没有取得任何进展。记者出身的外交官让·埃尔贝特（Jean Herbette）此时担任驻莫斯科大使，他是一个热心的和解提倡者，但他在 1927 年 7 月归国休假后对苏联人的意图如此消极和紧张，以至于李维诺夫希望有人取代他。

　　尽管普恩加莱在 1929 年 7 月辞职，但内阁的迅速变更（在其后的 17 个月里进行了 5 次）、银行丑闻以及反议会社团的街头骚乱，使任何法国政府都不可能着手与苏联谈判。由于苏联特工 1930 年 1 月绑架法国的"俄罗斯军官协会"（Russian Officers Association）会长亚历山大·库捷波夫（Alexander

Kutepov），法苏政治上的关系难以改善。苏联大使馆被指责卷入其中，巴黎的右翼媒体敦促与莫斯科当局断绝关系。共产国际支持一场针对印度支那法国殖民当局的起义，这很难说有利于李维诺夫的努力。1930 年 2 月，在印度支那的共产主义活动的程度被知晓之前，李维诺夫曾在与英国驻莫斯科大使的一次谈话中开玩笑似的抱怨共产国际。"它是不可救药的，"他叫喊道，"你们为什么不收下这个东西？你们是一个自由的国家。我们这里不想要它。一定要安排它去伦敦举行自己的会议。"[24]双方媒体的争论以及在莫斯科举行的牵涉到一名法国大使馆官员的审判，进一步破坏了气氛，苏联贸易代表团在巴黎的活动也是如此。1930 年 10 月，围绕苏联"倾销"而产生的一次重大冲突，导致法国对来自苏联的所有进口商品实施许可证制度，而苏联以对法国出口货物实行禁运作为报复。这是双方关系上的一次具有危害性的破裂，因为法国人鼓励东欧各国组织一致的经济行动对付苏联，从而加大了苏联通常对一个反苏阵线的担心。法国商务部部长皮埃尔-艾蒂安·弗朗丹周游东欧各国首都，他被愤怒的苏联人取了一个"倾销部部长"的绰号。

　　部分地是为了抵消来自法国的危险，当筹备委员会在 1930年 11 月再次召集时，李维诺夫决定苏联应当参与这些裁军讨论。也是出于这个原因，他寻求强化苏联与法西斯意大利的联系，并且当他与格兰迪 1930 年 11 月 24 日在米兰会晤时，提出了签订一份互不侵犯协定的可能性。李维诺夫将白里安 1930 年的计划视为法国孤立苏联的努力的一部分，坚称苏联应当在随后由国联发起的对话中让自己的声音被听到。李维诺夫战胜了政治局里的怀疑者，而且在意大利的支持下，赢得了一份参与经济讨论但没有诚意的邀请。这位外交人民委员利用这次会议

553

的场合，提出签订一份经济上互不侵犯的协定，这将为苏联关于其与西方各国的经济利益存在相容性的断言提供强有力的证据。法苏的贸易限制在 1931 年被解除，在 3 月 21 日宣布德奥关税同盟之后，这年 4 月，法国外交部秘书长菲利普·贝特洛采取主动，接近苏联驻巴黎全权代表多夫加列夫斯基，提出了同时谈判一份互不侵犯协定及债务和贸易协定的建议。在数个月艰辛而断断续续的谈判之后，对话取得了成果，即 1932 年 11 月签订法苏互不侵犯协定，以及 1934 年 1 月签订贸易协定。

苏联从德国那里没有得到多少值得高兴的东西。施特雷泽曼在修改《凡尔赛和约》条款方面进展缓慢，使德国不可能放弃与莫斯科当局的关系的更新，不过德国外交部对这些关系的价值有着越来越大的疑虑，甚至在"东方派"中间也是如此。在 1928 年春的沙赫特案件中，格别乌指控在北高加索沙赫特地区的煤矿业工作的 50 名工程师犯下了蓄意破坏和叛变的罪行，其中包括 3 名德国人。[①] 此案导致双方关系变僵，并且打断了在 2 月开始的贸易对话。在对他们审判时，首席法官安德烈·维辛斯基（Andrey Vishinsky）将"蓄意破坏者"与为准备未来的干涉战争而寻求削弱苏联的敌对的外国资本主义者联系起来。但"大跃进"（great leap forward）并不容许苏联与德国各项协定的中断，这些仍然是其与一个重要的工业国家的唯一联系。德国工程师们被释放（他们的苏联籍同案被告被处以死刑），而且主要是由于李维诺夫在契切林不在的情况下采取措施，贸易谈判重启。德国人觉得他们无论是从 1925 年的贸易协定还是第二年 3 亿地租马克的信贷协议中都收获寥寥。德国与苏联的

---

① 原文如此。受到指控的有 53 人，见前文脚注。

贸易在 1926 年 10 月到 1927 年 10 月实际上下降了，而且这笔信贷并未像原本打算的那样被用于购买德国产品。最多参与苏联业务的德意志银行（Deutsche Bank）以及许多实业家警告不得进一步卷入苏联被打断的经济。主要是由于他们的国内及出口市场萎缩，德国人最终被迫于 1931 年又返回苏联。急需市场的德国实业家从苏联当局得到了新的出口订单。布吕宁政府尽管面对着深度的金融困难，但愿意向莫斯科提供更大数量和更长时间的信用额度，在德意志帝国银行以及布吕宁政府的支持下，实业家从出口的大幅增长中受益。机床和电气产品的供应者是主要的受益者。在金融上危机四伏的德国政府面临着很高的风险。如果苏联人在信贷偿还方面违约，对于德国金融的影响将会接近灾难性的。苏联人利用资本主义世界的萧条形势，要求以广泛的信用额度来换取订单，迫使甚至是不情愿的英国人提供比他们通常更好的信贷条件。苏联出口的谷物及木材在国外几乎不受欢迎，因此原本根本无法购买为完成第一个五年计划所需的机器及原料。在 1931—1932 年的一个时期里，德国变得依赖于苏联的贸易来帮助填补其空空的订单簿。

　　苏联 1920 年代末在工业方面取得的最为惊人的成功是在美国，该国长期以来被莫斯科视为世界上技术最为先进的国家。美国对苏联的政策受到各种矛盾意见的困扰。尽管在意识形态上追求一种不承认的政策，而且仍然希望苏联政府将会崩溃，但是美国与苏联的贸易得到允许，而且直接投资和短期（不过并非中期或长期）贷款被允许。1928 年 10 月，通用电气授予在纽约的苏联贸易公司"阿姆托格"（Amtorg）① 一笔 2500 万

555

---

　　① 意为"美国贸易"，是苏联在美国的首个贸易代表机构。

表 25 苏德贸易量（1929—1934 年）

单位：千吨

年份	苏联对德国的出口	苏联从德国的进口	贸易量	差额
1929 年	4257	3539	7796	718
1930 年	4363	4306	8669	57
1931 年	3035	7627	10662	-4592
1932 年	2709	6258	8967	-3549
1933 年	1941	2822	4763	-881
1934 年	233	6331	28631	1597

资料来源：Sergei Gorlov, Sovershenno Sekretno：Alians Moskva-Berlin, 1920-1933 gg（Voenno-politichieskie otnoshenia SSSR-Germania）Moscow（2001），282，基于 Arkhiv NKVT SSSR（Arkhiv Narkomata Vneshney Torgovli SSSR, Archive of the Peoples Commisariat for Foreign Trade of the USSR）的档案工作，f. osobyi sektor, op. 6066, d. 233, 1. 129。德国的类似数据参见：H. James, *The Reichsbank and Public Finance in Germany, 1924-1933*（Frankfurt A. M. 1985），312。

美元、为期六年的信贷来购买电气设备，而且声明放弃其对于自己的苏联（分）公司在革命期间被国有化的索赔。在其后的两年里，还有其他的技术援助合同和贷款牵涉到美国无线电公司（Radio Corperation of America）、新泽西的标准石油公司以及通用电气，后者签订了一份为期十年的合同。1929 年 5 月，福特汽车公司同意在苏联建造和资助一个年产十万辆汽车的工厂。[25]在对苏联的出口方面，美国在 1929—1930 年曾短暂地超越德国，随后变成了苏联在第一个五年计划期间第二重要的技术来源。

尽管不断加深的萧条看似证实了苏联的预言——资本主义世界正处于崩溃的边缘——但并未给莫斯科当局带来任何轻松或者喜悦感。相反，人们越来越担心经济矛盾将会驱使各国开战，认为帝国主义者之间的战争将会伴随着一场针对苏联的干涉战争。1931 年，在第一个五年计划全面实施时，斯大林以不同寻常的直率点出：

　　人们有时间，不能稍微放慢速度，延续进展吗？不，
不，同志们！决不能减低速度！……延续速度就是落后。
而落后者是要挨打的……你们愿意让我们的社会主义祖国
被人打垮而丧失独立吗？如果你们不愿意，那么你们就应
当在最短期间消灭它的落后状况，并且在它的社会主义经
济建设方面展开真正的布尔什维克的速度。别的办法是没
有的……我们比先进国家落后了50年至100年。我们应当
在10年内跑完这一段距离。或者我们做到这一点，或者我
们被人打倒。[26]

556

尽管斯大林的"二次革命"是其权力意识中的一个核心部分，
是为应对1928年征购危机而设计的，但它加剧了克里姆林宫的
堡垒心态（fortress mentality）。"外国威胁"和"内部的阶级敌
人"被用来缔造国内的社会凝聚力。在一定程度上，这些口号
也反映了斯大林认为战争不可避免的信念。斯大林甚至认为，
在对抗到来之前的动荡与冲突的艰难时期里，军事上的独立将
缓解苏联与其他国家的关系。

　　为国家安全利益起见，苏联领导层需要与资本主义世界达
成妥协。除非苏联存活下来，否则不可能有任何世界革命。由
于总是担心针对苏联的可能的联盟，到1930年代初，构成最大
威胁的是法国而不是经济上被削弱的英国。如果说这些担心有
真实的成分——契切林和李维诺夫都不相信它们的现实性——
那么它们当然是被大为夸大了。从1920年以来，英国人无论何
时都没有准备发起攻击，或者支持一个反苏联盟。考虑到奥斯
汀·张伯伦对欧洲东方边境的务实态度，他们也不会鼓励波兰
的领土收复主义。在伦敦的确存在着一股敌对的暗流，但它与

苏联的有效力量并无多少关系。毕竟即使就印度而言，英国人也摆脱了他们反复出现的噩梦。各种情报报告证实了军方在1920 年代末的判断，那就是苏联当时根本无法在自己的领土之外发起一场进攻性的战役。对于苏联所构成的意识形态威胁以及共产国际的活动（这些活动受到了情报部门的密切监视），英国人仍然保持敏感。就直接目的而言，来自苏联的威胁是在东方而不是在欧洲。英国常务次官、未来的驻法大使威廉·蒂雷尔在 1926 年夏天写道："苏联是敌人，它的首要武器是'遍及世界的残酷无情的宣传'。"[27]到 1929 年，情报部门宣称他们已经成功地应对在英国及印度的共产主义颠覆威胁，但布尔什维克主义持续挑战着这个帝国。为了寻找最为近似的历史事件，人们也许可以追溯至 1791 年来自法国的威胁。英国人的反应是在欧洲将苏联边缘化和孤立，与其他地方的民族主义运动（这些运动本身常常是与共产主义敌对的）妥协以巩固他们自己的地位，以及遏制任何革命"病毒"的蔓延。法国外交部尽管同样反布尔什维克，但将苏联视为一个次等的威胁。苏德结盟的威胁总是存在，而且法国右派重视法国共产党的各种颠覆活动。但对于法国而言，对苏政策永远无法与其对于德国的专注脱离开来，而且其对于莫斯科当局不断变化的态度更多的是与柏林关系的状态有关，而不是与苏联构成的任何形式的威胁有关。

在 1920 年代初，许多西方人认为苏联正在进入其"热月"（Thermidorian）①时期，而且认为共产主义将寿终正寝。劳合·

---

① "热月"，法国共和历的十一月，相当于公历 7 月 19 日到 8 月 17 日。这是在法国大革命时期创造和实施的一种日历，在 1793 年底至 1805 年大约 12 年的时间里由法国人使用，并在 1871 年由"巴黎公社"使用 18 天。1794 年的热月政变推翻了雅各宾专政，法国大革命陷入低潮。

乔治相信投资和贸易将会加速苏联回归正常，以及放弃其不自然的、令人厌恶的经济制度。到 1920 年代末，随着国家利益凌驾于意识形态的反感之上，以及与苏联建立政治及商业联系，此类希望开始消失。人们勉强接纳苏联进入国际社会行列，而且苏联继续被作为一个二等国家对待，不过仍然是一个危险的国家，而大多数此类国家并不是这样。英国外交部北方局官员欧文·奥马利（Owen O'Malley）① 在 1922 年建议对苏联予以承认，他写道："苏联完全与欧洲远离。考虑苏联的问题时，这个国家既无法运用从与欧洲大家庭的其他成员长期的亲属关系中汲取的智慧，也无法运用从与野蛮及受监护民族（savage and tutelary peoples）的关系中获得的经验。"²⁸ 苏联参与欧洲事务不仅挑战着国内政治的排序，而且挑战着国际关系的传统概念。苏联的活动和各国共产党的活动改变了右派和左派的旧格局，分裂了左派，并且使其更容易受到右派的挑战。但是在国际舞台上，无论其在 1920 年代后半在意识形态上怎样退缩，苏联仍然是一股革命的力量。苏联政府还没有强大到足以强行进入大国协力行列，但也没有弱小至为完全的接纳而付出所需要的代价。无论是列宁还是斯大林都不愿按照资本主义的条件达成交易，或者放弃其革命目标，这证明了西方的一个观点——苏联仍然应停留在欧洲协力之外。尽管其革命抱负服从于苏联政府更为实际的利益，但苏联的宣传、共产国际的活动以及已知的或者受到怀疑的共产党的活动，超越了可被接受的外交范围，不论对于新旧外交而言都是如此。对于许多外交官来说，与"革命者"打交道是困难的，因为"革命者"准备为保卫苏联

558

---

① 欧文·奥马利爵士是英国外交官，曾担任驻匈牙利、南斯拉夫、波兰流亡政府（二战期间）、葡萄牙等多国的公使和大使等职务。

而争取国际劳动阶级，而不论其给他们（外交官）自己的国家带来怎样的代价。各种实际的考虑使（与苏联的）联系甚至是（达成）协议成为必要，但许多人相信苏联并不拥有同样一些基本的假定，这些假定将欧洲各国以某种形式的松散关联联系起来，而不论它们的政府形式怎样。

伴随工业化和集体化计划而来的怀疑和仇恨的杂音放大了这种根本的不信任。李维诺夫为确保苏联参与资本主义国家的商议做出了种种努力，但效果不佳。在其对 1931 年 5 月 1 日在日内瓦召集的经济事务特别委员会的开场陈述中，李维诺夫讽刺地评论道："主席先生，对于那些新近抵达欧洲之人所说的极其友好的欢迎辞，请允许我首先表达感激之情。我出现在这里，这一事实将肯定激起世界上所有地理学家心里的巨大喜悦，因为这将（即使只是部分地）证明这样一个假说，那就是前俄罗斯帝国的领土现在仍然位于欧洲之内。"[29]无论是在那里聚集的政治家和经济学家，还是最具才华的地图制作者，都无法把握住苏联在欧洲之存在的含糊性。

注　释

1. Angelo Del Boca, *Gli italiani in Africa orientale: La conquista dell'impero* (Rome, 1979), ii. 8.

2. Haggai Erlich, 'Mussolini in the Middle East in the 1920s', in Uriel Dann (ed.), *The Great Powers in the Middle East, 1919-1939* (New York and London, 1988), 217.

3. H. James Burgwyn, 'Conflict or Rapprochement? Grandi Confronts France and its Protégé, Yugoslavia: 1929 - 1932', *Storia delle relazioni internationali* (1987), 75.

4. Ibid. 83.

5. Badoglio to Grandi, 28 Mar. 1931, *DDI*, 7th ser. , vol. 10, no. 174 (author's translation).

6. Minute by Grandi, 12 May 1930, *DDI*, 7th ser. , vol. 9, no. 29.

7. Ibid. , no. 370.

8. Piotr Wandycz, *Polish Diplomacy 1914 - 1945：Aims and Achievements* (London, 1988), 18.

9. R. J. Crampton, *Eastern Europe in the Twentieth Century* (London and New York, 1994), 48.

10. Piotr S. Wandycz, *The Twilight of French Eastern Alliances, 1926 - 1936：French-Czechoslovak-Polish Relations from Locarno to the Remilitarization of the Rhineland* (Princeton, 1988), 50.

11. Jan Karski, *The Great Powers and Poland, 1919-1945：From Versailles to Yalta* (Lanham, Md. , 1985), 111.

12. 进一步的讨论见本书第709—711页。

13. F. Gregory Campbell, *Confrontation in Central Europe：Weimar Germany and Czechoslovakia* (repr. Chicago, 1978), 172.

14. Jonathan Haslam, *Soviet Foreign Policy, 1930-1933：The Impact of the Depression* (London and Basingstoke, 1983), 31.

15. 萨利·马克斯认为，该国家集团组建了一个永久性组织，来探索途径以抗击大萧条和强化它们与工业国家谈判时的影响力。该组织取得了些许成功，直至被1930年代的经济和政治困难淹没。Sally Marks, *The Illusion of Peace：International Relations in Europe, 1918 - 1933* (2nd edn. Basingstoke, 2003), 101.

16. David E. Kaiser, *Economic Diplomacy and the Origins of the Second World War：Germany, Britain, France, and Eastern Europe, 1930 - 1939* (Princeton, 1980), 16.

17. 一种不同的看法见David R. Stone, *Hammer and Rifle：The Militarization of the Soviet Union, 1926-1933* (Lawrence, Kan. , 2000), 50。

18. Harvey L. Dyck, ' German-Soviet Relations and the Anglo-Soviet Break, 1927 ', *Slavic Review*, 25 (1966), 8.

19. Ingeborg Plettenberg, 'The Soviet Union and the League of Nations', in *The League of Nations in Retrospect：Proceedings of the Symposium Organized*

*by the United Nations Library and the Graduate Institute of International Studies.
Geneva, 6–9 November 1980* (Berlin and New York, 1983), 181.

20. Michael Jabara Carley and Richard Kent Debo, ' Always in Need of
Credit: The USSR and Franco-German Economic Cooperation, 1926 – 1929 ',
French Historical Studies, 20: 3 (1997), 340.

21. Cited in Stone, *Hammer and Rifle*, 125.

22. Sabine Dallin, 'Les Diplomates soviétiques des années 1930 et leur évaluation
de la puissance de l'URSS', *Relations Internationales*, 91 (Autumn, 1997), 343.

23. Michael Jabara Carley, ' Five Kopecks for Five Kopecks: Franco-Soviet
Trade Negotiations, 1928–1939 ', *Cahiers du Monde Russe et Sovietique*, 33: 1
(Jan. -Mar. 1992), 26.

24. Ibid. 29–30.

25. Jacobson, *When the Soviet Union Entered World Politics*, 254.

26. R. Craig Nation, *Black Earth, Red Star: A History of Soviet Security
Policy, 1917–1991* (Ithaca, NY, 1992), 65–6.

27. *DBFP*, ser. Ia, vol. 11, no. 103.

28. Owen O'Malley, ' Memorandum on Soviet policy, March 1921 –
December 1922 '. 作者本人所有。

29. Jonathan Haslam, *Soviet Foreign Policy, 1930–1933: The Impact of the
Depression* (London and Basingstoke, 1983), 51.

意大利、巴尔干和中欧，1925—1930年

专著

意大利

BURGWYN, H. JAMES, *Il revisionismo fascista: la sfida di Mussolini alle grandi potenze
nei Balcani e sul Danubio, 1925–1933* (Milan, 1979).

CAROCCI, GIAMPERO, *La politica estera dell'Italia fascista* (Laterza, Bari, 1969).

CASSELS, ALAN, *Mussolini's Early Diplomacy* (Princeton, 1970).

CEVA, LUCIO, *Storia delle forze armate in Italia* (Turin, 1981).

CLARKE, J. CALVITT, *Russia and Italy Against Hitler: The Bolshevik–Fascist Rapprochement of the 1930s* (New York and London, 1991).

DAMIANI, CLAUDIA, *Mussolini e gli stati uniti, 1922–1935* (Bologna, 1980).

D'AMOJA, FULVIO, *La politica estera dell'Impero* (Milan, 1967).

—— *Declino e prima crisi dell'Europa di Versailles: studio sulla diplomazia italiana ed europea, 1931–1933* (Milan, 1967).

DE FELICE, RENZO, *Mussolini il duce: gli anni del consenso, 1929–1936* (Turin, 1974).

—— *Mussolini i Hitler: i rapporti segreti, 1922–1933, con documenti inediti* (Florence, 1975).

DI NOLFO, ENNIO, *Mussolini e la politica estera italiana, 1919–1933* (Padua, 1960).

KENT, PETER, *The Pope and the Duce: The International Impact of the Lateran Agreements* (London, 1981).

KNOX, MACGREGOR, *Mussolini Unleashed, 1939–1941: Politics and Strategy in Fascist Italy's Last War* (New York, 1982).

—— *Common Destiny: Dictatorship, Foreign Policy, and War in Fascist Italy and Nazi Germany* (Cambridge, 2000).

MACK SMITH, DENIS, *Mussolini's Roman Empire* (Harmondsworth, 1979).

PETERSEN, JENS, *Hitler–Mussolini: die Entstehung der Achse Berlin–Rom, 1933–1936* (Tübingen, 1973).

ROCHAT, GIORGIO, *Militari e politici nella preparazione della campagna d'Etiopia: studio e documenti, 1932–1936* (Milan, 1971).

—— *Guerre italiane in Libia e in Etiopia: studi militari, 1921–1939* (Milan, 1991).

—— *L'esercito italiano in pace e in guerra: studi di storia militare* (Paese, 1991).

RUSINOW, DENNISON I., *Italy's Austrian Heritage, 1919–1946* (Oxford, 1969).

SADKOVICH, JAMES J., *Italian Support for Croatian Separatism, 1927–1937* (New York, 1987).

SEGRÉ, CLAUDIO G., *Fourth Shore: The Italian Colonisation of Libya* (Chicago, 1974).

SHORROCK, WILLIAM I., *From Ally to Enemy: The Enigma of Fascist Italy in French Diplomacy, 1920–1940* (Kent, Ohio, 1988).

ZAMBONI, GIOVANNI, *Mussolinis Expansionspolitik auf dem Balkan* (Hamburg, 1970).

巴尔干和中欧

CAMPBELL, FENTON GREGORY, *Confrontation in Central Europe: Weimar Germany and Czechoslovakia* (Chicago and London, 1975).

GROMADA, THADDEUS V. (ed.), *Essays on Poland's Foreign Policy, 1918–1939* (New York, 1970).

HIDEN, JOHN and LOIT, ALEKSANDR (eds.), *The Baltic in International Relations Between the Two World Wars: Symposium Organized by the Center for Baltic Studies, November 11–13, 1986, University of Stockholm* (Stockholm, 1988). Esp. article by Romuald J. Misiunas.

HOLTJE, A., *Die Weimarer Republik und das Ost-Locarno Problem, 1919–1934* (Würzburg, 1958).

KLIMEK, ANTONÍN, *Diplomacy at the Crossroads of Europe: Czechoslovak Foreign Policy, 1918–1938*, trans. Libor Trejdl (Prague, 1989).

KORBEL, JOSEF, *Poland Between East and West: Soviet and German Diplomacy Toward Poland, 1919–1933* (Princeton, 1963).

MACARTNEY, C. A., *October Fifteenth: A History of Modern Hungary, 1929–1945*, 2 vols. (Edinburgh, 1961).

ROOS, H., *Polen und Europa: Studien zur polmischen Aussenpolitik, 1931–1939* (Tübingen, 1957).

TONCH, HANS, *Wirtschaft und Politik auf dem Balkan: Untersuchungen zu den deutsch-rumänischen Beziehungen in der Weimarer Republik unter besonderer Berücksichtigung der Weltwirtschaftskrise* (Frankfurt a. M., 1984).

SCHMIDT-HARTMAN, EVA and STANLEY B. WINTERS (eds.) *Grossbütannien, die USA und die Löhmeschen Länder, 1848–1938* (Munich, 1991).

WANDYCZ, PIOTR, *The Twilight of French Eastern Alliances, 1926–1936: French–Czechoslovak–Polish Relations from Locarno to the Remilitarization of the Rhineland* (Princeton, 1988).

WURM, CLEMENS A., *Die französische Sicherheitspolitik in der Phase der Umorientierung, 1924–1926* (Frankfurt a.M., 1979).

文章

意大利

BURGWYN, H. JAMES, 'Conflict or Rapprochement? Grandi Confronts France and its Protégé Yugoslavia, 1929–1932', *Storia delle relazioni internazionali*, 1 (1987).

CASSELS, ALAN, 'Was There a Fascist Foreign Policy?', *International History Review*, 5: 2 (1983).

CEVA, LUCIO, 'Appunti per una storia dello Stato Maggiore generale fino alla vigilia della "non belligeranza", giugno 1925–luglio 1939', *Storia Contemporanea*, 10: 2 (1979).

—— 'Pianificazione militare e politica estera dell'Italia fascista 1923–1940', *Italiana contemporanea*, 219 (2000).

COHEN, JON S., 'The 1927 Revaluation of the Lira: A Study in Political Economy', *Economic History Review*, 25: 4 (1972).

DE CECCO, MARCELLO and MIGONE, GIAN GIACOMO, 'La collocazione internazionale dell'economia italiana', in J. B. Richard Bosworth and Sergio Romano (eds.), *La politica estera italiana, 1860–1985* (Bologna, 1991).

EDWARDS, P. G., 'The Foreign Office and Fascism, 1924–1929', *Journal of Contemporary History*, 5: 2 (1970).

ERLICH, HAGGAI, 'Mussolini and the Middle East in the 1920s: The Restrained Imperialist', in Uriel Dann (ed.), *The Great Powers in the Middle East, 1919–1939* (New York, 1988).

GUILLEN, PIERRE, 'Franco-Italian Relations in Flux, 1918–1940', in Robert Boyce (ed.), *French Foreign and Defence Policy, 1918–1940: The Decline and Fall of a Great Power* (London, 1988).

——— 'Les Vicissitudes des rapports économiques franco-italiens dans les années vingt', in Enrico Decleva and Pierre Milza (eds.), *La Francia e l'Italia negli anni venti: tra politica e cultura* (Milan, 1996).

KNOX, M., 'The Fascist Regime, its Foreign Policy and its Wars: An "Anti-Anti-Fascist Orthodoxy" ', *Contemporary European History*, 4 (1995).

——— 'Fascism: Ideology, Foreign Policy, and War', in A. Lyttleton (ed.) *Liberal and Fascist Italy* (Oxford, 2002).

LEONCINI, FRANCESECO, '*Italia* e Cecoslovacchia 1919–1939', *Rivista di Studi Politici Internazionali*, 45 (1979).

MIGONE, GIAN GIACOMO, 'La stabilizzazione della lira: la finanza americana e Mussolini', *Rivista di storia contemporanea* (1973).

PETERSEN, JENS, 'Die Außenpolitik des faschistischen Italien als historiographisches Problem', *Vierteljahrshefte für Zeitgeschichte*, 22 (1974).

PETRACCHI, GIORGIO, 'Ideology and Realpolitik: Italo-Soviet Relations, 1917–1933', *Journal of Italian History*, 2: 3 (1979).

SARTI, ROLAND, 'Fascist Modernisation in Italy: Traditional or Revolutionary?', *American Historical Review*, 75: 4 (1970).

——— 'Mussolini and the Italian Industrial Leadership in the Battle of the Lira, 1925–1927', *Past and Present*, 47 (1970).

SEGRÉ, CLAUDIO G., 'Liberal and Fascist Italy in the Middle East, 1919–1939: The Elusive White Stallion', in Uriel Dann (ed.), *The Great Powers and the Middle East, 1919–1939* (New York, 1988).

SHORROCK, W. I., 'France, Italy, and the Eastern Mediterranean in the 1920s', *International History Review*, 8 (1986).

WEBSTER, RICHARD A., 'Una speranza rinviata: l'espansione industriale italiana e il problema del petrolio dopo la prima guerra mondiale', *Storia Contemporanea*, 11: 2 (1980).

巴尔干和中欧

BORDIUGOV, G. A. and KOZLOV, V. A., 'La Troika danubiana di Mussolini: Italia, Austria e Ungheria, 1927–1936', *Storia Contemporanea*, 21: 4 (1990).

GASIOROWSKI, ZYGMUNT, 'Stresemann and Poland After Locarno', *Journal of Central European Affairs*, 18 (1958).

KRÜGER, PETER, 'La Politique extérieure allemande et les relations franco-polonaises (1918–1932)', in Georges-Henri Soutou, 'L'Alliance franco-polonaise, 1925–1933: ou comment s'en débarrasser?', *Revue d'Histoire Diplomatique*, 95 (1981).

LIPPETT, HELMUT, 'Zur deutschen Politik gegenüber Polen nach Locarno', *Vierteljahrshefte für Zeitgeschichte*, 19 (1971).

NÖTEL, RUDOLF, 'International Capital Movements and Finance in Eastern Europe, 1919–1949', *Vierteljahreschrift für Sozial-und Wirtschaftsgeschichte*, 61 (1974).

RICCARDI, LUCA, 'Il trattato italo-romano del 16 settembre 1926', *Storia delle relazioni internazionali*, 3 (1987).

ROTHSCHILD, JOSEPH, *East Central Europe between the Two World Wars* (Seattle, 1974).

SCHRÖDER, HANS-JÜRGEN, 'Die deutsche Südosteuropaspolitik und die Reaktion der angelsächsischen Mächte, 1929–1933/34', in Josef Becker and Klaus Hildebrand (eds.), *Internationale Beziehungen in der Weltwirtschaftskrise, 1929–1933: Referate und Diskussionsbeiträge eines Augsburger Symposions, 29. März bis 1. April 1979* (Munich, 1980).

SOUTOU, GEORGES-HENRI, 'L'Alliance franco-polonaise, 1925–1933: ou comment s'en débarrasser?', *Revue d'Histoire Diplomatique*, 95 (1981).

WANDYCZ, PIOTR S., 'La Pologne face à la politique locarnienne de Briand', in Georges-Henri Soutou 'L'Alliance franco-polonaise, 1925–1933: ou comment s'en débarrasser?', *Revue d'Histoire Diplomatique* 95 (1981).

TEICHOVA, ALICE, 'East-Central and South-East Europe', in Peter Mathias and Sidney Pollard (eds.), *The Cambridge Economic History of Europe*, vol. 8 (2nd edn., Cambridge, 1989).

苏联：国内动荡与同欧洲的关系，1925—1931年

专著

BELOFF, MAX, *The Foreign Policy of Soviet Russia, 1929–1941*, 2 vols. (London, 1949).

CARR, E. H., *Socialism in One Country, 1924–1926*, 3 vols. (London, 1958–64).

—— *The Twilight of the Comintern, 1930–1935* (London, 1982).

—— and DAVIES, R. W., *Foundations of a Planned Economy, 1926–1929*, 3 vols. (New York, 1969–78).

DAVIES, R. W. and WHEATCROFT, S. G. (eds.), *Materials for a Balance of the Soviet National Economy, 1928–1930* (Cambridge, 1985).

DYCK, HARVEY L., *Weimar Germany and Soviet Russia, 1926–1933: A Study in Diplomatic Instability* (London, 1966).

FISCHER, LOUIS, *The Soviets in World Affairs: A History of the Relations between the Soviet Union and the Rest of the World, 1917–1929*, vol. 2 (Princeton, 1951).

GORODETSKY, GABRIEL, *The Precarious Truce: Anglo-Soviet Relations, 1924–1927* (Cambridge, 1977).

HASLAM, JONATHAN, *Soviet Foreign Policy, 1930–1933: The Impact of the Depression* (London and Basingstoke, 1993).

HOFF-WILSON, JOAN, *Ideology and Economics: US Relations with the Soviet Union, 1918–1933* (Columbia, Mo., 1974).

LAMBERT, NICK and RITTERSPORN, GÁBOR T. (eds.), *Stalinism: Its Nature and Aftermath. Essays in Honor of Moshe Lewin* (London, 1992).

McKENZIE, KERMIT, *Comintern and World Revolution, 1928–1943: The Shaping of Doctrine* (London, 1964).

MORRELL, GORDON W., Britain Confronts the Stalin Revolution: Anglo-Soviet Relations and the Metro-Vicks Crisis (Waterloo, Ont., 1995).

NEKRICH, ALEKSANDR, M., *Pariahs, Partners, Predators: German–Soviet Relations, 1922–1941*, ed. and trans. Gregory L. Freeze (New York and Chichester, 1997).

PONS, SILVIR, and ANDREO ROMANO (eds.), *Russia in the Age of Wars, 1914–1945* (Milan, 2000).

REIMAN, MICHAL, *Die Geburt des Stalinismus: die UdSSR am Vorabend der 'zweiten Revolution'* (Frankfurt a.M., 1979). English trans., *The Birth of Stalinism: The USSR On the Eve of the 'Second Revolution'*, trans. George Saunders (Bloomington, Ind., 1987).

SALZMANN, STEPHANIE, *Great Britain, Germany and the Soviet Union* (Woodbrudge, Suffolk, and Rochester, NY, 2003).

SAMUELSON, LENNART, *Plans for Stalin's War Machine, Tukhachevskii and Military Economic Planning, 1925–1941* (Basingstoke, 2000).

STONE, D., *Hammer and Rifle: The Militarization of the Soviet Union* (Lawrence, Kan., 2000).

VIGOR, PETER HAST, *The Soviet View of War, Peace, and Neutrality* (London, 1975).

WEINGARTNER, THOMAS, *Stalin und der Aufstieg Hitlers; die Deutschlandpolitik der Sowjetunion und der Kommunistischen Internationale, 1929–34* (Berlin, 1970).

WILLIAMS, ANDREW J., *Labour and Russia: The Attitude of the Labour Party to the USSR, 1924–1934* (Manchester, 1989).

——— *Trading with the Bolsheviks: The Politics of East–West Trade, 1920–1939* (Manchester and New York, 1992).

文章

BORDIUGOV, G. A. and KOZLOV, V. A., 'The Turning Point of 1929 and the Bukharin Alternative', *Soviet Studies in History*, 28 (1990).

DEBO, RICHARD K. and CARLEY, MICHAEL JABARA, 'Always in Need of Credit: The USSR and Franco-German Economic Cooperation, 1926–1929', *French Historical Studies*, 20: 3 (1997).

DI BIAGO, ANNA, 'Moscow, the Comintern and the War Scare, 1926–28' in Pons, S. and Romano, A. (eds.), *Russia in the age of wars* (Milan, 2000).

DOHAN, MICHAEL R., 'The Economic Origins of Soviet Autarky, 1927/8–1934', *Slavic Review*, 35 (1976).

——— 'Foreign Trade', in R. W. Davies (ed.), *From Tsarism to the New Economic Policy: Continuity and Change in the Economy of the USSR* (London, 1990).

DYCK, HARVEY, L., 'German–Soviet Relations and the Anglo-Soviet Break, 1927', *Slavic Review*, 25 (1966).

FLORY, HARRIETTE, 'The Arcos Raid and the Rupture of Anglo-Soviet Relations, 1927', *Journal of Contemporary History*, 12 (1977).

GORODETSKY, GABRIEL, 'The Soviet Union and Britain's General Strike of May 1926', *Cahiers du Monde Russe et Soviétique*, 17 (1976).

HUNTER, HOLLAND, 'The Over-ambitious First Soviet Five-Year Plan', *Slavic Review*, 32 (1973).

JACOBSEN, HANS-ADOLF, 'Primat der Sicherheit, 1928–1938', in Dietrich Geyer (ed.), *Sowjetunion: Aussenpolitik, 1917–1955*, vol. 1 (Cologne, 1972).

LAMMERS, DONALD, N., 'The Second Labour Government and the Restoration of Relations with Soviet Russia, 1929', *Bulletin of the Institute of Historical Research*, 37 (1964).

McDermott, Kevin, 'Stalin and the Comintern During the "Third Period", 1928–1933', *European History Quarterly*, 25: 3 (1995).

Meyer, Alfred G., 'The War Scare of 1927', *Soviet Union/Union Soviétique*, 5 (1978).

Neilson, Keith, 'Pursued by a Bear: British Estimates of Soviet Military Strength and Anglo-Soviet Relations, 1922–1939', *Canadian Journal of History*, 28: 2 (1993).

Simonov, N. S., ' "Strengthen the Defence of the Land of Soviets": The 1927 "War alarm" and the Consequences', *Europe–Asia Studies*, 48, 8 (1996).

Pogge von Strandmann, Hartmut, 'Industrial Primacy in German Foreign Policy? Myths and Realities in German–Russian Relations at the end of the Weimar Republic', in R. Bessel and E. J. Feuchtwanger (eds.), *Social Change and Political Development in Weimar Germany* (London and Totowa, 1981).

Schinness, Roger, 'The Conservative Party and Anglo-Soviet Relations, 1925–1927', *European Studies Review*, 7 (1977).

Uldricks, Teddy, J., 'Russia and Europe: Diplomacy, Revolution and Economic Development in the 1920s', *International History Review*, 1 (1979).

Wheatcroft, S. G., Davies, R. W., and Cooper, J. M., 'Soviet Industrialisation Reconsidered: Some Preliminary Conclusions About Economic Development Between 1926 and 1941', *Economic History Review*, 39 (1986).

第十一章 动摇的国际主义：
《洛迦诺公约》之后的裁军与安全 *

I

在 1929 年，人们将仍然可能从《洛迦诺公约》展现的远
大前景中挽回一些东西。温斯顿·丘吉尔曾在蒙特利尔对着一
群听众说："50 年来，和平的前景从未比现在更好。"[1]裁军这一
最具分裂性和难以解决的问题仍然处于国际社会的"菜单"之
上，甚至是最为勉强的政治家也不得不承认，即使并非不可能
避免召开拖延已久的世界裁军会议，也将很困难。国联将在追
求裁军方面比在其他任何事业上花费更多的时间和精力。在四
年之前，国联成员国曾坚持拿起这个逐渐成为"金杯毒酒"的
东西。当洛迦诺的各项协定仍然在谈判之中时，在 1925 年 9 月
召开的第六届国联大会邀请理事会为一次总体的、包括一切的
裁军会议启动预备性工作。12 月 12 日，理事会创立了一个筹
备委员会，它起初由理事会的所有十个国家、六个其他欧洲国
家以及三个关键的非国联成员（即德国、苏联和美国）组成。
（苏联曾因其在 1923 年 5 月洛桑会议的观察员巴兹拉夫·莫罗
夫斯基被杀害而与瑞士发生争执，在这一争执最终得到解决之
后，苏联才在 1927 年加入国联。）筹备委员会在 1926 年 5 月举
行了第一次会议。其成员被吩咐起草一份涵盖所有三个领域
（陆海空军）军备的协定，协定随后将由一场预计不晚于 1927

566　年召开的世界裁军会议批准。筹备委员会随后迂回曲折前进的历史，能够从英法之间的分歧以及法德之间根本的、悬而未决的对抗中得到最好的理解。让伦敦和巴黎当局分道扬镳的观点上的分歧从一开始就存在着。白里安是最为公开地认同与德国和解及国联各项原则的法国政治家，但他也从未放弃其安全必须优先于裁军的信念。无论是国联、洛迦诺各项协定，还是规定战争非法的 1928 年的《凯洛格-白里安公约》，都无法为法国提供让其去考虑裁军所需要的安全。从根本上塑造英国裁军政策的张伯伦认为，《洛迦诺公约》已经解决了安全问题，而且法国作为有着最大的陆军及空军力量的国家，有条件削减其武装力量。他不认可有必要将更为扩大的保证作为换取法国同意的代价。与此同时，德国人尚不能提出要求，施特雷泽曼倾向于推迟平等权利的问题。但英国裁军事务主要发言人罗伯特·塞西尔利用德国人对《凡尔赛和约》裁军规定的潜在指责，来推动其不怎么情愿的同僚们在日内瓦采取行动。德国人在艰难地进入理事会之后，起初保持着低调，但后来将公开批评裁军事务缺乏进展。

　　1926—1927 年，筹备委员会的工作性质大体上是技术性的。该委员会此时只是讨论限制军备的方法，实际的数目将留待裁军会议决定。两个技术性分委员会审视了几乎每一种想象得到的军备限制办法，而且产生了特别详细的报告。但每个国家的军事代表都自然地根据各自的国家安全需要来构建自己的分析，而且最终报告差不多只是不同的国家利益的摘要。专家们之间形成了某种同志情谊（camaraderie），而且出现了一些达成共识的领域。这种步伐慢得让人难以忍受，国联大会表达了其不耐烦。在理事会的敦促下，首先是英国人然后是法国人，向在 1927 年 3 月 21 日至 4 月 26 日召开的筹备委员会第三次会议提交了公约草案。尽管塞西尔做出了孤注一掷的努力，但英国提交的草案反映出各军种对于任何形式的有效军备限制的反对。他们强调主要是出于经济上的原因做出了削减，而且声称英国已经裁军，现在是其他国家行动的时候了。除了潜艇，无法对舰船的数量进行进一步的削减，陆军已经被削减至绝对最小值，而且英法空军力量之间的差距必须以有利于英国的方式纠正。在巴黎，作为法国战略决策中心的最高国防委员会在不可能进一步削减军备方面，采取了一条类似的路线。其主要的关切是保持安全与裁军问题之间的联系，捍卫法国未来相对于德国的地位。法国陆军已经面临着征兵服役期的进一步削减，从三年缩短为 12 个月，而陆军领导人要求将预备役军人的数量排除在任何形式的限制之外。自华盛顿海军会议以来，法国海军在不断扩展，援引其帝国责任以及意大利在地中海的威胁，希望保持自己在非主力舰建造方面的自由。空军在技术上正在老化，而且其工业基础支离破碎、效率低下，因而寻求对所有可能的对手做出严格的限制，或者是全面的裁军。

567

其他参与国当中的每一个都提出了自己的裁军方案。意大利是裁军进程的一个重大障碍。该国着手进行了一场为期两年的重新武装宣传运动，而且墨索里尼新的海军建造计划正刺激着法意的海军竞赛。波兰、"小协约国"各国以及希腊强调，在裁军能够真正开始之前，有必要强化作为一个集体安全机构的国联。美国人在这些讨论中扮演了一个次要的角色，据猜测是在等待更为明确的指令，而这些指令将视柯立芝总统在 1927 年出人意料地邀请签订《华盛顿海军条约》的五个国家在日内瓦再举行一次海军会议的结果而定。德国人敦促的是军备削减而不是军备限制。获得一份公约草案的前景很难说是有希望的。

三个关键的问题分裂着陆权国与海权国，难倒了各个军种的专家：对受过训练的军事预备役人员的限制，究竟是通过总吨位还是通过类别来限制海军的方法，以及将要实施的监管及控制的程度。英国人和美国人希望限制受过训练的预备役人员以及现役士兵的数量；法国人以及其他推行征兵制的大陆国家要求将它们排除在外。英国人、美国人和日本人希望按照船只的级别来做出限制；这很难说适合法国人和意大利人，他们希望自由地将他们的资源集中于最有用的地方。围绕创建一个执行机构，法国人和得到美国人支持的英国人之间进行了一场持续的斗争。法国人希望一种有效的核查制度，而视核查为诅咒的英国人则不愿同意任何形式的制度化的国际控制。人们同意空军的限制将基于数量以及军用飞机的总马力。由于英国人永不妥协，以及在美国人和德国人的支持下，民用飞机被免于任何形式的管制。英国和法国在筹备委员会第三次会议上的草案被合并在一起，产生了一份"一读"（first reading，正式的初读）版本的公约草案。它是为军备限制而不是裁军做准备，而且只不过罗列了英法的分歧。1927 年 4 月底，日内瓦的会议在不快和不满的气氛中破裂。

II

国联所倡议的裁军的支持者们的情绪，并未因为美国在 1927 年 2 月发出关于举行海军讨论的邀请而得到改善。卡尔文·柯立芝总统渴望避免与国会的"大海军"议员群体发生冲突，而且寻求在即将到来的全国大选之前，获得像哈定总统在 1922 年得到的那种赞誉。当国联创建筹备委员会时，他已经在考虑召开第二次华盛顿会议。他们受到德国人的敦促，前往日内瓦，而且担心如果不加入筹备委员会，他们将会因为该委员会预料中的失败而受到谴责，因此美国人已经勉强地同意加入。面对该委员会陷入僵局的情况，美国总统建议这次会议应当作为该委员会进程的一个附属部分在日内瓦召开，他希望此次会议将把华盛顿会议所规定的主力舰比例扩大至辅助舰。英国海军部意识到随着海军成本上升以及对于总体紧缩的要求加大，英国海军获得相对慷慨的财政待遇的时光正在结束，因此转向军备限制，将其作为削减预定将于1931年以后开始的大规模海军建造计划费用的一条途径。1931年是《华盛顿海军条约》所规定的"海军假日"结束之时。出于不同的原因，法国人和意大利人拒绝参与：法国并不希望孤立地应对海军军备的问题，而且担心《华盛顿海军条约》规定的比例被延伸至非主力舰；意大利希望这些比例将扩大，但不能牺牲他们与法国平等的地位。国联关于全面裁军的讨论被中止，而"私下的"海军对话继续进行。

　　1927年6月到8月在日内瓦召开的海军会议是一场灾难。这是假日时节，而且日内瓦和华盛顿一样极热，这在空调出现之前的日子里并非无关紧要。美英海军当局之间出现了僵局，而日本无法调解它们之间的分歧，尽管日本自身避免了与美国围绕一种更高的海军比例而进行的斗争。这三个海军大国就限制潜艇、驱逐舰和其他级别的辅助舰达成一致意见，但英国皇家海军希望拥有70艘巡洋舰（15艘重型和55艘轻型），而美国人拒绝同意一支超过45艘的巡洋舰舰队（25艘重型和20艘轻型）。英美关于巡洋舰的争论包括类型和数量。美国人倾向于对重型巡洋舰的数量予以限定，吨位上限为华盛顿条约所规

569

定的 10000 吨，配备直径 8 英寸的火炮用于舰队支援工作。英国海军部认为对于商业保护及封锁目的来说，配备 6 英寸火炮或者更小、吨位在 7000 吨左右的轻型巡洋舰是理想的，而且希望对于建造此类舰船的限制要尽可能地少。而据美国代表团所说，美国的需要是"相对的"：美国海军可能更大或者更小，这要视英国和日本的海军力量而定，因此美国的建造将取决于英国的行动。尽管并不反对美国将其巡洋舰规模扩大至与英国水平相当（英国认为这种情况将不会发生）的权利，但鲍德温政府坚持其以 70 艘巡洋舰保卫帝国及海外贸易的"绝对需要"，后者对英国而言比对美国更为重要。这些"绝对"需要取决于帝国不同部分之间交通线的长度、对海外石油和食品进口的依赖，以及对封锁这种武器的依赖，因此必定需要予以特别考虑。英国海军部的这些主张立即引起了美国人的反应。仇视英国的美国海军上将希拉里·琼斯（Hilary Jones）明白，无论是总统还是国会都不准备建造英国那么多的轻型巡洋舰，因此他领导这场斗争，反对英国海军获得优势的"权利"。

在日内瓦的这种交锋将英美利益的冲突提到了重要位置，但也在英国国内引发了一场激烈的辩论。英国内阁分裂，一些人要求承认英国的全球海军优势，另一些人则渴望与美国人缔结一份协议，以推进裁军事业。作为裁军的首要倡导者，塞西尔愿意承认美国人在巡洋舰方面的平等地位这一原则，而且愿意谈判巡洋舰的问题。他得到了鲍德温的支持，但专注于欧洲问题的张伯伦举棋不定。引导内阁致力于重申英国海军的优势地位以及拥有 70 艘巡洋舰的权利的，是十分具有影响力且雄辩的丘吉尔，他是海军最为忠诚的捍卫者之一。丘吉尔相信英国必须保持其战略的独立性："在一个海军就是其生命的国家与一个海军只是为了威望的国家之间，是不可能有任何真正平等的。人们似乎总是认为我们有责任迁就美国人，照顾他们的虚荣心。作为回报，他们并未为我们做任何事情，而是要求获得他们的最后一磅肉。"[2] 由于无法达成共识，鲍德温未能向在日内瓦的谈判者塞西尔以及海军大臣、容易受到影响的威廉·布里奇曼（William Bridgeman）发出任何明确的指示。英美谈判者起初将事情置于控制之下。英国人并不反对承认美国在所有级别舰船上的平等权利，而且双方在吨位水平这一问题上达成了妥协。但在大卫·比提（David Beatty）海军上将的强烈支持下，好斗的丘吉尔的十分具有说服力的猛烈抨击从中阻碍。在鲍德温前往加拿大途中，内阁召回了塞西尔和布里奇曼，并且在丘吉尔的影响下决定英国必须以自己的方式行事。尽管这些英国代表试图找到一条途径来绕开自身政府的这些一边倒的建议，但内阁不会妥协。一道充满仇恨、相互敌对的照会令日内瓦会议在 8 月 4 日破裂。

570

随着会议解散而来的是相互的指责。国务卿弗兰克·凯洛格（Frank Kellogg）谴责英国人从来不打算"同意任何事情"。通常温文尔雅的张伯伦称美国代表休·吉布森（Hugh Gibson）是一条"脏狗"。由于憎恶本国政府的永不妥协以及丘吉尔的破坏手段，塞西尔最终兑现了其频频发出的辞职的威胁。赫伯特·胡佛以及英国驻华盛顿大使讨论了发生一场英美战争的可能性。但是丘吉尔为英国海军优势所做的直言不讳的捍卫，并未阻止他攻击海军部在 1927 年和 1928 年各建造三艘巡洋舰的计划。海军在 1927 年只得到了一艘巡洋舰，而第二年一艘都未得到。丘吉尔对于美国在巡洋舰上主张平等地位的怒火，无疑受到他们在战时债务以及其他金融问题上的"贪婪"态度的刺激。丘吉尔尽管热爱各种权力的象征，但并不相信美国人将会投入必要的资金来与英国人进行一场海军竞赛，因此要对方摊牌不会有任何危险。但他的干涉刺激着美国国会里那些主张"大海军"的人利用日内瓦会议的失败，来落实他们此前不受欢迎的事业。众议院通过了一个新的海军法案，规定在未来四年内建造 15 艘新的巡洋舰和一艘航空母舰，这是自一战结束以来最大的一次舰船建造许可。即使暂时地在策略上被挫败，美国国会内仍然存在着一个"小海军"群体，他们由共和党议员威廉·博拉和杰拉尔德·奈（Gerald Nye）以及来自犹他州的民主党议员威廉·金（William King）领导，他们开展运动反对该法案，得到了由和平团体及教会团体所进行的激烈游说的支持。参议院的辩论因为 1928 年 11 月即将到来的选举而被推迟，但优势在于当局的支持者一方。海军界情绪激昂，双方都发表了诅咒性的言论，美国海军部修改了其针对英国和日本的战争计划。

III

571　　英国人因为判断失误而采取的举动让美国的"大海军"派获得了胜利。1928 年夏天，由于希望通过重启筹备委员会停滞的谈判来抚慰美国人，张伯伦与法国人谈判了一个"军备妥协方案"，接受法国关于经过训练的预备役人员的主张，换取将巡洋舰分为两个类别，只对更为大型的巡洋舰实施限制。成为首要决定因素的是火炮口径而不是吨位；各国想要拥有多少艘万吨级巡洋舰就可以拥有多少，但能够装备六英寸以上口径火炮的舰船数量将受到限制。张伯伦采取这一主动，可能是由于担心法美可能达成一个协议，它将使英国被孤立，而且会在日内瓦被描绘为罪魁祸首的角色，不过似乎他预计美国人将会接受这一"妥协"。当该协议的条款被过早地泄露时（官方到 7 月 30 日才宣布），柏林、罗马，特别是华盛顿当局各自感到不快。英国人接受法国关于受过训练的陆军预备役人员数量不受限制的要求，看似有意冒犯德国人，以及突显英法"相依相偎"（attachment）的力量。关于英法这一秘密谅解的细节，德国人如同美国人一样既没有被问询过也没有被告知。正处于一场总统大选选战期间的美国人对此大做文章。通常冷淡沉默的柯立芝对这个英国人"两面派"的例子大发雷霆。美国海军不认为建造万吨级的巡洋舰并为它们配备六英寸火炮有任何好处。当胡佛在 11 月的大选中获胜之后，"跛脚鸭"柯立芝利用其在一战停战纪念日的演讲严厉批评英国人，并且呼唤美国海军取得优势地位。1929 年 1 月 5 日，《巡洋舰法案》（Cruiser Bill）在参议院获得通过。这是小题大做。没有美国人的参与，任何海军限制协议对英国人来说都不具有重要性。伦敦的保守党政府面对着同时来自工党和自由党的尖锐批评，因而寻求各种途径来安抚华盛顿当局。为了修补其受损的外交"篱笆"，以及由于相信封锁问题（英国所主张的海上交战国权利的原则与美国人所主张的海洋航行自由之间的不相容性）是这场争端的真正原因之所在，正在生病的张伯伦接受了帝国防务委员会的建议，与白宫秘密接触，以获得一种可接受的妥协方案。当英国大选即将来临时，鲍德温和张伯伦正在为在华盛顿的新讨论做准备。对于英国来说，英法协议已经死亡。法国人对于英国举动的回应部分是基于对苏德在裁军战线上的伙伴关系的担心。如同在筹备委员会 1929 年的会议上变得明显起来的那样，对于巴黎当局而言甚至更为重要的是这样一种信念：该协议的基本原则——承认在军备上的相互依赖性——仍然是合理的。

英法在这年夏天的协议差不多只是一种通过双边的谈判打破在日内瓦的僵局的尝试，尽管两国政府根本不渴望有一次裁军会议。由于筹备委员会的对话止步不前，人们做出了一次不同的尝试，试图通过再度提起安全问题来推迟进一步的讨论。法国人希望这种转移注意力的做法将推迟裁军对话的恢复，甚至将其变成对于安全的全面考虑。在他们的鼓动下，作为筹备委员会的附属机构，仲裁与安全委员会（Commission of Arbitration and Security）在 1927 年 9 月由国联大会创立。英国人随了大流，这并不是因为他们在安全问题上改变了看法，而是因为他们也希望推迟裁军对话。但是到 1929 年底，法国人再也不关心仲裁与安全委员会了，该委员会此时已经陷入起草"示范条约"（model treaty）之中，它们规定通过强制性仲裁、司法判决或者调解来和平解决争端，而巴黎当局认为，这不足以应对安全问题。英国工党新政府的外交大臣亨德森认为仲裁与安全委员会的工作真正有益于欧洲安全，并且在 1929 年 9 月重新施加压力，要求依据其建议行事。在此期间，德国也因为裁军问题缺乏进展而变得日益不耐烦。他们更感兴趣的不是安全而是裁军，他们曾被许诺说各种讨论将以相同的步调进行，但这并未出现。

其他让人分心的事情也导致了时间的丧失。苏联 1927 年在日内瓦的亮相及其代表马克西姆·李维诺夫的戏剧性干预，是裁军谈判中出现一个活跃的外交角色的开始。1927 年 11—12 月以及 1928 年 3 月的筹备委员会会议，几乎完全被引入和谴责李维诺夫关于全面普遍裁军的建议所占据。对于这种被普遍认为是散布不睦以及在宣传上得分的行为，英国人给予了严厉的批评。

　　在 1928 年艰辛的夏天里，一个缓和国际社会情绪的事件是《凯洛格－白里安公约》，或者正式名称是《关于废弃战争作为国家政策工具的一般条约》的缔结。该协定源于白里安的尝试，由于与美国围绕海军、战争债务、关税发生冲突，他试图吸引华盛顿当局"庄严宣告"摒弃两国之间的战争。凯洛格只是到了 1927 年 12 月下旬才回复法国人的草案，而且设法将法国人的这一倡议转化为一个多边的和平协定，它使白里安的这一建议完全无关痛痒。当时根本没有办法将美国人纳入欧洲安全体系之中。在该公约获得采纳之前，各方经历了大量的外交争吵。该公约指示其各个签字国摒弃战争，不过并未提供任何执行的手段。在其最终的形式中，草案的约束力被削弱，排除了自卫战争以及为履行现存条约义务而进行的战争。在英国的要求下，曾经参与洛迦诺会议的较小国家、英联邦各自治领、印度以及爱尔兰获邀参与。一名美国参议员轻蔑地将该公约称为一个"国际之吻"（international kiss），但这一得到广泛引用的描述并未反映出人们在巴黎举行的激动人心的签字仪式上的情绪。8 月 27 日，面对着众多记者和摄影师，来自 15 个国家的代表在法国外交部各自用一支特别的金笔签署了该公约。尽管西方的一些领导人抱有怀疑，但这个"对抗罪恶的虔诚宣言"极受欢迎。仪式激发了大众的想象力，而且似乎复活了正在凋零的洛迦诺精神。施特雷泽曼在这一年的头六个月里一再生病，而且在 8 月首次中风，但他坚持来到巴黎参加签字仪式。张伯伦此时病得太厉害而无法参加仪式，但凯洛格本人来到了现场，美国国务卿的亮相被盛赞为华盛顿当局对于欧洲安全的关切的一个标志。白里安尽管心中更为有数，但他宣称在未来的任何战争中，美国都会与法国在一起。张伯伦很少有时间去

573

顾及凯洛格或者这份新的公约，他更为清醒地表示，如果全世界认为美国很可能或者必定不支持公约破坏者，这对于和平的维护来说将会是一种"令人敬畏的保障"。有 31 个国家很快追随最初的 15 个签字国的脚步。并未逃过人们注意的是，苏联尽管被排斥在仪式之外，却是第一个批准该公约的，而且在批准之后又向波兰和立陶宛多次提议将其立即付诸实施。波兰出人意料地表示同意，只是要求将该公约扩大至包括波罗的海国家以及罗马尼亚。苏联向华沙当局的靠近惊动了施特雷泽曼，不过如此之多的国家迅速批准了《凯洛格－白里安公约》，降低了 1929 年 2 月的《李维诺夫议定书》的重要性。不管怎么说，苏波关系不久就恶化了，这让德国人大大地松了一口气。

对于世界上大多数观察人士来说，1928 年是《凯洛格－白里安公约》签署之年。它所受到的热烈欢迎，鼓励着人们在日内瓦为了维护和平而做出进一步的努力，以强化国联的安全功能。由于裁军对话一直中止至 1929 年初，仲裁与安全委员会的代表们在 1928 年的上半年忙于讨论该公约的第 11 条和第 16 条以及相关的问题。1927 年 11 月，不知疲倦的弗里乔夫·南森曾提出一个关于强制性仲裁的"示范条约"的草案，开放供所有国家签字。另一套条约草案遵循《洛迦诺公约》的模式，它基于各个国家之间的契约，这些国家将放弃诉诸武力，而且许诺在出现违反情况时互相提供援助。此外还有一个得到法国支持的德国方案，它要求各国应当预先自我约束，以支持由理事会提出的降低战争危险的建议（即《改善防范战争手段的示范条约》，Model Treaty to Improve the Means of Preventing War）。还有一个芬兰方案，它建议为被侵略者提供经济援助。这些建议当中没有几个受到英国人的欢迎，加拿大人和南美人也抱有与英国人同样的怀疑，他们担心这隐含着其自身义务的扩大。尽管张伯伦支持其他国家缔结"洛迦诺模式"的协定，但他根本不打算为其他地区性集团提供英国的担保。他也不支持为理事会解决争端的工作提供便利的建议。英国此时仍未签署"选择性条款"（Optional Clause），该条款事先约束各国将特定种类的国际争端提交国际常设法庭，以及事先同意接受其判决具有约束性。尽管该公约在 1920 年就开放供各国签署，但到 1928 年只有 16 个国家签署（德国是其中唯一的大国）。只有芬兰人关于提供经济援助的建议赢得了英国人的支持，这更多是作为第 16 条的替代物，而不是像发起者们所希望的那样是它的延伸。厌恶制裁的不只是英国及各个自治领。德国人与英国人一样警惕任何重启《日内瓦议定书》内容讨论的尝试，在他们看来，该议定书将使未来的条约修改更为困难。国联的讨论以一种零打碎敲的方式进行，各方总是无法就出现在被拒绝的《日内瓦议定书》中的自动条款达成一致。1928 年的各种争论差不多只是对早先讨论的重复，起初的期待较少。起草的三个示范条约被合并为《和平解决国际争端总议定书》（General Act for the Pacific Settlement of International Disputes），1928 年 9 月由国联大会批准。英国代表团仍然被照亮《凯洛格-白里安公约》签字仪式的弧光灯的耀眼光芒弄得头晕目眩，几乎无法反对。德国人和芬兰人的建议得到了国联大会的一致支持，被留待未来进行考虑。此时根本没有出现当初《日内瓦议定书》所引起的那种激动情绪，许多参与者觉得这些只是死抠法律条文的练习。

IV

考虑到英法对召开一次裁军会议缺乏热情，以及他们在专家委员会里分歧不断，当一个"二读"（second-reading）的公约草案竟然真的在筹备委员会第六次会议（1929年4月15日至5月6日）的讨论中出现时，就有点让人吃惊了。此时距该委员会工作中止已有一年之久，而离"一读"公约的完成已接近两年。1928年的各种挫折以及缺乏进展，已经使各个大国处于一种审慎的心态中。在筹备委员会重新召集之前，请愿书从世界各地涌来，要求对话取得进展，并且为裁军会议本身设定一个日期。当代表们在日内瓦集合时，妥协成了风向。而妥协真正意味着的就是放弃那些最有争议的立场。美国代表休·吉布森的演讲展现了来自胡佛总统的一条鼓舞人心的信息——接受法国人提出的一个关于海军裁军的妥协方案。英国人和美国人同意不要求对受过训练的预备役人员做出限制。作为交换，法国人不再坚持对战争物资的预算限制，并且从他们对核查所持有的强烈立场上后退。由于无法决定战争物资的生产将如何得到控制，该委员会采纳了美国人的一个方案，它要求各国公开他们的军备开支。这份"二读"的公约草案是一整套的温和规定，几乎不怎么推动军备限制事业，草案就是以这样一种相当令人不满意的方式获得了通过。德国和苏联的代表们指出其中的成就极少，并且表达了他们对这些结果的共同失望。有点具有讽刺意味的是，这两个国家当时正在着手重新武装的计划。该公约草案受到大多数代表的热烈欢迎，不过相当令人遗憾的是，筹备委员会的此次会议随后休会，以便各个海军大国能够继续它们的秘密讨论。

当时的许多评论人士认为，对于全面裁军的追求不仅注定是要失败的，而且会起反作用。在法国没有获得进一步的安全的情况下，裁军不太可能取得真正的进展，而且并不成功的讨论似乎只是带来了敌意。召开一次裁军会议将构成甚至更大的危险，因为它将不得不应对数目的问题，而且很可能要面对德国对平等待遇的诉求。造成拖延的原因是多方面的。温斯顿·丘吉尔在 1928 年 10 月对其选民的演讲中包含了一个"动物园寓言"，当世界裁军会议最终召开时，这一寓言被发现实在是太具有预见性了。丘吉尔描述说，当动物园的动物们一起参加裁军会议时，首先是犀牛争辩说，牙齿是野蛮的武器，而角是严格防御性的。然后狮子辩护说，牙齿和爪子是值得尊敬的自卫手段。而熊最后"提议说，牙齿和角都应当被禁止，而且永远不得被任何动物用于战斗。当动物们争吵时，如果它们获准给予彼此一个紧紧的拥抱，那就非常足够了"[3]。丘吉尔最后总结说，它们争论得如此激烈，对于彼此是如此愤怒，以至于不得不被管理员说服重返自己的笼子。但这里存在一种可怕的区别。动物园和日内瓦之间的不同之处，在于缺乏动物园管理员以及野兽能够被送回去的笼子。相反，首要的参与者们开始重新武装，其中解除武装最多的参与者步伐最快。

对于一份裁军协定的寻求仍然在继续，因为各国不能被视为是无所作为的。那些妨碍进展的根本性分歧被掩盖起来了。德国的修正主义与法国的安全之间的冲突，巴黎与伦敦当局之间不同的安全目标，都未得到阐明。英法两国政府只要一有可能，就避免做出将会暴露正在进行的对话之无用性的政治选择。英国保守党政府面对着一场选举，而裁军将是其中的一个话题，保守党认为选民们要求裁军取得进展。塞西尔辞职以后，他已经将裁军变成了一个具有党派性的问题。作为国联联合会主席，他得以动员主要是自由党和工党的"异议人士"来为裁军摇旗呐喊。尽管正在筹划华盛顿之行的鲍德温和张伯

576

伦准备在日内瓦采取更为积极的姿态，但他们都被涂上了反裁军的色彩。1929 年 3 月，在筹备委员会即将召开新的会议前夕，保守党内阁在一个令人怀疑的争取选民的举动中，同意接受在日内瓦获得一致通过的任何裁军安排。工党的党纲许诺重振国联，在其仲裁及裁军目标方面尤其如此。在工党于 1929 年 5 月赢得大选之后，在英国掌管日内瓦政策的是亨德森，作为国联事务特别顾问而被工党重新拉回外交部的塞西尔，塞西尔的好友兼助手、基督教贵格会教徒、全面和普遍裁军的倡导者菲利普·诺埃尔-贝克（Philip Noel-Baker），以及外交部未来负责议会相关事务的副大臣休·多尔顿（Hugh Dalton）。对于法国的部长们而言，公众的压力没有这么大。裁军问题本身在国民议会并未得到讨论，而且在法国也没有类似于国联联合会的组织。当"人权联盟"（League of the Rights of Man）在 1931 年散发一份支持裁军的请愿书时，他们只获得了 109673 个签名。就白里安的优先事项而言，安全优先于裁军，这与公众的看法是一致的，而且对于将在日内瓦遵循的路线，法国外交部与武装部队之间并无多少区别。法国外交部国联事务部门负责人、能干而又非常可敬的勒内·马西利注重不与英国人争吵，或者让伦敦和华盛顿当局有谴责法国人具有军国主义野心的理由。在美国，由于国会总体上在外交政策制定过程中扮演核心的角色（参议院尤其如此），因此和平团体能够被动员起来，其干涉是十分有效的。尤其是在大选之前，总统候选人对此很注意。至少在 1929 年的春天，没有一个国家希望被单独挑出来，为在日内瓦缺乏进展而受到谴责。各国政府不能支持战争。

表 26　英法军费开支（1925—1933 年）

单位：百万　（当时价格）

年份	英国（英镑）	法国（法郎）
1925 年	114.7	6.524
1926 年	119.5	7.511
1927 年	116.7	11.181
1928 年	117.5	9.778
1929 年	113.5	13.844
1930 年	113.1	11.075
1931 年	110.9	15.915
1932 年	107.9	13.814
1933 年	103.9	13.431

资料来源：Robert Frankenstein, *Le Prix du réarmement français 1935 - 39* (Sorbonne, 1982), 303; British Parliamentary Papers。

还有另外一种考虑影响着裁军对话——钱。在一个和平的时期里，削减军备开支的期望在许多政府的考虑中是一个重要的因素，在英国和美国尤其如此。在华盛顿（如同在伦敦一样），对于寻求某种形式的协议而言，不愿为军备拨款是一种强大的刺激。柯立芝以及他的更具成效的继任者胡佛——有社会良知的贵格会教徒，而且是已有广泛的国外经历的几位美国总统之一——真正地相信，裁军将会促进和平，而且在军备上节省下来的资金能够被用来偿还战争债务，重建欧洲繁荣。与美国国会不愿资助建造舰船极其相似的，是英国财政部多次要求削减海军开支。当工党在 1929 年执政时，即"十年规则"被重新确认一年之后，由于这一规定不用进行一年一度的重新审视，新任财政大臣斯诺登再度削减了军队的预算。陆军 1930 年的预算被削减了 60.5 万英镑；在新加坡的海军基地进行的工

578

作被中止，1929 年的海军建造计划被大幅削减；皇家空军被迫将其扩充至 52 个中队的计划的完成推迟三年（推迟至 1938年）。要判断财政上的限制在多大程度上被纳入预算考虑是困难的，但屡见不鲜的是将削减财政预算阐述成是为了推进裁军事业。各军种利用它们对单边裁军的主张，防止自己的份额在防务开支中被进一步削减。到 1930 年，所有三个军种都相信英国已经军力不足，而且由于财政限制，整个国家的军队不得不被用于帝国的交通与防御，以及从空中保护本土各个岛屿。英国三军参谋长在 1930 年警告说："与 1914 年在没有做出任何书面保证的情况下为法国和比利时提供支援相比，这个国家如今在履行洛迦诺的各项保证方面处境更为不利。"[4]他们认为英国被削弱的防御态势使其不可能承担任何额外的安全义务。法国人并非不清楚存在于英国人限制军备主张背后的财政上的迫切要求。工党首相拉姆齐·麦克唐纳担心，其他国家可能认为英国寻求限制军备主要是出于财政上的虚弱。这种经济上的争论在伦敦既被用作支持限制军备的理由，也被用作反对限制军备的理由。

　　法国反对削减军备的理由基于这样一个说法——法国已经按照《国际联盟盟约》的要求，将其军备削减至"与国家安全一致的最低程度"，该理由受到了英国人的蔑视。实际上，从 1924 年到 1930—1931 年，法国各军种的经费增长了 25%，由于为修建马其诺防线而最先被纳入 1929—1930 年度预算之中的额外特别信贷而得到扩大。[5]法国海军从这笔经费中获得了最大的收益，在 1924 年至 1930 年的防务拨款中占到了 50% 以上。由于着眼于"德国威胁"，陆军觉得《凡尔赛和约》时期的德国与法国之间的差距必须得到保持，因此难以认可可能缩小这

种差距的任何军备限制协定。正是这种差距的持续以及法国陆 579
军的规模与状况，为法国提供了未来的军事安全。军队首领们
充分利用服役期限以及现役兵额的削减，来表明法国在裁军方
面已经做了什么。他们反对任何进一步的削减，尽管空军的落
后及质量差原本应当鼓励其做出重新的考虑。法国对于军事优
势的需要与英国对于海军优势的需要一样大，而后者未能理解
到这种相似性，这常常让法国人沮丧。在法国军方看来（有时
候英国海军部也有同样的看法），优势和安全完全是一回事。
尽管德国违反《凡尔赛和约》裁军条款的情况受到重视，但现
状不如未来那样重要，在协约国从莱茵兰撤出之后尤其如此。
纯粹的财政上的考虑只是在 1931 年之后才变得关键起来，此时
法国新的左派-中间派政府采纳了通货紧缩的政策来抵抗大萧
条的影响，并且接连削减了防务开支。在 1930 年之前的时期
里，当未来的防御性工事的性质及选址已经处于讨论之中，而
且军方首领们明白这些工事将需要重大的拨款时，他们正确地
感觉到其计划的防御性质将在政治上和民众中具有普遍的吸引
力，甚至在支持裁军或者至少反对防务开支增长的人们当中也
是如此。

　　在 1930 年之前迟滞着裁军问题进程的，主要是英法的分歧
以及令人分心的英美海军对立，但国联大会不断地教促理事会
和筹备委员会继续应对这一任务。德国人和苏联人尤其不愿让
这个主题消失。德国人处于矛盾的形势之中，他们对此充分利
用。作为和约的一部分，国联当初是为了遏制他们而创建的，
但一旦他们以平等的权利和义务加入这个主权国家的机构之后，
他们就不可避免地将主张他们重新武装的权利，除非国联的其
他成员都裁军至德国的水平。随着德国重返大国地位（以其在

国联理事会的存在为标志），日内瓦出现了一颗滴答作响的定时炸弹。法国人的观点是显而易见的，但英国也对提起军备问题持谨慎态度。保守党的一些大臣宁愿聚焦于苏联的潜在威胁，而不是德国对和平的威胁。尽管丘吉尔呼吁消除德国"合理的抱怨"，但他是一贯地认为一支强大的法国军队能够保证和平的屈指可数的几个人之一。而在其毕生的时间里，施特雷泽曼并未强制加速步伐。当德国国内的舆论聚焦于协约国撤出莱茵兰的问题时，他倾向于等待。德国裁军代表约翰·海因里希·冯·伯恩施托夫（Johann Heinrich von Bernstorff）伯爵被指令保护德国未来的地位，将筹备委员会的注意力聚焦于即将到来的裁军会议，但要避免与法国人的争论。1928 年夏天，当会议召开再度被推迟时，伯恩施托夫变得更为直言不讳。施特雷泽曼的国联政策不得不带来更大的国内红利。德国人并不是要求召开一次裁军会议的唯一修正主义国家。苏联的安全依赖于通过经济重组以及增加军备来强化国家。但对于裁军的支持是分化资本主义国家和防止资本主义攻击之危险的一种途径。即使国联是为"帝国主义利益"服务的，积极参与筹备委员会也将获得实际的以及意识形态上的种种好处。在其首个裁军方案被拒绝之后，李维诺夫在 1929 年 4 月再度亮相，带来了第二个更具希望的草案，它建立在对于进攻性和防御性武器的区分之上：前者将被大幅削减而且最终被废除。这些方案后来在裁军会议上被美国人重新使用。但在 1929 年，李维诺夫的方案只得到了德国、中国和土耳其的支持。筹备委员会决定推进其在 1927 年提出的草案的"二读"版本。尽管李维诺夫的这些干预遭到了普遍的怀疑，但这位苏联代表精通日内瓦游戏的规则与词汇。这位机敏的、精通多国语言的苏联玩家让自己的国家认同对裁军事业的追求，从而使国联大会要求召开拖延已久的世界大会的压力难以转移。

第十届国联大会于 1929 年 9 月（此时国联已进入第十个年头）在日内瓦开幕，与会者们的情绪是乐观的。在这年 8 月的海牙会议上，赔偿问题上的冲突看似已经得到了解决。那次为期一个月的艰辛会议似乎成功结束，为两天后召开的国联大会提供了一个具有希望的背景。外交官们谈到"战争（一战）的最终清算"，并且期待欧洲关系中的"新定位"。在裁军方面出现了取得进展的新希望。作为著名的"国际主义者"，赫伯特·胡佛在 1929 年 3 月就任美国总统，英国工党在 1929 年 5 月获胜，这些为更有效地实现和平铺平了道路。甚至在大萧条开始之前，这位美国新总统就决心削减美国的防务开支。英国首相拉姆齐·麦克唐纳与这位总统一样渴望解决两国之间的海军争端，而且着手达成一份全面的裁军协定。外交大臣阿瑟·亨德森正在准备其关于国际仲裁的新倡议，旨在打消法国人的疑虑和推进裁军事业。在巴黎，阿里斯蒂德·白里安在位已久（在 15 任内阁中担任外交部部长，1925—1932 年 4 次领导内阁），他在 1929 年 7—10 月曾同时担任总理和外长，而且当安德烈·塔迪厄在 11 月出任总理时，白里安仍然执掌法国外交部。在法国财力强大而且保持着对于德国的军事优势的这样一个时刻，重新思考欧洲未来的道路看似是敞开的。白里安尽管承认深层次力量（forces profondes）最终对德国有利，法国除了和解之外别无选择，但他根本不想在以额外的安全保证的形式获得充分补偿的情况下，放弃法国残剩的"护身符"。

英国人采取了主动，在裁军问题以及推动国联的安全体系方面都是如此。由于渴望达成一个更为有效的裁军协定，英国

581

的一项议案重新引出了几个争论已久的问题，比如放弃对于受过训练的预备役人员的限制，以及用来限制战争物资的那些虚弱的"非直接手段"，这些原本被认为在 4 月的筹备委员会会议上得到了解决。英国人认为充足的安全保证已经或者将要就位，从而使法国人能够削减其军队，他们的这些新方案的意图在于加大对法国的压力，让其支持裁军事业。甚至在法国人根本不想重新讨论这一问题的情况下，国联处理裁军问题的第三委员会的英国代表塞西尔也敦促英国对受过训练的预备役人员问题发表看法。更为糟糕的是，塞西尔对于裁军所采取的教条主义态度让法国代表极为愤怒，并且加剧了他们对英美在海军裁军上串通一气的怀疑。面对着除非英国停止其对于法国陆军的"永久性攻击"，否则法国将在海军事务上制造麻烦的威胁，各方达成了一个妥协方案，将关于筹备委员会的决定的所有讨论推迟至其下一次会议。法国人继续怀疑英国打算自行其是。

亨德森希望延伸国联的仲裁与冲突解决制度，他的这个决心更有前途。与其保守党前任不同，亨德森对于强化国联安全功能的努力抱有巨大的信心，而且相信这些努力将在不会招致英国额外投入的情况下，为走出裁军和安全间的困境提供一条道路。他告诉一名英国记者："法国人将逐渐相信仲裁，拥有一种安全感，而且觉得用不着每年动员其可资利用的人力。"[6]工党政府从一开始就坚决反对回归《日内瓦议定书》的条件。但亨德森坚持英国应当签署"选择性条款"，该条款在 1929 年 9 月被采纳，但由于英国内阁及英联邦的担心而有一些次要的保留意见。有 18 个国家已经在英国之前签署，而在英国接受之后不久签字国家达到 42 个。亨德森还获得内阁的允许，宣布英国即将遵守《和平解决国际争端总议定书》，及其关于和解、司法解决、仲裁解决的各项规定。由于南非的反对，直到 1930 年 10 月的帝国会议之后，英国才能继续向前迈进，而其批准一直被搁置至 1931 年 5 月。内阁还同意芬兰关于为被侵略国提供经济援助的建议，不过为了安抚那些反对为集体安全做出进一步贡献的国家，该协议要等到签署一份裁军协定之后才会生效。而对于《示范条约》（后来被称为《强化防范战争手段总公约》草案，Draft General Convention to Strengthen the Means of Preventing War，以下简称《总公约》），则存在更多的不同意见，因为它引起了关于理事会的指示以及实施制裁之类的棘手问题。各签字国将事先约束自己，一旦发生争执，将执行国联理事会的指示以降低战争的危险，包括重新安置军事力量以及任命监督专员的权利。在伦敦，在麦克唐纳的支持下，英国海军部反对这些可能限制英国移动其舰队的自由的规定。各方最终同意，英国将遵守"与国家安全不相抵触的"国联指示，但不会接受超出《盟约》所规定的制裁。《总公约》修改后的文本在 1931 年满洲危机时召开的国联大会上获得通过，它赋予理事会的只是发布指示的有限权力及最低限度的核查权（inspection rights），而且不包括关于制裁的任何明确规定。

法国人认为这份《总公约》总体上劣于《日内瓦议定书》，他们签署该公约主要是因为他们希望展现法国在寻求和平的过程中的合作（态度）。到世界裁军会议召开时，有 22 个国家已经签署了《总公约》，包括德国和法国但并不包括英国。麦克唐纳和亨德森还希望通过根除诉诸除自卫之外的所有战争，来让该公约与《凯洛格-白里安公约》保持一致。这种试图消除《总公约》中的"差距"的特别努力，为法国提议向着被拒绝的《日内瓦议定书》的方向做出深远的修改（使仲裁成为强制性的，以及所有制裁在实施过程中是自动的和立即的），提供了一个受到欢迎的开端。他们的修改尽管赢得了塞西尔的支持，但如同 1924 年的提议之于保守党政府，并不受到工党政府的欢迎。英国人只愿意对《总公约》做出适度的修改，而法国人觉得除了强制性仲裁之外，这些对于法国未来的安全来说更危险而不是更有利。亨德森相信这些不同的措施以及《总公约》与《凯洛格-白里安公约》的"协调一致"（harmonization）将在欧洲创造一种新的安全感，而且将为全面裁军铺平道路。法国人担心，英国强调仲裁和裁军，主要是为了逃避安全这一真正的问题。法国的决策者们驳回了英国人的这种态度，巴黎的最高国防委员会轻蔑地将这种态度归纳为这样一种信念——"安全首先是一个情感（sentiment）的问题，精神上缓和的问题，通过诸如《凯洛格-白里安公约》这样的普遍类型的协议得到保证"[7]。在巴黎没有几个人觉得这些新的建议为军事干涉提供了具体的承诺，或者为受害国提供了支持，而只有这些才能在欧洲为法国提供安全。尽管并不反感通过国联赢得这样的承诺，但他们更倾向于像往常那样与英国达成一份双边协议。无论是工党还是保守党，英国政府都不会接受这种承诺——如果要承担这种承诺，英国的独立性将丧失，而且会被卷入对英国来说没有直接利益的事务。法国人与英国人在安全概念上的分歧与以往一样深。

V

当亨德森继续徒劳地寻求强化国联安全体系的途径时，白里安启动了他自己为欧洲外交设计的方向。在 1929 年 9 月 5 日的国联大会会议上，这位法国政治家引人注目地呼吁在欧洲结成"某种形式的联邦式联系"，来实现欧洲在经济和政治上的一体化（integration）。这位政治家具有想象力，但他的观点含糊得令人沮丧，他的动机就像这一观点本身一样晦涩而含混。他从来不将自己的观点写下来，因此只能留待更晚一代的历史学者在考察这一联邦主张以及目前的欧洲共同体（European Community）① 的根源时，利用他们的想象力来重建白里安的意图。人们只能猜测白里安此举是在法国的政策已经变得日益具有防御性的时候，试图重新获得外交上的主动权。很有可能的是，他正试图使德国陷入一张比国联所能提供的更牢固的欧洲之网。对于白里安而言，还有一种经济上的动机在起作用，这是为了对德国无限的工业潜力实施某种形式的控制。在"战争的最终清算"之后，法国人正期待为经济协调及合作创造一个政治框架，同时建造一道屏障来对付美国的经济支配，这种支配地位在 1927 年的世界经济会议上清晰地突显出来。在国联1929 年 6 月初在马德里举行的一次会议上，白里安在与显然生着病的施特雷泽曼会晤时主张，法德应当成为一个欧洲集团（grouping）的核心，这个集团旨在"（进行）政治合作以稳定和平，而且最为重要的是为防范美国的优势而进行经济上的合作"[8]。与美国的一边倒的贸易关系，以及导致高度具有保护主义特征的《霍利-斯穆特关税法案》的讨论，让白里安的主张获得了经济上的理由。他利用这张反美牌来作为"胡萝卜"，但德国当时几乎不可能进入一个具有反美倾向的集团，更别说英国甚至是法国。

584

---

① 欧洲共同体在 2009 年被正式废止，欧盟成为其法律地位的继承者。

不论白里安的直接目的是什么，当时存在着一种对于一个联邦式欧洲（federated Europe）的更宽广的视野，这样的一个欧洲将反映欧洲大陆国家的独特认同与需要。1927 年，白里安成了小型但具有影响力的泛欧联盟（Pan-European Union）的荣誉主席，该组织三年前由里夏德·冯·库登霍韦-卡莱吉（Richard von Coudenhove-Kalergi）伯爵①创建，这是在 1920 年代中期创立的许多此类组织中的一个。一些人关切欧洲的经济分工以及边境与关税壁垒的增加。在那些推动法德更为紧密的经济联系（比如卡特尔协议），或者一种更为普遍的欧洲解决方案的人当中，有法国和德国的商人、实业家和银行家。而作为对于最近这场战争的后遗症的反应，其他一些人正在寻找欧洲文化与文明的共同要素，以此缔造一个欧洲合众国。这种关于欧洲的主张开始在一些具有政治影响力的圈子里传播。白里安最初关于在欧洲建立一种"联邦式联系"的呼吁是以最为笼统的措辞来表达的。这种联系将"主要是经济上的"，不过他的言语更多的是一种呐喊而不是一个计划。如果说这位出色的演讲家吸引了国联大会与会者的注意力，各国政府首脑的反应则更为克制。施特雷泽曼是谨慎的，而且提醒人们关注对国联可能造成的损害。亨德森批评该建议的反美（和反苏）意图，而麦克唐纳则是公然鄙视的。有限的支持来自较小的国家。法国外交部被要求制作一份更为详细的、将要发到各相关政府的备忘录，并且为 1930 年 9 月的国联大会起草一份报告。

在 1929 年国联大会的另一次演讲中，第二个工党政府的贸易委员会（Board of Trade）会长威廉·格雷厄姆（William

---

① 里夏德·冯·库登霍韦-卡莱吉（1894—1972），奥地利-日本裔政治家、哲学家，倡导欧洲一体化。

Graham）提出了一个行动的"具体方案"，建议进行一次为期两年或者三年的"关税休战"（tariff truce），以便在着手进行一项多边的关税削减计划之前提供一个喘息空间。1930 年 2 月，一次"着眼于协调的经济行动的预备会议"在日内瓦开幕，有30 个国家参加。其中一半以上的国家由政府部长（大臣）作为代表，这在国联的此类会议中是前所未有的。只有三个非欧洲国家参与，美国派出了一名观察员。会议的着重点又是一份"关税休战"协议，而且就将双边的关税安排冻结一年达成了一份有限的协议。人们当时的情绪是悲观的；这是一份最低限度的协议，并未为未来的关税减免带来多少希望。无论是法国对于一个欧洲联盟的争取，还是 1930 年 2—3 月得到英国支持的关税休战，都未能实现其各自的发起者的希望。解决欧洲经济问题的任何集体（反应与行动）方式并未出现。

法国外交部在 1930 年 5 月就欧洲联邦问题向国联递交详细的备忘录，备忘录明确地让经济目标从属于政治合作。它强调在建立一个共同的市场和实施一体化的经济政策之前，需要先行拥有一种欧洲的仲裁制度、安全以及洛迦诺式的保证。法国官员的谨慎的政治直觉占了上风，经济方面的部委并未参与其中。该备忘录以松散和含糊的语言概述了这个新的欧洲联盟将采取的形式。法国人设想了一个建立在欧洲国家之间的道义联系上的联邦，它拥有大会、执行委员会和秘书处。这个新的欧洲联盟将存在于国联之外，不过与其紧密合作。法国外交部经验丰富的秘书长菲利普·贝特洛不愿与这个富于幻想的方案有任何关联。他继续信赖法国的联盟体系和与英国的良好关系。法国的这份备忘录所受到的反应即使并非敌对的，也是沉默的。对于这种其认为是乌托邦式的、不切实际的欧洲联邦主义观点，英国外交部并不支持，不过不愿削弱白里安在塔迪厄内阁里本已在弱化的政治地位。来自英国驻巴黎大使威廉·蒂雷尔的关于白里安无力掌控外交事务的警告，以及在面临关税休战会议的情况下人们对法德协作的越来越大的支持，打破了英国外交部无精打采的状态。当时没有几个人严肃地看待蒂雷尔关于法德达成解决方案的警告。英国外交部官员 E. H. 卡尔（E. H. Carr）记录道："与白里安先生在日内瓦的哗众取宠的泛欧主义空话一样，吹牛是法德的这些谈判当中的一个主导性因素。"[9] 亨德森和塞西尔认为，白里安的建议如果能够被带入国联的框架之内，将会具有一些价值。他们的看法得到了在日内瓦的国联官员的支持。"在国联之内的地区化（regionalization）"将会在不冒犯其发起人的情况下，降低该概念的危险。德国的反应很冷淡。对于德国的生命线而言，与美国的联系过于关键而无法让其处于严重危险之中，而且德国人瞩目于在东中欧的独立行动。一些人从这份传阅的备忘录中看到了法国的一个不受欢迎的政治举动。意大利人和匈牙利人做出了十分消极的评价，在他们看来，这些建议将确认法国在欧洲的霸权。在那些较小的国家中，除了波兰和"小协约国"各国，人们怀有的是谨慎以及相当之大的怀疑。几乎所有的政府都提到有必要包括被最初的参与者名单遗漏的苏联和土耳其，而且对于其隐含的对国联的抑制表示担心。李维诺夫对于苏联被排斥的反应，是将法国的这一举动视为其创建一个反苏集团的努力的一部分。瑞士人坚持保持他们的中立性的需要。从对法国外交部的这些回复来看，可以预言的是只有一个最低版本的白里安计划能够幸存下去。当白里安在1930年9月前往日内瓦时，官员们告诫他要坚持笼统性（generalities，泛泛而谈）。

这种安排表明,任何旨在实现政治联邦的尝试都将突显出"富国"和"穷国"、以前的胜利者与失败者、法国的朋友和敌人之间的分歧。这在很大程度上取决于英国的态度。在 1930 年初的伦敦海军会议谈判,以及英国在解决法意在海军平等地位上的争端方面遭遇种种困难之后,伦敦与巴黎当局之间关系紧张。英国怀疑法国过于担心其安全问题,这种怀疑影响了英国外交部的反应。法国的这一倡议被视为强制执行《凡尔赛和约》和维护现状的一种手段,英国外交部虽然对这一倡议抱有普遍的敌意,但断定有必要向白里安这个"好欧洲人"表现出某种支持。英国外交部的官员们并不理会该备忘录的政治定位,而是重提白里安起初对于经济合作的强调,同意做出一个友好的(即使没有做出承诺)回复,强调有必要将此类经济讨论引入国联的框架之内。就法国对于一个独立或半独立的机构的希望来说,这是一种抑制。

与一年前相比,欧洲在 1930 年底的形势更让人担心。9 月 14 日,希特勒的民族社会主义党在德国选举中大胜,获得了 107 个席位,成了国会里继社会民主党之后的第二大党。在一种更为现实的心境中,代表们同意将白里安的建议转向一个新建立的委员会——欧洲联盟调查委员会(Commission of Enquiry for European Union,CEEU)。作为对其法国发起者的表态,白里安在欢呼中当选委员会主席。该委员会被指令在 1931 年 1 月举行第一次定期会议,而且在随后举行了一系列的会议。尽管由于大萧条,其授权在 1931 年 9 月被国联大会更新,但对话已经丧失了动力。在英国仔细地做出各种努力以防止其关注点扩大之后,该委员会的讨论几乎完全指向经济问题,法国在其中贡献了大多数更具建设性的意见,在东南欧处境艰难的农业国的救济方面尤其如此。在经济领域，英国代表们并不像一些历史学者认为的那样敌视合作，不过代表们在关税政策上的分歧，阻碍了在该委员会（commission）所催生的许多委员会（committee）① 中取得真正进展的可能性。1931 年发生的灾难不仅对所有形式的白里安主义构成了沉重的打击，而且对通过经济路线实现欧洲合作的一切可能性造成了巨大的破坏。无论是在其具体的还是更为普遍的目标上，白里安的这一倡议都失败了。它没有让法国重新获得外交主动权，也并未推进欧洲的合作事业。此事再一次表明，当德国即将重新获得外交事务上的主权时，英国和法国之间的分歧却正在扩大。

VI

白里安对于 1929 年国联大会的呼吁并未转移人们对裁军问题的注意力。真正的行动正发生在大西洋的对岸。塞西尔在国联大会上所激发的加速日内瓦裁军谈判的努力已经失败了，但英美海军谈判在那时已经开始了。胡佛和麦克唐纳同样渴望达成一份协议，他们敦促各自的海军人员，到 9 月初时，一份关于巡洋舰的协议的轮廓正在呈现。胡佛及其国务卿亨利·史汀生决心改善英美关系。美国人所提出的这个"衡量标准"（yardstick）方案将更新更为强大的美国舰船视为超过（多于）同吨位的更旧更小的舰船，麦克唐纳内阁可以接受这一方案，这个内阁里的节约派和裁军者占大多数，他们不愿积极推动海军部的理由。
588 英国新任海军大臣是改革派，也是军备控制进程的强烈支持者。胡佛此时因为一桩诉讼案而得到了很大的帮助，在此案中，一

---

① 两种委员会的区别见前文注释。

名"大海军"游说者因为其在 1927 年日内瓦海军会议上提供的服务而要求造船厂家偿还对他欠下的报酬。参议院随后对这些"死亡贩子"（traffickers in death）的调查，为美国当局与"大海军"团体的斗争提供了极好的弹药。心理上的突破在麦克唐纳 10 月初访问美国时出现。在位于蓝岭山脉（Blue Ridge Mountains）拉皮丹河（Rapidan River）河畔总统乡村度假地度过的这个周末里，这位辞藻华丽的社会主义者（麦克唐纳）与贵格会教徒出身的商人兼政治家（胡佛）找到了妥协的基础。两人同意将美国的巡洋舰限定为 18 艘，规格为一万吨，配备八英寸口径火炮（美国海军认为 21 艘是一个绝对最低数额）。作为承认美国在巡洋舰方面的平等地位的一条途径，胡佛的"衡量标准"方案被接受了。此次访问为 1930 年的伦敦海军会议铺平了道路，它在所有的海军军备控制会议中是准备最为充分的。因此此次峰会外交取得了出色的成功。两人不仅达成了政治上的妥协，这种妥协淡化了阻挠达成一份巡洋舰协议的技术上的考虑，而且他们开启了英美在裁军问题上的一个合作时期。1930 年伦敦海军会议的邀请函在 1929 年 10 月 7 日发送给法国人、意大利人和日本人，并被迅速地接受。

　　在英美预先做出这些十分重要的意见征询之后，日美、法意以及英法意的单独对话随之进行。当时最为迫切的问题是日本人要求将包括巡洋舰在内的辅助舰的比例提高至 70%，而不是《华盛顿海军条约》所规定的 60%。当参加此次会议的日本代表团在前往伦敦途中停留华盛顿时，史汀生尽管拒绝承诺任何数字，但安慰这些代表说，将采取措施来保护日本民众的情感。美国人和英国人明白，如果要让这项新的协议在东京被接受，他们必须应对日本人的要求。法国人与意大利人的交流立即遭遇了困境。该问题再一次牵涉到安全是不是裁军的前提条件。法国人从来不喜欢孤立地讨论海军裁军这一主张，除非意大利人放弃其对海军平等地位的诉求，或者英国人同意一种牵涉到针对现状违反者进行自动制裁的"地中海洛迦诺"式安排，否则法国人拒绝削减其海军力量。这两个要求都没有被满足。墨索里尼决心获得平等地位，将其作为关系国家威望的事情，而英国内阁则认为一种在地中海的安全保证是"危险且不必要的"，因而对此予以反对，从而阻止了这条唯一可能的妥协途径。英国外交部代表罗伯特·克雷吉（Robert Craigie）爵士建议就地中海达成一个协商协定，也就是类似于 1921 年的《四国条约》。美国人希望参与，但之后就退回到其通常的那种不介入的姿态。

589　　伦敦海军会议是一个闪耀的时刻，各个参与国派出了强大且熟悉情况的代表团。与 1927 年的日内瓦会议不同，伦敦会议的进程由决心取得成功的文职大臣（部长）们掌控。工党政府放弃了在 1927 年的那次流产的会议上苦苦捍卫的立场，在每种类型的舰船方面都接受了与美国人的平等地位。最终的协定包括将停止建造主力舰的时限再延长五年（直到 1936 年），此外三个主要的海军大国（英美日）达成协议，将它们的战列舰的数量分别从 20、18、10 艘削减至 15、15、9 艘。三国还同意将巡洋舰和驱逐舰的比例保持在 10∶10∶7。英国人将他们此前的 70 艘巡洋舰的最低要求降低至 50 艘；美国人从其 23 艘配备 8 英寸火炮的重型巡洋舰的要求上后退，转而接受了 18 艘巡洋舰这一数目。"衡量标准"方案从未以数字的方式来表达，因而灵活到足以达成协议。一个有利于达成协议的情况是，英国的 59 艘一线巡洋舰将在 10 年内淘汰，因此短期内实际上不可能完成一个超过 50 艘巡洋舰的建造计划。与日本人谈判的任务主要被留给美国人，这是英美亲善的又一个迹象。如同美国人一样，英国人不希望日本建造更多的"华盛顿级"巡洋舰，他们一起行动迫使日本人接受一个妥协方案，他们明白这个方案在日本国内将不受欢迎。日本人同意了在 8 英寸火炮重型巡洋舰方面的 60% 的比例，但在其他类别的舰船保持了 70% 的比例，并且赢得了在潜艇方面的平等地位。日本海军强烈地反对这一限制协定，帝国海军总参谋长就此辞职。当时在东京出现了一种强大的民族主义反应，但日本首相滨口雄幸（后来被仇外的保守派人士暗杀）说服枢密院批准该协定，内阁中的文职官员以及日本国会里的自由派群体紧密团结予以支持。为掌控未来的防务政策，遭遇失败的军队军官及其支持者准备进行一场斗争。

无论是法国人还是意大利人都没有签署这项新的限制协定。英国人在法意的谈判中扮演了一个引领性的角色，这些漫长却不成功的谈判只是加剧了英法的敌对。英国人渴望在欧洲水域中保持其两强标准，他们通过在伦敦协定中纳入一个"自动调整条款"（escalator clause），免除了来自新的建造活动的威胁，不过启用这一条款将会摧毁来自这份三国协议的一些收获。由于在地中海没有任何新的安全措施，法国人拒绝在其舰队的吨位数字上做出让步。他们试图让日本人拒绝对潜艇的任何限制（英国人通过拦截法国电报知道了这一点），因此在这次会议上进一步激怒了英国人。麦克唐纳尤其愤怒：他本来已经将法意的僵局归咎于巴黎当局，现在又对法国人的"背叛"充满愤怒。英国内阁拒绝考虑任何应对法国安全关切的举动，甚至不愿对依据《国际联盟盟约》第 16 条的行为做出重新的确认。

在英国人看来，法国对于一支大型舰队的需要似乎是完全无理由的。英国全然不顾法国的防御及帝国责任，其态度所体现出来的高高在上的做派让法国人感到恼火。从根本上说，法国人没那么关心这些海军协定，因为德国是他们最重要的关切。法国人比意大利人更为坚持军备的统一性以及陆海空防务之间的相互联系。巴黎和罗马当局之间对于达成协议的愿望，最多只能说是间歇性的。与那些高度的海权国家形成强烈对比的是，这两个国家拥有共同的陆地边界，而且在北非是殖民对手。双方的关系即使并非紧张也是不稳定的，在墨索里尼夺权之后尤其如此。对于远远落后于法国人的意大利人来说，海军不只象征着地位，它将引领这个新帝国的缔造。法国认为如果承认平等地位，意大利人将把其舰队集中于地中海并获得在当地的海军优势，因为法国舰队散布于地中海、英吉利海峡和北大西洋。他们最多能提供在地中海当地的平等地位，而法国将因为它的其他责任而被给予额外的吨位。无论在政治还是海军方面，双方都无任何共识。

在这次会议结束之后，英国人、法国人和意大利人之间的复杂谈判进入了一个新阶段。随后进行了 11 个月的艰辛谈判，在此期间，意大利和法国之间在 1930 年夏天启动了一个短暂的"海军建造假日"。意大利人在 1930 年秋天受到了经济下行的无情影响，被迫在巴黎筹集一笔贷款，因而倾向于妥协。在世界裁军会议前夕，人们担心这两个地中海国家将重新开始一场海军竞赛，而法国宣布，作为对德国下水一艘新袖珍战列舰的回应，将建造一艘新的战列巡洋舰，这又加剧了人们的担心。英国、法国和意大利的外交官们再度协商，在 1931 年 3 月达成了一个似乎可以被接受的"协议基础"，结果被法国在最后时刻的否决阻止，这一否决结束了达成协议的可能性。这个妥协方案因为到 1936 年将过时的法国舰船的替代问题而失败，此前该方案只得到过最为含糊的讨论，人们可以对其做出不同的解读。尽管人们为解决这一僵局而做出的努力将延长至 1932 年，但这一问题从来没有趋于解决。

591

表 27　海军力量对比（1931 年 9 月）

单位：艘

	英国	美国	日本	法国	意大利	德国
战列舰	15	15	10	9	4	6
航空母舰	6	4	4	1	0	0
重型巡洋舰	17	21	14	12	11	0
巡洋舰	36	11	24	11	15	6
驱逐舰/鱼雷艇	164	256	119	92	86	26
潜艇*	53+6	81+4	72	61+41	75	0
全球总吨位（吨）	1250247	1252184	850328	628603	404005	125780

＊ "+" 后面的数字代表正在建造的潜艇数量。

资料来源：*Jane's Fighting Ships for 1931*（London，1932）。

只有三个国家签署了 1930 年的《伦敦海军条约》的关键条款，但该条约代表着两次世界大战间隔期海军军备限制的顶点，它无法被延长，也将无法得到维护。当时存在着一些独特的政治条件，使这一妥协成为可能：美国人不愿将财政实力转化成海军威力；英国决定削减海军建造——保守派在此前已经做出了这一决定；英美政治领导人对于达成协议以及在全面裁军谈判方面实现突破有着郑重的承诺；东京的滨口雄幸政府甚至在面对海军反抗的情况下继续坚持保守主义。

对于英国接受一个基于平等地位的"一强"（one-power）全球标准来说，其根本在于这样一个基本的假定：不可能与美国开战。丘吉尔可能会威胁恫吓，但包括丘吉尔在内没有任何人相信这场冲突的现实性。这是英德 1914 年之前的海军竞赛与英美 1920 年代的对立之间的区别。只要美国保持不活跃，英国就是"海洋的女主人"（mistress of the seas）。与此同时，尽管他们察觉到日本的仇外以及在军事上的躁动，但大多数英国政治家相信日本天生平和，而且在任何情况下都不愿与英国和美国较量。在 1930 年的帝国会议上，澳大利亚和新西兰被迫接受新加坡基地竣工日期的进一步推迟。1931 年 6 月，作为英国武装部队估算的基础，"十年规则"再度被更新。《伦敦海军条约》带来的好处是一个稳定且长期的建造计划。从 1930 年直到战争爆发，连续多届政府每年批准建造的巡洋舰的数量从未少于三艘。在摆脱了平等地位问题所产生的扭曲影响之后，英国和美国能够聚焦于更为至关重要的国内或者帝国性关切。

《伦敦海军条约》对于英国来说是喜忧参半。其对该国当前海军状况的影响微不足道，但如果没有达成任何全面裁军的协定，它将让英国在未来面临挑战。新的主力舰的建造将被一直推迟至 1937 年。由于皇家海军大约 75% 的战舰吨位到 1936 年将过时，这将使英国比其对手们更虚弱，后者的舰船更新（比如日本），而且如果不受该条约限制的话，将会是新的、更为现代的。此外，英国本已在萎缩的造船能力将会在 1929 年至 1935 年损失一半。随着大萧条的到来，这原本无论如何都会发生，但主力舰"建造假日"的延长，将使其难以在 1937 年以巨大的规模重新开始建造。但在 1930 年，由于裁军谈判仍然悬而未决，这份条约对于英国人来说似乎是一笔好的交易。如果曾经达成一份(裁军)协议,那么即使巡洋舰数量缩减、"建造假日"延长,以及其本来已在萎缩的造船能力进一步下降,也仍然使英国在面对任何海军威胁时是安全的,而且相对于任何对手保持其在质量上的、(在一些方面)数量上的领先。只有当多重威胁在地理上分散的地区内同时出现时,该国政府的海军战略才会瓦解。正是由于没有达成任何裁军协议,而且世界形势的恶化如此迅速,《伦敦海军条约》才被视为皇家海军的重大失败。

VII

当海军谈判继续进行时,筹备委员会的工作已经中止。从1929 年 5 月"二读"公约草案被接受,到委员会在 1930 年 11 月重新召开被延期的第六次会议,已经过去了 18 个月。其间,经济形势显著恶化,人们的注意力聚焦于国际经济。在其 1930 年 11 月 6 日至 12 月 9 日的最后一次会议中,筹备委员会产生了一份最终的公约草案,与此前五年的工作无关,而不是这些工作的结果。无论是英国人还是法国人都没有改变他们的基本立场,而且公约草案差不多只包括对军备限制方法的解释以及数据将由世界裁军会议决定的空白表格。所有三个军种的现役兵额将是有限的,但并未对受过训练的预备役人员的纳入做出任何规定。海军军备将根据类别受到限制,同时对法国和意大利关于灵活性的要求做出了让步。关于陆军和海军装备以及总体的军火开支,预算限制的原则得到了接受,但空军装备并非如此。由于美国人反对任何形式的预算限制,而且将只依赖于舆论,英国对于海军开支的接受将以美国的最终同意为条件。通过限制现役及直接储备飞机的数量及总马力,空军物资得到

593

了限制。英国人、美国人和德国人占了优势，而且民用飞机的问题几乎完全被忽视。一个监督公约实施的"永久性裁军委员会"（Permanent Disarmament Commission）将会出现，但由于英法的反对，并未就现场核查做出任何规定。各国同意将生物及化学战（批量生产并未被禁止）规定为非法，重新确认了 1925 年在日内瓦签署的各项协定，这也是存活到 1945 年以后的世界上唯一的军备控制形式。

最终的结局暴露了这一整个事业在政治上的潜在弱点。那些海权大国关注保护既有的海军协定，它们支持法国考虑到《凡尔赛和约》第五部分而制订的一个方案，该方案规定维护现存的裁军协定条款。德国人谴责法国的这一新条款，因为它明白无误地涉及受到德国憎恨的 1919 年的解决方案。在一次极其愤愤不平的演讲中，德国裁军代表伯恩施托夫伯爵谴责了最终的公约草案，该草案强调限制而不是削减，而且舍弃了军备议程上的关键条目。他得到了苏联代表的支持，尽管苏德在日内瓦的伙伴关系冷淡。两者都将参加即将到来的大会。此时已经达成的所有一致都主要地归功于塞西尔作为英国代表团首领的角色。由于被迫承认法国将不会放弃其对德国的优势地位，塞西尔选择接受不完全的措施来确保一致，以便世界裁军会议至少能够召开。其结果就是英法的妥协，这种妥协既是虚幻的也是出乎意料的。尽管许多人批评这个公约草案，但它在一个至关重要的方面得到了辩护。正如法国的一家报纸指出的那样："这个文件的存在本身就是一大优点。"[10] 很难要求获得更多。美国代表吉布森表达了人们对这个文件的普遍不满，这个文件如果在裁军会议上得到接受，也几乎并没有规定进行《盟约》所承诺的军备削减。1931 年 1 月，国联理事会最终确定了此次期待已久的世界性会议的日期。各国将在 1932 年 2 月 2 日会晤——延期一年（这是讽刺中的讽刺）是为了让各国能够完成它们的准备。

　　事实证明，这种推迟是灾难性的。在那个灾难性年份的不祥事态以及德国政府日益大声要求在军备上的"平等地位"之前，人们普遍承认形势的关键在于巴黎当局，但当时没有任何迹象表明法国准备行动。文职和军方领导人认为无论是在军事威力还是财政力量上，法国的优势都是暂时的，而且如果不对安全做出更为强有力的规定，裁军是不可能的。创建一种集体安全体系会不会提供其所要求的安全呢？或者说法国面对显然正在改变的现状的能力依赖于英国对于提供支持的保证吗（而伦敦当局并不愿意提供这种保证）？英国在欧洲的调解角色，并不是建立在其捍卫 1919 年的均势或者超越《洛迦诺公约》之保证的任何意愿之上。1931 年 11 月，为了打破将这场金融和经济危机与安全及裁军联系起来的链条，英国外交部建议政府接受《日内瓦议定书》的各项原则，希望以此减轻法国的不满。这一建议与该建议的任何前身一样未能成功地影响英国内阁。如果说一些英国政治家——他们在人数上寥寥无几——与公众一样希望采取具体的裁军举措，但当被迫为限制军备制订实际的计划时，在英国及法国的立场之间并无多少选择的余地。英国 1931 年 8 月组建的一个"国民政府"（national government）①，削弱了伦敦屈指可数、真正的裁军热心人士的地位与影响力。

---

　　① "国民政府"在英国是一个抽象的概念，它指的是由某些或所有主要政党组成的一个联盟。从历史的意义而言，通常是指 1931—1940 年执政的麦克唐纳、鲍德温以及张伯伦历届政府。

甚至在华尔街股灾削弱其实力地位之前，美国人也未能提供任何持续的领导能力。甚至当美国的海军倡议鼓舞着裁军人士的时候，美国在政治上的孤立以及缺席国联也只会模糊安全议题。没有美国领导人提倡参与欧洲的安全结构。一些人抱有德国人那样的对于法国霸权野心的杞人忧天式的幻想。美国两党的大多数人相信美国与其自身安全利益并不相关的任何承诺，都将只会让美国卷入欧洲由来已久的争端之中。甚至老威尔逊派人士也已经抛弃国联的安全事业。由于作为该国唯一强大臂膀的海军已经受到限制，吉布森明白美国在日内瓦除了时不时发挥一种"有益的影响力"，再也没有多少事情可做。支持裁军而不只是限制军备的最为强大的声音，来自筹备委员会的两个最有疑心的成员（德国和苏联），这两个成员都已开始走上595 了重新武装的道路。纳粹党在 1930 年 9 月的选举中取得胜利，让人们对于结束赔偿和（实现）德国在军备上的平等地位的普遍要求获得了新的重要性。随着秘密的重新武装加快了步伐，对于《凡尔赛和约》裁军条款的修改变得更加势在必行。德国的重大战术性优势在于其利用军备上的虚弱作为政治力量来源的能力，而尽管军队历届招募的新兵人数不断萎缩，而且装备生锈，但法国军队在数量上的优势变成了外交上的包袱。按照当时颠倒的逻辑来看，弱者顾名思义是道德的。这是一种悖论，德国的决策者在其对"平等权利"（Gleichberechtigung）的诉求中，充分利用了这种悖论。在莫斯科，在 1929 年 4 月宣布第一个五年计划之后，又启动了一个五年的军事计划，旨在"创建一种现代的国防军事和技术基础"[11]。红军与德国国防军之间的合作在 1928—1932 年达到了巅峰。无论与德国人在日内瓦结成的不管怎样松散的联盟，还是它们对裁军的共同

支持，对于苏联人而言可以说是有百利而无一害。苏联工业化
以及军事化计划的完成依赖于一个持久的和平时期。李维诺夫
的裁军运动不仅起到了分化资本主义国家的作用，而且在莫斯
科无法承担被完全孤立的危险时，这是将苏联重新带入欧洲的
一条途径。后来证明，苏联对裁军的认同是一笔极其宝贵的资
产，当时共产国际再度改变其意识形态阵线，恢复了其在
1927 年之前的统一战线策略。

　　英法在裁军问题上的分歧最终回到了德国问题上。地理是
决定性的因素。英国受到英吉利海峡及其海军优势的保护，并
没有将德国想象为一种安全威胁。法国与德国之间只有非军事
化的莱茵兰，因此法国无法忽视这个邻国构成的威胁。由于抵
制是不可能的，白里安致力于改变现状，对于德国领导人将在
多大程度上愿意坚持和平的、有限的修正政策，他仍然没有把
握。他寻找各种路径，通过遏制来应对修正主义。他的失败部
分是由于英国人不愿超越《洛迦诺公约》的保证，以及美国人
缺席于任何种类的欧洲安全安排；因为只有他们参与，才可能
缩小法德之间实力上的差距。没有英国的担保，法国不得不依 596
赖于其已经被再造为一种防御性模式的、更强大的军事力量，
来保护其安全以及作为对德国做出进一步让步的先决条件。
1930 年，这一核心问题无法避免。但几乎并不令人吃惊的是，
法国和英国都不希望召开一次裁军会议，它将突显出它们的分
歧，而且会把德国问题再度带至欧洲外交的中心。不过两国政
府都无法忽视公众对于裁军不断加大的压力。随着国际氛围黯
淡下来，明确表达的公众舆论，尤其是来自左派的舆论，变得
聚焦于裁军议题。世界裁军会议日期的设定滋长着人们对于最
终会成功的被夸大的期待。由于国联仍然是和平希望的象征性

中心，世界公众逐渐将军备削减视为对国联能力的检验。这次会议的召开释放出一股情绪，它远远超越了通常的那种一致赞同。尽管国际主义的表层存在着这些裂缝，但人们对于这个全球性机制将经受住考验以及裁军将推进未来的和平事业，仍然抱有相当之大的乐观主义。

人们在 1929 年未能预见到国联在政治上的失败。正是在 1929 年 9 月 7 日的第十届大会期间，"国联宫"（万国宫）的基石得到奠定；与此同时，大会在毫无不满的情况下通过了用于支付开支的 120 万英镑的预算。在十年当中，日内瓦已经变成了外交"风景"的一部分。它是欧洲大大小小国家的"长廊"（galleria）。阿里斯蒂德·白里安发现威尔逊宫的大厅非常适合其演讲天赋。古斯塔大·施特雷泽曼津津乐道于世界媒体的关注。奥斯汀·张伯伦在担任外交大臣之初确立了其对国联事务的控制，并且结束了英国在日内瓦的决策责任上令人困惑的分割情况，甚至是他也意识到国联的重要性以及参与其会议的有用性。尽管在做出重要决策时他本来更喜欢宾馆房间的那种私密性，但国联是其外交政策中一个不可或缺的部分。墨索里尼躲避大型的国际集会，但他清楚国联的影响力，曾围绕扩大意大利在秘书处的代表问题与国联秘书长埃里克·德拉蒙德爵士争吵。"三位大人（graces）"——希腊的波利蒂斯、捷克斯洛伐克的贝奈斯、罗马尼亚的蒂图列斯库——参加了国联大会的几乎每一次会议，变成了国联的常客。非成员国开始更为频繁地亮相。非正式的美国观察人士（"处于来宾和间谍之间"）变成了国联技术性以及人道主义工作的参与者，而且胡佛总统发出了关切的声音，重新激起了人们对于未来建立政治联系的希望。与契切林不同，从 1930 年 7 月起担任外交人民委员的马克西姆·李维诺夫作为苏联的裁军事务代言人,为自己找到了一个位置。随着斯大林追求其工业化计划,他准备将与资本主义国家保持和平的任务交给他的这位干练的外交代言人。尽管同床异梦,但欧洲几乎所有的政治家已经变成国联事务的积极参与者。

注 释

★ 本章所涉数据参见附表 7 和附表 8。

1. Robert Rhodes James (ed.), *Winston S. Churchill*: *His Complete Speeches 1897-1963* (New York, 1974), v. 4668.

2. Quoted in Phillips Payson O'Brien, *British and American Naval Power*: *Politics and Policy, 1900-1937* (Westport, Conn. , and London, 1998), 192.

3. Martin Gilbert, *Winston S. Churchill*, Vol. V: *1922-1939* (London, 1976), 305.

4. Memo by Chiefs of Staff Subcommittee, 'A Review of Imperial Defence, 1930', 29 July 1930, PRO, CAB 4/20, CID paper 1009-B.

5. Robert Frankenstein, *Le Prix du réarmement francais, 1935 - 1939* (Paris, 1982), 29. 见 30 页的图表。

6. A. L. Kennedy Diary, 18 Sept. 1929, Churchill College, LKEN 1/8.

7. Quoted in Andrew Webster, 'An Argument Without End: Britain, France and the Disarmament Process, 1925-1934,' in Martin S. Alexander and W. J. Philpott (eds.), *Anglo-French Defence Relations Between the Wars, 1919-1939* (Basingstoke and London, 2001), 53.

8. Quoted in Edward D. Keeton, *Briand's Locarno Diplomacy*: *French Economics, Politics and Diplomacy, 1925-1929* (New York, 1987), 313.

9. Minute by Carr, 9 Jan. 1930, PRO, FO 371/14365, C 230/230/18.

10. John W. Wheeler-Bennett, *Disarmament and Security Since Locarno, 1925 - 1931*: *Being the Political and Technical Background of the General*

Disarmament Conference, 1932 (London, 1932), 102.

11. Quoted in David R. Stone, *Hammer and Rifle: The Militarization of the Soviet Union, 1926-1933* (Lawrence, Kan. , 2000), 125.

安全和裁军

专著

AHMANN, R., BIRKE, A. M., and HOWARD, M. (eds.), *The Quest for Stability: Problems of West European Security, 1918-1957* (London and Oxford, 1993). Esp. chapters by Keith Robbins, Zara Steiner, Philip Towle, and Maurice Vaïsse.

ANDREWS, E. M., *The Writing on the Wall: The British Commonwealth and Aggression in the East, 1931-1935* (Sydney and London, 1987).

BARROS, JAMES, *Office Without Power: Secretary-General Sir Eric Drummond, 1919-1933* (Oxford, 1979).

BENNETT, EDWARD WELLS, *German Rearmament and the West, 1932-1933* (Princeton, 1979).

BOND, BRIAN, *British Military Policy Between the Two World Wars* (Oxford, 1980).

BOUSSARD, DANIEL, *Un problème de défense nationale: l'aéronautique militaire au parlement, 1928-1940* (Vincennes, 1983).

CARLTON, DAVID, *MacDonald versus Henderson: The Foreign Policy of the Second Labour Government* (London, 1970).

DOBSON, ALAN, *Peaceful Air Warfare: The United States, Britain and the Politics of International Aviation* (Oxford, 1991).

DU REAU, ELISABETH, *L'Idée d'Europe au XX siècle. Des mythes aux réalités* (Brussels, l996).

FANNING, RICHARD, *Peace and Disarmament: Naval Rivalry and Arms Control, 1922-1933* (Lexington, Ky., 1995).

GEYER, M., *Aufrüstung oder Sicherheit: die Reichswehr in der Krise der Machtpolitik, 1924-1936* (Wiesbaden, 1980).

HALL, CHRISTOPHER, *Britain, America and Arms Control, 1921-1937* (Basingstoke, 1987).

HIGHAM, ROBIN, *Armed Forces in Peacetime: Britain, 1918-1940: A Case Study* (London, 1962).

HOWARD, MICHAEL E., *The Continental Commitment: The Dilemma of British Defence Policy in the Era of the Two World Wars* (London, 1972).

HUGHES, JUDITH, *To the Maginot Line: The Politics of French Military Preparations in the 1920s* (Cambridge, Mass., 1971).

KITCHING, CAROLYN, *Britain and the Problem of International Disarmament, 1919-1934* (London, 1999).

McKERCHER, B. J. C., *The Second Baldwin Government and the United States, 1924-1929: Attitude and Diplomacy* (Cambridge, 1984).

McKercher, B. J. C., (ed.), *Arms Limitation and Disarmament: Restraints on War, 1899–1939* (Westport, Conn., 1992). Esp. chapters by Richard Fanning and B. J. C. McKercher.

—— *Transition of Power: Britain's Loss of Global Preeminence to the United States 1930–1945* (Cambridge, 1999).

Murray, Williamson R. and Millet, Allan R. (eds.), *Military Innovation in the Interwar Period* (Cambridge, 1996).

O'Brien, Phillips Payson, *British and American Naval Power: Politics and Policy, 1900–1936* (London and Westport, Conn., 1998).

O'Connor, Raymond G., *Perilous Equilibrium: The United States and the London Naval Conference of 1930* (Lawrence, Kan. and Westport, Conn., 1962).

Ostrower, Gary B., *Collective Insecurity: The United States and the League of Nations During the Early Thirties* (Lewisburg and London, 1979).

Pegg, Carl H., *Evolution of the European Idea, 1914–1932* (Chapel Hill, NC, 1983).

Richardson, Dick, *The Evolution of British Disarmament Policy in the 1920s* (London and New York, 1989).

Stirk, Peter M. R. (ed.), *European Unity in Context: The Interwar Period* (London, 1989).

Vaïsse, Maurice, *Sécurité d'abord: la politique française en matière de désarmement, 9 decembre 1930–17 avril 1934* (Paris, 1981).

Wheeler-Bennett, John W., *Disarmament and Security Since Locarno, 1925–1931: Being the Political and Technical Background of the General Disarmament Conference, 1932* (London, 1932).

文章

Alexander, Martin, 'In Defence of the Maginot Line: Security Policy, Domestic Politics and Economic Depression in France', in Robert W. D. Boyce (ed.), *French Foreign and Defence Policy, 1918–1940: The Decline and Fall of a Great Power* (London, 1998).

Babij, Orest M., 'The Second Labour Government and British Maritime Security, 1929–1931', *Diplomacy and Statecraft*, 6: 3 (1995).

Badel, Laurence, 'Trêve douanière, libéralisme et conjoncture, septembre 1929–mars 1930', *Relations internationales*, 82 (1995).

Boyce, Robert W. D., 'Britain's first "No" to Europe: Britain and the Briand Plan, 1929–1930', *European Studies Review*, 10: 1 (1986).

—— 'Was There a "British" Alternative to the Briand Plan?', in Peter Catterall and C. J. Morris (eds.), *Britain and the Threat to Stability in Europe, 1918–1945* (London and New York, 1993).

—— ' "Business as Usual": The Limits of French Economic Diplomacy, 1926–1933', in id. (ed.), *French Foreign and Defence Policy, 1918–1940: The Decline and Fall of a Great Power* (London, 1998).

Carlton, David, 'The Problem of Civil Aviation in British Air Disarmament Policy, 1919–1934', *Journal of the Royal United Services Institute*, 111: 664 (1966).

—— 'The Anglo-French Compromise on Arms Limitation, 1928', *Journal of British Studies*, 8: 2 (1969).

CHRISTIENNE, C. and BUFFOTOT, P., 'L'Aéronautique militaire française entre 1919 et 1939', *Revue d'Histoire Armées*, 2 (1977).

CROZIER, ANDREW J., 'Britain, Germany and the Dishing of the Briand Plan', in P. King and A. Bosco (eds.), *A Constitution for Europe: A Comparative Study of Federal Constitutions and Plans for the United States of Europe* (London, 1991).

DEIST, WILHELM, 'Internationale and nationale Aspekte der Abrüstungsfrage, 1924–1932', in H. Rössler (ed.), *Locarno und die Weltpolitik, 1924–1932* (Göttingen, 1969).

—— 'The Rearmament of the Wehrmacht', in *Militärgeschichtliches Forschungsamt* (ed.), *Germany and the Second World War*. Vol. I: *The Build-up of German Aggression* (Oxford, 1990).

DOUGHTY, ROBERT, 'The Illusion of Security: France, 1919–1940', in Williamson Murray, MacGregor Knox, and Alvin Bernstein (eds.), *The Making of Strategy: Rulers, States and War* (Cambridge and New York, 1994).

FLEURY, ANTOINE and LUBOR JILEK, (eds.), *Le Plan Briand d'union fédérale européenne: Perspectives nationales et transnationales, avec documents: Actes du colloque international tenu à Genève du 19 au 21 septembre 1991* (Berne, 1998).

KRÜGER, PETER, 'Friedenssicherheit und deutsche Revisionspolitik: die deutsche Außenpolitik und Verhandlungen über den Kellogg–Briand Pakt', *Vierteljahrshefte für Zeitgeschichte*, 22 (1974).

NAVARI, CORNELIA, 'The Origins of the Briand Plan', in Andrea Bosco (ed.), *The Federal Idea*. Vol.1: *The History of Federalism from the Enlightenment to 1945* (London, 1991).

SCHWARTE, CHRISTIANE, 'Le Plan Briand d'union européenne: sa genêse au Quai d'Orsay et la tentative de sa réalisation à la Commission d'étude pour l'Union européene, 1929–1931', in *Mémoire de D.E.A.* (Institut d'Études Politiques de Paris, 1992).

Survey of International Affairs (volumes released between 1926 and 1930).

WEBSTER, ANDREW, 'An Argument Without End: Britain, France and the Disarmament Process, 1925–1934', in Martin S. Alexander and W. J. Philpott (eds.), *Anglo-French Defence Relations Between the Wars, 1919–1939* (Basingstoke and London, 2001).

WHALEY, BARTON, 'Covert Rearmament in Germany, 1919–1939: Deception and Misperception', in John Gooch and Amos Perlmutter (eds.), *Military Deception and Strategic Surprise* (London, 1982).

WHITE, RALPH, 'Cordial Caution: The British Response to the French Proposal for the European Federal Union of 1930', in Andrea Bosco (ed.), *The Federal Idea*. Vol. I: *The History of Federalism from the Enlightenment to 1945* (London, 1991).

—— ' "Through a Glass, Darkly": The Foreign Office Investigation of French Federalism, January–May 1930', in David Dutton (ed.), *Statecraft and Diplomacy in the Twentieth Century* (Liverpool, 1995).

WINKLER, FRED H., 'The War Department and Disarmament, 1926–1935', *The Historian*, 28: 3 (1966).

论文

TURNER, ARTHUR, 'British Policies Towards France, With Special Reference to Disarmament and Security, 1926–1931', unpubl. D.Phil. thesis, Oxford University (1978).

WEBSTER, ANDREW GOODWIN, 'Anglo-French Relations and the Problems of Disarmament and Security, 1929–1933', unpubl. Ph.D. thesis, Cambridge University, (2001).

海军裁军

专著

DINGMAN, ROGER, Power in the Pacific: The Origins of Naval Arms Limitation, 1914–1922 (Chicago, 1976).

KAUFMAN, ROBERT GORDON, Arms Control During the Pre-Nuclear Era: The United States and Naval Limitation Between the Two World Wars (New York, 1990).

KENNEDY, GREG and NELSON, KEITH (eds.), Far-flung Lines: Essays on Imperial Defence in Honour of Donald Mackenzie Schurman (London, 1996). Esp. essays by Ferris, Babig, Kennedy.

LEUTZE, JAMES R., Bargaining for Supremacy: Anglo-American Naval Collaboration, 1937–1941 (Chapel Hill, NC, 1977).

O'BRIEN, PHILLIPS PAYSON, British and American Naval Power: Politics and Policy, 1900–1936 (London and Westport, Conn., 1998).

—— (ed.), Technology and Normal Combat in the Twentieth Century and Beyond (London, 2001). Esp. essays by Prattie, Rahm, Sumida, and O'Brien.

RANFT, BRIAN (ed.), Technical Change and British Naval Policy, 1860–1939 (London, 1977).

ROSKILL, STEPHEN, Naval Policy Between the Wars, 2 vols. (London, 1968).

文章

CARLTON, DAVID, 'Great Britain and the Coolidge Naval Conference of 1927', Political Science Quarterly, 83: 4 (1968).

DUBAY, ROBERT W., 'The Geneva Naval Conference of 1927: A Study of Battleship Diplomacy', Southern Quarterly, 8 (1970).

FANNING, RICHARD W., 'The Coolidge Conference of 1927: Disarmament in Disarray', in B. J. C. McKercher, (ed.), Arms Limitation and Disarmament: Restraints on War, 1899–1939 (Westport, Conn., 1992).

GIBBS, NORMAN H., 'The Naval Conferences of the Interwar Years: A Study in Anglo-American Relations', Naval War College Review, 30 (1977–8).

KENNEDY, GREGORY C., 'Britain's Policy-Making Elite, the Naval Disarmament Puzzle, and Public Opinion, 1927–1932', Albion, 26: 4 (1994).

—— 'The 1930 London Naval Conference and Anglo-American Maritime Strength, 1927–1930', in B. J. C. McKercher (ed.), *Arms Limitation and Disarmament: Restraints on War, 1899–1939* (Westport, Conn., 1992).

MCKERCHER, B. J. C., 'Belligerent Rights in 1927–1929: Foreign Policy versus Naval Policy in the Second Baldwin Government', *Historical Journal*, 29: 4 (1986).

MURFETT, MALCOLM H., ' "Are We Ready?" The Development of American and British Naval Strategy, 1922–1939', in John B. Hattendorf and Robert S. Jordan (eds.), *Maritime Strategy and the Balance of Power: Britain and America in the Twentieth Century* (New York, 1989).

SUMIDA, JON TETSURO, ' "The Best Laid Plans": The Development of British Battle Fleet Tactics, 1919–1942', *International History Review*, 14: 4 (1992).

—— 'Churchill and British Sea Power, 1908–1929', in R. A. C. Parker (ed.), *Winston Churchill: Studies in Statesmanship* (London, 1995).

TILL, GEOFFREY, 'Perceptions of Naval Power Between the Wars: The British Case', in Philip Towle (ed.), *Estimating Foreign Military Power* (London, 1982).

第一部分 结论：重建的欧洲？

I

1920 年代必须在第一次世界大战的余波这一背景下来看 待，而不是作为 1930 年代以及欧洲的一场新的冲突爆发的序幕。这是战后的而不是战前的十年。一战这场灾难性的冲突有着出人意料的长度和令人无法想象的代价，在其结束之后的十年里，政治家们不得不建立新的国家，或者调整传统的结构以适应战后世界的新形势。他们不得不重建一种已经被多年战斗严重动摇的国际的国家体系（an international state system）。这两个过程同时进行着，而且相互作用。如果不审视国家外交政策的国内源头，就不可能追溯欧洲重建的过程。个人和机构以及他们运作于其间的情感和智识上的限制，在所做出的决定上留下了他们的印记。战后关系的易变性以及问题的多重性，迫使欧洲政治家们寻找新的途径来解决复兴（恢复）这一任务，尽管许多政治家继续按传统的方式思考，更喜欢先前经受了时间检验的做法。在这些年月里，国际事务的管理发展出一种属于它自己的特征，不同于早先的和平时期以及随后的那个时期。新旧事物以一种并不稳定的关系并存着。

到这个十年即将结束时，一个重建的欧洲的构成元件已经被安排就位。由各项和约创建的那些国家保住了它们的政治独立以及领土完整。在那些战胜国当中，只有意大利的战前的自由主义政府无法完成面向和平时期的过渡，而墨索里尼出现，重建了他自己的那种类型的秩序与稳定。诞生于战败之中的魏玛共和国保持一种人为的建构，无法吸引那种原本将使管理任务较为容易的大众的积极支持。尽管它不断地从危机走向危机，但它的政治结构保持着。几乎所有的欧洲国家已经稳定其货币，并且控制住了通货膨胀。欧洲的许多政治家愿意追求合作性的解决方案，以解决这片大陆上的政治冲突以及应对其金融（财政）上和经济上的弊病。国联是一个运转着的机构，而将国际社会联系起来的各种规章制度正在被重塑和扩充。政治家们已经走上了通向一次世界裁军会议的道路，这是一种充满危险的追求，但许多欧洲人认为这种追求是值得的。不过主要是在西方和捷克斯洛伐克，民主形式的政府持续了下来。在其他地方，专制政府出现了，它们挑战着或者结束了代议机构的有效权力。在大众政治、财政困难、经济及社会错位的压力下，几乎所有的政府变得比战前欧洲通常的模式更具干预主义特征。尽管在政府圈子里流行的恐惧仍然聚焦于布尔什维克主义，但各种各样的民族主义、反共、支持暴力的右翼极端组织出现在政治舞台上。在苏联，斯大林在列宁逝世后的继承权斗争中成为胜利者，而且正在着手进行巨大的工业化计划，该计划巩固了他的权力，而且强化了布尔什维克政权。在整个欧洲，在大战期间被大大削弱的自由主义力量处于防御或者全面退却之中。

两股根本不同的潮流贯穿国际政治的世界，它们是民族主义和国际主义。战争与和平解决方案都极大地刺激了两者，不过它们是往相反的方向发展。各项和平条约加剧了民族主义，强化了国家的吸引力，而且激化了民族怨恨。新国家的创立不可避免地增强了东欧的民族主义氛围。多民族国家由于主导民族的力量而幸存下来，但这种生存是以相关的消极事物为代价的：集中化而且常常是压迫性的政权的建立，对于少数民族的敌意，以及对邻国表现出的强烈的敌意。如果说有些政府发现敲着民族主义的鼓点有用，而其他一些国家则发现并无多少必要来进行此类的官方鼓动。各种边界几乎难以造就好的邻居，而且这样的边界现在多出了许多。如果说战争及和平条约加剧了民族主义情感，它们也加剧了对和平及裁军的渴望。威尔逊式的理想主义并未随着这位美国总统的离开与失败而消失。这些条约为国际合作方面的新试验创造了基础。相互依赖的增强以及如此之多的问题的跨国性质，鼓励着多边外交的发展以及新国际机构的出现。后者在一个由拼命地保持独立的主权国家支配的世界里运作，而且以一种缓慢而不均衡的步伐成长。正

604

是在这个十年即将结束时，民族主义与国际主义之间的冲突变得日益明显。在大萧条不断蔓延的背景下，稳定化过程到达了一个艰难的阶段。人们对未来有许多焦虑，但没有几个人预言灾难将很快到来。本部分要表达的观点是，他们明显的盲目以及对于正在呈现的国际秩序持久性的持续信念，在当时是有良好的理由的。

II

各个战胜国的领导人在1919年面临的任务之巨大是难以想象的。他们既面对着1914年以前的欧洲的各种悬而未决的问题，也面对着这场战争所创造的新形势。即将得到讨论的将不只是欧洲的重组，而且是将会影响到世界其他许多地区的决定。他们在国际秩序中的一个最大错位时刻于巴黎聚首，这是一个系统性变革的时刻，人们有可能考虑以一种新的机制来取代那

种已经如此引人注目地崩溃的机制。尽管大众的希望被威尔逊所宣称的"自由国际主义"激起，但巴黎和会的和平条约并不代表原则和道义胜过了国际利益。如果说这些和约包含着民主、集体安全和自决的原则，它们也反映着主权国家的诉求及其常常相互冲突的国家需要。这些如今成为和平缔造者的昔日的参战国领导人并非看不到这场战争制造的变化。但这些事态是如此密集，而经验是如此缺乏，以至于无法评估这些转变的性质。人们可以做的是努力应对直接的、紧迫的后果。无论是欧洲还是巴黎的环境都不利于理性的和平缔造，而对德和约的三位主要缔造者乔治·克里孟梭、大卫·劳合·乔治、伍德罗·威尔逊所采用的混乱方法于事无补。战胜国民众对于报复及赔偿的要求正处于巅峰。地方上的战争仍然在进行，而且协约国对于大片的地区并不拥有多少控制或者完全缺乏控制。只是在《国际联盟盟约》的条款确立后，"三巨头"才能够转向他们过多议程上的其他事情。

这场战争并未解决德国的问题。德国没有被摧毁，其实力远没有被不可弥补地损害。当德国军队的指挥官们敦促在柏林的帝国政府去请求停战时，德军仍然在法国的土地上。1918 年的德国人没有收音机，只知道他们的政府告诉他们的那些东西。605 德皇的退位以及停战对于全体国民来说是严重的冲击。最高指挥部不遗余力地散播这样一种观点——这样一支胜利的军队是被国内的社会主义者和犹太人背叛的，"背后捅刀"论解释了失败的原因。大多数德国人无法接受这场失败的战争的后果。对于《凡尔赛和约》尤其是其赔偿条款的仇恨，是将这个深深分裂的国家维系在一起的唯一政治纽带，尽管这种仇恨在魏玛共和国的寿命中有着不断变化的重要性。对于法国人而言，德国的投降带来了和平而非安全。德国已经再次证明其军事优势，因为法国只是作为一个联盟的成员而获胜。从战争中走出来的法国无论是在人力上还是物质上，都比这个被打败的敌国受损更为严重，而且其很大一部分成年人口遭受了精神冲击，这种冲击被发现与德国人对战败的思虑一样深刻而且更为持久。法国领导人仍然沉湎于对德国实力的恐惧之中，因为他们面对着一种无论是英国人还是美国人都不具有的安全问题。只有法国不得不与德国比邻而居。克里孟梭因为法国独一无二的位置以及战时的牺牲，尽可能多地从其缔造和平的同伴们那里获得弥补。德国军事实力的大幅削减及其领土、财政和商业上的损失，给予了法国一定程度的保护，以及一个弥补在工业潜力上所遗留的差距的机会，尽管这个机会在时间上是有限的。对于法国的安全来说，和约的实施逐渐变得必不可少。在和平会议召开之前，英国人已经达到了他们的大部分战争目的，而且劳合·乔治觉得他可以很好地充当法国和德国之间的仲裁者。对于英国这样一个习惯于小型的帝国冲突的国家来说，这场战争在人力和物资上的代价出乎意料，令人震惊。内阁和选民都有一种强烈的情感，就是这个国家再也不能参与一次这样的大陆冲突。由于被剥夺了海军和殖民地，德国再也无法对英国及其帝国的安全构成威胁。尽管劳合·乔治赞成遏制，希望获得赔偿，但他坚信英国的繁荣将依赖于德国的经济复兴，而且欧洲的和平依赖于德国重拾体面。由于误解了这两个国家战后平衡的暂时的性质，他认为这场战争已经使法国过于强大而德国过于虚弱。劳合·乔治寻求扮演一个起到平衡作用的角色，这样一个角色将支持被认为更弱的一方而以强者为代价，以便建立一种将让英国免于大陆军事干涉梦魇的新平衡。这些相互冲突的观点出现在和会上，但因为伍德罗·威尔逊在场而得到缓和，而美国希望参与欧洲重建，这些观点和希望在英法战后围绕处理德国而产生的冲突中处于核心地位。由于英法未能取得一致，从中获利的是德国。

606　　《凡尔赛和约》甚至在被签署之前就受到了攻击，而且从那以来受到了持强烈批评态度的历史出版物的攻击。这是一个具有缺陷的和约，身后留下了一长串不满的国家。它原本也几乎不可能是其他样子的。除了打败德国人这一共同的愿望，并无多少东西让这个战时的联盟保持团结。而在和约起草者当中的共识甚至更为有限。除了共同相信德国对这场战争的责任，每名谈判者都有"自己的议程、理论、优先事项、愿景和'处方'"[1]。毫不奇怪的是，《凡尔赛和约》就是一大堆的妥协。它旨在解决一个几乎不可能解决的问题——既惩罚又安抚一个国家，这个国家尽管经历了多年的战斗，但仍然是一个大国。《凡尔赛和约》的确是胜利者的和平，是为惩罚和遏制德国人而制订的。但它也是为了创造一种合法的战后秩序，战败国和战胜国将最终接受它。它代表着现实主义和理想主义的混合，在胜利之后实现和平的传统方式与管理国家间关系的新建议结合在一起。如果不是那么匆忙或者采取一种更为有条不紊的方式，也许原本可能产生一个更为一致的条约，但在对待德国方面将不会根本性地影响和约的实质。《凡尔赛和约》的条款尽管是严厉的，但并非过度严厉。德意志帝国并未被永久性粉碎，而且为其复苏留下了余地。随着奥匈帝国的解体以及沙皇俄国的倒下，德国在战略上的地位甚至比 1914 年更好，而且推进其国家利益的潜在机会比德皇政府所拥有的要大得多。多亏了伍德罗·威尔逊以及劳合·乔治，德国基本的统一得以保全，而且其生产能力与工业潜力不受影响。赔偿并未严重损害德国。尽管有时候歇斯底里的历史性质的辩论接踵而来，但支付问题在当时总是一个政治上而非经济上的问题。对于魏玛共和国而言，它在政治上不可能满足胜利者的真正的（区别于名义上的）赔偿要求。《凡尔赛和约》并未解决德国问题，但需要抛弃认为它是一种迦太基式和平的传统观点。

人们对于自决原则的采纳抱有相当之大的怀疑，它在当时被盛赞为和约起草者的巨大成就之一。威尔逊在巴黎曾因申请者的数量之多而被吓到，心情不悦，而且各个和平代表团里的许多人十分惊恐于其可能的后果。和平缔造者此前面对着一个既成事实：哈布斯堡王朝已经解体，无法复生。威尔逊相信，与旧的合法性原则相比，建立在被统治者同意的基础上的民族政府更能确保和平。他不得不承认东欧的人民主权（popular sovereignty）获得了种族的维度，而且这种种族性变成了民族国家的决定性特征。和平缔造者在某种程度上正在使国际体系适应欧洲形势的现实。在此前的一个世纪里，总是被含糊地定义的民族原则一直在获得合法性和大众欢迎。它此时获得了国际认可，而且种族性和其他形式的语言、宗教、文化上的共同之处被承认为缔造国家的基础。这种承认标志着 1919 年的国际秩序中影响深远的转变之一。尽管许多民族主义运动转瞬即逝，而且一些新获得承认的国家最为短命，但对于那些成功的国家而言，和平缔造者提供了其亟须的合法性印记。从未得到清晰定义的自决原则被选择性地运用。当牵涉到战胜国的战略利益时，这一原则被违背或者牺牲。它并未被延伸至帝国性质的新的获得物，或者延伸至欧洲战胜国更老的殖民地。在这些新国家划分边界时，它在实践中被很大地修改。但与此前的任何时

607

候或者后来直至 1989 年的时期相比，在 1919 年之后的确有更多的民众生活在他们自行选择的政府之下。在解放旧的少数民族的同时，和约缔造者创造出新的少数民族。他们后来才意识到这些新的少数民族将处于危险之中。"少数民族权益"是一个高度复杂的概念，它在成熟的国家里很少受到保护，保护"少数民族权利"的协定由这些国家签署，它们主要是但并非仅仅位于东欧，胜利者认为这些国家不够先进，如果不进行某种形式的监督就无法保护它们的少数民族。强硬的民族主义和反犹主义的确曾是许多此类政权的共同特征，但这些政权所受到的区别性待遇引起了愤怒和怨恨。通过国联为少数民族群体的公民权利和文化自主提供某种形式的国际保护，无论其如何之少和不足，都代表着扩展国际主义现存结构的新尝试。如同这些和约的如此之多的部分一样，当国际体系仍然在总体上倾向于主权国家（尤其是大国）的时候，自决的信条结合了道义的原则和现实政治的要求。

608　　也许可以这样说，《凡尔赛和约》起草过程中牵涉到的并不只是纯粹的大国自身利益。但对于与其他战败国的和约就无法这样说，这些和约比对德和约更为严厉和更具报复性。与奥斯曼土耳其人缔结的《色佛尔条约》几乎完全受到"赢者通吃"这一古老格言的影响。对于其崩溃早就为人们所预言的摇摇欲坠的奥斯曼帝国，《色佛尔条约》其实就是协约国对其进行旧式的瓜分。在缔结条约之时就已经显而易见的是，中东（它本身就是一个以欧洲为中心的术语）的形势极其不稳定，而且战胜国之间的敌对使一种永久性的解决方案不可能出现。《色佛尔条约》不得不做出修改。《洛桑条约》是和平解决方案当中最后也是最为持久的一个，它是由一战所释放的新的民族主义力量的胜利。但正如土耳其的《国民公约》所概括的那样，新的土耳其在欧洲的边境是被限定的。不过英国——该地区到此时为止的支配性力量——和法国这两个主要的帝国保住了其在阿拉伯世界的收获。尽管被定义为委任统治地，但对于委任统治国权力的制约范围是有限的。中东的委任统治制度只是掩盖了一种帝国扩张新形式的创造。

与奥地利和匈牙利的和约是极具惩罚性的。奥地利变得大不如前，有接近三分之一的人口居住在维也纳，其余的散布在其经济落后的阿尔卑斯山腹地。奥地利被置于一种危险的经济形势之中，在1922年只是通过国联组织的贷款才得以免于破产。此时在民族上具有同质性的匈牙利在经济上是可生存的，但它丧失了如此之多的领土和人口，以至于处于永久性的修正主义地位。如果说对保加利亚的条约看上去没有那么严厉，这主要是因为该国的贫穷以及地理位置，而不是由于和平缔造者的慷慨大方。保加利亚也被迫把领土割让给邻国，成了一个内陆国家。其赔偿额被设定为22.5亿金法郎（9000万英镑），人们预计其占到该国国民财富的四分之一。[2]尽管人们对未来的经济及领土收复主义的影响发出了警告（其中许多来自协约国代表团的顾问们），但向德国的虚弱盟友强加严厉的条款比向一个大国容易得多。这三个"次要"的欧洲和平条约首先让意大利感兴趣，它们建立在大大小小的战胜国的政治、经济、领土野心之上，而几乎不关心自决原则。

III

接下来的十年被用于设法应对战争与和平的问题、重建与稳定的问题。战争造成的多重影响——更不用说和平条约造成

609

的形势——使各国在国内外都必然需要一个激烈的活动时期。
1920 年代成了一个连续的调整与试验的时期。政治家们通过复
活旧的协作方法再加上发展新的技巧与机构，来应对再也不适
合于传统的双边谈判的问题，寻找各种途径来促进他们的国家
利益。欧洲秩序的重建基本上被交到欧洲的两个然后是三个大
国的领导人的手中，尽管如果没有美国的帮助原本不可能完成。
在美国参议院拒绝《凡尔赛和约》以及华盛顿当局从欧洲的政
治事务中抽身而退之后，美国所扮演的必不可少但被狭隘界定
的角色强化了这种大陆性倾向，而苏联被持续排除在大国的协
商之外，也加强了这种倾向。也许这场战争的确加速了权力从
欧洲转向非欧洲国家，尤其是向美国和日本转移，而且潮流正
在变得不利于欧洲对欧洲以外世界的主宰，但欧洲的政治家们
不这样看待战后的形势。这并不是由于盲目或者有意忽视，尽
管这两种成分都存在。大国的领导人理解各种警示性信号，但
是相信恢复及稳定将确认欧洲的世界领导地位。美国未能充分
地利用其潜在的力量，让许多人（在英国尤其如此）坚信，在
不丧失他们自己的全球性权力的情况下，有可能与这个巨大的
新来者实现妥协。更让人担心的是来自苏联的威胁，不过它的
威胁被遏制，较少是通过协约国在欧洲建立的"防疫线"（很
快解体了），更多是通过苏联领导层的现实主义及其忙于让苏
联生存下来。正如其在国联的成员国资格以及参加 1921—1922
年华盛顿海军会议所证明的那样，日本看似愿意按西方的规则
行事，而且愿意将其战略野心限定在西太平洋，并且将其在中
国的经济扩张限定于那些在不挑战西方列强的情况下能够实现
的东西。因此，尽管需要美国的金融担保，但一种以欧洲为中
心的全球性机制由政治家们建立，这些政治家仍然将欧洲视为

世界的中心，尽管经历了这场战争而且长期怀有的道德确信感被毁灭，但他们对于欧洲所主张的世界领导地位以及相对于其他挑战者的政治与文化优越性，仍然拥有共同的观点。威尔逊曾经希望国联将建立一种全球性体系，它将取代欧洲的均势，并且矫正和约的缺点，但甚至连国联也逐渐反映着欧洲的态度和关切的首要地位。

610

　　这场战争及其后的和平结合在一起，给欧洲带来了一种不同寻常的形势。这时既不存在一个大陆性的霸权力量，也不存在一种均势。从全球来看英国人仍然是最为强大的力量，而且是美国人唯一的对手，但他们对自己希望在欧洲扮演的角色模棱两可。考虑到他们最近在欧洲大陆的义务所带来的高昂的人力与物资代价，他们更倾向于欧洲出现一种均势，这将使英国能够扮演一种仲裁性的外交角色，不过将限定其为保持这种角色所承担的责任。由于英国的强大依赖于其帝国、海军力量以及金融与经济重要性，英国政府不得不平衡其全球性与大陆性的利益。尽管存在着孤立主义者、帝国主义者以及寻求英美伙伴关系的"大西洋主义者"的观点，但英国不可能不理睬欧洲大陆。然而英国在欧洲的影响力是基于威望与潜在的力量，而不是军事力量。英国决定欧洲均势的能力，一再受制于其帝国利益以及不愿超越被严格限定的义务来保证欧洲的和平。法国有着欧洲大陆最大的陆军和空军，寻求保持和约所确定的平衡，这是其对付一个潜在地更为强大的德国复兴的首要保障。在这个十年的前半段，人们不无理由地指责法国人正在瞄准一种欧洲的霸权角色。鉴于英美的敌意，他们不得不放弃在这一方向的所有努力。法国行为的关键仍然是对于德国实力的恐惧，而其表达是对从未得到清晰界定的"安全"的寻求。正如白里安所宣称的那样，这种恐惧是高悬于法国头上的一把达摩克利斯之剑，任何行动都受到其存在的影响。对于德国复兴的忧心忡忡以及在中东的令人不快的帝国争执，以及领导人个性上的冲突，使法国和英国更为离心离德，从而降低了组成对抗德国的联合阵线的可能性，而大多数法国政治家认为这种联合阵线是成功必不可少的条件。对于德国来说，由于处于一种受到破坏但并未被摧毁的状态，它将其全部的外交精力集中于回避与修正和约，对于赔偿尤其如此，而没有它的支持赔偿就无法征收。赔偿问题在该国政治生命中扮演了一个核心的角色。它提供了一个团结的因素，让组成联盟的各个政党保持团结，并且防止他们的对手将反对行为推进得太远，因为他们害怕激起外国的611 反应。与此同时，它加剧了谁将为这场失败战争的代价买单这一高度分裂性的冲突，而且使虚弱的魏玛（执政）联盟有机会避免艰辛的政治解决方案，这些方案可能让这个共和国处于危险之中。此类逃避性的行动很难强化该国政府的权力，政府不得不通过向主要的利益集团做出让步来换取国内的支持。

IV

《凡尔赛和约》为欧洲的解决方案设定了早期的规范。如果各个战胜国保持团结，它原本可能得到实施或者修改。由于德国人拒绝接受"凡尔赛勒令"（Versailles Diktat），而且反对遵守其条款，和约的实施原本需要坚定的决心。美国人的撤出以及英法在诠释、反应和惩罚上的分歧，必然导致这种路径的失败。尽管法国在军事上占有优势，但由于英国人和美国人的反对和干预，法国在 1923—1924 年试图通过自身的行动，确立其在欧洲的政治与经济卓越地位而做出的一次尝试以失败告终。

英美随后在 1924 年向着德国的方向调整欧洲均势，为未来的修正开启了可能性，尽管这主要是以法国为代价。有控制的修正当然是可能的，因为《凡尔赛和约》并不是一份绝对的或者教条主义的条约，而是一种开放性的解决方案。其起草者中没有谁傲慢地认为条款是不可改变的。正如克里孟梭告诫法国国民议会的那样，这个和约甚至不是"一个开始，而是一个开始的开始"[3]。但在这位法国总理呼吁"永远警惕"的那些方面，劳合·乔治谈论的是"补救""修补""矫正"。英国带着一种经济和金融上的希望来考虑德国的复苏，而法国人则只带着政治和军事上的恐惧。在这种背景下，双方对于实施《凡尔赛和约》或者对于其修正无法达成一致。

外交活动的步伐随之加快。这无疑是由于劳合·乔治惊人的能量及其对于个人外交优点的强烈信念。一轮令人头晕目眩的峰会以及有着不同时长和成员不定的会议随之召开。这些集会由于高层个人外交的诸多缺点而受到损害。它们在峰会参与者之间造成和加剧了矛盾，而且在本国首都导致了政治和行政上的并发症。但是部长（大臣）级别的外交只是导致国际谈判狂乱步伐的原因之一。外交地图的巨大扩展以及所谓的专家队伍的重要性——这在巴黎和会上已经有所预示——将众多的谈判行为主体带入外交舞台，他们的活动挑战着更为传统的外交官的角色，而且在一些情况下让它们相形见绌。金融与经济问题在战后世界的重要性，以及赔偿与战争债务讨论在重建金融秩序当中的核心地位，意味着金融与经济部门和个人、银行家、商人及经济学家在提供建议与塑造政策方面扮演着有持续重大影响的角色。这些外交实践上的变化因为美国对于其外交角色的理解而得到强化，这一角色不同寻常地重视个人的行为以及

612

金融与经济外交。在一个专门知识获得了不同寻常的尊敬，以及科学管理的原则被认为能够应用于广泛的一系列问题的时期里，不可避免的是谈判者角色将得到扩大，而且管辖权争端将发生在国内外，有时候会搅浑国际"水域"。专家们被认为是在应对各种技术性问题，而且被期待给出非政治性的（apolitical）建议，但由于几乎所有此类问题牵涉到政治决策，这些区分常常是无意义的。国内和外交事务之间的界限变得模糊，因为如此之多的战后议题同时具有国家性和国际性的含义。

决策者们此时正在一种不同于其战前前任的氛围里活动。在一端，打破国内与外交政策之间更为传统的障碍，以及新外交的很大一部分所具有的新的公共维度，通常需要觉察公众舆论。国联没有几次大会或者会议能够逃得过世界媒体和摄影师的注意力。而在另一端，情报，尤其是所有的通信情报在外交中的重要性加大。每一个大国都拥有外交或者军事上的密码破解机构，它们产生了比在 1914 年以前的欧洲更为广泛传播的更多材料。与外交官们所能提供的东西相比，解读密码电报和无线电信息使人们能够更为迅速而且常常更为精确地评价朋友和敌人的活动。所有的大国以及许多较小国家是这种"相互窃听"的受益者和受害者。[4]仍然还有一些人认为情报行动在某种程度上令人难堪，而无论是公开的还是秘密的间谍活动，都是他们的外交"武器库"里一件不受欢迎的附加物，但几乎所有人都接受情报搜集是一种正常且不可避免的做法。在这一时期，当最强大的那些国家是守成国，而且所有人明白谁强大还是不强大时，情报对于外交比对于战略更为重要。情报的重要性更多是在于政策的细节而不是其根本。它在外交谈判以及对付颠覆方面是最有用的，后者是外交议程上的一个新项目。就洛桑会议及华盛顿会议而言，只有当人们明白英国人和美国人各自正在解读其大多数谈判伙伴的外交密码时，英国人在洛桑会议以及美国人在华盛顿会议的谈判地位才能够得到了解。考虑到苏联"破坏西方政权稳定"的企图（和苏联对西方在苏行动的担心），以及南欧及东南欧的一些较小国家针对邻国的类似行为，关于颠覆活动的情报比 1914 年以前更重要。如同在之前以及之后的时期一样，军事情报及其解读可能是误导性的（这是最糟糕的情形），而外交情报可能因为先入为主的假定和错觉而受到损害。获取截获情报使英法关系恶化，从而对理性的外交造成损害。情报有时候未能提供关于主要行为者意图的信息。但就墨索里尼的情况而言，英国人的情报是精确的，这能够部分地解释为何这位"领袖"对于和平的威胁可以被忽视。尽管一些军事及外交决策者在利用情报方面显然比其他人更有技巧，但没有几个人可以忽视它。

这个十年的最初几年尤其动荡。这部分是由于未决问题的数量，还有许多议题留待决定。苏俄在欧洲边境沿线的战争直到 1921 年 3 月与波兰媾和才结束（《里加条约》）。中东的战争持续至 1922 年 10 月，而《洛桑条约》直到 1923 年 7 月才缔结。中欧和巴尔干的领土冲突在整个十年里持续困扰着国际关系。各种全民公决有待举行，赔偿数额有待确定。巴黎和会为执行在巴黎达成的各项决定而创立了许多委员会，它们持续面临着困难。它们的任务根本没有因为美国人的撤出而变得容易，因此成员常常从五个减少到四个，从而加大了陷入僵局的可能性。

但西欧不稳定的真正根源是英法关系上的僵局，以及德国人抵制和约实施的决心。他们的主要斗争集中于赔偿。无论是 614

就所要求的总额还是如果德国没有履行其责任将受到的制裁，法国人和英国人都无法达成一致。德国人利用了这两个大国之间的分歧，并且积极地培养与更支持他们的英国人的关系。作为其背景的是德国针对《凡尔赛和约》发起的成功的宣传战，而法国人对此未能反击。由于其获得赔偿的努力一再受挫，法国在捍卫和约方面变得更为僵硬，而且越来越将德国对于赔偿条款的服从作为对实施和约的检验。英国人根本不愿以德国为代价强化法国，而且相信与强迫性的赔偿支付相比，德国恢复繁荣对于英国经济的恢复更为重要。在道威斯计划被采纳前，德国只依据 1921 年的《伦敦支付方案》的条款进行了一次全额现金支付，而且尽管煤炭和木材的定额被一再减少，但仍然一再地未能达到。他们不仅声称无法满足协约国的要求，而且称赔偿是使他们无法支付的通货膨胀以及恶性通货膨胀的原因。尽管这两个协约国国家都不接受德国对于形势的解读，但它们在如何对待这个违约的国家上看法不同。其中牵涉到的并不只是关于赔偿总额、交付以及制裁的争论。德国没有多少对外的战争债务（不同于战争赔偿），而且其战时的国内债务由于通货膨胀而在不断缩水，如果德国不支付赔偿，而法国人将不得不利用自己的资源来支付自己的重建费用以及战争债务，那么由和约创造的经济均势将发生有利于德国的变化。赔偿问题变成了法国能够牵制德国实力的首要途径。无论是英国还是法国为赔偿问题寻求替代性解决方案的努力，都没有取得任何成功。法国人只好依靠和约所规定的制裁，而制裁是英国人一直反对的。普恩加莱决定打他的鲁尔牌。这次的赌注很高，但他期待获胜。法国的占领带来了短暂的胜利和长期的失败。德国屈服，但法国在金融上的脆弱以及英美的反对，迫使普恩加莱从一种

貌似坚定的立场上后退。在没有外来帮助的情况下，法国缺乏
力量和意志来实施和约条款。普恩加莱明白他需要英美的支持
来执行其修正主义政策。他寻求限制道威斯计划调查的范围，
以及获得英美的新保证。他试图恢复赔偿事务委员会的权力，
它将让法国获得对于赔偿政策的控制性影响力。但面对美国和
英国的敌意，所有这些努力都将失败。对于美国贷款的需要意
味着法国将接受英美关于赔偿问题的解决方案，该方案以法国
为代价，偏袒德国。1924年夏天，随着接受道威斯计划，法国
新总理爱德华·赫里欧放弃了克里孟梭在1919年曾经获得的压
制德国的许多手段。未来将不会有对鲁尔的占领，或者对莱茵
兰占领的延长。撤出莱茵兰的时钟已经开始走动。此外，在法
国仍然控制着鲁尔时，以及和约对于德国经济实力的限制失效
之前，法国丧失了与德国缔结一个永久性贸易协定的机会。修
改和约解决方案的道威斯计划和在伦敦达成的诸项协定，为根
据英美提出的条件而实行一种欧洲的解决方案开辟了道路。这
两个国家自身原本都无法打破赔偿问题僵局，或者建立将以有
利于德国的方式调整和约均势的政治形势。如同施特雷泽曼完
全了解的那样，美国的金融担保对于德国的恢复以及未来重归
其强国地位的所有努力来说，都是必不可少的。金融干预本身
是不够的，这将留待英国把美国的贡献转化成在政治上可行的
解决方案。

615

V

在1920年代中期达成的各项协议提供了一个框架，在接下
来的四年里，张伯伦、白里安和施特雷泽曼在这一框架里着手
处理欧洲的各种问题以及其他许多事情。道威斯计划和在伦敦

达成的各项协定使达成洛迦诺各项协定成为可能，而且美国资金向欧洲（尤其是德国）的持续流入对于这些协议的成功来说是必不可少的。但是洛迦诺的各项协定是由欧洲人谈判的，而且尽管在原则上得到了美国人的支持，但它们为一种欧洲的政治解决方案打开了大门，美国在其中只有极小的投入。德国加入了大国理事会（directorate），欧洲协力得到复苏。通过在日内瓦的宾馆房间里私下会晤——通常是在国联理事会会议前夕进行——欧洲的三位领导人相互讨价还价，以推进修正及稳定化的进程。较小的国家很少被邀请加入决定重大决策的这些"洛迦诺茶话会"，因而怨恨自己被排斥，不过除了抗议之外并无多少办法。到这个十年将近结束的几年里，各国似乎已经朝着稳定化取得了某种进展。人们甚至对于出现一个"东方洛迦诺"以及关于波兰问题的解决方案抱有某种希望，尽管这不得不被推迟到一个更远的日期。召开在 1929 年 8 月于海牙举行的"战争（一战）最终清算会议"有了可能，而创建一个"清算过去委员会"（Committee on the Liquidation of the Past）也是这样。大多数历史学家已经质疑这一进展的真实性。他们已经将 1925 年以后的这一时期归纳为一个幻觉期，在这个时期里，欧洲民主国家的领导者面对着民众对于和平红利的要求，但他们制造的只是一个解决方案的表象，这个方案他们无法实现。对于各国领导人在这一得到重建的秩序的裂缝扩大至支离破碎的程度之前所做出的尝试，一种并不那么具有谴责性的解读，是将洛迦诺的各项解决方案的创造者描述为现实主义者和实用主义者，这些创造者寻求扩大外交领域以应对战后形势的挑战，尽管他们的努力只获得了有限的成功。

只是在洛迦诺会议上及以后，这三位外长（外交大臣）以及他们各自所在的外交部，才恢复了他们最初在外交事务方面的很大一部分权力。他们的首要顾问在促成那些新的外交基本准则方面发挥了重要的作用。洛迦诺派复活了过去的协力政治，不过也意识到了利用国联来强化国内地位、应对其他成员国寻求他们的干预的要求，以及为跨国性问题的解决提供一个更为宽广的框架等方面的效用。世界媒体对于日内瓦的关注，能够有助于创造洛迦诺派所希望投射的共识性意象（image of consensus），他们认为这是和平缔造过程的一个必不可少的部分。三位外长中的每一位都清楚其谈判自由的限度。张伯伦仍然是一位坚定的全球主义者，决心捍卫英国的帝国及全球范围的利益，同时将其大部分精力聚焦于欧洲。他相信英国能够而且应当在欧洲事务中扮演"诚实掮客"，而且希望英国对法德边境的保证能够鼓励法国人做出必要的让步，以便德国能够接受其在欧洲受到约束的地位。他希望进一步的信任增进措施将使这两个毗邻国家能够和平调整其关系，不过他总是坚持法国要走的路比德国更远。洛迦诺会议达成的各项协议提高了英国的声望，这是当时既有的多极局面当中的一个重要因素，它使英国有可能拓宽其仲裁角色，而不论其实际的实力地位如何。张伯伦是从政治方面来思考的，出于这个原因，他倾向于将金融问题留给财政部和英格兰银行，而且基本上不关注美国人在安全平衡中的缺席。由于有英国的担保撑腰，白里安能够勉强地满足施特雷泽曼的一些要求。关于结束协约国的军事核查权以及削减在莱茵兰的协约国占领军数量的谈判才有可能进行。在张伯伦的支持下，他保留了施特雷泽曼诉求中最为重要的一个——提前撤出莱茵兰，以此希望得到一份最终的、令人满意的赔偿方案来作为补偿，该方案将足以支付法国的战争债务。　617

德国被重新接纳进入欧洲协力，而且成了国联理事会的永久性成员，因而在对西欧事务的管理中重新获得了核心的地位。通过保持其在东方的行动自由，施特雷泽曼扩大了外交机动空间，并且能够推进其未来的领土修正计划。尽管法国有种种焦虑，但德国当时在军事上是无能为力的。即使实现了金融的稳定化而且《凡尔赛和约》的一些限制被去除，德国人也只能通过和平的手段来实现修正。由于没有军事力量，德国实力的恢复依赖于外交以及利用本国的经济力量，后者得益于美国资本的流入。无论其可能拥有怎样的长期抱负，在具有施特雷泽曼烙印的修正主义的背后，是客观情势的必要以及关于德国在欧洲的未来这种更为广泛的愿景。通过接受对于施特雷泽曼外交的更为积极的理解，同时剥去那些现在已经将这个保守的民族主义者变成欧洲一体化的热心人士的溢美之词，人们可以发现他和白里安一样，认为德国和法国之间的和解以及创造一个稳定的欧洲，是一种根本不会让任何一方满意的持续紧张情况的唯一替代手段。

这一和平的修正过程中有强大的系统性限制。对于法国来说，法德权力均势的问题牵涉到一个不断缩小的安全"馅饼"。德国恢复其大国地位必然牵涉到法国安全被削弱，而德国历史学者弗朗茨·克尼平（Franz Knipping）所说的这个"半霸权性质的俾斯麦式国家"在欧洲的建立，意味着法国接受从属的地位。这在 1928 年已经显而易见了，当时施特雷泽曼通过要求占领军从莱茵兰撤出以及一个最终的赔偿方案，加速了修正主义的时间表。对于施特雷泽曼安抚法国人的尝试来说，德国与法国之间的"经济（方面的）洛迦诺（式协定）"以及各种卡特尔和商业性协议非常重要，但无法弥补法国根本上的不安全。

撤出莱茵兰——施特雷泽曼所瞩目的这一目标推迟实现——成了法国的焦虑复苏的一个信号。如果和解进程要继续，白里安需要对于德国未来意图的重新保证，以及对于英国支持的坚定的重新确认。但在撤退时，两者都无存在的证据，而且所有的迹象都指向相反的方向。部分正是由于白里安意识到了即将到来的僵局，他才在 1929 年夏天向病入膏肓的德国外长施特雷泽曼提出了建立一个欧洲联邦的可能性。在这个十年中期的稳定化过程中，英国在欧洲大陆事务上模棱两可的性质也是一个重要的弱点。英国对于法国的真正力量来自其保证法国未来安全的意愿，但洛迦诺的各项保证是片面的和被精心约束的。没有任何英国政府愿意让自己卷入东欧事务。英国在西方的责任也受到了限定，而且有意地与国联虚弱且没有约束力的安全体系联系起来。伦敦当局希望在西方的各项保证将永远不需要得到遵守。对于这些政治安排并未做出任何军事上的后续举措。关于索姆河和帕斯尚尔的记忆，关闭了对英国在《洛迦诺公约》之外的欧洲责任做出更广泛诠释的大门。只是在离职以后，强烈批评工党政策中反法转变的张伯伦才采取了这样一种不受欢迎的立场——英国的安全依赖于确保法国、比利时及荷兰的安全。尽管张伯伦的确试图扮演"诚实掮客"的角色，他却总是相信白里安在缔结洛迦诺各项协议时已经承担起那些更大的风险。施特雷泽曼发现张伯伦疏远且有所保留，他并不完全信任张伯伦的中立性的确是有一些理由的。这位英国外交大臣从未领悟到施特雷泽曼虚弱的程度，以及魏玛共和国的脆弱性。尽管渴望德国恢复，但英国并不准备过于迅速地去除那些对于它的权力的限制。

　　三国国内的形势为和解进程带来了又一重障碍。施特雷泽

618

曼和白里安尽管有私下的谈判，但都培养政治上的支持力量，前者尤其如此。任何重大决定的实施依赖于国内政治和经济上具有影响力的群体的支持。每当这种支持一减弱，和解进程就变得更为艰难。这是政治的民主化以及决策的国内根源的重要性提高所带来的代价。施特雷泽曼是一个冷静的、精于算计的现实主义者，他相信修正主义与和平是相互依赖的，而且两者都可以通过细心的外交以及经济合作实现。成功依赖于其说服选民的能力，也就是让他们相信通过与法国及英国的谈判，德国带着平等权利重返大国地位（的目标）能够实现。其有生之年的成就尽管是相当之大的，但无法如其所希望的那样弥补魏玛共和国根本的结构性弱点，也没有让保守的和民族主义的右派满意，后者寻求既摧毁共和国又摧毁《凡尔赛和约》。无论是外交政策的成功还是经济恢复的外在迹象，都没有为这个共和国提供那种荣耀，这种荣耀是为将该国变成德国伟大的象征所需要的。施特雷泽曼试图将外交政策用来促进国内稳定，但甚至在他自己所在的政党内，他也发现这是一场艰难的斗争。由于相信共和国的生存依赖于由中间党派组成的联盟，他干预国内政治以推动并维护它。到他短暂的生命即将结束时，这一任务正在变得日益艰难。施特雷泽曼正确地震惊于纳粹党不断增大的吸引力，以及胡根贝格与希特勒在 1929 年结盟反对杨格计划。反对杨格计划给极右派提供了一个新的具有号召力的主题，并且使早年间反对《凡尔赛和约》的刺耳论调卷土重来。施特雷泽曼对于显然正在加剧的好斗情绪的焦虑，在其死后得到了证实——当法国在 1930 年 5 月离开莱茵兰时，德国出现了普遍的庆祝活动并要求对方做出进一步的让步。人们对德国领土的解放大肆渲染，但很少提及实现此事的那个人。施特雷泽曼身后的这一胜利时刻揭示了其国内根基的肤浅。这个正在变得虚弱的共和国将使其成就处于危险之中。

当时在法国也存在问题。白里安尽管能说会道，但未能减轻法国右翼及中右翼政党对于德国实力复苏的恐惧。由于在1928年面临右派大选胜利的严重压力，以及赔偿问题的重新兴起，他丧失了政治影响力和独立性。"白里安主义"在法国处于退却之中。白里安对施特雷泽曼更为强硬的路线令其更依赖张伯伦的支持，而保守党1929年在英国的失败对于他既是个人的也是政治上的打击。即使是在拥有比德国或者法国更为牢固的政治结构的英国，工党也利用张伯伦的外交困难来赢得一场选战，外交政策在选战中扮演了一个赢得选票的角色。在工党统治时期，除了重新对国联产生兴趣，还出现了从来未被完全抛弃的、在洛迦诺会议之前就存在的观点的回归，那就是认为对欧洲大陆和解以及经济恢复构成更大威胁的是法国而不是德国。就洛迦诺派希望他们的政策将激发莱茵河两岸的信任而言，他们并未达到自己的目的。

VI

后洛迦诺时代调整的主要重担只落在三个欧洲国家的肩上。尽管意大利并不情愿地成了洛迦诺各项协议的一个共同保证者，但墨索里尼的地区野心威胁着多瑙河（流域）及巴尔干的现状，而且其与法国和魏玛德国的关系过于坎坷，让任何一方都无法依赖于他的合作。尽管墨索里尼有着各种腔调，意大利在欧洲的棋盘上却仍然是一个小卒。出于十分不同的原因，美国和苏联仍然是边缘性的国家，它们对欧洲事务的干预是零星的（不论前者的作用如何关键），而且其对于欧洲事务稳定性的影

620

响是模糊的。两者都对欧洲以外的现状构成了政治上和经济上的威胁——主要是影响英国、其帝国以及贸易，但这些都被遏制或者被吸收，并未根本性地影响全球均势。美国人寻求欧洲的稳定，苏联人寻求其瓦解。两者都未能实现其目的。考虑到其潜在的霸权地位以及无与伦比的金融与经济实力，在成功地与英国一道在 1923—1924 年干预之后，美国其后五年里在促进稳定化进程方面所做的事情少得惊人，而且一些行动起到了反作用。

在洛迦诺时期，美国人对欧洲（尤其是德国）金融及经济复兴的贡献，的确为旨在政治稳定化的努力提供了背景。只有美国拥有所需的资金来稳定欧洲的货币，重建金本位制，以及为德国工业的恢复提供所需的贷款和投资。但从一开始起，在国会的支持与催促下，美国共和党当局对美国在欧洲重建中的贡献采取了一种十分特别而有限的看法。美国将只是扮演一个非正式的仲裁者，其"门户开放"政策以及面向欧洲大陆的资本流动将推动欧洲的恢复，促进这片大陆的和平。华盛顿当局依据这样一种假定行事——金融与政治的稳定化能够而且应当被作为不同的范畴对待，而且美国政府并不需要对前者的政治后果承担任何责任。只要有可能，金融问题应当非政治化，由金融专家根据非政治性的标准予以解决。欧洲的私人投资大体上是不受控制的，它取决于投资银行家，他们首先要对美国投资者负责，这些投资者天然地只关心可营利性。这种对于美国角色的有限而高度务实的理解，在国务卿查尔斯·休斯那里得到了最为清晰的阐述，这种理解与威尔逊在 1918—1919 年被否定的观点大相径庭。其在 1923—1924 年的成功实施（当时休斯的主要目的实现了），让人们相信这是参与欧洲事务的一种可以被接受的形式，这些人既包括在欧洲恢复中有既得利益的人，也包括那些反对美国卷入欧洲政治问题的人。

从许多方面来看，这种政府和金融家的非正式合作是共和党运用于国内问题的同样一些原则的一种延伸。但这些参与规则被过于狭窄地划定，因而无法促进欧洲的稳定化。华盛顿当局并未采取任何措施来支持道威斯机制，监管的任务被交到独立的美国赔偿代理人手中。尽管这名代理人以及其他人屡屡警告美国资本不受控制地流入德国的后果，但共和党历届政府拒绝控制私人投资的数量或流向，其中很大一部分被用于非生产性的目的。美国坚持必须偿还战争债务，而且拒绝承认战争债务与赔偿之间的联系，加强了后者对于欧洲政治的破坏稳定性效应，而且阻止了美国所支持的去政治化本身。只是到了胡佛总统在 1931 年宣布战争债务延期偿付之后，而且只是在一个短暂的时期里并未放弃分开处理的原则下，这些问题才得到了处理。尽管很难说美国是唯一应受责备的一方，但这个世界上最重要的债主未能为赔偿和战争债务的纠葛提供任何根本性的解决方案，导致了其不断发展的毁灭性效应。它给新的黄金体系加上了债务的重担，这种负担加深了其通货紧缩性影响，使各国更加难以保护汇率免受政治压力的影响。即使是对国际清算银行的正式参与也超出了政府行为的限度之外，尽管美国的私人银行被允许参与。美国当时的贸易政策几乎不与自由贸易原则以及"门户开放"政策保持一致，而且加强了欧洲各国的保护主义举动，而 1932 年以前的英国是屈指可数的几个例外的国家之一。美国反对法德达成直接解决方案——不论是卡特尔、贸易协定还是图瓦里的讨价还价，以及对白里安的欧洲联邦方案的反对——都是基于其对封闭市场的反对，不过美国人并不

621

按照他们自己所宣扬的那样行事。

美国在经济和安全上的自足助长着一种与欧洲事务的疏离感。许多美国人觉得他们可以忽视欧洲的困难，而自己并不会遭受重大损失。尽管对金融稳定化以及贸易的扩张寄望颇多，但共和党连续多届政府清楚地表明，它们根本不会参与担保欧洲的安全。由于在欧洲并不拥有任何此类利益，美国一再拒绝加入任何地区性安全体系。欧洲并不存在任何与公认有限的华盛顿各项条约相当的东西。甚至连美国对国联裁军对话的有限参与，也未能改变华盛顿当局拒绝将美国与国联发起的行动联622系起来的做法，以及加入更为有限的安全安排的不情愿态度。法国努力争取将美国带入欧洲平衡之中，却以非约束性、无法执行的《凯洛格-白里安公约》为结束，这是一个旨在让美国反战压力集团满意的"国际和平之吻"。欧洲根本不可能向美国"推卸责任"，美国将不会充当一个离岸平衡者。安全问题被留给欧洲人自己解决。

对于一种其领导人发誓要摧毁的国际机制，苏联并无多大可能为其稳定做出贡献。但苏联在欧洲的角色与列宁或者托洛茨基所展望的有很大不同。在这十年里，苏联外交政策的故事，就是其两大主要战略"革命"与"外交"之间不断变化的关系。1920 年代以从前者走向后者为标志，但苏联并没有放弃其革命使命。社会主义与资本主义世界之间的斗争可能被耽搁或者无限期推迟，但最终的冲突是不可避免的。世界革命的失败，使苏联必须通过开启与西方的关系以及与资本主义国家缔结贸易协定来捍卫国内的革命。在 1920 年代，苏联领导层更为关切的是苏联的安全，而不是在外国追求革命，尽管有些时候苏联也被诱惑去打革命牌，比如 1923 年秋天在德国的情形。由于渴望打破其外交上的孤立，苏联人寻求与西方的所有资本主义大国达成政治及经济协议，而且与邻国缔结了双边的互不侵犯协定。斯大林的胜利并未开启一个孤立和闭关自守的时期。在做好与敌人交锋的准备之前，苏联需要一个和平的时期，以及加速工业化及军事化进程所需的外国资本及技术的支持。

主要的西方国家如何对待这个正在寻求重新进入欧洲的革命国家？洛迦诺派的三人（张伯伦、白里安和施特雷泽曼）面临着压力，要对苏联外交实践所带来的问题做出回应。英国和法国既有狂热的反布尔什维克主义者，也有准备忽略意识形态的分歧以开启苏联巨大的贸易与投资市场之人。与苏联的互动引起了意识形态上的问题，这些问题加剧了国内的分裂，使人们难以做出大体上基于外交、经济或战略收益的双边及多边安排。考虑到资本主义者和布尔什维克主义者双方都抱有的怀疑，苏联并无多少机会与英国或者法国达成令人满意的解决方案。来自莫斯科的威胁从性质上而言更多是意识形态的，而不是政治的或者战略的，尽管一个共产主义政党在法国的存在，以及法国的众多沙皇俄国债券持有者无疑影响着政治态度。但意识形态的因素并未阻止墨索里尼或者凯末尔培养与莫斯科的良好关系，而两者在国内都猛烈反对布尔什维克主义者。德国有共产党，而且施特雷泽曼强烈厌恶布尔什维克主义，但这些也并未阻止他在其外交政策中打苏联牌。十分保守的德国军事当局在推动与莫斯科的军事合作方面并无多少困难。正是实际的政治，而不是任何"命运共同体"，决定着德国和苏联的和解，但后者因为施特雷泽曼决定让德国与西方列强保持一致而受到了限制。并无多少疑问的是，与苏联打交道所引起的问题，其维度与其他资本主义国家相关的问题不同，而不论这些国家的

623

政府与西方民主国家是多么不相投。布尔什维克主义代表了对于整个国际体制的"威胁"。莫斯科当局拒绝接受其规则和惯例，其目的是颠覆资本主义制度以及根除其所依赖的资产阶级。这个"喘息时间"无论怎样延长，也仍然只是两种制度之间不可避免的冲突的一个间歇。如果说出于实际的而且主要是商业的原因必须与莫斯科当局和解，许多西方人觉得他们是在和一个与文明世界隔离的国家交往。与苏联在欧洲的活动相比，它对于英国在欧洲以外利益的挑战是英国的直接关切的更大源头，不过到这个十年结束时，主要是由于大多数民族主义运动的反布尔什维克主义性质，这种挑战得到了遏制。但在中国和东南亚，苏联仍然被视为对英国利益的首要威胁，遮蔽了日本扩张所带来的威胁。除了恶化关系，比如像英法或者法意之间的情况那样，欧洲以外的冲突并未影响到欧洲大陆的权力分配。与此同时，通过将注意力引向欧洲以外的世界来调解欧洲争执（就像在 19 世纪末做过的那样）的空间变小了。

VII

甚至当欧洲领导人复苏协力制度时，他们也意识到了国联的重要性与有用性，它变成了国际机制的一个不可或缺的部分。它当然并不是威尔逊式的国联，更不用说美国人的缺席。国联变成了国际外交的中心，而且为传统的谈判实践注入了一个新的多国维度，从许多方面来看，威尔逊总统原本可能会觉得这是对国联主要目的的补充甚至是转移。参与国联会议在 1925 年之后变成几乎是强制性的，参加洛迦诺会议的各国外长几乎总是在场。中型及小型国家发现了一个表达其不满与要求的公共平台，他们的代表尽管在理事会丧失了影响力，但继续在大会进程以及国联委员会当中扮演重要的角色。那些位于国联之外的国家（比如美国），发现参与国联发起的会议以及将自己与它的一些扩展性活动联系起来是有好处的。在不夸大国联政治工作重要性的情况下，这个位于日内瓦的机构发展出处理国家间争端的有效途径。理事会应对国家间的冲突，这些冲突要么处于其负有特别责任的领域之内，要么是在一些被提请关注的案例之中，理事会务实地前进，在成功率方面并未取得任何进展。集体行动的制度化对于大国间实际的合作可能的确并无多大裨益，而大国合作是成功干预的必要条件。不过将责任转移至日内瓦，以及找到为可接受的解决方案提供基础的程序模式，能够解释为何各国政府觉得将其争端呈交理事会处理是值得的。在大多数情况下，国联应付的是"外交的小变化"，但大量的国际谈判实际上通过它进行。日内瓦体系并不是像威尔逊所打算的那样成为大国外交的替代物。它是一个附加物，不过是一个为更为有效地处理国联政务做出贡献的附加物。

经历了许多挫折之后，国联的功能性活动逐渐且缓慢地移动了国家主权以及国际共同体的诉求之间的边界。一些基础在先前已经打下，但国联的很大一部分活动是新的。如果说对于施加于这一体系之上的要求而言，其努力是有限的和不足的，那就必须记住这些是在一个不够稳定且无人涉足的地带的创新性开始。国际劳工组织以及以国联为中心的诸如少数民族保护制度，甚至是更为普通的委任统治制度所存在的弱点，实在是太显而易见了。它们依赖于一种"点名羞辱"的方式，将矫正工作留在进犯国手中。但这些将对于群体的保证写入国际法的努力，是一种创造国际机构的尝试，这些机构将为社会群体在面对国家时提供某种形式的保护，尽管这可能只是通过动员国

际舆论。通过其秘书处，国联处理了多种多样的人道主义问题，这些问题从出人意料地持久的难民问题，延伸至诸如虐待妇女

625 和儿童、毒品、流行病控制之类更为古老的问题。与国联并肩工作的个人及机构得以调动全国及国际舆论，以便为调查、干预和援助创造新的可能性。国联提供了国际合法性的外衣，说服那些并不情愿的政府合作。国联凭借零星的预算运作，而且经常催促成员国资助它的各种活动，但扩展了这种国际机制的规则与惯例。它是一栋脆弱的大厦，面对着不断的威胁，而且依赖于为有限的国际行动创建支持网络，但它在国际秩序中拥有自己的位置。

在 1920 年代，这个集体安全体系仍未受到检验。只有日内瓦那些根深蒂固的国际主义者，比如罗伯特·塞西尔勋爵以及一些没有实际替代手段的国家的代表，才对这种体系的未来拥有一种过于乐观的看法。如果说大众对于其领导人的疑虑不够了解（这在英国尤其如此），那么这主要是由于后者不愿面对让民众的期待落空的后果。虽然法国人寻求加强和扩大国联的安全机制，英国人却从自动的和强制性的措施上退却，从英国在国联责任的增加上退却，尽管工党比保守党更具同情心。在国际合作方面最为雄心勃勃而且最终最具灾难性的尝试，是寻求达成一份裁军协议。没有几项事业能在欧洲大陆争取到更多的公众支持。从 1920 年直到 1932 年世界裁军会议召开，国联成员国苦苦应对这个问题，取得过某种成功，但更多的时候则是失败。由于经常受到国联大会的督促，对于裁军的追求仍然持续着，尽管英法在安全问题以及军备限制方法上存在冲突，主要海军大国对延长《华盛顿海军条约》发生了种种争执。该条约是这一时期唯一真正的裁军协定，是在日内瓦之外谈判的。

由于千百万民众相信如果——或者说是只有——各国裁军，和平将会实现，那么在这十年里都在寻求一种裁军方案。当 1920 年代结束时，人们还带有一丝乐观。英美新的领导人被认为支持一份海军条约，而且当筹备委员会在 1929 年重新开始其工作时，人们非常希望将就一份总体的条约草案达成一致，并且为世界裁军会议确定日期。到这时，国联与裁军事业完全联系起来。

人们当时对国际主义和国际机构的热情从金融管理领域的种种新方案中得到了证明。通过重建金本位制，金融专家们有意恢复一种全球性机制，旨在使资本的大规模流动能够在不受到国家干涉的情况下发生。金本位制的优势是人们认为它能够自动矫正不平衡和保持平衡。银行家们希望从必然受到选民影响的无知政客手中解除对财政政策的控制权，允许央行行长监管该体系的正常运转。在 1920 年代初，英格兰银行行长蒙塔古·诺曼与其他央行行长建立了联系（但不包括法兰西银行的行长），并且与本杰明·斯特朗一道寻求推动他们在欧洲货币的稳定化当中的合作。他们通过国联金融委员会开展工作，取得了一些引人注目的成功。到这个十年即将结束时，被恢复的金本位制的弱点开始出现，但对于其运行的信心仍然坚定不移。各大央行行长在消除其通货紧缩效应或者处理黄金在美国及法国巨量累积方面的无能，揭示了各国利益与这一世界体系的健全之间的利益冲突。1927—1928 年的稳定化努力给央行的合作带来了相当大的压力，因为法兰西银行要求一个与英格兰银行平等的角色，而且本杰明·斯特朗逐渐不再相信诺曼。英镑的疲软令人质疑金本位制的可行性，而正是金本位制使伦敦与纽约后来还有巴黎一道对国际金融的管理如此重要。美国及法

626

国央行行长敦促回归经典的金本位制（classical gold standard），他们（错误地）相信它不需要协调的国际管理，而将让各国自由地管理其国内的金融事务。银行家们对于国际合作的希望是国际清算银行在 1929 年 11 月设立的原因。该行负责道威斯计划支付的接收与分配，也打算扮演一个央行合作的工具，以使国际货币市场不再那么急剧波动。但它的诞生时间并不幸运，因为当时正处于将要动摇金本位制基础本身的一系列银行危机的前夕。人们还常常通过由国联组织的国际会议这一媒介做出努力，来推动在关税以及其他阻碍世界贸易的事物上采取共同行动。参与 1927 年世界经济会议的代表们曾乐观地认为，他们关于遏制保护主义潮流的建议将会得到欧洲各国政府的采纳，但这种乐观主义到这个十年结束时已经烟消云散。在经过大量讨论和做出许多保留意见之后采取了集体行动，但这种行动过于虚弱，无法扭转转向保护主义的全球趋势。通过国际制度性工程（international institutional engineering）重建一个市场驱动的世界，这种"半是希望半是幻想"的信念被大萧条的经历摧毁。[5]此类信念是这样一些人的典型特征——他们认为回归战前欧洲的那个更为和平与安全的世界，能够通过签订国际条约和建立新的国际机构来实现。

627

Ⅷ

欧洲的东西差距远远早于一战及各种和平解决方案，但1919 年以后所做的事情当中，没有多少弥合了这种差距，而且在一些方面这种距离加大了，因为到 1930 年，东欧的平均收入更落后于西方。洛迦诺的各项协定进一步突显出西方与东方的分裂。但是不论其在政治、经济、社会及智识生活方面有怎样的独特性，东欧还是更为广泛的欧洲大陆的一部分。当然并不存在单一的东欧故事，该地区的每个国家都拥有自己的历史。但许多国家都对在西方发现的同样的政治与经济潮流做出了回应和贡献。民族主义的病毒并非仅限于东方国家，对于国内布尔什维克主义的破坏的恐惧也是这样，对于新的国际机构寄予的希望同样如此。东西分界线两侧的一些国家意识到了这个由单个的、独立性极强的小国组成的地带对于欧洲未来和平的危险，但是此类焦虑还并不足够紧迫到必须采取有效的防御性行动的程度。

东欧国家恢复的基础是不稳定的。许多国家继续遭受着长期的政治不稳定并诉诸暴力。土地改革未能解决农民贫穷的问题，而且这一问题由于人口高增长率而恶化。除捷克斯洛伐克之外，几乎所有国家都受困于高外债。在感觉到大萧条的影响之前，许多政府遭受咄咄逼人的民族主义之苦，这种民族主义体现在对于少数民族的敌意以及"以邻为壑的政策"。尽管并未发生战争，每个国家却都对其国家安全抱有恐惧。如果说这些焦虑当中的一些源于和约，其他的则是由当权者的行为所制造或者加剧的。所有的东中欧及巴尔干国家都拥有至少一个敌对的邻国，有五个邻国的波兰则有三个敌对的邻国。如果政治精英和政党不利用民族主义或者领土收复主义活动作为巩固政治控制的一种途径，或者是作为在其各自民众的不同组成部分之间博得好感的一种手段，这也许没那么重要。此时并不存在任何战争，但也没有任何和平。

很有可能的是，在那些此前并无任何民主治理经历的国家里，以及其历史或者文化传承并不支持民主实践的国家里，强大专制的政府是必要的。1919 年的和平缔造者所抱有的希望中没有几个实现。在促进民主方面，自决与已经被取代的帝国统治一样不成功。如果说继承国保持了其独立和外在的统一，它们这样做时常常是以牺牲民主政治为代价的。民主得以扎根的国家主要是捷克斯洛伐克，该国的工业化程度、社会结构以及高识字率与西方的水平最为接近。但甚至在这里，在很大程度上也要归功于其总统马萨里克让大多数政党保持团结的能力。在整个东中欧，常常是民族分歧导致的政治碎片化令政府迅速更迭，民主制度声誉扫地。甚至比这更为虚幻的是人们在 1919 年对同化和容忍少数民族的希望。同化是罕见的，而且主要限于新的边界未给他们带来多少变化的根深蒂固的少数民族。在大多数多民族国家里，主导民族通过歧视性的立法或者暴力来强加其权威。尽管一些少数民族在改善其地位方面比其他少数民族更为成功，但满意者与不满意者之间的比例在这十年当中几乎并未变化。少数民族权利协定未能兑现它们的承诺，而且为犹太人精心制订的那些保护条款，对于防止强加限制性和歧视性立法没有起到多大作用。由于犹太人并不是一个民族，甚至缺乏"代理"发言人，大多数人放弃了通过国联的保护性制度来获得解脱的希望。

被夸大的民族主义以及特殊论（particularism）不仅导致了该地区凌驾一切的不安全感，而且阻止了地区性的合作，这种合作原本将会让各国的经济受益，并且强化地区的安全。东欧的保护主义政策倾向对邻国比对西方国家更为严厉。从旧的哈布斯堡帝国的共同市场向西欧以及美国的巨大转移部分出于经济上的动机，但也反映了民族主义情绪凌驾于一切之上的重要性。只是当农业萧条蔓延时，捷克斯洛伐克和波兰才采取举措来创造防御性的经济集团。法国人和英国人尽管认识到地区合作的必要性，但他们的竞争性努力未能建立这种合作。英国、法国和美国为除捷克斯洛伐克以外的东欧大多数国家提供亟须的资本输入。法国缺乏金融手段来执行在这些地方创造一个排他性势力范围的战时计划，英国及美国投资者则拥有更具吸引力的地区去投入他们的资金。尽管外国投资在许多国家里因缺乏国内的替代手段而显得重要，但它们在那些农业占主导地位的国家里并不足以改变经济的平衡。这些外资当中的很大一部分被用于非生产性用途，而且高利率导致了沉重的债务负担，这只能通过获得更多的贷款，或者通过向关注自身利益的外国投资者廉价出售工业及原材料资产来偿还。德国正在成为该地区最为重要的贸易商，提供了法国所缺乏的互补性市场。意大利成了南斯拉夫的主要顾客。借贷及贸易实践对于繁荣必不可少，它们加大了东欧国家对于西方的依赖。

地区性安全协定是虚弱的。"小协约国"建立在三个成员国对于匈牙利的共同敌意之上。除了匈牙利，每个国家拥有一个不同的潜在敌人，而扩大"小协约国"或者将其注意力重新指向其他修正主义国家的努力以失败告终。波兰拥有多个双边的联盟，但无法创建针对苏联的北方国家集团。波罗的海国家未能与波兰或者瑞典和芬兰缔结地区性协定，而且只在向着创立一个较小的波罗的海联盟方面取得了有限的进展。由于有不同的安全利益，这些位于"另一个欧洲"的国家未能联合在一起。因此，如果任何大国选择采取行动，这些国家将被置于侵略性行为之中。对于波兰和捷克斯洛伐克以及"小协约国"的其他两个成员国来说，法国的结盟体系仍然是他们对付此类行为的主要保护。但法国人无法让波兰人和捷克斯洛伐克人搁置他们的分歧，而对于这三个国家来说，捷波联盟的缺失仍然是

629

一个严重的战略上的弱点。在《洛迦诺公约》签订之后，法国日益将其在东方的义务视为一种负担，英国拒绝分担这种义务，而且认为其与欧洲的和平进程是相敌对的。这些联盟得到保持并且定期更新，但波兰人无疑对将他们所有的"鸡蛋"放在法国人的安全"篮子"里抱有怀疑。自然而然的是，波罗的海、东中欧以及巴尔干的许多国家，将寄望于国联通过集体行动或者裁军来提供某种形式的安全，而且是日内瓦体系的强烈支持者。没有任何领导人认为国联是其安全的唯一答案，甚至连总是乐观的贝奈斯也是如此，但是许多人希望通过国联进行的集体行动将加强较小国家的地位。这些国家中的大多数无论怎样贫穷，都在加强它们的军事力量，而且出于这一目的来利用外国贷款。波兰很难说对国联热心，它是军费开支最大的国家之一。在那些修正主义国家中，没有几个能够想到它们受到条约限制的军队能够挑战现状。而胜利国当中也没有多少认为如果它们的修正主义大国邻居开始重新武装，这些小规模的、装备不良的军队能够针对任何一个或两个修正主义大国提供充足的保护。无论裁军运动背后的国际主义推动力如何之强大——贝奈斯在日内瓦花费的时间比在布拉格更多——但理想主义与现实主义是相伴相随的。东欧国家的安全困境部分存在于由和平协定制造的结构性问题，但更多地在于政策制定者未能利用1920 年代后期的和平喘息期来找到某种有效合作的手段。该地区在这个十年结束时继续支离破碎、内部分裂，这常常是其自身制造的问题。

IX

1920 年代是一个丰富且具有创新性的时期，它在许多方面与过去的区别，和 1919 年的和平与 1815 年的和平之间的区别那样大。正是由于大国政治与国际合作的试验的结合，这个十年才如此与众不同。国际问题的多样性以及国内政治已经被改变的基础，需要采取新的外交方法。无论是在民主国家还是这十年间发展起来的专制政府里，政府与民众之间改变了的关系对政府管理外交事务的方式产生了冲击。传统的和试验性的东西以一种往往并不稳定的关系共存。各国政府利用旧的协力以及均势机制来在一个无政府主义的国际社会中生存，不过它们多多少少也为缔造一种更为多样化的国际机制做出了贡献。尽管美国半缺席，苏联冷眼相待，但人们仍然做出了着眼于国际性合作行动的早期尝试。如果说民主国家的领导人以鼓舞人们对于一种新秩序的希望的方式来展现他们的政策，但又同时继续以传统的方式来管理他们的事务，他们也被迫去扩大欧洲合作的可能性。外交地图的拓展引起了政治家们常常无力而犹豫的新反应，这些政治家领会到多国谈判可以怎样促进国家利益。这是一个更多的门被打开而不是被关闭的时期。

　　这并不是一个幻想的时代，而是一个希望的时代。幻想不 631 建立在任何东西之上；而希望可能具有一些真实的基础，不论其如何脆弱和短暂。一战后的十年就是这样。尽管由大战引起的根本性问题仍然没有得到解决，但一些大国的领导人相信通过耐心的努力能够克服当前的困难。在从战争毁灭性和创伤性的经历中存活下来之后，大多数欧洲人寻求和平且繁荣的未来。一些人由衷地相信已经取得进步。"战争最终清算会议"被这样命名，并不是出于无忧无虑的乐观主义或者愤世嫉俗的讽刺，而是出于这样一种信念——修复战争的毁灭性遗产是一个可控的问题，可以为这个问题找到实际的和可实现的解决方案。当时的西欧领导人既非愤世嫉俗者也非理想主义者，而是现实主义者和务实者。即使连布尔什维克主义者也在没有放弃他们的意识形态目标的情况下，向着注重实际的国际政治的方向前进。应当承认的是，政治家们寻求的是满足当下需要的解决方案，而不是更长远的、更具想象力和远见的可能性。有几位政治家——在热那亚的劳合·乔治、白里安以及在这十年即将结束时的施特雷泽曼——试图拓展可能性的边界，但从来没有成功地改变现存环境，他们的决定就不得不在其中做出。

欧洲重建的基础是真实的，但并不持久。各项协定被修改，但守成国与修正主义国家之间的区别仍然存在。国内的重建得到了国际行动的帮助，但也鼓励了以牺牲合作性行动为代价的对抗性民族主义主张。如同在德国那样，对外政策被用来支撑国内结构，其结果是国内的冲突没有得到解决。国际秩序过于虚弱，无法承担国家调整的重担。没有任何单个的或者一群国家挺身而出，保护现状。作为有最大风险的大国，法国无法独自行动，而无论是英国人还是美国人都不准备为法国的努力提供担保。英国人尝试了一种即使并非不可能也很艰难的平衡性动作：允许德国人瓦解 1919 年建立的平衡，但同时保持条约的一些限制。随着工党在 1929 年获胜，英国人改变了策略，回归到英美在 1924 年的政策，但明显缺乏成功。无论对于宪政主义在德国的生存，还是以一种国际的方式来处理大萧条和裁军的问题，时间已经所剩无几了。

这十年里没有发生任何战争。对于过去动荡的记忆犹新，而且无论是在西欧还是东欧，当时没有一个国家能够通过武力挑战现状。在这十年间创造的国际体系在 1929 年仍然运转着，没有几个人预料到它的崩溃。《洛迦诺公约》曾经提供的一个机遇的窗口此时正在关闭。重建的体系中的裂缝在重建的最后阶段开始张开。施特雷泽曼的去世、张伯伦的离职以及白里安被削弱的影响力，让三个最渴望将"洛迦诺精神"转化成某种更为具体的东西的人从现场消失了。回顾这一时期的历史，人们也许可能看到这三位政治家在成功地重建欧洲这幢大厦方面已经走出了多远，同时看到在他们的重建中存在什么缺点阻碍了进一步的进展，甚至在萧条变成"大萧条"并且改变战略图景之前就是如此。围绕"战争的最终清算"而举行的海牙历次会议，结束了对能够通过现有谈判过程得到解决的主要议题的讨论。它们将仍然存在的问题以及使问题的解决变得如此艰难的大国矛盾搬上了台面。

随着两次世界大战间隔期的"转折岁月"开始，我们视为"战后"的这些趋势，开始与1930年代不祥的"战前"趋势交叠起来。本卷的下一部分将阐述过渡期的这些年月，这些年月受到一场萧条的主宰，这场萧条就其影响范围及其后果而言是全球性的。从1919年到1939年（通过1929年和1933年）的这条线并不是一条直线。让魏玛共和国倒台的并不是《凡尔赛和约》，而对其条款的反对也不是导致希特勒夺取权力的决定性因素。《凡尔赛和约》并没有使希特勒的胜利成为必然。这种将1930年代的灾难归咎于1919年的和平方案的简化论思想，现在仍然可以从许多对两次世界大战间隔期的描述中找到，它们只会扭曲我们对于这条通往灾难之路的理解。"转折岁月"是那条通往新的世界末日的弯曲道路上的重大转折之一。

注　释

1. Kalevi J. Holsti, *Peace and War: Armed Conflict and International Order, 1648-1989* (New York, 1991), 178.

2. Sally Marks, *The Illusion of Peace* (rev. edn. Basingstoke, 2003), 22.

3. Jean-Bapiste Duroselle, *Clemenceau* (Paris, 1988), 773.

4. Christopher Andrew, *Secret Service: The Making of the British Intelligence Community* (London, 1985), 261.

5. Harold James, *The End of Globalization: Lessons from the Great Depression* (Cambridge, Mass. and London, 2001), 25.

第二部分 转折岁月，
1929—1933 年

第十二章　大萧条时期的外交：经济民族主义的胜利*

I

1929 年与 1933 年之间的这几年代表着一根"铰链" 635（hinge）①，它将两次世界大战间隔期的这两个十年联系起来，也就是重建的十年以及解体的十年。作为国际关系中一个有着巨大的流动性和不安定的时期，欧洲国家体系当中到 1920 年代末已经张开的那些裂缝，现在裂开得甚至更大了。这一时期的首要特征是经济危机，它在所有的历史讨论中占据支配性地位。重要的是要意识到尽管"大萧条"改变了欧洲在这十年其余时间里的状况，但它并不是造成其后的国际主义衰落的唯一原因。欧洲面对的问题在 1929 年之前就存在了。此前人们已经做出努力来解决它们，而且取得了一些进步，但这些问题并未消失，而且经济萧条所带来的压力以及对国家安全的不确定感，使问题的解决变得更为艰难。具有讽刺意味的是，在 1920 年代为促进欧洲稳定所做的两大关键追求——结束赔偿问题和召开一次世界裁军会议——的顶点，发生在让许多希望灰飞烟灭的情势之下。在这一关键时期采取的行动将释放出民族主义的全部力量，而且在希特勒和纳粹党于 1933 年 1 月"夺取"政权之后，

---

① 即本书第二部分标题的"转折"之意。

将让日本、意大利和德国这些更为活跃的修正主义力量获得更大的重要性和影响力。人们仍然继续寻求欧洲稳定及安全的旧问题的解决方案，却是在一种十分不同的全球环境里进行的，因为各国政府针对经济恢复和军备的问题选择了高度民族主义的解决方案。

处于这些"转折岁月"中心的是 1931 年，用阿诺德·汤因比（Arnold Toynbee）的一个经典短语来说就是"可怕的一年"（annus terribilis）。"1931 年以一个突出的特征区别于此前各个年份，"汤因比写道，"1931 年，全世界的男人和女人正在严肃地考虑和坦率地谈论西方社会制度可能瓦解和停止运转的可能性。"[1]人们曾希望欧洲事务有一个新开端，但引发这种希望的妥协正是在这一年开始解体，而那些对人们所尝试的稳定化努力具有毁灭性的秘密且强大的力量则显露出来。这是一个过渡性的时期，在此期间，和平缔造的问题转变成更为直接而紧迫的关切，其中蕴含着其后国际秩序诸多错位情形的源头。欧洲的决策者们面对着一种三重的困境：一场将伴随着正在进行之中的经济萧条的金融危机；随着裁军问题在有利于德国修正主义的情势下不可避免地走向前台，人们所怀有的安全焦虑；以及由于日本在远东的扩张主义政策而出现的对国际主义以及欧洲以外的合作所构成的挑战。

这一年被一场不断加深的萧条支配，它席卷了几乎整个欧洲大陆、美国以及全球的其他很大一部分地方。资金的流动扩大了通货紧缩和萧条在国际上的蔓延。银行业及金融业的危机横扫欧洲，导致英国在 9 月放弃了金本位制，而且实际上摧毁了 1920 年代中期的世界金融体系。银行业危机构成了"大萧条的支柱"，而且这些危机的系统性影响削弱了全球的交易机构。[2]

这场萧条对于欧洲各个经济体以及多边贸易与支付机制的影响，在整片大陆都能感觉到。只有几个国家（比如西班牙）设法相对无损地避免。商品价格暴跌，制造业产量降低，国际贸易萎缩。企业倒闭数量增多，公司净利润减少，人均收入减少，失业人数飙升。在西欧国家当中，德国在工业产量及失业率方面受损最为严重，而法国直到第二年之前仍然保持相对没有受到影响。东欧国家尤其受到严重打击。农产品价格下降，新增贷款停止，后者的持续缺乏意味着价格进一步下跌。曾经长期缺乏资金的国家此时被切断了外资的输入，而外资的输入曾经弥补了这些国家对外账户上的缺口，并且为它们沉重的债务负担提供了资金。保加利亚、罗马尼亚、南斯拉夫这些主要以农业为生的国家面临着相当大的困难，但这场萧条在半工业化的波兰和工业化的奥地利及捷克斯洛伐克最终更为持久。银行业和金融业的危机开始于中欧：奥地利和匈牙利在1931的夏天成为第一批受害者，随后是德国。在欧洲有众多银行倒闭，非欧洲国家也是如此。到1931年底，一些国家已经跟随英国，放弃了金本位制。那些拒绝让其货币贬值的国家实行了防御性的措施，来避免金融和经济的崩溃。在应对世界经济的紧缩压力时，大多数政治家选择了常常以牺牲其邻国为代价的、面向国内的恢复计划，而不是合作性的行动。

　　裁军的希望在1931年之初是光明的，但柏林的布吕宁政府正在与不受欢迎的通货紧缩政策以及复兴的纳粹民族主义运动做斗争，作为一种恢复公众信心的手段，它强烈地要求"平等权利"，裁军的希望随之黯淡。德国向其他国家表明了立场：除非关于平等权利的诉求提前得到满足，否则将不会达成一致同意的裁军协定。在布吕宁时期，扩充和重组德国国防军的秘密的格勒纳-施莱歇计划最先得到了实施。对于法国来说，这是尤其令人失望的一年。尽管有支配性的军队以及强大的金融地位，但巴黎当局发现自己既无法创建一个对付德国人的共同阵线（这主要是由于英国人和美国人），也无法与柏林当局达成直接的安排。当推迟已久的世界裁军会议最终于 1932 年 2 月 2 日在日内瓦开幕时，法德的利益冲突浮出了水面，而法国与英国在安全概念上的分歧也是如此。由于担心不可避免的失败，英国人原本将会欣然将裁军会议推迟得甚至更久，但国内的以及国际的压力使他们无法退却。由于法国、德国和美国将在 1932 年举行大选，而且一个"国民政府"在英国掌权，裁军变成了一个无法闭门解决的政治议题。事实证明，它是一杯所有政治家被迫啜饮的"金杯毒酒"。

远东的困难情形为裁军讨论提供了一个令人不安的背景。1931 年 9 月 18 日，日军借故突袭中国东北，制造了"九一八事变"，而中国依据《凯洛格-白里安公约》向美国发出呼吁，依据《国际联盟盟约》第 11 条向国联发出呼吁，令这场事变国际化。国联理事会呼吁日本撤退，并且准备向远东派遣一个五人调查委员会，但日本的军事活动继续。到国联的这个调查委员会在 1932 年 2 月末抵达东京时，日本人已经实际上控制了中国东北。尽管英国、美国和苏联是最感兴趣的外来方，但当裁军问题在日内瓦已经到达公开阶段的这样一个时刻，国联的卷入对其能力构成了挑战。日本人攻占的速度与彻底，导致人们对一个本已处于压力之下的国际制度丧失了信心。随着日本决定在 1933 年 3 月退出国联，该制度的虚弱之处进一步暴露出来。"日本这只老鹰退回了它的鹰巢，"英国的日本史专家伊恩·尼什（Ian Nish）这样写道，"（它）自豪，自以为是，轻蓂。"[3]来自远东的雷声在伦敦、莫斯科以及日内瓦被清晰地听到。太平洋的麻烦只是加剧了美国人对与国联合作的疑虑，以及对麻烦不断的英美伙伴关系的公开质疑。

这"可怕的一年"在忧郁和沮丧中开始并结束。围绕着这一年，这些"转折岁月"的标志性特征是人们普遍从对欧洲重建的持久前景的乐观主义转向悲观主义。萧条、远东危机以及裁军等交叠的主题支配着国际政治。1929年，经济重建在某种程度上看似正在进行；裁军进程尽管并未取得多少实在的成功，但正在前进，而国联已经获得了某种程度的权威。到1933年，经济民族主义已经获胜，裁军对话接近崩溃，而且首先是日本然后是德国将离开国联。

II

从1929年起，世界经济蹒跚前行，然后前所未有地暴跌。经济乏力不断蔓延的迹象早已被注意到。为了抗击艰难的世界贸易状况，从英国人鼓动的1930—1931年长达一年的关税休战，到法国人将白里安关于建立一个联邦制欧洲的建议转化成实际方案的尝试，众多倡议得以启动。法国人也发起了一系列与谷物有关的会议，东欧国家参与其中。英国的自由贸易方式与法国的地区性努力之间的对立，阻碍了为受到物价下跌以及世界贸易萎缩最不利影响的国家提供行之有效的救济。陷入困境的不只是农业。德国国内对于工业产品的需求在1929年4月开始下降，美国在6月开始，而生产本已迟缓的英国是在7月。经济在1930年或者1931年未能复苏。1929年10月，华尔街股市大崩溃向国际社会发出了冲击波。当时实际损失的钱的数额是相当之小的，但其心理上的冲击相当之大。美国的借贷崩溃，然后在 1930 年短暂复苏，主要是面向德国以及欠发达世界的借贷。但这种喘息是短暂的。到 1930 年春天，世界物价的再度下降使海外投资失去了吸引力。与此同时，美国的进口需求也出现了急剧的萎缩，加大了欧洲的困难。到 1930 年年中，大多数国家被卷入萧条之中，而且在这一年的下半年里，农业及工业产品价格进一步下跌。德国的工业产量与 1929 年的数据相比下降了 30%。失业人口数据几乎在所有地方都在上升。法国仍然是突出的例外，到 1930 年底，其工业产量与 1929 年的平均值相比只下滑了 7%，而且登记在册的失业者只有 10000 人左右。大多数人预计情况将会改善。然而，形势在 1931 年每况愈下。各国政府担心通货膨胀，而各个国家越来越滑入深度萧条之中。

640

表 28　失业人数（1921—1933 年）

单位：千人

年份	美国	德国	法国	意大利	英国
1921 年	4918	346	13		
1922 年	2859	215	28		
1923 年	1049	818	10		1251
1924 年	2190	927	10		1113
1925 年	1453	700	12	110	1228
1926 年	801	2100	11	114	1385
1927 年	1519	1300	47	278	1109
1928 年	1982	1400	16	324	1246
1929 年	1550	1899	10	301	1240
1930 年	4340	3076	13	425	1954
1931 年	8020	4520	64	734	2647

续表

	美国	德国	法国	意大利	英国
1932 年	12060	5574	301	1006	2745
1933 年	12830	4804	305	1019	2521

资料来源：德国：D. Abraham，*The Collapse of the Weimar Republic*（Berlin，1986）；Walter G. Hoffmann，*Das Wachstum der deutschen Wirtschaft*，（Berlin，1965）；G. Bry，*Wages In Germany 1871–1945*（Princeton，1960）；L. Preller，*Sozialpolitik in der Weimarer Republik*（Stuttgart，1949）；*Statistisches Jahrbuch für das Deutsche Reich*，*1939*（Berlin，1940），389。法国和意大利：B. R. Mitchell，*European Historical Statistics*（London，1981），174–80。英国：G. C. Peden，*British Rearmament and the Treasury*（Edinburgh，1979），Appendix B；M. Thomas，'Labour Market Structure and the Nature of Unemployment in Interwar Britain' in B. Eichengreen and T. J. Hatton（eds.），*Interwar Unemployment in International Perspective*（London，1988）。美国：*US Historical Statistics*，*Colonial Times to 1970*，Series D8–10（Washington，DC 1975）。

在德国，布吕宁政府持续的预算困难以及不断增加的失业人口数量，加大了这位总理身上的压力，迫使他解决困境。通过一个紧缩计划来改善德国的出口表现以及实现预算平衡的努力，削弱了右派和左派对于布吕宁的支持。这位总理未能说服管理层和劳工弥合他们的分歧，以就一个共同的经济计划达成一致。对于布吕宁的经济和政治政策，及其执政时期究竟代表着这个共和国解体的第一阶段，还是代表着挽救其议会制度的最后一次努力，历史学者至今仍有争议。[4]这种争论的角度因为克努特·博尔夏特（Knut Borchardt）教授的观点而从根本上发生了改变，博尔夏特认为，考虑到其继承下来的魏玛共和国经济的结构性问题，及其行动所面临的国内外的限制，除了1930年3月采纳的通货紧缩计划，布吕宁别无任何真正的替代方案。[5]博尔夏特教授及其支持者相信，当人们在1931年年中最终意识到这并不是一场普通的萧条时，要为任何刺激经济扩张

（expansionary）的计划提供资金原本就是几乎不可能的。诸如
1931 年 12 月的沃伊廷斯基－塔尔诺－巴德计划（Woytinsky，
Tarnow，Baade plan）之类的大规模公共工程方案，既在政治上
是不可接受的，在财政上也是不可行的。德国的外国债主们的
要求（而且德国尤其依赖于外部提供的资金）以及国内对信用
641　扩张的限制，制约了布吕宁的回旋余地。在 1931 年与 1932 年
之交的冬天以及 1932 年春天，布吕宁坚持着他的这样一种信
念——在萧条"见底回升"以及德国被免除赔偿之前，无法采
取多少措施来减轻这场萧条的影响。今天甚至更具争议性的观
点是，布吕宁实际上试图拯救议会制度，而且正如其自传所指
出的那样，并未致力于建立一种立宪君主制。在历史学者威
廉·帕奇（William Patch）看来，作为天主教中央党的领导人，
布吕宁为号召保守的新教徒和温和的社会民主党人捍卫共和国
的努力，被总统兴登堡及其由反动的地主和军队将军组成的圈
子所削弱，这些人在魏玛政权的最终崩溃中扮演了核心的
角色。[6]

　　无论人们可以为布吕宁通货紧缩的经济政策以及高风险的
政治策略做出怎样的辩护，显而易见的是，这位沉默寡言的总
理从未完全把握吸引公众的极其重要性，也不理解在他执政的
最后几个月里当他聚焦于结束赔偿之时，持久的失业所带来的
心理上和政治上的毁灭性影响。作为一位熟练的密室策略家，
他缺乏在一个极其原子化（atomization）和政治化的时刻所极
需的才华与魅力。即使考虑到其年龄以及战后的幻想破灭感，
那些参加布吕宁 1945 年以后在哈佛大学的多个研讨会的人（包
括本书作者本人），将会回忆起他在吸引以及激发听众方面的
无能。由于依赖于一小群顾问，包括外交部国务秘书伯恩哈

德·冯·比洛在内的十多名受到信任的同事，布吕宁的"公民道德"（civic virtue）及服务国家的观念，与德国政治的现存状态的相关性有限。他与那些倾向于对共和国进行专制性重构之人的结盟，对于共和国的未来而言很难说是一个好兆头。布吕宁被视为一位遏制着极端主义者的温和派人士，这为其赢得了当时来自国外的支持。具有洞察力的英国驻柏林大使霍勒斯·朗博尔德在没有淡化布吕宁在政治上的脆弱性的情况下，逐渐尊重布吕宁，他预言随着德国政府与经济和金融问题缠斗，其外交政策领域将出现中断。法国大使安德烈·弗朗索瓦-蓬塞（André François-Poncet）没有那么支持布吕宁，他讨厌而且不信任这位总理（这种感情是相互的），他更支持出身贵族的库尔特·冯·施莱歇（Kurt von Schleicher），并且接受施莱歇的观点——一种独裁制，或者至少是一个从中央党延伸至纳粹党的联盟，是必需的。

布吕宁在 1930 年的主要希望是控制住卡特尔的价格和工资，以及抑制正在使共和国开支膨胀的福利补贴及公务员薪酬。由于依赖于中产阶级党派以及社会民主党的消极同意，而且同时受到右派和左派的批评，布吕宁发现当国会开会时要进行控制是不可能的。1930 年 7 月，社会民主党、德意志国家人民党、德意志人民党与纳粹党及共产党一道，否决了这位总理的预算。如同施莱歇将军以及总统的其他亲信一直敦促的那样，布吕宁求助于兴登堡这张牌。利用《魏玛宪法》第 48 条所规定的总统权力，布吕宁解散了国会（在国会任期届满两年前），通过法令来统治国家。他的被否决的财政计划在只经较小的改动后得到实施。在 1930 年 9 月举行的新选举导致纳粹党选票急剧增加，从 1928 年的 81 万增长到 1930 年的 640 万，使其在国会成为继社会民主党之后的第二大党（107 个席位），而且在历史上首次成为一支主要的政治力量。德国共产党也有了不那么引人注目但令人印象深刻的收获（从 54 席增长至 77 席），加剧了整个政治阶层对于一场可能的布尔什维克政变的担心。由于政治基础大大萎缩，而且依赖于社会民主党人的容忍，布吕宁继续通过法令，施行他认为为医治德国这个"病人"所需的通货紧缩这种"药"。这位德国总理职务的合法性此时来自总统，专家治国取代了政党治国。保守的右派以及温和的左派默许了布吕宁的法令施政，将其视为希特勒的（相对）可取的替代者。在滑向一个专制政府的过程中，背离议会制统治标志着一个新阶段。

随着德国人和外国人抛弃马克，9 月的选举结果导致 100 万地租马克的黄金和外汇流失。德国政府再度通过求助于外国银行家来赢得时间，这次是向由波士顿投资机构李·希金森（Lee Higginson）公司牵头的一个美国银行家财团，该公司的声誉不如摩根公司，后者当时判断德国的风险大。尽管获得了这笔信贷，但德国的预算困难仍然在继续。由于对 1922—1923 年的事情记忆犹新，德国投资者对于购买政府的长期债券并不感兴趣。随着政府以及国会被迫求助于短期借贷，国内外投资者的信心下降，黄金和外汇进一步流失。在巴黎，人们在 1930 年底曾谈论法国为德国的非出口性公司以及在东南欧和苏联的法德联合项目提供信贷。但并没有任何行动出现，而且布吕宁看起来无动于衷，因为他怀疑法国人将会索取政治上的代价。

考虑到布吕宁地位的不稳定性，他的政府自然应当寻求外交政策上的成功。这位总理和大众一样认为赔偿问题在德国的经济困难情形中扮演着一个很大的角色，而且只有取消赔偿才

643

能使该国恰当地重组其金融。但他担心在杨格计划获得批准只有六个月的情况下，任何修改该计划的建议将会让国际社会震惊，并且导致德国严重依赖的短期贷款撤离。他希望通过放弃巨额借款，以及通过一次大规模的出口运动来用德国自己的资源来支付赔偿，能够强调德国在金融上的虚弱性，并且让其债主们（尤其是英国人）相信有必要对赔偿做出修正。到 1930年底，通过削减进口（这部分是由于推行了新的农业保护主义计划）而不是加大出口，德国有了贸易顺差。失业人数继续上升，德国人的生活水平明显下降。1930 年 12 月中旬，布吕宁告诉其亲信们，当时的政治形势使德国必须提起赔偿问题。外长库尔提乌斯建议采取一种新的方式："如果整个世界变得平静，那么很难提出赔偿问题。因此（我们应当）随赔偿问题一道（采取）某种政治上的主动。裁军及东方问题（也就是波兰边界问题）将会是合适的。它们也许能够提供一种经济上的理由。我们难道不能通过提起裁军议题来解决赔偿问题吗？"[7]布吕宁向华盛顿和伦敦当局征询意见。对于这位总理关于召开一次世界会议来讨论裁军、赔偿及战争债务的建议，美国人并未表现出多少兴趣。纽约的金融家们更专注于稳定目前的形势，以便德国的商业债务能够得到支付。由于担心各债务国将会要求减少战争债务，华盛顿当局的主要关切是阻止谈判德国延期偿付的问题。而在没有达成一个战争债务解决方案的可能性的情况下，英国人根本不想拾起赔偿问题。英国外交大臣阿瑟·亨德森当时专注于裁军问题，英国外交部驳回了柏林伸出的触角，并且警告库尔提乌斯说，英国将会与法国一道反对赔偿的重新谈判或延期偿付。

　　无论赔偿修正看上去如何具有吸引力，外国的反应及其一些顾问的反对使布吕宁保持谨慎。由于无法寻找到任何途径来应对正在削弱着国内信心的持续性财政困难，他在 1931 年 2 月告诉同事们，赔偿问题必须在不迟于 1932 年夏天提出。1931 年 3 月初，这位总理判断再来上"一剂"通货紧缩（提高征税和减少国家开支）以及对赔偿问题发起一次攻击，在政治上和

644

经济上都是必要的。对其感到担心的英国驻柏林大使建议布吕宁应当获邀访问英国首相在契克斯庄园的官邸，以提高布吕宁在德国国内的地位。由于被提前告知德国人将会提起赔偿的问题，亨德森告诫这位总理说，此次访问只是"作为友谊和平等的展现，它可能将加强布吕宁政府在其本国公众面前的地位"[8]。

但是在德国人来到契克斯庄园之前，奥地利与德国的关税同盟这枚炸弹爆炸了。自 1928 年以来，德国外交部一直在推动德国在中欧及东南欧的经济与政治利益。在任何地方只要一有可能，德国人对于受到萧条打击的国家有关提供优惠性的关税管制以帮助农产品出口的要求，都设法予以满足。法国人由于本国生产者的问题而无法提供此类好处，他们以不同的替代性手段进行搏斗——配送中心、农业信贷以及在一个泛欧框架内的双边协定，但这些努力并不成功。布洛和他的一些下属认为，德国向奥地利采取一种新举动的时机成熟了。预备性的对话在1930 年 2 月于柏林举行，当时奥地利总理约翰内斯·朔贝尔（1929 年 9 月 26 日至 1930 年 9 月 28 日在位）在访问罗马之后，与德国外长库尔提乌斯讨论了这种可能性。但讨论中并未出现任何具体的东西。奥地利和德国两个月之后签订了一份常规的贸易协定，其中甚至没有包含奥地利人想要的优惠性关税。奥地利的出口贸易由于整个欧洲范围内对工业产品所征收关税的上升而受到了严重打击。与此同时，由于税收收入比预期少得

多，维也纳当局面对着不断加剧的预算困难。该政府被警告说，由于维也纳持续地在向西方借款以及资助中欧和东南欧的工业发展方面发挥作用，一场银行及信用危机开始出现。奥地利最大的银行"信贷银行"在这些交易中处于核心地位。外国的资金流入了这家银行，该银行的行长是维也纳的罗斯柴尔德家族的最后一位子孙路易·冯·罗斯柴尔德（Louis von Rothschild），他更感兴趣的是狩猎以及他的艺术与慈善事务，而不是银行业。这并不是一个私人的问题。在一个商业信心和活动崩坍的时刻，奥地利曾鼓励该银行向那些摇摇欲坠的公司提供贷款。1929 年，该行被迫接管破产的"博登信贷银行"（Bodencreditanstalt），后者的非流动性曾经主要源于其被冻结的工业账户。奥地利的中央银行"国民银行"（Nationalbank）清楚信贷银行过度扩张的形势，设法通过一种精心设计的交叉存款（cross-deposits）制度来给这颗药丸裹上糖衣，根据这一制度，存在美英银行里的钱被转移给信贷银行，这是资金的一种昂贵的反手转移（backhand transfer）。这些交易占用了国民银行很大一部分外汇。信贷银行此时无法掩藏其持续亏损的程度，因为作为一家巨大的工业控股公司（奥地利 60% 的工业企业依赖于该银行），它注定将感受到工业萧条的凛冽寒风。

此时成为奥地利外长的朔贝尔（1930 年 12 月 3 日至 1932 年 5 月 11 日）由于绝望地试图改善该国的经济，访问了罗马、巴黎和柏林以寻求帮助。德国人抓住了他们的这个机会。1931 年初，奥地利人得到了一份关税同盟协议草案。库尔提乌斯、布洛和德国外交部经济事务部门主管卡尔·里特尔（Karl Ritter）是主要的发起者。布吕宁勉强同意了这些对话，他的内阁同事及奥地利人则未被告知，以防对话失败。对于这位总理

645

而言，时机的问题最为重要，因为他准备发动他的赔偿战役。
库尔提乌斯希望外交上这样一种突然出击将抢过国内的民族主
义者的风头，并且"为德国政治提供一个起到统一作用的焦
点"[9]。由于欧洲联盟调查委员会的一次会议预定将于 3 月 24 日
召开，英国外交大臣亨德森即将与会，库尔提乌斯决定提前宣
布，以抢在欧洲的任何行动以及法国的干涉之前。为了避免激
起欧洲的愤慨，详尽的预防措施得到施行，但奥地利和德国的
共同努力未能阻止捷克斯洛伐克和法国的强烈抗议。捷克斯洛
伐克向法国寻求帮助，并且警告奥地利人说如果不放弃该计划，
要当心一场贸易战。措手不及的法国人将该举动视为一种直接
的威胁，这一举动被拿来与德国 1911 年在阿加迪尔的挑战①相
比较。该计划不仅重新引起了法国人对于德奥合并以及出现一
个日耳曼人的"中欧"的恐惧，而且这对于白里安本人来说也
很尴尬，他一周前还向法国国民议会保证说，德奥合并是一种
正在减弱的威胁。德国驻巴黎大使被警告说，他的国家的行动
"轻率得惊人"，是蓄意伤害法德关系的发展。由于对他所受到
的公开羞辱充满愤怒，白里安试图在巴黎、伦敦、罗马和布拉
格组织发布一份联合的外交照会。在起初经历了一些犹豫之后，
波兰人同意了，但毕苏斯基察觉到巴黎当局的某种摇摆，思考
646 接受这个关税同盟是否能与德国承认波兰的边界联系起来。5
月 13 日，白里安在法国的总统选举中遭受了一次大败，尽管他
仍然继续担任外交部部长。

---

① 阿加迪尔危机，也称第二次摩洛哥危机，是法国在 1911 年向摩洛哥内地部
署一支具有相当实力的军队而引发的一场短暂的国际危机。法德当局后来
通过谈判解决了这场危机，法国将摩洛哥作为受保护地，德国在法属刚果
获得领土割让，而西班牙也满意于其与摩洛哥边境的调整。但英国震惊于
德国对法国的咄咄逼人，英德关系此后不和。

无论怎样批评库尔提乌斯未能与其他大国磋商，但英国人并不愿意加入由 1922 年《日内瓦议定书》的保证者所发布的联合外交照会，该议定书保障了奥地利的经济独立。英国驻德大使朗博尔德从柏林发出警告，说法国咄咄逼人的反应将削弱布吕宁的政治地位，导致德国国内的"爆炸"。德国关于英国人实际上将姑息奥地利和德国这一行为的幻想都是无根据的。亨德森对于法意达成一份海军限制协议的兴趣，以及他对于德国的这一举动将对即将到来的日内瓦裁军产生负面影响的担心，导致其做出各种努力来化解这场争执。亨德森的计划是通过寻求由国际常设法庭就该关税同盟与 1922 年《日内瓦议定书》的相容性做出法律判决，来推迟奥地利和德国的对话（其细节此时仍未决定）。随着这一问题现在进入国际舞台，布吕宁成了库尔提乌斯行动的坚定捍卫者。即使德国人承认该法庭能够对计划的合法性做出判决，与奥地利的对话也将继续进行。不过，陷在德国人以及法国人（奥地利正向其寻求一笔贷款的第二批款项）之间的奥地利人显然感到害怕了。法国人与贝奈斯一道拟定了反建议，为东中欧提供经济支持，并为奥地利产品提供特别的优惠性待遇。在这些建议被英国人和德国人否决后，皮埃尔·赖伐尔（Pierre Laval）同意了亨德森的方案。在格兰迪和白里安的支持下，英国人的决议获得了国联理事会的一致同意。

正是在亨德森充当此事的调解人期间，奥地利和德国的银行业困难达到了危机的程度。信贷银行在 5 月的崩溃让人们大为震惊。关税同盟的消息已经加剧了普遍的不安，但外国的短期信贷并未显著撤出。但在 5 月 11 日晚上到 12 日，在此前已经宣布延迟公布其账户情况之后，信贷银行公开披露其损失了

1.4 亿先令（总额比这高得多），它将其归咎于吞并博登信贷银行的代价。储户们失去了信心并且提取出资金。挤兑先令的现象一旦开始，兑换就受到了威胁，奥地利政府呼吁国际援助。这次挤兑始于信贷银行披露的情况，而不是像德国人和英国人所指责的那样是由于法国人迫使奥地利拒绝关税同盟的行动。只是到了下一阶段，法国人才利用他们的金融实力来加大对汇兑的压力，并且要求将放弃关税同盟作为提供金融援助的代价。[10] 由于担心信贷银行的倒闭将拖垮奥地利的整个经济，朔贝尔政府进行干预，避免该银行破产。其行动进一步加大了政府的预算赤字，政府的问题与银行的问题交织在一起。随着提款的继续，本已处于严重金融压力之下的政府变成了信贷银行的大股东和债主，承担着它无力支付的债务。

奥地利人获得了国际清算银行的一笔贷款以及一份暂停偿付（standstill）协议，根据该协议，外国银行同意不提取存款，以换取对于未来优惠待遇的承诺。这笔贷款太小而且来得太晚。在为进一步的国际援助做出安排以及与法国人讨论的过程中，奥地利的形势急剧恶化。国民银行告诉朔贝尔政府，要开始为延期偿付和引入外汇管制做准备。法国政府在 6 月 16 日要求，作为对于法国金融援助的回报，奥地利应当接受将其金融置于国联控制之下，并且放弃关税同盟。尽管已经做出放弃关税同盟的决定，但朔贝尔内阁拒绝这道"最后通牒"，并且随之下台。在法国提出上述要求的同一天，蒙塔古·诺曼在没有与英国外交部商议的情况下，为奥地利人提供了一笔短期贷款，用于支付奥地利人向国际清算银行寻求的信用。这笔贷款每周延长一次，这种状况一直持续到了 8 月，此时由于英镑面临压力，而且国联被卷入进来，英格兰银行被迫要求归还借款。英国人和法国人的这些行动在其各自的首都引起了强烈的反感。在经历艰辛的谈判之后，国际清算银行的第二笔借款得到了安排——但数额仍然太小，无法产生影响。

由于国联1923年所提供贷款的偿还受到威胁，国联的金融委员会进行了干预，任命一名代表监督奥地利的预算，并且引入了严厉的控制措施。但连这些举措也是不够的，奥地利人停止支付国联贷款的利息。外国债主们同意接受一份新的协议，该协议包括一笔转换贷款（conversion loan），以及让奥地利接受一个严格的、由国联实施的经济紧缩计划。一个冻结债主账户的进一步的"暂停偿付"协议得以缔结。对于国联贷款的最终安排在1932年6—7月的洛桑会议上做出。这种长时间的拖延是由于为信贷银行的负债安排国家担保，以及与该行外国债主们的谈判十分冗长。该银行被重组，由一名新的荷兰总监领导，另一个荷兰人被任命监督预算及国联金融委员会所要求的紧缩措施。到1936年，信贷银行已经成为一家奥地利的国家银行，没有任何国际利益，主要在政府的控制下运作。奥地利政府还采取了措施来遏制国民银行的外汇损失。1931年10月9日，这家中央银行引入了外汇控制，监督离开奥地利的所有黄金和外币的数额和目的地。这些措施发展成了一种十分复杂的由双边支付协议组成的体系，协议的签订是与各国逐个进行的。尽管官方仍然保持金本位制，但政府得以控制其对国内经济的影响。此类兑换管制措施变成了东欧国家管理其对外支付最为普遍的方法之一。

诺曼对外来"传染"的担心是有理由的。5月11日，在信贷银行的情况公开的同一天，匈牙利面对着国民银行外汇的快速流失。如同在奥地利的情况一样，政府对这家最大的银行施以援手，不过获得了较大程度的成功。来自国际清算银行的贷款太少，无法支付该政府的负债，未能恢复信心。以美国人和英国人为主的外国债主们谈判了一份"暂停偿付"协议，将其贷款冻结在匈牙利境内，这成为随后与奥地利及德国的协议的模板。由拜特伦提名并且继任总理的卡罗伊·久洛（Gyula Karolyi）接受国联监督的恢复以及一项紧缩计划。如同在奥地利一样，匈牙利政府实行外汇管制来阻止黄金及外币的外流。

III

中欧最广泛且最重要的银行危机发生在德国。如同在其他地方一样，不平衡的预算和一个虚弱且过度扩张的银行体系，是国内外信心丧失背后的原因。1927—1930 年，短期及长期资金再次发生外流，众多的德国小银行在 1929 年倒闭。在信贷银行危机发生之后（德国金融界在该行的投入微不足道），德国银行开始更为迅速地损失资金，那些声誉较次的银行丧失了相当之大比例的存款。更为不祥的是，德国政府的预算问题仍然没有得到解决。随着税收收入下降，而政府支出（尤其是用于失业救济方面的支出）上升，政府的赤字增大。[11]由于无法在国内筹集到必要的资金，布吕宁政府变得越来越依赖外部资金。未能与李·希金森公司谈成一笔新的贷款以及与法国人谈判的崩溃，切断了可能的脱险通道，而不断恶化的金融形势阻碍了获得新的长期外国贷款的可能性。由于预计 1931—1932 年度的预算将出现 8 亿马克的赤字（比英国或者美国的赤字要少），布吕宁决定实施一项新的、严酷的紧急法令。为了反击将不可避免地随之到来的激烈的政治辩论，总理及其内阁决定在赔偿问题方面采取行动。1931 年 6 月 6 日，在布吕宁和库尔提乌斯已经到达契克斯之后，德国发布了一份关于赔偿问题的宣言，指出"我们对于我们人民所能施加的困苦的程度已经达到了极限"，德国"危险的经济与金融状况"需要免除其"不堪忍受的赔偿责任"[12]。无论这在政治上如何必要，当外国的信心正在丧失而且德国人正试图根据杨格计划谈判一笔新的国际贷款的时候，这成了一个笨拙的举动。

表 29　德国外债（1931—1934 年）

单位：十亿地租马克（按当时汇率）

时间	短期暂停偿付	其他	合计	长期	合计
1931 年 7 月	6.3	6.8	13.1	10.7	23.8
1932 年 2 月	5.0	5.1	10.1	10.5	20.6
1932 年 9 月	4.3	5.0	9.3	10.2	19.5
1933 年 2 月	4.1	4.6	8.7	10.3	19.0
1933 年 9 月	3.0	4.4	7.4	7.4	14.8
1934 年 2 月	2.8	3.9	6.7	7.2	13.9

资料来源：Steven Schuker, *American Reparations to Germany*, Princeton Studies in International Finance, 61（1988），72。

6 月 6 日至 10 日，德意志帝国银行损失了 4 亿马克的黄金及外汇储备。德国人对其国内的恐慌负有首要责任。外国银行正在变得越来越紧张，但只是在很久以后，外国信心的丧失才在这场银行业危机中扮演一个显著的角色。6 月 6 日至 7 日在契克斯的会晤——英国原本将其作为对布吕宁的友好表示——变成了关于赔偿问题的讨论。在重新提起这一问题之后，德国人立即退却了。英国人得到保证说，关于赔偿问题的政令（Tributaufruf）仅仅是出于国内的目的，并不是呼吁立即取消，

650

尽管布吕宁警告说支付在 11 月之后无法继续下去。麦克唐纳在抑制德国修改杨格计划的希望的同时，对于把即将于夏天到来的美国国务卿亨利·史汀生的访问作为未来赔偿和战争债务问题讨论的一个序曲，表达了一些乐观情绪。在这个过于漫长的赔偿长篇故事中，欧洲人不是第一次等待美国人采取行动。

这场没有结果的峰会的直接影响以及布吕宁抑制赔偿问题之火的尝试，将加剧其多重的政治与金融困难。这导致了资金进一步被提取出德国的银行，主要是德国人和其他欧洲人，后来是美国人。在布吕宁归国之后，这位总理面对着以下要求——召集国会或者预算委员会来讨论这些新的紧急法令。随后在 6 月中旬出现的政治僵局伴随着德意志帝国银行新的、严重的黄金及外汇储备流失，尽管贴现率在 6 月 13 日从 5% 提高到了 7%。随着金融困难的继续，针对赔偿的焦虑增加。通过将辞职威胁与让步相结合，这位总理暂时化解了这场政治危机，并且将其经过修改的紧急法令付诸实施，不过他无法让金融的"水域"平静下来。外国中央银行仍然坚信德意志帝国银行可以做更多的事情来限制资金外逃，而且德国应当处理自己的困难。德国政府明白这种短期债务的体量对货币的稳定构成了威胁，敦促汉斯·路德与其他中央银行或者国际清算银行开启一笔信用额度——路德在 1930 年取代沙赫特担任德意志帝国银行行长。路德反对这一呼吁，希望让政府改革金融体系。当 6 月 18 日至 19 日发生的黄金和外汇大量流失，导致德意志帝国银行的黄金储备减少到了接近货币发行量 40% 这一法定最低限度准备金时，路德不得不采取行动。大众对于政府无力偿还债务以及 6 月 17 日公布的纺织业巨头北德羊毛纺纱公司

（Nordwolle）账目的担心［该公司被托付给已处于压力之下的大型银行达纳特银行（Danat Bank）］，进一步削弱了国内的信心。路德向各国中央银行及国际清算银行求助，这些银行在 6 月 24 日同意提供一亿美元的信贷，条件是德意志帝国银行通过限制贴现来让资金出逃更为困难。

华盛顿当局也采取了行动。史汀生已经在 5 月底警告胡佛总统关注中欧这场危机的严重性。总统决定必须采取某种行动来恢复信心，并且开始考虑全面地但只是暂时地延期偿还所有政府间债务的可能性。对于美国在德国的大规模私人投资，华尔街的金融家们，还有中西部以及新英格兰的银行家们感到担心。胡佛举棋不定，因为他对战争债务与赔偿之间的联系感到焦虑，而且担心国会及美国纳税人对丧失战争债务支付的反应。面对不断加大的政治压力以及消除金融界的压抑情绪的需要，他最终做出了回应。他也担心德国援引杨格计划的中止条款并启动新一轮的赔偿和战争债务谈判。6 月 20 日，胡佛公开呼吁对所有政府间债务做出为期一年的延期偿付，包含本金和利息。法国人只是在距这一声明发布 12 小时之前才被告知，他们对美国总统的这一专横的举动感到生气。

延期偿付的消息让布吕宁政府获得了立即而短暂的缓和。如同胡佛被提前警示的那样，前一天，布吕宁和路德已经同意呼吁在随后数天内中止德国的赔偿支付。胡佛曾被建议与法国人商量，后者是继美国人之后从延期偿付中受害最大的。法国人原本已经因为诺曼对奥地利的干预感到愤怒，将其视为一种反法举动，他们怀疑英美再度以牺牲他们为代价与德国达成协议。美国人和英国人的巨大的商业信贷被冻结在德国，法国的银行已经撤出其更为有限的资金。皮埃尔·赖伐尔及其财政部部

651

长皮埃尔-艾蒂安·弗朗丹坚称，法国被要求放弃赔偿支付只是
为了德国以及美英私人投资者的利益。面对着国内的强大压力，
法国的部长们拒绝在赢得相对应的让步（counter-concessions）的
情况下接受延期偿付。只是在经历了为期两周的艰辛谈判之后，
他们才同意。作为一个很典型的评论，英国首相在其日记中这样
指出："对于胡佛的方案，法国人一直在玩弄它惯常小心眼且自
私的游戏。当法国在讨价还价时，德国在瓦解。"[13]

表 30　胡佛延期偿付决定的金融影响

单位：千英镑

国家	暂停收入	暂停偿付	净亏或净益
美国	53600		−53600
英国	42500	32800	−9700
加拿大	900		−900
澳大利亚	800	3900	3100
新西兰	330	1750	1420
南非	110		−110
法国	39700	26300	−16000
意大利	9200	7400	−1800
比利时	5100	2700	−2400
德国		77000	77000
匈牙利		350	350
奥地利		300	300
保加利亚	150	400	250

资料来源：Barry Eichengreen, *Golden Fetters* (1992), 278。

赖伐尔并无多少选择，政治上的压力意味着他不得不要求
对方做出让步来换取接受延期偿付。美国人不能被允许发号施
令，德国人也不能被完全免除其责任。赖伐尔坚称在延期偿付

的这一年里，德国应当继续支付杨格计划中的无条件年金（德国此前做好了支付这笔钱的思想准备），从而使德国更有可能在以后重新开始其赔偿，不过他提议这笔钱应该被回借给国际清算银行。美国人渴望结束这件事情，他们接受了法国人的要求，条件是这些被汇给国际清算银行的资金将立即被再贷款给德国。对于那种认为德国节省下来的预算不应当被用于扩大军费开支的观点，严格控制着这些谈判的胡佛总统予以支持。各方最终同意这笔再借的资金将被指定由国有的德国铁路使用。赖伐尔再度试图从德国获得政治上的让步，比如放弃关税同盟，以及许诺不建造第二艘袖珍战列舰。美国人的反应是谨慎的，胡佛总统仍然需要国会批准其延期偿还方案。对于德奥事务的任何干涉迹象将使这更为困难。在英国人的支持下，他要求德国人在这艘主力舰（的问题上）做出"自愿的让步"。布吕宁勉强同意在延期偿付期间不增加军事预算，并且推迟当时仍未得到批准的第三艘袖珍战列舰的建造。这位德国总理过于依赖兴登堡和德国国防军，无法做出更大让步。法国人将德国的一部分无条件年金重新导向中欧各国的努力，也被证明是徒劳的。取而代之的是人们决定在这三大中央银行及国际清算银行的支持下，创立一个特别的基金来帮助保证它们的金融稳定。① 在这些谈判当中，英国人和美国人的"恐法症"（Gallophobia）愈演愈烈，不过在胡佛的延期偿付期满终止之后将拿德国怎么办这一点上，他们并未达成一致意见。诺曼相信如果德国的形势变得足够令人绝望，法国将不得不同意取消赔偿，而英国将获得其所希望的赔偿和战争债务方案。胡佛根本不想沿着那样一

652

653

---

① 原书中此处并未明言这三大央行究竟是哪些，但从上下文来看应当是指美英法三国央行。

条道路走下去。法国人让步了，他们只是试图保持现有的实物
交付合同的运作，希望这将促进法德的经济融合。谈判延期偿
付相关问题花费了三周的时间。随着关于为期一年的延期偿付
的缺点的认识蔓延开来，这一拖延失去了胡佛总统之倡议所希
望的那种心理上的冲击。这一缓解期过于短暂，无法恢复人们
对金融的信心，政府整个负债体系卷土重来的阴影仍然挥之
不去。

胡佛推行的延期偿付未能阻止德国的银行危机。正在对危
机推波助澜的并不是赔偿。7 月 3 日，在法国人接受胡佛方案
三天前，北德羊毛纺纱公司提交了一份破产申请，从而使其主
要债主达姆施塔特银行①和德累斯顿银行（Dresdner Bank）处
于严重的压力之下。由于担心外国债主（主要是英国债主）将
散布恐慌，德意志帝国银行没有采取任何行动。鉴于其他私人
银行不愿帮助达姆施塔特银行，路德动用了一项紧急状态法令
来建立一个工业及柏林各家银行的辛迪加，为该银行提供担保，
而且实际上承诺将承担来自这些担保公司的账单。考虑到德意
志帝国银行自身十分狭窄的安全限度，这是一个有风险的措施。
德意志帝国银行和德国政府此时直接参与保持德国的稳定。德
国人及国际上的提现仍在继续，后者此时成了一个显著的因素。
德意志帝国银行的黄金及外汇储备下降到了 40% 这一为保持金
本位制所需的最低限度之下。考虑到 1922—1923 年的通货膨胀
挥之不去的幽灵，无论是政治家和银行家还是德国民众都不愿
考虑让马克贬值。德国政府着手采取行动，不仅是为了拯救达
纳特银行，也是为了避免整个银行体系崩溃。路德飞往伦敦，

---

① 达姆施塔特银行（Darmstädter），全名为达姆施塔特国民银行（Darmstädter
und Nationalbank），简称 Danat Bank，即上文中提到的达纳特银行。

之后是巴黎以及瑞士的巴塞尔（飞行在当时仍然是一种戏剧性的姿态），结果只是发现金融界的大门关闭了。蒙塔古·诺曼发出了矛盾的信号，首先支持然后又反对提供一笔央行联合信贷，其反对的理由是这些信贷将在以后被用于向法国支付赔偿。他声称英国已经由于其向奥地利的信贷而处境堪忧，并且最终坦白没有任何钱可借。伦敦的形势正在开始让高度紧张的诺曼不安，他在 7 月底已经展现出崩溃的迹象。纽约联邦储备银行的乔治·哈里森（George Harrison）陈述了一系列广泛的金融及经济条件，其中几乎所有条件都要求做出进一步的信用限制（这恰恰并非德国当时所需要的），然后他才会考虑为德国提供额外的信用。关于如果没有外国的一笔贷款，布吕宁将会垮台而纳粹党徒或者布尔什维克主义者将夺取权力的看法，只是坚定了这位央行行长对于德国人不高的评价。法国银行家们让路德去见财政部部长弗朗丹，作为提供一笔贷款的条件，弗朗丹要求德国中止针对法国的行动，放弃建造巡洋舰，取消关税同盟，以及放弃关于修改波兰边界的希望。布吕宁永远不愿考虑这些条件。路德的这次出使彻底失败了。

　　德国政府和德意志帝国银行采取的支撑其信用结构的措施，未能恢复银行业的信心。在 6 月 11—12 日的这个周末，哈里森和诺曼所要求的德意志帝国银行对贴现率的限制，被决定应当停止。德国人为获得外国贷款做出了再一次的努力。当中央银行行长们为预定将于 7 月 13 日召开的国际清算银行董事会议而聚集在巴塞尔时，路德阐述了德国要求获得一笔贷款的理由，提出该国的经济从根本而言是健康的，但是警告说这场银行业危机如此严重，以至于应当在 48 小时之内延期偿付所有债务。但会议并未取得多少成就，德国人没有获得贷款。银行家们在散会之前已经得出结论——世界上的各种问题过于复杂，各个中央银行难以处理，将不得不把这些问题留给各自的政府。而在同一天也就是 7 月 13 日，德国政府命令所有私人银行关门。未来的支付被限定于为税收、工资和失业保险所需的数额。在德国的外国信贷被冻结，而且所有外汇交易被集中在德意志帝国银行手中。

与德国的行动并行的是国际上为解决德国这一问题的众多徒劳的努力。美国国务卿史汀生和英国外交大臣亨德森当时都在巴黎，后者是为了讨论与裁军有关的问题。这些政治家无法就应该干什么达成一致。赖伐尔提议提供一笔联合贷款，并且在巴黎举行一次大会来讨论相关条件。亨德森宣布说，诺曼已经冒着过多的风险并且正在设法减少其对外的承诺。法国人提议向德国提供一笔 1.25 亿英镑的信贷，同时对德意志帝国银行使用外国资金实施像道威斯计划那样的控制。与此同时，他们敦促布吕宁前往巴黎，在双边的基础上讨论一笔金融和政治交易。在美国人的支持下，亨德森建议 7 月 20 日在伦敦举行一次七国会议，赖伐尔勉强同意参加，他提出的条件是德国人将首先与法国人商议。无论是美国人还是英国人都不想授予布吕宁一笔有担保的贷款，他们的焦点是当前的银行业危机。他们并不信任赖伐尔，赖伐尔的主要关切是与德国未来的关系。诺曼此时比平常更为充满敌意地仇视法国，而麦克唐纳和斯诺登都怀疑赖伐尔的意图，他们攻击亨德森，向举行一次单独的法德会议的主张泼冷水。三人一致相信法国对欧洲的稳定构成首要威胁，而且将设法绑架德国来索取赎金。这些有点发狂似的交流在三国首都进行，而且牵涉到了政治家、外交官以及中央银行和私人银行的银行家们，它们发生的背景是英国正在不断恶化的金融与银行业形势，以及蒙塔古·诺曼日益恐慌的反应。令这一情景进一步复杂的是，曾鼓励他们国家的政治家干预的中央银行行长们，发现他们与自己国家的政治家意见不一致。在电话上举行的峰会把事情弄得更糟，导致了恐慌，而且缩短了认真思考的时间。而在华盛顿出现的一股热浪也影响了美国人的脾气。

人们安排了两场峰会。麦克唐纳对亨德森感到很恼火，他与亨德森的关系总是困难的，麦克唐纳担心这次巴黎峰会将使伦敦的会议变得多余。但是，正是亨德森的外交活动确保了伦敦会议将在法国人出席的情况下召开。布吕宁和库尔提乌斯在前往伦敦途中来到了巴黎，希望为德意志帝国银行获得一笔短期的信贷。这位德国总理比其内阁被告知的更愿意讨价还价。德国人与法国人、美国人以及杨格计划的所有签字国举行了会晤。美国人并未提供任何东西，而只是暂时停止撤回美国的信贷。当赖伐尔和弗朗丹私下与布吕宁会晤时，法国人要求以公开承认政治现状来换取信贷，德国总理对此予以拒绝。双方都不觉得这将会导致谈判的结束。赖伐尔认为德国对金融帮助的需要，将迫使布吕宁做出政治上的让步。

伦敦会议（7月20—23日举行）没有取得成果，而且正如《泰晤士报》预言的那样，很难说是自一战以来最为重要的金融会议。麦克唐纳将注意力集中于德国的紧迫需要这一问题上，而且与史汀生一道设定了议程。为德国提供一笔贷款的主张淡出了视线。6月中央银行一亿美元的信贷被延长90天，而且已经向德国提供的信贷额度将得到保持。德国人，以及大西洋两岸已经迅速组成不同委员会的央行行长和私人债主，敦促达成一份暂停偿付协议，前者是为了防止德国的信用崩溃以及改善

国际贸易，后者是为了保护他们的资金，以及为未来的偿还获
656　得某种保证。暂停偿还协议的条款将由在巴塞尔的一个委员会
安排。这次会议还同意由国际清算银行调查德国的长期信用要
求（由威金-莱顿委员会执行）。德国人希望这个由银行家组成
的委员会将深入考察该国支付赔偿的能力，但其被正式委托的
使命是在伦敦狭窄地划定的，大国之间持续的争议妨碍了对德
国的对外债务做出根本性的重新考虑。

　　暂停偿还委员会和威金-莱顿委员会 8 月在巴塞尔碰头。8
月 13 日，来自 11 个国家的外国债主代表们起草了一份为期 6
个月的暂停偿还协议，该协议在 9 月 19 日正式确定。外国信贷
按照它们当初的条件被冻结，但债务利息的支付得到保证。这
些规定覆盖了 7 月 31 日开放的所有信用额度，总计接近 3 亿英
镑。在这一总数当中，英国的机构已经提供了大约 6500 万英
镑，其中 4600 万英镑交给了德国银行，大约 1900 万英镑投入
商业及工业。[14] 暂停偿还款项只占德国外债的一部分，甚至连那
一部分也只是部分地暂停。受到暂停偿还保护的贷款中此前已
有四分之三用于固定资产投资或者保持库存，而不是像双方所
设想的那样用于国际贸易融资。事实证明要解冻这笔大规模的
非流动性资产是极其困难的，从而进一步降低了德国在国外获
得新信贷的前景。1932 年 1 月 22 日，尽管债主们之间存在分
歧，以及未能将德国国家及市政当局的短期债务包括在内
（1932 年 4 月达成了一份单独的暂停偿还协议），但暂停偿还协
议被再次延长一年。暂停偿还为德国带来了重要的好处。由于
摆脱了外国贷款突然撤出的前景，德国人能够在不必要地担心
国际后果的情况下处理他们的金融问题。此外，德国的债主们
将不得不付出代价来释放那些总是处于危险之中的资金。德国

人已经获得了一种宝贵的政治武器，该武器在 1932 年 6—7 月的洛桑会议上被用于软化美国及英国在赔偿问题上的立场。聚焦于德国短期信贷危机的威金–莱顿委员会建议，如果央行的信用同时再度得到延长，那么德国的信用也应当再延长六个月。该委员会在赔偿问题上没有做出进一步的举动，而只是发布一道警告说，德国如果要获得长期的贷款，其国际支付将不得不得到调整。赔偿问题这个皮球被踢回到了政治家们的场地上。

在柏林，布吕宁采取行动拯救银行体系。内阁向一个由实　　657
业家组成的财团预付资金，后者将收购达姆施塔特银行。规模更大的德累斯顿银行被注入资金，换取由国家持有其 75% 的产权。因为这次银行业的溃败而在国内普遍受到指责的路德在 7 月 28 日设立了一个新的机构——"承兑和担保银行"（Acceptance and Guarantee Bank），该行通过提供一个附加的签字来让账单有资格由德意志国家银行贴现，从而为实施一种更为自由的贴现政策开辟了道路。这家新银行将承兑信用证给予达姆施塔特银行，以及已经向市政当局和小储户提供长期贷款的储蓄银行。再加上国家的临时支持，这个新机构非常高效，使这些银行得以在 8 月 5 日重新开业。储蓄银行也在三天后开业。布吕宁对这些银行家抱有高度的怀疑，他觉得他们此前误导了政府，因此启动了对于整个银行结构的重大改革。他坚决要求国家应当直接控制达姆施塔特银行以及德累斯顿银行，并且任命了一些地方上的商界能手来取代那些"对这次崩溃负有罪责"[15] 的前董事。其他各大银行也受到了布吕宁的强制性命令的影响，它们的许多董事被解职和取代。由于国家参与了这些银行的新的资本化，巨大的亏损能够被勾销。到 1932 年，德累斯顿银行

91%、商业银行（Commerz Bank）70%，以及德意志银行 35%
的资本被公有化。[16] 此外还建立了其他公立机构来接管并注销不
良资产，以及对工业界的长期参与进行管理。通过新近创立的
承兑和担保银行，德意志帝国银行利用非货币信贷配给制度来
影响私有企业的恢复，同时保障国家的利益。外汇管制被用来
将外汇配置到工业界。在英国和美国货币贬值之后，德国政府
还为出口商提供补贴来弥补马克的过高估价，并且通过补贴制
度来密切监视它们与外国人的商业交易。1932 年，在取消其最
惠国待遇协议之后，德国与保加利亚、爱沙尼亚、希腊、罗马
尼亚及南斯拉夫谈判了双边的清算协议。此外还为特定数量的
进口小麦设定了优惠性关税，贸易顺差被用于偿还债务。1934
年 9 月，随着"新计划"（New Plan）的采纳，这一做法在沙
赫特[①]的领导下得到了扩充。

658 　　作为对于强烈的反资本主义情绪的回应，以及希望削弱共
产主义者受到的支持，布吕宁发表了一系列关于资本主义罪恶
的演讲，并且警告说政府可能被迫解散所有的卡特尔和辛迪加，
以及改变各大银行投资决定的方向。实际上，由布吕宁和路德
推行的这些措施支撑着资本主义制度，但改变了政府、银行家
和实业家之间的关系。德国以高度有利的条件减少了其内债和
外债，而且利用其信用以及外汇管制来防止对其贸易平衡造成
的损害。德意志帝国银行谨慎地允许其黄金储备从与流通纸币
40%的比例下降至 10%，使德国能够在不放弃金本位制的情况
下重振其经济。尽管公开支持正统观念和通货紧缩，但德意志
帝国银行通过其信用扩张计划、外汇管制、出口补贴，实行了

---

① 沙赫特于 1934 年 8 月担任德国经济部部长。

一种未事先宣布的通货再膨胀（reflationary）政策，它与布吕宁推行的减薪措施结合在一起，在1932年的上半年开始刺激着复苏，尽管是以一种缓慢而不均衡的步伐复苏。与预期相反，德国人不必再度求助于外国贷款。德意志帝国银行的这些干预措施，为沙赫特即将利用的统制经济的技巧树立了模式；彼时，沙赫特在希特勒统治下取代路德，成为德意志帝国银行行长。

Ⅳ

甚至在伦敦会议上，人们的注意力也正在转向英国不断恶化的金融形势，英国作为世界主要的短期债权人之一，尤其面临风险。英国的金融问题并不是新的。在整个1930年，诺曼已经在与兑换的压力斗争，而英镑在1930—1931年之交的这个冬天里发生的一次流失，直到4月才结束。英国经济史学者D. E.莫格里奇（D. E. Moggridge）认为，"英国国际收支平衡的基本趋势，原本很可能在1931—1932年的某个阶段迫使英镑与黄金脱钩"，而且1931年夏天的政治事态只是加速了这场危机的发生。[17]诺曼对那些他认为工党政府无能为力的事情感到悲观，但并未对这场兑换危机提出任何金融解决方案。尽管麦克米伦委员会（即1929年10月被任命的"金融与工业委员会"）听取了关于如何改革货币体系的广泛证词（约翰·梅纳德·凯恩斯是其中的明星证人之一），但面对着大量失业和已失衡预算的麦克唐纳政府，遵循着"一种漫无方向、随波逐流的政策"。尽管银行界存在某种不安，但只是到了7月，随着英镑面临压力，以及英格兰银行不得不利用其黄金和货币储备来保卫英镑的平价（sterling's parity），真正的恐慌情绪才开始蔓延。不仅当时的预算出现赤字，而且预计来年赤字将会更大。英国当时

659

已经面临着一种负的国际收支平衡，这部分是由于那些本国正面临着金融困难的机构所导致的在伦敦的余额缩减，以及由于英国及外国的资本流向更为安全的金融市场。英国的银行当时在很大程度上同时卷入了奥地利和德国的银行业危机。由于伦敦会议上达成了暂停偿还协议，它们在德国的资产被冻结，资金无法在不损害整个金融方案的情况下撤出。了解到各家银行处于危险暴露的地位，英格兰银行试图保护它们不致陷入流动性不足。

在 7 月 12—13 日的这个周末，出现了大量抛售英镑的情况，这被归咎于法国人，英国工党领导人认为他们抱有最具马基雅维利式的意图。压力来自因为德国冻结信用而受损的欧洲较小国家的商业银行，它们当时在伦敦持有大量的英镑储备。7 月 13 日，在德国银行停止支付的当天，麦克米伦委员会发布了其关于英国短期对外债务的评估，暴露了英国银行黄金准备金的薄弱程度。但对于在两天后开始的那场危机，政治家们由于相信伦敦会议将解除对英镑的压力，因此并未做好准备。但英格兰银行并不抱有多少此类幻想。在其后的几周里，伦敦成了信心普遍丧失的首要受害者。正如往常的情形那样，在没有真正根据的情况下，英国人谴责法国人精心策划了这场黄金逃离伦敦的行动。众多私人银行发现自己处境艰难，拉扎兹银行（Lazards）得到了英格兰银行的秘密营救，但后者当时也处于压力之下。诺曼对于进一步提高银行利率感到犹豫，这部分是出于对工业萧条状况的关切，不过他也担心对储户信心的影响。他向纽约联邦储备银行的乔治·哈里森求助。哈里森更愿意帮助英格兰银行而不是德意志帝国银行，他同意在英格兰银行即将抛售美元的同时购买英镑。诺曼等待摩根即将到来的访问，以寻求美国的私人为英镑提供支持信用。美国人还在巴黎进行了活动，史汀生在那里发现赖伐尔愿意利用其影响力来阻止法国人进一步取走黄金。胡佛总统拒绝卷入英国的形势。英国的地位不仅看上去不如德国那样危险，而且美国在英国投入的资本少得多，面临风险的美国人更少。不管怎么说，胡佛不得不应对美国不断加深的萧条这一更为紧急的问题。《纽约时报》7月26日的一幅漫画描绘了一个心事重重的"父亲"胡佛正在致电欧洲，试图无视他的那些正在哭泣的孩子、农民、矿工以及铁路。

660

　　诺曼与摩根的会晤并未产生美国提供信贷的任何承诺，两人一致认为工党政府在向国外寻求帮助之前，应当采取措施平衡预算以恢复信心。甚至在纽约联邦储备银行的信贷得到安排之前，英国人就接触法国人以寻求获得一笔信贷，英格兰银行董事罗伯特·金德斯利（Robert Kindersely）爵士在7月25日被派往巴黎与法兰西银行磋商。这两家央行向英国人提供了一笔5000万英镑的信用。法兰西银行行长克莱门特·莫雷（Clément Moret）一再提出安排一笔长期贷款，但诺曼没有理会这一提议。到此时，诺曼正在接近其情感资源的尽头。他在英格兰银行度过的最后一个整天是7月29日。除了8月3日的一次短暂停留，他直到9月底才回到针线街（Threadneedle Street，英格兰银行所在地），而英国此时已经放弃了金本位制。诺曼的副手以及取代者欧内斯特·哈维（Ernest Harvey）爵士请求法国人重新推出在2月曾十分有效地发挥作用的美元与法郎互换。贴现率在7月底被提高至4%，而为获得一笔法国信贷的讨论仍在巴黎继续。但英格兰银行的发言人仍然不情愿向这个方向前进，他们相信真正的困难在于英国不平衡的预算，以及内阁不愿做出必要的开支削减。 "梅国家开支委员会"（May Committee on National Expenditure）① 的报告在 8 月 1 日②发布，它就平衡预算提出了建议，预告将会出现一笔 1.2 亿英镑的赤字，远远高于人们预计的数字，但实际上还是低估了。该委员会成员敦促应当增税，而浪费性的开支（主要是失业保险）应当被削减。梅报告的发布引起了公众的一片哗然，严重削弱了国内外的信心。

拉姆齐·麦克唐纳此时处于严重的政治困难之中，他觉得绝对有必要通过解决预算问题来稳定人们对金融形势的看法。关于组建一个"国民政府"的话题卷土重来，但反对派领导人之间起初对此并无多少兴趣。英格兰银行在丧失其几乎一半的国际储备金之后，寻求在预算上采取行动。由于议会已经因为夏季休会而解散，美国和法国的央行同意提高信贷，数额为向德意志帝国银行提供的 2.5 倍，以三个月为期，将以黄金偿还，同时达成了这笔信贷将被两次更新的谅解。但这并没有恢复世界对于英镑的信心，相反，一场针对英镑的新攻击在银行假日（Bank Holiday）的那个周末之后开始。黄金在 8 月 5 日被大量提取，英镑对美元及法郎都跌至黄金输出点③以下。让美国和法国恼怒的是，英格兰银行在 8 月并未利用其传统的银行业武器或者充分利用其准备金来保卫英镑。英格兰银行因为其对英

661

---

① "梅国家开支委员会"，又称"梅委员会"，由乔治·梅（George May）主持。

② 从后文的大事年表及相关资料来看，该报告的发布日期是 7 月 31 日。

③ 黄金输送点是指汇价波动而引起黄金从一国输出或输入的界限。汇率波动的最高界限是铸币平价加运金费用，即黄金输出点（Gold Export Point）；汇率波动的最低界限是铸币平价减运金费用，即黄金输入点（Gold Import Point）。

国银行稳定的关注而没有采取任何措施。将银行利率提高至6%将会表明英镑遭受着压力，以及刺激储户摆脱英镑。人们还担心更高的利率将使失业人口数量上升，从而怂恿人们对英镑进一步发起一场投机性的攻击。"只是为了使英国银行能够支付并因此陷入流动性不足"[18]，而利用英格兰银行的准备金，是没有多大意义的。英格兰银行这一令人困惑的行为旨在对工党领导人施加压力。麦克唐纳做出了回应。在与财政大臣商议后，他同意大幅提高税收以实现财政赤字减半，以及削减包括失业保险在内的开支，从而实现削减另一半赤字。与保守党及自由党领导人的对话得以开启。麦克唐纳授权英格兰银行以及财政部官员了解在议会于9月1日召集之前，美国人是否将筹集一笔贷款来支撑英镑。美国人警告说，除非确信一个"坚决的预算计划"将会得到采纳，否则银行将不会采取行动。

本土的投资者正在抛弃英镑。曾在6月和7月买入英镑的德国人转向了其他货币。法国的私人投资者继续抛售他们的英镑。8月18日，威金－莱顿委员会的报告透露了德国的长期债务有多少掌握在英国人手中（15%）。通过建议继续实施暂停偿还，该报告确保这笔债务中的很大一部分将保持不能变现。所有的货币专家强调对于市场信心的回归而言，在预算赤字上采取行动是必不可少的。在他的专家们一致同意应当采取何种行动之后，麦克唐纳不得不让其方案在一个分裂的内阁中获得通过，并且获得了自由党及保守党的合作。内阁在被告知一个比梅报告所预言的甚至更高的预算赤字之后，接受了增税以及节约的需要，不过反对专家们所建议的福利削减。无论是就工党内部的分歧还是与保守党及自由党领导人的谈判而言，这一问题被缩小至削减失业保险这一问题。尽管政治上的周旋仍然在

继续，但工党内阁显然将分裂，一个"国民政府"正在变成一
种现实的替代手段。英格兰银行被要求在内阁以及纽约的潜在
放贷者之间扮演一个中间人的角色。按照由政治家描述的条件
而对私人银行家信贷（任何公共贷款将依赖于议会批准一个平
衡的预算）所做的最后一次呼吁，获得了摩根的含糊的同意。
后者告知位于伦敦的摩根格兰福投资银行，美国的投资及银行
业群体"认为欧洲的整个形势一团糟，不太愿意着手拯救这一
形势中的任何一个部分"[19]。合伙人希望获得保证，那就是所提
议的预算将得到英格兰银行以及伦敦金融城的支持，并且要求
法国人提供同等数量的贷款。在得到了摩根的这一纸电报之后，
麦克唐纳在 8 月 23 日面对其分裂的内阁。工党政府在第二天辞
职，被一个由保守党、自由党以及拉姆齐·麦克唐纳领导之下
的工党的残部取代。包括阿瑟·亨德森在内的工党的大多数人
成了反对派。

新内阁迅速同意了拟议的紧缩性预算，可以说劳工在其中
受到了最严重的打击。有关所谓"银行家诈骗"（bankers
ramp）的指控尤其让摩根公司憎恨，尽管很可能实际上是英格
兰银行和摩根公司告诉工党领导人将不得不做什么事情。甚至
当这个"国民政府"正在组建时，《泰晤士报》就披露说央行
的信用"正在接近耗竭"，这引发了为期一天的英镑大抛售。
英格兰银行官员敦促新政府迅速决策和平息流言，即使同时做
出了各种努力来获得新的外国贷款。无论是美国人还是法国人
都设定了条件，英国人不得不接受它们。在大量美国银行正在
破产，而且美国在德国的大规模卷入已经让投资者反对在欧洲
冒险的这样一个时刻，美国人此次提供的信用是摩根公司在两
次世界大战间隔期信用行动中规模最大的一次，这笔信贷的成

功发行很好地说明了摩根公司的声望以及英镑的重要性。在这笔贷款中，纽约和巴黎当局各自提供了多达两亿美元，在8月28日将贷款授予英国。尽管就一个大幅削减的预算和新的外国信贷达成了一致，但提取外汇和黄金的行为仍在继续。在宣布预算及削减措施之后，公众的争论变得激烈起来，"国民政府"里的各个党派考虑了立即举行选举的可能性。9月15日，停泊在因弗戈登（Invergordon，位于苏格兰）的大西洋舰队的海军船员拒绝值日，抗议削减舰上低级军官和水手的薪水。舰队后来起航了，但海军部不得不许诺做出更改。那些更为极端的削减随后被减少。与此同时，印度的金融危机以及抛售卢比，导致了印度和英国政府之间的一场神经战，后者经历十分艰辛的斗争后在这场冲突中取胜。

663

荷兰、法国及瑞士的央行损失了相当数量的资金，因为它们都在按照黄金兑换标准运作，在伦敦保持着大量的英镑储备。它们的国民将其资金从伦敦取出，从而加剧了提款潮。英格兰银行坚称世界对英镑的不信任是因为缺乏对政治的信心。官员们警告说，一场竞选将只会加大这种不安。从事一场持久的斗争看似是没有多大意义的。银行家们支持贬值。9月18日，当英镑抛售屡创新高时，英格兰银行的董事们放弃了他们对金本位制的捍卫。他们没有理睬美国人关于利用银行利率和外汇管制的建议。相反，汇率被允许下跌，而且黄金储备损失，以便证实这一决定的所谓"不可避免性"。英格兰银行并不是被迫贬值，它仍然拥有充足的资源来继续这场斗争。最终的措施是在9月19—20日的这个周末采取的，英格兰银行在这个决策程序中处于领头地位。当市场在9月21日开启时，英镑已经是一种浮动的货币。这一决定出人意料，美国人也大吃一惊。尽管美国人和法国人强烈呼吁（他们的大量英镑储备面临风险），但此时已经无路可退。"国民政府"的政治声誉完好无损，但英格兰银行将贬值描绘为该国不得已而为之的做法并不是没有争议的。这道官方声明宣称，"因为不平衡的预算和无法控制的通货膨胀而退出金本位制是一回事，而采取这一措施是另外一回事，它并不是因为内部的金融困难，而是因为借入的资本被过度提取"，这一声明很难打动外国的观察人士。英国国内的反应是平静的。在 10 月 27 日举行的选举导致了在两次世界大战间隔期最大的一次政治胜利："国民政府"赢得了 615 个竞选席位中的 554 个。但这是保守党的一次胜利，它获得了 470 个席位，并且确立了在政府的支配性地位，这种状况在随后的整个十年里都将持续。

对于英国人的这一行动，再怎么夸大全世界的震惊也不为过。英镑被等同于保持金本位制本身，对于英镑的信心在金本位制当中处于核心地位。丹麦和瑞典立即摆脱了金本位制；在四周之内，有 18 个国家效仿。这是 1925 年的经历的一个反转。美国在随后的一周里损失了价值 1.8 亿美元的黄金，这一流失中的很大一部分源于巴黎，法国人在其英镑储备上损失数百万法郎之后，将美元兑换成了黄金。其他投资者就美元的稳固寻求保证。尽管拥有贸易盈余，但美国现在面临着危险。黄金的大量流失以及现金的提取导致了美国新一波的银行倒闭，仅仅在 9 月和 10 月就超过了 800 家。1931 年 10 月是最糟糕的月份。各国央行未能合作缓解德国的危机或者保护与黄金挂钩的英镑，对于在 1920 年代后半建立的国际金融体系而言是双重的打击。各大央行是否原本可以解决 1931 年的这些危机，这是高度值得怀疑的，这些危机既是预算上的也是金融上的。肯尼思·穆雷

（Kenneth Mouré）认为：“摧毁金本位制的信任危机需要政治领域的决断，而不是央行。”[20]在大西洋和英吉利海峡的两岸都有指责。斯诺登谴责美国和法国“封存”（sterilize）了世界四分之三的黄金。对于英国人一连串的批评，法兰西银行感到很生气。它此前千方百计地致力于支持英格兰银行，现在则面对着在英镑上的严重损失。那些曾依赖英国对金本位制持续忠诚的国家（比如荷兰）受到了损害，处于脆弱的地位。德国人对出现一股英国廉价出口潮的担心，导致其推行了进一步的保护性措施。

在伦敦，贬值阻止了存款的流失。人们担心英镑可能贬值得太厉害或者太少而无法恢复贸易平衡，但英镑在经历一次暴跌之后稳定下来并且恢复了。到 12 月底，英镑达到了 3.25 美元这一低点，低于平值的 30%，而那些并未立即跟随英镑脱离金本位制的货币升值了 40%。投资者的信心恢复，资金留在了伦敦。贸易赤字直到 1932 年 1 月才开始减少。到这时，尽管人们大谈回归金本位制，但英国显然已经从其行为中获益颇丰，而且将着眼于国内的目标来塑造其未来的货币政策。对英国经济而言，摆脱金本位制具有一种解放效应。在与黄金脱钩之后，当局可以降低利息和银行利率，干预外汇市场以保持汇率低于一般水准。1932 年 1 月到 6 月，银行利率从 6% 降低至 2%，而且这一水平一直保持到大战的爆发。英国政府的“廉价货币”（cheap money）①政策是房地产热的原因之一，这股热潮是将英国工业从大萧条中拯救出来的首要载体。贬值暂时地提高了英国商品在国外的竞争力，尽管这种优势在其他国家的货币也贬

665

---

① 为刺激经济而实行的低利率货币制。

值并实施贸易壁垒之后被削减。

尽管英国人这一行为的后果并未立即显现出来，但它标志着国际金本位制的结束。所有自治领（加拿大在英国货币贬值之前已经脱离金本位制）以及帝国当中货币与英镑挂钩的大多数国家都早早摆脱了金本位制。英镑和卢比在印度的并行贬值，实际上使印度人在向伦敦输出黄金方面有利可图，从而增加了英格兰银行被耗竭的黄金储备。在随后的几个月里，斯堪的纳维亚半岛国家、拉脱维亚、爱沙尼亚和日本跟随英国摆脱黄金本位。在高峰时期的 1931 年，曾有 47 个国家实行金本位制；而到 1932 年底，主要国家当中只有比利时、法国、意大利、荷兰、波兰和瑞士以及美国仍然实施金本位制。[21] 那些摆脱金本位制的国家比继续斗争的国家恢复得更为迅速。困难在于各国在不同的时间让其货币贬值，它们错开的、竞争性的行为常常被描述为加剧国际矛盾的"以邻为壑"的政策。在金本位制被摧毁之后，再未出现任何国际合作的框架。

出人意料的是（因为并不存在对于这个新的金融时代的规划），一个"英镑集团"到 1931 年底形成了，各种货币与英镑而不是黄金挂钩。相关国家能够自由地买入货币，无论它们处于英镑区里还是外面，都可以购买黄金，不过不是以固定的价格购买。自由兑换性使英镑成为一种具有吸引力的储备，当"国民政府"被认为遵循着"明智的"财政及货币政策时尤其如此。英帝国及英联邦构成了英镑集团的核心，但其他国家也选择将它们的货币与英镑固定。英国政府希望重新恢复其作为全球金融中心的地位，尽管该集团没有任何组织，其参与者之间也没有任何正式的协议，参与者能够按照其意愿自由地进入或者离开。为了英国的贸易平衡，财政部和英格兰银行利用新创立的、处于后者控制之下的"外汇平衡账户"（Exchange Equalization Account），使英镑保持稳定和处于低位。处于帝国之内的国家被鼓励彼此保持汇率的稳定。而在其他地方，外汇平衡账户受到深恶痛绝，因为它看似将英镑的贬值制度化，为英国提供了重要的贸易优势。尽管英国无疑通过摆脱金本位制而获益，其货币的贬值却加剧了那些仍然保持金本位制国家的通货紧缩压力。随着萧条持续，那些按照黄金价格来说曾经被低估的货币（比如法国法郎及比利时法郎），现在被高估了。

666

金融危机在德国及英国的影响之一，就是以各大央行为代价强化了各国政府的权力，后来在美国，以及法郎最终在 1936 年贬值的法国也是如此。各大央行丧失了它们在管理货币政策方面的支配性角色，因为金融及财政政策变成了更为广泛的国家政治及经济战略的一部分。各个央行逐渐地因为时代的灾难，而受到各种各样的政治家，比如布吕宁、麦克唐纳、胡佛、罗斯福和希特勒的谴责。这并不是因为部长们对于金融的运作比银行家们知道得更多（或者更少）。在这些特别事件的参与者当中，没有几个人理解正在发生什么，而且许多人对于他们自己的行动所带来的后果感到吃惊。但 1931—1932 年的这些危机对国家的未来是如此严重且具有决定性，以至于政治家们取得并且保持着他们对货币事务的控制。央行管理金汇兑本位制的短暂试验结束了。英国财政部与和它有许多共同目标的英格兰银行一道，并且通过该银行主管英国的货币政策，发展自己的项目来保障政府更为广泛的目标。各个央行仍然在金融外交方面扮演一个角色，央行行长之间的磋商继续着，不过是在被狭窄地界定的限度之内进行。作为央行行长的一个集合地点并负责处理具体的问题，国际清算银行变成了一个经济研究和分析中心、收集世界经济数据的中心。

在放弃金本位制之后，英国接着又采纳了保护主义，这对于其自 1846 年以来遵循的贸易政策而言是一种根本性的背离。在摆脱金本位制之后不久，尽管有由外汇贬值提供的保护层，但政府采用了众多"紧急措施"来保护国内市场。此类短期的策略很快变成了英国情景当中的一个永久性的特征。作为曾将保护主义作为一个选战议题的那位政治家的儿子，财政大臣内维尔·张伯伦宣布需要一种关税来改善英国的贸易逆差和提供对付恶性通货膨胀的保障措施。在《异常进口（关税）法案》（Abnormal Importation Act，1931 年 11 月通过）之后又实施了《进口关税法案》（Import Duties Act，1932 年 3 月通过），这一举措将一长串的制成品的关税从 10% 提高至 20%，而特定工业品的关税甚至更高。帝国的商品暂时幸免，原材料以及几乎所有食品也是如此。由于预算仍然处于赤字（1932 年 4 月的军事预算是两次世界大战间隔期中最少的），张伯伦希望关税将带来新的收入，帮助平衡预算。他的父亲将关税和帝国统一联系起来的做法被迅速恢复。这些新的关税变成了 1932 年 7 月 21 日至 8 月 20 日渥太华帝国经济会议（Imperial Economic Conference）谈判的帝国优惠协议的基础。这些协议由英国及单个自治领之间的一系列双边互惠协议组成，伴随着维护或者创建针对外国的更高的关税壁垒。由于帝国之内的国家大体上豁免于 1932 年的原始关税（original tariff），英国能够向自治领提供优惠性待遇的唯一途径，是提高对外国进口的限制（通过关税而且甚至是数量上的限制），包括主要是对食品征收的新的或者额外的"渥太华关税"。英国人还许诺在该协议为期五年的期限内，不会减少特定的优惠幅度以及对外国商品实施的特定关税，而且在三年内不对帝国特定的农产品（主要是鸡蛋、家禽和乳制品）实行任何关税或者配额控制。此外还对保护加拿大以在英国市场应对苏联的竞争做出了特别的规定。作为回报，英国人赢得了关税上某些较小的让步以及对于英国商品的优惠，主要来自自治领加大对外国商品的关税。

在渥太华达成的协议导致英国与帝国贸易比例的上升。1930—1938 年，英国对帝国的出口在其总出口中从 43.5% 上升至 49.9%，进口从 29.1% 增长至总量的 40.4%。[22] 由于英国仍然是世界上最大的进口国，这种面向英帝国以及英镑区的贸易转换必定影响到其他国家。1928—1938 年，既不在帝国之内又不属于欧洲英镑集团的国家的份额，从 63% 跌至 49%。[23] 一个受保护的国内市场以及一个将维护针对外来者壁垒的帝国经济集团的建立，表明英国的主要利益是国内的以及帝国的，而与其他国家的贸易排在了可怜的第三位。与斯堪的纳维亚国家以及阿根廷的双边协议得到缔结（英国在那里处于一种强有力的谈判地位），随后与其他国家也缔结了双边协议。英国还与较小的初级产品出口国（primary exporters）极力讨价还价，而作为交换，后者获得了安全且重要的市场的进入权。伦敦当局剩余的多边主义者主要是在外交部以及商务部，在让自己的声音得到倾听方面，他们将面临漫长而艰难的斗争。外交部在 1931 年11 月的一份备忘录里警告了保护主义的政治后果："一种高的保护性关税与帝国的优惠结合在一起，意味着与欧洲一定程度的分离，以及我们对欧洲事务影响力的相应减少。"[24] 英国已经放弃了其长期以来为挽救欧洲及世界贸易，而与歧视性的地区或双边计划进行的斗争。其新的金融和贸易政策将鼓励发展相互竞争的地区性集团——此类集团成为 1930 年代之后年月的

668

特征，并且助长了所谓的"拥有者"和"一无所有者"国家之间的对立。1931年在英国的两次世界大战间隔期历史上是一种决定性的中断。脱离金本位制以及采取保护主义，标志着从英国作为自由国际秩序支持者角色上的根本性退却。正如一些历史学者所认为的那样，如果说英国在1920年代"过于国际主义"而对它自身没有好处，它现在决定性地向着相反的方向行动。

V

大萧条的冲击在东欧比在西欧更为严重。由于该地区的国家是初级产品生产国（只有少数几个国家例外），农产品价格的暴跌对农民和农场主的打击尤其严重。价格"剪刀差"（也就是农产品与工业品价格之间的差异）加剧了他们的困难。到1932—1933年，许多农民处于破产的边缘或者实际上失去了他们的土地。此外，除了捷克斯洛伐克，东欧国家严重依赖于短期和长期的外国资本输入，来弥补外部账户的缺口以及支付外国贷款的利息。外国短期资本的突然撤离以及更长期限资本的干涸是灾难性的。各国政府如果要避免无力偿还国际债务，就不得不迅速采取行动。大多数国家短暂地关闭了它们的银行，施加外汇管制，提高关税，实施进口和出口管制。在1931年夏天的危机中，各国政府尽管渴望遏制当前的资本外流，但由于担心重返1920年代初的那种通货膨胀的情形，并不愿意让它们的货币贬值。它们转而依赖于外汇管制和贸易限制来阻止黄金及外汇的大量流失，以及削减它们再也无法承担的进口。大多数政府推迟或者中止偿还外债。与其大多数邻国相反，波兰追求无限制的对外支付，而且保持金本位制，希望恢复外国投资者的信心和鼓励投资，但到 1936 年夏天，由于接近完全毁灭，波兰人最终中止了对外支付，放弃金本位制，并且发布了严格的外汇及进出口法令。

表 31　东欧贸易指数（1929—1934 年，1928 年 ＝ 100）

国　　家	1929 年	1930 年	1931 年	1932 年	1933 年	1934 年
出口						
保加利亚	126.0	70.0	47.0	35.0	41.0	39.0
捷克斯洛伐克	99.6	102.9	96.1	70.0		
匈牙利	95.1	97.7	75.9	64.2	54.2	60.5
波兰	109.0	104.0	82.0	65.0	59.0	55.0
罗马尼亚	89.0	68.0	48.0	40.0	35.0	34.0
南斯拉夫	104.4	100.6	101.5	83.1	63.1	58.3
进口						
保加利亚	83.0	73.0	80.0	68.0	48.0	46.0
捷克斯洛伐克	97.0	89.3	67.9	65.0		
匈牙利	86.7	92.5	88.0	85.3	97.2	78.9
波兰	95.0	97.0	77.0	74.0	54.0	48.0
罗马尼亚	81.0	87.0	89.0	81.0	81.0	76.0
南斯拉夫	90.7	91.8	84.6	59.5	56.6	60.9

注：按每吨出口和进口价格来计算。

资料来源：整理自 M. Kaser and E. A. Radic, *The Economic History of Eastern Europe 1919/1975*. Vol. Ⅱ. *Interwar Policy, the War and Reconstruction* (Oxford, 1986), 217, 233. 捷克斯洛伐克、匈牙利、南斯拉夫的数据由 M. Loko 汇编自 *Statistical Yearbook, League of Nations, Geneva* (1934), tables 101, 104; 1936, Table 117, 118, 119。

　　外汇管制和贸易限制从短期来看似乎成功了。资本外流得到了遏制，贸易平衡得到改善。但这些防御性措施的净效应是一种更低水平的收入及贸易，低于政府如果让其货币贬值原本可能导致的水平。外汇管控容易提高国内价格，被高估的货币

令出口更难。保护外汇的需要助长了双边清算协定的谈判。在
1931 年于布拉格举行的国家银行会议上，奥地利国民银行行长
已经将其作为一个纯粹技术性的方法提出，它变成了一种得到
广泛采纳的节省外汇的手段。贸易可以通过清算账户来融资，
在这些账户里，出口和进口的价值能够在不必将现金支付从一
670　国转移至另一国的情况下得到结平（balance）。外汇将只用于
支付由此导致的一切债务。其结果是多边贸易向双边贸易的进
一步转移，这在东南欧国家之间以及与德国和意大利之间都是
如此。经过一段时间之后，德国的广泛采购导致德国对出口国
所拥有的大量冻结余额累积，并且导致德国对东欧贸易支配地
位的不断上升。由于缺乏资本的注入，以及为了推动自给自足
的制度，许多国家接管了工业企业的指导或者所有权。波兰和
罗马尼亚出现国家所有权的情况是最多的，捷克斯洛伐克最
少。在这以后，公共工程以及防务合同加大了政府对经济的
控制。

表 32　德国在东欧贸易中的占比（1929—1938 年）

单位：%

国　家	对德国的出口				从德国的进口			
	1929 年	1932 年	1937 年	1938 年	1929 年	1932 年	1937 年	1938 年
保加利亚	22.9	26.0	43.1	59.0	22.2	25.9	54.8	52.0
捷克斯洛伐克	22.1	19.6	13.7	20.1	24.9	22.9	15.5	19.1
匈牙利	11.7	15.2	24.0	40.0	20.0	22.5	25.9	40.9
波兰	34.2	16.2	14.5	24.1	26.9	29.1	14.5	23.0
罗马尼亚	27.4	12.5	22.3	26.5	24.1	23.6	28.9	40.0
南斯拉夫	8.5	11.3	21.7	42.0	15.6	17.7	32.4	39.4

资料来源：D. H. Aldcroft and S. Morewood, *Economic Change in Eastern Europe Since 1918* (Aldershot, 1995), 67.

当经济上的困难正在加剧现有的内部分裂之时（无论政治、社会、种族还是宗教上都是如此），这些措施的效果以及面向自给自足的行动将大大扩充政治精英及官僚机构的权力。几乎在该地区的每一个地方（在一些西方国家也是这样），"他者"变成了怀疑或者仇恨的对象。犹太人和吉卜赛人（或者称罗姆人）成了明显的替罪羊。这场萧条不仅让自由民主制度在许多统治集团中丧失信誉，而且为专制政府在那些民主推动力一直很弱的国家里的发展提供了一个存在的理由。1930 年的波兰、1931 年的罗马尼亚和南斯拉夫、1932 年的匈牙利，是最先走上这条右翼独裁道路的国家。被这场萧条释放出来的仇外的民族主义、反议会的情感以及孤立主义情绪，将在其后的数年里助长右翼甚至更为激进的运动。

墨索里尼声称法西斯主义在失败的民主国家与布尔什维克主义的苏联之间提供了第三条道路。意大利银行业在 1930 年和 1931 年面对着困难，但这些困难迅速而秘密地被政府解决。到 1930 年底，外国信贷的撤退已经迫使许多所谓的混合银行（为工业企业提供资金的银行）从意大利银行（Bank of Italy）获得预付款。政府不是放任各大银行面对破产，而是进行了干预。财政部与意大利银行、意大利信贷（Credito Italiano，1931 年 2 月）以及商业银行（Banca Commerciale，1932 年 10 月）签订了协议，根据这些协议，后两家银行将其所有的工业及类似的证券出售给两家单独的控股公司。意大利银行向这些控股公司提供了充足的预付款，使其足以覆盖作为这些公司的工业有价证券组合的代价而将向那些银行支付的金额的首付款项。这些金额并不是按照证券的市场价来计算的，而是按照一个将让银行恢复流动性的水平。作为交换，各家银行同意在未来不从事

671

任何长期的信贷行动或者在其投资组合中持有工业证券。政府的这些行动解决了银行流动性的问题，意大利没有出现发生在其他地方的停止支付、"银行假日"或者恐慌之类的情况。为了帮助各大工业企业切断其长期信贷的传统来源，政府在 1933年 1 月设立了工业重建协会（Instituto per la Ricostruzione Industriale，IRI），这家国有控股公司接纳由两家控股公司拥有的工业有价证券。工业重建协会被允许以对投资者具有高度吸引力的良好利率，发行由国家担保的长期债券。通过该协会，意大利政府积极参与对该国钢铁、航运、电力以及通信产业的很大一部分的管理。意大利将金本位制一直保持到 1936 年，并且利用汇率控制及减薪来徒劳地试图刺激复苏。失业人数保持高位，直到墨索里尼在埃塞俄比亚的冒险改变了工业的情形。

　　没有国家试图复制苏联全面控制的模式。苏联幸免于这场世界性萧条，这成了一个强大的宣传武器，但即使是实施受到苏联启发的五年计划的为数不多的国家（比如土耳其），也并未遵循苏联模式。1930—1931 年，苏联谷物出口价值几乎增长了十倍。为了为工业化所需的机器进口提供资金，农民阶级付出了比人们所能想象的更为沉重的代价。在 1931 年这一苏联进口量最高的年份，该国占到了美国工业出口的 27.5%（对于某些行业来说，这一比例甚至更高），以及德国机械出口的五分之四。此后进口急剧下降。暴跌的谷物价格意味着在一个严重短缺以及农民骚乱的时刻，需要大规模出口粮食以购买机器。1932—1933 年，城市的工人以及农民正在挨饿。但集体化还在继续，工业化和国家的军事化也是这样。如果说农业产量水平直到 1950 年代中期也未达到一战前的水平，那么甚至是那些带有怀疑的估计也将 1928—1941 年的工业产量年增长率估计为10%，而五年计划期间生产资料的生产以相当于生活资料两倍的速度增长。[25]苏联着手准备实现斯大林的目标——一个自给自足的工业化国家，农民提供为实现这些目标所需的劳动力以及食物供应。苏联在工业和军事上的跃进令人印象深刻。

表 33　法兰西银行账目（1929—1932 年）

单位：百万法郎

	黄金储备	外汇	准备金率(%)
1929 年3 月	34186	28910	41.29
6 月	36625	25732	44.11
9 月	39411	25814	45.71
12 月	41668	25914	47.26
1930 年3 月	42557	25635	49.29
6 月	44052	25602	50.19
9 月	48431	25570	52.45
12 月	53578	26147	53.17
1931 年3 月	56116	26278	54.90
6 月	56426	26187	56.07
9 月	59346	22706	57.02
12 月	68863	20211	60.51
1932 年3 月	76831	12425	69.67
6 月	82100	6068	75.90
9 月	82681	4716	77.02
12 月	83017	4222	77.29

资料来源：Kenneth Mouré, *Managing the Franc Poincaré：Economic Understanding and Political Constraint in French Monetary Policy*, *1928-1936*（Cambridge），55-6。

尽管对于许多国家而言，这场萧条在 1931 年变成了"大萧条"，但法国人认为他们原本可以逃过这场席卷中欧以及英国的"经济暴风雪"，是有良好理由的。只是到了这一年的下半年，法国经济才开始感觉到这场经济的寒风，而且甚至在那时，法国也仍然处于一种相对幸运的地位。与英国、德国和美国相比，法国 1930 年的工业生产水平与 1929 年一样高，而且 1931年只下降了 10%，而其他三个国家则为 25% 甚至更多。失业人数在 1931 年尽管上升了，但与德国及英国相比较低，而且在1931 年 12 月因为接受失业救济人口的高数量（9.2 万）而受到质询时，赖伐尔政府曾对这一数量感到意外。[26] 法国货币的地位是强劲的，法郎是当时世界上最为强劲的货币之一。由于单个法国人和银行的资金汇回法国，以及从其他受到打击的资本市场撤出的外国人购买法郎，黄金持续流入法国。在英镑与黄金脱钩后，法兰西银行采取措施保护自己不致遭受进一步的外汇流失，开始将其持有的美元转换成黄金，加大了其本已相当可观的持有量。法国人坚信他们强有力的货币地位源于他们正统的金融及货币政策。他们相信这场萧条的起源及蔓延源于其他国家未能按照规则（在原本应当紧缩时没有紧缩）运作金本位制，而且由于英镑被高估，价格曾被允许上升至远远超过它们合理的水平之上。法国工业当时并没有生产过剩（这被认为是萧条的原因之一），如同法郎的稳定状况所表明的那样，法国的金融政策曾是明智谨慎的。当国外的情况改善，而且体系产生其自身的矫正手段时，黄金向法国及美国的流入将中止并逆转。法国的金融家、经济学家、政治家认为，只有当各国政府不进行干预以免扭曲自动调节的金本位制，并且停止通过众多由政府发起的策略来维持高价时，世界才会恢复。甚至在美国货币于 1933 年贬值之后，关于世界金融结构如何运转的假定以及对恶性通货膨胀的担心，还影响着金融界及政界的思考。

1931 年有一种重要的关切——预算赤字的增长，它在 1930—1931 年并不是一个重要的东西，但在 1931—1932 年及以后则是一个一再出现的问题。税收收入的减少以及政府开支的增长，意味着政府的收益低于各种估计。减税、在胡佛主张暂停偿还这一年里的损失，以及借给匈牙利和南斯拉夫的钱，加剧了世界萧条所导致的问题。在法郎于 1926—1928 年的稳定化之后曾经积累了大量的预算盈余，这些盈余曾被用于支持塔迪厄的"繁荣计划"（1929 年 11 月实施的一个为期五年的公共开支方案），这笔盈余此时完全消失了，政治上的注意力聚焦于一种无法被掩盖的赤字。关于普恩加莱稳定化过程的记忆以及教训，给官方思考投下了阴影。一个不平衡的预算意味着通货膨胀、货币贬值、对法郎丧失信心以及社会混乱。如果法郎将不会贬值（各方都同意这一点），就不得不平衡预算。政府准备采纳通货紧缩政策，但需要安抚强大的工业集团，并且保护"小人物"（也就是工匠和农民），他们是控制着国民议会均势的激进党的支柱。法国人采纳了保护性关税以及进口配额，同时发誓维护法郎。

674

表 34　法国预算（1926—1933 年）

单位：百万法郎

年份	收入	支出	差额
1926 年	43064	41976	1088
1927 年	46086	45869	217
1928 年	48177	44248	3929
1929—1930 年 *	64268	59334	4934
1930—1931 年	50794	55712	-4918
1931—1932 年	47944	53428	-5484

续表

年份	收入	支出	差额
1932 年	36038	40666	-4628
1933 年	43436	54945	-11509

＊这是涵盖 15 个月的预算。

资料来源：Alfred Sauvy（with Anita Hirsch），*Histoire économique de la France entre les deux guerres*（Paris，1984），iii. 379。

法国在东欧也有一系列没有结果的动作，在那里，法国外交部焦虑地注意到了苏德更紧密合作的迹象。1931 年春，这两个签订了《拉帕洛条约》的国家达成了一个新的经济安排——《皮亚塔科夫协定》（Piatakov agreement），该协定规定除了每年常规出口的价值三亿地租马克的商品之外，德国还将再向苏联交付同等数额的商品。尽管对德国人欠下了巨额的债务，但苏联人能够以大幅削减的价格，全部买下为五年计划所需的德国机器。1931 年 6 月，两国之间签订的《柏林条约》延长期限。如同德国人一样，法国出口商也将苏联作为一个潜在的市场，他们敦促政府予以支持。在贝特洛的指导下，法国外交部接受了苏联人关于签订一份互不侵犯协定的建议，该协定将以华沙及莫斯科当局之间的一份平行协定作为补充。[27] 尽管双方都抱有相当的怀疑，但协定在 1931 年 6 月草签。苏联人当时对日本人感到担心，渴望稳定自己的西方边境，包括与波兰及罗马尼亚的边境。在不进入国联安全体系的情况下，互不侵犯协定仍然是一种抵消外来威胁、受人喜爱的手段。毕苏斯基小心翼翼地行动，他希望通过与莫斯科的单独谈判来保持其在法国面前的独立，但同时又希望与苏联的这些新协定不会让法国与波兰的协定贬值。波兰人放弃了关于苏联同时与它们所有的邻国签订互不侵犯协定的要求。苏联人在1932年1月和2月依次与芬兰及拉脱维亚缔结了双边协定，毕苏斯基不得不比其所希望的更快行事。苏波条约在1932年1月草签。但由于罗马尼亚在没有就比萨拉比亚问题达成任何解决方案的情况下的拖延，苏波条约的签署一直推迟至7月。

在此期间，由于法国人对这些新的协定摇摆不定，波兰人对他们的这位盟友的意图感到恼怒和困惑。在莫斯科和柏林之间打入一个楔子对于法国来说是有好处的。赖伐尔希望苏联在法德的任何冲突中保持中立，也希望波兰能够被震慑而不至于对苏联人采取攻击性的行动。但在1932年2月取代赖伐尔的安德烈·塔迪厄强烈地怀疑苏联人，而且让波兰人暴怒的是，塔迪厄拒绝再催促罗马尼亚人。在对布加勒斯特当局一再发出最后通牒之后，华沙在7月着手做出一个含糊的承诺，在罗马尼亚完成自己的谈判之前不批准这个新的协定。通过独立行事，毕苏斯基获得了苏联人将在第三方发起攻击的情况下保持中立的许诺。他现在能够转向柏林当局要求做出类似的保证，以实施其原先的平衡政策。法国人笨拙的外交是让毕苏斯基越发恼怒的部分原因之所在，他们对波兰人独立性的这种展示深深地感到恼火。双方1932年在金融、商业及军事（法国在华沙的陆军及海军使团被突然中止）事务上的其他分歧，令关系进一步恶化。毕苏斯基培养和法国的联盟关系与其缺乏替代手段相关。对于一个可能以牺牲波兰为代价，与德国人达成一笔交易的不可靠盟友，他并没有多少信任。

在经历持久的谈判之后，捷克斯洛伐克在1931年从法国获得了一笔重要贷款，其中一部分将被用于支付斯柯达对施耐德旗下的"欧洲联合会"（Union Européene）的债务。这笔贷款比通常更为公开地与采购法国的工业出口产品联系起来。但法国人无法接受贝奈斯在东南欧创建一个农业国家集团的建议。当德国人开始提出特别的双边安排时，尽管受到农场组织的强烈反对，但法国人提议在其自己的市场内实行单边的优待。无论是向罗马尼亚和南斯拉夫提供的贷款，还是在 1931 年 9 月到 1932 年 1 月与匈牙利、南斯拉夫及罗马尼亚缔结的优惠性协定，都未能缓解这些国家的形势。1932 年春，在一个短暂的时期里曾同时担任总理和外长（1932 年 3—5 月）的安德烈·塔迪厄试图通过外部的金融及经济支持，推动建立一个多瑙河联邦（捷克斯洛伐克、罗马尼亚、南斯拉夫、匈牙利和奥地利），以对抗德国在该地区的野心。塔迪厄提议建立一个关税相互削减体系，同时由外来国家对产品无法被奥地利和捷克斯洛伐克吸纳的三个农业国提供特别的对待。该计划得到了"小协约国"有所保留的支持，但当它们的代表于 1932 年 4 月 6—8 日在伦敦会晤时，计划遭到了英国人、意大利人和德国人的阻止。英国从其自身的帝国农业协议来考虑，拒绝支持法国对该地区提供金融援助。意大利人将这一提议视为由布拉格当局发起的、旨在获得对于奥地利及匈牙利的影响力的花招；1932 年 3 月，墨索里尼与维也纳及布达佩斯当局达成了他自己的优惠性协定。德国人排斥这种他们所认为的法国的挑战，认为该提议将无法解决这些农业国家的问题。在 1932 年 6 月的洛桑会议上，一个特别委员会得以创立来考虑中欧（德国除外）及东欧负债问题的影响。有 14 个国家参与了 9 月的斯特雷萨（Stresa，位于意大利境内）会议。由与会者和国联就负债及农业出口问题拟定的备忘录，将被提交给国联的欧洲联盟调查委员会。各方无法就共同行动达成一致。来自刚刚缔结渥太华协议的英国以及德国和意大利的反对，阻止了关于提供一笔由国际发起的贷款的计划，也没有采取任何具体的行动。重达两千克的备忘录被提交给计划将于 1933 年召开的世界经济会议的预备会议，但这些较小国家当中没有任何一个获邀参与会议前的会谈。其主要的结果是较小国家对其西方邻居的失望不断增加。这个所谓的"塔迪厄计划"被埋葬，法国也再没做出任何新的举动。甚至连那些希望得到法国更为慷慨的金融援助的"小协约国"国家，也并不希望疏远意大利或者德国。一个更具有希望的迹象是荷兰、比利时、卢森堡在 1932 年 6 月达成的《乌希公约》（Ouchy convention），它要求立即将进口关税降低 10%，以及在五年内将关税降低 50%。英国和德国的反对阻止了斯堪的纳维亚国家、《奥斯陆公约》的其他原始签字国的合作，也阻止了低关税国家对 1930 年日内瓦关税会议瓦解所做的更早更无力的反应。欧洲没有出现任何扩大的自由化贸易区域。

677

VI

考虑到他们在 1930—1931 年的情况，法国人原本应该会获得在欧洲事务中的主动权。但用莫里斯·韦斯（Maurice Vaïsse）对法国 1931 年的裁军政策的描述性术语来说，这是"丧失机会的一年"，它也涵盖法国外交的其他方面。这些失败当中有些可以归咎于其领导层。他们的政策是犹豫不决的，同时追求着太多的目标；白里安、赖伐尔和弗朗丹各自有着自己的外交策略。随着白里安的失势以及外交部影响力的下降，国际视角丧失，而且国民议会里那些更为思想狭隘和民族主义的议员让自己的声音被听到方面的道路已经敞开。在政治压力之下，尽管外部形势已经变化，但赖伐尔的政策如同在赔偿问题上一样变得更为缺乏弹性。法国金融家们无论是对德国还是东中欧都不愿承担风险，而且保护法国农产品的需要限制了在进口方面所能做的事情。但法国人的失败在很大程度上源于德国抵制他们的政治要求，以及美国人和英国人不愿支持替代性的策略。

赔偿问题仍然处于外交议程的顶部。在胡佛延期偿付谈判进行之时，以及在 1931 年 7 月的伦敦会议上，法国寻求为（提供）金融援助而从德国人那里获得政治上的补偿，但未能成功。他们不得不转而准备应对布吕宁得到英国支持的关于废除赔偿的要求，以及为后者提议的关于赔偿、战争债务、金本位制、信贷以及关税的世界会议做准备，这些有可能使法国被孤立。组成执政联盟的各个政党对内阁的决定有否决权。在没有在战争债务问题上获得重要让步的情况下，他们不会批准在赔偿问题上的任何举动。由于无法与美国人或者德国人达成任何交易，赖伐尔和弗朗丹在保住杨格计划框架以及确保赔偿支付优先于私人商业债务上，面临着持续的压力。这意味着与英国人的冲突，英国人担心赔偿的持续支付将危及英国对德国的商业贷款。尽管在赔偿问题上美国人赞同英国人，但他们没有那么支持后者关于废除战争债务的希望。在巴黎、柏林和华盛顿开始对话的是仍然受到 9 月危机影响的英国人而不是法国人，他们在为一次新的世界金融与经济会议做准备，麦克唐纳将此次会议称为"在世界上的一次重大的、大胆的领导"[28]。

678　　法国人提出了很多的方案。1931 年 9 月，作为新任法国驻柏林大使、法国铸造委员会在国民议会的前发言人，机智健谈的安德烈·弗朗索瓦-蓬塞在其于柏林举行的第一次新闻发布会上，提出法国及德国工业之间结成联盟。作为法国对于德奥关税同盟方案的反要约（counter-offer）的创造者，这位大使赞成法国与德国工业建立更为紧密的经济联系，以及重新开始两国之间的卡特尔安排（由于在配额上的争执，国际钢铁卡特尔已在1931年瓦解）。总理赖伐尔和外长白里安在1931年10月访问柏林，并且领导建立一个法德委员会来促进经济协作。其目标是最终创建一个关税联盟，该联盟将成为一个更为广泛的欧洲联盟的核心。众多关于特定产品的法德协议最终得到了谈判，但没有一个覆盖重要的产业，而且双方都并不投入这个委员会。德国外交部对这些谈判的政治回报保持怀疑，而德国的财政部对经济上的好处心存疑虑。关于法德可能达成的债务与赔偿交易的谈判被交给私人银行家和工业家，但随着德国人选择利用其外债作为未来的谈判筹码，这些谈判很快被放弃。甚至在经济处于低点的时候，德国人也不愿接受法国人的条件。

1931年10月底，法国总理不请自来地访问华盛顿。此次访问原本是为了缓和围绕胡佛延期偿付方案而产生的怒气，在会晤当中，赖伐尔和胡佛以及他们各自的财政部官员聚焦于赔偿问题，不过也讨论了安全问题。波兰大使已经告诫美国人，说波德冲突正接近危机，而且冲突迫在眉睫。尽管赖伐尔告诉美国国务卿史汀生说波兰走廊是一个"怪物"（monstrosity），但他坚称波兰将抵抗而不是接受任何领土上的改变，坚称这不是一个可以谈判的问题。就赖伐尔本人来说，考虑到即将到来的裁军会议，他徒劳地寻求将美国人带入一个磋商性的安全协定之中，结果只发现无论是史汀生还是胡佛总统都不感兴趣。这两个美国人相信法国人正在瞄准欧洲的霸权地位，相信他们对于波兰问题、裁军以及赔偿的"态度"应受到彻底的谴责。胡佛总统讨厌而且并不信任赖伐尔，谴责其在英国货币贬值之

679

后从美国银行大规模提出黄金。由于忙于本国的金融及银行业问题，胡佛根本不想为自私的欧洲人做出进一步的"牺牲"。"我们曾经从与欧洲长达 150 年的隔离开始，"他告诉赖伐尔，"15 年前，我们第一次被欧洲拽入战争。"他如此总结之后 15 年的结果："它使大约 7.5 万名男人丧失了生命，20 万人以上伤残。"美国已经在贷款及战争支付方面花费了大约 4000 亿美元，但"欧洲现在比 1914 年的形势更加不稳定"[29]。两位政治家都希望看到金本位制得到保持，而且寻求外汇重新稳定。他们同意应当建议德国人促使杨格计划下的特别咨询委员会活动，胡佛希望该委员会将就德国无条件和有条件的债务的深远变化提出建议。相反，赖伐尔希望缩小专家调查的权限，以及避免对杨格计划的制度做出根本性的变化。胡佛许诺如果欧洲各国政府批准该咨询委员会的建议，他将请求国会恢复世界裁军会议的地位，以及重新考虑战争债务的偿还。法国在战争债务上的所有乐观情绪都很快消失了。美国国会 1931 年 12 月至 1932 年 1 月关于胡佛延期偿付方案的辩论，表明了议员们对于任何形式的债务削减所抱有的极度敌意，以及他们对于华尔街的"国际主义"的深度怀疑。面对这一阵猛烈的炮火，胡佛退回到了其国内的"壳"里，希望信用体系的改革以及建筑业的扩展将改善美国的经济。欧洲人将不得不在没有美国人参与的情况下，在即将到来的洛桑会议上解决他们自己的困难。尽管胡佛总统对军备削减具有持久的兴趣，但美国参加世界裁军会议的代表团直到最后时刻才拼凑起来。

布吕宁在 1931 年 11 月 20 日向咨询委员会发出呼吁。通过详尽地阐述该国当前的金融形势，德国代表团希望为随后德国所有赔偿的取消奠定基础。出于国内的原因，布吕宁希望洛桑会议被推迟，但也希望赖伐尔内阁在 5 月的大选中将被一个更愿通融的内阁取代。如果经济状况在 1 月的一个赔偿方案后改善了，他将失去完全废除赔偿的理由。法国人也在拖延时间。史汀生宣称美国"不可能也不愿意"参加，使赖伐尔更不愿意支持长期暂停偿还德国的支付，或者全面讨论赔偿的修正。不断增大的预算困难很难鼓舞法国人对赔偿问题的一个最终解决方案产生热情。英国人仍然期待一个战争债务和赔偿问题的方案，他们提出将 1 月的会议推迟至 6 月。尽管赖伐尔（在从 1931 年 1 月至 1932 年 2 月的三任内阁里担任总理）愿意尝试不同的替代方案，包括靠近柏林当局，但这个右翼的政治"魔术师"（杂耍者）是一个过于精明的政治家，不会远离当时盛行的共识——在希特勒时刻准备上台时，寻求与德国的合作既是无益的也是危险的。将政治条件与贷款或者信贷联系起来的努力，引起了英国人和美国人的愤怒。法国人再次被推入一种防御性政策，无法公开对抗这两个盎格鲁-撒克逊国家。

法国国民议会的激进右翼政党不可能支持外交事务上的具有想象力的政策。这并不只是制约像塔迪厄及赖伐尔这样的右翼"新人"的政策的问题。尽管内阁多次更迭，但塔迪厄和赖伐尔在这些年里支配着法国政治。在日内瓦的裁军会议上，无论是塔迪厄的计划还是法国关于组建一支国际安全力量的建议，都未能赢得英国人或者美国人的支持。1932 年 5 月的大选风向转向左派，赫里欧重新上台，尽管这标志着法国人态度的变化，但只是加剧了法国外交的防御性特征。鉴于 1924—1925 年其政策曾经遭遇的所谓"钱墙"（mur d'argent，即反对派对其经济政策的抵制），赫里欧任命正统的技术专家路易·热尔曼-马丁（Louis Germain-Martin）担任财政部部长。这位新上任的部长降

680

低了公务员的薪水，削减开支，并且提议增税，但增税的幅度在国民议会被降低。预算仍然处于赤字之中。

表 35　德国失业及领取救济者人数（保守的年均数字，1925—1932 年）

年份	失业者（百万人）	工会工人占比（%）	受救济者（百万人）
1925 年	0.7	6.5	
1926 年	2.1	18.4	
1927 年	1.3	8.8	1.571
1928 年	1.4	8.6	
1929 年	1.9	13.3	
1930 年	3.3	22.8	1.983
1931 年	4.6	34.4	
1932 年	5.6	44.2	4.608

资料来源：David Crew, *Germans on Welfare*（Oxford, 1998），以及其他来源。另见表 28。

德国人对法国提议的持续抵制是后者失败的原因之一。在 1931 年秋天的几个月里，布吕宁拾起了夏天的危机所导致的金融碎片，但并未赢得新的民众支持。1931 年 9 月 5 日，海牙法庭判定拟议的德奥关税同盟与《日内瓦议定书》不相容。而在这之前很久，奥地利就为换取国联的一笔贷款而放弃了该同盟。德国外长库尔提乌斯因为此次失败而付出了代价，在 10 月 3 日辞职。尽管认同一种更为积极的外交政策，但他未能提高布吕宁的政治支持率。"我们并不是在按小时生活，"库尔提乌斯被引述说，"而是按照时钟的分针来生活的。"由于没有外交政策上的成功来平衡不受欢迎的紧缩措施，布吕宁寄望于废除赔偿来获得政治上和经济上的解脱。在库尔提乌斯辞职之后重组的布吕宁新内阁甚至比前任内阁还虚弱。他的权力依赖于老总统的支持以及兴登堡亲信圈很不确定的忠诚。尽管总理试图在那些最为强大的经济利益集团相互对立的目标之间做出平衡，但希特勒更受欢迎了。预期的裁军和赔偿会议为纳粹的"磨坊"提供了新鲜的"谷物"。在 1932 年的上半年，德意志帝国银行的适度通货再膨胀政策开始带来红利，但恢复是缓慢而且不均衡的。德国萧条的最低点直到 1932 年夏天才到来。尽管人们普遍要求采取更具决定性的行动来应对失业，但布吕宁政府相信任何重要的"注资刺激经济"（pump-priming）政策将会加大预算赤字，引发又一轮的金融恐慌和银行倒闭。结果只有一个适度的计划付诸实施。人们认为采纳公开的通货膨胀计划将会让 1923—1924 年的创伤重新上演，彻底粉碎公众对政府的信心。因此并未做出任何尝试来将德意志帝国银行的通货再膨胀政策作为政治上的好处。相反，布吕宁和路德将他们正在做的事情掩藏在一层厚厚的面纱之后。大众看到政府的援助在很大程度上流向银行，于是越来越敌视银行、金融体系以及现存的政治结构。

德国的失业人数持续增长，生产进一步下跌，撤资在继续。 682
尽管有暂停偿付协议以及暂时的贸易盈余，但德国人声称德意志帝国银行的黄金及外汇储备正在迅速下降。1931 年 12 月 8 日颁布的一道新的紧急法令中，包括削减薪水和工资的 10%—15%，以及其他的通货紧缩措施。失业者（其中一些已经两年以上没有工作）以不同的方式做出回应，从彻底的绝望（自杀率上升）和冷漠到吵架和街头行动。尽管大多数的公民只是旁观者，但街头暴力升级了，主要是由纳粹党以及共产党的准军事组织引发的。这两个组织在群众集会以及公开且血腥的街头斗争中发生口角。他们的共同点是谴责社会民主党和攻击魏玛共和国。在来自莫斯科的资金以及被派往位于柏林大使馆内的一个"特别任务"办公室的格别乌特工的帮助下，由斯大林主义者指挥的地下组织秘密地为即将到来的"德国革命"做准备。1932 年 2 月，德国共产党领导人恩斯特·台尔曼（Ernst Thälmann）告诫共产党中央委员会，"再没有比对希特勒和法西斯主义投机的过高评价更具灾难性的东西"[30]。惊恐的人们走向政治极端，这一点从共产党以及民族社会主义德国工人党的收获中得到证实。在一种深度破碎的文化中，其中的许多政治及经济利益团体已经转而反对共和国，希特勒的"妖歌"变得更具说服力。希特勒及其政党展望了一个全国性的民族共同体，它将拥抱所有的阶级以及利益团体。纳粹党魅力十足的领袖没有任何恢复经济的"药方"，但并不要紧。他展现了一种（采取）行动和（具有）希望的形象，与布吕宁政府不受欢迎的政策形成了鲜明的对比。德国外交部首席翻译保罗·施密特（Paul Schmidt）回忆说，这位总理在乘坐火车出行时会将窗帘拉下来，这样他就不会看到德国和德国人真正看起来像什么样子。右翼的政党此时已经期望将纳粹党纳入未来的某种政府之中。

1931 年 12 月，布吕宁宣布德国再也无法履行其义务，并且要求召开一次会议来修改杨格计划，尽管他私下声称德国并不指望完全取消该计划。1932 年 1 月，他告诉英国及法国大使，德国将在即将到来的洛桑会议上宣布，无论是现在还是可预见的将来，都无法支付赔偿。对于应当采取何种行动，德国的债主之间并无任何共识。英国人渴望解禁他们被冻结在德国的资金，并且希望减轻世界的债务负担，因此他们需要整个赔偿与战争债务制度的结束。法国人和美国人出于不同的原因反对取消。在 1932 年初的几个月里，随着德国的黄金及外汇储备再度开始下降，德国的债主们担心德国的对外支付将会暂停。在英国，银行家们警告财政部当心德国如果崩溃的严重经济及政治后果，敦促以德国对国际清算银行的一笔最终支付来取消赔偿。布吕宁寻求争取时间，直到世界经济的复苏以及外交上的成功将让选民恢复理智。1932 年 3—4 月的德国总统选举（其结果是兴登堡并不完全令人信服地战胜了希特勒）以及德国社会民主党在普鲁士的失败，揭示了希特勒的吸引力所具有的力量，而且暴露了布吕宁总理地位的全面虚弱。布吕宁为让兴登堡重新当选而进行的积极且成功的选战并没有带来任何回报。为了渡过难关，这位总理极其需要在日内瓦的裁军会议上的一次胜利，以及洛桑会议上关于取消赔偿的承诺。在 1932 年的春天，看不到这两者正在到来的迹象。

赔偿立即取消的前景当时并不令人乐观。英国人有意地误导法国人相信，如果德国再度具有偿还能力，而且英国在德国的资产被解冻，英国可能重返金本位制，他们试图以此来安抚法国人。美国人坚称赔偿问题必须在不考虑战争债务的情况下得到解决。而没有在战争债务上的进展，法国人将不会在赔偿问题上采取行动。德国人担心这一问题一直要到美国 11 月的总统大选之后才能得到解决，而且担心如果胡佛被打败，该问题可能会一直拖到 1933 年。但布吕宁提出的只是继续现有的政策。与此同时，在库尔特·冯·施莱歇以及其他人的推动下，兴登堡施加的、将纳粹分子纳入普鲁士及德国政府的压力加剧了，对贬损布吕宁运动的压力也是如此。由于被迫召集国会以请求在紧急法令的基础上批准政府进一步的借款，在被推迟的洛桑会议前夕的 5 月 11 日，布吕宁将自己描述为一个正处于"终点前最后数百米的"[31] 长跑运动员。他将不会享有胜利。下

令禁止"冲锋队"（愤怒的戈培尔抱怨说，柏林警方通过没收他配有司机的汽车而将他困住了）导致威廉·格勒纳（William
Groener）被迫从内政部部长的职位上辞职。布吕宁还提出将格勒纳的另一个职务，也就是国防部部长一职授予首要阴谋家施莱歇，施莱歇当时是德国国防部部长办公室主任，也是兴登堡总统的儿子奥斯卡（Oskar）的密友。但布吕宁的这一提议被拒绝。施莱歇正与希特勒密谋，以在布吕宁垮台之后赢得纳粹对一个右翼的总统内阁的支持。布吕宁被获得 85 岁的兴登堡信任的施莱歇及其小阴谋集团摧毁，在 5 月 30 日辞职。这是民主政治几乎彻底萎缩的一个写照，权力现在集中于一个不具有代表性的小集团，它决心以一个右翼的专制国家取代魏玛共和国。

将在洛桑代表德国的新总理是弗朗茨·冯·巴本（Franz
von Papen），他曾是德国参谋本部的军官，一战时期担任驻美陆军武官，由于其令人难以置信的、一再的无能，他曾经泄露了一个在中立的美国运作的破坏团伙的活动，因此被宣布为不受欢迎的人。作为中央党在普鲁士州议会的一名议员，他起初被施莱歇选中是为了安抚布吕宁所在的政党。作为一个没有多少内涵但有着强烈的反布尔什维克和反议会制观点的人，巴本领导的是一个招揽自兴登堡的社交及军事小圈子的、主要由贵族组成的内阁。施莱歇掌管国防事务。在内阁的三名资产阶级成员中，有两名来自法本和克虏伯的董事会。由于既没有党派也没有民众的支持，巴本寄望于在洛桑和日内瓦的国际会议来获得其所需要的成功。伦敦当局对这个"普鲁士的旧集团"没有多少支持，而当麦克唐纳会见巴本时这种支持甚至更少了。但是英国领导人寻求弥合法德在赔偿问题上的分歧。在向即将成为巴本内阁外长的德国驻伦敦大使康斯坦丁·冯·诺伊拉特

684

（Konstantin von Neurath）发出呼吁时，英国外交大臣约翰·西蒙（John Simon）爵士重新提出了这样一个主张——正式承诺在一个很长的时期内在欧洲实施缓和政策，以此换取赔偿的取消。这一主张将在洛桑对话过程中再度出现，但它只是起到了搅浑金融"水域"的作用。

英国是寻求国际行动背后的驱动力。伦敦当局认为，一份欧洲的赔偿协议能够被用来作为与美国就战争债务达成交易的基础。赫里欧在5月选举中的胜利鼓舞着英国人对于法国政策变化的乐观情绪。赫里欧如果不支持完全废除赔偿，那他至少支持召开会议的这样一个主张。在洛桑会议前夕，法国和德国的金融家们曾进行会晤，以便看看是否能够达成某种妥协；以归并支付300万帝国马克或者以德国铁路利润作为抵押，换取结束赔偿。尽管官方的评价是恰恰相反的，但双方可能已经意识到如果要洛桑会议不至于失败，就有必要做出妥协。美国国务院明确表示，在洛桑决定的任何东西都不应当危及对于美国的战争债务支付。美国的这种态度尤其令英国财政大臣内维尔·张伯伦恼火，他原本希望完全放弃这次会议，通过与法国达成一份协议来取得进展。他说服内阁不要理会麦克唐纳对激怒华盛顿当局的不满，而要按照计划的那样前进。为了提醒法国人利害攸关的并不只是一份在赔偿问题上的协议，毕苏斯基在会议前夕派遣一艘波兰驱逐舰驶入但泽港，展示波兰利用这个自由市作为其海军母港（port d'attaché）的权利。

洛桑会议在麦克唐纳的主持下于6月16日开幕。巴本（用法语）和赫里欧都发表了和解性的演讲，但外交上的示好几乎难以掩盖他们的分歧。巴本谴责赔偿是无法实现的、有害的而且是毁灭性的；赫里欧提醒听众注意德国的经济潜力，以及在

685

没有做出补偿的情况下要求法国做出的牺牲。会议上的重要外交活动起初是在这两个主要对手之间进行的，英国充当中间人。在英国人的催促下，巴本谈及一份在欧洲实现和平的四国协定、法德两国总参谋长未来的联络，以及一份法德磋商协定，以此换取赔偿的完全取消。在 6 月 24 日与赫里欧的一次密谈中，他变得不那么明确而是更为热情。法国总理被充分地打动，说服其内阁考虑做一次交换。在柏林——当时那里的政治现实指向一个不同的方向——度过一个周末后，德国总理退却了，他削减了"报价"，赫里欧相应地予以拒绝。由于意大利人发表一份支持同时取消赔偿和战争债务的强烈宣言，而且意大利和德国在正同时进行的日内瓦裁军谈判上组成了一个联合阵线，法国人被进一步激怒。赔偿会议陷入了僵局。麦克唐纳曾就达成协议有意对代表们施加一份严格的时间表，他不得不在 7 月 13 日之前返回伦敦，英国代表团将在此时前往渥太华。

在麦克唐纳并不幸运地尝试再度将裁军与赔偿联系起来之后，英国人提议重新回到"包费"（forfait）的主张上来，也就是除了为两笔已经向公众发行的贷款支付利息之外，以一个最终的一次性付清的总额，换取取消德国在道威斯计划和杨格计划中的所有债务。在就一个实际上只是想象性的数字的名义价值（nominal value）进行相当之多的争吵之后，一个总额为 30 亿马克的妥协性数字得到了接受。麦克唐纳再度建议为德国人做出政治上的补偿，鼓励巴本要求甚至更多的让步（包括撤销战争罪条款，以及致力于军备的平等），这些要求导致了与赫里欧的一场剧烈的对抗。通过向双方做出许诺，英国人将这次艰辛而令人沮丧的会议带到了一个他们认为成功的终点。最终在 7 月 9 日缔结的洛桑协议对于德国人来说是一个胜利，巴本预计回到柏林时他将受到热烈的欢迎。在 1932 年 7 月 1 日之后，德国将再也不必为赔偿支付筹集资金了。杨格计划的支付被废除。德国人将最多支付 30 亿马克，算作德国在胡佛暂停偿还年份的义务以及对欧洲重建的贡献。它将以年息 5% 的债券的形式储存在国际清算银行，将等到杨格计划的贷款上升至其名义价值的 90% 以上时，才会被用于交易。也就是说，这些债券将直到德国经济的平衡完全恢复之后才会发行。如果没有被发行的话，这些债券将会在洛桑协议批准 15 年之后被销毁。它们事实上在 1948 年被烧毁。附加于这一新协议的条件突出了其幻想的性质。为了让法国同意该赔偿解决方案，英国人和法国人缔结了一份秘密的"君子协定"，也就是把批准洛桑协议推迟至直到与赔偿问题有关的国家和美国在战争债务上达成一份协议之后。当前对于这两种支付所实施的暂停偿还措施将继续，直到洛桑协议生效。各种补充性的协议把对非德国赔偿款的暂停偿还期延长至 12 月，而且在过渡期间建立一个委员会来拟定一份协议。此外还设立了另一个特别委员会来处理中欧和东欧的金融及经济问题。9 月举行的看上去重要的斯特雷萨会议产生了大量的文件，但并未取得具体的结果。

　　当关于这份据说秘密的"君子协定"的消息传到华盛顿时，人们一致感到沮丧。美国的银行家们曾敦促国务院对洛桑会议的协议给予积极（即使非正式）的支持，但政治上的情绪此时高涨起来。总统和国会被欧洲的这一决定激怒，这用胡佛的话来说就是"合伙对付美国"[32]。部分是为了安抚美国人，欧洲人在洛桑时已经同意举行一次世界经济和金融会议来恢复国际合作，以提高世界的物价。英国人希望保持让美国参与（解决）欧洲的这场危机，以及实现战争债务的取消。尽管并不愿

687

意讨论战争债务，但美国财政部和联邦储备银行与法国人一道，打算利用这次会议来说服英国重返金本位制。美国国务院引人注目的经济顾问赫伯特·费斯（Herbert Feis）怀有一种可以说是乌托邦式的希望，那就是可能将出现以协调的货币贬值方案来刺激世界的复苏。他大错特错了。

"再也没有赔偿了。它们已经一去不复返了。再也不会试图以一种盲目而欠考虑的方式，将重重负担堆在任何人的肩膀上，"拉姆齐·麦克唐纳在洛桑会议的最后一次全会上对他的听众们说，"那些不体现为货物交付的大笔数额的支付并不是对一个国家的惩罚，它们是对所有国家的折磨，正是由于这种搅乱了世界经济的赔款的交付，整个世界今天正在遭受如此磨难。"[33]许多人抱有与麦克唐纳一样的看法。大西洋两岸都将赔偿的废除视为经济恢复的必要的先决条件之一。法国人再次发现自己是失利的一方。政治上的影响比金融上的更令人不安。对于这笔最终的"罚金"（赔偿）的坚持差不多只是一种保全面子的手段。法国人明白德国人已经再次成功地削弱了本已虚弱的凡尔赛体系。法德没有达成任何政治上的交易，赫里欧正确地拒绝了巴本伸出的毫无价值的"胡萝卜"。英国人许诺将在洛桑会议结束时宣布一份双边的英法磋商协定。就在日内瓦的裁军谈判而言，这一承诺将意味着什么是不确定的，由于赔偿问题将要结束，裁军问题将会在法德冲突中占据中心舞台。在洛桑协议之后，德国在国内又采取行动来削减其既有的外债，这些行动大大受益于英国人后来还有美国人抛弃金本位制。德国人已经赢得了一次胜利，但它并不拥有布吕宁曾经希望的那种效果。巴本未能从这次会议获得任何政治影响力。他回来看到的是空荡荡的车站站台，以及敌对媒体的一场评论大合唱。

纳粹党以及右翼政党大肆渲染未能取消德国的全部赔偿，或者赢得他们所要求的在军备上的平等地位以及战争罪条款被废除。左翼政党决心不去背负接受任何新的赔偿协议的责任，尽管社会民主党人事实上赞成巴本的行动。沙赫特博士向这位总理发出了一封祝贺的电报，然后又向保持其与纳粹党的新联系下注。在 7 月的选举中，洛桑协议被民族主义的右派用作武器，经济萧条在此时达到最低点，而纳粹党让其在国会的代表席位翻了一番。

　　赔偿问题被悄悄地埋葬。如果洛桑协议没有得到批准，召开"君子协定"许诺的那次会议是没有任何意义的。德国人被解除了"外国的镣铐"，他们将自己的困难归咎于它们。德国人已经总计支付了 191 亿金马克的赔偿，其中不到三分之一是现金，离《伦敦支付方案》最初设定的 500 亿金马克相去甚远。[34]直到最后，由于胡佛的暂停偿付方案只是一个短期的措施，赔偿和战争债务问题持续动摇着国际资本市场的稳定。赔偿问题曾加剧国内外对德国政府的压力。而其消失并未对德国的形势产生多大的影响，除了强有力地提醒德国人在其战时的敌人那里所受到的不公正对待。布吕宁曾希望让德国保持与世界经济体系的联系。他并不像他的许多右翼批评者那样希望拒绝接受国际贷款并且遵循一种自给自足的政策。他曾希望一旦赔偿被废除，大规模的外国借贷将继续。一旦纳粹夺取权力，沙赫特重新担任德意志帝国银行行长，他就利用和扩大已经准备就绪的金融程序，来减少或者不履行德国的长期或者短期债务，并鼓励自给自足的贸易做法。

　　赔偿问题消失了，但战争债务仍要支付。美国的形势没有令情况好转。在英国放弃金本位制之后，金融压力已经转移至

688

美国。胡佛在 1932 年正面临着一场比其在前一年所遭遇的更为艰辛的危机。他当时曾经采取有力的行动来刺激经济，包括扩张性的财政措施。他现在则转向了一种防御性的立场。如同欧洲的情形一样，注意力转移到联邦财政赤字：1932 年 27 亿美元的赤字是在和平时期到那时为止最高的。[35]到 1932 年初，失业人口超过 1000 万，相当于劳动力的大约 20%，而就业者当中有几乎三分之一只是兼职。社会的痛苦是易于察觉的，民众的反应是冷漠和绝望。总统的声望达到了历史最低点。胡佛在 1932 年 6 月共和党的一次倦怠的大会上被提名为总统候选人，但他看似对于各种事态已经力不能支。这年秋天的选战议题都是关于这场萧条。民主党候选人富兰克林·D. 罗斯福（Franklin D. Roosevelt）将这一状况归咎于胡佛，但双方都未提出具体的建议。11 月 8 日，罗斯福大获全胜，拿下了除六个州以外的其他所有州（选举团得票数为 472∶59）。

1932 年 11 月，英法驻华盛顿大使采取联合行动，要求审视战争债务解决方案，以及推迟 12 月 15 日到期的支付。胡佛（的态度）是调和的，但他没有权力；当选总统则在就职之前拒绝参与此事。英国财政部明白英国能够支付，但宣称全球萧条的状况以及英镑的贬值使这成为不可能。主要是出于政治上的原因，在内维尔·张伯伦以及财政部的推动下，英国内阁拒绝美国人关于由一个独立的委员会来决定美国的债务国支付能力的提议。英国财政部考虑在 12 月 15 日不履行支付，但外交部担心英美关系发生危机，因而予以干预。当美国人显而易见不会考虑重新谈判或放弃时，英国财政部被迫屈服，极不情愿的张伯伦同意全额支付（9500 万美元），希望这将让英国在即将到来的世界经济会议上获得道义上的优势。张伯伦未能让美国人动摇，以及罗斯福在这次会议上的行为，使这位财政大臣、未来的首相持久地不相信美国人和他们的"黑马总统"，这种不信任在其整个首相任期中一直伴随着他。英国在1933年进行了两次象征性的支付，而且在明白根据等待国会批准的《约翰逊法案》（Johnson Bill），他们将被列为违约者并且被排除未来对于美国资本市场的进入权之后，英国人决定不向"这个不值得信任的民族"支付更多。[36]赫里欧政府在华盛顿的遭遇一样糟糕。美国人指出法国从美联储提取的黄金将足够支付其直至1942年的债务，而且对法国人的主张并未表现出多大的兴趣。这些主张包括一个战争债务解决方案将改善欧洲的政治氛围，并且鼓励一些进一步的举动，比如法德近来的经济与金融协议，以及它们提议的为世界经济大会做出共同的准备。赫里欧政府在追求右派所要求的财政紧缩政策的同时，无法保有左派的支持，其命运已经注定。由于清楚在安全议题上需要美国的支持，赫里欧通过请求国民议会批准对1932年12月到期的分期款项（1900万美元）的支付，选择了"体面下台"。由于赫里欧在12月12日被挫败，法国拒绝偿还债务。这一问题主要是一个原则性的问题。任何国民议会都不会批准对美国的支付，在法国预算处于赤字之时尤其如此。美国人进行了报复。1934年1月11日通过的《约翰逊法案》禁止为拖欠美国债务的政府提供贷款。这对于美国在1939年对英法的援助而言是一个重大障碍。英法两国都在一份违约者的长名单上。[37]而如同所有那些欠下大笔商业贷款的国家一样，德国不在这份名单上。

Ⅶ

1933年6月12日，世界经济与货币会议（World Economic

and Monetary Conference）在伦敦新近开放的地质博物馆里召开，65 个国家以及 6 个国际组织与会。与打算由政治权威而不是经济专家主导的热那亚会议（1922 年）和日内瓦会议（1927 年）不同，这次集会将应对当前的问题，比如经济信心和物价的崩溃、金本位制的运作、保护主义的蔓延，以及对于贸易的其他障碍。到大会开幕时，新的一班领导人已经就位。尽管此时抱恙的拉姆齐·麦克唐纳仍然担任英国首相，而且被任命为会议主席，但保守党在 1931 年 10 月大选之后在"国民政府"占据的巨大多数，意味着保守党领导人斯坦利·鲍德温以及本已具有影响力的财政大臣内维尔·张伯伦是内阁中的主导性人物。在法国，激进社会党领导人爱德华·达拉第（Édouard Daladier）在 1 月 31 日就任总理职位，并且一直执政至 1933 年 10 月 24 日。作为本书第十四章所描述的一连串事态的结果，阿道夫·希特勒在 1933 年 1 月 30 日成了德国总理，是一个由民族社会主义德国工人党和德意志国家人民党组成的联合内阁的首领。在华盛顿，富兰克林·罗斯福在 1933 年 3 月 4 日就职。领导层的这些变化，使萧条时期的各国政府不可能成功地找到对于世界金融及经济病症的共同解决方案。所有这些领导人首先致力于国家的经济计划而不是国际合作。没有人准备在通过合作性行动刺激国际复苏方面扮演领导角色。

在 1932 年 11 月到 1933 年 1 月日内瓦会议之前的历次预备会议上，各个大国之间的分歧已经显而易见。英国的主要兴趣是废除战争债务，尽管这一问题由于美国的反对而被排除在大会议程之外。英国代表希望推动已给本国经济带来好处的"廉价货币"政策。英国尽管是此次大会的主要发起者，但由于英镑的浮动，发现自己在日内瓦实际上是被孤立的，法国和金本位制国家将当前世界贸易的阻滞归咎于英镑的浮动。对于召开一次会议，法国人长期裹足不前，他们只对回归正统的金本位制做法感兴趣。他们坚信如果英国不在稳定化问题上牵头，就不可能有多少进展。在金本位制问题上，美国人倾向于支持法国人，但胡佛然后是罗斯福希望在削减对世界贸易的限制方面取得进展。新的民主党政府此前已经为世界经济会议获得了关税休战权限，罗斯福的国务卿科德尔·赫尔（Cordell Hull）甚至在就职之前，就利用这一点作为与英国人达成一份双边互惠性关税协议的基础。人们希望无条件的最惠国待遇协议可能会通向全世界范围的多边关税谈判。张伯伦并不感兴趣。英国与美国7000万英镑的贸易赤字，以及英国新的保护主义和帝国倾向，很难推动采取更为自由的贸易举措。赫尔的建议在德国以及东欧的许多国家里引起了很大的不适，这些国家担心一个英美联盟将会摧毁它们新近建立的保护性壁垒。

　　没有谁很清楚应该对这位新的美国总统抱有什么样的期待。无论是在胡佛的"跛脚鸭"过渡期间还是在与即将离任的总统会晤时，罗斯福的声明根本没有表明接下来会是什么。这位当选总统是一个特别的人，他直到今天仍然让历史学者们感到困惑。他出身上流社会，在格罗顿中学（Groton）① 和哈佛大学接受教育。他以一种只为美国最高级、最具排他性的社会圈子里所共同拥有的方式，在其法律生涯中早早就将目光瞄准白宫。他既是进步的也是保守的，没有固定的规划或者看得出的原则。由于具有与各种背景的选民沟通的异常天赋，他的乐观主义和

692

_____

① 　美国马萨诸塞州格罗顿镇的一所上层社会子弟就学的中学。

意气风发具有感染力。1921年的一场脊髓灰质炎袭击使他部分残疾，无论是站着还是"走路"，他都被迫在其腿上戴上沉重的钢板支撑。尽管领导着研究与救助的公共活动，但他小心地避免被拍下坐在轮椅上或者被运送的镜头。他经历了四年的康复斗争，但在内在力量、同情心和谦逊上的收获并未改变作为政治家的罗斯福。他仍然是伟大的务实主义者，完美的政治整顿者（trimmer），卓越的调解人。胡佛相信萧条源于必须予以应对的国际上的原因。罗斯福及其顾问们坚信经济危机的问题及其解决方案在国内。罗斯福在选战中许诺奉行正统的财政政策、削减联邦开支、实行一种平衡的预算，但胡佛怀疑罗斯福的国内优先事项将导致其放弃金本位制和美元通货紧缩（dollar deflation），以及推行通货膨胀政策。这还未却将成为罗斯福的议事日程。几乎一就职，这位新总统就召集国会召开特别会议，停止了所有黄金交易，并且宣布为期四天的全国银行休业，而且休业时间后来被延长。当各家银行重新开业时，存款和黄金开始回流进银行体系。

美国人并不是被迫摆脱金本位制，美元被有意地浮动以提高国内的物价。当英国和法国的代表麦克唐纳以及赫里欧正在赶往华盛顿参加会议之前的谈判时，罗斯福出人意料地在4月19日宣布暂停美元的自由兑换，这摧毁了法国人的淡漠心理。来自美国的黄金出口停止了，现在不是法国和美国结伴说服英国重返金本位制，而是法国面临着在金融上被孤立的前景。罗斯福让美元与黄金脱钩以提高物价，这一前所未有的行动改变了国际金融的面貌。与罗斯福进行的会议前谈判议题广泛，但并无结果。对于他将拿美元怎么办，总统没有做出任何表露。谁也不知道他是选择贬值以提高美国的物价，还是支持央行之间的合作以稳定世界的货币。总统并未被其欧洲来访者打动，后者就货币和贸易问题表达了众多相互冲突的观点，但未展现调和他们的现有立场的意愿。即使总统愿意支持其国务卿关于贸易问题的国际主义路径，而且说服国会追随赫尔的引导，人们对降低关税也并无多大热情。由纳粹任命的德意志帝国银行行长沙赫特（1933—1939 年担任此职）在其 5 月与罗斯福（他认为罗斯福与希特勒十分相似）的对话中，威胁要拖欠依据暂停偿付协议而被冻结的美国商业债务。随后关于沙赫特和诺曼已经更新英德暂停偿付协议的消息，只是加剧了总统的怀疑和对欧洲人口是心非的愤怒。随着美元价格在国际交易市场下跌，罗斯福对任何稳定化协议不再那么感兴趣。但在 5 月的最后几天里，他与达拉第以及麦克唐纳一道，支持一个在会议期间的暂时的稳定化协议，希望在各央行行长经历了数周没有结果的谈判之后，这样一份协议将中断对于货币发行的投机，使代表们能够继续谈判其他的金融及贸易问题。

对于罗斯福的希望而言，不幸的是甚至在世界经济会议开幕以后，公众的注意力也几乎完全聚焦于在英国财政部以及英格兰银行进行的财政部代表和央行行长之间的对话。据推测应当是秘密的商议在媒体的众目睽睽之下举行。尽管法国人发起了这些三边的金融谈判，但他们"相当出人意料地消极和不情愿"[38]，而且除了警告说如果不能至少暂时稳定美元和英镑，在经济事务上将不会取得进展之外，他们并未提出任何具体的东西。而且几乎没有什么帮助的是，由于担心美国政策发生更为剧烈的改变，法国人开始敦促达成一个永久性的稳定化协议。参加谈判的美国代表此前并未带着上司的指示而来。如同参与会议的代表们一样，在一个主要是短期的事态发展正在推动着总统走向民族主义方向的时刻，他们代表了罗斯福外交当中国际主义的那一面。[39]英国人左右为难，他们既希望在欧洲避免竞争性的贬值和通货膨胀的混乱，又想保持贬值的英镑以及英镑集团的好处。尽管存在这些困难，央行行长们却成功地拟定出技术性的协议，限制这三种货币之间的汇率起伏。此外，英美银行家们就一项宣言达成一致，谨慎地许诺未来在"合适的条件下"将重返金本位制。正如央行行长们所明白的那样，最终的安排并不由他们掌控。达成协议的消息泄露了出去，汇率市场稳定下来，美国的商品及股票市场则衰退了。美国立即做出了反应。罗斯福不仅拒绝了稳定化的汇率（与英镑的兑换比率为 4：1），认为这一比率过低，而且在一系列的电报中，他明确表明自己反对任何将限制其控制美元价值起伏的权利的计划。

随着罗斯福在 6 月 22 日宣布予以拒绝，有传言说这次会议将会瓦解。法国人以及实行金本位制的国家敦促英国坚定致力于货币的稳定，警告当心欧洲的货币混乱。英国除了发布一道货币宣言之外不愿有进一步的举动。自治领以及印度为了让英镑与美元保持一致而施加压力，张伯伦对此拒绝，但他不愿领导一个反对美国的欧洲国家集团。6 月 28 日，英国以及金本位制集团国家就一份无关痛痒的宣言达成一致，进一步弱化了英国人的坚持，以便美国人能够加入，它号召在可行的情况下尽可能迅速地回归货币的稳定，而且承认所有国家希望"在适当的条件下"[40]最终回归金本位制。这份宣言的草案经由华盛顿发送给总统，总统已经开始了为期十天的航行假日。7 月 1 日，罗斯福向赫尔发出了一份电报，详细地拒绝这份货币稳定化协议。第二天，他通过电报发出了他的那个将于 7 月 3 日对大会发布的"爆炸性消息"。"世界将不会长久地被麻醉于这样一种似是而非的谬误，那就是仅仅就几个大国而言实现一种暂时的而且很可能是人为的外汇方面的稳定，"罗斯福写道，"对于一个国家的福祉而言，与其货币的价格相比，健全的内部经济形势是一个更为重要的因素。"[41]罗斯福并不理会"所谓的国际银行家的那些旧偶像"，许诺将以一种在一代人的时光里保持其同样的购买及偿债能力的美元来取代它们。在被告知五个金本位制国家的愤怒以及麦克唐纳的绝望之后，罗斯福向赫尔解释说，他有意使用刺耳的语言，是因为他觉得这次会议只关注暂时的稳定化谈判，而正在忽视那些主要的目标。主要是由于美国人的努力（他们不想让罗斯福因为会议的失败而受到谴责），各个委员会继续开会三周，但人们的心思已经不在谈判之中。无论是削减关税、管制生产还是实施关于帮助多瑙河流域国家的建议，都没有取得进展。总统对于暂时稳定化协议直言不讳的拒绝，体现在其对于欧洲参与者极度的反对之中，他的拒绝已经从实质上结束了这次会议，会议阴郁地、步履蹒跚地在 7 月 27 日走到了终点。

尽管罗斯福的"爆炸性消息"已经导致稳定化谈判引人注目地崩溃了，但这次会议失败的根本责任不只是他一个人的。1933 年，国际经济合作的条件并不存在。甚至连英美法这三个被认为拥有共同价值观的主要参与者，也发现难以达成将弥合其金融和商业分歧的协议。无论是美国人还是英国人都不准备领导一种走向货币贬值的协调性行动。但与欧洲金本位制国家的希望相反，英国根本不想回归金本位制，也不愿从其新的保护性政策上后退。尽管一个暂时的稳定化协议将会是有帮助的（而且罗斯福所表明的否决原因是值得怀

695

疑的），但法国人致力于实现永久性的稳定化，对于会议的议程并未展现出多少兴趣。与法国人的信念相反，对于金本位制正统观念的回归很难说会带来复苏。包括德国在内的其他国家高兴于未因大会的失败而受到谴责，它们从三个大国的行为中得出了自己的结论。德国人抓住机会利用华盛顿和伦敦当局之间的分歧，以防止一个反对民族社会主义党政权的联合阵线的建立。纳粹党人相信他们能够"等待将对失败的憎恨堆积在别人身上，同时确保德国收获好处"[42]。会议在一阵相互指责中结束。

随后出现在国际舞台上的并不是法国人所预言的那种国际上的混乱，而是一种货币与贸易集团的混合体系，每个贸易集团都围绕着一个主要国家。英镑集团最先崭露头角。罗斯福以美元的价值进行试验以提高物价，而且美国人阻止（货币的）挂钩，而英国支持那些自愿加入英镑集团的国家。在会议期间，为了平息人们对于英国可能加入金本位制国家集团的担心，《英联邦宣言》在 1933 年 7 月 27 日签署，它决心提高价格，在不将政府赤字货币化的情况下放松信用和货币，最终回归金本位制，以及在英镑区域内保持汇率的稳定。实现稳定外汇的前景鼓舞着瑞典、丹麦和阿根廷加入该集团（挪威当时已经正式与英镑挂钩）。会议之前在日内瓦以及伦敦的谈判中，另一个国家集团出现了，它由那些仍然保持金本位制的国家组成。法国、比利时、捷克斯洛伐克、荷兰、波兰、意大利、瑞士在一个十分松散的联合体内合作，以保护它们现有的黄金平价。它们得以遏制在整个会议期间持续存在着的对于荷兰弗罗林和瑞士法郎的投机，但由于并无多少凝聚力和组织机构，它们无法在除保持黄金平价之外的其他共同政策上取得一致。它们的央行未能合作，而且没有形成任何贸易集团。甚至连双边的谈判，也因为源于货币高估的高物价以及普遍不愿向其他国家开放市场而受到限制。作为遵循严格的通货紧缩机制的仅有的一群国家，甚至当其他地方开始复苏时，它们也仍然深陷于萧条之中。捷克斯洛伐克的货币在1934年贬值，而且尽管墨索里尼吹嘘里拉的稳定，意大利还是很快采取了汇率管制。其余的国家继续追求通货紧缩政策，但每个国家都随后（法国在经历长期的斗争后在1936年）被迫让其货币贬值。第三个国家集团由所谓的"外汇管制国家"组成，包括德国、匈牙利以及大多数东欧国家，它们尽管名义上保持金本位制，但各自采取行动，停止兑换成其他货币或者黄金。这些国家都加强了对外汇的管制，而且着手实施集中指导的经济政策。双边的清算协议在贸易对外管理过程中成了常态，使纳粹德国能够大大扩充其在整个地区的经济影响力。

　　这场萧条以及金融危机是对魏玛共和国孱弱的政治基础的进一步打击，它承担过失败的重负、《凡尔赛和约》、通货膨胀和恶性通货膨胀，以及一场稳定化行动，这场运动曾疏远如此之多为确保共和国的生存所最为需要的人。"这原本需要一种十分强大的民主传统和奉献，"美国历史学家杰拉尔德·费尔德曼（Gerald Feldman）写道，"来承受这些客观的境况，而这些在当时显然是缺乏的。"[43]一场有着异常深度的萧条突显出魏玛政治文化中既有的支离破碎，以及在整个政治谱系中不同利益群体之中反民主情绪的增长。这场萧条为右翼、民族主义者、反共和国精英夺取权力，以及如同他们一直希望的那样建立一个专制政权开辟了道路。正是这些"共和国的右翼掘墓人"在1933年1月让希特勒成了总理。纳粹

697　　当局以巴本和施莱歇的适度扩张计划为基础，利用了 1933—1934 年的周期性上升趋势。对于失业问题的十分成功的攻击带来了经济和政治上的红利。正如哈罗德·詹姆斯（Harold James）所认为的那样，如果说在希特勒统治的最初几年中，"德国经济中没有多少确实是纳粹的东西"，那么纳粹的活动、能量以及宣传提高了人们的期待与希望，它们为复苏提供滋养，并且提升了该政权的受欢迎度。[44]尽管反对派存在着，但恐怖强迫（人们）服从。作为一个像罗斯福一样的实用主义者，希特勒在没有任何明确经济计划的情况下夺取权力，但他的政治目的属于一种全然不同的、自认革命性的秩序。尽管并未对经济实行管制，但希特勒将致力于创立一个着眼于扩张主义目的的独裁国家。

　　除了一些显著的例外，许多经济史学者现在已经接受了艾肯格林和彼得·特明（Peter Temin）的论点——金本位制本身是大萧条的"首要传导机制"，只有放弃它并且采取通货再膨胀政策才能使大萧条结束。[45]那些放弃金本位制的国家恢复得最为迅速；那些仍然保持金本位制和通货紧缩政策的国家受害时间最长；保持金本位制但推行包括外汇管制在内的一系列防御性措施的国家处于两者之间的某个位置。连续的单边贬值以及贬值发生方式的随意性，加大了那些仍然保持金本位制的国家的国际收支平衡压力。英国和美国货币贬值的"以邻为壑"效果对比利时和法国的打击特别严重。东欧国家到 1933 年底时也发现它们的货币被高估大约 60%，而其出口收入出现了相应的下降。几乎在每一个地方，关税壁垒加大，有效地将贸易切割或者引导进新近产生的贸易集团或者双边清算（bilateral clearings）。

表 36　工业生产增长率（1929—1934 年）

单位：%

国家或集团	1929—1932 年	1929—1933 年	1929—1934 年
金本位制集团	-28.17	-22.60	-21.84
外汇管制国家	-33.50	-31.70	-21.24
英镑集团	-8.75	-2.53	8.88
货币贬值的其他国家	-17.48	-1.63	3.26

注：数字系根据国家未加权平均数据计算。金本位制集团：比利时、法国、荷兰、波兰、瑞士；外汇管制国家：奥地利、捷克斯洛伐克、德国、匈牙利、意大利；英镑集团：丹麦、芬兰、挪威、瑞典、英国；货币贬值的其他国家：巴西、哥伦比亚、智利、墨西哥、哥斯达黎加、危地马拉、尼加拉瓜、萨尔瓦多、美国。

资料来源：Barry Eichengreen, *Golden Fetters*：*The Gold Standard and the Great Depression 1919-1939*（Oxford, 1992），351。

表 37　世界贸易指数（1929 年 = 100）

	1932 年	1933 年	1934 年	1935 年	1936 年	1937 年
时价价值	39	35	34	35	38	46
贸易量	75	75	78	82	86	96
价格	52	47	44	42	44	48

资料来源：C. H. Feinstein, P. Temin, and G. Toniolo, *The European Economy Between the Wars*（Oxford, 1997），170。

　　在 1933 年和 1934 年，除了金本位制集团外，从经济萧条深渊复苏是缓慢而不均衡的，而且是与本土而不是国际市场相联系的。世界贸易在 1930 年代实际上减少了，尽管欧洲的份额仍然保持恒定的 29% 左右。贸易是被分流了而不是扩大了。此前十年间的那种资本流动或者国际投资根本没有重返的迹象。698资本流动的方向发生了显著的改变，大量的短期资本从债务国流向债权国，因为面对货币贬值以及对通货膨胀的普遍担心，资产持有者试图保护他们的投资。投机者助长了"热钱"的流动。由于美国人避免在欧洲投资，而且无论是政治的还是经济的事态发展并不支持旅游业的复苏，主要来自欧洲的资本流入以及美国的贸易盈余导致美国的黄金持有量到 1938 年出现了巨幅的增长。长期投资保持相对稳定。英国、美国和法国保有重要的外部资产，英国有一半以上（58.7%）的投资组合集中在英帝国之内，因此就其他地方发生的国家违约的情况，英国人受到的损害比美国人更少。那些没有帝国的国家只能嫉妒地旁观。

大萧条过去之后，留下的是破碎的全球经济。对于国家复苏的专注激起了国家之间现有的敌对。英美的复苏加剧了商业上的敌意以及对法国共同的不信任。1931—1932 年的这些危机表明，法国过于虚弱而无法独自稳定国际货币体系，但英国人和美国人相信法国的行为助长了国际货币体系的非稳定化。随着法国进入一个持久的萧条及政治不稳定时期，英美两国都没有提供多少帮助。在东欧，国家进行更大干预的趋势以及实行自给自足政策，使该地区传统的民族主义获得了更多的重要性。对于那些寻求从大萧条所带来的动荡中喘息片刻的国家来说，危险之处在于德国和日本各自着手实行"自强"（self-renewal）的政策，这些政策对幸存的国际结构进一步施加了压力。事实证明，世界经济会议是推动金融及经济合作的国际努力当中的最后一次。其失败让与会者相信从合作性行动中得不到多少东西，而且证实了合作性行动对国际主义的远离，以及走向由纯粹的国家政治及经济目标所决定的各自的复苏议程。1920 年代的那些更具前瞻性的希望已经被抛弃。1933 年为推动国际合作而召开的世界经济会议是在一个地质博物馆内的各种遗迹中间召开，难道不是意味深长吗？

注　释

★本章所涉数据参见附表 3 至附表 6。

1. Arnold Toynbee, *Survey of International Affairs*, *1931* (London, 1932), 1.

2. Patricia Clavin, *The Great Depression in Europe*, *1929 – 1939* (Basingstoke, 2000), 111.

3. Ian Nish, *Japan's Struggle with Internationalism*：*Japan*, *China and the League of Nations*, *1931-3* (London, 1993), 239.

4. 参见 Hans Mommsen, *From Weimar to Auschwitz*：*Essays in German History* (Cambridge, 1991)；及其教科书：*The Rise and Fall of Weimar Democracy* (Chapel Hill, NC and London, 1996), 尤其是第 10 章和第 11 章。对于布吕宁政策的总体上的辩护，见 William L. Patch, Jr., *Heinrich Brüning and the Dissolution of the Weimar Republic* (Cambridge, 1998)。

5. Knut Borchardt, 'Constraints and Room for Manoeuvre in the Great Depression of the Early Thirties', and 'Economic Causes of the Collapse of the Weimar Republic', published in English translation in Knut Borchardt, *Perspectives on Modern German Economic History and Policy* (Cambridge, 1991). See Borchardt's 'Noch Niemals：Alternativen zu Brünings Wirtschaftspolitik?', *Historische Zeitschrift*, 237 (1983), discussed in Ian Kershaw (ed.), *Weimar*：*Why did German Democracy Fail?* (London, 1990). See also Borchardt, 'A Decade of Debate About Brüning's Economic Policy', in J. von Kruedener (ed.), *Economic Crisis and Political Collapse*：*The Weimar Republic 1924-1933* (Oxford, 1990).

6. Patch, *Heinrich Brüning*, see ch. 5, 'Brüning's Fall', and ch. 6, 'The Destruction of the Rule of Law'.

7. Patch, *Brüning*, 15.

8. Henderson to Rumbold, PRO, FO 371/15214, C2695/11/18.

9. Harold James, ‘Economic Reasons for the Collapse of the Weimar Republic’, in Kershaw (ed.), *Weimar*, 53.

10. 依据见 Iago Gil Aguado, ‘The Creditanstalt Crisis of 1931 and the Failure of the Austro-German Customs Union Project’, *Historical Journal*, 44：1 (2001), 214-15。

11. 用于失业救济的开支从 1928 年的 12 亿地租马克增长至 1931 年的 32 亿地租马克。Harold James, ‘Economic Reasons for the Collapse of the Weimar Republic’, in Kershaw (ed.), *Weimar*, 41.

12. Patch, *Heinrich Brüning*, 160.

13. David Marquand, *Ramsay MacDonald* (London, 1977), 605.

14. Neil Forbes, *Doing Business With the Nazis：Britain's Economic and Financial Relations with Germany, 1931-1939* (London and Portland, Oreg., 2000), 36.

15. Harold James, *The German Slump：Politics and Economics 1924 1936* (Oxford, 1986), 317.

16. Harold James, *The End of Globalization：Lessons From the Great Depression* (Cambridge, Mass., 2001), 63.

17. D. E. Moggridge, ‘The 1931 Financial Crisis：A New View’, in Barry Eichengreen (ed.), *Monetary Regime Transformations* (Aldershot, 1992), 315.

18. James, *The End of Globalization*, 73.

19. Diane B. Kunz, *The Battle for Britain's Gold Standard in 1931* (London, New York, and Sydney, 1987), 104.

20. Kenneth Mouré, *The Gold Standard Illusion：France, the Bank of France, and the International Gold Standard, 1914-1939* (Oxford, 2002), 266.

21. Eichengreen, *Golden Fetters*, 298-9.

22. Derek H. Aldcroft, *The British Economy* (Brighton, 1986), i. 81. 其他数据同样支持这一观点，但覆盖的是 1929—1938 年这一时期，参见 C. H. Feinstein, P. Temin, and G. Toniolo, *The European Economy Between the Wars* (Oxford, 1997), 153-4。

23. Feinstein, Temin, and Toniolo, *European Economy*, 153. 但是有关渥太华协议对英国及其他国家贸易的有限影响的评论，可见 Ian M.

Drummond, *British Economic Policy and the Empire, 1919–1939* (London, 1972), 102–3。

24. FO memorandum, 'Changing Conditions in British Foreign Policy', 26 Nov. 1931, PRO, CAB 4/225.

25. 数据引自 Robert Service, *A History of Twentieth Century Russia* (paperback edn., London, 1998), 182。

26. Julian Jackson, *The Politics of Depression in France, 1932–1936* (Cambridge, 1985), 23–30.

27. 相关讨论见本书第 693、730 页。

28. Patricia Clavin, *The Failure of Economic Diplomacy：Britain, Germany, France and the United States, 1931–1936* (Basingstoke, 1996), 24.

29. Stimson Diaries, 23 Oct. 1931, quoted in Kunz, *The Battle for Britain's Gold Standard*, 153–3.

30. Michael Burleigh, *The Third Reich* (paperback edn., Basingstoke and Oxford, 2000), 136.

31. Patch, *Heinrich Brüning*, 255.

32. Clavin, *The Great Depression in Europe, 1929–1939*, 152.

33. Bruce Kent, *Spoils of War：The Politics, Economics, and Diplomacy of Reparations, 1918–1932* (Oxford, 1989), 371–2.

34. 相关讨论见本书第四章。德国人很可能支付了 205 亿—229 亿金马克，但离《伦敦支付方案》起初规定的 500 亿金马克相差甚远。如果说后一总额是不现实的，德国人所支付的这些少的数额，很难说抵得上对德国及其债主以及国际经济所造成的损害。See Niall Ferguson, *The Pity of War* (London, 1999), 417 and Stephen Schuker, 'American "Reparations" to Germany, 1919–1933', in Gerald D. Feldman et al. (eds.), *Die Nachwirkungen der Inflation auf die deutsche Geschichte, 1924–1933* (Munich, 1985), 364, 371. Also Sally Marks, *The Illusion of Peace* (rev. edn., Basingstoke, 2003), 143.

35. 数据引自 David M. Kennedy, *Freedom from Fear：The American People in Depression and War, 1929–1945* (Oxford, 1999), 79。

36. 两处引言，第一处来自 Vansittart，第二处来自 Alexander Cadogan，见 Robert Boyce, 'World Depression, World War：Some Economic Origins of the Second World War', in Robert Boyce and E. M. Robertson (eds.), *Paths*

to War: New Essays on the Origins of the Second World War (London, 1989), 85。

37. 除了英国和法国之外，还包括比利时、捷克斯洛伐克、爱沙尼亚、匈牙利、意大利、拉脱维亚、立陶宛、波兰、罗马尼亚、南斯拉夫。

38. Kenneth Mouré, *Managing the Franc Poincaré: Economic Understanding and Political Constraint in French Monetary Policy, 1928-1936* (Cambridge, 1991), 105.

39. Patricia Clavin, 'The Fetishes of So-Called International Bankers: Central Bank Co-operation for the World Economic Conference, 1932 – 3 ', *Contemporary European History*, 1: 3 (1992), 300.

40. Calvin, 'Fetishes', 300.

41. Robert Dallek, *Franklin D. Roosevelt and American Foreign Policy, 1932-1945* (New York, 1979), 54.

42. Quoted in Clavin, *The Great Depression in Europe, 1929-1939*, 165.

43. G. R. Feldman, 'Hitler's Rise to Power and the Political Culture ', *German Politics and Society*, 14 (Spring, 1996), 99.

44. Harold James, 'Innovation and Conservatism in Economic Recovery: The Alleged 'Nazi Recovery' of the 1930s', in W. R. Garside (ed.), *Capitalism in Crisis: International Responses to the Great Depression* (London, 1993).

45. Kenneth Mouré, *The Gold Standard Allusion*; M. Flandreau, C. -L. Holtfrerich, and H. James (eds.), *International Financial History in the Twentieth Century: System and Anarchy* (Cambridge, 2003). 亦可参见 Mouré 和 Schuker 的相关论文。

专著

AUBOIN, ROGER, *The Bank for International Settlements, 1930–1955*, Essays in International Finance, no. 22 (Princeton, 1955).

BARBER, WILLIAM J., *From New Era to New Deal: Herbert Hoover, the Economists and American Economic Policy, 1921–1933* (Cambridge, 1985).

BECKER, JOSEF and HILDEBRAND, KLAUS (eds.), *Internationale Beziehungen in der Weltwirtschaftskrise, 1929–1933: Referate und Diskussionsbeiträge eines Augsbur-*

ger Symposiums, 28. März bis 1. April 1979 (Munich, 1980).

BENNETT, EDWARD W., *Germany and the Diplomacy of the Financial Crisis, 1931* (Cambridge, Mass., 1962).

—— *German Rearmament and the West, 1932–1933* (Princeton, 1979).

BERNSTEIN, MICHAEL A., *The Great Depression: Delayed Recovery and Economic Change in America, 1929–1939* (Cambridge, 1987).

BOND, BRIAN, *British Military Policy Between the Two World Wars* (Oxford, 1980).

BORCHARDT, KNUT, *Perspectives on Modern German Economic History and Policy*, trans. Peter Lambert (Cambridge, 1991). Esp. chapter 9: 'Constraints and Room for Manoeuvre in the Great Depression of the Early Thirties: Towards a Revision of the Received Historical Picture'.

BORDO, MICHAEL D., GOLDIN, CLAUDIA, and WHITE, EUGENE N. (eds.), *The Defining Moment: The Great Depression and the American Economy in the Twentieth Century* (Chicago and London, 1998).

CAIRNCROSS, ALEC and EICHENGREEN, BARRY, *Sterling in Decline: The Devaluations of 1931, 1949 and 1967* (Oxford, 1983).

CAPIE, FORREST, *Depression and Protectionism: Britain Between the Wars* (London, 1983).

—— and WOOD, GEOFFREY E. (eds.), *Financial Crises and the World Banking System* (London, 1986).

CLARK, IAN, *Globalization and Fragmentation: International Relations in the Twentieth Century* (Oxford, 1997).

CLARKE, PETER, *The Keynesian Revolution in the Making, 1924–1936* (Oxford, 1988).

CLAVIN, PATRICIA, *The Failure of Economic Diplomacy: Britain, Germany, France and the United States, 1931–1936* (Basingstoke, 1996).

—— *The Great Depression in Europe, 1929–1939* (Basingstoke, 2000).

COTTRELL, P. L. and MOGGRIDGE, D. E. (eds.), *Money and Power: Essays in Honour of L. S. Pressnell* (Basingstoke, 1988).

DRUMMOND, IAN M., *British Economic Policy and the Empire, 1919–1939* (London, 1972).

—— *Imperial Economic Policy, 1917–1939* (London, 1974).

—— *The Floating Pound and the Sterling Area, 1931–1939* (Cambridge, 1981).

EICHENGREEN, BARRY, *Golden Fetters: The Gold Standard and the Great Depression, 1929–1939* (New York, 1992).

—— and LINDERT, PETER H. (eds.), *The International Debt Crisis in Historical Perspective* (Cambridge, Mass. and London, 1989).

FERRELL, R. H., *American Diplomacy in the Great Depression* (New Haven, Conn., 1957).

FORBES, NEIL, *Doing Business With the Nazis: Britain's Economic and Financial Relations with Germany, 1931–1939* (London and Portland, Oreg., 2000).

FRIEDMAN, M. and SCHWARTZ, A. J., *Monetary History of the U.S., 1867–1960* (Princeton, 1963).

GALBRAITH, JOHN K., *The Great Crash, 1929* (Boston, 1955).

GARSIDE, W. R. (ed.), *Capitalism in Crisis: International Responses to the Great Depression* (London, 1993).

GORLOV, SERGEI, *Sovershenno Sekretno: Alians Moskva—Berlin, 1920–1933 gg (Voenno-politichieskie otnoshenia SSSR–Germania)* [Top Secret: The Moscow–Berlin Alliance, 1920–1933 (Military-Political Relations, USSR–Germany)] (Moscow, 2001).

HOLLAND, R. F., *Britain and the Commonwealth Alliance, 1918–1939* (London, 1981).

HOWSON, SUSAN, *Sterling's Managed Float: The Operations of the Exchange Equalization Account, 1932–1939* (Princeton, 1980).

JACKSON, JULIAN, *The Politics of Depression in France, 1932–1936* (Cambridge, 1985).

JAMES, HAROLD, *The Reichsbank and Public Finance in Germany 1924–1933: A Study of the Politics of Economics During the Great Depression* (Frankfurt a.M., 1983).

—— *The German Slump: Politics and Economics, 1924–1936* (Oxford, 1986).

—— *The End of Globalization: Lessons From the Great Depression* (Cambridge, Mass., 2001).

JOHNSON, H. CLARK, *Gold, France, and the Great Depression, 1919–1932* (New Haven, Conn., 1997).

JONES, LARRY EUGENE, *German Liberation and the Dissolution of the Weimar Party System, 1918–1933* (Chapel Hill, NC, 1988).

KENNEDY, DAVID M., *Freedom From Fear: The American People in Depression and War, 1929–1945* (Oxford, 1999).

KINDLEBERGER, CHARLES, *The World in Depression, 1929–1939* (London, New York and Sydney, 1973).

KRUEDENER, JÜRGEN BARON VON (ed.), *Economic Crisis and Political Collapse: The Weimar Republic, 1924–1933* (Oxford, 1990).

KUNZ, DIANE B., *The Battle for Britain's Gold Standard in 1931* (London, New York and Sydney 1987).

LINK, W., *Die amerikanische Stabilisierungspolitik in Deutschland 1921–1932. Die Vereinigten Staaten von Amerika der Wiederaufstieg Deutschlands und der Erste Weltkrieg* (Düsseldorf, 1970).

MCMURRY, DEAN SCOTT, *Deutschland und die Sowjetunion 1933–1936: Ideologie, Machtpolitik und Wirtschaftsbeziehungen* (Cologne, 1979).

MEYER, F. V., *Britain, the Sterling Area and Europe* (Cambridge, 1952).

MIDDLETON, ROGER, *Towards the Managed Economy: Keynes, the Treasury and the Fiscal Policy Debate of the 1930s* (London, 1985).

MOURÉ, KENNETH, *Managing the Franc Poincaré: Economic Understanding and Political Constraint in French Monetary Policy, 1928–1936* (Cambridge, 1991).

—— *The Gold Standard Illusion: France, the Bank of France, and the International Gold Standard, 1914–1939* (Oxford, 2002).

MURRAY, WILLIAMSON, KNOX, MACGREGOR, and BERNSTEIN, ALVIN (eds.), *The Making of Strategy: Rulers, States and War* (Cambridge and New York, 1994).

NASH, G. D., *The Crucial Era: Great Depression and World War II, 1929–1945* (2nd edn., New York, 1992).

PATCH, JR., WILLIAM L., *Heinrich Brüning and the Dissolution of the Weimar Republic* (Cambridge, 1998).

POLLARD, SIDNEY, *The Development of the British Economy: 1914–1990* (4th edn., London, 1992).

SCHULZ, GERHARD, *Zwischen Demokratie und Diktatur: Verfassungspolitik und Reichsreform in der Weimarer Republik* (Berlin, 1963, 1992).

—— *Aufstieg des Nationalsozialismus: Krise und Revolution in Deutschland* (Frankfurt a.M. Berlin Vienna, 1975).

—— *Von Brüning zu Hitler: der Wandel des politischen Systems in Deutschland 1930–1933* (Berlin, 1992).

SKIDELSKY, ROBERT, *Politicians and the Slump* (Oxford, 1967).

STIEFEL, DIETER, *Die große Krise in einem kleinen Land: Österreichische Finanz- und Wirtschaftspolitik, 1929–1938* (Vienna, 1988).

SVENNILSON, INGVAR, *Growth and Stagnation in the European Economy* (Geneva, 1954).

TEICHOVA, ALICE, *An Economic Background to Munich: International Business and Czechoslovakia, 1918–1938* (London and New York, 1974).

—— *Kleinstaaten im Spannungsfeld der Großmächte: Wirtschaft und Politik in Mittel-und Südosteuropa in der Zwischenkriegszeit* (Munich, 1988).

TEICHOVA, ALICE, and COTTRELL, P. L. (eds.), *International Business and Central Europe, 1918–1939* (Leicester, 1983).

TEMIN, PETER, *Lessons From the Great Depression* (Cambridge, Mass. and London, 1989).

TONIOLO, GIANNI, *L'economia dell'Italia fascista* (Rome, 1980).

WÄCHTER, DETLEF, *Von Stresemann zu Hitler: Deutschland 1928 bis 1933 im Spiegel der Berichte des englischen Botschafters Sir Horace Rumbold* (Frankfurt a.M., 1997).

WILLIAMSON, PHILIP, *National Crisis and National Government: British Politics, the Economy and Empire, 1926–1932* (Cambridge, 1992).

WILSON, J. H., *American Business and Foreign Policy, 1920–1933* (Lexington, Ky., 1971).

WURM, CLEMENS A., *Business, Politics and International Relations: Steel, Cotton and International Cartels in British Politics, 1924–1939* (Cambridge, 1993).

文章

AGUADO, IAGO GIL, 'The Creditanstalt Crisis of 1931 and the Failure of the Austro-German Customs Union Project', *Historical Journal*, 44: 1 (2001).

AUBOIN, R., 'The Bank of International Settlement, 1930–1933', *Studies in International Finance*, 22 (1985).

BALDERSTON, THEO, 'The Origins of Economic Instability in Germany, 1924–1930: Market Forces versus Economic Policy', *Vierteljahresschrift für Sozial-und Wirtschaftsgeschichte*, 69 (1982).

BERNACKE, B. and JAMES, H., 'The Gold Standard, Deflation and Financial Crisis in the Great Depression: An International Comparison', in R. G. Hubbard (ed.), *Financial Markets and Financial Crises* (Chicago, 1991).

BESSEL, RICHARD, 'Why Did the Weimar Republic Collapse?', in Ian Kershaw (ed.), *Weimar: Why Did German Democracy Fail?* (London, 1990).

BOOTH, ALAN, 'The British Reaction to the Economic Crisis', in W. R. Garside (ed.), *Capitalism in Crisis: International Responses to the Great Depression* (London, 1993).

BORCHARDT, KNUT, 'Could and Should Germany Have Followed Great Britain in Leaving the Gold Standard?', *Journal of European Economic History*, 13 (1984).

—— 'A Decade of Debate About Brüning's Economic Policy', in Jürger Baron von Krüdener (ed.), *Economic Crisis and Political Collapse: The Weimar Republic, 1924–1933* (New York and Oxford, 1990).

BOUVIER, JEAN, 'The French Banks, Inflation and the Economic Crisis, 1919–1939', *Journal of Economic History*, 2 (1984).

BOYCE, ROBERT, 'World Depression, World War: Some Economic Origins of the Second World War', in id. and Esmonde M. Robertson, (eds.), *Paths to War: New Essays on the Origins of the Second World War* (London, 1989).

—— 'Economics and the Crisis of British Foreign Policy Management, 1914–1945', in Dick Richardson and Glyn Stone (eds.), *Decisions and Diplomacy: Essays in Twentieth-Century International History in Memory of George Grun and Esmonde Robertson* (London, 1995).

—— 'Business As Usual: The Limits of French Economic Diplomacy, 1926–1933', in id. (ed.), *French Foreign and Defence Policy, 1918–1940* (London, 1998).

CAIN, P. J. and HOPKINS, A. G., 'Gentlemanly Capitalism and British Expansion Overseas: II. New Imperialism, 1850–1945', *Economic History Review*, 40 (1987).

CIOCCA, PIERLUIGI and TONIOLO, GIANNI, 'Industry and Finance in Italy, 1918–1940', *Journal of European Economic History*, 13: 2 (1984).

CLAVIN, PATRICIA, 'The World Economic Conference of 1933: The Failure of Political Internationalism', *Journal of European Economic History*, 20: 3 (1991).

—— ' "The Fetishes of So-Called International Bankers": Central Bank Cooperation for the World Economic Conference, 1932–3', *Contemporary European History*, 1: 3 (1992).

EICHENGREEN, BARRY, 'The Origins and Nature of the Great Slump Revisited', *Economic History Review*, 45: 2 (1992).

—— and UZAN, M., 'The World Economic Conference as an Instance of Failed Economic Cooperation', Berkeley Department of Economics, Working Paper 90–149 (Berkeley, Cal., 1990).

FERDERER, J. PETER and ZALEWSKI, DAVID A., 'To Raise the Golden Anchor? Financial Crises and Uncertainty During the Great Depression', *Journal of Economic History*, 59: 3 (1999).

GARSIDE, W. R., 'Party Politics, Political Economy and British Protectionism, 1919–1932', *History*, 83 (1998).

—— and GREAVES, J. J., 'Rationalisation and Britain's Industrial Malaise: The Interwar Years Revisited', *Journal of European Economic History*, 26: 1 (1997).

GOLDINGER, WALTER, 'Das Projekt einer deutsch-österreichischen Zollunion von 1931', in *Österreich und Europa* (Graz, 1965).

HEINEMAN, JOHN, L. 'Constantin von Neurath and German Policy at the London Economic Conference of 1933: Backgrounds to the Resignation of Alfred Hugenberg', *Journal of Modern History*, 41, 2 (1969).

HEYDE, PHILIPP, 'Frankreich und das Ende der Reparationen: das Scheitern der französischen Stabilisierungskonzepte in der Weltwirtschaftskrise 1930–1932', *Vierteljahrshefte für Zeitgeschichte*, 48 (2000).

JAMES, HAROLD, 'The Causes of the German Banking Crisis in 1931', *Economic History Review*, 37 (1984).

—— 'Economic Reasons for the Collapse of the Weimar Republic', in Ian Kershaw (ed.), *Weimar: Why Did German Democracy Fail?* (London, 1990).

—— 'Financial Flows Across Frontiers During the Inter-war Depression' *Economic History Review*, 45: 3 (1992).

—— 'Innovation and Conservatism in Economic Recovery: The Alleged "Nazi Recovery of the 1930s', in W. R. Garside (ed.), *Capitalism in Crisis: International Responses to the Great Depression* (London, 1993).

MAIER, CHARLES, 'The Economies of Fascism and Nazism', in id. (ed.), *In Search of Political Stability: Explorations in Historical Political Economy* (Cambridge, 1987).

MOGGRIDGE, D. E., 'The Gold Standard and National Financial Policies, 1913–39', in Peter Mathias and Sidney Pollard (eds.), *The Cambridge Economic History of Europe*. Vol. 8: *The Industrial Economies: The Development of Economic and Social Policies* (Cambridge, 1989).

MOURÉ, KENNETH, ' "Une éventualité absolument exclue": French Reluctance to Devalue, 1933–1936', *French Historical Studies*, 15: 3 (1988).

ORDE, ANNE, 'The Origins of the German–Austrian Customs Union Affair of 1931', *Central European History*, 13 (1980).

POGGE VON STRANDMANN, HARTMUT, 'Industrial Primacy in German Foreign Relations? Myths and Realities in Russian–German Relations at the End of the Weimar Republic', in Richard Bessel and Ernst J. Feuchtwanger (eds.), *Social Change and Political Development in Weimar Germany* (London and Ottawa, 1981).

REDISH, ANGELA, 'British Financial Imperialism after the First World War' in Raymond E. Dumett (ed.) *Gentlemanly Capitalism and British Imperialism: The New Debate on Empire* (London, 1999).

SCHWARZ, L. D., 'Searching for Recovery: Unbalanced Budgets, Deflation and Rearmament in France during the 1930s', in W. R. Garside (ed.), *Capitalism in Crisis: International Responses to the Great Depression* (London, 1993).

TEMIN, PETER, 'Transmission of the Great Depression', *Journal of Economic Perspectives*, 7: 2 (1993).

TÜRKES, MUSTAFA, 'The Balkan Pact and its Immediate Implications for the Balkan States, 1930–1934', *Middle Eastern Studies*, 30: 1 (1994).

WILLIAMSON, PHILIP, 'A "Banker's Ramp"? Financiers and the British Political Crisis of August 1931', *English Historical Review*, 99 (1984).

东欧和萧条

专著

ALDCROFT, DEREK H. and MOREWOOD, STEPHEN, *Economic Change in Eastern Europe Since 1918* (Aldershot, 1995).

BARLAS, DILEK, *Étatism and Diplomacy in Turkey: Economic and Foreign Policy Strategies in an Uncertain World, 1929–1939* (Leiden, New York, and Cologne, 1998).

BEREND, I. T. and RÁNKI, GYÖRGY, *Economic Development in East Central Europe in the 19th and 20th Centuries* (New York, 1974).

COTTRELL, PHILIP LEONARD (ed.), *Rebuilding the Financial System in Central and Eastern Europe, 1918–1994* (Aldershot, 1997).

KAISER, D. E., *Economic Diplomacy and the Origins of the Second World War: Germany, Britain, France and Eastern Europe, 1930–1939* (Princeton, 1980).

KASER, M. C. and RADICE E. A. (eds.), *The Economic History of Eastern Europe 1919–1975*. Vol. 1: *Economic Structure and Performance Between the Wars* (Oxford, 1985).

—— *The Economic History of Eastern Europe 1919–1975*. Vol. II: *Interwar Policy, the War and Reconstruction* (Oxford, 1986).

LAMPE, J. R. and JACKSON, M. R., *Balkan Economic History, 1550–1950* (Bloomington, Ind., 1982).

RÁNKI, GYÖRGY, *Economy and Foreign Policy: The Struggle of the Great Powers for Hegemony in the Danube Valley, 1919–1939* (Boulder, Col., 1983).

文章

ALDCROFT, D. H., 'Eastern Europe in an Age of Turbulence, 1919–1950', *Economic History Review*, 41 (1988).

—— 'Depression and Recovery: The Eastern European Experience', in W. R. Garside (ed.), *Capitalism in Crisis: International Responses to the Great Depression* (London, 1993).

BEREND, I. T., 'Agriculture', in M. C. KASER and E. A. RADICE (eds.), *The Economic History of Eastern Europe 1919–1975*. Vol. 1: *Economic Structure and Performance Between the Wars* (Oxford, 1985).

COTTRELL, P. L., 'Aspects of Western Equity Investment in the Banking Systems of East Central Europe', in Alice Teichova and P. L. Cottrell (eds.), *International Business and Central Europe, 1918–1939* (Leicester, 1983).

DAVIES, R. W., 'Economic and Social Policy in the USSR, 1917–41', in Peter Mathias and Sidney Pollard (eds.), *The Cambridge Economic History of Europe*. Vol. 8: *The Industrial Economies: The Development of Economic and Social Policies* (Cambridge, 1989).

DRABEK, Z., 'Foreign Trade Performance and Policy', in M. C. Kaser and E. A. Radice (eds.), *The Economic History of Eastern Europe 1919–1975*. Vol. 1: *Economic Structure and Performance Between the Wars* (Oxford, 1985).

FISCHER-GALATI, S., 'Eastern Europe in the Twentieth Century: "Old Wine in New Bottles" ', in J. Held (ed.), *The Columbia History of Eastern Europe in the Twentieth Century* (New York, 1992).

KOFMAN, J., 'Economic Nationalism in East-Central Europe in the Interwar Period', in H. Szlajfer (ed.), *Economic Nationalism in East-Central Europe and South America* (Geneva, 1990).

NÖTEL, RUDOLF, 'International Capital Movements and Finance in Eastern Europe, 1919–1949', *Vierteljahresschrift für Sozial- und Wirtschaftsgeschichte*, 61 (1974).

—— 'Money, Banking and Industry in Prewar Austria and Hungary', *Journal of European Economic History*, 13 (1984).

—— 'International Credit and Finance', in M. C. Kaser and E. A. Radice (eds.), *The Economic History of Eastern Europe 1919–1975*. Vol. II: *Interwar Policy, the War and Reconstruction* (Oxford, 1986).

RÁNKI, GYÖRGY and TOMASZEWSKI, J., 'The Role of the State in Industry, Banking and Trade', in M. C. Kaser and E. A. Radice (eds.), *The Economic History of Eastern Europe 1919–1975*. Vol. II: *Interwar Policy, the War and Reconstruction* (Oxford, 1986).

RAUPACH, H., 'The Impact of the Great Depression in Eastern Europe', *Journal of Contemporary History*, 4 (1969).

ROON, GER VAN, *Small States in Years of Depression: The Oslo Alliance 1930–1940* (Assen and Maastricht, 1989).

SALMON, PATRICK, *Scandinavia and the Great Powers, 1890–1940* (Cambridge, 1997).

STAMBROOK, F. G., 'A British Proposal for the Danubian States: The Customs Union Project of 1932', *Slavonic and Eastern European Review*, 42 (1963).

TEICHOVA, ALICE, 'Structural Changes and Industrialisation in Interwar Central-East Europe', in P. Bairoch and M. Levy-Leboyer (eds.), *Disparities in Economic Development Since the Industrial Revolution* (London, 1981).

TEICHOVA, ALICE, 'Industry', in M. C. Kaser and E. A. Radice, (eds.), *The Economic History of Eastern Europe 1919–1975*. Vol. 1: *Economic Structure and Performance Between the Wars* (Oxford, 1985).

—— 'East-Central and South-East Europe 1919–39', in Peter Mathias and Sidney Pollard (eds.), *The Cambridge Economic History of Europe*. Vol. 8: *The Industrial Economies: The Development of Economic and Social Policies* (Cambridge, 1989).

—— 'Eastern Europe in Transition: Economic Development During the Interwar and Postwar Period', in id. (ed.), *Central Europe in the Twentieth Century: An Economic History Perspective* (Aldershot, 1997).

ZAUBERMAN, A., 'Russia and Eastern Europe, 1920–1970', in C. M. Cipolla (ed.), *The Fontana Economic History of Europle*, Vol. 6., Part 2: *Contemporary Economies* (London, 1976).

第十三章　满洲危机：欧洲列强与远东

I

　　1931 年 9 月 18 日晚上①10 点 20 分，在奉天（今沈阳市）的郊外，一颗炸弹在南满铁路上爆炸。爆炸造成的损害是极小的，但一支日本的巡逻队声称他们遭到了中国士兵的枪击而"被迫还击"。到第二天早晨，日本人已经突破了沈阳的城墙，并且占领了该城。这是一次预谋的行动，备受期待，尽管它不大可能被日本关东军司令官和东京的军事当局批准。用国联李顿调查团后来关于该事变的报告的话来说，日本人"迅速且准确"地针对其中国对手执行了紧急情况预案，而后者则是无准备和无组织的。所谓的"满洲事件"就这样开始了，它最终导致日本人建立一个傀儡政权"满洲国"，日本退出国联，成为第一个抛弃日内瓦（体系）的大国。日本人的举动标志着华盛顿会议中国问题协议所残剩的东西消失，而且对国联的维和功能成功地构成了挑战。正是由于国联的此次失败，再加上裁军谈判的崩溃，一场复杂、混乱而且遥远的争端对欧洲有了相当之大的重要性。

　　日本在满洲的行动到今天已经被认为是民族主义热潮的一部分，这股热潮针对的是西方所创造的一种形式的国际主义。

---

①　原文写作上午，时间有误。

这场危机的源头可以被追溯至一战之后在中国和日本出现的民族主义运动，这些运动旨在对国内实施变革以及主张各自国家的完全独立。对于中国人来说，这意味着除了粉碎相互争夺的军阀们的权力之外，还要根除危及他们的国家主权的所有形式的西方特权。对于东京当局而言，以武力征服满洲而且无视外国舆论，表明其抛弃了国际主义政策，这种主义以参加国联以及所谓的华盛顿体系为象征。这场危机并未导致中国和日本立即走向战争。日本人将在满洲的行动之后进一步侵占中国的领土，不过这在当时还未被人们普遍意识到。而且日本人的这一行为并未带来与英国、美国或者苏联冲突的威胁，尽管个别的日本人曾经谈论与后两者当中的一个国家的冲突将不可避免。退出国联是根据《国际联盟盟约》的条款而采取的一种自愿行为。日本因其在满洲的行动而在日内瓦受到谴责，但并未受到制裁。在 1933 年，日本将在多大程度上退回到孤立的状况，还谈不上明确。但这些事态标志着日本的政策以及西方对其意图的认识上的变化。它们也揭示出 1920 年代创立的那种国际结构的虚弱之处，这让人们怀疑其所赖以建立的一些根本性原则。

在 1920 年代，1921—1922 年在华盛顿达成的条约为东亚的大国外交提供了框架。苏联是重要的缺席者，既未被邀请参加华盛顿会议，也不是华盛顿达成的条约当中任何一项的参与方。除了五国的海军协定（《五国条约》），《四国条约》以及《九国公约》构成了太平洋地区战后政治解决方案的核心。在《四国条约》中，美国、英国、法国和日本同意当任何外来威胁或者它们之间的争端危及其在太平洋的岛屿属地时，将尊重现状和协商。《九国公约》明确提到了中国，各签字国将尊重中国

708

的主权、独立、领土及行政的完整，以及维持各国在中国全境的商务实业机会均等之原则（即"门户开放"原则）。中国将被给予完全无碍之机会，以发展并维持"一有力巩固之政府"。中国获准将关税收入提高至实际的 5%，而且获得许诺将在未来召开一次会议来为其关税自主做准备。正是这些条约导致人们使用"华盛顿结构"（Washington structure）或者"华盛顿体系"（Washington system）的词语，尽管这些用词并未在英语或者法语中找到其源头。[1] 人们当时是否真正地构建了一种"体系"，这是非常令人怀疑的。在 1920 年代，这些签字国当中的每一个都能够而且的确以最适合其自身国家利益的方式来诠释这些条约。这些条约试图调节帝国主义国家之间的关系，但并未终结这些帝国本身。如果任何国家着手实施与"华盛顿精神"相反的政策，这些条约当中并不存在制裁条款。从这种意义来说，这些条约只是文献性质的安排，旨在维护地区的现状，但允许为各参与国所接受的和平而渐进的变化。这种"新的国际主义"已经从欧洲延伸至太平洋，重要的区别在于美国是华盛顿各项条约的积极参与者。

这些条约反映了第一次世界大战给东亚带来的改变，而且承认在国家影响力方面的新变化。英国人承认了美国的新地位，接受与美国在主力舰方面的平等地位，以及允许英日同盟协定期满终止。与 1902 年的英日联盟相比，其取代者《四国条约》是一种更为广泛但更为松散的安全安排。日本人也容纳了美国人，尽管东京当局在海军比例以及政治安排方面都有保留意见。许多日本人为受到欢迎的英日同盟的结束感到沮丧，因为英日同盟曾经是在完全平等的基础上谈判达成的。无论其对日本的行动自由有着怎样的限制，它曾经允许日本在一战之前以及大

战期间追求一种帝国性质的政策。和英国一样，日本加入了更
无力的《四国条约》——"我们已经抛弃了威士忌而接受了
水"[2]，该条约被批评者视为英美以牺牲日本为代价串通一气
的产物（无论这种观点如何不正确）。通过宣布放弃其战时在
中国获得租借地的政策，修正其早先对于中国的一些要求，
以及接受对于未来的"门户开放"的誓言，该条约的反对者
认为日本丧失了许多而所获寥寥。条约的谈判者坚称日本与
美国及中国的关系已经大幅改善，而且其作为在太平洋战后
秩序塑造上的一个平等伙伴的地位已经赢得了承认。他们理
由充分地宣称日本的安全已经得到了加强，而且在经济上还
有政治上，它将从一种安抚中国以及与英国人和美国人合作
的政策中受益良多。日本在凡尔赛会议上曾经接受的国际政
策，现在被延伸至远东。

与其日本同行相比，中国的谈判人员在归国时受到更为热
烈的欢迎，这主要是因为日本已经同意离开山东。应当承认，
对于中国在这些新的安排下的次等地位，中国的一些知识分子
表达了强烈的保留意见。受到自决原则以及马克思主义思潮的
激励，那些参与孙中山领导的民族主义运动的人（国民党）希
望更为迅速和激进的变革，而不是《九国公约》所许诺的对于
中国附属地位的逐步改善。一旦政治上的统一实现，帝国主义
国家会不会接受废除各项不平等条约以及放弃它们的特权？尽
管在华盛顿会议召开之时中国是虚弱的，而且并无一个真正的
中央政府，但民族复兴的种子已经播下。正是中国民族主义的
出现，挑战了华盛顿解决方案背后的各种假定，而且直接影响
到被排斥的苏联人，以及英国人、美国人和日本人的地位。在
经历了 13 年的国内无政府状态之后，蒋介石成功地在 1927 年

711

统一了中国的大部分地方，并且在南京建立一个国民党的政府。① 从 1923 年直到蒋介石在 1927—1928 年"清洗"共产党人及国民党左派之时，布尔什维克主义者及其中国支持者是国民党军事胜利背后的主要驱动力量之一。蒋介石的血腥"清洗"对共产国际在中国的希望而言是一种令人震惊的打击，而且对当地的形势以及莫斯科的主义争论与领导权争执具有至关重要的影响。诚然，中国共产党的一群核心人士幸存下来。由朱德和毛泽东领导的一场独立运动在中国东南部的乡村边界地带站稳了脚跟，而且聚集了一支相当之大的、纪律严明的游击力量，能够一再地打败蒋介石接受过德国人训练的军队。只是到了 1934 年底，通过其第五次战役，蒋介石才成功地令红军从其中国东南部的根据地转移到西北，即行程大约 6000 英里的史诗性"长征"。

1929 年，蒋介石试图将苏联人驱逐出中国北方的中东铁路②。直接谈判失败之后，苏联人集结军队，攻击中国军队，夺取了这条铁路。蒋介石被迫退让，双方做出了休战安排，恢复了此前对于该铁路的共管。最终的谈判直到 1931 年底才完成，到这时，苏联占有中东铁路对于其与日本的关系构成了一个重要的问题。苏联人在满洲保留了一个重要但暴露的战略前哨。在 1930 年代初，莫斯科面对着由蒋介石领导的反共、反苏运动，以及传统的俄日冲突在其远东边境沿线的复苏。

当国民党与布尔什维克主义者之间麻烦众多的合作关系还

---

① 原文写作 1928 年，时间有误。南京国民政府成立于 1927 年 4 月 18 日。

② "中国东方铁路"的简称，亦作"东清铁路""东省铁路"，19 世纪末到 20 世纪初沙皇俄国为攫取中国东北资源、称霸远东地区而修建，是从俄国赤塔经中国满洲里、哈尔滨、绥芬河到达俄国符拉迪沃斯托克（海参崴）的西伯利亚铁路在中国境内的一段。

存在的时候，英国人在伴随北伐的反帝游行示威中首当其冲。1925 年 5 月 30 日在上海发生的一起严重事件（即"五卅惨案"）导致了一波反英浪潮，以及在中国南部及香港对于英国以及其他外国商品的有效抵制。随着北伐战争进入华中地区，英国在长江流域的租界成了共产国际驻华代表迈克尔·鲍罗廷（Michael Borodin）及其共产主义支持者的明确目标。中国民众蜂拥占领了汉口和九江的英租界，这些租界被交给国民政府。对于上海公共租界的威胁引发了英国更为有力的反应。1927 年 1 月，印度军队的一个营被从香港派出，而且制订了进一步派遣军队保卫公共租界外国居民的计划。尽管被要求提供援助，但无论是美国人还是日本人都没有参与这次军事反击，这是英国力量的一次强有力的展示。1927 年 3 月，国民党军队攻打南京，英国、美国及日本领事馆被破坏，三名英国人被杀。在这一事件中，部分是因为无法做出有效的军事反应，英国并未回应。英国根本无法以军事手段来扭转中国民族运动的浪潮。英国外交部此前已经着手实施一种替代性的政策，尽管面对国民党的攻击也仍在追求这一政策。外交部远东事务权威专家维克托·韦尔斯利（Victor Wellesley）爵士建议说，只有实施和解以及恢复中国的主权和关税自主的政策，才能保全英国的威望及其在中国的重大商业利益。尽管这一决定在蒋介石与左派公开分裂之前就已做出，但伦敦当局希望国民党将"清洗"其共产党的盟友，而且有可能与"温和派"谈判。鉴于中国政府在 1925 年召开的关税特别会议未能兑现华盛顿会议做出的承诺，这一新路线在伦敦赢得了进一步的支持。这是与华盛顿条约有关的三个大国最后一次和中国人一道会晤。到此次会议在 1926 年 4 月结束时，中国已经陷入了一场内战，而英美日代表在关税问题上无可救药地争执不休。

英国人因为此次会议的失败而受到其他人的谴责，他们在这年夏天重新思考了自己的政策，决定采取单边行动。1926 年 12 月 18 日，在一份公开的备忘录中，英国人宣布他们愿意给予中国无条件的关税自主权，让其全部的收入摆脱外国的控制，以及实施为改善中国的司法体系而提出的建议，这将为未来废除治外法权开辟道路。英国政府还保证各处的英租界将最终回归中国的控制之下。美国人和日本人对于奥斯汀·张伯伦发出的这条"圣诞节信息"反应不佳，但这一信息并不只是一些"庄严的辞藻"。国民政府外交部部长陈友仁与英国驻北京公使馆参赞欧文·奥马利爵士在 1927 年 2 月 19 日达成了一份协议，有效地给予中国对于汉口及九江租界的控制权，同时还有一些对于英国臣民和贸易的特别保障措施。在蒋介石取得成功而且与共产党分裂之后，英国人按照张伯伦所发布的信息的路线与国民党人在南京谈判。困难在于蒋介石并非"一家之主"。一系列的战争以及派别争端随之爆发。到 1931 年底，出现了两个中国政府，一个在南京，另一个在广州。在同一年，毁灭性的洪水席卷中部各个省份，数十万人被淹死或者无家可归，导致中国向国联请求援助。1932 年 1 月，一名英国外交部官员指出："现在实际上不存在任何中国政府，名义上的南京政府并无权力，处于崩溃的边缘。"[3]

日本是最为直接和极其关注蒋介石的历次战役的第三个国家。北伐战争在 1928 年继续，这威胁到日本在 1904—1905 年日俄战争取胜之后在满洲确立的地位。蒋介石向北方的前进带来了双方直接的对抗，而这种对抗在国民党先前阶段的挺进过程当中曾得到避免。日本在中国拥有比英国或者美国更为重大的

表 38　中国与英美日的贸易（1916—1931 年）

时　间	出口（五年均值,%）			进口（五年均值,%）			贸易差额（五年均值,百万港元或美元）					
	美国	日本	英国*	美国	日本	英国*	美国（港元**）	（美元）	日本（港元）	（美元）	英国（港元或美元）	（美元）
1916—1920 年	15.948	27.262	7.124	14.386	31.514	9.486	-2.9	-3.3	-75.6	-86.34	-35.8	-40.9
1921—1925 年	15.948	25.892	5.882	16.54	24.996	10.098	-55.9	-45.72	-53.9	-43.15	-84.9	-68.6
1926—1930 年	14.352	23.948	6.65	15.83	25.506	7.886	-70.9	-46.1	-95.6	-62.1	-46.1	-29.9
1931 年	13.22	29.13	6.65	18.73	23.78	7.83	-201.1	-68.3	-307.8	-104.6	-55.4	-18.8

* 不包括香港和英属印度。

** 美国在一战期间是贸易逆差，然后在 1919 年转为顺差，五年均值低估了真实的情形。

资料来源：Chen Tasi M. A and Kwan-Wai Chan D. C. S, *Trend and Character of China's Foreign Trade 1912—1931*, China Institute of Pacific Relations (Shanghai, 1933), 40-44, 52-53; Hsiao Liang-Lin, *China's Foreign Trade Statistics* (Harvard, 1965) 22-44, 148-50, 163-172, 191-2。

利益，而且其在满洲的利益比英国在华中的利益具有更大的重要性。每十个居住在中国的外国人当中有七个是日本人，日本人在满洲更是占压倒性的绝大多数。在 1931 年以前，日本对华出口占其全部贸易的 25%，而相比之下英国为 5%。中国吸收了日本接近 80% 的对外投资，相比之下英国不到 6%，而美国不到 1.5%。[4]在 1930 年底，中国所有的外来投资当中有约 35% 来自日本。这些投资大多集中在满洲，集中在与日本人接管的中东铁路分支南满铁路有联系的许多工商企业，以及在 1905 年战胜俄国之后夺取的俄国关东租借地①。1915 年日本与中国签订了一份协议，将租约从 25 年延长至 99 年，而且保证日本对于南满及内蒙古东部的铁路及其他贷款的优先权。日本逐渐支配着这个铁路区域的政治与经济生活，其在南满其他地方的所有臣民有权在该地区居住、租赁土地以及从事贸易。中国中东铁路由得到关东军支持的日本卫兵巡逻，关东军负责保卫铁路区域和租借地区的臣民和企业。关东军变成了指导日本在满洲政策的首要手段。日军中最为激进和主张扩张主义的一些人担任关东军军官，关东军在满洲的活动拥有相当程度的独立性。由于日本对朝鲜的占领而被剥夺土地的朝鲜农民已经大量来此定居，被铁路区域新的经济机会吸引的中国民众也是如此。由于有充分的扩张及发展空间，东京当局以及关东军的许多人觉得，满洲和蒙古能够被用于吸纳日本的一些过剩人口，以及提供为促进工业化所需要的原材料和食物，这种工业化对于日本的生存和发展来说是必不可少的。"日本无意中已经陷入三

---

① 即"关东州"，是中国东北辽东半岛南部一片存在于 1898 年至 1945 年的租借地，包括军事和经济上占有重要地位的旅顺口港（亚瑟港）和大连港（达里尼港）。此地曾先后被迫租借给俄国和日本。

道无法跨越的墙壁之内——关税墙、移民墙以及和平墙。第一
道墙将日本的工业制成品排挤出其他国家。第二道墙阻断了其
民众的迁徙。第三道阻止有不同人口密度的国家之间重新调整
不平等的领土分配。"[5]

　　可以预料的是，日本将极力维护其在满洲的利益，无论是
英国人还是美国人，都接受日本有权面对强硬且具有民族主义
思想的国民党政府时保护自己的公民和企业。英国人和美国人
有点乐观地看待日本在满洲的可能的行动。当中国有可能出现
苏联式的胜利时，日本的反布尔什维克主义曾让参与华盛顿会
议的各个国家团结在一起，而且只要日本与苏联的关系即使不
是敌对的也仍然是悬而未决的，日本在中国北方的存在就是非
常受欢迎的。此外，在1920年代的大多数时间里，日本人是在
华盛顿条约的范围内行事，而且在一些情况下，在关税自主问
题以及上海的暴动期间，日本比英国人更愿与中国的国民党人
和解。由币原喜重郎（1924—1927年、1929—1931年担任外
相）及其批评者和政治对手田中义一（首相兼外相，1927—
1929年）断断续续地遵循的政策，指向一种未来与中国和解的
政策，其条件是日本在满洲的特别利益得到承认。两人尽管寻
求避免卷入中国的内战，但都带着相当之大的担心观察蒋介石
的北伐，因为日本的利益受到了威胁。币原喜重郎尽管认同华
盛顿各项条约的多边主义，但愿意使用武力来保卫日本的地位，
不过并不愿意支持英国在1925—1927年与中国国民党的斗争。
他一再拒绝英国的求援，更愿各行其是，如同他在汉口所做的
那样。田中义一在1927年取代了不受欢迎的币原喜重郎，他决
心采取一种更为"积极的政策"，这种政策在山东的两次军事
干涉中得到了表现，第一次是在1927年，第二次是在1928年4

716

月，当时日军与国民党军队在山东济南进行了一次血腥的交锋，随后日军对该城进行了长达一年的残酷占领。田中义一的军事干涉未能阻止国民革命军的前进，而且每次都遭到了十分有效的反日抵制，日本的贸易严重受损。中日的谈判没有取得任何进展，在关税问题上也是这样，而其他外国列强已经通过谈判与中国解决了这一问题。

英国人起初欢迎田中义一的"积极的政策"，因为与币原喜重郎不同，他似乎愿意让日军进入中国北方，而且可能对保卫北京和天津产生更大的兴趣。但是随着他们（英国人）与蒋介石的新的联系产生红利，而且英国在长江流域的贸易开始复兴，他们自己的地位开始改善。田中义一在 1928 年夏天寻求与英国的合作，而他的努力在伦敦当局遭遇了冷淡的回应。由于英国人和美国人已经与南京当局就承认以及治外法权问题进行谈判，日本人改弦易辙，在 1929 年与国民党人的谈判中达成了一个令人满意的关税解决方案，以及就济南问题达成了可以接受的妥协。日本人在 1929 年 6 月 3 日承认了中国国民政府。在派别争端已经打断西方与国民党人的谈判之时，田中义一试图重新与英国人及美国人建立一个联合阵线，但不那么成功。在加紧推进与南京当局的谈判的同时，田中义一还开始向老帅张作霖示好，后者是蒋介石的对手和满洲最强大的中国军阀。由于有 50 万士兵驻扎在北京这一中国令人垂涎的（旧）都城，张作霖正准备就中国北方的控制权挑战蒋介石。田中义一将张作霖视为在满洲的一个可能的盟友，不过他并不想鼓励在北方的一场新战争，这种战争可能会涉及北方各个省份，损害日本的财产并中断贸易。他对于谈判的愿望注定归于失望。关东军的一名军官炸毁了张作霖前往沈阳的列车，炸死了他。与此同时，国民党官员在满洲鼓动当地的反日情绪，而且加紧推进建造他们自己的铁路线，以争夺日本人控制的南满铁路的垄断权。田中义一对华政策的失败导致其垮台，一个由滨口雄幸领导的新内阁就职，币原喜重郎再度出任外相。币原喜重郎寻求和曾签署华盛顿条约的其他两个国家（指英美）保持一致的方式，与南京当局达成一个总体的外交解决方案，但他在保卫日本在满洲的利益方面与田中义一一样固执，寻求中国对于日本在满洲权利的某种形式的承认，并且反对他们修建一个铁路系统的计划。尽管未能打动中国人，但币原喜重朗的政策不祥地引起了国内军方及反对派对他的持续批评。

II

正当滨口雄幸内阁在 1929 年就职时，日本开始感觉到世界萧条的影响。为了增强日元对美元的汇率，日本实行严厉的财政与金融政策，使日本经济骤然跌入深度的危难之中。受到在欧洲被释放的相同风潮的席卷，此前十年的政治变化以及日本经济增长的不稳定性所制造的所有矛盾，在此时浮出了水面。日本尽管从形式而言是一个天皇拥有特别地位的立宪君主制国家，但高度复杂的政府机器的运作有着相当之大的困难，而且腐败和贿赂盛行于整个体系。这场经济萧条对日本的打击特别凶猛。作为日本最为重要的出口商品，丝绸的价格急剧下降，日本出口贸易量在 1929 年至 1930 年下降了 40% 以上。乡村地区的情况最为糟糕，那里大米及其他农产品的价格下跌了30%—40%，美国生丝进口的锐减导致了普遍的贫穷。乡村经济的艰难和社会的混乱为民族主义事业提供了"干柴"。军国主义者提出了采取富于攻击性的外交政策以及在国内实施重大的政治和社会变革的双重要求。关东军领导人——此时已经是满洲的一支强大且半自主的（semi-autonomous）力量——及其在东京的支持者，在 1920 年代末已经积极地宣传吞并满洲和蒙古。该地区将成为日本未来作为东亚最重要国家的资源基础，而其占领是日美之间最终的和彻底的人类战争的必要前奏，"最终战争论"的首要鼓吹者石原莞尔相信这场战争是不可避免的。在东京，关东军在参谋本部的中国问题专家中寻找到了主要的支持。一些人与一个更大的中层军官群体有联系，这些军官强烈批评其上司们（比如田中将军）愿意参与腐败的文官政府，他们被一种在军队领导下改革整个政治体系的主张吸引，而且支持超级民族主义者对于"国家复兴"的呼吁。许多人强烈地反布尔什维克，而且清楚农民阶级的深度绝望，他们相信资本家的贪婪以及腐败的政党制度将把乡村及城市的穷人驱入共产主义阵营。在一个政治结构虚弱、执政党分裂而且经济形势悲惨的时刻，对于一种更富攻击性的外交政策以及一场政治及社会革命的要求，是很受欢迎的战斗口号。如果说东京的反叛组织之间没有多少一致的意见，那么几乎各方在对币原喜重郎外交的批评上是一致的，而且在 1930—1931 年，军国主义者与平民内阁之间的冲突，给予了反对党"政友会"煽动民众不满的机会。

第一次公开的对抗并不是与陆军，而是围绕《伦敦海军条约》与海军参谋部展开的。日本人在主力舰方面赢得了 70% 的比例，但在重型巡洋舰方面不得不接受一个 60% 的比例，尽管美国人同意将他们自己的巡洋舰建造计划的后期阶段推迟，该计划将到 1936 年才完成。到那个时候，日本人将拥有事实上的 70% 的比例。通过美国人和日本人之间的谈判而达成的这一妥

协，无法让海军至上主义者以及反对党成员满意。该条约的批
准过程引起了一场围绕"统帅权"的宪政危机，文官们只是以
最微弱的优势获得胜利。在这场宪政争论的背后，是谁拥有权
力决定国家安全议题这一关键的问题，也就是到底是平民内阁
还是海军和陆军当局。内阁获得了胜利，该条约在 1931 年 2 月
获得了批准，但事实证明这是政府的一场惨胜。民族主义骚乱
增多；参谋本部对币原喜重郎外交的反对加剧，然后 1930 年 11
月针对滨口雄幸的一次暗杀图谋导致其在九个月之后去世。①
在条约批准辩论过程中受到猛烈抨击的币原喜重郎接替担任临
时首相。通过赢得支持一个额外的建造计划的许诺——在财政
上捉襟见肘的政府原本无法承担这样一个计划——海军展示了
其力量。从此以后，无论是海军还是陆军都和过去一样不准备
接受由文官政府施加的新的预算限制。英国人和美国人带着相
当之大的焦虑，观察着东京对签订条约的强烈反对，但仍然继
续相信这些海军条约直到 1936 年是安全的，而那时这些条约将
受到修改。在传统上反日的美国海军部里有人谈论未来在太平
洋的某种战争，但并不存在任何真正的担心。英国的注意力聚
焦于无法解决海军分歧的法国人和意大利人，而不是聚焦于日
本。无论是华盛顿还是伦敦当局都仍然相信日本将继续尊重这
些条约，相信币原喜重郎将像这两个西方大国所做的那样，与
中国国民党政府寻求谅解。

719

　　当围绕海军条约的争论继续进行时，日本陆军军官表达了
他们对于币原喜重郎对华政策的不满。新任首相若槻礼次郎以
及币原喜重郎支持参与世界裁军会议，但希望避免其预算被削

---

① 原著此处为"六个月"，但实际上滨口雄幸是在 1930 年 11 月 14 日遇刺，
在 1931 年 8 月 26 日去世。

减的军方要求掌控在日内瓦的决策。在首都，军方不满人士在观点上仍然存在分歧，一些人赞成在东京举行一场政变，而其他人赞成先行在满洲行动。但在对满洲采取一种前进政策这一点上普遍达成了一致。在 1931 年 8 月为参谋本部制定的一份政策大纲中，起草者建议应当采取措施以带来"日本和国外关于在满洲使用武力的必要性的普遍理解"[6]。① 1932 年的春天被选定为行动的预定日期。在压力之下，币原喜重郎从南京的中国国民党那里获得了一些让步，作为交换准备考虑废除不平等条约。但他不愿在日本在南满铁路的权利方面做出妥协。在中国北方，中日关系正在变得日益紧张，而且小型事件具有了重大意义。关东军情报官中村震太郎大尉在北满执行任务时被张学良的军队暗杀，这在南满的日本居民以及日本国内引起了大规模的反华运动。② 日本公众越发支持在满洲采取行动。日中两国政府讨论了中村事件可能的解决路线，但双方都无法完全控制其国民。关东军已经在准备夺取满洲，而参谋本部被不准确地告知这些事情。石原莞尔及板垣征四郎此时实施了他们精心制订的计划。这些阴谋家在东京的军事当局能够阻止他们之前采取了行动。9 月 18 日晚上在沈阳郊区（柳条湖）引爆的炸弹为行动提供了必要的借口。这个时刻是被精心选择的。苏联当时根本无法做出军事上的反应，它在远东只有很小的军力，而且刚刚开始一个重要的军事扩充计划。英国人正在面对着一场重大的金融危机：在满洲事变发生几天之后，伦敦当局放弃了

720

---

① 较多中文资料表明，日本陆军参谋本部和陆军省在 1931 年 6 月制定了《满蒙问题解决方案大纲》，确定了以武力侵占中国东北的具体步骤。

② 1931 年 6 月，中村震太郎伪装成农林专家，进入东北军驻兴安岭垦屯军驻地进行秘密测绘，垦屯军团长关玉衡下令将其和其他三名间谍处死。

金本位制，这一震惊世界的事件令官员们震惊。美国人也被淹没在金融及经济问题之中，没准备好给予太平洋（地区）的事态以很多的注意力。蒋介石忙于与广东领导人的一场政治斗争之中，而且在 7 月已经重新开始了其针对共产党的军事行动。他将不可能增援"少帅"，后者此前已经选择了拥护国民政府。①

关东军的赌博获得了成功。在 12 个小时之内，沈阳已经落入日本人手中。参谋本部支持这次行动，而陆军省不愿意反对。币原喜重郎反对这种侵略性的方式，而首相（若槻礼次郎）决定这场危机应当局部化而且迅速得到解决。军方援引了最高司令官的权利，向满洲发出的电报里关于自由裁量权的说法含糊，因此他的指示被削弱。日本公众的反应是狂热的，而国际上的反应并没有这样。

在经验丰富的外交官顾维钧的建议下，中国人在 9 月 21 日依据《国际联盟盟约》第 11 条向国联申诉（该条款并不自动地要求国联采取行动），同时作为《凯洛格－白里安公约》的一个签字国向美国发出呼吁。满洲突然成了一个国际话题。中国的这一受到日本强烈反对的举动，为在日内瓦十分成功的外交及宣传活动铺平了道路。满洲事变在国联理事会得到了讨论，中国人此前刚刚在那里获得了非常任席位。双方都被呼吁并且同意撤回其军队，日本人同意一旦条件允许就撤退。在处理理事会事务但权力较小的五人委员会里，人们表示相当乐观，在美国国务卿亨利·史汀生对国联的这些举动给予其"全心全意

① 统治中国东北的奉系军阀首领张学良于 1928 年 12 月 29 日通电全国，宣布遵守三民主义，服从以蒋介石为首的南京国民政府。

的支持"时尤其如此。但在 10 月 7 日①，日军飞机攻击了中国在长城以北的行政中心锦州，张学良为避冲突而让其军队退守到那里。在日内瓦和华盛顿，外国对于锦州轰炸事件做出了尖锐的反应。国联理事会重新召集，而且尽管日本人不同意，仍然邀请美国人加入商议。美国驻伯尔尼总领事普伦蒂斯·吉尔伯特（Prentiss Gilbert）出现在理事会的席位上，重申美国对于国联的道义支持，但又迅速地让美国与国联的行动保持距离。对于美国人合作寄予的厚望很快破灭了。吉尔伯特奉命从这些进程中撤出，而且当理事会 11 月 16 日在巴黎（为了迁就正在生病的白里安）召集时，美国驻英大使查尔斯·道威斯被从伦敦派往巴黎，进驻丽兹酒店（Ritz Hotel），但奉命不得参加理事会的会议。理事会当时将其努力限定于鼓励中日直接对话。当币原喜重郎陈述其对于此类谈判的条件时，关东军扩大了行动。日本在日内瓦的不幸的代表真诚地表明本国打算撤回其军队，结果发现自己一再被满洲的事态挫败。

10 月 24 日，在白里安主持之下召开的会议呼吁日本在 11 月 16 日之前撤回军队，这是理事会下次会议的召开日期。日本人反对这一期限，声称由于必须取得一致，该决议并无任何分量。尽管在这一关于章程的观点上没有一致意见，但白里安坚持这一提议的道德力量，这一提议被提了出来。国联的权威现在得到运用，这对其最终是不利的。有关中国当地的一名由日本人支持的中国指挥官在北方进攻齐齐哈尔，以及日军向锦州进发的消息，刺激理事会采取进一步的行动。在 12 月 9 日和 10 日的公开会议上，理事会重申了其早先要求日军迅速撤出的决

---

① 据中文相关资料以及外媒报道，准确的时间应是 10 月 8 日下午 2 点。

议，并且一致同意派出一个五人调查团（由英国人担任团长，后来任命李顿勋爵担任此职；另有法国、德国、意大利和美国的代表）前往满洲，调查团还配备中国及日本顾问各一人。理事会根据第 11 条行事，吩咐调查团做出报告，而不是调停或者为一个解决方案的（构成）要素提出建议。日本代表警告说，接受此次调查并不意味着排除对"匪徒"采取行动。十分能干的中国代表施肇基指出这种例外情况的危险之处。但这些代表已经为采取了某种积极的行动而觉得宽慰。人们为让更冷静的头脑占得上风以及国联有点缓慢而沉重的机器的运转赢得了时间。一些代表与施肇基一样对日本人的这种例外情形感到担心，而且来自西班牙、危地马拉、秘鲁、巴拿马和波兰的一个小团体敦促重申集体安全的基本原则，但并未获得成功。正如众所周知的那样，"李顿调查团"的创建就是理事会准备走得最远的一步。这是白里安代表国联的最后几个举动中的一个，这位主席因此得到了热情的赞扬，随后理事会散会，等待调查团的调查结果。这将是一次漫长的等待。

东京当局的文职官员暂时得到了缓解。来自国联理事会的抗议以及史汀生表达的不满加强了温和派的力量，而且使参谋本部能够以天皇的名义维护自己的权威。东京的高级军官担心关东军的独立行动以及触怒苏联人的危险，阻止了针对齐齐哈尔以及锦州的行动。① 但任何事情都无法阻止关东军领导人制订计划，这些计划首先由在满洲的日本人提出，其目的是建立一个处于日本控制之下的"自治"的、多民族的政府，清朝的末代皇帝溥仪可能被树立为象征性的首领。币原喜重郎有与中

722

————————

① 原文如此。但实际上，日军在 1931 年 10 月多次进攻锦州；同月，投靠日本的伪边境保安司令张海鹏在关东军的支持下派兵向齐齐哈尔进犯。

国人直接解决危机的机会。但事实证明，东京和南京之间外交活动的加强没有产生结果，尽管是中国人让对话结束了。蒋介石将既不选择全面的谈判，也不让其军队与日本人交战。1931年 12 月中旬，在针对他的激烈的学生示威游行中，蒋介石与其同事一道被迫辞去所有的职务。他的"不抵抗、不妥协、不直接谈判"的政策削弱了若槻礼次郎内阁里的温和派的势力，而且使关东军能够以最小的人力损失扩大其对满洲的管辖区域。随着双边交流的瓦解，这个内阁的命运就此注定。既要与日内瓦的西方列强合作（币原喜重郎曾说服内阁接受国联的调查），又要满足关东军的要求，这是不可能的。该内阁在 12 月12 日辞职，作为政友会成员但并非其领导者的犬养毅就职。比许多人更为温和的他重启与中国人的谈判，这些谈判将保持中国对于满洲的主权这一实际上已形同虚设的东西，他同时允许增援在满洲的军队。到 2 月底，他不得不放弃自己的计划。关东军进入锦州，在 1932 年 1 月 3 日夺取了该城。中国在满洲的最后管辖权被去除，关东军得以着手设置新的政权机构。

III

在欧洲，人们对远东的事态首先做出了一种混乱的反应，这部分是因为缺乏信息。就其关切而言，国联是强烈地以欧洲为中心的，而且对于其压倒性的欧洲成员国中的大多数而言，满洲的确十分遥远。在卷入中日争端的三个主要外来大国中，只有英国是国联的成员，而美国和苏联都带着不同程度的怀疑看待日内瓦体系。荷兰人和法国人支持日本人。荷属东印度群岛战争资源丰富，其中包括石油，而且尽管作为小国中的一员，荷兰是国联权威的天然支持者，但其极为重要的殖民利益使其

倾向于日本。荷兰已经在 1922 年从《四国条约》的签字国那
里获得了同样的照会，这些照会宣布了其尊重荷兰在太平洋地
区的岛屿属地的意图，但是他们克服了对于日本人战时入侵的
恐惧，而且实际上鼓励日本人在荷属东印度群岛投资，将其用
以抗衡美国人及英国人的投资。荷兰人认为与一个民族主义的、
革命的中国相比，一个稳定的日本是一个更具吸引力的前景，
而且他们认为日本人能够遏制其殖民地上的本土民族主义运动。
法国人在日内瓦也保持低调。他们在中国拥有投资和众多的租
界，包括在上海的一个相当大的租界，不过他们在中国的全部
商业利益很小，在重要性上无法与他们在印度支那的投资相比。
1930 年印度支那的一次得到共产党支持的起义、共产党在这片
殖民地的鼓动，以及革命人士和观点从中国南方的渗透，突显
出日本作为该地区一个稳定之源的重要性。法国人的首要兴趣
在于欧洲，而且面对着并存的赔偿与裁军问题，与希望日本在
这些问题上给予支持相对的，是避免冒犯美国人或者英国人这
一更大的需要。在整个 1932 年里，有传言称法国与日本之间达
成了秘密的谅解，但除了保持渠道畅通外，法国外交部并不愿
冒与国联分道扬镳的风险。当日本人在 1932 年夏天向法国人提
出签订一份协定（该协定建立在相互保证对付苏联以及对印度
支那安全的支持之上）时，他们的提议被拒绝。赫里欧太渴望
美国在战争债务上的支持，因而不愿积极回应日本的提议来激
怒史汀生。而在国联卷入及其盟友要求对日本采取行动的情况
下，法国也不能冒削弱其权威的风险。法国外交部支持尽可能
最有限形式的干涉，而且一再向日本人保证法国的持续友谊。

　　无论是德国人还是意大利人，他们在日内瓦的行为甚至更
为小心谨慎。德国的个人和利益团体以不同的方式对中日争端

做出反应。德国与中国有军事和经济上的联系，但也能从德日合作中获得经济和外交上的好处。就当时的情况而言，德国在日内瓦走的是一条微妙的路线，不希望得罪中国，但也不愿被拉入任何反日阵线。无论是在 1932 年的国内动荡还是在希特勒夺取权力的时候，德国外交部的政策都没有任何中断。到此时，德国的外交官已开始对国联丧失兴趣，但尚未准备好看到其权威被抛弃。意大利人在这些进程当中也处于次要的席位，尽管其在上海公共租界有位置，而且在李顿调查团里有其代表。除了承认满洲是一块"难啃的骨头"之外，墨索里尼看不到超出保卫意大利在中国的有限利益之外能得到真正的好处。日内瓦体系的虚弱性并未逃过他的注意。

对于这样一场显然高度复杂而且地理上遥远的争端，国联没有做好准备来应对，由于理事会的常任理事国当中没有谁赞成干涉，大国的代表们利用他们的影响力来限制国联参与的范围，以及避免对日本做出可能导致实施制裁的不利判决。将对中国的保护作为对国联威望的检验，以及对大国不愿在强者面前保卫弱者权利的挑战的，将是日内瓦的那些较小的国家，也就是捷克斯洛伐克、斯堪的纳维亚国家、西班牙、希腊、哥伦比亚、玻利维亚、爱尔兰、南非。

> 这个统一战线中的欧洲成员国的真正功能，将是授予苏联、英国和美国一种适度自由的影响力，以将它们的精力集中于远东这场危机的解决……是否可以证明这是可能的，将在很大程度上依赖于三个大国——苏联、英国和美国——能够在何种程度上调整它们的分歧，以及协调它们在东亚的利益。[7]

正是苏联、英国、美国这三个国家而不是国联将决定国际上对于日本攻击满洲的反应。尽管它们当时并未合作，但它们的政策基本上是一样的。它们当中没有谁认为在满洲问题上挑战日本符合它们的国家利益。

国联各个成员国期望，由于其在远东的利益以及在理事会的影响力，英国在满洲问题上将引领国际社会。但这个角色并不是英国外交大臣约翰·西蒙所想要的。如果说贸易（尽管在最近几年里显著减少）和投资（占英国对外投资的5.9%）以及商业上的希望指向中国的方向，那么英国在东亚的战略利益则倾向于支持日本。"我们将会比其他大国损失更多，"英国外交部远东司司长维克托·韦尔斯利记录道，"因为我们在远东的整个政策在很大程度上依赖于日本人的善意。"[8]尽管有张伯伦的"圣诞备忘录"（Christmas memorandum）以及与中国国民政府的谈判，但英国外交部相信日本在满洲拥有强有力的理由。"目前存在一种我相信是合理的普遍感觉，那就是日本尽管无疑已经以一种违背《盟约》原则的方式行事，"西蒙对内阁同仁们说，"但对中国抱有一种真正的不满……这并不是那种情况——一个国家的武装力量在其无权踏上另一个国家土地的情况下，已经跨越了另一个国家的边境。"[9]由于受到金融及经济问题的困扰，内阁将满洲问题交给外交部处理。麦克唐纳的眼睛当时出了问题，而且其对外交事务的干预是零零星星的。西蒙能够自行其是。这位外交大臣原本将会倾向于将满洲问题作为中日争端对待，而且从一开始就支持东京和南京当局之间的直接谈判。他预见到如果国联卷入的话，英国将只会面临困难。但一旦中国看到国联可以像韦尔斯利所说的那样被用来"在中国的真正状况这一问题上欺骗外国政府"，西蒙就不得不在国

725

联的审议中扮演一个积极的角色。[10]他的主要焦虑在于担心成员国可能过度反应，背离一种严格中立的立场。他争辩说，理事会无论如何都不应当打开制裁之门。甚至连罗伯特·塞西尔勋爵和英国国联联合会的领导人也一致认为，制裁在这个例子中是难以运用和不合适的。英国驻南京公使迈尔斯·兰普森（Miles Lampson）爵士告诫说，对中国人施加任何压力，都将对英国人和国联产生适得其反和灾难性的作用。新近获得任命的驻东京大使弗朗西斯·林德利（Francis Lindley）爵士坚称，大多数日本人支持政府，将不会理会任何威胁，即使这种威胁得到美国人的支持。外交部尽管逐渐抛弃林德利对于日本动机的过于乐观的看法，但同意只有日本人在满洲持续存在，才能避免在那些省份的混乱以及国内危险的骚乱。西蒙得出了这样一个尴尬的、确定将让英国受到批评的结论——国联的权威应当得到维护，但是日本不应当受到审查。

这种模棱两可的立场与西蒙对骑墙的偏爱是很符合的（劳合·乔治曾讥讽说，他已经"在围墙上骑了这么久，以至于铁杆已经进入他的灵魂"）。由于人们普遍认为无论英国在东亚做什么都将依赖于美国的力量，这一立场被进一步削弱。英国人在华盛顿会议上已经让自己适应了美国影响力的增长。人们现在认为，没有美国的参与就无法有任何经济制裁，而且除非美国人愿意战斗，否则英国就不能冒任何战争的风险。"如果日本动真格的，而且已经估量过我们，如同其肯定做过的那样，我们就根本无法抑制日本，"外交部常务次官罗伯特·范西塔特（Robert Vansittart）在备忘录中这样记录道，"因此除非美国最终准备运用武力，否则我们在远东最终必定会完蛋的……单靠我们自己的力量，我们最终必须在远东吞下所有屈辱。如果美国的顺从存在某种限度，那就未必如此。"[11]关于这种对于英国能力的悲观解读，有些人持有不同的看法。但在英国人的自信已经受到严重动摇，而且三军参谋长们正在为裁军会议准备简报之时，许多官员对于英国能做什么持悲观看法。英国的几乎所有行动看似要么会招致日本的敌意，要么会加大爆发一场英国根本不想打的战争的可能性。满洲很难说是英国的关键利益所在，而且由于在马耳他以东没有舰队，言辞无法得到行动上的支持。正如英国人足够正确地认为的那样，无论西蒙可能多么尖锐地谴责日本人，美国人都不会支持制裁，英国外交部决定小心行事，以免英国被拽到史汀生的身后，被留下清理"由此引起的混乱"。与此同时，西蒙无法承担起让英国远离美国的代价，与美国人在远东的伙伴关系对于英国未来的安全而言是必不可少的。人们有点理由地宣称，英国当时在远东的政策与美国和与日本一样密切相关（即使不是与美国更为密切的话）。通过强调其对于无法预测的美国人的依赖，英国外交部寻找到了在远东遵循一种谨慎政策的额外理由。不愿承担任何风险，甚至当其不对欧洲的和平构成威胁时也是如此，这表明"规避危机"正在多大程度上成为英国外交的支配性特征。

对于地区而言，1931—1932年的各种事态证实了1922年在华盛顿表明的权力的象征性转移。即使人们对美国寄予厚望，也不能有多少期待。几乎从所有意义来说，美国在远东面临的风险都不如英国多。但是美国曾在谈判1922年的《九国公约》以及《凯洛格-白里安公约》方面发挥领导作用。正是在远东，美国的"门户开放"政策得到制定，美国的国际主义——那些并不是由武力而是由"世界的道义谴责"所支持的自我克制的

727　法令——得到检验。胡佛总统专注于美国的经济困难，将主动权交给了史汀生，但仍然对他的这位国务卿保持着约束。和西蒙一样，史汀生相信日本人有很好的理由，而且不可能简单地评判对与错。"由世界上的西方国家起草的和约，"他在 10 月 7 日的日记中写道，"再也不适合苏联、日本和中国这三个正在满洲相遇的伟大民族（great races），就像我对内阁所说的那样，这恰如一顶大礼帽不适合一个非洲野人。然而它们是这些条约的参与方，整个世界正在旁观这些条约是否有用。"[12] 作为币原喜重郎的私人朋友和仰慕者，史汀生的第一个念头是避免美国卷入，并且给予这位日本外相将军队置于控制之下所需要的时间。1932 年 9 月，史汀生因此拒绝援引《九国公约》或者《凯洛格-白里安公约》，而且拒绝了加入理事会协商的紧急邀请。但是在他的这种政治家外表之下，潜藏着一种十分易变且冲动的个性。他很快发现中立的公共政策既使人不快也没有效果。在对日本人轰炸锦州做出激烈反应时，他宣布是时候"对日本采取坚定的立场和进攻的态度"[13]，但头脑中并无明确的计划。史汀生敦促国联秘书长埃里克·德拉蒙德援引《九国公约》以及《凯洛格-白里安公约》所规定的义务，而且在胡佛的赞同下，表明了与国联合作的某种迹象。但是任命吉尔伯特只是为了表明美国对于轰炸锦州的不满，同时将做出反应的责任从华盛顿转移到日内瓦。无论是史汀生还是对于与国联的联系比其国务卿更为焦虑的总统，都不准备忽视国内强烈的反国联情绪。随着国会重新召集日期的日益临近，总统的谨慎心理变强了。总统在 10 月中旬谴责日本的行为是残暴的，是对美国道义上的冒犯，不过他警告说："无论是我们对于中国的责任、我们自己的利益还是我们的尊严，都不需要我们围绕这些问题开战。

这些行为没有危及美国人民的自由、我们人民的经济和道德前景……我们不会在战争或者经济或军事上的制裁方面一直走下去，因为那些道路通向战争。"[14]如果说史汀生准备承担比总统更大的风险，那他根本没有考虑超越这些规定的限度。问题将在于寻找到影响日本人行为的其他途径。

728

史汀生在美国政策上的不确定性并未阻止其对东京发出强硬的言辞，尽管他的外交使节提出了相反的建议。但他在1931—1932年遵循的政策反映了其思想上的含糊与矛盾之处。他持续希望币原喜重郎将重新获得对日本政策的控制，同时在他11月的日记中写道，日本掌握"在真正的疯狗手里"[15]。他避免让美国与国联为日军设定的为期三周的撤退期限联系起来，因为这是一种非中立的行为，但同时又敦促币原喜重郎撤出满洲并且开始与中国谈判。史汀生对于东京当局的不满表示并不是没有效果。与白里安代表理事会的呼吁结合在一起，这位国务卿的告诫让日本政府当中的"国际主义者"在让关东军放缓前进的努力中获得了某种分量。让史汀生很气愤的是，这只是一种暂时的遏制，很快将被抛弃。当理事会在12月10日决定派出其满洲调查团时，他仍然在寻找一种政策。他欢迎这一政策，而且同意让美国参与。由于没有日本人撤退的任何迹象，再加上若槻礼次郎内阁的垮台，史汀生的态度变得强硬起来。在锦州于1月3日陷落数小时之后，这位国务卿起草了他的著名的"不承认"原则的初稿。在1月7日致中国和日本的照会中，史汀生宣布美国打算"不承认任何可能损害美国或其在华公民的条约权利的情况、条约或协议"。美国也不会承认"用违反《巴黎非战公约》（即《凯洛格-白里安公约》）的手段而造成的"任何协定或者变化，这是一种孕育着从未得到检验的可能性的威胁。"门户开放"政策也得到了援引。[16]"史汀生主义"（胡佛对于其中遗漏自己的名字而感到某种不快）在美国赢得了大量的称赞。在条约的神圣性而不是美国的实际利益方面表明了立场，这样的一个事实吸引了理想主义者，而又没有过分地让孤立主义者不安。尽管华盛顿当局中没有谁相信美国在中国的利益具有足够的重要性，从而使制裁或者发出战争威胁是合理的，但所有人都欢迎对于国际法的维护。

此时也出现了反对的声音。有人争辩说，此类声明几乎难以阻止日本，而只会加大在太平洋地区的矛盾。在 1945 年之后从事著述的现实主义批评人士已经指出，通过将美国的政策与一种过时的条约结构而不是保护具体利益联系起来，"史汀生主义"使不可避免的条约修改变得更为艰难，而且使美国和日本走上了一条碰撞的道路。这种过于决定论的观点对于日本外交政策国内根源的重要性轻描淡写，但正确地提醒人们注意这种姿态的无用性及其消极后果，国联将很快采取这一姿态来掩盖自己的无能为力。"史汀生主义"推迟了对于美国在太平洋地区利益的清晰界定。美国人已经让自己与太平洋地区的守成国为伍，但又不愿意做任何事情来支撑这种立场。如同《凯洛格-白里安公约》一样，不承认代表着从承诺上后退。美国国外对于"史汀生主义"没有那么大的热情。日本人做出了一个有点具有讽刺意味的回复，他们对美国人对于"远东问题的紧急状态"的持续敏感表示感激，不过坚称自华盛顿各项条约签订以来，情况已经发生了改变。史汀生在许多个星期里试图将伦敦当局与他的倡议联系起来，但英国人满足于来自东京当局的一道保证——日本将在满洲遵守"门户开放"原则。鲍德温宣布英国政府将等待李顿的报告，而且避免让自己与中日任何一方有牵连。当一种新的更为可怕的情形在 1932 年 1 月的上海发展时，英国人将国联的集体政策视为在不激怒日本人的情况下安抚史汀生的一种途径，史汀生当时想要警告日本人停手，以及增援在那里的英美军队。事实证明，这是一种有缺陷的方式，它最终与史汀生的方式一样无效。

在中国的第三个外来博弈者是苏联，因为日本夺取满洲而受到最为直接的威胁。考虑到远东的军事情形，斯大林注定处于被动状态。由于能够解读日本陆军的密码，苏联人在 1931 年 3 月从一则拦截到的由日本驻莫斯科武官发出的电报中，明白这两个国家之间"迟早"[17]将有一场不可避免的冲突。很有可能的是，苏联在上海的杰出军事特工理查德·佐尔格（Richard Sorge）提供了起到证实作用的情报。苏联人担心九一八事变可能导致远东的一场全面冲突，尽管并非迫在眉睫但可能会在未来几个月到来。苏联人迅速采取措施来加强新近组建的远东特别红旗集团军（Special Red-Banner Far Eastern Army），而且将潜艇派往远东。随着在 1931—1932 年意识到满洲被占领的影响，苏联决定批准其军队的机械化（这是斯大林的副参谋长米哈伊尔·图哈切夫斯基一直在倡议的事情），同时扩充军事动员计划。在 1932 年的最初几周里，军事装备订购与采购预算接近翻番，其中坦克项目获得了最大幅度的增长。这种巨大的军事重组给本已税负过重的经济带来了巨大的压力。[18]苏联远东地区无法供应所需的食品，而且小麦和牲畜不得不从苏联的欧洲部分以及乌克兰征调，而当时这两个地区都处于短缺状态。除了集体化计划所制造的巨大困难，还有以大规模的粮食出口来支付工业设备的需要。1930 年曾有不错的收成，但 1931 年的收成糟糕，食物的短缺导致饥荒和农民普遍不满，远东的情形

730

比其他地方更为糟糕，因为这里的土地当中有许多是由抵抗任何形式的集体化的个人耕种的。在苏联欧洲部分以及受损最为严重的地区之一的乌克兰的强迫征调行动在整个 1932 年都在进行着，尽管这一年的收成又很糟糕。除了饥荒对于整个国家的灾难性影响，不满和士气低迷在整个军队里蔓延。正当日本人制造的战争恐慌在 1932 年春天达到巅峰时，苏联人在遵守现有的生产日程表方面面临着越来越大的困难。关东军拥有良好的情报，苏联无法对其在满洲的挑战提出异议。

在增强其军事威力的同时，苏联着手实施一种安抚日本人的公开政策。1931 年 12 月，李维诺夫提出签订一份互不侵犯协定，这是苏联在这一问题上的一再提议中的第一次，结果被东京当局断然拒绝。当关东军朝苏联控制的中东铁路前进时，双方关系紧张起来。1932 年 2 月 5 日，日本人占领了哈尔滨，这是苏联铁路在满洲的关键汇合处，苏联没有做出任何反应。苏联人偶尔会在符拉迪沃斯托克（海参崴）地区为某个反日领导人提供帮助，但在大多数情况下，他们试图避免被卷入当地的斗争中。苏联人因中东铁路被用于输送日军而提出抗议，但未被理睬，而日本人只是夺取了那些他们需要的部分。到 1932 年 4 月中旬，苏联几乎已经丧失了对这条铁路线的控制权。关东军面临的主要挑战不是来自苏联而是"土匪"，也就是运用十分有效的游击战术的一些中国人的小团体。

IV

731　　1932 年 1 月底，上海危机爆发（即"一·二八事变"）。这座城市当时主要由三个行政区域组成：中国人居住的闸北、法租界、公共租界。上海是当时亚洲最大的港口以及中国的国际中心。在这些地方，尽管日租界的人口最多，但英租界是最为富裕和最重要的，这是他们在中国的投资和贸易的焦点。中国人和日本人在上海的关系长期紧张，而且中国居民曾经抵制日本人的店铺和商品，并且带来了破坏性的效果。1 月 18 日，闸北的一家中国毛巾厂的工人们袭击了包括两名僧人在内的五名日本人，之后日本居民进行了报复，焚烧了该工厂，并且攻击了附近一个警察站。①随着当地的日本海军指挥官派来海军陆战队队员，这场从骚乱和街头斗殴开始的事件演变成一场重大冲突。当盐泽幸一②的年轻而缺乏经验的军队无法实施控制时，东京政府尽管对盐泽幸一的草率行动感到震惊（当时的上海市市长吴铁城是最不反日的国民党政治家之一），但同意派出更多的舰船和陆军增援力量。日军不得不面对坚韧、左倾而且强烈反日的第十九路军，这场冲突逐步升级。公共租界的许多居民看到了对闸北的炮击和空中轰炸，而且西方的新闻记者以及纪录片摄影师记录下来，世界范围内的受众为之震惊。在那些人们对于此类事件知之甚少的日子里，此类照片对读者和观众产生了巨大的影响，世界舆论转向中国人的方向。这些描述创造或者加强了人们对于东方的残暴和野蛮的刻板形象，在满洲已经从新闻头条中消失许久之后，这些表象仍将长时间存留。

　　2 月 1 日，日军的一艘驱逐舰向南京开火，英国人和美国人都担心作为日本对中国独立的一次总体攻击的一部分，日本人在其他重要的港口策划了类似的行动。随着日本人新的攻击

①　为在上海挑起战争，日本间谍川岛芳子受命唆使两名日莲宗僧人和三名日本信徒在公共租界的三友实业社总厂生事，从而引发了这场冲突。
②　盐泽幸一时任日本海军第一遣外舰队司令官。

遭到猛烈的抵抗，越来越多的日本船只和军队抵达上海。在大约五周的时间里，一场"除了没有名称之外的实实在在的战争"肆虐于上海及其周边。尽管批准增援，但东京政府坚称派遣军队只是为了保卫公共租界，坚称他们根本不想扩大敌对行动。他们请求英国和美国的斡旋，并且派出了一名特别代表来协助调解。1 月 29 日①，面对着日本人的反对，中国代表成功地根据《盟约》第 10 条（关于尊重国联各成员国的领土完整和政治独立的条款）和第 15 条（关于国联理事会对有断交之虞的纠纷进行审查的条款），向国联理事会申诉。秘书长提议在上海设立一个调查委员会，委员会由欧洲六个国家的领事组成，美国后来被添加进去。2 月 12 日，中国人请求理事会依据《盟约》第 15 条，将这场争端提交国联大会，国联大会在 3 月 3 日召开了一次特别会议。这一日期成了对于犬养毅内阁的一个重要的最后期限，该内阁希望在国联大会干预前结束这场危机。

由于担心他们自己在公共租界的公民和财产的安全，以及为了保护他们的权利，美国人和英国人（尤其是前者）处于相当惊慌的状态。由他们在当地的总领事发起的谈判因为日本人的军事行动受到了阻碍。这些国家向上海派出舰船，对日军利用公共租界的港口登陆以及针对中国人的野蛮行动提出了抗议，意大利人也加入抗议之中。不同的调停者试图安排休战谈判。史汀生被日本拒绝英美在上海的斡旋条件所激怒，变得越来越焦虑不安。尽管胡佛总统反对发出威胁，因为这可能导致一种强烈的反应，但他与史汀生一样感到愤慨。由于干涉的可能性

---

① 原文写作 1 月 19 日，有误。

在美国媒体上得到了讨论，公众的反战情绪开始出现。当美国著名飞行员查尔斯·林德伯格（Charles Lindbergh）的幼子被绑架的消息分散了人们对上海的注意力时，美国国务院得到了一些解脱。① 西蒙当时在日内瓦进行裁军谈判，他谨慎而又犹豫不决，渴望靠近史汀生，但又想对上海与满洲的危机进行区分，希望将英美的努力集中于对前者的调解。此外，他还想避免对日本的任何威胁性姿态，这些姿态将会使调解变得更为困难。2月5日，英军总司令（中国站）霍华德·凯利（Howard Kelly）海军上将抵达上海，随后海军得到了进一步的增援。日本、英国、美国和意大利的舰船全部停泊在港口，展示了令人敬畏的海军力量。除了日本人的战舰，海军对这场危机的参与是极少的，但外国代表觉得他们已经表达了自己的观点。凯利上将曾经尝试促成休战谈判，但未获成功。2月9日，史汀生提出了一个主张，建议在1922年的《九国公约》以及将"不承认"原则延伸至上海的基础上发布一个强烈的行动方针。他接触了英国人和法国人，希望得到英国人的合作，并警告英国人，如果"绝对必要"的话，他将独自行动。英国人拖延着，而法国没有做出任何答复。英国和美国的驻华公使迈尔斯·兰普森爵士和纳尔逊·约翰逊（Nelson Johnson）在2月12日到达上海，再度不成功地试图将敌对双方召集到一起。相反，日本指挥官要求中国人将其军队撤离到离该城20千米的地方，而当他们的最后通牒被拒绝时，又发起了一次全面的攻击。兰普森向伦敦

733

---

① 查尔斯·林德伯格是美国著名飞行员、作家、发明家、探险家与社会活动家，因为成为首个单人不着陆飞越大西洋的飞行员而让美国民众感到自豪。林德伯格年仅20个月大的孩子在1932年3月1日夜里被绑架，婴儿的遗体在5月12日被发现，引发警察、联邦调查局及其他政府机构的追查，两年后凶手被抓捕并处决。

当局报告说，调停已经失败，并且将过错归咎于日本军事当局的不妥协。

西蒙仍然寻求避免史汀生那种"对于日本的十分强烈的控诉"，而且在一系列充满静音（static-ridden）的跨大西洋的电话交谈中，对于这位国务卿的多次强求做出了模棱两可的答复。甚至连他在 2 月 15 日对于采取行动的所谓拒绝也有点含糊，助长着史汀生的希望，但随后又让美国人幻想的破灭显得更为痛苦。在麦克唐纳的病房里与同事们协商时，西蒙选择了其认为要安全得多的路径——与国联合作。通过参照《凯洛格－白里安公约》及《九国公约》，并且接受"不承认"原则，一份即将作为国联决议的草案得到拟定。2 月 16 日，理事会的 12 个中立成员国向日本发出呼吁，要求其出于作为一个大国以及理事会成员国的地位进行克制。日本代表获得保证说，不打算谴责日本的行为。史汀生觉得英国已经"让美国失望沮丧"。在致美国参议员威廉·博拉、标注为 2 月 23 日的一封公开信中，他以强有力的方式重申了美国的"不承认"政策，间接地警告日本人说，如果被其他国家采纳，"不承认""将最终导致她（中国）可能已被剥夺的权利和所有权（titles，尤指土地或财产的）的恢复"[19]。他威胁道，如果日本人漠视《九国公约》，美国将重新考虑（在当时）同时签订的军事协议。美国尽管继续对英国人的胆怯发出牢骚，但并未采取进一步的行动。2 月发生的事情成了英美公使间一场剧烈争吵的主题，两人各自对 1932 年的事态重新做出诠释，将自己描绘得最光鲜。实际上两国都不准备挑战日本这个东亚最强大的军事大国。美国国务卿并没有像他后来宣称的那么直率和清醒。他在 1932 年 2 月根本没有要求采取行动来"制止日本"，也没有发出呼吁来召开一

次（关于实施）《九国公约》的会议。与其自传所表明的相比，
西蒙在其与华盛顿当局的交往中更为摇摆和犹豫不决。在驻东
京大使林德利的建议下，这位外交大臣认为一道外交照会将会
削弱日本本已无力的温和派的地位。他也担心日本人一有发火
的迹象，美国人就会逃避，从而剩下英国人独自收拾残局。除
了西蒙在对待史汀生方面的笨拙，伦敦、日内瓦、华盛顿之间
的电话交谈加剧了两人相互的不理解。英国外交部看来可能并
未真正严肃地对待史汀生的倡议，认为其首要是为了警告美国
人当心孤立主义的危险。

　　史汀生和西蒙性格上的反差反映在他们的外交中。史汀生
冲动、没有耐心而且坐立不安。与其公开宣称对职业人士建议
的反感所表明的（特征）相比，他在其私下的看法中更为不稳
定。他拥有那种已经给美国外交留下如此持久印记的美国例外
主义（American exceptionalism）的感觉。由于相信美国应当维
护条约的神圣性，他对于日本单边漠视条约的内容没有任何思
想准备。史汀生选择道义的大道并不是为了美国的贸易或者
"门户开放"，而是为了展示美国的公正。在已经采取了强硬的
立场后，他很快对其明智性有了新的考虑。西蒙为人谨慎不愿
犯错，如同其曾经作为一名受过良好训练的律师那样，他倾向
于在行动之前衡量所有的可能性。他无法理解也没有回应史汀
生的情绪爆发。仅仅是出于性情，他也更倾向于"修修补补而
不是大刀阔斧"。在那些带着怀旧的心理看待英日同盟以及那
些强烈相信国联的人之间，左右为难的他寻求中间路线。英国
在华的商业利益不得不与在日本的商业利益进行衡量，由于在
华的英国居民对于过去的抵制行为所郁积的怨恨，这种平衡行
为丝毫没有变得更为容易。西蒙明白美国国务卿和总统都不打

734

算超出谴责日本的这样一个限度，但对于与史汀生携手合作的担心，不得不与保持英美未来在太平洋地区伙伴关系的需要进行权衡。西蒙觉得他无法承受过于远离美国人的代价，尽管英国的地区性利益指向一种安抚日本的政策。这是一种只有"铁血宰相"才能做到的尽力平衡的动作，但西蒙根本不是俾斯麦。英法的分歧在大西洋两岸都留下了痛苦的味道。在双方权力的走廊（权力中心）上，怀疑和不信任令未来的关系复杂化。美国国务院官员坚信英国人是懦弱的，寄望于其他国家来为他们战斗。史汀生在这场危机之前曾是强烈的亲英派，将不会忘记其幻想破灭的程度。而英国人的不高兴恰恰同样强烈。"你们从华盛顿当局那里得不到任何东西，除了言辞，"鲍德温抱怨说，"（他们说着）各种大话，但也只是言辞而已。"[20]其他人也附和鲍德温的抱怨，而在 1937 年，内维尔·张伯伦将老调重弹。从事后来看，人们能够看出这两个国家在对待日本方面的区别其实并不是很大。这种超脱在当时是不可能的，在两人都未实现自己的目标时尤其如此。西蒙随后在日内瓦的行为旨在安抚史汀生，而又不疏远日本，但这很难改善他的声誉。他的花招和含糊不仅让华盛顿当局更加生气，而且导致他受到了国联的热烈支持者的谴责。很难说 1932 年 2 月的一道联合行动方针原本将会改变上海或者满洲的情形。

如果说关东军没有那么做的话，那么日本政府还是不得不考虑国际上对于在上海和满洲正在发生的事情的反应。若槻礼次郎内阁已经在 1931 年 12 月 12 日辞职。由 76 岁的犬养毅领导的新内阁面对着国内的混乱以及在上海的战斗，在控制其战争鹰派方面并非有利。在 1932 年的最初几个月里，一小群狂热的年轻海军及陆军军官对国内改革比对外交政策更感兴趣，他们发起了一系列的政治暗杀，这些暗杀持续进行着，直到首相本人在 5 月成了牺牲品。甚至当犬养毅努力保持对华沟通渠道畅通时，关东军仍然一意孤行。在陆军看来，占领哈尔滨已经结束了整个满洲问题。无论是英美的宣言还是国联的告诫，都不可能阻止新的傀儡政权"满洲国"的正式成立，溥仪在 3 月 9 日担任其"执政"。仅有的问题是围绕这个新政权的形式及其领导者而产生的分歧，因为关东军的领导人看到了一个引进他们的那些更激进主张的机会。犬养毅内阁缺乏政治影响力来将关东军的宣告推迟至日内瓦的国联大会会议之后。它设法拒绝给予其承认，这部分是为了转移国际批评，但也是为了抗议军方的行为。参谋本部对于这个"新政权"的建立给予了赞同。

人们的注意力现在转向了日内瓦。出于不同的原因，无论是中国人还是英国人都希望利用国联。中国的政治形势是如此不稳定，以至于有人曾引用西蒙询问中国是一个国家还是一个地理学术语的话。除了其抵抗给美国人留下良好印象的第十九路军，中国人并未展现出多少军事行动上的勇气。尽管广州政府比蒋介石更反日，但国民党人寄望于日内瓦来获得最终的解决。中国驻国联代表明白，在其全部历史上还只是第二次召开特别会议（第一次是讨论接纳德国）的国联大会将比理事会更为同情中国的事业。国联大会 3 月 4 日的决议呼吁在上海停火、在现场的外国代表的协助下日本和中国谈判，而且呼吁日军撤退。到这一日期时，在上海的日军已经迫使中国军队撤退到离该城一个可以被日军接受的距离。在兰普森不在的情况下，凯利上将充当着日本代表和中国代表之间的调停者，而且在国联大会上述决议的前一夜已经接近达成一份协议。日本的将军们

736

宣布 3 月 3 日停火，而中国人还没有同意。两国的代表都投票支持国联 3 月 4 日的决议。国联在施加一份停火协议上取得的成果被誉为国际主义的一次胜利。上海敌对双方之间的矛盾是如此之大，直到 3 月 24 日才有让他们坐下来谈判的可能。甚至到了这时，进展也非常缓慢，令人痛苦，以至于中国人请求将此事移交给日内瓦，结果是该问题再度被交给四个大国在上海的代表们。

国联特别会议的重点从上海转向了满洲的问题。在瑞士联邦主席朱塞佩·莫塔以及贝奈斯的领导下，一位接一位的发言人谴责这些大国（尤其是英国）拖延理事会的程序，以及未能保护中国。他们认为，《盟约》的原则以及国联的声望已经受到玷污而且受损。被谴责袒护日本的西蒙以重申英国对《盟约》的忠诚作为回应。他在制定国联大会 3 月 11 日的决议中扮演了一个积极的角色，该决议在"满洲国"建立两天后获得通过。决议宣布日本在中国的行为违背了《盟约》以及《巴黎非战公约》，代表们按照史汀生式的条件认可了"不承认"原则。一个由 19 名成员组成的委员会得以建立，以实施和监督国联过去和现在的各项决议。人们宽慰于国联已经采取了行动（华盛顿当局予以赞成）并且维护了其名誉。最终还是做了一点事情。3 月 11 日的决议为西蒙提供了一条将国联与美国"联姻"的途径。他解释了支持国联和与美国合作的难处：

> 协调这两种努力往往倾向于让英国在日内瓦遭受指责，认为我们要么是（a）背着国联操作，要么是（b）未能表明我们自己像美国人曾经准备做的那样果断。这两种批评

都是没有理由的，但日内瓦就是这样的一个地方，英国不仅在这里牵头，而且为已经做的一切受到责难。[21]

通过将旧的以及新的外交方式相结合，这位外交大臣希望减轻他的那些国际主义批评者的怒气，同时又不牺牲英国在远东的利益。这意味着避免与"鲁莽的"史汀生采取联合行动，同时在不同意那些将会激怒日本的决议的情况下支持国联。西蒙及其几乎所有顾问不必要地执着于对"受到憎恨的负担"的担心以及发生战争的可能性。这使他们在日内瓦和东京都过分谨慎。

事实证明，上海的停火只是一场漫长而单调乏味的谈判的开始。只是通过迈尔斯·兰普森爵士巨大的努力以及在其美国、法国、意大利同仁的支持下，中国人和日本人之间的分歧才得到解决。谈判一再被两军之间的交火打断。城市里的丑恶事件本将结束停战谈判。但东京政府及其在当地的代表们希望谈判进行下去。日军在上海的攻势与在满洲发生的事情有显著的区别。开始这场战争的海军司令官很可能是想为其军种获得荣耀，而且认为这将是一场有限的交战。考虑到日本国内的情绪以及海军和陆军领导人的权力，日本政府不得不支持其军队的威望。但是，由于担心这场战争对英美态度的影响，甚至更为具体的是日元在伦敦及纽约的价值，日本内阁希望让军队回国。日本在大上海地区的各种行动的中止，使这场战争成为一件加倍昂贵的事情。一旦国家荣誉得到满足之后，军队就能够被撤回。内阁中的国际主义者根本不想在上海挑战现状，而且国际社会的行动、海军示威、金融压力以及仲裁尝试，推动了为结束这场不必要的危机所做的努力。双方最终在 1932 年 5

月 5 日签订停战协定。修改后的协定恢复了该事件前的形势。中国军队将与公共租界保持 20 千米的距离，而日军将离开上海。一个由友好国家组成的委员会（而不是国联的一个委员会）将监督这些撤退行动。到该月月底时，几乎所有的日军都离开了。伦敦及华盛顿当局都如释重负。预料中为解决残余难题的"圆桌会议"从未出现。主要是由于日本的不妥协，中国地方当局与公共租界工部局成员之间的讨论很快就止步不前。

738　　　上海危机导致人们加剧了对日本威胁的认知。英国外交部对日本未来的意图感到不安，看来必须将日本留在国联之内，同时避免其被排斥和孤立。这场危机也显著地表明了英国的利益与捍卫它们的力量之间的差距。2 月 22 日，一个由三军参谋长创立的委员会就如果日本变得敌对时的远东形势做出报告。委员会指出，就目前的状况而言，新加坡、中国香港以及位于印度半岛南端的亭可马里（Trincomalee）无法得到保卫，直到英国主力舰队抵达为止，而它到达新加坡将需要 38 天。[22]3 月 23 日，内阁同意放弃最初在 1922 年采纳的"十年规则"。防务估算将再也不会基于接下来的十年不会有重大战争这一假定来拟定。在一段时间里，英国在太平洋的防务需要在规划中处于优先地位。最为重要的是，新加坡基地的工作此前一再被放缓和推迟，而且在 1929 年完全被工党政府停止。只有英国和美国拥有必要的资源来制约日本，但无论是他们各自的舰队还是他们的基地设施，当时都不足以应对在远东的一场战争。英国的海军至上主义者认为美国人"嫉妒，不可靠，对于英国的安全漠不关心"，而美国人怀疑英国人不愿承认他们在世界海洋上的新地位。[23]世界裁军会议以及经济形势很难支持英国投入高额的

防务费用（1931 年的防务开支占英国预算的 2.5%）。在 1932
年，没有几个人猜到这个宽限期（period of grace）将会如何之
短暂。考虑到日本的挑战，美国人也重新考虑了他们的防务政
策。国务卿以及他的一些官方顾问逐渐拥有了与海军高官一样
的看法——日美未来的一场冲突是不可避免的。在对美国海军
在太平洋地区的虚弱做出反应时（与日本相比，美国拥有更多
的战列舰，但巡洋舰较少，航空母舰少一艘，而且补给线更
长），史汀生开始敦促立即将海军军力增强至条约所设定的限
度。胡佛总统做出了不同的反应，美国的无准备状态为他提供
了又一个推行外交谨慎以及全面裁军的理由。作为对该国反战
情绪的回应以及为了寻求削减开支，胡佛将不会支持一个大型
的海军扩充计划。

V

在上海停火以及国联 3 月 11 日的决议之后，远东淡出了公
众的视野，而国联也坐等李顿调查团的调查结果。该调查团直
到 1932 年 2 月 22 日才抵达日本，而且很快就开始其在中国的
广泛旅行，在这些旅行之初就被铺张的款待和众多具有倾向性
的材料淹没。在上海，调查团成员不被允许在当地的谈判中扮
演任何角色，李顿就满洲和蒙古问题的持久解决方案这一问题，
质询了日本特别代表松冈洋右，该方案将既满足日本的"合
理"需要，又能照顾中国的面子。作为外交官兼政治家的松冈
洋右回答："这一任务超出了我的智力范围。"[24] 来自李顿的私人
信件也是以类似的悲观情绪来写就的。"满洲纯粹充满了困难，
这些困难目前看来是无法解决的，"他致信妻子，"对于国联系
统来说，情况将会过于艰难。"[25] 尽管他们缺乏语言方面的技巧，

739

而且面临着日本人在当地的阻挠，但调查团委员们在满洲进行了勤勉认真而又深入的工作，并且带着一种调解的心情在 7 月 4 日再次回到东京，渴望讨论这种他们明白是十分复杂的形势。南满铁路前总裁、在斋藤实内阁担任新任外相的内田康哉以相当唐突无礼且咄咄逼人的方式告知李顿，日本将以不关切（在乎）《九国公约》各签字国或者国联成员国的方式，应对承认（"满洲国"地位）的问题。

　　承认"满洲国"的决定于 8 月 25 日在日本国会宣布。在对日本的行为做出详尽论述的、一本正经的解释之后，内田康哉回答了最为直言不讳的政友会民族主义者森恪的质询，向他保证，日本人民将"寸步不让，哪怕国家化为焦土"[26]。他的好斗言辞成了新闻头条，但内阁的决定不带有挑战西方国家的威胁。人们并不期待西方大国或者苏联将对日本的行动提出异议。相反，由于意识到他们在外交上的孤立，日本人试图与法国达成一份协定，而且尽管在荒芜、多山但在战略上重要的黑龙江发生过一些碰撞，日本却根本没有做出挑战苏联的决定。在这几个月里，"苏联牌"在外交上被充分利用。中国已经与莫斯科当局缔结了一份协定；法国人与苏联人在 1932 年 11 月签订了一份互不侵犯协定；作为一种反日姿态，史汀生和参议员威廉·博拉领导了一次短暂但最终流产的承认苏联的运动。尽管一些日本军官正在谈论一场针对苏联的"预防性战争"，但外交部正在认真考虑苏联人关于签订一份互不侵犯协定的提议。这一问题在 1932 年由日本驻莫斯科大使进行了讨论，而且在松冈洋右前往日内瓦参加李顿报告辩论途中进一步得到了追踪。只是到了 12 月，日本人才拒绝支持正式的谈判。当苏联为赢得西方的赞许而要求公开所交换的照会时，东京当局感到不快，联络就此中断。承认"满洲国"对于关东军而言代表着一种胜利，但首相斋藤实仍然希望与中国国民政府协商。其他人，比如内田康哉以及陆军大臣荒木贞夫认为，其他大国将被迫接受那些木已成舟的东西。在给予承认之后，接着又采取了一些确立这个新政权"独立"特性的措施。由于广州及南京的政府都处于混乱之中，中国人难以还击。来自西方国家的支持并没有多少。无论史汀生宣布如何支持中国，美国人既未提供贷款也没提供军事援助；英国人更为直截了当，在一个更为稳定的政府确立之前拒绝提供一切援助。由于抵抗日本的问题是中国国民党敌对派系之间争论的一个源头，而且英国的经济利益不得不得到考虑，所以英国并无动力去超越中立政策。9月15日，日本在公然蔑视国联各项决议而且预见到李顿调查团调查结果的情况下，正式承认"满洲国"。

李顿调查团报告长达139张大页纸，于1932年9月初在北平完成，并且于10月10日在瑞士发布。调查团成员的结论是一致的。李顿勋爵曾希望该报告在满洲问题上能有一个措辞更为强烈的部分，而法国成员亨利·克洛代尔（Henri Claudel）将军准备在日本人做出一些宪法上的保证的情况下接受日本人的地位，通过美国及意大利代表的调解，两人之间的分歧得到了弥合。由于亲自得出了无法做出任何事情来让满洲不属于中国人这一结论①，李顿希望如果日本被孤立，局势对其影响将过于强烈，从而自由主义舆论将重新伸张。通过表明事实而又不公开批评日本，调查团成员有意为进一步的谈判保留可能性。这份报告在讨论这场危机的背景方面是"不偏不倚"的。国民

741

---

① 该报告指出："东三省为中国之一部，此为中国及列国共认之事实。"

党政府因为中国的无法无天、不安全以及抵制活动而受到严厉批评。对于沈阳发生的事情，报告认为关东军只需负部分责任。日本因为满洲经济的可观增长而受到肯定，尽管中国的角色并未被忽略。调查团成员坚称，满洲是一个分裂的社会，是一个许多族群聚集的地区，因此没有任何简单的解决方案是可行的。但在那些关键的段落中，该报告对于日本版的满洲"故事"提出了异议。"满洲国"政府是被强加的，而且"无法被认为是因一场真正且自发的独立运动而建立的"。"中国人对于'满洲国'政府根本没有普遍的支持，该政府被当地中国人视为日本人的一个工具。"[27]对于其实并不存在的"缜密思考且公正的读者"来说，这些建议是温和而理智的，但很难说是现实的。该调查团建议说，中日有必要签订新协定，而且日本在满洲的权利应当得到"承认"。"满洲国"政府应当享有较大程度的自主，以一种与中国的主权及行政完整相一致的方式行使。即使该报告能够被中国人有所保留地接受，它也既不能令斋藤实内阁又不能令其日本受众中占压倒性的绝大多数满意。那些被卷入高度紧张的民族主义氛围的人准备抛弃国联、其西方偏见以及《盟约》所基于的关于东方劣等（oriental inferiority）的假定，但在这一点上，内阁当时仍然是分裂的。日本政府要求用六周的时间来考虑该报告以及做出回复。一些大臣认为，如果讨论被推迟得足够久，国际上对满洲的兴趣将会衰退，而"满洲国"将作为一个既成事实而获得接受。日本人的反对在一份与原始报告一样长的文件中得到了详细的表达，这些反对在国联理事会 11 月底的多场会议中得到了审议，并且由松冈洋右在国联 12 月 6 日的全体会议上进行了强硬的阐述。松冈洋右试图唤起一种"被钉上十字架的日本"的形象，他反对国联接受李顿报告，并且拒绝在日本承认"满洲国"问题上做出撤销的举动。他警告代们说，如果日本受到谴责，它将离开国联，他私下希望这种可能出现的结果能够被避免。

对于理事会以及日本人的拖延策略，以贝奈斯为首的一些较小国家的代表十分愤怒，他们要求采取积极的行动，但对于应当采取什么行动并无多少共识。如果像贝奈斯建议的那样谴责日本以及将其逐出国联，将只会展现国联的无能。而无所事事则更让人无法忍受，而且将严重地损害国联的声誉。小国的愤慨随着约翰·西蒙在全体会议上的演讲而达到巅峰。作为遏制这股反日潮流的一种被误导的尝试，这位英国外交大臣同时收回了李顿调查团对于中国和日本的批评，并且强调需要调解而不是谴责。西蒙后来为自己辩护，不无道理地声称法国、意大利和德国代表已经发表了类似的演讲，而没有引起谴责。无论他们对西蒙有着怎样的愤怒，代表们在谴责日本这一问题上退却了。国联大会只是决议十九人委员会应当研究李顿报告以及日本对它的保留意见，并且为一个解决方案起草提案。这些无穷无尽的讨论因日本人的迟缓被拖长，持续到了新的一年。当日本人在1933年1月1日夺取山海关这一通往热河省的门户时，人们的反日情绪加剧。与一年前对锦州的轰炸一样，军事行动的重新开始对国际舆论具有同样的影响。但是十九人委员会继续徒劳地寻求着一个可接受的方案。英国人抱住解读被破译的日本外交电文所产生的一种幻觉，相信松冈洋右比他的政府更不肯让步，尝试对东京当局进行更为直接的干预。国联秘书长埃里克·德拉蒙德与秘书处十分受到尊敬的日本最高官员杉村阳太郎一道，提出了他们自己的正式建议，

742

结果他们的努力被反日媒体的宣传彻底破坏。人们仅仅因为德拉蒙德的这一行动而对他猛烈批评，这可能在很大程度上加速了其辞去国联的这一职位。与今天的联合国秘书长不同，这位秘书长并无任何权利来与争端的一方谈判。松冈洋右及其一些同事不愿接受拒绝德拉蒙德和杉村阳太郎的妥协方案将引发的对抗，也尝试进行了一次最后时刻的干预，但失败了。1933 年 1 月 21 日，面对着日本人对于其方案的进一步的保留意见，精疲力竭的十九人委员会放弃了他们的努力，为国联大会准备了报告草案。

斋藤实内阁完全致力于在"满洲国"问题上毫不妥协的立场，但仍未决定当国联大会接受李顿报告时的行动方针。当关东军决定推进对热河的占领时，日本的温和派败退了，而张学良由于预计到日本人的这次进攻而在热河集结了一支大军。2 月 17 日，日本内阁决定反对国联十九人委员会的报告草案，并批准进军热河。一道最后通牒在 2 月 23 日发出，到 3 月 4 日时，日军已经占领了热河城，让数量上占优的中国军队望风而逃。随后由于中国军队在长城的关口上重整队伍，战斗暂时沉寂下来。日本人此次行动的时机很可能是由积雪的融化决定的，这表明国联的处置再也不具有重要性。尽管中国发起申诉，但国联列强担心这会使和平缔造的任务更为复杂，所以拒绝处理热河争端。他们也对在这样一个地区进行干预感到犹豫，当地居民曾上诉国联，称张学良部与鸦片贸易有关，政府"治理不当"。如同东京当局所料，进军热河让在国联大会汇集支持的希望黯淡下来。正如经常发生的那样，斋藤实首相、海军首领、执政党以及天皇所做的各种努力未能约束住军队。2 月 22 日，在国联召开特别会议前一天，日本枢密院批准了内阁关于除非决议草案得到实质性修改，否则日本将离开日内瓦的决定。而退出国联的问题被置于悬而未决的状态。

可以预料的是，反日趋向走强的国联大会将会采取比理事会更为强硬的路线。十九人委员会的正式建议包含了李顿报告的前八个章节，坚决要求日军撤回到铁路区域，而且日本要承认中国在满洲的主权。尽管总结说"中国的大片领土已经被日军强行夺取和占领，而且由于这一行动，它已经与中国其他地方分离而且被宣布独立"，但决议草案根本没有诉诸《盟约》第16条，而且再度为未来在一个新创立的咨询委员会的帮助下进行谈判敞开大门。[28]1933年2月24日，委员会的报告以42票对1票获得通过，暹罗（试图在日本面前维护独立地位的一个新政府）弃权。日本形单影只，在国际上被孤立。在以一种更多的是悲哀而不是愤怒的语气发表演讲，而且第一次被代表们带着同情听取之后，松冈洋右离开了会议厅。日本代表团的退出被新闻纪录片镜头记录下来。这些胶片在今天仍然传递出标志该场合的那种戏剧感。

VI

日内瓦出现了片刻的兴高采烈。尽管一些代表可能更希望 744
一份更为苛刻的报告，但大多数人相信关于现状的事实已经得到了说明，而且国联被世界视为遵守了其各项原则。国联报告的英文全文被以莫尔斯电码从其无线电台播报。所有希望收听的人对此都有了深入的了解。对于那些寻求动员世界舆论作为国联争端仲裁者的人来说，他们无法再抱怨什么。美国和苏联被邀请加入新的咨询委员会。日本人先前拒绝让他们参与十九人委员会的审议，这现在可以被忽视了。罗斯福总统同意加入，但苏联人指出了如此之多的国联成员对苏联的敌对态度，然后拒绝了。苏联打算在日本问题上保持自己的行动自由。国联成员国出于一种无助感而接受了"不承认"原则。

至少在某种意义上，这一努力成功了。除了几个例外（萨尔瓦多在 1934 年承认"满洲国"），所有成员国都遵守了"不承认"的诺言，尽管日本多次提出以贸易"门户开放"的形式作为交换条件。苏联在 1935 年 3 月与日本缔结了中东铁路协议，因此成为打破规矩的第一个大国。甚至在那些后来离开国联的国家当中，外交上的抵制也持续着，德国直到 1936年才给予正式的承认，意大利则是到了 1937 年。尽管面对世界的不满，"满洲国"却持续存在至 1945 年。这个"新政权"下的生活并不像起初热衷者们所期待的那样具有吸引力。期待中的日本移民潮从未实现，而且"满洲国"的资源无法满足日本大规模重新武装计划的需要，这些计划随着军队成功地挑战文官统治而不可避免地出现。而国联这一问题也仍然有待解决。在日内瓦的代表团里，松冈洋右和他的一些同事希望日本留下来，但强烈批评裁军讨论的军方渴望切断与这个国际机构的联系。东京当局在 2 月 24 日做出决定，荒木贞夫和内田康哉成功地领导了退出国联的运动。天皇和执政党试图用提出离婚的文件中的精心措辞来弱化日本的退出。事实证明，支持国联的派别完全没发挥作用，该派别主要是学者和一些商人，其中许多人曾经拥护政府关于"满洲国"的理由。松冈洋右取道英国和美国回国时受到了英雄般的欢迎，这是由官方策划的一场活动所准备的，将松冈洋右的努力描述为日本独立性的胜利。

上海问题一得到解决，英国外交部就已满足于"等待李顿"，同时试图保持其与李顿调查团本身的距离和独立性。当时有足够多的事情来让政府各个部门忙碌，裁军谈判、洛桑及渥太华会议都发生在 1932 年夏天。回国休假的迈尔斯·兰普森向美国驻北平公使纳尔逊·约翰逊愤懑地抱怨"所有人对于中国和中国事务的完全漠视。这里没人在乎它"[29]。对于手头的正经事而言，满洲问题是一件不幸的、让人分心的事情。但对于处理欧洲事务而言，在远东的困难以及国联的虚弱并非不重要。英国尤其开始重新评估其安全形势。西蒙描述了他的相互矛盾的迫切需要：

> 我与（美国）参议员里德进行了一次对话——他受到史汀生先生的信任，而且我得出的印象是，史汀生先生现在并不像这场危机更为久远时那样渴望做出强烈的谴责。对于我们自己来说，主要考虑必须是（1）忠于国联，如有可能时与主体一道行动；（2）不要在一种将严重激怒日本而必定徒劳的态度中牵头；（3）公平对待中国和日本；（4）致力于将日本留在国联。[30]

由于太过精明而不会去相信世界舆论将迫使东京当局扭转其政策，西蒙同样认为占领的经济代价以及中国的憎恨可能最终将带来变化。英国人并未对日本承认"满洲国"做出反应，而宁愿将该问题留给国联。李顿报告在伦敦受到热烈欢迎，西蒙变成了其最强烈的拥护者。该报告"大大地赦免了日本"，英国外交部的一名官员指出，"尽管由于其加速这场危机的种种方法及其追求的被夸大的政治目的，日本必须预料到将会受到某种谴责"[31]。英国的努力聚焦于调解。西蒙甚至曾短暂地考虑出

746　于这一目的而创立一个小的机构，希望兰普森能够在日内瓦复制其在上海的成功角色。正如其向鲍德温所承认的那样，这位外交大臣在没有冒着对英中关系造成永久性损害风险的情况下，尽其所能地安抚日本。西蒙利用其在十九人委员会里的所有影响力来为日本赢得时间，同时阻止任何形式的谴责。在日本人拒绝国联所有的努力并且离开之后，英国人没有做出任何努力去将他们召回。正如一名官员记述的那样："我当然希望日本将是通情达理的，而且留在国联，但如果——或者由于——日本不这样，又何必操心太多？"[32]西蒙认为，虽然国联代表了英国所认同的道德原则，但这并不是一个打算通过强制来维护和平的机构。日本是一个过于强大的国家，它不会像保加利亚和希腊在 1925 年那样，对纯粹的威胁做出反应。由于国联着手制裁将显然不利于英国的利益，西蒙满足于只是从道义上谴责日本，而不是更为咄咄逼人的方式，史汀生在一年多以前以一种让人无法接受的形式提议进行这种谴责。英国公众的情绪在 1932 年发生了转变，日本正日益被视为侵略国家。对于西蒙政策的批评正在逐步增多，但是除了极少数的例外，人们没有要求制裁。战争的真实情形为绥靖主义者的梦魇增添了新的实质性内容，进一步降低了干预的可能性。西蒙复杂的外交游戏很难被判断为成功。日本离开了国联，"满洲国"继续存在，英国至少暂时因为日本的孤立而受到责备，而且"背信弃义的阿尔比恩"（perfidious Albion）这一形象在日内瓦重新流行起来。英美关系以怨恨和指责为特征。通过暴露英国对美国的依赖，西蒙已经将英国的政策与美国外交的变化无常捆绑起来。在这些危机之后的几个月里，对于一种更为独立的政策的寻求让英国外交部和财政部大伤脑筋，这样一种政策将保护英国在远东更为重要的战略利益，而又不会冒犯美国。最后，英国人更强烈地意识到其帝国的脆弱，而帝国对于母国是如此重要。在1931年的金融灾难以及转向保护主义之后，英国变得特别不愿面对可能扰乱和平的一切国外挑战。

满洲问题在美国淡出了公众的注意力，人们的注意力此时集中于经济萧条以及即将到来的选举。美国国务院等待并且欢迎李顿报告。人们并不支持举行一次《九国公约》会议的主张。随着胡佛总统走上竞选之路，总统与国务卿之间的隔阂在1932年夏天的确增大了。满洲危机之后，史汀生对法国维护现状的努力更为同情，他将总统引人注目的裁军倡议蔑称为"来自'爱丽丝梦游仙境'式的东西"。相反，胡佛更为坚持要求战争债务的偿还以及法国在裁军问题上立场的变化。尽管这并不能带来选举上的红利，但胡佛准确地判断出公众的情绪。大多数美国人对"史汀生主义"感到自豪，但拒绝对太平洋事务进一步干预。商业利益团体的意见是分裂的，这依赖于他们的远东市场的位置。但他们当中没有战争鹰派。随着破产增多，失业飙升，等待领取救济的长队（apple lines）出现在纽约街头，远东退出了人们的关切。

无论是英国还是美国，都不准备利用经济的或者海军的力量来阻止日本。日本在满洲的行动并未危及这两个国家当中任何一国的国家利益，而且日本在东亚的地位太过强大，从而无法不受惩罚地对其攻击。对于西蒙和史汀生来说，日本的方法比其目标更令人厌恶。史汀生在远东的干预在日本激起了反美情绪，而又没有界定或者推进美国的真正利益，罗斯福总统后来对"不承认"方案的认可，是在没有真正考虑其实际后果的情况下做出的。美国宣告了其对于维护过时的、在华盛顿签订

747

的条约的兴趣，而又根本没有迫使日本遵守它们的明确意图。西蒙的政策同样无法令人满意，无论对于中国、日本、美国还是国联来说都是如此。在经济萧条的情况下，英美两国政府都不愿意利用其经济实力来阻止日本夺取满洲。民族主义运动背后的力量因经济危机对日本的冲击而被释放出来，这些力量过于强大而无法被国际外交阻止，无论是老式的还是新式的国际外交都是如此。与西蒙的中立努力以及国联的缓慢动员相比，英美如果早日对日本发出警告，也许对日本的温和派更有用。如果日本曾被公开地谴责，它会不会像英美外交官所预言的那样做出消极的反应，或者说这些风险被夸大了？到最后，这些西方大国既未抵制日本，也未居中斡旋以让中日达成一份协议。除了拒绝"承认"其结果，他们没有做出任何事情来表明对日本行为的反对。"不承认"也许已经使未来的中日和解更为艰难。日本温和派希望英美将最终把"满洲国"作为一个既成事实予以接受，但"不承认"原则对于这些希望的实现显然是一种障碍。此外还存在处理满洲争端的其他方法。西方国家原本也许可以承认满洲事件的例外性质，接受日本对这些省份现状的改变。一些英国政治家和法国人原本将会倾向于这样一条途径，但日本人的行为、史汀生运用"不承认"原则以及这场危机的国际化，排除了这样一种方案的可能性。一些人（李顿是其中之一）相信，这两个对手未来有可能达成某种协议，而且能够搭建和解的桥梁。考虑到日本军方的新地位以及民族主义情绪的蔓延，这是对日本形势的一种过于乐观的看法。中国国民政府持续的虚弱加剧了形势的动荡，但几乎没有促进地区和平的缔造。

实际上，日本人不会接受妥协的方案，而且刻意拒绝了解决冲突的机会。日本原本也许可以留在国联，但那些赞成"单干"的人占了上风。日本"老派自由主义者"认同由工业化的西方所创建的国际秩序，但他们中有许多人逐渐接受了满洲行动的"公正"和"智慧"。由于这一行动取得了成功，军队的挑战提高了其威望，并且让军国主义者在外交政策的制定中获得了比危机发生之前更大的话语权。军方开始和结束了满洲事变。伦敦当局认为占领将过于昂贵，事实证明，这一经济上的理由是虚幻的。为了应对英国权力下放的影响，日本摆脱金本位制，让日元贬值，以及加大对于比较容易进入的市场的出口，在1931—1936年担任藏相（财务大臣）、经验丰富的高桥是清让日本摆脱了萧条。不断上升的军费开支看似已经刺激了国内经济，而且到1933年，经济早已走上复苏之路。日本进入了一个繁荣时期。在1935年的下半年，高桥是清由于担心高通货膨胀的代价，希望改弦易辙，这让军方恐慌起来。1936年2月，这位81岁的藏相被一个陆军军官的极端团体暗杀。防务开支将不会有任何削减了。1933年5月31日，在没有外来干预的情况下，日本和中国在现场的将军们达成了《塘沽停战协定》。随着战斗更接近天津，中国人的抵抗加剧，两军都已筋疲力尽。双方同意在长城以南划出一个30—40英里的非军事区。蒋介石3月在南京重新掌权，正准备在夏天针对共产党人发起"围剿"。除了在一封致国联的信中谴责休战条款，他并未采取任何行动。尽管从未正式休战，但战斗停止了。不到一年之后，面对着英国对于中国的一笔可能的贷款，日本人主张他们独自承担着"维持东亚和平"的责任。其他国家被警告不得给予中国可能被利用来对付日本的军事援助及经济支持。日本在1934年4月17日发布的"天羽声明"不只是一个"独立性"的宣言，它是美国"门罗主义"的日本版。[①]

表 39　日本在东亚势力范围贸易中所占百分比

贸易份额		进口（%）				出口（%）			
		1929年	1932年	1935年	1938年	1929年	1932年	1935年	1938年
日本	朝鲜与台湾	12.3	26.2	24.1	30.0	16.8	21.6	23.4	32.9
	关东州	6.0	4.0	0.8	1.6	4.8	6.8	9.2	13.7
	满洲	1.9	2.7	5.9	9.0	2.5	1.5	3.9	8.1
	中国其他地方	5.8	4.0	4.1	4.4	10.9	7.3	4.6	8.0
	总计	26.0	36.9	34.9	45.0	35.0	37.2	41.1	62.7

资料来源：League of Nations, *Review of Trade 1938* (Geneva, 1939), 35。

苏联人没有从满洲事变的冲击中恢复过来。远东特别红旗集团军的建设持续进行，红军大幅增加的军事生产计划的实施也是如此。这种紧急的军力建设，加剧了五年计划所设定的过于雄心勃勃的目标而导致的全面经济危机。1933 年度的规划表明，生产计划出现了显著的削减。那些未能完成计划的人并未受到清洗。1933 年春，正在敦促与日本采取和解政策的李维诺夫占了上风，赢得了斯大林的支持。在这名外交人民委员的要求下，在日本驻莫斯科公使做出接洽之后，苏联人同意将中东铁路出售给日本。如果说该铁路从理论上给予了苏联人一个在满洲的前进基地，而在实践当中，中东铁路代表了一个可能的

[①] 日本外务省发言人天羽英二的这一宣言声称维持东亚和平与秩序乃日本的使命，中国如利用他国势力以排斥日本之任何企图与行动，均必加以反对；各国如对中国采取共同行动，纵令为财政或技术援助，日本亦表示反对。这则声明表明了日本帝国主义独占中国的野心。

冲突和战争的源头。在围绕这条铁路的价码谈判期间，苏联的立场突然变得强硬，而日本逮捕六名苏联的中东铁路雇员一事也被作为暂时中断谈判的一个借口。苏联人的自信心正在回归，这种信心的恢复源于农业上的好收成、对远东军队的增援以及美国在 1933 年 11 月 16 日的外交承认。当关于日本可能入侵的传言在 1933 年底开始蔓延时，斯大林觉得他可以采取强硬的立场。在 1934 年 1 月 26 日召开的联共（布）第十七次代表大会上，这位苏联领导人对与会代表们说，"那些试图攻击我们国家的人将会受到粉碎性的反击，以告诉他们将来不要将他们的猪嘴戳进我们苏联的园子里（雷鸣般的掌声）"[33]，这显然指的是日本。随着情况很快表明日本的战争威胁更多是表面上的而不是真实的，仍然渴望解决铁路问题并希望达成一笔不错的经济交易的苏联回归到了李维诺夫的绥靖政策，重新开始谈判。中东铁路在 1935 年 3 月成功出售，但对于未来的不安仍然存在。斯大林相信苏联将不得不独自面对日本人。在苏联能够增强其力量以打一场双线战争，并且迫使日本人以平等的方式商讨条件之前，他并无多少选择，只能支持李维诺夫的妥协路线。

750

事后看来，满洲事变这一插曲是日本外交政策以及大国对于日本意图的感知当中的一个转折点。对于其后可能发生什么，并无任何可预言性或者不可避免性，但不可能再回到 1920 年代的那些假定。对于满洲问题，日本的领导人已经拒绝了国际主义的路线，倾向于一种军事解决方案。这些事态的重要性超出了这场地区性冲突之外。日本的行为不仅被视为对《九国公约》的挑战，也是对《盟约》以及《凯洛格－白里安公约》的挑战。国联在满洲的"失败"给予了日内瓦体系一击。如果说对于国联的热情支持者们的夸大主张，英国政府发现其怀疑得到了证实，那么许多较小国家的代表们也得出了自己的结论，即列强不愿利用日内瓦的这个安全体系来对付列强中的一个成员。由于根本没有诉诸《盟约》第 16 条（中国人担心如果"宣战"，其他大多数国家将会选择中立，切断对中国的供应和信贷），国联的集体安全条款并未被实际付诸行动。对于这些条款的信心被动摇了，但并未被摧毁。当时的人们对于这种对国际主义的检验做出了不同的解读。一些人认为国联的《盟约》在设计时并未真正考虑到远东，而其在满洲的失败并不是对其维和条款的检验。其他人（主要是在回顾时）断定，原本应当援引第 16 条，而且错过了一个真正遏制侵略的机会。满洲事件存在含糊之处；正如后来的侵略事件一样，这并不是一个黑白分明的问题——这显然是李顿调查团的观点。日本在满洲的行动并不是"一个以武装力量侵犯邻国边境的简单事件，因为在满洲有许多世界其他地方没有与其极为相似的特征"[34]。一些人认为尽管大国有保留意见，但国联大会已经采取了行动，而且这种回应对于日本的行为而言是合适的。其他一些人没有这么乐观。在英国和法国，非暴力政策的支持者确信国联最终将不得不依赖于运用武力来维护和平。他们从日内瓦转向更极端形式的和平主义和孤立主义。满洲危机与世界裁军会议相重叠。对于国联的威望及其支持者的希望而言，裁军会议的失败是更为巨大的打击。人们的期望是如此之高，因此失望是深切的，而且最终是危险的。那些继续相信国际行动能够阻止侵略的人发现难以适应重新武装的新时代。针对国际主义的打击正来自每一个方向。

注 释

1. Ian Nish, *Japanese Foreign Policy, 1869 - 1942: Kasumigaseki to Miyakezaka* (London, 1977), 141.

2. 引言出自一名未披露名字的日本外交官，见 Richard Storry, *Japan and the Decline of the West in Asia, 1894-1943* (London, 1979)。

3. Ian Nish (ed.), *Anglo-Japanese Alienation, 1919-1952: Papers of the Anglo-Japanese Conference on the History of the Second World War* (Cambridge, 1982), 38.

4. Margaret Lamb and NicholasTarling, *From Versailles to Pearl Harbor: The Origins of the Second World War in Europe and Asia* (Basingstoke, 2001), 63.

5. Y. Tsurumi, ' Japan in the Modern World ', *Foreign Affairs*, 9: 2 (Jan.1931), 252, quoted in Sandra Wilson, ' The Manchurian Crisis and Moderate Japanese Intellectuals: The Japan Council of the Institute of Pacific Relations', *Modern Asian Studies*, 26: 3 (1992).

6. James B. Crowley, *Japan's Quest for Autonomy: National Security and Foreign Policy 1930-1938* (Princeton, 1966), 84.

7. Memorandum by John Franklin Carter (State Department), 19 Feb. 1932, in Justus D. Doenecke, *The Diplomacy of Frustration: The Manchurian Crisis of 1931-1933* (Stanford, Calif., 1981), document no. 41.

8. Quoted in Christopher Thorne, *The Limits of Foreign Policy: The West, the League and the Far-Eastern Crisis, 1931-1933* (London, 1972), 191.

9. *DBFP*, ser. II, vol. 8, no. 76.

10. Victor Wellesley, in *DBFP*, ser. II, vol. 9, no. 239.

11. *DBFP*, ser. II, vol. 9, pp. 282-3.

12. Henry L. Stimson and McGeorge Bundy, *On Active Service in Peace and War* (New York, 1948), 233.

13. Stimson Diaries, 8 Oct. 1932.

14. Quoted in Thorne, *The Limits of Foreign Policy*, 162.

15. Stimson Diaries, 19 Nov. 1932.

16. Dept. of State, *Foreign Relations of the United States, 1932*, vol. 3 (Washington, DC, 1948), 8. Henceforth cited as *FRUS*.

17. 相关表述以及来自时任日本驻苏联大使广田弘毅被截获的电报文本，见 David R. Stone, *Hammer and Rifle*, 186。

18. 关于苏联 1922—1937 年的军事开支，参见表 24。

19. *FRUS, Japan, 1931-1941*, vol. 1, 83.

20. Quoted in Keith Middlemas and John Barnes, *Baldwin: A Biography* (London, 1969), 729.

21. *DBFP*, ser. II, vol. 9, no. 636.

22. CAB 4/21, Imperial Defence Policy, Annual Review for 1932 by the Chief of Staff Subcommittee, CID 1082-B, COS, 23 Feb. 1932.

23. Thorne, *The Limits of Foreign Policy*, 75.

24. Ian Nish, *Japan's Struggle with Internationalism: Japan, China and the League of Nations, 1931-1933* (London, 1993), 113.

25. Ibid. 114.

26. Thorne, *The Limits of Foreign Policy*, 275.

27. League of Nations, *Appeal by the Chinese Government: Report of the Commission of Enquiry* [Lytton Report] (Geneva, 1932), 97, 111.

28. *League of Nations Official Journal*, Special Supplement, no. 112.

29. Lampson to Johnson, 30 June 1932, Johnson Papers, quoted in Thorne, *The Limits of Foreign Policy*, 290.

30 Minute by Simon, 17 Sept. 1932, *DBFP*, ser. II, vol. 10, no. 674.

31. Memo by Orde, 12 Oct. 1932, *DBFP*, ser. II, vol. 10, no. 746.

32. Quoted in Nish, *Japan's Struggle with Internationalism*, 227.

33. Jonathon Haslam, *The Soviet Union and the Threat from the East: Moscow, Tokyo and the Prelude to the Pacific War* (Basingstoke and London, 1992), 37.

34. Quoted in Crowley, *Japan's Quest for Autonomy*, 185.

专著

BAMBA, NOBUYA, *Japanese Diplomacy in a Dilemma: New Light on Japan's China Policy, 1924–1929* (Kyoto, 1972).

BARNHART, MICHAEL A., *Japan Prepares for Total War: The Search for Economic Security, 1919–1941* (Ithaca, NY and London, 1987).

BEASLEY, W. G., *Japanese Imperialism, 1894–1945* (Oxford, 1987).

BELL, PETER, *Chamberlain, Germany and Japan, 1933–1934* (London, 1996).

BEST, ANTHONY, *British Intelligence and the Japanese Challenge in Asia, 1914–1941* (Basingstoke, 2002).

BORG, DOROTHY and OKAMOTO, SHUMPEI (eds.), *Pearl Harbor as History: Japanese–American Relations, 1931–1941* (New York and London, 1973).

BURNS, RICHARD DEAN and BENNETT, EDWARD M. (eds.), *Diplomats in Crisis: United States–Chinese–Japanese Relations, 1919–1941* (Santa Barbara, Cal., 1974).

COBLE, PARKS M., *Facing Japan: Chinese Politics and Japanese Imperialism, 1931–1937* (Cambridge, Mass. and London, 1991).

COOX, ALVIN and CONROY, HILARY (eds.), *China and Japan: Search for Balance Since World War I* (Santa Barbara, Cal., and Oxford, 1978).

CROWLEY, JAMES B., *Japan's Quest for Autonomy: National Security and Foreign Policy, 1930–1938* (Princeton, 1966).

DORE, RONALD and RADHA, SINHA (eds.), *Japan and World Depression: Then and Now. Essays in Memory of E. F. Penrose* (Basingstoke, 1987).

DREIFORT, JOHN E., *Myopic Grandeur: The Ambivalence of French Foreign Policy toward the Far East, 1919–1945* (Kent, Ohio, 1991).

DUUS, PETER, MYERS, RAMON H., and PEATTIE, MARK R. (eds.), *The Japanese Informal Empire in China, 1895–1937* (Princeton, 1989).

FERRELL, R., *American Diplomacy in the Great Depression: Hoover–Stimson Foreign Policy, 1929–1933* (New Haven, Conn., 1957).

FOX, JOHN P., *Germany and the Far Eastern Crisis, 1931–1938: A Study in Diplomacy and Ideology* (Oxford, 1982).

FRASER, T. G. and LOWE, PETER (eds.), *Conflict and Amity in East Asia: Essays in Honour of Ian Nish* (Basingstoke, 1992).

FUNG, E. S. K., *The Diplomacy of Imperial Retreat: Britain's South China Policy* (Oxford, 1991).

GITTINGS, J., *The World and China, 1922–72* (London, 1974).

HAGGIE, PAUL, *Britannia at Bay: The Defence of the British Empire Against Japan, 1931–1941* (Oxford, 1981).

HAGIHARA, NOBUTOSHI et al. (eds.), *Experiencing the Twentieth Century* (Tokyo, 1985).

HASLAM, JONATHAN, *The Soviet Union and the Threat from the East: Moscow, Tokyo and the Prelude to the Pacific War* (Basingstoke and London, 1992).

HATA, IKUHIKO, *Reality and Illusion: The Hidden Crisis Between Japan and the U.S.S.R., 1932–1934* (New York, 1967).

HORNBECK, STANLEY K., *The Diplomacy of Frustration: The Manchurian Crisis of 1931–1933 as Revealed in the Papers of Stanley K. Hornbeck*, compiled and with an introduction by Justice D. Doenecke (Stanford, Cal., 1981).

HSU, I. C. Y., *The Rise of Modern China* (New York, 1970).

IRIYE, AKIRA, *After Imperialism: The Search for a New Order in the Far East, 1921–1931* (Cambridge, Mass., 1965).

—— *The Origins of the Second World War in Asia and the Pacific* (London and New York, 1987).

JORDAN, DONALD A., *Chinese Boycotts versus Japanese Bombs: The Failure of China's 'revolutionary diplomacy,' 1931–32* (Ann Arbor, Mich., 1991).

KATAOKA, TETSUYA, *Resistance and Revolution in China: The Communists and the Second United Front* (Berkeley, Cal., 1974).

KENNEDY, MALCOLM D., *The Estrangement of Great Britain and Japan, 1917–1935* (Manchester and Berkeley, Cal., 1969).

KIRBY, WILLIAM C., *Germany and Republican China* (Stanford, Cal., 1984).

LAMB, MARGARET and TARLING, NICHOLAS, *From Versailles to Pearl Harbor: The Origins of the Second World War in Europe and Asia* (Basingstoke, 2001).

LARGE, STEPHEN S., *Emperor Hirohito and Showa Japan: A Political Biography* (London, 1992).

LENSEN, G., *The Damned Inheritance: The Soviet Union and the Manchurian Crises, 1924–1935* (Tallahassee, Fl., 1974).

LOUIS, WILLIAM R., *British Strategy in the Far East, 1919–1939* (Oxford, 1971).

LOWE, PETER, *Great Britain and the Origins of the Pacific War: A Study of British Policy in East Asia, 1937–1941* (Oxford, 1987).

MCKERCHER, B. J. C., *Transition of Power: Britain's Loss of Global Pre-eminence to the United States, 1930–1945* (Cambridge, 1999).

MATSUSAKA, YOSHIHISA TAK, *The Making of Japanese Manchuria, 1904–1932* (Cambridge, Mass., 2001).

MITTER, RANA, *The Manchurian Myth: Nationalism, Resistance, and Collaboration in Modern China* (Berkeley, Cal., 2000).

MORLEY, JAMES WILLIAM *The Fateful Choice: Japan's Advance into Southeast Asia, 1939–1941* (New York, 1980).

—— (ed.), *Japan Erupts: The London Naval Conference and the Manchurian Incident, 1928–1932: Selected Translations from Taiheiyo senso e no michi, kaisen gaiko shi* (New York, 1984).

MORTON, WILLIAM FITCH, *Tanaka Giichi and Japan's China Policy* (Folkestone and New York, 1980).

MUHLE, ROBERT, *Frankreich und Hitler. Die Französische Deutschland-und Außenpolitik, 1933–1935* (Paderborn, 1995).

NEIDPATH, JAMES, *The Singapore Naval Base and the Defence of Britain's Eastern Empire, 1919–1941* (Oxford, 1981).

NISH, IAN H., *Japanese Foreign Policy, 1919–1942: Kasumigaseki to Miyakezaka* (London and Boston, 1977).

—— *Japan's Struggle with Internationalism: Japan, China and the League of Nations, 1931–1933* (London, 1993).

—— *Japanese Foreign Policy in the Interwar Period* (London, 2002).

—— (ed.), *Anglo-Japanese Alienation, 1919–1952: Papers of the Anglo-Japanese Conference on the History of the Second World War* (Cambridge, 1982).

—— (ed.), *Some Foreign Attitudes to Republican China* (London, 1984).

OGATA, SADAKO N., *Defiance in Manchuria: The Making of Japanese Foreign Policy, 1931–1932* (Berkeley, Cal., 1964).

OSTROWER, GARY B., *Collective Insecurity: The United States and the League of Nations During the Early Thirties* (Lewisburg and London, 1979).

PANTSOV, ALEKSANDR VADIMOVICH, *The Bolsheviks and the Chinese Revolution 1919-1927* (Richmond, Va., 2000).

PRITCHARD, JOHN, *Far Eastern Influences upon British Policy Towards the Great*

Powers, 1937–1939 (New York and London, 1987).

SPENCE, JONATHON D., *The Search for Modern China: A Documentary Collection* (New York, 1999).

STIMSON, H. L. and BUNDY, MCGEORGE, *On Active Service in Peace and War* (New York, 1948).

STOREY, R., *Japan and the Dedine of the West in Asia, 1894–1943* (London, 1979).

SUN, YOULI, *China and the Origins of the Pacific War, 1931–1941* (Basingstoke and New York, 1993).

TETSUYA, KATAOKA, *Resistance and Revolution in China: The Communists and the Second United Front* (Berkeley, Cal., 1974).

THORNE, CHRISTOPHER, *The Limits of Foreign Policy: The West, the League and the Far Eastern Crisis of 1931–1933* (London, 1972).

WALDRON, ARTHUR, *From War to Nationalism: China's Turning Point, 1924–1925* (Cambridge, 1995).

YOUNG, LOUISE, *Japan's Total Empire: Manchuria and the Culture of Wartime Imperialism* (Berkeley, Cal., 1998).

文章

BERND, MARTIN, 'Die deutsch-japanischen Beziehungen während des Dritten Reiches', in Manfred Funke (ed.), *Hitler, Deutschland und die Mächte: Materialien zur Außenpolitik des Dritten Reiches* (Düsseldorf, 1976).

BEST, A, 'Constructing an Image: British Intelligence and Whitehall's Perception', *Intelligence and National Security*, 12 (1997).

CH'EN, JEROME, 'The Chinese Communist Movement 1927–1937', in John K. Fairbank and Albert Feuerwerker (eds.), *The Cambridge History of China*. Vol. 13, Part II: *Republican China, 1912–1949* (Cambridge, 1986).

FERRIS, JOHN, 'Worthy of Some Better Enemy? The British Estimate of the Imperial Japanese Army, 1919–41, and the Fall of Singapore', *Canadian Journal of History*, 28 (1993).

FUNG, EDMUND S. K., 'The Sino-British Rapprochement, 1927–1931', *Modern Asian Studies*, 17 (1983).

HARUM, GOTO-SHIBATA, 'Anglo-Japanese Co-operation in China in the 1920s', in Nish, J., Kibata, Yoichi (eds.), *The History of Anglo-Japanese Relations*, vol. 1: *The Political-Diplomatic Dimension, 1600–1930* (Basingstoke and New York, 2000).

IRIYE, AKIRA, 'Japanese Aggression and China's International Position, 1931–1949', in John K. Fairbank and Albert Feuerwerker (eds.), *The Cambridge History of China*. Vol. 13, Part II: *Republican China, 1912–1949* (Cambridge, 1986).

—— 'The Manchurian Incident: Japan's Revisionist Militarism, 1931–1932', in John K. Fairbank and Albert Feuerwerker (eds.), *The Cambridge History of China*. Vol. 13, Part II: *Republican China, 1912–1949* (Cambridge, 1986).

—— 'The Search for a New Order', in id., *Japan and the Wider World: From the Mid-nineteenth Century to the Present* (Edinburgh, 1997).

—— 'Japanese Diplomacy in Transition', in id., *Japan and the Wider World: From the Mid-nineteenth Century to the Present* (Edinburgh, 1997).

MCKERCHER, B. J. C., 'A Sane and Sensible Diplomacy: Austen Chamberlain, Japan, and the Naval Balance of Power in the Pacific Ocean, 1924–29', *Canadian Journal of History*, 21 (1986).

NISH, IAN, 'Some Thoughts on Japanese Expansion', in Wolfgang J. Mommsen and Jürgen Osterhammel (eds.), *Imperialism and After* (London, 1986).

—— 'Jousting with Authority: The Tokyo Embassy of Sir Francis Lindley, 1931–1934', *Proceedings of the Japan Society of London*, 105 (Dec. 1986).

—— 'European Images of Japan: Some Thoughts on Modern European–Japanese Relations', *Japan Foundation Newsletter*, 20: 3 (1992).

—— 'Intelligence and the Lytton Commission, 1931–1933', in Dick Richardson and Glyn Stone (eds.), *Decisions and Diplomacy: Essays in Twentieth Century International History in Memory of George Grun and Esmonde Robertson* (London, 1995).

—— 'Echoes of Alliance, 1920–30', in Nish and Kibata, vol 1: *The Political-Diplomatic Dimension, 1600–1930* (Basingstoke and New York, 2000).

PRITCHARD, JOHN, 'The Greater East Asia and the Pacific Conflict', in Peter Calvocoressi, John Pritchard, and Guy Wint (eds.), *Total War: The Causes and Courses of the Second World War* (revised edn., Harmondsworth, 1979).

THORNE, CHRISTOPHER, 'Viscount Cecil, the Government and the Far Eastern Crisis of 1931', *Historical Journal*, 14 (1971).

TSURUMI, YUSUKE, 'Japan in the Modern World', *Foreign Affairs*, 9: 2 (1931).

WILSON, SANDRA, 'The Manchurian Crisis and Moderate Japanese Intellectuals: The Japan Council of the Institute of Pacific Relations', *Modern Asian Studies*, 26: 3 (1992).

第十四章　金杯毒酒：寻求裁军

世界裁军会议于 1932 年 2 月 2 日在日内瓦开幕。64 个国家 755
受到了邀请，59 个国家的代表实际出席，包括所有主要大国。
数百万封请愿书从全世界寄到这里，表达着签名者对于和平的
希望。教堂里举行了特别祈祷，以祈愿会议成功。不祥的是，
尽管其酝酿已几乎有七年之久，但由于国联理事会召开特别会
议来考虑上海的危险形势，会议的正式开幕又出现了一小时的
延误。关于时机对于举行这样一次裁军会议是否有利，当时的
政治圈里有相当之多的讨论。英国和法国的政治家们原本将会
欢迎会议的进一步推迟，他们担心这样一次会议将在各国之间
制造新的不和。布吕宁政府不愿接受进程当中的任何进一步的 756
推迟。筹备委员会已经在 1930 年 12 月完成其任务。1931 年 1
月，理事会为这次会议设定了日期。具有讽刺意味的是，这又
一年的等待被认为是必要的，以便做出充足的"准备"，但是
由于正式的预备过程完成，压力得到了缓解，实际的进展就此
中断（见表 40）。由于全神贯注于金融及政治危机，主要国家
之间未就裁军进行有意义的私下谈判。在缺乏这些谈判的情况
下，9 月的国联大会的注意力反而转向了意大利的一个次要的
倡议，即当裁军会议进行时，实施一个为期一年的"军备休
战"期以冻结现有的军备水平。这一主张吸引了公众的注意

力，从 1931 年 11 月 1 日起，国联各成员国以及那些参与会议的国家同意在武器计划中实行这样一种"休战"，那些感觉到萧条寒风的国家尤其欢迎这一主张。但伦敦及巴黎当局仍然担心这种"休战"会变成永久性的，从而危及他们的军备发展与更替进程表。甚至是关于裁军的那些看似并不复杂的问题，也不会有简单的解决方案。

表 40　武装力量规模：为 1932 年世界裁军会议准备的数据

国家	陆军		海军	空军	
	本土	海外		本土	海外
英国	114745	29777	96042	23038	6889
法国	362167	246103	57129	32110	8398
德国	100500	—	15000	—	—
意大利	462281	29137	51326	21418	775
美国	106426	20501	77187	25680	1519
日本	252360	—	78322	16821	—

注：包括所有现役士兵但不包括预备役。英国的海外军队不包括印度军队或者各自治领的军队。法国海外军队涵盖所有殖民地和委任统治地的军队。意大利本土军队包括 26 万名服役期为 18 个月的男子，以及短期的征兵。美国海外军队涵盖其在菲律宾、巴拿马运河、尼加拉瓜和中国的力量。

资料来源：League of Nations, *Armaments Yearbook*, vol. 8（1932）; Special Edition, *Conference for the Reduction and Limitation of Armaments*（Geneva, 1932）。

对于当时的许多人而言，日内瓦的这次会议非常重要。当这次会议到来时，人们对于未来战争的恐惧正在加大，但《洛迦诺公约》以及《凯洛格-白里安公约》带来的大众乐观主义潮流还未完全消退。空中轰炸以及毒气战的前景为正在进行之中的讨论增添了一个新的恐怖方面。政治家完全清楚大量民众的期望，而且在那些正常运转的民主国家里，政治家不得不考

虑会议的失败将给选举带来的代价。世界媒体为何对国联的又
一次军备限制努力投入这种巨大的注意力？其背景是人们在停
战十多年之后对于一战的重新发现。1928—1933 年，1914—
1918 年的各种事件以散文、诗歌和电影的形式得到了再现，修
正主义的历史以及政治和军事回忆录大量涌现。"迷惘的一代"
（generazione bruciata，这个意大利术语比英文的"lost generation"
更能引起情感的共鸣）决心从官方的纪念碑以及缅怀死者的墓
碑中发掘这场战争。欧洲普遍对 1920 年代中期的集体失忆发起
攻击，但意大利是几个例外的国家中的一个。可以肯定的是，
人们表达的信息常常是模棱两可甚至是矛盾的。战时的领导能
力、英雄主义和友情的事例超越了这场大屠杀的恐怖以及无目
的性。对于一些人来说，这场战争是个人自由及最高成就的时
刻，但也是一个浪费、无用和恐怖的时刻。对于许多作家而言，
目的在于描述一个战斗的失落世界（lost world of combat），其幸
存者无家可归。电影制片人也利用了这一反战信息，它最早始
于美国——《光荣的代价》（What Price Glory?）出现在 1926
年——但在德国也是如此。无论其意图是什么，对于一战经历
的再现不同于对 1914 年以前的战争的再现。大战的一代已经丧
失了其天真。

　　雷马克的《西线无战事》（Im Westen nichts Neues）1929
年在德国出版，是德国的"战争潮"（war boom）小说当中最
受到广泛称赞的作品。到 1930 年底，该书已经在德国销售了
将近 100 万本，在英国、法国和美国也销售了 100 万本。雷
马克否认他写的是一部反战小说："我只是想唤醒对于一代人
的理解，与其他所有人相比，他们发现更加难以从四年的死
亡、挣扎和恐惧之中，返回到工作和进步的和平田野。"[1]该书

757

在国内的受欢迎度触怒了德国的民族主义者以及魏玛共和国的老兵组织。军方哀叹雷马克的影响力，共产主义者谴责他的资产阶级颓废主义。同名电影在 1930 年 12 月的首映式因为暴力示威活动而被中断，示威者主要是纳粹党党徒。它对公众的冲击如此强烈，以至于在布吕宁的完全支持下，柏林的审查办公室禁止继续放映该电影。雷马克尽管是德国作家中最著名的，他的作品最受广泛阅读，但并非只有他自己。路德维希·雷恩（Ludwig Renn）、弗里茨·冯·翁鲁（Fritz von Unruh）、阿诺尔德·茨威格（Arnold Zweig）和匿名的施伦普（Schlump）的作品在德国销售并在国外被翻译。法国人对于大战的现实主义视角是由像亨利·巴比塞（Henry Barbusse）、罗曼·罗兰（Romain Rolland）、朱尔·罗曼（Jules Romains）、乔治·杜亚美（Georges Duhamel）、莫里斯·热讷瓦（Maurice Genevoix）、安德烈·莫洛亚（André Maurois）这样的作家塑造的。巴比塞和罗兰成了 1930 年代初期产生的新的和平主义运动的领导者。在这些作家当中，有几个人的著作是在一战期间及战后不久出现的。他们对于法国边境之外更为广泛的读者大众的影响被耽搁了很久。一些战士出身的作家花了更长的时间来消化他们的经历。年轻的塞利纳〔Céline，即路易-费迪南·德图什（Louis-Ferdinand Destouches）〕1914 年曾在前线三个月之后受伤，然后因为伤病退役，他只是在 1932 年出版的《长夜行》（*Voyage au bout de la nuit*）一书中才描述了自己的那段灼烧灵魂的经历。"我永远也无法克服它，这是一种我再次向你们传达的真相，我们当中只有几个人有这样的经历。它都在这里。这出悲剧、我们的苦难，这是我们的大多数同时代人能够忘记的东西。这是怎样的一群乌合之众。"[2]雷马克的

著作《西线无战事》在法国的出现，为一连串的德国战争小说
开辟了道路。

在英国，首先是大战的原因以及过程被重新审视，而该国
政治家和军事领导人常常被认为是不够格的。由温斯顿·丘吉
尔、劳合·乔治以及具有影响力的军事新闻记者巴兹尔·利德
尔·哈特（Basil Liddell Hart）上尉进行的研究，引发了公众对
于这场战争进行的方式以及由于军事无能而付出的高昂代价的
辩论。也正是在这个时候，英国的退伍军人开始出版关于"他
们的战争"的回忆录，常常是以虚构的形式写就的；他们相信
这些叙述比战时的鼓吹者以及政府发言人的更为"真实"和
"诚实"。为了给越来越多的读者写作，在许多有不同天资的作
家当中，理查德·奥尔丁顿（Richard Aldington）、埃德蒙德·
布伦登（Edmond Blunden）、盖伊·查普曼（Guy Chapman）、
罗伯特·格雷夫斯（Robert Graves）、弗雷德里克·曼宁
（Frederick Manning）、西格弗里德·沙逊（Siegfried Sassoon）、
R. C. 谢里夫（R. C. Sheriff）突出了战斗的人员损失和毁灭
性，同时对战斗中人们的情谊以及堑壕战中的无阶级性致以崇
高的敬意。谢里夫的戏剧《旅程终点》（*Journey's End*）在伦敦
赢得了最大数量的观众，并且在国际舞台上大受欢迎。许多英
国小说被翻译成了德语。

毫无疑问的是，战争记忆的复苏无论如何含混，它与1930
年新的绥靖主义的出现之间存在联系。随着对于某种迫在眉睫
的大动乱的感觉增强，认为任何战争都不值得进行的情绪加剧。
就影响力而言，这些绥靖主义团体是边缘性而不是主流的组织，
不过它们的会议、集会和宣传比以往任何时候影响了更为广泛
的受众。绥靖主义运动在任何时候的任何国家里都只代表着一

小部分的民众。在 1930 年代更为重要和人数众多的是全国性和国际性的和平运动，这些运动的成员、目标和项目多种多样，有些起源于 1914 年以前，但都在某种程度上反对战争。召开裁军会议的要求使这些组织及其追随者行动起来。

在英国，国联联合会在这些团体当中是人数最多且最为重要的，它寻求募集 100 万名成员，全力支持裁军运动，组织会议、集会和请愿。国联联合会最值得纪念的努力出现在裁军会议失败之后。在其 1935 年的"和平表决"运动中（被一名绥靖主义者讽刺为"由白酒行业组织的一次关于戒酒的问卷调查"），11640066 人投票支持集体安全。绝大多数人主张就军备削减达成协议，以及禁止为私人牟利的武器生产。这种支持和平的公共表达可以得到不同的诠释。对于国联联合会的大多数成员而言，支持集体安全意味着国联行动将阻止战争。他们的支持并非赞成英国诉诸武力。更多的表决者支持经济制裁而不是军事制裁，希望仅仅依靠前者就能阻止侵略。只有那些极端的绥靖主义者认为，表决支持任何形式的制裁——这是国联集体安全体系的核心——就是对战争投赞成票。公众对国联行动真正意味着什么感到困惑，这使政府在开始考虑重新武装时有很大的选择自由。和平表决只是后来证实了英国政治家在日内瓦谈判前夕已经明白的事情：英国必须被视为是支持裁军事业的。三军首领、内阁大臣以及议会的后座议员更为关切英国的防务而不是裁军，他们在公开场合不得不小心地发表自己的意见。没有几个人愿意公开地冒被称为"战争贩子"的风险。政府不得不避免在日内瓦发生一场灾难。

支持裁军和国联的示威对麦克唐纳和鲍德温的"国民政府"产生了影响，1933—1934 年的一系列议员补缺选举（by-elections）也是如此，工党在这些选举中打着"和平牌"而且获得了一定程度的成功。关于权威人士圈子舆论氛围的某种迹象，从牛津辩论社（Oxford Union）1933年2月9日"国王与国家"的辩论所引发的争议中可以发现。这次辩论与该辩论社平常在周四晚上的会议没有任何不同，这些会议通常被牛津以外的人们忽视，此次辩论动议是"本届议会在任何情况下都将不会为国王和国家而战"，这一措辞本身就唤起了人们对战时的极端爱国主义（沙文主义）的记忆。从许多方面来看，辩论动议方的胜利是一种回顾性的（backward-looking）抗议。但是媒体和公众对于"牛津誓言"的普遍反应，表明这场辩论提出了一些让人不安的问题，这些问题有比人们原本预料的更为广泛的政治反响。这一话题在美国媒体中得到了广泛的讨论，在那里，这一表决通常被引用为英国统治阶级虚弱和堕落的一个例子。

英国最为重要的绥靖主义组织"和平誓言联盟"（Peace Pledge Union）只是到1936年才正式建立，但其根源存在于世界裁军会议的进程和失败所引起的辩论之中。该联盟由卡农·迪克·谢泼德（Canon Dick Sheppard）发起，吸引了具有广泛代表性的男人和女人、教会人士、学者和作家，其中包括斯托姆·詹姆森（Storm Jameson）和薇拉·布里顿（Vera Brittain），许多人因为1931年的国内事态而被卷入政治，然后因为对于一场新的战争不断加大的恐惧而被激起采取行动。这种"永不再来"（never again）的情绪催生了一种既是绥靖主义又是孤立主义的反应。和平誓言联盟比英国此前的任何绥靖团体更大（在其巅峰时期拥有13.6万成员）、智识上更为卓越、更为公众所知晓。国联联合会以及其他和平团体的成员能够在它的队伍中发现更为志趣相投的地方。随着真正的战争阴云聚集，和平誓言联盟在其"绥靖主义"上变得更为坚决，即使这可以理解，也是矛盾的。

在法国，裁军变成了一个重要的政治议题，区分着右派和左派的政党。前者一致相信德国对法国的安全构成威胁，而且强大的防御措施（尤其是一支装备良好的陆军和现代化的海军）是必要的；左派的那些人支持裁军事业，而且欢迎即将到来的裁军会议。但在分界线的任意一边都有一系列的观点，当所在政党在野而不是执政时，这些观点之间的分歧更为尖锐。激进的和社会主义的党派对于应遵循的道路也是意见分裂的，天主教知识分子的看法也是如此。对于激进人士而言，如同他们在 1931 年 11 月初的年会上清楚体现出来的那样，爱德华·赫里欧更重视安全而不是裁军，而爱德华·达拉第和皮埃尔·科特（Pierre Cot）将裁军置于其优先顺序的首位。社会主义者大多追随莱昂·布卢姆（Léon Blum），布卢姆认为裁军对于法国来说义不容辞，甚至在没有对其安全的追加保证的情况下也是如此。他后来变成赫里欧最为执着的批评者之一。但是也有其他的社会主义者以及激进人士，他们坚持白里安的"三位一体"原则，即"仲裁、安全、裁军"，对于它们的相对重要性不做任何区分。共产主义者独自行动。由罗兰和巴比塞在 1932年 8 月召开的"阿姆斯特丹反对帝国主义战争代表大会"（Amsterdam Congress against Imperialist War）的会议上，甚至连"整体论主义者"（integralists）也将保卫苏联的战争与其拒绝所有军事行动区分开来。在 1932 年 5 月的议会选举中，考虑到选民通常对于国内议题的专注，数量多得惊人的候选人谈到了裁军问题。反对或者支持裁军的成功候选人的数量大致相等

（地理是一个关键的因素），但如同大多数法国人一样，绝大多数成功的候选人希望同时拥有安全和裁军。尽管任何政府都不希望在日内瓦招致失败的污名，但法国的政治家们在维持该国的防卫而又不公开挑战一部分选民方面，拥有相当之大的周旋空间。

在大选举行之前，公开的主动权掌握在主张裁军一方。和平团体在1931—1932年的那个冬天和第二年春天动员了自己的力量。报纸和期刊加入了这场运动，向公众报告情况以及宣传裁军事业。当时存在多重的倡议，反映出法国和平运动特有的社会和观点的多样性。"国际联盟行动委员会"（Comité d'action pour la SDN）、"国际和解"（Conciliation Internationale）、"卡耐基基金会欧洲中心"（Centre Européen de la Dotation Carnegie）、"以法律求和平协会"（Association de la Paix par le Droit）以及"人权联盟"（Ligue des Droits de l'Homme），只是其中的一些活跃组织。人们希望创造一种英国国联联合会那样单一的和平声音，这种希望注定是要失败的。法国的每一个团体都拥有自己的设想。1931年11月在巴黎特罗卡德罗（Trocadero）召开的大规模的国际裁军代表大会拥有超过1000名代表，引来了众多忠诚的支持者，但也吸引了民族主义的反示威者，导致了"对骂甚至是对打"[3]。1932年1月，社会党（Socialist Party）和法国总工会（Confédération générale du travail, CGT）组织了一次大规模的支持裁军的会议；4月，人权联盟以及和平联盟（peace cartels）在巴黎举行了一次有许多人出席的会议。这些运动在其他任何时候都没有如此活跃并得到了如此之多的支持。

法国的绥靖主义活动家也是活跃的。从其成立时的1930年到其影响力达到顶点的1934年，法国的"和平战士国际联盟"

（Ligue Internationale des Combattants de la Paix，LICP） 以其对于彻底放弃战争的支持，成功地挑战了一战前的和平鼓吹者的观念。和平战士国际联盟是作为一个"所有形式的绝对和平主义庇护所"而建立的，它宣扬完全的和平主义（total pacifism）原则。[4] 它招徕社会主义者和无政府主义者（共产主义者拒绝帝国主义性质的冲突，但歌颂阶级战争），而且触及各个省份和阿尔及利亚。在 1931—1932 年的冬天以及 1932—1933 年，整个国家都出现了大规模的宣传活动。该组织的领导人维克托·梅里克（Victor Méric）宣称其成员为两万人，还有更多的人听过该组织成员的演讲。该运动因人们对巴黎及日内瓦政客的不信任而受到推动，但由于梅里克的去世，以及在 1934 年以后积聚了力量的亲共与反共派别之间的内部争执，该运动的传播被打断了。如同在英国和美国一样，法国的妇女处于"整体和平主义者"（integral pacifist）团体的前列。"国际妇女争取和平与自由联盟"（International League of Women for Peace and Liberty）法国分部尽管比英国、丹麦或者德国的分部小，但其成员从 1925 年的 500 名妇女，增长至 1930 年代初其所声称的 4500 名成员。法国女权主义者对于裁军的兴趣在世界裁军会议期间达到巅峰，当时她们做出了巨大的努力，向一个令人沮丧地无动于衷但更为广泛的女性听众群体宣讲这一信息。如同其他非女性主义团体一样，国际妇女争取和平与自由联盟的一些人日益倾向于马克思主义及共产主义，导致了其孤立与无力，这在希特勒带来新的意识形态问题之前很久就是如此了。

762　　　德国的形势有所不同，在这里，和平主义团体由于丧失其与主流政党的联系，在 1930 年代初变得无力。正是大战和失败曾经使它们所传递的信息受到欢迎，尽管很快被广泛的"战争罪"辩论掩盖了。1919 年在柏林打出"不再有战争"（Nie wieder Krieg）的口号而组织的一次群众集会吸引了 10 万—20 万民众，而且后来以同一口号进行的运动吸引了社会民主党和工会的强有力支持。但是到 1928 年，领导人之间的对立实际上摧毁了该组织的团结一致，中间派和社会主义政党随后的碎片化以及弱化削弱了其广泛的吸引力。德国最大的反战组织"德国和平卡特尔"（Deutsches Friedenskartell）在 1925 年曾拥有五万名成员，但因温和派和激进派之间的争执而被撕裂，在后者获胜之后，温和派退出了。到 1932 年，该组织只剩下了数千名成员，在魏玛共和国的政治中不再扮演任何角色。在希特勒上台之前的数年里，一些反战团体仍然活跃，但它们的规模仍然不够大，容易同时受到"（信奉）民族主义的反对派"（nationalist opposition）以及从事针对"社会法西斯分子"的斗争的共产主义者的攻击。对于反战运动或者支持这些运动的人，布吕宁当局并未表现出多少支持。只是通过一些左翼知识分子的写作，反战的理由才持续存在着。反战事业本身失去了政治上的可信度。

公众舆论仍然沿着政治路线两极分化。与上文中提到的反战小说和电影相对，德国还存在一种"英勇的民族主义"（soldierly nationalism）著作的新风尚，这些著作撰写于 1920 年代初，在共和国最后的几年里以大量的版本重新出版，其销量数以万计。这些作家几乎全是以前的战士，他们曾躲避 1920 年代的政党政治，当时他们所描绘的关于战争的正面形象吸引了右翼政党以及退伍军人协会。这些著作曾在经济稳定化期间过时了，但现在重新流行起来。将战争视为一种使人变得高尚的、有意义的甚至是有美感的经历的这样一种看法，以及只有战争提供了让国家统一和复兴的手段的这样一个信息，在 1931—1932 年的情境下获得了新的重要性。钢盔党、自由军团（Free Corps）以及其他右翼和左翼的准军事团体的存在，意味着在冲锋队展现其力量之前很久，有组织的暴力已经是魏玛政治生活当中的一个组成部分。此外，从 1927 年起，德国的许多大学老师和学生开始接受和鼓吹极端主义观点。即使没有活跃的纳粹招募活动，"民族社会主义党"的学生团体也出现在许多德国大学里。这一代的学生过于年轻而并未在一战中服役，他们非常乐于接受"英勇的民族主义"这一信息。大学生变成了"军役体育"（Wehrsport）活动的积极参与者，这些活动是由期望建立一支未来民兵的德国军方领导人组织的。

763

　　一方面是德国反战运动的弱化与民族主义甚至是军国主义和暴力的蔓延，另一方面是公众对于战争的态度，人们必须对这两方面予以区别。即使在人们因为政治的两极分化以及激进化而幻想破灭和感到害怕的地方，德国大量的资产阶级以及劳动阶级仍然是倾向于和平的。老一代人更是如此，他们困惑地看待年轻人的狂热、传统的社会约束的崩溃，以及暴力活动在城市的卷土重来。对于许多公民来说，对于"平等权利"的要求被认为只是等同于恢复德国的自尊与声望，而不是等同于战争。如同在其他国家一样，德国的工会在世界裁军会议前夕着手动员公众舆论。由德国两个最大的国际工会拟定的请愿书在社会民主党组织的会议上得到了支持。超过 60 万人参加了这些集会。除了少数反战者，人们对于希特勒颂扬武力或者在《我的奋斗》中所阐述的外交政策目标，给予的关注相当之少。1932 年德国共产党总统候选人恩斯特·台尔曼认为，"为希特勒投票就是为战争投票"，但他指的是资本主义国家之间未来的帝国主义冲突这一威胁，而不是具体地指向纳粹的信条。正是在国内方面对于国家复兴和救济的许诺，而不是对"生存空间"（Lebensraum）的要求，将选民带入了民族社会主义党的阵营。在其上台之前和之后，希特勒都将自己描绘为一个"和平使者"。他对于暴力、武力和斗争之类词语的运用指向为了德国复兴的内部斗争。德国人和外国人得到保证说，"没有谁比他自己和德国更希望和平与宁静"[5]。这个精明地观察公众情绪的人塑造了各种花言巧语，来满足国内和国外听众的需要。

Ⅱ

如果说世界的公众舆论在 1932 年有意义的话，那么世界裁军会议原本将会大获成功。然而，从一开始就清楚的是，在裁军上的任何进展将需要做出巨大的外交努力。德国人将确立裁军讨论的基调。值得指出的是，到 1932 年，英国、法国和美国已经持续多年单边削减它们的军事预算。这与德国的诉求形成了鲜明的对比，在那里，有计划的秘密重新武装的最初步骤从 1928 年即已开始。但是依据《凡尔赛和约》而"被正式解除武装"为德国的决策者们提供了讲台，让他们获得了巨大的政治影响力。随着赔偿问题从 1932 年 7 月起得到了解决，德国早先对于平等权利的诉求在欧洲外交中占据了重要地位。布吕宁政府外长尤利乌斯·库尔提乌斯在 1931 年 9 月提醒国联大会："与德国在 1919 年所担负的义务相对应的，是其他国家的正式承诺，那就是德国被解除武装将只是其他国家普遍裁军的前奏。"[6]一种在英国决策者脑海里产生最强烈反应的含蓄威胁，就是除非德国人得到满足，否则他们将会要求获得重新武装的单边权利。施特雷泽曼尽管合理地尊重军事威力，但他曾避免拾

764

起这一团特别的乱麻。他的努力指向于运用可供德国自由支配的经济及外交手段，来恢复该国的大国地位。无论是对于《凡尔赛和约》限制的违背，还是其所支持的与苏联的联系，都无法让德国获得一支可靠的军队。变化在布吕宁领导下到来，而新的因素是德国国防军决定招募和装备一支使该国能够决定自身未来的力量。这一决定的源头可以追溯至德国国防军领导层的变化，这些变化开始于冯·泽克特将军在 1926 年被迫辞职，以及他的国防部部长的职位最终在 1928 年 1 月被威廉·格勒纳将军取代。与喜欢秘密地和孤立地运作的泽克特不同，格勒纳在追求军方的目标方面相信与政治家的合作。德国国防军将接受文官的政治控制，以换取其所需要的资金和支持。此外，格勒纳对德国国防军有着与其前任不一样的野心。他希望创造一支完整统一的军事力量，能够在可预见的未来履行德国的修正主义目标。格勒纳的思想极其实际，他将与外国合作从而为重新武装开辟道路的需要，与试图同时理顺和改善德国国防军现存结构的需要进行平衡，他相信后者是德国的独立及大国地位的保证。

765　　格勒纳专注于国防军在现有条件下能够做的事情，以及它能够如何得到装备以执行其防御性任务。尽管冷漠的泽克特坚信庞大陆军的日子已经过去，而且快速的技术变化已经使大量武器的储备变得不必要而且适得其反，但国防军的新领导者坚信德国需要拥有现代化武器的庞大陆军以妥善地保卫自己。他们向政府寻求必要的政治及财政支持来扩大和装备（包括坦克和飞机）职业性陆军，而且给予德国青年为增强储备力量所需的役前训练（pre-military training），一支未来的民兵将从这些储备力量中招募。这两个行动都是被《凡尔赛和约》禁止的。

1928 年，内阁同意格勒纳的想法——一个为期五年的陆军军备计划，以及为建造第一艘袖珍战列舰所需的资金，将其作为获得海军支持的手段，因为他并不相信昂贵的新船只是必要的。随着 1928 年被认定为军事预算的"正常年份"，德国国防军得以限制内阁约束开支的自由，因此基本上避免了萧条年份防务拨款的重大削减。更为雄心勃勃的"第二个军备计划"（涵盖 1933—1938 年）在 1930 年已经得到讨论，不过直到 1932 年才被国防军采纳或者获得内阁的批准。这一计划旨在到 1938 年建立一支拥有 21 个师的装备良好的野战军，拥有为期六周的最低储备。为 1933—1938 年制订的这一计划需要额外的资金以及现有陆军结构和装备上的显著变化，这在凡尔赛体系的结构内是无法实施的。考虑到相关团体内缺乏可资利用的、具有经验的新成员，这将依赖于寻找各种途径来训练为未来冲突而动员的年轻人。这可以通过创建一支新的"民兵"来实现，利用那些已经参与"军役体育"活动（诸如行军、查看地图、徒手训练以及打靶之类的休闲运动）的年轻人，他们随后将在正规军部队里接受三个月的训练。一些民兵组织在训练后将予以保留。与此同时，德国将不得不向协约国兜售这一主张。过去的"军役体育"成员招募的主要来源是诸如钢盔党之类的准军事组织及其附属机构。在 1930 年之后，纳粹冲锋队显然是最有希望的来源，尽管军事机关对希特勒及其同伙有着强烈的反感。

　　德国国防军在制订其计划时小心行事，总是担心一份新的裁军协定可能限制其计划。布吕宁的第一优先事项是应对赔偿问题，这位总理渴望避免与法国冲突的额外原因。1931 年的金融危机也限制了陆军所能做的事情。在其对于 1933—1938 年的

766

规划中，他们所考虑的最为有限的计划（所谓的"六周计划"）每年将只花费不到一亿马克。这将不得不从国防军的超额拨款以及其他部委已经受到审查和吃紧的预算中筹集。一个替代性的方案是更大的"十亿计划"（Billion Programme），它与创造工作岗位的计划联系起来，仍然被陆军领导层认为是不够的，但该计划在提交后被内阁拒绝。国防军选择了一个其最低计划的修订版本。出于这些原因，军队首领同意了布吕宁的要求，那就是在大力推动裁军问题之前，赔偿问题必须得到解决。德国人不遗余力地掩饰其重新武装的意图，并推迟与法国的冲突。日内瓦的外交聚光灯将聚焦于让其他国家把武装解除至德国的水平。但甚至在这样一个框架内，德国国防军与外交部之间也发生了分歧。格勒纳在 1931 年 3 月为日内瓦会议提出的方案，包括废除《凡尔赛和约》的第五部分，并且按照将为法国本土军队设定的水平，授予德国与法国在军力上的平等地位。裁军事务首席文职顾问、国务秘书冯·比洛认为，这些要求是过分而且危险的，将会让其他谈判者警惕德国重新武装的意图，妨碍获得让步的可能性。他相信更为明智的做法是接受一个将持续五年的初步裁军协定，然后德国将能够自由地做想做的事情。由于当时没有资金用于广泛的重新武装，就没有必要将承认德国权利的完全平等作为谈判的一个先决条件。这些分歧在裁军会议开幕前并未得到解决，但双方已经达成了充足程度的一致来在日内瓦展现出统一的立场，并且在国内发起一项争取一份裁军协议的运动，该协议将包括结束对德国的特别限制。这一信息得到了一系列令人印象深刻的学者的认可，其中许多人将出现在希特勒时期的第一批流亡者之列。在日内瓦，德国军方暂时向外交官做了让步。

在国内，在 1931 年的秋天，国防军开始从冲锋队为其扩大的"军役体育"项目招募人员，而在 1 月，纳粹党党徒被允许加入国防军。但是冲锋队卷入街头打斗以及在即将到来的大选之前对于右翼暴动的担心，使各州政府要求禁止冲锋队，兼任内政部部长的格勒纳有点勉强地同意推行这一禁令。在军队针对冲锋队的政策的背后，是一些更为根本性的政治问题。尽管格勒纳及其追随者、从 1929 年国防军部长办公室创立时就担任负责人的库尔特·冯·施莱歇，已经就布吕宁的候选资格敦促兴登堡总统，而且欢迎向总统制政府的过渡，但纳粹党在 1930 年 9 月大选中的表现让施莱歇觉察到其重要性。这名极其具有政治头脑的将军——用格勒纳描述施莱歇的话来说是一名"政治上的红衣主教"——认为，他可以利用冲锋队，而又不必向希特勒付出代价。施莱歇坚信希特勒能够像基本空荡荡的办公桌上摆放的玻璃动物一样被操纵。在（1931 年至）1932 年的那个冬天和第二年春天，他正在暗中图谋对付格勒纳和布吕宁，利用他与兴登堡儿子奥斯卡的友谊，来削弱总统对于格勒纳和布吕宁的持续领导能力的信心。在 4 月 10 日的总统选举第二轮投票中，兴登堡连任，但希特勒获得的 1500 万张选票突显出其不断扩大的广泛吸引力。格勒纳因为解除对冲锋队禁令的决定而被迫在 5 月 13 日辞职，布吕宁也在 5 月 30 日下台。在这两个事件中，施莱歇都扮演了主角。

1931—1932 年，从许多方面来看巴黎当局的外交前景都是让人担心的。法国决策者尤其带着不断加大的焦虑来看待即将到来的裁军会议。他们通过法国自己的以及波兰的情报机构了解到许多消息，怀疑或者知道德国人正在准备重新武装的计划。战争部情报分支"第二局"（Deuxième Bureau）毫不怀疑德国

767

对《凡尔赛和约》限制的违背、其当前的军备状况及其在裁军问题上获得初步的成功之后对于更多让步的要求。第二局坚信，德国人希望扩大陆军的规模，以及获得装备被《凡尔赛和约》禁止的军用物资的权利。尽管过高估计了德国现有的军事及工业力量，但法国的军事首脑一再警告说，必须当心法国有着1918 年的"古董"味道的装备与德国的现代装备之间的差距所带来的致命性后果。无论外交部以及战争部随后就将在日内瓦遵循的政策有着怎样的分歧，双方都一致认为德国必须被要求遵守条约的限制。法国的军队在数量上占优，但决策者怀疑他们实际上是否能够通过威胁或者军事行动成功地保卫现状。总参谋部的考虑集中于保护边境和海外领土不受外国的攻击。从1930 年开始的马其诺防御工事的修建，以及一种建立在一支防御性部署的国民军队（citizen army）之上的战略，得到了公众的强烈支持。现在再也不能重现 1914—1918 年那样的损失，在法国领土上战斗所带来的毁灭也是如此。国防首领们认为，考虑到其安全缺乏任何保证，法国已经裁军至可能的最低程度。战争部相信法国在即将到来的裁军会议上将一无所获，却会丧失一切，因此拒绝考虑任何让步。政治家选择追求一种不同的策略，一种对于法国地位的合理捍卫，以及与其他大国（最主要是英国）建立一条外交阵线来维护《凡尔赛和约》的保证措施。他们在日内瓦的这场战斗中最终失败了。

从国外来看，法国当时似乎是欧洲大陆上最强大的军事国家，而且是裁军的主要障碍。这种似乎拥有压倒性力量的表象具有欺骗性。除苏联陆军之外，法国的地面力量是欧洲最强大的，但这是一支处于危机之中的军队，组织不当，指挥分散，高级军官太多，士气低迷，装备陈旧。最高司令部坚持着一战时期的战略，该战略因为与贝当元帅相关而被神圣化，因而像年轻的戴高乐很快将会发现的那样难以挑战。一战时期福煦元帅手下出色的参谋长马克西姆·魏刚（Maxime Weygand）将军在 1930 年成为总参谋长，他的任命开启了军方和政治家尖锐冲突的时期。作为一个永远具有争议性的人物，魏刚是一个超级保守主义者和天主教徒（克里孟梭评价说他"自然而然地陷入教士们当中"），深深地受到左派的怀疑。他的副手莫里斯·甘末林（Maurice Gamelin）从其支持态度来说被认为更具共和派的色彩，是作为政治上的平衡而获特别任命的。魏刚频频抱怨其军队的状况以及糟糕的装备，它们在摩洛哥以及黎凡特的战役中被消耗殆尽，而且后来没有被替代。1928—1932 年的每一份国防预算都引起了一场危机。由于修建边境工事占据了陆军财政拨款的大部，没有资金可用于现代化。魏刚和甘末林都认为法国的军事力量在人力上已经被削减至危险的低水平。随着 1928 年 3 月引入一年制服役期，陆军已经从 32 个师减少至 25 个师，这是符合国家安全的绝对最低数量。

海军的状况比陆军好得多。在华盛顿海军会议之后，海军得到了重组和扩大。尽管主力舰现在受到了严格的限制，但轻型巡洋舰和潜艇的数量大大增加，以保卫法国与其非洲殖民地之间的航线。由于信心不断增加，海军上将们一再阻止在 1931 年和 1932 年为与意大利达成一份协议所做的努力，意大利被视为法国最为直接的海军威胁。法意最终在 1931 年 3 月拼凑出一份海军协议——《协议基础》（Bases of Agreement），但它的被拒成了关键性的时刻，尽管英国人一再地试图为其后的谈判注入新的活力。海军上尉弗朗索瓦·达朗（François Darlan，后来升至海军上将）认为，对意大利做出让步的时刻已经过去了。

769

海军总参谋长路易·维奥莱特（Louis Violette）沉浸于狂热的仇英情绪的爆发之中。贝特洛和法国外交部被认为是强烈反意大利的，但他们深深地意识到在日内瓦被孤立的危险及代价。不过他们未能说服海军首领们接受任何形式的妥协。他们在1931 年失败的代价是意大利的敌意、英国的愤怒和美国的烦躁。法国海军界有人谈论由意大利海军和空军发起的一场突然袭击（attaque brusque），前者在墨索里尼的海军建造计划下得到了扩充，后者由于意大利空军司令伊塔洛·巴尔博的努力而得到改善。关于 1931 年 10 月布吕宁访问罗马以及迪诺·格兰迪访问柏林的消息，激起了法国外交部对于在日内瓦能够抱有何种期望的焦虑。法国没有独立的空军，其控制权由陆军和海军共同拥有。当时存在的飞机更引人注目的是其数量而不是质量。轰炸机的缺乏非常显眼。这也许可以解释为何法国外交部国联事务部门的外交官们在塑造法国的裁军方案方面扮演着主角，推动民用飞机国际化以及禁止轰炸机的主张，这在很大程度上是与空军部部长让-路易·迪梅尼（Jean-Louis Dumesnil）的意愿相违背的。如同其他国家一样，三个军种都指出了各自的缺乏之处，要求加大资助。1931 年秋，在裁军会议前夕，法国各军种首领赢得了对于加大预算的战斗，尽管他们并未得到所要求的总额。1932 年的预算中有四分之一被用于国防，总开支从 1931—1932 年的 142.52 亿法郎增长至 1932 年的 153.65亿。魏刚在 1932 年 5 月仍然争辩说，陆军"在欧洲目前的状态下，已经降至与法国安全相一致的最低水平"[7]。

对于法国在裁军及安全问题上的立场，法国 1931 年 7 月 15日致国联的一份备忘录做出了十分清晰的阐述。在备忘录的准备过程中，就已暴露出实质性以及策略性的严重分歧，分歧存在于军方与外交官之间，前者反对在裁军问题上做出任何让步，并且拒绝"平等"的主张；后者渴望避免给外界留下对于任何形式的裁军抱有不可改变的敌意的印象，那只可能导致法国在外交上被孤立。外交部成功地让战争部毫不妥协的草案缓和下来，但措辞更具外交特色的最终文件仍然保留了法国立场的基本因素。法国人阐述了三个总的观点。第一，法国将支持和约对战败国强行施加的军备限制。第二，该国已经在自愿的基础上对其军备进行了大幅的削减，而且已经达到在欧洲和世界的现状下与其安全相一致的最低水平。第三，法国人认为裁军是一个政治性的问题，需要依据流产的《日内瓦议定书》、《洛迦诺公约》以及《和平解决国际争端总议定书》的路线。只有当每一个国家被确保在"相互、有效且迅速的"帮助下对付侵略的时候，才能同步削减军备。法国的这份备忘录是在德国夏天的金融危机期间发布的，它看上去不如法国外交部所希望的那样调和与灵活，而且在柏林和伦敦都激起了一种强烈的敌对性反应。国联所要求的现役兵额、物资和开支的具体数额被最大化，以便在裁军协定实施期间以及一种安全体制就绪之前，覆盖法国人的需求。

尽管在皮埃尔·赖伐尔担任总理期间，法国人正享受一个政治相对稳定的时期，而且直到1931年最后几个月似乎已经逃过了经济萧条的破坏，但他们发现难以利用自己现有的军事与金融力量。尽管白里安在1931年留在外交部，但他在这年夏天和秋天节节败退，而且从未从德奥关税同盟以及他在法国5月总统大选中失败的双重打击中恢复过来。赖伐尔不得不在议会右翼的批评者面前捍卫"白里安政策"残剩的东西，而且甚至在1932年1月执掌外交部之前就掌控了法国的外交。白里安身

体状况的恶化是显而易见的，尽管他直到这一年年底仍然执行
某些业务。"他拖着一具可怜的身躯。他几乎说不出话来，"法
国新闻记者亚历山大·沃思（Alexander Werth）记录道，"他就
像是渺茫希望的垂死象征。"[8] 赖伐尔拥有创造力、敏捷度和干
劲，这些原本应当令法国外交地位显著改善，但他的种种努力
都没有带来预期中的红利。

771　　　随着裁军会议开幕日期临近，法国人发现他们的盟友不易
相处，朋友们态度冷淡，而德国人难以捉摸。法国人与比利时
人和波兰人都有矛盾。比利时国王阿尔贝特一世（Albert I）对
于凡尔赛体系持高度批评态度，而且对法国人的不妥协感到焦
虑。对于在没有与比利时磋商的情况下令其容易受到法国独立
行动影响的安排，布鲁塞尔的政治家、外交官及军方领导人抱
有深深的不满。法国人的傲慢态度又加深了比利时对于其从属
角色的担心。由于渴望裁军会议获得成功，比利时人担心法国
人的不灵活性将会阻止在日内瓦获得进展。在波兰，毕苏斯基
已经在考虑对巴黎当局采取一种更为独立的路线。面对着不断
恶化的欧洲形势以及德国报复心理的不断加强，他决心让自己
向着任何必要的方向行动，甚至是独立地闯出自己的行动路径。
从 1931—1932 年法国和波兰分别与苏联进行的谈判，可以看出
法波关系中蕴含的困难是显而易见的。

　　　法国的金融力量并未带来与德国的和解，而赖伐尔曾经认
为这种和解是可能的，而且将其作为他的政策的一个核心部分。
此外，法国的富有与德国的贫穷之间的差别只是激发了英国人
和美国人对德国人的同情，而且加剧了他们对法国施加的压力，
他们要求法国向柏林当局做出让步。赖伐尔准备做出一些妥协，
但他受到了他在外交部的那些更为谨慎的顾问以及他自己内阁

的强硬派的制约，尤其是安德烈·塔迪厄。布吕宁只要聚焦于结束赔偿问题，他就更倾向于利用法国与英美之间的分歧，而不是与法国达成安排。他在拒绝法国的提议上冒的风险非常少。在 1931 年 11 月以及 1932 年，德国军方曾提出实现政治上的缓和，以换取法国承认德国人对于在军备上的平等权利的诉求，他们为此两度接洽。但在大多数情况下，法国人的回应，尤其是军方的回应显然是冷淡的。考虑到德国危险且悬而未决的政治形势，这并不是消除对德国军事力量的限制，或者考虑削减法国军备的时候。

在 1931 年 9 月访问柏林之后，赖伐尔在接下来的那个月去了华盛顿，这一次白里安没有前往，共同前去的是一个强有力的金融团队以及他 20 岁的女儿，她的此次访问比其父亲更为成功。法国驻华盛顿大使保罗·克洛代尔（Paul Claudel）如此总结当时的情形："只要美国不能为我们提供任何东西，他们就显然没有任何权利向我们要求任何东西。"⁹赖伐尔前往华盛顿时，带着对于未来进行战争债务谈判以及美国在保障欧洲的安全方面做出某种形式的参与的希望。有迹象表明双方将在金融事务上达成一份协议，但在裁军和安全上并未取得多少进展。在他们的会晤过程中，胡佛含糊地暗示说，欧洲人已经解决了赔偿问题，在战争债务上也许可以做点事情。关于裁军和安全问题，双方没有共识。赖伐尔敦促在十年之内暂停修改《凡尔赛和约》，同时签订一份磋商协定。但这两者他都没有得到。美国人坚称就法国的安全而言，不要向美国期待任何东西。讨厌而且不信任法国人的胡佛与其他人拥有一种共同的看法，就是法国人正在瞄准欧洲的"霸权"，而且正在滥用他们的权力地位。甚至连国务院那些更为同情的官员也认为，只有法国彻

772

底改变其对德国的态度，应对后者的不满，并且在限制军备采取某些措施时，美国才能向法国提供额外的战略保证。尽管法国总理看似很满意于其美国之行的结果，而且被《时代》杂志提名为"年度人物"，但此行并未为法国带来任何具体的好处，而且给美国人留下了对于他的种种纷杂的印象。这位法国领导人原本希望以访问罗马来结束这一年，但法国海军强烈的反意情绪以及海军谈判的失败彻底破坏了他的这一打算。

法国外交"武器库"里最为引人注目的虚弱之处，是在裁军会议召开之前无法与英国达成协议。如果说法德问题是未能达成欧洲解决方案的关键，那么法国寻求英国的保证以及后者不愿提供保证，是导致裁军谈判失败以及（从更广泛的方面来说）欧洲整个两战间隔期安全问题的致命性主导动机（leit-motiv）。无论是英国工党还是"国民政府"都不愿超越《洛迦诺公约》的保证，这些保证界定了英国对法国安全问题的参与程度。尽管关于这一根本性的讨论分别在两国首都进行着，但法国与英国之间新的矛盾根源使它们极其不可能在日内瓦采取一种共同的政策。法国人渴望在裁军会议开幕前进行对话，英国人则拒绝关于举行一次会晤的提议。在裁军会议的开始阶段，英法在赔偿及欧洲金融困难问题上的分歧，给它们的关系蒙上了阴影。如同其金融优势一样，法国表面上的军事优势是伦敦当局一再批评的对象，在与德国的虚弱进行比较时尤其如此。法国人决定不去牺牲他们的国家利益来安抚英国人，不过在军事上更为强大的国家将会是追求者而不是被追求的对象，这一情形有点奇怪。

在这种暴露出法国孤立程度的艰难的外交背景之下，巴黎的决策者着力于即将递交裁军会议的计划的细节。在 7 月 15 日的备忘录发布之时，许多重要议题已经确定下来，但关于具体安全以及技术性的裁军建议的争论仍然持续着。关于设立一支永久性国际军事力量，以及对于遵循洛迦诺路线的地区性安全协定的不同建议，寻求灵活性和妥协余地的外交官与三军首领之间发生了冲突。空军部持续反对关于废除轰炸机以及民用航空国际化的主张。塔迪厄将由最高国防委员会考虑的有点混乱的建议，转变成一个能够在日内瓦被阐述的连贯且积极进取的计划。在安德烈·马其诺因为食物中毒而突然死亡之后，塔迪厄在 1932 年 1 月取代其担任战争部部长。通过提出这一倡议，塔迪厄打算在即将到来的裁军会议上拥有最先发言权，而且希望能一锤定音。法国人将设定议程，而其他人将不得不做出回应。成为国际讨论焦点的将是法国让安全得到强化的计划，而不是德国对于平等权利的诉求。无论是其最低限度的还是最高限度的版本，这个"塔迪厄计划"旨在军备上保持现状，并且将注意力从削减军备转向对安全的考虑。以最低形式出现的法国计划被魏刚和甘末林将军接受，该计划专注于"和平的组织工作"（organization of peace）。其着重点在于扩大国联行动的权力，这是通过扩大的仲裁、有效监督所有协议以及创立一支由国联监管的国际军事力量的某种结合来实现的，这支军事力量将由来自每个国家的分遣队组成，将独自拥有最为强大的武器（尤其是军用飞机）。因此塔迪厄是带着一份行动计划前往日内瓦的。应当承认的是，它突显出安全先于裁军这一根深蒂固的需要，但如果法国的基本需要无法得到满足，它并未提供妥协的余地。当人们今天审视"脚手架横杆"的英国一方，看到对于国家安全的两种对立的定义之间妥协的空间如何之少时，对于安全问题采取一种更为开放的方式是否原本将会提高法国的地位（法国裁军问题研究方面最重要的权威人士莫里斯·韦斯声称，1931 年对于法国来说是"丧失机会的一年"[10]），这是值得商榷的。

774　　英国人相当敏捷地提出了裁军政策的问题，但在并不成功地试图对它做出回应方面，他们的迟缓令人难以想象。一个"三党委员会"（Three Party committee）曾在 1931 年的上半年碰头，但只是得出了一些令人震惊的笼统性结论。由于全神贯注于金融及经济危机，直到 10 月的大选之后，官员和大臣们才坚决地着手处理这一问题。即使到了这时，在对处于裁军问题核心的关键的政治问题做出决定方面，大臣们也明显不愿意。人们一致认为法国掌握着欧洲形势的关键，认为它将以得到强化的安全的形式，为其军备削减索取一个价码。对丁这种将推动谈判前进的代价，英国愿意付出吗？法国人在裁军问题上的行为不仅在英国内阁和伦敦金融城，而且在议会和媒体中激起了英国人的不信任和反感。法国持续受到批评。英国人直截了当地声明，除非法国人削减其军备，否则裁军谈判将不可能有成功的结果。对于在延长《伦敦海军条约》上的困难，人们认为应当负责的是法国而不是意大利，英国人未能成功的仲裁努力所导致的反法余波，在裁军会议召开之前已经毒害着双方的关系。常务次官罗伯特·范西塔特如此概括英国人的看法："我们渴望裁军——或者是过度武装的结束——而且我们并不希望一种永久的（法国）霸权。不仅是内阁，而且这个国家公共舆论中的压倒性多数都意识到了这一点。"[11]让法国人尤其不安的是，英国这枚硬币的另一面是伦敦的各个圈子里对德国相当之大的支持，以及对布吕宁的尊敬。前者部分地源于金融上的利己主义，但并无多少疑问的是，无论政治立场怎样，许多人相信《凡尔赛和约》对德国施加了不可能达到的、不公正的条件，如果魏玛共和国要存活下去，这些条件将不得不被废除。德国国内形势的不断恶化加剧了英国人的绥靖。针对不断高涨的政治极端主义潮流以及议会制政府的崩溃，布吕宁被视为最后的防洪堤之一。如同在巴黎一样，伦敦当局对于德国国防军政治影响力的上升或者德国人违背《凡尔赛和约》的裁军条款，根本并不缺乏信息。但英国驻柏林的武官的报告让人宽慰，而且和他们的法国同行不同，英国的大臣们愿意接受德国的保证，那就是后者寻求的只是平等的原则，而不是其武装力量规模的实际平等。德国的重新武装被认为是在领土修正方面对波兰施加压力的一条途径（英国人认为这种修正是不可避免的），而不是被视为德国更为广泛的侵略意图的迹象。法国人将德国违反《凡尔赛和约》的限制，视为在军事上挑战这一和平解决方案的第一步；与法国人相反，英国人认为德国在任何意义上都过于虚弱，无法对一个过于强大的法国构成任何危害。

775

在过渡性的"国民政府"（1931年8—10月）的外交大臣雷丁勋爵（Lord Reading）的要求下，英国外交部思考了欧洲安全问题。作为对于这年夏天的多重危机的回应，高官们认为如果要为事关欧洲"信心"的犬牙交错的问题寻找到一种解决方案——这些问题包括货币、战争债务以及赔偿问题，裁军与安全，欧洲的领土现状，以及修正和平解决方案——采取一种重大的举动是必要的。在1931年11月26日发表的一份覆盖面异常广泛的备忘录中，官员们建议为了打破这种不安全之链（chain of insecurity），英国将不得不进一步参与欧洲事务，并且提供与1925年曾被拒绝的《日内瓦议定书》类似的保证，这份议定书的很大一部分内容已经以一种零碎的方式得到接受。

英国外交部优雅而简洁地阐述了其理由："世界的恢复（我们政策的目的）依赖于欧洲的恢复，欧洲的恢复依赖于德国的恢复，德国的恢复依赖于法国的同意，法国的同意依赖于在应对攻击上的（永远的）安全。"[12] 为了换取其投入，英国至少可以要求在战争债务和赔偿上的让步、一种全面的裁军以及对欧洲边界矫正的审视。裁军会议将为应对稳定和平这一问题的所有不同但相互关联的方面提供机会，而英国能够在这次会议上扮演关键的角色。可以肯定的是，并不是所有的官员认为，英国对于欧洲大陆更大的投入是复苏欧洲信心的最佳途径。此前并未参与该备忘录起草的范西塔特相信，对于任何此类投入，存在太多公众的和政治上的反对以及自治领的敌意，使其不可能得到接受。外交部的各种替代性方案中没有任何一个赢得内阁的同意。1931 年 12 月 15 日，内阁表明其将不会与一份复活的《日内瓦议定书》有任何联系。大臣们不仅记录下他们对于超越《洛迦诺公约》承诺的拒绝，而且表明他们坚信德国"对平等原则的诉求有着强大的道义上的支持"[13]。内阁唯一积极的建议，是提出进一步研究举行一次"地中海的洛迦诺"（会议），但甚至是这种可能性也随后被拒绝。让英国外交部极度沮丧的是，政府不愿应对为世界裁军会议提出积极的计划这一问题。从 1931 年 11 月起担任外交大臣的约翰·西蒙承认："在裁军政策上，我现在根本看不到任何光明。"[14] 他缺乏必要的果断、决心和政治勇气，来迫使其同事们面对所有人认为不可避免的法德冲突的前景，以及决定一种可行的途径来推迟或者处理这一冲突。为塑造一个更为积极的行动计划的所有努力，都未能达到其目的。

在能够在会议上被提出的技术性建议方面，比如禁止或者限制"侵略性"武器的使用，也没有取得任何进展。出席1932年1月会议的自治领代表们重复了英国的观点，那就是它们各自的政府已经危险地解除武装，而且废除或者限制几乎所有武器将不利地影响自治领的某种国家利益。关于何种类型的武器可以被禁止，伦敦的军种部门以及外交部陷入了持久的争执。战争部拒绝考虑废除坦克这种"绝对是保命的武器"。围绕废除陆军和海军航空以及对民用飞机的国际控制问题，空军部与外交部进行了一场持久的斗争。英国代表团随后在没有任何明确计划的情况下前往日内瓦。代表团成员将强调英国在削减自身军备方面已经采取的步骤，同时试图按照需要临时在法德之间进行调解。面对公众对于裁军会议取得积极成果的不断加大的要求，政府将被迫展示其积极的意图，但考虑到其强烈的政治立场以及金融和经济问题的首要地位，人们认为在无论如何不会牺牲英国安全的情况下，这可以作为一场公共关系练习来对待。英国在这次会议上的情况"可能是缺乏积极的新建议"，麦克唐纳对内阁说，"但其背后的情感和意图是极好的……如果这整个事情得到阐述而且为我们自己的民众所理解，那么无论其他国家相信与否，并不十分重要"[15]。当工党政府的外交大臣阿瑟·亨德森在1931年5月被任命为裁军会议主席时，欧洲各地的许多人曾经希望英国充当裁军事业的积极领导者，但英国人并非如此，他们基本只是袖手旁观。

777

Ⅲ

在一次预备性的程序性会议结束之时，也就是在预定将由西蒙致开幕辞三天前，塔迪厄在1932年2月5日出人意料地介绍了法国关于世界裁军会议的计划。他的策略未能达到其目的。

无论是美国人还是英国人都不支持法国对于一种得到强化的安全的主张。双方都不喜欢组建一支国际警察力量这一主意，都向法国代表团施压，让后者对德国修改条约的要求展现出更多的支持。英国人已经拒绝考虑做出可能会推进裁军事业的积极贡献，他们头脑中所想的差不多只是在法德之间扮演"诚实掮客"。在更好的替代性方案出现之前，英国外交部最多寻求避免讨论塔迪厄的计划，而且将设法把日内瓦出现的延误的责任推卸到其他国家身上。在其所致开幕辞中，西蒙提出了定性裁军的可能性，也就是削减或者废除某种类型的武器，比如潜艇或者超过某一特定口径的陆地火炮。他指出了通过处理"进攻性"武器，以牺牲攻击（能力）为代价加强防御的需要。塔迪厄的十预并未导致法国人所希望的关于安全的公开讨论。让英国人得到莫大解脱的是，这位新总理（赖伐尔在2月16日下台，迅速被塔迪厄取代）被说服不去发布一份关于德国非法重新武装的材料，他曾频频威胁要予以展示，这份材料原本将会改变日内瓦的情绪。相反，德国发言人鲁道夫·纳多尔尼（Rudolf Nadolny）在公开场合和私下里都采取了一种温和的路线，在英美的圈子里赢得了大量支持。他准确地判断出对抗将一无所获，而且将会从德国不轨行为的公开传播中失去许多。3月，德国的将军们和冯·比洛再度接洽法国驻柏林大使弗朗索瓦-蓬塞，建议以塔迪厄的计划为基础进行一场对话。由于一再地被警告当心德国军方在柏林的权力，这位法国总理几乎难以被诱惑去继续进行基于法国承认德国平等地位诉求的接洽。

世界裁军会议在2月和3月的进展主要与程序性事务有关，在重要性方面大体上低于3月初召开的关于中日冲突的国联特别会议，因而并未产生重大的混乱。法国人努力缔造一个针对德国人的统一战线，但没有取得任何进展。法国外交部官员勒内·马西利徒劳地试图打破与意大利在地中海海军谈判上的僵局，告诫法国海军首脑当心正在对该国在裁军会议的谈判地位所造成的损害。身体状况欠佳的拉姆齐·麦克唐纳因为眼睛手术而受到困扰，一如既往地讨厌法国。他在日记中记录道，塔迪厄体现了法国所有最为恶劣的品质："欺诈和不诚实是多么愚蠢啊！"[16]西蒙坚持认为德国具有一种获得平等地位的道德权利，同时警告塔迪厄不要指望英国担负新的国际义务。裁军会议很快就因为复活节休会期而被推迟至 4 月 11 日。

在休会期间，西蒙进行了仔细考虑。尽管很难说他是那种与各军种首脑斗争的人，但他拥有太多的细抠法律条文的智慧。他向英国内阁提议，对于德国军备的现有限制应当从《凡尔赛和约》的第五部分中剥离出来，将其转移至一份新的裁军公约之中，该公约将让德国与其他国家受到同样的限制，而且限制的时段将是一样的。西蒙并不理会法国对于这样一种安排的不可避免的反对，他敦促对进攻性武器做出各个军种部门愿意容忍的质量上的限制：取消特定重量和口径的坦克与火炮，废除潜艇——这是一个一直受到法国和意大利抵制的由来已久的目标。由于受到空军部的强烈反对，在空军问题上并未做出任何决定，而轰炸机和轰炸的问题被提交给在日内瓦的英国代表团。从本质上而言，英国人此时在会议上并未提供足够多的东西来打开局面。3 月，面对着在满洲的危机，英国内阁在三军参谋长的建议下同意取消"十年规则"，并且采取措施来改善英国在远东的防御性地位。如果"仍然存在的严重的金融与经济形势"得到应有的考虑，英国财政部并不反对这样做。这也许可以解释为何提议被包含在新的裁军公约之中的数字，准备在

779

1932年估算（1.04亿—1.50亿英镑）的基础上上浮近50%，以及为何各军种首脑在日内瓦拒绝考虑预算上的裁军。

到代表们在4月重新集合时，布吕宁在位的时间已经所剩无几，而法国议会选举选战已经开启。在日内瓦的人们普遍期待甚至是希望塔迪厄将被相对不那么强硬且亲英的赫里欧取代。在日内瓦不缺乏外交上的行动。美国代表休·吉布森渴望让裁军会议取得进展，他建议废除那些最具进攻性的武器，这一建议得到了英国人、德国人和意大利人的支持，但受到塔迪厄和法国各军种总参谋长的有力反对。他们觉得它忽视了法国2月5日提出的计划，以及该计划中关于监督和制裁的条款；相反，他们主张将最强大的武器置于国联手中，而不是废除它们。西蒙关于禁止"进攻性"武器建议的简化版，使塔迪厄匆忙从竞选途中赶回，以保留将此类武器置于国际控制之下的可能性。裁军会议的技术性委员会被给予区分"进攻性"和"防御性"武器这一费力不讨好而且最终无望的任务。由于预计左派将在巴黎获胜，英美这一系列成功的动作部分是为了分散人们对于塔迪厄计划的注意力。

美国国务卿亨利·史汀生被派往日内瓦加强美国人的队伍，同时与英国人就远东危机磋商，他4月26日在位于日内瓦附近的美国别墅贝辛吉（Bessinge）与布吕宁和麦克唐纳会晤。塔迪厄因为忙于选举活动而缺席，尽管他曾许诺将返回。这是评论员约翰·惠勒－本内特所说的"四月悲剧"的背景，他依据的是布吕宁自己具有误导性的事后回忆，这些回忆声称他"成功地使除法国之外的所有大国完全接受德国国防军的所有要求"[17]。对于被谈论和被接受的内容，美国人和德国人对于此次会议的记述在一些理解上存在不同。布吕宁认为预算危机排除了大规模重新武装的可能性，他描述了陆军最高指挥部在4月接受的重建（Umbau）方案。据他描述，他请求将服役期从十年削减至六年、具有招募"一支按照瑞士模式的民兵"的权利，以及强化德国边境的权利。这位德国总理解释说，如果其他政府同意，德国人将宣布放弃重型进攻性武器，但将需要防御性武器。这位德国总理是否的确提出了格勒纳关于组建一支有十万人的、服役期很短的"瑞士式"民兵的主张，这是有疑问的，很短的服役期将使德国能够在不花费重大资金的情况下，显著地扩大受过训练的预备役人员库。如果他的确提出了这一方案，那么他的英国和美国同行们未能理解其真正的重要性。毫无疑问的是，这位德国总理在贝辛吉给人留下了良好的印象，根据他们的记述，他在那里将其重点大多集中于法国的裁军。麦克唐纳和史汀生既没有接受也没有拒绝布吕宁的那些更为详细的要求，所有人都同意这些讨论是非正式的，而且在法国缺席的情况下不能做出任何决定。塔迪厄已经推迟了其重返日内瓦的时间，留在巴黎治疗自己的咽喉炎和流感。尽管的确是生着病，但他肯定无法从一场法国将被孤立的四国会议中获得乐趣。也有可能的是，他得到了关于布吕宁即将垮台以及军方在柏林的影响力加强的警告。布吕宁在其回忆录中严重夸大了其对民族主义者的目标的拥护，以及英美支持的程度，但对于德国野心的制约并不是来自其下台，而是来自法国对"平等权利"要求的反对。在贝辛吉进行的对话中没有任何东西鼓励法国去接受，因此并没有因为布吕宁下台而丧失机会。

当法国左派在5月第一周的大选中获得胜利之后，塔迪厄被据称更具同情心的赫里欧取代，美国人和英国人在此期间并

780

未做出进一步的努力来促成一份协议。由于法国总统保罗·杜梅（Paul Doumer）5月7日被暗杀之后出现混乱，赫里欧直到6月3日才真正地组建政府。塔迪厄在此期间继续担任临时总理，从而使有关裁军的所有重要讨论推迟了一个月。作为美食家的当选总理赫里欧与美国的谈判者诺曼·戴维斯和休·威尔逊（Hugh Wilson）进行了一次愉快的午餐，产生的只是一个在洛桑赔偿会议之前就裁军进行对话的含糊承诺。赫里欧的主要兴趣是缓和与伦敦及华盛顿当局的关系，而不是与德国人达成一份军备协议。尽管左翼政党强烈批评军方并且要求军事开支的削减，但当选之后，赫里欧将证明自己与其前任一样决心为法国赢得额外的保障措施，然后才能给予德国平等权利。当时同时公开的施特雷泽曼的信件透露了这位已故德国外长领土收复主义的程度（赫里欧被描述为一只"水母"，意指"软弱无能的人"），这不大可能鼓励法国对于进一步和解的信心。出于不同的原因——这些原因源自对在洛桑的赔偿谈判结果的共同关切——英国人和法国人在1932年夏初都倾向于没有德国人参加的私下对话。日内瓦的谈判被停止。赫里欧这样总结技术性委员会的进展："你们知道他们在六个月的工作之后的结论吗？那就是一件武器的进攻性特征取决于使用者的意图。"[18]温斯顿·丘吉尔在1928年关于动物园的寓言——每个动物的角和牙齿在其主人看来都是完全自然的，但对于别的动物来说是威胁性和攻击性的——即将变成现实。只有与化学及细菌战有关的特别委员会有所进展。

英国、法国和美国外长之间的三方对话沿着西蒙所提议的路线，专注于定性裁军的具体措施。这些讨论因为6月22日胡佛总统的新版裁军方案突然宣布而中断。自从5月在伦敦与代理首相斯坦利·鲍德温以及在巴黎与塔迪厄及赫里欧进行交谈之后，美国代表吉布森和戴维斯一直在敦促美国人发起一个倡议，但受到史汀生的抑制以及来自海军和陆军的反对，海军和陆军都无法接受塔迪厄的方案。但在5月底，胡佛总统震惊于不断恶化的经济形势和预算赤字，而且渴望减少军事开支，他干预了日内瓦的美国代表团与海军、陆军及国务院之间的这场冲突。胡佛由衷地渴望在日内瓦获得成功，但随着选举将在11月到来，他的突然干预也是一个旨在影响美国总统选战的举动。麦克唐纳和赫里欧在洛桑时被告知"胡佛计划"，他们的政府敦促推迟发布，因为非官方的对话已在日内瓦进行，这些具有希望的对话将会因总统方案的引入而被削弱。由于民主党大会计划于6月的最后一个星期召开，胡佛如果不想被谴责在进行政治投机，他就不得不采取行动。总统提议将战列舰的数量减半，将巡洋舰和航空母舰的数量减少四分之一，防务分遣队（defence contingents）减少三分之一。坦克、大型机动火炮以及大多数种类的军用飞机将被废除，而且将会禁止化学战。胡佛和史汀生显然希望迅速达成一份决议以批准该计划的各项原则，然后休会六个月。

　　胡佛计划受到了英国和法国裁军派的热烈称赞（莱昂·布卢姆是其最为热情的支持者之一），而且得到了意大利人的好评。它被李维诺夫视为接近于苏联的建议。来自较小国家的代表团中有许多人对此满腔热忱。此时担任法国战争部部长的保罗-邦库尔讽刺地评价其简单性，以及对于法国构建和平的关切的无关紧要性。巴黎当局对这些方案有着详细的批评：缺乏对于预算的限制，海军条款将减小法国对于意大利的现有海军优势，在与军事现役兵额有关的条款中忽视人口标准（demographic criteria），而且最重要的是缺乏核查制度和实施机构。法国再度阐述了做出地区性安全保证以及与美国达成一份磋商协议的理由。英国的反应甚至更为敌对。西蒙对于这种出乎意料的干预火冒三丈，它打断了他的秘密的三方商议，而且突显他的无准备状态；海军部对于拟议中的巡洋舰削减大为不快，它随意地抛弃了1930年伦敦海军会议小心确立的海军平衡；空军部不愿考虑取消军用飞机。现在有必要找到一种政策，由于西蒙习惯性地不愿意采取一种立场，以及海军部和战争部持续抵制外交部对于实质性展示英国善意的要求，这一任务并不容易。已经对裁军讨论抱有积极兴趣的鲍德温发布了一份无力的反击方案，该方案旨在让国内和国外公众相信英国对裁军事业的投入。这是一次不幸的努力，议会的反对派充分地利用了美国和英国的替代方案之间的不同。尽管较小国家对于胡佛计划有着广泛的支持，但英国和法国的反对足以使美国人希望的突破落空。

当出席日内瓦会议的大国开始讨论某种保全面子的休会动议的内容时，德国人做好了挑战的准备。在5月底布吕宁被解除总理职务之后，兴登堡任命弗朗茨·冯·巴本来取代他，这是一个与天主教中央党的极右翼结盟、在政治上无足轻重的人。施莱歇期待能够控制冯·巴本，从而控制新政府的政策。作为国防部部长，施莱歇能够支配德国国防军重新武装政策的路径。在赔偿问题于洛桑得到解决后，没有任何事情也没有任何人能够阻止他坚持德国对于平等权利的诉求。他漠视寻求国际上的同意，而且从一开始就明白平等权利的问题能够如何被用来增强国内的支持。德国人此前在日内瓦的开幕会议上保持着低调，施莱歇在柏林的成功预示着一种更为咄咄逼人的立场。施莱歇将外交部的保留意见抛在一边，坚称如果德国的要求得不到满足，就将摊牌。作为强烈的修正主义者但又是现实主义者，布洛深深地意识到德国在军事上持续的虚弱以及英美支持的好处，他描述了德国国防军的九大目标，这些目标作为一份"圣诞节清单"在《德国在裁军会议上的隐藏目的》（1932 年 6 月 14 日）中得到了概括。[19]他强烈地反对将对于平等权利的要求作为一道最后通牒的基础。纳多尔尼也警告不得在日内瓦"造成损害"。在洛桑和日内瓦将赫里欧政府拉入双边讨论的努力失败了，这强化了施莱歇的影响力。在柏林，前德国驻伦敦大使、冯·巴本内阁新任外长康斯坦丁·冯·诺伊拉特无法让裁军谈判处于他的控制之下。7 月 12 日，内阁不顾在日内瓦发生了什么，同意了德国国防军的重新武装计划，并且开启了在裁军会议上摊牌的可能性。施莱歇决定废除限制了德国军事实力的《凡尔赛和约》第五部分。当美国人、英国人和法国人奋力达成一份可接受的休会动议时，施莱歇和诺伊拉特同意警告代表们说，除非在休会期间平等的原则得到满足，否则德国将不会重返裁军会议。

德国的"最后通牒"成了日内瓦第一个会期最为重要的结果。最终的决议是由贝奈斯在西蒙的帮助下准备的，西蒙将这个并不令人羡慕的任务交给了这位捷克斯洛伐克政治家，以免自行承担失败的责任。各方就禁止化学、细菌和燃烧弹战以及对于平民的空袭达成了一致。代表们接受有条件地禁止所有空中轰炸（这受到了英国空军部的反对），以及关于轰炸机应当被置于国际管理体制之下的建议。重型火炮将被施加限制。"军备休战"（armaments truce）被再延长四个月。在经历了六个月的工作之后，裁军会议并没有多少足以展示的东西。在其会议闭幕式演讲中做出评价时，赫里欧也承认如此，他说"有

些时候，我们也许困惑'裁军'（to disarm）这个动词是否在每
一种语言中不都是一个不规则动词，没有第一人称，而且只与
784　将来时态结合"[20]。德国人并未得到他们所寻求的对平等权利的
承认。对于他们认为只是对德国人平等权利诉求的推迟，德国
外交部原本可能已经接受，但施莱歇和德国国防军首领们没有
耐心。冯·巴本和施莱歇试图与希特勒达成妥协，但并不成功。
这位国防部部长渴望为一个扩大的"军役体育"计划招募冲锋
队成员，而且最终希望将纳粹的这个准军事组织并入一支重组
的德国国防军。针对冲锋队的禁令被解除，国会也因新选举而
解散。7月底在普鲁士发生了一次成功的政变，在那里，社会
民主党人尽管此前丧失了其在选举中的多数派地位，但仍然执
掌着权力。普鲁士现在被置于柏林政府的控制之下，警察队伍
被组织起来支持一个专制的和压迫性的地方政权。军队将再也
不会像过去一样与这个"普鲁士堡垒"相处困难。希特勒也是
如此。日内瓦对于谨慎的呼吁遭到漠视。7月22日，纳多尔尼
发布了由诺伊拉特亲自起草的德国声明，明确威胁除非德国对
平等原则的要求得到承认，否则德国将不再参加裁军会议。第
二天，德国和苏联政府都投票反对休会决议。

IV

1932年7月31日，纳粹扩大了其在德国国会的代表，在总
计608个席位中从107个增长至230个。事实证明这是他们在
选民中的受欢迎度的顶点，也是单个政党在魏玛共和国的自由
选举中最高的结果。尽管仍然没有获得为组阁所需的大多数，
但希特勒立即要求获得总理职位以及为其政党获得关键的部长
职位，结果只是被兴登堡公开拒绝和羞辱。将希特勒引入内阁

的努力在 8 月 13 日失败了。施莱歇在电台演讲和与法国人的沟通中，不容置疑地表明了如果他们的要求得不到满足，德国将重新武装的意图。除非德国人对平等权利的诉求提前得到承认，否则在日内瓦将不会有任何进展。正当德国人的口气变得更具威胁性时，柏林当局为与法国达成协议而发起了一项新的运动。施莱歇因赫里欧没有回应而感到沮丧，试图强制加速。在 8 月 29 日发往巴黎的一份秘密备忘录中，德国人详述了他们的条件。德国将拥有与其他国家一样的安全权利。一份新的裁军公约将如同对待其他国家一样对德国施加同样的限制和同样的期限，它将为"军备的必要调整"开辟道路。德国人要求获得以下权利：将职业军队里的服役期从 12 年降低至 6 年，以及招募一支总数达 4 万人的民兵，这些民兵将接受为期 3 个月的训练。允许其他人拥有的武器也不应当禁止德国人拥有，尽管他们起初需要的只是这些武器的"样品"。作为回报，德国人将会考虑法国的安全提议，并且接受得到其他所有国家同意的限制措施。德国国防军的真正计划更为野心勃勃，它将让《凡尔赛和约》所规定的士兵数量扩大近四倍。这在 1932 年 10 月只向德国外交部透露。德国的外交官相信这第二个军备计划远远超出该国的财力，而且认为新的海军建造计划对英国人和美国人构成了一种直接的、不必要的挑战。但他们的不赞成并未对德国国防军产生任何影响，关于重组和扩充陆军的决定在 11 月初得到了内阁的批准。

　　包括法国驻柏林大使安德烈·弗朗索瓦-蓬塞在内的一些法国外交部的官员（尽管具有影响力的政治事务主管亚历克西斯·莱热并非如此），以及由布卢姆领导的法国社会党的很大一部分人，主张在柏林开启对话。当时有人告诫说，冯·巴本内阁有可能会被一个更不肯妥协的内阁取代。但是赫里欧的亲密顾问们——包括在日内瓦的约瑟夫·保罗-邦库尔，以及最为重要的是魏刚、甘末林和贝当将军等军方首脑——强烈反对与柏林当局达成任何解决方案。到最后，赫里欧拒绝了被施莱歇胁迫。这位法国总理尤其抱定决心要实施最近与英国人达成的洛桑协议，在德国就《凡尔赛和约》的条款接洽任何一国政府时都将共同磋商。在 9 月 11 日致柏林的一份既不接受也不拒绝平等要求的照会中，法国人驳回了举行双边会谈的建议，并且要求将德国重新武装的问题提交给国联理事会。其他大国以及法国的东方盟友们的反应也鼓舞着巴黎当局的某种程度的乐观主义。无论是美国人还是英国人都不接受关于在贝辛吉所承认的事情的德国版本，而且两者都尤其反感施莱歇与法国人直接解决事情的尝试。即使是曾对国联发起一连串批评性评论的意大利人，也建议柏林当局保持谨慎。波兰人和捷克斯洛伐克人欢迎赫里欧的坚定立场。法国外交部认为在共同反对任何形式的德国重新武装方面，有可能缔造一个外交阵线。法国人对德国威胁的性质不抱任何幻想。赫里欧在 10 月告诉军方首脑们：

786 　　我坚信德国希望重新武装……我们正处于历史的转折点上。到现在为止，德国已经实施了一种服从的政策，当然并不是一种顺从的，而是一种消极的政策；现在德国正在采取一种积极的政策。明天，它将是一种带有令人生畏的恫吓手段（德国的军队）的领土要求政策。本能的反应是我们要抑制的并不是一个人，也不是一支枪。[21]

但这位法国总理并未遵循其直觉。他认为法国过于虚弱而无法冒险做出这样一种反应，而是寻求与美国人及英国人的调和，以免法国因为不妥协以及会议的失败而受到谴责。他认为，当法国可能不得不面对一个重新武装的德国的挑战之时，不仅在现在而且在将来可能冒着被孤立的危险。赫里欧敦促他的将军们按照胡佛计划的路线，接受对法国军备的某种限制，以及寻求英国和美国愿意接受的安全承诺。

但美国人和英国人并未给予多少帮助。美国的这种立场只能从 1932 年 11 月大选之前的预备阶段来理解。尽管胡佛和史汀生支持德国对于法律上的平等地位的诉求，但他们希望的是法国的裁军而不是德国的重新武装。德国的政治变化复苏了胡佛对普鲁士军国主义的持久不信任。1932 年夏天，美国人做出了各种姿态来让法国人对美国的意图放心。在 8 月接受提名的共和党大会演讲中，胡佛谈到美国愿意"在紧急时刻磋商以促进世界和平"，重申了其国务卿数周前做出的一个保证。但当史汀生准备了一份措辞强烈的外交备忘录来表达美国的不赞成时，胡佛予以反对，坚称美国公众赞成德国对平等地位的要求，而且将不会支持裁军会议的破裂。在一场政治活动期间，总统无法冒着风险去支持赫里欧。修正《凡尔赛和约》的裁军条款是欧洲的问题，它将不得不在没有美国参与的情况下得到解决。

面对着对德国的攻势做出回应的需要，伦敦当局决定英国应当在即将被包含在一份新的裁军条约内的法律定义方面支持德国的平等待遇，但保留《凡尔赛和约》第五部分对德国军备的限制。英国人坚称裁军会议是能够做出未来修改的唯一场合。787
尽管清楚施莱歇摆脱《凡尔赛和约》第五部分和重组德国国防军的意图，但麦克唐纳和西蒙已经接受了诺伊拉特的保证，那就是德国人想要的是其权利得到承认而不是重新武装。对于英国外交部而言，德国在裁军会议上的出席和合作，仍然是英国外交的基本目标。如果德国拒绝参加或者会议失败，德国将能够随意地重新武装，而且那时将变成对于和平的真正威胁；用英国驻柏林大使的话来说，那将"即使不是这个老欧洲的'没落'（Untergang），也会是其'黄昏'（Dämmerung）"[22]。英国内阁将不会考虑在《国际联盟盟约》和《洛迦诺公约》之外做出进一步的承诺。英国对于德国要求的公开答复于 9 月 19 日见诸报刊，但在前一天已经传至其他大国，它受到了美国人和法国人的好评，但让巴本政府震惊。该答复提出，除非一致同意修改《凡尔赛和约》的军备条款，否则它将被包括在一份新的公约之中；同时，它在道德层面而不是法律层面承认德国对于地位和待遇平等的诉求。与此同时，德国人被警告不得重新武装，并且被告知地位的问题将通过"耐心的讨论"而不是"专横的挑战"来解决。[23]英国外交部一致认为，如果裁军会议失败，德国将不得不仍然受到其凡尔赛义务的约束。该声明在巴黎得到喝彩，而在德国引起了一场喧嚣。让西蒙大为吃惊的是，德国媒体无论对于其内容还是语气都感到不快。在他们自己的领导人一再保证只有法国人阻拦对于平等的诉求之后，来自伦敦当局的公开"申斥"令人不愉快和震惊。法国方面做出了很大的努力来与伦敦当局协调政策。相反，英国寻求让自己脱离在洛桑会议上做出的针对德国采取合作性行动的承诺，并且寻求与德国人重启对话的途径。

由于与"国民政府"中的自由党人士围绕渥太华优惠性关税发生了争执，对于国联以及教会、女权主义者和反战组织呼吁采取一种新的举动来打破日内瓦的僵局，内阁做出积极的响应就显得加倍地重要。由于没有自己的主张，内阁寄望于外交大臣来主导。让西蒙沮丧的是，他发现海军部和空军部都不愿批准将使他能够在日内瓦采取行动的那种削减。西蒙发现自己是在捍卫其所反感的部门性政策。与他们的法国同行不同，英国的总参谋长们愿意支持德国一定程度的重新武装。他们并不相信德国在 1932 年能够针对波兰进行一场成功的防御战，并且预言德国直到 1938 年将不会对和平构成威胁。他们带着一种对于法国能力持续的、心胸狭隘的评价，认为法国将会保持其军事优势，而且英国的安全利益不会牵涉其中。英国各个军种并未全面衡量德国国防军 1932 年的"重建"计划，而且忽视了法国的警告，认为这些警告是被夸大的。

788

赫里欧的政治地位已经因政府的预算困难而被弱化，他低估了英国安抚德国人以挽救日内瓦谈判的意愿。他也误解了来自华盛顿的关于战争债务和安全的噪声。同样虚幻的是法国外交部对于与罗马当局和解的希望。法意在 11 月重启谈判，但当自行其是的法国海军拒绝接受一种将保持在地中海的平等地位可能性的建造"休战"时，这些新的交流很快失败了。正是在这种有限乐观的背景下，但同时也是出于对法国被孤立的恐惧，在比利时和捷克斯洛伐克在同一方向的各种努力未取得成果之后，法国国防部部长约瑟夫·保罗-邦库尔在 10 月拟定了一个塔迪厄"最高"计划的新版本。与 1931 年的方案不同，法国人接受德国对平等权利的诉求，并且同意法国进行一定程度的裁军。这份"建设性计划"的核心内容是这样一份建议——实际上所有的国家力量（除了用于殖民目的的军队）将交由国联支配，只留下用于各个国家的民兵。陆军和海军的飞机将处于国联控制之下，民用飞机将被"国际化"。为了满足美国人和

英国人，将对安全问题采取一种三层级的方式：一份所有国家
都能加入的磋商协定、一份适用于国联非欧洲大陆成员国的协
定，以及一份将提供旧的《日内瓦议定书》所寻求保证的欧洲
互助协定。但甚至在做出修改之后，魏刚仍然极其反对这一新
的倡议，它意味着摧毁法国的陆军以及削减该国的防御性力量。
甘末林发现魏刚在与政治家们的交往中过于顽固而且刻意阻挠，
甘末林并不那么强硬，但同样敌视组建一支国际力量和国家民
兵的主张。由于在内阁里被否决，魏刚警告赫里欧，总理对于
789 英国人和美国人的信念是错位的，而且最终是危险的。但是法
国最高指挥部并不准备卷入一场他们肯定将失败的公开斗争，
而且右翼的媒体由于担心魏刚可能会被革职，并没有像人们预
言的那样公开抱有敌意。政府的激进派和社会主义支持者赞成
这一新的努力，它与经济的需要契合良好。作为政府平衡预算
努力的一部分，魏刚被迫接受削减防务拨款的 5%—10%。当时
的民众强烈支持裁军，而且该计划与左派传统上对于职业性军
队的偏见相符。如果德国人如同赫里欧预计的那样拒绝这一
"建设性计划"，人们相信其他国家将会意识到德国重新武装的
意图，将会站到法国这一边。这一新的方案在 11 月 4 日（德国
大选前两天）被提交给会议局（Bureau of Conference），并且在
11 月 14 日公开。

　　到这时，英国人已经就一个他们自己的倡议做出了决定，
其目的是避免德国和法国之间摊牌。麦克唐纳觉得西蒙已经在
谈判中丧失了主动，他敦促英国扮演一个更为果断的角色。由
于胡佛在 11 月的总统选举中败给罗斯福，而且美国人专注于战
争债务，麦克唐纳相信英国将不得不独自行动。在与各军种部
门进行激烈的争论之后，西蒙最终制订了一个裁军方案，它承

认德国对于平等的诉求，而且提出了一些关于分阶段定性裁军的举措，这些举措将不会导致任何一个国家（也就是德国）的武装力量增大。这个新的军备公约让所有的签字国受到裁军协定的约束，它将取代《凡尔赛和约》的第五部分。它将在所有类型的武器方面给予德国与其他国家同样的权利，但数量上较小。这些温和的建议11月10日在议会被宣布，并且在一周后递交给会议局，其中根本没有提及法国的计划或者法国的安全要求。这次宣布旨在安抚英国公众，表明政府决心裁军而且将在日内瓦起到带头作用。西蒙首先不得不实现将让谈判继续的妥协。出于"对麦克唐纳的敬意"，根本不希望为德国人铺平道路而且深为不安的赫里欧匆忙前往伦敦磋商，希望阻止召开一次在日内瓦会议之前的大国会议。由于意识到公众对其立场不断加大的敌意，而且担心惹怒英国人，这个法国人退却了，他实际上既同意举行四国会晤，又正式接受德国的平等地位，后者是柏林当局对于与会的最低要求。赫里欧唯一的小小胜利是将四国会议的地点从伦敦改到日内瓦。尽管诺伊拉特和布洛拒绝了西蒙的尝试——他希望作为德国善意的表态，该国将立即宣布"不使用武力"——但是他们表示了参与大国闭门会议的意愿。德国国防军则并不热心。实施新的重新武装计划的最终命令在11月7日发出，而且陆军早就准备好放弃这场外交游戏。

　　内部的政治为德国陆军的重新武装提供了背景。即使是兴登堡的支持也无法挽救巴本政府，它在国会中没占多数席位。在国会举行一次大规模的投票反对他的"男爵内阁"（cabinet of barons）之后，国会再度解散，新选举在11月6日举行。尽管纳粹的选票减少了大约200万张，而且该党此时面临着财政

790

上的困难，但民族社会主义德国工人党仍然是最大的政党，拥有 196 个席位，而且希特勒准备进行一次孤注一掷的赌博。正是在这个节点上，施莱歇采取了行动。在经历了数周的密谋之后，他让并不情愿的兴登堡将冯·巴本解职，后者于 11 月 17 日去职。施莱歇在 12 月 3 日就任总理职位。他为希特勒的副手格雷格·施特拉塞尔（Gregor Strasser）提供了一个内阁的席位，希望以此逼迫希特勒回到谈判桌上。然而，希特勒赢得了党内的斗争，施特拉塞尔被迫辞去其所有的党内职务去"度假"。施莱歇此前低估了希特勒的政治权力，而在其后的一个月里，他将灾难性地再度这样做。

英国人似乎忽视了施莱歇在抛弃冯·巴本中扮演的角色，而且并未怎么注意其在推动德国国防军计划上的核心角色。英国驻柏林大使霍勒斯·朗博尔德声称施莱歇"根本不是马基雅维利式的阴谋家"，而且希望来自希特勒的威胁将得到遏制。德国悬而未决的情况只是让麦克唐纳和西蒙坚信，在一切都太晚之前，让谈判进行下去是有必要的，这种观点在其后的数年里将无数次重演。英国驻柏林武官警告说，德国对于被禁止的武器的额外要求实际上意味着重新武装。麦克唐纳和西蒙忽视了这些迟来的警告，着手说服冯·诺伊拉特前往参加会议前的会晤。他们的努力得到了美国代表诺曼·戴维斯的支持，后者希望在富兰克林·罗斯福的新政府里获得国务卿的职位，他寻求以一份将所有重新武装活动停止三年的预备性公约的方式，"给全世界一份圣诞礼物"。在日内瓦取代格兰迪担任磋商会议（Consulta）秘书长的蓬佩奥·阿卢瓦西男爵（Baron Pompeo Aloisi）热烈地支持美国全面参与这些大国谈判。

面对来自分别由弗朗丹和塔迪厄领导的右派和右派-中间

派最强烈的反对，赫里欧让步了，他明白美国人、英国人和意大利人已经决定承认德国的"平等权利"，而不承认法国对安全的要求。戴维斯在 11 月底警告他，美国不会遵循法国的新方案。赫里欧再次像 1924 年一样栽在麦克唐纳手中，表明这位激进党领导人在与他的那个并不那么审慎的对手的交易中过于相信对方。那份等待在日内瓦讨论的"建议性计划"的确意味着承认德国的诉求，但赫里欧过早的承认只会削弱其谈判筹码。在日内瓦的谈判中（12 月 6 日至 11 日），除了避免孤立和谈判破裂，作为法国主要参与者的赫里欧和保罗-邦库尔都未能为法国赢得任何实质性的收获。在阿卢瓦西的帮助下，西蒙牵头寻找一个能够被同样倔强的法国和德国谈判者接受的方案。诺伊拉特和布洛原本可能妥协，但施莱歇坚持将无条件地、不可逆转地承认德国的平等权利，作为德国重返会议的价码。渴望取得突破的戴维斯增添了代表们的困难，他强推自己的过渡性计划，但没有人真正地想要它（赫里欧是暂时的唯一例外），而且德国人最终否决了它。基于赫里欧的草案，12 月 11 日的最终简短声明界定了而不是解决了这一根本性的问题。四个大国同意"指导裁军会议的原则之一，应当是在一个体系中给予德国及其他被解除武装的国家平等的权利，该体系将为所有国家提供安全"[24]。通过将所有军备限制细节留给裁军会议决定，这一声明变得更为无关痛痒。在这一基础上，德国重新加入了官方谈判。

　　12 月 14 日，尽管对英美的遗弃深感痛苦，但即将因为对美战争债务支付问题而下台的赫里欧谈到了"自由人的团结"（unity of the free），并且将自己比作提倡服从甚至不公平法律的苏格拉底。事实证明，他的对英美让步政策失败了。麦克唐纳

791

已经令他失望，并欺骗了他。相比之下，这位英国首相正沉浸在他新近赢得的喝彩之中。他已经在日内瓦打破了僵局，而且收获了个人成功的奖赏，由于他的老对手阿瑟·亨德森尽管是裁军会议的主席，但沦落至仅仅扮演一个旁观者的角色，麦克唐纳的胜利变得更为甜蜜。英国人已经实现了他们的首要目标。麦克唐纳和西蒙代表了一群从性情来说既是修正主义者又是孤立主义者的选民的观点。敦促裁军的多数派希望只在最低程度上参与欧洲大陆的事务。温斯顿·丘吉尔反对裁军，而且因为对德国的意图拥有与法国同样的看法而在政治家（他此时不在内阁里）之中显得不同寻常，但即使是他也支持修改条约。他认为，德国人追求的不是地位的平等。"他们正在寻求武器，而且当他们拥有了武器之后，请相信我，他们将会要求归还……失去的领土。"他强烈反对德国和法国军备的平等化，但他告诉自己的议员同事们："消除败者合理的委屈应当先于胜利者的裁军。当这些委屈仍然没有得到解决时……带来任何类似于军备平等之类的东西，将几乎把那一天指定为另一场欧洲战争的日子。"[25]在这当中并没有多少让法国受到鼓舞的东西。

1932 年底，法国人比其在这一年年初更受孤立。他们被迫接受德国重新武装的前景，而又没有赢得任何新的安全保证。他们在 1931 年已经丧失了强化自己影响力的机会，过于关注未来的危险而未能利用当前的优势。塔迪厄和赫里欧各自曾经试图夺取主动性，但两人都失败了。法国的外交如同其战略一样，将变得日益处于守势。相反，英国在 1931 年秋天短暂地丧失信心之后，再度准备在外交方面发挥带头作用。德国重返裁军会议被视为他们的胜利，即将在 1933 年 6 月 12 日于伦敦举行的世界经济会议源于他们的倡议。活动中心从巴黎当局向伦敦当局的转变，由于美国经济萧条以及美国人更加远离欧洲事务而突显出来。真正的获益者当然是德国人，多亏了英国人，他们正受到追捧，而且能够设定自己的条件。

这对于法国的盟友们来说不是好消息。这些较小国家憎恨大国在日内瓦的谈判。在华沙，人们相信法国正在放弃反修正主义事业，而且将接受德国的重新武装。外长奥古斯特·扎列斯基辞职（这让法国人和捷克斯洛伐克人都觉得遗憾），以及他被毕苏斯基的亲信约瑟夫·贝克上校取代——贝克是一个具有活力、雄心勃勃且强硬的谈判者，法国外交部认为其不值得信任而且反法——未来法波合作的前景因此进一步黯淡。贝克寻求安抚赫里欧和保罗-邦库尔（曾在 1932 年 12 月至 1933 年1 月短暂担任总理一职），但他公开地批评 12 月 11 日的宣言，而且警告说波兰将不会被那些它没有参与而做出的决定约束。　793对于法国人将寻求在"波兰走廊"上做交易的持续担心，坚定了毕苏斯基（和贝克）在巴黎当局之外寻求保护的打算。"小协约国"成员（尤其是捷克斯洛伐克）也惊慌于法国的屈服以及德国重新武装的前景，而且此时墨索里尼正在巴尔干半岛发出好斗的噪声，并且谈及建立一个将削弱国联的大国欧洲理事会。面对着这种双重威胁，"小协约国"各国于 1932 年 12 月18 日至 19 日在贝尔格莱德会晤。1933 年 2 月 16 日在日内瓦签订的一份新的《组织协定》（Organizational Pact），为三国合作创造了一个单个的管理机构，而且包含一个位于日内瓦的永久性秘书处。任何"改变小协约国国家之一相对于一个外在国家实际形势的单边行为"[26]，将必须由这个新的外长联合理事会批准。该协定对其他国家保持开放。如同他在面临压力时一直所做的那样，贝奈斯在华沙制造出一些友好的喧闹声，但罗马尼亚人当时正与波兰人卷入一场外交斗争，而且两国在对待苏联方面背道而驰，贝奈斯的这一举动受到阻碍。尽管并非贝奈斯想要的那种革命性举动，但"小协约国"联系的加强源于墨索里尼的威胁以及后来的希特勒掌权，不过也是对法国软弱做出的反应。法国外交部试图在其并不扮演任何角色的事态发展上披上一层积极的假象，但官员们明白这是对他们近来外交的消极评价。

V

魏玛共和国的垂死挣扎并未对德国国防军决定重新武装和在日内瓦控制裁军政策产生多少影响。在施莱歇的短命内阁（1932 年 12 月至 1933 年 1 月）里，这位新任总理与陆军总司令库尔特·冯·哈默施泰因-埃克沃德（Kurt von Hammerstein-Equord）将军密切合作。陆军开始了其 11 月计划[①]的第一阶段。更成问题的是，施莱歇号召德国国防军支持其设计的国内政策的实施，以扩大其在议会之外的根基。这些由所谓的"穿军靴的社会主义者"实行的计划是为了吸引工会会员以及失业青年，但结果只是疏远了工业和农业精英阶层，而又没有赢得社会民主党的支持或者在民族主义者当中获得追随者。就陆军军官们而言，他们对施莱歇的方法越来越不安，尤其不安于陆军对于本质上属于政治性任务的深度参与。

各种利益的结合为魏玛共和国的毁灭开辟了道路。施莱歇并不拥有足够多的民众支持来执行其计划，而且需要总统的支持来通过法令治理国家。大实业家在 1932 年仍然资助右翼政

---

① 指德国国防军在 11 月 7 日发出的实施新的重新武装计划的最终命令。

党，他们无法提供任何现实的政治替代物。与兴登堡关系密切的农业界领导人以及反施莱歇的实业家当中的一些人，敦促总统恢复冯·巴本通过与希特勒结盟而得到加强的专制政府。民族社会主义德国工人党担心其已经达到吸引选民的极限，准备做出一次交易。而从实际来看，最为重要的是总统的小集团再度活跃起来。冯·巴本为其最近的失败感到痛苦，渴望对施莱歇复仇，他作为关键的竞争者重新出现。他仍然是总统的宠儿，成了希特勒集团、德意志国家人民党领导人和总统府之间的首要中间人，而在总统那一方，兴登堡的儿子奥斯卡为组建一个巴本-希特勒政府的主张提供了支持。冯·巴本相信能够通过任命一个由可靠的右翼政治家组成的多数派来将希特勒"围起来"，准备为他提供总理职位，以及希特勒为戈林和威廉·弗里克（Wilhelm Frick）索要的两个内阁职位。1933 年 1 月中旬，因为蔑视这个粗鲁的"奥地利二等兵"（指希特勒）而仍然不怎么情愿的容克（德国贵族地主）陆军元帅（兴登堡），批准冯·巴本继续下去。后者得以重新建立由右翼民族主义者组成的哈尔茨堡阵线（Harzburg front），将阿尔弗雷德·胡根贝格以及钢盔党领导人弗朗茨·泽尔特（Franz Seldte）招募进他的这个"国民阵线"（national front）。作为施莱歇的宿敌和为兴登堡所知晓的将军，布隆贝格在国防部取代了施莱歇。布隆贝格已经倾向于纳粹党，他成了希特勒的一个至关紧要的盟友。当施莱歇要求解散国会以及授予紧急权力时，这个阴谋集团已经在运转。施莱歇在 1 月 28 日辞职。

1933 年 1 月 30 日，星期一，上午 11 点 30 分，两次世界大战间隔期历史上的一个新篇章开始了。大大出乎外界观察人士意料的是，德国混乱的政治形势因为阿道夫·希特勒被任命为总理而解决了。由于受到冯·巴本和施莱歇分别的敦促（后者渴望确保前者本身不会重返总理职位），兴登堡总统克服了其个人的厌恶，适时地让希特勒宣誓就职。冯·巴本自信将在布吕宁和施莱歇已经失败的地方获得成功。从未有多少人如此灾难性地犯错。希特勒最终成为总理的时机和方式，使与既有的军事及外交机构之间建立一种可行的伙伴关系成为可能。希特勒从政治体系内部操作，利用现有的游戏规则来推翻这些规则。在他执政的最初几个月里，在仍然没有垄断权力的情况下（权力垄断对于后来的一切来说是必要的第一步），希特勒在其与国防军的关系方面尤其小心，甚至到了承认其对于在国家之内独立存在的历史性诉求的程度。他无疑也受益于国防军对施莱歇试验的幻灭，以及布隆贝格放弃陆军之责以维持国内秩序的意愿。为了强调国防军新的非政治性角色，这位新的国防部部长在希特勒以及内阁其他成员就职之前宣誓就任。合作并不困难。希特勒承认国防军是"国家最为重要的机构"，而且对希望将其与冲锋队一道用作政党统治工具的人做出了限制。陆军将保持"非政治性和不偏不倚"，这实际上意味着容忍纳粹组织在发动"革命"方面所采取的一切行动。陆军首脑们明白希特勒将支持他们的全面重新武装计划。如果有统一、强大且稳定的政府，对于第二个以及可能更多的军备计划来说，这意味着提供必要的资金。"希特勒的目标与军事领导人的目标一致，这是该政权在随后数年里的稳定的主要保证，"德国著名历史学者威廉·戴斯特（Wilhelm Deist）写道，"对于国防军而言，这种'联盟'首要代表了对于其不变的军事及军备目标的国内保证。"[27]

获得任命四天之后，即在 2 月 3 日对地区陆军指挥官发表的一次宴会致辞中，希特勒呼吁在国内事务中来一次"扫荡"；

"青年乃至所有人民做出调整，以适应这样一个主张——只有一场斗争才能拯救我们，其他一切必须服从于这一主张……竭尽全力训练青年和强化战斗的意志。"他对未来的目标适当地保持含糊："获得政治权力之后，将如何运用？现在还不能言说。也许是为新的出口可能性而战斗，也许——而且很可能更好的是——在东方征服新的生存空间及其冷酷无情的日耳曼化（Germanization）。当然，只有通过政治权力和斗争，才能改变当前的经济状况。"在这里并没有多少让军方惊恐，却有许多让他们称赞的东西。仍然能够追求修正主义的目标，激进的东西还在遥远的将来。希特勒呼吁关注德国政府在重新武装期间的虚弱。"这将表明法国是否有政治家；如果有，法国将不会留给我们时间，而将攻击我们（很可能是与东方的卫星国一道）。"[28]希特勒夺取权力将不会影响德国在裁军会议上的地位，谈判被交给布隆贝格和诺伊拉特。

裁军会议在 1932 年 12 月已经命悬一线。为将德国拉回会议桌而在日内瓦做出的交易并未解决任何事情，而只是再度突显出面对欧洲安全的根本性深层次问题的必要：如何平衡法国对德国修正主义的恐惧。但时间已经所剩无几了。不管怎样，布吕宁走了；而巴本和施莱歇政府批准了各项政策，这些政策远远超越了施特雷泽曼本质上是合作性的修正主义。希特勒的政府构成的威胁具有全然不同的性质。这是对裁军会议主线的最后一次切割，尽管并没有立即显现出来。当希特勒巩固自己在国内的权力时，他起初将会害怕在国际舞台上动作过于激进。不过当他在十个月之后的 1933 年 10 月的确采取行动时，这将让德国退出裁军会议，以及退出国联本身。这将是两次世界大战间隔期裁军运动的终点。

注 释

1. Erich Maria Remarque to General Sir Ian Hamilton, 1 June 1929.

2. Destouches to Joseph Garcin, Sept. 1931, in Frederic Vitoux, *Céline: A Biography* (American edn. , New York, 1992), 192.

3. Maurice Vaïsse, *Sécurité d'abord: la politique Française en matière de désarmement, 9 décembre 1930-17 avril 1934* (Paris, 1981), 157.

4. Norman Ingram, *The Politics of Dissent: Pacifism in France, 1919-1939* (Oxford, 1991), 146.

5. Norman H. Baynes, *The Speeches of Adolf Hitler, April 1922 - August 1939* (New York, 1969), ii. 1003.

6. Speech by Curtius, 12 Sept. 1931, *League of Nations Official Journal*, Special Supplement no. 93 (Geneva, 1931), 88-92.

7. P. C. F. Bankwitz, *Maxime Weygand and Civil-Military Relations in Modern France* (Cambridge, Mass. , 1967), 85.

8. Alexander Werth, *The Twilight of France, 1933-1940: A Journalist's Chronicle* (London, 1942), 8.

9. Quoted in Jean-Paul Contet, *Pierre Laval* (Paris, 1993), 111.

10. Vaïsse, *Sécurité d'abord*, 78.

11. Memo by Vansittart, 'The United Kingdom and Europe', 1 Jan. 1932, PRO, CAB 24/227, CP 4 (32).

12. Foreign Office memorandum, 'Changing Conditions in British Foreign Policy, With Reference to the Disarmament Conference, a Possible Reparations Conference, and Other Contingent Problems', 26 Nov. 1931, PRO, CAB 24/225, CP 301 (31).

13. Cabinet 91 (31), 15 Dec. 1931, PRO, CAB 23/69.

14. Simon to MacDonald, 1 Dec. 1931, PRO, FO 800/285, fos. 97-100.

15. Cabinet 3 (32), 14 Jan. 1932, PRO, CAB 23/70.

16. MacDonald Diary, 1 May 1932, quoted in David Marquand, *Ramsay*

MacDonald (London, 1977) , 718.

17. Heinrich Brüning, *Memoiren*, *1918-1934* (Stuttgart, 1970) , 563.

18. Quoted in Vaïsse, *Securité d'abord*, 238.

19. Edward Bennett, *German Rearmament and the West*, *1932 - 1933* (Princeton, 1979) , 181.

20. Speech by Herriot, 22 July 1932, *Records of the Conference for the Reduction and Limitation of Armaments*, series B: *Minutes of the General Commission*, i. pp. 186-8.

21. *Documents Diplomatiques Français*, *1932 - 1939*, série I, vol. 1, no. 250.

22. Horace to Anthony Rumbold, 13 Dec. 1932, Rumbold Papers, Add. V, box 5, Bodleian Library, Oxford.

23. *DBFP*, ser. II, vol. 4, no. 92.

24. Bennett, *German Rearmament and the West*, 267.

25. Churchill speech to Commons, 23 Nov. 1932, quoted in Martin Gilbert, *Churchill: A Life* (London, 1991) , 511.

26. Piotr S. Wandycz, *The Twilight of French Eastern Alliances*, *1926-1936: French-Czechoslovak-Polish Relations from Locarno to the Remilitarisation of the Rhineland* (Princeton, 1988) , 250.

27. Wilhelm Deist, 'The Rearmament of the Wehrmacht', in Deist et al. , *Germany and the Second World War*. Vol. I: *The Build-Up of German Aggression* (Oxford, 1990) , 401.

28. Notes by General Liebmann, in J. Noakes and G. Pridham (eds.), *Nazism*, *1919-1945: A Documentary Reader*. Vol. 3: *Foreign Policy*, *War and Racial Extermination* (Exeter, 1998) , 628-9 (emphasis in original).

同时代著述

Survey of International Affairs (London, volumes for 1931-4).

TEMPERLEY, A. C., *The Whispering Gallery of Europe* (London, 1938).

WHEELER-BENNETT, JOHN, *The Pipe Dream of Peace: The Story of the Collapse of Disarmament* (London, 1935).

——— *Disarmament and Security Since Locarno, 1925-1931: Being the Political and Technical Background of the General Disarmament Conference, 1932* (London, 1932).

专著

BELL, PETER, *Chamberlain, Germany and Japan, 1933–1934* (London, 1996).

BENNETT, EDWARD, *German Rearmament and the West, 1932–1933* (Princeton, 1979).

BIALER, URI, *The Shadow of the Bomber: The Fear of Air Attack and British Politics, 1932–1939* (London, 1980). Esp. chs. 1–2.

BONGIORNO, JOSEPH, *Fascist Italy and the Disarmament Question, 1928–1934* (New York and London, 1991).

BOUSSARD, DANIEL, *Un problème de défense nationale: l'aéronautique militaire au parlement, 1928–1940* (Vincennes, 1983).

CASTELLAN, GEORGES, *Le Réarmament clandestin du Reich, 1930–1935: vu par le Deuxième Bureau de l'État-Major Français* (Paris, 1954).

FRANKENSTEIN, ROBERT, *Le Prix du réarmament français, 1935–1939* (Paris, 1982). Esp. the first chapter.

HALL, CHRISTOPHER, *Britain, America and Arms Control, 1921–1937* (Basingstoke, 1987).

HIGHAM, ROBIN, *Armed Forces in Peacetime: Britain, 1918–1940: A Case Study* (London, 1962).

JACKSON, PETER, *France and the Nazi Menace: Intelligence and Policy-Making, 1933–1939* (Oxford, 2001).

KITCHING, CAROLYN, *Britain and the Problem of International Disarmament, 1919–1934* (London, 1999). Chs. 7 and 8.

MCKERCHER, B. J. C., *Transition of Power: Britain's Loss of Global Pre-eminence to the United States, 1930–1945* (Cambridge, 1999). Chs. 3 to 5.

NADOLNY, STEN, *Abrüstungsdiplomatie 1932–1933: Deutschland auf der Genfer Konferenz im Übergang von Weimar zu Hitler* (Munich, 1978).

NOEL BAKER, PHILIP, *Disarmament and the World Disarmament Conference, 1932–1933, and Why It Failed* (Oxford, 1979).

PATCH, Jr., WILLIAM, *Heinrich Brüning and the Dissolution of the Weimar Republic* (Cambridge, 1998). Esp. the final chapter.

ROSTOW, NICHOLAS, *Anglo-French Relations, 1934–1936* (London, 1984). Chs. 1 and 2.

VAÏSSE, MAURICE, *Sécurité d'abord: la politique française en matière de désarmement, 9 decembre 1930–17 avril 1934* (Paris, 1981).

文章

MARTIN, A. and W. J. PHILPOTT, 'The Entente Cordiale and the Next War: Anglo-French Views on Future Military Cooperation, 1928–1939', in Martin Alexander (ed), *Knowing Your Friends: Intelligence Inside Alliances and Coalitions from 1914 to the Cold War* (London, 1998).

ANDERSON, DAVID G., 'British Rearmament and the "Merchants of Death": The 1935–1936 Royal Commission on the Manufacture of and Trade in Armaments', *Journal of Contemporary History*, 29: 1 (1994).

DEIST, WILHELM, 'Brüning, Herriot und die Abrüstungsgespräche von Bessinge, 1932', *Vierteljahrshefte für Zeitgeschichte*, 5 (1957).

——— 'Schleicher und die deutsche Abrüstungspolitik im Juni/Juli 1932', *Vierteljahrshefte für Zeitgeschichte*, 7 (1959).

——— 'The Rearmament of the Wehrmacht', in W. Deust et al (ed.), *Germany and the Second World War*. Vol. I: *The Build-Up of German Aggression* (Oxford, 1990).

DUTTON, DAVID, 'Simon and Eden at the Foreign Office, 1931–1935', *Review of International Studies*, 20: 1 (1994).

JACKSON, PETER, 'French Intelligence and Hitler's Rise to Power', *Historical Journal*, 41: 3 (1998).

LEE, MARSHALL, 'Disarmament and Security: The German Security Proposals in the League of Nations, 1926–1930: A Study in Revisionist Aims in an International Organization', *Militärgeschichtliche Mitteilungen*, 1 (1979).

MCKERCHER, B. J. C., 'Of Horns and Teeth: The Preparatory Commission and the World Disarmament Conference, 1926–1934', in id. (ed.), *Arms Limitation and Disarmament: Restraints on War, 1899–1939* (Westport, Conn., 1992).

RICHARDSON, DICK, 'Process and Progress in Disarmament: Some Lessons of History', in Vilho Harle and Pekka Sivonen (eds.), *Europe in Transition: Politics and Nuclear Security* (London, 1989).

——— 'The Geneva Disarmament Conference, 1932–1934', in id. and Glyn Stone (eds.), *Decisions and Diplomacy: Essays in Twentieth Century International History in Memory of George Grun and Esmonde Robertson* (London, 1995).

——— and KITCHING, CAROLYN, 'Britain and the World Disarmament Conference', in Peter Catterall and C. J. Morris (eds.), *Britain and the Threat to Stability in Europe, 1918–1945* (London and New York, 1993).

SCHROEDER, PAUL, 'Historical Reality vs. Neo-Realist Theory', *International Security* (1994).

THOMPSON, J. A. 'Lord Cecil and the Pacifists in the League of Nations Union', *Historical Journal* 20, 4 (1973).

VAÏSSE, MAURICE, 'Continuité et descontinuité dans la politique française en matière de désarmement, février 1932–juin 1933: l'exemple du contrôle', in *La France et l'Alemagne, 1932–1936: communications presentées au colloque franco-allemand tenu à Paris (Palais du Luxembourg, salle Medicis) du 10 au 12 mars 1977* (Paris, 1980).

——— 'Security and Disarmament: Problems in the Development of the Disarmament Debates, 1919–1934', in R. Ahmann, A. M. Birke, and M. Howard (eds.), *The Quest for Stability: Problems of West European Security, 1918–1957* (Oxford, 1993).

WHALEY, BARTON, 'Covert Rearmament in Germany, 1919–1939: Deception and Mis-representation' in John Gooch and Amos Perlmutter (eds.), *Military Deception and Strategic Surprise* (London, 1982).

WINKLER, FRED H., 'The War Department and Disarmament, 1926–1935', *Historian*, 28: 3 (1966).

论文

UNDERWOOD, J. J., 'The Roots and Reality of British Disarmament Policy, 1932–1934', unpubl. Ph.D. thesis, Leeds University (1977).

WEBSTER, ANDREW, 'Anglo-French Relations and the Problems of Disarmament and Security, 1929–1933', Unpubl. Ph.D. thesis, University of Cambridge (2001).

和平主义和反战团体

专著

BIRN, DONALD S., *The League of Nations Union, 1918–1945* (London, 1981).

CEADEL, MARTIN, *Pacifism in Britain, 1914–1945: The Defining of a Faith* (Oxford, 1980).

CHATFIELD, CHARLES, *For Peace and Justice: Pacifism in America, 1914–1941* (Knoxville, Tenn., 1971).

HOLL, KARL and WETTE, WOLFRAM (eds.), *Pazifismus in der Weimarer Republik: Beitrage zur historischen Friedensforschung* (Paderborn, 1981).

INGRAM, NORMAN, *The Politics of Dissent: Pacifism in France, 1919–1939* (Oxford, 1991).

KYBA, PATRICK, *Covenants Without the Sword: Public Opinion and British Defence Policy, 1931–1935* (Waterloo, Ont., 1983).

MOSSE, GEORGE L., *Fallen Soldiers: Reshaping the Memory of the World Wars* (New York and Oxford, 1990).

PROST, ANTOINE, *Les Anciens Combattants, 1914–1939* (Paris, 1977).

VAÏSSE, MAURICE (ed.), *Le Pacifisme en Europe: des années 1920 aux années 1950* (Brussels, 1993).

文章

BARTOV, OMER, 'Martyrs' Vengeance: Memory, Trauma, and Fear of War in France, 1918–1940', in Joel Blatt (ed.), *The French Defeat of 1940: Reassessments* (Providence, RI and Oxford, 1998).

BIRN, DONALD S., 'The League of Nations Union and Collective Security', *Journal of Contemporary History*, 9: 3 (1974).

BRAMSTEAD, ERNEST, 'Apostles of Collective Security: The LNU and its Functions', *Australian Journal of Politics and History*, 13 (1962).

CEADEL, MARTIN, 'The "King and Country" Debate, 1933: Student Politics, Pacifism and the Dictators', *Historical Journal*, 22: 2 (1979).

—— 'The Peace Movements between the Wars: Problems of Definition' in Richard Taylor and Nigel Young (eds.), *Campaigns for Peace: British Peace Movements in the Twentieth Century* (Manchester, 1987).

EKSTEINS, MODRIS, 'The Fate of the Film "All Quiet on the Western Front" ', *Central European History*, 13 (1980).

LUKOWITZ, DAVID C., 'British Pacifists and Appeasement: The Peace Pledge Union', *Journal of Contemporary History*, 9: 1 (1974).

PUGH, MICHAEL, 'Pacifism and Politics in Britain, 1931–1935', *Historical Journal*, 23: 3 (1980).

THOMPSON, J. A., 'Lord Cecil and the Pacifists in the LNU', *Historical Journal*, 20: 4 (1977).

VAÏSSE, MAURICE, 'Le Pacifisme française dans les années trente', *Relations Internationales*, 53 (1988).

WETTE, WOLFRAM, 'Ideology, Propaganda and Internal Politics As Preconditions of the War Policy of the Third Reich', in Deist et al. (ed.), *Germany and the Second World War*, vol. I: *The Build-Up of German Aggression* (Oxford, 1990).

第二部分 结论：转折岁月，
1929—1933 年

I

　　1929—1933 年的"转折岁月"见证了对于此前十年中培育的希望和机构的威胁，以及其中许多希望和机构的崩溃；见证了那些毁灭性的民族主义"菌株"的复活，这种复活因为在这些年月里作为推动力的大萧条而得到强化，这将塑造其后的那个时期，直到第二次世界大战在 1939 年爆发。1931 年这"可怕的一年"是分水岭之年，它释放出一种有着出乎意料的深度和严重性的系统性危机，但这几年应当作为一个整体来看待，这个嘎吱作响的"铰链"既与 1920 年代也与 1930 年代相连。国家和国际利益相互竞争但又不可调和的要求逐渐定义了这个过渡性的时期，前者显然处于上升状态。国家的诉求和权力扩大，而国际社会的诉求和权力收缩。尽管并不存在通往一场新的战争之路的单个时刻，但国际关系史上的一个篇章结束了，一个新的篇章开始了。欧洲的情绪显然正在变得黯淡。这场世界危机所带来的压力加速了魏玛共和国的崩溃，但它们本身并未使希特勒的成功是不可避免的。然而他在 1933 年 1 月 30 日被任命为总理，将改变德国历史和欧洲国际事务的轮廓。

　　第二部分的三章是相互联系的，每章都记录了国际合作上的一次重大失败。这些失败结合的后果，是毁灭在此前十年里如此艰难地建构起来的国际结构的很大一部分。到 1933 年，萧条时期的政策、远东的"热战"以及裁军谈判的失败，带来了一整套只是与和约的实施或修正非直接相关的问题。其结果体现在国家和国际的层面上。民主国家在应对国内政策方面变得更具干预主义色彩，因为政府获得了扩大的权力；而在其他地方，专制政府出现了。赔偿问题在洛桑会议上结束，而各个债务国很快停止支付它们的战争债务，但萧条的影响将加强金融及商业政策的政治化，而且导致与国际合作互不相容的国家恢复战略的发展。由于日本是一个大国，其在满洲的侵略行动已经成为国际事务，所以日本不加制约地诉诸军事行动和背离国联，对于后者的声望和威信来说是重大的打击。日本人拒绝他们更具国际定位的政策，引发了关于集体行动在维护和平方面的总体效力这些令人不安的问题。尽管其作为太平洋地区关系的转折点的重要性不应当被夸大，但日本在满洲的行为具有超越其地理地点之外的影响。这代表了对国联影响力的抑制，并且对本已被弱化的国际合作制度性框架构成了威胁。在希特勒上台之前，与其（日本在满洲的侵略行动）同时发生的世界裁军会议谈判的开启以及随后的崩溃，对国际主义者的信心甚至更具损伤，这部分是因为人们的希望曾经如此之大。一战的深远影响已经使大多数政策制定者绝望地希望避免其卷土重来，但又渴望如果有发生另一场冲突的危险，他们将是有所准备的。由于受到其选民当中的那些敢言群体以及较小国家的代表们的敦促，大国发言人试图寻找种种途径来弥合分歧，分歧存在于这样一些主张之间：一方面是裁军和集体安全，另一方面是确保国防及军事安全的需要。如同在经济与金融领域以及远东事态的发展一样，在裁军问题中正在变得清晰起来的是，1920 年代国际主义的种种希望已经见证其鼎盛时期的来来去去，国家的考虑现在将占支配地位。

II

不断蔓延和加剧的全球性萧条是 1929 年至 1933 年人们情绪不断变得黯淡的关键原因。1920 年代中期的稳定化以及为解决赔偿和战争债务僵局而重新做出的尝试，依赖于这样一些假定——持续的经济繁荣、美国资本向欧洲尤其是德国的流动。政治家和官员一样认为，世界贸易的增长以及金本位制的重新确立将促进繁荣与和平。但到 1930 年，除了少数几个重要的例外，几乎所有的欧洲国家以及美国和日本正在感觉到经济的寒风。尽管这场萧条的时机和严重程度因国家而异，但它是一种全球性的现象，始于农产品以及初级产品价格的下跌，价格下跌从农业蔓延至工业部门，并且同时影响到工业及农业国家。当时的人们迟缓地认识到，这场萧条在规模和后果上与此前商业周期的任何衰退不同。无论是政治家还是专家，都发现难以对其巨大的冲击以及失业人数的上升做出反应，它们在正统的金融解决方法的应用之外。东欧那些本已负债累累的农业国家的领导人，因为担心回归战后紧接的那个时期的通货膨胀以及社会混乱的情况，试图避免让本国货币贬值。他们引入了种种通货紧缩性措施来平衡其预算，以及保护他们的货币，即使他们的国家正陷入更深的萧条之中。大多数政府求助于更高的关税，而且后来求助于进口及外汇管制以保护本土市场和避免国家破产。他们要么在其外债上违约（波兰是几个例外之一），要么重新谈判支付条件。双边贸易协议变得常见，而且清算也被用作避免损失黄金和外汇的一种途径。

必要性、外国帮助的缺乏以及自由资本主义声誉的受损，鼓励着各国政府采取积极的措施来帮助其债务缠身的农业部门。尽管缺乏外国资本，但各国政府做出种种努力来加速工业化，希望创造更为自给自足的经济。东欧各国政府对重点产业实施了指导或者控制，尤其是那些具有战略重要性的产业，而且接管了以前处于外国支配之下的公司。工业化的驱动力日益指向重新武装，但这只取得了部分成功，而且该地区大多数国家的繁荣仍然依赖于相当落后的农业生产。就1930年代的右翼政府能够避免经济及金融灾难而言，他们是通过国家干预来这样做的，这种干预不幸地通过诉诸由农场主和农民的经济困难所复苏的民族主义情感而得到支持。

面对着不断萎缩的市场和国外贷款的紧缩，西方工业化国家同样与不平衡的预算、不断上升的失业人数以及国内外信心的丧失苦苦斗争。由于坚信其在1920年代初的经验，也就是自由的信贷政策将带来通货膨胀和社会混乱，这些国家的领导人也制定或者采纳了更为严格的通货紧缩政策，以避免被迫摆脱金本位制。这场萧条的时机与深度因国家而异。德国是早期的受害者，其各种麻烦的根源主要是国内的，而且在1928年就已经有了经济困难的迹象。法国人的问题起初是预算上的，但直到英国和美国的货币贬值之后，他们才感觉到这场萧条的全面影响。主要是由于国内情况但也是由于不断萎缩的外国市场，美国在1920年代末经历了急剧的经济萎缩。但是，正是由于美国贷款在1929年的枯竭——尽管在1930年代初曾有短暂的复苏——才给欧洲的各个经济体带来了如此不利的影响，并且使德国的形势大大恶化。长期缺乏国内信贷来源的德国政府依赖美国的贷款来为其财政赤字承保，而德国的工业已经逐渐依赖于美国资金的流入来发展与扩大。寻求以短期资金来弥补财政赤字，这削弱了债权人的信心，德国以及外国的资产拥有者将他们的资金移出了该国。由于银行家和实业家都无法募集新的资金，银行家收回其贷款，企业削减生产。本已高企的失业数字持续上升，对资金不足的国家失业（救助）计划及预算施加了严重的压力。围绕税率以及开支的争执加剧了德国的政治混乱，并且令其经济的萎靡不振进一步恶化。

由于1920年代后半的"和平进程"部分依赖于美国资本的承保，其限制性的货币实践导致了欧洲形势的恶化。美国联邦储备委员会已经在1929年8月提高了贴现率，以让美国股市的投机热降温。其结果是引发1929年10月24日华尔街的股市大崩盘，而且尽管损失的财富数额实际上很小，但信心被严重动摇，而且美国的乐观主义以及对于无尽丰饶（bounty）的信念瓦解了。欧洲的前景很难促使美国人进一步投资。美国的初级产品价格的下跌反映在全球价格的下落之中，而且其市场对初级产品需求的萎缩，对于其他地方的出口商具有立即的、毁灭性的影响。欧洲对于美国货币政策紧缩的反应，使其难以遏制美国通货紧缩的震荡。由于担心一场金融危机将导致他们的货币贬值，而且引起一场使其货币与黄金脱钩的恶性通货膨胀，欧洲金本位制国家的大多数政策制定者跟随美国的榜样，提高了他们的贴现率和利率。正是通过金本位制的"机制"，通货紧缩的冲击从美国传至欧洲，使形势甚至更为恶化。对于金本位制好处的普遍信念以及对于通货膨胀的恐惧，抑制了经济扩张性政策的采纳，此类政策原本可能使各国能够缓冲这种震荡。

在实施正统的金本位制政策的同时，欧洲各国政府还采取了新的贸易保护措施。1927年世界经济会议的代表们希望保护主义趋势得到逆转，但仍然没有实现。其后为应对东欧各个经济体的农业问题而召开的会议中，没有几次导致建设性的行动。在应当采取什么行动方面，法国人和英国人持续意见分歧，而德国和奥地利 1931 年 3 月的关税同盟行动部分是出于政治上的动机，它引发了人们对德奥合并的恐惧，并且让法国人和捷克斯洛伐克人惊恐。北欧和西欧的农场主也遭受全球性的价格下跌之苦，他们害怕倾销的后果，因为苏联人还有东欧人为其农产品寻求市场。法国、比利时、荷兰的农场主们赢得了更高关税（的保护）以及配额制度的引入。魏玛共和国的所有政党寻求乡村的选票，为他们的农业生产者提供了保护性的措施。东欧那些组织良好的农民党派影响力上升，而民族主义情感又强化了保护主义情绪。在美国，1930 年付诸实施的《霍利-斯穆特关税法案》始于总统应对农场主不满的一个举动，然后通过国会的行动而被扩大至覆盖广泛的一系列的工业进口产品。尽管并非唯一的原因，但该法案的实施引发了欧洲新一波的保护主义立法。贸易的萎缩伴随着邻近国家之间敌意程度的上升。

正是 1931 年夏天的银行业危机，真正使欧洲陷入了一场前所未有的结构性危机的深渊，这场危机根本性地改变了这十年余下时光里的金融和经济的面貌。始于奥地利和匈牙利并蔓延至其他地方的银行倒闭将萧条变成了"大萧条"，带来了深远的政治以及经济和金融上的后果。事实证明，金融合作机制不足，因为无论是通过中央银行还是国际清算银行的国际性努力，都未能阻止这场危机的加速。除了对于合作的政治性障碍，中央银行的行动过于缓慢而且有限，从而无法阻止外汇的流失。常常因为这场灾难而受到谴责的银行家觉得，这些问题超出了他们的解决能力，因而寄望于政治家挽救形势。在大多数情况下，为了缓解对于兑换的压力，受到折磨的各国政府即使在得到国际帮助的情况下，也施加外汇管制来监督离开该国的黄金和外币的数量与目的地。在这年夏天的恐慌中，德国银行业的危机是最为严重和剧烈的。该国政府采取了一系列的措施，保护该国免受保持金本位制的后果之苦。由于充足的外国贷款并没有到来，而且胡佛提出的延期偿付赔偿和战争债务只是一个暂时的措施，如果不想整个银行业结构崩溃，德国政府的干预就变得必不可少。尽管布吕宁政府仍然希望其紧缩计划以及赔偿的结束将恢复该国金融和经济的独立，并且为德国重新进入国际经济铺平道路，但政府采取了行动来帮助商业银行；暂停偿付协议得到谈判，以防外国人抽走他们的资金，而且实施了外汇及贸易管制。该国政府秘密地允许德意志帝国银行引入适度的通货再膨胀措施。德国仍然保持金本位制，但德意志帝国银行再也不按金本位制规则行事。

在国际上更为重要的是，英国 1931 年 7—9 月的金融危机导致了英镑在 9 月 21 日的贬值，以及世界范围内退出金本位制的开端。英国与美国一道是世界主要的短期放款者；除了其本已存在的经常账户和资本账户支付平衡问题，英国注定将感受到这年夏天历次危机的影响。英国的短期债务当时是黄金交易和流动资产的两倍以上。政府的预算困难大大地加速了对英镑丧失信心。英镑与美元一道是一种世界性货币，而且包括法国在内的许多国家将其准备金存在伦敦。英镑贬值是一种暂时的措施，其目的是避免采取更为坚决的——在经济上和政治上可能是有害的——政策来保护英镑。英镑的贬值标志着世界金本位制之结束的开始。到英国采取这一行动时，另外 7 个国家已经放弃了金本位制，还有 24 个国家迅速追随英国。英镑贬值挽救了受到威胁的英国银行，而且由于英镑在贬值之后稳定下来，许多国家投资者足以有信心将其资金留在伦敦。通过鼓励购买住房以及耐久消费品，英国其后引入的廉价货币政策促进了国内的恢复。在罗斯福总统 1933 年 4 月 19 日单一决定（指没有先行与其他国家磋商）让美元浮动之后，美国人放弃了金本位制，采取这一决定是为了国内的经济，以及为了提高消费品价格和刺激经济活动。美国人当时并不处于进行贬值的市场冲动（market compulsion）之下，这是一种在没有进行任何国际磋商的情况下做出的国家性决定。美元随后的贬值进一步加大了那些仍然保持金本位制的国家的通货紧缩压力。包括法国在内的金本位制国家为了让其货币保持与黄金挂钩，很快就卷入了在经济上和政治上有害的斗争之中。这是一种无法维持的斗争。这些国家都被迫让其货币贬值，捷克斯洛伐克是在 1934 年，比利时在 1935 年，法国、瑞士、荷兰在 1936 年。切断这根所谓的黄金链条并不足以促进国内的复苏，还必须引入刺激经济扩张的措施。抛弃金本位制对于那些采取这一激进措施的人来说是一种重大冲击，但对灾难的恐惧其实是没有根据的，而且无论是英国人还是后来的美国人都不觉得有任何理由恢复金本位制。无可否认的是，两者都没有充分地利用其新发现的这种自由。对于平衡预算和能够通过收税来覆盖有限开支的信念，在放弃金本位制很久之后持续存在。

806

　　许多经济史学者认为，只有放弃金本位制，才有可能采纳为鼓励经济复苏与增长所需的货币政策。不幸的是，贬值的决定并没有得到协调，而且是在没有考虑对其他国家影响的情况下做出的。无论是英国人还是美国人都不准备承担领导角色，而且两国货币的贬值都没成为国际合作的基础。新的货币政策伴随着甚至更具保护主义色彩的措施的采纳。甚至连作为自由贸易旗手的英国，也在 1931—1932 年的那个冬天以及 1932 年 7 月的渥太华会议上，放弃了其传统的政策。结果是英国的贸易进一步定位于其帝国。在整个欧洲以及其他地方，关税被提高，随之而来的是普遍引入配额制度以及沿着苏联的路线建立进口垄断（import monopolies）。配额以及外汇管制的运用导致将贸易和债务政策联系起来。双边的贸易及支付安排变得普遍，在中欧和东南欧国家里尤其如此。在纳粹的统治下，德国人扩展了在布吕宁时期已经开始的体系，背离工业化国家而倾向于与"帝国马克集团"国家（Reichsmark bloc，包括保加利亚、希腊、匈牙利、罗马尼亚、土耳其和南斯拉夫）的贸易。英国人也与渥太华体系之外的国家缔结了双边的贸易协定，并且与债务国做出安排，根据这些安排，它们出口所得款项的一部分被用于偿还债务。当时在北欧存在一些相反的举动，而且美国国务卿科德尔·赫尔也发起了一个倡议，他在罗斯福大选获胜之后不久就试图开启世界范围的一次关税削减行动。他建议延长贸易休战以及与英国人缔结双边贸易协定，但并未得到多少支持，无论在伦敦还是许多依赖于保护措施来让自己免于不利的世界形势的国家都是如此。1934 年 6 月，主要是因为赫尔反对保护主义"邪恶"的孜孜不倦的活动，美国国会通过了《互惠性贸易协定法案》（Reciprocal Trade Agreement Act），尽管依赖于双边的谈判，但该法案标志着美国传统的关税政策首次部分地反转。

在第二次世界大战爆发之前，1933 年的世界经济会议是围绕金融及贸易的国际合作所做出的最后一次尝试。无论是美国还是英国，都不愿意单个或者共同地承担起一场协调的通货再膨胀运动的领导角色。与会国当中没有几个国家——纳粹德国尤其如此——愿意放弃那些措施，这些措施使它们在保持金本位制的同时，又拥有行动的自由而无须考虑对外国的影响。也正是在这次会议上，美国人让自己与欧洲分离。由于坚信萧条的根源在国内，罗斯福寻求各种疗法，这些疗法排除了各种国际解决方案。他的前任赫伯特·胡佛诚然有些勉强，但在国际事务上曾比此前历届共和党总统更为直接地卷入国际金融事务，甚至到了提出在战争债务上做出更多让步的地步，而且他曾积极地干预日内瓦的裁军谈判。尽管一直在自我施加的限度内行事，而且密切关注国会，胡佛却在任期初期在一系列问题上与拉姆齐·麦克唐纳合作。1932—1933 年，随着战争债务上的分歧、裁军问题以及满洲危机使两国分道扬镳，这一伙伴关系开始瓦解。在罗斯福即位之后，美国人和欧洲人之间的鸿沟看似扩大了。总统不可思议地不为欧洲的领导层所打动，他在世界经济会议历次会议之前与英国、法国及德国代表的会晤坚定了他的信念，那就是他们对国际合作并不感兴趣，他们感兴趣的只是促进自己狭隘的国家利益。罗斯福和内维尔·张伯伦彼此形成了强烈的反感，这种反感甚至在后者 1937 年升上首相职位后也持续着。正是在罗斯福统治时期，美国的经济和政治孤立主义将达到新高。

放弃金本位制没有导致世界经济的崩溃，但各国政府并未发现任何替代性的合作基础。众多常常是竞争性的倾向与贸易集团出现了。各国政府日益控制着贸易政策。双边的和以货易货的贸易做法既限制着也改变着世界贸易的方向，使自由的世界经济几乎不可能恢复。各个国家集团之间以及所谓的“拥有者"和"一无所有者"国家之间的分歧具有了新的重要性，因为各国寄望于它们的帝国或者将来的帝国和势力范围来加强它们的经济。一些政府试图获得更大的自给自足以及在世界市场中更大的独立性，但没有几个国家成功。苏联是重大的例外。到 1930 年代中期，苏联已经远远地走在通往"武装的自给自足"（armed autarky）的道路上。在 1931 年这一进口高峰年——其进口是通过征收谷物和普遍饥荒来支付的——之后，外贸萎缩，苏联的进口显著下降。通过计划制度以及以物易物安排，苏联的工业化在没有外国帮助的情况下实现了。经济决策是在一种真空里发生的，根本不关注世界的物价，而且日益由政治上而不是经济上的考虑决定。在实现斯大林"一国建成社会主义"目标的过程中，劳动阶层，尤其是农民付出了巨大代价。

世界的复苏在 1933 年开始，它缓慢、不稳定、不完全，而且聚焦于国家而不是国际。全球性市场仍然萧条，而且世界贸易并未复苏。世界进出口量有所恢复，但它们未能达到 1929 年的水平。物价持续下跌至 1935 年。随着世界资本市场的崩溃，（在结算安排之外）没有任何途径来支撑不平衡的贸易，因此各国寻求通过降低总体水平来平衡贸易。过去的资本流动也根本没有复苏。经过一段时间之后，资本开始从债务国流向债权国，因为投资者们担心货币贬值以及政治上的不确定性，为其资本寻求更为安全的庇护所，这主要是在英国和美国。这场萧条以及为鼓励复苏所采取的官方措施，在许多欧洲国家里加剧了分裂。金融政策变成了一种更为普遍的经济复苏战略的一部分，这种战略由国家政治领导人决定。银行家、犹太人、吉卜赛人和外国人被谴责要对经济上的困难负责。经济上的动荡加剧了政治不稳定，而且暴露了经济、社会和种族的矛盾。萧条的破坏大大地败坏了资本主义制度以及自由民主实践的声誉。集中指导的政府复苏计划让专制政府在欧洲许多地方的统治获得了新的存在理由。随着其在经济中的干预程度加大，政府的权力得到了强化。几乎在所有地方，政治变得日益两极分化，而剩下的中间派政党要么丧失了选票和影响力，要么被粉碎了。成为主要受益者的是极右派而不是左派。部分是由于它们自身以及共产国际的误判，各国共产党很少能够利用政治和经济自由主义的失败。共产主义者针对"社会法西斯分子"的运动致命地分化了左派，而又没有发动红色革命。深陷于其自身意识形态观念的苏联未能全面衡量激进右派的意识形态。

　　萧条的状况与独裁政权崛起之间的联系并不简单。与英国和美国这样根深蒂固的民主国家相比，那些民主治理形式刚扎根或者扎根不稳的国家显然面临更大的风险。尽管这场萧条在美国的影响与在德国一样具有破坏性和使人心涣散，而且罗斯福总统以一种和平时期前所未有的规模行使行政权力，但华盛顿当局并不存在一种独裁统治的真正危险——尽管共和党后来有相关指控——也并不存在向数量非常之小的极端党派的激进转变。英国和法国都发生了重要的政治变化，而且法国政府在1933年之后面临着严重的压力，但在这两个国家里，既有的宪制形式存活下来。是1940年的军事失败而不是这场萧条终结了法兰西第三共和国。但是德国的经济危机扮演了民主试验最终崩溃的引爆器。一些人已经认为，魏玛共和国最多只是一场赌博，而且考虑到其不确定的开始以及在其十分短暂的寿命中遭受的众多经济上的打击——通货膨胀、恶性通货膨胀、给国内带来高昂代价的稳定化，以及经济的停滞——它是不可能成功

809

的。这个共和国在1920年代末的所谓黄金年代是以"危机前的危机"为标志的，也就是悬而未决的经济困难以及对于共和主义的不断增加的幻灭。甚至在1930年3月穆勒的联盟内阁瓦解之前，魏玛的政治文化已经危险地破碎。传统的中间及右翼党派已经处于衰落之中，而寻求专制性解决方案的特殊利益团体和地方协会正在迅速增多。在感觉到萧条的完全影响之前，共和国正在面对一场政治合法性危机。但是它熬过了此前的多次危机，而且可以说大多数德国人在这些艰难的年月里仍然忠诚于共和国，尽管对于其生存并无任何强烈的情感上的依恋。在其诞生与一场不同寻常地严峻的经济危机之间，建立为政治合法性所需的忠诚的时间太少了。

这场萧条的影响创造了魏玛共和国最终崩溃的条件。这场危机的严重程度以及布吕宁通货紧缩政策的冲击，加剧了人们对未来的绝望感，也加剧了选民当中的许多人对于替代性政治解决方案的寻求。随着幻灭感蔓延，它激起了人们对解脱的寻求，这使纳粹能够从整个选民谱系中吸引追随者。如果没有这场萧条，无论其如何具有政治活力，纳粹党在1932年能否吸引三分之一以上的德国选民，这是值得怀疑的。这场萧条也为传统的右翼精英获得权力提供了机会。它着手摧毁魏玛共和国的宪政秩序，恢复其曾经长期支持的旧的专制制度。在布吕宁时期开始的向总统制政府的转变，到1932年已经封死了重返议会政策的可能性，并且为最终的"共和国掘墓人"就职开辟了道路。考虑到高度的政治化以及敌对民兵组织之间的街头冲突，巴本总理和施莱歇总理需要大众的追随来生存下去。希特勒能够提供他们所需要的东西。到1932年底，纳粹党受欢迎而且拥有广泛的基础，但似乎已经到达其选民潜力的极限。其停滞的动力使其被利用的时机成熟。有着异常的政治伎俩的希特勒选择观望，直到保守派人士竞相邀请他加入他们的内阁。纳粹自身原本无法结果这个共和国，这种行为是没有必要的。兴登堡及其顾问圈邀请他们分享权力，而且让希特勒当上了总理。事实证明，这是他们的致命失误。

Ⅲ

　　远东的事态导致了对于 1920 年代所创立的国际结构的又一次攻击。无可否认的是，"华盛顿体系"很难说是一个体系。除了苏联的缺席，中国民族主义的崛起以及华盛顿条约签字国各行其是的决定已经改变了这些条约的基础。日本批准了 1930 年的海军条约，但其被接受时的群情激愤以及政治余波，表明了对政府的"国际主义政策"的反对程度。如同其他地方一样，萧条给本已处于民族主义攻击之下的政治结构带来了严重的压力。日本出口市场的急剧萎缩使部分农村人口激进化，并且为那些希望回归一种更纯粹形式的政治生活以及一种更为积极的外交政策的军事势力，提供了（来自）民众的支持。在满洲的军事行动是关东军及其在东京的支持者的胜利，它代表着日本外交政策上的断裂。中日问题未来的任何解决方案将在华盛顿诸条约、《凯洛格-白里安公约》、国联之外达成。当时并不完全清楚的是，那些改革派军官在国内外准备走得多远，但可以预见的是，与先前相比，军方民族主义者将在日本外交政策的制定中拥有更大的发言权。 811
1934 年的"天羽声明"堪称日本版的"门罗宣言"，它警告中国及其他外国政府，日本不会容忍对中国的任何军事援助或者外国贷款。日本人将在没有外来干涉的情况下解决自己的事情。当时在东京当局仍然有一些人寻求与蒋介石及国民党达成一个解决方案，与中国的冲突将不会是一件简单的事情。未来仍然是不确定的。

中国向国联的申诉将一个地区性问题国际化。其结果是国联对于大国行动的依赖得到了生动的揭示，而非国联成员美国和苏联对于任何成功干预的重要性也是如此。日本在满洲的得手对未来的任何修正主义国家而言是令人宽慰的，但对较小的守成国而言是令人不安的，这些国家在争取国联干预的行动中走在前面。未能抑制日本打击了国联的声誉，但形势并不是全然黑暗的。在远东与在欧洲的事态之间做出了区分。因为并未实际地援引制裁条款，而且因为日本依照《盟约》的条款离开了国联，各代表团仍然对国联未来的维和角色保持希望。国联大会已经谴责了日本的行径，而且至少有一个大国——英国被迫将该机构的要求纳入考虑之中。但是国联采取"不承认"主义是其无能的一种体现。在"满洲国"建立之后，日内瓦的代表当中有许多人对国联维和功能的可行性产生了怀疑。

采取"不承认"原则使人们难以在未来达成一种经过谈判的解决方案，这一点可能是真的。李顿调查团的报告已经暗示满洲是一个有点特别的案例，而且该调查团的成员们小心地不去直白地批评日本。一些人甚至希望随着时间过去以及日本恢复"受伤的"自豪感，该国将会考虑在满洲问题上做出妥协。英美希望日本在此期间在经济上过于脆弱而无法在中国推行前进政策，但这些希望是错位的。日本在1931年摆脱了其在1930年初才采纳的金本位制，而且允许日元贬值。贬值的日元以及一种重大的出口驱动开创了日本的一个繁荣时期。军事开支促进了本土经济，导致了1936年前的完全就业。主要是针对日本的西方关税、配额以及优惠制度，加剧了（日本）对于日元集团自给自足的寻求。经济上的成功扩大了军国主义者对于进一步的领土扩张的胃口。

无论是英国人和美国人还是国联，都没有去试图阻止日本，也并未为解决中日争端提出一个新的基础。日本在满洲（电报情报曾让英国人警惕日本在沈阳行动的预谋性质）和上海的侵略，让英国海军部对于增强英国在远东的海军防御以及结束"十年规则"的要求获得了实质性的内容。尽管上海的冲突受到了令人满意的遏制，但无论是英国还是美国都未能体面地从满洲事件中脱身，因为两国都责怪对方未能抑制日本的侵略。实际上，两国政府当时都不准备捍卫所谓的华盛顿体系。英国外交部的许多人相信英国无法在远东单独行动，但又恼怒于其对美国支持的依赖。无论内维尔·张伯伦和英国财政部有着怎样相反的观点，英国在远东的任何举动都不得不考虑美国的反应。这场危机也突显出苏联角色的重要性。日本在满洲的行动在某种程度上源自对苏联在满洲及内蒙古兴趣的感知。东京当局有一个派别已经在从与苏联的一场战争的角度来考虑。苏联在远东的政策徘徊于调和与对抗之间，这给英国人和美国人带来了各种问题。人们难以知道苏联未来将在中国扮演什么角色，也不知道这将如何影响远东及欧洲的均势。从这种意义而言，满洲事件所具有的国际影响在当时仍不明确。

IV

从其命中注定的结局而言，裁军的故事是一出希腊式悲剧。尽管从其似乎无穷无尽的反复来看常常显得冗长乏味，但其经常被忽视的重要性不应当被低估，因为它为达成多边国际协议的尝试及其失败提供了最为清晰的例证之一。在长达 14 年寻求推动普遍裁军的道路之中，无论是主张裁军者还是他们的反对者都使一些幻觉永久化，这些幻觉最终只会让和平的破坏者受益。决策者无法弥合国际主义理想与国家安全需要之间的差距。裁军是一个政治性而不是技术性的程序。失败的缘由在希特勒上台以及德国最终离开裁军会议之前就已存在，这些缘由突显出洛迦诺（体系）稳定化当中存在的断层。法德在安全上的根本冲突，英国对于一种有限责任的安全体系的偏爱，美国从根本上对任何集体安全体系缺乏兴趣——这些阻止了取得进展的所有可能性。在军事平衡真正改变前，日内瓦的历次谈判已经开始削弱既有的权力分配。

813

随着对于结束赔偿的要求在 1932 年被对于军备平等的要求取代，德国在日内瓦的目标逐步演变着。但"平等"的论调从来就只是一种策略。它提供了一个用来对付其他大国的强有力的宣传武器，因为它强调了德国作为唯一正式裁军大国的地位。裁军程序的逻辑意味着取得进展的责任落在了各个前协约国身上，德国代表团因此只是拒绝所有不会导致德国军备扩大的方案。更为重要的是，柏林当局需要在军备上的让步，以便为其非法重新武装的秘密计划提供掩护，非法重新武装从 1920 年代末就一直在进行，而且在巴本和施莱歇时期已经加速。对于《凡尔赛和约》限制的修正是至关重要的。尽管是出于不同的原因，但英国和美国的许多观察人士认为，欧洲的稳定只能来自一个德国自愿买账的新的军备协议。这将意味着德国和法国武装力量差距的相对缩小，英美的一些人认为这似乎是可以接受的，他们持续认为法国过度武装，具有军国主义色彩，而且可能拥有在欧洲大陆的霸权野心。

法国人了解德国挑战的性质，但无法找到遏制它的手段。他们的主要关切是在德国进一步重新武装之前，获得英国对法国的支持。对于更为强大的德国的一种无处不在的、令人委顿的恐惧，以及某种阻止独立行动的根深蒂固的厌倦，是法国在日内瓦失败的根源。在这些之外，还必须加上对战争的憎恨，它弥漫于广泛的法国公众之中，包括许多一战时期的军人。大多数法国人相信"仲裁、安全和裁军"是政府应当追求的正确政策。如果说像塔迪厄和赫里欧之类的领导人将安全置于头等地位，那么这两人都不认为这能够通过法国的军事准备来实现。由于依赖于寻找盟友或者至少增强外交藩篱来使德国保持解除武装，法国无法利用其军事优势来在日内瓦重新获得外交主动权。

法国的失败在很大程度上必须归咎于英国人和美国人。在英国方面有着严重的误判。考虑到这一假定——在一种虚弱的欧洲体系里，德国人无法被作为二等公民来对待而不威胁该体系的生存本身——英国人的一些误判是可以理解的。伦敦当局 814 相信在被给予某种诱惑的情况下，德国人将会同意接受某种形式的经修改的凡尔赛军备协议，这种经修改的协议在实践中将不会放任德国自由地重新武装。英国人徒劳地寻求一种方案，它将让德国保持武装平等的希望，但并不真正给予德国这种平等。由于担心接下来可能发生的事情，同样被认为有必要的是寻找到一条途径来强化现在的德国政府。内阁大臣们认为英国可以在法国和德国之间扮演仲裁者的角色，而又不必在洛迦诺的承诺之外进一步投入。其他因素也导致了他们的这种戒备的心态。满洲危机已经突显出英国作为一个世界大国的脆弱性，并且暴露出其远东安全体系的虚弱。日本在中国的行为以及美国反应的不可预知性引起了实际的问题，使英国政府更不愿意

承担在（欧洲）大陆上的新义务。1931 年的这场危机也导致
其从欧洲大陆的退却。英国的繁荣再也不像 1920 年代一样依
赖于欧洲的复苏。英镑集团的创建以及转向帝国性的保护主义
措施提供了令人满意的替代品。一个其主要兴趣在国内而不是
国际复苏的"国民政府"，一个反感任何形式的风险、相对缺
乏经验的外交大臣，拥有良好的理由去支持一种有限的大陆义
务的政策。

英国人无法选择孤立，而美国人可以。美国参与世界裁军
会议被与这样一种普遍的看法联系起来，那就是军备竞赛是导
致第一次世界大战的首要原因。人们还相信在军备上节省下来
的钱能够被更有效地运用，比如说用于支付战争债务，从而让
美国纳税人受益。在军界，考虑到法国在表面上的军事优势，
人们对德国的修正主义目标抱有某种同情。但无论是军方还是
政治家都不相信欧洲的分歧根本性地影响了美国的安全。欧洲
人未能接纳胡佛的各项提议，比如其关于战争债务及贸易的观
点，这只是加强了国会从总体上对欧洲人（特别是对法国人）
的怀疑。甚至连裁军的推动力也将变成孤立主义。不断加深的
萧条加速了美国从欧洲的退却，而且扼杀了胡佛当局新生的国
际主义。随着萧条所导致的国内问题优先于其他所有议题，与
对本土经济的保护相比，通过国际协力所获得的经济及金融上
的益处被认为是无关紧要的。对于当选总统罗斯福而言，除了
其常常是灾难性的试错方式的所谓效力，独立行动的政治优势
是压倒性的。罗斯福在其政治议程上有更多的事情需要应对，
因而无法在日内瓦扮演一个积极的角色。并不怎么令人吃惊的
是，在 1933 年，美国的角色日益边缘化。

当世界裁军会议最终召开时，会议的主角们不得不面对在

日内瓦所说的与国内正在发生的事情之间的差距，在国内，军事顾问们强烈地反对军备限制协议，或者认为它们只适合于其他国家。对于裁军理想及国联的支持，真的能与国家利益以及军备上的"绝对需要"兼容吗？曾经被推迟或者因为 1920 年代更为紧迫的关切而被遮掩的问题，现在来到了日内瓦讨论的中心。无论是法德在军备问题上的碰撞还是英法在安全问题上的冲突，都无法被各种草案和决议掩盖过去。法国和德国未能在希特勒上台之前寻找到一种妥协之道，加速了向极端民族主义的转变，这位新的德国总理通过提供关于一个复兴的德国的愿景，出色地利用了极端民族主义。人们曾在 1933 年做出进一步的尝试，以弥合柏林与巴黎之间的隔阂，以及复活巴黎与伦敦之间的联系，但这些尝试并未鼓舞人们对未来抱有多少乐观精神。随着欧洲的政治家寻求实际的途径来实现和平、安全和繁荣，在日内瓦的人们对于达成一个新的军备协议的希望黯淡了。而且当时已经有人愿意冒战争的风险。

V

在 1929 年 8 月的海牙，只有少数几个人质疑召开一次标志着"战争的最终清算"会议是否合适。到 1933 年初，谈论未来的战争已经变得流行起来。政治家和专家的会晤未能阻止或者解决不断加深的萧条问题，这些会晤也没有产生一个可以被接受的军备控制计划。尽管在中国休战了，但人们对一种永久性的远东和平并无多少信心。在专家失败的地方，政治家予以接管，寻找将带来解脱和保护的解决方案。但这些方案将不会来自日内瓦。世界经济会议以及世界裁军会议的瓦解，标志着国际主义承诺的失败。日本离开国联也是如此，尽管这按照《盟约》的条款来说完全是合法的。《洛迦诺公约》的三大缔造者，或者至少是对于他们的记忆，在具有影响力的政治圈里变得不受欢迎。在白里安和施特雷泽曼去世后，两人受到了本国的同胞们的愤怒批判，而更为年长的奥斯汀·张伯伦被排除在"国民政府"之外。在他们从舞台消失之后，洛迦诺精神曾经短暂地存活下来，但随着萧条深化而且带来了经济和政治上的剧烈变化，解体的步伐显然加速了。在后萧条世界里，国家的生存战略只为国际合作留下了有限的空间。

日期差不多只是一种方便的标记，但 1933 年 1 月 30 日的重要性再怎么夸大也不为过。随着希特勒被任命为总理及随后完全攫取了权力，欧洲历史上的一个新的悲剧性篇章开始了。它既标志着一种结束，也标志着一个开端。1920 年代的光明——重建、国际主义、多边主义以及裁军——黯淡了。其后的数年将见证分裂、民族主义、闭关自守和重新武装的不断积聚的阴影。本书的主题从人们一战后曾经尝试的欧洲重建，转换至为欧洲新的权力斗争所做的准备。与 1920 年代不同——当时众多不同的国家及国际脉络使难以对各种事态施加一种叙事模式——1933 年以后的时期拥有了一个核心的主题，它将希特勒和纳粹德国置于欧洲事态发展的中心。这两个时期之间存在一些具有连续性的脉络，无论在西欧还是东欧都是如此。并非此前所有的国际结构都已经被这些转折岁月的动荡摧毁。但随着几乎所有的欧洲政治家向希特勒和第三帝国构成的挑战让步，更为引人注目的是 1933 年以后的时期里国际政治模式的改变。这是离开现有的对一战后时期的描述，而转向二战前年月里更为不祥故事的合适时机。

附录一　统计表格

附表 1　美元换算表（1918—1941 年）

年份	美元/英镑	英镑/美元	法郎/美元	地租马克/美元	里拉/美元	日元/美元	瑞士法郎/美元	卢布/美元
1918 年	4.77	0.21	5.45	8.37	6.33	1.89	4.85	3.37
1919 年	3.81	0.26	10.82	47.62	13.08	1.98	5.38	
1920 年	3.49	0.20	10.82	72.99	28.58	1.99	6.49	
1921 年	4.16	0.24	12.75	190.19	22.70	2.09	5.15	
1922 年	4.61	0.22	13.83	7352.94	19.88	2.05	5.28	
1923 年	4.36	0.23	19.05	*无	23.04	2.13	5.72	
1924 年	4.70	0.21	18.52	4.20	23.25	2.60	5.16	
1925 年	4.85	0.21	26.77	4.20	24.81	2.32	5.18	
1926 年	4.85	0.21	25.32	4.20	22.55	2.04	5.18	
1927 年	4.88	0.20	25.38	4.19	18.59	2.17	5.18	
1928 年	4.85	0.21	25.58	4.20	19.10	2.18	5.19	1.94
1929 年	4.88	0.20	25.39	4.18	19.10	2.04	5.14	1.94
1930 年	4.86	0.21	25.24	4.19	19.09	2.02	5.16	1.94
1931 年	3.37	0.30	25.49	4.23	19.57	2.23	5.13	1.90
1932 年	3.28	0.30	25.62	4.20	19.57	4.82	5.20	1.93
1933 年	5.12	0.20	16.34	2.68	12.16	3.25	3.30	1.93
1934 年	4.95	0.20	15.16	2.47	11.71	3.47	3.09	†4.96
1935 年	4.93	0.20	15.15	2.47	12.38	3.48	3.08	5.04
1936 年	4.91	0.20	21.42	2.46	19.01	3.51	4.35	5.90
1937 年	5.00	0.20	29.46	2.48	19.01	3.44	4.32	5.29
1938 年	4.67	0.21	37.99	2.47	19.01	3.68	4.42	5.30
1939 年	3.93	0.25	44.90	2.49	37.25	4.27	4.46	5.30

续表

年份	美元 /英镑	英镑 /美元	法郎 /美元	地租马 克/美元	里拉 /美元	日元 /美元	瑞士法 郎/美元	卢布 /美元
1940 年	4. 04	0. 25	49. 19	2. 49	43. 18	4. 27	4. 31	5. 30
1941 年	4. 04	0. 25	44. 94	2. 50	52. 78	4. 27	4. 31	5. 30

注：依据官方汇率而不是黑市汇率。

＊地租马克在 1924 年以 10 亿∶1 的比率取代帝国马克。

†在黄金本位集团中与法郎挂钩。

资料来源：‘Global Financial Data’, database；R. L. Bidwell, *Currency Tables* (London, 1970)。

附表 2　英镑和美元的购买力（相对于当前的价值）

年份	英镑	美元	英镑＝（当前美元）
1918 年	24. 42	11. 70	37. 85
1919 年	27. 05	10. 20	41. 93
1920 年	23. 52	8. 83	36. 46
1921 年	29. 76	9. 90	46. 13
1922 年	36. 47	10. 50	56. 53
1923 年	35. 30	10. 30	54. 72
1924 年	35. 04	10. 30	54. 31
1925 年	35. 68	10. 00	55. 30
1926 年	38. 66	10. 00	59. 92
1927 年	40. 73	10. 10	63. 13
1928 年	41. 05	10. 30	63. 63
1929 年	40. 34	10. 30	62. 53
1930 年	47. 82	10. 50	74. 12
1931 年	53. 20	11. 60	82. 46
1932 年	57. 20	12. 90	88. 66
1933 年	55. 10	13. 60	85. 41
1934 年	55. 56	13. 20	86. 12
1935 年	53. 08	12. 90	82. 27
1936 年	50. 31	12. 70	77. 98
1937 年	47. 82	12. 30	74. 12
1938 年	47. 82	12. 50	74. 12
1939 年	50. 42	12. 70	78. 15
1940 年	55. 56	12. 60	86. 12

资料来源：Samuel H. Williamson, ‘What Is the Relative Value?’, *Economic History Service* (16 Apr. 2003)；http：//www. eh. net/hmit/compare。

附表 3　中南欧 1931 年之前的民族与语言构成

民族	（千人）						（占该时期人口总量的百分比，%）					
	波兰	捷克斯洛伐克	南斯拉夫	阿尔巴尼亚	保加利亚	希腊	波兰	捷克斯洛伐克	南斯拉夫	阿尔巴尼亚	保加利亚	希腊
波兰人	21993000	82000					68.9	0.6				
乌克兰人	4442000		28000				13.9		0.2			
日耳曼人	741000	3232000	500000		4000		2.3	22.3	3.6		0.1	
犹太人	2733000	187000	18000		47000	63000	8.6	1.3	0.1		0.9	1.1
俄罗斯人	139000	549000	36000		20000		0.4	3.8	0.3		0.4	
捷克人	38000	7406000	53000				0.1	51.1	0.4			
希腊人				50000	11000	5760000				4.3	0.2	92.8
保加尔人					4455000	17000					81.3	0.2
波马克人*					102000						1.9	
吉卜赛人		32000	70000	10000	135000	5000			0.5	0.9	2.5	0.1
白俄罗斯人	1697000						5.3					
阿尔巴尼亚人			505000	983000		19000			3.6	92.4		0.3
马其顿人			468000	10000		82000			3.3	0.9		1.3
马扎尔人		692000						4.8				
立陶宛人	83000						0.3					
斯洛伐克人		2282000	76000					15.8	0.5			
罗马尼亚人		13000	138000		69000			0.1	1.0		1.3	
波斯尼亚穆斯林												
塞尔维亚 - 克罗地亚人		3000	10731000						77.0			

续表

民族	（千人）						（占该时期人口总量的百分比，%）					
	波兰	捷克斯洛伐克	南斯拉夫	阿尔巴尼亚	保加利亚	希腊	波兰	捷克斯洛伐克	南斯拉夫	阿尔巴尼亚	保加利亚	希腊
斯洛文尼亚人			1135000						8.1		10.3	
土耳其人			133000		578000	191000			0.9			3.2
意大利人			9000						0.1			
弗拉赫人 **				10000	1500	20000				0.9		0.3
黑山人				7000						0.6		
亚美尼亚人					27000	34000					0.5	0.5
鞑靼人					6000						0.1	
加告兹人 ***					4000						0.1	
其他民族	50000	2000	34000		19000	13000	0.2	0.2	0.4		0.4	0.2
总计	31916000	14480000	13934000	1070000	5478500	6204000						

* 波马克人（Pomaks）是指居住在保加利亚、信仰伊兰教的斯拉夫人。亦称保加利亚裔穆斯林。——译者注

** 弗拉赫人（Vlachs）是曾经生活在中欧、东欧、东南欧的一个民族，东南欧其他民族对他们的称呼，弗拉赫人曾自称罗马人。弗拉赫人大多信仰东正教，也有一些人信仰天主教和新新教，极少数人信仰伊斯兰教。弗拉赫人是现在罗马尼亚人和阿罗蒙人等民族的祖先。——译者注

*** 加告兹人（Gagauz），又称尕尕乌孜人（蓝部落的意思），他们的名称有东突厥（阿史那部），是突厥人的一支（波兰人说他们是塞尔柱人一部分），早先居住在奥斯曼帝国，因为信奉东正教，在18世纪至19世纪越过多瑙河，迁移至比萨拉比亚。——译者注

资料来源：Paul Robert Magocsi, Historical Atlas of East Central Europe (Washington, DC, 1993), 125–50, 汇编在被引用的主要资料来源中。

附表 4　德国各级政府合并经常支出账目（1925—1932 年）

单位：十亿地租马克

	1925年	1926年	1927年	1928年	1929年	1930年	1931年	1932年
购买商品和服务	7.9	8.3	8.7	9.6	10.0	8.7	7.8	6.9
防务开支†	0.6	0.7	0.8	0.8	0.7	0.7	0.6	0.6
公共债务利息	0.2	0.6	0.7	0.8	1.0	1.2	1.3	1.2
家庭补助	3.2	4.6	4.7	5.5	6.2	7.0	7.2	6.7
赔偿*	1.1	1.2	1.6	2.0	2.3	1.7	1.0	0.2
公共投资及资本账户调节	2.0	2.3	4.0	3.5	2.7	3.1	1.4	0.7
总计	15.0	17.7	20.5	22.2	22.9	22.4	19.3	16.3
占按市价的国民收入的百分比（%）	22.3	27.0	25.5	26.4	28.8	31.2	33.0	32.1

＊根据帝国政府核算；†不包括秘密的重新武装开支。

资料来源：Steven Schuker, *American 'Reparations to Germany'*, Princeton Studies in International Finance, 61（1988），33。

附表 5-1　进口、出口及贸易指数（1920—1940 年）

（a）进口与出口

年份	意大利（百万里拉）		法国（百万法郎）		英国（百万英镑）			德国（百万地租马克）	
	进口	出口	进口	出口	进口	直接出口	再出口	进口	出口
1920 年	26822	11628	49905	26894	1933	1334	223	3929*	3709*
1921 年	16914	8043	22754	19772	1086	703	107	5732*	2976*
1922 年	15741	9160	24275	21379	1003	720	104	6301*	6188*
1923 年	17157	10950	32859	30867	1096	767	119	6150*	6102*
1924 年	19373	14270	40163	42396	1277	801	140	9132	6674
1925 年	26200	18170	44095	45755	1321	773	154	12429	9284
1926 年	25879	18544	59598	59678	1241	653	125	9984	10415
1927 年	20375	15519	53050	54925	1218	709	123	14114	10801
1928 年	21920	14444	53436	51375	1916	724	120	13931	12055
1929 年	21303	14767	58221	50139	1221	729	110	13359	13486
1930 年	17347	12119	52511	42835	1044	571	87	10349	12036
1931 年	11643	10210	42206	30436	861	391	64	6713	9592
1932 年	8268	6812	29808	19705	702	365	51	4653	5741
1933 年	7432	5991	28431	18474	675	368	49	4199	4872
1934 年	7675	5224	23097	17850	731	396	51	4448	4178
1935 年	7790	5238	20974	15496	756	426	55	4156	4270
1936 年	6039	5542	25414	15492	848	441	61	4228	4778
1937 年	13943	10444	42391	23939	1028	521	75	5495	5919
1938 年	11273	10497	46065	30590	920	471	62	4449	5264
1939 年	10309	10823	43785	31590	886	440	46	5207	5653
1940 年	13220	11519	45770	17511	1152	441	26	5012	4868

　　*除了以星号标注的数字是以 1913 年的价值计算，其他数字均以当时价值给出。

（b）世界贸易

年份	出口	进口	指数（1929 年 = 100）
1913 年	19800	20800	74. 0
1920 年	31600	34200	53. 5
1921 年	19700	22100	55. 0
1922 年	21700	23600	59. 0
1923 年	23800	25900	65. 5
1924 年	27850	28980	75. 7
1925 年	31550	33150	83. 2
1926 年	29920	32120	85. 2
1927 年	31520	33760	91. 9
1928 年	32730	34650	95. 2
1929 年	33024	35595	100. 0
1930 年	26480	29080	93. 0
1931 年	18910	20800	85. 5
1932 年	12885	13970	74. 5
1933 年	11710	12460	75. 4
1934 年	11300	12000	72. 8
1935 年	11600	12200	78. 2
1936 年	12600	13100	81. 8
1937 年	15000	16100	96. 5
1938 年	13400	14300	89. 0

资料来源：B. R. Mitchell, *European Historical Statistics*, 4th edn. (London, 1998）; Woytinski, *World Commerce and Governments*: *Trends and Outlook* (New York, 1955）: Table 14, p. 39。

附表 5-2　美国的贸易（1920—1940 年）

年份	出口（百万美元）						进口（百万美元）						占国民生产总值的百分比(%)		
	合计	欧洲	英国	法国	德国	其他国家	合计	欧洲	英国	法国	德国	其他国家	出口	一般进口	农产品出口和农业收入
1920 年	8228	4466	1825	676	311	1654	5278	1228	514	166	89	459	9.3	5.9	27.3
1921 年	4485	2364	942	225	372	825	2509	765	239	142	80	304	6.1	3.4	26.2
1922 年	3832	2038	856	267	316	644	3113	991	357	143	117	374	5.2	4.2	21.9
1923 年	4167	2093	882	272	317	622	3792	1157	404	150	161	442	4.8	4.4	19.1
1924 年	4591	2445	983	282	440	740	3610	1096	366	148	139	443	5.2	4.1	20.7
1925 年	4910	2064	1034	280	470	820	4227	1239	413	157	164	505	5.4	4.6	19.4
1926 年	4809	2310	973	264	364	709	4431	1278	383	152	198	545	4.9	4.5	17.2
1927 年	4865	2314	840	229	482	763	4185	1265	358	168	201	538	5.1	4.3	17.6
1928 年	5128	2375	847	241	467	820	4091	1249	349	159	222	519	5.2	4.2	17.0
1929 年	5241	2341	848	266	410	817	4399	1334	330	171	255	578	5.0	4.2	15.0
1930 年	3843	1838	678	224	278	658	3061	911	210	114	177	410	4.2	3.4	13.3
1931 年	2424	1187	456	122	166	443	2091	641	135	79	127	300	3.2	2.7	12.9
1932 年	1611	784	288	112	134	250	1323	390	75	45	74	196	2.8	2.3	14.0
1933 年	1675	850	312	122	140	276	1450	463	111	50	78	224	3.0	2.6	13.1

续表

年份	出口（百万美元）						进口（百万美元）						占国民生产总值的百分比（%）		
	合计	欧洲	英国	法国	德国	其他国家	合计	欧洲	英国	法国	德国	其他国家	出口	一般进口	农产品出口和农业收入
1934年	2133	950	383	116	109	342	1655	490	115	61	69	245	3.3	2.5	11.6
1935年	2283	1029	433	117	92	387	2047	599	155	58	78	308	3.1	2.8	10.6
1936年	2456	1043	440	129	102	372	2432	718	200	65	80	373	3.0	2.9	8.5
1937年	3349	1360	536	165	126	533	3084	843	203	76	92	472	3.7	3.4	9.0
1938年	3094	1326	521	134	107	564	1960	567	118	54	65	330	3.6	2.3	10.7
1939年	3177	1290	505	182	46	557	2318	617	149	62	52	354	3.5	2.5	8.4
1940年	4021	1645	1011	252		382	2625	390	155	37	5	193	4.0	2.6	6.2

资料来源：Dept. of Commerce, *US Historical Statistics from Colonial Times to 1957* (1963)。

附表 6　东欧贸易：对外、对内及世界贸易平衡（1920—1933 年）

单位：百万美元

年份	阿尔巴尼亚			保加利亚			捷克斯洛伐克			匈牙利			波兰			罗马尼亚			南斯拉夫		
	对内	对外	世界	对内	对外	世界	对内	对外	世界	对内	对外	世界	对内	对外	世界	对内	对外	世界	对内	对外	世界
1920 年	-0.1	-3.4	-5.3	4.4	-18.4	-15.9	58.6	-61.5	59.4	-19.1	-18.2	-87.3				-1.6	-117.7	-117.9	-19.3	-63.6	-107.2
1921 年	-0.2	-4.2	-5.2	-0.5	-21.0	-12.1	67.1	59.4	60.4	-38.5	-25.2	-92.0				4.0	-84.0	-82.5	-33.5	-21.3	-66.7
1922 年	-0.2	-2.3	-3.0	-3.0	-6.3	3.4	67.4	3.2	205.4	-25.7	-31.8	-72.2	18.5	-54.3	-62.2	13.8	-17.4	-20.3	-25.9	-15.3	-62.4
1923 年	-0.6	-3.0	-5.0	-6.4	-27.1	-23.6	43.6	-49.6	110.1	-30.2	-16.8	-29.3	48.0	-26.9	25.8	4.0	-21.9	42.0	-13.8	-9.5	-4.7
1924 年	-0.1	-2.3	-2.6	-4.8	-13.1	-9.6	38.8	-86.1	58.2	-28.2	-28.0	-44.1	24.5	-54.3	-69.4	19.9	-52.3	17.7	-0.5	-3.5	28.5
1925 年	-0.1	-1.3	-1.5	-12.0	-25.1	-27.1	21.9	-42.6	60.1	-6.1	-30.1	-13.6	22.6	-96.5	-107.7	8.8	-53.4	-6.4	8.4	-19.3	4.4
1926 年	-0.5	-3.8	-4.2	-2.8	-13.0	0.4	5.4	59.6	123.5	-42.2	-32.1	-54.2	40.0	42.2	134.8	-5.3	-51.5	8.8	-2.5	-2.6	5.6
1927 年	-0.9	-3.6	-4.5	-5.9	-11.7	6.1	46.2	56.4	108.9	-62.7	-55.3	-102.4	22.1	-88.1	-72	9.3	-36.9	43.4	-25.5	-9.9	-27.5
1928 年	-1.5	-3.6	-5.7	-7.1	-12.8	-9.9	57.2	16.4	101.1	-59.9	-66.0	-113.8	20.4	-143.1	162.1	4.1	-61.9	-47.6	-30.6	-9.3	-41.4
1929 年	-1.8	-5.1	-7.8	-10.1	-16.3	-23.5	55.2	-16.0	25.6	-40.0	-32.5	-7.4	25.2	-69.5	-56.4	-6.0	-13.8	-6.9	0.2	1.7	9.7
1930 年	-1.6	-4.8	-6.8	3.9	0.7	19.8	-46.0	1.3	87.8	-23.0	-9.7	26.2	17.9	-12.6	35.6	21.2	18.8	55.9	-24.3	5.2	-5.4
1931 年	-1.9	-4.7	-7.2	0.6	-3.5	15.6	-6.3	14.5	67.6	-28.5	-2.7	9.2	17.0	25.6	78	14.6	0.3	65.8	-3.6	-2.0	
1932 年	-1.2	-3.4	-6.0	-2.9	-7.3	-1.1	-5.8	-23.1	-3.6	-18.6	-4.8	1.8	12.7	7.3	42.1	13.0	8.6	48.2	-3.4	-3.3	4.5
1933 年	-1.1	-1.8	-3.3	-0.8	0.4	7.9	-2.4	1.1	2.2	-3.8	-1.2	23.1	3.5	11.6	25.2	-0.8	-0.1	24.8	-0.6	-2.3	11.5

"对内"（Intra）：东欧。

"对外"（Inter）：西欧、美国和苏联。

"世界"（World）：所有国家贸易量之总和。

资料来源：M. Kaser, Economic History of Eastern Europe (1985)。

附表 7 欧洲军事人员数量（现役的所有类型，1919—1933 年）

单位：千人

年份	法国	英国	德国	意大利
1919 年	2364	1333	114	301
1920 年	1457	596	114	1350
1921 年	547	448	114	841
1922 年	545	368	114	291
1923 年	511	337	114	311
1924 年	479	337	114	380
1925 年	475	342	114	299
1926 年	471	341	114	317
1927 年	494	338	114	318
1928 年	469	330	114	317
1929 年	411	325	114	315
1930 年	411	318	114	315
1931 年	441	319	114	322
1932 年	422	317	114	322
1933 年	449	316	118	330

资料来源：Peter Flora et al. , *State, Economy and Society in Western Europe, 1815— 1975. Vol 1. The Growth of Mass Democracies and Welfare States*, (London 1983), 248。

附表 8　军事开支（1919—1941 年）

单位：千美元（当时美元计价）

年份	英国	法国	德国	意大利	苏联（俄）	美国
1919 年	745209	634729	80023	273088	1417699	11217796
1920 年	1475661	361910	79025	305619	1813426	1657118
1921 年	824711	318474	74696	490890	1337524	1116342
1922 年	549008	476084	27754	384911	1646534	860853
1923 年	584227	418297	866282	186033	885597	678256
1924 年	584242	261851	118739	175163	835358	570142
1925 年	580411	324761	147858	160126	1447885	589706
1926 年	562657	281326	156632	174453	1724660	558004
1927 年	567952	452194	169185	296251	2044459	596501
1928 年	542969	381380	183045	258203	2372196	678100
1929 年	534694	377983	164457	259732	2798721	701300
1930 年	512181	498642	162783	266243	3519631	699200
1931 年	489350	495306	146845	298244	3509380	698900
1932 年	326642	543528	149553	282783	2228018	641600
1933 年	333267	524231	452198	351603	2363450	570400
1934 年	540015	707568	709088	455733	3479651	803100
1935 年	646350	867102	1607587	513379	5517537	806400
1936 年	892341	995347	2332782	1149686	2933657	932600
1937 年	1245603	890526	3298869	1235503	3446172	1032900
1938 年	1836997	919284	7415163	746050	5429984	131499
1939 年	7895671	1023651	12000000	669412	5849123	980000
1940 年	9948329	5707762	21200000	606523	6145214	1657000
1941 年	11280839	605022	28900000	541238	6884227	6301000

资料来源：J. David Singer and Melvin Small, Correlates of War Project, Internet based database: National Material Capabilities Data Codebook, url: http://www. umich. edu/cowproj/capabilities. html, accessed 29 May 2004。

附录二　欧美部分国家的政府首脑和外长（国务卿）

捷克斯洛伐克

总理	任期
卡雷尔·克拉马日	1918 年 11 月 14 日—1919 年 7 月 10 日
弗拉斯季米尔·图萨尔	1919 年 7 月 10 日—1920 年 9 月 15 日
扬·塞尔尼	1920 年 10 月 15 日—1921 年 9 月 2 日
爱德华·贝奈斯	1921 年 9 月 26 日—1922 年 10 月 7 日
安东宁·什韦赫拉	1922 年 10 月 7 日—1926 年 3 月 17 日
扬·塞尔尼	1926 年 3 月 18 日—1926 年 10 月 12 日
安东宁·什韦赫拉	1926 年 10 月 12 日—1929 年 2 月 1 日
弗朗齐歇克·乌德扎尔	1929 年 2 月 1 日—1932 年 10 月 21 日
扬·马利彼得	1932 年 10 月 31 日—1935 年 11 月 6 日
米兰·霍贾	1935 年 11 月 9 日—1938 年 9 月 22 日
扬·西罗维	1938 年 9 月 22 日—1939 年 2 月 1 日
鲁道夫·贝兰	1939 年 2 月 1 日—1939 年 3 月 13 日
阿洛伊斯·埃利亚什	1939 年 4 月 27 日—1941 年 9 月 28 日

任期	外长
1918 年 11 月 16 日—1935 年	爱德华·贝奈斯
1935 年 12 月 18 日—1936 年	米兰·霍贾
1936 年 2 月 28 日—1938 年	卡米尔·克罗夫特
1938 年 10 月 4 日—1939 年	弗朗齐歇克·赫瓦尔科夫斯基

法国

总理	任期	外长
乔治·克里孟梭	1917 年 11 月 16 日—1920 年 1 月 18 日	斯蒂芬·毕盛
亚历山大·米勒兰	1920 年 1 月 20 日—1920 年 2 月 18 日	亚历山大·米勒兰
亚历山大·米勒兰	1920 年 2 月 18 日—1920 年 9 月 23 日	亚历山大·米勒兰
乔治·莱格	1920 年 9 月 24 日—1921 年 1 月 12 日	乔治·莱格
阿里斯蒂德·白里安	1921 年 1 月 16 日—1922 年 1 月 12 日	阿里斯蒂德·白里安
雷蒙·普恩加莱	1922 年 1 月 15 日—1924 年 3 月 26 日	雷蒙·普恩加莱
雷蒙·普恩加莱	1924 年 3 月 29 日—1924 年 6 月 1 日	雷蒙·普恩加莱
弗雷德里克·弗朗索瓦－马萨尔	1924 年 6 月 9 日—1924 年 6 月 10 日	埃德蒙·勒费布尔·迪普雷（1924 年 6 月 9—14 日）
爱德华·赫里欧	1924 年 6 月 14 日—1925 年 4 月 10 日	爱德华·赫里欧
保罗·潘勒韦	1925 年 4 月 17 日—1925 年 10 月 27 日	阿里斯蒂德·白里安
保罗·潘勒韦	1925 年 10 月 29 日—1925 年 11 月 22 日	阿里斯蒂德·白里安
阿里斯蒂德·白里安	1925 年 11 月 28 日—1926 年 3 月 6 日	阿里斯蒂德·白里安
阿里斯蒂德·白里安	1926 年 3 月 9 日—1926 年 6 月 15 日	阿里斯蒂德·白里安
阿里斯蒂德·白里安	1926 年 6 月 24 日—1926 年 7 月 17 日	阿里斯蒂德·白里安（至 1926 年 7 月 18 日）
爱德华·赫里欧	1926 年 7 月 19 日—1926 年 7 月 21 日	爱德华·赫里欧（至 1926 年 7 月 23 日）
雷蒙·普恩加莱	1926 年 7 月 23 日—1928 年 11 月 6 日	阿里斯蒂德·白里安

续表

总理	任期	外长
雷蒙·普恩加莱	1928 年 11 月 11 日— 1929 年 7 月 27 日	阿里斯蒂德·白里安
阿里斯蒂德·白里安	1929 年 7 月 29 日— 1929 年 10 月 22 日	阿里斯蒂德·白里安
安德烈·塔迪厄	1929 年 11 月 3 日— 1930 年 2 月 17 日	阿里斯蒂德·白里安
卡米耶·肖当	1930 年 2 月 21 日— 1930 年 2 月 25 日	阿里斯蒂德·白里安
安德烈·塔迪厄	1930 年 3 月 5 日— 1930 年 12 月 4 日	阿里斯蒂德·白里安
泰奥多尔·斯蒂格	1930 年 12 月 18 日— 1931 年 1 月 22 日	阿里斯蒂德·白里安
皮埃尔·赖伐尔	1931 年 1 月 30 日— 1931 年 6 月 13 日	阿里斯蒂德·白里安
皮埃尔·赖伐尔	1931 年 6 月 13 日— 1932 年 1 月 12 日	阿里斯蒂德·白里安
皮埃尔·赖伐尔	1932 年 1 月 14 日— 1932 年 2 月 16 日	皮埃尔·赖伐尔（从 1932 年 1 月 13 日起）
安德烈·塔迪厄	1932 年 2 月 20 日— 1932 年 5 月 10 日	安德烈·塔迪厄（至 1932 年 6 月 2 日）
爱德华·赫里欧	1932 年 6 月 3 日— 1932 年 12 月 14 日	爱德华·赫里欧
约瑟夫·保罗-邦库尔	1932 年 12 月 18 日— 1933 年 1 月 28 日	约瑟夫·保罗-邦库尔 （1932 年 12 月 31 日— 1933 年 1 月 27 日）
爱德华·达拉第	1933 年 1 月 31 日— 1933 年 10 月 24 日	爱德华·达拉第（从 1933 年 1 月 30 日起）
阿尔贝·萨罗	1933 年 10 月 26 日— 1933 年 11 月 23 日	爱德华·达拉第
卡米耶·肖当	1933 年 11 月 26 日— 1934 年 1 月 27 日	爱德华·达拉第
爱德华·达拉第	1934 年 1 月 30 日— 1934 年 2 月 7 日	爱德华·达拉第
加斯东·杜梅格	1934 年 2 月 9 日— 1934 年 11 月 8 日	路易·巴尔都（至 1934 年 10 月 9 日）

续表

总理	任期	外长
皮埃尔-艾蒂安·弗朗丹	1934 年 11 月 8 日— 1935 年 5 月 31 日	皮埃尔·赖伐尔（从 1934 年 10 月 13 日起） 皮埃尔·赖伐尔
费尔南·布伊松	1935 年 6 月 1 日— 1935 年 6 月 4 日	皮埃尔·赖伐尔
皮埃尔·赖伐尔	1935 年 6 月 7 日— 1936 年 1 月 22 日	皮埃尔·赖伐尔
阿尔贝·萨罗	1936 年 1 月 24 日— 1936 年 6 月 4 日	皮埃尔-艾蒂安·弗朗丹
莱昂·布卢姆	1936 年 6 月 4 日— 1937 年 6 月 21 日	伊冯·德尔博斯
卡米耶·肖当	1937 年 6 月 22 日— 1938 年 1 月 14 日	伊冯·德尔博斯
卡米耶·肖当	1938 年 1 月 18 日— 1938 年 3 月 10 日	伊冯·德尔博斯
莱昂·布卢姆	1938 年 3 月 13 日— 1938 年 4 月 8 日	约瑟夫·保罗-邦库尔
爱德华·达拉第	1938 年 4 月 10 日— 1940 年 3 月 20 日	乔治·博内（1938 年 4 月 10 日—1939 年 9 月 13 日） 爱德华·达拉第（从 1939 年 9 月 13 日起）
保罗·雷诺	1940 年 3 月 21 日— 1940 年 6 月 16 日	保罗·雷诺（至 1940 年 5 月 18 日） 爱德华·达拉第（1940 年 5 月 18 日—6 月 5 日） 保罗·雷诺（1940 年 6 月 5—16 日）
菲利普·贝当	1940 年 6 月 16 日— 1940 年 7 月 12 日	保罗·博杜安

德国

总理	任期	外长
菲利普·沙伊德曼	1919 年 2 月 13 日— 1919 年 6 月 21 日	乌尔里希·冯·布罗克多夫－ 兰曹
古斯塔夫·鲍尔	1919 年 6 月 21 日— 1920 年 3 月 27 日	赫尔曼·穆勒
赫尔曼·穆勒	1920 年 3 月 27 日— 1920 年 6 月 21 日	阿道夫·科斯特
康斯坦丁·费伦巴赫	1920 年 6 月 21 日— 1921 年 5 月 10 日	瓦尔特·西蒙斯
约瑟夫·维尔特	1921 年 5 月 10 日— 1921 年 10 月 26 日	弗里德里希·罗森
约瑟夫·维尔特	1921 年 10 月 26 日— 1922 年 11 月 22 日	约瑟夫·维尔特（1921 年 10 月 26 日—1922 年 1 月 31 日） 瓦尔特·拉特瑙（1922 年 2 月 1 日—6 月 24 日）①
威廉·库诺	1922 年 11 月 22 日— 1923 年 8 月 13 日	弗雷德里克·汉斯·冯·罗 森贝格
古斯塔夫·施特雷泽曼	1923 年 8 月 13 日— 1923 年 11 月 30 日	古斯塔夫·施特雷泽曼
威廉·马克斯	1923 年 11 月 30 日— 1925 年 1 月 15 日	古斯塔夫·施特雷泽曼
汉斯·路德	1925 年 1 月 15 日— 1926 年 5 月 16 日	古斯塔夫·施特雷泽曼
威廉·马克斯	1926 年 5 月 16 日— 1928 年 6 月 28 日	古斯塔夫·施特雷泽曼
赫尔曼·穆勒	1928 年 6 月 28 日— 1930 年 3 月 30 日	古斯塔夫·施特雷泽曼（至 1929 年 10 月 4 日） 尤利乌斯·库尔提乌斯

---

① 原著中维尔特与拉特瑙在同一时间担任外长，显然有误，经核实相关资料后 已订正。

续表

总理	任期	外长
海因里希·布吕宁	1930 年 3 月 30 日—1931 年 10 月 9 日	尤利乌斯·库尔提乌斯
海因里希·布吕宁	1931 年 10 月 9 日—1932 年 6 月 1 日	海因里希·布吕宁
弗朗茨·冯·巴本	1932 年 6 月 1 日—1932 年 12 月 3 日	康斯坦丁·冯·诺伊拉特
库尔特·冯·施莱歇	1932 年 12 月 3 日—1933 年 1 月 30 日	康斯坦丁·冯·诺伊拉特
阿道夫·希特勒	1933 年 1 月 30 日—1945 年 4 月 30 日	康斯坦丁·冯·诺伊拉特（至 1938 年 2 月 4 日）

意大利

任期	总理	外长
1917 年 10 月 30 日—1919 年 6 月 23 日	维托里奥·埃马努埃莱·奥兰多	悉德尼·松尼诺男爵
1919 年 6 月 23 日—1920 年 6 月 16 日	弗朗切斯科·萨韦里奥·尼蒂	托马索·蒂托尼（到 1919 年 11 月） 维托里奥·夏洛亚（从 1919 年 11 月起）
1920 年 6 月 16 日—1921 年 6 月 4 日①	乔瓦尼·焦利蒂	卡洛·斯福尔扎伯爵
1921 年 7 月 4 日—1922 年 2 月 25 日	伊瓦诺埃·博诺米	彼得罗·保罗·托马西,托雷塔侯爵

---

① 经核对相关资料,此处应为 7 月 4 日。

续表

任期	总理	外长
1922年2月23日—1922年10月31日 1922年10月31日—1943年7月25日	路易吉·法克塔 贝尼托·墨索里尼	卡洛·尚泽 贝尼托·墨索里尼（到1924年6月） 路易吉·费代尔佐尼（1924年6月—1926年11月） 贝尼托·墨索里尼（从1926年11月起）

波兰

总理	任期
延杰伊·莫拉切夫斯基	1918年9月17日—1919年1月16日
伊格纳齐·扬·帕岱莱夫斯基	1919年1月16日—1919年11月27日
利奥波德·斯库利斯基	1919年12月13日—1920年6月9日
瓦迪斯瓦夫·格拉布斯基	1920年6月23日—1920年7月24日
温琴蒂·维托斯	1920年7月24日—1921年9月13日
安东尼·波尼科夫斯基	1921年9月19日—1922年6月6日
阿图尔·希利温斯基	1922年6月28日—1922年7月7日
尤利安·伊格纳齐·诺瓦克	1922年7月31日—1922年12月14日
瓦迪斯瓦夫·西科尔斯基	1922年12月16日—1923年5月26日
温琴蒂·维托斯	1923年5月28日—1923年12月14日
瓦迪斯瓦夫·格拉布斯基	1923年12月19日—1925年11月13日
亚历山大·斯克尔任斯基	1925年11月20日—1926年5月5日
温琴蒂·维托斯	1926年5月10日—1926年5月14日
卡齐米日·巴特尔	1926年5月15日—1926年9月30日
约瑟夫·毕苏斯基	1926年10月2日—1928年6月27日
卡齐米日·巴特尔	1928年6月27日—1929年4月13日
卡齐米日·斯维塔尔斯基	1929年4月14日—1929年12月7日

续表

总理	任期
卡齐米日·巴特尔	1929 年 12 月 29 日—1930 年 3 月 17 日
瓦莱雷·斯瓦韦克	1930 年 3 月 29 日—1930 年 8 月 23 日
约瑟夫·毕苏斯基	1930 年 8 月 25 日—1930 年 12 月 4 日
瓦莱雷·斯瓦韦克	1930 年 12 月 4 日—1931 年 5 月 26 日
亚历山大·普里斯托	1931 年 5 月 27 日—1933 年 5 月 9 日
雅努什·叶德热耶维奇	1933 年 5 月 10 日—1934 年 5 月 13 日
列昂·科兹沃夫斯基	1934 年 5 月 15 日—1935 年 3 月 28 日
瓦莱雷·斯瓦韦克	1935 年 3 月 28 日—1935 年 10 月 12 日
马里安·津德拉姆-科斯切尔科夫斯基	1935 年 10 月 13 日—1936 年 5 月 15 日
费利奇扬·斯瓦沃伊-斯克拉德科夫斯基	1936 年 5 月 15 日—1939 年 9 月 30 日

外交部部长[1]	任期
伊格纳齐·扬·帕岱莱夫斯基	1919 年 1 月 19 日—1919 年 12 月 15 日
斯坦尼斯瓦夫·帕特克	1919 年 12 月 15 日—1920 年 6 月 9 日
欧斯塔黑·卡特扬·瓦迪斯瓦夫	1920 年 6 月 24 日—1921 年 5 月 26 日
康斯坦蒂·斯基尔蒙特	1921 年 6 月 11 日—1922 年 6 月 6 日
亚历山大·斯克尔任斯基	1922 年 6 月 26 日—1922 年 7 月 8 日
康斯坦蒂·斯基尔蒙特	1922 年 7 月 16 日—1922 年 7 月 29 日
加布里埃尔·纳鲁托维奇	1922 年 7 月 31 日—1922 年 12 月 9 日
亚历山大·斯克尔任斯基	1922 年 12 月 17 日—1923 年 5 月 26 日
马里安·塞义达	1923 年 5 月 29 日—1923 年 10 月 28 日
罗曼·德莫夫斯基	1923 年 10 月 28 日—1923 年 12 月 13 日
亚历山大·斯克尔任斯基	1923 年 12 月 19 日—1924 年
毛雷齐·克莱门特·扎莫伊斯基	1924 年 1 月 7 日—1924 年 7 月 25 日
亚历山大·斯克尔任斯基	1924 年 7 月 25 日—1926 年 5 月 5 日
加埃唐·齐尔齐克拉伊-莫拉夫斯基	1926 年 5 月 10 日—1926 年 5 月 17 日
奥古斯特·扎列斯基	1926 年 5 月 17 日—1932 年
约瑟夫·贝克	1932 年 11 月 2 日—1939 年 11 月 17 日

---

[1] 原书表格中此处并未分列和注明外长及其任期，经核实相关资料予以订正。

苏联（俄）

全俄中央执行委员会主席
1919 年 3 月 30 日—1938 年 7 月 15 日　米哈伊尔·加里宁

人民委员会主席
1917 年 11 月 8 日—1924 年 1 月 21 日　弗拉基米尔·伊里奇·列宁
1924 年 2 月 2 日—1930 年 12 月 19 日　阿列克谢·李可夫
1930 年 12 月 19 日—1941 年 5 月 6 日　维亚切斯拉夫·莫洛托夫
1941 年 5 月 6 日—1953 年 3 月 5 日　约瑟夫·斯大林

联共（布）中央总书记
1922 年 4 月 3 日—1953 年 3 月 5 日　约瑟夫·斯大林

外交人民委员
1917 年 10 月 27 日—1918 年 5 月 30 日　列昂·托洛茨基（1929 年 1 月 31 日被逐出苏联）
1918 年 5 月 30 日—1930 年 6 月 21 日　格奥尔基·契切林
1930 年 7 月 27 日—1939 年 5 月 3 日　马克西姆·李维诺夫
1939 年 5 月 3 日—1949 年　维亚切斯拉夫·莫洛托夫

英国

首相	任期	外交大臣
大卫·劳合·乔治	1916 年 12 月 7 日—1922 年 10 月 19 日	阿瑟·詹姆斯·贝尔福 乔治·纳撒尼亚尔·寇松（从 1919 年 10 月起成为伯爵，1921 年成为侯爵）

续表

首相	任期	外交大臣
安德鲁·博纳·劳	1922 年 10 月 23 日—1923 年 5 月 20 日	乔治·纳撒尼亚尔·寇松
斯坦利·鲍德温	1923 年 5 月 22 日—1924 年 1 月 22 日	乔治·纳撒尼亚尔·寇松
詹姆斯·拉姆齐·麦克唐纳	1924 年 1 月 22 日—1924 年 11 月 4 日	詹姆斯·拉姆齐·麦克唐纳
斯坦利·鲍德温	1924 年 11 月 6 日—1929 年 6 月 4 日	奥斯汀·张伯伦
詹姆斯·拉姆齐·麦克唐纳	1929 年 6 月 5 日—1931 年 8 月 26 日	阿瑟·亨德森
詹姆斯·拉姆齐·麦克唐纳	1931 年 8 月 26 日—1931 年 11 月 5 日	鲁弗斯·丹尼尔·艾萨克斯，雷丁勋爵
詹姆斯·拉姆齐·麦克唐纳	1931 年 11 月 5 日—1935 年 6 月 7 日	约翰·西蒙爵士
斯坦利·鲍德温	1935 年 6 月 7 日—1937 年 5 月 28 日	塞缪尔·霍尔爵士安东尼·艾登（从 1935 年 12 月起）
内维尔·张伯伦	1937 年 5 月 28 日—1940 年 5 月 10 日	安东尼·艾登爱德华·弗雷德里克·伍德，哈利法克斯子爵（从 1938 年 2 月起）

美国

总统	任期
伍德罗·威尔逊	1913 年 3 月 4 日—1921 年 3 月 4 日
沃伦·哈定	1921 年 3 月 4 日—1923 年 8 月 2 日
卡尔文·柯立芝	1923 年 8 月 3 日—1929 年 3 月 4 日
赫伯特·胡佛	1929 年 3 月 4 日—1933 年 3 月 4 日
富兰克林·德拉诺·罗斯福	1933 年 3 月 4 日—1945 年 4 月 12 日

国务卿	任期
罗伯特·兰辛	1915 年 6 月 24 日—1920 年 2 月 13 日
班布里奇·科尔比	1920 年 3 月 23 日—1921 年 3 月 4 日
查尔斯·埃文斯·休斯	1921 年 3 月 5 日—1925 年 3 月 4 日
弗兰克·B. 凯洛格	1925 年 3 月 5 日—1929 年 3 月 28 日
亨利·刘易斯·史汀生	1929 年 3 月 28 日—1933 年 3 月 4 日
科德尔·赫尔	1933 年 3 月 4 日—1944 年 11 月 30 日

附录三 国际大事年表（1918—1933 年）

1918 年

1 月 5 日 劳合·乔治关于协约国和平目标的演讲

1 月 8 日 威尔逊提出"十四点"和平原则

3 月 1 日 芬兰与苏俄签订协定

3 月 6 日 苏德《布列斯特-立托夫斯克和约》①

　　　　　英军在摩尔曼斯克登陆②

4 月 5 日 日本人占领符拉迪沃斯托克（海参崴）

5 月 7 日 罗马尼亚与同盟国签订《布加勒斯特条约》

7 月 10 日 《俄罗斯苏维埃联邦社会主义共和国宪法》获得通过

9 月 29 日 德国陆军最高指挥部呼吁休战

　　　　　保加利亚与协约国签署停战协定

10 月 4 日 德国请求停战

10 月 28 日 德国基尔的公海舰队哗变

10 月 30 日 《穆德洛斯停战协定》签订，奥斯曼帝国无条件投降

11 月 3 日 奥匈帝国同意停战

---

① 经查阅相关资料，此处应为 3 月 3 日，苏维埃俄国在当天与德国、奥匈帝国、保加利亚、奥斯曼帝国签订和约。

② 应为 3 月 9 日。

11 月 5 日　《兰辛照会》发布

　　　　　　独立的波兰国家宣告成立

11 月 9 日　魏玛共和国宣告成立

　　　　　　罗马尼亚加入协约国一方重新参战

11 月 11 日　德国停战

11 月 12 日　奥地利共和国宣告成立

11 月 14 日　捷克斯洛伐克共和国宣告成立

11 月 16 日　匈牙利共和国宣告成立

12 月 4 日　塞尔维亚-克罗地亚-斯洛文尼亚王国组成①

12 月 13 日　威尔逊总统抵达法国

12 月 18 日　法国领导的协约国军队在敖德萨登陆

1919 年

1 月 4 日　红军夺取里加

1 月 18 日　巴黎和会在凡尔赛宫开幕

2 月 8 日　劳合·乔治回到英国（直到 3 月 14 日）

2 月 15 日　威尔逊回到美国（直到 3 月 14 日）

2 月 19 日　克里孟梭遭遇未遂暗杀

3 月 2—6 日　共产国际第一次代表大会在莫斯科召开（第三国际即共产国际成立）

3 月 21 日—8 月 1 日　匈牙利建立苏维埃共和国（由库恩·贝拉领导）

3 月 24 日　"四人委员会"开始协商

3 月 25 日　劳合·乔治发布《枫丹白露备忘录》

---

①　应为 12 月 1 日。

3 月 28 日　匈牙利入侵斯洛伐克

3 月 29 日　中国离开巴黎和会

4 月 10 日　罗马尼亚入侵匈牙利

4 月 24 日　意大利离开巴黎和会

5 月 7 日　《凡尔赛和约》递交德国

5 月 15 日　希腊军队占领士麦那

6 月 6 日　芬兰对苏俄宣战

6 月 21 日　德国舰队被凿沉在斯卡帕湾

6 月 28 日　《凡尔赛和约》签订；波兰少数民族保护协定签订

8 月 4 日—11 月 13 日　罗马尼亚军队占领布达佩斯

8 月 11 日　德国《魏玛宪法》生效

9 月 10 日　协约国与奥地利的《圣日耳曼条约》签订；捷克斯洛伐克及塞尔维亚-克罗地亚-斯洛文尼亚王国少数民族保护协定签订

9 月 12 日　邓南遮夺取阜姆

9 月 27 日　英军撤出阿尔汉格尔

10 月 12 日　英军撤出摩尔曼斯克①

11 月 19 日　美国参议院未能批准《凡尔赛和约》

11 月 27 日　与保加利亚签订《讷伊条约》

12 月 9 日　罗马尼亚少数民族保护协定签订

1920 年

1 月 8—16 日　巴黎会议，英国、法国、意大利（讨论阜

---

①　根据第三章，英军撤出阿尔汉格尔和摩尔曼斯克应分别在 1920 年 9 月 27 日和 10 月 12 日，而非 1919 年。

姆及与苏俄的贸易等问题）

1 月 10 日　《凡尔赛和约》生效

1 月 15—22 日　赫尔辛基会议，波兰、芬兰、爱沙尼亚、拉脱维亚、立陶宛讨论对苏俄的共同政策

1 月 15 日　协约国正式要求交出前德国皇帝（1 月 27 日收到荷兰对此予以拒绝的回复）

1 月 16 日　国联理事会第一次会议在巴黎召开

1 月 18 日　法国政府控制了萨尔的矿山

1 月 21 日　巴黎和会正式闭幕，最高委员会的最后一次会议召开，以及对大使会议正式授权

2 月 2 日　苏俄与爱沙尼亚签订《塔尔图和约》

2 月 9 日　协约国军队进入但泽

2 月 10 日　石勒苏益格第一公民表决区投票（结果赞成加入丹麦）

2 月 12—23 日　伦敦会议召开，英国、法国、意大利、希腊与会（讨论近东、阜姆问题）

2 月 15 日　协约国接管梅默尔

3 月 2 日　罗马尼亚和苏俄之间停战

3 月 14 日　石勒苏益格第二公民表决区投票（结果赞成留在德国）

3 月 16 日　协约国占领君士坦丁堡

3 月 19 日　美国参议院第二次且最终拒绝《凡尔赛和约》

4 月 6 日—5 月 17 日　法国占领法兰克福和达姆施塔特

4 月 19—26 日　圣雷莫会议，英国、法国、意大利、比利时、日本、希腊与会（讨论近东、委任统治权、德国解除武装等问题）

4 月 25 日　波兰对苏俄发起攻势

5 月 5 日　最高委员会指定 A 类委任统治地，把叙利亚交给法国，把美索不达米亚和巴勒斯坦交给英国

5 月 15—17 日　海斯会议，英国和法国参加（讨论赔偿问题）

6 月 4 日　协约国与匈牙利签订《特里亚农条约》

6 月 11 日　苏俄红军夺取基辅

6 月 19—20 日　海斯会议，英国、法国、希腊参加（讨论近东问题）

6 月 21—22 日　布洛涅会议，英国、法国、意大利、比利时、日本、希腊参加（讨论裁军和赔偿等问题）

7 月 2—3 日　布鲁塞尔会议，英国、法国、意大利、比利时、日本参加（讨论赔偿问题）

7 月 5—16 日　斯帕会议，英国、法国、意大利、比利时、日本、波兰和德国参加（讨论赔偿、裁军、近东、苏波战争等问题）

7 月 6 日　苏俄对波兰的攻势开始

7 月 11 日　阿伦施泰因和马林韦尔德举行全民公决（赞成与德国合并）

7 月 12 日　苏俄与立陶宛签订和约

7 月 16 日　关于赔偿问题的《斯帕议定书》签订

8 月 8 日　海斯会议，英国、法国参加（讨论苏波战争）

8 月 10 日　协约国与奥斯曼帝国签订《色佛尔条约》；希腊裔及亚美尼亚裔少数民族保护条约签订

8 月 11 日　苏俄与拉脱维亚签订《里加条约》

8 月 14—16 日　波兰人在华沙打败苏俄

8 月 14 日　捷克斯洛伐克与塞尔维亚-克罗地亚-斯洛文尼亚王国结盟

9 月 1—8 日　东方民族巴库代表大会召开

9 月 7 日　法国和比利时签订军事协定

9 月 20 日　国联理事会将奥伊彭和马尔梅迪指派给比利时

9 月 24 日—10 月 8 日　布鲁塞尔国际金融会议召开，39 个国家与会

10 月 9 日　波兰夺取维尔纳

10 月 12 日　苏俄与波兰停战

10 月 14 日　苏俄与芬兰签订《塔尔图和约》

10 月 27 日　国联总部设立在日内瓦

10 月 28 日　《比萨拉比亚协定》签订，法国承认罗马尼亚主权

11 月 12 日　意大利与南斯拉夫签订《拉帕洛协定》

11 月 15 日—12 月 18 日　国联大会第一次会议在日内瓦召开

11 月 15 日　但泽正式成为"自由市"

12 月 2 日　土耳其和亚美尼亚签订《亚历山德罗波尔条约》

12 月 10 日　诺贝尔和平奖分别授予威尔逊（1919 年度）和布儒瓦（1920 年度）

12 月 15 日　奥地利被接纳进入国联

12 月 16 日　《国际常设法庭法令》在日内瓦开放以供签署；保加利亚被接纳进入国联

1921 年

1 月 24—30 日　巴黎会议，英国、法国、意大利、比利时、日本与会（讨论赔偿、裁军、奥地利重建、近东等问题）

1 月 26 日　爱沙尼亚和拉脱维亚的独立得到协约国各国的承认

2 月 19 日　法国和波兰签订互助协定

2 月 21 日—3 月 14 日　伦敦会议，英国、法国、意大利、比利时、日本、希腊、土耳其、德国与会（讨论近东和赔偿问题）

2 月 26 日　苏俄与波斯签署协定

2 月 28 日　苏俄与阿富汗签署协定

3 月 1 日　黑山加入塞尔维亚-克罗地亚-斯洛文尼亚王国

3 月 3 日　波兰与罗马尼亚结成针对苏俄的防御同盟

3 月 8 日—9 月 30 日　协约国军队占领杜伊斯堡、鲁罗尔特、杜塞尔多夫

3 月 8—16 日　苏俄，布尔什维克党的代表大会通过了"新经济政策"

3 月 16 日　英国与苏俄签订贸易协定；苏俄与土耳其签署协定

3 月 18 日　波兰与苏俄签订《里加条约》

3 月 20 日　上西里西亚举行全民公决

3 月 27 日　哈布斯堡王朝残余势力在匈牙利进行未遂政变

4 月 23—24 日　利姆会议，英国与法国参加（讨论赔偿问题）

4 月 23 日　捷克斯洛伐克与罗马尼亚结盟

4 月 27 日　赔偿事务委员会将德国的总债务确定为 1320 亿金马克

4 月 29 日—5 月 5 日　伦敦会议，英国、法国、意大利、比利时、日本和德国与会（讨论赔偿）

5 月 5 日　在伦敦提出赔偿支付方案，协约国对德国发出最后通牒

5 月 11 日　德国政府接受《伦敦支付方案》

6 月 7 日　罗马尼亚与塞尔维亚－克罗地亚－斯洛文尼亚王国结盟

6 月 19 日　巴黎会议，英国、法国、意大利参加（讨论近东问题）

7 月 16—19 日　国联临时混合委员会第一次会议（讨论裁军问题）

8 月 8—13 日　巴黎会议，英国、法国、意大利、比利时、日本参加（讨论上西里西亚、近东、裁军等问题）

8 月 22 日　国联，南森被任命为难民事务高级专员

8 月 24 日　美国与奥地利签订和约

8 月 25 日　美国与德国签订和约

8 月 29 日　美国与匈牙利签订和约

10 月 7 日　卢舍尔与拉特瑙在威斯巴登就实物交付达成协议

10 月 12 日　国联理事会在德国和波兰之间分割上西里西亚

10 月 13 日　苏俄、土耳其和亚美尼亚、阿塞拜疆、格鲁吉亚的布尔什维克政府签订《卡尔斯条约》

10 月 20 日　法国与土耳其签订《安卡拉和平条约》

11 月 5 日　苏俄与蒙古签订条约

11 月 12 日—2 月 6 日　华盛顿海军会议召开，美国、英国、日本、法国、意大利参加会议

11 月 12 日　阿尔巴尼亚的独立得到协约国的承认

12 月 6 日　英国与爱尔兰签订条约

12 月 18—22 日　伦敦会议，英法参加（讨论赔偿、安全、重建事务等问题）

12 月 21 日　《苏土友好条约》签订

1922 年

1 月 6—13 日　戛纳会议，英国、法国、意大利、比利时、日本、德国参加（讨论赔偿、英法协定、欧洲重建全体大会议程）

2 月 6 日　华盛顿各项条约签订，包括限制海军军备的《五国条约》、关于"中国问题"的《九国公约》，以及补充性的关于太平洋地区的《四国条约》

2 月 15 日　国际常设法庭在海牙成立

2 月 25 日　布洛涅会议，英法讨论召开热那亚会议的条件

3 月 12 日　格鲁吉亚、亚美尼亚、阿塞拜疆这些由共产党领导的共和国联合组成外高加索苏维埃社会主义联邦共和国

3 月 15 日　苏俄与德国签订军事协议

3 月 22—26 日　巴黎会议，英国、法国、意大利参加（讨论近东问题）

4 月 10 日—5 月 19 日　热那亚会议，29 个欧洲国家参加（讨论欧洲重建及与苏俄的关系）

4 月 16 日　苏德签订《拉帕洛条约》

5 月 22 日　意大利与苏俄签订贸易协定

5 月 26 日　列宁首次中风

6 月 24 日　德国，拉特瑙被谋杀

6 月 26 日—7 月 20 日　海牙专家会议（讨论与苏俄的关系）

6 月 30 日　立陶宛得到协约国的承认

8 月 1 日　贝尔福就战争债务问题发布照会

8 月 7—14 日　协约国伦敦会议，英国、法国、意大利、比利时参加（讨论赔偿问题）

9月10日　英国与苏俄签订贸易协定

9月18日　匈牙利被接纳为国联成员；法国和意大利政府命令军队撤出恰纳卡莱

10月4日　国联，关于奥地利金融重建的议定书获得通过

10月8—9日　雷瓦尔会议，芬兰、爱沙尼亚、拉脱维亚、波兰参加（讨论苏俄的互不侵犯提议）

10月11日　协约国与土耳其在穆达尼亚签订停战协定，结束恰纳卡莱危机

10月19日　英国，劳合·乔治联盟内阁解体

10月23日　由博纳·劳组成英国保守党内阁

10月25日　日本撤出符拉迪沃斯托克

10月28日　意大利，由墨索里尼领导的法西斯分子"进军罗马"

10月30日　意大利，墨索里尼被任命为总理

11月22日　德国，威廉·库诺（无党派）内阁组建

11月17日　英国，保守党赢得大选；博纳·劳仍然担任首相

11月20日—2月4日　洛桑会议讨论与土耳其的和平事宜（第一部分）

12月2—12日　莫斯科裁军会议，苏俄、芬兰、爱沙尼亚、拉脱维亚、波兰、立陶宛与会

12月9—11日　协约国伦敦会议，英国、法国、意大利、比利时讨论赔偿问题

12月10日　组建苏维埃社会主义共和国联盟

12月26日　赔偿事务委员会宣布德国在木材交付上违约

12月30日　通过在莫斯科签署《苏维埃社会主义共和国联

盟成立条约》，苏维埃社会主义共和国联盟（俄罗斯、白俄罗斯、乌克兰和外高加索苏维埃社会主义联邦共和国）成立

<h2 align="center">1923 年</h2>

1 月 1 日　苏联正式建立

1 月 2—4 日　协约国巴黎会议，英国、法国、意大利、比利时参加（讨论赔偿问题）

1 月 9 日　赔偿事务委员会宣布德国在煤炭交付上违约

1 月 10 日　立陶宛人入侵梅默尔地区

1 月 11 日　法国和比利时军队开始占领鲁尔区

1 月 30 日　希腊与土耳其达成人口交换协定

2 月 4 日　由于土耳其代表拒绝和约草案，洛桑会议瓦解

2 月 16 日　大使会议决定让梅默尔归属立陶宛

3 月 14 日　协约国承认维尔纳和东加利西亚属于波兰

3 月 16 日　德国政府发布指示，支持"消极抵抗"

4 月 23 日—7 月 24 日　洛桑会议讨论与土耳其的和平事宜（第二部分）

5 月 22 日　英国，鲍德温取代博纳·劳担任保守党首相

6 月 9 日　保加利亚政变（总理亚历山大·斯坦博利斯基被推翻）

6 月 18 日　英美达成战争债务协议

7 月 24 日　协约国与土耳其签订《洛桑条约》

8 月 3 日　美国，柯立芝（共和党）在哈定逝世后成为总统

8 月 13 日　德国，施特雷泽曼（德意志人民党）组建第一个"大联盟"内阁

8 月 31 日　意大利占领科孚岛

9 月 3—29 日　国联大会第四次会议在日内瓦召开

9 月 13 日　西班牙，普里莫·里维拉实施军事独裁

9 月 22 日　国联理事会将科孚岛争端提交法律专家委员会

9 月 27 日　鲁尔，德国总统令宣布停止"消极抵抗"

9 月 28 日　埃塞俄比亚被接纳进入国联

9 月 29 日　国联大会通过《互助条约》草案

10 月 6 日　德国，施特雷泽曼第二任内阁组成

10 月 21—26 日　莱茵兰分离主义者夺取亚琛、科布伦茨、波恩、威斯巴登、美因茨的公共建筑

10 月 29 日　土耳其宣布成立共和国；阿塔图尔克（穆斯塔法·凯末尔）当选首任总统

11 月 8—11 日　德国，纳粹党（希特勒和鲁登道夫）在慕尼黑举行的"啤酒馆暴动"未遂

11 月 15 日　德国，地租马克被引入以结束通货膨胀

11 月 30 日　德国，威廉·马克斯（中央党）第一任内阁组建；赔偿问题专家委员会由赔偿事务委员会建立（道威斯在 12 月 21 日被任命为主席）

12 月 6 日　英国，大选，保守党蒙受损失，工党成为少数派

12 月 16 日　希腊，共和派（韦尼泽洛斯派）在大选中成为多数派

12 月 20 日　国联理事会通过匈牙利金融重建方案

1924 年

1 月 14 日　赔偿问题，道威斯委员会第一次会议

1 月 21 日　列宁逝世

1 月 22 日 英国，拉姆齐·麦克唐纳组建工党政府

1 月 24 日 法国与捷克斯洛伐克在巴黎签署盟约

1 月 27 日 意大利与塞尔维亚-克罗地亚-斯洛文尼亚王国在罗马签订《亚得里亚海协定》

2 月 1 日 英国政府宣布承认苏联

2 月 7 日 意大利政府宣布承认苏联

2 月 14—25 日 国联，围绕延长华盛顿海军条约的海军专家会议在罗马召开

3 月 25 日 希腊被宣布为共和国（在 4 月 13 日通过全民公决得到确认）

4 月 9 日 赔偿问题，道威斯委员会就德国赔偿支付发布报告（"道威斯计划"）

4 月 16 日 德国政府接受道威斯计划

4 月 25 日 赔偿事务委员会被告知英国、法国、比利时接受道威斯计划

5 月 4 日 德国，国会选举，民族主义者和左派的政党席位增加

5 月 11 日 法国，议会选举，"左翼联盟"获胜

5 月 17 日 与梅默尔相关的法令获得通过

5 月 31 日 苏联与中国建立外交关系

6 月 3 日 德国，威廉·马克斯（中央党）第二任内阁组建

6 月 10 日 法国，米勒兰辞去总统职位

6 月 13 日 法国，杜梅格被议会选为总统

6 月 15 日 法国，赫里欧内阁组建

6 月 20—22 日 赫里欧和麦克唐纳在契克斯会晤

7 月 5 日 国联，英国工党政府拒绝《互助条约》草案；

意大利和捷克斯洛伐克在罗马签订友好合作协定

7 月 16 日—8 月 16 日　伦敦赔偿问题会议召开

8 月 16 日　伦敦会议最后议定书签订，道威斯计划得到采纳

8 月 18 日　协约国军队开始从鲁尔区撤退（在 11 月 18 日完成）

8 月 29 日　德国，道威斯计划相关立法在国会获得通过

9 月 1 日—10 月 2 日　国联第五次大会在日内瓦召开

9 月 13 日　帕克·吉尔伯特被任命为赔偿事务总代理

9 月 20 日　国联，英国将摩苏尔问题提交国联决定

10 月 2 日　国联，《日内瓦和平解决国际争端议定书》获得大会通过

10 月 8 日　英国，工党政府受挫；呼吁举行选举

10 月 25 日　英国，公开季诺维也夫的信件

10 月 28 日　法国宣布承认苏联

10 月 29 日　英国，保守党在大选中赢得多数

10 月 31 日　道威斯计划生效

11 月 4 日　美国，柯立芝（共和党）当选总统

11 月 6 日　英国，保守党政府在鲍德温的领导下组建

12 月 7 日　德国，国会选举，各个极端主义党派失利

1925 年

1 月 5 日　协约国推迟撤出莱茵兰第一区（科隆），本应在 1 月 10 日撤出

1 月 15 日　德国，汉斯·路德（无党派）第一任内阁组建

1 月 21 日　日本在法律上承认苏联

2 月 18 日　协约国军事控制委员会最终报告出炉

2 月 28 日　德国，前总统弗里德里希·埃伯特去世

3 月 12 日　英国政府正式拒绝《日内瓦议定书》

4 月 17 日　法国，保罗·潘勒韦内阁组建

4 月 23 日　捷克斯洛伐克和波兰签订和解与仲裁协定

4 月 26 日　德国，兴登堡当选总统

4 月 28 日　英国回归金本位制

5 月 4 日—6 月 17 日　国联，"武器、弹药和战争工具国际贸易控制会议"在日内瓦召开，44 个国家与会

7 月 18 日　德国，希特勒《我的奋斗》出版

10 月 5—16 日　洛迦诺会议，《洛迦诺公约》在 10 月 16 日草签

10 月 12 日　苏德签订商业协定

10 月 16 日　法国与波兰及捷克斯洛伐克签订互保条约

10 月 19—29 日　希腊与保加利亚边境事件

11 月 27 日　德国，国会批准洛迦诺各项条约

11 月 28 日　法国，白里安内阁组建

12 月 1 日　《洛迦诺公约》签字仪式在伦敦正式举行；从莱茵兰第一区（科隆）的撤退开始（在 1926 年 1 月 31 日完成）

12 月 10 日　道威斯和张伯伦被授予诺贝尔和平奖

12 月 14 日　国联理事会就希腊与保加利亚边境争端做出判决

12 月 17 日　土耳其与苏联签订《互不侵犯和中立协定》

1926 年

1 月 20 日　德国，汉斯·路德（无党派）第二任内阁组建

2 月 10 日　德国申请加入国联

3 月 8—17 日　国联大会就接纳德国召开特别会议

3 月 9 日　法国，白里安改组内阁

3 月 17 日　国联，巴西阻止德国进入国联

3 月 26 日　波兰与罗马尼亚在布加勒斯特签订保证条约

4 月 24 日　德国与苏联签订《中立与互不侵犯条约》（也称《柏林条约》）

4 月 29 日　法国与美国签订临时性的战争债务协议（《贝朗热-梅隆协议》）

5 月 3—12 日　英国，总罢工

5 月 12—14 日　波兰，毕苏斯基元帅发动政变

5 月 16 日　德国，威廉·马克斯（中央党）第三任内阁组建

5 月 18—26 日　国联，世界裁军会议筹备委员会第一次会议在日内瓦召开

6 月 10 日　法国与罗马尼亚在巴黎签订友好与仲裁协定

6 月 14 日　国联，巴西（因未能获得常任理事国席位）退出国联

6 月 24 日　法国，白里安再度改组内阁

6 月 30 日　国联撤销对奥地利和匈牙利的控制

7 月 12 日　法国与英国签订战争债务协议（《卡约-丘吉尔协议》）

7 月 23 日　法国，普恩加莱内阁组建

8 月 3 日　法国，议会就普恩加莱所要求的财政稳定化措施进行表决

8 月 17 日　《希腊与塞尔维亚-克罗地亚-斯洛文尼亚王国友好协定》在雅典签订

8 月 31 日　《苏联与阿富汗中立和互不侵犯协定》签订

9 月 8 日　国联，德国被接纳进大会，并且成为理事会的常任成员国

9 月 11 日　西班牙退出国联

9 月 16 日　意大利与罗马尼亚在罗马签订友好协定

9 月 17 日　白里安与施特雷泽曼在图瓦里举行会谈

9 月 22—27 日　国联，世界裁军会议筹备委员会第二次会议在日内瓦举行

9 月 28 日　《立陶宛与苏联互不侵犯和中立条约》签订

9 月 30 日　法国、德国、比利时和卢森堡签订《国际钢铁协议》

10 月 3—6 日　第一届泛欧代表大会在维也纳召开

10 月 6 日　德国，冯·泽克特将军被解除陆军总司令职务

11 月 27 日　意大利与阿尔巴尼亚在地拉那签订友好协定

12 月 10 日　施特雷泽曼与白里安被授予诺贝尔和平奖

1927 年

1 月 29 日　德国，威廉·马克斯（中央党）第四任内阁组建

1 月 31 日　协约国军事控制委员会从德国撤出

3 月 21 日—4 月 26 日　国联，世界裁军会议筹备委员会第三次会议在日内瓦召开

4 月 5 日　意大利与匈牙利签订友好协定

5 月 4—23 日　国联，世界经济会议在日内瓦召开，50 个国家与会

5 月 13—15 日　"小协约国"，外长会议在捷克斯洛伐克约希姆斯托举行

5 月 27 日　英国在突然搜查苏联贸易代理商阿科斯之后中断了与苏联的关系

6 月 20 日—8 月 4 日　日内瓦海军会议召开，美英日参加

8 月 17 日　法德商业协定签订

9 月 28 日　苏联与立陶宛在莫斯科签订互不侵犯协定

10 月 1 日　苏联与波斯签订互不侵犯协定

11 月 11 日　法国与塞尔维亚-克罗地亚-斯洛文尼亚王国在巴黎签订谅解协定

11 月 22 日　意大利与阿尔巴尼亚签订《地拉那条约》

11 月 30 日—12 月 3 日　国联，世界裁军会议筹备委员会第四次会议召开

12 月 1—2 日　国联，仲裁与安全委员会第一次会议召开

12 月 10 日　波兰与立陶宛战争状态结束

1928 年

2 月 20 日—3 月 7 日　国联，仲裁与安全委员会第二次会议在日内瓦召开

3 月 15—24 日　国联，世界裁军会议筹备委员会第五次会议在日内瓦召开

4 月 29 日　法国，议会选举

5 月 20 日　德国，国会选举，左派获益，中间党派失利

6 月 7 日　法国，普恩加莱改组内阁

6 月 24—25 日　法国，法郎正式稳定化

6 月 27 日—7 月 4 日　国联，仲裁与安全委员会第三次会议在日内瓦召开

6 月 28 日　英国为实现"军备妥协"而向法国提交方案

6 月 28 日　德国，穆勒（社会民主党）第二任内阁组成（"大联盟"）

8 月 2 日　意大利和埃塞俄比亚在亚的斯亚贝巴签订友好协定

8 月 27 日　《凯洛格-白里安公约》签订

9 月 1 日　阿尔巴尼亚宣布成立王国，总统索古成为国王

9 月 16 日　关于赔偿和撤出莱茵兰的协议在日内瓦签订

9 月 26 日　国联大会通过了《和平解决国际争端总议定书》

10 月 1 日　苏联第一个五年计划开始实施

11 月 7 日　美国，胡佛（共和党）赢得总统选举

1929 年

1 月 10 日　赔偿事务委员会正式任命由比利时、法国、英国、意大利和日本（还有德国和美国）提名的专家

2 月 9 日　《李维诺夫议定书》，通过多个互不侵犯协定将苏联、罗马尼亚、波兰、拉脱维亚、爱沙尼亚联系起来（2 月 27 日与土耳其签订；4 月 3 日与波斯；4 月 5 日与立陶宛）

2 月 11 日　意大利与教皇国签订《拉特兰条约》；赔偿问题，专家委员会（杨格委员会）在巴黎举行第一次正式会议（持续至 6 月 7 日）

3 月 24 日　意大利，议会选举（单一候选人名单）导致全民接受法西斯政权

4 月 15 日—5 月 6 日　国联，世界裁军会议筹备委员会第六次会议（第一部分）在日内瓦召开

5 月 29 日　英国，工党在大选中取得重大收获

6 月 5 日　英国，拉姆齐·麦克唐纳组建工党政府

6 月 7 日　赔偿问题，杨格委员会的报告由专家签署

6 月 27 日　德国，国会表决为建造"巡洋舰 A"（袖珍战列舰）提供资金

7 月 20 日　法国，议会赞成批准与美国及英国达成的战争债务协议

7 月 31 日　法国，白里安担任普恩加莱内阁的总理

8 月 6—31 日　关于赔偿与撤出莱茵兰问题的海牙会议召开

8 月 30 日　海牙会议，就撤出莱茵兰达成协议

8 月 31 日　海牙会议，最终议定书签署，表明原则上接受"杨格计划"

9 月 2—25 日　国联，第十届大会在日内瓦召开

9 月 5 日　白里安在国联大会发表演讲，介绍组建欧洲联邦的主张

9 月 14 日　英军开始从莱茵兰撤离（12 月 13 日完成）

9 月 19 日　英国和法国签署国际常设法庭法令的"选择性条款"

10 月 1 日　英国与苏联重新建立外交关系

10 月 3 日　施特雷泽曼逝世；英国与苏联恢复外交关系；塞尔维亚-克罗地亚-斯洛文尼亚王国改名为"南斯拉夫"

10 月 29 日　纽约证券交易所崩溃

11 月 3 日　法国，塔迪厄组阁

11 月 13 日　国际清算银行成立

11 月 30 日　法国和比利时军队完成对莱茵兰第二区（科布伦茨）的撤离

12 月 10 日　凯洛格被授予诺贝尔和平奖

12 月 21 日　苏联，斯大林 50 岁生日庆祝活动

12 月 22 日　德国，民族主义的全民公决未能拒绝杨格计划

12 月 28 日　法国，议会为开始修建边境工事（"马其诺防线"）的贷款进行表决

1930 年

1 月 3—20 日　就杨格计划召开第二次海牙会议

1 月 21 日—4 月 22 日　伦敦海军会议，美国、英国、日本、法国、意大利与会

2 月 17 日—3 月 24 日　协调经济行动预备会议（"关税休战会议"）在日内瓦召开，26 个欧洲国家及 3 个非欧洲国家参加

3 月 5 日　法国，塔迪厄组建新内阁

3 月 7 日　德国，沙赫特辞去德意志帝国银行行长职务，由汉斯·路德继任

3 月 12 日　德国，国会批准杨格计划

3 月 29 日　法国，议会批准海牙协议

3 月 30 日　德国，布吕宁（中央党）内阁组建

4 月 22 日　《伦敦海军条约》签订

4 月 28 日—5 月 9 日　国联，仲裁与安全委员会第四次会议在日内瓦召开

5 月 17 日　赔偿问题，杨格计划生效；法国就提议创建欧洲联邦发表备忘录（"白里安计划"）

6 月 17 日　美国，胡佛签署《霍利-斯穆特关税法案》

6 月 26 日—7 月 3 日　苏联，"四年完成五年计划"得到批准

6 月 30 日　协约国对莱茵兰的占领结束：协约国高级委员会离开威斯巴登，法国最后的一批军队离开第三区（美因茨）

7 月 18 日　德国，国会被兴登堡解散

9 月 14 日　德国，国会选举；布吕宁政府仍然在位，但民族社会主义党及共产党有重大斩获

9 月 23 日　国联，欧洲国家就白里安计划举行的会议创立了欧洲联盟调查委员会

10 月 5—12 日　第一次巴尔干会议在雅典举行，阿尔巴尼亚、保加利亚、希腊、南斯拉夫、罗马尼亚和土耳其与会

11 月 6 日—12 月 9 日　国联，世界裁军会议筹备委员会第六次会议（第二部分）在日内瓦召开（裁军公约草案得到接受）

11 月 17—28 日　国联，协调经济行动第二届会议（第一次会议）在日内瓦举行

12 月 18 日　法国，泰奥多尔·斯蒂格组建内阁

1931 年

1 月 19—24 日　国联，国联理事会第 62 次会议在日内瓦召开，号召在 1932 年 2 月 2 日召开世界裁军会议

1 月 30 日　法国，赖伐尔组阁

3 月 1 日　法国与意大利就海军裁军达成《协议基础》

3 月 16—18 日　国联，协调经济行动第二届会议（第二次会议）在日内瓦召开

3 月 20 日　德国，国会批准为建造"巡洋舰 B"（袖珍战列舰）所需的拨款

3 月 21 日　德奥关税同盟方案宣布（在 3 月 19 日达成）

4 月 14 日　西班牙，君主制垮台，第二共和国宣告成立

5 月 6 日　苏联与立陶宛在 1926 年签订的协定延长五年

5 月 11 日　奥地利"信贷银行"破产

5 月 13 日　法国，杜梅在总统选举中打败白里安

5 月 19 日　德国，袖珍战列舰"德意志号"（"巡洋舰 A"）下水

5 月 21 日　国联，英国和法国同意《和平解决国际争端总议定书》

6 月 5—9 日　布吕宁和库尔提乌斯访问英国，在契克斯会谈

6 月 6 日　德国，布吕宁政府发布赔偿问题"宣言"

6 月 15 日　《苏联与波兰友好和商业协定》签订

6 月 20 日　胡佛总统建议将所有政府间债务延期一年支付

6 月 23 日　德国和英国接受胡佛方案

6 月 24 日　《苏联与阿富汗中立和互不侵犯条约》；《苏联与德国友好和中立条约》延长三年

6 月 25 日　英格兰银行、法兰西银行、纽约联邦储备银行以及国际清算银行授予德意志帝国银行一亿美元的信贷

7 月 1 日　德国银行业危机继续（外资撤离在 7 月 6 日达到顶峰）

7 月 13 日　德国，达姆施塔特国民银行（即达纳特银行）破产；英国，麦克米伦金融与工业报告发布

7 月 20—23 日　伦敦金融会议召开

7 月 31 日　英国，关于国家开支的梅报告发布

8 月 8—18 日　国际银行家委员会在巴塞尔召集，研究德国经济形势："暂停偿付协议"在 8 月 19 日草签

8 月 10 日　法国与苏联互不侵犯协定草签

8 月 26 日　英国，"国民政府"组建

9 月 2—19 日　伦敦发生金融危机

9 月 3 日　奥地利和德国收回它们拟议的关税同盟

9 月 15 日　驻扎在因弗戈登的皇家海军水手"兵变"以反对减薪

9 月 18 日　"奉天事件"（九一八事变），日本开始在满洲的军事行动

9 月 21 日　英国宣布决定放弃金本位制；中国依据《国际联盟盟约》第 11 条向国联理事会申诉

9 月 27 日　《强化防范战争手段总公约》开放签字

10 月 9 日　德国，布吕宁组建新内阁，同时亲自执掌外交部

10 月 27 日　英国，"国民政府"在大选中赢得多数

10 月 29 日　日军攻击上海①

10 月 31 日　苏联与土耳其的协定延长五年

11 月 16 日—12 月 10 日　国联理事会第 65 次会议在巴黎重新开始，就满洲危机举行多次会议

11 月 19 日　德国政府请求国际清算银行召集杨格计划顾问委员会

12 月 3 日　《威斯敏斯特法令》获得通过

12 月 10 日　国联理事会一致通过关于组建满洲危机调查团（李顿调查团）的决议

12 月 11 日　英国，《威斯敏斯特法令》给予各个自治领完全的自治权

---

①　原著表述如此，所指不明，但显然并非附录下文中明确指出的"一・二八事变"。

1932 年

1 月 7 日 美国，史汀生就不承认在中国发生的各种改变发布照会

1 月 14 日 法国，赖伐尔改组内阁，让白里安离开外交部

1 月 18 日 原定在洛桑举行赔偿问题会议的日子（一直推迟至 6 月 16 日）

1 月 21 日 苏联与芬兰签订互不侵犯协定

1 月 22 日 苏联，第二个五年计划

1 月 25 日 苏联与波兰签订互不侵犯协定

1 月 28 日 "一·二八事变"

1 月 30 日—2 月 4 日 苏联联共（布）第十七次代表大会（确定第二个五年计划）

2 月 2 日 国联，世界裁军会议在日内瓦开幕，59 个国家与会

2 月 3 日 苏联与立陶宛签订互不侵犯协定（为期三年）

2 月 4 日 苏联与爱沙尼亚签订互不侵犯协定（为期三年）

2 月 5 日 世界裁军会议，法国提交"塔迪厄计划"；苏联与拉脱维亚签订互不侵犯协定

2 月 8—24 日 世界裁军会议开幕①

2 月 20 日 法国，塔迪厄组建其第三任内阁

3 月 3—11 日 国联，就中日危机举行大会特别会议

3 月 7 日 白里安逝世

3 月 9 日 日本创立傀儡"满洲国"

---

① 原著此处表述存在问题，与上文中世界裁军会议开幕的真正日期（1932 年 2 月 2 日）矛盾。

3 月 11 日　国联采纳对于"满洲国"的"不承认"原则

3 月 13 日　德国，兴登堡在总统选举中领先，但希特勒在第二轮投票中有强劲表现

3 月 23 日　英国，内阁放弃关于防务规划的"十年规则"

4 月 3 日　上海停战

4 月 10 日　德国，兴登堡赢得总统选举第二轮投票

4 月 13 日　德国，布吕宁政府施行禁止纳粹冲锋队的法令

4 月 24 日　德国，各州举行选举（普鲁士、巴伐利亚、符腾堡），纳粹有重大收获

4 月 26 日　世界裁军会议，总委员会中止会议，以让各个技术委员会展开工作以及让"私下的会晤"能够进行；世界裁军会议，麦克唐纳、史汀生和布吕宁在贝辛吉会晤

5 月 7 日　法国，杜梅总统遭到暗杀

5 月 8 日　法国，议会选举，民意转向左翼政党

5 月 10—12 日　德国，国会重新召集；格勒纳被迫辞职，但布吕宁在 5 月 12 日赢得信任表决

5 月 20 日　法国，阿尔贝·弗朗索瓦·勒布伦被议会选举为新任总统；奥地利，道尔福斯政府建立

6 月 1 日　德国，冯·巴本内阁组建，施莱歇担任国防部部长

6 月 3 日　法国，赫里欧组建内阁

6 月 16 日—7 月 9 日　洛桑会议召开，讨论德国赔偿问题

6 月 16 日　德国，冯·巴本政府解除对纳粹冲锋队的禁令

6 月 22 日　世界裁军会议，"胡佛计划"被提交至总委员会

7 月 13 日　英法就政治磋商发表宣言

7 月 20 日　德国，冯·巴本废黜普鲁士州政府

7 月 21 日—8 月 20 日　帝国经济会议在渥太华召开

7 月 23 日　世界裁军会议，总委员会通过"贝奈斯决议"后休会；只有德国和苏联投票反对决议

7 月 25 日　苏联与波兰签订互不侵犯协定

7 月 31 日　德国，国会选举；纳粹党成为最大的党派

9 月 7 日　世界裁军会议，德国政府退出裁军会议，直到"平等"原则获得承认

9 月 12 日　德国，冯·巴本在不信任表决中遭受羞辱性的失败（512 票对 42 票）后解散国会

9 月 21—26 日　世界裁军会议，会议局在没有德国的情况下重新开会

10 月 1 日　国联，关于满洲的李顿报告发布

11 月 4 日　世界裁军会议，保罗-邦库尔向会议局提交法国的"建设性计划"

11 月 6 日　德国，国会选举，纳粹党丧失一些席位，但仍然是最大的政党

11 月 17 日　德国，冯·巴本辞去总理职位

11 月 29 日　法国与苏联签订互不侵犯协定

12 月 3 日　德国，冯·施莱歇内阁组建

12 月 11 日　世界裁军会议，英国、法国、意大利、美国及德国代表就德国回归裁军会议的"五国方案"达成一致意见

12 月 15 日　胡佛延期偿付方案到期；法国在对美国的战争债务支付上违约

12 月 18 日　法国，保罗-邦库尔组建内阁

12 月 31 日　苏联，宣布第一个五年计划在四年三个月里完成

1933 年

1 月 12 日 日本人跨越中国边境进入热河省

1 月 23—31 日 世界裁军会议，会议局重新召集，德国参加

1 月 28 日 德国，施莱歇辞去总理职位

1 月 30 日 德国，希特勒被任命为总理

1 月 31 日 法国，达拉第组建内阁

2 月 1 日 德国，国会解散以举行新选举

2 月 2 日 世界裁军会议，自 1932 年 7 月 23 日休会之后，总委员会再度召集

2 月 16 日 《小协约国组织协定》

2 月 24 日 国联采纳李顿报告

3 月 4 日 富兰克林·D. 罗斯福成为美国总统（1932 年 11 月当选）

3 月 27 日 日本退出国联

5 月 5 日 苏德各项条约更新

5 月 31 日 中日签订《塘沽停战协定》

6 月 12 日—7 月 25 日 世界经济与货币会议在伦敦召开

7 月 15 日 《四国公约》在罗马签订

10 月 14 日 德国退出国联以及裁军会议

11 月 16 日 美国承认苏联

总参考文献 *

第一卷

手稿和第一手资料

我处理档案时具有高度的选择性。在大多数情况下，我完整浏览了私人收藏。除了正文中的引文，只有与外交部和各部门文件常规类别相关的内容得到了引用。

英国
私人文件

Lord d'Abernon	Public Record Office, Kew
Lord Avon（Anthony Eden）	Birmingham University Library
Earl Baldwin（Stanley Baldwin）	Cambridge University Library
Earl Balfour（Arthur J. Balfour）	British Museum
Sir Alexander Cadogan	Churchill College, Cambridge: ACAD and Public Record Office, Kew: FO 800/293
Viscount Cecil of Chelwood（Lord Robert Cecil）	British Library, London
Lord Robert Cecil	British Library, London
Austen Chamberlain	Birmingham University Library: AC and Public Record Office, Kew: FO 800/263
Neville Chamberlain	Birmingham University Library: NC
Winston S. Churchill	Churchill College, Cambridge: CHAR
Marquis Curzon of Kadlestone (George Nathaniel Curzon)	India Office Library, London
Lord Hankey (Maurice Hankey)	Churchill College, Cambridge: HNKY
Lord Harding of Penshurst（Charles Harding）	Cambridge University Library
Arthur Henderson	Public Record, Kew: FO 800/280/4

---

* 一个带注释、具有选择性的二手文献书目将出现在第二卷的末尾，此外还将有一个按国别排列的人物传记书目。——原注

Sir Hugh Knatchbull–Hugessen	Churchill College, Cambridge: KNAT
David Lloyd George	House of Lords Library
James Ramsay MacDonald	Public Record Office, Kew: PRO 30/69
Harold Nicholson MSS	Sissinghurst, now Balliol College, Oxford
Philip Noel–Baker	Churchill College, Cambridge: NBKR
Owen O'Malley	Private Collection
Sir Eric Phipps	Churchill College, Cambridge: PHPP,
	Public Record Office, Kew: FO 794/16
Sir Horace Rumboldt	Bodleian Library, Oxford: MS. Rumbold
Sir Orme Sargent	Public Record Office, Kew:
	FO 800/272–9
Sir John Simon	Bodleian Library, Oxford: MSS. Simon
	and Public Record Office, Kew: FO 800/
	285–91
Lord Strang（William Strang）	Churchill College, Cambridge: STRN
Lord Templewood	Cambridge University Library
（Samuel Hoare）	
Lord Vansittart	Churchill College, Cambridge, VNST, I
（Robert Vansittart）	and II

英国公共档案局（基尤）
Cabinet Office: CAB（Cabinet, Committees, Secretariat）,
Including CAB 29/Peace Conference and Other International
Conferences Prime Minister's Office

Foreign Office: General Correspondence, Political: FO 371
Czechoslovakia
France
Germany
Italy
Poland
USA
USSR
Yugoslavia
Foreign Office: Private Collections, ministers and officials: FO 800

法国
私人文件
外交部档案馆"私人档案代理"文件（巴黎）:
Robert Coulondre
Édouard Herriot
Henri Hoppenot

René Massigli
Alexandre Millerand
Joseph Paul–Boncour
André Tardieu

1940 年文件：
Georges Bonnet
Édouard Daladier
Henri Hoppenot
Alexis Léger

法国国家档案馆（巴黎）
Série AP（Archives Privées）
Édouard Daladier   496 AP
Alexandre Millerand   470 AP

Archives du Ministère des Affaires étrangères, *Paris*
Série à Paix, 1914–1920
Correspondance politique et commerciale, 1918–1940

Série Y, Internationale
Société des Nations, service français
Société des Nations, désarmement

Série Z, Europe, 1918–1940
Allegmagne
Grande–Bretagne

Italie

德国
私人文件
Ulrich v. Brockdorff–Rantzau
Erich Kordt
Gustav Stresemann

Bundesarchiv Koblenz

Nachlass Bernahrd von Bülow

外交部政治档案馆（波恩）

Büro Reichsminister
Büro Staatssekretär

Abteilung II F-M（Militär und Marine）
Geheimakten，1920-1936
Länder III England
Länder IV Randstaaten
Länder IV Russland
Abteilung II F-Abrüstung

Wirtschafts-Reparationen
Abteilung III England
Abteilung III Wirtschaft
Politische Abteilung IV Russland
Abteilung IV Wirtschaft
Wirtschaft Sonderreferat
Parlamentarischer Untersuchungsausschuss

Deutsche Botschaft London
Deutsche Botschaft Moskau
Deutsche Botschaft Paris

国联
国际联盟档案馆（日内瓦）
Conférence du désarmement   I.I.
Union Euopéenne   V

印刷的官方资料

比利时
比利时外交文件，1920—1940 年
  Tome 1: période 1920–1924（Brussels，1964）
  Tome 2: période 1925–1931（Brussels，1964）
  Tome 3: période 1931–1936（Brussels，1964）

英国
英国外交政策文件，1919—1939 年
  Series I: *1919-1925*，27 vols.（London，1947–85）
  Series IA: *1925-1930*，7 vols.（London，1966–75）
  Series II: *1929-1938*，21 vols.（London，1946–84）

英国外交事务文件
  Series A: *The Soviet Union*, *1917-1939*，17 vols.（Frederick，Md.，1984–92）
  Series B: *Turkey*, *Iran and the Middle East*, *1918-1939*，35 vols.（Frederick，

Md., 1985-97)

Series C: *North America, 1919-1939*, 25 vols. (Frederick, Md., 1986-95)

Series F: *Europe, 1919-1939*, 67 vols. (Bethseda, Md., 1990-6)

Series J: *The League of Nations, 1918-1941*, 10 vols. (Frederick, Md., 1992-5)

Series K: *Economic Affairs, Cultural Propaganda, and the Reform of the Foreign Offce, 1910-1939*, 4 vols. (Bethseda, Md., 1997) .

议会辩论

Parliamentary Debates (Official Reports)

House of Commons: Fifth Series, vols. 110-284: 15 Oct. 1918-21 Dec. 1933

House of Lords: Fifth Series, vols. 21-90: 29 July 1918-1 Mar. 1934

中国

Brandt, C., Schwarz, B., and Fairbank, J. K. (eds.), *Documentary History of Chinese Communism* (Cambridge, Mass., 1953) .

Daniels, Robert V., *A Documentary History of Communism*, 2nd edn., 2 vols.(London, 1987) .

法国

Chambre des Députés, Débats Parlementaires Journal officiel de la République française

　12ᵉ législature (1919-24)

　13ᵉ législature (1924-8)

　14ᵉ législature (1928-32)

Sénat, Débats Parlementaires

Journal officiel de la République française

　12ᵉ législature (1919-24)

　13ᵉ législature (1924-8)

　14ᵉ législature (1928-32)

Documents diplomatiques franc¸ais, 1932-1939

　1ère série: *1932-1935*, 13 vols. (Paris, 1964-84)

　Série 1920-1932 (publication continuing)

　Tome 1: *10 janvier 1920-18 mai 1920* (Paris, 1999)

德国

Akten der Reichskanzlei: Weimarer Republik

　Das Kabinett Scheidemann: Feb-Juni 1919 (1971)

　Das Kabinett Bauer: 21. Juni 1919 bis 27. März 1920 (1980)

　Das Kabinett Müller I: März-Juni 1920 (1971)

　Das Kabinett Fehrenbach: Juni 1920-März 1921 (1972)

　Die Kabinette Wirth I und II (1973)

Das Kabinett Cuno（1968）

Die Kabinette Stresemann I und II: 13. August bis 6. Oktober 1923，*6. Oktober bis 30. November 1923*（1978）

Die Kabinette Marx I und II: 30. November 1923 bis 3. Juni 1924，*3. Juni 1924 bis 15. Januar 1925*（1973）

Die Kabinette Luther I und II: 1925-6，2 vols.（1977）.

Die Kabinette Marx III und IV: 17. Mai 1926 bis 29. Januar 1927，*29. Januar 1927 bis 29. Juni 1928*（1988）

Das Kabinett Müller II: Juni 1928-März 1930，2 vols.（1970）

Die Kabinette Brüning I und II: 30. März 1930 bis 10. Oktober 1931，*10. Oktober 1931 bis 1. Juni 1932*，2 vols.（1982）

Das Kabinett von Papen: 1. Juni bis 3. Dezember 1932（1989）

Das Kabinett von Schleicher: 3. Dezember 1932 bis 30. Januar 1933（1986）

Akten zur Deutschen Auswärtigen Politik，*1918-1945*

Serie A: *1918-1925*，13 vols.（Göttingen，1982–95）

Serie B: *1925-1933*，23 vols.（Göttingen，1966–83）.

意大利

I documenti diplomatici italiani

Sesta serie: *1918-1922*，2 vols.（Rome，1956–80）

Settima serie: *1922-1935*，16 vols.（Rome，1953–90）

Mussolini，Benito，*Opera Omnia*，ed. Susmel，Edoardo and Duilio vols. 14–26: *14 Sep 1919-18 Dec. 1934*（Rome，1954–8）.

瑞士

Commission Nationale pour la Publication de Document diplomatiques Suisses，Nationale Kommission für die Veröffentlichung diplomatischer Dokumente der Schweiz

Documents diplomatiques suisses—Diplomatische Dokumente der Schweiz—Documenti diplomatici svizeri，vols. 7–10: *11 Nov. 1918-31 Dec. 1933*（Bern，1979–82）.

美国

Department of State，*Papers Relating to the Foreign Relations of the United States*，vols. for 1919–1933（Washington，DC，1934–52）.

Papers of Woodrow Wilson，ed. A. S. Link，vols. 45–8（Princeton，1965–85）.

苏联（俄）

Dokumenty vneshnei politiki SSSR

7 noiabria 1917 g.-31 dekabria 1938 g.，21 vols.（Moscow，1957–77）.

Royal Institute of International Affairs，*Soviet Documents on Foreign Policy*，*1917-*

1941, ed. Jane Degras, 3 vols. (London, 1951–3).

Degras, Jane (ed.), *The Communist International 1919-1943: Documents and Commentary*, 3 vols. (London, 1956–65).

League of Nations *Official Journal*

回忆录、日记和自传

ALOISI, BARON POMPEO, *Journal: 25 juillet 1932–14 juin 1936*, trans. Maurice Vaussard (Paris, 1957).

AMERY, LEOPOLD C. M. S., *My Political Life*, 3 vols. (London, 1953–5).

AMERY, LEOPOLD C. M. S., *The Leo Amery Diaries*, ed. John Barnes and David Nicholson (London, 1980).

APPONYI, ALBERT, *The Memoirs of Count Apponyi* (London, Toronto, 1935).

AVON, LORD (ANTHONY EDEN), *The Eden Memoirs*, 3 vols. (London, 1960–5).

BAINVILLE, JACQUES, *Journal, 1919–1926* (Paris, 1949).

BECK, COLONEL JOZEF, *Dernier report: politique polonaise, 1926–1939* (Neuchâtel, 1951).

BENEŠ, EDVARD, *The Struggle for Collective Security in Europe and the Italo-Abyssinian War* (Prague, 1935).

—— *Czechoslovakia's Struggle for Freedom* (Halifax, NS, 1941).

BLONDEL, JULES-FRANÇOIS, *Ce que mes yeux ont vu de 1900 à 1950: récit d'un diplomate*, 2 vols. (Arras, n.d.).

—— *Au fil de la carrière: récit d'un diplomate, 1911–1938* (Paris, 1960).

BONNET, GEORGES E., *Vingt ans de vie politique, 1918–1938* (Paris, 1969).

BRINON, FERNAND DE, *Mémoires* (Paris, 1949).

BRÜNING, HEINRICH, *Memoiren* (Stuttgart, 1970).

—— *Briefe und Gespräche, 1934–1945: ein historisches Dokument und 'Selbstbildnis' des umstrittenen Reichskanzlers*, ed. Claire Nix and Reginald Phelps (Stuttgart, 1974).

BRUNS, CARL GEORG, *Gesammelte Schriften zur Minderheitenfrage* (Berlin, 1934).

BULLITT, WILLIAM C., *The Bullitt Mission to Russia* (New York, 1919).

CAILLAUX, J., *Mes mémoires*, 3 vols.: *III. Clairvoyance et force d'ame dans les épreuves 1912–1930* (Paris, 1942–7).

CAMBON, PAUL and CAMBON, H. (eds.), *Correspondence, 1870–1924*, 3 vols. (Paris, 1940–6).

CECIL, LORD ROBERT, *A Great Experiment* (London, 1941).

—— *All the Way* (London, 1949).

CERUTTI, ELISABETTA, *Vista de vicino* (Milan, 1951); English trans., *Ambassador's Wife* (London, 1952).

CHAMBERLAIN, SIR AUSTEN, *Down the Years* (London, 1935).

CHARLES-ROUX, FRANÇOIS, *Souvenirs diplomatiques: Rome–Quirinal, février 1916–février 1919* (Paris, 1958).

—— *Une grande ambassade à Rome, 1919–1925* (Paris, 1961).

CHURCHILL, WINSTON SPENCER, *Complete Speeches, 1897–1963*, 8 vols., ed. Robert James Rhodes (London, 1974).

CLAUDEL, PAUL, *Claudel aux États-Unis, 1927–1933* (Paris, 1982).

CLEMENCEAU, GEORGES, *Grandeur and the Misery of Victory* (London, 1930).

CLÉMENTEL, ÉTIENNE, *La France et la politique économique interalliée* (Paris, 1931).

CURTIS, JULIUS, *Sechs Jahre Minister der deutschen Republik* (Heidelberg, 1948).

D'ABERNON, LORD, *Ambassador of Peace: Pages from the Diary of Viscount D'Abernon*, 3 vols. (London, 1929–30).

DALTON, HUGH, *Call Back Yesterday: Memoirs, 1887–1945* (London, 1953–7).

DAWES, CHARLES GATES, *Journal as Ambassador to Great Britain, 1929–1933* (New York, 1939).

DE GAULLE, CHARLES, *Lettres, notes et carnets, 1919–1940: Charles de Gaulle à Paul Reynaud*, vol. II: *1919–juin 1940* (Paris, 1980).

DIRKSEN, H. VON, *Moskau, Tokio, London: Erinnerungen und Betrachtungen zu 20 Jahren deutscher Aussenpolitik, 1919–1939* (Stuttgart, 1949).

ERDMANN, KARL DIETRICH, *Kurt Riezler: Tagebücher, Aufsätze, Dokumente* (Göttingen, 1972).

FEIS, HERBERT, *Three International Episodes: Seen From E.A.* (New York, 1966).

FLANDIN, PIERRE-ÉTIENNE, *Politique française, 1919–1940* (Paris, 1947).

FOCH, F., *Mémoires*, 2 vols. (Paris, 1931).

FRANÇOIS-PONCET, ANDRÉ, *Souvenirs d'une ambassade à Berlin: septembre 1931–octobre 1938* (Paris, 1946).

—— 'France and the Rhine', *Spectator* (Mar. 1946), 267–8.

—— 'France and the Ruhr', *Economist* (Apr. 1946), 570–2.

GAMELIN, GÉNÉRAL MAURICE, *Servir*, 3 vols.: *II. Le Prologue du drame 1930–août 1939* (Paris, 1946–7).

GILBERT, MARTIN S. *Companion Volumes. Volume IV. Part I Documents January 1917–June 1919* (London, 1977).

Part 2 Documents July 1919–March 1921 (London, 1977).

Part 3 Documents April 1921–November 1922 (London, 1977).

Volume V. 'The Exchequer Years' 1923–1929 (London, 1979).

'The Wilderness Years' 1929–1935 (London, 1981).

GLADWYN, BARON (HUBERT MILES GLADWYN JEBB), *The Memoirs of Lord Gladwyn* (London, 1972).

GRAZZI, EMANUELE, *Il principe della fine: L'impresa di Grecia* (Rome, 1945).

GREGORY, JOHN DUNCAN, *On the Edge of Diplomacy: Rambles and Reflections, 1902–1928* (London, 1929).

GREW, JOSEPH C., *Turbulent Era: A Diplomatic Record of Forty Years, 1904–1945*, ed. Walter Johnson, 2 vols. (Boston, 1952).

GREY, VISCOUNT, *Twenty Five Years* (New York, 1925).

GUARIGLIA, RAFFAELE, *Ricordi, 1922–1946* (Naples, 1950).

HANKEY, MAURICE, *Diplomacy By Conference: Studies in Public Affairs, 1920–1946* (New York, 1946).

HARDINGE, LORD, of Penshurst (CHARLES HARDINGE), *The Old Diplomacy: The Reminiscences of Lord Hardinge of Penshurst* (London, 1947).

HEADLAM, CUTHBERT, *Parliament and Politics in the Age of Baldwin and MacDonald: The Headlam Diaries, 1923–1935*, ed. Stuart Ball (London, 1992).

HEADLAM-MORLEY, Sir JAMES, *A Memoir of the Paris Peace Conference 1919*, ed. Agnes Headlam-Morley, Russell Bryant, and Anna Cienciala (London, 1972).

HENDERSON, NEVILLE, *Water Under the Bridges* (London, 1945).

HENOT, EDOUARD, *Jadis*, vol 2: D'une guerre à l'autre, 1914–1936 (Paris, 1952).

HILGER, GUSTAV, *Wir und der Kreml: Deutsch–sowjetische Beziehungen, 1918–1941*, 2nd edn. (Frankfurt-am-Main, 1986).

HITLER, ADOLF, *Mein Kampf* (Munich, 1940).

—— *Hitler's Second Book: A Document from the Year 1928*, introduction by Telford Taylor; trans. Salvator Attanusio (New York, 1962).

HOHLER, Sir THOMAS BEAUMONT, *Diplomatic Petrel* (London, 1942).

HOOKER, NANCY (ed.), *The Moffat Papers: Selections from the Diplomatic Papers of Jay Pierrepont Moffat, 1919–1943* (Cambridge, Mass.: 1956).

HOOVER, HERBERT, *The Memoirs of Herbert Hoover*, vol. II: *1929–1933* (New York, 1952).

—— *Memoirs of Herbert Hoover: The Cabinet and the Presidency, 1920–1933* (New York, 1952)

HORTHY, MIKLÓS, *Ein Leben für Ungarn* (Bonn, 1953).

HORTHY, NICHOLAS, *Memoirs* (London, 1956).

HOUSE, EDWARD MANDELL, *The Intimate Papers of Colonel House*, ed. Charles Seymour (Boston, 1928).

HULL, CORDELL, *Memoirs of Cordell Hull*, 2 vols. (New York, 1948).

HYMANS, PAUL, *Mémoires*, 2 vols. (Brussels, 1958).

JÁSZI, OSCAR, *Revolution and Counter-revolution in Hungary* (London, 1924).

KÁROLYI, MIHÁLY, *Fighting the World: The Struggle for Peace* (London, 1924).

—— *Count Karolyi and Hungary: From Defeat to Victory* (London, 1945).

KESSLER, C. (ed.), *The Diaries of a Cosmopolitan: Count Harry Kessler, 1918–1937* (London, 1971).

KEYNES, JOHN MAYNARD, *Two Memoirs* (London, 1949).

KNATCHBULL-HUGESSON, HUGH, *Diplomat in Peace and War* (London, 1949).

LANSBURY, GEORGE, *My Life* (London, 1928).

LARGADELLE, HUBERT, *Mission à Rome: Mussolini* (Paris, 1955).

LOUCHEUR, LOUIS, *Carnets Secrets 1908–1932* (Bussels and Paris, 1962).

LAROCHE, JULES, *La Pologne de Piłsudski: souvenirs d'une ambassade, 1926–1935* (Paris, 1953).

—— *Au Quai d'Orsay avec Briand et Poincaré, 1914–1926* (Paris, 1957).

LEE, 1st Viscount of Fareham (ARTHUR HAMILTON LEE), *A Good Innings: The Private Papers of Viscount Lee of Fareham*, ed. Alan Clark (London, 1974).

LEITH-ROSS, Sir FREDERICK, *Money Talks: Fifty Years of International Finance* (London, 1968).

LENIN, V. I., *Collected Works*, vols. 26–47 (Moscow, 1964–80).

LLOYD-GEORGE, DAVID, *The Truth About the Peace Treaties*, 2 vols. (London, 1938).

—— *Memoirs of the Peace Conference*, 2 vols. (London, 1939).

LOCKHART, ROBERT HAMILTON BRUCE, *Retreat From Glory* (London, 1934).

—— *Friends, Foes and Foreigners* (London, 1957).

—— *The Diaries of Sir Robert Bruce Lockhart*, ed. Young, Kenneth (London, 1973).

LONDONDERRY, Marquiss of, *Wings of Destiny* (London 1943).

LOUCHEUR, LOUIS and DE LAUNAY, JACQUES (eds.), *Carnets secrets, 1908–1932* (Paris, 1962).

MADRIAGA, SALVADOR DE, *Morning Without Noon: Memoirs* (Farnborough, 1974).

MANTOUX, PAUL, *Les Délibérations du Conseil des Quatre, 24 mars–28 juin 1919: notes de l'officier interprete Paul Mantoux*, 2 vols. (Paris, 1955).

MOREAU, ÉMILE, *Souvenirs d'un gouverneur de la Banque de France: l'histoire de la stabilisation de la France, 1926–1928* (Paris, 1954).

MORGAN, GENERAL J. H., *Assize of Arms: Being the Story of the Disarmament of Germany and Her Rearmament, 1919–1939* (London, 1945).

NADOLNY, RUDOLF, *Mein Beitrag: Erinnerungen eines Botschafters des Deutschen Reiches*, ed. Günter Wollstein (Cologne, 1985).

NICOLSON, HAROLD, *Diaries and Letters*, vol. I: *1930–1939* (New York).

—— *Peacemaking, 1919* (London, 1933).

NITTI, FRANCESCO SAVEIO, *Rivelaziono, dramatis personae* (Bari, 1963).

NOËL, LÉON, *Les Illusions de Stresa: l'Italie abandonnée à Hitler* (Paris, 1975).

OSUSKÝ, STEFAN, *Le Calvaire de la Tchécoslovaquie: vues sur l'Europe nouvelle* (Tours, 1940).

PAPEN, FRANZ VON, *Memoirs*, trans. Brian Connell (London, 1952).

PAUL-BONCOUR, JOSEPH, *Entre deux guerres*, vol. *Les Lendemains de la victoire, 1919–1934* (Paris, 1945–6).

PRINCARÉ, Raymond, *Au service de la France. Neuf années de souvenirs*, 10 vols (Paris, 1926–1933).

POGGE VON STRANDMANN, HARTMUT (ed.), *Walther Rathenau: Industrialist, Banker, Intellectual and Politician. Notes and Diaries 1907–1922* (Oxford, 1985).

PRITTWITZ UND GAFFRON, FRIEDRICH VON, *Zwischen Petersburg und Washington: Ein Diplomatenleben* (Munich, 1952).

REYNAUD, PAUL, *Mémoires*, 2 vols.: *I Venu de me montagne* (Paris, 1960).

ROOSEVELT, FRANKLIN D., *The Public Papers and Addresses of Franklin D. Roosevelt*, compiled by Samuel I. Rosenman: Vol. 2. *The Year of Crisis, 1933* (New York, 1938–50).

ROSEN, FRIEDRICH, *Aus einem diplomatischen Wanderleben*, vols 3 and 4 (Wiesbaden, 1959).

SAINT-AULAIRE, COMTE AUGUSTE FÉLIX CHARLES DE BEAUPOIL, *Confession d'un vieux diplomat* (Paris, 1953).

SALANDRA, A., *Memorie politiche 1916–25* (Milan, 1951).

SALTER, BARON (Sir JAMES ARTHUR SALTER), *Memoirs of a Public Servant* (London, 1961).

SCHMIDT, PAUL, *Statist auf diplomatischer Bühne, 1923–45* (Bonn, 1950).

SELF, ROBERT C. (ed.), *The Austen Chamberlain Diary Letters: The Correspondence of Sir Austen Chamberlain With his Sisters Hilda and Ida, 1916–1937* (Cambridge, 1995).

SEYDOUX, FRANÇOIS, *Mémoires d'Outre Rhin* (Paris, 1975).

SEYDOUX, JACQUES, *De Versailles au plan Young; réparations, dettes interalliées, reconstruction européene* (Paris, 1932).

SIMON, JOHN, *Retrospect* (London, 1952).

SNOWDEN, 1st Viscount (PHILIP SNOWDEN), *An Autobiography*, 2 vols. (London, 1934).

STRANG, BARON (WILLIAM STRANG), *Home and Abroad* (London, 1956).

STRESEMANN, GUSTAV, *Vermàchtmis. Der Nachlass in drei Bänden*, ed. H. Bernhard, 3 vols. (Berlin, 1932–3).

—— *His Diaries, Letters and Papers*, ed. Eric Sutton, vol. 3 (London, 1940).

SZINAI, MIKLÓS and SZUCS, LÁSZLÓ (eds.), *The Confidential Papers of Admiral Horthy* (Budapest, 1965).

TABOUIS, GENEVIÈVE, *They Called Me Cassandra* (New York, 1942).

—— *Vingt ans de 'suspense' diplomatique* (Paris, 1958).

TIRARD, PAUL, *La France sur le Rhin; douze années d'occupation rhénane* (Paris, 1930).

TITULESCU, NICOLAE, *Romania's Foreign Policy (1937)* (Bucharest, 1994).

TARDIEU, ANDRÉ, *La paix* (Paris, 1921).

VANSITTART, BARON (ROBERT GILBERT VANSITTART), *The Mist Procession: Lessons of My Life* (London, 1958).

VARÈ, DANIELE, *Laughing Diplomat* (London, 1938).

WEYGAND, General Maxime, *Mirages et réalité*, vol. 2 (Paris, 1957).

WINDISCHGRAETZ, LUDWIG PRINCE, *My Adventures and Misadventures*, ed. and trans. Charles Kassler (London, 1967).

传记

BOYLE, ANDREW, *Montagu Norman: A Biography* (London, 1967).

BULLOCK, ALAN, *Hitler: A Study in Tyranny* (London, 1952; rev. edn. 1962).

—— *Hitler and Stalin: Parallel Lives* (London 1991).

BURNS, JAMES MACGREGOR, *Roosevelt: The Lion and the Fox* (New York, 1956).

BUSCH, BRITON COOPER, *Hardinge of Penshurst: A Study of the Old Diplomacy* (Hamden, Conn., 1980).

CAMERON, ELIZABETH R., 'Alexis Saint-Léger Léger', in Gordon A. Craig and Felix Gilbert (eds.), *The Diplomats, 1919–1939* (Princeton, 1963).

CHALLENER, RICHARD D., 'The French Foreign Office: The Era of Philippe Berthelot', in Gordon A. Craig and Felix Gilbert (eds.), *The Diplomats, 1919–1939* (Princeton, 1963).

CHOSSUDOWSKY, E. M., *Chicherin and the Evolution of Soviet Foreign Policy and Diplomacy* (Geneva, 1973).

CLAY, Sir HENRY, *Lord Norman* (London, 1957).

COHEN, STEPHEN F., *Bukharin and the Bolshevik Revolution: A Political Biography, 1888–1938* (London, 1974).

COINTET, JEAN-PAUL, *Pierre Laval* (Paris, 1993).

COLTON, JOEL, *Léon Blum: Humanist in Politics* (New York, 1986).

CONTE, FRANCIS, *Christian Rakovski (1873–1941): A Political Biography* (Boulder, Col., 1989).

CRAIG, GORDON A. and GILBERT, FELIX (eds.), *The Diplomats, 1919–1939* (Princeton, 1963).

DEBO, RICHARD K., 'Litvinov and Kamenev—Ambassadors Extraordinary: The Problem of Soviet Representation Abroad' *Slavic Review*, 34 (1975), 463–82.

DESTREMAU, BERNARD, *Weygand* (Paris, 1989).

DEUTSCHER, ISAAC, *Trotsky*, 3 vols. (New York, 1954–63).

—— *Stalin: A Political Biography*, 2nd edn. (New York, 1960).

DILKS, DAVID, *Neville Chamberlain*, Vol. 1: *Pioneering and Reform, 1870–1929* (Cambridge, 1984).

DOß, KURT, *Zwischen Weimar and Warschau: Ulrich Rauscher, Deutscher Gesandter in Polen 1922–1930. Eine politische Biographie* (Düsseldorf, 1984).

DU RÉAU, ÉLISABETH, *Édouard Daladier, 1884–1970* (Paris, 1993).

DUROSELLE, J. B., *Clemenceau* (Paris, 1988).

EPSTEIN, KLAUS, *Matthias Erzberger and the Dilemma of German Democracy* (Princeton, 1959).

FAUSOLD, M. L and MAZUZAN, G. T., *The Hoover Presidency: A Reappraisal* (New York, 1974).

FARRAR, MARJORIE MILBANK, *Principled Pragmatist: The Political Career of Alexandre Millerand* (Leamington Spa, 1990).

FEILING, KEITH GRAHAME, *The Life of Neville Chamberlain* (London, 1946).

FELDMAN, GERALD D., *Hugo Stinnes. Biographie eines Industriellen 1870–1924* (Munich, 1998).

FERRELL, R. H., KELLOGG, FRANK, B., and HENRY, L., *Stimson* (New York, 1963).

FERRO, MARC, *Pétain* (Paris, 1987).

FEST, JOACHIM C., *Hitler*, trans. Richard and Clara Winston (Harmondsworth, 1977).

FORD, FRANKLIN L., 'Three Observers in Berlin: Rumbold, Dodd and François-Poncet', in Gordon A. Craig and Felix Gilbert (eds.), *The Diplomats, 1919–1939* (Princeton, 1963).

FREIDEL, FRANK, *Franklin D. Roosevelt: A Rendezvous With Destiny* (Boston, 1990).

GILBERT, MARTIN, *Sir Horace Rumbold: Portrait of a Diplomat, 1869–1941* (London, 1973).

GOLDBACH, MARIE-LUISE, *Karl Radek und die deutsch–sowjetischen Beziehungen, 1918–1923* (Bonn, 1973).

HAMILTON, MARY AGNES, *Arthur Henderson: A Biography* (London, 1938).

HAWLEY, E. W. (ed.), *Herbert Hoover as Secretary of Commerce* (Iowa City, 1981).

HECKSCHER, AUGUST, *Woodrow Wilson* (New York, 1991).

HÜRTER, JOHANNES, *Wilhelm Groener: Reichswehrminister am Ende der Weimarer Republik 1928–1932* (Munich, 1993).

JACOBS, DAN NORMAN, *Borodin: Stalin's Man in China* (Cambridge, Mass. 1981).

JAMES, ROBERT RHODES, *Churchill: A Study in Failure, 1900–1939* (London, 1970).

JEANNENEY, JEAN-NOEL, *François de Wendel en république: l'argent et le pouvoir, 1914–1940*, 3 vols. (Lille, 1976).

—— *Georges Mandel. L'homme qu'on attendait* (Paris, 1991).

JENKINS, ROY, *Churchill* (London, 2001).

JOLL, JAMES, *Intellectuals in Politics: Léon Blum, Walter Rathenau and F. T.*

Marinetti: Three Biographical Essays (London, 1960).

JUDD, DENIS, *Lord Reading: Rufus Isaacs, First Marquess of Reading, Lord Chief Justice and Viceroy of India, 1860–1935* (London, 1982).

KEIGER, JOHN F. V., *Raymond Poincaré* (Cambridge, 1997).

KERSHAW, IAN, Hitler: *1889–1936: Hubris* (London, 1998).

KEYNES, JOHN MAYNARD, *Essays in Biography* (London, 1933).

KUPFERMAN, FRED, *Pierre Laval, 1883–1945* (Paris, 1976).

KÜPPERS, HEINRICH, *Joseph Wirth. Parlamentarier, Minister und Kanzler der Weimarer Republik* (Stuttgart, 1997).

LACOUTURE, JEAN, *De Gaulle*, vol. I: *Le Rebelle, 1890–1944* (Paris, 1984–6).

LÉGER, ALEXIS SAINT-, *Briand* (New York, 1943).

LINK, ARTHUR S., *Woodrow Wilson: Revolution, War, and Peace* (Arlington Heights, Ill., 1979).

MARQUAND, DAVID, *Ramsay MacDonald* (London, 1977).

MICHALKA, WOLFGANG and LEE, MARSHALL M. (eds.), *Gustav Stresemann* (Darmstadt, 1982).

NAMIER, JULIA, *Lewis Namier: A Biography* (Oxford, 1971).

O'CONNOR, TIMOTHY EDWARD, *Diplomacy and Revolution: G. V. Chicherin and Soviet Foreign Affairs, 1918–1930* (Ames, Ind., 1988).

OUDIN, BERNARD, *Aristide Briand: la paix, une idée neuve en Europe* (Paris, 1987).

PELLING, HENRY, *Winston Churchill* (London, 1974).

PETRIE, CHARLES, *The Life and Letters of the Right Hon. Sir Austen Chamberlain*, 2 vols. (London, 1939–40)

PHILLIPS, HUGH D., *Between the Revolution and the West: A Political Biography of Maxim M. Litvinov* (Boulder, Co., 1992).

PUSAY, M. J. *Charles Evans Hughes*, 2 vols. (New York, 1951).

RÖDDER, ANDREAS, *Stresemanns Erbe. Julius Curtius und die deutsche Außenpolitik 1929–1931* (Paderborn, 1996).

ROSKILL, STEPHEN W., *Hankey: Man of Secrets*, 3 vols. (London, 1970–4).

SCHEIDEAMM, CHRISTIANE, *Ulrich Graf Brockdorff-Rantzau (1869–1928). Eine politische Biographie* (Frankfurt-am-Main, 1998).

SCHWARTZ, HANS-PETER, *Konrad Adenauer: German Politician and Statesman in a Period of War, Revolution, and Reconstruction*, trans Louise Willmot, vol. I: *From the German Empire to the Federal Republic, 1876–1952* (English edn., Oxford, 1995).

SEBAG-MONTEFIORE, SIMON, *Stalin: The Court of the Red Tsar* (London, 2003).

SERVICE, ROBERT, *Lenin: A Biography* (London, 2002).

SHEPHERD, JOHN, *George Lansbury: At the Heart of Old Labour* (Oxford, 2002).

SIEBERT, FERDINAND, *Aristide Briand 1862–1932: Ein Staatsmann zwischen Frankreich und Europa* (Zurich, 1973).

SKIDELSKY, ROBERT JACOB ALEXANDER, *John Maynard Keynes: A Biography*, vol. I: *Hopes Betrayed, 1883–1920;* vol. II: *The Economist as Saviour, 1920–1937* (London, 1983–2000).

STEVENSON, FRANCES, *Lloyd George: A Diary* (New York, 1971).

SUAREZ, GEORGE, *Briand, sa vie, son oeuvre*, vol. VI: *L'Artisan de la paix, 1923–1932* (Paris, 1952).

THOMPSON, JOHN A., *Woodrow Wilson* (London, 2002)

TUCKER, ROBERT CHARLES, *Stalin as Revolutionary, 1879–1929: A Study in History and Personality* (London, 1974).

—— *Stalin in Power: The Revolution from Above, 1928–1941* (New York, 1990).

ULAM, ADAM BRUNO, *Stalin: The Man and His Era* (New York, 1973).

VOLKOGONOV, DIMITRI, *Lenin: Life and Legacy*, trans. and ed. Harold Shukman (London, 1994).

WANDEL, ECKARD, *Hans Schäffer: Steuermann in wirtschaftlichen und politischen Krisen* (Stuttgart, 1974).

WATSON, DAVID, *Georges Clemenceau: A Political Biography* (London, 1968).

WILLIAMSON, JOHN GRANT, *Karl Helfferich, 1872–1924, Economist, Financier, Politician* (Princeton, 1971).

WILSON, JOAN HOFF, *Herbert Hoover: A Forgotten Progressive* (Boston, 1975).

WRIGHT, JONATHON, *Gustav Stresemann: Weimar's Greatest Statesman* (Oxford, 2002).

WRIGLEY, CHRIS, *Arthur Henderson* (Cardiff, 1990).

YOUNG, ROBERT J., *Power and Pleasure: Louis Barthou and the Third French Republic* (Montreal and London, 1991).

索 引

（以下页码为原书页码，即本书的页边码）

图书在版编目（CIP）数据

消逝的光明：欧洲国际史：1919—1933 年：全二册 /（英）扎拉·斯坦纳（Zara Steiner）著；石志宏译.--北京：社会科学文献出版社，2024.8

书名原文：The Lights that Failed：European International History 1919-1933

ISBN 978-7-5228-1957-0

Ⅰ.①消… Ⅱ.①扎… ②石… Ⅲ.①国际关系史-欧洲-1919-1933 Ⅳ.①D850.9

中国国家版本馆 CIP 数据核字（2023）第 102572 号

审图号：GS（2023）4649 号

消逝的光明：欧洲国际史，1919—1933 年（全二册）

著　　者 / ［英］扎拉·斯坦纳（Zara Steiner）
译　　者 / 石志宏

出 版 人 / 冀祥德
组稿编辑 / 董风云
责任编辑 / 成　琳
责任印制 / 王京美

出　　版 / 社会科学文献出版社·甲骨文工作室（分社）（010）59366527
　　　　　　地址：北京市北三环中路甲 29 号院华龙大厦　邮编：100029
　　　　　　网址：www.ssap.com.cn
发　　行 / 社会科学文献出版社（010）59367028
印　　装 / 三河市东方印刷有限公司

规　　格 / 开　本：889mm×1194mm　1/32
　　　　　　印　张：38.375　字　数：892 千字
版　　次 / 2024 年 8 月第 1 版　2024 年 8 月第 1 次印刷
书　　号 / ISBN 978-7-5228-1957-0
著作权合同
登 记 号 / 图字 01-2023-4106 号
定　　价 / 248.00 元（全二册）

读者服务电话：4008918866

🅰 版权所有 翻印必究